第三次全国经济普查
THE THIRD NATIONAL ECONOMIC CENSUS

湖北经济普查年鉴 2013

Hubei Economic Census Yearbook

第二产业卷

湖北省第三次全国经济普查领导小组办公室 编

中国统计出版社
China Statistics Press

图书在版编目（CIP）数据

湖北省经济普查年鉴. 2013 / 湖北省第三次经济普查领导小组办公室编. -- 北京 : 中国统计出版社, 2015.12
ISBN 978-7-5037-7719-6

Ⅰ. ①湖… Ⅱ. ①湖… Ⅲ. ①经济－普查－湖北省－2013－年鉴 Ⅳ. ①F127.63-54

中国版本图书馆 CIP 数据核字(2015)第 292371 号

湖北经济普查年鉴—2013

编　　者/湖北省第三次全国经济普查领导小组办公室
责任编辑/冯燕玲
封面设计/刘亚非
出版发行/中国统计出版社
通信地址/北京市丰台区西三环南路甲 6 号　邮政编码/100073
电　　话/邮购（010）63376909　书店（010）68783171
网　　址/http://www.zgtjcbs.com/
印　　刷/武汉市委印刷厂
经　　销/新华书店
开　　本/880mm×1230mm　1/16
字　　数/335 千字
印　　张/26.75
版　　别/2015 年 12 月第 1 版
版　　次/2015 年 12 月第 1 次印刷
定　　价/680.00 元（全三册）

如有印装差错，由本社发行部调换。

编者说明

为便于社会各界共同分享湖北省第三次全国经济普查的成果，更方便地开发利用普查资料，我们将经济普查资料编辑整理，汇编成《湖北经济普查年鉴—2013》一书。全书共三卷，即综合卷、第二产业卷和第三产业卷。《综合卷》分三篇：第一篇为“综合篇”，第二篇为“小微企业篇”，第三篇为“文化及相关产业篇”。《第二产业卷》分四篇：第一篇为“工业企业生产经营及财务状况”，第二篇为“主要工业产品产量”，第三篇为“规模以上工业企业科技情况”，第四篇为“建筑业企业生产经营及财务状况”。《第三产业卷》分五篇：第一篇为“批发和零售业基本情况及财务状况”，第二篇为“住宿和餐饮业基本情况及财务状况”，第三篇为“房地产开发经营业生产经营及财务状况”，第四篇为“重点服务业企业财务状况”，第五篇为“行政事业、社团及其他单位财务状况”。为使读者能够更好地使用本资料，现对有关情况做如下说明：

一、第三次全国经济普查的标准时点为2013年12月31日，时期资料为2013年度；

二、每卷后附有该卷详细的指标解释，使用时请仔细阅读；

三、综合卷中综合篇和小微企业篇汇总表，均不包括金融业、铁路运输业和一些无分组标识的数据；

四、本资料建筑业按法人单位注册地，其他行业按法人单位经营地进行汇总；

五、本资料对部分数据由于单位取舍不同或四舍五入而产生的差数均未作调整；

六、表中空格表示该项统计指标数值为零、数据不详或无该项数据，“#”表示其中的主要项。

我们希望此书的面世，能使社会各界对我省第三次全国经济普查有一个全面概括的了解，更愿本书的内容，能为社会经济研究工作者提供有价值的参考。

湖北省第三次全国经济普查资料是全省普查工作者共同辛勤工作的成果，也是广大普查对象积极支持配合的结果。在此，我们向全省所有普查工作者、普查对象和所有参与和支持普查工作的人员致以崇高的敬意和衷心的感谢！

《湖北经济普查年鉴—2013》编纂机构和人员组成

指导委员会

主　　任：李克勤

副 主 任：吴中志　郑新华　叶　青　张　静　蔡受清

　　　　　黄承喜　崔永红　胡大华　程正华

编辑委员会

总 编 辑：吴中志

副总编辑：谢名义

委　　员：汪　军　吴晓秦　明　锋　李团中　龙江舫　张利阳　魏尚平

　　　　　王　博　马泽明　刘　洪　谢余强　李良华　盛少华　金　锐

　　　　　贺　宾　谢名义

执行编辑：刘艳丽

数据处理：许　勇　黄　文　熊　文

第二产业卷

第一篇　工业企业生产经营及财务状况

第二篇　主要工业产品产量

主　　编：张利阳

副 主 编：潘天曙　陈　晓　何良伟

编辑人员：何良伟　宋　雪　陶　禹

第三篇　规模以上工业企业科技情况

主　　编：谢余强

副 主 编：杜云波

编辑人员：徐晓颖　余佑玲

第四篇　建筑业企业生产经营及财务状况

主　　编：王　博

副 主 编：樊喜珍

编辑人员：樊喜珍

第二产业卷 目录

第一篇 工业企业生产经营及财务状况

A. 行业部分

B. 地区部分

第二篇 主要工业产品产量

第三篇 规模以上工业企业科技情况

A. 企业R&D及相关活动主要指标

第四篇 建筑业企业生产经营及财务状况

附录 主要指标解释

第 1 篇

工业企业生产经营及财务状况

A. 行业部分

1-A-1　全部工业企业主要经济指标

单位：亿元

行　业	企业单位数（个）	资产总计	实收资本	主营业务收入	主营业务税金及附加	从业人员（万人）
总　计	**66820**	**36325.04**	**7719.18**	**40835.73**	**864.64**	**461.40**
煤炭开采和洗选业	465	125.55	98.39	135.81	4.94	4.92
石油和天然气开采业	15	207.86	116.91	83.29	15.37	1.85
黑色金属矿采选业	433	1083.39	421.68	594.34	16.14	4.12
有色金属矿采选业	206	75.24	16.35	94.50	1.78	1.44
非金属矿采选业	2375	397.47	112.96	589.01	18.35	9.21
开采辅助活动	47	79.42	31.26	81.01	1.85	2.04
其他采矿业	208	18.43	10.07	9.43	0.37	0.48
农副食品加工业	5248	1588.12	356.69	4048.04	27.01	30.09
食品制造业	1648	488.86	138.89	866.46	8.27	12.45
酒、饮料和精制茶制造业	2521	1089.70	203.27	1313.79	32.99	14.78
烟草制品业	20	424.72	25.50	494.97	279.37	0.97
纺织业	2971	954.39	234.13	1997.06	19.34	35.35
纺织服装、服饰业	3719	510.1	174.67	929.42	10.77	27.28
皮革、毛皮、羽毛及其制品和制鞋业	588	112.66	42.94	140.19	1.71	4.83
木材加工和木、竹、藤、棕、草制品业	1408	249.43	81.15	380.56	6.09	6.16
家具制造业	978	109.32	26.56	132.34	1.90	2.84
造纸和纸制品业	1001	316.73	127.43	471.65	4.18	6.07
印刷和记录媒介复制业	1670	212.95	57.12	282.59	3.11	5.42
文教、工美、体育和娱乐用品制造业	847	106.10	28.65	164.05	2.02	3.25
石油加工、炼焦和核燃料加工业	134	248.06	146.80	865.81	97.87	1.37
化学原料和化学制品制造业	3009	2718.61	520.62	3452.92	25.65	26.14
医药制造业	805	785.31	182.67	839.69	6.55	11.82
化学纤维制造业	58	48.40	18.26	76.80	0.41	0.93
橡胶和塑料制品业	2323	578.26	150.83	974.43	9.34	13.50
非金属矿物制品业	9511	2054.44	557.14	2767.84	40.66	42.39
黑色金属冶炼和压延加工业	803	3537.43	431.86	3475.21	6.95	19.48
有色金属冶炼和压延加工业	551	580.52	103.94	1496.46	3.02	5.86
金属制品业	3684	1015.36	262.75	1269.32	13.81	16.40
通用设备制造业	3728	2024.39	250.72	1245.2	16.73	17.00
专用设备制造业	3433	1092.20	293.99	945.75	9.54	15.17
汽车制造业	4170	4925.22	855.67	4774.21	131.34	45.94
铁路、船舶、航空航天和其他运输设备制造业	473	702.37	142.55	549.55	4.18	7.69
电气机械和器材制造业	2136	1249.89	315.00	1545.59	11.24	18.45
计算机、通信和其他电子设备制造业	1024	1399.03	229.78	1344.07	7.64	16.47
仪器仪表制造业	613	164.18	36.6	134.84	1.68	3.23
其他制造业	519	150.34	24.54	147.90	2.07	3.00
废弃资源综合利用业	236	59.44	14.18	103.47	0.70	1.01
金属制品、机械和设备修理业	400	40.25	13.45	44.90	0.73	1.46
电力、热力生产和供应业	1439	4280.66	734.06	1762.84	16.36	15.14
燃气生产和供应业	312	180.04	37.60	124.53	1.06	1.19
水的生产和供应业	1091	340.21	91.56	85.88	1.50	4.18

注：“全部工业企业”指规模以上工业企业和规模以下工业企业的总和。“规模以上工业企业”指年主营业务收入在2000万元及以上的工业企业。“规模以下工业企业”指年主营业务收入在2000万元以下的工业企业。

1-A-2 规模以上工业企业

分组	企业单位数(个)	工业销售产值(当年价格)	出口交货值	资产总计	流动资产合计
总计	**14650**	**38107.78**	**1544.19**	**30633.98**	**13838.57**
按登记注册类型分组:					
内资企业	13798	31897.03	1004.15	25864.47	11358.06
国有企业	155	3615.63	247.42	6004.38	1539.86
中央企业	51	3459.78	230.85	5832.53	1456.40
地方企业	104	155.85	16.57	171.85	83.46
集体企业	128	145.06		51.61	28.53
股份合作企业	26	20.69		10.47	6.69
联营企业	7	16.66		3.38	1.37
集体联营企业	2	3.91		0.57	0.25
国有与集体联营企业	1	0.76		0.84	0.66
其他联营企业	4	11.99		1.97	0.46
有限责任公司	5081	11833.01	299.39	9468.78	4708.26
国有独资公司	113	1731.48	51.39	1968.91	985.35
其他有限责任公司	4968	10101.53	248.00	7499.86	3722.91
股份有限公司	609	4048.95	148.01	4967.11	2407.35
私营企业	7686	12064.72	306.69	5305.56	2640.30
私营独资企业	321	385.25	6.09	101.83	45.61
私营合伙企业	67	85.06	1.20	23.85	12.36
私营有限责任公司	6853	10624.47	265.27	4770.88	2391.83
私营股份有限公司	445	969.94	34.13	409.00	190.50
其他企业	106	152.30	2.64	53.18	25.69
港澳、台商投资企业	374	1928.01	378.46	1252.81	567.64
合资经营企业(港或澳、台资)	173	1220.77	275.17	769.20	348.93
合作经营企业(港或澳、台资)	6	9.99		11.18	5.12
港澳台商独资经营企业	179	642.72	91.67	418.69	186.55
港澳台商投资股份有限公司	15	42.55	11.62	49.70	24.37
其他港澳台商投资企业	1	11.98		4.04	2.67
外商投资企业	478	4282.74	161.57	3516.70	1912.86
中外合资经营企业	264	3228.83	76.79	2539.21	1443.55
中外合作经营企业	11	41.60	1.01	33.42	7.29
外资企业	191	786.96	83.19	658.79	385.66
外商投资股份有限公司	11	225.16	0.58	284.59	75.89
其他外商投资企业	1	0.19		0.70	0.47
按经济组织类型分组					
独资企业	974	5575.61	428.37	7235.30	2186.21

主要经济指标(分组部分)

单位：亿元

应收账款	存货	产成品	固定资产合计	固定资产原价	累计折旧	负债合计	流动负债合计
3091.73	**3632.39**	**1375.49**	**12044.51**	**22158.39**	**10836.13**	**17570.58**	**13340.58**
2503.66	3170.39	1178.27	10446.27	19213.75	9525.41	14677.29	10970.19
254.64	575.49	158.47	3401.98	5262.76	2012.32	3635.99	2660.38
239.97	562.22	153.43	3331.04	5119.34	1922.62	3523.33	2581.24
14.68	13.28	5.04	70.94	143.41	89.71	112.65	79.14
9.47	6.48	4.20	18.43	33.49	18.00	27.06	22.36
2.61	2.11	0.57	3.00	4.97	2.30	6.21	4.35
0.51	0.22	0.17	0.93	1.33	0.48	1.23	1.09
0.04	0.02	0.02	0.24	0.39	0.14	0.23	0.23
0.43	0.14	0.09	0.18	0.38	0.24	0.60	0.60
0.04	0.06	0.05	0.51	0.57	0.10	0.40	0.27
1126.64	1376.79	482.87	3539.82	5831.08	2568.14	5876.24	4378.38
208.61	431.85	84.92	686.52	1071.75	421.17	1258.71	981.22
918.03	944.94	397.94	2853.30	4759.33	2146.97	4617.53	3397.16
494.33	475.15	166.30	1343.95	2206.09	983.66	2603.72	1978.82
610.37	725.92	360.96	2113.83	5841.67	3930.56	2504.80	1906.80
11.02	12.23	8.28	44.91	152.40	110.88	36.67	27.35
3.46	2.68	1.78	9.11	12.63	4.35	8.86	5.42
555.79	647.76	315.65	1888.71	5280.91	3571.04	2264.53	1724.39
40.09	63.24	35.25	171.10	395.73	244.29	194.73	149.64
5.07	8.22	4.72	24.32	32.36	9.97	22.06	18.01
149.68	139.90	53.87	542.18	1028.68	524.53	687.04	454.53
72.22	90.49	32.52	331.69	628.89	325.08	454.19	269.34
0.42	1.37	0.32	5.10	6.03	3.45	3.43	3.17
68.92	40.32	16.73	188.68	368.52	186.73	206.78	161.94
7.67	6.24	3.16	15.97	24.35	9.11	19.13	16.57
0.45	1.49	1.15	0.74	0.90	0.16	3.51	3.51
438.40	322.10	143.34	1056.07	1915.96	786.18	2206.25	1915.87
295.92	233.46	110.49	658.60	1287.67	544.01	1611.95	1461.10
2.04	1.25	0.33	24.86	39.86	18.15	21.18	11.40
125.86	75.76	28.31	214.95	359.83	153.01	379.66	320.69
14.22	11.60	4.21	157.59	228.54	71.01	192.81	122.03
0.36	0.02		0.06	0.06	0.01	0.65	0.65
469.92	710.28	215.98	3868.96	6177.00	2480.93	4286.15	3192.72

1-A-2 续表1

分组	企业单位数（个）	工业销售产值（当年价格）	出口交货值	资产总计	流动资产合计
国有企业	155	3615.63	247.42	6004.38	1539.86
集体企业	128	145.06		51.61	28.53
私营独资企业	321	385.25	6.09	101.83	45.61
港澳台商独资经营企业	179	642.72	91.67	418.69	186.55
外资企业	191	786.96	83.19	658.79	385.66
合作、合伙企业	225	338.48	4.86	140.22	61.66
股份合作企业	26	20.69		10.47	6.69
集体联营企业	2	3.91		0.57	0.25
国有与集体联营企业	1	0.76		0.84	0.66
其他联营企业	4	11.99		1.97	0.46
私营合伙企业	67	85.06	1.20	23.85	12.36
合作经营企业(港或澳、台资)	6	9.99		11.18	5.12
中外合作经营企业	11	41.60	1.01	33.42	7.29
其他企业（内资）	106	152.30	2.64	53.18	25.69
其他港澳台商投资企业	1	11.98		4.04	2.67
其他外商投资企业	1	0.19		0.70	0.47
股份有限公司	1080	5286.60	194.34	5710.40	2698.12
股份有限公司(内资)	609	4048.95	148.01	4967.11	2407.35
私营股份有限公司	445	969.94	34.13	409.00	190.50
港澳台商投资股份有限公司	15	42.55	11.62	49.70	24.37
外商投资股份有限公司	11	225.16	0.58	284.59	75.89
有限责任公司	12371	26907.08	916.62	17548.06	8892.58
国有独资公司	113	1731.48	51.39	1968.91	985.35
私营有限责任公司	6853	10624.47	265.27	4770.88	2391.83
合资经营企业(港或澳、台资)	173	1220.77	275.17	769.20	348.93
中外合资经营企业	264	3228.83	76.79	2539.21	1443.55
其他有限责任公司	4968	10101.53	248.00	7499.86	3722.91
在总计中:亏损企业	**1046**	**2715.24**	**90.70**	**3279.04**	**1485.46**
在总计中:国有控股企业	724	11094.35	434.03	14835.46	5677.06
在总计中:农村工业	119	185.42	1.54	82.64	43.79
在总计中:轻工业	5855	12956.33	616.21	7081.48	3839.92
重工业	8795	25151.45	927.98	23552.50	9998.64
在总计中:大型企业	344	15160.48	921.48	16681.44	6897.94
中型企业	1935	8484.15	357.53	6188.42	3133.88
小型企业	12371	14463.15	265.18	7764.11	3806.75

单位：亿元

应收账款	存货	产成品	固定资产合计	固定资产原价	累计折旧	负债合计	流动负债合计
254.64	575.49	158.47	3401.98	5262.76	2012.32	3635.99	2660.38
9.47	6.48	4.20	18.43	33.49	18.00	27.06	22.36
11.02	12.23	8.28	44.91	152.40	110.88	36.67	27.35
68.92	40.32	16.73	188.68	368.52	186.73	206.78	161.94
125.86	75.76	28.31	214.95	359.83	153.01	379.66	320.69
14.93	17.37	9.05	68.12	98.14	38.85	67.13	47.59
2.61	2.11	0.57	3.00	4.97	2.30	6.21	4.35
0.04	0.02	0.02	0.24	0.39	0.14	0.23	0.23
0.43	0.14	0.09	0.18	0.38	0.24	0.60	0.60
0.04	0.06	0.05	0.51	0.57	0.10	0.40	0.27
3.46	2.68	1.78	9.11	12.63	4.35	8.86	5.42
0.42	1.37	0.32	5.10	6.03	3.45	3.43	3.17
2.04	1.25	0.33	24.86	39.86	18.15	21.18	11.40
5.07	8.22	4.72	24.32	32.36	9.97	22.06	18.01
0.45	1.49	1.15	0.74	0.90	0.16	3.51	3.51
0.36	0.02		0.06	0.06	0.01	0.65	0.65
556.31	556.23	208.92	1688.61	2854.70	1308.08	3010.39	2267.06
494.33	475.15	166.30	1343.95	2206.09	983.66	2603.72	1978.82
40.09	63.24	35.25	171.10	395.73	244.29	194.73	149.64
7.67	6.24	3.16	15.97	24.35	9.11	19.13	16.57
14.22	11.60	4.21	157.59	228.54	71.01	192.81	122.03
2050.57	2348.50	941.53	6418.82	13028.55	7008.27	10206.91	7833.21
208.61	431.85	84.92	686.52	1071.75	421.17	1258.71	981.22
555.79	647.76	315.65	1888.71	5280.91	3571.04	2264.53	1724.39
72.22	90.49	32.52	331.69	628.89	325.08	454.19	269.34
295.92	233.46	110.49	658.60	1287.67	544.01	1611.95	1461.10
918.03	944.94	397.94	2853.30	4759.33	2146.97	4617.53	3397.16
355.01	**396.58**	**156.45**	**1290.38**	**1992.44**	**817.97**	**2459.23**	**1852.01**
1062.13	1667.61	489.28	6438.75	10023.07	3831.54	8998.11	6783.97
11.16	8.97	6.20	28.04	111.41	88.87	41.68	32.04
707.85	1203.32	471.95	2365.82	5800.34	3653.78	3628.37	2912.32
2383.88	2429.07	903.54	9678.69	16358.05	7182.35	13942.21	10428.26
1274.65	1857.45	535.10	6854.24	11421.93	4970.92	10089.44	7660.49
754.63	811.81	378.27	2113.77	4385.31	2282.65	3560.32	2737.87
1062.45	963.13	462.12	3076.49	6351.15	3582.56	3920.81	2942.23

1-A-2 续表2

分组	应付账款	所有者权益合计	实收资本	国家资本	集体资本
总 计	**3338.22**	**12904.96**	**5668.78**	**1572.25**	**102.60**
按登记注册类型分组:					
内资企业	2535.13	11047.75	4626.94	1399.42	91.85
国有企业	538.44	2366.47	561.64	494.18	1.69
中央企业	521.28	2307.58	536.75	478.66	0.42
地方企业	17.16	58.89	24.89	15.52	1.27
集体企业	8.52	24.19	11.06	1.13	6.56
股份合作企业	1.20	4.20	3.31		0.55
联营企业	0.38	2.16	1.32		0.08
集体联营企业	0.09	0.35	0.12		
国有与集体联营企业	0.26	0.24	0.14		0.08
其他联营企业	0.03	1.57	1.06		
有限责任公司	1086.76	3533.51	1784.76	587.60	54.71
国有独资公司	270.68	710.25	353.72	285.63	0.73
其他有限责任公司	816.08	2823.27	1431.03	301.96	53.99
股份有限公司	392.51	2348.84	791.08	309.28	11.86
私营企业	502.26	2737.83	1462.31	7.19	16.36
私营独资企业	7.00	64.60	29.84	0.01	0.15
私营合伙企业	1.46	14.08	6.34		0.79
私营有限责任公司	463.02	2449.43	1343.16	6.57	14.69
私营股份有限公司	30.78	209.73	82.97	0.61	0.73
其他企业	5.05	30.55	11.46	0.04	0.03
港澳、台商投资企业	146.33	551.66	316.19	14.22	4.22
合资经营企业(港或澳、台资)	83.69	312.15	183.03	10.97	3.55
合作经营企业(港或澳、台资)	0.98	7.74	5.91		
港澳台商独资经营企业	52.49	200.69	117.66	3.03	
港澳台商投资股份有限公司	5.76	30.55	8.81	0.21	0.67
其他港澳台商投资企业	3.40	0.53	0.79		
外商投资企业	656.76	1305.55	725.66	158.61	6.53
中外合资经营企业	513.61	923.59	502.40	156.20	6.27
中外合作经营企业	3.09	12.23	12.32		0.20
外资企业	107.13	278.04	195.38	0.56	0.07
外商投资股份有限公司	32.72	91.63	15.50	1.84	
其他外商投资企业	0.20	0.05	0.05		
按经济组织类型分组					
独资企业	713.58	2933.98	915.59	498.92	8.47

单位：亿元

法人资本	个人资本	港澳台资本	外商资本	主营业务收入	主营业务成本	主营业务税金及附加	销售费用
1871.43	**1385.08**	**163.32**	**406.82**	**38183.39**	**32183.61**	**775.09**	**1169.77**
1639.13	1358.58	2.81	22.38	32307.27	27434.44	635.69	891.23
17.75	45.90	0.02	2.32	4020.32	3583.93	11.53	42.01
15.18	42.65	0.02	0.02	3867.67	3451.96	10.63	38.29
2.57	3.25		2.30	152.65	131.97	0.91	3.72
2.11	1.26			137.46	122.33	3.03	3.07
1.57	1.19			20.05	16.26	0.25	0.89
1.12	0.11			15.91	14.62	0.05	0.11
0.07	0.05			3.54	3.06		
0.05				0.76	0.67	0.01	0.02
1.01	0.06			11.62	10.88	0.04	0.09
703.53	416.76	1.81	14.06	12280.66	10310.78	406.58	333.51
65.73	1.53			1836.07	1274.65	331.99	38.11
637.80	415.23	1.81	14.06	10444.58	9036.14	74.59	295.40
200.57	265.88	0.26	1.79	3794.24	3106.98	97.13	183.08
708.89	619.69	0.71	4.21	11892.61	10154.66	115.69	326.29
6.72	22.79			388.23	324.76	5.35	10.71
2.13	3.43			84.88	72.58	1.06	1.89
659.40	553.01	0.71	4.08	10493.71	8977.48	101.07	283.31
40.64	40.46		0.13	925.79	779.83	8.21	30.38
3.58	7.80	0.01		146.02	124.90	1.42	2.27
71.59	11.71	131.92	78.60	1775.52	1524.47	7.59	68.47
53.51	6.10	54.61	53.80	1121.93	983.39	3.41	33.26
3.75	0.55	0.13	1.47	9.94	8.80	0.06	0.49
9.32	3.92	74.81	23.13	589.99	487.69	3.79	32.87
5.01	0.35	2.37	0.20	40.48	33.06	0.33	1.69
	0.79			13.18	11.53	0.01	0.15
160.72	14.79	28.58	305.84	4100.60	3224.70	131.81	210.08
133.73	11.28	10.79	135.94	3107.19	2442.94	124.02	152.13
6.45	0.16	0.22	5.28	41.14	33.79	0.23	0.78
14.20	3.35	17.51	157.30	751.93	597.91	5.22	43.99
6.35		0.06	7.26	199.82	149.59	2.34	13.16
			0.05	0.52	0.47		0.01
50.09	77.21	92.34	182.75	5887.93	5116.61	28.92	132.65

1-A-2 续表3

分组	应付账款	所有者权益合计	实收资本	国家资本	集体资本
国有企业	538.44	2366.47	561.64	494.18	1.69
集体企业	8.52	24.19	11.06	1.13	6.56
私营独资企业	7.00	64.60	29.84	0.01	0.15
港澳台商独资经营企业	52.49	200.69	117.66	3.03	
外资企业	107.13	278.04	195.38	0.56	0.07
合作、合伙企业	15.77	71.54	41.49	0.05	1.65
股份合作企业	1.20	4.20	3.31		0.55
集体联营企业	0.09	0.35	0.12		
国有与集体联营企业	0.26	0.24	0.14		0.08
其他联营企业	0.03	1.57	1.06		
私营合伙企业	1.46	14.08	6.34		0.79
合作经营企业(港或澳、台资)	0.98	7.74	5.91		
中外合作经营企业	3.09	12.23	12.32		0.20
其他企业(内资)	5.05	30.55	11.46	0.04	0.03
其他港澳台商投资企业	3.40	0.53	0.79		
其他外商投资企业	0.20	0.05	0.05		
股份有限公司	461.78	2680.75	898.35	311.93	13.26
股份有限公司(内资)	392.51	2348.84	791.08	309.28	11.86
私营股份有限公司	30.78	209.73	82.97	0.61	0.73
港澳台商投资股份有限公司	5.76	30.55	8.81	0.21	0.67
外商投资股份有限公司	32.72	91.63	15.50	1.84	
有限责任公司	2147.09	7218.68	3813.34	761.34	79.22
国有独资公司	270.68	710.25	353.72	285.63	0.73
私营有限责任公司	463.02	2449.43	1343.16	6.57	14.69
合资经营企业(港或澳、台资)	83.69	312.15	183.03	10.97	3.55
中外合资经营企业	513.61	923.59	502.40	156.20	6.27
其他有限责任公司	816.08	2823.27	1431.03	301.96	53.99
在总计中:亏损企业	**486.42**	**819.43**	**888.24**	**383.04**	**11.73**
在总计中:国有控股企业	1662.58	5808.13	2180.25	1514.77	15.04
在总计中:农村工业	8.08	40.09	16.74	0.01	2.26
在总计中:轻工业	641.86	3392.46	1487.94	87.22	25.40
重工业	2696.36	9512.50	4180.83	1485.03	77.20
在总计中:大型企业	1881.01	6556.45	2159.52	1274.47	12.94
中型企业	730.35	2581.39	1305.32	164.69	41.02
小型企业	726.86	3767.12	2203.93	133.08	48.64

单位：亿元

法人资本	个人资本	港澳台资本	外商资本	主营业务收　入	主营业务成　本	主营业务税金及附加	销售费用
17.75	45.90	0.02	2.32	4020.32	3583.93	11.53	42.01
2.11	1.26			137.46	122.33	3.03	3.07
6.72	22.79			388.23	324.76	5.35	10.71
9.32	3.92	74.81	23.13	589.99	487.69	3.79	32.87
14.20	3.35	17.51	157.30	751.93	597.91	5.22	43.99
18.60	14.03	0.36	6.81	331.64	282.95	3.07	6.59
1.57	1.19			20.05	16.26	0.25	0.89
0.07	0.05			3.54	3.06		
0.05				0.76	0.67	0.01	0.02
1.01	0.06			11.62	10.88	0.04	0.09
2.13	3.43			84.88	72.58	1.06	1.89
3.75	0.55	0.13	1.47	9.94	8.80	0.06	0.49
6.45	0.16	0.22	5.28	41.14	33.79	0.23	0.78
3.58	7.80	0.01		146.02	124.90	1.42	2.27
	0.79			13.18	11.53	0.01	0.15
			0.05	0.52	0.47		0.01
252.57	306.69	2.69	9.38	4960.33	4069.46	108.01	228.31
200.57	265.88	0.26	1.79	3794.24	3106.98	97.13	183.08
40.64	40.46		0.13	925.79	779.83	8.21	30.38
5.01	0.35	2.37	0.20	40.48	33.06	0.33	1.69
6.35		0.06	7.26	199.82	149.59	2.34	13.16
1550.17	987.14	67.92	207.88	27003.48	22714.59	635.09	802.22
65.73	1.53			1836.07	1274.65	331.99	38.11
659.40	553.01	0.71	4.08	10493.71	8977.48	101.07	283.31
53.51	6.10	54.61	53.80	1121.93	983.39	3.41	33.26
133.73	11.28	10.79	135.94	3107.19	2442.94	124.02	152.13
637.80	415.23	1.81	14.06	10444.58	9036.14	74.59	295.40
214.29	**169.94**	**20.83**	**88.85**	**2678.02**	**2435.44**	**125.99**	**78.83**
405.59	101.99	2.67	92.60	11834.52	9808.50	540.39	310.48
6.15	7.94	0.12		18	157.49	1.76	3.50
603.07	542.66	61.85	119.38	12711.62	10394.78	389.10	523.87
1268.37	842.42	101.46	287.44	25471.77	21788.83	385.99	645.90
370.88	281.11	57.60	162.42	15566.19	13019.64	572.72	498.38
564.32	280.76	60.75	136.41	8401.40	7061.74	66.33	271.09
936.23	823.22	44.97	107.99	14215.80	12102.23	136.04	400.30

1-A-2 续表4

分 组	管理费用	税金	财务费用	利息收入	利息支出
总 计	**1625.62**	**90.11**	**476.04**	**40.93**	**457.65**
按登记注册类型分组:					
内资企业	1358.92	77.13	444.94	35.66	412.74
国有企业	165.44	8.93	92.30	7.33	107.26
中央企业	156.16	8.48	90.49	7.24	105.65
地方企业	9.28	0.45	1.81	0.08	1.60
集体企业	7.58	0.50	0.77	0.03	0.64
股份合作企业	0.92	0.01	0.21		0.11
联营企业	0.32	0.01	0.02		0.01
集体联营企业	0.08				
国有与集体联营企业	0.10				
其他联营企业	0.14		0.01		
有限责任公司	503.49	24.62	160.35	15.60	152.96
国有独资公司	86.65	2.81	26.87	2.93	29.53
其他有限责任公司	416.84	21.81	133.48	12.67	123.43
股份有限公司	235.33	14.04	49.16	9.02	52.13
私营企业	441.89	28.80	141.12	3.66	98.89
私营独资企业	10.91	1.09	4.02	0.03	2.82
私营合伙企业	2.65	0.08	0.73	0.02	0.53
私营有限责任公司	394.15	25.15	125.96	3.21	87.24
私营股份有限公司	34.19	2.48	10.41	0.40	8.30
其他企业	3.94	0.22	1.01	0.02	0.75
港澳、台商投资企业	77.16	4.20	17.73	1.22	15.94
合资经营企业(港或澳、台资)	48.83	2.79	11.97	0.76	11.61
合作经营企业(港或澳、台资)	0.39	0.03	0.06		0.04
港澳台商独资经营企业	25.05	1.20	4.88	0.45	3.68
港澳台商投资股份有限公司	2.80	0.14	0.79	0.02	0.57
其他港澳台商投资企业	0.10	0.04	0.04		0.03
外商投资企业	189.54	8.78	13.37	4.05	28.97
中外合资经营企业	136.15	5.75	1.00	2.77	15.01
中外合作经营企业	0.69	0.03	0.81	0.03	0.79
外资企业	42.08	2.32	4.50	1.00	6.04
外商投资股份有限公司	10.60	0.68	7.06	0.26	7.12
其他外商投资企业	0.02				
按经济组织类型分组					
独资企业	251.05	14.03	106.47	8.83	120.44

单位：亿元

营业利润	投资收益（损失以“–”号记）	利润总额	应交所得税	亏损企业亏损额	利税总额	应交增值税	从业人员平均人数（万人）
2466.15	**60.44**	**2475.07**	**288.59**	**136.46**	**4451.87**	**1181.37**	**346.29**
2013.25	92.10	2046.23	215.80	112.87	3668.07	966.68	298.60
157.12	38.53	204.68	33.37	11.21	340.05	117.49	29.07
151.82	38.49	197.57	31.43	10.16	328.58	114.05	26.15
5.30	0.04	7.11	1.94	1.05	11.47	3.45	2.92
10.59	−0.18	10.71	1.15	0.29	20.61	6.85	2.45
1.00		0.98	0.02	0.02	1.91	0.67	0.22
0.45		0.50	0.01		0.65	0.10	0.13
0.20		0.20	0.01		0.23	0.03	0.02
−0.05					0.06	0.05	0.04
0.30		0.30			0.36	0.02	0.07
692.44	−5.21	689.17	80.25	54.55	1478.06	374.44	114.81
104.46	19.46	96.91	17.10	11.72	528.43	93.87	12.55
587.98	−24.67	592.26	63.15	42.83	949.63	280.57	102.26
297.58	68.71	311.39	33.23	33.16	530.13	120.44	37.93
844.78	−9.80	820.05	66.61	12.92	1281.28	341.47	112.60
29.73	−0.74	29.44	2.96	0.01	45.28	10.43	3.54
5.45	−0.20	5.40	0.38		8.21	1.72	0.75
713.84	−7.86	703.07	58.45	12.06	1103.86	296.43	99.69
95.76	−1.00	82.14	4.81	0.85	123.94	32.88	8.62
9.28	0.04	8.75	1.15	0.73	15.39	5.21	1.39
108.38	−5.53	114.09	14.02	4.58	174.20	52.24	18.95
58.20	−1.37	63.22	8.63	2.52	94.25	27.38	10.19
0.16	0.08	0.17	−0.01	0.07	0.52	0.29	0.12
46.35	−3.48	46.92	4.87	1.30	73.25	22.51	8.00
3.13	−0.76	3.23	0.53	0.70	5.12	1.53	0.63
0.54		0.54			1.06	0.52	0.01
344.52	−26.13	314.74	58.77	19.01	609.60	162.46	28.74
266.27	−14.89	232.09	44.56	7.12	483.84	127.29	18.43
4.98	−2.34	5.05	1.46	0.09	7.38	2.11	0.23
56.46	−8.91	58.85	12.42	10.85	86.93	22.72	8.33
16.80	0.01	18.75	0.32	0.95	31.42	10.33	1.74
0.01					0.02	0.01	
300.26	25.23	350.60	54.77	23.65	566.12	180.01	51.39

1-A-2 续表5

分 组	管理费用	税金	财务费用	利息收入	利息支出
国有企业	165.44	8.93	92.30	7.33	107.26
集体企业	7.58	0.50	0.77	0.03	0.64
私营独资企业	10.91	1.09	4.02	0.03	2.82
港澳台商独资经营企业	25.05	1.20	4.88	0.45	3.68
外资企业	42.08	2.32	4.50	1.00	6.04
合作、合伙企业	9.03	0.43	2.88	0.08	2.26
股份合作企业	0.92	0.01	0.21		0.11
集体联营企业	0.08				
国有与集体联营企业	0.10				
其他联营企业	0.14		0.01		
私营合伙企业	2.65	0.08	0.73	0.02	0.53
合作经营企业(港或澳、台资)	0.39	0.03	0.06		0.04
中外合作经营企业	0.69	0.03	0.81	0.03	0.79
其他企业(内资)	3.94	0.22	1.01	0.02	0.75
其他港澳台商投资企业	0.10	0.04	0.04		0.03
其他外商投资企业	0.02				
股份有限公司	282.92	17.34	67.42	9.69	68.13
股份有限公司(内资)	235.33	14.04	49.16	9.02	52.13
私营股份有限公司	34.19	2.48	10.41	0.40	8.30
港澳台商投资股份有限公司	2.80	0.14	0.79	0.02	0.57
外商投资股份有限公司	10.60	0.68	7.06	0.26	7.12
有限责任公司	1082.62	58.31	299.27	22.33	266.82
国有独资公司	86.65	2.81	26.87	2.93	29.53
私营有限责任公司	394.15	25.15	125.96	3.21	87.24
合资经营企业(港或澳、台资)	48.83	2.79	11.97	0.76	11.61
中外合资经营企业	136.15	5.75	1.00	2.77	15.01
其他有限责任公司	416.84	21.81	133.48	12.67	123.43
在总计中:亏损企业	148.61	5.49	47.84	2.64	44.88
在总计中:国有控股企业	559.10	22.67	174.50	23.97	210.12
在总计中:农村工业	5.47	0.23	1.75	−0.03	1.47
在总计中:轻工业	547.46	39.04	138.84	10.80	115.89
重工业	1078.16	51.07	337.20	30.13	341.76
在总计中:大型企业	667.00	36.32	202.90	28.33	238.88
中型企业	385.41	22.05	108.21	9.21	97.04
小型企业	573.21	31.74	164.93	3.39	121.72

单位：亿元

营业利润	投资收益（损失以“-”号记）	利润总额	应交所得税	亏损企业亏损额	利税总额	应交增值税	从业人员平均人数（万人）
157.12	38.53	204.68	33.37	11.21	340.05	117.49	29.07
10.59	−0.18	10.71	1.15	0.29	20.61	6.85	2.45
29.73	−0.74	29.44	2.96	0.01	45.28	10.43	3.54
46.35	−3.48	46.92	4.87	1.30	73.25	22.51	8.00
56.46	−8.91	58.85	12.42	10.85	86.93	22.72	8.33
21.86	−2.42	21.40	3.02	0.92	35.15	10.64	2.85
1.00		0.98	0.02	0.02	1.91	0.67	0.22
0.20		0.20	0.01		0.23	0.03	0.02
−0.05					0.06	0.05	0.04
0.30		0.30			0.36	0.02	0.07
5.45	−0.20	5.40	0.38		8.21	1.72	0.75
0.16	0.08	0.17	−0.01	0.07	0.52	0.29	0.12
4.98	−2.34	5.05	1.46	0.09	7.38	2.11	0.23
9.28	0.04	8.75	1.15	0.73	15.39	5.21	1.39
0.54		0.54			1.06	0.52	0.01
0.01		0.01			0.02	0.01	
413.28	66.96	415.51	38.90	35.66	690.60	165.18	48.93
297.58	68.71	311.39	33.23	33.16	530.13	120.44	37.93
95.76	−1.00	82.14	4.81	0.85	123.94	32.88	8.62
3.13	−0.76	3.23	0.53	0.70	5.12	1.53	0.63
16.80	0.01	18.75	0.32	0.95	31.42	10.33	1.74
1730.74	−29.32	1687.55	191.90	76.24	3160.01	825.54	243.12
104.46	19.46	96.91	17.10	11.72	528.43	93.87	12.55
713.84	−7.86	703.07	58.45	12.06	1103.86	296.43	99.69
58.20	−1.37	63.22	8.63	2.52	94.25	27.38	10.19
266.27	−14.89	232.09	44.56	7.12	483.84	127.29	18.43
587.98	−24.67	592.26	63.15	42.83	949.63	280.57	102.26
−141.75	−21.67	−136.46	1.11	136.46	45.77	55.91	32.60
680.97	110.04	706.10	106.54	68.21	1677.20	417.43	83.59
12.24	−0.14	10.24	1.02	0.22	16.52	4.52	1.74
919.10	3.62	895.23	101.44	24.90	1701.82	409.13	137.07
1547.05	56.82	1579.83	187.15	111.57	2750.06	772.25	209.22
903.42	97.12	915.43	132.92	65.21	2004.08	502.46	118.80
584.17	−19.40	600.04	66.61	38.09	944.49	275.80	102.31
978.56	−17.28	959.59	89.07	33.17	1503.31	403.12	125.19

1-A-3 规模以上工业企业

行业	代码	企业单位数（个）	工业销售产值（当年价格）	出口交货值	资产总计	流动资产合计
总计	**00**	**14650**	**38107.78**	**1544.19**	**30633.98**	**13838.57**
采矿业	**B**	**774**	**1283.82**	**1.28**	**804.74**	**291.85**
煤炭开采和洗选业	06	147	112.91		68.90	26.08
烟煤和无烟煤开采洗选	061	146	111.89		68.83	26.03
褐煤开采洗选	062					
其他煤炭采选	069	1	1.02		0.08	0.05
石油和天然气开采业	07	1	82.85	0.54	205.34	31.62
石油开采	071	1	82.85	0.54	205.34	31.62
天然气开采	072					
黑色金属矿采选业	08	145	427.17		127.96	57.53
铁矿采选	081	137	393.92		106.14	47.42
锰矿、铬矿采选	082	2	20.25		12.11	1.30
其他黑色金属矿采选	089	6	13.00		9.70	8.80
有色金属矿采选业	09	54	83.02		49.68	25.19
常用有色金属矿采选	091	43	70.81		41.27	22.11
贵金属矿采选	092	5	5.66		4.92	1.77
稀有稀土金属矿采选	093	6	6.55		3.50	1.31
非金属矿采选业	10	420	513.84	0.65	275.92	129.71
土砂石开采	101	236	260.72	0.65	83.09	33.98
化学矿开采	102	109	165.64		160.14	84.29
采盐	103	3	5.63		8.03	3.97
石棉及其他非金属矿采选	109	72	81.85		24.66	7.47
开采辅助活动	11	5	62.65	0.10	75.98	21.15
煤炭开采和洗选辅助活动	111					
石油和天然气开采辅助活动	112	4	61.64	0.10	75.84	21.06
其他开采辅助活动	119	1	1.01		0.14	0.09
其他采矿业	12	2	1.38		0.96	0.57
制造业	**C**	**13596**	**35157.67**	**1542.91**	**25816.59**	**13129.27**
农副食品加工业	13	1596	3884.31	125.74	1416.22	691.56
谷物磨制	131	605	1442.11	4.22	401.75	213.19
饲料加工	132	190	541.26		157.22	76.34
植物油加工	133	237	830.30	0.11	323.08	182.55
制糖业	134	6	15.12		8.43	3.72
屠宰及肉类加工	135	132	375.76	0.01	140.55	56.50
水产品加工	136	82	238.82	52.05	163.97	47.06
蔬菜、水果和坚果加工	137	127	139.09	28.52	65.14	29.81
其他农副食品加工	139	217	301.84	40.83	156.08	82.39

主要经济指标(行业部分)

单位：亿元

应收账款	存货	产成品	固定资产合计	固定资产原价	累计折旧	负债合计	流动负债合计	代码
3091.73	**3632.39**	**1375.49**	**12044.51**	**22158.39**	**10836.13**	**17570.58**	**13340.58**	**00**
70.66	**49.33**	**27.80**	**409.22**	**703.73**	**345.21**	**437.75**	**363.63**	**B**
3.35	4.55	2.56	35.73	41.81	10.86	33.63	26.95	06
3.34	4.53	2.56	35.71	41.77	10.82	33.61	26.93	061
								062
0.01	0.02		0.02	0.04	0.04	0.02	0.02	069
3.42	2.12	0.99	173.71	295.58	151.71	100.50	85.97	07
3.42	2.12	0.99	173.71	295.58	151.71	100.50	85.97	071
								072
14.74	16.81	1	56.73	83.51	30.63	71.52	59.92	08
11.83	13.37	7.22	47.83	73.68	27.86	58.05	48.83	081
0.91	0.24	0.04	8.27	9.27	2.57	5.02	2.72	082
2.00	3.20	2.74	0.63	0.56	0.20	8.45	8.37	089
3.88	4.62	2.44	18.21	27.42	13.99	24.64	22.25	09
3.63	3.64	2.06	15.00	18.49	8.05	21.36	19.63	091
0.11	0.41	0.25	1.63	4.12	2.64	1.42	1.22	092
0.14	0.57	0.13	1.58	4.81	3.31	1.85	1.40	093
32.34	17.30	11.66	83.83	192.63	116.89	148.50	110.85	10
11.02	7.29	4.10	42.25	121.01	81.79	33.25	23.09	101
18.75	6.55	5.11	24.98	31.96	10.73	105.48	81.43	102
0.62	0.48	0.16	2.64	25.36	22.72	4.34	2.54	103
1.94	2.98	2.29	13.96	14.30	1.66	5.43	3.78	109
12.39	3.93	0.15	40.77	62.47	21.05	58.41	57.68	11
								111
12.38	3.90	0.13	40.71	62.40	21.03	58.37	57.64	112
0.02	0.02	0.02	0.05	0.07	0.02	0.04	0.04	119
0.53			0.24	0.32	0.07	0.54	0.01	12
2938.63	**3548.98**	**1345.55**	**8397.30**	**16871.59**	**8948.05**	**14724.40**	**11620.26**	**C**
108.26	277.95	132.45	553.46	2038.98	1531.46	666.91	498.35	13
26.59	110.40	41.51	149.09	991.75	855.93	166.18	131.33	131
11.31	27.22	8.48	60.59	213.59	159.07	82.53	66.96	132
21.39	78.57	48.14	106.73	329.01	229.65	169.90	133.56	133
0.51	1.96	0.97	2.94	16.69	13.83	4.51	3.77	134
11.27	17.68	11.96	59.93	157.67	104.25	61.47	47.81	135
10.12	9.59	5.94	85.46	171.78	89.08	82.54	32.82	136
7.76	10.24	5.19	30.19	62.75	35.51	29.47	23.33	137
19.31	22.28	10.26	58.52	95.73	44.15	70.32	58.77	139

1-A-3 续表1

行业	代码	企业单位数(个)	工业销售产值(当年价格)	出口交货值	资产总计	流动资产合计
食品制造业	14	370	837.44	63.99	432.46	205.19
焙烤食品制造	141	79	171.88		70.22	25.08
糖果、巧克力及蜜饯制造	142	30	73.36		31.42	11.19
方便食品制造	143	74	105.35	0.01	37.41	17.62
乳制品制造	144	11	78.43		28.40	10.30
罐头食品制造	145	42	133.85	28.88	47.26	24.79
调味品、发酵制品制造	146	35	84.58		82.63	39.58
其他食品制造	149	99	19	35.09	135.12	76.63
酒、饮料和精制茶制造业	15	376	1269.88	3.27	1001.73	650.32
酒的制造	151	109	722.19	0.05	684.50	497.65
饮料制造	152	99	330.33	0.04	231.62	115.20
精制茶加工	153	168	217.37	3.18	85.61	37.48
烟草制品业	16	7	503.55	1.34	417.90	329.11
烟叶复烤	161	1	1.73		4.16	1.68
卷烟制造	162	1	486.16	1.34	397.08	314.33
其他烟草制品制造	169	5	15.66		16.67	13.10
纺织业	17	1016	1881.02	125.75	823.32	388.91
棉纺织及印染精加工	171	732	1370.31	18.66	659.82	320.41
毛纺织及染整精加工	172	9	17.66	1.29	6.55	2.84
麻纺织及染整精加工	173	25	54.17	0.15	18.83	8.57
丝绢纺织及印染精加工	174	9	6.37		3.46	2.18
化纤织造及印染精加工	175	15	19.01		9.28	3.34
针织或钩针编织物及其制品制造	176	24	29.54	4.37	11.11	4.04
家用纺织制成品制造	177	43	73.33	5.61	27.88	11.86
非家用纺织制成品制造	178	159	310.63	95.67	86.39	35.66
纺织服装、服饰业	18	527	809.71	89.61	396.74	234.39
机织服装制造	181	477	757.99	89.37	362.50	216.68
针织或钩针编织服装制造	182	20	32.43		22.69	11.35
服饰制造	183	30	19.29	0.24	11.55	6.36
皮革、毛皮、羽毛及其制品和制鞋业	19	110	125.51	39.32	63.49	28.82
皮革鞣制加工	191	5	13.30	2.78	8.91	5.46
皮革制品制造	192	12	8.68	0.09	4.86	2.91
毛皮鞣制及制品加工	193	35	26.88	17.51	13.65	6.58
羽毛(绒)加工及制品制造	194	8	11.07		2.48	1.08
制鞋业	195	50	65.57	18.93	33.59	12.80
木材加工和木、竹、藤、棕、草制品业	20	242	345.40	1.60	205.06	98.35
木材加工	201	32	34.77	0.93	15.71	7.68
人造板制造	202	119	206.18	0.66	132.10	65.04
木制品制造	203	79	95.09		53.83	24.15
竹、藤、棕、草等制品制造	204	12	9.37		3.43	1.48
家具制造业	21	101	114.33	1.02	79.77	31.02

单位：亿元

应收账款	存货	产成品	固定资产合计	固定资产原价	累计折旧	负债合计	流动负债合计	代码
43.01	52.60	29.51	168.82	422.37	264.47	186.76	124.14	14
5.97	6.90	1.99	33.89	110.44	78.87	29.19	21.91	141
3.98	4.20	1.93	18.96	36.16	17.54	9.30	8.16	142
3.45	4.49	2.29	15.15	41.26	27.04	14.62	12.21	143
3.17	2.23	0.94	14.96	19.05	6.55	15.82	13.78	144
3.58	9.57	7.83	17.82	57.49	41.15	20.42	16.06	145
5.63	6.78	5.08	19.63	59.33	40.47	37.55	23.77	146
17.23	18.43	9.45	48.41	98.65	52.85	59.86	28.24	149
73.34	111.66	46.82	237.13	326.88	124.86	631.32	570.59	15
49.61	86.92	34.16	116.35	158.47	71.05	459.06	419.56	151
15.06	14.90	6.95	91.04	129.67	41.87	137.72	123.49	152
8.68	9.83	5.70	29.74	38.73	11.94	34.53	27.54	153
31.20	253.85	25.93	32.55	81.79	49.63	203.20	202.58	16
	0.31	0.27	2.01	3.96	1.95	0.46	0.46	161
27.94	251.44	24.44	27.43	71.94	44.51	198.44	198.44	162
3.26	2.10	1.23	3.10	5.89	3.17	4.30	3.68	169
66.55	134.40	64.52	367.20	844.69	501.46	400.15	311.67	17
48.81	113.09	53.83	289.18	630.19	357.21	320.37	253.12	171
0.59	1.35	0.78	2.85	9.01	6.44	3.72	3.55	172
1.38	2.36	1.11	8.94	10.53	2.75	10.30	7.15	173
0.47	0.84	0.63	1.15	1.33	0.26	1.13	1.02	174
1.19	1.54	0.78	4.69	9.41	4.92	5.27	4.11	175
1.14	0.99	0.58	5.46	32.08	27.12	5.59	3.59	176
2.55	4.08	2.05	12.55	65.61	54.21	12.72	10.64	177
10.41	10.15	4.76	42.39	86.53	48.55	41.05	28.49	178
38.73	50.32	26.62	126.10	262.59	145.05	184.66	154.54	18
32.58	43.17	23.44	115.81	245.09	137.16	168.02	139.51	181
3.16	5.83	2.25	7.08	9.76	3.00	10.65	10.44	182
2.99	1.32	0.93	3.21	7.74	4.89	5.99	4.58	183
5.75	10.42	5.68	26.44	42.56	20.58	34.85	26.87	19
1.14	2.98	1.50	1.05	1.53	0.48	6.67	4.86	191
0.54	0.58	0.35	1.15	2.46	1.35	2.63	2.50	192
1.07	2.29	1.34	6.46	20.75	14.66	5.36	4.33	193
0.44	0.31	0.25	1.17	1.45	0.28	0.80	0.80	194
2.55	4.25	2.24	16.61	16.37	3.80	19.39	14.39	195
12.11	26.41	11.42	82.91	150.69	69.76	81.42	51.96	20
2.17	2.59	1.50	6.53	8.37	2.29	9.20	3.81	201
5.11	15.02	7.26	49.25	103.24	53.03	48.10	30.90	202
4.28	8.43	2.42	25.57	37.43	14.07	21.85	15.61	203
0.55	0.38	0.25	1.56	1.64	0.37	2.27	1.65	204
5.88	8.40	3.90	43.21	107.73	73.27	31.65	25.48	21

1-A-3 续表2

行 业	代码	企 业 单位数 （个）	工业销售 产 值 （当年价格）	出 口 交货值	资产总计	流动资产 合 计
木质家具制造	211	81	77.16	0.81	45.80	22.84
竹、藤家具制造	212					
金属家具制造	213	5	3.14		2.07	0.97
塑料家具制造	214					
其他家具制造	219	15	34.03	0.21	31.90	7.21
造纸和纸制品业	22	246	453.00	4.02	276.92	132.38
纸浆制造	221	3	2.63		3.26	1.05
造纸	222	95	227.48	0.44	166.74	71.12
纸制品制造	223	148	222.90	3.59	106.91	60.21
印刷和记录媒介复制业	23	188	252.33	2.23	156.61	85.78
印刷	231	182	247.99	1.83	150.45	81.08
装订及印刷相关服务	232	4	2.97		4.57	3.22
记录媒介复制	233	2	1.37	0.40	1.60	1.48
文教、工美、体育和娱乐用品制造业	24	94	140.33	11.87	74.73	45.42
文教办公用品制造	241	7	10.51		9.12	6.87
乐器制造	242	5	9.85	2.23	12.23	8.06
工艺美术品制造	243	68	104.01	7.63	45.74	26.30
体育用品制造	244	7	8.28	1.33	3.33	1.96
玩具制造	245	6	7.36	0.69	4.17	2.17
游艺器材及娱乐用品制造	246	1	0.34		0.14	0.07
石油加工、炼焦和核燃料加工业	25	48	846.40		220.55	86.26
精炼石油产品制造	251	45	799.54		197.24	81.14
炼焦	252	3	46.86		23.31	5.12
化学原料和化学制品制造业	26	1028	3270.48	123.56	2531.73	1001.54
基础化学原料制造	261	239	718.00	41.01	566.69	202.06
肥料制造	262	248	1426.10	23.52	1095.55	459.89
农药制造	263	35	153.04	17.25	74.43	31.99
涂料、油墨、颜料及类似产品制造	264	133	159.26	2.99	76.71	37.81
合成材料制造	265	60	117.85	0.24	70.09	35.15
专用化学产品制造	266	238	519.83	25.90	544.01	181.64
炸药、火工及焰火产品制造	267	36	64.94	0.82	58.69	25.47
日用化学产品制造	268	39	111.46	11.84	45.57	27.54
医药制造业	27	359	820.79	65.35	710.41	341.80
化学药品原料药制造	271	68	134.83	29.43	117.69	50.81
化学药品制剂制造	272	46	223.54	10.85	265.31	127.26
中药饮片加工	273	45	38.21	0.02	28.80	15.12
中成药生产	274	84	244.03	5.78	172.33	88.73
兽用药品制造	275	15	26.23	1.84	24.52	12.98
生物药品制造	276	43	71.51	1.66	50.81	25.31
卫生材料及医药用品制造	277	58	82.44	15.77	50.95	21.60
化学纤维制造业	28	20	75.79	2.84	47.14	20.76

单位：亿元

应收账款	存货	产成品	固定资产合计	固定资产原价	累计折旧	负债合计	流动负债合计	代码
4.62	7.07	3.21	18.36	77.85	62.73	21.43	17.80	211
								212
0.13	0.20	0.09	0.88	1.02	0.22	1.19	1.19	213
								214
1.13	1.13	0.60	23.97	28.86	10.32	9.04	6.49	219
42.32	29.64	11.55	105.77	329.39	231.39	147.62	114.93	22
0.31	0.40	0.11	0.67	0.68	0.04	0.57	0.56	221
19.23	16.26	6.27	68.77	243.60	180.39	95.57	72.33	222
22.78	12.97	5.17	36.33	85.11	50.96	51.48	42.04	223
26.09	22.18	9.09	48.85	102.80	55.78	79.28	60.01	23
24.40	20.99	8.60	47.85	100.72	54.70	78.03	58.89	231
0.68	1.13	0.49	0.68	1.42	0.74	0.57	0.49	232
1.01	0.05		0.33	0.66	0.33	0.69	0.63	233
5.60	18.51	6.64	19.72	54.66	36.64	42.43	36.43	24
0.94	0.79	0.74	1.43	10.79	9.67	2.73	2.14	241
0.44	2.83	0.46	2.08	2.65	0.69	8.59	7.46	242
2.57	13.50	4.69	13.38	38.41	25.71	27.72	24.06	243
0.99	0.43	0.25	1.19	1.06	0.27	1.54	1.17	244
0.65	0.92	0.49	1.57	1.74	0.29	1.81	1.60	245
0.01	0.03	0.02	0.07			0.03		246
16.77	44.35	14.69	121.50	197.73	84.70	131.64	117.49	25
15.13	42.59	14.53	105.54	176.39	79.18	121.60	108.14	251
1.64	1.76	0.15	15.96	21.34	5.52	10.05	9.36	252
166.64	263.36	114.91	1027.26	2256.86	1134.34	1594.01	1103.07	26
33.00	45.75	21.35	261.29	579.55	324.84	339.64	191.44	261
42.36	141.19	54.73	513.25	773.87	281.52	751.34	486.32	262
6.48	10.30	4.46	29.23	73.86	45.45	38.48	33.48	263
1	9.54	5.26	35.56	111.98	78.43	32.38	26.10	264
11.81	5.45	2.30	25.05	23.09	7.87	41.35	36.51	265
51.21	39.46	21.64	122.96	603.96	340.98	328.81	278.44	266
5.77	5.52	2.47	25.01	30.02	8.27	31.86	21.84	267
6.01	6.14	2.70	14.91	60.53	46.99	30.14	28.93	268
74.82	72.66	34.40	227.70	344.85	134.98	346.43	252.36	27
9.15	11.16	5.96	39.14	59.87	21.59	57.61	47.08	271
30.59	23.26	11.89	86.73	121.72	42.93	134.39	95.50	272
4.22	4.35	2.08	8.74	13.19	5.93	12.98	10.97	273
14.04	18.99	8.14	52.57	78.88	30.36	85.20	60.12	274
3.36	2.69	1.11	5.09	5.66	1.55	13.92	7.66	275
7.44	5.60	2.87	17.64	37.97	21.11	22.78	14.80	276
6.02	6.61	2.35	17.79	27.57	11.51	19.55	16.22	277
3.73	6.29	2.56	17.77	36.26	19.21	25.87	20.46	28

1-A-3 续表3

行业	代码	企业单位数（个）	工业销售产值（当年价格）	出口交货值	资产总计	流动资产合计
纤维素纤维原料及纤维制造	281	8	32.52	1.78	34.28	15.06
合成纤维制造	282	12	43.27	1.05	12.86	5.70
橡胶和塑料制品业	29	582	922.23	8.12	478.47	252.03
橡胶制品业	291	97	168.17	5.50	71.24	35.22
塑料制品业	292	485	754.06	2.61	407.23	216.81
非金属矿物制品业	30	1685	2505.27	25.68	1619.44	654.28
水泥、石灰和石膏制造	301	215	690.53	0.02	646.92	188.91
石膏、水泥制品及类似制品制造	302	416	468.74	0.02	238.22	127.95
砖瓦、石材等建筑材料制造	303	690	747.38	6.97	336.88	139.96
玻璃制造	304	33	86.07		127.20	64.48
玻璃制品制造	305	77	125.45	7.70	65.08	31.96
玻璃纤维和玻璃纤维增强塑料制品制造	306	21	18.68	0.06	9.87	5.76
陶瓷制品制造	307	47	128.69	3.78	44.11	18.18
耐火材料制品制造	308	62	69.54	3.92	33.95	21.03
石墨及其他非金属矿物制品制造	309	124	170.20	3.21	117.21	56.06
黑色金属冶炼和压延加工业	31	346	3047.10	67.88	3414.68	1133.54
炼铁	311	12	21.80		30.59	24.34
炼钢	312	12	1983.26	61.92	2509.63	768.78
黑色金属铸造	313	179	296.33	2.63	140.68	89.99
钢压延加工	314	124	697.17	3.15	707.85	236.08
铁合金冶炼	315	19	48.54	0.19	25.92	14.36
有色金属冶炼和压延加工业	32	173	973.35	30.74	549.36	317.66
常用有色金属冶炼	321	41	518.11	24.71	395.22	233.32
贵金属冶炼	322	6	9.82		9.53	6.43
稀有稀土金属冶炼	323	6	5.01	1.47	2.39	1.09
有色金属合金制造	324	33	66.78	3.90	21.71	12.19
有色金属铸造	325	3	4.22		2.65	0.52
有色金属压延加工	326	84	369.41	0.66	117.84	64.12
金属制品业	33	674	1196.94	28.40	841.71	460.45
结构性金属制品制造	331	318	518.60	17.05	291.73	162.66
金属工具制造	332	61	72.36	4.18	39.39	21.66
集装箱及金属包装容器制造	333	74	164.64		100.02	63.65
金属丝绳及其制品制造	334	31	111.45	4.96	164.36	69.31
建筑、安全用金属制品制造	335	29	39.40		32.38	22.17
金属表面处理及热处理加工	336	26	47.74		26.18	16.85
搪瓷制品制造	337	2	7.64		1.67	0.88
金属制日用品制造	338	33	61.41	1.40	30.71	20.32
其他金属制品制造	339	100	173.69	0.81	155.27	82.96
通用设备制造业	34	667	1136.39	35.14	1225.91	642.11
锅炉及原动设备制造	341	62	219.28	4.11	193.57	85.96
金属加工机械制造	342	130	179.23	1.63	194.96	116.49

单位：亿元

应收账款	存货	产成品	固定资产合计	固定资产原价	累计折旧	负债合计	流动负债合计	代码
1.51	4.50	1.40	11.09	24.51	14.13	20.42	15.97	281
2.22	1.79	1.16	6.68	11.75	5.08	5.44	4.49	282
69.82	64.05	32.98	173.02	551.70	399.64	227.62	184.04	29
12.02	9.33	5.50	30.27	193.49	166.33	40.24	32.92	291
57.80	54.72	27.48	142.75	358.21	233.31	187.37	151.12	292
164.12	136.05	74.44	741.84	1187.55	490.69	838.83	614.90	30
31.73	30.95	11.01	360.42	547.11	201.32	374.53	257.49	301
57.32	20.56	10.73	85.14	166.84	87.03	124.05	105.47	302
38.23	41.41	29.30	158.61	255.77	109.81	127.95	93.14	303
4.25	6.41	2.17	43.53	57.63	14.98	69.39	53.38	304
6.12	10.03	5.89	25.35	71.50	47.23	36.63	27.51	305
1.99	1.52	0.91	2.96	3.70	1.08	4.87	4.02	306
4.21	7.01	4.35	20.27	30.05	10.55	20.84	14.09	307
9.76	5.28	1.70	12.88	20.33	9.23	14.57	11.80	308
10.51	12.88	8.39	32.69	34.63	9.45	66.01	48.00	309
150.24	482.16	129.87	1515.57	2651.67	1167.95	2266.56	1740.93	31
3.44	2.22	0.95	5.92	8.85	2.94	22.40	21.89	311
88.64	383.26	89.33	1150.46	2028.66	880.25	1650.62	1290.34	312
25.44	20.91	9.83	44.80	114.55	74.41	67.10	61.61	313
29.23	71.81	27.35	303.82	479.42	199.94	512.26	354.30	314
3.49	3.97	2.41	10.57	20.19	10.41	14.17	12.79	315
39.14	92.72	23.24	147.57	229.20	92.27	373.77	291.16	32
15.45	71.23	11.83	89.91	143.39	56.75	278.59	213.88	321
0.46	5.09	4.83	2.65	3.06	0.57	4.88	4.80	322
0.28	0.56	0.12	0.75	1.24	0.49	0.94	0.84	323
3.40	4.55	2.96	7.53	11.93	5.21	12.53	6.90	324
0.21	0.05	0.05	2.08	1.17	0.72	0.61	0.48	325
19.35	11.24	3.45	44.64	68.41	28.54	76.23	64.26	326
119.49	160.25	79.67	286.92	573.99	303.23	470.76	375.21	33
50.03	56.57	19.03	92.06	166.45	79.89	166.96	141.10	331
6.87	7.06	3.38	15.32	23.88	10.90	20.63	16.46	332
20.21	15.39	5.26	29.59	68.71	40.31	51.71	44.77	333
11.20	36.19	30.11	87.48	120.06	37.46	88.66	57.42	334
4.22	1.66	1.19	7.57	103.77	97.13	14.37	13.89	335
2.99	5.00	2.13	7.92	14.05	6.21	17.17	15.19	336
0.25	0.17	0.02	0.79	1.05	0.26	1.12	0.92	337
5.08	5.97	4.26	7.67	16.17	8.95	13.33	12.33	338
18.63	32.24	14.30	38.53	59.86	22.12	96.80	73.13	339
191.44	151.02	45.57	313.85	592.80	303.34	729.17	598.17	34
19.77	16.41	3.23	92.96	146.91	55.64	103.39	94.50	341
29.63	39.57	13.02	53.63	117.58	71.75	105.76	77.79	342

1-A-3 续表4

行业	代码	企业单位数（个）	工业销售产值（当年价格）	出口交货值	资产总计	流动资产合计
物料搬运设备制造	343	59	96.35	3.11	65.64	39.61
泵、阀门、压缩机及类似机械制造	344	96	150.89	3.52	137.14	79.24
轴承、齿轮和传动部件制造	345	43	65.80	1.17	55.08	30.05
烘炉、风机、衡器、包装等设备制造	346	86	245.54	20.34	472.35	231.54
文化、办公用机械制造	347	6	11.45	0.12	10.63	8.82
通用零部件制造	348	145	127.93	0.95	70.90	35.73
其他通用设备制造业	349	40	39.91	0.19	25.62	14.68
专用设备制造业	35	556	875.23	17.70	873.49	546.97
采矿、冶金、建筑专用设备制造	351	168	320.43	4.16	377.73	213.58
化工、木材、非金属加工专用设备制造	352	90	159.61	10.55	100.45	66.43
食品、饮料、烟草及饲料生产专用设备制造	353	47	56.50	0.83	29.60	19.45
印刷、制药、日化及日用品生产专用设备制造	354	27	31.25	0.03	18.18	8.34
纺织、服装和皮革加工专用设备制造	355	16	15.45	0.57	16.97	10.52
电子和电工机械专用设备制造	356	34	75.20	0.28	69.05	41.95
农、林、牧、渔专用机械制造	357	51	48.56	0.01	40.53	24.65
医疗仪器设备及器械制造	358	19	17.90	0.44	17.04	11.46
环保、社会公共服务及其他专用设备制造	359	104	150.32	0.84	203.93	150.59
汽车制造业	36	1306	4915.01	64.36	4577.55	2541.51
汽车整车制造	361	22	2443.59	24.36	2720.87	1378.03
改装汽车制造	362	75	257.65	3.10	175.50	111.94
低速载货汽车制造	363					
电车制造	364	2	2.38		1.11	0.78
汽车车身、挂车制造	365	13	64.77	0.07	61.33	46.72
汽车零部件及配件制造	366	1194	2146.63	36.84	1618.75	1004.04
铁路、船舶、航空航天和其他运输设备制造业	37	154	568.93	186.71	676.58	418.91
铁路运输设备制造	371	34	122.25	12.19	106.83	65.55
城市轨道交通设备制造	372	1	7.27		5.78	4.25
船舶及相关装置制造	373	92	374.74	173.64	460.60	294.97
航空、航天器及设备制造	374	8	34.20	0.88	83.10	45.26
摩托车制造	375	7	11.39		11.29	4.30
自行车制造	376	9	17.26		8.04	4.27
非公路休闲车及零配件制造	377					
潜水救捞及其他未列明运输设备制造	379	3	1.82		0.94	0.30
电气机械和器材制造业	38	604	1587.76	75.29	1085.47	664.55
电机制造	381	61	95.73	3.86	109.31	75.62
输配电及控制设备制造	382	219	345.11	25.78	256.64	150.42
电线、电缆、光缆及电工器材制造	383	119	335.36	9.01	264.67	154.98
电池制造	384	63	225.71	20.06	159.87	96.90
家用电力器具制造	385	30	421.51	8.43	181.71	123.33
非电力家用器具制造	386	26	73.21	5.00	48.69	29.58
照明器具制造	387	62	68.69	2.93	46.41	23.35

单位：亿元

应收账款	存货	产成品	固定资产合计	固定资产原价	累计折旧	负债合计	流动负债合计	代码
14.44	11.21	4.26	17.54	31.53	15.15	37.59	33.73	343
24.81	22.17	9.31	33.54	84.78	53.30	69.29	55.00	344
10.32	9.58	3.71	15.60	23.33	13.57	27.12	23.42	345
72.46	38.31	6.89	63.99	106.26	45.67	336.77	272.43	346
6.22	0.89	0.35	1.41	9.56	8.21	6.68	5.98	347
11.02	6.96	2.69	27.10	53.34	28.25	29.78	25.81	348
2.77	5.92	2.11	8.07	19.51	11.82	12.80	9.51	349
165.80	136.53	51.22	267.71	527.15	289.35	538.77	406.50	35
89.13	68.26	27.22	142.73	307.28	185.01	278.63	187.00	351
13.99	18.03	4.24	29.16	47.18	21.06	46.16	38.62	352
3.02	4.63	1.81	7.72	27.44	20.51	14.84	11.82	353
2.24	1.66	0.71	8.98	11.52	2.63	8.28	6.26	354
1.92	2.59	1.23	4.56	6.81	3.69	10.71	10.01	355
13.96	10.22	8.14	24.97	54.77	30.14	24.98	21.33	356
6.34	7.22	2.39	10.19	19.42	9.89	25.35	21.78	357
4.15	2.59	0.98	3.04	5.92	3.08	7.81	6.17	358
31.05	21.34	4.50	36.37	46.82	13.35	122.01	103.51	359
567.33	392.17	177.26	886.50	1469.15	699.16	2394.08	2094.79	36
138.67	135.30	64.08	379.57	657.36	346.71	1274.57	1135.94	361
27.14	35.25	10.91	47.11	59.54	22.97	117.46	101.44	362
								363
0.32	0.37	0.27	0.33	0.30	0.01	0.66	0.66	364
8.75	5.61	3.37	8.28	14.42	6.37	33.44	31.88	365
392.44	215.64	98.64	451.20	737.54	323.11	967.94	824.87	366
127.66	109.31	18.03	176.93	216.23	69.33	472.88	402.69	37
23.92	18.26	8.23	31.82	43.27	15.75	65.54	62.73	371
1.41	0.45	0.25	1.53	1.88	0.35	4.42	4.13	372
89.48	75.67	5.91	113.61	125.13	35.39	338.49	289.11	373
10.54	11.55	1.77	21.58	33.66	13.81	54.92	38.29	374
1.50	1.44	1.03	4.84	8.30	3.46	4.76	4.63	375
0.76	1.85	0.83	2.93	3.26	0.45	4.23	3.49	376
								377
0.05	0.08		0.62	0.74	0.12	0.52	0.32	379
245.65	156.10	67.68	316.74	635.48	354.05	630.95	525.63	38
19.75	15.67	3.56	24.27	81.26	63.52	68.38	44.90	381
58.65	34.99	15.99	82.98	120.68	41.64	134.84	117.70	382
69.49	33.93	11.55	75.68	155.38	89.09	157.47	121.61	383
29.68	20.51	6.97	49.26	49.19	10.93	84.63	69.44	384
44.68	33.13	22.52	47.41	133.98	88.37	130.77	124.82	385
11.11	9.39	3.85	14.90	28.34	14.94	23.00	19.58	386
9.22	5.89	2.53	16.26	22.56	7.28	20.48	18.06	387

1-A-3 续表5

行业	代码	企业单位数（个）	工业销售产值（当年价格）	出口交货值	资产总计	流动资产合计
其他电气机械及器材制造	389	24	22.43	0.21	18.17	10.37
计算机、通信和其他电子设备制造业	39	277	1426.28	334.26	1306.16	931.73
计算机制造	391	17	128.07	48.05	56.17	45.86
通信设备制造	392	48	784.16	215.32	651.69	509.27
广播电视设备制造	393	5	34.71	3.04	9.77	7.18
雷达及配套设备制造	394	1	2.03		2.95	2.00
视听设备制造	395	13	27.30	12.86	15.49	9.55
电子器件制造	396	77	324.83	50.39	415.13	269.27
电子元件制造	397	71	73.99	3.29	52.65	29.69
其他电子设备制造	399	45	51.19	1.31	102.30	58.91
仪器仪表制造业	40	113	116.33	2.13	126.30	71.71
通用仪器仪表制造	401	54	46.31		38.45	30.74
专用仪器仪表制造	402	33	45.38	0.46	41.55	27.11
钟表与计时仪器制造	403	5	6.47	0.05	1.55	1.10
光学仪器及眼镜制造	404	10	11.49	1.33	40.85	10.34
其他仪器仪表制造业	409	11	6.68	0.29	3.90	2.42
其他制造业	41	70	128.52	4.63	114.11	71.46
日用杂品制造	411	26	36.18	4.33	11.45	6.78
煤制品制造	412	4	6.09		1.45	0.43
其他未列明制造业	419					
废弃资源综合利用业	42	40	94.47		51.28	36.73
金属废料和碎屑加工处理	421	28	81.89		43.73	32.10
非金属废料和碎屑加工处理	422	12	12.58		7.55	4.63
金属制品、机械和设备修理业	43	21	33.57	0.36	21.32	14.01
金属制品修理	431	4	1.02		1.07	0.59
通用设备修理	432	4	8.00		2.87	2.61
专用设备修理	433					
铁路、船舶、航空航天等运输设备修理	434	3	8.72	0.36	7.01	5.49
电气设备修理	435	1	1.11		0.35	0.28
仪器仪表修理	436	1	0.42		0.82	0.56
其他机械和设备修理业	439	8	14.31		9.20	4.47
电力、热力、燃气及水生产和供应业	**D**	**280**	**1666.29**		**4012.65**	**417.45**
电力、热力生产和供应业	44	157	1521.36		3631.05	272.38
电力生产	441	131	680.03		2770.43	235.21
电力供应	442	12	804.59		826.36	25.33
热力生产和供应	443	14	36.74		34.25	11.84
燃气生产和供应业	45	55	99.95		147.31	50.74
水的生产和供应业	46	68	44.98		234.29	94.33
自来水生产和供应	461	58	39.65		227.97	93.12
污水处理及其再生利用	462	9	5.13		6.26	1.17
其他水的处理、利用与分配	469	1	0.20		0.07	0.04

单位：亿元

应收账款	存货		固定资产合计	固定资产原价	累计折旧	负债合计	流动负债合计	代码
		产成品						
3.09	2.57	0.71	5.99	44.09	38.27	11.38	9.53	389
328.86	232.15	87.35	270.70	494.75	239.26	792.09	571.17	39
28.40	5.90	2.32	6.59	9.51	4.08	32.87	32.78	391
178.95	119.68	48.41	102.50	231.77	136.51	439.38	315.63	392
1.30	1.27	0.41	2.56	21.34	19.48	5.11	2.83	393
0.12	1.15		0.34	0.98	0.65	1.86	1.47	394
5.50	1.57	0.60	4.50	5.10	0.95	7.16	6.79	395
84.12	80.99	28.23	110.27	169.12	62.94	245.66	160.99	396
9.41	5.98	3.15	15.96	23.12	7.62	20.88	18.74	397
21.05	15.61	4.24	27.98	33.79	7.02	39.17	31.94	399
25.51	14.76	4.84	45.52	66.57	23.93	78.23	71.63	40
11.77	7.36	2.65	5.47	18.83	13.55	22.78	20.69	401
9.35	5.20	1.65	10.21	14.31	5.28	19.00	16.52	402
0.47	0.46	0.20	0.43	0.51	0.08	0.72	0.72	403
2.78	1.32	0.20	28.41	30.58	3.63	33.79	31.82	404
1.15	0.41	0.14	0.99	2.35	1.38	1.93	1.87	409
11.26	26.60	4.80	30.50	41.33	20.66	73.40	41.76	41
1.23	1.80	0.84	4.50	13.82	9.58	4.45	3.57	411
0.06	0.08	0.08	0.66	1.01	0.35	0.85	0.64	412
								419
6.51	10.14	7.36	11.72	13.77	3.87	37.71	20.09	42
5.84	8.53	6.03	9.21	10.82	3.42	32.95	15.56	421
0.67	1.61	1.33	2.51	2.95	0.45	4.76	4.53	422
4.99	1.99	0.55	5.83	19.41	13.76	11.36	10.67	43
0.33	0.14	0.07	0.30	0.50	0.23	0.65	0.56	431
0.78	1.04	0.10	0.24	10.41	10.16	2.16	2.12	432
								433
1.44	0.14	0.02	1.12	1.94	0.84	4.44	4.38	434
0.12			0.06	0.10	0.05	0.23	0.23	435
0.34	0.02	0.01	0.08	0.22	0.14	0.27	0.20	436
1.99	0.65	0.35	4.03	6.24	2.34	3.61	3.19	439
82.44	**34.08**	**2.13**	**3237.98**	**4583.07**	**1542.87**	**2408.44**	**1356.70**	**D**
64.78	27.70	1.15	3086.90	4376.75	1469.64	2191.19	1199.26	44
62.36	23.37	0.80	2294.85	3079.36	851.84	1622.79	795.75	441
0.73	3.53		770.73	1246.55	586.97	546.08	383.81	442
1.69	0.80	0.35	21.32	50.83	30.84	22.33	19.70	443
6.26	3.58	0.59	66.22	82.17	17.02	97.24	74.55	45
11.40	2.80	0.39	84.86	124.16	56.21	120.01	82.89	46
11.12	2.66	0.28	81.21	113.48	47.96	116.49	80.84	461
0.26	0.13	0.11	3.63	10.65	8.25	3.51	2.04	462
0.02	0.01		0.03	0.03		0.01	0.01	469

1-A-3 续表6

行业	代码	应付账款	所有者权益合计	实收资本	国家资本	集体资本
总计	**00**	**3338.22**	**12904.96**	**5668.78**	**1572.25**	**102.60**
采矿业	**B**	**71.02**	**359.95**	**324.18**	**160.38**	**6.65**
煤炭开采和洗选业	06	5.25	34.88	77.00	1.19	1.48
烟煤和无烟煤开采洗选	061	5.24	34.83	76.99	1.19	1.48
褐煤开采洗选	062					
其他煤炭采选	069	0.02	0.06	0.01		
石油和天然气开采业	07	12.63	104.84	115.34	115.34	
石油开采	071	12.63	104.84	115.34	115.34	
天然气开采	072					
黑色金属矿采选业	08	20.77	55.37	33.69	14.15	2.01
铁矿采选	081	16.02	47.03	29.91	14.15	2.01
锰矿、铬矿采选	082	1.76	7.09	2.55		
其他黑色金属矿采选	089	2.98	1.26	1.23		
有色金属矿采选业	09	2.80	24.84	8.78	4.21	0.06
常用有色金属矿采选	091	2.27	19.71	5.83	2.01	0.05
贵金属矿采选	092	0.20	3.49	2.18	1.82	0.01
稀有稀土金属矿采选	093	0.33	1.64	0.77	0.38	
非金属矿采选业	10	16.02	122.03	59.46	0.81	3.05
土砂石开采	101	5.82	47.42	25.39	0.48	0.72
化学矿开采	102	9.24	53.17	18.91	0.06	2.33
采盐	103	0.19	3.70	2.96		
石棉及其他非金属矿采选	109	0.77	17.74	12.20	0.28	
开采辅助活动	11	13.55	17.58	29.65	24.63	
煤炭开采和洗选辅助活动	111					
石油和天然气开采辅助活动	112	13.55	17.48	29.63	24.63	
其他开采辅助活动	119		0.10	0.02		
其他采矿业	12		0.41	0.25	0.04	0.06
制造业	**C**	**3038.61**	**10953.63**	**4717.76**	**1017.37**	**92.13**
农副食品加工业	13	87.85	721.28	281.12	9.68	7.20
谷物磨制	131	17.53	222.45	80.30	3.85	1.13
饲料加工	132	14.78	70.27	29.97	0.55	0.32
植物油加工	133	23.12	149.49	63.66	4.39	0.95
制糖业	134	0.43	3.92	2.08	0.31	
屠宰及肉类加工	135	7.04	77.16	34.81	0.09	1.31
水产品加工	136	5.72	79.83	15.17	0.17	0.04
蔬菜、水果和坚果加工	137	6.30	33.80	18.11	0.13	0.01
其他农副食品加工	139	12.92	84.36	37.02	0.18	3.44

单位：亿元

法人资本	个人资本	港澳台资本	外商资本	主营业务收入	主营业务成本	主营业务税金及附加	销售费用	代码
1871.43	**1385.08**	**163.32**	**406.82**	**38183.39**	**32183.61**	**775.09**	**1169.77**	**00**
47.96	**48.40**	**0.39**	**0.12**	**1274.25**	**1035.52**	**38.00**	**30.27**	**B**
6.61	7.16	0.39		113.04	88.27	3.09	2.84	06
6.61	7.15	0.39		112.02	87.51	3.08	2.83	061
								062
	0.01			1.02	0.77	0.01	0.01	069
				82.98	51.40	15.36	1.31	07
				82.98	51.40	15.36	1.31	071
								072
9.73	7.80			423.53	376.21	3.66	9.63	08
6.45	7.30			394.43	351.53	3.40	9.00	081
2.51	0.04			16.48	15.49	0.17	0.25	082
0.78	0.45			12.62	9.19	0.10	0.38	089
2.25	2.16		0.10	81.14	63.11	1.33	0.85	09
1.97	1.70		0.10	69.71	54.13	1.21	0.60	091
0.01	0.34			5.67	4.23	0.05	0.16	092
0.27	0.12			5.76	4.75	0.07	0.09	093
24.36	31.11		0.02	493.05	380.82	12.75	15.59	10
10.27	13.80		0.02	257.08	208.53	3.64	8.72	101
9.01	7.51			148.16	110.39	7.56	3.55	102
2.96				5.21	3.74	0.04	0.71	103
2.12	9.80			82.60	58.16	1.51	2.62	109
5.01	0.01			79.27	74.86	1.79	0.04	11
								111
5.00				78.26	73.97	1.78	0.01	112
0.01	0.01			1.01	0.89	0.01	0.03	119
	0.15			1.24	0.84		0.02	12
1700.75	**1283.77**	**128.01**	**390.08**	**35230.27**	**29777.36**	**723.73**	**1124.64**	**C**
103.48	137.70	3.87	18.69	3882.59	3425.67	22.64	92.06	13
28.14	45.52	1.67		1439.87	1272.16	9.59	34.59	131
10.53	15.56	0.27	2.55	542.13	485.24	1.59	13.78	132
20.03	30.44	0.12	7.73	850.26	771.02	4.47	12.57	133
1.26	0.51			14.52	13.13	0.10	0.20	134
18.14	10.45	0.04	4.78	361.65	319.15	1.18	8.48	135
6.14	7.89	0.93		239.76	204.10	1.56	9.51	136
6.78	9.95	0.80	0.45	133.28	109.67	1.20	3.35	137
12.46	17.38	0.04	3.18	301.12	251.21	2.95	9.57	139

1-A-3 续表7

行业	代码	应付账款	所有者权益合计	实收资本	国家资本	集体资本
食品制造业	14	31.49	239.01	111.78	10.68	0.50
焙烤食品制造	141	5.40	38.94	14.32		0.05
糖果、巧克力及蜜饯制造	142	3.91	22.01	3.69		
方便食品制造	143	3.84	22.63	9.30		0.14
乳制品制造	144	5.76	10.11	6.11	0.21	
罐头食品制造	145	4.02	26.33	12.38		
调味品、发酵制品制造	146	3.19	44.90	16.89	3.30	
其他食品制造	149	5.36	74.09	49.09	7.17	0.30
酒、饮料和精制茶制造业	15	82.45	363.00	167.06	3.56	3.00
酒的制造	151	46.01	222.67	99.71	3.31	0.62
饮料制造	152	30.69	92.51	48.45	0.21	1.86
精制茶加工	153	5.75	47.82	18.91	0.04	0.52
烟草制品业	16	63.69	214.70	23.29	0.13	
烟叶复烤	161	0.04	3.69	3.41		
卷烟制造	162	61.10	198.64	18.13		
其他烟草制品制造	169	2.55	12.36	1.75	0.13	
纺织业	17	53.88	417.00	185.05	5.59	2.29
棉纺织及印染精加工	171	38.77	334.80	148.45	5.46	1.96
毛纺织及染整精加工	172	0.40	2.83	3.88		
麻纺织及染整精加工	173	0.84	8.44	3.87		0.05
丝绢纺织及印染精加工	174	0.19	2.32	0.83		
化纤织造及印染精加工	175	0.71	4.08	2.27	0.13	
针织或钩针编织物及其制品制造	176	1.02	5.49	3.09		0.02
家用纺织制成品制造	177	3.00	15.02	5.88		
非家用纺织制成品制造	178	8.96	44.01	16.77		0.26
纺织服装、服饰业	18	30.59	211.32	125.00	0.73	0.77
机织服装制造	181	26.96	195.03	119.92	0.73	0.55
针织或钩针编织服装制造	182	1.39	10.74	2.16		
服饰制造	183	2.24	5.56	2.93		0.22
皮革、毛皮、羽毛及其制品和制鞋业	19	6.49	27.82	20.98		0.20
皮革鞣制加工	191	1.76	2.24	0.58		
皮革制品制造	192	0.45	1.92	1.53		
毛皮鞣制及制品加工	193	1.40	7.86	5.83		0.20
羽毛(绒)加工及制品制造	194	0.04	1.68	0.39		
制鞋业	195	2.84	14.11	12.65		
木材加工和木、竹、藤、棕、草制品业	20	10.70	122.82	60.85	0.72	0.15
木材加工	201	1.79	6.51	3.79	0.50	
人造板制造	202	3.80	83.35	46.12		
木制品制造	203	4.85	31.81	9.91	0.20	0.15
竹、藤、棕、草等制品制造	204	0.25	1.15	1.02	0.01	
家具制造业	21	6.77	47.58	11.80	0.25	0.01

单位：亿元

				主营业务收　　入	主营业务成　　本	主营业务税金及附加	销售费用	代码
法人资本	个人资本	港澳台资本	外商资本					
52.89	30.51	4.41	12.78	821.84	667.17	6.78	47.23	14
5.78	6.93	1.34	0.30	170.29	138.50	1.26	8.53	141
0.99	1.18	1.52		72.67	56.38	0.58	5.30	142
2.04	4.69	0.13	2.30	103.09	83.86	0.75	7.74	143
5.29	0.57		0.04	58.16	48.68	0.33	5.04	144
6.18	5.85		0.34	129.04	103.45	1.40	5.42	145
4.86	2.44		6.29	96.85	80.33	0.99	6.47	146
27.74	8.85	1.42	3.51	191.74	155.97	1.47	8.72	149
42.97	85.33	15.35	16.68	1229.67	906.21	29.72	122.37	15
23.65	63.38	0.36	8.28	714.81	526.79	23.90	73.00	151
12.35	10.82	14.72	8.41	297.77	218.81	2.42	36.19	152
6.97	11.12	0.26		217.09	160.62	3.40	13.18	153
23.15				489.63	108.21	279.26	16.08	16
3.41				2.14	1.50	0.04	0.04	161
18.13				473.15	98.78	279.07	15.85	162
1.62				14.34	7.93	0.16	0.18	169
82.27	82.88	10.67	1.22	1885.96	1625.95	15.78	45.84	17
63.87	67.50	9.01	0.52	1382.18	1202.62	12.28	30.57	171
0.86	2.59	0.43		17.45	14.46	0.17	0.21	172
2.51	1.31			52.37	45.82	0.35	1.08	173
0.53	0.31			6.03	5.15	0.05	0.08	174
0.87	1.17	0.10		18.68	15.87	0.19	0.46	175
0.39	1.93	0.49	0.26	29.14	24.85	0.19	0.66	176
1.36	4.27	0.25		71.02	62.47	0.44	1.56	177
11.88	3.81	0.38	0.44	309.08	254.72	2.10	11.22	178
78.56	37.36	5.75	1.32	789.53	678.68	6.99	25.50	18
76.44	34.91	5.45	1.32	735.40	635.72	6.47	22.27	181
0.76	1.21	0.19		34.25	25.95	0.23	2.71	182
1.36	1.24	0.11		19.89	17.00	0.29	0.52	183
5.21	8.10	0.74	3.29	120.41	104.06	1.07	2.33	19
0.05	0.53			13.13	11.55	0.22	0.05	191
0.95	0.56	0.02		8.87	7.64	0.02	0.36	192
0.68	4.95			27.07	24.03	0.06	0.41	193
0.14	0.25			11.10	10.39	0.03	0.16	194
3.39	1.81	0.72	3.29	60.25	50.45	0.73	1.35	195
39.71	20.03	0.10	0.14	341.23	285.51	4.63	8.67	20
0.42	2.87			35.63	30.71	0.46	0.62	201
35.42	10.45	0.10	0.14	204.86	174.33	3.07	4.91	202
3.74	5.82			91.17	73.45	0.91	2.90	203
0.12	0.89			9.57	7.02	0.20	0.23	204
4.86	5.85	0.04	0.34	112.50	94.19	1.14	4.06	21

1-A-3 续表8

行业	代码	应付账款	所有者权益合计	实收资本	国家资本	集体资本
木质家具制造	211	2.80	23.90	10.41	0.25	0.01
竹、藤家具制造	212					
金属家具制造	213	0.35	0.87	0.16		
塑料家具制造	214					
其他家具制造	219	3.62	22.81	1.23		
造纸和纸制品业	22	27.71	129.71	107.05	1.49	1.80
纸浆制造	221	0.37	2.69	0.65		0.05
造纸	222	14.66	71.26	38.65	1.49	1.55
纸制品制造	223	12.68	55.76	67.75		0.19
印刷和记录媒介复制业	23	16.72	75.27	33.01	3.91	1.07
印刷	231	16.23	69.58	30.17	3.76	1.07
装订及印刷相关服务	232	0.07	4.00	1.80		
记录媒介复制	233	0.42	1.70	1.04	0.15	
文教、工美、体育和娱乐用品制造业	24	4.65	31.41	13.94	0.93	0.10
文教办公用品制造	241	0.07	6.39	1.67	0.90	
乐器制造	242	1.59	3.61	1.29		
工艺美术品制造	243	2.01	17.37	8.37	0.03	0.10
体育用品制造	244	0.46	1.70	0.90		
玩具制造	245	0.52	2.22	1.66		
游艺器材及娱乐用品制造	246		0.11	0.05		
石油加工、炼焦和核燃料加工业	25	15.29	88.85	129.33	113.32	0.04
精炼石油产品制造	251	13.15	75.60	117.65	112.55	0.04
炼焦	252	2.13	13.26	11.67	0.77	
化学原料和化学制品制造业	26	219.37	927.34	439.04	37.00	16.36
基础化学原料制造	261	33.61	227.27	103.28	10.06	13.11
肥料制造	262	91.72	340.60	133.57	17.17	1.81
农药制造	263	7.02	35.80	14.89	1.24	0.60
涂料、油墨、颜料及类似产品制造	264	10.36	43.86	16.95	0.02	0.27
合成材料制造	265	8.98	27.44	12.41	1.81	
专用化学产品制造	266	55.37	210.33	111.61	4.75	0.49
炸药、火工及焰火产品制造	267	4.99	26.72	7.07	1.65	0.08
日用化学产品制造	268	7.33	15.31	39.25	0.30	
医药制造业	27	49.93	360.79	147.14	12.48	5.83
化学药品原料药制造	271	11.96	59.71	33.57	1.42	0.78
化学药品制剂制造	272	15.22	130.43	37.24	10.34	2.23
中药饮片加工	273	1.85	15.60	5.57		
中成药生产	274	12.16	86.45	41.55	0.08	1.50
兽用药品制造	275	1.21	9.57	3.57	0.05	
生物药品制造	276	3.11	27.80	13.95	0.59	1.07
卫生材料及医药用品制造	277	4.41	31.24	11.70		0.26
化学纤维制造业	28	3.83	21.27	17.51		

单位：亿元

				主营业务收　入	主营业务成　本	主营业务税金及附加	销售费用	代码
法人资本	个人资本	港澳台资本	外商资本					
4.07	5.47	0.01	0.16	75.99	62.86	0.84	3.00	211
								212
0.01	0.05		0.10	2.71	2.22	0.03	0.19	213
								214
0.78	0.33	0.03	0.08	33.80	29.12	0.27	0.88	219
29.44	23.43	0.78	9.93	447.22	388.44	3.40	15.78	22
0.10	0.50			2.43	2.23	0.02	0.01	221
14.39	13.43	0.04	7.75	219.56	198.17	1.23	4.95	222
14.96	9.51	0.74	2.18	225.24	188.04	2.15	10.82	223
13.62	12.40	0.92	0.17	238.29	199.38	1.63	7.47	23
11.96	12.26	0.92	0.17	234.18	197.05	1.58	6.91	231
1.66	0.14			2.94	1.71	0.03	0.34	232
				1.16	0.62	0.02	0.21	233
6.21	4.54	1.65	0.49	141.49	118.02	1.22	4.78	24
0.01	0.76			11.36	7.75	0.09	1.31	241
0.71	0.10		0.48	10.63	8.46	0.07	0.04	242
4.69	3.16	0.37		104.23	88.72	0.89	3.05	243
0.49	0.40		0.01	8.24	6.75	0.16	0.27	244
0.32	0.07	1.27		6.69	6.11		0.08	245
	0.05			0.34	0.24		0.03	246
2.88	3.15		9.91	836.98	720.62	97.78	2.79	25
2.22	2.82			818.24	703.55	97.52	2.59	251
0.67	0.33		9.91	18.74	17.07	0.26	0.20	252
181.42	102.18	6.33	51.53	3347.22	2883.92	22.78	104.19	26
57.72	21.24		0.95	801.18	699.32	6.51	14.96	261
78.25	33.46	0.70	1.68	1421.07	1248.77	8.04	37.25	262
2.70	7.56		2.80	148.15	125.45	0.39	3.38	263
8.19	7.83	0.10	0.54	155.23	134.63	1.55	4.40	264
4.82	4.12	0.41	1.07	115.11	98.52	0.38	3.39	265
25.97	21.47	5.12	10.77	538.39	456.80	3.83	17.97	266
2.13	3.21			67.07	49.20	0.84	4.73	267
1.64	3.29		33.72	101.03	71.22	1.23	18.12	268
70.96	41.35	13.71	2.64	816.59	625.01	5.69	63.15	27
11.36	19.98		0.03	129.88	110.63	0.65	3.76	271
18.46	4.14	2.08		210.85	140.08	1.53	26.66	272
2.60	2.72	0.25		35.81	28.36	0.38	1.95	273
23.69	8.10	7.15	0.87	263.59	203.08	2.12	19.88	274
2.21	1.21		0.10	22.99	17.53	0.11	1.65	275
8.40	2.63	0.07	1.19	71.67	57.47	0.42	4.64	276
4.23	2.58	4.17	0.45	81.81	67.84	0.48	4.61	277
7.75	2.43		7.34	75.39	68.23	0.38	1.18	28

1-A-3 续表9

行 业	代码	应付账款	所有者权益合计	实收资本	国家资本	集体资本
纤维素纤维原料及纤维制造	281	2.07	13.85	13.31		
合成纤维制造	282	1.75	7.41	4.20		
橡胶和塑料制品业	29	44.87	247.33	114.44	3.20	5.03
橡胶制品业	291	9.19	30.63	17.79	0.62	0.69
塑料制品业	292	35.69	216.70	96.65	2.58	4.34
非金属矿物制品业	30	151.65	765.35	362.91	14.35	11.65
水泥、石灰和石膏制造	301	65.08	270.52	108.74	9.68	7.38
石膏、水泥制品及类似制品制造	302	32.23	111.15	64.95	1.23	1.62
砖瓦、石材等建筑材料制造	303	22.12	200.06	89.16	0.45	1.59
玻璃制造	304	7.15	57.77	41.90		
玻璃制品制造	305	5.89	28.75	14.30	0.80	0.03
玻璃纤维和玻璃纤维增强塑料制品制造	306	0.81	4.94	2.26		
陶瓷制品制造	307	2.42	22.40	8.11		0.03
耐火材料制品制造	308	5.43	19.04	8.35	1.57	0.25
石墨及其他非金属矿物制品制造	309	10.52	50.72	25.14	0.63	0.75
黑色金属冶炼和压延加工业	31	316.66	1145.89	397.70	197.21	3.46
炼铁	311	10.50	8.18	3.34		0.13
炼钢	312	198.30	859.01	171.97	142.00	
黑色金属铸造	313	23.11	71.53	47.92	0.35	0.64
钢压延加工	314	80.49	195.52	168.38	54.86	2.56
铁合金冶炼	315	4.25	11.65	6.09		0.13
有色金属冶炼和压延加工业	32	47.59	172.51	89.53	56.26	1.11
常用有色金属冶炼	321	31.78	116.62	55.62	50.23	0.08
贵金属冶炼	322	1.27	4.65	1.55	0.01	
稀有稀土金属冶炼	323	0.20	1.46	0.63		
有色金属合金制造	324	1.43	7.61	5.35		0.21
有色金属铸造	325	0.12	2.04	2.21		0.06
有色金属压延加工	326	12.80	40.13	24.17	6.02	0.77
金属制品业	33	104.33	366.89	190.30	43.17	4.00
结构性金属制品制造	331	42.53	122.55	65.90	11.47	1.96
金属工具制造	332	5.15	18.76	10.58	1.41	0.03
集装箱及金属包装容器制造	333	9.61	47.17	29.33	1.68	0.84
金属丝绳及其制品制造	334	25.98	75.70	19.11	0.96	
建筑、安全用金属制品制造	335	2.76	17.95	13.67	8.68	
金属表面处理及热处理加工	336	4.07	8.97	5.45	1.63	0.95
搪瓷制品制造	337	0.35	0.52	0.22		
金属制日用品制造	338	3.67	17.20	6.71	0.08	
其他金属制品制造	339	10.21	58.08	39.33	17.26	0.22
通用设备制造业	34	99.16	491.51	170.89	38.54	4.06
锅炉及原动设备制造	341	24.07	89.82	31.12	17.88	0.34
金属加工机械制造	342	19.51	87.27	36.64	7.72	1.47

单位：亿元

法人资本	个人资本	港澳台资本	外商资本	主营业务收入	主营业务成本	主营业务税金及附加	销售费用	代码
7.63	0.06		5.63	32.26	30.27	0.09	0.43	281
0.12	2.37		1.71	43.13	37.96	0.29	0.75	282
45.38	54.58	2.31	2.07	906.08	763.84	7.13	25.40	29
5.88	10.02	0.20	0.38	161.96	136.50	1.27	4.54	291
39.50	44.56	2.11	1.68	744.12	627.33	5.86	20.86	292
162.61	135.88	4.85	32.47	2422.95	1989.91	28.47	84.54	30
44.21	19.33	0.43	27.71	661.74	522.83	7.81	28.58	301
30.85	30.44	0.02	0.27	457.72	384.63	5.08	14.92	302
36.90	48.60	1.05		744.39	613.36	9.56	22.91	303
30.88	5.21	3.27	2.53	77.85	65.81	0.56	1.16	304
7.43	5.97	0.06		121.14	100.06	1.15	3.96	305
0.60	1.66			18.10	14.63	0.13	0.64	306
3.44	3.59		1.05	123.56	108.15	1.04	2.91	307
3.04	2.59		0.90	67.32	55.68	1.00	3.62	308
5.25	18.49	0.01		151.13	124.77	2.15	5.85	309
71.25	86.86	2.32	36.60	3454.16	3193.43	6.31	40.59	31
0.26	2.96			20.74	16.80	0.29	0.61	311
4.10	2.25		23.61	2409.11	2248.94	0.46	24.55	312
39.63	7.30			299.68	258.43	2.29	8.41	313
24.58	71.78	2.32	12.28	678.64	628.48	2.80	5.81	314
2.68	2.57		0.70	45.98	40.77	0.46	1.21	315
13.00	16.89	0.09	2.08	1473.16	1416.17	2.44	7.97	32
2.85	2.37	0.09		1026.00	997.01	1.35	3.93	321
0.54	1.00			6.14	3.60	0.10	0.04	322
0.30	0.33			4.51	4.03	0.01	0.05	323
2.50	2.56		0.08	66.91	63.76	0.20	0.69	324
0.56	1.60			4.25	3.97	0.01	0.04	325
6.26	9.03		2.00	365.34	343.79	0.77	3.23	326
61.08	71.85	7.59	2.58	1164.39	995.77	10.33	34.83	33
24.61	27.20	0.41	0.08	506.32	428.03	5.54	12.83	331
5.60	3.43	0.01	0.09	74.63	62.63	0.94	2.27	332
9.95	11.62	4.10	1.27	157.31	131.99	1.03	5.71	333
10.52	4.76	2.87		102.73	90.07	1.24	2.12	334
2.33	2.66			38.55	32.68	0.28	0.98	335
1.41	1.14	0.19	0.14	54.59	49.98	0.13	0.39	336
0.06	0.16			6.88	6.23	0.06	0.15	337
1.75	4.79		0.09	55.92	43.46	0.37	6.50	338
4.85	16.09		0.90	167.47	150.70	0.75	3.87	339
59.28	57.17	2.88	7.35	1101.27	889.04	12.60	34.07	34
6.40	4.28	0.37	1.84	207.70	144.50	6.18	3.22	341
12.09	14.03	0.65	0.61	179.55	152.09	0.95	6.70	342

1-A-3 续表10

行业	代码	应付账款	所有者权益合计	实收资本	国家资本	集体资本
物料搬运设备制造	343	6.67	26.71	12.82	1.37	
泵、阀门、压缩机及类似机械制造	344	15.20	66.82	32.49	4.72	0.10
轴承、齿轮和传动部件制造	345	7.52	27.77	11.33	2.77	0.84
烘炉、风机、衡器、包装等设备制造	346	10.98	135.65	23.34	1.57	0.01
文化、办公用机械制造	347	3.13	3.95	3.16	1.41	
通用零部件制造	348	8.12	40.76	15.31	1.09	0.72
其他通用设备制造业	349	3.96	12.76	4.68		0.58
专用设备制造业	35	144.33	329.08	198.42	44.98	1.25
采矿、冶金、建筑专用设备制造	351	95.74	99.17	65.33	32.02	0.07
化工、木材、非金属加工专用设备制造	352	8.33	52.38	38.53	0.33	0.10
食品、饮料、烟草及饲料生产专用设备制造	353	2.12	14.62	5.47	0.12	
印刷、制药、日化及日用品生产专用设备制造	354	1.57	9.86	4.86		
纺织、服装和皮革加工专用设备制造	355	3.33	5.68	2.39	0.25	
电子和电工机械专用设备制造	356	2.93	44.06	18.44	8.91	0.57
农、林、牧、渔专用机械制造	357	5.44	14.39	12.40	0.40	0.06
医疗仪器设备及器械制造	358	1.93	9.16	2.46	0.01	0.33
环保、社会公共服务及其他专用设备制造	359	22.94	79.77	48.53	2.94	0.12
汽车制造业	36	799.73	2167.40	717.70	296.60	12.19
汽车整车制造	361	430.79	1444.31	422.51	275.69	0.41
改装汽车制造	362	33.05	57.70	31.45	3.40	0.91
低速载货汽车制造	363					
电车制造	364	0.55	0.45	0.15		
汽车车身、挂车制造	365	4.46	27.84	8.40	0.61	0.09
汽车零部件及配件制造	366	330.87	637.10	255.19	16.91	10.78
铁路、船舶、航空航天和其他运输设备制造业	37	126.02	201.29	129.50	59.23	0.24
铁路运输设备制造	371	27.29	40.98	34.71	1.82	0.21
城市轨道交通设备制造	372	0.50	1.10	1.10		
船舶及相关装置制造	373	83.16	120.79	79.26	48.15	0.04
航空、航天器及设备制造	374	11.97	27.67	10.88	9.26	
摩托车制造	375	1.46	6.53	1.43		
自行车制造	376	1.61	3.80	1.99		
非公路休闲车及零配件制造	377					
潜水救捞及其他未列明运输设备制造	379	0.03	0.42	0.14		
电气机械和器材制造业	38	197.45	447.01	238.94	17.31	5.75
电机制造	381	16.38	40.71	20.25	2.87	0.60
输配电及控制设备制造	382	47.87	120.57	70.76	1.40	2.50
电线、电缆、光缆及电工器材制造	383	26.50	102.51	68.93	8.46	1.15
电池制造	384	25.50	75.08	29.15	1.28	
家用电力器具制造	385	63.90	50.92	18.24	0.39	0.50
非电力家用器具制造	386	7.76	25.66	8.11	2.70	0.05
照明器具制造	387	7.67	25.70	17.38		0.64

单位：亿元

法人资本	个人资本	港澳台资本	外商资本	主营业务收入	主营业务成本	主营业务税金及附加	销售费用	代码
5.49	5.43			92.74	78.46	0.61	3.29	343
13.04	14.29	0.10	0.24	149.60	121.56	1.01	6.15	344
3.05	4.58	0.08		62.70	53.36	0.86	3.78	345
10.51	5.75	0.21	4.27	235.70	192.81	1.89	4.98	346
0.52	0.38	0.85		11.49	9.68	0.02	0.47	347
6.95	5.95	0.61		127.42	107.70	0.89	4.02	348
1.24	2.47		0.39	34.37	28.87	0.19	1.45	349
113.65	32.73	0.33	5.17	841.72	707.16	6.23	25.21	35
21.87	10.01		1.36	306.41	266.61	2.61	8.04	351
31.62	3.61		2.87	158.83	134.06	0.96	3.23	352
2.41	2.48		0.46	56.06	46.58	0.47	1.74	353
3.19	1.61	0.07		30.75	22.42	0.29	1.71	354
1.01	1.08	0.05		15.40	12.23	0.14	0.61	355
6.91	2.05			55.90	42.79	0.37	2.38	356
8.79	2.75		0.40	49.46	42.15	0.35	1.42	357
0.57	1.55			17.75	12.81	0.12	1.65	358
37.29	7.58	0.21	0.08	151.16	127.51	0.91	4.44	359
162.50	109.85	3.80	126.88	4602.63	3757.50	127.25	189.88	36
46.96	29.37		70.08	2189.22	1703.09	116.58	137.78	361
13.26	13.49	0.01	0.38	242.74	221.75	0.69	4.90	362
								363
0.13	0.02			2.39	1.99		0.04	364
3.59	3.71	0.40		64.58	57.22	0.23	0.91	365
98.57	63.26	3.38	56.42	2103.71	1773.45	9.76	46.25	366
56.43	12.79		0.78	535.97	465.60	3.70	7.69	37
31.84	0.66		0.15	118.67	105.89	0.70	2.31	371
	1.10			7.17	5.35	0.02	0.20	372
22.24	8.28		0.56	333.00	289.52	2.67	3.36	373
0.73	0.88			47.10	39.38	0.10	0.63	374
0.71	0.64		0.07	11.37	9.68	0.07	0.39	375
0.85	1.14			16.84	14.07	0.13	0.77	376
								377
0.05	0.09			1.80	1.70	0.01	0.03	379
101.10	69.39	12.35	31.21	1474.80	1258.90	8.66	48.00	38
10.03	4.87	0.22	1.65	94.23	80.33	0.99	2.92	381
20.70	17.27	10.63	18.05	342.68	293.88	2.41	10.61	382
37.69	15.75		5.79	335.15	288.28	1.38	7.47	383
8.06	15.88	0.83	1.89	202.68	159.59	1.82	7.70	384
15.40	1.26	0.36	0.23	347.82	312.11	1.16	13.74	385
1.38	3.39		0.36	63.77	51.83	0.48	2.97	386
5.59	7.60	0.32	3.23	67.17	56.10	0.29	1.57	387

1-A-3　续表11

行　　业	代码	应付账款	所有者权益合计	实收资本	国家资本	集体资本
其他电气机械及器材制造	389	1.87	5.85	6.11	0.20	0.30
计算机、通信和其他电子设备制造业	39	260.61	509.44	186.47	37.99	2.18
计算机制造	391	15.06	23.30	9.67		0.67
通信设备制造	392	160.29	207.85	74.68	24.79	
广播电视设备制造	393	0.46	4.67	1.89		
雷达及配套设备制造	394	0.65	1.09	0.52	0.52	
视听设备制造	395	3.44	8.25	4.11		
电子器件制造	396	64.11	169.95	61.24	12.40	0.61
电子元件制造	397	6.98	31.65	13.95	0.11	0.51
其他电子设备制造	399	9.63	62.68	20.42	0.17	0.39
仪器仪表制造业	40	14.13	47.97	20.66	2.97	0.37
通用仪器仪表制造	401	6.05	15.59	8.02	0.30	0.17
专用仪器仪表制造	402	4.86	22.54	7.33	2.09	
钟表与计时仪器制造	403	0.24	0.82	0.92		
光学仪器及眼镜制造	404	2.31	7.04	2.94	0.49	
其他仪器仪表制造业	409	0.67	1.97	1.44	0.10	0.20
其他制造业	41	11.76	39.26	10.43	4.12	
日用杂品制造	411	1.05	7.01	2.10		
煤制品制造	412	0.04	0.60	0.40		
其他未列明制造业	419					
废弃资源综合利用业	42	3.74	13.57	9.68	0.47	0.51
金属废料和碎屑加工处理	421	3.23	10.78	7.33	0.17	0.50
非金属废料和碎屑加工处理	422	0.50	2.80	2.35	0.30	0.01
金属制品、机械和设备修理业	43	5.18	9.95	6.25	0.51	1.02
金属制品修理	431	0.35	0.42	0.45	0.21	
通用设备修理	432	1.15	0.71	0.60		0.44
专用设备修理	433					
铁路、船舶、航空航天等运输设备修理	434	1.59	2.57	0.54		0.03
电气设备修理	435		0.12	0.30	0.30	
仪器仪表修理	436	0.07	0.55	0.15		
其他机械和设备修理业	439	2.03	5.59	4.21		0.55
电力、热力、燃气及水生产和供应业	**D**	**228.60**	**1591.38**	**626.84**	**394.50**	**3.82**
电力、热力生产和供应业	44	210.56	1428.07	558.98	362.83	3.52
电力生产	441	41.53	1135.44	486.65	295.59	3.41
电力供应	442	161.36	280.26	59.32	58.32	0.11
热力生产和供应	443	7.67	12.37	13.01	8.92	
燃气生产和供应业	45	9.95	49.11	25.07	6.47	0.13
水的生产和供应业	46	8.08	114.20	42.79	25.19	0.17
自来水生产和供应	461	7.47	111.39	40.82	25.19	0.17
污水处理及其再生利用	462	0.61	2.75	1.90		
其他水的处理、利用与分配	469	0.01	0.06	0.07		

单位：亿元

法人资本	个人资本	港澳台资本	外商资本	主营业务收入	主营业务成本	主营业务税金及附加	销售费用	代码
2.24	3.35		0.01	21.32	16.78	0.13	1.01	389
86.94	26.21	25.74	5.44	1303.76	1127.48	6.46	53.23	39
4.88	1.36	2.12	0.63	111.42	98.52	0.27	0.89	391
22.93	5.19	20.67	0.63	723.99	647.45	2.71	31.79	392
1.20	0.69			34.73	30.02	0.12	0.44	393
				1.67	1.25			394
2.37	0.14	1.40	0.20	27.12	24.19	0.21	0.54	395
39.02	6.17	0.97	0.56	278.93	225.71	2.29	15.00	396
3.77	6.54	0.58	2.44	75.01	59.39	0.56	2.46	397
12.76	6.12		0.97	50.90	40.94	0.30	2.11	399
9.11	6.42	0.66	0.98	113.65	87.08	0.86	4.99	40
3.16	3.55	0.01	0.69	45.38	36.66	0.35	1.67	401
2.37	2.58		0.29	43.26	30.71	0.32	2.56	402
0.81	0.02	0.10		6.40	5.52	0.03	0.02	403
1.84	0.06	0.55		12.90	9.81	0.11	0.52	404
0.92	0.22			5.71	4.38	0.05	0.20	409
3.00	3.31		0.01	128.82	108.02	1.60	3.09	41
0.81	1.29			36.12	27.66	1.08	1.87	411
0.15	0.25			6.15	5.44	0.27	0.06	412
								419
6.10	1.81	0.78		96.69	90.02	0.41	0.84	42
4.21	1.66	0.78		84.39	80.50	0.24	0.59	421
1.89	0.15			12.29	9.52	0.17	0.25	422
3.94	0.78			33.68	28.18	0.37	0.83	43
0.10	0.14			1.04	0.90	0.01	0.05	431
0.14	0.03			8.02	7.50	0.03	0.02	432
								433
0.05	0.45			8.15	6.52	0.09	0.07	434
				1.11	1.18	0.02		435
0.15				0.41	0.21	0.01	0.07	436
3.50	0.16			14.96	11.87	0.21	0.62	439
122.72	**52.92**	**34.92**	**16.62**	**1678.88**	**1370.74**	**13.37**	**14.86**	**D**
100.22	49.75	31.35	11.04	1521.78	1245.21	12.02	7.57	44
96.07	48.93	31.35	11.04	675.63	428.95	8.05	6.97	441
0.86	0.02			803.43	776.82	3.67	0.09	442
3.28	0.80			42.72	39.44	0.31	0.51	443
9.59	1.52	3.57	2.72	109.26	86.23	0.83	4.08	45
12.92	1.65		2.85	47.83	39.30	0.52	3.21	46
11.35	1.42		2.69	41.10	33.55	0.48	3.02	461
1.57	0.16		0.16	6.53	5.62	0.03	0.17	462
	0.07			0.20	0.13		0.02	469

1-A-3 续表12

行业	代码	管理费用	税金	财务费用	利息收入	利息支出
总计	**00**	**1625.62**	**90.11**	**476.04**	**40.93**	**457.65**
采矿业	**B**	**79.80**	**2.97**	**16.09**	**0.44**	**12.57**
煤炭开采和洗选业	06	6.89	0.54	0.65	0.12	0.61
烟煤和无烟煤开采洗选	061	6.88	0.54	0.65	0.12	0.61
褐煤开采洗选	062					
其他煤炭采选	069	0.01				
石油和天然气开采业	07	21.63	0.11	1.48	0.05	1.53
石油开采	071	21.63	0.11	1.48	0.05	1.53
天然气开采	072					
黑色金属矿采选业	08	17.48	0.67	3.56	0.04	3.00
铁矿采选	081	16.79	0.61	2.63	0.04	2.11
锰矿、铬矿采选	082	0.43		0.11		0.08
其他黑色金属矿采选	089	0.26	0.05	0.83		0.81
有色金属矿采选业	09	4.33	0.20	0.38	0.07	0.35
常用有色金属矿采选	091	3.36	0.15	0.29	0.07	0.27
贵金属矿采选	092	0.61	0.03	0.02		0.02
稀有稀土金属矿采选	093	0.36	0.01	0.06		0.06
非金属矿采选业	10	22.16	0.62	8.79	0.14	6.01
土砂石开采	101	7.93	0.18	2.04	0.02	1.26
化学矿开采	102	10.64	0.32	3.61	0.02	2.94
采盐	103	0.29	0.02	0.12		0.12
石棉及其他非金属矿采选	109	3.30	0.10	3.03	0.09	1.68
开采辅助活动	11	7.08	0.72	1.21	0.02	1.07
煤炭开采和洗选辅助活动	111					
石油和天然气开采辅助活动	112	7.03	0.72	1.21	0.02	1.07
其他开采辅助活动	119	0.05				
其他采矿业	12	0.22	0.12			
制造业	**C**	**1508.91**	**84.75**	**369.41**	**38.16**	**352.83**
农副食品加工业	13	113.67	7.99	36.81	0.82	29.40
谷物磨制	131	40.34	4.99	15.64	0.07	12.15
饲料加工	132	15.14	0.65	4.13	0.34	2.87
植物油加工	133	27.25	1.07	6.33	0.25	5.70
制糖业	134	0.27		0.17		0.15
屠宰及肉类加工	135	10.47	0.27	3.00	0.08	2.30
水产品加工	136	5.82	0.25	2.36	0.01	2.10
蔬菜、水果和坚果加工	137	3.58	0.17	1.61	0.05	1.24
其他农副食品加工	139	10.79	0.59	3.58	0.03	2.88

单位：亿元

营业利润	投资收益（损失以“-”号记）	利润总额	应交所得税	亏损企业亏损额	利税总额	应交增值税	从业人员平均人数（万人）	代码
2466.15	**60.44**	**2475.07**	**288.59**	**136.46**	**4451.87**	**1181.37**	**346.29**	**00**
79.75	**0.13**	**78.78**	**9.73**	**16.27**	**167.96**	**50.55**	**16.07**	**B**
12.24	0.02	11.47	1.70	1.04	21.42	6.85	3.29	06
12.01	0.02	11.25	1.64	1.04	21.07	6.74	3.28	061
								062
0.23		0.23	0.06		0.36	0.11		069
−8.38		−8.58	0.27	8.58	10.24	3.35	1.89	07
−8.38		−8.58	0.27	8.58	10.24	3.35	1.89	071
								072
18.62	0.04	17.93	1.93	0.73	31.62	10.02	2.89	08
16.17	0.04	15.50	1.83	0.73	27.98	9.07	2.64	081
0.44		0.42	0.09		1.00	0.41	0.14	082
2.01		2.01	0.02		2.64	0.54	0.11	089
12.63		12.64	2.49	0.10	18.26	4.29	1.03	09
11.43		11.40	2.42	0.07	16.37	3.76	0.87	091
0.80		0.86	0.05		1.28	0.37	0.12	092
0.41		0.38	0.03	0.03	0.61	0.15	0.04	093
50.23	0.11	50.66	3.21	0.41	85.75	21.82	4.96	10
24.82	0.05	25.04	2.04	0.01	40.52	11.82	2.56	101
12.22	0.06	12.47	0.86	0.40	27.76	7.67	1.48	102
0.09		0.09	0.02		0.36	0.23	0.14	103
13.10		13.06	0.29		17.11	2.11	0.79	109
−5.61	−0.04	−5.37	0.13	5.40	0.64	4.21	1.98	11
								111
−5.64	−0.04	−5.40	0.13	5.40	0.60	4.21	1.97	112
0.03		0.03	0.01		0.04		0.01	119
0.02		0.02			0.03	0.01	0.03	12
2185.25	**30.98**	**2192.64**	**241.88**	**110.35**	**3957.73**	**1022.08**	**315.99**	**C**
265.57	−1.50	261.40	17.64	1.67	365.82	80.46	23.45	13
104.19	−0.20	103.84	5.02	0.14	142.02	28.26	6.59	131
29.43	−1.20	26.01	3.08	0.29	38.50	10.04	2.65	132
56.85	3.14	57.24	4.13	0.22	82.45	20.70	3.45	133
0.58	0.04	0.69	0.06		1.09	0.30	0.08	134
20.89	−0.55	21.06	1.02	0.79	27.72	5.48	2.89	135
15.60	−1.98	14.80	1.62	0.05	20.57	4.21	3.17	136
15.00	0.05	15.40	0.92	0.03	20.87	4.26	1.72	137
23.02	−0.80	22.36	1.78	0.16	32.59	7.21	2.89	139

1-A-3 续表13

行业	代码	管理费用	税金	财务费用	利息收入	利息支出
食品制造业	14	40.87	3.23	9.87	2.51	9.50
焙烤食品制造	141	8.21	0.91	2.51	0.98	2.35
糖果、巧克力及蜜饯制造	142	4.65	0.02	0.30		0.14
方便食品制造	143	5.50	0.27	0.83	0.17	0.77
乳制品制造	144	1.42	0.07	0.17	0.01	0.16
罐头食品制造	145	8.15	0.42	2.27	1.32	3.19
调味品、发酵制品制造	146	5.04	1.16	1.22		0.96
其他食品制造	149	7.90	0.37	2.59	0.03	1.93
酒、饮料和精制茶制造业	15	63.11	9.14	10.93	3.92	13.36
酒的制造	151	38.84	7.80	6.50	3.17	9.34
饮料制造	152	10.40	0.82	2.04	0.72	2.11
精制茶加工	153	13.86	0.53	2.38	0.03	1.91
烟草制品业	16	24.45	0.49	3.15	0.26	3.51
烟叶复烤	161	0.22	0.03			
卷烟制造	162	22.26	0.44	3.27	0.29	3.51
其他烟草制品制造	169	1.97	0.02	−0.12	−0.02	
纺织业	17	79.28	4.45	29.77	0.40	18.63
棉纺织及印染精加工	171	58.00	2.57	23.43	0.38	13.73
毛纺织及染整精加工	172	0.38	0.01	0.22		0.08
麻纺织及染整精加工	173	1.18	0.05	1.15	0.01	0.92
丝绢纺织及印染精加工	174	0.32	0.03	0.11		0.10
化纤织造及印染精加工	175	0.50	0.02	0.48		0.25
针织或钩针编织物及其制品制造	176	1.22	0.01	0.39		0.35
家用纺织制成品制造	177	1.91	0.06	0.85		0.55
非家用纺织制成品制造	178	15.77	1.69	3.15	0.01	2.66
纺织服装、服饰业	18	32.90	2.97	7.81	0.64	6.19
机织服装制造	181	30.32	2.86	6.86	0.62	5.35
针织或钩针编织服装制造	182	1.77	0.09	0.72	0.02	0.70
服饰制造	183	0.81	0.02	0.23	0.01	0.13
皮革、毛皮、羽毛及其制品和制鞋业	19	6.31	0.60	1.64	0.09	1.54
皮革鞣制加工	191	0.29	0.01	0.36	0.04	0.30
皮革制品制造	192	0.42	0.02	0.10		0.09
毛皮鞣制及制品加工	193	0.90	0.01	0.14		0.06
羽毛(绒)加工及制品制造	194	0.19	0.01	0.05		0.05
制鞋业	195	4.51	0.56	0.99	0.05	1.03
木材加工和木、竹、藤、棕、草制品业	20	9.83	0.94	4.04	0.05	2.82
木材加工	201	0.81	0.16	0.43		0.34
人造板制造	202	5.68	0.53	2.52	0.03	1.90
木制品制造	203	3.08	0.21	0.93	0.02	0.51
竹、藤、棕、草等制品制造	204	0.27	0.04	0.17		0.08
家具制造业	21	5.53	0.21	1.08	0.01	0.94

单位：亿元

营业利润	投资收益（损失以“-”号记）	利润总额	应交所得税	亏损企业亏损额	利税总额	应交增值税	从业人员平均人数（万人）	代码
57.39	-3.71	55.61	4.72	3.11	93.72	31.13	9.50	14
10.20	-0.19	10.39	1.11	0.24	16.98	5.29	2.60	141
5.10		5.16	0.79	0.01	9.90	4.15	0.71	142
6.58	-3.23	6.67	0.28		11.21	3.78	1.34	143
3.79	0.01	3.85	0.26	0.01	6.60	2.42	0.66	144
11.90	-0.31	9.54	1.29		15.98	4.91	1.64	145
3.29		3.40	0.21	2.19	8.64	4.24	0.76	146
16.52	0.01	16.60	0.78	0.66	24.41	6.34	1.80	149
118.42	-11.61	119.09	20.02	1.25	193.65	44.45	10.85	15
62.73	-6.12	62.83	11.58	0.90	111.03	24.10	5.91	151
32.56	-5.12	33.75	6.12	0.22	49.54	13.28	2.78	152
23.13	-0.37	22.51	2.32	0.14	33.09	7.07	2.17	153
57.25	5.45	56.03	12.56		401.76	60.59	0.81	16
0.37		0.37	0.08		0.71	0.31	0.03	161
52.64	5.45	51.29	11.49		395.39	59.15	0.69	162
4.25		4.37	0.99		5.65	1.13	0.09	169
110.68	-2.94	111.90	10.95	3.80	180.11	52.27	29.03	17
78.06	-2.88	79.67	8.39	3.55	127.77	35.78	20.55	171
2.38	0.30	2.39	0.01	0.18	3.17	0.61	0.30	172
2.83		2.67	0.01		4.63	1.59	1.05	173
0.46	-0.17	0.46	0.07	0.01	0.67	0.15	0.07	174
1.59		1.60	0.10		2.31	0.53	0.22	175
1.51		1.51	0.14	0.01	2.40	0.68	0.56	176
3.96	-0.19	3.89	0.22	0.03	6.34	1.96	0.79	177
19.90		19.71	2.02	0.02	32.82	10.96	5.49	178
50.03	-0.38	49.92	4.96	0.83	78.59	21.46	16.66	18
45.90	-0.38	45.80	4.37	0.79	72.51	20.03	15.26	181
3.00		3.04	0.51	0.04	4.14	0.87	0.80	182
1.14		1.08	0.08		1.93	0.56	0.60	183
5.14	0.04	5.32	0.28	0.12	9.67	3.22	3.42	19
0.67		0.72	0.04		1.35	0.41	0.09	191
0.35	-0.13	0.36	0.01	0.09	0.64	0.25	0.14	192
1.28		1.33	0.04		2.08	0.63	0.28	193
0.24		0.24			0.43	0.15	0.13	194
2.59	0.17	2.67	0.19	0.03	5.18	1.77	2.78	195
26.07	0.09	27.16	2.18	0.10	43.53	11.64	3.84	20
3.50		3.49	0.07		5.35	1.41	0.32	201
13.21	0.09	14.26	1.55	0.06	24.11	6.75	2.23	202
8.16		8.21	0.49	0.04	12.33	3.19	1.17	203
1.21		1.21	0.08		1.73	0.29	0.12	204
6.43	-0.50	6.41	0.93	0.06	12.33	4.79	1.58	21

1-A-3 续表14

行 业	代码	管理费用	税金	财务费用	利息收入	利息支出
木质家具制造	211	3.70	0.18	0.93	0.01	0.81
竹、藤家具制造	212					
金属家具制造	213	0.11		0.02		0.03
塑料家具制造	214					
其他家具制造	219	1.72	0.03	0.14		0.10
造纸和纸制品业	22	15.76	1.07	5.61	0.39	4.71
纸浆制造	221	0.04	0.01	0.06		0.06
造纸	222	6.36	0.40	2.80	0.38	2.87
纸制品制造	223	9.36	0.66	2.74	0.01	1.79
印刷和记录媒介复制业	23	17.94	1.30	2.22	0.12	1.81
印刷	231	17.40	1.29	2.23	0.10	1.80
装订及印刷相关服务	232	0.29	0.01	−0.01	0.02	0.01
记录媒介复制	233	0.25				
文教、工美、体育和娱乐用品制造业	24	6.01	0.30	1.84	0.03	1.64
文教办公用品制造	241	1.12		0.19		0.19
乐器制造	242	0.69	0.07	0.36		0.34
工艺美术品制造	243	3.69	0.19	1.21	0.02	1.03
体育用品制造	244	0.29	0.03	0.05		0.05
玩具制造	245	0.20		0.03		0.02
游艺器材及娱乐用品制造	246	0.02		0.01		0.01
石油加工、炼焦和核燃料加工业	25	11.89	0.33	2.77	0.27	2.86
精炼石油产品制造	251	11.63	0.26	2.69	0.27	2.76
炼焦	252	0.25	0.07	0.08		0.10
化学原料和化学制品制造业	26	115.09	6.77	49.86	1.89	45.27
基础化学原料制造	261	20.99	1.06	14.78	0.30	13.29
肥料制造	262	44.61	2.78	22.55	0.90	21.50
农药制造	263	4.36	0.38	1.61	0.13	1.39
涂料、油墨、颜料及类似产品制造	264	5.82	0.56	1.20	0.07	0.88
合成材料制造	265	4.48	0.35	1.14	0.12	1.00
专用化学产品制造	266	23.27	1.24	6.74	0.34	5.89
炸药、火工及焰火产品制造	267	5.84	0.19	1.16	0.06	0.80
日用化学产品制造	268	5.70	0.21	0.66	−0.04	0.53
医药制造业	27	49.31	2.85	11.75	0.87	10.99
化学药品原料药制造	271	7.21	0.34	2.18	0.10	1.88
化学药品制剂制造	272	16.20	0.57	3.71	0.31	3.63
中药饮片加工	273	1.47	0.22	0.46	0.02	0.42
中成药生产	274	15.08	1.32	3.43	0.25	3.48
兽用药品制造	275	1.52	0.19	0.34	0.15	0.44
生物药品制造	276	3.82	0.07	0.84	0.04	0.60
卫生材料及医药用品制造	277	4.01	0.14	0.77		0.53
化学纤维制造业	28	5.03	0.04	0.98	0.11	1.00

单位：亿元

营业利润	投资收益（损失以"–"号记）	利润总额	应交所得税	亏损企业亏损额	利税总额	应交增值税	从业人员平均人数（万人）	代码
4.55	−0.50	4.53	0.55	0.02	8.19	2.82	1.27	211
								212
0.18		0.18	0.02		0.35	0.14	0.05	213
								214
1.69		1.70	0.36	0.04	3.80	1.83	0.25	219
25.30	0.28	21.74	2.83	2.43	38.03	12.75	4.67	22
0.06		0.06	0.01		0.13	0.05	0.04	221
8.67	0.14	8.45	0.94	1.38	15.14	5.34	2.17	222
16.56	0.14	13.23	1.88	1.05	22.76	7.37	2.46	223
15.76	−0.07	15.80	2.06	0.86	25.50	8.01	3.04	23
15.25	−0.07	15.18	2.03	0.66	24.54	7.71	2.96	231
0.58		0.61			0.87	0.23	0.05	232
−0.07		0.01	0.03	0.20	0.09	0.06	0.03	233
8.84	0.04	8.99	0.88	0.81	14.47	4.23	1.97	24
0.73		0.75	0.17	0.26	1.06	0.21	0.16	241
0.46		0.52	0.04	0.09	1.07	0.48	0.26	242
6.66	0.04	6.71	0.63	0.37	10.86	3.24	1.26	243
0.84		0.84	0.01		1.26	0.26	0.09	244
0.07		0.08	0.02	0.08	0.13	0.04	0.18	245
0.08		0.08	0.02		0.10		0.01	246
0.23		0.22	0.78	3.33	115.35	17.32	1.18	25
−0.72		−0.80	0.52	3.11	112.09	15.37	1.08	251
0.95		1.02	0.26	0.22	3.26	1.95	0.11	252
221.01	2.20	213.44	18.24	13.22	325.27	87.84	21.72	26
49.52	2.37	46.21	2.63	2.51	79.18	26.41	5.55	261
88.39	−0.61	88.76	6.14	5.09	128.52	31.66	7.91	262
20.85	−0.08	21.91	2.29	0.05	23.53	1.22	0.88	263
8.42	0.02	8.91	1.27	0.16	14.45	3.94	1.22	264
8.41	−0.12	8.08	0.72	0.15	11.87	3.35	0.77	265
35.35	0.36	29.62	2.80	1.06	48.75	14.32	3.49	266
6.61	0.06	7.24	1.14	0.04	10.89	2.81	1.10	267
3.46	0.21	2.71	1.25	4.17	8.09	4.13	0.81	268
71.38	2.63	73.56	8.96	1.39	114.62	35.34	10.47	27
6.30	−0.16	7.12	1.22	0.92	12.21	4.43	1.70	271
26.19	2.61	27.01	4.01	0.08	40.04	11.49	3.05	272
2.95		2.99	0.25		4.27	0.90	0.40	273
20.04	0.14	20.44	2.28	0.18	33.60	11.02	2.63	274
1.95		1.99	0.14		3.24	1.13	0.35	275
8.27	0.03	8.33	0.55	0.19	11.68	2.94	0.63	276
5.67	0.01	5.67	0.51	0.02	9.57	3.41	1.70	277
4.66	0.05	4.60	0.09	1.43	6.66	1.67	0.85	28

1-A-3 续表15

行 业	代码	管理费用	税金	财务费用	利息收入	利息支出
纤维素纤维原料及纤维制造	281	4.36	0.01	0.68	0.11	0.78
合成纤维制造	282	0.67	0.03	0.30		0.23
橡胶和塑料制品业	29	35.33	2.04	11.00	0.42	8.40
橡胶制品业	291	6.12	0.27	1.76	0.02	1.53
塑料制品业	292	29.21	1.77	9.23	0.39	6.86
非金属矿物制品业	30	99.33	6.52	35.34	1.25	29.07
水泥、石灰和石膏制造	301	27.47	1.50	14.94	0.48	14.45
石膏、水泥制品及类似制品制造	302	15.81	1.26	4.81	0.08	3.45
砖瓦、石材等建筑材料制造	303	27.97	2.33	8.18	0.20	5.63
玻璃制造	304	3.07	0.38	2.19	0.31	1.46
玻璃制品制造	305	4.50	0.43	1.17	0.03	0.99
玻璃纤维和玻璃纤维增强塑料制品制造	306	0.94	0.09	0.26		0.17
陶瓷制品制造	307	11.55	0.20	1.06	0.01	1.04
耐火材料制品制造	308	3.34	0.15	0.88	0.01	0.40
石墨及其他非金属矿物制品制造	309	4.67	0.19	1.86	0.13	1.47
黑色金属冶炼和压延加工业	31	142.75	7.43	53.80	5.35	66.16
炼铁	311	0.81	0.02	0.64		0.41
炼钢	312	106.14	5.96	38.29	5.00	51.70
黑色金属铸造	313	11.21	0.44	3.61	0.09	2.92
钢压延加工	314	23.06	0.82	9.69	0.23	9.85
铁合金冶炼	315	1.54	0.18	1.58	0.03	1.29
有色金属冶炼和压延加工业	32	23.75	1.14	10.52	3.32	8.79
常用有色金属冶炼	321	11.11	0.81	6.40	3.02	5.88
贵金属冶炼	322	1.72	0.03	0.11	0.02	0.13
稀有稀土金属冶炼	323	0.11	0.01	0.04		0.04
有色金属合金制造	324	6.54	0.04	0.43		0.31
有色金属铸造	325	0.14				
有色金属压延加工	326	4.12	0.26	3.54	0.27	2.43
金属制品业	33	52.70	2.12	14.06	0.54	12.03
结构性金属制品制造	331	21.80	0.78	4.96	0.23	3.84
金属工具制造	332	4.69	0.25	1.25	0.02	1.14
集装箱及金属包装容器制造	333	9.85	0.20	1.75	0.04	1.34
金属丝绳及其制品制造	334	2.75	0.14	2.27	0.06	2.26
建筑、安全用金属制品制造	335	1.99	0.07	0.20	0.13	0.18
金属表面处理及热处理加工	336	1.47	0.06	0.50	0.02	0.44
搪瓷制品制造	337	0.23	0.01	0.03		0.02
金属制日用品制造	338	1.82	0.08	0.31	0.03	0.27
其他金属制品制造	339	8.10	0.53	2.79	0.01	2.52
通用设备制造业	34	55.35	2.11	15.67	1.75	14.43
锅炉及原动设备制造	341	7.32	0.20	1.19	1.09	2.03
金属加工机械制造	342	13.08	0.47	2.74	0.18	1.97

单位：亿元

营业利润	投资收益（损失以“-”号记）	利润总额	应交所得税	亏损企业亏损额	利税总额	应交增值税	从业人员平均人数（万人）	代码
1.50	0.05	1.45	0.05	1.43	2.02	0.49	0.61	281
3.15		3.16	0.04		4.63	1.18	0.23	282
67.78	0.25	66.22	7.18	0.82	102.23	28.58	9.96	29
11.54	−0.52	9.79	0.91	0.03	16.39	5.15	1.71	291
56.24	0.77	56.43	6.27	0.79	85.84	23.43	8.25	292
195.00	−0.63	197.93	19.34	5.10	321.26	94.23	24.72	30
56.67	0.64	60.37	6.04	1.97	99.87	31.61	5.11	301
34.19	−0.95	33.66	3.40	0.56	55.11	16.22	4.07	302
62.97	−0.09	63.19	4.31	0.67	96.44	23.48	9.18	303
5.28	0.04	5.88	0.98	0.19	10.63	4.18	0.94	304
8.82		8.34	1.13	0.80	13.57	4.07	1.82	305
1.43		1.47	0.19		2.26	0.66	0.25	306
8.12	0.04	7.92	0.71	0.09	13.28	4.31	1.08	307
4.34	0.02	4.55	0.33	0.13	7.97	2.28	0.82	308
13.18	−0.33	12.55	2.26	0.70	22.12	7.41	1.46	309
26.45	−2.70	46.71	5.98	7.51	125.48	66.10	18.84	31
0.79		0.79	0.14	0.15	1.53	0.45	0.16	311
−9.46	3.74	8.82	1.60	0.01	53.37	37.92	11.11	312
15.73	−5.51	15.63	1.17	0.30	26.27	8.32	2.82	313
16.38	−0.93	18.50	2.95	6.74	37.85	16.39	4.18	314
3.00		2.98	0.12	0.31	6.47	3.02	0.57	315
19.43	−16.78	20.14	2.13	5.71	36.52	13.92	5.11	32
7.30	−6.57	7.82	1.38	3.74	16.98	7.81	2.60	321
0.62		0.62	0.17	0.05	1.24	0.52	0.18	322
0.25		0.26	0.01	0.01	0.42	0.15	0.05	323
1.69	−0.24	1.62	0.10	0.05	2.94	1.10	0.29	324
0.10		0.10	0.01		0.16	0.05	0.06	325
9.47	−9.98	9.72	0.47	1.86	14.79	4.30	1.93	326
67.72	−2.37	65.03	7.20	4.10	105.93	30.36	11.48	33
35.49	−1.25	34.83	2.38	0.35	53.53	13.08	4.94	331
3.64		3.83	0.45	0.14	7.37	2.58	0.97	332
10.34	−0.01	10.32	1.93	0.11	15.29	3.89	1.41	333
3.63		3.97	0.87	1.22	7.95	2.74	0.94	334
2.14		2.16	0.18	0.16	3.11	0.67	0.39	335
0.76	−0.62	0.80	0.20	0.27	1.58	0.66	0.39	336
0.54		0.54			0.93	0.33	0.05	337
3.02		3.16	0.45	0.01	5.51	1.97	0.71	338
8.15	−0.49	5.43	0.75	1.85	10.67	4.44	1.68	339
71.92	−6.25	77.47	7.24	5.89	120.59	30.33	11.59	34
17.30	0.04	18.71	0.72	1.89	32.09	7.12	1.44	341
5.51	0.26	6.73	0.56	2.31	11.87	4.13	2.18	342

1-A-3 续表16

行 业	代码	管理费用		财务费用		
			税金		利息收入	利息支出
物料搬运设备制造	343	5.30	0.18	0.91	0.08	0.73
泵、阀门、压缩机及类似机械制造	344	8.58	0.44	2.74	0.20	2.34
轴承、齿轮和传动部件制造	345	4.14	0.24	0.66	0.07	0.60
烘炉、风机、衡器、包装等设备制造	346	8.77	0.24	5.68	−0.01	5.36
文化、办公用机械制造	347	0.66		0.06	0.02	0.08
通用零部件制造	348	5.74	0.26	1.45	0.09	1.08
其他通用设备制造业	349	1.77	0.08	0.26	0.03	0.24
专用设备制造业	35	44.17	2.35	13.32	0.67	11.09
采矿、冶金、建筑专用设备制造	351	14.11	0.60	4.77	0.34	4.14
化工、木材、非金属加工专用设备制造	352	7.13	0.13	2.27	0.03	1.88
食品、饮料、烟草及饲料生产专用设备制造	353	2.48	0.12	0.60	0.08	0.48
印刷、制药、日化及日用品生产专用设备制造	354	3.11	0.80	0.51	0.01	0.47
纺织、服装和皮革加工专用设备制造	355	1.06	0.06	0.18	0.01	0.13
电子和电工机械专用设备制造	356	3.90	0.13	1.09	0.03	0.96
农、林、牧、渔专用机械制造	357	2.45	0.12	0.65	0.11	0.74
医疗仪器设备及器械制造	358	1.32	0.04	0.20	0.01	0.20
环保、社会公共服务及其他专用设备制造	359	8.61	0.35	3.05	0.06	2.09
汽车制造业	36	255.09	11.56	8.60	8.80	22.63
汽车整车制造	361	131.25	5.76	−13.89	6.82	3.96
改装汽车制造	362	9.37	0.37	2.75	0.22	2.53
低速载货汽车制造	363					
电车制造	364	0.09				
汽车车身、挂车制造	365	1.78	0.09	0.71	0.01	0.69
汽车零部件及配件制造	366	112.61	5.35	19.03	1.75	15.45
铁路、船舶、航空航天和其他运输设备制造业	37	31.81	1.16	3.59	0.68	4.04
铁路运输设备制造	371	7.58	0.31	0.52	0.07	0.50
城市轨道交通设备制造	372	0.11		0.14		0.14
船舶及相关装置制造	373	16.97	0.77	1.95	0.16	2.05
航空、航天器及设备制造	374	5.49	0.01	0.79	0.46	1.17
摩托车制造	375	0.64	0.03	0.10	0.01	0.08
自行车制造	376	0.99	0.04	0.08	−0.02	0.09
非公路休闲车及零配件制造	377					
潜水救捞及其他未列明运输设备制造	379	0.04		0.01		0.01
电气机械和器材制造业	38	69.41	3.57	10.80	1.09	9.61
电机制造	381	6.20	0.28	0.39	0.38	0.57
输配电及控制设备制造	382	17.65	1.04	2.21	0.12	2.28
电线、电缆、光缆及电工器材制造	383	12.20	0.37	4.16	0.17	3.05
电池制造	384	9.45	0.59	2.07	0.10	1.97
家用电力器具制造	385	13.29	1.07	0.56	0.24	0.55
非电力家用器具制造	386	4.29	0.12	0.64	0.01	0.58
照明器具制造	387	4.59	0.08	0.66	0.01	0.50

单位：亿元

营业利润	投资收益（损失以“-”号记）	利润总额	应交所得税	亏损企业亏损额	利税总额	应交增值税	从业人员平均人数（万人）	代码
4.48	0.10	4.50	0.63	0.88	8.46	3.34	0.94	343
9.14	−0.28	10.49	1.02	0.22	15.66	4.13	1.90	344
3.72	−0.07	4.08	0.24	0.01	6.61	1.66	0.86	345
21.55	−6.31	22.75	2.97	0.38	29.50	4.85	1.94	346
0.53		0.58	0.09		1.10	0.50	0.09	347
7.52	−0.12	7.42	0.73	0.18	11.91	3.59	1.83	348
2.17	0.12	2.19	0.29		3.39	1.01	0.42	349
43.92	−2.61	45.07	5.29	5.33	72.81	21.44	10.04	35
8.55	−2.42	8.87	0.72	4.03	19.29	7.77	3.54	351
11.58	−0.13	11.51	1.88	0.21	15.75	3.27	1.72	352
4.19	0.03	4.01	0.47	0.02	6.32	1.84	0.70	353
2.56		2.61	0.22		4.04	1.14	0.35	354
1.42		1.53	0.07	0.04	2.29	0.62	0.32	355
4.61	0.71	4.63	0.66	0.07	6.55	1.55	1.01	356
2.73	0.15	2.86	0.22	0.11	4.62	1.41	0.55	357
1.58		1.65	0.35	0.02	2.61	0.83	0.35	358
6.70	−0.95	7.40	0.69	0.83	11.34	3.01	1.50	359
481.73	82.06	457.29	55.17	19.18	754.65	168.75	39.39	36
309.12	83.82	282.06	31.93	10.05	494.14	95.04	11.65	361
16.06		16.95	1.39	2.20	26.07	8.43	2.44	362
								363
0.26		0.26			0.27	0.01	0.02	364
3.72	0.08	5.50	0.63	0.20	6.85	1.12	0.71	365
152.57	−1.85	152.51	21.21	6.73	227.31	64.15	24.58	366
25.16	−2.62	26.25	5.02	4.40	42.33	12.33	6.94	37
2.43	−0.04	2.70	0.25	0.03	6.49	3.08	1.96	371
1.26		1.26			1.28		0.02	372
18.60	−2.51	18.68	4.16	4.37	29.02	7.63	3.46	373
1.21		1.58	0.33		2.72	1.04	1.07	374
0.65		0.79	0.08		1.02	0.16	0.22	375
0.98		1.21	0.19		1.69	0.35	0.18	376
								377
0.03	−0.06	0.03			0.10	0.07	0.03	379
89.90	−7.80	88.81	11.55	2.85	134.51	36.98	14.98	38
4.40	0.70	5.44	0.74	0.11	8.49	2.04	1.47	381
16.41	−1.28	16.97	1.87	1.63	27.66	8.14	3.83	382
21.82	−1.88	20.54	1.89	0.20	29.45	7.22	2.18	383
23.14	0.25	20.08	2.35	0.28	30.09	8.19	2.23	384
14.04	−5.82	14.90	3.32	0.01	22.70	7.04	3.10	385
4.33		4.58	0.47	0.04	6.77	1.71	0.74	386
4.39	0.22	4.88	0.78	0.28	7.35	2.18	1.19	387

1-A-3 续表17

行　　业	代码	管理费用	税金	财务费用	利息收入	利息支出
其他电气机械及器材制造	389	1.75	0.03	0.11	0.06	0.10
计算机、通信和其他电子设备制造业	39	74.19	1.38	8.10	1.73	8.81
计算机制造	391	1.82	0.04	0.86	0.01	0.50
通信设备制造	392	37.47	0.44	2.67	0.33	2.73
广播电视设备制造	393	0.54	0.01	0.32	0.02	0.18
雷达及配套设备制造	394	0.30		0.03		0.03
视听设备制造	395	0.63	0.04	0.18		0.05
电子器件制造	396	24.26	0.55	2.77	1.09	4.18
电子元件制造	397	4.15	0.17	0.39	0.16	0.43
其他电子设备制造	399	5.02	0.14	0.88	0.12	0.71
仪器仪表制造业	40	9.94	0.34	1.37	0.07	1.02
通用仪器仪表制造	401	3.56	0.12	0.47	0.02	0.44
专用仪器仪表制造	402	4.51	0.20	0.81		0.48
钟表与计时仪器制造	403	0.11		0.02		0.01
光学仪器及眼镜制造	404	1.40	0.02	0.01	0.04	0.03
其他仪器仪表制造业	409	0.37		0.06		0.06
其他制造业	41	7.63	0.24	1.66	0.09	1.23
日用杂品制造	411	1.69	0.18	0.46		0.09
煤制品制造	412	0.06		0.05		0.02
其他未列明制造业	419					
废弃资源综合利用业	42	7.91	0.06	1.13	0.02	1.00
金属废料和碎屑加工处理	421	7.52	0.05	0.99	0.02	0.88
非金属废料和碎屑加工处理	422	0.39		0.14		0.12
金属制品、机械和设备修理业	43	2.59	0.06	0.32	0.01	0.36
金属制品修理	431	0.06		0.01		0.01
通用设备修理	432	0.28		0.03		0.03
专用设备修理	433					
铁路、船舶、航空航天等运输设备修理	434	0.74	0.01	−0.01	0.01	0.04
电气设备修理	435	0.31				
仪器仪表修理	436	0.08		0.01		0.01
其他机械和设备修理业	439	1.12	0.05	0.29		0.27
电力、热力、燃气及水生产和供应业	**D**	**36.91**	**2.40**	**90.53**	**2.33**	**92.25**
电力、热力生产和供应业	44	26.66	1.67	86.97	2.06	88.64
电力生产	441	21.29	1.23	73.34	1.70	75.03
电力供应	442	0.88	0.03	13.09	0.28	13.09
热力生产和供应	443	4.49	0.40	0.54	0.09	0.52
燃气生产和供应业	45	4.38	0.28	1.51	0.26	1.60
水的生产和供应业	46	5.87	0.45	2.05	0.01	2.01
自来水生产和供应	461	5.36	0.45	1.99	0.01	1.98
污水处理及其再生利用	462	0.46		0.06		0.03
其他水的处理、利用与分配	469	0.04				

单位：亿元

营业利润	投资收益（损失以“-”号记）	利润总额	应交所得税	亏损企业亏损额	利税总额	应交增值税	从业人员平均人数（万人）	代码
1.37		1.41	0.13	0.30	2.01	0.46	0.26	389
32.23	0.15	48.09	5.91	13.98	85.36	30.59	13.76	39
9.72	0.09	10.34	0.16	0.03	12.65	2.05	0.63	391
0.03	−0.33	7.98	2.55	8.05	27.61	16.91	6.87	392
1.84		1.88	0.03	0.01	2.23	0.22	0.13	393
0.09		0.09			0.10		0.06	394
1.26		1.29	0.13		1.78	0.27	0.33	395
7.81	−0.10	14.49	1.57	4.94	23.43	6.47	3.65	396
8.88	0.79	9.05	1.06	0.21	12.49	2.87	1.21	397
2.59	−0.30	2.95	0.42	0.75	5.08	1.81	0.88	399
9.33	0.12	11.12	0.86	0.11	16.51	4.53	2.34	40
2.67	0.21	3.04	0.32	0.02	5.11	1.72	0.63	401
4.77	0.06	5.03	0.45	0.03	7.20	1.86	0.71	402
0.67		0.68	0.01	0.02	0.94	0.23	0.40	403
1.06	0.02	2.21	0.07	0.03	2.75	0.42	0.40	404
0.16	−0.16	0.17	0.02	0.01	0.52	0.29	0.20	409
6.82	0.13	7.17	0.34	0.03	11.25	2.46	2.18	41
3.17		3.17	0.03		5.30	1.05	0.58	411
0.49		0.49			0.95	0.19	0.02	412
								419
2.48	−0.02	3.22	0.56	0.65	6.91	3.28	0.69	42
0.83	−0.02	1.56	0.23	0.65	4.36	2.56	0.56	421
1.65		1.66	0.33		2.55	0.72	0.13	422
1.23	−0.02	0.93	0.05	0.26	2.33	1.02	0.92	43
−0.02		−0.02		0.03	0.04	0.05	0.03	431
0.16		0.15	0.02		0.43	0.25	0.39	432
								433
0.22	−0.02	0.41	0.01		0.64	0.13	0.13	434
−0.09		−0.09		0.09	0.06	0.14	0.09	435
0.04		0.06			0.10	0.04	0.01	436
0.92		0.42	0.02	0.14	1.05	0.42	0.26	439
201.14	**29.32**	**203.65**	**36.97**	**9.84**	**326.19**	**108.74**	**14.23**	**D**
168.12	8.94	187.71	33.33	8.37	304.32	104.25	11.35	44
160.03	9.01	179.76	32.99	6.51	257.53	69.49	3.02	441
8.36	−0.07	8.56	0.32	0.23	46.01	33.67	7.59	442
−0.27		−0.62	0.03	1.64	0.78	1.09	0.75	443
13.97	−0.36	13.95	3.33	0.12	17.28	2.45	0.85	45
19.05	20.74	1.99	0.32	1.35	4.59	2.05	2.03	46
18.75	20.74	1.71	0.32	1.30	3.94	1.72	1.99	461
0.29		0.28		0.05	0.63	0.32	0.04	462
					0.01	0.01		469

1-A-4 规模以上国有控股

分 组	企 业 单位数 (个)	工业销售 产 值 (当年价格)	出口交货值	资产总计	流动资产 合 计
总 计	**724**	**11094.35**	**434.03**	**14835.46**	**5677.06**
按登记注册类型分组:					
内资企业	676	8936.48	410.72	12988.10	4678.19
国有企业	154	3610.68	247.42	5997.99	1534.89
中央企业	50	3454.83	230.85	5826.13	1451.43
地方企业	104	155.85	16.57	171.85	83.46
联营企业	1	1.40		1.30	0.03
其他联营企业	1	1.40		1.30	0.03
有限责任公司	434	3628.60	128.97	4538.03	2056.74
国有独资公司	109	1714.36	51.34	1955.20	981.04
其他有限责任公司	325	1914.24	77.63	2582.83	1075.70
股份有限公司	85	1690.85	34.28	2444.08	1080.98
其他企业	2	4.95	0.04	6.71	5.55
港、澳、台商投资企业	10	48.65	0.67	66.10	20.87
合资经营企业(港或澳、台资)	10	48.65	0.67	66.10	20.87
外商投资企业	38	2109.23	22.64	1781.26	978.00
中外合资经营企业	35	2093.48	22.64	1754.92	973.71
中外合作经营企业	3	15.75		26.34	4.30
按经济组织类型分组					
独资企业	154	3610.68	247.42	5997.99	1534.89
国有企业	154	3610.68	247.42	5997.99	1534.89
合作、合伙企业	6	22.10	0.04	34.35	9.88
其他联营企业	1	1.40		1.30	0.03
中外合作经营企业	3	15.75		26.34	4.30
其他企业(内资)	2	4.95	0.04	6.71	5.55
股份有限公司	85	1690.85	34.28	2444.08	1080.98
股份有限公司(内资)	85	1690.85	34.28	2444.08	1080.98
有限责任公司	479	5770.72	152.28	6359.04	3051.31
国有独资公司	109	1714.36	51.34	1955.20	981.04
合资经营企业(港或澳、台资)	10	48.65	0.67	66.10	20.87
中外合资经营企业	35	2093.48	22.64	1754.92	973.71
其他有限责任公司	325	1914.24	77.63	2582.83	1075.70
在总计中:亏损企业	**140**	**1263.57**	**28.87**	**1288.80**	**501.91**
在总计中:国有控股企业	724	11094.35	434.03	14835.46	5677.06
在总计中:农村工业	5	3.58		6.79	1.57
在总计中:轻工业	206	1240.71	27.76	1261.75	791.32
重工业	518	9853.64	406.27	13573.71	4885.73
在总计中:大型企业	118	9498.10	408.29	12385.54	4683.30
中型企业	225	1047.31	15.59	1617.84	723.70
小型企业	381	548.94	10.15	832.08	270.06

工业企业主要经济指标(分组部分)

单位：亿元

应收账款	存货	产成品	固定资产合计	固定资产原价	累计折旧	负债合计	流动负债合计
1062.13	**1667.61**	**489.28**	**6438.75**	**10023.07**	**3831.54**	**8998.11**	**6783.97**
911.17	1524.87	420.97	5971.92	9131.03	3483.83	7784.78	5674.40
253.70	573.84	158.47	3401.98	5262.76	2012.32	3631.75	2660.38
239.02	560.56	153.43	3331.04	5119.34	1922.62	3519.09	2581.24
14.68	13.28	5.04	70.94	143.41	89.71	112.65	79.14
0.01	0.01	0.01	0.35	0.36	0.04	0.02	0.01
0.01	0.01	0.01	0.35	0.36	0.04	0.02	0.01
457.71	749.86	194.57	1901.90	2841.38	1040.81	3048.91	2139.63
207.55	431.19	84.49	679.02	1063.23	418.88	1250.34	974.49
250.16	318.67	110.09	1222.87	1778.15	621.94	1798.56	1165.14
198.76	200.19	67.87	667.32	1025.75	430.28	1097.58	869.67
0.99	0.96	0.04	0.37	0.79	0.38	6.52	4.70
4.17	3.88	1.25	44.25	34.19	6.33	43.52	20.68
4.17	3.88	1.25	44.25	34.19	6.33	43.52	20.68
146.78	138.87	67.06	422.59	857.85	341.38	1169.81	1088.89
145.13	138.73	67.00	400.63	824.35	326.77	1152.43	1079.86
1.65	0.14	0.07	21.96	33.50	14.61	17.38	9.03
253.70	573.84	158.47	3401.98	5262.76	2012.32	3631.75	2660.38
253.70	573.84	158.47	3401.98	5262.76	2012.32	3631.75	2660.38
2.65	1.11	0.12	22.68	34.64	15.03	23.92	13.75
0.01	0.01	0.01	0.35	0.36	0.04	0.02	0.01
1.65	0.14	0.07	21.96	33.50	14.61	17.38	9.03
0.99	0.96	0.04	0.37	0.79	0.38	6.52	4.70
198.76	200.19	67.87	667.32	1025.75	430.28	1097.58	869.67
198.76	200.19	67.87	667.32	1025.75	430.28	1097.58	869.67
607.02	892.46	262.82	2346.77	3699.92	1373.91	4244.86	3240.17
207.55	431.19	84.49	679.02	1063.23	418.88	1250.34	974.49
4.17	3.88	1.25	44.25	34.19	6.33	43.52	20.68
145.13	138.73	67.00	400.63	824.35	326.77	1152.43	1079.86
250.16	318.67	110.09	1222.87	1778.15	621.94	1798.56	1165.14
119.09	**151.65**	**48.65**	**648.42**	**1034.24**	**447.68**	**875.43**	**653.22**
1062.13	1667.61	489.28	6438.75	10023.07	3831.54	8998.11	6783.97
0.33	0.07	0.02	3.69	3.96	1.81	3.63	2.59
120.79	370.62	84.70	283.69	509.21	258.46	708.37	590.63
941.34	1296.99	404.58	6155.07	9513.86	3573.08	8289.74	6193.34
796.18	1400.90	365.42	5421.51	8357.17	3237.39	7363.63	5610.02
191.46	210.07	101.78	512.18	1003.78	378.88	1094.33	849.02
74.48	56.64	22.09	505.06	662.12	215.27	540.15	324.93

1-A-4 续表1

分 组	应付账款	所有者权益合计	实收资本	国家资本	集体资本
总 计	**1662.58**	**5808.13**	**2180.25**	**1514.77**	**15.04**
按登记注册类型分组:					
内资企业	1283.39	5176.09	1823.49	1357.74	12.89
国有企业	538.44	2366.47	561.64	494.18	1.69
中央企业	521.28	2307.58	536.75	478.66	0.42
地方企业	17.16	58.89	24.89	15.52	1.27
联营企业		1.28	1.01		
其他联营企业		1.28	1.01		
有限责任公司	511.73	1466.93	849.07	560.21	10.07
国有独资公司	269.42	704.90	351.80	285.63	0.13
其他有限责任公司	242.30	762.03	497.27	274.58	9.94
股份有限公司	231.94	1341.57	410.93	303.30	1.13
其他企业	1.29	−0.15	0.84	0.04	
港、澳、台商投资企业	5.23	22.58	16.55	10.29	0.05
合资经营企业(港或澳、台资)	5.23	22.58	16.55	10.29	0.05
外商投资企业	373.96	609.46	340.21	146.74	2.10
中外合资经营企业	371.76	600.50	329.63	146.74	2.10
中外合作经营企业	2.20	8.96	10.59		
按经济组织类型分组					
独资企业	538.44	2366.47	561.64	494.18	1.69
国有企业	538.44	2366.47	561.64	494.18	1.69
合作、合伙企业	3.49	10.08	12.43	0.04	
其他联营企业		1.28	1.01		
中外合作经营企业	2.20	8.96	10.59		
其他企业(内资)	1.29	−0.15	0.84	0.04	
股份有限公司	231.94	1341.57	410.93	303.30	1.13
股份有限公司(内资)	231.94	1341.57	410.93	303.30	1.13
有限责任公司	888.71	2090.01	1195.24	717.24	12.22
国有独资公司	269.42	704.90	351.80	285.63	0.13
合资经营企业(港或澳、台资)	5.23	22.58	16.55	10.29	0.05
中外合资经营企业	371.76	600.50	329.63	146.74	2.10
其他有限责任公司	242.30	762.03	497.27	274.58	9.94
在总计中:亏损企业	**125.81**	**413.20**	**440.57**	**366.84**	**1.19**
在总计中:国有控股企业	1662.58	5808.13	2180.25	1514.77	15.04
在总计中:农村工业	0.33	3.16	2.34		
在总计中:轻工业	149.92	543.90	150.15	73.21	1.57
重工业	1512.66	5264.23	2030.09	1441.56	13.47
在总计中:大型企业	1354.37	5006.03	1618.13	1257.25	6.51
中型企业	242.06	511.59	348.66	145.52	3.07
小型企业	66.16	290.51	213.46	112.00	5.46

单位：亿元

法人资本	个人资本	港澳台资本	外商资本	主营业务收　入	主营业务成　本	主营业务税金及附加	销售费用
405.59	**101.99**	**2.67**	**92.60**	**11834.52**	**9808.50**	**540.39**	**310.48**
346.37	101.76	0.28	3.69	9798.37	8277.74	432.35	196.75
17.75	45.90	0.02	2.32	4014.68	3579.06	11.53	42.01
15.18	42.65	0.02	0.02	3862.03	3447.10	10.62	38.29
2.57	3.25		2.30	152.65	131.97	0.91	3.72
1.01				1.40	1.08	0.02	0.01
1.01				1.40	1.08	0.02	0.01
263.61	12.74	0.15	1.33	4262.62	3434.61	344.74	89.58
64.41	1.53			1818.80	1259.48	331.97	37.99
199.20	11.21	0.15	1.33	2443.82	2175.13	12.78	51.59
64.01	42.33	0.10	0.04	1515.71	1259.10	76.05	65.05
	0.79	0.01		3.96	3.89	0.02	0.10
0.60		0.34	4.79	56.01	46.99	0.07	0.71
0.60		0.34	4.79	56.01	46.99	0.07	0.71
58.61	0.23	2.06	84.12	1980.14	1483.77	107.97	113.02
52.66	0.23	2.06	79.49	1964.46	1471.26	107.82	112.98
5.95			4.63	15.68	12.51	0.15	0.04
17.75	45.90	0.02	2.32	4014.68	3579.06	11.53	42.01
17.75	45.90	0.02	2.32	4014.68	3579.06	11.53	42.01
6.96	0.79	0.01	4.63	21.04	17.48	0.18	0.15
1.01				1.40	1.08	0.02	0.01
5.95			4.63	15.68	12.51	0.15	0.04
	0.79	0.01		3.96	3.89	0.02	0.10
64.01	42.33	0.10	0.04	1515.71	1259.10	76.05	65.05
64.01	42.33	0.10	0.04	1515.71	1259.10	76.05	65.05
316.87	12.97	2.54	85.61	6283.09	4952.86	452.64	203.27
64.41	1.53			1818.80	1259.48	331.97	37.99
0.60		0.34	4.79	56.01	46.99	0.07	0.71
52.66	0.23	2.06	79.49	1964.46	1471.26	107.82	112.98
199.20	11.21	0.15	1.33	2443.82	2175.13	12.78	51.59
68.20	**2.59**	**0.11**	**1.65**	**1279.52**	**1126.52**	**112.55**	**27.04**
405.59	101.99	2.67	92.60	11834.52	9808.50	540.39	310.48
2.22		0.12		3.54	2.50	0.03	0.04
67.28	4.71		2.99	1203.61	715.34	284.75	52.91
338.30	97.28	2.67	89.61	10630.91	9093.16	255.64	257.57
189.70	86.81	2.20	75.56	10160.23	8399.74	527.95	262.87
141.49	7.86	0.25	4.20	1111.57	942.21	7.73	33.72
74.40	7.33	0.22	12.85	562.72	466.55	4.71	13.89

1-A-4 续表2

分　组	管理费用	税金	财务费用	利息收入	利息支出
总　计	**559.10**	**22.67**	**174.50**	**23.97**	**210.12**
按登记注册类型分组:					
内资企业	461.95	18.95	178.83	22.61	201.93
国有企业	164.83	8.93	92.30	7.32	107.24
中央企业	155.54	8.48	90.48	7.23	105.64
地方企业	9.28	0.45	1.81	0.08	1.60
联营企业	0.09		0.01		
其他联营企业	0.09		0.01		
有限责任公司	177.27	7.13	75.82	7.96	80.01
国有独资公司	85.81	2.77	26.81	2.93	29.46
其他有限责任公司	91.46	4.36	49.01	5.04	50.55
股份有限公司	119.23	2.88	10.54	7.33	14.51
其他企业	0.54		0.16	0.01	0.17
港、澳、台商投资企业	1.12	0.04	1.44	0.07	1.43
合资经营企业(港或澳、台资)	1.12	0.04	1.44	0.07	1.43
外商投资企业	96.03	3.68	−5.77	1.28	6.76
中外合资经营企业	95.86	3.68	−6.52	1.27	6.06
中外合作经营企业	0.17		0.75	0.01	0.71
按经济组织类型分组					
独资企业	164.83	8.93	92.30	7.32	107.24
国有企业	164.83	8.93	92.30	7.32	107.24
合作、合伙企业	0.80	0.01	0.92	0.02	0.88
其他联营企业	0.09		0.01		
中外合作经营企业	0.17		0.75	0.01	0.71
其他企业(内资)	0.54		0.16	0.01	0.17
股份有限公司	119.23	2.88	10.54	7.33	14.51
股份有限公司(内资)	119.23	2.88	10.54	7.33	14.51
有限责任公司	274.24	10.85	70.74	9.31	87.49
国有独资公司	85.81	2.77	26.81	2.93	29.46
合资经营企业(港或澳、台资)	1.12	0.04	1.44	0.07	1.43
中外合资经营企业	95.86	3.68	−6.52	1.27	6.06
其他有限责任公司	91.46	4.36	49.01	5.04	50.55
在总计中:亏损企业	**73.75**	**2.63**	**16.71**	**1.31**	**17.31**
在总计中:国有控股企业	559.10	22.67	174.50	23.97	210.12
在总计中:农村工业	0.22		0.09		0.08
在总计中:轻工业	69.72	2.37	11.27	1.76	11.23
重工业	489.37	20.30	163.23	22.21	198.89
在总计中:大型企业	464.86	18.86	138.40	21.89	172.67
中型企业	65.85	2.87	19.41	1.83	21.02
小型企业	28.38	0.94	16.69	0.25	16.43

单位：亿元

营业利润	投资收益（损失以“-”号记）	利润总额	应交所得税	亏损企业亏损额	利税总额	应交增值税	从业人员平均人数（万人）
680.97	**110.04**	**706.10**	**106.54**	**68.21**	**1677.20**	**417.43**	**83.59**
476.66	119.97	536.76	71.63	65.83	1305.37	323.29	73.95
157.00	38.53	204.55	33.37	11.21	339.90	117.49	28.95
151.70	38.49	197.44	31.43	10.16	328.43	114.04	26.03
5.30	0.04	7.11	1.94	1.05	11.47	3.45	2.92
0.02		0.02			0.04		0.01
0.02		0.02			0.04		0.01
186.23	9.72	187.30	27.24	28.82	687.71	149.90	30.94
103.40	19.44	95.34	17.08	11.72	526.61	93.65	12.39
82.83	−9.73	91.96	10.16	17.11	161.10	56.26	18.55
134.13	71.71	145.53	11.00	25.10	278.22	55.78	14.00
−0.73		−0.63	0.01	0.70	−0.50	0.12	0.05
6.16	−1.98	6.20	1.04		6.97	0.69	0.31
6.16	−1.98	6.20	1.04		6.97	0.69	0.31
198.16	−7.95	163.14	33.87	2.38	364.86	93.46	9.33
195.96	−6.45	160.87	33.30	2.29	361.32	92.33	9.26
2.20	−1.50	2.27	0.57	0.08	3.54	1.13	0.07
157.00	38.53	204.55	33.37	11.21	339.90	117.49	28.95
157.00	38.53	204.55	33.37	11.21	339.90	117.49	28.95
1.49	−1.50	1.66	0.58	0.78	3.09	1.24	0.13
0.02		0.02			0.04		0.01
2.20	−1.50	2.27	0.57	0.08	3.54	1.13	0.07
−0.73		−0.63	0.01	0.70	−0.50	0.12	0.05
134.13	71.71	145.53	11.00	25.10	278.22	55.78	14.00
134.13	71.71	145.53	11.00	25.10	278.22	55.78	14.00
388.34	1.29	354.37	61.58	31.12	1055.99	242.92	40.51
103.40	19.44	95.34	17.08	11.72	526.61	93.65	12.39
6.16	−1.98	6.20	1.04		6.97	0.69	0.31
195.96	−6.45	160.87	33.30	2.29	361.32	92.33	9.26
82.83	−9.73	91.96	10.16	17.11	161.10	56.26	18.55
−73.79	**−11.02**	**−68.21**	**0.75**	**68.21**	**75.17**	**30.63**	**12.43**
680.97	110.04	706.10	106.54	68.21	1677.20	417.43	83.59
0.26		0.16	0.11	0.12	0.32	0.12	0.04
103.97	18.87	91.92	17.42	5.34	462.54	80.33	11.41
577.00	91.16	614.18	89.12	62.87	1214.65	337.10	72.17
584.61	115.23	595.57	91.74	48.11	1495.88	359.42	64.71
57.83	−2.64	69.71	7.37	14.43	116.01	38.31	13.82
38.53	−2.55	40.82	7.43	5.68	65.31	19.70	5.06

1-A-5 规模以上国有控股

行业	代码	企业单位数（个）	工业销售产值（当年价格）	出口交货值	资产总计	流动资产合计
总　计	**00**	**724**	**11094.35**	**434.03**	**14835.46**	**5677.06**
采矿业	**B**	**28**	**237.81**	**0.63**	**354.55**	**84.04**
煤炭开采和洗选业	06	7	6.85		13.30	8.53
烟煤和无烟煤开采洗选	061	7	6.85		13.30	8.53
褐煤开采洗选	062					
其他煤炭采选	069					
石油和天然气开采业	07	1	82.85	0.54	205.34	31.62
石油开采	071	1	82.85	0.54	205.34	31.62
天然气开采	072					
黑色金属矿采选业	08	3	65.05		27.00	6.61
铁矿采选	081	3	65.05		27.00	6.61
锰矿、铬矿采选	082					
其他黑色金属矿采选	089					
有色金属矿采选业	09	4	13.38		17.41	5.23
常用有色金属矿采选	091	3	11.59		14.05	4.57
贵金属矿采选	092	1	1.80		3.36	0.65
稀有稀土金属矿采选	093					
非金属矿采选业	10	9	8.03		15.66	10.99
土砂石开采	101	4	4.45		0.98	0.45
化学矿开采	102	3	2.56		13.52	1
采盐	103	1	0.81		0.99	0.54
石棉及其他非金属矿采选	109	1	0.22		0.16	
开采辅助活动	11	4	61.64	0.10	75.84	21.06
煤炭开采和洗选辅助活动	111					
石油和天然气开采辅助活动	112	4	61.64	0.10	75.84	21.06
其他开采辅助活动	119					
其他采矿业	12					
制造业	**C**	**566**	**9410.90**	**433.39**	**10876.06**	**5281.33**
农副食品加工业	13	49	168.11	4.26	70.38	38.78
谷物磨制	131	23	112.31	4.22	49.05	28.03
饲料加工	132	4	7.20		3.57	2.64
植物油加工	133	5	19.47		7.99	3.96
制糖业	134	1	2.56		3.36	1.15
屠宰及肉类加工	135	12	24.64		4.16	1.98
水产品加工	136	1	0.42		0.24	0.20
蔬菜、水果和坚果加工	137					
其他农副食品加工	139	3	1.51	0.04	2.01	0.82

工业企业主要经济指标(行业部分)

单位：亿元

应收账款	存货	产成品	固定资产合计	固定资产原价	累计折旧	负债合计	流动负债合计	代码
1062.13	**1667.61**	**489.28**	**6438.75**	**10023.07**	**3831.54**	**8998.11**	**6783.97**	**00**
20.27	**14.99**	**5.38**	**243.09**	**406.43**	**197.18**	**198.51**	**179.00**	**B**
0.78	1.68	0.83	4.45	5.25	1.83	8.68	7.17	06
0.78	1.68	0.83	4.45	5.25	1.83	8.68	7.17	061
								062
								069
3.42	2.12	0.99	173.71	295.58	151.71	100.50	85.97	07
3.42	2.12	0.99	173.71	295.58	151.71	100.50	85.97	071
								072
	6.22	2.78	15.27	30.69	15.43	12.43	1	08
	6.22	2.78	15.27	30.69	15.43	12.43	1	081
								082
								089
0.01	0.57	0.32	7.71	10.26	6.16	7.34	7.24	09
	0.42	0.23	6.45	6.51	3.67	6.54	6.48	091
0.01	0.15	0.09	1.26	3.75	2.49	0.81	0.76	092
								093
3.68	0.48	0.32	1.23	2.24	1.02	11.19	10.98	10
0.05	0.07	0.03	0.24	0.36	0.16	0.42	0.39	101
3.54	0.18	0.13	0.51	1.09	0.55	10.11	10.01	102
0.09	0.23	0.16	0.36	0.65	0.29	0.56	0.55	103
			0.11	0.14	0.03	0.10	0.03	109
12.38	3.90	0.13	40.71	62.40	21.03	58.37	57.64	11
								111
12.38	3.90	0.13	40.71	62.40	21.03	58.37	57.64	112
								119
								12
980.79	**1626.42**	**482.55**	**3220.97**	**5403.51**	**2215.42**	**6660.98**	**5366.46**	**C**
3.80	22.32	18.43	24.41	62.54	40.52	36.70	26.52	13
2.75	19.43	17.25	18.94	22.38	4.87	24.26	17.35	131
0.25	0.33	0.07	0.76	0.27	0.09	2.50	2.18	132
0.17	1.42	0.31	0.94	31.63	30.99	5.73	3.24	133
0.10	0.09	0.09	0.67	1.00	0.33	2.06	1.76	134
0.08	0.84	0.60	2.05	5.72	3.74	1.24	1.06	135
0.13	0.02	0.02	0.04	0.45	0.41	0.23	0.23	136
								137
0.32	0.21	0.09	1.01	1.11	0.10	0.70	0.70	139

1-A-5 续表1

行业	代码	企业单位数（个）	工业销售产值（当年价格）	出口交货值	资产总计	流动资产合计
食品制造业	14	10	35.04	0.20	70.31	37.39
焙烤食品制造	141	2	2.56		0.65	0.24
糖果、巧克力及蜜饯制造	142					
方便食品制造	143					
乳制品制造	144	3	9.26		4.58	2.69
罐头食品制造	145					
调味品、发酵制品制造	146	1	15.28		51.85	29.32
其他食品制造	149	4	7.93	0.20	13.23	5.15
酒、饮料和精制茶制造业	15	10	47.37		29.87	16.04
酒的制造	151	8	46.80		29.21	15.77
饮料制造	152	2	0.57		0.66	0.27
精制茶加工	153					
烟草制品业	16	6	502.49	1.34	415.65	327.81
烟叶复烤	161	1	1.73		4.16	1.68
卷烟制造	162	1	486.16	1.34	397.08	314.33
其他烟草制品制造	169	4	14.60		14.41	11.81
纺织业	17	18	54.17	2.98	46.78	26.76
棉纺织及印染精加工	171	16	53.10	2.98	46.44	26.52
毛纺织及染整精加工	172					
麻纺织及染整精加工	173	1	0.43		0.06	0.04
丝绢纺织及印染精加工	174					
化纤织造及印染精加工	175					
针织或钩针编织物及其制品制造	176	1	0.64		0.27	0.20
家用纺织制成品制造	177					
非家用纺织制成品制造	178					
纺织服装、服饰业	18	9	21.73	5.68	48.30	38.26
机织服装制造	181	8	21.51	5.68	48.20	38.26
针织或钩针编织服装制造	182					
服饰制造	183	1	0.22		0.10	
皮革、毛皮、羽毛及其制品和制鞋业	19					
皮革鞣制加工	191					
皮革制品制造	192					
毛皮鞣制及制品加工	193					
羽毛(绒)加工及制品制造	194					
制鞋业	195					
木材加工和木、竹、藤、棕、草制品业	20	4	9.58		4.20	3.32
木材加工	201	1	6.23		2.40	2.32
人造板制造	202	2	2.74		1.25	0.55
木制品制造	203	1	0.60		0.54	0.46
竹、藤、棕、草等制品制造	204					
家具制造业	21	1	0.67		0.64	0.50

单位：亿元

应收账款	存货	产成品	固定资产合计	固定资产原价	累计折旧	负债合计	流动负债合计	代码
6.64	5.38	3.70	18.90	42.30	23.41	42.84	21.58	14
0.05	0.01	0.01	0.35	0.55	0.20	0.53	0.50	141
								142
								143
0.64	0.29		1.68	3.06	1.38	3.28	3.28	144
								145
3.87	4.20	3.51	8.85	14.35	5.50	27.83	17.63	146
2.07	0.88	0.18	8.03	24.36	16.33	11.19	0.17	149
0.27	5.38	1.28	9.92	18.62	9.94	23.84	18.62	15
0.26	5.32	1.25	9.83	18.48	9.90	23.43	18.33	151
0.01	0.07	0.03	0.10	0.14	0.04	0.41	0.29	152
								153
31.08	253.44	25.63	32.03	80.86	49.21	202.20	202.14	16
	0.31	0.27	2.01	3.96	1.95	0.46	0.46	161
27.94	251.44	24.44	27.43	71.94	44.51	198.44	198.44	162
3.14	1.69	0.92	2.58	4.95	2.76	3.30	3.24	169
4.32	6.74	4.18	17.14	55.51	39.23	31.72	26.08	17
4.32	6.72	4.17	17.05	55.35	39.16	31.64	26.01	171
								172
	0.02		0.03	0.03		0.03	0.02	173
								174
								175
	0.01		0.07	0.13	0.07	0.05	0.05	176
								177
								178
2.20	11.31	4.62	6.29	6.98	1.11	37.98	35.27	18
2.20	11.31	4.62	6.23	6.92	1.10	37.90	35.27	181
								182
			0.05	0.06	0.01	0.08		183
								19
								191
								192
								193
								194
								195
0.95	0.73	0.60	0.44	0.64	0.24	1.78	1.73	20
0.62	0.44	0.44	0.08	0.09	0.06	0.82	0.76	201
0.04	0.24	0.12	0.28	0.44	0.15	0.71	0.71	202
0.29	0.06	0.04	0.08	0.10	0.02	0.26	0.26	203
								204
0.04	0.09	0.04	0.17	0.12	0.05	0.36	0.50	21

1-A-5 续表2

行 业	代码	企 业 单位数 (个)	工业销售 产 值 (当年价格)	出口交货值	资产总计	流动资产 合 计
木质家具制造	211	1	0.67		0.64	0.50
竹、藤家具制造	212					
金属家具制造	213					
塑料家具制造	214					
其他家具制造	219					
造纸和纸制品业	22	2	9.33		29.04	13.18
纸浆制造	221					
造纸	222	2	9.33		29.04	13.18
纸制品制造	223					
印刷和记录媒介复制业	23	15	46.05	1.81	39.87	22.96
印刷	231	14	45.12	1.81	38.47	21.63
装订及印刷相关服务	232					
记录媒介复制	233	1	0.93		1.40	1.34
文教、工美、体育和娱乐用品制造业	24	2	0.64		1.08	0.70
文教办公用品制造	241	1	0.46		0.68	0.42
乐器制造	242					
工艺美术品制造	243	1	0.17		0.39	0.28
体育用品制造	244					
玩具制造	245					
游艺器材及娱乐用品制造	246					
石油加工、炼焦和核燃料加工业	25	6	695.58		150.43	57.08
精炼石油产品制造	251	5	693.09		148.84	56.00
炼焦	252	1	2.50		1.59	1.08
化学原料和化学制品制造业	26	46	815.70	57.28	1200.34	370.37
基础化学原料制造	261	14	182.99	18.96	245.92	60.50
肥料制造	262	14	516.32	19.81	616.12	208.25
农药制造	263	1	30.81	16.52	28.89	10.54
涂料、油墨、颜料及类似产品制造	264					
合成材料制造	265	3	7.44	0.24	7.94	4.72
专用化学产品制造	266	8	45.75	0.94	255.40	64.29
炸药、火工及焰火产品制造	267	4	25.86	0.81	38.22	16.82
日用化学产品制造	268	2	6.54		7.85	5.26
医药制造业	27	15	51.89	3.36	76.63	37.98
化学药品原料药制造	271	2	8.68	3.28	9.59	4.77
化学药品制剂制造	272	6	25.32		36.52	12.68
中药饮片加工	273					
中成药生产	274	6	14.69	0.07	25.82	18.21
兽用药品制造	275					
生物药品制造	276	1	3.20		4.69	2.32
卫生材料及医药用品制造	277					
化学纤维制造业	28	1	0.92		6.74	3.44

单位：亿元

应收账款	存货	产成品	固定资产合计	固定资产原价	累计折旧	负债合计	流动负债合计	代码
0.04	0.09	0.04	0.17	0.12	0.05	0.36	0.50	211
								212
								213
								214
								219
2.52	2.05	0.39	3.95	7.68	3.89	24.08	24.08	22
								221
2.52	2.05	0.39	3.95	7.68	3.89	24.08	24.08	222
								223
6.04	4.85	1.22	9.32	18.55	9.85	22.02	17.04	23
5.04	4.80	1.22	9.26	18.44	9.79	21.42	16.50	231
								232
1.00	0.05		0.05	0.12	0.06	0.60	0.54	233
0.04	0.02		0.11	0.14	0.03	0.42	0.41	24
0.04	0.02		0.04	0.04	0.01	0.10	0.09	241
								242
			0.07	0.10	0.02	0.32	0.32	243
								244
								245
								246
12.97	32.11	5.46	88.18	156.26	75.46	86.24	83.61	25
12.76	31.72	5.40	87.71	153.78	73.46	82.61	80.67	251
0.22	0.39	0.06	0.47	2.48	2.01	3.63	2.93	252
64.21	106.01	43.66	515.42	877.80	218.38	852.47	575.38	26
10.98	16.15	7.10	116.52	138.83	23.53	166.72	94.55	261
20.51	66.67	25.54	341.23	503.17	164.12	460.58	276.27	262
2.09	2.58	1.33	13.39	29.59	16.20	14.86	11.33	263
								264
1.84	0.87	0.16	2.06	2.69	0.64	2.64	2.64	265
24.16	14.68	7.18	25.01	183.04	8.10	184.38	173.39	266
3.82	4.05	1.74	15.96	19.16	5.65	21.77	15.67	267
0.81	0.99	0.62	1.25	1.31	0.13	1.52	1.52	268
7.61	9.57	4.09	22.11	30.85	9.76	35.00	29.82	27
0.95	1.44	0.50	1.32	2.92	1.60	4.42	3.61	271
2.57	4.99	1.51	14.89	19.24	4.44	21.47	17.74	272
								273
2.19	2.82	1.84	4.86	7.65	3.37	8.16	7.63	274
								275
1.90	0.33	0.25	1.03	1.03	0.36	0.95	0.84	276
								277
0.41	0.42	0.16	0.87	3.01	2.10	3.22	2.99	28

1-A-5 续表3

行　业	代码	企　业单位数（个）	工业销售产　值（当年价格）	出口交货值	资产总计	流动资产合　计
纤维素纤维原料及纤维制造	281	1	0.92		6.74	3.44
合成纤维制造	282					
橡胶和塑料制品业	29	10	62.72	0.23	57.64	41.65
橡胶制品业	291	3	15.83	0.05	12.25	8.39
塑料制品业	292	7	46.89	0.19	45.39	33.26
非金属矿物制品业	30	60	159.70	1.90	195.49	66.12
水泥、石灰和石膏制造	301	23	90.42		108.27	29.32
石膏、水泥制品及类似制品制造	302	12	17.93		30.67	15.39
砖瓦、石材等建筑材料制造	303	12	13.76		5.97	2.77
玻璃制造	304	1	19.83		26.40	8.95
玻璃制品制造	305	1	1.74		4.84	1.18
玻璃纤维和玻璃纤维增强塑料制品制造	306					
陶瓷制品制造	307	3	6.96	0.89	10.15	3.65
耐火材料制品制造	308	5	5.07	1.01	5.10	3.04
石墨及其他非金属矿物制品制造	309	3	3.99		4.10	1.82
黑色金属冶炼和压延加工业	31	15	2003.52	40.46	2654.38	814.19
炼铁	311					
炼钢	312	2	1811.24	40.10	2403.31	727.04
黑色金属铸造	313	7	57.91	0.08	47.83	34.72
钢压延加工	314	5	133.00	0.27	202.55	51.77
铁合金冶炼	315	1	1.38		0.70	0.67
有色金属冶炼和压延加工业	32	7	357.40	24.71	351.80	204.51
常用有色金属冶炼	321	3	333.38	24.71	332.34	198.28
贵金属冶炼	322	2	2.05		0.87	0.34
稀有稀土金属冶炼	323					
有色金属合金制造	324					
有色金属铸造	325					
有色金属压延加工	326	2	21.96		18.58	5.89
金属制品业	33	26	122.02	3.14	224.84	154.21
结构性金属制品制造	331	12	48.08	1.96	83.48	57.08
金属工具制造	332	4	9.45	0.63	8.13	5.27
集装箱及金属包装容器制造	333	1	2.86		3.75	1.54
金属丝绳及其制品制造	334	1	3.39	0.11	35.22	31.26
建筑、安全用金属制品制造	335	1	8.31		19.33	15.89
金属表面处理及热处理加工	336	3	17.24		13.75	8.56
搪瓷制品制造	337					
金属制日用品制造	338					
其他金属制品制造	339	4	32.70	0.44	61.19	34.62
通用设备制造业	34	36	225.75	5.30	311.88	165.05
锅炉及原动设备制造	341	5	126.14	1.58	129.46	50.98
金属加工机械制造	342	13	18.98	0.76	75.20	43.64

单位：亿元

应收账款	存货	产成品	固定资产合计	固定资产原价	累计折旧	负债合计	流动负债合计	代码
0.41	0.42	0.16	0.87	3.01	2.10	3.22	2.99	281
								282
7.57	16.71	5.79	12.40	25.60	13.44	30.05	26.36	29
2.76	2.43	1.56	1.91	8.91	7.00	6.12	5.37	291
4.81	14.29	4.24	10.49	16.69	6.44	23.93	20.99	292
16.02	11.03	4.59	90.84	146.30	55.97	123.56	104.88	30
4.90	4.02	1.78	62.89	99.50	36.72	69.17	55.95	301
7.17	2.05	0.59	7.12	9.17	2.18	21.99	19.59	302
0.26	0.71	0.57	2.08	9.91	7.88	2.84	2.78	303
0.31	1.48	0.36	7.23	12.22	4.99	18.21	17.49	304
0.04			2.18	2.28	0.10	4.35	3.39	305
								306
0.96	1.36	0.96	5.76	7.62	1.86	3.19	2.12	307
1.50	0.79	0.08	1.56	2.24	0.86	1.72	1.57	308
0.90	0.63	0.27	2.02	3.36	1.37	2.10	2.00	309
96.93	395.99	96.34	1233.74	2135.61	909.41	1798.11	1453.21	31
								311
82.36	364.03	86.68	1093.33	1943.60	850.26	1609.74	1267.00	312
12.60	11.42	3.70	12.07	16.85	6.32	35.23	35.11	313
1.75	20.40	5.90	128.32	175.11	52.79	152.65	150.62	314
0.21	0.14	0.06	0.01	0.05	0.04	0.48	0.48	315
5.10	61.01	6.88	78.82	119.28	42.01	258.98	192.33	32
4.12	59.82	6.77	65.75	104.49	40.19	241.14	179.85	321
0.04	0.08	0.01	0.53	0.58	0.15	0.38	0.34	322
								323
								324
								325
0.94	1.11	0.10	12.54	14.21	1.67	17.46	12.14	326
32.65	68.69	38.86	38.66	64.73	23.62	155.67	141.55	33
19.21	21.79	4.66	15.43	27.94	9.73	59.87	54.42	331
1.99	1.61	0.92	2.47	3.36	1.20	3.94	3.83	332
0.39	0.57	0.16	1.97	2.22	0.24	2.35	2.26	333
0.67	27.50	27.06	3.94	4.86	0.92	35.26	34.68	334
2.18	0.02		1.77	2.04	0.28	8.70	8.66	335
0.76	2.60	0.41	4.51	6.59	2.08	9.16	7.68	336
								337
								338
7.45	14.61	5.64	8.56	17.71	9.18	36.38	30.02	339
45.55	41.39	13.33	118.19	150.12	42.80	156.30	124.40	34
5.79	9.19	1.69	70.11	83.61	13.47	46.52	41.92	341
14.76	13.83	6.34	24.91	28.05	7.67	48.76	30.30	342

1-A-5 续表4

行　业	代码	企　业单位数（个）	工业销售产　值（当年价格）	出口交货值	资产总计	流动资产合　计
物料搬运设备制造	343	4	12.06	0.74	12.52	10.15
泵、阀门、压缩机及类似机械制造	344	6	40.27	1.23	46.19	32.65
轴承、齿轮和传动部件制造	345	3	12.65	0.92	22.37	11.14
烘炉、风机、衡器、包装等设备制造	346	1	3.50	0.08	4.50	2.51
文化、办公用机械制造	347	1	3.98		6.49	6.12
通用零部件制造	348	3	8.16		15.15	7.86
其他通用设备制造业	349					
专用设备制造业	35	32	111.44	4.89	214.91	146.21
采矿、冶金、建筑专用设备制造	351	12	46.08	4.06	130.13	92.16
化工、木材、非金属加工专用设备制造	352	5	3.36	0.10	2.83	1.64
食品、饮料、烟草及饲料生产专用设备制造	353	2	2.34		1.59	1.47
印刷、制药、日化及日用品生产专用设备制造	354	1	2.29		2.45	1.12
纺织、服装和皮革加工专用设备制造	355	2	3.22	0.57	7.11	5.18
电子和电工机械专用设备制造	356	2	42.51	0.04	42.93	26.12
农、林、牧、渔专用机械制造	357	1	3.40		15.65	9.32
医疗仪器设备及器械制造	358	3	0.49		0.29	0.14
环保、社会公共服务及其他专用设备制造	359	4	7.75	0.12	11.94	9.05
汽车制造业	36	77	2689.18	17.12	3042.30	1589.39
汽车整车制造	361	15	2356.58	15.36	2652.95	1332.86
改装汽车制造	362	14	48.81	0.35	61.23	47.29
低速载货汽车制造	363					
电车制造	364					
汽车车身、挂车制造	365	2	8.44	0.07	10.16	4.87
汽车零部件及配件制造	366	46	275.35	1.34	317.95	204.37
铁路、船舶、航空航天和其他运输设备制造业	37	25	368.19	186.27	567.15	359.87
铁路运输设备制造	371	8	106.74	12.13	95.26	57.05
城市轨道交通设备制造	372					
船舶及相关装置制造	373	12	224.30	173.25	386.91	257.05
航空、航天器及设备制造	374	4	32.20	0.88	79.99	42.88
摩托车制造	375	1	4.94		4.99	2.89
自行车制造	376					
非公路休闲车及零配件制造	377					
潜水救捞及其他未列明运输设备制造	379					
电气机械和器材制造业	38	28	302.52	13.84	269.34	184.66
电机制造	381	5	17.03	0.15	54.11	40.80
输配电及控制设备制造	382	6	12.05		24.44	19.64
电线、电缆、光缆及电工器材制造	383	6	77.69	7.20	86.07	56.79
电池制造	384	5	18.79	2.89	11.47	7.73
家用电力器具制造	385	2	158.32		66.01	42.16
非电力家用器具制造	386	1	14.95	3.59	23.39	14.41
照明器具制造	387	2	1.63		2.84	2.14

单位：亿元

应收账款	存货	产成品	固定资产合计	固定资产原价	累计折旧	负债合计	流动负债合计	代码
5.05	2.85	0.48	1.89	2.85	1.43	11.02	10.75	343
9.62	10.22	3.04	6.43	17.40	11.33	28.01	21.72	344
3.03	4.23	1.45	8.59	7.33	4.26	9.78	7.98	345
0.98	1.14	0.51	1.36	2.15	0.79	3.10	3.10	346
5.30	0.21	0.08	0.12	0.12	0.03	4.65	4.40	347
1.02	−0.27	−0.27	4.77	8.61	3.84	4.47	4.24	348
								349
56.25	54.84	21.88	52.19	89.05	52.71	132.98	68.27	35
39.46	39.35	13.45	27.27	46.73	34.07	90.55	29.60	351
0.73	0.30	0.05	1.06	1.13	0.32	2.14	2.10	352
0.24	0.61		0.11	0.20	0.09	1.34	1.34	353
0.51	0.37	0.33	1.09	1.17	0.09	1.48	1.48	354
0.75	1.49	0.77	1.93	1.97	1.04	6.29	6.08	355
7.95	7.53	6.61	16.81	32.23	15.42	13.55	12.34	356
2.73	2.80		2.09	2.40	0.32	9.89	7.65	357
0.07	0.05	0.03	0.08	0.11	0.03	0.10	0.07	358
3.81	2.34	0.64	1.76	3.10	1.34	7.62	7.61	359
208.88	202.29	83.55	465.04	778.22	384.35	1497.72	1327.01	36
126.53	131.31	61.87	364.59	635.53	339.76	1221.93	1085.02	361
5.13	18.53	4.78	9.72	14.41	4.66	51.07	46.09	362
								363
								364
1.85	1.39	0.34	4.31	4.90	0.82	7.81	6.75	365
75.37	51.07	16.56	86.43	123.38	39.10	216.90	189.15	366
107.57	92.05	11.78	137.37	163.27	52.80	412.66	353.06	37
19.31	15.87	7.49	29.70	40.24	14.46	59.36	56.72	371
								372
77.78	63.80	1.79	84.35	87.29	24.18	296.92	256.39	373
9.30	11.31	1.69	21.50	33.50	13.73	53.60	37.17	374
1.19	1.06	0.81	1.83	2.25	0.42	2.78	2.77	375
								376
								377
								379
70.22	46.33	21.08	60.13	80.02	31.22	187.75	150.91	38
7.95	7.98	0.50	10.24	9.45	3.83	38.18	18.63	381
9.17	4.09	2.66	0.90	1.26	0.37	15.65	15.34	382
25.80	12.65	2.42	18.41	27.82	14.53	58.83	47.58	383
4.57	2.07	0.93	2.47	3.94	1.41	11.41	9.73	384
15.14	12.86	11.03	18.65	21.31	2.99	49.90	45.90	385
6.50	6.24	3.22	8.99	15.15	7.47	11.15	11.10	386
0.60	0.42	0.31	0.47	1.08	0.61	2.04	2.04	387

1-A-5 续表5

行　　业	代码	企　业单位数（个）	工业销售产　　值（当年价格）	出口交货值	资产总计	流动资产合　　计
其他电气机械及器材制造	389	1	2.05		1.00	1.00
计算机、通信和其他电子设备制造业	39	29	487.91	57.99	683.12	496.41
计算机制造	391					
通信设备制造	392	12	249.10	23.12	350.67	276.54
广播电视设备制造	393					
雷达及配套设备制造	394	1	2.03		2.95	2.00
视听设备制造	395					
电子器件制造	396	13	230.77	34.60	321.81	213.22
电子元件制造	397	2	4.61	0.28	4.64	2.46
其他电子设备制造	399	1	1.40		3.05	2.19
仪器仪表制造业	40	14	18.01	0.34	47.81	19.20
通用仪器仪表制造	401	7	4.77		7.83	7.53
专用仪器仪表制造	402	4	6.78		9.87	7.21
钟表与计时仪器制造	403					
光学仪器及眼镜制造	404	3	6.46	0.34	30.11	4.46
其他仪器仪表制造业	409					
其他制造业	41	9	39.57	0.30	62.63	43.44
日用杂品制造	411					
煤制品制造	412					
其他未列明制造业	419					
废弃资源综合利用业	42	2	2.32		1.78	1.42
金属废料和碎屑加工处理	421					
非金属废料和碎屑加工处理	422	2	2.32		1.78	1.42
金属制品、机械和设备修理业	43	2	1.39		0.77	0.40
金属制品修理	431	1	0.28		0.42	0.12
通用设备修理	432					
专用设备修理	433					
铁路、船舶、航空航天等运输设备修理	434					
电气设备修理	435	1	1.11		0.35	0.28
仪器仪表修理	436					
其他机械和设备修理业	439					
电力、热力、燃气及水生产和供应业	**D**	**130**	**1445.65**		**3604.85**	**311.69**
电力、热力生产和供应业	44	81	1373.80		3326.69	203.11
电力生产	441	65	554.79		2479.15	174.01
电力供应	442	10	802.85		825.27	24.57
热力生产和供应	443	6	16.15		22.27	4.54
燃气生产和供应业	45	10	40.56		69.31	20.20
水的生产和供应业	46	39	31.29		208.85	88.38
自来水生产和供应	461	37	30.52		207.33	88.20
污水处理及其再生利用	462	2	0.77		1.53	0.17
其他水的处理、利用与分配	469					

单位：亿元

应收账款	存货	产成品	固定资产合计	固定资产原价	累计折旧	负债合计	流动负债合计	代码
0.48	0.01	0.01				0.60	0.60	389
175.96	153.17	61.79	138.01	240.78	110.98	421.35	298.51	39
								391
102.99	83.51	38.15	50.17	101.57	57.59	207.47	162.74	392
								393
0.12	1.15		0.34	0.98	0.65	1.86	1.47	394
								395
71.03	66.32	22.85	84.94	134.42	51.50	207.37	129.98	396
0.99	1.22	0.76	1.91	3.04	1.12	2.60	2.38	397
0.82	0.96	0.02	0.65	0.76	0.12	2.05	1.94	399
7.39	3.77	1.70	28.27	30.45	4.16	38.89	37.50	40
2.74	1.99	1.13	0.19	0.35	0.18	5.13	5.05	401
3.57	1.63	0.52	2.43	3.37	1.96	4.46	4.36	402
								403
1.08	0.15	0.05	25.65	26.73	2.02	29.30	28.09	404
								409
7.37	18.67	1.48	17.40	17.28	8.49	44.39	21.01	41
								411
								412
								419
	0.03	0.02	0.35	0.40	0.04	1.17	1.17	42
								421
	0.03	0.02	0.35	0.40	0.04	1.17	1.17	422
0.22	0.01		0.30	0.53	0.24	0.53	0.53	43
0.10	0.01		0.24	0.43	0.19	0.30	0.30	431
								432
								433
								434
0.12			0.06	0.10	0.05	0.23	0.23	435
								436
								439
61.07	**26.20**	**1.36**	**2974.70**	**4213.13**	**1418.94**	**2138.62**	**1238.51**	**D**
48.66	22.89	0.67	2867.96	4067.03	1366.10	1983.83	1117.80	44
47.64	18.94	0.44	2080.46	2789.83	763.99	1425.60	722.19	441
0.49	3.40		770.41	1245.95	586.67	545.18	382.96	442
0.53	0.55	0.24	17.10	31.26	15.44	13.05	12.65	443
2.71	0.93	0.40	35.03	44.71	9.91	50.80	44.60	45
9.70	2.38	0.29	71.71	101.39	42.93	104.00	76.11	46
9.64	2.30	0.22	71.12	100.41	42.54	102.94	75.19	461
0.06	0.08	0.07	0.59	0.98	0.39	1.06	0.93	462
								469

1-A-5 续表6

行　　业	代码	应付账款	所有者权益合计	实收资本	国家资本	集体资本
总　　计	**00**	**1662.58**	**5808.13**	**2180.25**	**1514.77**	**15.04**
采矿业	**B**	**37.40**	**156.04**	**166.69**	**158.67**	**0.40**
煤炭开采和洗选业	06	0.78	4.62	1.67	0.51	0.40
烟煤和无烟煤开采洗选	061	0.78	4.62	1.67	0.51	0.40
褐煤开采洗选	062					
其他煤炭采选	069					
石油和天然气开采业	07	12.63	104.84	115.34	115.34	
石油开采	071	12.63	104.84	115.34	115.34	
天然气开采	072					
黑色金属矿采选业	08	7.89	14.57	14.65	14.15	
铁矿采选	081	7.89	14.57	14.65	14.15	
锰矿、铬矿采选	082					
其他黑色金属矿采选	089					
有色金属矿采选业	09	0.77	10.06	4.33	3.81	
常用有色金属矿采选	091	0.64	7.51	2.52	2.00	
贵金属矿采选	092	0.14	2.55	1.81	1.81	
稀有稀土金属矿采选	093					
非金属矿采选业	10	1.78	4.47	1.06	0.22	
土砂石开采	101	0.02	0.56	0.29	0.22	
化学矿开采	102	1.55	3.41	0.69		
采盐	103	0.19	0.44	0.03		
石棉及其他非金属矿采选	109	0.02	0.06	0.05		
开采辅助活动	11	13.55	17.48	29.63	24.63	
煤炭开采和洗选辅助活动	111					
石油和天然气开采辅助活动	112	13.55	17.48	29.63	24.63	
其他开采辅助活动	119					
其他采矿业	12					
制造业	**C**	**1413.85**	**4187.32**	**1488.65**	**969.28**	**13.95**
农副食品加工业	13	4.22	24.37	9.15	4.10	0.91
谷物磨制	131	2.84	15.60	4.26	2.54	0.71
饲料加工	132	0.30	1.07	0.35	0.17	
植物油加工	133	0.56	2.26	1.53	1.00	
制糖业	134	0.05	1.31	0.52	0.31	
屠宰及肉类加工	135	0.40	2.81	1.52	0.08	0.20
水产品加工	136		0.02	0.02		
蔬菜、水果和坚果加工	137					
其他农副食品加工	139	0.07	1.30	0.96		

单位：亿元

法人资本	个人资本	港澳台资本	外商资本	主营业务收入	主营业务成本	主营业务税金及附加	销售费用	代码
405.59	**101.99**	**2.67**	**92.60**	**11834.52**	**9808.50**	**540.39**	**310.48**	**00**
7.10	**0.52**			**259.15**	**203.94**	**18.13**	**3.23**	**B**
0.47	0.28			7.36	5.84	0.13	0.19	06
0.47	0.28			7.36	5.84	0.13	0.19	061
								062
								069
				82.98	51.40	15.36	1.31	07
				82.98	51.40	15.36	1.31	071
								072
0.50				65.09	56.42	0.20	1.35	08
0.50				65.09	56.42	0.20	1.35	081
								082
								089
0.28	0.24			13.27	5.99	0.24	0.04	09
0.28	0.24			11.47	4.72	0.21	0.03	091
				1.80	1.27	0.02	0.01	092
								093
0.84				12.20	10.32	0.41	0.32	10
0.08				4.24	3.31	0.30	0.15	101
0.69				6.88	6.29	0.09	0.01	102
0.03				0.85	0.53	0.02	0.17	103
0.05				0.23	0.19	0.01		109
5.00				78.26	73.97	1.78	0.01	11
								111
5.00				78.26	73.97	1.78	0.01	112
								119
								12
317.56	**57.62**	**0.52**	**82.22**	**10116.75**	**8403.03**	**511.37**	**302.96**	**C**
2.76	1.40			166.45	152.54	1.01	4.37	13
0.55	0.49			116.11	106.37	0.69	3.08	131
0.06	0.12			6.85	6.25	0.02	0.20	132
0.17	0.36			14.08	13.63	0.08	0.08	133
	0.21			2.37	2.02	0.08	0.03	134
1.20	0.03			25.23	22.82	0.08	0.88	135
0.02				0.25	0.14	0.05	0.02	136
								137
0.76	0.19			1.57	1.30		0.08	139

1-A-5 续表7

行　　业	代码	应付账款	所有者权益合计	实收资本	国家资本	集体资本
食品制造业	14	3.83	27.46	10.88	10.50	0.05
焙烤食品制造	141		0.11	0.07		0.05
糖果、巧克力及蜜饯制造	142					
方便食品制造	143					
乳制品制造	144	1.85	1.28	0.43	0.21	
罐头食品制造	145					
调味品、发酵制品制造	146	1.83	24.02	3.30	3.30	
其他食品制造	149	0.14	2.04	7.09	6.99	
酒、饮料和精制茶制造业	15	1.91	6.02	5.17	2.90	0.03
酒的制造	151	1.83	5.78	4.92	2.70	0.03
饮料制造	152	0.08	0.25	0.25	0.20	
精制茶加工	153					
烟草制品业	16	63.61	213.45	22.24	0.13	
烟叶复烤	161	0.04	3.69	3.41		
卷烟制造	162	61.10	198.64	18.13		
其他烟草制品制造	169	2.47	11.11	0.70	0.13	
纺织业	17	2.68	15.06	5.12	3.79	
棉纺织及印染精加工	171	2.66	14.81	5.02	3.79	
毛纺织及染整精加工	172					
麻纺织及染整精加工	173	0.01	0.03	0.01		
丝绢纺织及印染精加工	174					
化纤织造及印染精加工	175					
针织或钩针编织物及其制品制造	176	0.01	0.22	0.09		
家用纺织制成品制造	177					
非家用纺织制成品制造	178					
纺织服装、服饰业	18	3.05	10.03	4.43	0.61	0.14
机织服装制造	181	3.05	10.01	4.42	0.61	0.12
针织或钩针编织服装制造	182					
服饰制造	183		0.02	0.02		0.02
皮革、毛皮、羽毛及其制品和制鞋业	19					
皮革鞣制加工	191					
皮革制品制造	192					
毛皮鞣制及制品加工	193					
羽毛(绒)加工及制品制造	194					
制鞋业	195					
木材加工和木、竹、藤、棕、草制品业	20	0.56	2.41	1.24	0.70	
木材加工	201	0.35	1.58	0.50	0.50	
人造板制造	202	0.04	0.54	0.54		
木制品制造	203	0.16	0.28	0.20	0.20	
竹、藤、棕、草等制品制造	204					
家具制造业	21	0.12	0.27	0.24	0.24	

单位：亿元

				主营业务收　　入	主营业务成　　本	主营业务税金及附加	销售费用	代码
法人资本	个人资本	港澳台资本	外商资本					
0.24				45.56	38.60	0.33	5.14	14
0.02				2.56	2.13	0.01	0.06	141
								142
								143
0.22				6.93	6.02	0.03	0.16	144
								145
				27.89	24.98	0.05	3.31	146
				8.19	5.48	0.23	1.62	149
2.21	0.04			37.72	26.14	1.94	3.97	15
2.20	0.01			37.16	25.69	1.93	3.87	151
0.01	0.03			0.56	0.45		0.10	152
								153
22.10				488.57	107.53	279.25	15.99	16
3.41				2.14	1.50	0.04	0.04	161
18.13				473.15	98.78	279.07	15.85	162
0.57				13.28	7.25	0.15	0.09	169
1.04	0.29			76.02	70.77	0.17	1.02	17
0.95	0.29			74.99	70.14	0.17	0.99	171
								172
0.01				0.42	0.40			173
								174
								175
0.09				0.61	0.23		0.03	176
								177
								178
3.51	0.13		0.03	23.59	18.35	0.24	2.79	18
3.51	0.13		0.03	23.37	18.20	0.24	2.79	181
								182
				0.22	0.15			183
								19
								191
								192
								193
								194
								195
0.54				8.98	7.76	0.02	0.17	20
				6.50	5.78	0.01	0.08	201
0.54				1.94	1.60	0.01	0.07	202
				0.54	0.39		0.02	203
								204
				0.67	0.53	0.01	0.03	21

1-A-5 续表8

行业	代码	应付账款	所有者权益合计	实收资本	国家资本	集体资本
木质家具制造	211	0.12	0.27	0.24	0.24	
竹、藤家具制造	212					
金属家具制造	213					
塑料家具制造	214					
其他家具制造	219					
造纸和纸制品业	22	1.75	4.96	2.93	1.38	
纸浆制造	221					
造纸	222	1.75	4.96	2.93	1.38	
纸制品制造	223					
印刷和记录媒介复制业	23	4.95	17.86	5.64	3.68	0.07
印刷	231	4.62	17.05	5.49	3.53	0.07
装订及印刷相关服务	232					
记录媒介复制	233	0.33	0.81	0.15	0.15	
文教、工美、体育和娱乐用品制造业	24	0.01	0.66	0.95	0.93	
文教办公用品制造	241	0.01	0.58	0.90	0.90	
乐器制造	242					
工艺美术品制造	243		0.07	0.05	0.03	
体育用品制造	244					
玩具制造	245					
游艺器材及娱乐用品制造	246					
石油加工、炼焦和核燃料加工业	25	8.35	64.19	113.32	113.32	
精炼石油产品制造	251	7.86	66.23	112.55	112.55	
炼焦	252	0.48	-2.04	0.77	0.77	
化学原料和化学制品制造业	26	108.26	338.85	134.38	31.74	7.70
基础化学原料制造	261	14.24	79.19	17.57	6.26	7.38
肥料制造	262	52.83	155.54	51.60	17.15	
农药制造	263	1.57	14.04	5.94	1.24	
涂料、油墨、颜料及类似产品制造	264					
合成材料制造	265	1.61	4.29	1.39	0.71	
专用化学产品制造	266	33.08	63.01	53.75	4.43	0.32
炸药、火工及焰火产品制造	267	3.59	16.45	3.53	1.65	
日用化学产品制造	268	1.34	6.33	0.60	0.30	
医药制造业	27	5.51	41.62	22.01	11.44	0.24
化学药品原料药制造	271	1.43	5.17	3.06	0.49	0.12
化学药品制剂制造	272	1.73	15.05	12.52	10.33	0.12
中药饮片加工	273					
中成药生产	274	2.13	17.66	5.56	0.08	
兽用药品制造	275					
生物药品制造	276	0.22	3.74	0.86	0.54	
卫生材料及医药用品制造	277					
化学纤维制造业	28	0.36	3.52	4.23		

单位：亿元

法人资本	个人资本	港澳台资本	外商资本	主营业务收入	主营业务成本	主营业务税金及附加	销售费用	代码
				0.67	0.53	0.01	0.03	211
								212
								213
								214
								219
0.81			0.73	8.60	8.38	0.02	0.38	22
								221
0.81			0.73	8.60	8.38	0.02	0.38	222
								223
1.87	0.02			38.28	30.74	0.15	1.15	23
1.87	0.02			37.34	30.36	0.13	0.96	231
								232
				0.93	0.38	0.02	0.19	233
0.02				0.80	0.81		0.02	24
				0.46	0.46		0.02	241
								242
0.02				0.34	0.35			243
								244
								245
								246
				712.83	611.15	90.64	1.61	25
				710.33	608.52	90.63	1.49	251
				2.50	2.63		0.12	252
36.15	8.45		3.63	917.16	784.92	3.80	26.50	26
3.68	0.25			271.67	242.17	1.58	4.65	261
29.45	3.68		1.33	488.57	412.19	1.63	17.46	262
	2.40		2.30	29.31	22.48	0.13	0.99	263
								264
0.50				5.82	4.57	0.02	0.29	265
1.53	1.23			90.89	82.69	0.20	0.93	266
0.99	0.89			25.12	18.24	0.18	1.94	267
				5.79	2.58	0.07	0.24	268
9.54	0.74		0.04	59.47	43.00	0.36	6.51	27
2.45				9.79	8.76	0.01	0.31	271
1.75	0.33			24.32	19.19	0.12	1.51	272
								273
5.21	0.23		0.04	22.94	14.45	0.21	4.22	274
								275
0.14	0.18			2.41	0.61	0.02	0.47	276
								277
4.23				1.06	1.02			28

1-A-5 续表9

行业	代码	应付账款	所有者权益合计	实收资本	国家资本	集体资本
纤维素纤维原料及纤维制造	281	0.36	3.52	4.23		
合成纤维制造	282					
橡胶和塑料制品业	29	3.93	27.14	9.03	2.36	0.16
橡胶制品业	291	1.18	6.13	2.30		
塑料制品业	292	2.75	21.02	6.74	2.36	0.16
非金属矿物制品业	30	18.32	71.68	47.20	11.71	
水泥、石灰和石膏制造	301	11.13	39.11	26.34	7.58	
石膏、水泥制品及类似制品制造	302	3.01	8.56	7.96	0.92	
砖瓦、石材等建筑材料制造	303	0.87	3.13	2.06	0.27	
玻璃制造	304	0.42	8.19	3.45		
玻璃制品制造	305	0.24	0.48	0.80	0.80	
玻璃纤维和玻璃纤维增强塑料制品制造	306					
陶瓷制品制造	307	0.48	6.96	3.58		
耐火材料制品制造	308	1.01	3.25	2.09	1.51	
石墨及其他非金属矿物制品制造	309	1.16	2.00	0.93	0.63	
黑色金属冶炼和压延加工业	31	225.51	856.27	205.31	195.25	
炼铁	311					
炼钢	312	187.87	793.57	142.00	142.00	
黑色金属铸造	313	13.30	12.60	7.47	0.35	
钢压延加工	314	24.07	49.89	55.81	52.90	
铁合金冶炼	315	0.27	0.21	0.04		
有色金属冶炼和压延加工业	32	27.18	92.82	56.35	56.18	
常用有色金属冶炼	321	24.59	91.20	50.33	50.23	
贵金属冶炼	322	0.02	0.49	0.04	0.01	
稀有稀土金属冶炼	323					
有色金属合金制造	324					
有色金属铸造	325					
有色金属压延加工	326	2.58	1.12	5.98	5.93	
金属制品业	33	55.62	69.17	45.17	41.94	0.06
结构性金属制品制造	331	19.57	23.60	12.07	11.25	0.03
金属工具制造	332	0.80	4.19	1.44	1.41	0.03
集装箱及金属包装容器制造	333	0.51	1.39	1.26	0.94	
金属丝绳及其制品制造	334	24.80	−0.04	0.96	0.96	
建筑、安全用金属制品制造	335	1.82	10.63	9.20	8.68	
金属表面处理及热处理加工	336	2.34	4.59	1.90	1.43	
搪瓷制品制造	337					
金属制日用品制造	338					
其他金属制品制造	339	5.78	24.80	18.34	17.26	
通用设备制造业	34	43.69	155.58	45.05	37.08	0.04
锅炉及原动设备制造	341	15.00	82.94	17.89	17.88	
金属加工机械制造	342	10.36	26.43	9.15	7.29	0.04

单位：亿元

法人资本	个人资本	港澳台资本	外商资本	主营业务收入	主营业务成本	主营业务税金及附加	销售费用	代码
4.23				1.06	1.02			281
								282
1.43	5.09			63.34	52.72	0.44	1.74	29
1.30	1.00			17.65	13.78	0.10	0.43	291
0.14	4.09			45.69	38.94	0.34	1.30	292
30.56	2.31	0.12	2.03	149.81	117.74	2.02	8.24	30
15.78	2.27	0.12	0.59	89.41	67.88	1.60	5.23	301
6.54	0.02			16.33	13.38	0.17	1.13	302
1.77	0.02			15.67	12.68	0.08	1.21	303
3.45				11.72	10.25	0.04	0.13	304
				0.22	0.29			305
								306
2.61			0.97	6.88	6.03	0.02	0.09	307
0.11			0.46	5.54	3.89	0.08	0.19	308
0.30				4.04	3.34	0.02	0.27	309
9.71	0.35			2431.47	2270.56	0.60	25.02	31
								311
				2236.79	2085.66		22.76	312
6.77	0.35			61.10	56.02	0.15	1.27	313
2.91				132.20	127.59	0.44	0.98	314
0.04				1.38	1.29			315
0.17				877.87	863.13	0.95	1.65	32
0.10				841.69	827.49	0.93	1.41	321
0.02				1.85	1.17	0.01	0.03	322
								323
								324
								325
0.05				34.33	34.47	0.01	0.22	326
1.83	0.86	0.17	0.31	140.53	121.37	1.00	2.64	33
0.75	0.04			62.33	50.51	0.75	1.24	331
				7.96	6.50	0.04	0.39	332
			0.31	3.74	3.20		0.20	333
				3.63	3.76	0.05	0.06	334
	0.52			8.31	6.48	0.08	0.04	335
0.30		0.17		24.58	23.27	0.02	0.10	336
								337
								338
0.77	0.30			29.98	27.64	0.05	0.60	339
4.58	2.68		0.67	212.01	148.67	6.11	4.65	34
				111.83	62.46	5.67	0.34	341
1.21	0.25		0.37	22.40	19.80	0.12	1.54	342

1-A-5 续表10

行业	代码	应付账款	所有者权益合计	实收资本	国家资本	集体资本
物料搬运设备制造	343	2.94	1.50	1.87	1.37	
泵、阀门、压缩机及类似机械制造	344	6.08	18.19	7.37	4.62	
轴承、齿轮和传动部件制造	345	3.59	12.60	4.95	2.77	
烘炉、风机、衡器、包装等设备制造	346	1.19	1.41	1.00	0.70	
文化、办公用机械制造	347	2.29	1.84	1.77	1.41	
通用零部件制造	348	2.25	10.68	1.05	1.04	
其他通用设备制造业	349					
专用设备制造业	35	18.74	81.93	57.41	39.43	
采矿、冶金、建筑专用设备制造	351	10.05	39.58	40.13	29.48	
化工、木材、非金属加工专用设备制造	352	0.40	0.68	0.54	0.21	
食品、饮料、烟草及饲料生产专用设备制造	353	0.24	0.24	0.22	0.12	
印刷、制药、日化及日用品生产专用设备制造	354	0.12	0.96	0.09		
纺织、服装和皮革加工专用设备制造	355	2.85	0.82	0.52		
电子和电工机械专用设备制造	356		29.38	8.97	8.91	
农、林、牧、渔专用机械制造	357	2.10	5.76	5.63		
医疗仪器设备及器械制造	358	0.05	0.18	0.05	0.01	
环保、社会公共服务及其他专用设备制造	359	2.93	4.32	1.27	0.70	
汽车制造业	36	502.89	1536.92	457.70	285.07	3.48
汽车整车制造	361	411.25	1429.04	410.83	271.44	0.41
改装汽车制造	362	20.25	10.16	9.57	3.38	0.56
低速载货汽车制造	363					
电车制造	364					
汽车车身、挂车制造	365	2.31	2.35	1.14	0.52	
汽车零部件及配件制造	366	69.08	95.38	36.17	9.73	2.51
铁路、船舶、航空航天和其他运输设备制造业	37	110.26	153.85	103.46	58.48	
铁路运输设备制造	371	24.34	35.77	32.50	1.46	
城市轨道交通设备制造	372					
船舶及相关装置制造	373	73.41	89.98	60.59	47.76	
航空、航天器及设备制造	374	11.43	25.89	9.76	9.26	
摩托车制造	375	1.08	2.21	0.60		
自行车制造	376					
非公路休闲车及零配件制造	377					
潜水救捞及其他未列明运输设备制造	379					
电气机械和器材制造业	38	58.54	81.58	32.12	13.72	0.53
电机制造	381	5.93	15.93	6.28	2.87	
输配电及控制设备制造	382	9.11	8.78	2.78	0.18	0.53
电线、电缆、光缆及电工器材制造	383	8.77	27.24	13.32	7.28	
电池制造	384	1.55	0.07	2.21	0.32	
家用电力器具制造	385	26.34	16.11	1.79	0.17	
非电力家用器具制造	386	5.14	12.24	4.00	2.70	
照明器具制造	387	1.08	0.80	1.33		

单位：亿元

法人资本	个人资本	港澳台资本	外商资本	主营业务收入	主营业务成本	主营业务税金及附加	销售费用	代码
0.50				9.59	7.90	0.14	0.38	343
2.75				42.06	36.26	0.07	1.12	344
0.04	2.15			9.99	8.88	0.04	0.46	345
			0.30	3.74	2.74	0.05	0.28	346
0.08	0.28			3.98	2.78	0.01	0.41	347
0.01				8.42	7.85	0.01	0.13	348
								349
15.91	0.64	0.05	1.38	92.35	76.86	0.39	3.01	35
9.00	0.29		1.36	42.99	36.24	0.14	1.73	351
0.24	0.06		0.03	3.44	3.10	0.03	0.05	352
0.10				2.33	2.01		0.03	353
0.09				2.29	2.13		0.01	354
0.29	0.18	0.05		3.37	2.68	0.01	0.19	355
0.03	0.03			23.36	18.31	0.12	0.81	356
5.63				4.32	3.54	0.03	0.06	357
0.03	0.01			0.43	0.36		0.03	358
0.50	0.07			9.81	8.50	0.05	0.11	359
67.50	30.75	0.16	70.75	2445.80	1914.49	116.03	144.03	36
40.18	28.72		70.08	2109.19	1627.33	115.18	137.29	361
4.69	0.93	0.01		48.73	42.27	0.07	1.29	362
								363
								364
0.31	0.31			8.45	7.84	0.02	0.17	365
22.33	0.79	0.15	0.66	279.44	237.06	0.76	5.27	366
44.85	0.02		0.12	344.60	301.81	1.87	3.53	37
31.03	0.02			103.26	92.54	0.62	1.89	371
								372
12.72			0.12	192.77	168.15	1.15	0.93	373
0.50				43.67	37.09	0.09	0.51	374
0.60				4.90	4.03	0.01	0.19	375
								376
								377
								379
13.84	2.00		2.00	267.66	227.71	0.96	10.41	38
3.03	0.38			17.00	13.89	0.12	0.78	381
1.96	0.10			20.36	17.07	0.05	0.49	382
4.24			1.80	80.20	66.13	0.08	2.37	383
1.77			0.20	15.24	13.36	0.04	0.51	384
1.51	0.02			112.23	99.03	0.53	5.26	385
	1.30			18.06	13.83	0.14	0.86	386
1.33				2.51	2.37		0.15	387

1-A-5 续表11

行业	代码	应付账款	所有者权益合计	实收资本	国家资本	集体资本
其他电气机械及器材制造	389	0.59	0.41	0.40	0.20	
计算机、通信和其他电子设备制造业	39	126.37	261.04	77.80	35.47	0.46
计算机制造	391					
通信设备制造	392	68.91	141.98	32.63	23.18	
广播电视设备制造	393					
雷达及配套设备制造	394	0.65	1.09	0.52	0.52	
视听设备制造	395					
电子器件制造	396	55.03	114.92	43.35	11.67	0.45
电子元件制造	397	0.92	2.05	0.61	0.11	0.01
其他电子设备制造	399	0.87	1.00	0.70		
仪器仪表制造业	40	3.55	8.87	4.11	2.38	0.10
通用仪器仪表制造	401	1.38	2.65	1.35	0.08	0.10
专用仪器仪表制造	402	1.93	5.41	2.17	2.09	
钟表与计时仪器制造	403					
光学仪器及眼镜制造	404	0.23	0.81	0.60	0.22	
其他仪器仪表制造业	409					
其他制造业	41	9.81	18.89	5.08	3.92	
日用杂品制造	411					
煤制品制造	412					
其他未列明制造业	419					
废弃资源综合利用业	42	0.01	0.60	0.42	0.30	
金属废料和碎屑加工处理	421					
非金属废料和碎屑加工处理	422	0.01	0.60	0.42	0.30	
金属制品、机械和设备修理业	43	0.26	0.24	0.51	0.51	
金属制品修理	431	0.26	0.12	0.21	0.21	
通用设备修理	432					
专用设备修理	433					
铁路、船舶、航空航天等运输设备修理	434					
电气设备修理	435		0.12	0.30	0.30	
仪器仪表修理	436					
其他机械和设备修理业	439					
电力、热力、燃气及水生产和供应业	**D**	**211.33**	**1464.77**	**524.90**	**386.82**	**0.68**
电力、热力生产和供应业	44	199.90	1342.11	481.10	358.95	0.55
电力生产	441	34.01	1052.36	411.63	291.76	0.55
电力供应	442	161.15	280.09	59.18	58.32	
热力生产和供应	443	4.74	9.66	10.28	8.87	
燃气生产和供应业	45	5.74	17.88	10.20	5.47	
水的生产和供应业	46	5.69	104.78	33.60	22.41	0.13
自来水生产和供应	461	5.55	104.31	33.19	22.41	0.13
污水处理及其再生利用	462	0.15	0.47	0.41		
其他水的处理、利用与分配	469					

单位：亿元

法人资本	个人资本	港澳台资本	外商资本	主营业务收入	主营业务成本	主营业务税金及附加	销售费用	代码
	0.20			2.05	2.03			389
39.47	1.74	0.02	0.44	444.54	357.29	2.78	27.04	39
								391
8.97	0.06		0.42	246.14	196.44	1.66	15.09	392
								393
				1.67	1.25			394
								395
30.10	0.92			190.88	155.10	1.08	11.69	396
0.02	0.43	0.02	0.02	4.74	3.76	0.03	0.06	397
0.37	0.33			1.11	0.74		0.20	399
1.52	0.03		0.08	18.08	12.95	0.14	0.74	40
1.06	0.03		0.08	4.93	3.42	0.03	0.21	401
0.08				6.30	4.38	0.03	0.22	402
								403
0.38				6.85	5.15	0.07	0.32	404
								409
1.05	0.10		0.01	39.20	32.48	0.05	0.46	41
								411
								412
								419
0.12				2.36	1.55	0.07	0.14	42
								421
0.12				2.36	1.55	0.07	0.14	422
				1.39	1.47	0.02		43
				0.28	0.29			431
								432
								433
								434
				1.11	1.18	0.02		435
								436
								439
80.93	**43.85**	**2.16**	**10.38**	**1458.61**	**1201.52**	**10.90**	**4.29**	**D**
68.67	43.45	0.10	9.38	1376.87	1134.33	10.15	0.39	44
66.90	42.95	0.10	9.38	552.80	337.07	6.46	0.25	441
0.86				801.63	775.66	3.62	0.06	442
0.91	0.50			22.43	21.60	0.07	0.08	443
2.58	0.01	2.06		48.98	39.98	0.42	1.33	45
9.68	0.38		1.00	32.76	27.21	0.33	2.57	46
9.28	0.37		1.00	31.99	26.55	0.33	2.54	461
0.40	0.01			0.77	0.66		0.03	462
								469

1-A-5 续表12

行业	代码	管理费用		财务费用		
			税金		利息收入	利息支出
总 计	**00**	**559.10**	**22.67**	**174.50**	**23.97**	**210.12**
采矿业	**B**	**35.73**	**0.98**	**3.60**	**0.27**	**3.43**
煤炭开采和洗选业	06	1.49	0.02	0.05	0.10	0.15
烟煤和无烟煤开采洗选	061	1.49	0.02	0.05	0.10	0.15
褐煤开采洗选	062					
其他煤炭采选	069					
石油和天然气开采业	07	21.63	0.11	1.48	0.05	1.53
石油开采	071	21.63	0.11	1.48	0.05	1.53
天然气开采	072					
黑色金属矿采选业	08	3.32	0.07	0.48		0.31
铁矿采选	081	3.32	0.07	0.48		0.31
锰矿、铬矿采选	082					
其他黑色金属矿采选	089					
有色金属矿采选业	09	1.46	0.04	−0.02	0.07	0.05
常用有色金属矿采选	091	1.02	0.03	−0.02	0.07	0.04
贵金属矿采选	092	0.44	0.01	0.01		0.01
稀有稀土金属矿采选	093					
非金属矿采选业	10	0.80	0.01	0.39	0.03	0.32
土砂石开采	101	0.37		0.01		
化学矿开采	102	0.32		0.38	0.03	0.31
采盐	103	0.09				
石棉及其他非金属矿采选	109	0.02				
开采辅助活动	11	7.03	0.72	1.21	0.02	1.07
煤炭开采和洗选辅助活动	111					
石油和天然气开采辅助活动	112	7.03	0.72	1.21	0.02	1.07
其他开采辅助活动	119					
其他采矿业	12					
制造业	**C**	**500.73**	**19.84**	**88.83**	**21.75**	**121.15**
农副食品加工业	13	3.76	0.09	1.69	0.03	0.52
谷物磨制	131	2.39	0.05	1.50	0.01	0.33
饲料加工	132	0.14				
植物油加工	133	0.16		0.06		0.06
制糖业	134	0.11		0.11		0.11
屠宰及肉类加工	135	0.78	0.03		0.01	0.01
水产品加工	136	0.01		0.01		
蔬菜、水果和坚果加工	137					
其他农副食品加工	139	0.17	0.01	−0.01	0.01	

单位：亿元

营业利润	投资收益（损失以“-”号记）	利润总额	应交所得税	亏损企业亏损额	利税总额	应交增值税	从业人员平均人数（万人）	代码
680.97	**110.04**	**706.10**	**106.54**	**68.21**	**1677.20**	**417.43**	**83.59**	**00**
−4.96	**−0.03**	**−4.81**	**2.17**	**15.23**	**24.51**	**11.09**	**5.32**	**B**
−0.06		−0.10	0.08	0.54	0.53	0.50	0.71	06
−0.06		−0.10	0.08	0.54	0.53	0.50	0.71	061
								062
								069
−8.38		−8.58	0.27	8.58	10.24	3.35	1.89	07
−8.38		−8.58	0.27	8.58	10.24	3.35	1.89	071
								072
3.34		3.32	0.02	0.44	4.94	1.43	0.38	08
3.34		3.32	0.02	0.44	4.94	1.43	0.38	081
								082
								089
5.57		5.60	1.57	0.05	6.99	1.16	0.25	09
5.51		5.47	1.52	0.05	6.71	1.02	0.18	091
0.06		0.12	0.05		0.28	0.13	0.08	092
								093
0.22	0.02	0.36	0.11	0.23	1.21	0.44	0.12	10
0.29		0.29	0.02		0.81	0.23	0.06	101
−0.13	0.02	0.01	0.06	0.23	0.25	0.16	0.03	102
0.05		0.05	0.02		0.10	0.03	0.02	103
0.01		0.01			0.05	0.03	0.01	109
−5.64	−0.04	−5.40	0.13	5.40	0.60	4.21	1.97	11
								111
−5.64	−0.04	−5.40	0.13	5.40	0.60	4.21	1.97	112
								119
								12
510.93	**80.69**	**533.89**	**71.09**	**45.35**	**1365.18**	**307.15**	**65.66**	**C**
10.07		10.60	0.11	0.02	14.85	3.23	0.74	13
8.60		8.85	0.02	0.01	12.27	2.72	0.24	131
0.13		0.21	0.01		0.24	0.02	0.04	132
0.58		0.64	0.01		0.86	0.14	0.08	133
−0.10		0.01			0.13	0.04	0.02	134
0.82		0.86	0.06	0.01	1.24	0.29	0.31	135
0.01		0.01			0.06		0.01	136
								137
0.03		0.03	0.01		0.05	0.01	0.04	139

1-A-5 续表13

行　业	代码	管理费用		财务费用		
			税金		利息收入	利息支出
食品制造业	14	2.73	0.08	0.86		0.76
焙烤食品制造	141	0.10		0.02		
糖果、巧克力及蜜饯制造	142					
方便食品制造	143					
乳制品制造	144	0.30	0.02	-0.01		
罐头食品制造	145					
调味品、发酵制品制造	146	1.41	0.05	0.44		0.34
其他食品制造	149	0.92	0.01	0.41		0.42
酒、饮料和精制茶制造业	15	3.36	0.17	0.44	0.01	0.44
酒的制造	151	3.35	0.17	0.44		0.43
饮料制造	152	0.02		0.01		0.01
精制茶加工	153					
烟草制品业	16	24.28	0.49	3.15	0.26	3.51
烟叶复烤	161	0.22	0.03			
卷烟制造	162	22.26	0.44	3.27	0.29	3.51
其他烟草制品制造	169	1.81	0.02	-0.12	-0.02	
纺织业	17	2.91	0.12	0.70	0.15	0.80
棉纺织及印染精加工	171	2.59	0.12	0.69	0.15	0.80
毛纺织及染整精加工	172					
麻纺织及染整精加工	173					
丝绢纺织及印染精加工	174					
化纤织造及印染精加工	175					
针织或钩针编织物及其制品制造	176	0.31				
家用纺织制成品制造	177					
非家用纺织制成品制造	178					
纺织服装、服饰业	18	1.57	0.06	0.05	0.50	0.40
机织服装制造	181	1.56	0.06	0.04	0.50	0.40
针织或钩针编织服装制造	182					
服饰制造	183	0.01				
皮革、毛皮、羽毛及其制品和制鞋业	19					
皮革鞣制加工	191					
皮革制品制造	192					
毛皮鞣制及制品加工	193					
羽毛(绒)加工及制品制造	194					
制鞋业	195					
木材加工和木、竹、藤、棕、草制品业	20	0.21	0.01	0.04		0.02
木材加工	201	0.07		0.01		0.01
人造板制造	202	0.08	0.01	0.04		0.01
木制品制造	203	0.06				
竹、藤、棕、草等制品制造	204					
家具制造业	21	0.10				

单位：亿元

营业利润	投资收益（损失以“–”号记）	利润总额	应交所得税	亏损企业亏损额	利税总额	应交增值税	从业人员平均人数（万人）	代码
−2.04		−1.76	0.09	2.59	1.39	2.82	0.58	14
0.25		0.23			0.30	0.06	0.02	141
								142
								143
0.44		0.45	0.09		0.76	0.28	0.12	144
								145
−2.27		−2.15		2.15	−0.01	2.09	0.17	146
−0.46		−0.29		0.44	0.34	0.39	0.27	149
1.94	0.03	2.12	0.01	0.29	5.92	1.86	0.66	15
1.94	0.03	2.13	0.01	0.27	5.91	1.85	0.64	151
−0.01		−0.01		0.02			0.02	152
								153
57.13	5.45	55.79	12.56		401.43	60.51	0.79	16
0.37		0.37	0.08		0.71	0.31	0.03	161
52.64	5.45	51.29	11.49		395.39	59.15	0.69	162
4.12		4.13	0.99		5.33	1.05	0.07	169
0.28	−0.76	1.56	0.11	0.09	2.58	0.85	1.12	17
0.21	−0.76	1.49	0.11	0.09	2.42	0.76	1.01	171
								172
0.03		0.03			0.04		0.01	173
								174
								175
0.04		0.04			0.13	0.09	0.10	176
								177
								178
0.32	−0.08	0.74	0.16	0.03	1.66	0.67	1.15	18
0.31	−0.08	0.73	0.16	0.03	1.64	0.66	1.13	181
								182
0.01		0.01			0.02	0.01	0.01	183
								19
								191
								192
								193
								194
								195
0.66		0.66			0.88	0.20	0.10	20
0.46		0.46			0.60	0.14	0.05	201
0.14		0.14			0.19	0.04	0.03	202
0.06		0.06			0.09	0.02	0.02	203
								204
0.01		0.01			0.02		0.02	21

1-A-5 续表14

行业	代码	管理费用		财务费用		
			税金		利息收入	利息支出
木质家具制造	211	0.10				
竹、藤家具制造	212					
金属家具制造	213					
塑料家具制造	214					
其他家具制造	219					
造纸和纸制品业	22	0.32	0.05	0.22	0.30	0.53
纸浆制造	221					
造纸	222	0.32	0.05	0.22	0.30	0.53
纸制品制造	223					
印刷和记录媒介复制业	23	3.03	0.07	0.33	0.05	0.35
印刷	231	2.81	0.07	0.33	0.05	0.35
装订及印刷相关服务	232					
记录媒介复制	233	0.22				
文教、工美、体育和娱乐用品制造业	24	0.31				
文教办公用品制造	241	0.28				
乐器制造	242					
工艺美术品制造	243	0.04				
体育用品制造	244					
玩具制造	245					
游艺器材及娱乐用品制造	246					
石油加工、炼焦和核燃料加工业	25	10.59	0.13	1.38	0.12	1.51
精炼石油产品制造	251	10.53	0.11	1.39	0.12	1.51
炼焦	252	0.06	0.02	−0.01	−0.01	
化学原料和化学制品制造业	26	39.91	2.16	26.37	0.81	25.69
基础化学原料制造	261	4.71	0.41	8.30	0.03	8.10
肥料制造	262	25.28	1.45	14.28	0.67	14.11
农药制造	263	1.22	0.09	0.69	0.04	0.54
涂料、油墨、颜料及类似产品制造	264					
合成材料制造	265	0.40	0.01	0.03		
专用化学产品制造	266	4.11	0.08	2.47	0.01	2.46
炸药、火工及焰火产品制造	267	3.32	0.10	0.61	0.05	0.49
日用化学产品制造	268	0.86	0.01	−0.02	0.01	
医药制造业	27	4.61	0.17	0.38	0.19	0.51
化学药品原料药制造	271	0.64	0.02	0.02	0.04	0.01
化学药品制剂制造	272	2.03	0.10	0.40	0.01	0.41
中药饮片加工	273					
中成药生产	274	1.39	0.04	−0.05	0.14	0.09
兽用药品制造	275					
生物药品制造	276	0.55	0.01		0.01	0.01
卫生材料及医药用品制造	277					
化学纤维制造业	28	0.33		0.16	0.01	0.11

单位：亿元

营业利润	投资收益（损失以“-”号记）	利润总额	应交所得税	亏损企业亏损额	利税总额	应交增值税	从业人员平均人数（万人）	代码
0.01		0.01			0.02		0.02	211
								212
								213
								214
								219
−0.67		−0.67		0.68	−0.50	0.15	0.11	22
								221
−0.67		−0.67		0.68	−0.50	0.15	0.11	222
								223
3.39		3.49	0.64	0.21	4.52	0.89	0.53	23
3.26		3.28	0.62	0.21	4.24	0.82	0.51	231
								232
0.14		0.21	0.03		0.29	0.06	0.02	233
−0.32		−0.26		0.26	−0.24	0.01	0.02	24
−0.29		−0.26		0.26	−0.26		0.01	241
								242
−0.03					0.02	0.01	0.01	243
								244
								245
								246
−2.46		−2.45	0.37	3.02	101.72	13.53	0.78	25
−2.17		−2.23	0.37	2.81	101.93	13.52	0.74	251
−0.28		−0.22		0.22	−0.20	0.01	0.04	252
56.17	2.48	59.76	4.94	3.52	92.33	28.73	5.09	26
11.92	0.78	8.34	0.88	0.05	19.37	9.43	1.17	261
35.04	1.30	38.26	1.54	3.43	56.30	16.42	2.51	262
3.13	0.06	4.26	1.14		4.63	0.23	0.22	263
								264
0.40	−0.18	0.40	0.05		0.55	0.14	0.08	265
1.18	0.33	3.40	0.25	0.04	4.29	0.69	0.56	266
2.10	0.03	2.71	0.57		4.23	1.33	0.52	267
2.39	0.15	2.40	0.51		2.96	0.49	0.02	268
4.19	0.09	5.37	0.70	0.12	8.44	2.71	0.88	27
0.03		0.61	0.04		0.73	0.11	0.12	271
0.98		1.41	0.30	0.01	2.49	0.96	0.34	272
								273
2.45	0.09	2.62	0.35	0.12	4.32	1.49	0.36	274
								275
0.72		0.74	0.01		0.91	0.15	0.05	276
								277
0.01		−0.08		0.08	−0.06	0.01	0.07	28

1-A-5 续表15

行　业	代码	管理费用	税金	财务费用	利息收入	利息支出
纤维素纤维原料及纤维制造	281	0.33		0.16	0.01	0.11
合成纤维制造	282					
橡胶和塑料制品业	29	3.37	0.08	0.48	0.01	0.48
橡胶制品业	291	1.08	0.06	0.14		0.15
塑料制品业	292	2.29	0.02	0.35	0.01	0.34
非金属矿物制品业	30	7.95	0.34	4.02	0.22	3.37
水泥、石灰和石膏制造	301	4.70	0.18	2.72	0.01	2.54
石膏、水泥制品及类似制品制造	302	0.75	0.03	0.28	0.02	0.25
砖瓦、石材等建筑材料制造	303	0.71	0.01	0.03		0.02
玻璃制造	304	0.32	0.07	0.87	0.17	0.38
玻璃制品制造	305	0.14		−0.01		
玻璃纤维和玻璃纤维增强塑料制品制造	306					
陶瓷制品制造	307	0.57	0.01	0.01	0.01	0.08
耐火材料制品制造	308	0.49	0.01	0.04		0.02
石墨及其他非金属矿物制品制造	309	0.27	0.01	0.08		0.07
黑色金属冶炼和压延加工业	31	104.37	5.85	41.16	5.23	55.42
炼铁	311					
炼钢	312	99.58	5.53	37.14	4.94	50.63
黑色金属铸造	313	1.57	0.12	0.62	0.07	0.56
钢压延加工	314	3.19	0.20	3.40	0.22	4.24
铁合金冶炼	315	0.03				
有色金属冶炼和压延加工业	32	7.83	0.80	5.95	3.04	5.87
常用有色金属冶炼	321	7.22	0.72	4.95	2.94	4.80
贵金属冶炼	322	0.33	0.02			0.01
稀有稀土金属冶炼	323					
有色金属合金制造	324					
有色金属铸造	325					
有色金属压延加工	326	0.27	0.06	0.99	0.10	1.06
金属制品业	33	12.29	0.22	1.47	0.27	1.67
结构性金属制品制造	331	6.93	0.08	0.62	0.10	0.65
金属工具制造	332	0.65	0.05	0.12	0.01	0.12
集装箱及金属包装容器制造	333	0.10	0.01	0.09		0.09
金属丝绳及其制品制造	334	0.24	0.01	0.02		0.02
建筑、安全用金属制品制造	335	0.86	0.02	−0.12	0.12	
金属表面处理及热处理加工	336	0.68	0.02	0.14	0.01	0.16
搪瓷制品制造	337					
金属制日用品制造	338					
其他金属制品制造	339	2.83	0.04	0.59	0.02	0.63
通用设备制造业	34	12.12	0.46	−0.10	1.44	1.22
锅炉及原动设备制造	341	2.32	0.08	−0.91	1.06	0.13
金属加工机械制造	342	3.36	0.17	0.23	0.10	0.30

单位：亿元

营业利润	投资收益（损失以“-”号记）	利润总额	应交所得税	亏损企业亏损额	利税总额	应交增值税	从业人员平均人数（万人）	代码
0.01		−0.08		0.08	−0.06	0.01	0.07	281
								282
5.78	−0.03	5.94	1.30		8.87	2.49	0.56	29
2.18		2.32	0.31		3.08	0.66	0.20	291
3.60	−0.03	3.62	0.99		5.79	1.83	0.36	292
9.55	−0.33	11.45	2.45	2.12	22.49	8.94	1.65	30
7.57		9.22	2.22	1.58	16.44	5.54	0.67	301
0.59		0.58	0.06	0.33	1.40	0.64	0.19	302
0.57		0.56	0.03		1.05	0.40	0.31	303
0.11	0.02	0.22			2.01	1.76	0.19	304
−0.20		−0.20		0.20	−0.20		0.04	305
								306
0.34		0.40	0.10		0.56	0.15	0.09	307
0.49	0.01	0.59	0.03		0.91	0.23	0.08	308
0.08	−0.35	0.10	0.01		0.33	0.21	0.08	309
−11.21	−0.46	7.28	1.39	0.58	54.21	40.03	12.00	31
								311
−11.22	5.03	5.03	0.96		47.19	35.98	10.20	312
1.96	−5.30	1.99	0.28	0.22	3.31	1.17	0.45	313
−1.99	−0.19	0.22	0.13	0.36	3.66	2.87	1.35	314
0.05		0.05	0.01		0.06	0.01	0.01	315
−0.53	−3.23	−0.11	0.97	2.56	5.05	4.21	1.84	32
0.72	−0.31	1.09	0.87	0.98	5.66	3.65	1.77	321
0.38		0.39	0.10		0.69	0.29	0.01	322
								323
								324
								325
−1.63	−2.92	−1.58		1.58	−1.31	0.27	0.07	326
2.02	−1.38	3.21	0.67	1.96	5.68	1.47	1.71	33
2.36	−1.42	2.50	0.23	0.19	3.85	0.59	0.84	331
0.39		0.52	0.06		0.81	0.25	0.14	332
0.16		0.17	0.01		0.17		0.01	333
−0.23		0.10	0.08		0.20	0.05	0.04	334
0.71		0.73	0.07		0.87	0.05	0.07	335
0.36	0.01	0.40	0.11		0.74	0.32	0.12	336
								337
								338
−1.74	0.03	−1.21	0.11	1.77	−0.96	0.21	0.49	339
12.90	0.25	16.67	0.91	2.98	30.16	7.38	2.58	34
14.42	0.02	15.87	0.29	0.14	26.48	4.95	0.48	341
−2.62	0.06	−1.57	0.05	1.94	−1.00	0.45	0.79	342

1-A-5 续表16

行　业	代码	管理费用		财务费用		
			税金		利息收入	利息支出
物料搬运设备制造	343	1.61	0.03	0.09	0.01	0.10
泵、阀门、压缩机及类似机械制造	344	2.73	0.07	0.40	0.12	0.50
轴承、齿轮和传动部件制造	345	0.71	0.08	0.11	0.04	0.10
烘炉、风机、衡器、包装等设备制造	346	0.43	0.01	0.02		0.03
文化、办公用机械制造	347	0.46		0.02	0.02	0.05
通用零部件制造	348	0.49	0.02	−0.07	0.09	0.02
其他通用设备制造业	349					
专用设备制造业	35	7.95	0.18	1.31	0.14	1.23
采矿、冶金、建筑专用设备制造	351	3.99	0.09	0.64		0.52
化工、木材、非金属加工专用设备制造	352	0.30		0.05		0.05
食品、饮料、烟草及饲料生产专用设备制造	353	0.27		0.02		0.02
印刷、制药、日化及日用品生产专用设备制造	354	0.05	0.01	0.10		0.08
纺织、服装和皮革加工专用设备制造	355	0.40	0.03	0.04	0.01	0.04
电子和电工机械专用设备制造	356	1.42	0.02	0.22		0.20
农、林、牧、渔专用机械制造	357	0.56	0.02	0.12	0.12	0.20
医疗仪器设备及器械制造	358	0.04				
环保、社会公共服务及其他专用设备制造	359	0.91	0.01	0.13	0.01	0.12
汽车制造业	36	153.79	6.47	−9.33	6.85	6.34
汽车整车制造	361	128.51	5.66	−14.19	6.63	3.57
改装汽车制造	362	3.79	0.08	0.44	0.10	0.50
低速载货汽车制造	363					
电车制造	364					
汽车车身、挂车制造	365	0.48	0.04	0.22		0.22
汽车零部件及配件制造	366	21.02	0.68	4.21	0.11	2.05
铁路、船舶、航空航天和其他运输设备制造业	37	23.78	0.77	2.38	0.67	3.07
铁路运输设备制造	371	6.75	0.30	0.44	0.07	0.42
城市轨道交通设备制造	372					
船舶及相关装置制造	373	11.46	0.45	1.13	0.15	1.41
航空、航天器及设备制造	374	5.22		0.74	0.46	1.15
摩托车制造	375	0.34	0.02	0.08		0.08
自行车制造	376					
非公路休闲车及零配件制造	377					
潜水救捞及其他未列明运输设备制造	379					
电气机械和器材制造业	38	17.54	0.69	1.32	0.41	1.63
电机制造	381	2.36	0.05	−0.16	0.28	0.12
输配电及控制设备制造	382	1.21	0.04	0.04	0.01	0.04
电线、电缆、光缆及电工器材制造	383	4.40	0.09	0.81	0.01	1.04
电池制造	384	0.88	0.02	0.36		0.31
家用电力器具制造	385	6.49	0.49	0.01	0.12	−0.11
非电力家用器具制造	386	2.02		0.27		0.22
照明器具制造	387	0.17		−0.01		

单位：亿元

营业利润	投资收益（损失以"−"号记）	利润总额	应交所得税	亏损企业亏损额	利税总额	应交增值税	从业人员平均人数（万人）	代码
−0.68	0.01	−0.69	0.05	0.81	0.06	0.60	0.19	343
1.37	0.06	2.40	0.41		2.95	0.48	0.42	344
−0.06		0.19	0.02		0.42	0.20	0.31	345
0.11		0.12	0.02		0.42	0.25	0.08	346
0.24		0.29	0.07		0.70	0.39	0.05	347
0.12	0.10	0.05		0.09	0.12	0.05	0.26	348
								349
2.19	0.87	2.87	0.55	2.07	4.79	1.53	2.40	35
−0.30	0.01	−0.05	0.02	1.91	0.83	0.73	1.43	351
−0.08		−0.05	0.01	0.16	0.02	0.04	0.08	352
0.03		0.03			0.06	0.03	0.03	353
		0.04	0.01		0.04		0.05	354
0.22		0.36	0.03		0.47	0.10	0.09	355
2.00	0.71	2.00	0.40		2.61	0.49	0.50	356
0.09	0.15	0.16	0.02		0.22	0.04	0.06	357
0.01		0.01			0.06	0.05	0.02	358
0.22	0.01	0.37	0.04		0.46	0.05	0.14	359
327.20	84.66	302.04	35.04	11.08	521.32	102.73	16.04	36
309.30	83.82	282.06	31.93	9.67	491.04	93.33	10.92	361
1.11		1.68	0.20	0.76	2.91	1.15	0.60	362
								363
								364
−0.31	−0.03	0.15	0.04	0.09	0.33	0.16	0.13	365
17.10	0.86	18.14	2.86	0.56	27.04	8.08	4.38	366
10.75	−2.51	11.77	2.80	4.32	20.18	6.50	4.67	37
1.52	0.01	1.72	0.12		5.04	2.69	1.63	371
								372
8.46	−2.52	8.78	2.32	4.32	12.74	2.77	1.87	373
0.51		0.86	0.32		1.97	1.03	1.04	374
0.26		0.41	0.03		0.43	0.01	0.13	375
								376
								377
								379
15.25	−6.39	16.51	2.67	0.36	22.12	4.75	2.53	38
0.35	0.04	0.51	0.09	0.06	1.18	0.53	0.45	381
1.55	0.07	1.60	0.02		2.27	0.61	0.14	382
6.21	−0.11	6.27	0.84		6.96	0.33	0.49	383
0.79		0.89	0.09	0.11	1.42	0.49	0.29	384
5.45	−6.39	6.25	1.62		9.15	2.77	0.84	385
1.08		1.16			1.30		0.26	386
−0.19		−0.19		0.19	−0.16	0.03	0.04	387

1-A-5 续表17

行　业	代码	管理费用	税金	财务费用	利息收入	利息支出
其他电气机械及器材制造	389	0.02		−0.01	−0.01	
计算机、通信和其他电子设备制造业	39	44.84	0.37	3.50	0.94	4.95
计算机制造	391					
通信设备制造	392	25.85	0.08	1.58	0.05	1.62
广播电视设备制造	393					
雷达及配套设备制造	394	0.30		0.03		0.03
视听设备制造	395					
电子器件制造	396	18.16	0.27	1.78	0.89	3.19
电子元件制造	397	0.31	0.01	0.05		0.05
其他电子设备制造	399	0.20	0.01	0.05		0.05
仪器仪表制造业	40	2.16	0.02	0.30	0.04	0.07
通用仪器仪表制造	401	0.57	0.01		0.01	0.02
专用仪器仪表制造	402	1.21	0.01	0.33	−0.01	0.05
钟表与计时仪器制造	403					
光学仪器及眼镜制造	404	0.38		−0.03	0.03	
其他仪器仪表制造业	409					
其他制造业	41	4.21	0.01	0.54	0.05	0.61
日用杂品制造	411					
煤制品制造	412					
其他未列明制造业	419					
废弃资源综合利用业	42	0.21		0.06		0.06
金属废料和碎屑加工处理	421					
非金属废料和碎屑加工处理	422	0.21		0.06		0.06
金属制品、机械和设备修理业	43	0.31				
金属制品修理	431	0.01				
通用设备修理	432					
专用设备修理	433					
铁路、船舶、航空航天等运输设备修理	434					
电气设备修理	435	0.31				
仪器仪表修理	436					
其他机械和设备修理业	439					
电力、热力、燃气及水生产和供应业	**D**	**22.64**	**1.86**	**82.08**	**1.94**	**85.54**
电力、热力生产和供应业	44	16.53	1.35	79.94	1.81	83.25
电力生产	441	11.96	0.97	66.70	1.45	69.92
电力供应	442	0.68	0.03	13.09	0.28	13.09
热力生产和供应	443	3.89	0.35	0.15	0.09	0.24
燃气生产和供应业	45	1.69	0.09	0.48	0.13	0.63
水的生产和供应业	46	4.43	0.42	1.66	0.01	1.65
自来水生产和供应	461	4.41	0.42	1.64	0.01	1.64
污水处理及其再生利用	462	0.02		0.01		0.01
其他水的处理、利用与分配	469					

单位：亿元

营业利润	投资收益（损失以“－”号记）	利润总额	应交所得税	亏损企业亏损额	利税总额	应交增值税	从业人员平均人数（万人）	代码
0.01		0.01			0.01			389
5.40	2.02	17.28	2.41	6.30	29.39	9.33	5.38	39
								391
2.77	1.42	8.82	1.34	1.83	15.44	4.96	2.96	392
								393
0.09		0.09			0.10		0.06	394
								395
1.55	−0.02	7.32	0.88	4.35	12.61	4.20	2.25	396
1.11	0.62	1.14	0.18	0.03	1.32	0.15	0.10	397
−0.13		−0.09		0.09	−0.07	0.01	0.02	399
2.13	0.02	2.80	0.16		3.69	0.75	0.48	40
0.73		0.76	0.11		1.14	0.34	0.10	401
0.44	0.02	0.47	0.05		0.74	0.24	0.18	402
								403
0.96		1.57			1.81	0.17	0.19	404
								409
0.76	0.01	1.20	0.08		1.85	0.58	1.07	41
								411
								412
								419
0.18		0.19			0.38	0.12	0.03	42
								421
0.18		0.19			0.38	0.12	0.03	422
−0.11		−0.12		0.12	0.06	0.16	0.11	43
−0.02		−0.03		0.03	−0.01	0.02	0.01	431
								432
								433
								434
−0.09		−0.09		0.09	0.06	0.14	0.09	435
								436
								439
175.00	**29.38**	**177.03**	**33.28**	**7.63**	**287.50**	**99.19**	**12.60**	**D**
151.15	8.92	169.82	31.37	6.96	276.84	96.54	10.57	44
143.83	8.99	162.65	31.05	5.26	231.59	62.26	2.38	441
8.48	−0.07	8.68	0.31	0.10	46.07	33.67	7.57	442
−1.16		−1.52	0.01	1.60	−0.83	0.62	0.62	443
5.61	0.08	5.90	1.67		7.60	1.27	0.35	45
18.25	20.38	1.31	0.24	0.67	3.06	1.38	1.68	46
18.20	20.38	1.27	0.24	0.67	2.99	1.36	1.68	461
0.05		0.05			0.07	0.02	0.01	462
								469

1-A-6 规模以上私营工业企业

分组	企业单位数（个）	工业销售产值（当年价格）	出口交货值	资产总计	流动资产合计
总计	**7686**	**12064.72**	**306.69**	**5305.56**	**2640.30**
按登记注册类型分组:					
内资企业	7686	12064.72	306.69	5305.56	2640.30
私营企业	7686	12064.72	306.69	5305.56	2640.30
私营独资企业	321	385.25	6.09	101.83	45.61
私营合伙企业	67	85.06	1.20	23.85	12.36
私营有限责任公司	6853	10624.47	265.27	4770.88	2391.83
私营股份有限公司	445	969.94	34.13	409.00	190.50
按经济组织类型分组					
独资企业	321	385.25	6.09	101.83	45.61
私营独资企业	321	385.25	6.09	101.83	45.61
合作、合伙企业	67	85.06	1.20	23.85	12.36
私营合伙企业	67	85.06	1.20	23.85	12.36
股份有限公司	445	969.94	34.13	409.00	190.50
私营股份有限公司	445	969.94	34.13	409.00	190.50
有限责任公司	6853	10624.47	265.27	4770.88	2391.83
私营有限责任公司	6853	10624.47	265.27	4770.88	2391.83
在总计中:亏损企业	**326**	**356.49**	**2.84**	**453.52**	**215.11**
在总计中:轻工业	3258	5664.90	263.18	2141.51	1038.94
重工业	4428	6399.82	43.51	3164.05	1601.36
在总计中:大型企业	60	1257.51	65.09	541.72	228.84
中型企业	745	2995.12	101.45	1413.86	755.72
小型企业	6881	7812.09	140.15	3349.97	1655.74

主要经济指标(分组部分)

单位：亿元

应收账款	存货	产成品	固定资产合计	固定资产原价	累计折旧	负债合计	流动负债合计
610.37	**725.92**	**360.96**	**2113.83**	**5841.67**	**3930.56**	**2504.80**	**1906.80**
610.37	725.92	360.96	2113.83	5841.67	3930.56	2504.80	1906.80
610.37	725.92	360.96	2113.83	5841.67	3930.56	2504.80	1906.80
11.02	12.23	8.28	44.91	152.40	110.88	36.67	27.35
3.46	2.68	1.78	9.11	12.63	4.35	8.86	5.42
555.79	647.76	315.65	1888.71	5280.91	3571.04	2264.53	1724.39
40.09	63.24	35.25	171.10	395.73	244.29	194.73	149.64
11.02	12.23	8.28	44.91	152.40	110.88	36.67	27.35
11.02	12.23	8.28	44.91	152.40	110.88	36.67	27.35
3.46	2.68	1.78	9.11	12.63	4.35	8.86	5.42
3.46	2.68	1.78	9.11	12.63	4.35	8.86	5.42
40.09	63.24	35.25	171.10	395.73	244.29	194.73	149.64
40.09	63.24	35.25	171.10	395.73	244.29	194.73	149.64
555.79	647.76	315.65	1888.71	5280.91	3571.04	2264.53	1724.39
555.79	647.76	315.65	1888.71	5280.91	3571.04	2264.53	1724.39
50.22	**54.96**	**23.74**	**182.71**	**274.86**	**102.64**	**368.78**	**308.36**
200.84	335.10	167.05	874.49	2874.26	2070.50	887.61	671.84
409.53	390.81	193.91	1239.34	2967.41	1860.06	1617.18	1234.95
41.72	72.38	30.47	263.14	1013.12	787.67	330.96	264.78
139.61	208.25	98.65	535.99	1378.96	883.74	688.83	504.15
429.05	445.28	231.84	1314.70	3449.58	2259.15	1485.01	1137.87

1-A-6 续表1

分 组	应付账款	所有者权益合计	实收资本	国家资本	集体资本
总 计	**502.26**	**2737.83**	**1462.31**	**7.19**	**16.36**
按登记注册类型分组:					
内资企业	502.26	2737.83	1462.31	7.19	16.36
私营企业	502.26	2737.83	1462.31	7.19	16.36
私营独资企业	7.00	64.60	29.84	0.01	0.15
私营合伙企业	1.46	14.08	6.34		0.79
私营有限责任公司	463.02	2449.43	1343.16	6.57	14.69
私营股份有限公司	30.78	209.73	82.97	0.61	0.73
按经济组织类型分组					
独资企业	7.00	64.60	29.84	0.01	0.15
私营独资企业	7.00	64.60	29.84	0.01	0.15
合作、合伙企业	1.46	14.08	6.34		0.79
私营合伙企业	1.46	14.08	6.34		0.79
股份有限公司	30.78	209.73	82.97	0.61	0.73
私营股份有限公司	30.78	209.73	82.97	0.61	0.73
有限责任公司	463.02	2449.43	1343.16	6.57	14.69
私营有限责任公司	463.02	2449.43	1343.16	6.57	14.69
在总计中:亏损企业	**125.24**	**80.79**	**73.37**	**1.54**	**0.21**
在总计中:轻工业	142.44	1225.58	586.91	3.45	6.31
重工业	359.82	1512.25	875.40	3.73	10.06
在总计中:大型企业	103.21	202.27	57.14		
中型企业	121.99	713.31	323.63	2.84	3.64
小型企业	277.06	1822.26	1081.54	4.35	12.72

单位：亿元

				主营业务收　　入	主营业务成　　本	主营业务税金及附加	销售费用
法人资本	个人资本	港澳台资本	外商资本				
708.89	**619.69**	**0.71**	**4.21**	**11892.61**	**10154.66**	**115.69**	**326.29**
708.89	619.69	0.71	4.21	11892.61	10154.66	115.69	326.29
708.89	619.69	0.71	4.21	11892.61	10154.66	115.69	326.29
6.72	22.79			388.23	324.76	5.35	10.71
2.13	3.43			84.88	72.58	1.06	1.89
659.40	553.01	0.71	4.08	10493.71	8977.48	101.07	283.31
40.64	40.46		0.13	925.79	779.83	8.21	30.38
6.72	22.79			388.23	324.76	5.35	10.71
6.72	22.79			388.23	324.76	5.35	10.71
2.13	3.43			84.88	72.58	1.06	1.89
2.13	3.43			84.88	72.58	1.06	1.89
40.64	40.46		0.13	925.79	779.83	8.21	30.38
40.64	40.46		0.13	925.79	779.83	8.21	30.38
659.40	553.01	0.71	4.08	10493.71	8977.48	101.07	283.31
659.40	553.01	0.71	4.08	10493.71	8977.48	101.07	283.31
28.02	**39.41**		**3.48**	**333.88**	**316.76**	**1.91**	**8.23**
260.58	271.46	0.44	3.41	5606.60	4773.71	53.53	164.23
448.32	348.23	0.27	0.80	6286.01	5380.95	62.16	162.06
37.49	19.39		0.26	1222.29	1092.24	8.89	35.02
188.47	126.32		0.27	2959.92	2493.03	28.09	85.22
482.94	473.98	0.71	3.68	7710.40	6569.39	78.72	206.05

1-A-6 续表2

分　组	管理费用	税金	财务费用	利息收入	利息支出
总　计	**441.89**	**28.80**	**141.12**	**3.66**	**98.89**
按登记注册类型分组:					
内资企业	441.89	28.80	141.12	3.66	98.89
私营企业	441.89	28.80	141.12	3.66	98.89
私营独资企业	10.91	1.09	4.02	0.03	2.82
私营合伙企业	2.65	0.08	0.73	0.02	0.53
私营有限责任公司	394.15	25.15	125.96	3.21	87.24
私营股份有限公司	34.19	2.48	10.41	0.40	8.30
按经济组织类型分组					
独资企业	10.91	1.09	4.02	0.03	2.82
私营独资企业	10.91	1.09	4.02	0.03	2.82
合作、合伙企业	2.65	0.08	0.73	0.02	0.53
私营合伙企业	2.65	0.08	0.73	0.02	0.53
股份有限公司	34.19	2.48	10.41	0.40	8.30
私营股份有限公司	34.19	2.48	10.41	0.40	8.30
有限责任公司	394.15	25.15	125.96	3.21	87.24
私营有限责任公司	394.15	25.15	125.96	3.21	87.24
在总计中:亏损企业	**14.52**	**0.56**	**8.22**	**0.45**	**6.31**
在总计中:轻工业	219.52	15.24	67.06	1.68	45.48
重工业	222.38	13.56	74.06	1.98	53.41
在总计中:大型企业	32.25	3.03	15.02	0.65	13.71
中型企业	125.10	7.04	40.76	1.78	29.58
小型企业	284.55	18.72	85.34	1.22	55.60

单位：亿元

营业利润	投资收益（损失以“-”号记）	利润总额	应交所得税	亏损企业亏损额	利税总额	应交增值税	从业人员平均人数（万人）
844.78	**-9.80**	**820.05**	**66.61**	**12.92**	**1281.28**	**341.47**	**112.60**
844.78	-9.80	820.05	66.61	12.92	1281.28	341.47	112.60
844.78	-9.80	820.05	66.61	12.92	1281.28	341.47	112.60
29.73	-0.74	29.44	2.96	0.01	45.28	10.43	3.54
5.45	-0.20	5.40	0.38		8.21	1.72	0.75
713.84	-7.86	703.07	58.45	12.06	1103.86	296.43	99.69
95.76	-1.00	82.14	4.81	0.85	123.94	32.88	8.62
29.73	-0.74	29.44	2.96	0.01	45.28	10.43	3.54
29.73	-0.74	29.44	2.96	0.01	45.28	10.43	3.54
5.45	-0.20	5.40	0.38		8.21	1.72	0.75
5.45	-0.20	5.40	0.38		8.21	1.72	0.75
95.76	-1.00	82.14	4.81	0.85	123.94	32.88	8.62
95.76	-1.00	82.14	4.81	0.85	123.94	32.88	8.62
713.84	-7.86	703.07	58.45	12.06	1103.86	296.43	99.69
713.84	-7.86	703.07	58.45	12.06	1103.86	296.43	99.69
-12.90	**-2.83**	**-12.92**	**0.10**	**12.92**	**-2.66**	**8.30**	**4.85**
415.66	-1.19	407.89	31.51	4.26	610.82	147.59	55.67
429.12	-8.61	412.15	35.10	8.66	670.46	193.87	56.93
69.78	-5.25	61.80	6.52	2.65	98.39	27.71	10.24
221.94	-1.19	220.96	18.43	3.22	345.15	94.42	35.13
553.06	-3.36	537.29	41.66	7.04	837.75	219.34	67.24

1-A-7 规模以上私营工业企业

行　业	代码	企　业单位数（个）	工业销售产　值（当年价格）	出口交货值	资产总计	流动资产合　计
总　计		**7686**	**12064.72**	**306.69**	**5305.56**	**2640.30**
采矿业	**B**	**466**	**530.83**	**0.65**	**211.55**	**92.82**
煤炭开采和洗选业	06	85	58.26		32.87	9.39
烟煤和无烟煤开采洗选	061	85	58.26		32.87	9.39
褐煤开采洗选	062					
其他煤炭采选	069					
石油和天然气开采业	07					
石油开采	071					
天然气开采	072					
黑色金属矿采选业	08	79	143.05		43.95	20.20
铁矿采选	081	77	136.13		41.94	18.62
锰矿、铬矿采选	082					
其他黑色金属矿采选	089	2	6.92		2.02	1.59
有色金属矿采选业	09	34	52.63		18.21	10.95
常用有色金属矿采选	091	27	44.51		15.12	9.22
贵金属矿采选	092	3	3.54		1.48	1.06
稀有稀土金属矿采选	093	4	4.58		1.62	0.66
非金属矿采选业	10	266	275.12	0.65	116.12	52.14
土砂石开采	101	160	157.95	0.65	52.70	22.21
化学矿开采	102	51	56.58		45.72	24.95
采盐	103					
石棉及其他非金属矿采选	109	55	60.59		17.70	4.99
开采辅助活动	11	1	1.01		0.14	0.09
煤炭开采和洗选辅助活动	111					
石油和天然气开采辅助活动	112					
其他开采辅助活动	119	1	1.01		0.14	0.09
其他采矿业	12	1	0.76		0.27	0.05
制造业	**C**	**7175**	**11488.39**	**306.04**	**5031.70**	**2529.54**
农副食品加工业	13	1022	2302.14	75.10	727.66	370.25
谷物磨制	131	443	1067.20		262.71	134.72
饲料加工	132	92	262.41		75.59	42.53
植物油加工	133	142	378.89	0.07	130.90	69.44
制糖业	134	5	12.57		5.07	2.57
屠宰及肉类加工	135	72	180.26	0.01	77.44	32.60
水产品加工	136	45	119.87	33.58	56.84	28.25
蔬菜、水果和坚果加工	137	81	94.51	21.76	41.83	19.83
其他农副食品加工	139	142	186.45	19.69	77.26	40.31

主要经济指标(行业部分)

单位：亿元

应收账款	存货	产成品	固定资产合计	固定资产原价	累计折旧	负债合计	流动负债合计	代码
610.37	**725.92**	**360.96**	**2113.83**	**5841.67**	**3930.56**	**2504.80**	**1906.80**	
24.72	**16.06**	**9.84**	**90.21**	**180.96**	**98.74**	**98.63**	**76.68**	**B**
2.01	1.72	1.31	18.82	22.26	5.39	13.11	9.61	06
2.01	1.72	1.31	18.82	22.26	5.39	13.11	9.61	061
								062
								069
								07
								071
								072
4.74	4.05	1.82	19.67	23.31	4.96	24.61	19.67	08
4.15	3.61	1.76	19.45	23.20	4.87	23.43	18.53	081
								082
0.60	0.44	0.06	0.22	0.11	0.08	1.19	1.15	089
2.37	2.37	1.08	6.70	12.04	5.95	9.41	8.24	09
2.20	1.72	0.82	5.41	7.98	3.04	7.96	6.93	091
0.09	0.26	0.16	0.35	0.36	0.14	0.57	0.43	092
0.08	0.39	0.11	0.93	3.69	2.76	0.87	0.87	093
15.58	7.90	5.61	44.89	123.21	82.42	51.45	39.11	10
8.39	4.49	3.01	25.50	100.30	77.14	21.13	15.20	101
6.12	1.38	0.97	8.78	11.90	4.02	26.79	21.65	102
								103
1.07	2.03	1.63	10.61	11.00	1.25	3.53	2.26	109
0.02	0.02	0.02	0.05	0.07	0.02	0.04	0.04	11
								111
								112
0.02	0.02	0.02	0.05	0.07	0.02	0.04	0.04	119
0.01			0.08	0.09	0.01	0.01	0.01	12
583.14	**707.92**	**350.97**	**1984.34**	**5579.84**	**3784.23**	**2365.40**	**1806.12**	**C**
60.77	143.96	67.70	277.90	1406.26	1157.48	312.38	236.48	13
18.52	64.18	18.68	101.51	930.83	837.39	98.04	78.12	131
6.81	14.06	5.28	24.37	87.44	66.26	36.69	31.22	132
8.56	32.22	22.61	45.67	185.56	144.31	63.30	42.61	133
0.41	1.88	0.89	2.27	15.69	13.50	2.45	2.01	134
5.77	9.18	6.58	32.33	57.16	29.81	34.36	23.69	135
4.15	4.59	3.01	22.14	34.91	14.31	25.09	17.41	136
5.12	6.82	3.96	19.53	37.45	20.35	18.77	14.69	137
11.43	11.04	6.69	30.08	57.23	31.54	33.69	26.74	139

1-A-7 续表1

行业	代码	企业单位数（个）	工业销售产值（当年价格）	出口交货值	资产总计	流动资产合计
食品制造业	14	193	327.98	27.81	151.39	78.43
焙烤食品制造	141	44	86.01		34.07	10.79
糖果、巧克力及蜜饯制造	142	21	22.67		9.12	3.44
方便食品制造	143	44	32.09	0.01	13.01	5.18
乳制品制造	144	1	0.74		1.01	0.53
罐头食品制造	145	22	49.10	6.04	21.44	10.50
调味品、发酵制品制造	146	20	48.31		12.68	4.76
其他食品制造	149	41	89.05	21.76	60.06	43.22
酒、饮料和精制茶制造业	15	209	274.12	2.63	118.63	55.31
酒的制造	151	57	88.54		43.13	22.33
饮料制造	152	35	49.99		18.85	6.02
精制茶加工	153	117	135.59	2.63	56.66	26.96
烟草制品业	16					
烟叶复烤	161					
卷烟制造	162					
其他烟草制品制造	169					
纺织业	17	602	1041.06	69.08	390.52	175.37
棉纺织及印染精加工	171	431	724.67	3.11	307.90	140.02
毛纺织及染整精加工	172	2	11.29		0.59	0.21
麻纺织及染整精加工	173	18	41.29	0.15	11.45	5.23
丝绢纺织及印染精加工	174	6	4.85		3.13	1.97
化纤织造及印染精加工	175	11	13.53		4.94	2.05
针织或钩针编织物及其制品制造	176	12	16.03	0.08	3.80	1.79
家用纺织制成品制造	177	24	41.44	1.47	17.49	7.42
非家用纺织制成品制造	178	98	187.95	64.26	41.22	16.67
纺织服装、服饰业	18	293	439.17	38.65	195.99	103.62
机织服装制造	181	270	402.00	38.65	170.61	91.45
针织或钩针编织服装制造	182	11	27.38		19.29	9.20
服饰制造	183	12	9.79		6.09	2.98
皮革、毛皮、羽毛及其制品和制鞋业	19	73	66.22	23.98	26.18	13.17
皮革鞣制加工	191	1	4.16		1.55	1.23
皮革制品制造	192	8	6.88		2.38	1.61
毛皮鞣制及制品加工	193	35	26.88	17.51	13.65	6.58
羽毛(绒)加工及制品制造	194	2	2.17		0.27	0.12
制鞋业	195	27	26.13	6.47	8.34	3.64
木材加工和木、竹、藤、棕、草制品业	20	149	193.21	1.59	101.10	42.15
木材加工	201	23	16.04	0.93	7.10	3.26
人造板制造	202	69	107.51	0.66	54.54	21.91
木制品制造	203	50	64.32		38.22	16.54
竹、藤、棕、草等制品制造	204	7	5.35		1.23	0.44
家具制造业	21	59	67.49	0.27	49.96	13.61

单位：亿元

应收账款	存货	产成品	固定资产合计	固定资产原价	累计折旧	负债合计	流动负债合计	代码
13.09	21.99	11.70	54.36	135.82	84.95	56.01	38.36	14
1.70	2.31	0.74	15.88	38.18	23.01	11.76	7.18	141
1.28	1.19	0.30	4.80	8.43	3.66	4.87	4.56	142
1.05	1.94	1.32	6.86	20.76	14.46	4.93	3.84	143
0.30	0.02		0.30	0.55	0.25	0.60	0.42	144
1.33	3.62	3.17	8.31	11.58	4.50	8.97	6.44	145
1.20	1.26	0.89	6.91	40.21	33.85	4.98	3.57	146
6.22	11.66	5.27	11.30	16.11	5.22	19.91	12.34	149
11.21	20.73	10.69	48.03	70.54	28.38	48.49	38.12	15
3.63	11.51	5.43	18.38	32.74	17.34	17.24	16.13	151
1.88	1.91	1.23	8.91	11.09	2.67	7.60	3.90	152
5.70	7.30	4.03	20.75	26.71	8.37	23.65	18.09	153
								16
								161
								162
								169
31.31	58.38	28.07	185.56	476.73	300.52	164.01	124.35	17
21.83	48.06	22.15	146.61	339.81	199.90	126.54	97.10	171
0.02	0.09	0.08	0.34	0.62	0.28	0.10	0.01	172
1.23	1.35	0.81	5.97	7.75	1.96	5.93	3.34	173
0.45	0.70	0.57	1.03	1.14	0.18	0.94	0.83	174
0.60	0.92	0.62	2.35	6.87	4.55	2.78	2.57	175
0.75	0.52	0.37	1.81	14.77	13.15	1.61	1.41	176
1.40	2.04	1.33	7.62	58.47	51.05	7.87	6.32	177
5.03	4.71	2.14	19.82	47.29	29.44	18.24	12.77	178
18.23	18.73	9.94	72.66	167.20	98.98	61.15	50.83	18
14.79	12.82	7.32	64.71	153.11	92.61	48.93	39.13	181
2.34	5.21	2.02	6.01	7.81	1.83	8.27	8.15	182
1.09	0.70	0.60	1.94	6.28	4.55	3.95	3.55	183
2.74	4.21	2.50	10.34	26.18	16.27	12.57	10.74	19
0.49	0.24	0.21	0.31	0.40	0.09	1.37	1.27	191
0.41	0.32	0.28	0.65	0.78	0.16	0.79	0.72	192
1.07	2.29	1.34	6.46	20.75	14.66	5.36	4.33	193
0.01	0.03	0.03	0.15	0.17	0.02	0.05	0.05	194
0.75	1.33	0.64	2.77	4.08	1.33	5.00	4.38	195
6.23	14.12	5.72	44.83	88.88	46.36	42.58	28.10	20
1.16	0.88	0.49	2.96	3.71	1.09	3.94	2.50	201
2.89	6.79	3.44	22.64	55.48	34.15	22.39	14.63	202
1.98	6.34	1.72	18.51	28.77	10.81	15.53	10.68	203
0.21	0.12	0.06	0.72	0.93	0.32	0.72	0.30	204
2.60	3.56	2.29	32.74	80.11	53.72	15.65	11.88	21

1-A-7 续表2

行业	代码	企业单位数(个)	工业销售产值(当年价格)	出口交货值	资产总计	流动资产合计
木质家具制造	211	46	35.88	0.27	19.06	7.01
竹、藤家具制造	212					
金属家具制造	213	2	0.28		0.12	0.08
塑料家具制造	214					
其他家具制造	219	11	31.33		30.78	6.51
造纸和纸制品业	22	123	183.43		85.39	39.87
纸浆制造	221	2	2.26		3.03	0.84
造纸	222	44	72.72		38.89	15.65
纸制品制造	223	77	108.45		43.47	23.37
印刷和记录媒介复制业	23	85	89.74	0.02	49.99	24.89
印刷	231	82	88.64	0.02	49.28	24.53
装订及印刷相关服务	232	3	1.10		0.71	0.36
记录媒介复制	233					
文教、工美、体育和娱乐用品制造业	24	54	73.68	4.61	24.67	14.36
文教办公用品制造	241	2	1.64		1.30	0.74
乐器制造	242	1	2.03	2.03	0.34	0.27
工艺美术品制造	243	43	61.06	2.33	18.03	10.22
体育用品制造	244	4	3.11	0.22	2.59	1.60
玩具制造	245	4	5.83	0.03	2.41	1.53
游艺器材及娱乐用品制造	246					
石油加工、炼焦和核燃料加工业	25	23	26.53		10.64	7.18
精炼石油产品制造	251	22	20.99		8.91	5.93
炼焦	252	1	5.54		1.73	1.26
化学原料和化学制品制造业	26	548	1180.04	14.13	567.28	278.96
基础化学原料制造	261	123	235.12	5.45	110.73	58.58
肥料制造	262	138	434.48	1.42	240.51	132.20
农药制造	263	17	26.02	0.73	12.02	6.15
涂料、油墨、颜料及类似产品制造	264	76	89.58	2.72	34.41	12.70
合成材料制造	265	25	49.37		25.73	6.22
专用化学产品制造	266	134	300.53	1.11	128.13	56.02
炸药、火工及焰火产品制造	267	16	19.34		7.25	2.55
日用化学产品制造	268	19	25.61	2.71	8.50	4.54
医药制造业	27	125	177.12	5.23	94.93	42.36
化学药品原料药制造	271	27	23.07	3.04	11.59	5.11
化学药品制剂制造	272	9	12.75		8.66	2.02
中药饮片加工	273	24	18.07		13.51	7.79
中成药生产	274	28	65.77		26.53	12.89
兽用药品制造	275	7	10.45	1.59	13.00	6.70
生物药品制造	276	12	19.13	0.61	5.80	3.20
卫生材料及医药用品制造	277	18	27.88		15.84	4.65
化学纤维制造业	28	11	48.79	0.05	13.56	6.21

单位：亿元

应收账款	存货	产成品	固定资产合　计	固定资产原　价	累计折旧	负债合计	流动负债合　计	代码
1.66	2.83	1.76	9.07	51.73	43.61	7.71	6.47	211
								212
0.01			0.03	0.03		0.03	0.03	213
								214
0.93	0.72	0.53	23.64	28.36	10.11	7.91	5.38	219
11.46	8.90	3.25	34.51	115.33	82.73	39.11	26.83	22
0.15	0.37	0.08	0.64	0.64	0.02	0.39	0.39	221
4.92	3.30	1.30	17.64	65.98	49.46	17.19	10.17	222
6.39	5.24	1.88	16.22	48.71	33.24	21.52	16.27	223
6.40	6.05	2.68	19.23	39.11	20.31	23.74	18.19	23
6.28	5.91	2.63	18.96	38.70	20.17	23.46	18.00	231
0.12	0.14	0.05	0.27	0.41	0.14	0.28	0.20	232
								233
2.98	6.70	3.88	8.34	29.02	21.68	13.36	11.87	24
0.33	0.21	0.21	0.03	0.03		0.46		241
0.13	0.12	0.10	0.06	0.14	0.08	0.16	0.16	242
1.32	5.26	2.94	6.77	27.47	21.23	10.30	9.86	243
0.89	0.29	0.15	0.89	0.70	0.18	1.18	0.81	244
0.32	0.81	0.47	0.58	0.67	0.20	1.26	1.05	245
								246
1.67	1.95	0.45	2.82	2.83	0.57	5.86	5.04	25
1.35	1.60	0.45	2.45	2.51	0.55	5.65	4.83	251
0.31	0.35		0.37	0.31	0.02	0.21	0.21	252
42.01	70.64	35.63	215.06	696.39	507.02	311.05	201.13	26
8.49	9.06	5.60	36.16	173.49	139.54	49.82	39.76	261
13.37	40.91	16.99	81.49	110.83	38.01	145.17	74.67	262
1.39	1.60	1.02	4.29	5.35	1.13	5.93	5.37	263
3.78	3.47	2.41	20.48	88.12	68.50	10.34	6.73	264
0.95	0.98	0.43	15.17	9.16	3.12	20.09	18.65	265
12.41	12.94	8.35	50.61	297.93	251.21	72.27	50.03	266
0.59	0.60	0.46	3.90	4.39	0.85	2.83	1.95	267
1.03	1.07	0.38	2.97	7.12	4.66	4.59	3.97	268
11.09	10.53	5.26	34.84	58.95	26.76	43.87	31.58	27
1.06	1.40	0.79	5.74	8.88	3.65	5.02	4.36	271
0.44	0.56	0.26	3.61	5.41	1.90	5.87	2.68	272
2.22	2.26	1.10	3.17	3.62	0.84	6.42	5.70	273
3.27	3.57	1.65	11.33	22.27	11.73	12.18	9.70	274
1.62	0.91	0.35	3.10	3.86	0.98	8.37	4.84	275
1.23	0.62	0.38	2.43	2.75	0.40	2.29	1.90	276
1.26	1.19	0.72	5.47	12.16	7.27	3.71	2.41	277
2.11	1.76	0.91	5.29	11.56	6.82	7.87	5.09	28

1-A-7　续表3

行　　业	代码	企　业单位数（个）	工业销售产　　值（当年价格）	出口交货值	资产总计	流动资产合　　计
纤维素纤维原料及纤维制造	281	3	16.29		6.25	2.75
合成纤维制造	282	8	32.49	0.05	7.31	3.46
橡胶和塑料制品业	29	327	511.44	0.59	209.55	96.86
橡胶制品业	291	50	86.80	0.07	26.35	10.70
塑料制品业	292	277	424.63	0.52	183.21	86.16
非金属矿物制品业	30	1009	1280.20	8.10	561.43	252.63
水泥、石灰和石膏制造	301	106	219.72		106.19	32.98
石膏、水泥制品及类似制品制造	302	243	287.52		114.17	58.83
砖瓦、石材等建筑材料制造	303	468	498.82	6.97	214.04	87.16
玻璃制造	304	15	22.85		42.71	32.81
玻璃制品制造	305	40	50.19	0.39	22.08	10.70
玻璃纤维和玻璃纤维增强塑料制品制造	306	10	9.64		4.80	2.27
陶瓷制品制造	307	25	82.37		18.60	7.92
耐火材料制品制造	308	31	27.45	0.03	13.18	7.86
石墨及其他非金属矿物制品制造	309	71	81.65	0.71	25.66	12.09
黑色金属冶炼和压延加工业	31	172	458.73		191.27	112.27
炼铁	311	10	20.27		30.10	23.97
炼钢	312					
黑色金属铸造	313	105	166.40		57.62	35.55
钢压延加工	314	48	241.15		91.47	46.30
铁合金冶炼	315	9	30.90		12.09	6.45
有色金属冶炼和压延加工业	32	87	217.69	0.66	80.82	41.90
常用有色金属冶炼	321	22	85.35		32.98	14.86
贵金属冶炼	322					
稀有稀土金属冶炼	323	4	2.56		1.57	0.84
有色金属合金制造	324	18	18.75		7.42	3.93
有色金属铸造	325					
有色金属压延加工	326	43	111.04	0.66	38.84	22.27
金属制品业	33	332	491.89	7.73	193.44	107.82
结构性金属制品制造	331	176	248.47	4.77	110.88	60.68
金属工具制造	332	30	36.11	2.87	11.67	6.06
集装箱及金属包装容器制造	333	32	49.20		21.98	12.22
金属丝绳及其制品制造	334	14	22.14		4.33	2.19
建筑、安全用金属制品制造	335	14	17.97		6.81	2.64
金属表面处理及热处理加工	336	8	6.56		2.17	1.54
搪瓷制品制造	337	2	7.64		1.67	0.88
金属制日用品制造	338	20	42.84		19.89	14.00
其他金属制品制造	339	36	60.98	0.10	14.05	7.60
通用设备制造业	34	313	381.20	0.77	199.27	110.77
锅炉及原动设备制造	341	24	45.77		20.22	10.91
金属加工机械制造	342	58	93.14		59.85	38.98

单位：亿元

应收账款	存货	产成品	固定资产合计	固定资产原价	累计折旧	负债合计	流动负债合计	代码
0.45	0.72	0.29	1.73	4.05	2.86	4.31	2.49	281
1.66	1.05	0.62	3.56	7.51	3.96	3.56	2.60	282
27.55	24.53	15.12	88.01	397.60	323.07	94.05	68.36	29
2.96	2.24	1.23	13.42	163.70	152.70	12.00	7.96	291
24.59	22.30	13.89	74.59	233.89	170.37	82.05	60.41	292
65.40	61.75	38.25	250.28	399.27	173.04	244.36	193.45	30
6.10	6.91	2.84	56.86	82.73	34.49	64.10	49.72	301
22.16	11.61	6.80	46.76	111.05	67.70	54.05	44.41	302
22.12	28.20	20.57	104.52	140.58	45.01	75.19	56.86	303
1.99	1.65	0.57	8.45	11.83	3.46	12.82	12.51	304
1.92	3.52	1.66	9.00	16.38	7.81	9.30	8.38	305
0.75	0.86	0.56	1.73	2.31	0.74	2.21	1.67	306
1.79	3.12	1.87	8.44	13.92	5.79	8.60	5.65	307
4.13	1.63	0.69	4.54	8.69	4.62	6.12	5.14	308
4.45	4.24	2.69	9.98	11.79	3.42	11.97	9.12	309
17.97	21.05	9.68	74.50	157.16	89.97	87.78	72.94	31
3.38	2.10	0.88	5.79	8.61	2.82	22.28	21.78	311
								312
4.84	4.53	3.00	20.02	77.32	58.78	13.43	10.03	313
7.72	13.10	5.30	43.30	57.49	19.92	46.15	36.20	314
2.02	1.32	0.50	5.39	13.74	8.45	5.93	4.93	315
11.16	13.38	4.74	32.89	53.16	24.05	44.42	38.23	32
3.62	7.00	2.97	16.70	23.72	8.81	17.88	15.16	321
								322
0.25	0.49	0.08	0.45	0.60	0.15	0.70	0.70	323
1.07	1.18	0.58	2.06	2.76	1.01	3.39	2.65	324
								325
6.22	4.70	1.10	13.68	26.07	14.09	22.45	19.72	326
30.86	38.01	19.25	67.98	234.11	173.01	100.40	84.43	33
17.63	22.83	9.59	39.13	70.07	35.89	60.61	50.47	331
1.28	2.28	1.33	4.97	12.66	8.10	4.62	3.77	332
4.27	3.99	1.78	6.99	15.86	9.27	11.17	10.57	333
0.73	0.42	0.29	1.87	16.33	14.52	1.52	0.56	334
0.89	0.76	0.52	3.85	98.10	95.09	2.78	2.60	335
0.49	0.32	0.12	0.48	0.55	0.09	1.38	1.22	336
0.25	0.17	0.02	0.79	1.05	0.26	1.12	0.92	337
2.97	4.53	3.78	4.32	11.37	7.16	8.96	8.20	338
2.35	2.71	1.81	5.59	8.12	2.64	8.24	6.12	339
28.67	34.24	11.62	66.70	193.73	133.19	95.35	79.29	34
3.10	2.05	0.65	7.83	36.88	30.02	10.95	10.10	341
6.26	15.72	2.64	14.87	50.77	37.23	25.46	22.86	342

1-A-7 续表4

行业	代码	企业单位数（个）	工业销售产值（当年价格）	出口交货值	资产总计	流动资产合计
物料搬运设备制造	343	24	24.84		9.33	5.36
泵、阀门、压缩机及类似机械制造	344	47	64.50	0.41	39.32	23.63
轴承、齿轮和传动部件制造	345	19	19.09	0.10	12.02	4.92
烘炉、风机、衡器、包装等设备制造	346	40	43.24		19.36	8.58
文化、办公用机械制造	347	3	6.59		1.94	1.35
通用零部件制造	348	74	68.38	0.25	26.25	12.07
其他通用设备制造业	349	24	15.67		10.97	4.97
专用设备制造业	35	272	374.83	0.72	275.55	139.97
采矿、冶金、建筑专用设备制造	351	85	154.45		136.00	47.84
化工、木材、非金属加工专用设备制造	352	46	65.63	0.04	44.94	32.17
食品、饮料、烟草及饲料生产专用设备制造	353	24	28.15	0.67	7.89	4.34
印刷、制药、日化及日用品生产专用设备制造	354	12	20.29		7.97	4.03
纺织、服装和皮革加工专用设备制造	355	9	7.19		7.37	4.21
电子和电工机械专用设备制造	356	13	15.02		10.99	5.22
农、林、牧、渔专用机械制造	357	40	39.22		12.81	6.80
医疗仪器设备及器械制造	358	4	2.20		2.40	1.78
环保、社会公共服务及其他专用设备制造	359	39	42.66		45.17	33.60
汽车制造业	36	598	583.18	7.00	365.26	198.51
汽车整车制造	361	2	0.51		0.82	0.47
改装汽车制造	362	15	60.56	0.77	31.81	16.53
低速载货汽车制造	363					
电车制造	364	1	0.52		0.80	0.58
汽车车身、挂车制造	365	3	3.31		1.53	0.92
汽车零部件及配件制造	366	577	518.28	6.23	330.31	180.01
铁路、船舶、航空航天和其他运输设备制造业	37	68	120.62	0.02	49.82	24.09
铁路运输设备制造	371	11	7.67		4.05	2.97
城市轨道交通设备制造	372					
船舶及相关装置制造	373	46	94.67	0.02	34.26	17.34
航空、航天器及设备制造	374	2	0.45		1.10	0.75
摩托车制造	375	3	4.07		5.27	0.60
自行车制造	376	4	12.77		4.38	2.21
非公路休闲车及零配件制造	377					
潜水救捞及其他未列明运输设备制造	379	2	0.97		0.76	0.22
电气机械和器材制造业	38	239	295.01	3.44	155.24	89.74
电机制造	381	19	22.79	1.19	10.14	5.39
输配电及控制设备制造	382	89	81.04	0.51	56.53	36.91
电线、电缆、光缆及电工器材制造	383	50	80.60	0.12	42.33	25.03
电池制造	384	29	41.79	0.46	17.58	9.93
家用电力器具制造	385	11	17.88		8.20	4.53
非电力家用器具制造	386	9	17.07	0.85	6.53	2.32
照明器具制造	387	24	22.80	0.32	9.53	3.89

单位：亿元

应收账款	存货	产成品	固定资产合计	固定资产原价	累计折旧	负债合计	流动负债合计	代码
1.60	1.33	0.66	2.88	6.39	3.76	4.86	3.09	343
7.34	5.57	2.58	11.30	34.29	23.56	20.10	15.62	344
1.36	2.16	1.30	3.04	8.20	5.40	7.23	6.81	345
2.32	2.79	1.84	9.27	10.41	2.57	9.44	6.93	346
0.67	0.21	0.13	0.50	8.48	8.01	1.13	0.98	347
4.90	2.92	1.46	12.42	30.90	19.62	11.26	8.67	348
1.13	1.49	0.37	4.59	7.41	3.01	4.90	4.22	349
37.76	23.77	11.73	120.91	223.35	107.35	164.80	139.40	35
23.62	9.35	4.62	83.43	150.92	68.53	120.63	104.89	351
3.22	4.32	1.91	11.19	19.33	9.36	11.31	8.82	352
0.93	1.66	0.56	2.23	2.92	1.17	3.28	2.73	353
1.14	0.66	0.30	3.80	5.06	1.26	3.07	2.57	354
1.01	0.92	0.43	1.69	3.52	2.26	2.98	2.53	355
2.00	0.53	0.32	4.86	18.51	13.72	4.09	2.36	356
1.80	2.20	1.25	5.48	13.95	8.97	6.30	5.09	357
0.58	0.36	0.28	0.27	0.55	0.42	1.65	1.27	358
3.47	3.79	2.06	7.95	8.59	1.66	11.48	9.13	359
69.86	54.67	29.35	122.92	201.62	98.01	201.33	166.08	36
	0.05	0.03	0.29	0.36	0.07	0.64	0.37	361
3.32	4.96	2.42	12.33	12.46	7.08	16.50	10.15	362
								363
0.22	0.36	0.26	0.22	0.22		0.64	0.64	364
0.28	0.26	0.07	0.52	0.65	0.13	0.54	0.48	365
66.03	49.04	26.56	109.56	187.93	90.73	183.01	154.45	366
9.27	6.12	1.87	19.25	27.31	9.10	25.71	18.69	37
1.99	0.36	0.19	0.91	1.42	0.69	2.43	2.22	371
								372
6.26	4.81	1.24	13.22	20.09	7.65	18.81	12.48	373
0.47	0.07	0.03	0.03	0.04	0.01	0.39	0.39	374
0.24	0.12	0.04	2.87	3.30	0.42	1.23	1.18	375
0.27	0.69	0.36	1.69	1.91	0.29	2.43	2.18	376
								377
0.04	0.07		0.52	0.56	0.04	0.43	0.23	379
34.26	20.61	10.08	51.58	186.90	139.19	71.26	54.39	38
1.77	1.36	0.35	4.03	47.87	44.51	5.86	4.13	381
13.93	8.12	4.86	15.11	23.74	10.12	27.99	25.61	382
12.98	5.27	2.09	14.98	55.74	41.51	14.29	9.44	383
2.11	2.31	1.18	5.96	6.97	1.40	9.20	7.91	384
1.28	1.36	0.90	2.21	3.59	1.65	5.19	4.00	385
0.47	0.37	0.20	2.65	3.27	0.64	3.25	0.91	386
1.16	1.51	0.37	4.51	6.08	1.69	3.68	2.15	387

1-A-7 续表5

行业	代码	企业单位数（个）	工业销售产值（当年价格）	出口交货值	资产总计	流动资产合计
其他电气机械及器材制造	389	8	11.03		4.39	1.72
计算机、通信和其他电子设备制造业	39	96	132.03	9.04	75.75	45.54
计算机制造	391	7	10.70	0.13	13.40	9.40
通信设备制造	392	9	9.95	0.33	11.93	7.53
广播电视设备制造	393	4	33.25	3.02	8.64	6.42
雷达及配套设备制造	394					
视听设备制造	395	8	13.09	4.15	7.36	3.16
电子器件制造	396	18	14.94	0.97	7.16	3.14
电子元件制造	397	33	36.45	0.43	15.28	8.37
其他电子设备制造	399	17	13.65		11.97	7.53
仪器仪表制造业	40	34	32.54	0.50	22.41	14.64
通用仪器仪表制造	401	15	11.67		8.23	5.26
专用仪器仪表制造	402	11	16.80	0.45	11.49	7.59
钟表与计时仪器制造	403	3	1.65	0.05	0.66	0.58
光学仪器及眼镜制造	404	3	0.68		0.70	0.25
其他仪器仪表制造业	409	2	1.74		1.33	0.96
其他制造业	41	40	53.08	4.32	16.69	8.39
日用杂品制造	411	20	32.15	4.32	9.37	5.31
煤制品制造	412	2	4.63		0.49	0.21
其他未列明制造业	419					
废弃资源综合利用业	42	13	56.55		25.37	19.22
金属废料和碎屑加工处理	421	8	49.11		21.97	16.88
非金属废料和碎屑加工处理	422	5	7.45		3.40	2.34
金属制品、机械和设备修理业	43	6	8.69		1.94	1.44
金属制品修理	431	1	0.21		0.22	0.21
通用设备修理	432	2	5.68		0.44	0.27
专用设备修理	433					
铁路、船舶、航空航天等运输设备修理	434	2	2.04		0.68	0.41
电气设备修理	435					
仪器仪表修理	436					
其他机械和设备修理业	439	1	0.76		0.60	0.55
电力、热力、燃气及水生产和供应业	**D**	**45**	**45.49**		**62.30**	**17.94**
电力、热力生产和供应业	44	27	30.36		50.51	13.58
电力生产	441	22	12.07		40.47	6.90
电力供应	442					
热力生产和供应	443	5	18.29		10.04	6.68
燃气生产和供应业	45	7	9.31		8.14	3.39
水的生产和供应业	46	11	5.82		3.65	0.97
自来水生产和供应	461	6	3.47		1.54	0.50
污水处理及其再生利用	462	4	2.16		2.04	0.44
其他水的处理、利用与分配	469	1	0.20		0.07	0.04

单位：亿元

应收账款	存货	产成品	固定资产合计	固定资产原价	累计折旧	负债合计	流动负债合计	代码
0.56	0.31	0.13	2.10	39.65	37.66	1.79	0.24	389
16.05	8.80	4.48	24.33	49.00	27.33	36.24	30.43	39
3.69	1.85	1.08	3.28	2.83	1.02	7.43	7.43	391
3.89	1.06	0.07	3.82	5.41	1.61	4.50	3.68	392
1.01	1.11	0.32	2.19	20.92	19.42	4.34	2.07	393
								394
0.93	0.36	0.12	3.37	3.73	0.39	3.48	3.21	395
0.98	0.70	0.29	3.54	6.13	2.79	3.44	2.69	396
2.67	1.49	1.02	4.02	5.47	1.51	7.34	6.80	397
2.88	2.23	1.59	4.11	4.52	0.60	5.71	4.54	399
4.74	2.32	0.78	5.79	18.13	12.48	12.83	10.24	40
2.20	1.06	0.46	1.96	13.25	11.36	4.67	4.09	401
1.63	0.81	0.27	3.34	4.03	0.73	6.40	4.50	402
0.37	0.17		0.06	0.11	0.05	0.57	0.57	403
0.04	0.10	0.03	0.27	0.48	0.24	0.40	0.30	404
0.50	0.17	0.02	0.17	0.26	0.10	0.78	0.78	409
1.94	2.43	1.15	7.12	16.76	10.28	6.94	5.59	41
0.99	1.35	0.60	3.91	13.19	9.44	3.55	2.74	411
0.06	0.07	0.07	0.20	0.25	0.06	0.14	0.12	412
								419
3.23	3.79	2.03	5.12	6.21	1.42	21.43	5.31	42
2.73	2.37	0.83	4.34	5.15	1.13	18.78	2.80	421
0.49	1.43	1.21	0.77	1.06	0.29	2.65	2.51	422
0.51	0.22	0.18	0.46	10.61	10.17	0.78	0.68	43
0.11	0.07	0.07				0.14	0.14	431
0.08	0.12	0.09	0.17	10.24	10.07	0.18	0.14	432
								433
0.06	0.03	0.02	0.25	0.31	0.08	0.27	0.20	434
								435
								436
0.26	0.01		0.03	0.06	0.03	0.19	0.19	439
2.51	**1.94**	**0.15**	**39.29**	**80.87**	**47.60**	**40.77**	**24.00**	**D**
1.86	1.71	0.08	33.76	73.20	44.34	34.12	20.44	44
0.87	1.51		30.80	55.12	29.21	26.04	13.74	441
								442
0.99	0.20	0.08	2.96	18.08	15.13	8.07	6.69	443
0.37	0.07	0.04	3.26	4.05	0.93	5.26	2.74	45
0.28	0.16	0.04	2.26	3.61	2.33	1.39	0.82	46
0.12	0.13	0.03	1.04	3.06	2.21	0.48	0.23	461
0.14	0.01		1.19	0.53	0.11	0.90	0.59	462
0.02	0.01		0.03	0.03		0.01	0.01	469

1-A-7 续表6

行业	代码	应付账款	所有者权益合计	实收资本	国家资本	集体资本
总　计	**00**	**502.26**	**2737.83**	**1462.31**	**7.19**	**16.36**
采矿业	**B**	**13.83**	**109.71**	**114.27**	**0.02**	**1.09**
煤炭开采和洗选业	06	3.35	19.62	71.07		0.16
烟煤和无烟煤开采洗选	061	3.35	19.62	71.07		0.16
褐煤开采洗选	062					
其他煤炭采选	069					
石油和天然气开采业	07					
石油开采	071					
天然气开采	072					
黑色金属矿采选业	08	4.06	19.15	8.53		0.17
铁矿采选	081	4.01	18.32	8.33		0.17
锰矿、铬矿采选	082					
其他黑色金属矿采选	089	0.05	0.83	0.20		
有色金属矿采选业	09	1.09	8.75	2.70	0.01	0.04
常用有色金属矿采选	091	0.97	7.11	2.25	0.01	0.04
贵金属矿采选	092	0.06	0.90	0.33		
稀有稀土金属矿采选	093	0.06	0.74	0.12		
非金属矿采选业	10	5.34	61.84	31.89	0.01	0.73
土砂石开采	101	3.71	29.91	17.28	0.01	0.45
化学矿开采	102	1.22	18.82	5.65		0.28
采盐	103					
石棉及其他非金属矿采选	109	0.40	13.11	8.96		
开采辅助活动	11		0.10	0.02		
煤炭开采和洗选辅助活动	111					
石油和天然气开采辅助活动	112					
其他开采辅助活动	119		0.10	0.02		
其他采矿业	12		0.26	0.05		
制造业	**C**	**483.59**	**2606.70**	**1334.42**	**6.51**	**14.47**
农副食品加工业	13	43.58	403.72	149.29	1.38	3.82
谷物磨制	131	11.56	161.02	57.63	0.70	0.25
饲料加工	132	6.47	35.00	13.06		
植物油加工	133	7.25	66.18	25.06	0.45	0.06
制糖业	134	0.38	2.62	1.56		
屠宰及肉类加工	135	2.66	42.82	14.87	0.01	0.06
水产品加工	136	3.88	30.87	6.19	0.01	0.04
蔬菜、水果和坚果加工	137	3.79	22.05	10.12	0.11	
其他农副食品加工	139	7.58	43.16	20.80	0.10	3.41

单位：亿元

法人资本	个人资本	港澳台资本	外商资本	主营业务收入	主营业务成本	主营业务税金及附加	销售费用	代码
708.89	**619.69**	**0.71**	**4.21**	**11892.61**	**10154.66**	**115.69**	**326.29**	**00**
20.04	**32.72**		**0.11**	**529.49**	**430.98**	**9.30**	**13.36**	**B**
5.36	5.37			58.91	46.81	1.92	1.79	06
5.36	5.37			58.91	46.81	1.92	1.79	061
								062
								069
								07
								071
								072
3.69	4.67			144.62	128.60	1.31	2.49	08
3.50	4.67			138.08	123.59	1.24	2.27	081
								082
0.20				6.54	5.02	0.07	0.22	089
0.83	1.72		0.10	53.13	45.99	0.52	0.54	09
0.83	1.27		0.10	45.01	39.44	0.47	0.33	091
	0.33			3.52	2.75	0.02	0.12	092
0.01	0.12			4.59	3.80	0.03	0.09	093
10.14	20.90		0.01	271.06	208.23	5.53	8.49	10
7.24	9.47		0.01	158.26	129.35	2.02	5.05	101
2.13	3.24			51.74	36.37	2.28	1.48	102
								103
0.77	8.20			61.06	42.51	1.22	1.96	109
0.01	0.01			1.01	0.89	0.01	0.03	11
								111
								112
0.01	0.01			1.01	0.89	0.01	0.03	119
	0.05			0.76	0.46		0.02	12
680.13	**583.53**	**0.71**	**4.10**	**11316.95**	**9685.17**	**105.83**	**311.72**	**C**
59.38	84.07	0.02	0.25	2282.26	2003.42	13.96	51.85	13
21.42	35.24			1063.40	933.61	6.98	25.81	131
4.87	8.17			263.66	236.98	1.00	5.73	132
8.86	15.70			374.02	337.08	2.06	4.85	133
1.26	0.30			12.16	11.10	0.01	0.17	134
8.26	6.54			168.79	146.60	0.45	4.25	135
3.80	2.34			120.42	105.36	0.71	2.29	136
3.69	6.05	0.02	0.25	92.33	76.11	0.82	2.21	137
7.22	9.73			187.49	156.58	1.93	6.53	139

1-A-7 续表7

行业	代码	应付账款	所有者权益合计	实收资本	国家资本	集体资本
食品制造业	14	8.36	92.61	47.70		0.10
焙烤食品制造	141	1.42	20.51	6.96		
糖果、巧克力及蜜饯制造	142	1.76	4.15	1.26		
方便食品制造	143	1.01	7.99	3.96		
乳制品制造	144	0.04	0.41	0.71		
罐头食品制造	145	1.68	11.97	6.35		
调味品、发酵制品制造	146	0.76	7.61	2.42		
其他食品制造	149	1.69	39.99	26.03		0.10
酒、饮料和精制茶制造业	15	10.60	65.84	31.62	0.05	0.63
酒的制造	151	5.28	23.13	11.57	0.01	
饮料制造	152	1.10	11.17	6.45	0.01	0.15
精制茶加工	153	4.21	31.55	13.60	0.04	0.48
烟草制品业	16					
烟叶复烤	161					
卷烟制造	162					
其他烟草制品制造	169					
纺织业	17	23.17	221.92	103.16	0.71	0.02
棉纺织及印染精加工	171	15.63	177.80	84.65	0.58	
毛纺织及染整精加工	172		0.49	0.51		
麻纺织及染整精加工	173	0.64	5.49	3.09		
丝绢纺织及印染精加工	174	0.19	2.18	0.75		
化纤织造及印染精加工	175	0.69	2.24	1.48	0.13	
针织或钩针编织物及其制品制造	176	0.51	2.18	1.33		0.02
家用纺织制成品制造	177	1.11	9.50	3.52		
非家用纺织制成品制造	178	4.39	22.04	7.84		
纺织服装、服饰业	18	10.98	134.87	88.54	0.11	0.21
机织服装制造	181	8.57	123.02	85.70	0.11	0.01
针织或钩针编织服装制造	182	0.56	9.72	1.41		
服饰制造	183	1.85	2.14	1.43		0.20
皮革、毛皮、羽毛及其制品和制鞋业	19	3.32	12.83	8.66		0.20
皮革鞣制加工	191	0.69	0.18	0.05		
皮革制品制造	192	0.33	1.28	0.87		
毛皮鞣制及制品加工	193	1.40	7.86	5.83		0.20
羽毛(绒)加工及制品制造	194	0.02	0.22	0.04		
制鞋业	195	0.88	3.29	1.87		
木材加工和木、竹、藤、棕、草制品业	20	6.08	57.88	16.19	0.02	0.03
木材加工	201	1.12	3.21	1.36		
人造板制造	202	2.00	31.57	7.94		
木制品制造	203	2.88	22.59	6.41		0.03
竹、藤、棕、草等制品制造	204	0.09	0.51	0.49	0.01	
家具制造业	21	5.10	34.10	6.55		

单位：亿元

法人资本	个人资本	港澳台资本	外商资本	主营业务收入	主营业务成本	主营业务税金及附加	销售费用	代码
28.36	15.83	0.42	3.05	323.41	262.17	2.99	11.84	14
2.28	4.76			83.28	66.58	0.78	4.23	141
0.41	0.85			22.41	17.35	0.34	0.97	142
0.84	3.12			32.57	27.06	0.46	1.19	143
0.71				0.59	0.56			144
3.84	2.51			45.30	38.53	0.47	0.71	145
1.43	0.99			47.79	36.93	0.42	2.54	146
18.85	3.60	0.42	3.05	91.47	75.16	0.52	2.19	149
11.88	18.88		0.08	272.88	200.89	7.96	18.25	15
4.65	6.81			87.63	63.01	4.46	7.26	151
1.66	4.55		0.08	50.18	40.41	0.82	2.43	152
5.57	7.52			135.07	97.47	2.68	8.56	153
								16
								161
								162
								169
49.27	53.04			1033.10	875.59	10.51	26.23	17
39.80	44.14			721.34	614.62	8.17	16.57	171
0.21	0.30			11.17	8.95	0.03	0.04	172
2.27	0.82			39.65	34.21	0.30	0.99	173
0.52	0.23			4.52	3.72	0.05	0.07	174
0.39	0.96			13.73	11.96	0.18	0.27	175
0.02	1.29			15.99	13.71	0.12	0.38	176
0.91	2.61			40.78	36.03	0.33	0.79	177
5.14	2.69			185.92	152.40	1.33	7.11	178
63.80	23.90			430.04	372.24	4.44	13.36	18
62.77	22.29			390.47	342.27	3.99	10.46	181
0.51	0.90			29.34	21.50	0.21	2.60	182
0.53	0.71			10.23	8.47	0.24	0.30	183
2.45	6.01			66.40	57.10	0.79	1.42	19
0.05				4.18	3.09	0.21	0.01	191
0.34	0.53			6.94	5.84	0.02	0.33	192
0.68	4.95			27.07	24.03	0.06	0.41	193
0.01	0.03			2.24	2.21			194
1.37	0.50			25.98	21.93	0.50	0.68	195
4.95	11.19			192.26	158.72	2.70	4.82	20
0.34	1.01			16.19	13.09	0.39	0.44	201
3.23	4.71			108.38	92.61	1.41	2.19	202
1.30	5.07			62.11	49.04	0.72	2.02	203
0.08	0.40			5.57	3.98	0.18	0.17	204
2.99	3.56			67.12	56.51	0.65	2.11	21

1-A-7 续表8

行　业	代码	应付账款	所有者权益合计	实收资本	国家资本	集体资本
木质家具制造	211	1.56	11.20	5.58		
竹、藤家具制造	212					
金属家具制造	213		0.08	0.04		
塑料家具制造	214					
其他家具制造	219	3.54	22.82	0.93		
造纸和纸制品业	22	6.01	46.82	64.96		0.12
纸浆制造	221	0.22	2.63	0.60		
造纸	222	1.32	21.92	12.40		0.10
纸制品制造	223	4.47	22.26	51.97		0.02
印刷和记录媒介复制业	23	3.92	24.60	14.00	0.04	
印刷	231	3.84	24.18	13.86	0.04	
装订及印刷相关服务	232	0.07	0.42	0.14		
记录媒介复制	233					
文教、工美、体育和娱乐用品制造业	24	1.72	10.98	5.41		0.10
文教办公用品制造	241		0.84	0.23		
乐器制造	242	0.12	0.18	0.05		
工艺美术品制造	243	0.95	7.63	3.95		0.10
体育用品制造	244	0.38	1.33	0.81		
玩具制造	245	0.26	1.01	0.37		
游艺器材及娱乐用品制造	246					
石油加工、炼焦和核燃料加工业	25	0.81	4.76	2.57		
精炼石油产品制造	251	0.79	3.25	1.57		
炼焦	252	0.02	1.52	1.00		
化学原料和化学制品制造业	26	40.12	253.42	129.47	0.03	1.04
基础化学原料制造	261	8.52	61.28	42.20	0.01	0.38
肥料制造	262	13.28	93.17	51.89		0.17
农药制造	263	0.79	6.08	3.32		0.10
涂料、油墨、颜料及类似产品制造	264	2.26	23.95	7.05		0.27
合成材料制造	265	0.73	5.58	2.96		
专用化学产品制造	266	13.37	55.25	18.15	0.02	0.10
炸药、火工及焰火产品制造	267	0.29	4.32	1.11		0.03
日用化学产品制造	268	0.88	3.80	2.80		
医药制造业	27	6.79	50.18	20.70	0.14	0.41
化学药品原料药制造	271	0.98	6.27	4.00	0.14	0.16
化学药品制剂制造	272	0.55	2.77	1.86		
中药饮片加工	273	1.03	6.98	2.24		
中成药生产	274	1.92	13.95	7.43		
兽用药品制造	275	0.67	4.62	0.92		
生物药品制造	276	0.57	3.46	2.29		0.01
卫生材料及医药用品制造	277	1.06	12.12	1.97		0.24
化学纤维制造业	28	0.91	5.69	2.14		

单位：亿元

				主营业务收入	主营业务成本	主营业务税金及附加	销售费用	代码
法人资本	个人资本	港澳台资本	外商资本					
2.19	3.39			35.84	29.45	0.40	1.46	211
								212
0.01	0.03			0.28	0.22		0.01	213
								214
0.78	0.15			30.99	26.84	0.26	0.64	219
9.41	15.44			178.52	150.53	2.50	5.96	22
0.10	0.50			1.96	1.84	0.02	0.01	221
1.77	10.53			71.49	62.51	0.94	1.55	222
7.54	4.41			105.06	86.18	1.54	4.40	223
5.11	8.85			87.65	74.55	0.73	2.41	23
5.11	8.71			86.57	73.67	0.73	2.39	231
	0.14			1.07	0.88	0.01	0.03	232
								233
2.22	3.07			73.82	63.67	0.64	2.16	24
	0.23			2.45	2.20		0.06	241
	0.05			2.03	1.94		0.01	242
1.50	2.34			61.09	52.36	0.49	1.88	243
0.43	0.38			3.07	2.35	0.15	0.17	244
0.30	0.07			5.17	4.82		0.04	245
								246
1.07	1.50			26.01	23.76	0.14	0.41	25
0.40	1.17			20.46	18.71	0.05	0.35	251
0.67	0.33			5.54	5.04	0.08	0.07	252
77.14	50.80	0.01	0.16	1150.46	1008.12	10.53	26.60	26
32.54	8.92		0.16	227.84	198.18	2.21	5.30	261
30.50	21.11	0.01		445.14	402.89	3.48	7.31	262
0.44	2.78			24.76	21.06	0.21	0.51	263
2.45	4.33			89.13	77.86	1.20	2.17	264
1.11	1.85			49.66	42.89	0.22	0.83	265
8.45	9.59			271.28	230.83	2.48	8.92	266
0.38	0.70			19.32	14.36	0.51	0.78	267
1.28	1.51			23.34	20.05	0.22	0.79	268
10.48	9.48		0.03	177.65	143.87	1.07	7.00	27
1.34	2.33		0.03	23.82	20.06	0.21	0.24	271
0.51	1.35			12.53	10.10	0.05	0.27	272
1.16	1.08			17.54	14.50	0.11	0.47	273
4.56	2.71			66.44	51.09	0.32	3.94	274
0.51	0.41			9.78	8.02	0.05	0.38	275
1.84	0.44			19.03	16.90	0.16	0.55	276
0.56	1.16			28.49	23.19	0.18	1.13	277
0.44	1.70			48.57	43.11	0.22	0.53	28

1-A-7 续表8

行业	代码	应付账款	所有者权益合计	实收资本	国家资本	集体资本
纤维素纤维原料及纤维制造	281	0.25	1.94	0.40		
合成纤维制造	282	0.65	3.75	1.74		
橡胶和塑料制品业	29	17.76	113.26	51.88	0.11	1.73
橡胶制品业	291	2.01	14.23	8.09	0.10	0.01
塑料制品业	292	15.75	99.03	43.79	0.01	1.72
非金属矿物制品业	30	49.05	308.36	160.17	0.14	2.49
水泥、石灰和石膏制造	301	11.96	41.38	24.62		0.76
石膏、水泥制品及类似制品制造	302	15.30	58.51	32.34	0.03	0.21
砖瓦、石材等建筑材料制造	303	12.73	133.34	59.32	0.07	1.34
玻璃制造	304	0.84	29.89	25.89		
玻璃制品制造	305	1.90	12.55	5.99		0.03
玻璃纤维和玻璃纤维增强塑料制品制造	306	0.32	2.54	1.09		
陶瓷制品制造	307	0.94	9.71	1.78		
耐火材料制品制造	308	2.13	6.85	2.80	0.05	
石墨及其他非金属矿物制品制造	309	2.94	13.59	6.34		0.14
黑色金属冶炼和压延加工业	31	26.20	102.41	64.87	1.96	0.04
炼铁	311	10.43	7.81	3.23		0.03
炼钢	312					
黑色金属铸造	313	3.23	43.16	33.00		0.01
钢压延加工	314	10.74	45.29	25.97	1.96	
铁合金冶炼	315	1.81	6.16	2.67		
有色金属冶炼和压延加工业	32	7.83	33.52	13.13		0.12
常用有色金属冶炼	321	1.92	15.11	3.17		
贵金属冶炼	322					
稀有稀土金属冶炼	323	0.18	0.87	0.44		
有色金属合金制造	324	0.28	2.50	1.63		0.03
有色金属铸造	325					
有色金属压延加工	326	5.45	15.04	7.88		0.09
金属制品业	33	21.80	91.39	51.92	0.38	0.61
结构性金属制品制造	331	14.11	49.24	27.96	0.21	0.20
金属工具制造	332	0.96	7.10	5.77		
集装箱及金属包装容器制造	333	2.14	10.55	7.27	0.13	0.41
金属丝绳及其制品制造	334	0.33	2.80	1.93		
建筑、安全用金属制品制造	335	0.36	4.00	2.02		
金属表面处理及热处理加工	336	0.47	0.77	0.67		
搪瓷制品制造	337	0.35	0.52	0.22		
金属制日用品制造	338	2.15	10.75	2.99	0.04	
其他金属制品制造	339	0.93	5.65	3.09		
通用设备制造业	34	18.27	100.51	52.90	0.02	0.20
锅炉及原动设备制造	341	1.92	8.93	3.71		
金属加工机械制造	342	4.01	32.83	16.11	0.02	

单位：亿元

法人资本	个人资本	港澳台资本	外商资本	主营业务收入	主营业务成本	主营业务税金及附加	销售费用	代码
0.37	0.03			16.29	14.68	0.02	0.11	281
0.07	1.67			32.28	28.43	0.20	0.42	282
23.49	25.51			502.76	424.08	4.88	14.84	29
2.62	5.36			84.37	71.37	0.80	2.36	291
20.86	20.14			418.38	352.71	4.07	12.48	292
86.34	70.44	0.26	0.01	1255.14	1047.55	15.46	38.46	30
13.57	10.20	0.10		211.97	18	2.11	5.37	301
16.69	15.39	0.01	0.01	280.32	236.03	3.32	8.03	302
24.58	32.69	0.15		493.06	406.80	7.02	14.62	303
24.28	1.61			22.58	17.40	0.34	0.61	304
2.77	3.20			48.60	39.76	0.59	1.82	305
0.26	0.83			9.57	7.84	0.06	0.23	306
0.45	1.33			82.24	72.44	0.89	1.99	307
1.28	1.47			27.12	21.46	0.60	1.35	308
2.45	3.74			79.68	65.84	0.52	4.45	309
40.89	21.99			467.99	416.64	3.52	9.12	31
0.25	2.95			19.20	15.48	0.25	0.55	311
								312
29.25	3.74			168.08	142.26	1.34	5.21	313
9.42	14.60			252.26	233.76	1.56	2.43	314
1.97	0.70			28.45	25.13	0.38	0.92	315
4.16	8.76			205.28	184.23	0.67	2.52	32
1.71	1.46			83.41	72.48	0.29	0.93	321
								322
0.30	0.14			2.56	2.19	0.01	0.04	323
0.15	1.45			16.78	15.91	0.05	0.11	324
								325
2.00	5.71			102.53	93.65	0.32	1.44	326
22.01	29.05			480.80	408.49	5.23	18.77	33
12.67	14.88			242.49	204.24	3.21	7.02	331
3.12	2.65			40.60	34.80	0.42	0.92	332
2.73	4.13			46.06	40.18	0.54	1.55	333
0.06	1.87			21.50	18.73	0.27	0.55	334
0.50	1.52			17.70	14.82	0.13	0.77	335
0.50	0.17			6.49	4.50	0.05	0.05	336
0.06	0.16			6.88	6.23	0.06	0.15	337
1.07	1.88			37.96	27.88	0.31	5.98	338
1.31	1.78			61.12	57.11	0.23	1.77	339
21.22	31.51	0.01		379.21	316.52	3.04	12.77	34
1.92	1.78			46.82	39.46	0.16	1.39	341
7.33	8.81			94.43	82.63	0.54	2.08	342

1-A-7 续表10

行　业	代码	应付账款	所有者权益合计	实收资本	国家资本	集体资本
物料搬运设备制造	343	0.76	4.35	3.47		
泵、阀门、压缩机及类似机械制造	344	3.33	18.26	12.56		0.10
轴承、齿轮和传动部件制造	345	1.70	4.66	2.07		0.10
烘炉、风机、衡器、包装等设备制造	346	1.91	9.86	4.51		
文化、办公用机械制造	347	0.83	0.81	0.52		
通用零部件制造	348	2.38	14.74	7.51		
其他通用设备制造业	349	1.41	6.07	2.46		
专用设备制造业	35	82.17	108.88	85.22	0.29	0.13
采矿、冶金、建筑专用设备制造	351	73.26	15.31	10.99	0.01	
化工、木材、非金属加工专用设备制造	352	1.98	33.43	30.92	0.12	0.07
食品、饮料、烟草及饲料生产专用设备制造	353	0.47	4.54	1.92		
印刷、制药、日化及日用品生产专用设备制造	354	0.36	4.86	1.59		
纺织、服装和皮革加工专用设备制造	355	0.41	3.81	1.43	0.10	
电子和电工机械专用设备制造	356	0.85	6.90	6.47		
农、林、牧、渔专用机械制造	357	1.51	6.19	3.87		0.06
医疗仪器设备及器械制造	358	0.60	0.75	0.42		
环保、社会公共服务及其他专用设备制造	359	2.73	33.07	27.61	0.06	
汽车制造业	36	48.64	159.41	69.47	0.05	1.84
汽车整车制造	361	0.04	0.18	0.25		
改装汽车制造	362	1.46	15.21	3.13		
低速载货汽车制造	363					
电车制造	364	0.53	0.16	0.10		
汽车车身、挂车制造	365	0.10	0.98	0.72		0.09
汽车零部件及配件制造	366	46.51	142.87	65.27	0.05	1.75
铁路、船舶、航空航天和其他运输设备制造业	37	5.25	23.01	12.65		
铁路运输设备制造	371	0.77	1.57	0.80		
城市轨道交通设备制造	372					
船舶及相关装置制造	373	3.48	14.41	9.79		
航空、航天器及设备制造	374	0.08	0.71	0.67		
摩托车制造	375	0.19	4.04	0.62		
自行车制造	376	0.70	1.95	0.66		
非公路休闲车及零配件制造	377					
潜水救捞及其他未列明运输设备制造	379	0.03	0.33	0.10		
电气机械和器材制造业	38	20.30	82.35	48.47	1.10	0.48
电机制造	381	0.80	4.14	1.65		0.10
输配电及控制设备制造	382	12.87	28.26	14.96	0.13	0.03
电线、电缆、光缆及电工器材制造	383	2.98	27.92	21.20		
电池制造	384	1.10	8.29	3.84	0.97	
家用电力器具制造	385	1.74	3.01	0.76		
非电力家用器具制造	386	0.18	3.27	0.97		
照明器具制造	387	0.58	5.63	3.55		0.34

单位：亿元

				主营业务收　入	主营业务成　本	主营业务税金及附加	销售费用	代码
法人资本	个人资本	港澳台资本	外商资本					
1.47	2.00			24.68	20.07	0.19	1.10	343
3.71	8.74			63.63	50.55	0.71	2.40	344
0.13	1.83			18.56	15.33	0.13	0.68	345
1.17	3.34			42.68	34.08	0.68	1.88	346
0.42	0.10			6.59	6.33		0.01	347
4.06	3.44	0.01		67.29	56.62	0.53	2.35	348
1.00	1.46			14.54	11.45	0.11	0.87	349
71.58	13.21			363.40	311.37	3.37	10.69	35
7.60	3.38			146.13	133.38	1.78	3.30	351
29.13	1.60			64.29	54.66	0.42	1.30	352
0.38	1.53			28.06	23.57	0.21	0.78	353
0.56	1.03			19.89	13.36	0.23	1.52	354
0.71	0.62			7.15	5.67	0.09	0.22	355
5.76	0.71			15.39	11.08	0.13	0.92	356
1.67	2.14			39.64	33.85	0.31	1.17	357
0.15	0.27			2.26	1.79	0.01	0.29	358
25.62	1.92			40.60	34.02	0.21	1.18	359
29.12	36.37		0.26	564.95	499.67	2.82	12.48	36
0.25				0.56	0.46		0.01	361
0.49	2.65			52.20	54.47	0.30	1.13	362
								363
0.10				0.52	0.39		0.01	364
0.63				3.31	2.84	0.01	0.08	365
27.65	33.72		0.26	508.36	441.52	2.51	11.25	366
6.93	5.72			116.07	102.45	1.31	1.72	37
0.61	0.19			7.29	6.33	0.03	0.14	371
								372
6.16	3.64			90.85	80.54	1.14	1.00	373
0.06	0.61			1.03	0.71		0.05	374
0.01	0.62			4.10	3.58	0.05	0.13	375
0.05	0.61			11.83	10.40	0.07	0.38	376
								377
0.05	0.05			0.97	0.90	0.01	0.01	379
25.30	21.46			284.87	237.15	2.68	7.58	38
0.56	0.99			22.68	19.61	0.11	0.97	381
8.37	6.31			79.08	66.02	0.76	1.98	382
14.49	6.71			75.62	63.33	0.65	1.75	383
1.03	1.85			41.44	33.14	0.78	1.25	384
0.18	0.57			17.75	15.38	0.06	0.48	385
0.13	0.82			15.98	13.46	0.15	0.45	386
0.45	2.76			22.37	18.25	0.08	0.34	387

1-A-7 续表11

行业	代码	应付账款	所有者权益合计	实收资本	国家资本	集体资本
其他电气机械及器材制造	389	0.04	1.82	1.55		
计算机、通信和其他电子设备制造业	39	8.80	38.85	21.14		0.17
计算机制造	391	1.66	5.98	3.66		
通信设备制造	392	2.20	7.32	5.43		
广播电视设备制造	393	0.07	4.30	1.59		
雷达及配套设备制造	394					
视听设备制造	395	0.60	3.81	2.01		
电子器件制造	396	0.88	3.72	2.51		0.16
电子元件制造	397	2.09	7.87	3.32		0.01
其他电子设备制造	399	1.31	5.85	2.63		
仪器仪表制造业	40	3.07	9.56	4.08		
通用仪器仪表制造	401	1.36	3.56	2.01		
专用仪器仪表制造	402	1.21	5.09	1.22		
钟表与计时仪器制造	403	0.24	0.08	0.08		
光学仪器及眼镜制造	404	0.06	0.27	0.39		
其他仪器仪表制造业	409	0.20	0.55	0.38		
其他制造业	41	1.14	9.85	2.57		
日用杂品制造	411	0.74	5.84	1.16		
煤制品制造	412	0.03	0.35	0.15		
其他未列明制造业	419					
废弃资源综合利用业	42	1.55	3.94	4.42		
金属废料和碎屑加工处理	421	1.13	3.19	3.69		
非金属废料和碎屑加工处理	422	0.43	0.75	0.73		
金属制品、机械和设备修理业	43	0.28	1.16	0.55		
金属制品修理	431	0.06	0.08	0.02		
通用设备修理	432	0.07	0.26	0.14		
专用设备修理	433					
铁路、船舶、航空航天等运输设备修理	434	0.08	0.41	0.31		
电气设备修理	435					
仪器仪表修理	436					
其他机械和设备修理业	439	0.07	0.41	0.08		
电力、热力、燃气及水生产和供应业	**D**	**4.84**	**21.42**	**13.62**	**0.65**	**0.80**
电力、热力生产和供应业	44	3.97	16.38	11.26	0.65	0.78
电力生产	441	1.15	14.41	9.16	0.60	0.78
电力供应	442					
热力生产和供应	443	2.82	1.97	2.10	0.05	
燃气生产和供应业	45	0.40	2.79	1.03		
水的生产和供应业	46	0.47	2.25	1.34		0.02
自来水生产和供应	461	0.08	1.06	0.41		0.02
污水处理及其再生利用	462	0.39	1.14	0.86		
其他水的处理、利用与分配	469	0.01	0.06	0.07		

单位：亿元

				主营业务收　　入	主营业务成　　本	主营业务税金及附加	销售费用	代码
法人资本	个人资本	港澳台资本	外商资本					
0.10	1.45			9.95	7.97	0.08	0.36	389
13.50	7.20		0.27	138.31	115.69	1.42	3.99	39
2.61	0.78		0.27	15.07	13.41	0.11	0.30	391
4.93	0.50			9.90	7.76	0.07	0.40	392
1.20	0.39			33.28	28.73	0.11	0.38	393
								394
1.87	0.14			12.74	11.41	0.15	0.27	395
0.53	1.82			16.15	12.84	0.55	0.79	396
1.24	2.07			37.05	29.98	0.32	1.18	397
1.11	1.52			14.12	11.57	0.10	0.66	399
2.19	1.89			31.22	24.64	0.18	1.20	40
0.67	1.34			11.47	9.69	0.05	0.38	401
0.75	0.47			16.00	12.25	0.08	0.74	402
0.06	0.02			1.54	1.41	0.01	0.02	403
0.33	0.06			0.70	0.57	0.01	0.02	404
0.38				1.51	0.72	0.02	0.04	409
0.54	2.04			53.19	42.58	1.20	2.24	41
0.02	1.14			32.01	24.05	1.05	1.79	411
0.15				4.83	4.25	0.04	0.02	412
								419
3.75	0.67			55.54	52.20	0.18	0.35	42
3.07	0.62			48.42	46.63	0.09	0.27	421
0.68	0.05			7.12	5.57	0.09	0.08	422
0.14	0.41			8.09	7.65	0.05	0.05	43
	0.02			0.21	0.18		0.01	431
0.14				5.68	5.52		0.01	432
								433
	0.31			1.47	1.30	0.03	0.03	434
								435
								436
	0.08			0.73	0.65	0.02		439
8.73	**3.44**			**46.17**	**38.51**	**0.56**	**1.20**	**D**
7.42	2.41			29.69	25.30	0.46	0.24	44
5.57	2.21			11.68	9.08	0.24	0.09	441
								442
1.85	0.20			18.01	16.22	0.23	0.16	443
0.59	0.44			9.33	7.23	0.07	0.63	45
0.72	0.60			7.15	5.97	0.03	0.33	46
0.01	0.38			3.41	2.57	0.02	0.20	461
0.71	0.15			3.54	3.27		0.10	462
	0.07			0.20	0.13		0.02	469

1-A-7 续表12

行业	代码	管理费用	税金	财务费用	利息收入	利息支出
总　计	**00**	**441.89**	**28.80**	**141.12**	**3.66**	**98.89**
采矿业	**B**	**20.97**	**0.86**	**6.56**	**0.13**	**4.50**
煤炭开采和洗选业	06	2.69	0.31	0.37	0.02	0.31
烟煤和无烟煤开采洗选	061	2.69	0.31	0.37	0.02	0.31
褐煤开采洗选	062					
其他煤炭采选	069					
石油和天然气开采业	07					
石油开采	071					
天然气开采	072					
黑色金属矿采选业	08	5.45	0.16	1.41	0.02	1.25
铁矿采选	081	5.26	0.11	1.26	0.02	1.11
锰矿、铬矿采选	082					
其他黑色金属矿采选	089	0.19	0.05	0.14		0.14
有色金属矿采选业	09	1.86	0.05	0.25		0.19
常用有色金属矿采选	091	1.51	0.02	0.23		0.18
贵金属矿采选	092	0.13	0.02	0.02		0.01
稀有稀土金属矿采选	093	0.23	0.01	0.01		
非金属矿采选业	10	10.76	0.22	4.53	0.09	2.75
土砂石开采	101	4.81	0.13	1.24	0.02	0.78
化学矿开采	102	3.61	0.04	0.86		0.69
采盐	103					
石棉及其他非金属矿采选	109	2.34	0.04	2.42	0.06	1.27
开采辅助活动	11	0.05				
煤炭开采和洗选辅助活动	111					
石油和天然气开采辅助活动	112					
其他开采辅助活动	119	0.05				
其他采矿业	12	0.15	0.12			
制造业	**C**	**418.70**	**27.76**	**133.16**	**3.53**	**93.43**
农副食品加工业	13	70.90	6.13	22.94	0.17	18.17
谷物磨制	131	32.24	4.60	11.60	0.03	9.71
饲料加工	132	5.22	0.18	2.11	0.01	1.33
植物油加工	133	18.85	0.56	2.97	0.03	2.35
制糖业	134	0.17		0.05		0.04
屠宰及肉类加工	135	4.75	0.11	1.63	0.03	1.04
水产品加工	136	2.10	0.17	1.20		1.13
蔬菜、水果和坚果加工	137	2.32	0.13	0.99	0.05	0.75
其他农副食品加工	139	5.25	0.39	2.40	0.01	1.83

单位：亿元

营业利润	投资收益（损失以“−”号记）	利润总额	应交所得税	亏损企业亏损额	利税总额	应交增值税	从业人员平均人数（万人）	代码
844.78	**−9.80**	**820.05**	**66.61**	**12.92**	**1281.28**	**341.47**	**112.60**	**00**
47.42	**0.03**	**46.08**	**2.79**	**0.30**	**76.11**	**20.71**	**5.50**	**B**
5.86		5.26	0.49	0.03	10.58	3.41	1.47	06
5.86		5.26	0.49	0.03	10.58	3.41	1.47	061
								062
								069
								07
								071
								072
7.31		6.63	0.56	0.19	10.95	2.99	0.89	08
6.41		5.73	0.54	0.19	9.69	2.71	0.84	081
								082
0.90		0.90	0.02		1.26	0.29	0.06	089
4.20		4.18	0.32	0.01	7.06	2.35	0.59	09
3.07		3.06	0.32		5.55	2.01	0.53	091
0.71		0.71			0.97	0.24	0.04	092
0.42		0.40		0.01	0.54	0.11	0.02	093
30.01	0.03	29.99	1.41	0.07	47.47	11.95	2.52	10
14.82	0.02	15.01	1.07		23.91	6.87	1.38	101
4.96	0.01	4.80	0.20	0.07	11.04	3.96	0.56	102
								103
10.23		10.17	0.14		12.52	1.13	0.58	109
0.03		0.03	0.01		0.04		0.01	11
								111
								112
0.03		0.03	0.01		0.04		0.01	119
					0.01	0.01	0.02	12
793.89	**−9.86**	**770.84**	**63.62**	**12.53**	**1199.84**	**319.11**	**106.67**	**C**
162.81	−0.16	161.97	10.33	0.80	222.96	45.84	12.98	13
77.32	−0.02	76.53	4.62	0.04	103.81	2	4.82	131
12.39	0.09	11.94	1.32	0.16	18.82	5.04	1.08	132
28.91	2.24	29.40	1.38		39.82	8.34	1.55	133
0.69	0.04	0.69	0.06		0.96	0.26	0.06	134
10.05	−0.01	10.18	0.30	0.46	13.45	2.81	1.08	135
8.42	−1.99	8.18	1.13	0.05	11.18	2.29	1.61	136
10.77	0.01	11.07	0.55		14.99	3.08	0.99	137
14.26	−0.53	13.98	0.97	0.09	19.93	4.02	1.79	139

1-A-7 续表13

行　业	代码	管理费用	税金	财务费用	利息收入	利息支出
食品制造业	14	15.75	1.68	5.16	1.01	4.12
焙烤食品制造	141	5.02	0.59	2.10	0.98	2.01
糖果、巧克力及蜜饯制造	142	0.88	0.02	0.23		0.09
方便食品制造	143	1.29	0.03	0.42		0.32
乳制品制造	144	0.01				
罐头食品制造	145	3.01	0.03	0.87		0.61
调味品、发酵制品制造	146	3.08	0.93	0.57		0.49
其他食品制造	149	2.47	0.08	0.97	0.02	0.61
酒、饮料和精制茶制造业	15	16.52	0.74	3.33	0.06	2.39
酒的制造	151	4.14	0.17	1.14	0.01	0.85
饮料制造	152	3.85	0.14	0.51	0.03	0.29
精制茶加工	153	8.54	0.43	1.68	0.02	1.25
烟草制品业	16					
烟叶复烤	161					
卷烟制造	162					
其他烟草制品制造	169					
纺织业	17	40.71	2.00	18.91	0.13	9.21
棉纺织及印染精加工	171	26.76	0.75	14.99	0.13	6.08
毛纺织及染整精加工	172	0.05		0.01		0.01
麻纺织及染整精加工	173	1.04	0.05	1.05		0.82
丝绢纺织及印染精加工	174	0.30	0.03	0.10		0.09
化纤织造及印染精加工	175	0.42	0.02	0.36		0.13
针织或钩针编织物及其制品制造	176	0.41		0.22		0.20
家用纺织制成品制造	177	1.19	0.03	0.43		0.31
非家用纺织制成品制造	178	10.55	1.11	1.75		1.57
纺织服装、服饰业	18	17.05	1.73	4.56	0.07	3.09
机织服装制造	181	14.90	1.66	3.69	0.04	2.32
针织或钩针编织服装制造	182	1.62	0.06	0.70	0.02	0.68
服饰制造	183	0.54	0.01	0.17	0.01	0.10
皮革、毛皮、羽毛及其制品和制鞋业	19	3.10	0.04	0.53		0.37
皮革鞣制加工	191	0.18		0.17		0.17
皮革制品制造	192	0.33	0.02	0.04		0.03
毛皮鞣制及制品加工	193	0.90	0.01	0.14		0.06
羽毛(绒)加工及制品制造	194	0.01				
制鞋业	195	1.68	0.01	0.19		0.11
木材加工和木、竹、藤、棕、草制品业	20	5.67	0.63	1.70	0.04	1.06
木材加工	201	0.60	0.15	0.18		0.08
人造板制造	202	2.55	0.39	0.78	0.02	0.59
木制品制造	203	2.32	0.07	0.65	0.02	0.36
竹、藤、棕、草等制品制造	204	0.19	0.03	0.10		0.03
家具制造业	21	2.82	0.10	0.51		0.40

单位：亿元

营业利润	投资收益（损失以“–”号记）	利润总额	应交所得税	亏损企业亏损额	利税总额	应交增值税	从业人员平均人数（万人）	代码
27.19	−0.32	27.28	1.07	0.26	39.72	9.27	3.50	14
4.99		5.01	0.24	0.04	8.13	2.31	1.05	141
2.26		2.32	0.18		3.34	0.68	0.35	142
2.69		2.71	0.08		3.99	0.82	0.52	143
		0.01			0.01			144
3.16	−0.32	3.20	0.20		4.75	0.95	0.57	145
4.18		4.16	0.20		6.43	1.84	0.33	146
9.91		9.87	0.15	0.22	13.07	2.68	0.68	149
29.62	−0.16	28.36	3.07	0.18	48.25	11.85	2.50	15
8.38		7.72	0.72	0.04	17.74	5.50	0.78	151
4.52	0.04	4.23	0.56	0.01	6.55	1.50	0.39	152
16.73	−0.20	16.40	1.79	0.13	23.95	4.85	1.34	153
								16
								161
								162
								169
69.90	−0.49	69.53	6.71	1.78	109.43	29.36	15.28	17
49.19	−0.33	48.99	5.13	1.75	75.70	18.52	10.46	171
2.09		2.09			2.62	0.50	0.08	172
2.04		1.92	0.01		3.48	1.25	0.85	173
0.43	−0.17	0.43	0.06	0.01	0.62	0.13	0.06	174
0.53		0.53	0.07		0.93	0.22	0.12	175
0.81		0.81	0.10		1.22	0.29	0.16	176
2.26	0.01	2.19	0.09	0.03	3.42	0.89	0.45	177
12.55		12.55	1.25		21.45	7.57	3.11	178
30.40	−0.30	29.53	3.05	0.43	45.37	11.39	7.79	18
26.94	−0.30	26.07	2.53	0.43	40.39	10.32	6.94	181
2.85		2.89	0.51		3.86	0.76	0.61	182
0.61		0.57	0.01		1.12	0.31	0.24	183
3.55	−0.12	3.59	0.09	0.01	6.42	1.98	0.96	19
0.53		0.53			0.92	0.18	0.02	191
0.42	−0.13	0.42			0.68	0.24	0.09	192
1.28		1.33	0.04		2.08	0.63	0.28	193
0.01		0.01			0.01	0.01	0.03	194
1.31		1.31	0.04		2.73	0.91	0.54	195
15.22		16.07	1.81	0.10	25.48	6.65	1.98	20
1.44		1.43	0.06		2.33	0.51	0.19	201
7.19		8.03	1.34	0.06	13.01	3.54	0.99	202
5.78		5.80	0.40	0.04	8.97	2.44	0.73	203
0.81		0.81	0.01		1.17	0.17	0.07	204
4.08		4.08	0.66	0.02	7.75	3.03	0.78	21

1-A-7 续表14

行业	代码	管理费用		财务费用		
			税金		利息收入	利息支出
木质家具制造	211	1.29	0.07	0.43		0.33
竹、藤家具制造	212					
金属家具制造	213	0.01				
塑料家具制造	214					
其他家具制造	219	1.53	0.03	0.08		0.07
造纸和纸制品业	22	7.47	0.28	2.08	0.01	1.31
纸浆制造	221	0.03		0.01		0.01
造纸	222	2.54	0.10	0.68	0.01	0.59
纸制品制造	223	4.91	0.18	1.39		0.71
印刷和记录媒介复制业	23	6.97	0.30	1.04		0.68
印刷	231	6.92	0.29	1.03		0.67
装订及印刷相关服务	232	0.05	0.01	0.01		0.01
记录媒介复制	233					
文教、工美、体育和娱乐用品制造业	24	2.56	0.10	0.55		0.41
文教办公用品制造	241	0.04				
乐器制造	242	0.04	0.02			
工艺美术品制造	243	2.22	0.05	0.49		0.35
体育用品制造	244	0.18	0.03	0.04		0.04
玩具制造	245	0.08		0.02		0.02
游艺器材及娱乐用品制造	246					
石油加工、炼焦和核燃料加工业	25	0.45	0.02	0.16	0.01	0.13
精炼石油产品制造	251	0.36	0.02	0.15		0.11
炼焦	252	0.08		0.01		0.01
化学原料和化学制品制造业	26	27.64	1.86	11.01	0.54	8.63
基础化学原料制造	261	5.94	0.39	2.69	0.03	1.67
肥料制造	262	7.31	0.69	3.68	0.17	3.45
农药制造	263	0.87	0.10	0.22		0.16
涂料、油墨、颜料及类似产品制造	264	2.17	0.11	0.69	0.01	0.45
合成材料制造	265	1.23	0.16	0.48	0.03	0.44
专用化学产品制造	266	8.38	0.35	2.62	0.30	2.14
炸药、火工及焰火产品制造	267	0.94	0.04	0.38		0.13
日用化学产品制造	268	0.79	0.02	0.24		0.20
医药制造业	27	7.65	1.07	2.01	0.18	1.69
化学药品原料药制造	271	0.72	0.05	0.14		0.11
化学药品制剂制造	272	0.43	0.02	0.15		0.13
中药饮片加工	273	0.54	0.03	0.25	0.01	0.23
中成药生产	274	4.04	0.91	0.67	0.01	0.58
兽用药品制造	275	0.59	0.02	0.27	0.14	0.32
生物药品制造	276	0.47	0.02	0.25	0.02	0.19
卫生材料及医药用品制造	277	0.85	0.02	0.27		0.12
化学纤维制造业	28	0.61	0.03	0.30		0.22

单位：亿元

营业利润	投资收益（损失以"－"号记）	利润总额	应交所得税	亏损企业亏损额	利税总额	应交增值税	从业人员平均人数（万人）	代码
2.37		2.37	0.30	0.02	4.06	1.30	0.56	211
								212
0.04		0.04			0.05	0.01	0.01	213
								214
1.66		1.67	0.36		3.65	1.73	0.21	219
13.23		10.41	0.73	0.12	18.92	5.89	1.89	22
0.06		0.06	0.01		0.10	0.02	0.03	221
4.71		4.32	0.33	0.03	7.49	2.10	0.73	222
8.46		6.02	0.39	0.09	11.34	3.77	1.14	223
5.70	0.23	5.37	0.64	0.29	8.47	2.32	1.13	23
5.60	0.23	5.26	0.64	0.29	8.32	2.28	1.12	231
0.10		0.11			0.15	0.04	0.02	232
								233
3.95	0.04	3.95	0.46		6.26	1.67	0.96	24
0.04		0.04			0.06	0.01	0.03	241
0.04		0.04			0.04		0.01	242
3.44	0.04	3.45	0.45		5.47	1.54	0.76	243
0.30		0.30	0.01		0.56	0.11	0.06	244
0.13		0.12	0.01		0.13	0.01	0.10	245
								246
0.92		0.91	0.07	0.03	2.02	0.98	0.14	25
0.66		0.65	0.07	0.03	0.99	0.28	0.14	251
0.26		0.26			1.03	0.69		252
77.60	0.02	67.41	4.96	1.88	105.49	26.66	7.13	26
14.17		13.89	0.56	0.67	25.03	8.92	1.50	261
23.03		21.65	1.61	0.97	29.68	4.50	2.30	262
1.74		1.67	0.11	0.05	2.52	0.64	0.21	263
5.35		5.60	0.70	0.10	9.10	2.28	0.62	264
5.01		5.11	0.44	0.01	6.61	1.24	0.27	265
24.60	0.02	15.79	1.15	0.08	27.05	8.05	1.73	266
2.43		2.43	0.21		3.47	0.54	0.30	267
1.28	0.01	1.28	0.17		2.02	0.50	0.20	268
19.04	−0.02	17.31	0.93	0.01	24.22	5.83	1.63	27
2.58	−0.08	1.63	0.18		2.98	1.14	0.21	271
1.54		1.68	0.06	0.01	2.03	0.31	0.17	272
1.50		1.42	0.09		1.92	0.39	0.18	273
6.56	0.02	5.68	0.32		8.35	2.34	0.48	274
0.57		0.69	0.05		1.19	0.46	0.22	275
3.67	0.03	3.57	0.09		4.22	0.49	0.08	276
2.62	0.01	2.65	0.13		3.54	0.72	0.29	277
5.31		5.31	0.06		6.72	1.19	0.35	28

1-A-7 续表15

行业	代码	管理费用	税金	财务费用	利息收入	利息支出
纤维素纤维原料及纤维制造	281	0.20	0.01	0.09		0.09
合成纤维制造	282	0.41	0.02	0.21		0.13
橡胶和塑料制品业	29	18.26	1.20	6.40	0.09	4.70
橡胶制品业	291	2.81	0.04	0.94		0.78
塑料制品业	292	15.46	1.16	5.45	0.09	3.92
非金属矿物制品业	30	52.69	3.57	14.98	0.34	10.55
水泥、石灰和石膏制造	301	6.14	0.35	2.76	0.07	2.26
石膏、水泥制品及类似制品制造	302	8.95	0.78	2.83	0.04	1.87
砖瓦、石材等建筑材料制造	303	20.72	1.76	6.13	0.15	4.23
玻璃制造	304	1.24	0.13	0.70	0.03	0.48
玻璃制品制造	305	1.77	0.32	0.44		0.27
玻璃纤维和玻璃纤维增强塑料制品制造	306	0.32	0.02	0.11		0.06
陶瓷制品制造	307	10.01	0.11	0.57		0.50
耐火材料制品制造	308	1.35	0.03	0.66	0.01	0.25
石墨及其他非金属矿物制品制造	309	2.18	0.09	0.79	0.04	0.63
黑色金属冶炼和压延加工业	31	14.54	0.76	5.16	0.04	3.87
炼铁	311	0.74	0.02	0.63		0.41
炼钢	312					
黑色金属铸造	313	6.93	0.20	1.96		1.46
钢压延加工	314	5.94	0.36	2.02	0.03	1.63
铁合金冶炼	315	0.93	0.18	0.55	0.01	0.38
有色金属冶炼和压延加工业	32	3.19	0.20	1.67	0.02	1.35
常用有色金属冶炼	321	1.32	0.07	0.79		0.72
贵金属冶炼	322					
稀有稀土金属冶炼	323	0.06	0.01	0.03		0.03
有色金属合金制造	324	0.24	0.01	0.15		0.11
有色金属铸造	325					
有色金属压延加工	326	1.57	0.11	0.70	0.02	0.48
金属制品业	33	18.08	0.85	4.65	0.12	3.39
结构性金属制品制造	331	8.88	0.41	2.58	0.08	1.93
金属工具制造	332	2.17	0.11	0.50		0.45
集装箱及金属包装容器制造	333	2.16	0.08	0.61		0.30
金属丝绳及其制品制造	334	0.65	0.02	0.16		0.09
建筑、安全用金属制品制造	335	0.76	0.04	0.24		0.16
金属表面处理及热处理加工	336	0.15	0.01	0.06		0.04
搪瓷制品制造	337	0.23	0.01	0.03		0.02
金属制日用品制造	338	0.87	0.06	0.09	0.03	0.09
其他金属制品制造	339	2.20	0.13	0.37	0.01	0.30
通用设备制造业	34	17.70	0.48	5.87	0.07	4.36
锅炉及原动设备制造	341	2.23	0.03	0.90	0.02	0.78
金属加工机械制造	342	4.28	0.15	1.39	0.01	1.07

单位：亿元

营业利润	投资收益（损失以“－”号记）	利润总额	应交所得税	亏损企业亏损额	利税总额	应交增值税	从业人员平均人数（万人）	代码
2.70		2.70	0.05		3.00	0.27	0.17	281
2.61		2.61	0.01		3.72	0.91	0.18	282
34.39	−0.37	33.98	2.86	0.24	54.91	15.88	4.74	29
4.67	−0.52	4.66	0.21		8.02	2.41	0.71	291
29.71	0.15	29.32	2.65	0.24	46.89	13.47	4.03	292
94.62	−0.78	92.37	8.22	1.33	152.30	44.18	12.38	30
12.93		11.35	0.79	0.27	21.11	7.64	1.56	301
21.70	−0.96	21.36	2.27	0.08	34.55	9.77	2.38	302
38.14	0.09	38.36	2.74	0.12	61.52	15.98	5.95	303
2.46	0.01	2.45	0.31	0.07	3.79	1.00	0.21	304
4.21		4.09	0.48	0.03	6.42	1.72	0.60	305
1.02		1.02	0.15		1.48	0.40	0.12	306
5.18	0.04	5.22	0.32	0.09	9.19	3.08	0.57	307
1.55	0.01	1.64	0.12	0.13	2.98	0.74	0.31	308
7.44	0.03	6.86	1.04	0.53	11.25	3.85	0.68	309
27.12	−1.04	27.86	2.76	0.81	48.24	16.84	2.82	31
0.73		0.73	0.13	0.15	1.39	0.40	0.14	311
								312
1	−0.22	9.95	0.34		16.24	4.95	1.35	313
13.54	−0.82	14.37	2.20	0.52	25.37	9.44	0.97	314
2.84		2.81	0.10	0.14	5.24	2.05	0.36	315
12.11	−2.07	12.32	0.68	0.63	19.41	6.42	1.55	32
7.37	−1.02	7.43	0.34	0.40	11.18	3.45	0.55	321
								322
0.22		0.22	0.01	0.01	0.32	0.09	0.01	323
0.35	−0.24	0.33		0.01	0.60	0.22	0.12	324
								325
4.16	−0.80	4.33	0.33	0.21	7.32	2.66	0.86	326
31.90	0.01	28.33	2.20	0.15	48.37	14.73	4.68	33
17.96	0.06	17.79	1.22	0.03	27.90	6.83	2.60	331
2.08		2.06	0.21	0.05	4.04	1.55	0.40	332
1.60		1.65	0.16	0.06	3.55	1.36	0.51	333
0.94		0.94	0.06		1.69	0.48	0.14	334
1.01		1.01	0.05		1.53	0.38	0.18	335
0.11		0.11	0.01		0.22	0.06	0.07	336
0.54		0.54			0.93	0.33	0.05	337
2.31		2.33	0.27	0.01	4.05	1.41	0.34	338
5.36	−0.05	1.90	0.21		4.46	2.33	0.36	339
25.25	−0.16	25.10	1.90	0.24	38.85	10.68	3.86	34
2.71		2.70	0.09	0.01	3.81	0.95	0.34	341
3.96		3.95	0.27	0.12	6.42	1.93	0.66	342

1-A-7 续表16

行　业	代码	管理费用	税金	财务费用	利息收入	利息支出
物料搬运设备制造	343	1.35	0.05	0.41		0.33
泵、阀门、压缩机及类似机械制造	344	2.85	0.11	1.31	0.02	0.91
轴承、齿轮和传动部件制造	345	0.98	0.02	0.21	0.01	0.20
烘炉、风机、衡器、包装等设备制造	346	1.92	0.06	0.56	0.02	0.32
文化、办公用机械制造	347	0.09				
通用零部件制造	348	3.05	0.05	0.99		0.68
其他通用设备制造业	349	0.96	0.02	0.12		0.08
专用设备制造业	35	14.80	1.43	4.92	0.32	3.99
采矿、冶金、建筑专用设备制造	351	4.28	0.25	1.67	0.30	1.65
化工、木材、非金属加工专用设备制造	352	2.05	0.05	0.88		0.62
食品、饮料、烟草及饲料生产专用设备制造	353	0.91	0.04	0.26		0.12
印刷、制药、日化及日用品生产专用设备制造	354	2.50	0.77	0.34		0.33
纺织、服装和皮革加工专用设备制造	355	0.32	0.02	0.11		0.06
电子和电工机械专用设备制造	356	1.15	0.08	0.60	0.02	0.48
农、林、牧、渔专用机械制造	357	1.49	0.10	0.42		0.38
医疗仪器设备及器械制造	358	0.12	0.01	0.03		0.03
环保、社会公共服务及其他专用设备制造	359	1.99	0.11	0.60		0.31
汽车制造业	36	21.36	1.10	6.82	0.14	5.04
汽车整车制造	361	0.02		0.02		0.01
改装汽车制造	362	1.36	0.02	0.34	0.03	0.24
低速载货汽车制造	363					
电车制造	364	0.06				
汽车车身、挂车制造	365	0.07		0.03		0.03
汽车零部件及配件制造	366	19.85	1.08	6.43	0.11	4.76
铁路、船舶、航空航天和其他运输设备制造业	37	4.42	0.26	0.55		0.39
铁路运输设备制造	371	0.33	0.01	0.06		0.05
城市轨道交通设备制造	372					
船舶及相关装置制造	373	2.99	0.22	0.43	0.01	0.30
航空、航天器及设备制造	374	0.16		0.04		0.01
摩托车制造	375	0.14		0.01	0.01	
自行车制造	376	0.78	0.03		−0.02	0.03
非公路休闲车及零配件制造	377					
潜水救捞及其他未列明运输设备制造	379	0.03		0.01		0.01
电气机械和器材制造业	38	12.10	0.67	3.78	0.06	1.70
电机制造	381	1.11	0.14	0.27	0.04	0.15
输配电及控制设备制造	382	4.04	0.31	0.67	0.01	0.48
电线、电缆、光缆及电工器材制造	383	2.91	0.11	1.75	0.01	0.41
电池制造	384	1.60	0.03	0.50		0.28
家用电力器具制造	385	0.68		0.11		0.06
非电力家用器具制造	386	0.79	0.05	0.14		0.13
照明器具制造	387	0.59	0.01	0.19		0.12

单位：亿元

营业利润	投资收益（损失以“-”号记）	利润总额	应交所得税	亏损企业亏损额	利税总额	应交增值税	从业人员平均人数（万人）	代码
1.84		1.84	0.16		2.44	0.41	0.31	343
5.61		5.56	0.37	0.08	8.30	2.00	0.76	344
1.64	−0.07	1.63	0.15		2.45	0.69	0.26	345
3.83		3.86	0.28	0.02	6.27	1.73	0.52	346
0.13		0.13			0.24	0.10	0.03	347
4.34	−0.23	4.25	0.51		7.10	2.32	0.76	348
1.19	0.14	1.17	0.08		1.82	0.54	0.21	349
16.31	−2.26	16.30	1.38	2.18	29.87	10.18	3.31	35
2.68	−2.44	2.67	0.33	2.00	8.70	4.25	1.02	351
3.10	0.17	2.90	0.27		4.36	1.04	0.57	352
2.03		2.03	0.17	0.02	3.14	0.89	0.28	353
1.90		1.90	0.16		3.01	0.89	0.17	354
0.85		0.83	0.03		1.17	0.26	0.15	355
0.71		0.70	0.03	0.05	1.39	0.56	0.23	356
2.59		2.61	0.18		4.20	1.28	0.39	357
0.03		0.04			0.12	0.07	0.06	358
2.42		2.62	0.20	0.11	3.77	0.93	0.44	359
37.99	−0.22	37.21	3.99	0.49	56.46	15.73	7.01	36
0.03		0.03		0.01	0.04	0.01	0.01	361
5.13		5.15	0.25	0.03	8.44	3.00	0.38	362
								363
0.06		0.06			0.06		0.01	364
0.31		0.31	0.08		0.40	0.08	0.05	365
32.45	−0.22	31.65	3.66	0.44	47.51	12.64	6.56	366
7.72	−0.05	7.74	1.37		12.37	3.32	1.11	37
0.47	−0.06	0.54	0.08		0.76	0.19	0.10	371
								372
6.03	0.01	5.75	1.06		9.64	2.75	0.80	373
0.07		0.08	0.01		0.10	0.02	0.02	374
0.30		0.30	0.04		0.40	0.05	0.05	375
0.83		1.06	0.18		1.40	0.27	0.12	376
								377
0.01		0.01			0.07	0.05	0.02	379
18.40	−1.69	18.83	2.39	0.44	30.11	8.52	2.86	38
0.88	0.03	0.91	0.08		1.42	0.39	0.24	381
5.43	−0.16	5.80	0.96	0.32	9.15	2.53	0.99	382
3.80	−1.67	3.81	0.45	0.05	5.89	1.43	0.41	383
3.11	0.10	3.15	0.39	0.07	5.26	1.32	0.45	384
0.84		0.82	0.12		1.35	0.47	0.22	385
1.44		1.45	0.10		2.68	1.07	0.13	386
1.97	0.01	1.89	0.26		3.07	1.10	0.35	387

1-A-7 续表17

行　业	代码	管理费用	税金	财务费用	利息收入	利息支出
其他电气机械及器材制造	389	0.36	0.02	0.15		0.06
计算机、通信和其他电子设备制造业	39	5.61	0.26	1.64	0.09	0.89
计算机制造	391	0.82	0.01	0.35		0.10
通信设备制造	392	0.50	0.03	0.22	0.03	0.08
广播电视设备制造	393	0.42	0.01	0.30	0.01	0.16
雷达及配套设备制造	394					
视听设备制造	395	0.40	0.02	0.08		0.05
电子器件制造	396	0.84	0.13	0.15		0.13
电子元件制造	397	1.78	0.03	0.29	0.02	0.22
其他电子设备制造	399	0.85	0.04	0.25	0.02	0.15
仪器仪表制造业	40	1.91	0.04	0.49	0.01	0.40
通用仪器仪表制造	401	0.62		0.10		0.05
专用仪器仪表制造	402	1.00	0.03	0.32		0.28
钟表与计时仪器制造	403	0.09		0.01		0.01
光学仪器及眼镜制造	404	0.08	0.01	0.01		0.01
其他仪器仪表制造业	409	0.12		0.04		0.05
其他制造业	41	2.07	0.18	0.80		0.31
日用杂品制造	411	1.60	0.17	0.43		0.08
煤制品制造	412	0.02		0.02		
其他未列明制造业	419					
废弃资源综合利用业	42	5.99	0.03	0.62		0.60
金属废料和碎屑加工处理	421	5.88	0.03	0.57		0.57
非金属废料和碎屑加工处理	422	0.11		0.05		0.04
金属制品、机械和设备修理业	43	0.12		0.01		0.01
金属制品修理	431	0.01				
通用设备修理	432	0.01				
专用设备修理	433					
铁路、船舶、航空航天等运输设备修理	434	0.03				
电气设备修理	435					
仪器仪表修理	436					
其他机械和设备修理业	439	0.07				
电力、热力、燃气及水生产和供应业	**D**	**2.23**	**0.18**	**1.40**	**0.01**	**0.95**
电力、热力生产和供应业	44	0.89	0.07	1.20		0.81
电力生产	441	0.51	0.02	0.88		0.59
电力供应	442					
热力生产和供应	443	0.37	0.05	0.32		0.22
燃气生产和供应业	45	0.97	0.10	0.13		0.08
水的生产和供应业	46	0.37		0.07		0.06
自来水生产和供应	461	0.23		0.04		0.04
污水处理及其再生利用	462	0.10		0.03		0.02
其他水的处理、利用与分配	469	0.04				

单位：亿元

营业利润	投资收益（损失以“-”号记）	利润总额	应交所得税	亏损企业亏损额	利税总额	应交增值税	从业人员平均人数（万人）	代码
0.92		1.01	0.02		1.30	0.21	0.08	389
10.01		10.01	0.55	0.03	15.11	3.69	1.68	39
0.03		0.13	0.02	0.03	0.73	0.49	0.19	391
1.12		1.21	0.01		1.77	0.49	0.24	392
1.89		1.89	0.03		2.12	0.12	0.08	393
								394
0.39		0.42	0.01		0.75	0.17	0.21	395
1.28		1.32	0.14		2.41	0.54	0.24	396
4.39		4.38	0.28		6.28	1.58	0.44	397
0.90		0.66	0.06		1.06	0.30	0.28	399
2.38	0.05	2.57	0.21	0.05	3.90	1.15	0.70	40
0.61	0.18	0.79	0.02		1.31	0.47	0.14	401
1.66	0.04	1.66	0.19	0.01	2.22	0.47	0.25	402
0.04		0.04	0.01	0.02	0.10	0.06	0.14	403
0.03		0.01		0.03	0.03	0.01	0.02	404
0.06	−0.16	0.07			0.23	0.14	0.15	409
4.34		4.34	0.02	0.02	6.98	1.43	0.69	41
3.00		3.00	0.01		5.05	0.99	0.47	411
0.47		0.47			0.66	0.14	0.02	412
								419
2.60		2.60	0.44		4.97	2.19	0.12	42
1.42		1.42	0.12		3.32	1.81	0.07	421
1.18		1.18	0.33		1.65	0.38	0.05	422
0.21		0.21	0.01		0.51	0.25	0.16	43
					0.02	0.02		431
0.13		0.13	0.01		0.23	0.09	0.04	432
								433
0.07		0.07			0.22	0.12	0.10	434
								435
								436
					0.04	0.02	0.02	439
3.48	**0.03**	**3.12**	**0.20**	**0.08**	**5.33**	**1.65**	**0.43**	**D**
1.73		1.79	0.09	0.07	3.14	0.88	0.23	44
0.94		1.01	0.07	0.07	1.71	0.46	0.12	441
								442
0.78		0.78	0.02		1.43	0.42	0.12	443
1.28	0.03	0.86	0.09		1.38	0.45	0.09	45
0.46		0.46	0.02	0.01	0.81	0.32	0.10	46
0.28		0.28	0.02	0.01	0.41	0.11	0.08	461
0.18		0.18			0.39	0.20	0.02	462
					0.01	0.01		469

1-A-8 规模以上外商投资和港澳台商

分组	企业单位数（个）	工业销售产值（当年价格）	出口交货值	资产总计	流动资产合计
总计	**852**	**6210.75**	**540.04**	**4769.51**	**2480.50**
按登记注册类型分组:					
港、澳、台商投资企业	374	1928.01	378.46	1252.81	567.64
合资经营企业(港或澳、台资)	173	1220.77	275.17	769.20	348.93
合作经营企业(港或澳、台资)	6	9.99		11.18	5.12
港澳台商独资经营企业	179	642.72	91.67	418.69	186.55
港澳台商投资股份有限公司	15	42.55	11.62	49.70	24.37
其他港澳台商投资企业	1	11.98		4.04	2.67
外商投资企业	478	4282.74	161.57	3516.70	1912.86
中外合资经营企业	264	3228.83	76.79	2539.21	1443.55
中外合作经营企业	11	41.60	1.01	33.42	7.29
外资企业	191	786.96	83.19	658.79	385.66
外商投资股份有限公司	11	225.16	0.58	284.59	75.89
其他外商投资企业	1	0.19		0.70	0.47
按经济组织类型分组					
独资企业	370	1429.67	174.86	1077.48	572.21
港澳台商独资经营企业	179	642.72	91.67	418.69	186.55
外资企业	191	786.96	83.19	658.79	385.66
合作、合伙企业	19	63.76	1.01	49.33	15.55
合作经营企业(港或澳、台资)	6	9.99		11.18	5.12
中外合作经营企业	11	41.60	1.01	33.42	7.29
其他港澳台商投资企业	1	11.98		4.04	2.67
其他外商投资企业	1	0.19		0.70	0.47
股份有限公司	26	267.71	12.20	334.29	100.27
港澳台商投资股份有限公司	15	42.55	11.62	49.70	24.37
外商投资股份有限公司	11	225.16	0.58	284.59	75.89
有限责任公司	437	4449.60	351.96	3308.41	1792.48
合资经营企业(港或澳、台资)	173	1220.77	275.17	769.20	348.93
中外合资经营企业	264	3228.83	76.79	2539.21	1443.55
在总计中:亏损企业	**137**	**322.81**	**34.79**	**411.35**	**182.08**
在总计中:国有控股企业	48	2157.88	23.31	1847.36	998.87
在总计中:农村工业	3	7.11	0.02	4.64	4.33
在总计中:轻工业	397	1605.12	156.57	1022.39	546.56
重工业	455	4605.63	383.47	3747.13	1933.94
在总计中:大型企业	69	3805.49	342.39	2597.06	1410.34
中型企业	254	1536.12	131.96	1444.33	720.68
小型企业	529	869.14	65.69	728.12	349.48

投资工业企业主要经济指标(分组部分)

单位：亿元

应收账款	存货	产成品	固定资产合计	固定资产原价	累计折旧	负债合计	流动负债合计
588.07	**462.00**	**197.22**	**1598.24**	**2944.64**	**1310.71**	**2893.29**	**2370.40**
149.68	139.90	53.87	542.18	1028.68	524.53	687.04	454.53
72.22	90.49	32.52	331.69	628.89	325.08	454.19	269.34
0.42	1.37	0.32	5.10	6.03	3.45	3.43	3.17
68.92	40.32	16.73	188.68	368.52	186.73	206.78	161.94
7.67	6.24	3.16	15.97	24.35	9.11	19.13	16.57
0.45	1.49	1.15	0.74	0.90	0.16	3.51	3.51
438.40	322.10	143.34	1056.07	1915.96	786.18	2206.25	1915.87
295.92	233.46	110.49	658.60	1287.67	544.01	1611.95	1461.10
2.04	1.25	0.33	24.86	39.86	18.15	21.18	11.40
125.86	75.76	28.31	214.95	359.83	153.01	379.66	320.69
14.22	11.60	4.21	157.59	228.54	71.01	192.81	122.03
0.36	0.02		0.06	0.06	0.01	0.65	0.65
194.78	116.08	45.04	403.63	728.35	339.74	586.44	482.64
68.92	40.32	16.73	188.68	368.52	186.73	206.78	161.94
125.86	75.76	28.31	214.95	359.83	153.01	379.66	320.69
3.27	4.13	1.80	30.76	46.86	21.77	28.77	18.72
0.42	1.37	0.32	5.10	6.03	3.45	3.43	3.17
2.04	1.25	0.33	24.86	39.86	18.15	21.18	11.40
0.45	1.49	1.15	0.74	0.90	0.16	3.51	3.51
0.36	0.02		0.06	0.06	0.01	0.65	0.65
21.88	17.84	7.37	173.56	252.88	80.12	211.94	138.60
7.67	6.24	3.16	15.97	24.35	9.11	19.13	16.57
14.22	11.60	4.21	157.59	228.54	71.01	192.81	122.03
368.14	323.95	143.01	990.29	1916.56	869.09	2066.14	1730.44
72.22	90.49	32.52	331.69	628.89	325.08	454.19	269.34
295.92	233.46	110.49	658.60	1287.67	544.01	1611.95	1461.10
51.53	**57.16**	**27.68**	**160.93**	**254.03**	**103.68**	**328.46**	**274.45**
150.96	142.74	68.32	466.83	892.04	347.71	1213.33	1109.57
1.64	0.17	0.13	0.25	4.86	4.61	2.74	2.74
116.39	134.83	57.21	354.73	706.97	372.48	581.58	489.92
471.69	327.17	140.01	1243.52	2237.67	938.23	2311.71	1880.48
251.73	229.72	95.74	869.27	1466.94	660.93	1619.65	1332.62
209.98	155.33	67.91	427.54	990.49	436.65	846.90	719.96
126.36	76.94	33.57	301.44	487.22	213.13	426.74	317.81

1-A-8 续表1

分组	应付账款	所有者权益合计	实收资本		
				国家资本	集体资本
总计	**803.09**	**1857.21**	**1041.84**	**172.83**	**10.75**
按登记注册类型分组:					
港、澳、台商投资企业	146.33	551.66	316.19	14.22	4.22
合资经营企业(港或澳、台资)	83.69	312.15	183.03	10.97	3.55
合作经营企业(港或澳、台资)	0.98	7.74	5.91		
港澳台商独资经营企业	52.49	200.69	117.66	3.03	
港澳台商投资股份有限公司	5.76	30.55	8.81	0.21	0.67
其他港澳台商投资企业	3.40	0.53	0.79		
外商投资企业	656.76	1305.55	725.66	158.61	6.53
中外合资经营企业	513.61	923.59	502.40	156.20	6.27
中外合作经营企业	3.09	12.23	12.32		0.20
外资企业	107.13	278.04	195.38	0.56	0.07
外商投资股份有限公司	32.72	91.63	15.50	1.84	
其他外商投资企业	0.20	0.05	0.05		
按经济组织类型分组					
独资企业	159.62	478.73	313.04	3.60	0.07
港澳台商独资经营企业	52.49	200.69	117.66	3.03	
外资企业	107.13	278.04	195.38	0.56	0.07
合作、合伙企业	7.68	20.55	19.06		0.20
合作经营企业(港或澳、台资)	0.98	7.74	5.91		
中外合作经营企业	3.09	12.23	12.32		0.20
其他港澳台商投资企业	3.40	0.53	0.79		
其他外商投资企业	0.20	0.05	0.05		
股份有限公司	38.49	122.19	24.31	2.05	0.67
港澳台商投资股份有限公司	5.76	30.55	8.81	0.21	0.67
外商投资股份有限公司	32.72	91.63	15.50	1.84	
有限责任公司	597.31	1235.74	685.43	167.18	9.81
合资经营企业(港或澳、台资)	83.69	312.15	183.03	10.97	3.55
中外合资经营企业	513.61	923.59	502.40	156.20	6.27
在总计中:亏损企业	**50.56**	**81.99**	**152.13**	**3.56**	**0.90**
在总计中:国有控股企业	379.19	632.04	356.76	157.03	2.15
在总计中:农村工业	1.68	1.90	1.42		
在总计中:轻工业	129.92	439.51	279.85	7.69	5.46
重工业	673.17	1417.69	761.99	165.13	5.29
在总计中:大型企业	509.80	971.21	442.20	150.26	0.26
中型企业	189.88	585.67	358.60	7.85	6.60
小型企业	103.41	300.32	241.05	14.72	3.89

单位：亿元

法人资本	个人资本	港澳台资本	外商资本	主营业务收入	主营业务成本	主营业务税金及附加	销售费用
232.31	**26.51**	**160.51**	**384.44**	**5876.12**	**4749.17**	**139.40**	**278.55**
71.59	11.71	131.92	78.60	1775.52	1524.47	7.59	68.47
53.51	6.10	54.61	53.80	1121.93	983.39	3.41	33.26
3.75	0.55	0.13	1.47	9.94	8.80	0.06	0.49
9.32	3.92	74.81	23.13	589.99	487.69	3.79	32.87
5.01	0.35	2.37	0.20	40.48	33.06	0.33	1.69
	0.79			13.18	11.53	0.01	0.15
160.72	14.79	28.58	305.84	4100.60	3224.70	131.81	210.08
133.73	11.28	10.79	135.94	3107.19	2442.94	124.02	152.13
6.45	0.16	0.22	5.28	41.14	33.79	0.23	0.78
14.20	3.35	17.51	157.30	751.93	597.91	5.22	43.99
6.35		0.06	7.26	199.82	149.59	2.34	13.16
			0.05	0.52	0.47		0.01
23.51	7.27	92.32	180.43	1341.92	1085.60	9.01	76.87
9.32	3.92	74.81	23.13	589.99	487.69	3.79	32.87
14.20	3.35	17.51	157.30	751.93	597.91	5.22	43.99
10.20	1.50	0.35	6.81	64.78	54.60	0.29	1.44
3.75	0.55	0.13	1.47	9.94	8.80	0.06	0.49
6.45	0.16	0.22	5.28	41.14	33.79	0.23	0.78
	0.79			13.18	11.53	0.01	0.15
			0.05	0.52	0.47		0.01
11.36	0.35	2.43	7.46	240.30	182.65	2.67	14.85
5.01	0.35	2.37	0.20	40.48	33.06	0.33	1.69
6.35		0.06	7.26	199.82	149.59	2.34	13.16
187.24	17.38	65.40	189.74	4229.12	3426.33	127.44	185.40
53.51	6.10	54.61	53.80	1121.93	983.39	3.41	33.26
133.73	11.28	10.79	135.94	3107.19	2442.94	124.02	152.13
41.43	**3.24**	**20.49**	**82.50**	**306.17**	**275.96**	**7.60**	**20.70**
59.21	0.23	2.40	88.91	2036.15	1530.76	108.04	113.73
0.76	0.53	0.12		6.57	5.79	0.03	0.03
81.21	12.00	60.21	109.66	1549.34	1264.89	13.82	106.44
151.10	14.51	100.29	274.78	4326.77	3484.28	125.58	172.11
75.76	1.63	57.45	156.84	3489.10	2766.42	121.24	180.51
88.99	11.75	59.60	131.22	1542.81	1271.91	13.68	66.10
67.56	13.13	43.46	96.38	844.20	710.84	4.48	31.93

1-A-8 续表2

分 组	管理费用	税金	财务费用	利息收入	利息支出
总 计	**266.71**	**12.98**	**31.10**	**5.27**	**44.90**
按登记注册类型分组:					
港、澳、台商投资企业	77.16	4.20	17.73	1.22	15.94
合资经营企业(港或澳、台资)	48.83	2.79	11.97	0.76	11.61
合作经营企业(港或澳、台资)	0.39	0.03	0.06		0.04
港澳台商独资经营企业	25.05	1.20	4.88	0.45	3.68
港澳台商投资股份有限公司	2.80	0.14	0.79	0.02	0.57
其他港澳台商投资企业	0.10	0.04	0.04		0.03
外商投资企业	189.54	8.78	13.37	4.05	28.97
中外合资经营企业	136.15	5.75	1.00	2.77	15.01
中外合作经营企业	0.69	0.03	0.81	0.03	0.79
外资企业	42.08	2.32	4.50	1.00	6.04
外商投资股份有限公司	10.60	0.68	7.06	0.26	7.12
其他外商投资企业	0.02				
按经济组织类型分组					
独资企业	67.12	3.52	9.39	1.44	9.73
港澳台商独资经营企业	25.05	1.20	4.88	0.45	3.68
外资企业	42.08	2.32	4.50	1.00	6.04
合作、合伙企业	1.20	0.10	0.90	0.03	0.86
合作经营企业(港或澳、台资)	0.39	0.03	0.06		0.04
中外合作经营企业	0.69	0.03	0.81	0.03	0.79
其他港澳台商投资企业	0.10	0.04	0.04		0.03
其他外商投资企业	0.02				
股份有限公司	13.40	0.82	7.85	0.28	7.69
港澳台商投资股份有限公司	2.80	0.14	0.79	0.02	0.57
外商投资股份有限公司	10.60	0.68	7.06	0.26	7.12
有限责任公司	184.98	8.54	12.96	3.53	26.62
合资经营企业(港或澳、台资)	48.83	2.79	11.97	0.76	11.61
中外合资经营企业	136.15	5.75	1.00	2.77	15.01
在总计中:亏损企业	**21.33**	**1.07**	**7.48**	**0.49**	**8.00**
在总计中:国有控股企业	97.15	3.72	-4.33	1.35	8.19
在总计中:农村工业	0.15	0.01			
在总计中:轻工业	62.33	3.96	12.45	2.21	13.32
重工业	204.38	9.03	18.65	3.07	31.58
在总计中:大型企业	151.85	6.99	7.75	2.55	20.74
中型企业	66.28	4.14	13.95	2.24	15.19
小型企业	48.58	1.86	9.41	0.48	8.98

单位：亿元

营业利润	投资收益（损失以“−”号记）	利润总额	应交所得税	亏损企业亏损额	利税总额	应交增值税	从业人员平均人数（万人）
452.90	**−31.66**	**428.83**	**72.79**	**23.60**	**783.80**	**214.70**	**47.69**
108.38	−5.53	114.09	14.02	4.58	174.20	52.24	18.95
58.20	−1.37	63.22	8.63	2.52	94.25	27.38	10.19
0.16	0.08	0.17	−0.01	0.07	0.52	0.29	0.12
46.35	−3.48	46.92	4.87	1.30	73.25	22.51	8.00
3.13	−0.76	3.23	0.53	0.70	5.12	1.53	0.63
0.54		0.54			1.06	0.52	0.01
344.52	−26.13	314.74	58.77	19.01	609.60	162.46	28.74
266.27	−14.89	232.09	44.56	7.12	483.84	127.29	18.43
4.98	−2.34	5.05	1.46	0.09	7.38	2.11	0.23
56.46	−8.91	58.85	12.42	10.85	86.93	22.72	8.33
16.80	0.01	18.75	0.32	0.95	31.42	10.33	1.74
0.01		0.01			0.02	0.01	
102.81	−12.39	105.77	17.29	12.15	160.19	45.23	16.33
46.35	−3.48	46.92	4.87	1.30	73.25	22.51	8.00
56.46	−8.91	58.85	12.42	10.85	86.93	22.72	8.33
5.69	−2.26	5.77	1.45	0.16	8.99	2.94	0.37
0.16	0.08	0.17	−0.01	0.07	0.52	0.29	0.12
4.98	−2.34	5.05	1.46	0.09	7.38	2.11	0.23
0.54		0.54			1.06	0.52	0.01
0.01		0.01			0.02	0.01	
19.93	−0.75	21.98	0.85	1.65	36.54	11.86	2.38
3.13	−0.76	3.23	0.53	0.70	5.12	1.53	0.63
16.80	0.01	18.75	0.32	0.95	31.42	10.33	1.74
324.46	−16.26	295.32	53.20	9.64	578.09	154.67	28.61
58.20	−1.37	63.22	8.63	2.52	94.25	27.38	10.19
266.27	−14.89	232.09	44.56	7.12	483.84	127.29	18.43
−22.74	**−3.54**	**−23.60**	**0.09**	**23.60**	**−11.12**	**4.88**	**4.76**
204.31	−9.93	169.34	34.91	2.38	371.83	94.14	9.64
0.58		0.58	0.15		0.78	0.17	0.04
90.83	−16.99	95.01	15.14	9.21	157.52	48.36	19.28
362.07	−14.67	333.82	57.66	14.39	626.28	166.34	28.41
294.98	−15.82	265.05	43.01	1.75	528.88	142.13	24.78
108.49	−10.13	112.39	20.81	12.17	177.66	51.37	16.27
49.43	−5.71	51.39	8.97	9.68	77.26	21.20	6.64

1-A-9 规模以上外商投资和港澳台商

行业	代码	企业单位数（个）	工业销售产值（当年价格）	出口交货值	资产总计	流动资产合计
总计	**00**	**852**	**6210.75**	**540.04**	**4769.51**	**2480.50**
采矿业	**B**	**6**	**15.47**		**2.67**	**2.02**
煤炭开采和洗选业	06	1	0.61		0.69	0.37
烟煤和无烟煤开采洗选	061	1	0.61		0.69	0.37
褐煤开采洗选	062					
其他煤炭采选	069					
石油和天然气开采业	07					
石油开采	071					
天然气开采	072					
黑色金属矿采选业	08	1	12.36		0.86	0.80
铁矿采选	081	1	12.36		0.86	0.80
锰矿、铬矿采选	082					
其他黑色金属矿采选	089					
有色金属矿采选业	09	1	1.52		0.33	0.18
常用有色金属矿采选	091	1	1.52		0.33	0.18
贵金属矿采选	092					
稀有稀土金属矿采选	093					
非金属矿采选业	10	3	0.99		0.79	0.66
土砂石开采	101	1	0.28		0.09	0.08
化学矿开采	102					
采盐	103					
石棉及其他非金属矿采选	109	2	0.70		0.70	0.59
开采辅助活动	11					
煤炭开采和洗选辅助活动	111					
石油和天然气开采辅助活动	112					
其他开采辅助活动	119					
其他采矿业	12					
制造业	**C**	**815**	**6033.91**	**540.04**	**4489.21**	**2420.30**
农副食品加工业	13	46	236.81	19.53	109.63	70.35
谷物磨制	131	3	6.17		7.69	4.77
饲料加工	132	13	54.45		12.47	6.73
植物油加工	133	7	107.76	0.05	61.51	46.73
制糖业	134					
屠宰及肉类加工	135	3	18.86		10.64	3.44
水产品加工	136	4	13.91		2.96	0.72
蔬菜、水果和坚果加工	137	5	7.39	3.61	4.18	2.65
其他农副食品加工	139	11	28.27	15.87	10.17	5.32

投资工业企业主要经济指标(行业部分)

单位：亿元

应收账款	存货	产成品	固定资产合计	固定资产原价	累计折旧	负债合计	流动负债合计	代码
588.07	**462.00**	**197.22**	**1598.24**	**2944.64**	**1310.71**	**2893.29**	**2370.40**	**00**
0.14	**0.66**	**0.44**	**0.65**	**0.59**	**0.09**	**0.89**	**0.84**	**B**
0.02	0.02	0.01	0.32	0.33	0.06	0.28	0.28	06
0.02	0.02	0.01	0.32	0.33	0.06	0.28	0.28	061
								062
								069
								07
								071
								072
0.03	0.04	0.04	0.05	0.05		0.05	0.05	08
0.03	0.04	0.04	0.05	0.05		0.05	0.05	081
								082
								089
	0.04	0.04	0.15	0.16	0.01	0.10	0.10	09
	0.04	0.04	0.15	0.16	0.01	0.10	0.10	091
								092
								093
0.09	0.56	0.35	0.13	0.05	0.02	0.46	0.41	10
0.02	0.05	0.04	0.01	0.03	0.02	0.04	0.04	101
								102
								103
0.06	0.51	0.31	0.11	0.02		0.42	0.37	109
								11
								111
								112
								119
								12
569.07	**458.93**	**196.63**	**1392.66**	**2695.55**	**1247.06**	**2706.80**	**2282.04**	**C**
8.81	30.10	12.94	30.54	55.62	25.59	63.21	56.57	13
0.07	1.25	0.45	0.66	1.00	0.34	4.52	2.55	131
0.75	2.74	0.53	4.26	17.45	13.39	4.78	3.86	132
5.02	20.38	9.17	12.01	16.44	4.66	40.69	37.59	133
								134
0.65	2.41	1.98	5.92	7.02	1.10	5.21	5.16	135
0.19	0.09	0.02	2.18	2.75	0.58	0.60	0.44	136
0.69	0.96	0.29	1.36	2.32	0.97	2.25	2.25	137
1.44	2.27	0.51	4.15	8.65	4.57	5.17	4.73	139

1-A-9 续表1

行业	代码	企业单位数（个）	工业销售产值（当年价格）	出口交货值	资产总计	流动资产合计
食品制造业	14	31	172.91	7.98	81.90	31.96
焙烤食品制造	141	9	39.49		13.96	5.95
糖果、巧克力及蜜饯制造	142	3	44.56		17.73	5.85
方便食品制造	143	5	26.47		12.60	6.14
乳制品制造	144	2	29.96		7.27	2.41
罐头食品制造	145	1	5.87	5.23	0.86	0.46
调味品、发酵制品制造	146	3	2.47		13.56	3.27
其他食品制造	149	8	24.10	2.74	15.91	7.87
酒、饮料和精制茶制造业	15	33	273.65		218.95	120.61
酒的制造	151	8	69.57		50.07	28.72
饮料制造	152	23	201.14		168.09	91.44
精制茶加工	153	2	2.94		0.79	0.45
烟草制品业	16					
烟叶复烤	161					
卷烟制造	162					
其他烟草制品制造	169					
纺织业	17	70	178.82	31.98	95.97	39.82
棉纺织及印染精加工	171	40	100.24	7.19	62.38	26.46
毛纺织及染整精加工	172	1	1.34	1.29	1.72	0.98
麻纺织及染整精加工	173					
丝绢纺织及印染精加工	174					
化纤织造及印染精加工	175	2	4.10		3.43	1.06
针织或钩针编织物及其制品制造	176	4	5.38	2.78	1.66	0.63
家用纺织制成品制造	177	4	7.45	4.14	4.96	2.39
非家用纺织制成品制造	178	19	60.31	16.59	21.84	8.31
纺织服装、服饰业	18	51	101.81	25.73	58.63	41.06
机织服装制造	181	47	99.57	25.73	56.65	39.64
针织或钩针编织服装制造	182	3	0.63		1.59	1.03
服饰制造	183	1	1.60		0.39	0.38
皮革、毛皮、羽毛及其制品和制鞋业	19	14	21.13	11.31	15.61	4.80
皮革鞣制加工	191					
皮革制品制造	192	2	0.89	0.09	0.32	0.18
毛皮鞣制及制品加工	193					
羽毛(绒)加工及制品制造	194	1	1.56		0.60	0.20
制鞋业	195	11	18.68	11.23	14.69	4.42
木材加工和木、竹、藤、棕、草制品业	20	4	5.20		2.12	0.97
木材加工	201	1	0.48		0.13	0.09
人造板制造	202	3	4.72		1.99	0.88
木制品制造	203					
竹、藤、棕、草等制品制造	204					
家具制造业	21	6	7.44	0.21	6.26	4.26

单位：亿元

应收账款	存货	产成品	固定资产合计	固定资产原价	累计折旧	负债合计	流动负债合计	代码
7.80	9.81	5.18	35.12	108.47	73.62	25.85	18.92	14
0.93	2.67	0.87	7.96	58.15	50.32	5.11	4.15	141
2.35	2.33	1.19	11.89	25.27	13.39	1.89	1.89	142
1.23	0.87	0.35	3.29	6.18	2.89	4.51	4.43	143
0.64	0.63	0.61	3.01	5.04	2.06	5.19	3.58	144
	0.37	0.37	0.35	0.54	0.19	0.55	0.55	145
0.23	0.59	0.19	1.90	2.06	0.19	2.94	1.00	146
2.43	2.33	1.60	6.71	11.22	4.58	5.67	3.33	149
10.36	16.08	4.69	77.15	124.02	49.22	133.95	126.50	15
2.87	6.92	0.31	18.53	38.73	21.32	24.79	23.47	151
7.34	9.07	4.28	58.40	85.01	27.79	108.86	102.73	152
0.15	0.09	0.09	0.22	0.28	0.11	0.29	0.29	153
								16
								161
								162
								169
10.17	13.36	6.55	47.65	111.12	66.48	48.33	37.79	17
6.61	7.99	4.29	31.59	66.66	36.04	32.04	26.89	171
0.25	0.60	0.28	0.69	0.83	0.16	0.69	0.64	172
								173
								174
0.57	0.46	0.10	1.67	1.67	0.17	2.46	1.52	175
0.15	0.14	0.02	0.74	13.93	13.18	0.70	0.39	176
0.49	1.22	0.42	1.99	2.41	1.18	2.14	2.11	177
2.10	2.93	1.44	10.97	25.62	15.74	10.31	6.24	178
6.11	10.74	7.72	11.19	20.58	10.71	35.58	30.42	18
5.40	10.59	7.69	10.72	20.05	10.46	34.05	29.32	181
0.46	0.15	0.03	0.46	0.51	0.23	1.14	1.10	182
0.25			0.01	0.02	0.01	0.39		183
1.11	1.65	1.22	10.32	8.36	1.73	7.35	4.12	19
								191
0.03	0.05	0.02	0.11	0.17	0.06	0.19	0.18	192
								193
0.17	0.03	0.02	0.40	0.44	0.04	0.26	0.26	194
0.92	1.57	1.18	9.81	7.74	1.63	6.90	3.68	195
0.05	0.52	0.14	1.15	1.53	0.50	0.64	0.30	20
0.02	0.02	0.02	0.04	0.10	0.06	0.01		201
0.03	0.50	0.12	1.11	1.43	0.44	0.63	0.30	202
								203
								204
0.47	1.04	0.15	1.50	2.21	0.85	4.16	3.43	21

1-A-9　续表2

行　业	代码	企　业单位数（个）	工业销售产　值（当年价格）	出口交货值	资产总计	流动资产合　计
木质家具制造	211	3	4.92		4.28	3.30
竹、藤家具制造	212					
金属家具制造	213	1	0.63		1.24	0.52
塑料家具制造	214					
其他家具制造	219	2	1.89	0.21	0.74	0.44
造纸和纸制品业	22	26	92.95	1.86	107.03	54.19
纸浆制造	221					
造纸	222	8	61.53	0.44	81.13	37.21
纸制品制造	223	18	31.42	1.43	25.90	16.98
印刷和记录媒介复制业	23	8	18.17		17.43	11.83
印刷	231	8	18.17		17.43	11.83
装订及印刷相关服务	232					
记录媒介复制	233					
文教、工美、体育和娱乐用品制造业	24	12	16.74	2.76	17.25	9.74
文教办公用品制造	241	1	2.30		0.08	0.08
乐器制造	242	4	7.81	0.20	11.89	7.79
工艺美术品制造	243	5	5.59	1.90	3.71	1.19
体育用品制造	244	1	0.24		0.09	0.06
玩具制造	245	1	0.79	0.66	1.48	0.62
游艺器材及娱乐用品制造	246					
石油加工、炼焦和核燃料加工业	25	4	113.39		55.52	20.14
精炼石油产品制造	251	3	74.57		35.53	17.36
炼焦	252	1	38.82		19.99	2.78
化学原料和化学制品制造业	26	46	249.78	26.91	341.74	94.13
基础化学原料制造	261	7	14.28	1.96	12.47	7.54
肥料制造	262	8	45.16		11.46	8.34
农药制造	263	1	66.59		14.88	4.84
涂料、油墨、颜料及类似产品制造	264	9	19.40		6.24	3.93
合成材料制造	265	3	2.18		2.92	2.12
专用化学产品制造	266	14	55.30	17.44	272.54	52.77
炸药、火工及焰火产品制造	267					
日用化学产品制造	268	4	46.87	7.50	21.23	14.60
医药制造业	27	41	174.63	23.11	148.00	66.23
化学药品原料药制造	271	1	16.46		0.91	0.46
化学药品制剂制造	272	7	37.85	5.80	50.16	23.44
中药饮片加工	273	2	0.33	0.02	0.55	0.39
中成药生产	274	8	79.23	5.70	67.82	27.44
兽用药品制造	275	1	4.15		2.00	1.85
生物药品制造	276	4	1.55	0.26	3.74	1.74
卫生材料及医药用品制造	277	18	35.07	11.33	22.82	10.91
化学纤维制造业	28	3	13.42	1.25	12.26	3.62

单位：亿元

应收账款	存货	产成品	固定资产合计	固定资产原价	累计折旧	负债合计	流动负债合计	代码
0.33	0.71	0.12	0.78	1.22	0.54	2.38	1.66	211
								212
0.03	0.01	0.01	0.50	0.63	0.14	0.83	0.83	213
								214
0.10	0.32	0.02	0.21	0.37	0.16	0.95	0.95	219
22.46	9.85	3.15	34.82	76.75	45.95	65.18	53.83	22
								221
10.70	6.99	2.15	28.37	66.91	42.47	53.63	43.24	222
11.77	2.86	1.01	6.45	9.83	3.48	11.55	10.58	223
4.30	3.93	2.24	4.39	11.40	7.02	10.54	9.75	23
4.30	3.93	2.24	4.39	11.40	7.02	10.54	9.75	231
								232
								233
1.19	3.10	0.55	5.10	15.77	10.82	10.06	8.77	24
0.01	0.01	0.01	0.01	7.80	7.80	0.04		241
0.31	2.71	0.35	2.01	2.51	0.61	8.44	7.30	242
0.53	0.24	0.17	2.34	4.64	2.33	0.96	0.84	243
	0.03		0.03	0.05	0.03	0.08	0.08	244
0.34	0.11	0.02	0.71	0.76	0.05	0.54	0.54	245
								246
1.75	9.50	8.25	28.75	36.66	7.98	37.26	27.06	25
0.64	8.48	8.15	13.63	18.11	4.48	31.04	20.85	251
1.11	1.02	0.10	15.12	18.55	3.49	6.21	6.21	252
28.21	25.25	12.77	40.61	306.74	116.09	233.24	222.79	26
1.36	1.51	0.84	2.72	4.76	2.16	6.13	4.44	261
1.61	1.89	0.85	2.09	24.91	22.82	4.99	3.11	262
1.56	2.36	1.54	6.05	31.45	25.40	5.23	4.88	263
1.39	1.01	0.44	1.82	2.27	0.55	4.19	3.65	264
0.79	0.44	0.25	0.71	1.07	0.40	1.33	1.33	265
18.08	14.95	7.78	20.89	195.75	23.92	190.50	184.49	266
								267
3.41	3.09	1.07	6.34	46.53	40.85	20.88	20.88	268
10.10	14.36	4.47	53.02	70.49	19.86	87.08	54.78	27
0.15	0.06	0.03	0.45	0.51	0.06	0.35		271
2.31	3.96	1.65	21.62	30.16	9.43	32.62	19.00	272
0.07	0.22	0.01	0.01	0.03	0.02	0.20	0.17	273
3.11	5.77	1.51	22.61	29.30	7.23	40.51	23.78	274
0.98	0.87	0.50	0.05	0.13	0.08	0.80	0.80	275
0.25	0.34	0.05	1.39	1.80	0.42	2.21	1.68	276
3.23	3.14	0.71	6.90	8.57	2.61	10.38	9.35	277
0.40	2.09	0.45	7.67	11.01	3.54	7.97	5.81	28

1-A-9 续表3

行业	代码	企业单位数（个）	工业销售产值（当年价格）	出口交货值	资产总计	流动资产合计
纤维素纤维原料及纤维制造	281	2	8.51	0.25	9.26	2.60
合成纤维制造	282	1	4.91	1.00	3.00	1.03
橡胶和塑料制品业	29	26	43.76	0.62	54.72	33.66
橡胶制品业	291	6	4.14	0.07	3.15	2.28
塑料制品业	292	20	39.62	0.55	51.57	31.38
非金属矿物制品业	30	39	252.61	2.92	371.83	103.53
水泥、石灰和石膏制造	301	12	212.95	0.02	323.59	86.80
石膏、水泥制品及类似制品制造	302	4	8.73		6.27	3.64
砖瓦、石材等建筑材料制造	303	8	9.33		11.85	4.05
玻璃制造	304	3	6.18		18.63	2.99
玻璃制品制造	305	3	2.71		2.07	1.63
玻璃纤维和玻璃纤维增强塑料制品制造	306					
陶瓷制品制造	307	2	2.96	1.49	2.83	1.07
耐火材料制品制造	308	7	9.74	1.41	6.59	3.34
石墨及其他非金属矿物制品制造	309					
黑色金属冶炼和压延加工业	31	13	192.92	23.34	147.22	52.57
炼铁	311					
炼钢	312	1	114.71	21.67	88.05	36.45
黑色金属铸造	313	3	1.89		0.61	0.44
钢压延加工	314	8	73.20	1.48	52.44	12.30
铁合金冶炼	315	1	3.12	0.19	6.12	3.39
有色金属冶炼和压延加工业	32	6	78.24	3.90	19.83	9.24
常用有色金属冶炼	321	2	48.48		6.89	4.13
贵金属冶炼	322	1	6.21		4.93	3.62
稀有稀土金属冶炼	323					
有色金属合金制造	324	1	3.90	3.90	0.78	0.57
有色金属铸造	325					
有色金属压延加工	326	2	19.66		7.23	0.91
金属制品业	33	36	146.29	9.38	102.35	52.67
结构性金属制品制造	331	7	21.92	7.27	12.85	4.33
金属工具制造	332	2	1.48	0.57	1.45	0.63
集装箱及金属包装容器制造	333	11	76.88		49.70	32.64
金属丝绳及其制品制造	334	2	10.08		18.00	1.76
建筑、安全用金属制品制造	335	2	4.76		1.11	0.88
金属表面处理及热处理加工	336	4	23.24		12.91	8.40
搪瓷制品制造	337					
金属制日用品制造	338	3	4.91	1.40	2.87	2.26
其他金属制品制造	339	5	3.01	0.13	3.47	1.78
通用设备制造业	34	36	167.32	4.21	142.24	48.78
锅炉及原动设备制造	341	7	121.04	2.49	89.09	15.19
金属加工机械制造	342	9	9.76	0.32	15.33	9.80

单位：亿元

应收账款	存货	产成品	固定资产合计	固定资产原价	累计折旧	负债合计	流动负债合计	代码
0.06	1.88	0.31	5.72	8.30	2.80	6.90	4.74	281
0.34	0.20	0.13	1.96	2.70	0.75	1.07	1.07	282
8.67	4.49	2.41	11.27	16.06	6.81	28.67	27.40	29
0.95	0.76	0.45	0.80	1.79	1.02	1.38	1.38	291
7.71	3.73	1.95	10.47	14.27	5.79	27.29	26.02	292
16.21	17.49	6.32	206.89	295.44	89.73	213.07	126.46	30
11.47	12.89	3.50	180.34	263.63	83.32	183.37	107.10	301
1.57	0.39	0.15	2.53	3.73	1.31	3.70	2.54	302
0.80	1.43	1.29	6.00	7.69	1.70	8.98	8.32	303
0.35	1.21	0.75	12.78	12.91	0.59	12.29	5.18	304
0.43	0.17	0.05	0.33	1.33	1.02	1.86	1.30	305
								306
0.11	0.28	0.21	1.74	1.98	0.25	0.41	0.41	307
1.48	1.11	0.37	3.17	4.17	1.54	2.44	1.62	308
								309
6.89	20.54	4.02	86.23	180.89	100.45	63.49	46.96	31
								311
5.79	15.98	1.96	44.58	69.13	26.35	25.60	15.00	312
0.23	0.19	0.09	0.15	0.24	0.09	0.41	0.34	313
0.53	2.92	0.91	39.28	108.86	73.57	34.02	28.48	314
0.34	1.44	1.06	2.23	2.67	0.44	3.46	3.14	315
0.65	5.97	4.97	9.24	11.04	1.87	9.31	8.41	32
0.34	1.45	0.52	2.62	3.49	0.87	4.42	4.42	321
	3.61	3.61	1.32	1.52	0.27	2.04	2.00	322
								323
0.14	0.15	0.11	0.11	0.41	0.30	0.21	0.21	324
								325
0.16	0.75	0.72	5.19	5.62	0.44	2.65	1.79	326
13.36	13.13	3.78	45.41	72.47	27.11	57.78	45.58	33
1.04	1.00	0.17	8.42	20.67	12.25	4.78	3.97	331
0.33	0.13		0.20	0.33	0.15	0.86	0.69	332
8.67	7.24	1.62	14.51	22.84	8.33	27.67	22.37	333
0.48	1.01	0.45	15.88	17.68	1.79	13.29	8.67	334
0.52	0.06	0.04	0.20	0.33	0.16	0.28	0.15	335
0.43	2.80	1.13	4.16	6.64	2.48	8.58	7.71	336
								337
1.15	0.49	0.15	0.55	1.42	0.87	0.49	0.48	338
0.75	0.41	0.21	1.49	2.57	1.08	1.83	1.54	339
15.82	14.74	4.58	84.84	97.10	16.64	65.88	64.18	34
6.95	5.20	0.85	70.47	80.25	9.78	33.33	32.61	341
2.67	3.31	1.02	4.69	4.75	2.72	9.75	9.40	342

1-A-9 续表4

行　　业	代码	企　业 单位数 （个）	工业销售 产　值 （当年价格）	出口交货值	资产总计	流动资产 合　计
物料搬运设备制造	343					
泵、阀门、压缩机及类似机械制造	344	3	1.69	0.99	1.30	1.05
轴承、齿轮和传动部件制造	345	1	0.23	0.13	0.23	0.15
烘炉、风机、衡器、包装等设备制造	346	11	23.44	0.09	27.46	17.53
文化、办公用机械制造	347	1	0.70		2.04	1.21
通用零部件制造	348	3	5.17	0.19	3.26	0.77
其他通用设备制造业	349	1	5.29		3.51	3.09
专用设备制造业	35	19	61.87	14.04	65.92	49.08
采矿、冶金、建筑专用设备制造	351	3	15.54	3.01	18.67	12.52
化工、木材、非金属加工专用设备制造	352	5	32.21	9.89	25.18	19.82
食品、饮料、烟草及饲料生产专用设备制造	353	1	1.64	0.05	4.93	3.81
印刷、制药、日化及日用品生产专用设备制造	354	2	1.24		2.63	1.19
纺织、服装和皮革加工专用设备制造	355	1	2.61	0.55	3.61	2.77
电子和电工机械专用设备制造	356					
农、林、牧、渔专用机械制造	357	1	1.02		3.99	3.93
医疗仪器设备及器械制造	358	2	3.59		4.54	3.13
环保、社会公共服务及其他专用设备制造	359	4	4.04	0.55	2.37	1.91
汽车制造业	36	142	2491.77	28.94	1828.83	1198.71
汽车整车制造	361	5	1824.74	7.44	1290.05	832.85
改装汽车制造	362	3	17.71	1.32	8.73	7.10
低速载货汽车制造	363					
电车制造	364					
汽车车身、挂车制造	365	1	0.20		0.39	0.28
汽车零部件及配件制造	366	133	649.13	20.18	529.65	358.48
铁路、船舶、航空航天和其他运输设备制造业	37	4	7.96	2.52	7.68	7.04
铁路运输设备制造	371	1	0.75		1.74	1.68
城市轨道交通设备制造	372					
船舶及相关装置制造	373	3	7.21	2.52	5.94	5.36
航空、航天器及设备制造	374					
摩托车制造	375					
自行车制造	376					
非公路休闲车及零配件制造	377					
潜水救捞及其他未列明运输设备制造	379					
电气机械和器材制造业	38	49	393.43	45.39	244.96	145.14
电机制造	381	7	30.64	1.79	18.49	14.44
输配电及控制设备制造	382	14	85.15	25.18	77.33	28.35
电线、电缆、光缆及电工器材制造	383	6	82.02	6.08	81.83	51.88
电池制造	384	6	17.25	10.24	14.40	8.79
家用电力器具制造	385	4	138.35		35.46	30.12
非电力家用器具制造	386	2	22.34	0.54	5.55	4.82
照明器具制造	387	8	16.69	1.35	10.96	5.94

单位：亿元

应收账款	存货	产成品	固定资产合计	固定资产原价	累计折旧	负债合计	流动负债合计	代码
								343
0.36	0.19	0.01	0.24	0.45	0.22	0.45	0.44	344
0.06	0.07	0.04	0.06	0.11	0.06	0.14	0.05	345
5.25	3.89	1.83	5.95	7.42	3.12	19.87	19.51	346
0.24	0.40	0.14	0.78	0.95	0.17	0.77	0.59	347
0.29	0.39	0.16	2.32	2.64	0.40	0.56	0.56	348
	1.28	0.53	0.33	0.52	0.19	1.01	1.00	349
13.90	18.05	3.39	13.67	36.03	23.06	46.20	43.49	35
3.74	5.20	1.87	4.29	22.70	18.50	13.12	13.12	351
6.49	9.79	0.45	5.26	7.95	2.77	21.12	19.00	352
0.18	0.06		0.91	1.08	0.40	1.74	1.74	353
0.10	0.05	0.02	1.20	1.76	0.56	1.11	0.67	354
0.51	0.87	0.35	0.84	0.66	0.12	2.85	2.78	355
								356
0.39	0.94	0.48	0.04	0.04	0.01	3.36	3.36	357
2.02	0.65		0.82	1.21	0.39	1.37	1.30	358
0.46	0.49	0.21	0.31	0.62	0.31	1.52	1.52	359
267.49	153.45	78.28	404.57	741.59	395.44	1178.27	1078.21	36
98.54	101.51	54.38	272.24	483.89	262.74	860.74	804.20	361
1.86	2.74	1.51	1.18	1.79	0.65	6.89	6.86	362
								363
								364
0.01	0.14		0.11	0.18	0.07			365
167.08	49.06	22.39	131.04	255.74	131.99	310.64	267.14	366
2.09	1.94	0.62	0.60	1.47	0.87	4.08	4.04	37
0.89	0.57		0.06	0.18	0.12	0.70	0.70	371
								372
1.20	1.37	0.62	0.54	1.29	0.75	3.38	3.34	373
								374
								375
								376
								377
								379
58.85	33.46	10.34	81.54	143.50	64.73	147.38	128.35	38
5.72	2.93	0.98	3.41	15.66	12.27	9.73	9.55	381
10.16	8.80	2.29	44.67	66.81	22.69	38.44	33.60	382
24.00	10.38	1.66	19.57	38.90	20.33	56.16	42.70	383
4.99	2.21	0.65	5.41	7.40	1.94	8.74	8.20	384
10.47	7.54	4.31	5.28	8.69	4.36	27.62	27.62	385
0.67	0.37	0.13	0.63	1.11	0.56	1.61	1.61	386
2.55	1.07	0.33	2.54	4.87	2.55	4.82	4.82	387

1-A-9 续表5

行业	代码	企业单位数（个）	工业销售产值（当年价格）	出口交货值	资产总计	流动资产合计
其他电气机械及器材制造	389	2	0.99	0.21	0.95	0.79
计算机、通信和其他电子设备制造业	39	38	499.88	251.09	202.28	136.83
计算机制造	391	6	111.60	47.92	31.18	28.14
通信设备制造	392	4	343.43	190.48	107.48	75.88
广播电视设备制造	393					
雷达及配套设备制造	394					
视听设备制造	395	3	11.36	8.71	5.64	5.08
电子器件制造	396	11	14.27	0.69	16.45	11.94
电子元件制造	397	11	10.48	2.58	11.05	5.11
其他电子设备制造	399	3	8.76	0.71	30.49	10.68
仪器仪表制造业	40	8	9.35	0.93	6.48	4.40
通用仪器仪表制造	401	4	2.01		3.35	2.62
专用仪器仪表制造	402	1	1.43		0.95	0.64
钟表与计时仪器制造	403	2	4.82		0.89	0.52
光学仪器及眼镜制造	404	1	1.10	0.93	1.29	0.63
其他仪器仪表制造业	409					
其他制造业	41	2	0.51	0.12	0.88	0.87
日用杂品制造	411	1	0.23		0.60	0.60
煤制品制造	412					
其他未列明制造业	419					
废弃资源综合利用业	42	2	11.12		5.71	4.08
金属废料和碎屑加工处理	421	1	10.68		4.76	4.01
非金属废料和碎屑加工处理	422	1	0.43		0.94	0.07
金属制品、机械和设备修理业	43					
金属制品修理	431					
通用设备修理	432					
专用设备修理	433					
铁路、船舶、航空航天等运输设备修理	434					
电气设备修理	435					
仪器仪表修理	436					
其他机械和设备修理业	439					
电力、热力、燃气及水生产和供应业	**D**	**31**	**161.37**		**277.64**	**58.18**
电力、热力生产和供应业	44	7	99.06		178.30	27.39
电力生产	441	7	99.06		178.30	27.39
电力供应	442					
热力生产和供应	443					
燃气生产和供应业	45	21	59.97		85.52	27.80
水的生产和供应业	46	3	2.33		13.82	2.99
自来水生产和供应	461	2	2.15		12.90	2.93
污水处理及其再生利用	462	1	0.19		0.92	0.07
其他水的处理、利用与分配	469					

单位：亿元

应收账款	存货	产成品	固定资产合计	固定资产原价	累计折旧	负债合计	流动负债合计	代码
0.29	0.16		0.03	0.06	0.02	0.26	0.24	389
49.99	19.45	4.04	56.70	135.77	79.67	114.60	40.44	39
22.82	3.54	1.05	2.59	5.65	2.76	19.29	19.28	391
14.30	9.33	0.47	31.30	99.06	67.73	73.02	3.15	392
								393
								394
4.16	0.66	0.01	0.62	0.88	0.49	2.28	2.17	395
1.85	2.72	1.08	3.73	5.15	1.37	5.62	5.35	396
1.46	1.07	0.49	5.49	9.21	3.72	3.76	2.89	397
5.41	2.13	0.95	12.97	15.82	3.60	10.64	7.59	399
1.48	1.53	0.20	1.80	2.45	0.66	2.85	2.85	40
0.92	0.67		0.60	0.91	0.31	1.79	1.79	401
0.27	0.24		0.26	0.44	0.18	0.30	0.30	402
0.10	0.30	0.20	0.37	0.40	0.02	0.15	0.15	403
0.19	0.33		0.56	0.71	0.14	0.62	0.62	404
								409
0.07	0.13	0.02	0.01	0.06	0.05	0.40	0.39	41
						0.01		411
								412
								419
0.32	3.20	3.20	0.92	0.94	0.03	4.43	4.43	42
0.29	3.17	3.17	0.04	0.05	0.01	4.39	4.39	421
0.03	0.02	0.02	0.88	0.89	0.01	0.04	0.04	422
								43
								431
								432
								433
								434
								435
								436
								439
18.87	**2.41**	**0.15**	**204.94**	**248.51**	**63.56**	**185.60**	**87.52**	**D**
13.56	0.31		149.43	181.43	51.33	122.88	38.19	44
13.56	0.31		149.43	181.43	51.33	122.88	38.19	441
								442
								443
4.77	2.09	0.15	47.49	57.57	10.75	58.55	46.10	45
0.54	0.01		8.02	9.51	1.48	4.17	3.23	46
0.49	0.01		7.19	8.50	1.31	3.71	2.77	461
0.04			0.83	1.00	0.17	0.46	0.46	462
								469

1-A-9 续表6

行业	代码	应付账款	所有者权益合计	实收资本	国家资本	集体资本
总　计	**00**	**803.09**	**1857.21**	**1041.84**	**172.83**	**10.75**
采矿业	**B**	**0.53**	**1.78**	**1.53**		
煤炭开采和洗选业	06	0.28	0.41	0.39		
烟煤和无烟煤开采洗选	061	0.28	0.41	0.39		
褐煤开采洗选	062					
其他煤炭采选	069					
石油和天然气开采业	07					
石油开采	071					
天然气开采	072					
黑色金属矿采选业	08		0.80	0.80		
铁矿采选	081		0.80	0.80		
锰矿、铬矿采选	082					
其他黑色金属矿采选	089					
有色金属矿采选业	09	0.08	0.23	0.22		
常用有色金属矿采选	091	0.08	0.23	0.22		
贵金属矿采选	092					
稀有稀土金属矿采选	093					
非金属矿采选业	10	0.18	0.34	0.11		
土砂石开采	101	0.01	0.05	0.02		
化学矿开采	102					
采盐	103					
石棉及其他非金属矿采选	109	0.17	0.29	0.10		
开采辅助活动	11					
煤炭开采和洗选辅助活动	111					
石油和天然气开采辅助活动	112					
其他开采辅助活动	119					
其他采矿业	12					
制造业	**C**	**790.52**	**1773.61**	**966.67**	**159.89**	**10.74**
农副食品加工业	13	12.95	45.99	27.45	2.86	0.60
谷物磨制	131	0.14	3.17	2.78		
饲料加工	132	1.78	7.28	3.95	0.03	0.23
植物油加工	133	8.33	20.83	8.95	2.83	0.38
制糖业	134					
屠宰及肉类加工	135	0.83	5.43	5.27		
水产品加工	136	0.09	2.36	2.36		
蔬菜、水果和坚果加工	137	0.68	1.93	1.73		
其他农副食品加工	139	1.08	4.99	2.41		

单位：亿元

法人资本	个人资本	港澳台资本	外商资本	主营业务收入	主营业务成本	主营业务税金及附加	销售费用	代码
232.31	**26.51**	**160.51**	**384.44**	**5876.12**	**4749.17**	**139.40**	**278.55**	**00**
0.32	**0.81**	**0.39**	**0.01**	**15.46**	**14.82**	**0.11**	**0.09**	**B**
		0.39		0.61	0.48	0.01	0.03	06
		0.39		0.61	0.48	0.01	0.03	061
								062
								069
								07
								071
								072
	0.80			12.36	12.32	0.01	0.01	08
	0.80			12.36	12.32	0.01	0.01	081
								082
								089
0.22				1.52	1.25	0.09	0.03	09
0.22				1.52	1.25	0.09	0.03	091
								092
								093
0.09	0.01		0.01	0.98	0.77		0.03	10
	0.01		0.01	0.28	0.21		0.02	101
								102
								103
0.09				0.69	0.56		0.01	109
								11
								111
								112
								119
								12
222.83	**24.93**	**125.30**	**369.48**	**5691.65**	**4606.67**	**137.65**	**271.12**	**C**
3.74	2.61	3.80	13.84	271.04	239.05	0.86	6.81	13
1.00	0.11	1.67		3.96	3.41	0.01	0.20	131
0.53	0.39	0.22	2.55	54.55	47.41	0.09	1.84	132
0.67	0.10	0.12	4.85	144.81	130.66	0.10	2.15	133
								134
0.45		0.04	4.78	18.23	16.76	0.03	0.51	135
0.04	1.40	0.92		13.72	10.53	0.43	1.27	136
0.59	0.16	0.78	0.20	7.64	6.68	0.02	0.11	137
0.45	0.46	0.04	1.46	28.13	23.59	0.17	0.75	139

1-A-9 续表7

行业	代码	应付账款	所有者权益合计	实收资本	国家资本	集体资本
食品制造业	14	8.41	55.88	21.97	0.04	0.05
焙烤食品制造	141	1.69	8.71	3.78		0.05
糖果、巧克力及蜜饯制造	142	1.23	15.85	1.52		
方便食品制造	143	2.60	8.10	2.60		
乳制品制造	144	1.61	2.09	1.34		
罐头食品制造	145	0.01	0.31	0.34		
调味品、发酵制品制造	146	0.58	10.60	9.63		
其他食品制造	149	0.69	10.23	2.75	0.04	
酒、饮料和精制茶制造业	15	33.10	84.70	52.89		1.62
酒的制造	151	7.66	25.27	19.11		
饮料制造	152	25.36	58.93	33.31		1.62
精制茶加工	153	0.08	0.49	0.47		
烟草制品业	16					
烟叶复烤	161					
卷烟制造	162					
其他烟草制品制造	169					
纺织业	17	5.89	47.08	20.81		1.23
棉纺织及印染精加工	171	2.96	30.12	14.45		0.98
毛纺织及染整精加工	172	0.22	1.02	0.43		
麻纺织及染整精加工	173					
丝绢纺织及印染精加工	174					
化纤织造及印染精加工	175	0.02	0.97	0.31		
针织或钩针编织物及其制品制造	176	0.03	0.93	0.84		
家用纺织制成品制造	177	0.67	2.82	1.29		
非家用纺织制成品制造	178	1.98	11.20	3.49		0.26
纺织服装、服饰业	18	5.61	22.95	12.48		
机织服装制造	181	5.23	22.50	11.95		
针织或钩针编织服装制造	182	0.38	0.45	0.43		
服饰制造	183			0.11		
皮革、毛皮、羽毛及其制品和制鞋业	19	0.99	8.23	8.38		
皮革鞣制加工	191					
皮革制品制造	192	0.07	0.13	0.13		
毛皮鞣制及制品加工	193					
羽毛(绒)加工及制品制造	194		0.34	0.10		
制鞋业	195	0.92	7.75	8.15		
木材加工和木、竹、藤、棕、草制品业	20	0.25	1.48	0.34		
木材加工	201		0.11	0.07		
人造板制造	202	0.25	1.37	0.27		
木制品制造	203					
竹、藤、棕、草等制品制造	204					
家具制造业	21	0.40	2.09	1.03		

单位：亿元

法人资本	个人资本	港澳台资本	外商资本	主营业务收入	主营业务成本	主营业务税金及附加	销售费用	代码
7.75	0.40	3.99	9.73	154.60	121.27	0.89	14.32	14
2.09		1.34	0.30	40.79	33.94	0.14	1.75	141
		1.52		44.11	34.13	0.17	4.01	142
0.17		0.13	2.30	23.86	17.94	0.04	4.83	143
1.31			0.04	13.52	10.89	0.07	1.62	144
			0.34	5.87	4.91	0.28	0.22	145
3.31	0.03		6.29	2.61	2.33	0.01	0.09	146
0.88	0.37	1.00	0.46	23.85	17.14	0.18	1.81	149
17.75	1.94	15.35	16.24	263.08	189.94	7.32	31.16	15
10.80	0.04	0.36	7.91	85.45	63.97	6.52	5.48	151
6.95	1.69	14.72	8.33	174.86	123.86	0.80	25.54	152
	0.21	0.26		2.77	2.11		0.14	153
								16
								161
								162
								169
6.01	1.98	10.37	1.22	175.58	149.64	1.30	4.33	17
3.60	0.64	8.71	0.52	99.32	85.58	0.93	2.41	171
		0.43		1.36	1.11		0.04	172
								173
								174
	0.21	0.10		3.57	2.72		0.13	175
0.09		0.49	0.26	5.16	4.68	0.01	0.05	176
0.01	1.03	0.25		5.91	5.23	0.02	0.12	177
2.31	0.10	0.38	0.44	60.27	50.31	0.33	1.59	178
4.58	1.45	5.14	1.32	94.98	81.57	0.45	2.41	18
4.35	1.43	4.84	1.32	92.86	79.55	0.44	2.40	181
0.23	0.01	0.19		0.52	0.45	0.01	0.01	182
		0.11		1.60	1.57			183
0.85	0.07	0.74	3.29	17.05	14.05	0.08	0.66	19
								191
0.11		0.02		1.01	0.94		0.02	192
								193
0.10				1.63	1.17	0.01	0.15	194
0.64	0.07	0.72	3.29	14.40	11.94	0.07	0.50	195
	0.10	0.10	0.14	4.81	4.11	0.16	0.16	20
	0.07			0.48	0.39	0.02	0.01	201
	0.03	0.10	0.14	4.33	3.73	0.15	0.15	202
								203
								204
	0.65	0.04	0.34	6.60	5.00	0.17	0.51	21

1-A-9 续表8

行业	代码	应付账款	所有者权益合计	实收资本	国家资本	集体资本
木质家具制造	211	0.03	1.89	0.82		
竹、藤家具制造	212					
金属家具制造	213	0.31	0.42	0.10		
塑料家具制造	214					
其他家具制造	219	0.06	−0.22	0.11		
造纸和纸制品业	22	11.13	41.85	27.20	1.38	1.15
纸浆制造	221					
造纸	222	8.47	27.50	18.66	1.38	1.15
纸制品制造	223	2.66	14.35	8.54		
印刷和记录媒介复制业	23	3.53	6.89	3.12	0.12	0.79
印刷	231	3.53	6.89	3.12	0.12	0.79
装订及印刷相关服务	232					
记录媒介复制	233					
文教、工美、体育和娱乐用品制造业	24	2.12	7.14	3.63		
文教办公用品制造	241		0.04	0.01		
乐器制造	242	1.46	3.43	1.24		
工艺美术品制造	243	0.39	2.72	1.09		
体育用品制造	244	0.01	0.01	0.01		
玩具制造	245	0.26	0.93	1.27		
游艺器材及娱乐用品制造	246					
石油加工、炼焦和核燃料加工业	25	5.84	18.26	12.17		
精炼石油产品制造	251	4.21	4.48	2.26		
炼焦	252	1.63	13.78	9.91		
化学原料和化学制品制造业	26	40.09	108.48	114.57		1.76
基础化学原料制造	261	0.95	6.32	2.85		1.38
肥料制造	262	0.81	6.47	2.22		0.38
农药制造	263	1.42	9.65	2.00		
涂料、油墨、颜料及类似产品制造	264	0.74	2.05	1.37		
合成材料制造	265	0.48	1.59	1.50		
专用化学产品制造	266	31.12	82.04	70.91		
炸药、火工及焰火产品制造	267					
日用化学产品制造	268	4.58	0.35	33.72		
医药制造业	27	7.46	60.64	28.27	1.06	
化学药品原料药制造	271		0.55	0.40		
化学药品制剂制造	272	1.75	17.54	6.69	1.06	
中药饮片加工	273	0.01	0.35	0.27		
中成药生产	274	2.91	27.30	14.67		
兽用药品制造	275		0.98	0.50		
生物药品制造	276	0.45	1.47	0.61		
卫生材料及医药用品制造	277	2.34	12.44	5.13		
化学纤维制造业	28	1.80	4.29	8.24		

单位：亿元

法人资本	个人资本	港澳台资本	外商资本	主营业务收入	主营业务成本	主营业务税金及附加	销售费用	代码
	0.65	0.01	0.16	4.25	3.16	0.15	0.20	211
								212
			0.10	0.42	0.29		0.13	213
								214
		0.03	0.08	1.94	1.55	0.01	0.18	219
13.58	0.25	0.76	9.91	97.77	84.01	0.22	5.34	22
								221
8.38		0.02	7.73	59.96	54.71	0.04	1.64	222
5.20	0.25	0.74	2.18	37.81	29.30	0.18	3.71	223
1.18		0.86	0.17	18.25	14.16	0.09	0.73	23
1.18		0.86	0.17	18.25	14.16	0.09	0.73	231
								232
								233
1.22	0.28	1.65	0.49	17.81	14.19	0.18	0.33	24
	0.01			2.28	1.82	0.03	0.11	241
0.71	0.05		0.48	8.60	6.52	0.07	0.03	242
0.51	0.21	0.37		5.89	4.86	0.07	0.12	243
			0.01	0.24	0.19		0.03	244
		1.27		0.79	0.81		0.02	245
								246
1.48	0.79		9.91	86.69	75.47	6.95	0.43	25
1.48	0.79			75.99	66.07	6.78	0.42	251
			9.91	10.70	9.40	0.17	0.01	252
9.76	2.63	6.33	47.75	297.34	250.95	1.12	21.96	26
0.56	0.11		0.80	15.62	13.28	0.05	0.68	261
0.58	0.22	0.70	0.35	53.35	47.89	0.01	1.03	262
1.50			0.50	66.39	59.44		0.49	263
0.62	0.11	0.10	0.54	17.99	16.20	0.05	0.51	264
0.01	0.01	0.41	1.07	2.61	2.23	0.01	0.13	265
6.48	2.18	5.12	10.77	101.24	88.44	0.14	2.87	266
								267
			33.72	40.14	23.48	0.86	16.27	268
11.85	0.28	13.71	1.37	172.62	134.03	0.68	13.53	27
0.40				15.71	14.38	0.04	0.27	271
3.55		2.08		36.70	24.25	0.26	5.02	272
	0.02	0.25		0.75	0.53		0.13	273
6.71		7.15	0.81	80.15	62.73	0.16	4.80	274
0.39	0.01		0.10	2.72	1.69		0.48	275
0.48	0.06	0.07		1.49	0.95	0.01	0.14	276
0.32	0.19	4.17	0.45	35.11	29.51	0.20	2.68	277
0.90			7.34	13.18	13.15	0.02	0.38	28

1-A-9 续表9

行业	代码	应付账款	所有者权益合计	实收资本	国家资本	集体资本
纤维素纤维原料及纤维制造	281	0.73	2.36	6.53		
合成纤维制造	282	1.07	1.93	1.71		
橡胶和塑料制品业	29	5.06	26.02	12.27		0.08
橡胶制品业	291	0.51	1.77	1.11		0.06
塑料制品业	292	4.55	24.25	11.16		0.02
非金属矿物制品业	30	38.29	159.26	49.12	3.51	0.01
水泥、石灰和石膏制造	301	30.96	140.21	33.18	3.04	
石膏、水泥制品及类似制品制造	302	0.91	2.57	1.44		
砖瓦、石材等建筑材料制造	303	1.76	2.84	2.52		0.01
玻璃制造	304	3.74	6.34	6.32		
玻璃制品制造	305	0.18	0.73	0.98		
玻璃纤维和玻璃纤维增强塑料制品制造	306					
陶瓷制品制造	307	0.01	2.42	2.19		
耐火材料制品制造	308	0.73	4.14	2.49	0.46	
石墨及其他非金属矿物制品制造	309					
黑色金属冶炼和压延加工业	31	31.42	83.63	45.76		
炼铁	311					
炼钢	312	8.49	62.45	27.32		
黑色金属铸造	313	0.03	0.20	0.09		
钢压延加工	314	22.28	18.42	15.93		
铁合金冶炼	315	0.62	2.56	2.42		
有色金属冶炼和压延加工业	32	3.06	10.52	3.66		
常用有色金属冶炼	321	1.65	2.47	0.89		
贵金属冶炼	322	0.35	2.90	0.43		
稀有稀土金属冶炼	323					
有色金属合金制造	324	0.05	0.58	0.32		
有色金属铸造	325					
有色金属压延加工	326	1.02	4.58	2.01		
金属制品业	33	9.83	44.48	26.34	2.42	0.02
结构性金属制品制造	331	1.29	8.07	2.71		0.02
金属工具制造	332	0.08	0.59	0.21		
集装箱及金属包装容器制造	333	5.22	22.02	13.13	1.14	
金属丝绳及其制品制造	334	0.51	4.71	6.06		
建筑、安全用金属制品制造	335	0.02	0.83	0.56		
金属表面处理及热处理加工	336	2.12	4.33	1.93	1.28	
搪瓷制品制造	337					
金属制日用品制造	338	0.31	2.38	0.70		
其他金属制品制造	339	0.29	1.55	1.04		
通用设备制造业	34	11.82	76.36	18.24	2.02	0.78
锅炉及原动设备制造	341	4.29	55.76	5.83	0.54	
金属加工机械制造	342	1.81	5.58	4.53	0.78	0.77

单位：亿元

法人资本	个人资本	港澳台资本	外商资本	主营业务收　　入	主营业务成　　本	主营业务税金及附加	销售费用	代码
0.90			5.63	8.19	8.42	0.01	0.19	281
			1.71	4.98	4.73	0.01	0.18	282
5.45	2.36	2.31	2.07	41.45	33.17	0.19	1.57	29
0.46		0.20	0.38	4.08	3.24	0.03	0.18	291
4.99	2.36	2.11	1.68	37.37	29.94	0.16	1.39	292
11.70	0.25	4.58	28.53	238.34	180.19	2.82	14.38	30
3.49		0.33	26.31	200.83	147.68	2.49	12.80	301
0.65	0.04	0.01	0.26	8.06	6.86	0.05	0.25	302
1.35	0.19	0.91		8.72	7.35	0.10	0.23	303
3.05		3.27		6.21	5.61		0.20	304
0.90	0.01	0.06		2.50	2.42	0.02	0.07	305
								306
1.15			1.05	2.94	2.65	0.01	0.04	307
1.12			0.90	9.08	7.62	0.15	0.78	308
								309
4.12	2.81	2.32	36.51	194.29	181.18	0.46	2.39	31
								311
3.70			23.61	116.04	108.56	0.26	1.55	312
0.07	0.03			1.82	1.70	0.01		313
0.35	1.06	2.32	12.20	73.35	68.37	0.15	0.74	314
	1.72		0.70	3.08	2.55	0.04	0.09	315
1.47	0.01	0.09	2.08	73.64	67.49	0.26	1.23	32
0.80		0.09		48.68	44.90	0.06	1.11	321
0.43				2.59	1.32	0.08	0.01	322
								323
0.24			0.08	3.50	3.36	0.03	0.01	324
								325
	0.01		2.00	18.86	17.92	0.10	0.10	326
12.01	1.72	7.59	2.58	153.06	134.97	0.41	3.97	33
1.50	0.69	0.41	0.08	19.96	18.31	0.03	0.33	331
0.08	0.02	0.01	0.09	1.29	0.96	0.01	0.06	332
6.51	0.10	4.10	1.27	78.12	64.31	0.29	2.97	333
3.19		2.87		10.11	10.18	0.02	0.17	334
0.50	0.06			4.62	4.30	0.01	0.02	335
0.22	0.10	0.19	0.14	32.03	31.25	0.02	0.16	336
								337
	0.61		0.09	4.48	3.80	0.02	0.17	338
	0.14		0.90	2.45	1.87	0.02	0.09	339
4.52	0.94	2.87	6.07	155.25	97.83	5.91	2.57	34
3.08		0.37	1.84	108.52	60.79	5.65	0.56	341
0.79	0.93	0.65	0.61	11.22	9.07	0.08	0.62	342

1-A-9 续表10

行业	代码	应付账款	所有者权益合计	实收资本	国家资本	集体资本
物料搬运设备制造	343					
泵、阀门、压缩机及类似机械制造	344	0.23	0.85	0.39		
轴承、齿轮和传动部件制造	345	0.02	0.10	0.08		
烘炉、风机、衡器、包装等设备制造	346	4.87	7.58	5.20	0.70	0.01
文化、办公用机械制造	347	0.01	1.27	0.85		
通用零部件制造	348	0.15	2.70	0.96		
其他通用设备制造业	349	0.44	2.51	0.39		
专用设备制造业	35	8.78	19.72	12.73	0.40	
采矿、冶金、建筑专用设备制造	351	3.42	5.54	6.31		
化工、木材、非金属加工专用设备制造	352	2.61	4.06	2.96		
食品、饮料、烟草及饲料生产专用设备制造	353	0.11	3.19	1.15		
印刷、制药、日化及日用品生产专用设备制造	354	0.43	1.52	0.47		
纺织、服装和皮革加工专用设备制造	355	1.35	0.75	0.20		
电子和电工机械专用设备制造	356					
农、林、牧、渔专用机械制造	357	0.35	0.63	0.80	0.40	
医疗仪器设备及器械制造	358	0.14	3.17	0.39		
环保、社会公共服务及其他专用设备制造	359	0.37	0.85	0.45		
汽车制造业	36	461.56	647.28	343.59	143.41	1.50
汽车整车制造	361	318.97	427.33	244.97	137.97	
改装汽车制造	362	1.64	1.84	0.98		
低速载货汽车制造	363					
电车制造	364					
汽车车身、挂车制造	365		0.39	0.40		
汽车零部件及配件制造	366	140.95	217.72	97.24	5.44	1.50
铁路、船舶、航空航天和其他运输设备制造业	37	2.79	3.60	1.42	0.39	
铁路运输设备制造	371	0.61	1.05	0.15		
城市轨道交通设备制造	372					
船舶及相关装置制造	373	2.18	2.56	1.27	0.39	
航空、航天器及设备制造	374					
摩托车制造	375					
自行车制造	376					
非公路休闲车及零配件制造	377					
潜水救捞及其他未列明运输设备制造	379					
电气机械和器材制造业	38	54.66	96.37	64.64	1.83	0.49
电机制造	381	6.45	8.76	4.31		0.49
输配电及控制设备制造	382	11.50	37.82	29.96	1.03	
电线、电缆、光缆及电工器材制造	383	10.33	25.67	17.51	0.80	
电池制造	384	3.29	5.66	3.30		
家用电力器具制造	385	19.04	7.83	2.32		
非电力家用器具制造	386	0.65	3.94	0.86		
照明器具制造	387	3.33	6.14	5.92		

单位：亿元

法人资本	个人资本	港澳台资本	外商资本	主营业务收入	主营业务成本	主营业务税金及附加	销售费用	代码
								343
0.05		0.10	0.24	1.59	1.15		0.09	344
		0.08		0.23	0.18		0.01	345
0.26	0.01	0.21	2.99	22.91	17.69	0.15	0.78	346
		0.85		0.70	0.42		0.04	347
0.36		0.60		4.79	4.32		0.19	348
			0.39	5.29	4.22	0.02	0.27	349
6.20	0.64	0.32	5.17	59.94	49.33	0.32	2.19	35
4.91	0.05		1.36	14.13	11.55	0.08	0.62	351
0.08			2.87	32.03	27.36	0.16	0.62	352
0.69			0.46	1.64	1.12	0.02	0.01	353
0.20	0.20	0.07		1.18	0.82	0.01	0.05	354
0.15		0.05		2.62	2.00	0.01	0.13	355
								356
			0.40	1.05	0.96		0.06	357
0.01	0.38			3.58	2.21	0.03	0.50	358
0.16		0.21	0.08	3.71	3.30	0.01	0.20	359
65.46	2.19	3.44	125.64	2304.47	1763.48	104.56	123.11	36
36.92			70.08	1653.27	1236.46	101.61	108.50	361
0.60			0.38	17.59	16.31	0.02	0.46	362
								363
								364
		0.40		0.20	0.19			365
27.94	2.19	3.04	55.18	633.41	510.52	2.93	14.16	366
0.32			0.71	6.78	5.55	0.05	0.22	37
			0.15	0.98	0.72		0.19	371
								372
0.32			0.56	5.79	4.83	0.05	0.04	373
								374
								375
								376
								377
								379
18.48	0.44	12.19	31.21	353.17	312.32	1.31	12.06	38
1.95		0.22	1.65	31.85	28.13	0.59	0.50	381
0.25		10.63	18.05	79.25	73.58	0.17	1.66	382
10.65	0.27		5.79	86.74	74.24	0.06	1.81	383
0.75		0.67	1.89	16.94	13.40	0.10	0.94	384
1.73		0.36	0.23	112.06	101.26	0.25	5.99	385
0.50			0.36	9.31	7.43	0.04	0.88	386
2.19	0.18	0.32	3.23	16.00	13.72	0.09	0.25	387

1-A-9 续表11

行业	代码	应付账款	所有者权益合计	实收资本	国家资本	集体资本
其他电气机械及器材制造	389	0.06	0.55	0.46		
计算机、通信和其他电子设备制造业	39	21.70	85.05	41.56	0.43	0.67
计算机制造	391	12.83	11.89	3.20		0.67
通信设备制造	392	2.32	31.86	22.21	0.43	
广播电视设备制造	393					
雷达及配套设备制造	394					
视听设备制造	395	1.82	3.37	1.70		
电子器件制造	396	1.58	10.83	4.42		
电子元件制造	397	0.77	7.26	4.41		
其他电子设备制造	399	2.38	19.85	5.61		
仪器仪表制造业	40	1.62	3.63	2.52		
通用仪器仪表制造	401	0.76	1.56	0.83		
专用仪器仪表制造	402	0.25	0.65	0.29		
钟表与计时仪器制造	403		0.74	0.85		
光学仪器及眼镜制造	404	0.61	0.67	0.55		
其他仪器仪表制造业	409					
其他制造业	41	0.10	0.48	0.60	0.01	
日用杂品制造	411		0.58	0.58		
煤制品制造	412					
其他未列明制造业	419					
废弃资源综合利用业	42	0.28	1.27	1.67		
金属废料和碎屑加工处理	421	0.25	0.37	0.78		
非金属废料和碎屑加工处理	422	0.03	0.90	0.89		
金属制品、机械和设备修理业	43					
金属制品修理	431					
通用设备修理	432					
专用设备修理	433					
铁路、船舶、航空航天等运输设备修理	434					
电气设备修理	435					
仪器仪表修理	436					
其他机械和设备修理业	439					
电力、热力、燃气及水生产和供应业	**D**	**12.03**	**81.82**	**73.64**	**12.94**	**0.01**
电力、热力生产和供应业	44	5.98	45.44	52.02	4.75	
电力生产	441	5.98	45.44	52.02	4.75	
电力供应	442					
热力生产和供应	443					
燃气生产和供应业	45	5.74	26.74	14.84	5.97	0.01
水的生产和供应业	46	0.31	9.65	6.78	2.22	
自来水生产和供应	461	0.24	9.19	6.53	2.22	
污水处理及其再生利用	462	0.07	0.46	0.25		
其他水的处理、利用与分配	469					

单位：亿元

法人资本	个人资本	港澳台资本	外商资本	主营业务收　入	主营业务成　本	主营业务税金及附加	销售费用	代码
0.45			0.01	1.02	0.57		0.03	389
10.12	0.14	25.32	4.88	398.08	370.62	0.80	4.21	39
0.05		2.12	0.36	90.49	79.92	0.14	0.46	391
0.70		20.67	0.42	263.87	252.24	0.51	2.89	392
								393
								394
0.10		1.40	0.20	11.57	10.88	0.04	0.06	395
3.20	0.14	0.57	0.51	13.83	11.78	0.05	0.32	396
1.43		0.56	2.42	11.28	9.41	0.07	0.36	397
4.64			0.97	7.05	6.40		0.12	399
0.86	0.03	0.64	0.98	10.13	8.22	0.05	0.13	40
0.11	0.03		0.69	2.02	1.35	0.02	0.08	401
			0.29	1.26	1.04			402
0.75		0.10		4.85	4.11	0.02	0.01	403
		0.55		2.00	1.72	0.01	0.04	404
								409
0.58			0.01	0.51	0.43		0.02	41
0.58				0.23	0.16		0.02	411
								412
								419
0.89		0.78		11.12	11.30		0.01	42
		0.78		10.68	10.90		0.01	421
0.89				0.43	0.41			422
								43
								431
								432
								433
								434
								435
								436
								439
9.15	**0.76**	**34.82**	**14.96**	**169.00**	**127.68**	**1.65**	**7.34**	**D**
6.64		31.25	9.38	98.75	72.25	1.13	4.85	44
6.64		31.25	9.38	98.75	72.25	1.13	4.85	441
								442
								443
1.43	0.15	3.57	2.72	68.02	54.00	0.50	2.31	45
1.09	0.62		2.85	2.24	1.43	0.02	0.19	46
1.00	0.62		2.69	2.04	1.33	0.02	0.19	461
0.09			0.16	0.20	0.10			462
								469

1-A-9 续表12

行　业	代码	管理费用	税金	财务费用	利息收入	利息支出
总　计	**00**	**266.71**	**12.98**	**31.10**	**5.27**	**44.90**
采矿业	**B**	**0.15**		**0.02**		**0.02**
煤炭开采和洗选业	06	0.07				
烟煤和无烟煤开采洗选	061	0.07				
褐煤开采洗选	062					
其他煤炭采选	069					
石油和天然气开采业	07					
石油开采	071					
天然气开采	072					
黑色金属矿采选业	08	0.01		0.01		0.01
铁矿采选	081	0.01		0.01		0.01
锰矿、铬矿采选	082					
其他黑色金属矿采选	089					
有色金属矿采选业	09	0.03		0.01		0.01
常用有色金属矿采选	091	0.03		0.01		0.01
贵金属矿采选	092					
稀有稀土金属矿采选	093					
非金属矿采选业	10	0.03				
土砂石开采	101	0.02				
化学矿开采	102					
采盐	103					
石棉及其他非金属矿采选	109	0.01				
开采辅助活动	11					
煤炭开采和洗选辅助活动	111					
石油和天然气开采辅助活动	112					
其他开采辅助活动	119					
其他采矿业	12					
制造业	**C**	**257.65**	**12.85**	**25.27**	**4.95**	**40.15**
农副食品加工业	13	4.06	0.21	1.16	0.24	1.41
谷物磨制	131	0.37	0.01		−0.01	0.01
饲料加工	132	1.10	0.03	−0.03	0.07	0.04
植物油加工	133	1.16	0.09	0.46	0.17	0.81
制糖业	134					
屠宰及肉类加工	135	0.45	0.01	0.24	0.01	0.25
水产品加工	136	0.36	0.03	0.17		0.02
蔬菜、水果和坚果加工	137	0.24	0.01	0.09		0.06
其他农副食品加工	139	0.38	0.03	0.24		0.22

单位：亿元

营业利润	投资收益（损失以"−"号记）	利润总额	应交所得税	亏损企业亏损额	利税总额	应交增值税	从业人员平均人数（万人）	代码
452.90	**−31.66**	**428.83**	**72.79**	**23.60**	**783.80**	**214.70**	**47.69**	**00**
0.31		**0.31**	**0.01**		**0.49**	**0.07**	**0.09**	**B**
0.02		0.02			0.05	0.02	0.05	06
0.02		0.02			0.05	0.02	0.05	061
								062
								069
								07
								071
								072
0.02		0.02			0.04	0.01	0.02	08
0.02		0.02			0.04	0.01	0.02	081
								082
								089
0.19		0.19			0.28		0.01	09
0.19		0.19			0.28		0.01	091
								092
								093
0.08		0.08	0.01		0.12	0.04	0.01	10
0.03		0.03	0.01		0.04	0.02	0.01	101
								102
								103
0.05		0.05			0.08	0.02		109
								11
								111
								112
								119
								12
424.83	**−27.96**	**400.63**	**67.48**	**23.28**	**746.50**	**207.38**	**46.77**	**C**
16.26	−1.02	16.43	2.08	0.16	21.77	4.48	1.18	13
−0.02	0.02		0.02	0.07	0.02		0.05	131
4.05	−0.85	4.06	1.02	0.01	5.09	0.95	0.27	132
8.39	0.40	8.46	0.74	0.05	10.88	2.32	0.27	133
								134
0.29	−0.29	0.35			0.38		0.21	135
0.93		0.93	0.03		1.69	0.33	0.14	136
0.78		0.78		0.03	1.19	0.39	0.09	137
1.83	−0.29	1.86	0.27		2.52	0.49	0.15	139

1-A-9 续表13

行 业	代码	管理费用	税金	财务费用	利息收入	利息支出
食品制造业	14	7.84	0.40	0.39	0.17	0.35
焙烤食品制造	141	1.30	0.18	0.09		0.08
糖果、巧克力及蜜饯制造	142	3.44				
方便食品制造	143	0.69	0.16	−0.08	0.16	0.08
乳制品制造	144	0.32	0.03	0.03		0.01
罐头食品制造	145	0.05			0.01	
调味品、发酵制品制造	146	0.13		0.05		0.04
其他食品制造	149	1.90	0.04	0.30		0.13
酒、饮料和精制茶制造业	15	9.29	0.64	0.46	1.03	1.26
酒的制造	151	4.97	0.10	−0.26	0.35	0.12
饮料制造	152	4.03	0.54	0.70	0.68	1.11
精制茶加工	153	0.29		0.02		0.02
烟草制品业	16					
烟叶复烤	161					
卷烟制造	162					
其他烟草制品制造	169					
纺织业	17	6.43	0.52	2.45	0.02	2.02
棉纺织及印染精加工	171	3.85	0.32	1.61	0.02	1.42
毛纺织及染整精加工	172	0.10		0.04		0.03
麻纺织及染整精加工	173					
丝绢纺织及印染精加工	174					
化纤织造及印染精加工	175	0.03		0.11		0.11
针织或钩针编织物及其制品制造	176	0.16		0.08		0.07
家用纺织制成品制造	177	0.11	0.01	0.14		0.07
非家用纺织制成品制造	178	2.18	0.19	0.47		0.33
纺织服装、服饰业	18	4.23	0.40	1.22	0.03	1.17
机织服装制造	181	4.18	0.40	1.21	0.03	1.17
针织或钩针编织服装制造	182	0.04				
服饰制造	183	0.01				
皮革、毛皮、羽毛及其制品和制鞋业	19	1.22	0.18	0.11	0.02	0.18
皮革鞣制加工	191					
皮革制品制造	192	0.05				
毛皮鞣制及制品加工	193					
羽毛(绒)加工及制品制造	194	0.13		0.03		0.03
制鞋业	195	1.04	0.18	0.09	0.02	0.15
木材加工和木、竹、藤、棕、草制品业	20	0.12	0.01			
木材加工	201	0.01				
人造板制造	202	0.11	0.01			
木制品制造	203					
竹、藤、棕、草等制品制造	204					
家具制造业	21	0.44	0.01	0.10		0.10

单位：亿元

营业利润	投资收益（损失以"–"号记）	利润总额	应交所得税	亏损企业亏损额	利税总额	应交增值税	从业人员平均人数（万人）	代码
8.32	−3.23	8.38	1.31	0.06	17.25	7.98	1.61	14
2.28		2.26	0.15	0.01	4.00	1.60	0.51	141
2.36		2.36	0.59		5.95	3.42	0.25	142
0.45	−3.23	0.53	0.06		1.74	1.17	0.32	143
0.31		0.33	0.03	0.01	0.66	0.27	0.10	144
0.40		0.40	0.10		0.97	0.28	0.15	145
0.04		0.04		0.04	0.10	0.05	0.09	146
2.47		2.45	0.38		3.83	1.19	0.19	149
25.70	−12.95	27.53	4.39	0.53	45.31	10.34	2.07	15
4.39	−7.80	5.02	0.33	0.37	13.73	2.08	0.45	151
21.20	−5.16	22.40	4.04	0.17	31.37	8.17	1.57	152
0.10		0.10	0.02		0.20	0.10	0.04	153
								16
								161
								162
								169
10.62	−0.26	10.61	1.37	0.48	17.19	5.27	3.25	17
5.38	−0.26	5.36	0.84	0.46	9.63	3.33	1.78	171
0.10		0.10			0.16	0.06	0.05	172
								173
								174
0.99		0.99	0.01		1.21	0.23	0.06	175
0.16		0.16			0.26	0.08	0.12	176
0.37		0.37	0.03		0.64	0.25	0.10	177
3.63		3.63	0.50	0.02	5.28	1.31	1.14	178
5.31	−0.01	5.40	0.42	0.14	8.26	2.21	2.54	18
5.31	−0.01	5.40	0.41	0.10	8.20	2.16	2.47	181
−0.02		−0.02		0.04	0.01	0.02	0.03	182
0.02		0.02			0.05	0.03	0.04	183
0.91	0.17	0.95	0.09		1.52	0.49	1.68	19
								191
		0.01			0.01		0.02	192
								193
0.15		0.15			0.23	0.08	0.05	194
0.76	0.17	0.80	0.09		1.28	0.41	1.61	195
0.32	0.06	0.32	0.01		0.59	0.11	0.13	20
0.06		0.06			0.09	0.02		201
0.26	0.06	0.26	0.01		0.50	0.10	0.12	202
								203
								204
0.29		0.29	0.02	0.04	0.71	0.25	0.20	21

1-A-9 续表14

行业	代码	管理费用		财务费用		
			税金		利息收入	利息支出
木质家具制造	211	0.24	0.01	0.07		0.07
竹、藤家具制造	212					
金属家具制造	213	0.03		−0.01		
塑料家具制造	214					
其他家具制造	219	0.17		0.04		0.03
造纸和纸制品业	22	2.94	0.17	1.28	0.37	1.52
纸浆制造	221					
造纸	222	1.42	0.14	1.18	0.37	1.47
纸制品制造	223	1.52	0.03	0.10		0.05
印刷和记录媒介复制业	23	2.07	0.20	0.26	0.04	0.28
印刷	231	2.07	0.20	0.26	0.04	0.28
装订及印刷相关服务	232					
记录媒介复制	233					
文教、工美、体育和娱乐用品制造业	24	1.20	0.06	0.43		0.40
文教办公用品制造	241	0.12				
乐器制造	242	0.65	0.05	0.36		0.34
工艺美术品制造	243	0.36	0.01	0.07		0.06
体育用品制造	244	0.02				
玩具制造	245	0.06				
游艺器材及娱乐用品制造	246					
石油加工、炼焦和核燃料加工业	25	0.59	0.16	1.21	0.15	1.21
精炼石油产品制造	251	0.48	0.12	1.13	0.14	1.12
炼焦	252	0.11	0.05	0.08	0.01	0.09
化学原料和化学制品制造业	26	11.10	0.87	3.24	0.11	3.07
基础化学原料制造	261	0.57	0.03	0.24	0.01	0.22
肥料制造	262	0.49	0.01	0.07		0.02
农药制造	263	0.86	0.02	0.24	0.09	0.24
涂料、油墨、颜料及类似产品制造	264	0.52	0.01	0.06	0.01	0.04
合成材料制造	265	0.17		0.02		0.01
专用化学产品制造	266	5.53	0.71	2.43	0.04	2.41
炸药、火工及焰火产品制造	267					
日用化学产品制造	268	2.96	0.08	0.17	−0.06	0.12
医药制造业	27	10.78	0.57	3.63	0.10	3.54
化学药品原料药制造	271	0.29	0.02			
化学药品制剂制造	272	3.51	0.07	1.00	0.04	0.97
中药饮片加工	273	0.03				
中成药生产	274	4.08	0.24	2.30	0.04	2.30
兽用药品制造	275	0.21	0.16	0.03	0.01	0.04
生物药品制造	276	0.22		0.07		0.04
卫生材料及医药用品制造	277	2.43	0.08	0.23		0.19
化学纤维制造业	28	2.80	0.01	0.20		0.34

单位：亿元

营业利润	投资收益（损失以“－”号记）	利润总额	应交所得税	亏损企业亏损额	利税总额	应交增值税	从业人员平均人数（万人）	代码
0.28		0.28	0.02		0.63	0.19	0.16	211
								212
0.01		0.01			0.02		0.02	213
								214
−0.01		−0.01		0.04	0.06	0.06	0.03	219
4.47	0.27	4.84	1.32	1.58	7.38	2.31	0.92	22
								221
1.18	0.13	1.38	0.32	0.85	2.41	0.99	0.41	222
3.29	0.14	3.46	1.00	0.73	4.97	1.33	0.51	223
1.22	−0.38	1.22	0.26	0.16	2.08	0.77	0.20	23
1.22	−0.38	1.22	0.26	0.16	2.08	0.77	0.20	231
								232
								233
0.85		0.93	0.08	0.17	1.91	0.80	0.40	24
0.12		0.12			0.23	0.07	0.02	241
0.42		0.48	0.04	0.09	1.03	0.47	0.25	242
0.41		0.41	0.04		0.72	0.23	0.05	243
					0.02	0.02	0.01	244
−0.10		−0.08		0.08	−0.08		0.07	245
								246
1.32		1.30	0.26	0.26	10.81	2.53	0.18	25
0.34		0.32		0.26	8.38	1.28	0.13	251
0.98		0.98	0.26		2.43	1.25	0.06	252
17.37	0.19	17.62	1.89	4.97	22.86	4.12	1.43	26
0.88	0.08	0.92	0.12	0.04	1.04	0.07	0.12	261
3.87	0.06	3.86	0.14		3.89	0.02	0.19	262
13.67		13.65	0.82		13.65		0.17	263
0.65		0.66	0.14	0.04	1.08	0.37	0.06	264
0.05		0.05	0.02		0.10	0.03	0.03	265
1.58		2.12	0.48	0.73	4.16	1.90	0.50	266
								267
−3.32	0.05	−3.63	0.16	4.16	−1.05	1.73	0.35	268
11.35	0.09	12.68	1.48	0.09	20.97	7.62	2.78	27
0.72		0.72	0.18		1.00	0.23	0.01	271
2.95	0.09	3.12	0.47	0.06	5.15	1.77	0.80	272
0.05		0.05	0.01		0.07	0.02	0.01	273
5.29		6.38	0.55		9.70	3.16	0.84	274
0.22		0.22			0.32	0.10	0.02	275
0.09		0.11	0.01	0.01	0.33	0.20	0.05	276
2.04		2.08	0.24	0.02	4.41	2.13	1.05	277
−0.82		−0.82		1.00	−0.67	0.13	0.10	28

1-A-9 续表15

行 业	代码	管理费用		财务费用		
			税金		利息收入	利息支出
纤维素纤维原料及纤维制造	281	2.73		0.20		0.34
合成纤维制造	282	0.06				
橡胶和塑料制品业	29	2.32	0.13	0.39	0.21	0.55
橡胶制品业	291	0.35	0.01	0.01		0.02
塑料制品业	292	1.97	0.12	0.39	0.21	0.53
非金属矿物制品业	30	12.39	0.99	6.92	0.30	7.33
水泥、石灰和石膏制造	301	10.19	0.71	6.57	0.29	6.89
石膏、水泥制品及类似制品制造	302	0.37	0.02	0.07		0.13
砖瓦、石材等建筑材料制造	303	0.64	0.10	0.20	0.01	0.18
玻璃制造	304	0.35	0.08	0.05		0.04
玻璃制品制造	305	0.09	0.01	−0.02		0.01
玻璃纤维和玻璃纤维增强塑料制品制造	306					
陶瓷制品制造	307	0.16	0.01	−0.01		0.06
耐火材料制品制造	308	0.59	0.05	0.05		0.01
石墨及其他非金属矿物制品制造	309					
黑色金属冶炼和压延加工业	31	9.01	0.50	2.32	0.08	2.11
炼铁	311					
炼钢	312	5.75	0.39	0.81	0.06	0.76
黑色金属铸造	313	0.02	0.01	0.01		
钢压延加工	314	3.10	0.10	1.09	0.01	0.95
铁合金冶炼	315	0.15		0.42	0.02	0.40
有色金属冶炼和压延加工业	32	2.96	0.04	0.17	0.03	0.20
常用有色金属冶炼	321	1.90	0.01	0.10	0.01	0.11
贵金属冶炼	322	0.94	0.01	0.05	0.02	0.07
稀有稀土金属冶炼	323					
有色金属合金制造	324	0.03		0.01		0.01
有色金属铸造	325					
有色金属压延加工	326	0.09	0.02	0.02		0.02
金属制品业	33	8.10	0.17	1.85	0.04	1.75
结构性金属制品制造	331	0.46	0.01	0.13		0.01
金属工具制造	332	0.16	0.01	0.06		0.05
集装箱及金属包装容器制造	333	6.16	0.04	0.65	0.04	0.68
金属丝绳及其制品制造	334	0.23	0.05	0.70		0.72
建筑、安全用金属制品制造	335	0.10		0.02		0.01
金属表面处理及热处理加工	336	0.48	0.02	0.18	0.01	0.19
搪瓷制品制造	337					
金属制日用品制造	338	0.24	0.01	0.03		0.02
其他金属制品制造	339	0.27	0.01	0.07		0.06
通用设备制造业	34	3.78	0.17	1.36	−0.03	1.36
锅炉及原动设备制造	341	1.20	0.04	0.99	0.01	1.01
金属加工机械制造	342	0.86	0.03	0.14	0.01	0.11

单位：亿元

营业利润	投资收益（损失以“-”号记）	利润总额	应交所得税	亏损企业亏损额	利税总额	应交增值税	从业人员平均人数（万人）	代码
-0.82		-0.82		1.00	-0.75	0.06	0.08	281
					0.08	0.07	0.02	282
4.41	0.53	4.47	0.54	0.34	5.92	1.26	0.55	29
0.30		0.30	0.05	0.02	0.52	0.19	0.11	291
4.10	0.53	4.17	0.49	0.32	5.40	1.07	0.44	292
22.93	0.09	25.62	1.60	0.88	40.77	12.18	2.24	30
21.39	0.09	24.01	1.26		37.47	10.98	1.57	301
0.47		0.45	0.09	0.03	0.77	0.27	0.10	302
0.17		0.21	0.06	0.24	0.63	0.31	0.22	303
-0.05		0.40	0.09	0.12	0.45	0.05	0.15	304
0.07		-0.36	0.04	0.48	-0.23	0.11	0.05	305
								306
0.06		0.09	0.01		0.13	0.04	0.03	307
0.82		0.82	0.03		1.54	0.43	0.13	308
								309
4.51	0.52	5.13	0.77	0.34	7.00	1.41	1.03	31
								311
2.90	0.52	3.45	0.61		4.73	1.02	0.70	312
0.06		0.06	0.01		0.12	0.05	0.02	313
1.71		1.78	0.14	0.18	2.11	0.18	0.25	314
-0.16		-0.16		0.16	0.05	0.16	0.07	315
1.57		1.57	0.19		2.45	0.61	0.24	32
0.64		0.64	0.11		1.04	0.34	0.08	321
0.23		0.23	0.06		0.43	0.12	0.05	322
								323
0.06		0.06	0.01		0.19	0.10		324
								325
0.64		0.64			0.79	0.05	0.10	326
7.13	-0.64	7.26	1.70	1.36	10.63	2.96	0.83	33
0.95		0.93	0.02		1.21	0.25	0.13	331
0.06		0.11	0.01		0.16	0.04	0.02	332
6.49	-0.01	6.51	1.36		8.47	1.67	0.31	333
-1.16		-1.16	0.01	1.22	-0.89	0.26	0.08	334
0.20		0.20	0.05		0.34	0.13	0.03	335
0.18	-0.63	0.18	0.11	0.14	0.50	0.30	0.08	336
								337
0.22		0.29	0.10		0.50	0.18	0.11	338
0.19		0.20	0.04		0.34	0.13	0.07	339
15.63	0.05	15.65	0.74	1.93	27.81	6.25	1.06	34
11.33		11.28	0.10	1.63	21.90	4.97	0.48	341
0.46	0.07	0.52	0.05		1.05	0.44	0.18	342

1-A-9 续表16

行业	代码	管理费用		财务费用		
			税金		利息收入	利息支出
物料搬运设备制造	343					
泵、阀门、压缩机及类似机械制造	344	0.16	0.01	0.02		0.01
轴承、齿轮和传动部件制造	345	0.03				
烘炉、风机、衡器、包装等设备制造	346	1.12	0.07	0.20	−0.08	0.19
文化、办公用机械制造	347	0.05		0.03		0.03
通用零部件制造	348	0.26	0.01	0.01		0.01
其他通用设备制造业	349	0.10	0.01	−0.03	0.02	
专用设备制造业	35	5.39	0.10	1.39	0.09	1.38
采矿、冶金、建筑专用设备制造	351	1.36	0.03	0.46	−0.02	0.32
化工、木材、非金属加工专用设备制造	352	2.76	0.02	1.02	0.01	0.99
食品、饮料、烟草及饲料生产专用设备制造	353	0.17	0.01	−0.07	0.08	
印刷、制药、日化及日用品生产专用设备制造	354	0.11		0.02		0.02
纺织、服装和皮革加工专用设备制造	355	0.21	0.01			
电子和电工机械专用设备制造	356					
农、林、牧、渔专用机械制造	357	0.10		−0.04	−0.01	0.03
医疗仪器设备及器械制造	358	0.31	0.01	0.02	0.01	0.03
环保、社会公共服务及其他专用设备制造	359	0.37	0.02	−0.02		−0.02
汽车制造业	36	125.24	5.49	−8.22	1.40	4.85
汽车整车制造	361	85.01	3.42	−10.16	0.89	1.85
改装汽车制造	362	0.55	0.01	0.12	0.03	0.08
低速载货汽车制造	363					
电车制造	364					
汽车车身、挂车制造	365	0.01				
汽车零部件及配件制造	366	39.67	2.06	1.82	0.48	2.93
铁路、船舶、航空航天和其他运输设备制造业	37	0.35	0.01	0.02	0.01	0.03
铁路运输设备制造	371	0.06		−0.01		
城市轨道交通设备制造	372					
船舶及相关装置制造	373	0.29	0.01	0.03	0.01	0.03
航空、航天器及设备制造	374					
摩托车制造	375					
自行车制造	376					
非公路休闲车及零配件制造	377					
潜水救捞及其他未列明运输设备制造	379					
电气机械和器材制造业	38	13.40	0.66	1.33	0.36	2.25
电机制造	381	1.29	0.05	−0.06	0.04	0.02
输配电及控制设备制造	382	3.94	0.20	0.51	0.02	0.83
电线、电缆、光缆及电工器材制造	383	3.86	0.01	0.65	0.10	1.09
电池制造	384	0.90	0.03	0.31		0.25
家用电力器具制造	385	1.79	0.35	−0.15	0.19	
非电力家用器具制造	386	0.27	0.01			
照明器具制造	387	1.14	0.02	0.07	0.01	0.06

单位：亿元

营业利润	投资收益（损失以“－”号记）	利润总额	应交所得税	亏损企业亏损额	利税总额	应交增值税	从业人员平均人数（万人）	代码
								343
0.16		0.16	0.03		0.22	0.06	0.02	344
0.02		0.02			0.03	0.01	0.01	345
2.36	−0.02	2.38	0.37	0.30	2.95	0.42	0.30	346
0.15		0.15	0.02		0.15		0.01	347
0.44		0.44			0.63	0.19	0.05	348
0.71		0.69	0.17		0.88	0.17	0.02	349
2.77	−0.01	2.90	0.59	1.65	4.95	1.72	0.97	35
−0.50		−0.49	0.04	1.60	0.03	0.44	0.12	351
1.87		1.90	0.29	0.03	2.76	0.71	0.65	352
0.45		0.46	0.07		0.59	0.11	0.05	353
0.15		0.16	0.01		0.24	0.08	0.03	354
0.31		0.36	0.03		0.45	0.09	0.05	355
								356
−0.03							0.02	357
0.47	−0.01	0.49	0.13		0.76	0.24	0.03	358
0.04		0.04	0.02	0.02	0.11	0.06	0.04	359
232.06	−10.25	196.60	41.66	4.64	412.53	111.31	13.90	36
172.28	−6.59	136.84	30.88		322.81	84.34	7.54	361
0.24		0.25			0.31	0.04	0.13	362
								363
								364
0.01					0.01	0.01	0.01	365
59.53	−3.66	59.52	10.79	4.64	89.40	26.93	6.21	366
0.62		0.62	0.17		0.85	0.18	0.09	37
0.02		0.02			0.04	0.02	0.01	371
								372
0.60		0.61	0.17		0.81	0.16	0.08	373
								374
								375
								376
								377
								379
16.92	−0.67	18.44	3.20	1.26	28.47	8.44	2.90	38
2.63	0.63	3.31	0.48		4.46	0.55	0.18	381
1.28	−1.19	1.23	0.27	1.12	2.78	1.38	1.13	382
6.22	−0.11	6.38	0.75	0.07	10.47	3.75	0.38	383
1.27		1.34	0.22		1.86	0.42	0.26	384
3.90		4.02	0.88		5.96	1.69	0.66	385
0.73		0.79	0.25		1.15	0.33	0.05	386
0.66		1.15	0.29	0.06	1.52	0.28	0.21	387

1-A-9 续表17

行业	代码	管理费用	税金	财务费用	利息收入	利息支出
其他电气机械及器材制造	389	0.20		−0.01	−0.01	
计算机、通信和其他电子设备制造业	39	9.04	0.14	1.43	0.16	1.30
计算机制造	391	0.70	0.02	0.14		0.01
通信设备制造	392	5.71	0.01	0.93	0.01	0.91
广播电视设备制造	393					
雷达及配套设备制造	394					
视听设备制造	395	0.09		0.10		
电子器件制造	396	0.84	0.05	−0.08	0.14	0.05
电子元件制造	397	0.82	0.03	0.03	0.01	0.01
其他电子设备制造	399	0.88	0.03	0.31	0.01	0.31
仪器仪表制造业	40	0.48	0.01	−0.01		0.01
通用仪器仪表制造	401	0.22	0.01	−0.04		
专用仪器仪表制造	402	0.10				
钟表与计时仪器制造	403	0.02		0.01		
光学仪器及眼镜制造	404	0.15		0.02		
其他仪器仪表制造业	409					
其他制造业	41	0.02		0.01		
日用杂品制造	411					
煤制品制造	412					
其他未列明制造业	419					
废弃资源综合利用业	42	0.05	0.01	0.17	0.01	0.18
金属废料和碎屑加工处理	421	0.04	0.01	0.17	0.01	0.18
非金属废料和碎屑加工处理	422	0.01				
金属制品、机械和设备修理业	43					
金属制品修理	431					
通用设备修理	432					
专用设备修理	433					
铁路、船舶、航空航天等运输设备修理	434					
电气设备修理	435					
仪器仪表修理	436					
其他机械和设备修理业	439					
电力、热力、燃气及水生产和供应业	**D**	**8.91**	**0.13**	**5.81**	**0.32**	**4.74**
电力、热力生产和供应业	44	6.52	0.01	4.75	0.17	3.54
电力生产	441	6.52	0.01	4.75	0.17	3.54
电力供应	442					
热力生产和供应	443					
燃气生产和供应业	45	1.94	0.08	0.96	0.15	1.11
水的生产和供应业	46	0.45	0.04	0.10		0.08
自来水生产和供应	461	0.44	0.04	0.08		0.08
污水处理及其再生利用	462	0.02		0.02		
其他水的处理、利用与分配	469					

单位：亿元

营业利润	投资收益（损失以“-”号记）	利润总额	应交所得税	亏损企业亏损额	利税总额	应交增值税	从业人员平均人数（万人）	代码
0.22		0.22	0.06		0.27	0.04	0.02	389
11.97	-0.45	13.81	1.25	0.80	25.68	11.07	3.88	39
9.14		9.54	0.13		10.91	1.24	0.38	391
1.94		3.00	0.91		12.93	9.42	2.61	392
								393
								394
0.40		0.41			0.52	0.07	0.08	395
0.83		0.88	0.12	0.23	1.07	0.13	0.26	396
0.38		0.39	0.08	0.08	0.67	0.21	0.36	397
-0.72	-0.45	-0.42		0.49	-0.42		0.20	399
1.25		1.28	0.09		1.91	0.58	0.39	40
0.41		0.41	0.06		0.66	0.23	0.05	401
0.14		0.13			0.13		0.01	402
0.64		0.64			0.83	0.18	0.26	403
0.07		0.11	0.03		0.30	0.17	0.08	404
								409
					0.01		0.03	41
0.01		0.01			0.01		0.01	411
								412
								419
-0.43	-0.03	-0.43		0.44	-0.41	0.01	0.01	42
-0.45	-0.03	-0.44		0.44	-0.44			421
0.01		0.01			0.02	0.01	0.01	422
								43
								431
								432
								433
								434
								435
								436
								439
27.76	**-3.70**	**27.89**	**5.30**	**0.32**	**36.81**	**7.24**	**0.83**	**D**
18.71	-3.50	18.82	3.02	0.20	25.92	5.96	0.15	44
18.71	-3.50	18.82	3.02	0.20	25.92	5.96	0.15	441
								442
								443
8.60	-0.41	8.57	2.22	0.12	10.23	1.15	0.50	45
0.44	0.21	0.51	0.06		0.66	0.13	0.17	46
0.39	0.21	0.46	0.06		0.61	0.13	0.17	461
0.05		0.05			0.05			462
								469

1-A-10 规模以下工业

	法人单位数(个)	营业收入
总　　计	**52170**	**2707.87**
采矿业	**2975**	**319.97**
煤炭开采和洗选业	318	23.30
石油和天然气开采业	14	0.31
黑色金属矿采选业	288	174.91
有色金属矿采选业	152	13.55
非金属矿采选业	1955	97.70
开采辅助活动	42	1.76
其他采矿业	206	8.44
制造业	**46633**	**2081.80**
农副食品加工业	3652	169.95
食品制造业	1278	45.46
酒、饮料和精制茶制造业	2145	85.33
烟草制品业	13	5.69
纺织业	1955	112.20
纺织服装、服饰业	3192	141.17
皮革、毛皮、羽毛及其制品和制鞋业	478	20.13
木材加工和木、竹、藤、棕、草制品业	1166	40.61
家具制造业	877	20.31
造纸和纸制品业	755	25.03
印刷和记录媒介复制业	1482	44.96
文教、工美、体育和娱乐用品制造业	753	22.77
石油加工、炼焦和核燃料加工业	86	28.90
化学原料和化学制品制造业	1981	109.22
医药制造业	446	23.48
化学纤维制造业	38	1.43
橡胶和塑料制品业	1741	69.28
非金属矿物制品业	7826	350.60
黑色金属冶炼和压延加工业	457	21.23
有色金属冶炼和压延加工业	378	23.48
金属制品业	3010	106.27
通用设备制造业	3061	146.11
专用设备制造业	2877	105.69
汽车制造业	2864	176.63
铁路、船舶、航空航天和其他运输设备制造业	319	13.86
电气机械和器材制造业	1532	72.54
计算机、通信和其他电子设备制造业	747	40.54
仪器仪表制造业	500	21.41
其他制造业	449	19.21
废弃资源综合利用业	196	6.95
金属制品、机械和设备修理业	379	11.37
电力、燃气及水的生产和供应业	**2562**	**306.10**
电力、热力生产和供应业	1282	250.71
燃气生产和供应业	257	15.92
水的生产和供应业	1023	39.47

企业主要经济指标

单位：亿元

主营业务收入	营业税金及附加	主营业务税金及附加	资产总计	实收资本
2652.34	**95.51**	**89.55**	**5691.06**	**2050.40**
313.13	**20.94**	**20.81**	**1182.61**	**483.45**
22.77	1.86	1.85	56.65	21.39
0.31	0.01	0.01	2.52	1.57
170.81	12.48	12.48	955.43	387.99
13.36	0.45	0.45	25.56	7.57
95.96	5.66	5.60	121.55	53.50
1.74	0.06	0.06	3.44	1.61
8.19	0.42	0.37	17.47	9.82
2044.83	**64.54**	**63.17**	**3720.17**	**1330.57**
165.45	4.43	4.37	171.90	75.57
44.62	1.50	1.49	56.40	27.11
84.12	3.31	3.27	87.97	36.21
5.34	0.11	0.11	6.82	2.21
111.10	3.60	3.56	131.07	49.08
139.89	3.82	3.78	113.36	49.67
19.78	0.66	0.64	49.17	21.96
39.33	1.50	1.46	44.37	20.30
19.84	0.78	0.76	29.55	14.76
24.43	0.81	0.78	39.81	20.38
44.30	1.51	1.48	56.34	24.11
22.56	0.81	0.80	31.37	14.71
28.83	0.09	0.09	27.51	17.47
105.70	3.05	2.87	186.88	81.58
23.10	0.88	0.86	74.90	35.53
1.41	0.03	0.03	1.26	0.75
68.35	2.30	2.21	99.79	36.39
344.89	12.49	12.19	435.00	194.23
21.05	0.65	0.64	122.75	34.16
23.30	0.59	0.58	31.16	14.41
104.93	3.54	3.48	173.65	72.45
143.93	4.25	4.13	798.48	79.83
104.03	3.38	3.31	218.71	95.57
171.58	4.15	4.09	347.67	137.97
13.58	0.49	0.48	25.79	13.05
70.79	2.67	2.58	164.42	76.06
40.31	1.21	1.18	92.87	43.31
21.19	0.83	0.82	37.88	15.94
19.08	0.47	0.47	36.23	14.11
6.78	0.30	0.29	8.16	4.50
11.22	0.36	0.36	18.93	7.20
294.38	**10.03**	**5.56**	**788.27**	**236.38**
241.06	8.76	4.34	649.61	175.08
15.27	0.25	0.23	32.73	12.53
38.05	1.03	0.98	105.92	48.77

B. 地区部分

1-B-1 规模以上工业企业

地区	企业单位数（个）	工业销售产值（当年价格）	出口交货值	资产总计	流动资产合计	应收账款	存货	产成品	固定资产合计
全省	**14650**	**38107.78**	**1544.19**	**30633.98**	**13838.57**	**3091.73**	**3632.39**	**1375.49**	**12044.51**
武汉市	2353	11095.02	656.23	10925.87	5395.75	1371.21	1615.59	505.93	3687.44
黄石市	688	2052.87	83.20	1753.10	870.06	125.19	204.66	61.44	663.90
十堰市	856	1676.88	30.12	2573.63	1203.49	236.82	153.23	83.16	449.79
宜昌市	1387	4420.79	146.28	4836.04	1466.81	270.46	341.93	152.69	2612.35
襄阳市	1714	4397.18	84.48	2467.39	1279.36	345.16	374.24	142.01	895.18
鄂州市	484	1203.33	9.24	519.55	189.52	42.11	58.76	26.23	277.13
荆门市	971	2539.73	45.28	1030.29	422.74	71.26	158.27	65.84	475.45
孝感市	1150	2113.34	45.55	1176.78	531.65	126.42	145.14	52.46	587.01
荆州市	1001	1825.12	74.91	1154.09	574.87	148.69	178.84	83.24	465.75
黄冈市	1248	1450.60	31.14	881.71	411.34	101.90	134.56	66.89	359.65
咸宁市	829	1474.13	31.24	769.38	335.16	67.10	70.17	35.79	368.89
随州市	631	1039.60	83.59	458.24	224.50	57.28	59.83	29.53	178.26
恩施州	428	318.45	6.32	419.07	108.94	22.31	24.59	13.45	266.41
仙桃市	364	948.45	111.49	379.03	175.40	46.73	47.06	23.27	178.03
潜江市	252	921.17	56.75	777.03	404.39	33.35	34.42	19.96	343.79
天门市	281	623.28	48.34	473.50	229.58	24.62	30.29	13.01	221.04
神农架	13	7.83	0.02	39.29	14.99	1.11	0.82	0.58	14.46

1-B-1 续表

地区	个人资本	港澳台资本	外商资本	主营业务收入	主营业务成本	主营业务税金及附加	销售费用	管理费用	税金
全省	**1385.08**	**163.32**	**406.82**	**38183.39**	**32183.61**	**775.09**	**1169.77**	**1625.62**	**90.11**
武汉市	171.54	61.51	187.66	11123.30	9228.91	468.28	374.02	489.18	18.99
黄石市	39.22	3.92	68.07	2503.73	2273.94	14.54	53.21	69.32	4.09
十堰市	68.05	0.94	14.91	1612.07	1370.85	13.30	63.57	112.50	4.79
宜昌市	251.20	16.85	23.59	4428.57	3563.90	39.94	165.83	176.68	11.23
襄阳市	126.06	4.00	21.93	4220.08	3644.34	45.81	91.04	212.44	7.12
鄂州市	24.42	0.09	0.00	1179.83	1064.00	7.31	22.96	55.04	1.24
荆门市	97.12	3.28	5.91	2545.50	2176.21	64.02	63.18	79.04	5.68
孝感市	170.85	7.66	13.72	2116.74	1773.84	27.94	66.01	80.35	3.00
荆州市	136.52	0.75	31.54	1772.44	1525.62	11.01	57.41	71.39	15.47
黄冈市	84.06	14.40	11.56	1389.25	1202.96	10.17	33.22	59.90	2.54
咸宁市	56.34	31.98	2.37	1420.88	1176.46	22.44	39.24	37.10	1.90
随州市	71.43	1.72	1.22	1046.18	863.34	6.79	33.43	34.58	1.63
恩施州	31.73	0.16	0.66	315.79	241.07	6.54	12.14	14.49	2.15
仙桃市	14.72	15.05	20.72	953.52	754.86	5.23	57.88	57.87	6.96
潜江市	11.23	0.51	2.20	921.35	814.15	27.36	10.97	40.23	1.51
天门市	28.43	0.50	0.77	626.31	503.25	3.90	25.51	35.00	1.72
神农架	2.17			7.84	5.92	0.51	0.13	0.54	0.10

主要经济指标(分地区)

单位：亿元

固定资产原价	累计折旧	负债合计	流动负债合计	应付账款	所有者权益合计	实收资本	国家资本	集体资本	法人资本
22158.39	**10836.13**	**17570.58**	**13340.58**	**3338.22**	**12904.96**	**5668.78**	**1572.25**	**102.60**	**1871.43**
6097.81	2556.83	7024.06	5672.24	1676.16	3887.77	1565.59	587.13	23.72	479.56
866.15	265.96	1126.02	867.19	183.55	623.79	251.45	67.95	8.04	63.40
647.76	265.88	1173.46	965.10	302.03	1392.92	423.00	273.61	8.21	55.83
3562.31	1021.89	2915.01	1951.49	259.88	1907.78	727.85	198.18	15.64	161.61
1146.71	346.21	1319.01	1016.85	279.24	1096.79	410.60	84.09	8.02	160.12
398.07	133.10	313.29	248.65	59.98	205.10	161.03	64.48	0.62	70.94
1393.48	954.87	515.68	402.57	67.97	508.29	243.57	56.56	2.83	77.83
2938.41	2383.98	604.00	321.93	77.07	570.24	375.95	28.93	2.55	110.87
2367.18	1936.04	600.58	462.20	119.38	548.45	269.84	14.94	12.85	72.00
436.92	110.40	461.11	313.96	70.12	404.54	217.03	5.75	8.90	92.34
451.78	122.96	348.79	249.20	61.15	406.97	158.73	3.26	3.14	61.51
209.72	45.19	213.95	176.07	42.35	236.02	120.26	1.52	1.42	42.95
336.73	91.21	247.84	139.16	19.05	169.56	110.65	41.89	2.46	33.56
352.30	187.94	164.95	136.53	41.75	210.62	96.31	2.09	0.68	43.19
512.70	205.73	284.76	235.98	46.95	486.48	445.64	140.24	3.16	288.30
421.35	202.18	226.12	158.20	30.35	242.28	86.66	1.09	0.36	55.52
19.02	5.75	31.94	23.27	1.25	7.35	4.61	0.54		1.89

单位：亿元

财务费用	利息收入	利息支出	营业利润	投资收益(损失以"-"号记)	利润总额	应交所得税	亏损企业亏损额	利税总额	应交增值税	从业人员平均人数(万人)
476.04	**40.93**	**457.65**	**2466.15**	**60.44**	**2475.07**	**288.59**	**136.46**	**4451.87**	**1181.37**	**346.29**
104.42	11.19	127.83	489.65	-34.47	480.54	89.57	58.49	1307.62	345.92	85.00
26.41	7.04	27.73	86.82	-22.60	89.77	15.42	8.15	154.15	49.74	19.49
9.02	9.83	15.97	186.40	94.99	192.47	7.34	5.05	259.85	53.55	20.58
110.18	5.38	107.20	447.65	10.19	448.24	56.07	15.49	692.29	203.50	36.10
41.82	3.25	34.43	343.18	2.58	351.67	36.40	4.89	522.70	122.60	35.80
9.31	0.56	9.84	41.85	0.55	42.44	5.73	1.18	81.35	31.45	8.02
25.33	0.34	22.05	132.62	1.44	131.56	7.89	7.91	249.43	52.99	16.21
35.61	0.47	18.77	118.43	4.33	121.83	7.68	6.92	198.90	48.77	24.14
19.99	0.62	14.06	118.25	5.43	118.38	11.44	3.08	179.49	50.05	17.91
16.56	0.61	14.13	106.61	0.62	98.55	7.46	1.33	152.56	43.29	18.49
14.28	0.84	11.14	133.75	0.47	135.60	20.76	1.08	206.14	46.86	13.98
16.41	0.19	12.01	107.13	0.51	110.23	5.45	2.14	151.54	34.43	10.25
9.16	0.20	9.27	33.22	0.14	32.78	2.90	1.09	57.68	18.29	4.74
10.78	0.10	10.27	69.39	0.30	69.60	8.55	2.93	113.95	39.12	12.93
10.24	0.24	7.68	10.16	-4.08	10.49	2.27	15.71	53.74	15.77	11.58
15.63	0.01	14.80	41.17	0.04	41.06	3.47	0.06	69.16	24.10	10.93
0.90	0.07	0.47	-0.15	-0.01	-0.13	0.19	0.96	1.33	0.95	0.14

1-B-2 规模以上国有控股

地区	企业单位数（个）	工业销售产值（当年价格）	出口交货值	资产总计	流动资产合计	应收账款	存货	产成品	固定资产合计
全省	**724**	**11094.35**	**434.03**	**14835.46**	**5677.06**	**1062.13**	**1667.61**	**489.28**	**6438.75**
武汉市	251	6531.86	303.49	7277.97	3222.89	654.20	1175.27	327.18	2793.93
黄石市	37	494.75	30.77	567.93	305.81	21.62	85.64	15.25	181.98
十堰市	48	768.19	9.96	1886.49	810.38	102.46	58.55	34.62	226.96
宜昌市	76	1176.30	45.18	2759.47	460.47	75.21	106.50	39.15	1949.28
襄阳市	88	797.71	14.25	880.09	440.39	125.11	114.46	37.69	357.17
鄂州市	13	257.13	0.27	283.85	64.08	5.88	23.57	6.12	190.71
荆门市	26	454.56	4.82	203.24	68.46	12.57	32.12	9.96	118.68
孝感市	57	147.37	3.28	190.30	87.18	19.60	26.23	4.73	103.29
荆州市	15	147.50	20.58	142.03	68.91	14.73	21.78	6.99	60.28
黄冈市	36	47.36	0.17	75.57	26.33	5.06	4.86	1.55	38.48
咸宁市	14	26.29	0.46	31.98	15.58	2.07	4.21	1.36	13.76
随州市	10	27.31	0.11	43.54	24.03	5.11	5.96	2.32	14.57
恩施州	28	26.22		194.00	19.39	1.42	1.31	0.80	161.06
仙桃市	2	17.99		9.51	4.50	0.40	0.05	0.02	5.01
潜江市	19	169.77	0.67	276.77	56.01	16.57	6.81	1.42	215.48
天门市									
神农架	4	4.03		12.72	2.66	0.11	0.29	0.10	8.12

1-B-2 续表

地区	个人资本	港澳台资本	外商资本	主营业务收入	主营业务成本	主营业务税金及附加	销售费用	管理费用	税金
全省	**101.99**	**2.67**	**92.60**	**11834.52**	**9808.50**	**540.39**	**310.48**	**559.10**	**22.67**
武汉市	5.87	2.18	61.34	6745.44	5525.00	440.96	191.78	302.85	11.44
黄石市	0.79	0.17	9.78	1035.94	992.60	1.97	6.40	12.71	0.99
十堰市	29.18		13.80	731.88	635.74	6.64	37.99	74.22	2.77
宜昌市	47.68	0.05	1.45	1245.84	943.53	7.24	26.65	47.55	2.99
襄阳市	4.50	0.25	3.37	737.08	588.89	16.69	22.70	49.77	1.83
鄂州市	0.00			251.32	226.02	0.91	2.96	7.36	0.39
荆门市	1.3			467.65	397.69	45.02	6.67	12.27	0.49
孝感市	1.40	0.02	0.12	149.27	122.98	1.33	3.92	7.45	0.19
荆州市	8.22		2.75	136.85	113.25	0.83	4.08	5.76	0.19
黄冈市	0.86			46.62	36.47	0.49	1.71	2.49	0.08
咸宁市	0.01			24.00	17.71	0.24	0.83	2.32	0.10
随州市	1.50	0.01		27.73	26.30	0.18	1.12	2.17	0.08
恩施州	0.34			26.84	17.08	0.38	0.50	1.46	0.15
仙桃市	0.00			17.71	12.05	0.11	1.55	1.62	0.11
潜江市	0.25			186.39	149.04	17.25	1.60	28.95	0.84
天门市									
神农架				3.96	4.14	0.15	0.01	0.16	0.02

工业企业主要经济指标

单位：亿元

固定资产原价	累计折旧	负债合计	流动负债合计	应付账款	所有者权益合计	实收资本	国家资本	集体资本	法人资本
10023.07	**3831.54**	**8998.11**	**6783.97**	**1662.58**	**5808.13**	**2180.25**	**1514.77**	**15.04**	**405.59**
4808.49	2096.09	4756.10	3837.88	1085.60	2520.12	897.01	570.96	1.41	208.40
233.81	80.26	418.47	311.73	45.89	149.45	90.22	63.44	0.04	16.00
356.26	160.00	730.09	589.23	175.87	1154.40	318.71	266.18	2.24	7.32
2606.12	661.48	1628.72	960.91	100.22	1130.75	289.17	193.34	7.79	38.86
502.78	177.25	490.66	359.96	122.24	364.97	122.94	77.17	0.91	36.58
284.72	100.18	199.24	167.81	34.92	84.61	86.82	64.38		21.96
195.51	87.45	136.06	115.99	18.20	67.18	68.10	55.47	0.70	10.54
206.35	112.26	137.97	84.73	18.03	52.25	51.05	27.49	0.03	21.90
153.87	95.85	89.23	61.48	15.93	52.80	26.44	11.02	0.10	4.35
54.45	17.42	48.56	28.23	4.26	26.14	17.50	1.69	0.48	14.48
18.64	5.93	18.57	14.77	2.94	13.36	6.76	2.58	0.53	3.63
17.31	3.31	35.74	33.60	6.39	7.79	7.94	0.81	0.32	5.31
207.01	54.31	135.68	60.35	3.36	58.32	53.47	39.48	0.50	13.15
6.05	1.14	4.27	4.27	1.96	5.24	1.92	0.00		1.92
361.02	174.98	156.24	140.86	26.37	120.53	141.55	140.21		1.08
10.67	3.62	12.52	12.17	0.41	0.20	0.64	0.54		0.10

单位：亿元

财务费用	利息收入	利息支出	营业利润	投资收益（损失以"–"号记）	利润总额	应交所得税	亏损企业亏损额	利税总额	应交增值税	从业人员平均人数（万人）
174.50	**23.97**	**210.12**	**680.97**	**110.04**	**706.10**	**106.54**	**68.21**	**1677.20**	**417.43**	**83.59**
63.82	7.01	90.71	261.67	7.73	241.62	55.43	31.78	927.33	232.55	42.05
9.07	3.75	9.35	15.57	−11.95	16.53	4.61	2.55	27.62	9.11	3.86
−0.80	8.79	7.22	122.87	97.79	131.00	1.48	3.41	166.04	28.10	9.13
67.54	2.31	67.61	186.08	13.83	208.42	29.70	4.42	288.20	72.52	6.43
10.46	1.26	8.16	65.75	1.36	72.01	6.88	1.37	117.70	28.78	8.62
3.27	0.28	6.03	10.39	0.19	12.22	0.99	0.32	20.16	6.90	1.63
3.91	0.15	3.81	3.34	0.07	3.30	2.03	5.39	61.82	13.42	2.37
4.31	0.18	4.29	9.10	0.69	10.08	1.25	2.57	17.49	5.86	2.29
2.68	0.07	2.47	10.01	0.06	11.71	2.33		16.42	3.88	1.04
1.37	0.02	1.46	4.52	0.01	4.56	0.61	0.06	7.18	2.12	0.61
0.58	0.00	0.57	2.33	0.00	2.57	0.31	0.16	3.92	1.11	0.43
0.56	0.02	0.54	−1.32	0.30	1.33	0.05	0.82	2.73	1.23	0.35
4.24	0.01	4.63	3.03	0.01	3.08	0.40	0.58	6.33	2.87	0.35
0.53	0.00	0.53	1.84	0.00	1.84		0.09	2.83	0.88	0.18
2.76	0.05	2.65	−13.56	−0.08	−13.51	0.42	13.84	11.48	7.64	4.15
0.20	0.04	0.07	−0.67	0.02	−0.66	0.04	0.86	−0.05	0.46	0.09

1-B-3 规模以上私营工业

地区	企业单位数（个）	工业销售产值（当年价格）	出口交货值	资产总计	流动资产合计	应收账款	存货	产成品	固定资产合计
全省	**7686**	**12064.72**	**306.69**	**5305.56**	**2640.30**	**610.37**	**725.92**	**360.96**	**2113.83**
武汉市	773	1096.16	12.03	652.22	383.75	132.41	89.49	46.90	207.51
黄石市	291	428.14	2.29	206.18	111.95	26.37	26.92	10.73	75.53
十堰市	553	434.39	3.95	334.53	176.02	64.19	48.32	25.77	121.87
宜昌市	591	1096.95	23.96	473.92	217.44	47.06	67.32	31.26	184.40
襄阳市	879	1750.61	14.78	627.50	291.74	65.46	111.36	49.07	259.52
鄂州市	307	515.29	5.70	130.56	66.45	19.17	18.96	9.26	50.38
荆门市	708	1315.16	25.27	426.50	169.99	28.26	60.29	28.36	200.89
孝感市	721	1305.25	25.35	481.40	227.15	54.05	67.97	32.58	227.54
荆州市	515	737.76	5.98	304.29	150.44	37.85	63.10	31.34	124.48
黄冈市	715	752.12	19.06	414.76	216.38	51.41	76.27	40.86	143.98
咸宁市	483	822.48	4.91	298.52	113.26	26.33	26.60	15.20	161.03
随州市	389	587.64	49.94	187.23	73.82	19.70	22.75	14.23	88.76
恩施州	281	197.39	2.46	121.48	46.87	9.79	13.25	7.44	57.05
仙桃市	224	482.05	73.65	156.17	67.94	14.35	15.89	9.06	71.09
潜江市	119	319.35	33.99	342.14	259.67	6.98	8.85	3.88	70.62
天门市	133	223.28	3.35	145.04	67.09	6.88	8.53	5.00	66.45
神农架	4	0.72		3.13	0.34	0.13	0.06	0.04	2.73

1-B-3 续表

地区	个人资本	港澳台资本	外商资本	主营业务收入	主营业务成本	主营业务税金及附加	销售费用	管理费用	税金
全省	**619.69**	**0.71**	**4.21**	**11892.61**	**10154.66**	**115.69**	**326.29**	**441.89**	**28.80**
武汉市	64.90	0.42	3.05	1067.79	922.08	6.13	36.40	38.08	1.61
黄石市	18.48			418.14	377.97	2.22	8.39	11.66	0.26
十堰市	27.76		0.26	427.81	353.96	3.55	11.60	17.54	1.03
宜昌市	48.34			1067.91	885.50	13.04	37.51	37.36	2.47
襄阳市	60.02	0.02	0.12	1712.60	1530.40	15.05	28.09	77.42	2.69
鄂州市	14.77			512.25	460.90	4.19	11.95	24.77	0.31
荆门市	53.03	0.11		1318.97	1123.52	12.15	37.45	44.82	2.81
孝感市	123.44	0.02		1294.18	1073.20	20.88	42.18	48.30	1.74
荆州市	49.35			729.52	645.90	4.39	16.83	23.01	5.90
黄冈市	45.91	0.15	0.71	717.15	627.80	5.51	13.73	26.89	1.50
咸宁市	28.64		0.08	812.15	683.68	12.41	17.56	18.56	0.93
随州市	41.56			594.44	474.02	4.81	21.11	19.72	0.85
恩施州	22.60			194.41	148.79	5.05	8.00	8.33	1.43
仙桃市	6.34			488.51	385.42	2.91	22.89	27.37	4.33
潜江市	5.86			314.40	281.35	2.03	3.59	5.62	0.26
天门市	8.19			221.70	179.71	1.34	9.01	12.38	0.67
神农架	0.50			0.71	0.44	0.02	0.03	0.06	

企业主要经济指标

单位：亿元

固定资产原　价	累计折旧	负债合计	流动负债合　计	应付账款	所有者权益合计	实收资本	国家资本	集体资本	法人资本
5841.67	**3930.56**	**2504.80**	**1906.80**	**502.26**	**2737.83**	**1462.31**	**7.19**	**16.36**	**708.89**
279.43	87.08	407.66	354.08	138.04	237.71	132.11	0.65	0.72	61.42
94.47	25.08	133.23	118.97	31.21	72.30	29.51	0.01	0.72	10.05
139.81	43.98	206.26	167.29	50.25	124.00	55.86	0.66	1.85	23.88
252.93	88.21	257.17	204.67	35.29	215.36	137.36	0.17	0.84	27.41
289.56	62.35	303.75	242.34	46.86	308.09	131.17	2.17	1.03	67.09
68.31	20.75	65.95	51.19	16.44	63.81	44.28	0.02		29.50
896.09	714.12	175.11	127.75	23.05	247.11	92.50		0.15	39.22
1770.14	1555.22	203.27	96.89	28.76	279.93	197.30	0.17	0.37	33.33
1094.95	980.58	140.22	112.05	24.04	161.42	78.17	0.61	3.85	23.13
167.32	39.88	195.93	132.81	30.34	210.43	94.65	0.32	5.51	42.05
192.00	48.07	101.28	69.43	22.41	194.40	55.39	0.10	0.51	26.06
99.42	17.24	58.16	40.49	12.91	123.49	60.82	0.20	0.41	18.65
70.96	20.36	53.98	40.63	8.28	66.61	33.37		0.10	10.47
182.18	119.20	75.00	61.08	15.16	78.45	26.23	1.09	0.03	18.90
84.34	16.89	57.66	45.14	11.02	279.77	254.07	0.03	0.27	247.91
156.81	91.28	67.69	41.57	7.99	74.32	38.98	0.99		29.81
2.97	0.28	2.50	0.42	0.20	0.62	0.53			0.03

单位：亿元

财务费用	利息收入	利息支出	营业利润	投资收益（损失以“–”号记）	利润总额	应　交所得税	亏损企业亏 损 额	利税总额	应　交增值税	从业人员平均人数（万人）
141.12	**3.66**	**98.89**	**844.78**	**–9.80**	**820.05**	**66.61**	**12.92**	**1281.28**	**341.47**	**112.60**
11.25	0.69	8.00	49.95	–5.85	52.49	4.46	4.41	82.53	23.80	9.95
4.28	0.11	3.54	11.04	–2.44	11.28	1.67	1.09	22.39	8.86	4.70
6.01	0.13	4.79	38.93	–2.43	36.07	2.66	0.86	52.16	12.46	5.29
12.59	0.43	10.84	96.79	0.30	86.17	8.16	1.64	149.89	50.37	9.40
15.96	1.20	12.26	141.49	0.11	142.78	14.97	0.33	207.45	48.13	12.64
4.76	0.12	2.73	14.94		13.69	1.65	0.51	32.40	14.49	3.78
12.99	0.08	10.56	83.00	0.22	81.06	2.14	0.78	120.76	26.86	7.68
21.63	0.06	6.50	76.69	0.78	77.36	3.50	0.55	127.40	29.09	13.47
8.04	0.08	5.29	43.73	2.15	41.80	2.10	0.25	66.96	20.73	6.84
7.00	0.45	5.75	52.82	0.22	42.96	3.19	0.43	66.38	17.67	9.40
7.55	0.05	5.86	72.21	0.11	72.86	9.62	0.41	112.81	26.69	7.48
9.77	0.08	6.31	72.43	0.01	71.17	3.43	0.04	96.66	20.60	5.34
2.40	0.06	2.19	22.32	0.03	21.88	1.77	0.03	38.43	11.42	2.93
6.56	0.11	6.25	44.29		44.34	4.93	0.12	65.84	18.59	6.32
4.46	0.01	2.42	11.07	–2.97	11.08	1.72	1.44	17.02	3.90	3.72
5.75		5.47	13.06		13.00	0.62		22.08	7.73	3.65
0.11		0.11	0.03	–0.03	0.03	0.01	0.02	0.12	0.06	0.01

1-B-4 规模以上外商投资和港澳台商

地区	企业单位数（个）	工业销售产值（当年价格）	出口交货值	资产总计	流动资产合计	应收账款	存货	产成品	固定资产合计
全省	**852**	**6210.75**	**540.04**	**4769.51**	**2480.50**	**588.07**	**462.00**	**197.22**	**1598.24**
武汉市	320	3102.81	306.37	2237.29	1229.89	285.68	225.10	93.14	598.27
黄石市	35	459.21	35.83	528.14	146.03	23.31	38.26	9.88	320.86
十堰市	26	586.10	6.06	554.14	401.36	83.74	41.03	26.87	79.01
宜昌市	68	320.27	46.46	269.10	113.70	28.54	25.04	10.21	82.49
襄阳市	62	470.28	31.75	300.88	154.42	57.51	38.35	8.59	131.11
鄂州市	22	96.29		35.07	19.30	4.73	2.90	1.78	10.74
荆门市	33	157.41	6.49	68.07	36.43	8.41	14.40	7.12	23.85
孝感市	64	193.74	7.00	127.13	59.55	23.95	12.02	3.30	61.12
荆州市	42	136.90	22.71	108.55	67.30	21.33	14.01	7.96	30.47
黄冈市	48	107.65	4.73	106.38	33.60	9.16	8.44	3.29	63.13
咸宁市	33	149.50	6.85	196.76	105.97	15.55	11.02	6.50	84.69
随州市	23	65.77	15.03	27.65	14.06	4.09	3.81	1.47	11.64
恩施州	7	5.32	0.42	2.16	1.02	0.52	0.23	0.11	0.97
仙桃市	48	198.99	25.35	103.85	46.87	17.58	15.25	7.37	54.02
潜江市	11	102.80	6.10	46.06	20.31	0.68	8.08	7.92	19.56
天门市	9	57.51	18.86	58.21	30.64	3.27	4.04	1.70	26.30
神农架	1	0.21	0.02	0.07	0.06	0.03	0.02	0.01	0.01

1-B-4 续表

地区	个人资本	港澳台资本	外商资本	主营业务收入	主营业务成本	主营业务税金及附加	销售费用	管理费用	税金
全省	**26.51**	**160.51**	**384.44**	**5876.12**	**4749.17**	**139.40**	**278.55**	**266.71**	**12.98**
武汉市	5.67	61.01	177.07	2872.24	2267.15	110.40	159.07	117.86	5.65
黄石市	1.11	3.91	66.38	425.53	357.07	3.12	14.39	19.62	1.27
十堰市	0.29	0.94	14.65	543.87	467.13	2.42	27.41	39.54	1.21
宜昌市	1.74	16.55	21.89	325.45	272.12	2.03	13.45	18.66	1.47
襄阳市	1.58	3.18	19.96	442.32	340.28	7.73	6.47	16.53	0.52
鄂州市	3.33	0.09		93.40	85.11	0.27	1.84	4.47	0.09
荆门市	2.31	3.12	5.91	152.68	128.73	0.76	3.08	3.87	0.26
孝感市	3.43	7.61	13.68	211.90	179.53	1.19	6.50	7.08	0.34
荆州市	3.62	0.75	26.20	132.81	108.99	0.42	7.96	7.44	0.18
黄冈市	0.91	14.26	10.85	111.67	93.14	0.52	4.01	8.28	0.14
咸宁市	0.37	31.92	2.30	139.36	97.57	1.86	9.35	3.30	0.17
随州市	0.59	1.15	1.22	66.36	56.48	0.26	2.22	2.43	0.09
恩施州	0.31	0.16	0.66	5.30	4.58	0.03	0.12	0.33	0.04
仙桃市	0.91	14.85	20.71	197.23	157.34	0.80	20.26	12.82	1.21
潜江市	0.12	0.51	2.20	98.03	87.11	6.97	0.64	1.34	0.19
天门市	0.20	0.50	0.77	57.74	46.68	0.62	1.75	3.12	0.15
神农架	0.01			0.21	0.18		0.02	0.01	

投资工业企业主要经济指标

单位：亿元

固定资产原价	累计折旧	负债合计	流动负债合计	应付账款	所有者权益合计	实收资本	国家资本	集体资本	法人资本
2944.64	**1310.71**	**2893.29**	**2370.40**	**803.09**	**1857.21**	**1041.84**	**172.83**	**10.75**	**232.31**
1149.21	456.71	1432.19	1248.66	466.94	801.05	455.30	36.04	2.62	122.37
417.76	124.59	298.98	183.58	68.72	229.13	91.87	8.65	0.04	11.78
152.06	83.19	386.20	347.16	114.08	165.93	132.78	111.23	1.27	4.41
142.54	65.12	167.74	134.19	20.99	100.84	65.44	0.20	2.26	22.80
181.88	55.86	134.06	111.05	36.45	165.70	51.43	10.96	0.21	12.03
12.54	2.78	13.93	5.05	1.08	21.13	11.52			7.62
53.49	30.51	33.39	26.46	7.80	34.25	17.08	0.20	0.04	5.50
260.08	199.60	65.15	52.21	14.50	61.69	36.25	0.01	0.63	10.89
210.46	180.71	56.75	53.25	24.29	51.67	39.42	2.22	2.62	4.02
77.36	16.44	69.90	32.49	8.23	36.20	34.30	3.32	1.07	3.89
113.44	31.71	123.95	87.97	17.15	62.84	42.90			8.31
15.76	4.39	13.70	12.84	4.25	13.89	7.16			4.20
1.81	0.91	0.50	0.46	0.17	1.66	1.13			
93.94	41.77	32.44	29.68	12.35	71.41	46.44			9.97
24.43	4.87	32.94	21.35	2.33	13.03	5.95			3.12
37.85	11.56	31.45	23.96	3.72	26.77	2.86			1.39
0.02	0.01	0.06	0.03	0.01	0.01	0.01			

单位：亿元

财务费用	利息收入	利息支出	营业利润	投资收益（损失以“-”号记）	利润总额	应交所得税	亏损企业亏损额	利税总额	应交增值税	从业人员平均人数（万人）
31.10	**5.27**	**44.90**	**452.90**	**-31.66**	**428.83**	**72.79**	**23.60**	**783.80**	**214.70**	**47.69**
2.40	-0.31	14.89	242.84	-30.95	208.83	48.02	11.93	430.89	111.22	17.29
9.85	0.42	9.79	28.21	-3.51	31.03	2.57	0.60	48.10	13.92	4.05
-1.48	3.12	1.05	22.71	0.87	23.08	0.79	0.04	48.54	23.01	5.89
5.10	0.47	5.14	23.62	0.01	25.81	2.80	1.76	39.58	11.74	2.89
2.53	0.35	3.03	42.63	0.05	43.98	4.44	1.73	66.57	14.84	3.55
0.13	0.11	0.23	4.72	0.40	4.68	0.74		6.51	1.57	0.32
1.38	0.02	1.14	11.03		11.04	0.40	0.47	13.57	1.78	1.58
2.38	0.05	2.03	14.15	0.28	14.89	1.97	1.85	20.86	4.75	2.34
0.60	0.14	0.36	7.89	0.95	9.04	1.39	1.70	13.23	3.78	1.18
2.54	0.04	2.49	11.06	0.09	11.67	0.79	0.31	17.73	5.52	1.67
2.07	0.70	1.35	26.89	0.15	27.63	5.91	0.30	37.07	7.28	1.31
0.54	0.03	0.40	4.55		4.61	0.26	0.04	6.73	1.86	0.74
0.02		0.02	0.23		0.21	0.03		0.40	0.16	0.13
0.62	-0.02	0.66	7.14		7.20	1.84	2.57	17.69	9.69	2.84
1.32	0.14	1.32	0.93		0.91	0.06	0.29	8.89	1.01	0.81
1.10		1.02	4.32		4.23	0.78	0.01	7.42	2.57	1.11
			0.01		0.01			0.01	0.01	0.01

1-B-5 规模以上采矿业工业

地区	企业单位数（个）	工业销售产值（当年价格）	出口交货值	资产总计	流动资产合计	应收账款	存货	产成品	固定资产合计
全省	**774**	**1283.82**	**1.28**	**804.74**	**291.85**	**70.66**	**49.33**	**27.80**	**409.22**
武汉市	7	12.96		15.03	2.71	0.88	0.15	0.05	2.80
黄石市	135	293.95		106.21	56.69	13.05	8.94	4.94	41.22
十堰市	55	31.05		27.09	13.00	3.75	3.88	1.10	10.13
宜昌市	140	189.93		129.22	60.97	15.59	4.86	3.38	34.52
襄阳市	76	60.15		46.78	20.49	4.77	3.81	3.13	11.35
鄂州市	26	140.88		38.18	13.07	2.11	8.27	4.39	19.29
荆门市	72	123.53		33.93	14.07	1.53	3.02	1.54	17.45
孝感市	27	27.69		15.96	8.03	1.10	0.72	0.38	5.66
荆州市	9	5.53		1.34	0.57	0.08	0.17	0.15	0.55
黄冈市	67	78.12	0.65	33.18	19.16	6.26	4.10	3.45	11.71
咸宁市	34	49.68		16.43	4.25	1.88	0.71	0.40	11.72
随州市	55	81.68		21.98	5.33	0.99	2.36	2.06	14.28
恩施州	64	44.40		27.62	8.78	2.05	1.81	1.19	14.94
仙桃市									
潜江市	3	141.06	0.63	267.63	51.12	15.76	6.03	1.12	211.95
天门市									
神农架	4	3.21		24.16	13.63	0.87	0.51	0.50	1.66

1-B-5 续表

地区	个人资本	港澳台资本	外商资本	主营业务收入	主营业务成本	主营业务税金及附加	销售费用	管理费用	税金
全省	**48.40**	**0.39**	**0.12**	**1274.25**	**1035.52**	**38.00**	**30.27**	**79.80**	**2.97**
武汉市	0.25			12.99	11.69	0.05	0.27	0.32	0.02
黄石市	5.93			292.55	255.57	3.06	7.13	10.05	0.33
十堰市	2.25			30.22	23.62	0.76	1.10	1.61	0.09
宜昌市	5.70			168.23	129.21	6.93	4.67	9.65	0.21
襄阳市	3.60		0.11	59.77	48.72	1.24	1.42	3.78	0.07
鄂州市	0.83			140.58	127.10	0.61	1.64	10.85	0.32
荆门市	3.00			121.29	94.02	2.29	3.50	4.56	0.15
孝感市	2.90			26.45	20.76	0.68	1.08	1.02	0.02
荆州市	0.25			5.51	3.88	0.07	0.14	0.36	0.13
黄冈市	4.73		0.01	78.34	63.81	1.31	1.77	1.79	0.11
咸宁市	1.47	0.39		49.90	41.49	0.60	1.26	1.10	0.02
随州市	10.54			83.05	58.71	0.94	2.80	3.01	0.10
恩施州	5.28			44.54	33.77	1.95	2.12	2.75	0.49
仙桃市									
潜江市				157.48	121.68	17.15	1.31	28.55	0.83
天门市									
神农架	1.66			3.34	1.49	0.37	0.07	0.40	0.08

企业主要经济指标

单位：亿元

固定资产原价	累计折旧	负债合计	流动负债合计	应付账款	所有者权益合计	实收资本	国家资本	集体资本	法人资本
703.73	**345.21**	**437.75**	**363.63**	**71.02**	**359.95**	**324.18**	**160.38**	**6.65**	**47.96**
3.13	0.33	9.73	8.84	0.16	5.19	5.37	0.04	0.06	5.02
55.41	21.67	64.98	57.42	9.15	40.58	16.28	4.98	2.14	3.22
11.45	2.21	16.65	13.89	1.23	10.27	5.03	0.29	0.55	1.93
41.34	12.15	76.40	60.32	5.65	52.03	79.79	0.33	0.71	13.05
13.74	3.02	29.16	19.74	5.21	16.36	7.96	0.02	1.81	2.31
36.39	17.29	17.71	13.73	10.71	20.33	17.55	14.15	0.01	2.56
50.08	33.26	12.00	9.70	2.11	21.58	7.80	0.22	0.72	3.87
73.34	68.35	5.80	2.87	0.15	9.91	6.75		0.05	3.80
0.70	0.23	0.72	0.72	0.07	0.61	0.37			0.11
14.18	3.28	16.53	13.24	4.71	15.22	9.10	0.13		4.23
12.89	3.24	5.09	4.23	2.42	11.30	4.98	0.25	0.45	2.43
14.61	1.44	2.38	1.67	0.49	17.92	11.70			1.16
18.33	4.92	12.40	9.11	2.31	15.04	9.22		0.15	3.60
355.38	172.61	149.83	134.92	26.02	117.80	139.98	139.98		
2.77	1.20	18.37	13.23	0.63	5.79	2.32			0.66

单位：亿元

财务费用	利息收入	利息支出	营业利润	投资收益（损失以"－"号记）	利润总额	应交所得税	亏损企业亏损额	利税总额	应交增值税	从业人员平均人数（万人）
16.09	**0.44**	**12.57**	**79.75**	**0.13**	**78.78**	**9.73**	**16.27**	**167.96**	**50.55**	**16.07**
0.12	0.02	0.12	0.26	−0.01	0.26		0.17	0.79	0.48	0.15
1.87	0.10	1.57	16.53	0.01	16.59	4.04	1.06	28.95	9.30	3.34
0.55		0.46	2.52		1.81	0.24	0.07	3.67	1.09	0.39
2.11		1.73	16.05	−0.05	15.60	1.64	0.53	31.61	9.06	2.20
1.23	−0.03	1.09	5.35	0.11	5.52	0.50	0.16	9.92	2.72	0.84
0.82		0.63	5.42		5.40	0.27	0.32	9.69	3.67	0.82
0.32	0.10	0.39	13.16		13.08	0.95		21.05	5.65	1.07
0.30	0.02	0.21	2.21	0.02	2.19	0.07	0.01	3.67	0.80	0.51
0.09		0.02	0.18	0.02	0.18			0.42	0.16	0.12
1.44	0.01	1.06	7.62		7.65	0.45		12.44	3.48	0.71
0.48		0.30	5.02		5.03	0.60		6.88	1.26	0.42
3.13	0.08	1.79	14.79		14.79	0.22		17.59	1.86	0.76
0.41	0.01	0.34	4.07		4.06	0.22	0.01	9.04	3.03	0.96
2.60	0.05	2.50	−13.85	0.02	−13.81	0.40	13.81	11.01	7.56	3.75
0.63	0.07	0.36	0.41	0.02	0.43	0.14	0.14	1.23	0.43	0.04

1-B-6 规模以上煤炭开采和

地区	企业单位数(个)	工业销售产值(当年价格)	出口交货值	资产总计	流动资产合计	应收账款	存货	产成品	固定资产合计
全省	**147**	**112.91**		**68.90**	**26.08**	**3.35**	**4.55**	**2.56**	**35.73**
武汉市									
黄石市	11	9.07		13.32	6.40	0.52	1.71	0.57	6.29
十堰市	1	0.37		0.12	0.07	0.01			0.05
宜昌市	56	44.84		24.96	9.77	1.59	1.45	1.00	12.04
襄阳市	11	6.15		1.29	0.31	0.01	0.07	0.04	0.93
鄂州市									
荆门市	15	17.70		9.30	4.05	0.04	0.38	0.20	4.99
孝感市									
荆州市	6	3.48		0.90	0.42	0.03	0.14	0.14	0.41
黄冈市									
咸宁市	4	4.11		1.52	1.00	0.57	0.06	0.05	0.50
随州市									
恩施州	43	27.20		17.49	4.06	0.58	0.74	0.56	10.53
仙桃市									
潜江市									
天门市									
神农架									

1-B-6 续表

地区	个人资本	港澳台资本	外商资本	主营业务收入	主营业务成本	主营业务税金及附加	销售费用	管理费用	税金
全省	**7.16**	**0.39**		**113.04**	**88.27**	**3.09**	**2.84**	**6.89**	**0.54**
武汉市									
黄石市	0.38			9.79	8.73	0.12	0.20	1.18	0.02
十堰市	0.01			0.37	0.29	0.01		0.02	
宜昌市	1.43			44.21	35.81	1.05	0.88	1.81	0.04
襄阳市	0.36			5.87	4.55	0.09	0.01	0.69	
鄂州市									
荆门市	0.53			17.71	12.23	0.33	0.19	0.78	0.01
孝感市									
荆州市	0.16			3.41	2.55	0.02	0.10	0.16	
黄冈市									
咸宁市	0.43	0.39		4.11	3.02	0.18	0.08	0.13	
随州市									
恩施州	3.87			27.58	21.10	1.31	1.38	2.10	0.47
仙桃市									
潜江市									
天门市									
神农架									

洗选业工业企业主要经济指标

单位：亿元

固定资产原价	累计折旧	负债合计	流动负债合计	应付账款	所有者权益合计	实收资本	国家资本	集体资本	法人资本
41.81	**10.86**	**33.63**	**26.95**	**5.25**	**34.88**	**77.00**	**1.19**	**1.48**	**6.61**
5.61	1.37	10.63	8.76	0.99	2.63	1.33	0.78		0.17
0.11	0.05	0.01	0.01		0.11	0.02			0.01
13.79	3.46	11.99	9.54	1.84	12.84	65.28	0.32	0.28	3.24
1.02	0.19	0.22	0.21		1.03	0.36			
6.87	2.00	2.55	2.30	0.21	6.76	1.99	0.09	0.64	0.74
0.50	0.18	0.66	0.66	0.04	0.24	0.20			0.04
0.52	0.09	0.35	0.32	0.31	1.16	1.22		0.40	
13.39	3.51	7.23	5.14	1.86	10.10	6.60		0.15	2.40

单位：亿元

财务费用	利息收入	利息支出	营业利润	投资收益（损失以"–"号记）	利润总额	应交所得税	亏损企业亏损额	利税总额	应交增值税	从业人员平均人数（万人）
0.65	**0.12**	**0.61**	**12.24**	**0.02**	**11.47**	**1.70**	**1.04**	**21.42**	**6.85**	**3.29**
0.20		0.16	−0.41		−0.42	0.04	0.72	0.11	0.41	0.66
			0.05		0.05	0.01		0.13	0.07	0.04
0.21	0.01	0.19	5.32		4.62	0.79	0.32	8.63	2.96	1.05
0.01		0.01	0.41		0.41	0.05		0.94	0.44	0.13
−0.04	0.10	0.07	3.98		3.97	0.72		5.49	1.19	0.45
0.06		0.01	0.12	0.02	0.12			0.28	0.14	0.08
0.01			0.68		0.68	0.03		0.95	0.09	0.15
					0.00					
0.20		0.16	2.09		2.05	0.06	0.01	4.90	1.55	0.73

1-B-7 规模以上石油和

地区	企业单位数（个）	工业销售产值（当年价格）	出口交货值	资产总计	流动资产合计	应收账款	存货	产成品	固定资产合计
全省	**1**	**82.85**	**0.54**	**205.34**	**31.62**	**3.42**	**2.12**	**0.99**	**173.71**
武汉市									
黄石市									
十堰市									
宜昌市									
襄阳市									
鄂州市									
荆门市									
孝感市									
荆州市									
黄冈市									
咸宁市									
随州市									
恩施州									
仙桃市									
潜江市	1	82.85	0.54	205.34	31.62	3.42	2.12	0.99	173.71
天门市									
神农架									

1-B-7 续表

地区	个人资本	港澳台资本	外商资本	主营业务收入	主营业务成本	主营业务税金及附加	销售费用	管理费用	税金
全省				**82.98**	**51.40**	**15.36**	**1.31**	**21.63**	**0.11**
武汉市									
黄石市									
十堰市									
宜昌市									
襄阳市									
鄂州市									
荆门市									
孝感市									
荆州市									
黄冈市									
咸宁市									
随州市									
恩施州									
仙桃市									
潜江市				82.98	51.40	15.36	1.31	21.63	0.11
天门市									
神农架									

天然气开采业工业企业主要经济指标

单位：亿元

固定资产原价	累计折旧	负债合计	流动负债合计	应付账款	所有者权益合计	实收资本	国家资本	集体资本	法人资本
295.58	**151.71**	**100.50**	**85.97**	**12.63**	**104.84**	**115.34**	**115.34**		
295.58	151.71	100.50	85.97	12.63	104.84	115.34	115.34		

单位：亿元

财务费用	利息收入	利息支出	营业利润	投资收益（损失以“–”号记）	利润总额	应交所得税	亏损企业亏损额	利税总额	应交增值税	从业人员平均人数（万人）
1.48	**0.05**	**1.53**	**−8.38**		**−8.58**	**0.27**	**8.58**	**10.24**	**3.35**	**1.89**
1.48	0.05	1.53	−8.38		−8.58	0.27	8.58	10.24	3.35	1.89

1-B-8 规模以上黑色金属矿

地区	企业单位数（个）	工业销售产值（当年价格）	出口交货值	资产总计	流动资产合计	应收账款	存货	产成品	固定资产合计
全省	**145**	**427.17**		**127.96**	**57.53**	**14.74**	**16.81**	**10.00**	**56.73**
武汉市	1	2.76		0.40	0.34	0.17	0.09	0.03	0.06
黄石市	52	187.59		35.03	21.46	7.13	2.95	2.04	12.46
十堰市	17	15.13		13.57	5.36	0.97	1.31	0.23	7.12
宜昌市	8	11.38		9.44	1.69	0.59	0.21	0.08	3.75
襄阳市	5	3.99		1.05	0.32	0.03	0.06	0.04	0.68
鄂州市	23	138.20		37.45	12.77	2.00	8.17	4.34	18.99
荆门市	1	0.37		0.29	0.08	0.02	0.02	0.01	0.21
孝感市	1	1.48		0.40	0.20				
荆州市	1	0.71		0.05	0.03				
黄冈市	23	32.03		17.18	12.88	2.53	3.67	3.09	3.25
咸宁市	2	16.22		8.55	0.97	0.50	0.24	0.04	7.58
随州市	10	16.68		3.84	0.74	0.15	0.11	0.10	2.59
恩施州	1	0.65		0.70	0.68	0.65			0.02
仙桃市									
潜江市									
天门市									
神农架									

1-B-8 续表

地区	个人资本	港澳台资本	外商资本	主营业务收入	主营业务成本	主营业务税金及附加	销售费用	管理费用	税金
全省	**7.80**			**423.53**	**376.21**	**3.66**	**9.63**	**17.48**	**0.67**
武汉市				2.76	2.53	0.04	0.09	0.02	
黄石市	3.04			187.00	169.68	1.67	5.90	3.92	0.16
十堰市	1.14			14.77	12.11	0.23	0.16	0.61	0.02
宜昌市	0.14			7.46	5.63	0.21	0.37	0.79	0.05
襄阳市	0.22			3.82	3.27	0.06	0.08	0.08	
鄂州市	0.83			138.24	124.89	0.60	1.62	10.55	0.32
荆门市	0.20			0.37	0.33		0.02	0.01	
孝感市				1.48	1.36	0.01	0.01	0.01	
荆州市	0.04			0.71	0.43				
黄冈市	1.21			33.41	27.09	0.44	0.62	0.84	0.10
咸宁市				16.22	15.39	0.14	0.29	0.24	
随州市	0.98			16.66	13.04	0.17	0.45	0.38	0.01
恩施州				0.65	0.44	0.10	0.04	0.03	
仙桃市									
潜江市									
天门市									
神农架									

采选业工业企业主要经济指标

单位：亿元

固定资产原价	累计折旧	负债合计	流动负债合计	应付账款	所有者权益合计	实收资本	国家资本	集体资本	法人资本
83.51	**30.63**	**71.52**	**59.92**	**20.77**	**55.37**	**33.69**	**14.15**	**2.01**	**9.73**
0.16	0.10	0.13	0.13		0.27				
18.67	7.20	23.00	22.33	3.97	11.62	6.18		2.00	1.14
7.78	1.24	9.16	8.11	0.42	4.40	1.54			0.40
4.96	1.22	5.52	2.05	0.11	3.92	2.02			1.88
0.81	0.14	0.48	0.28	0.01	0.56	0.43			0.21
36.01	17.17	17.49	13.53	10.57	19.96	17.18	14.15	0.01	2.20
0.25	0.04	0.08	0.04	0.02	0.21	0.20			
		0.19			0.21	0.01			0.01
0.03	0.01	0.01	0.01		0.04	0.04			
3.82	1.12	12.34	10.46	3.75	4.32	2.61			1.39
8.07	2.06	2.55	2.51	1.79	6.00	2.02			2.02
2.91	0.31	0.46	0.36	0.13	3.28	1.44			0.46
0.04	0.02	0.12	0.12		0.58	0.02			0.02

单位：亿元

财务费用	利息收入	利息支出	营业利润	投资收益（损失以“−”号记）	利润总额	应交所得税	亏损企业亏损额	利税总额	应交增值税	从业人员平均人数（万人）
3.56	**0.04**	**3.00**	**18.62**	**0.04**	**17.93**	**1.93**	**0.73**	**31.62**	**10.02**	**2.89**
			0.05		0.05			0.13	0.04	0.01
1.12	0.03	0.97	4.87	0.04	4.91	1.23	0.25	10.29	3.71	1.28
0.15		0.13	1.44		0.75	0.12	0.05	1.42	0.43	0.13
0.08		0.06	0.38		0.36	0.02	0.12	1.00	0.43	0.14
0.04		0.01	0.29		0.29	0.02		0.50	0.15	0.03
0.81		0.62	5.39		5.37	0.27	0.32	9.52	3.56	0.80
			0.01		0.01			0.02	0.01	0.01
			0.05		0.05			0.09	0.04	0.01
								0.01		0.01
1.04		0.92	3.28		3.28	0.03		4.49	0.77	0.27
0.10		0.08	0.46		0.46	0.12		0.91	0.31	0.07
0.23		0.20	2.36		2.37	0.13		3.00	0.47	0.14
			0.03		0.03			0.24	0.10	0.01

1-B-9 规模以上有色金属矿采

地区	企业单位数（个）	工业销售产值（当年价格）	出口交货值	资产总计	流动资产合计	应收账款	存货	产成品	固定资产合计
全省	**54**	**83.02**		**49.68**	**25.19**	**3.88**	**4.62**	**2.44**	**18.21**
武汉市									
黄石市	38	67.93		43.59	22.18	3.49	3.63	2.04	15.47
十堰市	5	2.23		1.28	0.31	0.08	0.09	0.07	0.74
宜昌市	5	4.54		1.03	0.65	0.06	0.40	0.09	0.33
襄阳市	1	1.51		0.83	0.52	0.08	0.22	0.06	0.31
鄂州市									
荆门市	1	1.96		0.83	0.15	0.04	0.02	0.02	0.68
孝感市									
荆州市									
黄冈市	1	1.21		0.20	0.07	0.01			0.13
咸宁市									
随州市	1	2.11		1.12	0.94	0.08	0.21	0.14	0.12
恩施州	2	1.53		0.81	0.38	0.05	0.05	0.02	0.42
仙桃市									
潜江市									
天门市									
神农架									

1-B-9 续表

地区	个人资本	港澳台资本	外商资本	主营业务收入	主营业务成本	主营业务税金及附加	销售费用	管理费用	税金
全省	**2.16**		**0.10**	**81.14**	**63.11**	**1.33**	**0.85**	**4.33**	**0.20**
武汉市									
黄石市	1.08			66.17	51.55	0.95	0.46	3.68	0.14
十堰市	0.49			2.29	1.73	0.06	0.08	0.15	0.02
宜昌市	0.14			4.51	3.76	0.08	0.05	0.15	0.01
襄阳市	0.09		0.10	1.51	1.24	0.01	0.01	0.01	
鄂州市									
荆门市	0.05			1.96	1.56	0.01	0.08	0.16	
孝感市				0.00					
荆州市				0.00					
黄冈市	0.02			1.03	0.91		0.01	0.01	
咸宁市									
随州市	0.30			2.27	1.61	0.02	0.11	0.12	0.02
恩施州				1.39	0.75	0.20	0.06	0.05	
仙桃市									
潜江市									
天门市									
神农架									

选业工业企业主要经济指标

单位：亿元

固定资产原价	累计折旧	负债合计	流动负债合计	应付账款	所有者权益合计	实收资本	国家资本	集体资本	法人资本
27.42	**13.99**	**24.64**	**22.25**	**2.80**	**24.84**	**8.78**	**4.21**	**0.06**	**2.25**
21.61	10.54	21.76	19.85	2.37	21.64	6.76	4.21	0.05	1.43
0.86	0.15	0.59	0.59	0.07	0.66	0.80			0.31
0.45	0.12	0.87	0.85	0.01	0.18	0.17		0.01	0.02
0.14	0.03	0.51	0.45	0.23	0.32	0.24			0.05
3.38	2.69	0.09	0.09	0.04	0.74	0.05			
0.03	0.03	0.05			0.15	0.02			
0.16	0.04	0.40	0.40	0.06	0.71	0.30			
0.81	0.38	0.37	0.02	0.02	0.45	0.45			0.45

单位：亿元

财务费用	利息收入	利息支出	营业利润	投资收益（损失以“-”号记）	利润总额	应交所得税	亏损企业亏损额	利税总额	应交增值税	从业人员平均人数（万人）
0.38	**0.07**	**0.35**	**12.63**		**12.64**	**2.49**	**0.10**	**18.26**	**4.29**	**1.03**
0.24	0.07	0.25	10.61		10.65	2.49	0.09	15.19	3.60	0.92
0.11		0.08	0.16		0.16			0.35	0.13	0.02
0.01		0.01	0.40		0.40		0.01	0.59	0.11	0.04
0.01			0.24		0.24			0.29	0.05	
			0.18		0.16			0.24	0.07	0.01
			0.09		0.09			0.11	0.01	0.01
0.01		0.01	0.62		0.62			0.86	0.22	0.02
			0.34		0.34			0.64	0.10	0.02

1-B-10 规模以上非金属矿

地区	企业单位数（个）	工业销售产值（当年价格）	出口交货值	资产总计	流动资产合计	应收账款	存货	产成品	固定资产合计
全省	**420**	**513.84**	**0.65**	**275.92**	**129.71**	**32.34**	**17.30**	**11.66**	**83.83**
武汉市	3	6.16		0.39	0.28	0.15	0.06	0.03	0.10
黄石市	34	29.37		14.27	6.65	1.91	0.65	0.29	7.01
十堰市	32	13.31		12.12	7.26	2.68	2.49	0.80	2.22
宜昌市	71	129.18		93.80	48.86	13.34	2.81	2.21	18.40
襄阳市	59	48.50		43.61	19.33	4.65	3.46	2.99	9.42
鄂州市	3	2.68		0.73	0.30	0.11	0.10	0.05	0.30
荆门市	55	103.50		23.51	9.79	1.43	2.60	1.32	11.57
孝感市	26	26.21		15.55	7.82	1.10	0.72	0.38	5.66
荆州市	1	0.58		0.12	0.07	0.05	0.02	0.01	0.05
黄冈市	43	44.89	0.65	15.80	6.21	3.73	0.43	0.35	8.33
咸宁市	27	28.35		6.22	2.20	0.79	0.39	0.30	3.59
随州市	44	62.89		17.01	3.65	0.75	2.04	1.82	11.56
恩施州	18	15.02		8.62	3.66	0.77	1.02	0.61	3.97
仙桃市									
潜江市									
天门市									
神农架	4	3.21		24.16	13.63	0.87	0.51	0.50	1.66

1-B-10 续表

地区	个人资本	港澳台资本	外商资本	主营业务收入	主营业务成本	主营业务税金及附加	销售费用	管理费用	税金
全省	**31.11**		**0.02**	**493.05**	**380.82**	**12.75**	**15.59**	**22.16**	**0.62**
武汉市	0.15			6.00	5.08	0.02	0.16	0.12	0.02
黄石市	1.44			29.59	25.62	0.32	0.57	1.26	0.01
十堰市	0.62			12.79	9.48	0.46	0.87	0.83	0.05
宜昌市	3.99			112.06	84.02	5.58	3.37	6.90	0.11
襄阳市	2.93		0.01	48.57	39.66	1.08	1.32	3.00	0.07
鄂州市				2.34	2.21	0.02	0.02	0.30	
荆门市	2.22			101.26	79.89	1.95	3.22	3.61	0.13
孝感市	2.90			24.98	19.40	0.67	1.08	1.01	0.02
荆州市				0.63	0.45	0.05	0.02	0.04	0.01
黄冈市	3.50		0.01	43.89	35.80	0.87	1.14	0.93	0.02
咸宁市	1.03			28.57	22.19	0.28	0.87	0.68	0.02
随州市	9.26			64.11	44.06	0.75	2.23	2.52	0.07
恩施州	1.42			14.92	11.47	0.34	0.64	0.56	0.02
仙桃市									
潜江市									
天门市									
神农架	1.66			3.34	1.49	0.37	0.07	0.40	0.08

采选业工业企业主要经济指标

单位：亿元

固定资产原　价	累计折旧	负债合计	流动负债合　计	应付账款	所有者权益合计	实收资本	国家资本	集体资本	法人资本
192.63	**116.89**	**148.50**	**110.85**	**16.02**	**122.03**	**59.46**	**0.81**	**3.05**	**24.36**
0.14	0.04	0.03	0.02		0.25	0.17			0.02
9.52	2.56	9.58	6.47	1.82	4.69	2.01		0.09	0.48
2.70	0.76	6.90	5.18	0.74	5.10	2.67	0.29	0.55	1.21
22.14	7.34	58.03	47.89	3.68	35.09	12.33		0.42	7.92
11.77	2.66	27.94	18.80	4.97	14.44	6.92	0.02	1.81	2.05
0.37	0.12	0.22	0.19	0.14	0.37	0.36			0.36
39.58	28.53	9.28	7.27	1.85	13.88	5.56	0.13	0.08	3.13
73.34	68.35	5.61	2.87	0.15	9.70	6.74		0.05	3.79
0.08	0.03	0.05	0.05	0.03	0.07	0.07			0.07
10.33	2.14	4.14	2.78	0.97	10.76	6.48	0.13		2.84
4.24	1.07	2.15	1.35	0.31	4.04	1.72	0.25	0.05	0.40
11.55	1.09	1.52	0.91	0.30	13.93	9.95			0.69
4.09	1.00	4.69	3.83	0.44	3.91	2.16			0.74
2.77	1.20	18.37	13.23	0.63	5.79	2.32			0.66

单位：亿元

财务费用			营业利润	投资收益（损失以“-”号记）	利润总额	应　交所得税	亏损企业亏损额	利税总额	应　交增值税	从业人员平均人数（万人）
	利息收入	利息支出								
8.79	**0.14**	**6.01**	**50.23**	**0.11**	**50.66**	**3.21**	**0.41**	**85.75**	**21.82**	**4.96**
0.02		0.02	0.36	0.05	0.36			0.81	0.44	0.02
0.32		0.19	1.46	−0.03	1.46	0.28		3.36	1.57	0.48
0.29		0.25	0.87		0.85	0.11	0.02	1.78	0.46	0.20
1.81	−0.01	1.46	9.95	−0.05	10.22	0.83	0.09	21.39	5.56	0.97
1.18	−0.03	1.07	4.41	0.11	4.58	0.44	0.16	8.19	2.08	0.67
0.01		0.01	0.03		0.03			0.17	0.11	0.02
0.35		0.33	9.00		8.94	0.23		15.31	4.38	0.60
0.30	0.02	0.21	2.16	0.02	2.14	0.07	0.01	3.58	0.77	0.50
0.02		0.00	0.07		0.07			0.12	0.01	0.01
0.40		0.14	4.25		4.27	0.42		7.83	2.69	0.44
0.37		0.22	3.84		3.85	0.45		4.98	0.86	0.19
2.88	0.08	1.58	11.81		11.81	0.10		13.73	1.17	0.60
0.21	0.01	0.18	1.61		1.64	0.15		3.26	1.28	0.22
0.63	0.07	0.36	0.41	0.02	0.43	0.14	0.14	1.23	0.43	0.04

1-B-11 规模以上制造业

地区	企业单位数（个）	工业销售产值（当年价格）	出口交货值	资产总计	流动资产合计	应收账款	存货	产成品	固定资产合计
全省	**13596**	**35157.67**	**1542.91**	**25816.59**	**13129.27**	**2938.63**	**3548.98**	**1345.55**	**8397.30**
武汉市	2309	10150.32	656.23	9764.28	5260.06	1351.43	1604.23	505.27	2758.36
黄石市	540	1708.97	83.20	1540.59	791.70	106.21	194.93	56.23	540.31
十堰市	778	1613.93	30.12	2361.48	1158.56	230.41	148.87	82.01	327.24
宜昌市	1204	3952.50	146.28	2961.01	1326.31	238.03	331.13	149.28	1092.96
襄阳市	1614	4259.62	84.48	2304.16	1229.99	332.16	365.69	138.66	805.78
鄂州市	453	1024.05	9.24	410.82	159.27	36.06	48.02	21.77	208.57
荆门市	885	2371.50	45.28	936.56	398.09	66.72	152.33	64.17	412.78
孝感市	1098	2016.65	45.55	1055.14	502.79	118.76	142.61	51.69	492.53
荆州市	981	1799.20	74.91	1106.69	565.43	146.05	176.74	82.85	432.20
黄冈市	1165	1337.30	30.50	759.46	372.67	92.32	129.82	63.44	284.07
咸宁市	778	1370.48	31.24	665.37	316.51	58.07	69.07	35.37	287.74
随州市	572	956.32	83.59	428.43	217.11	55.49	57.39	27.45	159.48
恩施州	328	245.98	6.32	167.04	75.22	18.56	22.36	12.24	66.37
仙桃市	362	946.52	111.49	374.08	172.81	46.27	47.00	23.24	175.67
潜江市	247	779.63	56.12	507.99	352.72	17.44	28.36	18.82	131.02
天门市	277	621.80	48.34	469.68	228.87	24.48	30.16	13.00	220.46
神农架	5	2.92	0.02	3.81	1.15	0.17	0.27	0.07	1.76

1-B-11 续表

地区	个人资本	港澳台资本	外商资本	主营业务收入	主营业务成本	主营业务税金及附加	销售费用	管理费用	税金
全省	**1283.77**	**128.01**	**390.08**	**35230.27**	**29777.36**	**723.73**	**1124.64**	**1508.91**	**84.75**
武汉市	171.05	58.59	187.66	10166.87	8328.29	463.46	370.65	483.65	18.60
黄石市	33.09	3.92	57.03	2160.65	1979.49	11.22	45.48	58.63	3.73
十堰市	65.67	0.93	14.91	1552.53	1324.05	12.23	62.29	106.71	4.59
宜昌市	201.34	16.24	23.59	3980.85	3300.95	28.84	158.71	157.69	10.13
襄阳市	122.43	3.40	20.72	4083.80	3538.27	43.36	88.61	206.06	6.76
鄂州市	23.59	0.09	0.00	1000.84	907.28	6.47	21.16	43.49	0.78
荆门市	93.48	3.28	5.91	2376.65	2042.56	61.27	59.36	72.09	5.29
孝感市	166.95	7.66	11.74	2020.61	1699.01	26.98	64.13	77.83	2.95
荆州市	134.63	0.75	29.85	1747.15	1505.73	10.84	57.08	70.22	15.25
黄冈市	79.28	6.29	11.26	1275.02	1110.29	8.49	30.44	51.46	2.41
咸宁市	52.24	8.92	2.37	1317.71	1097.94	21.04	33.77	35.09	1.86
随州市	60.89	1.72	0.71	961.49	803.36	5.84	30.59	31.31	1.53
恩施州	24.85	0.16	0.66	243.33	190.10	4.25	9.50	10.45	1.56
仙桃市	14.72	15.05	20.72	951.70	753.53	5.22	57.76	57.62	6.89
潜江市	11.23	0.51	2.20	763.34	692.08	10.20	9.62	11.59	0.68
天门市	28.31	0.50	0.77	624.82	502.19	3.88	25.42	34.91	1.72
神农架	0.01	0.00	0.00	2.91	2.25	0.13	0.06	0.11	0.02

工业企业主要经济指标

单位：亿元

固定资产原价	累计折旧	负债合计	流动负债合计	应付账款	所有者权益合计	实收资本	国家资本	集体资本	法人资本
16871.59	**8948.05**	**14724.40**	**11620.26**	**3038.61**	**10953.63**	**4717.76**	**1017.37**	**92.13**	**1700.75**
4589.51	1854.06	6283.21	5138.87	1500.81	3467.22	1430.53	484.36	23.63	451.84
720.13	215.04	983.99	773.22	169.00	553.97	211.33	56.49	5.90	54.05
504.67	225.91	1041.59	909.68	298.19	1312.81	379.54	238.69	7.46	50.44
1594.45	566.43	1925.54	1410.34	247.68	1023.24	436.56	50.04	13.77	130.79
983.96	269.10	1213.59	963.16	268.09	1040.35	369.20	60.46	5.12	151.05
277.04	80.30	249.04	209.36	44.44	160.78	123.17	50.26	0.61	48.14
1254.22	875.58	467.82	374.93	60.19	462.77	218.01	41.83	1.97	71.50
2728.33	2257.54	521.12	263.07	68.30	532.73	339.17	13.70	2.40	95.35
2325.83	1927.68	569.18	447.37	116.37	532.46	256.69	8.21	12.85	69.17
342.68	89.91	370.06	275.92	63.51	375.45	189.08	4.61	8.84	78.79
344.99	94.17	296.31	229.10	56.20	365.55	125.55	2.67	2.56	56.66
190.83	42.32	203.66	171.54	40.50	218.18	106.90	1.52	1.42	40.64
87.16	27.94	77.32	60.44	14.43	88.89	43.93	0.68	1.39	16.17
348.95	186.95	161.60	133.18	39.79	209.01	96.28	2.09	0.68	43.16
156.00	32.61	134.12	100.65	20.86	368.08	305.53	0.18	3.16	288.25
420.37	201.77	223.41	156.72	30.14	241.18	85.75	1.09	0.36	54.72
2.45	0.73	2.85	2.70	0.12	0.96	0.54	0.50		0.03

单位：亿元

财务费用	利息收入	利息支出	营业利润	投资收益（损失以“-”号记）	利润总额	应交所得税	亏损企业亏损额	利税总额	应交增值税	从业人员平均人数（万人）
369.41	**38.16**	**352.83**	**2185.25**	**30.98**	**2192.64**	**241.88**	**110.35**	**3957.73**	**1022.08**	**315.99**
84.91	10.72	108.27	446.42	−55.00	455.35	87.62	56.04	1236.34	304.77	75.73
21.90	6.86	23.55	61.85	−19.11	64.60	9.70	6.90	114.38	38.47	15.90
4.85	9.03	11.18	184.69	95.17	191.21	6.81	2.54	254.52	50.56	19.41
62.32	4.89	59.57	332.83	−1.66	313.69	27.47	14.63	496.96	153.87	32.84
36.91	3.21	29.93	325.48	2.42	333.65	34.68	4.25	494.30	115.13	34.59
8.80	0.45	7.47	29.71	0.55	30.17	4.94	0.86	62.40	25.62	7.07
23.57	0.16	20.16	115.26	1.42	114.48	6.07	7.04	220.97	44.43	14.40
32.11	0.35	15.42	106.66	4.27	110.11	6.47	6.58	181.51	44.28	23.26
18.57	0.61	12.94	116.06	5.24	116.23	11.41	3.03	175.97	48.85	17.55
12.56	0.59	10.42	95.46	0.54	87.33	6.83	1.14	133.04	36.69	17.53
12.31	0.70	10.44	117.65	0.28	119.48	18.48	1.01	184.45	42.69	13.29
13.12	0.11	10.07	92.48	0.51	95.74	5.16	1.53	134.19	32.52	9.42
3.51	0.16	3.32	26.03	0.13	25.59	2.30	0.03	42.53	12.60	3.42
10.67	0.10	10.17	69.37	0.30	69.58	8.55	2.84	113.83	39.03	12.86
7.64	0.18	5.18	24.03	−4.10	24.32	1.87	1.86	42.72	8.19	7.81
15.56	0.01	14.75	41.03	0.04	40.87	3.47	0.06	68.92	24.07	10.89
0.08			0.25	−0.03	0.26	0.06		0.68	0.29	0.04

1-B-12 规模以上农副食品加工业

地 区	企 业单位数（个）	工业销售产值（当年价格）	出口交货值	资产总计	流动资产合 计	应收账款	存货	产成品	固定资产合 计
全 省	**1596**	**3884.31**	**125.74**	**1416.22**	**691.56**	**108.26**	**277.95**	**132.45**	**553.46**
武汉市	121	319.13	2.76	153.03	87.39	15.81	26.40	14.50	46.61
黄石市	25	38.56		20.87	7.57	2.09	2.25	0.98	9.91
十堰市	54	49.80	2.36	23.07	11.27	3.54	4.46	2.77	9.22
宜昌市	126	290.79	9.19	82.29	34.85	6.66	14.47	7.85	34.15
襄阳市	194	826.17	14.65	253.15	138.26	20.56	77.02	35.51	84.45
鄂州市	14	19.50		5.20	2.76	0.46	1.05	0.30	1.61
荆门市	242	650.50	14.13	153.30	75.62	9.06	30.15	12.27	63.50
孝感市	137	321.91	0.19	103.41	53.04	9.49	19.42	5.89	43.49
荆州市	205	521.44	8.96	238.11	86.23	10.27	45.90	21.44	110.52
黄冈市	124	198.68	5.81	88.61	47.64	7.07	20.08	9.95	29.40
咸宁市	33	46.69		24.45	9.86	0.93	1.34	0.77	13.74
随州市	102	186.74	33.41	57.81	27.37	7.40	10.69	4.50	25.87
恩施州	91	75.91	3.09	43.60	21.64	4.87	6.68	4.11	15.89
仙桃市	40	80.71		37.40	18.84	2.85	6.48	3.49	9.09
潜江市	40	144.30	28.81	42.56	29.22	4.04	6.44	5.14	11.46
天门市	47	113.37	2.38	89.24	39.95	3.16	5.11	2.97	44.49
神农架	1	0.13		0.12	0.06	0.01	0.01	0.01	0.06

1-B-12 续表

地 区	个人资本	港澳台资本	外商资本	主营业务收 入	主营业务成 本	主营业务税金及附加	销售费用	管理费用	税金
全 省	**137.70**	**3.87**	**18.69**	**3882.59**	**3425.67**	**22.64**	**92.06**	**113.67**	**7.99**
武汉市	10.92	0.96	10.72	346.70	305.87	1.27	11.14	8.77	0.33
黄石市	1.06	0.01		37.15	33.68	0.07	1.34	1.01	0.01
十堰市	2.16			50.66	41.93	0.20	1.00	1.35	0.11
宜昌市	9.79		1.38	289.70	242.42	1.71	11.88	12.78	0.48
襄阳市	19.38	0.14	0.87	813.42	735.70	6.50	12.71	34.67	1.03
鄂州市	0.93			18.82	17.30	0.14	0.30	0.39	0.03
荆门市	16.93	0.53	2.15	652.05	572.60	4.60	16.63	17.34	0.92
孝感市	23.39	0.23	0.05	316.53	279.01	2.27	9.14	7.31	0.46
荆州市	22.38		2.88	511.35	467.84	1.35	9.16	10.28	3.22
黄冈市	9.18	0.34	0.25	198.07	176.43	0.53	3.26	3.58	0.17
咸宁市	1.12	0.07		46.55	38.24	0.65	0.87	1.02	0.01
随州市	6.44			186.72	160.76	1.17	3.25	3.36	0.14
恩施州	6.45		0.32	74.60	60.91	0.64	2.50	2.48	0.43
仙桃市	1.16	1.57		81.39	67.03	0.31	3.34	2.73	0.34
潜江市	1.98			146.54	134.60	0.60	1.25	0.87	0.06
天门市	4.44		0.07	112.22	91.26	0.62	4.29	5.73	0.26
神农架				0.12	0.08		0.01	0.01	

工业企业主要经济指标

单位：亿元

固定资产原　价	累计折旧	负债合计	流动负债合　计	应付账款	所有者权益合计	实收资本	国家资本	集体资本	法人资本
2038.98	**1531.46**	**666.91**	**498.35**	**87.85**	**721.28**	**281.12**	**9.68**	**7.20**	**103.48**
55.39	13.56	82.39	71.50	13.93	67.72	38.56	0.64	0.41	14.91
9.80	2.23	11.18	7.02	1.25	9.68	4.80		0.06	3.67
9.97	2.09	11.18	7.91	3.27	11.74	3.60	0.05		1.40
64.04	32.90	40.63	32.46	3.40	41.31	17.27	1.16	0.22	4.73
98.89	20.54	106.47	82.52	10.81	128.81	46.91	0.68	0.45	25.24
2.48	0.96	3.03	2.32	0.67	2.14	1.27			0.33
459.16	400.83	57.98	48.87	8.85	94.09	29.09	0.50	0.72	8.26
251.57	212.30	51.38	37.35	5.28	51.82	27.07	0.13	0.07	3.10
874.67	771.16	116.52	60.48	9.99	121.43	39.95	2.04	4.00	8.43
33.24	7.21	41.68	35.85	7.27	46.28	20.90	3.16	0.89	7.07
14.24	2.44	11.03	8.41	1.54	13.23	2.06	0.31		0.49
29.77	5.03	30.23	22.81	6.47	26.58	12.08	0.47	0.06	5.11
18.95	6.71	17.57	14.74	2.07	25.93	10.12	0.14	0.05	3.15
17.78	9.60	18.39	14.56	2.89	17.49	6.31		0.15	3.43
13.18	2.31	21.00	18.21	3.62	21.10	6.16		0.10	4.08
85.82	41.56	46.20	33.27	6.50	41.87	14.97	0.40		10.06
0.04	0.02	0.05	0.05	0.04	0.06	0.01			0.01

单位：亿元

财务费用	利息收入	利息支出	营业利润	投资收益（损失以“−”号记）	利润总额	应　交所得税	亏损企业亏损额	利税总额	应　交增值税	从业人员平均人数（万人）
36.81	**0.82**	**29.40**	**265.57**	**−1.50**	**261.40**	**17.64**	**1.67**	**365.82**	**80.46**	**23.45**
2.40	0.21	1.85	16.25	−1.11	17.59	1.24	0.53	22.36	3.50	2.01
0.27	0.01	0.27	1.00		0.85	0.07	0.07	1.03	0.11	0.46
0.47	0.03	0.42	6.29	−1.32	6.33	0.33		7.25	0.72	0.43
2.63	0.34	2.06	23.30	−0.24	19.98	1.24	0.02	34.96	13.26	2.35
6.41	0.06	4.87	73.72	0.08	74.26	7.76	0.08	102.07	21.26	2.92
0.11		0.07	0.58		0.57	0.14		1.02	0.31	0.13
7.27	0.03	6.01	35.50	0.52	34.91	0.83	0.43	47.66	7.61	2.20
3.28	0.03	2.09	12.08	0.09	12.10	0.28	0.09	17.90	3.53	1.87
3.89	0.08	2.98	29.52	2.26	27.56	0.86	0.10	38.94	10.01	2.87
1.71	0.02	1.43	17.17	0.17	17.07	0.83	0.32	23.10	5.48	1.57
0.35		0.32	3.53		3.59	0.33		5.91	1.09	0.34
2.19	0.01	1.49	18.37		18.29	0.93	0.01	23.95	4.49	1.34
0.86	0.04	0.82	7.82	0.01	7.69	0.67		11.31	2.96	0.94
1.10		1.04	7.06		7.10	1.02		9.02	1.61	1.01
1.06	−0.02	1.02	5.85	−2.00	6.02	0.91		7.31	0.70	1.49
2.81		2.66	7.52	0.04	7.47	0.19	0.01	12.02	3.83	1.50
			0.01		0.01			0.02		

1-B-13 规模以上食品制造业

地区	企业单位数（个）	工业销售产值（当年价格）	出口交货值	资产总计	流动资产合计	应收账款	存货	产成品	固定资产合计
全省	**370**	**837.44**	**63.99**	**432.46**	**205.19**	**43.01**	**52.60**	**29.51**	**168.82**
武汉市	55	136.94	4.40	74.76	31.29	7.19	6.82	3.43	22.75
黄石市	5	4.43		2.94	1.32	0.38	0.38	0.23	1.38
十堰市	12	6.00		4.21	1.97	0.31	0.72	0.57	2.14
宜昌市	50	179.50	30.17	104.95	55.94	10.57	14.35	11.06	29.04
襄阳市	28	57.73	0.72	27.40	11.01	1.79	1.79	1.03	14.39
鄂州市	5	6.00		3.56	1.59	0.77	0.42	0.22	1.75
荆门市	19	50.28	0.24	12.24	4.49	0.46	0.88	0.66	4.95
孝感市	49	102.96	0.20	46.04	17.55	3.92	4.64	1.48	26.14
荆州市	25	25.94	0.01	11.23	5.74	0.84	2.10	1.48	4.76
黄冈市	28	48.38	0.39	35.03	22.03	5.47	9.02	2.86	11.37
咸宁市	24	25.95		12.12	3.75	1.24	1.14	0.68	7.36
随州市	19	54.47	27.86	22.84	10.09	4.30	3.88	2.51	10.00
恩施州	11	7.14		3.77	1.72	0.23	0.42	0.23	1.47
仙桃市	26	109.06		42.73	15.80	5.11	5.30	2.71	23.97
潜江市	6	15.09		22.73	18.53	0.12	0.33	0.18	3.83
天门市	7	7.39		5.78	2.31	0.30	0.40	0.17	3.47
神农架	1	0.18		0.12	0.06	0.02	0.02	0.02	0.06

1-B-13 续表

地区	个人资本	港澳台资本	外商资本	主营业务收入	主营业务成本	主营业务税金及附加	销售费用	管理费用	税金
全省	**30.51**	**4.41**	**12.78**	**821.84**	**667.17**	**6.78**	**47.23**	**40.87**	**3.23**
武汉市	2.95	0.82	11.84	114.88	93.99	0.50	10.51	4.56	0.30
黄石市	0.23			3.32	2.93	0.01	0.11	0.08	
十堰市	0.31			5.79	4.44	0.03	0.21	0.32	
宜昌市	3.96		0.34	188.02	153.87	1.27	11.72	9.40	0.51
襄阳市	1.71			56.63	51.38	0.47	1.94	4.95	0.07
鄂州市	0.25			6.21	4.94	0.09	0.19	0.19	0.01
荆门市	1.25		0.29	50.88	41.33	1.22	1.05	2.14	0.37
孝感市	8.73	0.78		100.71	81.81	1.36	4.80	4.24	0.04
荆州市	2.60			26.15	22.30	0.05	0.64	1.14	0.33
黄冈市	2.39		0.31	48.32	40.63	0.26	3.26	1.38	0.07
咸宁市	1.13			25.40	19.84	0.45	0.67	0.64	0.05
随州市	2.74			57.49	45.39	0.20	1.52	1.35	0.15
恩施州	0.98			7.17	5.13	0.10	0.49	0.44	0.22
仙桃市	0.07	2.81		108.19	79.89	0.63	9.47	9.34	1.06
潜江市	0.23			15.11	13.43	0.08	0.25	0.28	0.01
天门市	0.98			7.39	5.74	0.05	0.39	0.39	0.01
神农架				0.18	0.13	0.01	0.02	0.02	

工业企业主要经济指标

单位：亿元

固定资产原价	累计折旧	负债合计	流动负债合计	应付账款	所有者权益合计	实收资本	国家资本	集体资本	法人资本
422.37	**264.47**	**186.76**	**124.14**	**31.49**	**239.01**	**111.78**	**10.68**	**0.50**	**52.89**
33.94	12.37	38.11	29.73	9.52	36.25	22.88	0.04	0.14	7.10
1.46	0.27	1.71	1.39	1.03	1.16	0.24			0.01
2.13	0.34	2.30	1.70	0.29	1.89	0.73			0.42
47.69	20.56	56.21	40.53	7.28	48.25	11.70	3.51		3.89
14.98	2.09	13.50	5.04	0.39	12.34	7.37		0.05	5.70
2.27	0.63	2.53	0.72		1.04	0.43			0.18
16.69	11.98	2.50	1.92	0.28	9.72	2.81			1.27
200.03	174.23	22.15	6.19	2.03	23.77	22.85	6.99		6.24
13.47	9.03	4.08	2.67	0.48	7.11	3.06			0.47
12.23	3.66	12.31	8.31	3.12	20.35	5.98			3.24
8.22	1.56	4.67	3.13	0.61	7.40	2.29		0.10	1.07
11.64	2.23	11.10	9.66	1.87	11.47	3.22	0.14	0.15	0.18
2.06	0.69	1.87	1.66	0.41	1.90	1.28			0.30
46.26	22.78	10.28	9.52	3.86	31.19	4.54			1.66
4.47	0.68	1.02	0.50	0.08	21.68	20.67			20.44
4.78	1.35	2.35	1.39	0.22	3.43	1.71			0.73
0.07	0.01	0.07	0.07	0.02	0.05	0.01			0.01

单位：亿元

财务费用	利息收入	利息支出	营业利润	投资收益（损失以“-”号记）	利润总额	应交所得税	亏损企业亏损额	利税总额	应交增值税	从业人员平均人数（万人）
9.87	**2.51**	**9.50**	**57.39**	**−3.71**	**55.61**	**4.72**	**3.11**	**93.72**	**31.13**	**9.50**
0.64	0.17	0.60	4.18	−3.74	4.35	0.40	0.45	8.21	3.36	1.71
0.04		0.03	0.10		0.10	0.01		0.15	0.03	0.04
0.09		0.06	0.68		0.68	0.04		1.00	0.29	0.15
2.63	1.32	3.72	11.50	0.01	9.46	1.91	2.15	19.45	8.58	2.30
1.53	0.98	1.45	2.74		2.73	0.47		4.55	1.32	0.52
0.10		0.04	0.71		0.57	0.02		0.93	0.27	0.06
0.48		0.37	2.99		3.02	0.06	0.05	5.34	1.08	0.34
1.41		0.93	5.74		5.99	0.06	0.45	9.63	2.28	1.36
0.29		0.17	2.27		2.27	0.02		3.14	0.82	0.32
0.19	0.02	0.14	3.39		3.39	0.23	0.01	5.66	2.01	0.55
0.29		0.12	3.04	0.01	3.04	0.31		3.92	0.44	0.29
0.85		0.72	9.83		9.84	0.11		12.93	2.89	0.51
0.15		0.15	0.87		0.82	0.05		1.26	0.33	0.11
0.81		0.79	7.85		7.85	0.97	0.01	15.48	6.99	0.85
0.19		0.02	0.86		0.86			1.06	0.12	0.16
0.19		0.18	0.64		0.64	0.03		0.99	0.30	0.22
			0.01		0.01			0.03	0.01	

1-B-14 规模以上酒、饮料和

地区	企业单位数（个）	工业销售产值（当年价格）		资产总计					
			出口交货值		流动资产合计				固定资产合计
						应收账款	存货		
								产成品	
全　省	**376**	**1269.88**	**3.27**	**1001.73**	**650.32**	**73.34**	**111.66**	**46.82**	**237.13**
武汉市	22	180.11		120.36	55.63	6.58	11.62	3.83	48.32
黄石市	5	66.71	0.05	152.13	114.81	0.25	6.27	1.39	19.65
十堰市	27	40.15		23.64	10.32	4.66	3.60	1.65	12.07
宜昌市	96	542.11	2.61	371.59	270.95	37.48	51.09	25.54	49.02
襄阳市	31	83.59		49.10	28.71	3.22	9.04	5.01	15.07
鄂州市	5	7.15		1.27	0.67	0.15	0.23	0.23	0.52
荆门市	13	32.20		23.16	8.93	0.66	3.73	1.45	9.89
孝感市	24	48.64		28.20	6.24	0.97	2.69	0.71	19.60
荆州市	16	72.76		89.44	64.11	10.57	12.38	2.61	23.47
黄冈市	32	28.72		21.61	10.12	3.03	2.91	0.78	6.81
咸宁市	31	93.96		85.90	66.75	3.96	3.69	1.60	13.26
随州市	6	5.29		1.82	0.62	0.04	0.26	0.11	1.16
恩施州	63	43.27	0.60	24.14	9.01	1.67	3.01	1.68	12.51
仙桃市	1	17.41		4.86	2.05	0.04	0.04	0.02	2.82
潜江市	1	4.04		1.92	0.55	0.01	0.35	0.10	1.37
天门市	3	3.78		2.59	0.84	0.04	0.75	0.12	1.58
神农架									

1-B-14 续表

地区				主营业务收入	主营业务成本	主营业务税金及附加	销售费用	管理费用	
	个人资本	港澳台资本	外商资本						税金
全　省	**85.33**	**15.35**	**16.68**	**1229.67**	**906.21**	**29.72**	**122.37**	**63.11**	**9.14**
武汉市	1.56	9.45	7.98	178.24	130.57	6.31	26.08	7.14	0.49
黄石市	0.05	0.02	1.26	61.95	37.11	3.73	10.04	4.54	0.55
十堰市	1.87	0.36	0.05	38.32	22.76	1.02	7.79	3.00	0.08
宜昌市	41.87	0.90	1.34	536.31	418.70	7.11	45.03	20.10	0.43
襄阳市	3.61	0.20		83.77	65.01	2.92	5.17	6.15	0.34
鄂州市	0.09			6.73	5.69	0.01	0.34	0.31	
荆门市	3.25			28.12	21.90	1.04	2.24	1.28	0.05
孝感市	3.55		2.12	47.62	38.61	0.49	1.38	2.05	0.11
荆州市	20.48			66.92	34.63	2.84	13.16	11.17	6.66
黄冈市	2.16		3.17	24.22	19.41	0.36	0.91	1.19	0.10
咸宁市	1.88	4.35	0.08	83.98	57.93	1.83	6.15	1.97	0.06
随州市	0.18			5.27	4.16	0.15	0.27	0.25	
恩施州	4.61	0.06		42.98	31.57	1.50	2.06	2.28	0.22
仙桃市				17.26	11.74	0.11	1.55	1.49	0.04
潜江市				3.91	3.80	0.03	0.01	0.01	0.00
天门市	0.15		0.69	4.08	2.63	0.26	0.19	0.17	0.02
神农架									

精制茶制造业工业企业主要经济指标

单位：亿元

固定资产原价	累计折旧	负债合计			所有者权益合计				
			流动负债合计	应付账款		实收资本	国家资本	集体资本	法人资本
326.88	**124.86**	**631.32**	**570.59**	**82.45**	**363.00**	**167.06**	**3.56**	**3.00**	**42.97**
87.59	40.54	57.32	54.59	23.02	63.02	38.86		1.13	18.74
18.91	4.98	90.94	88.14	3.29	61.19	2.52	0.05	0.09	1.04
15.16	5.01	9.78	8.19	2.47	13.37	5.45	0.20		2.97
63.36	23.75	270.19	243.97	23.61	99.30	49.75	0.61	0.18	4.75
16.85	3.59	29.19	18.90	4.01	16.24	7.30	1.93	0.49	1.07
0.59	0.07	0.55	0.06	0.01	0.70	0.24			0.15
24.09	15.28	12.10	8.20	1.11	11.01	5.66	0.75		1.66
23.88	4.43	16.36	15.45	3.45	11.98	6.03		0.05	0.30
23.97	10.81	59.11	56.72	10.13	30.33	21.38			0.90
9.66	3.46	8.12	6.69	1.18	12.31	10.99	0.01	0.85	4.80
18.96	6.44	65.02	58.19	8.72	20.84	8.23			1.84
1.33	0.41	1.09	1.09	0.19	0.69	0.92			0.74
17.18	5.30	8.21	7.10	1.05	15.96	6.86		0.20	1.98
2.91	0.19	1.03	1.03		3.83	1.90			1.90
0.31	0.06	0.82	0.82		1.10	0.05			0.05
2.12	0.54	1.47	1.44	0.21	1.12	0.92			0.08

单位：亿元

财务费用			营业利润	投资收益（损失以“−”号记）	利润总额	应交所得税	亏损企业亏损额	利税总额	应交增值税	从业人员平均人数（万人）
	利息收入	利息支出								
10.93	**3.92**	**13.36**	**118.42**	**−11.61**	**119.09**	**20.02**	**1.25**	**193.65**	**44.45**	**10.85**
−0.07	0.46	0.42	9.40	−12.98	10.18	1.29	0.14	22.85	6.24	1.54
−1.42	2.41	0.97	15.50	0.32	15.10	3.82	0.19	24.84	6.01	0.59
0.46		0.46	3.97	−0.21	4.17	1.02	0.02	7.51	2.25	0.29
7.80	0.32	7.91	37.06	0.86	36.81	5.65	0.22	55.66	11.68	4.38
1.07	0.10	0.70	6.02	0.01	5.95	0.34	0.15	10.98	2.10	0.75
			0.35		0.35	0.08		0.53	0.17	0.04
0.10		0.07	1.45	0.03	1.56	0.01		3.78	1.17	0.32
0.55		0.48	4.61		4.83	0.12	0.26	6.76	1.43	0.58
0.66	0.09	0.43	13.88	0.33	13.15	2.95		19.97	3.98	0.67
0.25		0.21	1.92		2.41	0.40	0.13	3.47	0.59	0.42
0.47	0.52	0.78	16.17	0.02	16.56	3.74	0.07	23.60	5.19	0.45
0.10		0.06	0.34		0.20	0.01	0.08	0.59	0.24	0.09
0.42	0.02	0.38	5.25		5.27	0.48		8.97	2.19	0.49
0.45		0.45	1.93		1.93			2.89	0.85	0.15
0.01		0.01	0.05		0.05			0.19	0.11	0.01
0.04		0.04	0.53		0.56	0.11		1.07	0.25	0.06

1-B-15 规模以上烟草制品业

地区	企业单位数（个）	工业销售产值（当年价格）	出口交货值	资产总计	流动资产合计	应收账款	存货	产成品	固定资产合计
全省	**7**	**503.55**	**1.34**	**417.90**	**329.11**	**31.20**	**253.85**	**25.93**	**32.55**
武汉市	3	497.66	1.34	408.15	323.56	30.33	252.72	25.01	29.27
黄石市									
十堰市									
宜昌市	2	2.98		4.61	3.15	0.56	0.47	0.30	1.00
襄阳市									
鄂州市									
荆门市									
孝感市									
荆州市									
黄冈市									
咸宁市									
随州市									
恩施州	2	2.91		5.14	2.40	0.32	0.67	0.62	2.28
仙桃市									
潜江市									
天门市									
神农架									

1-B-15 续表

地区	个人资本	港澳台资本	外商资本	主营业务收入	主营业务成本	主营业务税金及附加	销售费用	管理费用	税金
全省				**489.63**	**108.21**	**279.26**	**16.08**	**24.45**	**0.49**
武汉市				484.64	104.77	279.19	15.87	23.86	0.45
黄石市									
十堰市									
宜昌市				1.66	0.92	0.02	0.13	0.26	0.01
襄阳市									
鄂州市									
荆门市									
孝感市									
荆州市									
黄冈市									
咸宁市									
随州市									
恩施州				3.33	2.51		0.07	0.32	0.04
仙桃市									
潜江市									
天门市									
神农架									

工业企业主要经济指标

单位：亿元

固定资产原价	累计折旧	负债合计	流动负债合计	应付账款	所有者权益合计	实收资本	国家资本	集体资本	法人资本
81.79	**49.63**	**203.20**	**202.58**	**63.69**	**214.70**	**23.29**	**0.13**		**23.15**
74.95	46.02	200.60	200.60	62.86	207.55	18.49	0.10		18.39
2.52	1.53	1.18	0.61	0.08	3.43	1.35			1.35
4.32	2.08	1.42	1.36	0.75	3.72	3.44			3.41

单位：亿元

财务费用	利息收入	利息支出	营业利润	投资收益（损失以“–”号记）	利润总额	应交所得税	亏损企业亏损额	利税总额	应交增值税	从业人员平均人数（万人）
3.15	**0.26**	**3.51**	**57.25**	**5.45**	**56.03**	**12.56**		**401.76**	**60.59**	**0.81**
3.19	0.30	3.51	56.49	5.45	55.15	12.40		400.30	60.08	0.74
−0.04	−0.03		0.38		0.49	0.07		0.65	0.14	0.03
			0.38		0.38	0.09		0.80	0.36	0.04

1-B-16 规模以上纺织业

地 区	企 业 单位数 (个)	工业销售 产 值 (当年价格)	出口交货值	资产总计	流动资产 合 计	应收账款	存货	产成品	固定资产 合 计
全 省	**1016**	**1881.02**	**125.75**	**823.32**	**388.91**	**66.55**	**134.40**	**64.52**	**367.20**
武汉市	62	80.79	3.85	57.83	30.36	4.64	10.32	6.20	20.30
黄石市	16	21.49	0.90	17.96	7.88	2.19	3.52	1.53	7.06
十堰市	14	17.02	0.41	10.14	5.04	1.52	2.39	1.73	3.48
宜昌市	48	84.04	3.59	50.50	22.84	2.28	8.94	4.64	23.12
襄阳市	213	336.65	6.42	145.50	71.88	13.77	32.58	14.94	61.39
鄂州市	3	12.31	1.36	2.53	1.58	0.30	0.36	0.14	0.86
荆门市	28	98.25	1.68	44.24	17.04	3.23	7.05	3.38	20.09
孝感市	132	258.20	6.32	98.60	37.37	5.09	10.98	5.93	54.90
荆州市	95	125.03	3.77	74.54	36.39	6.21	15.44	7.74	33.10
黄冈市	122	157.94	1.39	63.39	32.26	6.57	13.24	5.79	26.15
咸宁市	74	192.88	0.11	65.00	25.49	4.60	6.51	3.41	32.59
随州市	32	36.81	2.69	11.09	4.94	1.10	2.12	1.32	4.85
恩施州	3	1.25		1.02	0.44	0.20	0.16	0.11	0.39
仙桃市	113	292.87	84.14	80.19	38.09	10.83	11.36	5.68	38.46
潜江市	38	84.70	8.18	45.02	31.28	1.43	4.05	1.11	10.77
天门市	23	80.79	0.94	55.76	26.01	2.59	5.37	0.85	29.73
神农架									

1-B-16 续表

地 区				主营业务 收 入	主营业务 成 本	主营业务 税金及附加	销售费用	管理费用	
	个人资本	港澳台资本	外商资本						税金
全 省	**82.88**	**10.67**	**1.22**	**1885.96**	**1625.95**	**15.78**	**45.84**	**79.28**	**4.45**
武汉市	5.37		0.23	79.05	69.66	0.46	1.64	3.24	0.13
黄石市	2.84	0.34		20.88	19.19	0.18	0.27	0.52	0.01
十堰市	0.88			16.68	15.28	0.08	0.11	0.23	0.03
宜昌市	2.96	1.86		81.79	69.87	0.89	1.61	2.47	0.20
襄阳市	11.67	0.26	0.03	355.32	322.70	2.20	3.69	19.68	0.38
鄂州市	0.14			12.51	10.85	0.15	0.43	0.43	0.01
荆门市	2.21	1.50	0.34	97.10	83.40	0.97	2.70	2.07	0.19
孝感市	21.31	1.09		260.95	206.97	4.22	9.20	14.61	0.26
荆州市	7.13	0.51		123.25	110.51	0.88	1.72	3.88	1.14
黄冈市	11.27	1.40	0.24	155.25	141.17	1.06	2.33	4.45	0.19
咸宁市	5.78	2.78		188.49	160.67	1.77	3.71	4.15	0.16
随州市	1.10		0.26	37.20	32.74	0.23	1.10	1.06	0.04
恩施州	0.06			1.25	1.08	0.01	0.02	0.04	0.02
仙桃市	3.64	0.33	0.12	293.14	235.93	1.81	14.62	18.20	1.49
潜江市	2.33	0.10		83.22	77.24	0.47	0.68	1.36	0.05
天门市	4.18	0.50		79.88	68.68	0.41	2.01	2.89	0.16
神农架									

工业企业主要经济指标

单位：亿元

固定资产原价	累计折旧	负债合计	流动负债合计	应付账款	所有者权益合计	实收资本	国家资本	集体资本	法人资本
844.69	**501.46**	**400.15**	**311.67**	**53.88**	**417.00**	**185.05**	**5.59**	**2.29**	**82.27**
30.01	10.11	35.46	30.62	2.90	22.00	8.72	1.59	0.01	1.52
9.56	2.56	11.36	10.25	1.53	6.58	3.64		0.05	0.41
4.69	1.43	6.45	4.91	1.03	3.69	1.41			0.52
41.28	18.98	29.27	20.52	1.84	21.23	6.68			1.86
81.23	25.73	78.62	64.59	11.86	66.85	26.77	1.73	0.11	12.84
1.56	0.71	1.05	0.98	0.09	1.48	0.35			0.21
64.11	45.77	19.77	14.63	1.22	24.10	5.59			1.54
249.22	195.25	43.09	30.80	6.70	55.04	28.86	1.01	0.25	5.20
168.57	137.09	41.21	32.43	5.18	32.96	13.66	0.04	1.71	4.29
31.76	9.17	33.65	26.49	3.28	29.06	17.59		0.15	4.53
41.53	11.97	25.66	18.47	4.28	38.22	14.17			5.62
5.89	1.20	4.58	3.95	0.86	6.47	3.33			1.97
0.45	0.15	0.45	0.31		0.57	0.17			0.11
57.78	23.48	35.87	23.52	9.34	43.37	19.40	1.00		14.31
13.12	3.54	10.90	9.67	1.53	32.44	27.07		0.01	24.62
43.94	14.31	22.76	19.54	2.23	32.92	7.64	0.23		2.73

单位：亿元

财务费用	利息收入	利息支出	营业利润	投资收益（损失以“-”号记）	利润总额	应交所得税	亏损企业亏损额	利税总额	应交增值税	从业人员平均人数（万人）
29.77	**0.40**	**18.63**	**110.68**	**−2.94**	**111.90**	**10.95**	**3.80**	**180.11**	**52.27**	**29.03**
1.07	0.20	0.75	2.79	−1.90	3.34	0.21	0.19	5.25	1.43	1.37
0.36		0.36	0.38	−0.05	0.39	0.07	0.12	0.96	0.40	0.44
0.36		0.35	0.68	−0.16	0.75	0.03		1.14	0.31	0.22
1.66	0.01	1.54	5.58	0.02	5.28	1.30	1.20	10.90	4.65	1.49
4.17	0.09	3.46	19.80	0.01	20.79	2.72	0.64	31.17	8.18	4.52
0.28		0.13	0.35		0.23	0.04		1.57	1.19	0.19
1.16	0.01	1.02	4.15		4.22	0.13	0.19	7.08	1.90	0.86
9.94	0.01	1.70	15.85	0.09	16.15	1.19	0.36	25.05	4.68	4.85
1.64	0.04	1.39	5.90	0.10	5.69	0.42	0.42	9.42	2.84	2.35
1.46	0.01	1.24	11.88	0.01	11.92	0.53	0.17	16.97	3.96	2.21
2.19	0.01	1.88	15.03		14.98	1.77	0.23	22.13	5.37	2.35
0.40		0.36	2.21		2.22	0.17	0.03	3.71	1.26	0.47
0.03		0.03	0.04		0.04	0.01		0.20	0.15	0.02
3.44		3.10	19.09	0.30	19.10	1.86	0.17	33.37	12.46	5.35
0.48		0.28	2.59	−1.37	2.59	0.33		3.74	0.69	1.04
1.13		1.06	4.37		4.24	0.18		7.45	2.81	1.30

1-B-17 规模以上纺织服装、服饰业

地 区	企 业 单位数 (个)	工业销售 产 值 (当年价格)	出口交货值	资产总计	流动资产 合 计	应收账款	存货	产成品	固定资产 合 计
全 省	**527**	**809.71**	**89.61**	**396.74**	**234.39**	**38.73**	**50.32**	**26.62**	**126.10**
武汉市	45	79.86	0.04	71.70	46.22	10.60	18.30	11.67	13.77
黄石市	27	28.66	8.71	44.97	34.86	2.18	8.78	2.75	7.07
十堰市	9	5.67	0.23	4.35	3.15	0.70	1.26	0.78	0.83
宜昌市	25	38.91	0.18	18.05	9.65	2.34	1.61	0.95	6.39
襄阳市	41	57.21	3.58	15.85	6.21	1.65	1.76	0.48	6.11
鄂州市	27	55.11	2.76	8.65	4.60	1.16	1.03	0.68	2.79
荆门市	32	68.07	4.73	26.28	11.38	2.44	4.64	2.90	9.83
孝感市	64	68.17	3.40	22.02	6.78	0.91	2.03	0.80	14.78
荆州市	39	35.57	2.05	16.04	8.25	4.03	1.89	1.24	6.21
黄冈市	61	48.43	5.79	18.11	8.27	3.28	1.82	0.57	8.54
咸宁市	54	63.17	3.92	17.68	6.56	1.03	0.88	0.46	11.01
随州市	36	48.19	2.59	11.63	4.92	1.49	1.31	0.62	6.05
恩施州	4	2.33		0.61	0.29	0.08	0.08	0.02	0.26
仙桃市	17	74.23	17.60	19.21	8.22	2.39	1.12	0.63	10.37
潜江市	33	95.04	9.41	67.14	53.79	1.67	0.96	0.72	11.20
天门市	13	41.09	24.63	34.47	21.25	2.78	2.86	1.36	10.89
神农架									

1-B-17 续表

地 区	个人资本	港澳台资本	外商资本	主营业务 收 入	主营业务 成 本	主营业务 税金及附加	销售费用	管理费用	税金
全 省	**37.36**	**5.75**	**1.32**	**789.53**	**678.68**	**6.99**	**25.50**	**32.90**	**2.97**
武汉市	2.59	2.21		77.62	61.12	0.45	5.97	4.02	0.07
黄石市	0.32	1.14	0.35	32.81	27.37	0.31	2.95	1.64	0.08
十堰市	0.27			5.71	4.91	0.01	0.05	0.11	
宜昌市	2.09	0.09		38.22	31.74	0.32	1.80	2.17	0.31
襄阳市	1.15	0.60	0.01	46.87	47.85	1.37	0.77	3.08	0.10
鄂州市	1.82	0.09		52.21	45.89	0.40	1.80	1.73	0.03
荆门市	1.88	0.15	0.87	69.06	59.72	0.34	1.24	2.78	0.14
孝感市	16.29	0.04		68.93	59.13	0.90	1.16	2.04	0.10
荆州市	2.89	0.01		35.09	31.38	0.13	0.47	2.58	1.16
黄冈市	3.02	0.36		47.45	42.55	0.18	0.84	1.21	0.05
咸宁市	1.18	0.01		62.77	53.16	1.08	1.20	1.65	0.04
随州市	1.74	0.55		47.37	39.20	0.45	1.78	1.87	0.05
恩施州	0.15	0.10		2.34	2.05	0.01	0.07	0.11	0.03
仙桃市	0.34		0.05	73.46	59.60	0.31	2.52	3.57	0.56
潜江市	1.15	0.41	0.04	88.52	79.81	0.50	1.31	2.00	0.12
天门市	0.47			41.12	33.21	0.23	1.55	2.36	0.12
神农架									

工业企业主要经济指标

单位：亿元

固定资产原　价	累计折旧	负债合计	流动负债合　计	应付账款	所有者权益合计	实收资本	国家资本	集体资本	法人资本
262.59	**145.05**	**184.66**	**154.54**	**30.59**	**211.32**	**125.00**	**0.73**	**0.77**	**78.56**
18.17	5.69	43.76	41.44	8.02	26.66	10.46	0.09	0.30	4.74
8.03	1.86	34.61	32.86	1.94	10.37	5.29	0.53		2.94
0.95	0.20	2.73	2.21	0.66	1.31	0.59			0.32
8.42	3.26	11.85	10.40	2.69	6.20	3.64			1.45
7.79	2.04	7.16	6.14	1.49	8.68	3.65		0.11	1.78
3.54	0.96	3.87	2.49	0.39	4.75	3.09			1.18
22.02	12.53	15.61	9.77	2.42	10.67	3.92			1.02
88.29	73.94	5.15	4.34	1.74	19.16	16.54			0.21
16.03	10.42	8.07	6.81	1.34	7.92	4.10	0.07	0.20	0.94
9.84	2.02	7.83	5.39	1.61	10.04	4.59		0.10	1.11
12.54	2.42	4.14	3.34	0.79	13.33	2.80			1.61
6.90	1.45	4.27	3.43	1.24	6.87	3.76		0.01	1.45
0.65	0.39	0.18	0.09	0.05	0.43	0.25			0.00
27.00	17.31	10.09	8.20	0.88	8.92	1.90			1.52
12.88	1.78	8.96	5.42	2.56	57.96	53.71	0.03	0.05	52.03
19.56	8.79	16.39	12.18	2.75	18.08	6.73	0.01		6.25

单位：亿元

财务费用	利息收入	利息支出	营业利润	投资收益（损失以“−”号记）	利润总额	应　交所得税	亏损企业亏 损 额	利税总额	应　交增值税	从业人员平均人数（万人）
7.81	**0.64**	**6.19**	**50.03**	**−0.38**	**49.92**	**4.96**	**0.83**	**78.59**	**21.46**	**16.66**
1.28	0.03	0.95	4.27	−0.75	4.59	0.48	0.40	7.19	2.15	1.90
0.09	0.53	0.48	0.66	0.06	1.04	0.20	0.02	1.96	0.62	1.37
0.04		0.03	0.58		0.58	0.01		0.74	0.14	0.21
0.51	0.02	0.32	2.06	0.17	2.08	0.33	0.15	4.77	2.36	0.78
0.26	0.02	0.22	3.23		3.29	0.46		6.11	1.45	0.99
0.50		0.22	2.25		1.83	0.32		3.69	1.46	0.70
0.58	0.01	0.55	4.19	0.04	4.43	0.03	0.12	6.09	1.31	1.31
0.32		0.11	4.97	0.10	4.95	0.13	0.01	7.60	1.75	1.32
0.34		0.18	2.12		1.65	0.06	0.02	2.68	0.89	0.94
0.30	0.03	0.19	2.06		1.85	0.16	0.03	3.21	1.18	1.45
0.31		0.26	5.90		5.90	0.68		8.82	1.64	0.95
0.58		0.49	3.86		3.86	0.15	0.04	5.99	1.69	0.74
0.01		0.01	0.09		0.08	0.01		0.17	0.09	0.08
0.71		0.68	7.50		7.50	1.32		9.91	2.10	1.01
0.89		0.48	3.70		3.70	0.08		5.18	0.98	1.96
1.08		1.01	2.59		2.59	0.54	0.04	4.49	1.66	0.94

1-B-18 规模以上皮革、毛皮、羽毛及其制品

地区	企业单位数（个）	工业销售产值（当年价格）	出口交货值	资产总计	流动资产合计	应收账款	存货	产成品	固定资产合计
全省	**110**	**125.51**	**39.32**	**63.49**	**28.82**	**5.75**	**10.42**	**5.68**	**26.44**
武汉市	7	9.83	0.09	2.25	1.25	0.34	0.38	0.30	0.74
黄石市	11	12.46	9.47	7.92	2.08	0.46	0.44	0.12	5.14
十堰市	3	2.97		1.24	1.04	0.26	0.28	0.04	0.20
宜昌市	2	2.37		0.77	0.03	−0.04	0.02		0.62
襄阳市	4	4.46	3.01	6.37	2.47	0.39	1.08	0.96	3.90
鄂州市	7	7.91	0.11	2.00	0.93	0.20	0.29	0.25	0.61
荆门市	5	17.58	2.28	7.35	3.06	0.65	0.77	0.19	2.75
孝感市	35	28.96	17.40	13.83	6.66	1.20	2.38	1.40	6.52
荆州市	5	2.85	0.55	3.64	2.64	0.68	0.74	0.18	0.38
黄冈市	10	6.55	0.54	1.69	0.82	0.26	0.38	0.21	0.81
咸宁市	3	4.94	2.84	2.95	1.04	0.09	0.16	0.16	0.62
随州市	5	9.16	2.78	3.26	1.46	0.20	0.50	0.05	1.33
恩施州	6	7.12	0.26	6.82	3.32	0.34	2.48	1.40	1.55
仙桃市	4	7.06		2.98	1.84	0.69	0.43	0.37	1.08
潜江市	2	0.72		0.14	0.09	0.02	0.05	0.04	0.05
天门市	1	0.56		0.27	0.10	0.02	0.05	0.01	0.14
神农架									

1-B-18 续表

地区	个人资本	港澳台资本	外商资本	主营业务收入	主营业务成本	主营业务税金及附加	销售费用	管理费用	税金
全省	**8.10**	**0.74**	**3.29**	**120.41**	**104.06**	**1.07**	**2.33**	**6.31**	**0.60**
武汉市	0.13			9.94	9.43	0.03	0.08	0.19	
黄石市	0.20		3.23	7.87	7.01	0.05	0.22	0.56	0.06
十堰市	0.30			2.78	2.71	0.01	0.02	0.04	
宜昌市	0.01			1.73	1.52	0.02	0.01	0.12	0.01
襄阳市	0.05			4.53	4.09	0.03	0.07	0.18	
鄂州市	0.10			7.85	7.07	0.05	0.06	0.79	0.01
荆门市	1.01	0.21		17.44	14.38	0.12	0.17	1.78	0.35
孝感市	4.67			28.89	24.81	0.26	0.67	1.09	0.07
荆州市	0.04			2.74	2.41	0.00	0.04	0.20	0.01
黄冈市	0.17	0.02		6.52	6.14	0.01	0.09	0.10	0.01
咸宁市	0.10			5.01	3.87	0.21	0.18	0.29	0.00
随州市	0.39	0.51	0.06	9.37	7.34	0.04	0.49	0.51	0.05
恩施州	0.73			7.30	6.66	0.02	0.05	0.09	0.01
仙桃市	0.15			7.15	5.47	0.22	0.18	0.33	0.01
潜江市	0.05			0.72	0.69			0.01	
天门市				0.56	0.48		0.02	0.02	
神农架									

和制鞋业工业企业主要经济指标

单位：亿元

固定资产原价	累计折旧	负债合计	流动负债合计	应付账款	所有者权益合计	实收资本	国家资本	集体资本	法人资本
42.56	**20.58**	**34.85**	**26.87**	**6.49**	**27.82**	**20.98**		**0.20**	**5.21**
1.08	0.35	0.80	0.80	0.15	1.45	0.29			0.16
6.00	0.87	4.40	1.37	0.50	3.52	3.68			0.26
0.45	0.26	0.59	0.52	0.35	0.65	0.30			0.00
0.54	0.12	0.21	0.20	0.02	0.56	0.32			0.31
0.80	0.56	2.50	2.02	0.59	3.87	4.21			0.72
0.74	0.13	1.25	1.06	0.19	0.71	0.53			0.43
3.91	1.16	5.66	4.96	0.73	1.70	1.43			0.22
21.08	14.83	5.27	4.02	1.54	8.08	6.21		0.20	1.34
1.67	1.30	3.12	3.07	0.17	0.52	0.59			0.55
0.87	0.14	1.07	0.90	0.48	0.63	0.37			0.17
0.70	0.18	1.89	1.68	0.04	1.06	0.70			0.60
1.51	0.20	1.75	1.60	0.52	1.21	1.09			0.13
1.69	0.25	4.00	2.47	0.43	2.82	0.81			0.08
1.27	0.19	2.12	1.98	0.72	0.86	0.40			0.25
0.06	0.01	0.09	0.09	0.03	0.05	0.05			
0.16	0.02	0.14	0.14	0.03	0.13	0.01			0.01

单位：亿元

财务费用	利息收入	利息支出	营业利润	投资收益（损失以“−”号记）	利润总额	应交所得税	亏损企业亏损额	利税总额	应交增值税	从业人员平均人数（万人）
1.64	**0.09**	**1.54**	**5.14**	**0.04**	**5.32**	**0.28**	**0.12**	**9.67**	**3.22**	**3.42**
0.06		0.06	0.12	−0.13	0.12			0.24	0.09	0.07
	0.02	0.07	0.07		0.11	0.01		0.24	0.08	1.15
−0.03	0.04		0.04		0.06			0.10	0.04	0.02
			0.07		0.04	0.01		0.16	0.10	0.19
0.07		0.08	0.01		0.02	0.01	0.03	0.27	0.22	0.42
0.02		0.01	0.20		0.20			0.44	0.18	0.10
0.61	0.03	0.67	0.38		0.46	0.01		0.95	0.37	0.35
0.15		0.04	1.68	0.17	1.73	0.10		2.86	0.82	0.37
0.08		0.06	0.03		0.03		0.09	0.16	0.12	0.11
0.04		0.02	0.15		0.15	0.02		0.27	0.11	0.19
0.09		0.09	0.40		0.40	0.04		0.90	0.29	0.11
0.21		0.09	0.83		0.85	0.01		1.29	0.39	0.13
0.14		0.13	0.36		0.35	0.05		0.46	0.10	0.08
0.20		0.20	0.75		0.75	0.02		1.26	0.29	0.10
0.01		0.01	0.01		0.01			0.02	0.01	0.01
			0.04		0.04			0.05	0.01	0.01

1-B-19 规模以上木材加工和木、竹、藤、棕、

地区	企业单位数(个)	工业销售产值(当年价格)	出口交货值	资产总计	流动资产合计	应收账款	存货	产成品	固定资产合计
全省	**242**	**345.40**	**1.60**	**205.06**	**98.35**	**12.11**	**26.41**	**11.42**	**82.91**
武汉市	24	18.92		7.04	3.87	1.02	1.29	0.74	2.36
黄石市	3	2.57		1.65	0.81	0.32	0.28	0.24	0.84
十堰市	5	2.17	0.66	1.05	0.82	0.43	0.31	0.16	0.19
宜昌市	20	42.93	0.66	23.15	5.19	0.72	1.33	0.70	10.44
襄阳市	20	23.83		10.46	3.33	1.05	1.26	0.56	3.24
鄂州市	2	1.16		0.34	0.11	0.05	0.06	0.06	0.22
荆门市	16	28.66		18.95	10.45	0.41	4.41	2.48	6.65
孝感市	26	41.24		28.66	15.19	2.79	4.79	1.15	11.83
荆州市	20	35.77		21.90	9.57	0.99	3.88	1.07	8.43
黄冈市	28	37.26	0.27	13.33	6.12	0.80	1.94	1.11	6.45
咸宁市	36	59.18		25.32	10.23	2.28	3.19	1.53	13.97
随州市	8	11.92		6.00	2.11	0.42	1.28	0.53	3.44
恩施州	19	10.87		5.70	2.51	0.41	0.88	0.32	2.00
仙桃市	5	7.58		1.45	0.56	0.11	0.17	0.13	0.89
潜江市	3	6.65		27.91	24.38	0.03	0.09	0.07	2.99
天门市	7	14.68		12.16	3.10	0.26	1.25	0.59	8.96
神农架									

1-B-19 续表

地区	个人资本	港澳台资本	外商资本	主营业务收入	主营业务成本	主营业务税金及附加	销售费用	管理费用	税金
全省	**20.03**	**0.10**	**0.14**	**341.23**	**285.51**	**4.63**	**8.67**	**9.83**	**0.94**
武汉市	0.56			17.87	14.47	0.16	0.36	0.62	0.11
黄石市	0.30			2.51	2.18	0.03	0.06	0.12	
十堰市	0.02			2.17	2.01	0.01	0.06	0.05	
宜昌市	2.69			43.19	35.73	0.42	1.19	1.43	0.07
襄阳市	0.85			23.72	19.97	0.4	0.40	0.49	0.06
鄂州市	0.03			1.09	1.01	0.02	0.02	0.20	
荆门市	0.73			29.80	23.91	0.49	0.66	0.94	0.26
孝感市	3.65			40.90	31.13	0.96	1.60	1.36	0.02
荆州市	1.52		0.14	34.31	29.94	0.19	0.98	0.95	0.09
黄冈市	1.90			35.95	32.36	0.25	0.59	0.57	0.10
咸宁市	2.69	0.10		56.92	49.03	1.11	1.06	1.21	0.09
随州市	2.00			12.84	11.46	0.11	0.18	0.22	0.01
恩施州	1.29			10.93	8.07	0.29	0.50	0.48	0.06
仙桃市	0.07			7.80	6.91	0.04	0.22	0.19	0.04
潜江市	0.03			6.65	5.67	0.05	0.15	0.26	
天门市	1.71			14.59	11.68	0.11	0.66	0.74	0.02
神农架									

草制品业工业企业主要经济指标

单位：亿元

固定资产原价	累计折旧	负债合计	流动负债合计	应付账款	所有者权益合计	实收资本	国家资本	集体资本	法人资本
150.69	**69.76**	**81.42**	**51.96**	**10.70**	**122.82**	**60.85**	**0.72**	**0.15**	**39.71**
2.86	0.73	3.64	2.95	0.70	3.29	1.52	0.20	0.01	0.76
1.03	0.21	0.93	0.36	0.09	0.72	0.38			0.08
0.72	0.54	0.70	0.55	0.38	0.36	0.07			0.06
13.65	3.68	12.92	9.99	1.07	10.23	2.91			0.22
7.23	1.95	4.10	2.62	0.54	6.22	2.56			1.71
0.32	0.10	0.06	0.01	0.01	0.28	0.08	0.01		0.04
11.89	5.52	9.22	4.49	0.28	9.67	1.18			0.46
20.78	9.56	12.17	8.00	3.36	16.63	4.88	0.50	0.07	0.66
42.80	33.86	8.98	6.04	1.24	12.91	6.05			4.38
9.30	3.50	4.82	4.09	0.68	8.01	3.96		0.07	1.98
17.35	5.36	9.00	6.13	1.44	16.26	4.06			1.27
4.30	0.89	4.43	0.55	0.41	1.56	2.11			0.11
2.61	0.74	2.65	1.95	0.25	2.99	1.85			0.56
1.35	0.56	0.49	0.21	0.02	0.96	0.19			0.12
3.52	0.52	1.33	1.33	0.05	26.58	26.57			26.53
10.97	2.03	5.98	2.69	0.17	6.15	2.48			0.77

单位：亿元

财务费用	利息收入	利息支出	营业利润	投资收益（损失以“-”号记）	利润总额	应交所得税	亏损企业亏损额	利税总额	应交增值税	从业人员平均人数（万人）
4.04	**0.05**	**2.82**	**26.07**	**0.09**	**27.16**	**2.18**	**0.10**	**43.53**	**11.64**	**3.84**
0.30		0.20	1.75		1.76	0.02		2.14	0.22	0.24
0.03	0.02	0.01	0.09		0.10	0.01		0.23	0.10	0.03
0.02		0.01	0.03		0.03	0.01		0.06	0.02	0.04
0.24		0.23	4.07		4.12	0.62		6.59	2.06	0.39
0.24		0.14	2.06		2.28	0.27		3.36	0.68	0.27
0.01		0.01	0.04		0.04			0.08	0.02	0.02
0.53		0.52	2.17		2.40	0.14		4.15	1.25	0.28
0.48	0.01	0.11	3.77		3.82	0.05		6.11	1.31	0.36
0.44		0.35	1.81	0.04	2.23	0.19	0.04	4.08	1.66	0.39
0.21	0.01	0.15	1.10		1.12	0.15	0.04	2.27	0.87	0.50
0.51		0.32	4.26	0.04	4.41	0.53	0.02	7.16	1.60	0.59
0.30		0.25	1.77		1.77			2.45	0.57	0.14
0.16	0.01	0.16	1.26		1.20	0.11		1.95	0.46	0.17
0.04		0.05	0.49		0.49	0.09		0.69	0.16	0.09
0.22			0.31		0.31			0.37	0.01	0.03
0.33		0.32	1.09		1.09			1.86	0.65	0.29

1-B-20 规模以上家具制造业

地 区	企业单位数（个）	工业销售产值（当年价格）	出口交货值	资产总计	流动资产合计	应收账款	存货	产成品	固定资产合计
全 省	**101**	**114.33**	**1.02**	**79.77**	**31.02**	**5.88**	**8.40**	**3.90**	**43.21**
武汉市	17	12.64	0.21	11.51	6.86	1.82	2.41	0.41	2.37
黄石市									
十堰市	2	0.69		0.23	0.11	0.05	0.05	0.03	0.11
宜昌市	7	5.41		2.69	1.31	0.28	0.44	0.23	1.05
襄阳市	7	4.35	0.29	3.20	1.56	0.34	0.74	0.30	1.57
鄂州市	2	3.15		0.52	0.32	0.07	0.03	0.02	0.20
荆门市	8	5.52		2.33	0.53	0.07	0.29	0.21	1.16
孝感市	7	9.22	0.27	6.74	3.76	0.30	0.77	0.19	2.82
荆州市	7	5.19	0.25	2.43	0.98	0.30	0.53	0.49	1.20
黄冈市	7	6.03		3.36	1.29	0.20	0.51	0.38	1.86
咸宁市	17	41.29		32.72	7.99	1.25	1.20	0.82	24.10
随州市	1	2.62		0.52	0.05	0.02	0.03	0.03	0.47
恩施州	2	1.03		1.70	0.34	0.09	0.16	0.06	0.42
仙桃市	1	0.25		0.72	0.09	0.05	0.04	0.03	0.62
潜江市	14	10.46		6.07	2.20	0.60	0.86	0.52	3.87
天门市	2	6.47		5.03	3.63	0.44	0.33	0.18	1.40
神农架									

1-B-20 续表

地 区	个人资本	港澳台资本	外商资本	主营业务收入	主营业务成本	主营业务税金及附加	销售费用	管理费用	税金
全 省	**5.85**	**0.04**	**0.34**	**112.50**	**94.19**	**1.14**	**4.06**	**5.53**	**0.21**
武汉市	1.38	0.03	0.18	12.36	10.12	0.08	1.01	0.78	0.01
黄石市									
十堰市				0.69	0.47	0.01	0.07	0.05	0.01
宜昌市	0.29			5.30	4.29	0.05	0.28	0.25	0.03
襄阳市	0.10			4.36	3.71	0.04	0.13	0.17	0.01
鄂州市	0.03			3.29	2.95	0.01	0.08	0.08	
荆门市	0.34			5.41	4.16	0.15	0.22	0.24	0.04
孝感市	2.04		0.16	8.58	7.55	0.13	0.16	0.24	0.01
荆州市	0.39			5.18	4.34	0.07	0.18	0.18	0.01
黄冈市	0.38	0.01		5.83	5.13	0.02	0.20	0.75	0.01
咸宁市	0.77			41.06	34.38	0.39	1.08	1.94	0.05
随州市				2.62	1.74	0.02	0.21	0.24	0.02
恩施州	0.08			1.04	0.82	0.01	0.06	0.08	
仙桃市				0.25	0.20		0.02	0.01	
潜江市	0.04			10.06	9.26	0.11	0.10	0.12	
天门市	0.02			6.47	5.08	0.04	0.26	0.39	0.02
神农架									

工业企业主要经济指标

单位：亿元

固定资产原价	累计折旧	负债合计	流动负债合计	应付账款	所有者权益合计	实收资本	国家资本	集体资本	法人资本
107.73	**73.27**	**31.65**	**25.48**	**6.77**	**47.58**	**11.80**	**0.25**	**0.01**	**4.86**
3.15	0.92	6.72	5.97	1.38	4.76	2.34			0.30
0.09	0.02	0.12	0.11	0.04	0.11	0.05			0.05
1.14	0.33	1.55	1.20	0.45	1.08	0.71			0.42
1.80	0.24	1.29	1.24	0.16	1.91	0.28	0.01	0.01	0.17
0.23	0.03	0.32			0.20	0.13			0.10
0.82	0.44	0.87	0.62	0.13	1.42	0.40			0.06
37.02	34.42	3.07	2.20	0.12	3.67	2.95	0.24		0.51
11.29	10.11	1.00	0.85	0.13	1.43	0.39			
1.81	0.24	1.86	1.56	0.15	1.50	0.59			0.20
27.74	8.61	8.09	5.82	3.71	24.57	2.05			1.28
0.55	0.08	0.07	0.07		0.45	0.37			0.37
0.51	0.09	0.61	0.60	0.02	1.09	0.58			0.50
0.34	0.04	0.36	0.21	0.09	0.35	0.05			0.05
2.80	0.67	3.12	3.05		2.62	0.63			0.60
18.44	17.04	2.60	1.98	0.39	2.43	0.27			0.25

单位：亿元

财务费用	利息收入	利息支出	营业利润	投资收益（损失以“−”号记）	利润总额	应交所得税	亏损企业亏损额	利税总额	应交增值税	从业人员平均人数（万人）
1.08	**0.01**	**0.94**	**6.43**	**−0.50**	**6.41**	**0.93**	**0.06**	**12.33**	**4.79**	**1.58**
0.17		0.16	0.27	−0.40	0.29	0.01	0.05	0.64	0.27	0.22
0.01		0.01	0.07		0.07	0.01		0.10	0.01	0.01
0.04		0.04	0.32		0.32	0.03	0.01	0.58	0.21	0.08
0.03		0.03	0.28		0.26	0.06		0.82	0.52	0.08
			0.16		0.16	0.04		0.24	0.07	0.01
0.04		0.03	0.55		0.55	0.06		0.87	0.17	0.08
0.11		0.08	0.26		0.26			0.45	0.06	0.20
0.12		0.06	0.17		0.17	0.01		0.39	0.14	0.11
0.06		0.06	0.22		0.22	0.03		0.30	0.07	0.16
0.16		0.15	2.77		2.76	0.58		5.35	2.20	0.28
0.05		0.05	0.37		0.37			0.54	0.15	0.02
0.03		0.03	0.05		0.05			0.13	0.07	0.02
0.01		0.01	0.01		0.01			0.02	0.01	0.01
0.08		0.08	0.39	−0.10	0.39			1.07	0.57	0.14
0.17		0.16	0.52		0.52	0.10		0.83	0.27	0.17

1-B-21 规模以上造纸和纸制品业

地 区	企 业 单位数（个）	工业销售产 值（当年价格）	出口交货值	资产总计	流动资产合 计	应收账款	存货	产成品	固定资产合 计
全 省	**246**	**453.00**	**4.02**	**276.92**	**132.38**	**42.32**	**29.64**	**11.55**	**105.77**
武汉市	42	76.29	1.65	65.89	33.95	8.96	5.12	1.43	13.83
黄石市	5	6.28		2.27	1.02	0.34	0.35	0.13	1.10
十堰市	4	2.84		1.00	0.53	0.12	0.29	0.05	0.41
宜昌市	41	70.41		35.39	13.68	4.52	4.90	1.98	18.43
襄阳市	9	10.28		7.40	1.29	0.62	1.00	0.83	2.90
鄂州市	3	3.32		2.33	1.07	0.53	0.25		0.34
荆门市	12	10.82		5.13	2.44	0.66	0.66	0.24	2.28
孝感市	44	91.80	0.78	73.44	35.73	16.19	6.50	2.44	33.05
荆州市	21	75.59	0.19	24.72	10.96	2.13	4.84	2.42	12.21
黄冈市	15	6.73	0.00	5.72	2.35	1.12	0.59	0.27	2.46
咸宁市	17	24.86	1.41	15.35	6.63	1.24	1.88	0.48	7.18
随州市	8	9.19		5.21	1.97	0.47	0.52	0.27	2.34
恩施州	4	1.97		2.60	0.64	0.06	0.18	0.06	0.89
仙桃市	7	17.59		11.22	6.82	4.12	1.41	0.39	4.11
潜江市	8	30.47		8.43	5.18	0.29	0.33	0.14	1.57
天门市	6	14.57		10.81	8.12	0.94	0.81	0.41	2.70
神农架									

1-B-21 续表

地 区	个人资本	港澳台资本	外商资本	主营业务收 入	主营业务成 本	主营业务税金及附加	销售费用	管理费用	税金
全 省	**23.43**	**0.78**	**9.93**	**447.22**	**388.44**	**3.40**	**15.78**	**15.76**	**1.07**
武汉市	3.45	0.01	1.75	72.84	65.70	0.18	2.11	2.75	0.11
黄石市	0.09			6.16	5.28	0.02	0.21	0.39	
十堰市	0.01			2.80	2.43	0.02	0.03	0.05	0.01
宜昌市	3.79			69.17	58.00	0.45	3.58	3.94	0.50
襄阳市	0.16			10.22	9.24	0.04	0.10	0.25	0.02
鄂州市	0.04			3.32	3.00	0.04	0.08	0.06	
荆门市	0.21	0.02		10.48	8.91	0.06	0.35	0.50	0.07
孝感市	9.40	0.75	6.88	97.66	79.43	1.38	4.80	3.28	0.11
荆州市	2.03			72.02	68.25	0.07	0.95	0.82	0.01
黄冈市	0.95		0.05	6.87	5.90	0.02	0.20	0.30	0.03
咸宁市	0.52		1.25	24.54	21.26	0.72	0.79	0.68	0.10
随州市	0.98			8.85	7.59	0.08	0.35	0.31	0.01
恩施州	0.46			1.97	1.51	0.01	0.04	0.07	0.01
仙桃市	0.22			16.26	12.35	0.11	1.45	1.19	0.03
潜江市	0.94			29.50	27.98	0.10	0.30	0.16	0.01
天门市	0.19			14.57	11.59	0.09	0.44	1.01	0.06
神农架									

工业企业主要经济指标

单位：亿元

固定资产原价	累计折旧	负债合计	流动负债合计	应付账款	所有者权益合计	实收资本	国家资本	集体资本	法人资本
329.39	**231.39**	**147.62**	**114.93**	**27.71**	**129.71**	**107.05**	**1.49**	**1.80**	**29.44**
19.99	8.10	51.12	43.80	6.69	14.77	9.70	1.38	0.05	2.89
1.25	0.24	0.90	0.87	0.09	1.37	0.36			0.27
0.39	0.09	0.53	0.45	0.06	0.47	0.14			0.14
26.10	8.92	19.29	16.36	4.96	16.10	6.81			3.02
3.81	0.92	4.53	2.29	0.58	2.78	1.04		0.05	0.83
0.42	0.11	1.99	0.13	0.07	0.31	0.21			0.17
2.55	0.35	1.40	1.25	0.24	3.73	0.63			0.39
108.51	75.92	34.06	23.32	7.61	40.30	64.87	0.11	0.16	7.56
137.12	125.01	9.83	8.46	2.65	14.87	4.43		1.44	0.97
2.64	0.30	3.14	2.45	0.56	2.58	1.13			0.13
7.58	3.51	4.25	3.34	1.21	11.10	6.93		0.10	5.06
3.31	1.02	3.08	2.95	0.39	2.02	1.42			0.44
1.02	0.37	1.15	0.79	0.12	1.22	0.46			
5.87	1.94	4.72	3.73	0.84	6.49	3.53			3.31
1.80	0.25	1.60	1.40	0.78	6.83	4.79			3.85
7.04	4.34	6.05	3.34	0.85	4.77	0.60			0.42

单位：亿元

财务费用	利息收入	利息支出	营业利润	投资收益（损失以“–”号记）	利润总额	应交所得税	亏损企业亏损额	利税总额	应交增值税	从业人员平均人数（万人）
5.61	**0.39**	**4.71**	**25.30**	**0.28**	**21.74**	**2.83**	**2.43**	**38.03**	**12.75**	**4.67**
1.29	0.33	1.27	1.57	0.14	1.67	0.28	1.08	3.01	1.15	0.64
0.07		0.03	0.19		0.19	0.04	0.02	0.34	0.12	0.06
0.01		0.01	0.27		0.19			0.45	0.24	0.02
1.29	0.01	1.12	5.14	0.01	2.54	0.35	0.36	6.71	3.72	0.72
0.15		0.14	0.59		0.58	0.05		1.08	0.46	0.17
0.05		0.02	0.09		0.05			0.18	0.10	0.02
0.19		0.19	1.42		1.01	0.02		1.27	0.08	0.08
1.27	0.03	0.82	7.95	0.07	8.34	1.35	0.72	13.02	3.30	1.14
0.24	0.01	0.23	2.86		1.94	0.01	0.01	3.16	1.14	0.49
0.10		0.09	0.32		0.32	0.03	0.02	0.54	0.20	0.12
0.21		0.13	1.37	0.06	1.37	0.08	0.07	2.67	0.58	0.28
0.19		0.17	0.32		0.32	0.23	0.15	0.72	0.32	0.14
0.05		0.05	0.30	0.01	0.30	0.02		0.46	0.15	0.04
0.07		0.08	0.97		0.98	0.15		1.51	0.42	0.32
0.10		0.07	0.86		0.86	0.01		1.06	0.10	0.19
0.33		0.30	1.09		1.09	0.21		1.85	0.66	0.24

1-B-22 规模以上印刷和记录媒介

地区	企业单位数(个)	工业销售产值(当年价格)	出口交货值	资产总计	流动资产合计	应收账款	存货	产成品	固定资产合计
全省	**188**	**252.33**	**2.23**	**156.61**	**85.78**	**26.09**	**22.18**	**9.09**	**48.85**
武汉市	44	75.11	2.21	69.76	38.47	11.91	9.99	3.62	18.52
黄石市	3	1.25		5.92	2.73	0.15	0.53	0.10	0.27
十堰市	1	0.22		0.29	0.21	0.11	0.05	0.02	0.08
宜昌市	33	33.36		23.06	13.40	5.41	3.83	1.58	7.43
襄阳市	26	54.27		16.99	10.09	3.49	3.48	1.54	6.35
鄂州市	2	12.74		0.74	0.44	0.20	0.10	0.10	0.30
荆门市	5	2.69		1.56	0.63	0.22	0.22	0.17	0.83
孝感市	26	24.33		16.65	8.90	2.19	1.74	1.09	5.75
荆州市	4	4.96		2.73	0.76	0.21	0.17	0.11	1.67
黄冈市	5	2.93		1.82	0.94	0.37	0.37	0.14	0.79
咸宁市	13	14.83	0.02	5.67	3.12	0.38	0.35	0.13	2.49
随州市	13	8.25		6.05	3.67	0.91	0.93	0.30	1.60
恩施州	5	1.75		1.55	0.96	0.18	0.18	0.04	0.53
仙桃市	4	11.16		1.84	0.65	0.25	0.17	0.09	1.18
潜江市	1	2.28		0.46	0.23	0.03	0.04	0.04	0.10
天门市	3	2.20		1.52	0.56	0.07	0.03	0.02	0.96
神农架									

1-B-22 续表

地区	个人资本	港澳台资本	外商资本	主营业务收入	主营业务成本	主营业务税金及附加	销售费用	管理费用	税金
全省	**12.40**	**0.92**	**0.17**	**238.29**	**199.38**	**1.63**	**7.47**	**17.94**	**1.30**
武汉市	2.33	0.67	0.07	66.23	52.51	0.38	2.44	5.88	0.11
黄石市				1.02	0.84	0.01		0.05	
十堰市		0.03		0.20	0.17	0.00	0.01	0.02	
宜昌市	1.22		0.10	29.46	24.11	0.26	1.05	1.40	0.07
襄阳市	1.80	0.20		54.86	50.41	0.36	0.61	5.20	0.14
鄂州市				12.26	11.19	0.02	0.20	0.29	
荆门市	0.01			2.69	2.15	0.06	0.10	0.08	
孝感市	4.97			24.25	19.92	0.17	0.94	1.25	0.15
荆州市	0.19			4.49	3.55	0.02	0.14	1.61	0.58
黄冈市	0.13			2.87	2.26	0.01	0.03	0.14	
咸宁市	0.83			13.75	11.60	0.11	0.60	0.33	0.02
随州市	0.39			8.87	7.34	0.08	0.37	0.45	0.02
恩施州	0.29			1.72	1.43	0.02	0.03	0.09	0.01
仙桃市		0.02		11.13	8.18	0.08	0.87	1.07	0.20
潜江市	0.15			2.29	1.79	0.03	0.02	0.02	
天门市	0.10			2.20	1.95	0.02	0.03	0.06	
神农架									

复制业工业企业主要经济指标

单位：亿元

固定资产原价	累计折旧	负债合计	流动负债合计	应付账款	所有者权益合计	实收资本	国家资本	集体资本	法人资本
102.80	**55.78**	**79.28**	**60.01**	**16.72**	**75.27**	**33.01**	**3.91**	**1.07**	**13.62**
35.46	17.67	36.53	30.09	8.91	33.27	13.32	3.24	0.08	6.05
0.27	0.02	3.07	0.35	0.34	1.95	0.13	0.02	0.11	
0.28	0.20	0.20	0.20	0.03	0.09	0.10	0.07		
11.91	4.66	13.03	9.63	2.27	10.02	3.56	0.17	0.81	1.23
7.97	2.02	8.70	7.32	1.68	7.60	3.68	0.31		1.37
0.34	0.04	0.37			0.37	0.11			0.11
1.03	0.27	0.93	0.40	0.18	0.63	0.27	0.05		0.22
30.37	24.73	7.45	5.64	1.31	8.93	5.89			0.92
2.96	1.30	1.63	0.72	0.25	1.10	0.71			0.52
1.56	0.84	1.04	0.69	0.36	0.78	0.52	0.01	0.07	0.31
3.19	0.84	1.72	1.02	0.31	3.84	2.14			1.31
2.52	1.03	2.56	2.32	0.70	3.36	1.43			1.04
0.94	0.41	0.79	0.59	0.22	0.75	0.29			
2.75	1.57	0.47	0.31	0.04	1.36	0.24			0.22
0.11	0.01	0.10	0.09	0.09	0.36	0.15			
1.12	0.16	0.68	0.65	0.04	0.85	0.48	0.04		0.34

单位：亿元

财务费用	利息收入	利息支出	营业利润	投资收益（损失以“-”号记）	利润总额	应交所得税	亏损企业亏损额	利税总额	应交增值税	从业人员平均人数（万人）
2.22	**0.12**	**1.81**	**15.76**	**−0.07**	**15.80**	**2.06**	**0.86**	**25.50**	**8.01**	**3.04**
0.67	0.06	0.59	5.04	−0.30	5.36	0.88	0.57	7.70	1.94	0.98
		0.01	0.12		0.12			0.19	0.07	0.02
			−0.01		−0.01		0.01		0.01	0.01
0.41	0.03	0.34	2.90	−0.01	2.91	0.32	0.04	4.68	1.51	0.50
0.26	0.03	0.21	1.97		1.61	0.22		3.99	1.98	0.45
			0.54		0.54	0.14		0.80	0.24	0.02
0.02		0.02	0.24		0.25			0.40	0.09	0.05
0.43		0.25	1.63	0.23	1.59	0.19	0.19	2.39	0.63	0.31
0.05		0.04	0.14		0.14	0.01		0.30	0.14	0.08
0.02		0.02	0.07		0.07		0.05	0.14	0.06	0.08
0.11		0.10	1.41		1.41	0.02		1.79	0.26	0.19
0.17		0.15	0.50		0.59	0.12		0.86	0.20	0.16
0.04		0.04	0.12		0.12	0.02		0.32	0.18	0.05
0.02		0.02	0.82		0.82	0.04		1.53	0.62	0.08
			0.17		0.17	0.09		0.22	0.01	0.03
0.01		0.01	0.11		0.11	0.01		0.20	0.06	0.03

1-B-23 规模以上文教、工美、体育和

地区	企业单位数（个）	工业销售产值（当年价格）	出口交货值	资产总计	流动资产合计	应收账款	存货	产成品	固定资产合计
全省	**94**	**140.33**	**11.87**	**74.73**	**45.42**	**5.60**	**18.51**	**6.64**	**19.72**
武汉市	14	38.49	2.03	31.65	23.73	2.52	11.45	3.94	4.68
黄石市	6	7.02	1.24	4.38	2.26	0.68	1.14	0.34	1.74
十堰市	1	0.80		0.23	0.17	0.01	0.16	0.13	0.06
宜昌市	5	7.53	2.02	14.82	9.29	0.53	2.84	0.41	2.05
襄阳市	14	29.01	1.25	4.97	2.09	0.27	0.53	0.36	1.93
鄂州市									
荆门市	3	1.44	0.48	0.85	0.47	0.26	0.19	0.04	0.35
孝感市	14	21.50	1.95	4.80	1.83	0.55	0.48	0.39	2.34
荆州市	5	2.63		2.12	1.04	0.07	0.18	0.07	0.90
黄冈市	7	5.19	0.09	1.31	0.63	0.11	0.34	0.17	0.68
咸宁市	13	16.04	2.82	5.56	2.07	0.32	0.93	0.60	3.29
随州市	2	4.26		0.42	0.14	0.02	0.02	0.01	0.19
恩施州	5	3.06		1.85	1.01	0.15	0.15	0.09	0.56
仙桃市	1	0.94		0.27	0.03	0.01			0.24
潜江市	1	1.10		0.02	0.01		0.01		0.01
天门市	3	1.34		1.47	0.65	0.10	0.10	0.07	0.72
神农架									

1-B-23 续表

地区	个人资本	港澳台资本	外商资本	主营业务收入	主营业务成本	主营业务税金及附加	销售费用	管理费用	税金
全省	**4.54**	**1.65**	**0.49**	**141.49**	**118.02**	**1.22**	**4.78**	**6.01**	**0.30**
武汉市	1.11			40.53	34.28	0.31	2.00	1.86	0.06
黄石市	0.05	1.27		6.94	6.17	0.04	0.18	0.18	
十堰市				0.80	0.62	0.05	0.01	0.03	
宜昌市			0.48	8.41	6.33	0.13	0.27	0.83	0.09
襄阳市	1.07			27.10	23.19	0.17	0.28	0.41	0.02
鄂州市									
荆门市	0.12			1.44	1.31		0.02	0.02	
孝感市	0.70	0.37	0.01	22.27	18.31	0.24	0.91	1.46	0.01
荆州市	0.47			2.69	2.40	0.01	0.10	0.06	
黄冈市	0.24			5.11	4.26	0.04	0.20	0.18	0.03
咸宁市	0.25			15.38	13.06	0.16	0.31	0.48	0.05
随州市	0.05			4.40	3.29	0.04	0.04	0.05	0.01
恩施州	0.43			3.06	1.98	0.01	0.30	0.32	0.01
仙桃市				0.92	0.77	0.01	0.04	0.02	
潜江市				1.10	1.09				
天门市	0.06			1.34	0.96	0.01	0.11	0.10	
神农架									

娱乐用品制造业工业企业主要经济指标

单位：亿元

固定资产原价	累计折旧	负债合计	流动负债合计	应付账款	所有者权益合计	实收资本	国家资本	集体资本	法人资本
54.66	**36.64**	**42.43**	**36.43**	**4.65**	**31.41**	**13.94**	**0.93**	**0.10**	**6.21**
7.20	3.43	20.33	18.15	1.16	11.24	4.77	0.93	0.09	2.63
1.93	0.22	2.01	1.94	0.51	2.37	1.71			0.40
0.06	0.02	0.16	0.06		0.04	0.03			0.03
2.55	0.60	10.12	8.84	1.65	4.29	2.10			1.63
2.67	0.87	2.47	2.09	0.26	2.49	1.39			0.30
0.42	0.08	0.52	0.52	0.20	0.33	0.12			
31.65	29.40	1.46	0.85	0.07	3.30	1.15			0.06
1.51	0.61	1.22	0.80	0.05	0.90	0.47			0.01
0.91	0.36	0.52	0.23	0.12	0.70	0.42			0.18
3.66	0.53	2.18	1.91	0.38	3.20	0.83		0.01	0.57
0.24	0.05	0.05			0.35	0.20			0.15
0.58	0.16	0.59	0.48	0.01	1.25	0.43			
0.31	0.06	0.07	0.07		0.20	0.05			0.05
0.01		0.01			0.01	0.01			0.01
0.97	0.25	0.74	0.49	0.22	0.74	0.26			0.20

单位：亿元

财务费用	利息收入	利息支出	营业利润	投资收益（损失以"−"号记）	利润总额	应交所得税	亏损企业亏损额	利税总额	应交增值税	从业人员平均人数（万人）
1.84	**0.03**	**1.64**	**8.84**	**0.04**	**8.99**	**0.88**	**0.81**	**14.47**	**4.23**	**1.97**
0.71	0.01	0.69	1.35	0.04	1.42	0.25	0.63	2.45	0.71	0.32
0.03		0.02	0.26		0.28	0.06	0.08	0.39	0.08	0.16
0.02		0.02	0.06		0.06			0.16	0.04	0.01
0.36	0.01	0.36	0.49		0.55	0.11	0.09	1.06	0.38	0.32
0.22		0.16	2.93		2.93	0.23		4.42	1.30	0.35
0.01		0.01	0.08		0.08			0.11	0.03	0.03
0.10		0.08	1.02		1.03	0.02		1.95	0.69	0.22
0.04		0.02	0.14		0.14	0.01		0.19	0.04	0.05
0.03		0.02	0.50		0.50			0.65	0.09	0.10
0.22		0.19	0.95		0.95	0.10		1.61	0.50	0.19
0.03		0.01	0.39		0.39			0.62	0.19	0.05
0.03		0.03	0.42		0.42	0.10		0.55	0.12	0.08
0.01		0.01	0.08		0.08			0.11	0.03	0.02
			0.01		0.01			0.01	0.01	0.01
0.03		0.03	0.14		0.14			0.19	0.04	0.07

1-B-24 规模以上石油加工、炼焦和

地区	企业单位数（个）	工业销售产值（当年价格）	出口交货值	资产总计	流动资产合计	应收账款	存货	产成品	固定资产合计
全省	**48**	**846.40**		**220.55**	**86.26**	**16.77**	**44.35**	**14.69**	**121.50**
武汉市	16	393.46		100.55	39.72	7.09	22.12	4.91	55.56
黄石市	1	38.82		19.99	2.78	1.11	1.02	0.10	15.12
十堰市	1	0.27		2.08	2.04	0.01	0.15	0.12	0.04
宜昌市	1	2.50		1.59	1.08	0.22	0.39	0.06	0.47
襄阳市	6	8.76		3.36	2.26	0.83	0.57	0.11	0.88
鄂州市	3	7.64		1.59	1.15	0.29	0.21	0.21	0.38
荆门市	9	315.89		54.73	19.49	6.40	11.28	0.99	34.76
孝感市	4	0.99		1.00	0.46	0.17	0.11	0.09	0.40
荆州市	1	11.98		4.04	2.67	0.45	1.49	1.15	0.74
黄冈市	3	1.33		0.68	0.38	0.19	0.07		
咸宁市									
随州市									
恩施州									
仙桃市									
潜江市	3	64.77		30.94	14.23	0.01	6.94	6.94	12.85
天门市									
神农架									

1-B-24 续表

地区	个人资本	港澳台资本	外商资本	主营业务收入	主营业务成本	主营业务税金及附加	销售费用	管理费用	税金
全省	**3.15**		**9.91**	**836.98**	**720.62**	**97.78**	**2.79**	**11.89**	**0.33**
武汉市	1.00			397.40	342.84	47.18	1.20	6.12	0.09
黄石市			9.91	10.70	9.40	0.17	0.01	0.11	0.05
十堰市				0.27	0.25		0.01	0.01	
宜昌市				2.50	2.63		0.12	0.06	0.02
襄阳市	0.36			8.52	7.86	0.09	0.15	0.17	
鄂州市				7.38	6.59	0.02	0.23	0.19	
荆门市	0.45			329.73	280.71	43.53	0.64	4.75	0.04
孝感市	0.43			1.00	0.87	0.01	0.02	0.04	
荆州市	0.79			13.18	11.53	0.01	0.15	0.10	0.04
黄冈市	0.06			1.33	1.28		0.02	0.01	
咸宁市									
随州市									
恩施州									
仙桃市									
潜江市	0.06			64.97	56.67	6.77	0.24	0.33	0.07
天门市									
神农架									

核燃料加工业工业企业主要经济指标

单位：亿元

		负债合计	流动负债合计		所有者权益合计	实收资本			
固定资产原价	累计折旧			应付账款			国家资本	集体资本	法人资本
197.73	**84.70**	**131.64**	**117.49**	**15.29**	**88.85**	**129.33**	**113.32**	**0.04**	**2.88**
90.59	35.36	47.25	45.14	2.21	53.26	79.39	78.06		0.30
18.55	3.49	6.21	6.21	1.63	13.78	9.91			
0.14	0.10	2.07	2.07	0.16	0.01	0.12			0.12
2.48	2.01	3.63	2.93	0.48	−2.04	0.77	0.77		
0.87	0.29	1.26	1.25	0.52	2.09	1.21	0.13	0.04	0.68
0.81	0.43	0.46	0.33	0.16	1.13	0.70			0.70
65.82	38.60	38.66	37.89	5.85	16.07	34.98	34.36		0.17
0.46	0.26	0.45	0.26	0.07	0.55	0.43			
0.90	0.16	3.51	3.51	3.40	0.53	0.79			
0.29	0.03	0.60	0.60	−0.03	0.08	0.08			0.02
16.82	3.97	27.53	17.30	0.84	3.40	0.96			

单位：亿元

财务费用			营业利润	投资收益（损失以“−”号记）	利润总额	应交所得税	亏损企业亏损额	利税总额	应交增值税	从业人员平均人数（万人）
	利息收入	利息支出								
2.77	**0.27**	**2.86**	**0.23**		**0.22**	**0.78**	**3.33**	**115.35**	**17.32**	**1.18**
0.67	0.12	0.78	−0.80		−0.66	0.23	1.47	51.69	5.17	0.46
0.08	0.01	0.09	0.98		0.98	0.26		2.43	1.25	0.06
								0.01	0.01	
−0.01	−0.01		−0.28		−0.22		0.22	−0.20	0.01	0.04
0.01		0.01	0.28		0.28	0.02	0.01	1.22	0.84	0.03
			0.40		0.40	0.06	0.00	0.56	0.14	0.02
0.87		0.85	−0.80		−1.02	0.21	1.36	51.10	8.58	0.39
0.02		0.02	0.05		0.05	0.01		0.08	0.01	0.02
0.04		0.03	0.54		0.54			1.06	0.52	0.01
			0.02		0.02			0.04	0.01	0.01
1.10	0.14	1.08	−0.14		−0.16		0.26	7.38	0.77	0.15

1-B-25 规模以上化学原料和化学制品

地区	企业单位数(个)	工业销售产值(当年价格)	出口交货值	资产总计	流动资产合计	应收账款	存货	产成品	固定资产合计
全省	**1028**	**3270.48**	**123.56**	**2531.73**	**1001.54**	**166.64**	**263.36**	**114.91**	**1027.26**
武汉市	119	185.42	10.19	329.98	114.41	35.10	26.29	12.74	30.49
黄石市	38	56.11	2.95	40.11	18.99	2.43	6.24	2.70	17.36
十堰市	35	42.70		21.91	10.51	3.20	3.30	1.45	8.24
宜昌市	110	1136.94	53.23	1033.34	338.35	40.08	95.04	41.32	505.21
襄阳市	139	324.42	9.92	219.15	98.84	19.95	23.89	10.71	87.47
鄂州市	23	70.41		17.39	10.12	2.75	1.98	1.80	6.07
荆门市	109	439.05	5.40	188.98	72.56	4.54	30.82	11.28	91.45
孝感市	96	297.96	2.40	203.89	108.37	18.55	32.00	10.33	88.85
荆州市	73	213.97	34.10	131.92	63.88	17.42	15.87	7.76	57.20
黄冈市	71	117.28	3.45	81.41	34.18	6.01	10.81	6.70	22.60
咸宁市	62	76.39		43.85	12.01	3.27	3.12	2.28	28.70
随州市	40	70.27	0.04	37.03	18.84	6.09	4.22	2.09	14.00
恩施州	17	9.73		5.36	1.95	0.51	0.47	0.24	2.10
仙桃市	33	74.24	0.89	41.32	26.26	3.97	4.66	1.73	9.92
潜江市	33	95.49	0.26	85.95	51.61	1.32	3.00	1.08	31.14
天门市	29	57.91	0.72	46.93	19.89	1.43	1.46	0.67	24.91
神农架	1	2.19		3.23	0.77	0.02	0.18	0.02	1.56

1-B-25 续表

地区	个人资本	港澳台资本	外商资本	主营业务收入	主营业务成本	主营业务税金及附加	销售费用	管理费用	税金
全省	**102.18**	**6.33**	**51.53**	**3347.22**	**2883.92**	**22.78**	**104.19**	**115.09**	**6.77**
武汉市	9.28	0.33	2.82	226.79	192.34	0.81	8.65	9.50	0.25
黄石市	2.77		0.51	54.77	45.77	0.41	1.63	3.17	0.08
十堰市	2.60			42.78	35.23	0.37	2.54	2.76	0.10
宜昌市	16.48	4.89	13.40	1205.55	1034.22	6.99	29.97	40.25	2.97
襄阳市	10.56		0.35	315.87	273.56	1.98	7.68	11.97	0.37
鄂州市	0.71			67.41	59.98	0.39	1.74	1.88	0.01
荆门市	17.25	0.01		439.92	389.09	2.96	12.06	10.11	1.03
孝感市	10.87	1.10	0.38	309.87	273.19	2.36	6.70	8.77	0.29
荆州市	10.13		14.67	210.46	176.11	1.32	10.84	9.29	0.58
黄冈市	3.36		0.16	85.46	76.03	0.38	2.40	2.90	0.22
咸宁市	4.38			77.12	64.92	2.73	1.69	1.87	0.08
随州市	4.09			69.27	60.68	0.37	3.01	2.46	0.10
恩施州	1.09			9.40	6.88	0.36	0.37	0.35	0.05
仙桃市	2.99		19.09	76.63	58.37	0.40	11.37	4.86	0.27
潜江市	0.97		0.15	94.86	86.18	0.46	1.90	2.42	0.22
天门市	4.65			58.84	49.63	0.38	1.64	2.45	0.15
神农架				2.19	1.74	0.11	0.01	0.05	0.02

制造业工业企业主要经济指标

单位：亿元

固定资产原价	累计折旧	负债合计	流动负债合计		所有者权益合计	实收资本			
				应付账款			国家资本	集体资本	法人资本
2256.86	**1134.34**	**1594.01**	**1103.07**	**219.37**	**927.34**	**439.04**	**37.00**	**16.36**	**181.42**
195.32	19.54	218.54	200.58	39.80	114.99	73.43	0.76	0.89	16.00
22.69	6.31	22.89	20.95	4.39	17.22	5.97		0.34	2.35
11.32	4.34	11.99	9.81	3.66	9.85	6.18		0.31	3.26
728.63	234.81	727.13	466.02	86.84	305.53	98.99	24.97	11.40	27.86
89.09	20.38	129.42	105.69	24.09	81.07	31.68	6.39	0.13	13.38
6.91	0.92	8.77	1.88	0.72	8.61	3.65			2.94
140.43	52.44	97.51	80.07	12.09	90.72	37.33	1.82	0.03	18.21
667.44	579.96	120.44	15.00	2.22	83.04	44.59	1.15	0.95	30.14
217.72	164.47	85.06	68.93	19.88	46.76	34.05	1.24		8.01
32.65	11.93	47.19	31.06	6.27	33.69	7.22	0.02	0.11	3.57
32.38	5.05	13.66	10.59	3.39	30.02	6.59		0.27	1.94
16.43	3.88	24.02	21.51	2.40	12.16	6.14		0.37	1.68
2.29	0.47	2.45	1.39	0.19	2.84	1.43			0.34
18.86	9.86	28.05	25.31	6.59	13.10	23.66		0.50	1.08
34.42	5.96	31.46	22.81	5.13	54.49	49.39	0.15	1.06	47.06
38.08	13.39	22.96	19.07	1.68	22.48	8.24			3.59
2.22	0.65	2.46	2.39	0.04	0.77	0.50	0.50		

单位：亿元

财务费用			营业利润	投资收益（损失以“–”号记）	利润总额	应交所得税	亏损企业亏损额	利税总额	应交增值税	从业人员平均人数（万人）
	利息收入	利息支出								
49.86	**1.89**	**45.27**	**221.01**	**2.20**	**213.44**	**18.24**	**13.22**	**325.27**	**87.84**	**21.72**
3.29	0.24	3.45	10.27	−1.63	10.31	1.45	0.41	15.19	4.04	1.65
0.82	0.02	0.58	2.86	−0.14	2.87	0.47	0.09	4.93	1.63	0.64
0.36		0.34	2.68	−1.00	2.61	0.37	0.25	5.09	2.08	0.48
25.22	0.95	24.50	101.59	2.55	97.23	5.93	1.58	144.86	40.62	5.45
3.59	0.08	2.52	24.21	0.01	25.37	2.41	0.22	35.83	7.52	2.67
0.21		0.09	2.91		2.90	0.57	0.03	4.79	1.50	0.20
4.14	0.03	3.38	23.99	0.30	23.19	2.10	1.85	29.52	3.36	2.44
2.64	0.08	2.48	8.61	0.21	9.06	0.38	3.01	18.06	6.63	1.97
3.28	0.07	2.26	11.97	1.49	14.12	1.99	1.83	21.99	6.54	1.54
0.92	0.35	1.14	12.14	0.03	3.24	0.35	0.15	5.09	1.40	0.96
0.65	0.02	0.46	6.31	0.04	6.88	1.04	0.01	12.46	2.80	0.58
0.63		0.51	3.91	0.33	5.95	0.24	0.04	8.36	2.04	0.65
0.10		0.09	1.02		1.02	0.07		1.89	0.51	0.17
1.24	0.02	1.27	2.29		2.33	0.67	2.65	6.65	3.93	0.73
1.91	0.02	1.47	2.11		2.20	0.12	1.11	3.78	1.12	0.76
0.78		0.75	3.96		3.96	0.04		6.22	1.88	0.82
0.08			0.19		0.20	0.04		0.56	0.25	0.02

1-B-26 规模以上医药制造业

地 区	企业单位数（个）	工业销售产值（当年价格）	出口交货值	资产总计	流动资产合计	应收账款	存货	产成品	固定资产合计
全 省	**359**	**820.79**	**65.35**	**710.41**	**341.80**	**74.82**	**72.66**	**34.40**	**227.70**
武汉市	76	191.65	8.53	275.58	148.69	37.34	29.35	14.27	67.07
黄石市	14	13.89	1.02	12.71	5.51	1.32	1.98	1.16	5.29
十堰市	21	23.92		12.95	5.80	1.33	2.74	1.33	5.20
宜昌市	23	111.99	15.00	118.22	46.77	8.27	8.59	2.78	41.77
襄阳市	24	53.46	3.95	27.02	11.56	2.45	3.71	1.39	7.39
鄂州市	13	95.07	0.00	12.97	7.34	2.79	1.39	1.12	5.26
荆门市	16	22.09	2.48	29.63	7.51	1.15	2.59	1.19	9.59
孝感市	19	25.17	0.00	23.99	13.35	1.46	1.96	1.14	8.25
荆州市	20	31.01	1.03	29.38	11.85	3.50	3.76	1.74	14.26
黄冈市	56	78.66	8.51	52.65	22.62	4.59	6.58	3.65	16.64
咸宁市	20	33.29	0.51	17.96	8.24	1.56	2.07	0.76	7.99
随州市	10	18.14		7.45	2.94	0.91	0.85	0.44	4.01
恩施州	14	13.05	1.06	11.63	5.41	1.41	1.74	1.03	4.36
仙桃市	11	44.75	1.43	15.74	7.21	2.04	1.81	0.87	8.34
潜江市	5	16.36	7.99	19.78	9.15	1.43	1.24	0.43	8.03
天门市	16	48.09	13.83	42.68	27.79	3.23	2.25	1.10	14.24
神农架	1	0.21	0.02	0.07	0.06	0.03	0.02	0.01	0.01

1-B-26 续表

地 区	个人资本	港澳台资本	外商资本	主营业务收入	主营业务成本	主营业务税金及附加	销售费用	管理费用	税金
全 省	**41.35**	**13.71**	**2.64**	**816.59**	**625.01**	**5.69**	**63.15**	**49.31**	**2.85**
武汉市	6.25	4.55	1.35	200.36	127.10	1.51	30.87	17.49	0.62
黄石市	0.62			12.24	10.14	0.10	0.61	0.74	0.02
十堰市	0.83			24.31	19.72	0.11	0.31	0.98	0.06
宜昌市	2.30	5.20	0.75	112.93	78.85	0.66	11.38	8.36	0.47
襄阳市	2.06			55.71	47.45	0.90	1.51	2.83	0.09
鄂州市	0.45			92.74	81.66	0.26	3.61	2.30	0.04
荆门市	12.17			22.46	20.71	0.11	0.46	1.06	0.08
孝感市	3.09			23.95	19.83	0.14	0.96	0.96	0.04
荆州市	3.00			30.29	24.14	0.16	1.00	1.95	0.06
黄冈市	4.88	3.86	0.12	70.39	60.32	0.43	3.25	2.88	0.18
咸宁市	1.16		0.40	30.21	24.88	0.41	2.09	0.85	0.05
随州市	0.96			18.15	14.44	0.15	1.28	0.85	0.05
恩施州	1.71			13.16	10.06	0.12	0.63	0.90	0.07
仙桃市	0.43	0.09	0.03	45.04	34.07	0.23	2.57	3.13	0.85
潜江市	0.20			16.36	13.44	0.09	0.90	0.92	0.04
天门市	1.20			48.09	38.03	0.30	1.69	3.11	0.13
神农架	0.01			0.21	0.18		0.02	0.01	

工业企业主要经济指标

单位：亿元

固定资产原价	累计折旧	负债合计	流动负债合计	应付账款	所有者权益合计	实收资本	国家资本	集体资本	法人资本
344.85	**134.98**	**346.43**	**252.36**	**49.93**	**360.79**	**147.14**	**12.48**	**5.83**	**70.96**
87.05	24.29	135.55	102.13	17.73	139.43	47.76	10.56	2.25	22.79
6.63	1.81	7.45	6.74	1.11	5.17	3.95	0.08	0.08	3.01
6.34	2.05	7.91	5.22	0.38	4.94	1.86			1.03
46.09	11.14	63.19	41.73	4.44	55.02	18.58	0.42	0.01	9.89
10.44	3.45	15.98	9.32	2.95	11.04	6.20		0.08	4.06
6.12	0.95	6.08	2.26	0.14	6.87	3.20			2.75
14.51	4.98	10.64	9.14	2.45	18.98	15.84		0.05	3.62
39.09	31.68	11.73	8.42	3.24	12.20	5.46		0.03	2.33
26.81	13.37	15.10	8.31	2.72	13.29	4.31		0.51	0.80
24.15	8.36	22.01	20.36	4.17	30.22	16.06	0.78	0.44	5.98
9.75	3.22	8.74	6.19	1.53	9.22	4.30			2.74
4.95	1.01	3.09	2.47	0.49	4.32	3.34			2.38
6.09	1.83	5.40	4.67	2.76	6.20	4.00	0.50	0.50	1.29
20.69	12.96	4.75	4.17	1.50	10.99	3.64			3.09
10.06	2.02	4.80	4.12	0.86	14.97	4.53		1.87	2.46
26.06	11.83	23.96	17.08	3.43	17.92	4.10	0.14		2.75
0.02	0.01	0.06	0.03	0.01	0.01	0.01			

单位：亿元

财务费用	利息收入	利息支出	营业利润	投资收益（损失以“−”号记）	利润总额	应交所得税	亏损企业亏损额	利税总额	应交增值税	从业人员平均人数（万人）
11.75	**0.87**	**10.99**	**71.38**	**2.63**	**73.56**	**8.96**	**1.39**	**114.62**	**35.34**	**10.47**
3.07	0.47	3.14	22.07	0.36	23.40	3.52	0.29	35.44	10.54	2.92
0.24	0.00	0.18	0.47	−0.58	0.51	0.09	0.02	1.04	0.43	0.21
0.28	0.00	0.25	3.01	0.02	2.36	0.25		3.50	1.02	0.19
2.86	0.18	2.83	12.62	0.02	12.87	1.45	0.02	20.70	7.17	1.37
0.33	0.05	0.25	3.23		3.93	0.45	0.08	5.95	1.11	0.56
0.10	0.00	0.10	4.78		4.82	1.16		7.22	2.14	0.23
0.42	0.01	0.41	−0.06	0.26	0.04	0.02	0.83	0.72	0.56	0.29
0.30	0.01	0.31	3.88	2.23	3.72	0.22	0.01	4.69	0.83	0.38
0.59	0.04	0.41	2.99		2.93	0.18		4.61	1.53	0.51
1.00	0.04	0.82	5.14	0.23	5.79	0.36	0.03	9.40	3.18	1.28
0.22	0.01	0.21	1.55		1.55	0.21	0.12	2.54	0.57	0.45
0.23		0.14	1.17		1.17	0.09		2.11	0.79	0.23
0.24	0.01	0.22	1.38	0.02	1.28	0.11		1.98	0.58	0.19
0.58		0.56	4.44		4.44	0.15		6.72	2.05	0.54
0.23	0.05	0.17	0.82	0.07	0.89	0.05		1.41	0.42	0.21
1.04		1.00	3.86		3.86	0.65		6.57	2.40	0.89
			0.01		0.01			0.01	0.01	0.01

1-B-27 规模以上化学纤维制造业

地区	企业单位数（个）	工业销售产值（当年价格）	出口交货值	资产总计	流动资产合计	应收账款	存货	产成品	固定资产合计
全省	**20**	**75.79**	**2.84**	**47.14**	**20.76**	**3.73**	**6.29**	**2.56**	**17.77**
武汉市	1	4.91	1.00	3.00	1.03	0.34	0.20	0.13	1.96
黄石市									
十堰市									
宜昌市	2	2.66		1.68	0.17	0.01	0.13		0.96
襄阳市	6	29.21	1.78	30.40	13.14	1.28	4.27	1.34	9.66
鄂州市									
荆门市	2	9.73	0.05	1.67	0.90	0.39	0.25	0.06	0.56
孝感市	2	4.71		2.65	1.38	1.01	0.32	0.30	1.19
荆州市									
黄冈市									
咸宁市	5	21.47		5.24	2.28	0.45	0.97	0.66	2.82
随州市									
恩施州									
仙桃市									
潜江市	1	0.36		0.06	0.06	0.03	0.02	0.01	
天门市	1	2.74		2.43	1.80	0.23	0.13	0.06	0.62
神农架									

1-B-27 续表

地区	个人资本	港澳台资本	外商资本	主营业务收入	主营业务成本	主营业务税金及附加	销售费用	管理费用	税金
全省	**2.43**		**7.34**	**75.39**	**68.23**	**0.38**	**1.18**	**5.03**	**0.04**
武汉市			1.71	4.98	4.73	0.01	0.18	0.06	
黄石市									
十堰市									
宜昌市				2.66	2.02	0.08	0.05	0.07	
襄阳市	0.03		5.63	28.97	27.72	0.07	0.33	4.19	
鄂州市									
荆门市	0.20			9.73	9.14	0.01	0.26	0.15	0.01
孝感市	0.72			4.75	4.20	0.08	0.11	0.13	
荆州市									
黄冈市									
咸宁市	1.45			21.22	17.90	0.12	0.16	0.25	0.01
随州市									
恩施州									
仙桃市									
潜江市	0.03			0.35	0.34				
天门市				2.74	2.18	0.01	0.09	0.17	0.01
神农架									

工业企业主要经济指标

单位：亿元

固定资产原价	累计折旧	负债合计	流动负债合计	应付账款	所有者权益合计	实收资本	国家资本	集体资本	法人资本
36.26	**19.21**	**25.87**	**20.46**	**3.83**	**21.27**	**17.51**			**7.75**
2.70	0.75	1.07	1.07	1.07	1.93	1.71			
1.24	0.29	0.58	0.28	0.01	1.10	0.95			0.95
21.73	12.76	18.50	14.83	1.79	11.90	12.43			6.78
0.69	0.12	0.93	0.93	0.07	0.74	0.20			
4.65	3.45	1.43	0.94	0.41	1.22	0.72			
3.32	0.52	1.92	1.49	0.18	3.32	1.45			
0.02	0.02	0.03	0.03	0.03	0.03	0.03			
1.92	1.29	1.40	0.88	0.25	1.03	0.02			0.02

单位：亿元

财务费用	利息收入	利息支出	营业利润	投资收益（损失以“–”号记）	利润总额	应交所得税	亏损企业亏损额	利税总额	应交增值税	从业人员平均人数（万人）
0.98	**0.11**	**1.00**	**4.66**	**0.05**	**4.60**	**0.09**	**1.43**	**6.66**	**1.67**	**0.85**
								0.08	0.07	0.02
0.03		0.03	0.41		0.41			0.67	0.17	0.02
0.60	0.11	0.70	1.13		1.07	−0.01	1.43	1.46	0.32	0.53
0.06		0.05	0.10		0.10			0.17	0.05	0.02
0.07			0.15		0.15			0.47	0.24	0.04
0.15		0.15	2.65		2.65	0.04		3.47	0.70	0.14
0.07		0.07	0.21		0.21	0.05		0.35	0.12	0.07

1-B-28 规模以上橡胶和塑料制品业

地区	企业单位数(个)	工业销售产值(当年价格)	出口交货值	资产总计	流动资产合计	应收账款	存货	产成品	固定资产合计
全省	**582**	**922.23**	**8.12**	**478.47**	**252.03**	**69.82**	**64.05**	**32.98**	**173.02**
武汉市	109	206.72	1.29	107.56	62.59	17.27	11.59	6.92	30.59
黄石市	14	16.11	0.12	8.99	3.79	1.35	1.22	0.61	3.89
十堰市	22	34.57	5.24	22.01	10.90	4.84	3.03	1.79	10.52
宜昌市	61	112.06	0.08	59.24	32.53	10.66	6.28	3.44	20.17
襄阳市	37	40.49	0.19	16.06	9.39	3.22	2.98	1.77	5.67
鄂州市	19	36.70	0.13	23.65	12.92	3.40	2.47	1.37	5.17
荆门市	55	76.72	0.98	29.72	11.81	2.95	5.46	3.84	15.19
孝感市	61	138.17	0.02	44.44	18.54	5.63	5.15	3.35	25.30
荆州市	53	82.89	0.01	69.21	46.41	10.39	15.84	4.95	18.57
黄冈市	39	43.72		26.56	13.09	4.16	4.08	1.81	8.10
咸宁市	37	32.76	0.07	16.63	8.29	1.91	1.39	0.79	6.06
随州市	26	32.33		13.59	3.58	0.95	1.01	0.71	3.44
恩施州	7	7.29		2.65	1.31	0.42	0.44	0.25	1.16
仙桃市	16	22.32		13.97	5.45	1.41	1.24	0.60	8.14
潜江市	3	1.54		0.17	0.10	0.02	0.05	0.04	0.06
天门市	23	37.82		24.01	11.33	1.23	1.82	0.74	11.00
神农架									

1-B-28 续表

地区	个人资本	港澳台资本	外商资本	主营业务收入	主营业务成本	主营业务税金及附加	销售费用	管理费用	税金
全省	**54.58**	**2.31**	**2.07**	**906.08**	**763.84**	**7.13**	**25.40**	**35.33**	**2.04**
武汉市	7.71	0.66	1.29	199.53	167.93	1.06	5.48	7.72	0.23
黄石市	0.84			16.88	13.37	0.24	0.67	0.93	0.02
十堰市	0.46	0.07		28.26	24.51	0.09	1.07	1.58	0.13
宜昌市	5.85	1.29	0.61	113.60	94.48	0.74	2.19	3.54	0.35
襄阳市	2.38			38.31	34.22	0.17	0.42	2.02	0.02
鄂州市	4.06			37.36	32.86	0.27	1.39	1.81	0.05
荆门市	3.00	0.01		77.20	61.73	0.64	3.16	4.89	0.30
孝感市	6.67	0.11	0.16	135.29	115.27	2.35	3.81	4.45	0.38
荆州市	10.29			80.85	69.42	0.59	2.08	1.92	0.03
黄冈市	2.83			44.60	40.66	0.18	0.55	0.71	0.04
咸宁市	4.35	0.15		32.52	27.49	0.19	0.79	1.03	0.05
随州市	1.59			32.55	25.71	0.24	1.28	1.41	0.02
恩施州	1.12			7.06	5.81	0.03	0.11	0.11	0.02
仙桃市	2.10	0.03		21.79	18.15	0.10	0.62	0.91	0.21
潜江市				1.56	1.53			0.01	
天门市	1.35			38.71	30.70	0.21	1.78	2.30	0.18
神农架									

工业企业主要经济指标

单位：亿元

固定资产原价	累计折旧	负债合计	流动负债合计	应付账款	所有者权益合计	实收资本	国家资本	集体资本	法人资本
551.70	**399.64**	**227.62**	**184.04**	**44.87**	**247.33**	**114.44**	**3.20**	**5.03**	**45.38**
40.61	14.34	56.55	47.93	15.11	50.24	23.52	0.30	1.70	11.85
4.32	0.60	5.23	4.86	1.42	3.76	2.24			0.80
16.26	5.93	17.92	16.62	5.76	3.51	2.92	1.37	0.11	0.92
31.45	12.56	31.10	28.55	4.97	27.85	10.10			2.34
6.49	1.46	6.22	5.17	1.60	9.80	4.41	0.30	0.16	1.31
5.62	1.65	9.56	8.15	2.48	14.03	6.65		0.41	2.18
60.16	45.42	9.47	7.90	1.86	20.21	6.08		0.21	2.86
288.09	269.87	16.81	8.14	1.41	27.28	14.39			7.45
40.99	23.01	30.47	26.90	4.44	38.07	16.27	1.22	0.65	3.09
9.32	1.97	10.96	9.17	1.64	15.42	9.28		1.76	4.69
6.77	1.32	7.80	5.64	0.92	8.81	5.44			0.94
4.22	1.02	5.54	1.94	0.23	7.65	2.43			0.84
1.33	0.39	1.03	0.97	0.16	1.53	1.13			0.02
8.27	3.34	7.77	6.49	1.40	6.20	3.19			1.06
0.07	0.01	0.10	0.09	0.02	0.07	0.04		0.03	0.01
27.72	16.74	11.10	5.52	1.44	12.90	6.36	0.01		5.00

单位：亿元

财务费用	利息收入	利息支出	营业利润	投资收益（损失以“-”号记）	利润总额	应交所得税	亏损企业亏损额	利税总额	应交增值税	从业人员平均人数（万人）
11.00	**0.42**	**8.40**	**67.78**	**0.25**	**66.22**	**7.18**	**0.82**	**102.23**	**28.58**	**9.96**
2.16	0.15	1.37	16.33	0.10	16.58	2.20	0.26	23.56	5.91	1.90
0.11		0.07	0.96	−0.53	1.03	0.12		2.00	0.73	0.22
0.69	0.01	0.60	1.26	0.01	1.28	0.11		2.00	0.62	0.49
0.99	0.11	1.00	12.79	0.16	11.00	1.06	0.23	18.14	6.39	1.65
0.24	0.01	0.16	2.40		2.51	0.26	0.01	3.21	0.53	0.34
0.28	0.10	0.36	1.75	0.40	1.76	0.24	0.11	2.89	0.85	0.33
0.62	0.01	0.46	6.10		6.07	0.11	0.08	8.88	2.17	0.59
2.23		1.15	6.62	0.15	6.80	0.77	0.05	12.47	3.32	1.22
0.71	0.01	0.51	6.48		6.48	1.10	0.07	9.66	2.59	0.69
0.32		0.22	2.56	−0.05	2.20	0.15		3.65	1.15	0.47
0.37		0.34	2.18		2.21	0.36	0.01	3.21	0.65	0.37
0.79		0.73	3.12		3.10	0.15		4.31	0.97	0.34
0.04		0.04	0.95		0.92	0.02		1.44	0.49	0.08
0.26		0.25	1.78		1.79	0.34		2.60	0.71	0.51
			0.02		0.02			0.03	0.01	0.02
1.19		1.14	2.47		2.47	0.19		4.18	1.50	0.75

1-B-29 规模以上非金属矿物制品业

地 区	企 业单位数（个）	工业销售产值（当年价格）		资产总计	流动资产合计				固定资产合计
			出口交货值			应收账款	存货		
								产成品	
全 省	**1685**	**2505.27**	**25.68**	**1619.44**	**654.28**	**164.12**	**136.05**	**74.44**	**741.84**
武汉市	222	261.44	3.25	243.76	132.77	44.12	20.91	8.60	82.44
黄石市	66	252.18		317.26	88.37	15.95	14.16	4.81	175.00
十堰市	54	48.86		40.45	17.56	5.85	3.54	1.39	19.81
宜昌市	226	379.58	3.43	285.76	111.88	20.36	25.34	17.24	113.08
襄阳市	173	296.83	1.50	125.12	55.38	18.86	13.99	6.63	59.54
鄂州市	87	160.17		40.32	17.45	5.62	3.68	2.18	19.23
荆门市	127	220.01	5.47	122.71	39.98	8.06	10.15	5.73	63.02
孝感市	110	130.08	0.02	42.10	17.24	6.63	4.48	2.60	21.12
荆州市	67	76.10	1.18	49.60	19.56	3.86	4.56	2.86	25.75
黄冈市	258	233.54		146.90	60.43	18.33	18.49	13.70	71.46
咸宁市	126	221.73	10.83	87.14	32.44	5.84	10.10	5.02	42.94
随州市	75	88.53		30.83	9.34	2.98	1.82	1.32	18.53
恩施州	44	39.05		35.07	15.67	5.55	2.85	1.36	15.66
仙桃市	13	20.33		6.57	2.37	0.76	0.63	0.17	3.88
潜江市	20	54.15		35.31	28.04	0.61	0.67	0.48	6.27
天门市	16	22.49		10.26	5.58	0.65	0.66	0.35	4.04
神农架	1	0.21		0.27	0.20	0.09	0.03	0.01	0.07

1-B-29 续表

地 区				主营业务收入	主营业务成本	主营业务税金及附加	销售费用	管理费用	
	个人资本	港澳台资本	外商资本						税金
全 省	**135.88**	**4.85**	**32.47**	**2422.95**	**1989.91**	**28.47**	**84.54**	**99.33**	**6.52**
武汉市	19.27	2.40	18.08	253.51	211.05	1.78	10.41	10.96	0.73
黄石市	5.68	0.19	5.54	232.79	175.76	2.92	13.30	11.52	0.75
十堰市	3.70	0.01		48.77	40.67	0.49	1.74	1.69	0.10
宜昌市	27.80	0.87	0.08	361.43	291.31	3.12	13.82	11.99	1.41
襄阳市	9.56	0.01	2.38	289.29	241.05	3.10	7.54	19.08	0.54
鄂州市	6.19			158.09	140.56	1.53	3.96	7.39	0.07
荆门市	7.13	0.14	0.30	215.04	180.27	2.75	7.24	7.05	0.69
孝感市	11.32	0.09		128.74	107.51	3.07	4.39	3.89	0.17
荆州市	8.51			75.43	62.31	0.67	2.31	3.90	0.61
黄冈市	16.30	0.15	5.95	231.89	191.57	2.95	6.11	8.01	0.58
咸宁市	9.49	1.00	0.14	204.01	166.15	3.87	5.63	5.58	0.34
随州市	5.58			88.90	68.15	0.96	3.97	3.91	0.22
恩施州	3.11			38.57	29.39	0.78	1.88	1.79	0.27
仙桃市	0.41			19.92	15.25	0.15	0.90	1.06	0.02
潜江市	1.37			53.68	49.99	0.18	0.48	0.46	0.01
天门市	0.45			22.67	18.79	0.15	0.86	1.01	0.02
神农架				0.21	0.13		0.01	0.02	

工业企业主要经济指标

单位：亿元

固定资产原价	累计折旧	负债合计	流动负债合计	应付账款	所有者权益合计	实收资本	国家资本	集体资本	法人资本
1187.55	**490.69**	**838.83**	**614.90**	**151.65**	**765.35**	**362.91**	**14.35**	**11.65**	**162.61**
114.13	36.36	131.25	112.92	27.58	112.27	67.76	4.69	2.84	20.47
245.95	73.65	191.49	117.51	36.35	124.88	22.77	1.84	3.28	6.24
26.06	7.89	28.42	23.43	9.15	11.87	8.48	0.76	0.13	3.88
154.43	48.60	162.88	127.70	23.38	121.82	51.52	0.07	0.37	21.84
74.05	17.41	56.84	38.32	9.62	64.94	28.82	1.69	0.87	14.24
24.70	6.68	20.45	16.20	5.63	19.69	13.79	0.17		6.95
107.24	53.27	67.39	49.18	6.33	52.95	24.20	2.59	0.45	13.55
172.71	152.27	15.81	9.90	3.05	25.92	17.47	0.13	0.06	5.87
73.41	49.97	23.44	19.22	3.73	26.07	14.23	2.38	0.30	3.04
84.02	18.55	56.97	42.14	8.76	85.10	39.12		1.25	15.47
51.17	11.81	39.81	24.80	8.94	46.64	25.62	0.03	0.94	14.02
19.79	3.11	7.37	5.63	1.87	23.09	11.09		0.53	4.98
21.35	6.52	21.91	16.84	4.54	12.91	7.40		0.64	3.65
4.87	1.36	2.57	2.03	0.64	4.00	2.45			2.04
7.40	0.99	6.60	4.88	1.44	28.66	26.31		0.01	24.94
6.13	2.21	5.43	4.02	0.62	4.47	1.88			1.42
0.10	0.04	0.20	0.16		0.07	0.02			0.02

单位：亿元

财务费用	利息收入	利息支出	营业利润	投资收益（损失以“-”号记）	利润总额	应交所得税	亏损企业亏损额	利税总额	应交增值税	从业人员平均人数（万人）
35.34	**1.25**	**29.07**	**195.00**	**−0.63**	**197.93**	**19.34**	**5.10**	**321.26**	**94.23**	**24.72**
2.30	0.30	2.26	16.44	−0.33	17.39	2.39	1.56	27.99	8.72	2.89
7.18	0.30	7.03	22.69	−0.04	24.85	1.00	0.34	40.21	12.44	2.21
0.89		0.74	3.22	−0.34	2.95	0.35	0.09	5.29	1.84	0.51
6.48	0.33	5.72	34.81	0.57	34.28	3.39	1.09	58.58	21.08	4.26
2.79	0.04	2.27	27.49		28.55	3.09	0.04	41.98	10.30	2.14
1.95	0.08	1.14	5.04	−0.04	4.35	0.50		10.74	4.85	0.98
2.10	0.02	1.73	14.10	0.06	14.31	1.51	1.60	24.68	7.54	1.95
1.77		0.83	7.14		7.27	0.23	0.11	14.00	3.66	1.32
1.30		0.88	5.77		5.95	0.68	0.02	9.12	2.49	0.99
2.28	0.05	1.68	18.18	0.10	18.29	1.57	0.06	27.73	6.43	2.99
2.49	0.03	1.86	19.37		19.88	3.25	0.17	31.04	7.14	2.12
1.75	0.01	1.15	10.92	0.01	10.04	0.44	0.02	14.67	3.58	0.86
1.01	0.07	0.98	3.90	0.09	3.87	0.38		7.14	2.49	0.45
0.24	0.01	0.19	2.30		2.33	0.39		3.25	0.77	0.18
0.33		0.14	2.17	−0.70	2.17	0.12		2.50	0.15	0.54
0.48	0.01	0.46	1.42		1.42	0.03	0.01	2.29	0.73	0.33
			0.04	−0.03	0.04	0.01		0.06	0.02	0.01

1-B-30 规模以上黑色金属冶炼和

地区	企业单位数（个）	工业销售产值（当年价格）	出口交货值	资产总计	流动资产合计	应收账款	存货	产成品	固定资产合计
全省	**346**	**3047.10**	**67.88**	**3414.68**	**1133.54**	**150.24**	**482.16**	**129.87**	**1515.57**
武汉市	45	1952.31	40.10	2535.07	778.42	96.77	379.57	94.95	1110.68
黄石市	67	360.64	23.28	270.01	132.20	21.46	41.15	13.15	125.12
十堰市	24	43.97	0.08	17.45	9.40	3.78	2.74	2.09	7.61
宜昌市	16	37.69		219.28	78.94	10.49	20.76	5.51	62.83
襄阳市	18	74.62		40.97	20.60	4.95	6.17	2.12	18.20
鄂州市	61	237.16	0.59	206.05	48.91	2.81	20.24	5.28	135.13
荆门市	18	31.47	0.19	10.54	4.87	0.68	1.82	1.29	5.05
孝感市	7	29.87		8.06	3.19	0.11	0.27	0.23	4.86
荆州市	15	32.28	1.39	11.05	4.65	1.63	1.63	0.97	4.87
黄冈市	17	17.69		5.57	2.95	0.69	1.14	0.72	2.30
咸宁市	22	121.47	2.24	31.63	14.84	3.84	3.81	2.00	16.01
随州市	14	56.98		25.45	10.01	2.26	1.55	0.55	14.56
恩施州	2	0.90		0.55	0.25	0.02	0.04		0.28
仙桃市	12	29.33	0.01	7.22	2.62	0.49	0.72	0.55	4.56
潜江市	1	4.53		21.74	19.02				2.31
天门市	7	16.19		4.02	2.66	0.28	0.56	0.43	1.21
神农架									

1-B-30 续表

地区	个人资本	港澳台资本	外商资本	主营业务收入	主营业务成本	主营业务税金及附加	销售费用	管理费用	税金
全省	**86.86**	**2.32**	**36.60**	**3454.16**	**3193.43**	**6.31**	**40.59**	**142.75**	**7.43**
武汉市	3.28		0.11	2378.59	2220.49	0.62	24.09	101.95	5.63
黄石市	5.14		35.69	343.59	327.33	0.61	3.78	11.80	0.74
十堰市	3.02			46.16	29.33	0.35	0.48	0.79	0.04
宜昌市	53.32			35.91	31.90	0.13	0.40	3.63	0.03
襄阳市	0.79			74.61	70.35	0.54	0.57	4.51	0.06
鄂州市	3.59			233.64	223.37	1.06	1.62	8.19	0.31
荆门市	3.01		0.70	30.95	25.48	0.30	0.93	1.30	0.02
孝感市	0.88	2.32		30.18	24.96	0.28	0.83	1.34	0.01
荆州市	1.08		0.09	32.28	27.72	0.15	0.73	0.94	0.05
黄冈市	0.53			17.31	15.11	0.09	0.24	1.64	0.01
咸宁市	1.20			122.16	112.19	1.53	1.37	1.38	0.13
随州市	10.57			57.83	45.08	0.38	2.76	2.30	0.32
恩施州	0.07			0.81	0.66		0.01	0.01	
仙桃市	0.18			29.40	23.64	0.10	1.36	1.47	0.06
潜江市	0.00			4.53	3.83	0.06	0.10	0.16	
天门市	0.21			16.21	11.97	0.09	1.32	1.34	
神农架									

压延加工业工业企业主要经济指标

单位：亿元

固定资产原价	累计折旧	负债合计	流动负债合计	应付账款	所有者权益合计	实收资本	国家资本	集体资本	法人资本
2651.67	**1167.95**	**2266.56**	**1740.93**	**316.66**	**1145.89**	**397.70**	**197.21**	**3.46**	**71.25**
1967.54	858.33	1717.18	1317.60	203.24	817.76	155.77	144.92	0.28	7.18
165.31	53.44	164.35	133.75	55.07	105.40	59.40		0.09	18.48
9.22	3.02	7.21	6.82	2.67	10.28	3.53	0.36		0.15
81.82	19.83	168.82	93.41	15.09	50.46	53.97			0.65
20.13	5.50	21.33	16.43	3.45	19.30	12.01	1.95		9.27
185.47	56.79	151.03	147.96	25.62	54.77	56.90	49.98	0.04	3.29
24.81	20.26	4.38	3.88	0.79	6.00	4.78			1.07
82.34	77.49	1.89	0.60	0.28	6.18	3.50			0.30
35.24	30.37	3.93	3.22	1.67	7.13	5.80		2.53	2.10
2.89	0.78	3.22	1.80	0.37	2.37	1.08		0.37	0.18
23.72	10.45	10.66	5.34	3.01	20.88	3.38		0.12	2.05
17.17	3.47	7.18	5.81	4.55	17.24	12.47			1.90
0.11	0.02	0.38	0.29	0.04	0.17	0.07			
20.26	16.04	3.86	3.34	0.70	3.36	0.99		0.03	0.78
2.72	0.41	0.03	0.03		21.71	21.71			21.71
12.92	11.73	1.10	0.64	0.09	2.89	2.34			2.13

单位：亿元

财务费用	利息收入	利息支出	营业利润	投资收益（损失以“-”号记）	利润总额	应交所得税	亏损企业亏损额	利税总额	应交增值税	从业人员平均人数（万人）
53.80	**5.35**	**66.16**	**26.45**	**−2.70**	**46.71**	**5.98**	**7.51**	**125.48**	**66.10**	**18.84**
38.43	4.97	51.79	−8.96	5.17	7.79	1.51	0.44	52.78	38.18	11.41
3.75	0.24	3.55	2.55	−6.49	3.52	1.00	3.77	7.26	3.09	2.06
0.14		0.09	5.32	−1.06	5.33	0.11	0.10	7.41	1.73	0.34
1.53	−0.13	1.43	−1.80	−0.53	−1.85	0.05	2.65	0.52	2.24	0.53
1.10	0.01	1.00	4.86		5.67	0.52		10.42	4.20	0.41
3.61	0.21	4.32	0.19	0.19	1.96	0.20	0.34	8.05	4.91	1.74
0.67	0.02	0.56	1.98		1.95	0.06	0.16	3.10	0.84	0.19
0.83		0.55	1.65		1.65	0.04		2.32	0.39	0.12
0.35		0.22	2.37		2.38	0.13		3.90	1.37	0.30
0.08		0.05	0.65	0.01	0.71	0.05		1.08	0.28	0.13
0.58	0.01	0.47	8.38		8.36	1.39		14.62	4.70	0.56
1.36	0.01	0.96	5.93		5.90	0.74	0.05	9.03	2.75	0.46
0.02		0.02	0.13	0.01	0.13		0.01	0.19	0.06	0.01
0.37		0.36	2.44		2.44	0.19		3.20	0.66	0.28
0.17			0.22		0.22			0.28		0.02
0.84		0.80	0.55		0.55			1.34	0.70	0.26

1-B-31 规模以上有色金属冶炼和

地区	企业单位数(个)	工业销售产值(当年价格)	出口交货值	资产总计	流动资产合计	应收账款	存货	产成品	固定资产合计
全省	**173**	**973.35**	**30.74**	**549.36**	**317.66**	**39.14**	**92.72**	**23.24**	**147.57**
武汉市	30	39.27	0.41	15.94	8.87	3.29	1.65	0.51	5.35
黄石市	35	500.21	24.71	387.00	231.52	13.55	65.73	8.03	83.13
十堰市	15	39.19	0.25	25.36	12.40	3.31	3.86	2.25	11.85
宜昌市	8	93.62	1.47	32.43	21.01	8.04	3.09	1.20	9.74
襄阳市	10	76.06		14.67	8.14	1.91	4.63	2.52	5.50
鄂州市	2	3.64		0.21	0.12	0.02	0.01		0.06
荆门市	7	21.10		5.34	2.35	0.65	1.34	0.68	2.90
孝感市	14	15.52		8.77	5.08	1.25	1.17	0.41	2.57
荆州市	8	16.41		7.84	4.34	1.49	0.99	0.22	2.92
黄冈市	12	29.28		12.67	6.80	2.17	2.62	1.62	4.79
咸宁市	22	31.52	3.90	14.75	8.73	1.57	5.27	4.59	4.97
随州市	3	9.61		2.09	0.41	0.09	0.11	0.11	1.68
恩施州	1	0.95		1.00	0.45	0.04	0.40	0.05	0.32
仙桃市									
潜江市	6	96.95		21.28	7.44	1.75	1.86	1.05	11.78
天门市									
神农架									

1-B-31 续表

地区	个人资本	港澳台资本	外商资本	主营业务收入	主营业务成本	主营业务税金及附加	销售费用	管理费用	税金
全省	**16.89**	**0.09**	**2.08**	**1473.16**	**1416.17**	**2.44**	**7.97**	**23.75**	**1.14**
武汉市	2.06			39.62	37.21	0.16	0.28	1.03	0.03
黄石市	3.07			1013.68	993.61	1.18	2.94	7.62	0.73
十堰市	1.91			33.96	30.01	0.14	0.34	2.31	0.18
宜昌市	0.44	0.09		97.59	91.56	0.06	1.32	2.45	0.03
襄阳市	0.21			70.55	62.95	0.10	0.39	0.49	0.02
鄂州市	0.06			3.64	3.62			0.01	
荆门市	0.08			22.12	20.79	0.08	0.13	0.26	0.01
孝感市	1.84			15.13	13.82	0.12	0.22	0.36	0.02
荆州市	1.11			16.64	14.95	0.04	0.17	0.36	
黄冈市	1.43			29.19	27.13	0.04	0.52	6.09	0.02
咸宁市	3.18		0.08	26.63	23.44	0.17	0.19	1.60	0.04
随州市	0.56			9.61	6.96	0.08	0.55	0.39	
恩施州	0.00			0.95	0.74			0.01	0.01
仙桃市									
潜江市	0.93		2.00	93.85	89.38	0.27	0.92	0.77	0.06
天门市									
神农架									

压延加工业工业企业主要经济指标

单位：亿元

固定资产原价	累计折旧	负债合计	流动负债合计	应付账款	所有者权益合计	实收资本	国家资本	集体资本	法人资本
229.20	**92.27**	**373.77**	**291.16**	**47.59**	**172.51**	**89.53**	**56.26**	**1.11**	**13.00**
6.97	2.45	11.46	11.06	2.35	4.54	3.49	0.09	0.30	1.05
120.65	38.12	284.17	217.65	29.37	102.83	54.18	49.97	0.10	0.96
19.18	9.88	16.03	13.08	3.02	8.02	9.06	6.21		0.93
15.60	7.69	20.12	17.61	3.41	12.32	3.81			3.28
5.45	1.33	8.96	7.84	1.82	5.70	1.01			0.80
0.06		0.15	0.15	0.02	0.05	0.06			
3.06	0.31	2.78	1.84	0.57	2.56	1.12		0.08	0.96
16.10	14.14	4.82	3.55	0.70	3.92	3.15		0.31	1.00
11.43	9.03	3.27	3.02	2.15	4.56	1.31		0.09	0.11
5.34	0.85	7.43	2.95	0.49	5.10	3.28		0.21	1.65
4.13	1.03	6.39	5.69	0.98	8.32	4.26		0.03	0.96
1.95	0.27	0.31	0.23	0.06	1.79	1.57			1.01
0.43	0.11	0.37	0.37		0.64	0.20			0.20
18.83	7.06	7.51	6.13	2.66	12.16	3.03			0.10

单位：亿元

财务费用	利息收入	利息支出	营业利润	投资收益（损失以“-”号记）	利润总额	应交所得税	亏损企业亏损额	利税总额	应交增值税	从业人员平均人数（万人）
10.52	**3.32**	**8.79**	**19.43**	**−16.78**	**20.14**	**2.13**	**5.71**	**36.52**	**13.92**	**5.11**
0.29	0.01	0.20	0.58	0.02	0.63	0.06	0.06	1.50	0.69	0.33
6.86	3.18	6.68	1.51	−11.04	1.85	1.02	1.70	8.33	5.30	2.63
0.50		0.46	1.44	−0.53	1.57	0.17	1.17	2.20	0.49	0.42
1.50	0.08	0.29	1.03	−5.24	1.09	0.19	2.35	1.71	0.57	0.18
0.33	0.01	0.32	6.10		6.11	0.01	0.01	7.24	1.03	0.19
0.01										0.01
0.13		0.13	0.74		0.69	0.06		1.12	0.35	0.08
0.20		0.14	0.48		0.53		0.03	0.96	0.31	0.18
0.11		0.04	1.05		1.20	0.02		2.39	1.15	0.19
0.10	0.01	0.09	1.36	0.01	1.35	0.05	0.01	2.24	0.84	0.17
0.26	0.02	0.25	1.01		1.01	0.22	0.01	2.04	0.86	0.19
0.12		0.07	1.51		1.51	0.33		1.98	0.40	0.07
0.01		0.01	0.18		0.18			0.25	0.07	0.01
0.12		0.11	2.43		2.43		0.37	4.56	1.86	0.47

1-B-32 规模以上金属制品业

地 区	企 业 单位数 （个）	工业销售 产 值 （当年价格）	出口交货值	资产总计	流动资产 合 计	应收账款	存货	产成品	固定资产 合 计
全 省	**674**	**1196.94**	**28.40**	**841.71**	**460.45**	**119.49**	**160.25**	**79.67**	**286.92**
武汉市	189	330.12	3.21	325.13	204.47	51.38	82.00	46.77	75.74
黄石市	53	78.89	0.22	36.35	21.17	4.66	7.73	3.87	12.87
十堰市	14	8.49	0.12	6.38	3.93	1.15	1.27	0.89	2.33
宜昌市	58	116.77	5.40	44.68	18.96	6.67	5.57	2.78	19.63
襄阳市	47	116.75	6.32	40.06	22.91	6.74	6.76	2.33	11.50
鄂州市	49	114.28	1.35	24.44	13.03	3.83	3.30	1.89	9.55
荆门市	20	59.46	0.34	64.80	33.26	3.17	14.76	5.33	17.83
孝感市	61	118.43	2.93	112.93	40.89	12.50	7.51	3.07	69.24
荆州市	74	90.17	6.79	67.07	38.48	16.19	9.47	5.20	25.96
黄冈市	46	60.11	0.24	45.95	23.66	4.79	12.32	4.40	16.74
咸宁市	26	65.79		52.91	29.23	5.93	7.45	1.94	15.85
随州市	7	5.43		2.59	1.52	0.48	0.36	0.25	0.77
恩施州	6	1.66		1.30	0.64	0.20	0.25	0.15	0.40
仙桃市	8	11.71		6.06	2.12	0.74	0.73	0.41	3.85
潜江市	6	7.29	1.47	2.38	1.76	0.45	0.29	0.17	0.61
天门市	10	11.59		8.65	4.42	0.60	0.49	0.23	4.05
神农架									

1-B-32 续表

地 区	个人资本	港澳台资本	外商资本	主营业务 收 入	主营业务 成 本	主营业务 税金及附加	销售费用	管理费用	税金
全 省	**71.85**	**7.59**	**2.58**	**1164.39**	**995.77**	**10.33**	**34.83**	**52.70**	**2.12**
武汉市	12.45	7.03	1.30	327.77	282.87	2.57	11.71	16.79	0.43
黄石市	1.83	0.17	0.07	84.16	79.30	0.16	0.74	1.58	0.06
十堰市	0.28		0.05	8.02	6.75	0.06	0.20	0.41	0.03
宜昌市	2.88	0.35	0.03	110.25	92.32	0.76	5.63	7.26	0.33
襄阳市	3.76			104.56	87.43	0.68	2.13	2.76	0.24
鄂州市	1.02			112.84	103.12	0.79	1.81	8.47	0.10
荆门市	13.43	0.01	0.80	59.14	49.45	0.43	1.35	2.10	0.28
孝感市	12.11	0.03	0.18	112.70	94.22	2.66	4.35	3.84	0.16
荆州市	18.00	0.01	0.08	87.13	73.25	0.47	3.53	3.68	0.13
黄冈市	2.95		0.07	57.72	49.76	0.37	0.94	1.84	0.13
咸宁市	1.36			61.84	47.88	1.16	0.77	1.91	0.04
随州市	0.35			5.47	4.26	0.03	0.33	0.33	0.01
恩施州	0.18			1.65	1.28	0.01	0.04	0.10	0.01
仙桃市	0.26			12.06	9.47	0.09	0.58	0.65	0.14
潜江市	0.11			7.47	5.32	0.02	0.16	0.26	
天门市	0.88			11.61	9.08	0.07	0.56	0.72	0.03
神农架									

工业企业主要经济指标

单位：亿元

固定资产原　价	累计折旧	负债合计	流动负债合　计	应付账款	所有者权益合计	实收资本	国家资本	集体资本	法人资本
573.99	**303.23**	**470.76**	**375.21**	**104.33**	**366.89**	**190.30**	**43.17**	**4.00**	**61.08**
106.64	30.59	215.22	188.25	64.62	109.02	74.52	36.71	2.00	15.03
17.64	5.29	24.46	20.38	4.03	11.66	5.40	1.34	0.41	1.60
3.84	1.62	3.60	3.00	0.70	2.78	1.30	0.58	0.08	0.31
28.77	11.64	20.15	17.19	2.93	23.77	8.91	0.85	0.04	4.59
14.33	3.69	20.39	18.19	3.41	19.71	7.80	0.68	0.80	2.57
11.52	2.35	9.56	4.05	1.65	14.73	12.37			11.35
26.87	9.46	43.95	31.57	2.05	20.85	15.47	0.20	0.02	1.00
122.96	54.19	49.39	23.08	4.34	63.24	21.11	0.12	0.15	8.51
195.20	171.45	25.38	22.00	2.48	39.88	24.85	0.52	0.02	6.22
16.36	3.04	30.65	26.21	11.36	14.66	9.26	0.05	0.15	6.04
16.94	6.13	18.39	13.42	3.76	34.48	4.10	1.96	0.02	0.77
0.97	0.21	1.09	1.04	0.50	1.50	0.76			0.42
0.46	0.15	0.73	0.48	0.18	0.57	0.23			0.05
4.61	1.17	2.09	2.27	0.98	4.72	1.62	0.13		1.36
0.93	0.32	1.25	1.10	0.45	1.12	0.82		0.02	0.70
5.94	1.93	4.45	2.98	0.90	4.20	1.78	0.04	0.30	0.56

单位：亿元

财务费用	利息收入	利息支出	营业利润	投资收益（损失以“–”号记）	利润总额	应　交所得税	亏损企业亏 损 额	利税总额	应　交增值税	从业人员平均人数（万人）
14.06	**0.54**	**12.03**	**67.72**	**−2.37**	**65.03**	**7.20**	**4.10**	**105.93**	**30.36**	**11.48**
3.17	0.34	3.20	10.40	−1.39	10.86	1.59	3.60	20.22	6.78	3.55
0.73	0.03	0.66	2.16	−1.17	2.11	0.20	0.24	3.47	1.19	0.56
0.04	0.01	0.03	0.58		0.55	0.02		0.77	0.16	0.11
1.35	0.04	1.11	9.45		6.07	0.66	0.05	11.82	4.94	0.83
1.03	0.03	0.87	10.72	0.11	10.40	0.53		14.58	3.50	0.78
0.47		0.22	4.14		4.14	0.72		7.66	2.72	0.58
1.51	−0.04	1.38	3.06		3.22	0.30		4.87	1.22	0.43
1.88	0.07	1.30	6.38	0.06	6.49	0.30	0.03	12.27	3.08	1.54
1.15		0.68	5.67		5.58	0.57	0.06	7.95	1.90	0.93
1.01	0.03	0.90	3.93	0.02	4.28	0.34	0.01	5.60	0.93	1.06
0.87	0.03	0.88	8.57		8.64	1.75	0.07	12.22	2.40	0.44
0.04		0.03	0.48		0.48		0.01	0.72	0.21	0.06
0.01		0.01	0.17		0.17	0.02		0.35	0.12	0.04
0.25		0.24	1.10		1.10	0.11		1.78	0.59	0.17
0.18		0.17	0.12		0.12	0.02	0.03	0.35	0.21	0.15
0.37		0.34	0.81		0.81	0.07		1.29	0.41	0.26

1-B-33 规模以上通用设备制造业

地区	企业单位数(个)	工业销售产值(当年价格)	出口交货值	资产总计	流动资产合计	应收账款	存货	产成品	固定资产合计
全省	**667**	**1136.39**	**35.14**	**1225.91**	**642.11**	**191.44**	**151.02**	**45.57**	**313.85**
武汉市	155	325.14	23.43	628.43	332.40	112.70	60.25	13.90	92.93
黄石市	46	36.77	0.56	36.06	22.30	7.29	7.90	2.74	9.72
十堰市	15	17.91		14.27	9.60	3.95	2.83	1.18	3.08
宜昌市	73	131.97	1.92	141.84	98.14	18.04	29.60	6.45	28.31
襄阳市	68	248.06	1.22	157.59	53.73	15.95	17.30	5.39	85.78
鄂州市	48	61.48		20.91	11.80	4.07	3.79	1.51	7.57
荆门市	63	100.61	5.50	76.16	38.65	11.10	10.16	4.59	29.82
孝感市	24	30.44		11.41	6.20	1.70	1.96	1.12	4.70
荆州市	38	37.66	1.94	39.89	21.17	5.78	7.06	3.70	11.23
黄冈市	46	25.91	0.55	17.72	8.64	2.56	3.34	1.57	5.66
咸宁市	35	34.26		17.72	8.65	3.16	2.94	1.60	4.38
随州市	21	33.19	0.02	14.30	6.54	2.14	1.83	0.83	6.63
恩施州	2	0.84		1.06	0.64	0.11	0.11	0.10	0.09
仙桃市	9	11.83		7.22	3.55	0.94	0.35	0.16	3.55
潜江市	5	4.99		9.98	8.49	0.51	0.04	0.03	1.23
天门市	19	35.33		31.34	11.60	1.45	1.56	0.70	19.19
神农架									

1-B-33 续表

地区	个人资本	港澳台资本	外商资本	主营业务收入	主营业务成本	主营业务税金及附加	销售费用	管理费用	税金
全省	**57.17**	**2.88**	**7.35**	**1101.27**	**889.04**	**12.60**	**34.07**	**55.35**	**2.11**
武汉市	10.32	1.98	6.31	320.30	268.50	2.03	7.99	16.99	0.50
黄石市	2.77	0.63	0.43	35.97	29.85	0.22	1.61	2.39	0.09
十堰市	1.80		0.15	16.75	12.39	0.15	0.63	1.03	0.02
宜昌市	8.20	0.18		123.65	104.73	0.80	4.70	7.67	0.50
襄阳市	5.17	0.01		232.89	166.01	6.67	5.61	6.22	0.46
鄂州市	1.60			59.63	51.75	0.45	1.34	3.30	0.02
荆门市	3.96		0.43	99.92	83.92	0.43	3.69	6.62	0.15
孝感市	3.53			33.21	27.53	0.60	0.96	1.38	0.05
荆州市	4.97	0.08		35.36	29.25	0.14	1.28	2.06	0.04
黄冈市	3.56			24.72	20.22	0.30	1.16	1.31	0.08
咸宁市	3.90			33.34	28.16	0.22	1.03	1.41	0.06
随州市	3.11		0.01	32.94	24.95	0.19	1.92	1.98	0.05
恩施州	0.03			0.66	0.51	0.04	0.01	0.03	
仙桃市	1.64			11.75	9.82	0.08	0.31	0.52	0.04
潜江市				3.81	3.06	0.09	0.07	0.07	
天门市	2.61			36.36	28.38	0.17	1.78	2.37	0.05
神农架									

工业企业主要经济指标

单位：亿元

固定资产原价	累计折旧	负债合计	流动负债合计	应付账款	所有者权益合计	实收资本	国家资本	集体资本	法人资本
592.80	**303.34**	**729.17**	**598.17**	**99.16**	**491.51**	**170.89**	**38.54**	**4.06**	**59.28**
116.75	30.57	461.54	371.42	38.10	166.54	57.02	19.44	1.78	16.06
9.99	3.28	20.32	18.80	4.07	15.66	6.71	0.85	1.07	0.97
4.75	1.94	8.57	7.90	2.36	4.77	3.01		0.08	0.99
43.57	16.99	79.06	67.53	19.90	62.30	26.33	11.87		6.08
94.12	15.88	45.77	37.90	9.76	110.48	16.41	5.87	0.39	4.45
9.78	2.52	11.98	10.12	3.13	8.81	6.20	0.05	0.14	4.42
131.23	102.98	36.38	30.68	6.39	39.53	12.95	0.45		8.11
80.94	76.63	5.23	2.48	0.94	6.18	3.99		0.08	0.43
42.27	31.35	22.26	19.14	6.70	17.51	7.17			2.12
6.89	1.92	8.76	8.17	1.36	8.86	4.27	0.01	0.20	0.50
5.26	1.42	8.45	7.58	1.70	9.17	5.73		0.33	1.50
7.78	1.49	5.08	4.84	0.86	9.17	4.15	0.02		1.02
0.15	0.07	0.69	0.66	0.09	0.37	0.30			0.28
4.39	1.34	3.79	3.16	0.60	3.43	1.75			0.11
1.48	0.25	0.58	0.02		8.08	8.10			8.10
33.45	14.70	10.71	7.77	3.20	20.63	6.77			4.16

单位：亿元

财务费用	利息收入	利息支出	营业利润	投资收益（损失以“-”号记）	利润总额	应交所得税	亏损企业亏损额	利税总额	应交增值税	从业人员平均人数（万人）
15.67	**1.75**	**14.43**	**71.92**	**−6.25**	**77.47**	**7.24**	**5.89**	**120.59**	**30.33**	**11.59**
7.69	0.29	7.21	17.79	−6.63	21.36	3.34	4.28	29.49	6.03	3.49
0.45	0.09	0.44	1.78	0.06	1.87	0.18	0.01	3.18	1.08	0.62
0.23	0.01	0.15	2.65		2.63	0.04	0.02	3.52	0.73	0.26
0.88	1.11	1.68	7.51	0.05	7.95	0.94	0.82	13.83	5.06	1.12
1.28	0.15	0.88	20.86	0.02	22.10	1.00	0.03	35.58	6.74	1.31
0.55		0.43	1.96		1.94	0.25	0.19	4.21	1.81	0.57
0.95		0.77	5.00	0.20	4.91	0.13	0.31	7.77	2.42	0.96
0.42	0.02	0.26	2.06	0.02	2.11	0.05		3.62	0.91	0.32
0.71	0.04	0.49	1.84	0.01	2.22	0.16	0.19	3.25	0.89	0.71
0.31		0.21	1.36		1.32	0.16	0.02	2.53	0.90	0.43
0.29	0.01	0.24	1.80		1.72	0.24	0.01	2.62	0.68	0.40
0.39		0.33	3.83	0.01	3.85	0.22		5.27	1.22	0.43
0.03		0.03	0.05		0.05			0.11	0.02	0.02
0.05		0.05	0.99		0.99	0.19		1.58	0.50	0.21
0.09		0.01	0.13		0.12			0.24	0.03	0.06
1.33		1.26	2.33		2.33	0.33		3.80	1.31	0.68

1-B-34 规模以上专用设备制造业

地区	企业单位数(个)	工业销售产值(当年价格)	出口交货值	资产总计	流动资产合计	应收账款	存货	产成品	固定资产合计
全省	**556**	**875.23**	**17.70**	**873.49**	**546.97**	**165.80**	**136.53**	**51.22**	**267.71**
武汉市	157	319.09	1.80	493.77	317.82	104.82	83.14	30.13	152.14
黄石市	47	52.01	0.24	32.78	18.64	5.30	5.72	2.47	9.26
十堰市	9	7.53		14.60	10.19	3.13	3.44	0.73	3.25
宜昌市	45	59.95	1.74	45.81	23.96	9.23	5.65	2.83	15.66
襄阳市	47	122.14	9.99	79.40	53.47	16.40	18.77	4.54	21.09
鄂州市	33	33.97		8.51	4.09	1.60	0.96	0.61	2.83
荆门市	20	19.72		8.48	3.83	1.15	1.07	0.61	3.68
孝感市	32	32.04	0.90	18.56	12.32	2.89	3.67	1.09	5.05
荆州市	52	81.03	3.04	40.26	21.05	10.44	5.75	4.12	17.53
黄冈市	33	20.61		11.33	5.35	1.94	1.64	0.64	4.67
咸宁市	25	26.31		22.75	11.26	3.00	2.79	1.39	7.19
随州市	9	7.70		2.67	1.06	0.30	0.31	0.17	0.91
恩施州	3	0.73		0.57	0.25	0.10	0.06	0.01	0.24
仙桃市	9	18.04		8.03	4.90	1.01	1.27	0.68	3.02
潜江市	13	31.43		55.93	46.32	2.62	0.48	0.33	8.62
天门市	22	42.94		30.04	12.45	1.87	1.82	0.87	12.58
神农架									

1-B-34 续表

地区	个人资本	港澳台资本	外商资本	主营业务收入	主营业务成本	主营业务税金及附加	销售费用	管理费用	税金
全省	**32.73**	**0.33**	**5.17**	**841.72**	**707.16**	**6.23**	**25.21**	**44.17**	**2.35**
武汉市	9.65	0.07	1.55	296.96	254.19	1.91	7.48	16.75	0.42
黄石市	1.90	0.15		52.44	45.74	0.20	1.29	2.44	0.10
十堰市	0.80			6.47	5.20	0.03	0.17	0.47	0.07
宜昌市	2.02	0.05		59.33	47.99	0.53	2.26	3.64	0.12
襄阳市	2.82		3.13	120.06	102.74	0.62	2.53	5.36	0.16
鄂州市	1.17			32.67	29.47	0.30	0.63	0.88	0.03
荆门市	0.83			19.65	16.19	0.17	0.82	0.96	0.08
孝感市	2.62			31.63	26.10	0.44	1.35	1.77	0.07
荆州市	4.81	0.05	0.45	79.38	69.11	0.65	2.04	3.08	0.15
黄冈市	1.43			19.17	15.84	0.28	0.63	0.98	0.08
咸宁市	1.68			25.54	20.98	0.36	0.94	1.09	0.10
随州市	0.23			8.26	6.90	0.07	0.18	0.16	
恩施州	0.34			0.69	0.58	0.01	0.02	0.03	
仙桃市	0.20		0.04	18.33	12.29	0.17	1.62	2.39	0.77
潜江市	0.38			27.46	20.83	0.23	0.65	0.93	0.02
天门市	1.86			43.68	32.98	0.27	2.61	3.25	0.17
神农架									

工业企业主要经济指标

单位：亿元

固定资产原价	累计折旧	负债合计	流动负债合计	应付账款	所有者权益合计	实收资本	国家资本	集体资本	法人资本
527.15	**289.35**	**538.77**	**406.50**	**144.33**	**329.08**	**198.42**	**44.98**	**1.25**	**113.65**
201.39	70.14	358.92	256.60	110.36	133.71	83.36	42.68	0.59	28.53
11.50	3.69	20.80	18.05	5.16	11.91	6.46	1.30	0.10	3.01
4.15	1.52	7.66	5.97	1.30	6.94	1.35			0.56
18.96	5.26	23.40	20.18	6.60	21.89	6.75	0.06		4.61
25.10	6.22	53.32	48.79	9.01	23.94	9.17	0.42		2.80
3.89	1.41	4.07	2.67	0.66	4.39	3.17	0.01		1.99
15.53	12.16	3.71	3.39	0.55	4.68	2.62		0.06	1.72
31.26	26.70	9.86	8.74	2.00	8.69	4.70	0.29		1.78
154.54	137.25	18.29	17.45	3.16	21.78	7.16		0.02	1.84
5.17	0.90	4.98	3.21	0.98	6.18	5.28		0.08	3.76
8.64	1.67	11.56	9.12	1.83	10.98	6.97		0.33	4.96
1.02	0.12	0.62	0.56	0.24	2.05	0.59			0.36
0.22	0.07	0.26	0.14	0.06	0.28	0.34			
4.44	1.42	3.74	2.86	0.41	4.29	1.08			0.84
9.68	1.35	4.49	2.79	0.35	51.35	50.18		0.01	49.79
31.65	19.49	13.08	5.99	1.68	16.02	9.23	0.22	0.06	7.09

单位：亿元

财务费用	利息收入	利息支出	营业利润	投资收益（损失以"－"号记）	利润总额	应交所得税	亏损企业亏损额	利税总额	应交增值税	从业人员平均人数（万人）
13.32	**0.67**	**11.09**	**43.92**	**−2.61**	**45.07**	**5.29**	**5.33**	**72.81**	**21.44**	**10.04**
5.38	0.57	4.75	8.57	−2.74	9.47	1.79	5.10	17.65	6.23	3.91
0.73	0.03	0.75	2.33	−0.08	2.39	0.34	0.11	3.66	1.07	0.42
0.16	0.01	0.15	0.68	0.17	0.54	0.05		0.71	0.14	0.13
0.81	0.03	0.73	4.82	0.04	4.97	0.43	0.05	8.91	3.41	0.74
1.49	0.02	1.36	9.88		10.00	1.63	0.02	13.01	2.39	1.23
0.25		0.14	0.99		0.96	0.03	0.01	1.82	0.56	0.29
0.10		0.08	1.37		1.38	0.03		2.06	0.51	0.16
0.36	−0.01	0.20	1.74		1.80	0.09	0.04	2.86	0.62	0.46
0.92		0.48	4.26		4.25	0.16		7.04	2.14	0.66
0.16		0.11	1.29		1.27	0.20		2.17	0.62	0.28
0.39	0.01	0.34	1.88		1.98	0.23		2.89	0.55	0.34
0.09		0.04	1.06		1.06	0.08		1.41	0.28	0.10
0.02		0.01	0.03		0.03	0.01		0.06	0.02	0.02
0.38		0.37	1.45		1.45	0.04		2.45	0.83	0.21
0.47		0.04	0.98		0.97			1.46	0.25	0.23
1.63		1.55	2.57		2.55	0.20		4.64	1.82	0.87

1-B-35 规模以上汽车制造业

地 区	企 业 单位数 （个）	工业销售 产 值 (当年价格)	出口交货值	资产总计	流动资产 合 计	应收账款	存货	产成品	固定资产 合 计
全 省	**1306**	**4915.01**	**64.36**	**4577.55**	**2541.51**	**567.33**	**392.17**	**177.26**	**886.50**
武汉市	238	2044.90	13.43	1368.53	853.47	171.66	141.57	63.89	342.70
黄石市	13	20.87	2.33	27.02	12.46	3.43	4.40	2.64	6.27
十堰市	421	1209.87	20.56	2109.86	1028.58	187.01	107.58	60.71	225.67
宜昌市	12	166.86		42.91	18.78	3.10	1.05	0.92	10.80
襄阳市	306	930.14	7.31	648.60	393.72	139.32	81.55	21.80	193.74
鄂州市	7	10.74		2.67	1.94	0.57	0.99	0.27	0.20
荆门市	15	37.77	0.66	21.18	12.84	3.15	5.57	1.71	6.67
孝感市	19	23.29	0.76	16.55	8.36	4.09	2.50	1.04	6.36
荆州市	80	120.05	6.98	102.13	64.20	20.57	14.40	9.03	27.90
黄冈市	51	48.09	0.63	27.33	16.94	6.02	5.16	3.11	8.67
咸宁市	16	21.51	0.45	13.07	8.91	1.64	1.99	0.75	3.57
随州市	105	208.00	5.80	146.99	95.92	19.87	20.94	9.62	30.43
恩施州	1	1.04		0.37	0.28	0.16	0.03		0.09
仙桃市	11	33.63		18.75	9.14	4.47	3.05	1.03	9.33
潜江市	4	6.95		2.08	1.05	0.46	0.24	0.18	0.89
天门市	7	31.31	5.45	29.52	14.93	1.80	1.14	0.55	13.21
神农架									

1-B-25 续表

地 区	个人资本	港澳台资本	外商资本	主营业务 收 入	主营业务 成 本	主营业务 税金及附加	销售费用	管理费用	税金
全 省	**109.85**	**3.80**	**126.88**	**4602.63**	**3757.50**	**127.25**	**189.88**	**255.09**	**11.56**
武汉市	12.41	1.85	94.72	1883.23	1418.28	104.76	103.66	89.58	3.90
黄石市	0.51		0.03	20.26	17.33	0.06	0.74	1.05	0.14
十堰市	43.97	0.46	14.66	1164.31	1017.42	8.96	45.34	89.22	3.63
宜昌市	2.14			165.44	125.32	0.14	0.66	3.28	0.40
襄阳市	20.19	0.30	7.66	829.59	719.86	10.80	23.43	47.17	2.04
鄂州市	0.30			10.93	10.49	0.03	0.10	1.21	
荆门市	1.18	0.71		35.10	27.71	0.16	1.61	1.87	0.03
孝感市	3.12	0.16	1.09	23.05	20.75	0.29	0.48	1.28	0.03
荆州市	6.70	0.10	7.57	115.53	95.32	0.53	3.98	6.28	0.17
黄冈市	1.70		0.68	48.75	41.91	0.41	1.21	2.40	0.06
咸宁市	0.39			20.68	17.47	0.18	0.64	0.78	0.09
随州市	15.18	0.01	0.38	207.57	182.77	0.58	4.63	6.22	0.22
恩施州	0.08			1.04	0.86	0.01	0.03	0.05	0.04
仙桃市	0.49	0.20	0.10	38.63	31.93	0.11	1.62	2.03	0.58
潜江市	0.30			6.84	6.15	0.05	0.11	0.15	0.01
天门市	1.20			31.69	23.92	0.17	1.63	2.51	0.23
神农架									

工业企业主要经济指标

单位：亿元

固定资产原价	累计折旧	负债合计	流动负债合计	应付账款	所有者权益合计	实收资本	国家资本	集体资本	法人资本
1469.15	**699.16**	**2394.08**	**2094.79**	**799.73**	**2167.40**	**717.70**	**296.60**	**12.19**	**162.50**
543.31	257.52	888.03	797.91	368.95	478.16	219.95	34.99	2.16	70.01
8.60	2.63	14.86	10.64	2.97	12.16	2.86		0.04	2.28
367.41	177.06	892.41	786.82	259.35	1214.52	328.43	229.07	6.75	32.06
31.98	23.23	20.06	17.72	7.80	22.85	8.09	2.92	0.41	2.63
265.01	85.00	386.77	312.44	112.63	253.43	79.14	27.15	1.25	21.99
0.36	0.17	1.42	0.74	0.33	1.30	0.74	0.04		0.40
24.00	17.29	10.86	10.45	2.74	9.85	5.68	1.00		2.79
30.75	24.57	10.06	6.73	1.54	6.43	5.46	0.02		1.06
98.19	73.31	49.91	46.92	22.03	51.82	22.26	0.00	0.66	7.24
10.88	3.69	12.06	10.16	2.33	14.79	7.67	0.45	0.62	4.21
6.30	2.87	7.14	6.47	1.03	6.15	0.82	0.07		0.36
39.51	12.18	77.97	71.31	13.11	67.85	29.59	0.89	0.31	12.83
0.17	0.08	0.24	0.24	0.03	0.13	0.08			0.00
15.71	6.70	6.21	5.98	2.53	12.43	3.61			2.82
1.31	0.42	0.79	0.78	0.34	1.29	0.58			0.28
25.65	12.45	15.29	9.46	2.03	14.23	2.74			1.54

单位：亿元

财务费用	利息收入	利息支出	营业利润	投资收益（损失以“–”号记）	利润总额	应交所得税	亏损企业亏损额	利税总额	应交增值税	从业人员平均人数（万人）
8.60	**8.80**	**22.63**	**481.73**	**82.06**	**457.29**	**55.17**	**19.18**	**754.65**	**168.75**	**39.39**
−4.59	−1.08	5.77	186.54	−19.80	150.34	39.38	14.32	342.67	87.46	8.95
0.27	0.01	0.22	0.97		1.03	0.04		1.49	0.39	0.27
0.08	8.89	6.98	150.70	99.59	157.99	3.86	0.88	204.93	37.58	14.97
0.27	0.01	0.23	35.89		35.89	0.02	0.39	37.34	1.31	0.47
6.34	0.69	4.13	67.57	1.97	69.63	7.95	1.45	107.04	25.77	8.36
0.02		0.01	0.14		0.14	0.01		0.53	0.35	0.07
0.44	0.01	0.39	3.44		3.48	0.17	0.02	4.06	0.40	0.36
0.35	0.01	0.31	−0.01		−0.01	0.08	0.99	0.53	0.24	0.41
1.06	0.14	0.64	9.17	0.15	9.62	1.05	0.07	13.63	3.48	1.42
0.57		0.46	3.25		3.02	0.49		4.81	1.37	0.79
0.22		0.17	1.47		1.49	0.21		2.29	0.62	0.33
2.23	0.08	2.03	17.41	0.15	19.47	0.98	1.05	26.61	6.56	1.88
			0.08		0.04	0.01		0.06	0.01	0.01
0.26	0.04	0.28	2.71		2.74	0.39		4.59	1.74	0.38
0.01		0.01	0.38		0.39	0.14		0.50	0.06	0.12
1.06		0.99	2.02		2.02	0.39		3.59	1.39	0.62

1-B-36 规模以上铁路、船舶、航空航天和

地区	企业单位数（个）	工业销售产值（当年价格）	出口交货值	资产总计	流动资产合计	应收账款	存货	产成品	固定资产合计
全省	**154**	**568.93**	**186.71**	**676.58**	**418.91**	**127.66**	**109.31**	**18.03**	**176.93**
武汉市	52	316.90	180.85	454.06	289.74	94.36	70.67	4.44	109.62
黄石市	9	7.75	0.10	7.63	4.70	2.19	1.00	0.33	1.81
十堰市									
宜昌市	22	59.32	4.00	34.55	18.08	2.36	6.05	0.77	13.83
襄阳市	18	95.60	1.01	123.91	73.59	17.61	20.01	8.48	30.75
鄂州市	11	23.67		6.34	3.90	0.74	1.75	1.06	2.29
荆门市	5	6.95		5.39	3.11	1.24	1.13	0.85	1.92
孝感市	5	4.92	0.51	2.20	1.77	0.36	0.61	0.30	0.29
荆州市	4	2.19		2.00	1.32	0.10	0.65	0.40	0.57
黄冈市	21	31.60	0.25	31.86	18.78	7.50	6.57	1.12	11.64
咸宁市	4	18.11		6.81	3.02	1.09	0.49	0.12	3.73
随州市	1	0.86		0.83	0.45	0.09	0.32	0.12	0.29
恩施州									
仙桃市									
潜江市									
天门市	2	1.08		1.02	0.45	0.03	0.05	0.04	0.20
神农架									

1-B-36 续表

地区	个人资本	港澳台资本	外商资本	主营业务收入	主营业务成本	主营业务税金及附加	销售费用	管理费用	税金
全省	**12.79**		**0.78**	**535.97**	**465.60**	**3.70**	**7.69**	**31.81**	**1.16**
武汉市	3.64		0.59	287.99	249.68	1.67	3.28	17.15	0.72
黄石市	1.04			7.30	5.97	0.05	0.33	0.65	0.02
十堰市									
宜昌市	2.07		0.12	57.24	48.47	0.79	1.41	2.88	0.08
襄阳市	1.61			104.07	92.16	0.53	1.63	7.39	0.14
鄂州市	0.08			18.94	17.51	0.18	0.13	1.43	
荆门市	0.06			6.93	5.83	0.03	0.22	0.38	0.02
孝感市	0.29			4.75	4.20	0.02	0.19	0.29	
荆州市	0.08		0.07	2.13	1.87	0.01	0.06	0.10	
黄冈市	3.54			26.56	22.01	0.09	0.32	1.33	0.18
咸宁市	0.33			18.11	16.26	0.32	0.06	0.13	
随州市	0.01			0.86	0.70		0.03	0.04	
恩施州									
仙桃市									
潜江市									
天门市	0.03			1.09	0.93	0.01	0.02	0.03	
神农架									

其他运输设备制造业工业企业主要经济指标

单位：亿元

固定资产原价	累计折旧	负债合计	流动负债合计	应付账款	所有者权益合计	实收资本	国家资本	集体资本	法人资本
216.23	**69.33**	**472.88**	**402.69**	**126.02**	**201.29**	**129.50**	**59.23**	**0.24**	**56.43**
123.21	35.10	330.71	287.41	89.00	122.22	89.53	48.41	0.24	36.64
2.23	0.55	4.30	3.96	1.35	3.33	1.95			0.91
20.62	7.84	23.94	19.90	5.54	10.30	8.30	1.21		4.90
41.59	15.98	80.76	63.60	22.38	42.51	17.74	9.43		6.67
2.77	0.90	3.15	2.67	0.80	3.15	2.55			2.47
2.47	0.55	2.96	2.84	1.10	2.43	0.72			0.66
2.82	2.56	1.42	1.31	0.63	0.77	0.47	0.19		
3.14	2.58	1.50	1.38	0.22	0.49	0.28			0.12
12.76	2.27	20.43	16.79	4.04	11.33	7.06			3.52
3.99	0.85	2.60	1.74	0.70	4.21	0.85			0.52
0.31	0.02	0.56	0.56	0.27	0.26	0.01			
0.34	0.14	0.53	0.53		0.28	0.04			0.01

单位：亿元

财务费用			营业利润	投资收益（损失以“–”号记）	利润总额	应交所得税	亏损企业亏损额	利税总额	应交增值税	从业人员平均人数（万人）
	利息收入	利息支出								
3.59	**0.68**	**4.04**	**25.16**	**−2.62**	**26.25**	**5.02**	**4.40**	**42.33**	**12.33**	**6.94**
1.26	0.17	1.44	12.81	−2.62	12.42	2.42	3.74	19.06	4.93	3.27
0.14		0.09	0.36		0.41	0.09		0.75	0.29	0.13
0.33	0.03	0.40	3.72		4.19	0.93	0.61	7.62	2.64	0.90
1.01	0.45	1.43	3.28		3.98	0.72		6.42	1.91	1.60
0.11		0.08	0.44		0.46	0.10		1.42	0.78	0.24
0.10	0.01	0.08	0.39		0.53	0.03		0.59	0.03	0.16
0.02		0.02	0.12		0.13	0.01	0.02	0.25	0.10	0.08
0.03		0.01	0.06		0.06	0.02	0.03	0.11	0.04	0.05
0.52	0.01	0.41	2.44		2.52	0.35		3.95	1.34	0.41
0.06	0.01	0.07	1.40		1.41	0.34		1.92	0.19	0.06
			0.05		0.05	0.02		0.09	0.03	0.02
0.01		0.01	0.09		0.09			0.14	0.04	0.02

1-B-37 规模以上电气机械和器材制造业

地区	企业单位数（个）	工业销售产值（当年价格）	出口交货值	资产总计	流动资产合计	应收账款	存货	产成品	固定资产合计
全省	**604**	**1587.76**	**75.29**	**1085.47**	**664.55**	**245.65**	**156.10**	**67.68**	**316.74**
武汉市	214	746.72	40.87	548.53	373.71	147.81	88.64	39.62	135.15
黄石市	16	71.63	7.29	70.73	45.16	13.72	11.22	5.63	18.38
十堰市	12	7.45	0.21	4.24	2.78	0.97	0.81	0.14	0.73
宜昌市	60	178.04	8.39	113.83	57.02	21.29	15.76	7.61	36.43
襄阳市	74	236.06	1.99	141.59	84.67	24.03	17.41	3.71	35.12
鄂州市	13	22.31		4.82	3.19	0.71	0.74	0.50	1.23
荆门市	19	23.97	0.21	12.33	6.54	2.81	1.46	1.01	4.71
孝感市	41	62.79	1.72	37.72	16.98	5.90	3.85	2.27	18.38
荆州市	34	79.61	2.45	51.45	30.61	16.14	4.61	1.44	17.93
黄冈市	46	39.33	1.76	16.48	6.70	2.43	2.41	1.36	8.27
咸宁市	44	56.58	2.11	33.17	19.87	6.07	4.04	1.95	10.54
随州市	9	8.10		2.93	1.40	0.24	0.26	0.16	1.20
恩施州	8	7.43	0.85	6.90	2.67	0.68	0.46	0.11	2.41
仙桃市	10	40.63	7.43	35.57	11.08	2.63	4.10	2.07	23.33
潜江市									
天门市	4	7.11		5.20	2.17	0.21	0.31	0.09	2.95
神农架									

1-B-37 续表

地区	个人资本	港澳台资本	外商资本	主营业务收入	主营业务成本	主营业务税金及附加	销售费用	管理费用	税金
全省	**69.39**	**12.35**	**31.21**	**1474.80**	**1258.90**	**8.66**	**48.00**	**69.41**	**3.57**
武汉市	20.39	1.06	21.00	663.78	571.05	2.94	25.51	34.71	1.74
黄石市	0.79			81.66	72.59	0.35	2.24	4.51	0.18
十堰市	0.39			5.11	4.17	0.02	0.12	0.18	
宜昌市	8.15		4.61	177.43	156.23	1.10	4.89	5.42	0.65
襄阳市	17.52	1.29	0.40	214.06	172.98	1.59	5.92	11.14	0.29
鄂州市	0.31			21.58	18.87	0.09	0.73	0.78	0.01
荆门市	1.18		0.01	23.96	19.50	0.46	0.91	0.77	0.02
孝感市	7.41			61.25	50.62	0.66	2.00	3.62	0.23
荆州市	3.63		3.90	67.90	59.56	0.41	0.93	2.64	0.15
黄冈市	3.71			39.51	32.82	0.14	0.73	1.19	0.04
咸宁市	2.65			54.83	45.53	0.64	1.22	2.03	0.12
随州市	0.70			8.27	6.51	0.06	0.46	0.49	0.01
恩施州	1.24			7.23	5.78	0.12	0.15	0.13	0.03
仙桃市	0.21	10.00	1.29	40.66	36.42	0.04	1.92	1.45	0.10
潜江市									
天门市	1.10			7.57	6.27	0.05	0.27	0.35	0.02
神农架									

工业企业主要经济指标.

单位：亿元

固定资产原价	累计折旧	负债合计	流动负债合计	应付账款	所有者权益合计	实收资本	国家资本	集体资本	法人资本
635.48	**354.05**	**630.95**	**525.63**	**197.45**	**447.01**	**238.94**	**17.31**	**5.75**	**101.10**
182.02	65.64	352.81	301.75	123.79	195.25	111.85	15.50	3.21	48.86
24.99	8.12	49.06	42.94	10.06	21.67	4.69	0.22	0.10	3.58
0.98	0.34	2.77	1.89	0.93	1.44	0.72			0.33
53.47	22.64	74.66	57.76	13.31	34.49	26.79	0.28	0.13	13.60
38.39	8.99	61.67	47.63	22.69	78.69	24.76	0.20	0.13	5.21
1.50	0.28	2.32	0.64	0.23	2.49	1.39			1.08
9.39	5.37	7.30	5.97	1.05	5.02	2.40		0.36	0.85
95.39	77.73	16.92	12.02	4.73	20.71	14.49			7.09
119.48	101.79	24.21	21.76	10.02	27.19	19.82		0.72	11.58
10.33	2.95	6.70	5.27	1.80	9.36	6.95	0.13	0.80	2.30
12.73	3.13	16.53	14.80	2.96	16.30	7.47		0.29	4.53
1.27	0.14	0.69	0.57	0.02	2.06	1.49			0.79
2.78	0.45	3.40	1.38	0.71	3.50	1.46			0.20
77.33	54.00	9.74	9.38	4.74	25.83	13.25	0.97		0.79
5.42	2.48	2.18	1.89	0.42	3.02	1.41			0.31

单位：亿元

财务费用	利息收入	利息支出	营业利润	投资收益（损失以“－”号记）	利润总额	应交所得税	亏损企业亏损额	利税总额	应交增值税	从业人员平均人数（万人）
10.80	**1.09**	**9.61**	**89.90**	**−7.80**	**88.81**	**11.55**	**2.85**	**134.51**	**36.98**	**14.98**
3.14	0.78	3.71	32.11	−9.56	34.24	5.50	2.00	48.82	11.73	6.37
0.86	−0.04	0.78	3.51	0.56	2.47	0.49		4.30	1.48	1.17
0.04		0.02	0.42		0.42	0.03		0.51	0.07	0.08
1.84	0.12	1.61	11.76	−0.10	9.79	0.38	0.33	18.71	7.76	1.18
1.30	0.11	1.55	22.33	0.16	21.57	2.39	0.04	30.21	6.97	1.85
0.06		0.02	1.01		1.02	0.20		1.55	0.44	0.16
0.33	0.01	0.30	1.97		2.04	0.04		3.46	0.96	0.27
1.68	0.01	0.37	2.51	0.20	2.72	0.41	0.19	4.53	1.16	0.73
0.31	0.07	0.26	4.81	0.85	4.94	0.71	0.04	7.27	1.91	0.88
0.25		0.15	2.43		2.37	0.33	0.01	3.63	1.11	0.75
0.68	0.01	0.57	4.15	0.10	4.29	0.83	0.22	6.10	1.17	0.83
0.05		0.01	0.75		0.75	0.01		1.21	0.40	0.08
0.08		0.07	0.88		0.89	0.08		1.74	0.73	0.08
0.11	0.01	0.11	0.73		0.76	0.15	0.02	1.57	0.77	0.42
0.08		0.08	0.55		0.55			0.90	0.31	0.14

1-B-38 规模以上计算机、通信和

地区	企业单位数（个）	工业销售产值（当年价格）		资产总计	流动资产合计				固定资产合计
			出口交货值			应收账款	存货		
								产成品	
全　省	**277**	**1426.28**	**334.26**	**1306.16**	**931.73**	**328.86**	**232.15**	**87.35**	**270.70**
武汉市	134	1205.85	308.17	1168.51	849.94	302.43	212.19	80.56	228.53
黄石市	3	3.13	0.01	6.44	4.53	2.11	0.96	0.10	1.34
十堰市	2	0.66		0.39	0.22	0.18	0.01	0.01	0.07
宜昌市	18	46.17	3.22	17.60	12.45	4.73	1.92	0.60	3.75
襄阳市	23	48.15	9.35	36.43	23.86	6.70	5.28	1.17	9.71
鄂州市	10	12.43	2.93	8.88	5.67	1.87	0.83	0.26	3.05
荆门市	12	10.44	0.28	6.99	3.33	0.94	1.33	0.88	2.97
孝感市	17	20.45	1.15	15.90	7.56	2.40	2.26	1.19	5.49
荆州市	7	8.75	0.00	8.59	5.75	1.06	2.08	0.19	1.86
黄冈市	15	9.48	0.84	8.50	4.38	1.57	1.23	0.44	2.72
咸宁市	13	16.77		6.66	3.58	1.29	1.18	0.74	2.74
随州市	14	34.99	7.88	13.51	7.30	2.47	2.16	0.79	4.73
恩施州	3	1.52	0.42	0.92	0.55	0.25	0.20	0.14	0.18
仙桃市	5	6.02		6.01	2.47	0.83	0.49	0.28	2.87
潜江市									
天门市	1	1.48		0.83	0.15	0.03	0.03	0.03	0.68
神农架									

1-B-38 续表

地区				主营业务收入	主营业务成本	主营业务税金及附加	销售费用	管理费用	
	个人资本	港澳台资本	外商资本						税金
全　省	**26.21**	**25.74**	**5.44**	**1303.76**	**1127.48**	**6.46**	**53.23**	**74.19**	**1.38**
武汉市	15.68	23.71	3.09	1086.32	946.77	4.41	47.40	65.22	0.89
黄石市	0.81			3.13	2.24	0.02	0.15	0.42	0.01
十堰市	0.10			0.58	0.48			0.02	
宜昌市	0.36	0.47	0.35	46.93	39.66	0.14	0.77	0.93	0.04
襄阳市	2.62	0.40	0.27	45.54	36.85	0.58	1.76	2.18	0.10
鄂州市	0.44			11.90	9.98	0.15	0.30	0.53	0.03
荆门市	1.49			9.84	8.54	0.02	0.37	0.48	0.02
孝感市	1.58	0.02	0.68	21.08	16.07	0.56	0.88	1.28	0.11
荆州市	0.29			8.41	6.72	0.06	0.23	0.80	0.01
黄冈市	0.68	0.05	0.27	9.18	7.79	0.04	0.26	0.48	0.02
咸宁市	0.29	0.45	0.43	16.62	14.46	0.27	0.28	0.44	0.11
随州市	1.73	0.64	0.00	35.53	30.78	0.15	0.51	0.99	0.02
恩施州	0.07		0.34	1.48	1.34	0.02	0.02	0.05	
仙桃市	0.05			5.74	4.61	0.04	0.24	0.34	0.01
潜江市									
天门市	0.01			1.48	1.19	0.01	0.06	0.04	
神农架									

其他电子设备制造业工业企业主要经济指标

单位：亿元

固定资产原　价	累计折旧	负债合计	流动负债合　计	应付账款	所有者权益合计	实收资本	国家资本	集体资本	法人资本
494.75	**239.26**	**792.09**	**571.17**	**260.61**	**509.44**	**186.47**	**37.99**	**2.18**	**86.94**
420.15	204.33	725.60	517.13	243.15	438.78	153.44	37.35	1.47	71.38
1.55	0.27	2.67	2.50	1.02	3.78	0.84			0.03
0.07	0.01	0.22	0.17	0.11	0.17	0.10			
23.23	20.26	10.06	7.10	2.75	7.54	3.26			2.08
11.24	2.04	16.17	12.87	2.56	20.17	6.10			2.81
4.01	0.98	2.61	1.72	0.62	6.26	4.91		0.03	4.45
4.42	1.64	3.64	3.02	0.55	3.31	2.22	0.10		0.63
9.42	4.20	8.12	6.09	1.73	7.78	4.26	0.01	0.01	0.75
3.43	1.65	5.46	4.46	1.70	3.13	2.00	0.53		1.18
2.85	0.52	4.66	3.90	0.73	3.61	2.21		0.67	0.54
3.41	0.76	3.56	3.41	2.11	3.09	1.63		0.02	0.45
6.23	1.56	6.48	6.36	3.16	6.98	2.91			0.54
0.39	0.24	0.26	0.16	0.04	0.60	0.41			
3.52	0.65	2.39	2.29	0.37	3.62	1.55			1.50
0.83	0.15	0.21			0.61	0.61			0.60

单位：亿元

财务费用	利息收入	利息支出	营业利润	投资收益（损失以“−”号记）	利润总额	应　交所得税	亏损企业亏 损 额	利税总额	应　交增值税	从业人员平均人数（万人）
8.10	**1.73**	**8.81**	**32.23**	**0.15**	**48.09**	**5.91**	**13.98**	**85.36**	**30.59**	**13.76**
6.00	1.50	7.10	13.51	−0.46	28.91	4.18	13.74	57.73	24.22	10.80
0.08		0.08	0.28		0.34	0.11	0.01	0.48	0.13	0.08
0.01			0.07		0.07	0.02		0.07		0.02
0.31	0.01	0.26	3.88		3.66	0.06		4.84	1.04	0.26
0.44	0.16	0.49	4.20	−0.02	4.69	0.67		7.00	1.72	0.47
0.07	0.03	0.04	0.78		0.83	0.08		1.39	0.41	0.22
0.13		0.11	0.39		0.31	0.01	0.03	0.52	0.18	0.14
0.38		0.20	2.44	0.62	2.47	0.29	0.04	3.53	0.50	0.40
0.07		0.06	0.59		0.59	0.06	0.03	0.75	0.10	0.19
0.17		0.15	0.95		0.95	0.03	0.09	1.82	0.81	0.22
0.05	0.01	0.05	1.46		1.43	0.22		2.07	0.38	0.37
0.32		0.22	3.02		3.17	0.11	0.05	4.08	0.76	0.38
0.01			0.05		0.05			0.17	0.10	0.07
0.02		0.02	0.47		0.47	0.08		0.70	0.19	0.12
0.04		0.04	0.14		0.14			0.20	0.04	0.03

1-B-39 规模以上仪器仪表制造业

地区	企业单位数（个）	工业销售产值（当年价格）	出口交货值	资产总计	流动资产合计	应收账款	存货	产成品	固定资产合计
全省	**113**	**116.33**	**2.13**	**126.30**	**71.71**	**25.51**	**14.76**	**4.84**	**45.52**
武汉市	69	54.36	0.73	63.08	47.70	17.50	10.64	3.34	9.54
黄石市	6	2.33		1.46	0.90	0.23	0.22	0.06	0.41
十堰市									
宜昌市	6	11.53		33.70	6.60	2.79	1.41	0.40	26.67
襄阳市	5	9.97		4.07	2.84	1.50	0.39	0.25	0.87
鄂州市	1	2.17		0.40	0.29	0.04	0.07	0.06	0.11
荆门市	1	3.49		0.27	0.13	0.03	0.09	0.06	0.14
孝感市	8	5.49	0.98	10.78	5.64	1.88	0.80	0.14	2.99
荆州市	4	3.60		1.04	0.38	0.14	0.07	0.05	0.58
黄冈市	2	0.58		0.65	0.42	0.04	0.25	0.14	0.23
咸宁市	1	1.73		0.24	0.04	0.01			0.16
随州市	3	2.95		0.59	0.20	0.07	0.06	0.04	0.38
恩施州	2	1.21	0.05	0.58	0.55	0.37	0.16		0.02
仙桃市	4	9.62		2.70	1.19	0.32	0.24	0.12	1.49
潜江市									
天门市	1	7.31	0.38	6.74	4.81	0.59	0.36	0.17	1.93
神农架									

1-B-39 续表

地区	个人资本	港澳台资本	外商资本	主营业务收入	主营业务成本	主营业务税金及附加	销售费用	管理费用	税金
全省	**6.42**	**0.66**	**0.98**	**113.65**	**87.08**	**0.86**	**4.99**	**9.94**	**0.34**
武汉市	4.66	0.01	0.97	50.89	36.87	0.43	3.06	5.38	0.18
黄石市	0.09			2.30	1.33	0.04	0.06	0.18	0.01
十堰市									
宜昌市	0.20			10.91	7.88	0.11	0.48	0.96	0.02
襄阳市	0.24			10.45	8.86	0.08	0.23	0.84	0.01
鄂州市				2.09	1.81	0.01	0.08	0.09	
荆门市	0.01			3.49	3.35		0.01	0.01	
孝感市	0.48	0.55	0.01	6.52	5.19	0.03	0.20	1.00	0.02
荆州市	0.40			3.60	3.35	0.01	0.06	0.05	
黄冈市	0.05	0.10		0.62	0.46		0.02	0.05	
咸宁市	0.02			1.87	1.39		0.12	0.11	
随州市	0.18			2.95	2.46	0.03	0.04	0.05	0.01
恩施州				1.10	1.03	0.01	0.00	0.08	
仙桃市	0.10			9.55	7.40	0.07	0.34	0.61	0.06
潜江市									
天门市				7.31	5.70	0.04	0.29	0.52	0.02
神农架									

工业企业主要经济指标

单位：亿元

固定资产原价	累计折旧	负债合计	流动负债合计	应付账款	所有者权益合计	实收资本	国家资本	集体资本	法人资本
66.57	**23.93**	**78.23**	**71.63**	**14.13**	**47.97**	**20.66**	**2.97**	**0.37**	**9.11**
14.45	6.08	34.55	30.19	8.25	28.46	13.54	1.29	0.17	6.29
0.51	0.15	0.85	0.84	0.27	0.60	0.18			0.09
27.58	1.94	28.83	28.72	0.72	4.88	2.08	1.18	0.20	0.50
2.47	1.61	2.32	2.25	1.34	1.75	0.85	0.50		0.11
0.12	0.01	0.22			0.17	0.05			0.05
6.60	6.46	0.13	0.05	0.02	0.14	0.07			0.06
3.63	1.20	4.71	4.06	2.33	6.06	2.33			1.29
6.06	5.52	0.71	0.65	0.01	0.34	0.42			0.02
0.25	0.04	0.11	0.11	0.02	0.52	0.22			0.07
0.19	0.03	0.03	0.02		0.21	0.06			0.04
0.49	0.10	0.12	0.12	0.02	0.46	0.18			
0.06	0.04	0.57	0.57	0.24	0.01	0.06			0.06
1.71	0.23	1.22	1.10	0.29	1.48	0.53			0.43
2.45	0.52	3.85	2.96	0.60	2.89	0.10			0.10

单位：亿元

财务费用	利息收入	利息支出	营业利润	投资收益（损失以“-”号记）	利润总额	应交所得税	亏损企业亏损额	利税总额	应交增值税	从业人员平均人数（万人）
1.37	**0.07**	**1.02**	**9.33**	**0.12**	**11.12**	**0.86**	**0.11**	**16.51**	**4.53**	**2.34**
0.58	0.07	0.62	4.75	0.10	5.78	0.52	0.08	8.26	2.04	1.15
0.05		0.05	0.13		0.15	0.01		0.34	0.16	0.15
0.32	−0.01	0.04	1.48		1.50	0.02		2.05	0.43	0.24
0.04		0.03	0.41	0.01	0.44	0.05	0.01	0.83	0.31	0.10
			0.11		0.11	0.03		0.18	0.06	0.01
			0.11		0.11			0.20	0.09	0.01
0.06	0.01	0.02	0.02	0.02	0.72	0.05		0.98	0.22	0.20
0.04		0.02	0.09		0.09	0.01		0.25	0.15	0.03
			0.02		0.02			0.03	0.01	0.04
0.02			0.20		0.20			0.20		0.01
0.02		0.02	0.35		0.35			0.47	0.09	0.03
0.01		0.01					0.02	0.06	0.05	0.13
0.03		0.02	1.09		1.09	0.03		1.73	0.57	0.09
0.20		0.18	0.56		0.56	0.14		0.92	0.33	0.16

1-B-40　规模以上其他制造业

地　区	企　业 单位数 （个）	工业销售 产　值 （当年价格）	出口交货值	资产总计	流动资产 合　计	应收账款	存货	产成品	固定资产 合　计
全　省	**70**	**128.52**	**4.63**	**114.11**	**71.46**	**11.26**	**26.60**	**4.80**	**30.50**
武汉市	4	5.38		4.50	2.69	0.19	0.73	0.18	1.31
黄石市	2	2.02		0.56	0.16	0.05	0.04	0.02	0.40
十堰市									
宜昌市	3	1.53		1.10	0.31	0.05	0.03	0.01	0.51
襄阳市	20	47.60	0.05	51.10	23.63	2.35	7.56	2.81	19.11
鄂州市	1	0.40		0.37	0.06	0.01			0.32
荆门市	2	1.50	0.19	1.59	1.39	0.13	0.01		0.10
孝感市	18	56.59	3.65	49.68	41.11	7.82	17.35	1.37	5.98
荆州市	5	1.86	0.21	1.22	0.61	0.20	0.23	0.08	0.43
黄冈市	5	1.89	0.01	1.64	0.55	0.11	0.37	0.15	0.91
咸宁市	4	4.88	0.02	0.63	0.39	0.11	0.17	0.12	0.24
随州市	2	1.72	0.51	0.48	0.23	0.19	0.03	0.01	0.23
恩施州	2	0.99		0.13	0.07	0.03	0.02	0.01	0.12
仙桃市	1	0.73		0.22	0.10	0.03	0.04	0.03	0.12
潜江市									
天门市	1	1.42		0.87	0.15	0.01	0.02	0.01	0.72
神农架									

1-B-40　续表

地　区	个人资本	港澳台资本	外商资本	主营业务 收　　入	主营业务 成　　本	主营业务 税金及附加	销售费用	管理费用	税金
全　省	**3.31**		**0.01**	**128.82**	**108.02**	**1.60**	**3.09**	**7.63**	**0.24**
武汉市	0.02			5.38	4.51	0.01	0.02	0.36	0.01
黄石市	0.01			2.02	1.96	0.01	0.01	0.01	
十堰市									
宜昌市	0.32			1.54	1.30	0.01	0.05	0.04	0.01
襄阳市	0.86			46.64	41.13	0.16	0.74	2.29	0.03
鄂州市	0.18			0.39	0.38				
荆门市	0.11			1.46	0.95	0.12	0.12	0.14	0.13
孝感市	0.75		0.01	57.78	46.05	0.90	1.85	4.43	0.03
荆州市	0.34			1.88	1.69		0.04	0.04	0.01
黄冈市	0.34			1.97	1.78	0.01	0.04	0.06	0.01
咸宁市	0.16			5.05	4.41	0.29	0.06	0.06	0.01
随州市	0.05			1.71	1.54	0.01	0.03	0.06	
恩施州	0.09			0.86	0.63	0.05	0.02	0.01	
仙桃市				0.72	0.60	0.01	0.01	0.04	
潜江市									
天门市	0.10			1.42	1.11	0.01	0.08	0.08	
神农架									

工业企业主要经济指标

单位：亿元

固定资产原价	累计折旧	负债合计	流动负债合计	应付账款	所有者权益合计	实收资本	国家资本	集体资本	法人资本
41.33	**20.66**	**73.40**	**41.76**	**11.76**	**39.26**	**10.43**	**4.12**		**3.00**
1.30	0.42	2.03	1.63	−0.15	2.48	0.42	0.20		0.20
0.50	0.10	0.17	0.08		0.39	0.07			0.06
0.79	0.30	0.79	0.57	0.05	0.32	0.32			
16.91	6.39	28.44	25.06	5.88	22.70	3.19	1.10		1.23
		0.05	0.05		0.32	0.18			
0.10	0.01	0.17	0.14	0.06	1.39	0.11			
17.56	11.59	38.92	12.14	5.41	9.25	4.62	2.81		1.05
1.59	1.26	0.58	0.54	0.08	0.64	0.44			0.10
0.81	0.17	0.99	0.96	0.27	0.65	0.61			0.28
0.28	0.04	0.38	0.30	0.10	0.24	0.23			0.07
0.34	0.11	0.11	0.01		0.38	0.05			
0.21	0.10	0.01	0.01		0.18	0.09			
0.15	0.03	0.15	0.14	0.02	0.08	0.01			0.01
0.79	0.15	0.63	0.13	0.03	0.24	0.10			

单位：亿元

财务费用	利息收入	利息支出	营业利润	投资收益（损失以“-”号记）	利润总额	应交所得税	亏损企业亏损额	利税总额	应交增值税	从业人员平均人数（万人）
1.66	**0.09**	**1.23**	**6.82**	**0.13**	**7.17**	**0.34**	**0.03**	**11.25**	**2.46**	**2.18**
0.06	0.02	0.05	0.60	0.13	0.59		0.02	0.74	0.14	0.08
0.01		0.01	0.02		0.02			0.09	0.06	0.03
0.04		0.03	0.08		0.06	0.01		0.22	0.15	0.01
0.53	0.01	0.48	2.20		2.16	0.29		2.66	0.32	0.55
			0.01		0.01			0.03	0.02	
0.02		0.02	0.15		0.15	0.01		0.28	0.01	0.02
0.85	0.05	0.56	3.00	0.01	3.42			5.69	1.38	1.24
0.03		0.03	0.07		0.07			0.15	0.07	0.03
0.03		0.02	0.06		0.06	0.01		0.14	0.08	0.08
0.03		0.01	0.25		0.25			0.58	0.04	0.07
0.01			0.07		0.07			0.09	0.01	0.02
0.01			0.14		0.14			0.28	0.08	0.01
0.01		0.01	0.06		0.06	0.01		0.10	0.03	0.01
0.02		0.02	0.11		0.11			0.19	0.07	0.02

1-B-41 规模以上废弃资源

地 区	企 业 单位数 (个)	工业销售 产 值 (当年价格)	出口交货值	资产总计	流动资产 合 计	应收账款	存货	产成品	固定资产 合 计
全 省	**40**	**94.47**		**51.28**	**36.73**	**6.51**	**10.14**	**7.36**	**11.72**
武汉市	11	28.27		11.40	8.76	2.02	4.19	4.01	1.32
黄石市	3	5.06		4.14	2.87	0.90	0.32	0.01	0.76
十堰市	1	0.24		0.07	0.02	0.01	0.01	0.01	0.05
宜昌市	4	2.22		0.99	0.45	0.09	0.18	0.11	0.41
襄阳市	4	8.36		2.45	0.68	0.41	0.14	0.06	1.68
鄂州市	2	3.45		4.16	3.23	1.06	1.80	1.63	0.93
荆门市	1	0.21		0.33	0.33	0.01	0.01	0.01	0.00
孝感市	2	2.81		2.10	1.31	0.79	0.24	0.19	0.29
荆州市	3	1.51		2.28	1.26	0.05	0.20	0.12	0.97
黄冈市	3	29.93		16.95	13.76	0.78	1.47	0.02	3.02
咸宁市	1	2.11		1.49	1.24		0.01	0.01	0.25
随州市	1	0.62		0.43	0.04	0.01			0.39
恩施州	1	0.98		0.44	0.23	0.10	0.09	0.07	0.21
仙桃市	1	4.47		1.82	1.35	0.18	1.14	0.98	0.42
潜江市									
天门市	2	4.23		2.21	1.20	0.11	0.33	0.13	1.01
神农架									

1-B-41 续表

地 区	个人资本	港澳台资本	外商资本	主营业务 收 入	主营业务 成 本	主营业务 税金及附加	销售费用	管理费用	税金
全 省	**1.81**	**0.78**		**96.69**	**90.02**	**0.41**	**0.84**	**7.91**	**0.06**
武汉市	0.11	0.78		29.37	28.43	0.10	0.05	0.77	0.04
黄石市	0.11			5.04	4.85	0.02	0.01	0.10	0.01
十堰市	0.01			0.21	0.16		0.01	0.03	
宜昌市	0.04			2.27	1.91	0.01	0.06	0.06	
襄阳市	0.16			7.96	7.35	0.08	0.12	0.12	
鄂州市				5.33	5.38	0.02	0.01	0.55	
荆门市				0.21	0.18				
孝感市	0.50			2.44	1.98	0.03	0.07	0.06	
荆州市	0.40			2.09	1.68	0.01	0.03	0.10	
黄冈市				29.35	28.62	0.01	0.10	5.69	0.01
咸宁市				2.11	1.38	0.07	0.11	0.18	
随州市				0.62	0.46		0.03	0.02	
恩施州	0.20			0.98	0.83	0.01	0.01	0.01	
仙桃市				4.49	3.46	0.02			
潜江市									
天门市	0.29			4.23	3.35	0.03	0.24	0.21	
神农架									

综合利用业工业企业主要经济指标

单位：亿元

固定资产原价	累计折旧	负债合计	流动负债合计	应付账款	所有者权益合计	实收资本	国家资本	集体资本	法人资本
13.77	**3.87**	**37.71**	**20.09**	**3.74**	**13.57**	**9.68**	**0.47**	**0.51**	**6.10**
2.60	1.35	8.46	8.37	1.64	2.93	2.26		0.51	0.86
0.17	0.03	3.38	2.58	0.18	0.76	0.71			0.60
0.06	0.01	0.05	0.05	0.05	0.02	0.01			
0.49	0.09	0.54	0.54	0.03	0.45	0.16			0.12
1.60	0.03	0.68	0.68	0.10	1.77	1.08			0.92
0.92	0.51	2.15	1.97	0.80	2.01	0.22			0.22
		0.28	0.28	0.01	0.05	0.05			0.05
0.31	0.02	1.48	1.48	0.03	0.62	0.70			0.20
1.15	0.33	1.06	0.73	0.33	1.22	0.57	0.17		
3.80	0.98	15.96	0.08		0.99	2.28			2.28
0.27	0.02	1.05	1.05	0.01	0.45	0.40	0.30		0.10
0.42	0.03	0.23	0.13	0.08	0.20	0.20			0.20
0.16	0.08	0.12	0.12		0.32	0.20			
0.52	0.10	1.37	1.32	0.33	0.45	0.45			0.45
1.30	0.29	0.89	0.69	0.14	1.32	0.39			0.10

单位：亿元

财务费用	利息收入	利息支出	营业利润	投资收益（损失以“−”号记）	利润总额	应交所得税	亏损企业亏损额	利税总额	应交增值税	从业人员平均人数（万人）
1.13	**0.02**	**1.00**	**2.48**	**−0.02**	**3.22**	**0.56**	**0.65**	**6.91**	**3.28**	**0.69**
0.28	0.02	0.29	−0.16	−0.02	−0.14	0.07	0.46	0.40	0.44	0.28
0.06		0.05	0.01		0.01			0.02		0.02
										0.01
0.03		0.03	0.20		0.21		0.01	0.44	0.22	0.04
0.04		0.02	0.26		0.26	0.05		0.47	0.14	0.03
0.04		0.03	−0.20		−0.18		0.18	−0.12	0.05	0.14
			0.01		0.01			0.02		
0.02		0.02	0.26		0.26	0.04		0.50	0.20	0.01
0.08			−0.55		0.15	0.03		0.32	0.16	0.04
0.47		0.46	0.90		0.90			2.39	1.49	0.02
0.04		0.04	0.17		0.17			0.34	0.10	0.03
0.01			0.11		0.11	0.03		0.14	0.02	0.01
0.01		0.01	0.12		0.10			0.22	0.11	
0.02		0.02	0.98		0.98	0.32		1.15	0.15	0.02
0.03		0.03	0.38		0.38			0.61	0.20	0.03

1-B-42 规模以上金属制品、机械和

地区	企业单位数（个）	工业销售产值（当年价格）	出口交货值	资产总计	流动资产合计	应收账款	存货	产成品	固定资产合计
全省	**21**	**33.57**	**0.36**	**21.32**	**14.01**	**4.99**	**1.99**	**0.55**	**5.83**
武汉市	12	12.64	0.36	12.95	10.26	3.50	1.68	0.30	1.74
黄石市	1	1.11		0.35	0.28	0.12			0.06
十堰市									
宜昌市	1	0.76		0.60	0.55	0.26	0.01		0.03
襄阳市	2	5.35		1.81	0.69	0.56	0.02	0.01	0.83
鄂州市									
荆门市	1	5.34		0.32	0.18	0.05	0.09	0.07	0.15
孝感市									
荆州市	1	0.42		0.82	0.56	0.34	0.02	0.01	0.08
黄冈市	2	1.42		0.62	0.55	0.14	0.07	0.07	0.05
咸宁市									
随州市									
恩施州									
仙桃市									
潜江市									
天门市	1	6.53		3.85	0.94	0.01	0.09	0.09	2.90
神农架									

1-B-42 续表

地区	个人资本	港澳台资本	外商资本	主营业务收入	主营业务成本	主营业务税金及附加	销售费用	管理费用	税金
全省	**0.78**			**33.68**	**28.18**	**0.37**	**0.83**	**2.59**	**0.06**
武汉市	0.50			13.18	10.95	0.15	0.11	1.42	0.01
黄石市				1.11	1.18	0.02		0.31	
十堰市									
宜昌市	0.08			0.73	0.65	0.02		0.07	
襄阳市	0.01			5.35	4.49	0.12	0.05	0.11	
鄂州市									
荆门市				5.34	5.23		0.01	0.01	
孝感市									
荆州市				0.41	0.21	0.01	0.07	0.08	
黄冈市	0.12			0.85	0.74	0.01	0.04	0.04	
咸宁市									
随州市									
恩施州									
仙桃市									
潜江市									
天门市	0.07			6.71	4.73	0.04	0.56	0.56	0.05
神农架									

设备修理业工业企业主要经济指标

单位：亿元

固定资产原价	累计折旧	负债合计	流动负债合计	应付账款	所有者权益合计	实收资本	国家资本	集体资本	法人资本
19.41	**13.76**	**11.36**	**10.67**	**5.18**	**9.95**	**6.25**	**0.51**	**1.02**	**3.94**
2.98	1.42	9.68	9.53	4.78	3.26	1.88	0.21	1.02	0.15
0.10	0.05	0.23	0.23		0.12	0.30	0.30		
0.06	0.03	0.19	0.19	0.07	0.41	0.08			
0.94	0.11	0.27	0.12	0.09	1.54	0.05			0.04
10.20	10.05	0.11	0.06	0.03	0.22	0.10			0.10
0.22	0.14	0.27	0.20	0.07	0.55	0.15			0.15
0.09	0.05	0.34	0.33	0.14	0.28	0.12			
4.81	1.91	0.28			3.57	3.57			3.50

单位：亿元

财务费用	利息收入	利息支出	营业利润	投资收益（损失以“–”号记）	利润总额	应交所得税	亏损企业亏损额	利税总额	应交增值税	从业人员平均人数（万人）
0.32	**0.01**	**0.36**	**1.23**	**−0.02**	**0.93**	**0.05**	**0.26**	**2.33**	**1.02**	**0.92**
0.03	0.01	0.08	0.08	−0.02	0.27	0.02	0.16	0.74	0.32	0.57
			−0.09		−0.09		0.09	0.06	0.14	0.09
								0.04	0.02	0.02
			0.72		0.22	0.03		0.37	0.02	0.03
			0.09		0.09			0.16	0.07	0.01
0.01		0.01	0.04		0.06			0.10	0.04	0.01
0.01		0.01	0.02		0.02			0.16	0.12	0.09
0.28		0.26	0.36		0.36			0.69	0.29	0.09

1-B-43 规模以上电力、燃气及水的

地 区	企 业 单位数 (个)	工业销售 产 值 (当年价格)	出口交货值	资产总计	流动资产 合 计	应收账款	存货	产成品	固定资产 合 计
全 省	**280**	**1666.29**		**4012.65**	**417.45**	**82.44**	**34.08**	**2.13**	**3237.98**
武汉市	37	931.74		1146.57	132.98	18.90	11.22	0.61	926.28
黄石市	13	49.95		106.30	21.67	5.94	0.79	0.27	82.36
十堰市	23	31.90		185.06	31.93	2.66	0.48	0.05	112.42
宜昌市	43	278.36		1745.80	79.53	16.85	5.94	0.03	1484.87
襄阳市	24	77.41		116.45	28.88	8.23	4.74	0.21	78.05
鄂州市	5	38.41		70.55	17.18	3.93	2.47	0.07	49.28
荆门市	14	44.71		59.80	10.57	3.01	2.92	0.13	45.21
孝感市	25	69.00		105.68	20.83	6.56	1.81	0.40	88.81
荆州市	11	20.39		46.06	8.88	2.56	1.93	0.24	33.00
黄冈市	16	35.18		89.07	19.52	3.32	0.65		63.87
咸宁市	17	53.97		87.58	14.40	7.16	0.40	0.01	69.42
随州市	4	1.60		7.83	2.05	0.80	0.08	0.02	4.51
恩施州	36	28.07		224.41	24.95	1.70	0.41	0.02	185.10
仙桃市	2	1.93		4.95	2.60	0.46	0.05	0.03	2.36
潜江市	2	0.48		1.41	0.55	0.15	0.03	0.02	0.82
天门市	4	1.49		3.81	0.71	0.14	0.12	0.01	0.57
神农架	4	1.70		11.32	0.21	0.07	0.03	0.01	11.04

1-B-43 续表

地 区	个人资本	港澳台资本	外商资本	主营业务 收 入	主营业务 成 本	主营业务 税金及附加	销售费用	管理费用	税金
全 省	**52.92**	**34.92**	**16.62**	**1678.88**	**1370.74**	**13.37**	**14.86**	**36.91**	**2.40**
武汉市	0.24	2.91		943.44	888.92	4.77	3.10	5.21	0.38
黄石市	0.20		11.04	50.54	38.88	0.26	0.61	0.64	0.03
十堰市	0.12			29.33	23.17	0.31	0.19	4.17	0.10
宜昌市	44.16	0.61		279.50	133.75	4.17	2.45	9.33	0.89
襄阳市	0.02	0.60	1.10	76.51	57.34	1.22	1.01	2.59	0.29
鄂州市				38.42	29.61	0.23	0.16	0.70	0.14
荆门市	0.65			47.55	39.64	0.47	0.32	2.39	0.25
孝感市	1.00		1.98	69.68	54.08	0.28	0.80	1.50	0.04
荆州市	1.64		1.69	19.78	16.01	0.10	0.19	0.81	0.09
黄冈市	0.05	8.12	0.29	35.89	28.87	0.37	1.01	6.65	0.01
咸宁市	2.64	22.68		53.26	37.03	0.80	4.21	0.92	0.01
随州市			0.51	1.64	1.27	0.01	0.04	0.25	
恩施州	1.59			27.91	17.20	0.34	0.52	1.29	0.10
仙桃市				1.83	1.33	0.01	0.12	0.24	0.07
潜江市				0.52	0.39	0.01	0.04	0.09	
天门市	0.12			1.49	1.06	0.02	0.09	0.09	
神农架	0.50			1.59	2.18	0.01		0.03	

生产和供应业工业企业主要经济指标

单位：亿元

固定资产原价	累计折旧	负债合计	流动负债合计	应付账款	所有者权益合计	实收资本	国家资本	集体资本	法人资本
4583.07	**1542.87**	**2408.44**	**1356.70**	**228.60**	**1591.38**	**626.84**	**394.50**	**3.82**	**122.72**
1505.16	702.44	731.12	524.53	175.19	415.36	129.69	102.73	0.03	22.70
90.61	29.25	77.06	36.56	5.40	29.24	23.84	6.47		6.13
131.64	37.76	115.22	41.53	2.60	69.84	38.43	34.64	0.20	3.47
1926.51	443.30	913.08	480.82	6.56	832.51	211.50	147.80	1.16	17.77
149.02	74.09	76.26	33.95	5.94	40.09	33.45	23.61	1.08	6.77
84.64	35.51	46.53	25.56	4.83	23.99	20.32	0.08		20.24
89.18	46.03	35.87	17.94	5.67	23.94	17.76	14.52	0.14	2.46
136.75	58.10	77.08	55.98	8.62	27.59	30.04	15.23	0.11	11.72
40.65	8.13	30.68	14.12	2.95	15.38	12.79	6.73		2.72
80.06	17.21	74.53	24.80	1.90	13.86	18.85	1.01	0.06	9.32
93.90	25.55	47.39	15.88	2.53	30.12	28.20	0.34	0.13	2.42
4.27	1.43	7.91	2.86	1.36	−0.08	1.67			1.15
231.24	58.35	158.13	69.61	2.30	65.63	57.50	41.21	0.92	13.78
3.35	0.99	3.35	3.35	1.96	1.61	0.03			0.03
1.32	0.50	0.81	0.41	0.08	0.60	0.13	0.08		0.05
0.98	0.41	2.71	1.48	0.22	1.11	0.92			0.80
13.80	3.82	10.72	7.34	0.49	0.60	1.74	0.04		1.20

单位：亿元

财务费用	利息收入	利息支出	营业利润	投资收益（损失以“−”号记）	利润总额	应交所得税	亏损企业亏损额	利税总额	应交增值税	从业人员平均人数（万人）
90.53	**2.33**	**92.25**	**201.14**	**29.32**	**203.65**	**36.97**	**9.84**	**326.19**	**108.74**	**14.23**
19.39	0.45	19.44	42.98	20.53	24.93	1.95	2.28	70.49	40.66	9.12
2.63	0.07	2.61	8.44	−3.50	8.58	1.68	0.20	10.82	1.96	0.25
3.62	0.80	4.33	−0.80	−0.18	−0.56	0.29	2.44	1.65	1.90	0.78
45.75	0.49	45.90	98.76	11.90	118.95	26.97	0.32	163.72	40.57	1.06
3.68	0.07	3.41	12.35	0.05	12.50	1.22	0.49	18.47	4.75	0.38
−0.31	0.11	1.74	6.72		6.87	0.51		9.26	2.16	0.13
1.44	0.07	1.50	4.19	0.02	4.00	0.87	0.87	7.40	2.91	0.75
3.19	0.10	3.14	9.56	0.05	9.53	1.14	0.33	13.73	3.68	0.37
1.34		1.11	2.01	0.18	1.97	0.03	0.05	3.10	1.04	0.24
2.55	0.01	2.65	3.53	0.08	3.58	0.18	0.19	7.09	3.13	0.25
1.49	0.13	0.40	11.09	0.18	11.10	1.68	0.07	14.80	2.91	0.27
0.17		0.15	−0.13		−0.30	0.06	0.62	−0.24	0.04	0.07
5.24	0.03	5.60	3.13	0.01	3.12	0.39	1.05	6.12	2.66	0.36
0.10		0.10	0.02		0.02		0.09	0.12	0.09	0.08
			−0.02		−0.02		0.03	0.01	0.02	0.02
0.07		0.06	0.15		0.19	0.01		0.24	0.03	0.04
0.19		0.11	−0.82		−0.82		0.82	−0.58	0.23	0.06

1-B-44 规模以上电力、热力生产和

地区	企业单位数（个）	工业销售产值（当年价格）	出口交货值	资产总计	流动资产合计	应收账款	存货	产成品	固定资产合计
全省	**157**	**1521.36**		**3631.05**	**272.38**	**64.78**	**27.70**	**1.15**	**3086.90**
武汉市	14	866.00		930.21	46.76	9.22	7.62	0.39	849.95
黄石市	6	39.52		82.34	10.69	4.82	0.30		71.29
十堰市	18	29.57		174.35	29.98	1.66	0.41	0.03	107.13
宜昌市	28	259.87		1721.15	71.22	14.98	5.59		1473.84
襄阳市	18	68.71		101.82	22.53	7.55	4.24	0.19	71.05
鄂州市	2	36.27		66.20	16.45	3.85	2.34		46.47
荆门市	6	38.71		50.55	8.85	2.94	2.74	0.08	40.25
孝感市	12	58.93		90.92	17.05	5.81	1.53	0.26	79.32
荆州市	7	18.22		35.42	5.93	2.15	1.85	0.18	27.82
黄冈市	8	32.27		71.32	10.40	3.15	0.60		60.43
咸宁市	8	50.36		83.20	13.50	7.08	0.25	0.01	67.24
随州市									
恩施州	26	21.21		212.24	18.80	1.50	0.22		181.08
仙桃市									
潜江市									
天门市									
神农架	4	1.70		11.32	0.21	0.07	0.03	0.01	11.04

1-B-44 续表

地区	个人资本	港澳台资本	外商资本	主营业务收入	主营业务成本	主营业务税金及附加	销售费用	管理费用	税金
全省	**49.75**	**31.35**	**11.04**	**1521.78**	**1245.21**	**12.02**	**7.57**	**26.66**	**1.67**
武汉市		0.46		868.66	826.86	4.13	0.04	1.63	0.12
黄石市			11.04	39.49	29.97	0.21		0.06	
十堰市	0.07			27.12	20.74	0.30	0.08	3.97	0.07
宜昌市	43.84			259.50	117.56	4.04	1.59	7.84	0.74
襄阳市	0.02	0.10		67.79	51.83	1.13	0.26	2.02	0.24
鄂州市				36.29	27.91	0.22	0.01	0.47	0.12
荆门市				41.64	34.99	0.37	0.15	2.04	0.25
孝感市	0.82			58.75	45.95	0.19	0.40	0.58	0.02
荆州市	1.02			17.62	14.35	0.08	0.13	0.29	0.02
黄冈市	0.05	8.12		32.85	26.39	0.33	0.86	6.35	
咸宁市	2.40	22.68		49.78	34.42	0.77	4.03	0.49	
随州市									
恩施州	1.03			20.73	12.05	0.26	0.01	0.88	0.09
仙桃市									
潜江市									
天门市									
神农架	0.50			1.59	2.18	0.01		0.03	

供应业工业企业主要经济指标

单位：亿元

固定资产原价	累计折旧	负债合计	流动负债合计	应付账款	所有者权益合计	实收资本	国家资本	集体资本	法人资本
4376.75	**1469.64**	**2191.19**	**1199.26**	**210.56**	**1428.07**	**558.98**	**362.83**	**3.52**	**100.22**
1404.57	667.19	619.02	432.36	167.03	311.14	93.47	81.18		11.84
77.17	24.85	59.78	24.35	4.42	22.56	21.10	4.88		5.18
124.52	35.68	108.07	39.19	2.02	66.29	36.98	33.70	0.20	3.01
1911.21	438.38	899.09	472.06	5.17	821.89	207.45	145.84	1.16	16.61
140.32	72.32	69.78	28.44	4.91	31.94	30.14	23.31	1.08	5.37
80.16	33.69	43.86	24.55	4.65	22.31	20.13			20.13
81.34	42.43	31.05	14.87	5.15	19.50	15.39	13.43		1.96
117.74	48.22	67.75	50.97	8.14	22.41	26.53	14.52	0.11	11.08
34.74	6.92	25.67	11.12	2.69	9.74	7.84	4.51		2.31
74.68	15.22	60.07	13.17	1.72	11.25	16.19	0.50	0.05	7.47
90.90	24.30	45.24	14.41	2.20	27.88	27.06	0.34		1.64
225.62	56.62	151.09	66.43	1.97	60.55	54.96	40.59	0.92	12.43
13.80	3.82	10.72	7.34	0.49	0.60	1.74	0.04		1.20

单位：亿元

财务费用	利息收入	利息支出	营业利润	投资收益（损失以“–”号记）	利润总额	应交所得税	亏损企业亏损额	利税总额	应交增值税	从业人员平均人数（万人）
86.97	**2.06**	**88.64**	**168.12**	**8.94**	**187.71**	**33.33**	**8.37**	**304.32**	**104.25**	**11.35**
17.57	0.36	17.49	18.65	0.72	17.73	0.10	2.06	60.44	38.48	7.73
2.56	0.05	2.52	7.25	−3.50	7.35	1.33	0.13	9.31	1.76	0.12
3.52	0.80	4.25	−0.61	−0.19	−0.35	0.27	2.18	1.77	1.82	0.72
45.53	0.48	45.70	96.53	11.83	117.03	26.51	0.31	160.82	39.75	0.86
3.64	0.02	3.35	10.45	0.01	10.51	0.75	0.49	16.26	4.62	0.22
−0.39	0.07	1.70	6.65		6.41	0.48		8.70	2.08	0.06
1.29	0.03	1.32	3.60		3.38	0.86	0.87	6.57	2.82	0.68
2.92	0.10	2.89	8.49	0.05	8.43	0.93	0.30	12.29	3.45	0.21
1.26		1.05	1.71		1.68	0.01		2.66	0.90	0.13
2.32	0.01	2.41	3.53	0.01	3.58	0.17	0.11	6.95	3.02	0.12
1.44	0.13	0.36	10.66		10.67	1.62	0.06	14.20	2.77	0.15
5.12	0.01	5.48	2.03	0.01	2.13	0.31	1.05	4.93	2.54	0.28
0.19		0.11	−0.82		−0.82		0.82	−0.58	0.23	0.06

1-B-45 规模以上燃气生产和

地区	企业单位数（个）	工业销售产值（当年价格）	出口交货值	资产总计	流动资产合计	应收账款	存货	产成品	固定资产合计
全省	**55**	**99.95**		**147.31**	**50.74**	**6.26**	**3.58**	**0.59**	**66.22**
武汉市	12	46.29		67.00	20.38	3.51	1.89	0.12	36.34
黄石市	4	8.84		7.56	1.66	0.26	0.37	0.27	4.39
十堰市	2	1.53		4.74	0.26	0.07	0.03	0.01	1.02
宜昌市	8	14.79		14.07	4.96	0.74	0.27	0.03	6.26
襄阳市	4	7.19		9.11	5.17	0.55	0.49	0.02	3.35
鄂州市	1	1.04		1.31	0.15				0.69
荆门市	2	3.12		3.13	0.28	0.04	0.12		0.97
孝感市	8	7.23		11.29	3.18	0.73	0.21	0.10	7.40
荆州市	1	0.21		0.92	0.57	0.01	0.01		0.34
黄冈市	2	1.47		14.90	8.11		0.02		1.95
咸宁市	1	0.56		0.47	0.01	0.01			0.26
随州市	1	0.79		1.82	0.37	0.07	0.06		0.62
恩施州	7	5.93		9.27	5.34	0.16	0.08	0.02	2.10
仙桃市									
潜江市									
天门市	2	0.94		1.72	0.29	0.10	0.02	0.01	0.54
神农架									

1-B-45 续表

地区	个人资本	港澳台资本	外商资本	主营业务收入	主营业务成本	主营业务税金及附加	销售费用	管理费用	税金
全省	**1.52**	**3.57**	**2.72**	**109.26**	**86.23**	**0.83**	**4.08**	**4.38**	**0.28**
武汉市		2.46		53.93	43.83	0.43	1.56	1.90	0.13
黄石市	0.20			9.48	7.71	0.04	0.41	0.19	0.01
十堰市				1.40	1.23	0.01	0.02	0.05	
宜昌市	0.32	0.61		14.96	11.84	0.11	0.70	1.09	0.11
襄阳市		0.50	0.10	7.34	4.64	0.07	0.60	0.29	0.02
鄂州市				1.04	0.84		0.07	0.02	
荆门市	0.26			3.03	2.51	0.01	0.04	0.17	
孝感市	0.17		1.98	8.08	6.24	0.06	0.23	0.26	0.01
荆州市				0.21	0.14		0.01	0.02	
黄冈市			0.29	1.45	1.26		0.04	0.05	
咸宁市				0.33	0.22		0.04	0.03	
随州市			0.35	0.80	0.48	0.01	0.02	0.05	
恩施州	0.56			6.26	4.62	0.07	0.29	0.22	
仙桃市									
潜江市									
天门市	0.01			0.94	0.67	0.01	0.03	0.04	
神农架									

供应业工业企业主要经济指标

单位：亿元

固定资产原价	累计折旧	负债合计	流动负债合计	应付账款	所有者权益合计	实收资本	国家资本	集体资本	法人资本
82.17	**17.02**	**97.24**	**74.55**	**9.95**	**49.11**	**25.07**	**6.47**	**0.13**	**9.59**
45.66	9.55	44.40	38.27	5.90	22.59	12.44	5.84	0.01	3.05
5.59	1.20	4.49	3.94	0.93	3.06	1.15			0.95
1.10	0.14	3.70	1.68	0.11	1.04	0.46			0.46
7.87	1.97	7.11	4.75	0.55	6.91	2.11	0.20		0.99
4.38	1.10	5.31	4.59	0.79	3.80	1.20	0.20		0.40
1.04	0.35	0.92	0.20	0.11	0.39	0.05			0.05
1.47	0.50	2.10	1.41	0.36	1.04	0.56	0.18	0.12	
7.92	0.74	7.46	3.77	0.31	3.59	2.33			0.18
0.37	0.07	0.72	0.59	0.09	0.19	0.16			0.16
2.37	0.42	12.84	10.92	0.12	1.44	2.08	0.04		1.75
0.28	0.02	0.24	0.24	0.10	0.24	0.20			0.20
0.71	0.09	1.07	0.59	0.07	0.75	0.35			
2.81	0.80	5.62	2.43	0.32	3.61	1.85	0.02		1.27
0.62	0.08	1.25	1.17	0.20	0.47	0.14			0.13

单位：亿元

财务费用	利息收入	利息支出	营业利润	投资收益（损失以“−”号记）	利润总额	应交所得税	亏损企业亏损额	利税总额	应交增值税	从业人员平均人数（万人）
1.51	**0.26**	**1.60**	**13.97**	**−0.36**	**13.95**	**3.33**	**0.12**	**17.28**	**2.45**	**0.85**
0.61	0.08	0.74	6.02	−0.47	6.32	1.76	0.05	8.12	1.36	0.48
0.04	0.02	0.06	1.28		1.29	0.34		1.49	0.15	0.04
0.07		0.04	0.05	0.01	0.05	0.01		0.11	0.05	0.01
0.15	0.01	0.13	2.10	0.03	1.78	0.40		2.41	0.52	0.12
−0.02	0.05	0.01	1.76		1.78	0.43		1.91	0.05	0.05
0.04	0.04		0.06		0.12	0.04		0.15	0.03	0.01
0.05	0.04	0.09	0.24		0.24			0.31	0.03	0.01
0.25		0.23	1.03		1.06	0.19		1.23	0.10	0.05
0.01			0.02		0.02			0.04	0.01	0.01
0.21		0.21	−0.05	0.07	−0.06		0.07	−0.02	0.04	0.02
			0.05		0.05	0.01		0.05		0.01
			0.24		0.24	0.06		0.26	0.01	0.01
0.06	0.01	0.07	1.02		0.92	0.08		1.07	0.07	0.04
0.03		0.03	0.14		0.14	0.01		0.16	0.01	0.01

1-B-46 规模以上水的生产和

地 区	企 业 单位数 (个)	工业销售 产 值 (当年价格)	出口交货值	资产总计	流动资产 合 计	应收账款	存货	产成品	固定资产 合 计
全 省	**68**	**44.98**		**234.29**	**94.33**	**11.40**	**2.80**	**0.39**	**84.86**
武汉市	11	19.44		149.36	65.84	6.17	1.70	0.10	39.99
黄石市	3	1.58		16.39	9.31	0.85	0.12		6.68
十堰市	3	0.80		5.97	1.69	0.93	0.04		4.26
宜昌市	7	3.70		10.58	3.35	1.13	0.08		4.77
襄阳市	2	1.51		5.52	1.18	0.12	0.01		3.66
鄂州市	2	1.09		3.04	0.58	0.08	0.13	0.07	2.12
荆门市	6	2.87		6.12	1.44	0.03	0.06	0.06	3.99
孝感市	5	2.84		3.48	0.60	0.02	0.07	0.04	2.08
荆州市	3	1.95		9.72	2.38	0.39	0.08	0.06	4.85
黄冈市	6	1.44		2.84	1.01	0.17	0.03		1.50
咸宁市	8	3.05		3.91	0.89	0.07	0.15		1.92
随州市	3	0.81		6.01	1.68	0.73	0.02	0.02	3.89
恩施州	3	0.92		2.89	0.80	0.05	0.12		1.92
仙桃市	2	1.93		4.95	2.60	0.46	0.05	0.03	2.36
潜江市	2	0.48		1.41	0.55	0.15	0.03	0.02	0.82
天门市	2	0.55		2.09	0.43	0.04	0.10		0.03
神农架									

1-B-46 续表

地 区	个人资本	港澳台资本	外商资本	主营业务 收 入	主营业务 成 本	主营业务 税金及附加	销售费用	管理费用	税金
全 省	**1.65**		**2.85**	**47.83**	**39.30**	**0.52**	**3.21**	**5.87**	**0.45**
武汉市	0.24			20.85	18.24	0.21	1.51	1.67	0.13
黄石市				1.57	1.19	0.01	0.19	0.40	0.02
十堰市	0.05			0.81	1.21	0.01	0.08	0.15	0.03
宜昌市				5.04	4.35	0.03	0.16	0.40	0.04
襄阳市			1.00	1.38	0.87	0.01	0.15	0.28	0.03
鄂州市				1.09	0.87	0.01	0.08	0.20	0.01
荆门市	0.39			2.88	2.14	0.09	0.13	0.18	
孝感市	0.01			2.85	1.88	0.04	0.16	0.66	0.01
荆州市	0.62		1.69	1.95	1.51	0.01	0.05	0.50	0.07
黄冈市				1.59	1.21	0.03	0.10	0.24	0.01
咸宁市	0.24			3.15	2.39	0.03	0.15	0.39	0.01
随州市			0.16	0.84	0.79		0.02	0.20	
恩施州				0.93	0.53	0.01	0.21	0.19	0.01
仙桃市				1.83	1.33	0.01	0.12	0.24	0.07
潜江市				0.52	0.39	0.01	0.04	0.09	
天门市	0.11			0.55	0.39	0.01	0.05	0.05	
神农架									

供应业工业企业主要经济指标

单位：亿元

固定资产原价	累计折旧	负债合计	流动负债合计	应付账款	所有者权益合计	实收资本	国家资本	集体资本	法人资本
124.16	**56.21**	**120.01**	**82.89**	**8.08**	**114.20**	**42.79**	**25.19**	**0.17**	**12.92**
54.94	25.71	67.70	53.90	2.26	81.63	23.78	15.71	0.02	7.81
7.85	3.19	12.78	8.27	0.06	3.62	1.60	1.60		
6.02	1.93	3.46	0.66	0.47	2.51	0.98	0.93		
7.43	2.95	6.88	4.01	0.84	3.71	1.94	1.77		0.17
4.33	0.66	1.17	0.92	0.24	4.35	2.10	0.10		1.00
3.45	1.47	1.75	0.80	0.07	1.29	0.14	0.08		0.06
6.37	3.10	2.72	1.66	0.16	3.40	1.81	0.90	0.02	0.50
11.09	9.14	1.88	1.24	0.17	1.59	1.18	0.71		0.46
5.54	1.14	4.28	2.40	0.17	5.44	4.78	2.22		0.25
3.01	1.57	1.61	0.71	0.06	1.17	0.58	0.48		0.10
2.72	1.23	1.91	1.23	0.23	2.00	0.94		0.13	0.58
3.57	1.34	6.83	2.26	1.29	−0.82	1.32			1.15
2.81	0.94	1.42	0.76	0.01	1.47	0.70	0.61		0.09
3.35	0.99	3.35	3.35	1.96	1.61	0.03			0.03
1.32	0.50	0.81	0.41	0.08	0.60	0.13	0.08		0.05
0.36	0.33	1.45	0.31	0.02	0.64	0.78			0.67

单位：亿元

财务费用	利息收入	利息支出	营业利润	投资收益（损失以“−”号记）	利润总额	应交所得税	亏损企业亏损额	利税总额	应交增值税	从业人员平均人数（万人）
2.05	**0.01**	**2.01**	**19.05**	**20.74**	**1.99**	**0.32**	**1.35**	**4.59**	**2.05**	**2.03**
1.21		1.22	18.30	20.28	0.89	0.09	0.17	1.93	0.82	0.91
0.03		0.03	−0.10		−0.05		0.07	0.01	0.06	0.09
0.03		0.04	−0.24		−0.26	0.01	0.26	−0.22	0.03	0.05
0.07		0.07	0.14	0.04	0.14	0.06	0.02	0.48	0.30	0.08
0.05		0.05	0.14	0.04	0.21	0.04		0.30	0.08	0.11
0.04		0.04	0.01		0.35			0.41	0.05	0.06
0.11		0.09	0.34	0.02	0.38	0.01		0.53	0.06	0.06
0.02		0.02	0.04		0.04	0.02	0.03	0.20	0.13	0.11
0.06		0.06	0.28	0.18	0.27	0.02	0.05	0.40	0.12	0.09
0.02		0.02	0.04		0.06			0.16	0.07	0.11
0.05		0.05	0.38	0.18	0.38	0.05	0.01	0.55	0.13	0.11
0.17		0.15	−0.38		−0.54		0.62	−0.50	0.03	0.06
0.06		0.05	0.08		0.07			0.12	0.04	0.05
0.10		0.10	0.02		0.02		0.09	0.12	0.09	0.08
			−0.02		−0.02		0.03	0.01	0.02	0.02
0.04		0.03			0.05			0.08	0.02	0.02

1-B-47 规模以下工业企业主要经济指标

单位：亿元

地区	法人单位数（个）	营业收入	主营业务收入	营业税金及附加	主营业务税金及附加	资产总计	实收资本
全省	**52170**	**2707.87**	**2652.34**	**95.51**	**89.55**	**5691.06**	**2050.40**
武汉市	11404	604.26	586.44	15.00	14.42	1848.79	489.39
黄石市	3600	380.63	376.31	17.39	17.37	1142.49	447.67
十堰市	4286	199.29	194.54	4.63	4.54	352.72	140.66
宜昌市	4702	174.67	172.00	7.57	7.43	271.42	117.94
襄阳市	5742	325.48	319.60	14.46	14.30	384.41	158.98
鄂州市	1134	95.90	94.76	1.35	1.31	108.00	62.00
荆门市	1921	54.11	53.05	1.70	1.67	117.51	49.68
孝感市	3294	158.96	156.13	4.14	4.06	204.92	89.82
荆州市	3434	159.22	154.58	4.27	4.07	302.99	128.77
黄冈市	4396	138.92	135.76	5.72	5.54	280.73	103.54
咸宁市	2447	98.35	96.89	4.80	4.71	158.82	77.54
随州市	1295	74.24	71.61	5.90	1.57	134.23	42.06
恩施州	1670	68.41	67.02	2.45	2.43	203.65	70.73
仙桃市	1489	122.66	122.28	4.42	4.41	92.08	35.73
潜江市	641	19.17	18.63	0.41	0.39	23.89	10.97
天门市	577	31.48	30.66	1.05	1.04	45.37	18.2
神农架	138	2.11	2.08	0.27	0.27	19.05	6.73

第2篇

主要工业产品产量

2-1 2013年湖北主要工业产品产量

名 称	计量单位	产品产量
原煤	吨	8558750
1.无烟煤	吨	5900670
2.烟煤	吨	2658080
#一般烟煤	吨	2658080
洗煤	吨	302138
#洗精煤	吨	302138
天然原油	吨	800775
天然气	万立方米	30898
铁矿石原矿	吨	28050990
铜金属含量	吨	66161
锌金属含量	吨	9119
锑金属含量	吨	532
钨精矿折合量(折三氧化钨65%)	吨	421
钼精矿折合量(折纯钼45%)	吨	1369
硫铁矿石(折含硫35%)	吨	222996
磷矿石(折含五氧化二磷30%)	吨	41321138
原盐	吨	4649528
小麦粉	吨	3892595
大米	吨	22417728
饲料	吨	12255560
#配合饲料	吨	6745977
混合饲料	吨	2756900
精制食用植物油	吨	6023583
成品糖	吨	
鲜、冷藏肉	吨	1559475
冷冻水产品	吨	211571
糖果	吨	196842
速冻米面食品	吨	45545
方便面	吨	200849
乳制品	吨	778348
#液体乳	吨	754013
乳粉	吨	1435
罐头	吨	1279996
酱油	吨	93720
冷冻饮品	吨	215904
食品添加剂	吨	260367
发酵酒精(折96度,商品量)	千升	33008
饮料酒	千升	3447892
#白酒(折65度,商品量)	千升	721512
啤酒	千升	2546916
葡萄酒	千升	1533
软饮料	吨	8625356
#碳酸饮料类(汽水)	吨	719461
包装饮用水类	吨	2629651
果汁和蔬菜汁饮料类	吨	915557
精制茶	吨	340361
卷烟	万支	13979928
纱	吨	3019997

2-1 续表1

名 称	计量单位	产品产量
1、棉纱	吨	1945133
2、棉混纺纱	吨	429048
3、化学纤维纱	吨	645816
布	万米	792521
#色织布(含牛仔布)	万米	1738
#棉布	万米	656357
棉混纺布	万米	111122
化学纤维布	万米	25042
印染布	万米	36045
亚麻布(含亚麻≥55%)	万米	229
苎麻布(含苎麻≥55%)	万米	866
蚕丝	吨	1007
蚕丝被	万条	330
无纺布(无纺织物)	吨	140201
服装	万件	103379
1.梭织服装	万件	78047
#羽绒服	万件	222
西服套装	万件	2760
衬衫	万件	1286
2.针织服装	万件	25331
轻革	平方米	2643987
天然毛皮服装	件	154985
皮革鞋靴	万双	781
人造板	立方米	10044561
#胶合板	立方米	3300870
纤维板	立方米	2980629
刨花板	立方米	428195
人造板表面装饰板	立方米	46423874
复合木地板	立方米	33582115
家具	件	4124625
#木质家具	件	1616620
金属家具	件	290294
软体家具	件	352509
纸浆(原生浆及废纸浆)	吨	96760
机制纸及纸板(外购原纸加工除外)	吨	2108091
#未涂布印刷书写用纸	吨	738027
#新闻纸	吨	15847
卫生用纸原纸	吨	128126
箱纸板	吨	161769
纸制品	吨	2681613
#瓦楞纸箱	吨	1324694
单色印刷品	令	4114218
多色印刷品	对开色令	13308448
原油加工量	吨	11678102
汽油	吨	2813397
煤油	吨	637839
柴油	吨	4642809
润滑油	吨	157209
燃料油	吨	117441
石脑油	吨	632110
溶剂油	吨	2159

2-1　续表2

名　称	计量单位	产品产量
液化石油气	吨	543564
石油焦	吨	964997
石油沥青	吨	99457
焦炭	吨	9434213
#机焦	吨	7985766
硫酸(折100%)	吨	6801072
盐酸(氯化氢,含量31%)	吨	634730
浓硝酸(折100%)	吨	43163
烧碱(折100%)	吨	992257
#离子膜法烧碱(折100%)	吨	805635
纯碱(碳酸钠)	吨	1322247
精甲醇	吨	309262
合成氨(无水氨)	吨	4878452
农用氮、磷、钾化学肥料总计(折纯)	吨	11866858
氮肥(折含N100%)	吨	5915905
#尿素(折含N100%)	吨	1876377
磷肥(折五氧化二磷100 %)	吨	5722991
钾肥(折氧化钾100%)	吨	227962
磷酸一铵(实物量)	吨	6936104
磷酸二铵(实物量)	吨	4379478
化学农药原药(折有效成分100%)	吨	272477
#杀虫剂原药	吨	77895
除草剂原药	吨	147542
涂料	吨	304731
初级形态的塑料	吨	991168
聚丙烯树脂	吨	278911
聚氯乙烯树脂	吨	491535
聚苯乙烯树脂	吨	23183
ABS树脂	吨	17175
合成橡胶	吨	39812
合成纤维聚合物	吨	19237
化学试剂	吨	171297
单晶硅	千克	
多晶硅	千克	385348
合成洗涤剂	吨	253631
#合成洗衣粉	吨	5041
化学药品原药	吨	258987
中成药	吨	402072
化学纤维用浆粕	吨	74495
化学纤维	吨	216737
#人造纤维(纤维素纤维)	吨	106981
#粘胶短纤维	吨	89355
粘胶纤维长丝	吨	14949
合成纤维	吨	109756
#锦纶纤维	吨	
涤纶纤维	吨	29008
丙纶纤维	吨	63776
橡胶轮胎外胎	条	8092431
#子午线轮胎外胎	条	7773257
塑料制品	吨	3328074
#塑料薄膜	吨	208191

2-1 续表3

名　称	计量单位	产品产量
#农用薄膜	吨	27593
泡沫塑料	吨	58707
塑料人造革、合成革	吨	44345
日用塑料制品	吨	326205
硅酸盐水泥熟料	吨	57339446
#窑外分解窑水泥熟料	吨	36915849
水泥	吨	110565197
#强度等级42.5水泥(含R型)	吨	14969485
强度等级52.5水泥(含R型)	吨	161962
商品混凝土	立方米	41048206
水泥混凝土排水管	千米	8287
水泥混凝土压力管	千米	5159
水泥混凝土电杆	根	522902
预应力混凝土桩	米	12362951
石膏板	万平方米	42245
砖	万块	5036494
瓦	万片	57244
瓷质砖	平方米	286928508
陶质砖	平方米	99030534
天然大理石建筑板材	平方米	23493756
天然花岗石建筑板材	平方米	12267356
沥青和改性沥青防水卷材	平方米	21664354
平板玻璃	重量箱	81327534
钢化玻璃	平方米	9129825
夹层玻璃	平方米	1443703
中空玻璃	平方米	18662736
日用玻璃制品	吨	552491
玻璃包装容器	吨	1294731
玻璃纤维纱	吨	14785
纤维增强塑料制品	吨	8168
卫生陶瓷制品	件	16884270
耐火材料制品	吨	1218355
石墨及炭素制品	吨	309276
生铁	吨	24162299
粗钢	吨	30009847
铸铁件	吨	2285344
铸钢件	吨	394236
钢材	吨	33449213
铁道用钢材	吨	842361
重轨	吨	810864
大型型钢	吨	9359
中小型型钢	吨	1399292
棒材	吨	2092293
钢筋	吨	6073418
线材(盘条)	吨	2133655
特厚板	吨	179389
厚钢板	吨	437034
中板	吨	1360629
热轧薄板	吨	71268
冷轧薄板	吨	1586839
中厚宽钢带	吨	4995364

2-1　续表4

名　称	计量单位	产品产量
热轧薄宽钢带	吨	1302556
冷轧薄宽钢带	吨	2377395
热轧窄钢带	吨	624710
冷轧窄钢带	吨	124382
镀层板(带)	吨	3188343
涂层板(带)	吨	254218
十种有色金属	吨	1078235
精炼铜(电解铜)	吨	502466
铅	吨	337617
锌	吨	7082
原铝(电解铝)	吨	231071
黄金	千克	17656
白银(银锭)	千克	554290
铝合金	吨	116071
铜材	吨	246592
铝材	吨	895391
金属切削工具	万件	34130
钢丝	吨	203034
钢丝绳	吨	36290
钢绞线	吨	166592
锻件	吨	463131
粉末冶金零件	吨	63666
工业锅炉	蒸发量吨	3755
发动机	千瓦	88644674
#汽车用发动机	千瓦	85604732
电站用汽轮机	千瓦	1815000
电站水轮机	千瓦	25150
金属切削机床	台	2462
#数控金属切削机床	台	886
金属成形机床	台	2969
#数控金属成形机床(数控锻压设备)	台	184
铸造机械	台	51708
电焊机	台	114
机床数控装置	套	10980
起重机	吨	48971
电动车辆(电动叉车)	台	25063
内燃叉车	台	355
输送机械(输送机和提升机)	吨	134908
泵	台	161120
#真空泵	台	3895
气体压缩机	台	28148540
#制冷设备用压缩机	台	28143841
阀门	吨	43193
液压元件	件	741003
气动元件	件	84197
滚动轴承	万套	5686
齿轮	吨	255296
风机	台	24729
包装专用设备	台	6051
金属密封件	万件	418
金属紧固件	吨	18191

2-1 续表5

名　称	计量单位	产品产量
弹簧	吨	54446
减速机	台	226056
矿山专用设备	台	92472
挖掘、铲土运输机械	台	621
#挖掘机	台	621
水泥专用设备	吨	18700
混凝土机械	台	964
金属冶炼设备	吨	13173
金属轧制设备	吨	6367
炼油、化工生产专用设备	吨	744099
塑料加工专用设备	台	243
模具	套	33993
农产品初加工机械	台	789480
饲料生产专用设备	台	49
印刷专用设备	吨	885
中型拖拉机	台	543
小型拖拉机	台	93502
收获机械	台	9535
#谷物收获机械	台	910
收获后处理机械	台	35292
环境污染防治专用设备	台(套)	67059
#大气污染防治设备	台	13639
水质污染防治设备	台(套)	346
固体废弃物处理设备	台	448
汽车	辆	1586961
#基本型乘用车(轿车)	辆	665868
1升<排量≤1.6升	辆	426752
1.6升<排量≤2.0升	辆	213933
2.0升<排量≤2.5升	辆	25180
2.5升<排量≤3.0升	辆	3
多功能乘用车(MPV)	辆	73651
运动型多用途乘用车(SUV)	辆	245887
客车	辆	222165
大型客车(车长>10米)	辆	121
中型客车(7米<车长≤10米)	辆	16472
轻型客车(车长≤7米)	辆	205572
载货汽车	辆	379238
改装汽车	辆	210037
低速载货汽车	辆	6515
铁路货车	辆	9165
民用钢质船舶	载重吨	2298404
电动自行车	辆	419072
发电机组(发电设备)	千瓦	1457000
#水轮发电机组	千瓦	4000
汽轮发电机	千瓦	1453000
交流电动机	千瓦	1753234
变压器	千伏安	16836946
#电力变压器(额定容量≥8000kVA,电压≥500kV)	千伏安	1370050
互感器	台	40054
高压开关板	面	136393

2-1　续表6

名　称	计量单位	产品产量
低压开关板	面	197783
高压开关设备(11万伏以上)	台	67294
通信及电子网络用电缆	对千米	289010
电力电缆	千米	724768
光缆	芯千米	38194943
绝缘制品	吨	36005
锂离子电池	只(自然只)	119715291
铅酸蓄电池	千伏安时	21855751
碱性蓄电池	只(自然只)	7031600
原电池及原电池组(折R20标准只)	万只	9542
太阳能电池	千瓦	722194
家用电冰箱	台	2260666
家用冷柜(家用冷冻箱)	台	1319928
房间空气调节器	台	11893719
家用吸排油烟机	台	8078
家用洗衣机	台	1376181
家用电热水器	台	2214808
家用吸尘器	台	
家用燃气灶具	台	2547511
太阳能热水器	平方米	36883
电光源	万只	157616
#白炽灯泡	万只	51583
荧光灯	万只	12477
灯具及照明装置	套(台、个)	16524301
电子计算机整机	台	979114
#微型计算机设备	台	979114
显示器	台	13735601
程控交换机	线	561003
移动通信手持机(手机)	台	7147571
组合音响	台	
半导体分立器件	万只	1282784
集成电路	万块	53
集成电路圆片	万片	11
光电子器件	万只(片、套)	779928
#发光二极管(LED)	万只	446693
电子元件	万只	655474
#射频元器件	万只	2881
印制电路板	平方米	373610
工业自动调节仪表与控制系统	台(套)	16758
电工仪器仪表	台	
分析仪器及装置	台(套)	924
汽车仪器仪表	台	3574208
光学仪器	台(个)	5145557
船舶修理	载重吨	63
发电量	万千瓦小时	21188168
#火力发电量	万千瓦小时	9565026
水力发电量	万千瓦小时	11535110
风力发电量	万千瓦小时	88032
煤气生产量	万立方米	
自来水生产量	万立方米	154401

2-2 2013年湖北规模以上主要产品生产能力

产品名称	计量单位	年末生产能力
原煤	吨	17433139.8
天然原油	吨	787950.0
卷烟	万支	19880730.0
棉纺锭/纺纱量	锭/吨	10355776.4
气流纺锭/纺纱量	头/吨	439196.0
棉布织机/布	台/万米	300765.3
原油加工能力/原油加工量	吨/吨	13792949.0
焦炭	吨	10546000.0
烧碱(折100%)	吨	1074072.0
碳化钙(电石,折300升/千克)	吨	874017.0
农用氮、磷、钾化学肥料总计(折纯)	吨	15813600.4
初级形态塑料	吨	1192556.0
化学纤维	吨	234720.6
硅酸盐水泥熟料	吨	66631043.5
水泥	吨	133970069.1
平板玻璃	重量箱	111518711.0
生铁	吨	28518271.0
粗钢	吨	37936270.0
钢材	吨	49652701.7
铁合金	吨	494200.0
原铝(电解铝)	吨	317050.0
金属切削机床	台	24151.0
汽车	辆	2277875.0
#基本型乘用车(轿车)	辆	1036000.0
家用电冰箱	台	4800000.0
房间空气调节器	台	13900000.0
移动通信手持机(手机)	台	34000000.0
彩色电视机	台	215000.0
发电设备容量总计/发电量	万千瓦/万千瓦小时	5578.5
#火电设备容量/发电量	万千瓦/万千瓦小时	2022.3
水电设备容量/发电量	万千瓦/万千瓦小时	3455.5
风电设备容量/发电量	万千瓦/万千瓦小时	22.1

第3篇

规模以上工业企业科技情况

A. 企业R&D及相关活动主要指标

3-A-1 企业R&D及相关活动主要指标

主要指标	单位	总计	#大中型
企业基本情况			
有R&D活动的企业	个	1714	589
有研发机构的企业	个	903	356
有新产品销售的企业	个	1625	566
R&D人员情况			
R&D人员合计	人	128952	102690
#女性	人	28257	23362
#研究人员	人	48938	39359
#全时人员	人	86389	70281
R&D人员折合全时当量	人年	85826	71466
R&D经费情况			
R&D经费内部支出	万元	3117987	2593641
按支出用途分			
日常性支出	万元	2792843	2352701
#人员劳务费	万元	744464	637925
资产性支出	万元	325143	240940
#仪器和设备	万元	314240	232125
按资金来源分			
政府资金	万元	169848	142250
企业资金	万元	2909788	2432172
国外资金	万元	3903	3572
其他资金	万元	34449	15647
R&D经费外部支出	万元	90811	75771
#对境内研究机构支出	万元	42830	35365
对境内高等学校支出	万元	30773	24894
对境外支出	万元	2740	2471
R&D项目情况			
项目数	项	9522	6308
参加项目人员	人	117159	93487
项目人员折合全时当量	人年	77931	64933
项目经费内部支出	万元	2388780	1934675

3-A-1　续表

主要指标	单位	总计	#大中型
企业办研发机构情况			
机构阿数	个	1096	483
机构人员数	人	67314	55590
#博士	人	1709	1095
硕士	人	10932	9530
本科	人	38449	32362
机构经费支出	万元	1688661	1524917
仪器和设备原价	万元	1487953	1235000
#进口	万元	228504	135565
新产品开发及生产情况			
新产品开发项目数	项	10722	7002
新产品开发经费支出	万元	3317175	2676353
新产品销售收入	万元	46544784	39783948
#新产品出口	万元	2021102	1782175
自主知识产权及相关情况			
专利申请数	件	16321	10630
#发明专利	件	6119	3897
有效发明专利数	件	8745	6359
#境外授权	件	244	185
专利所有权转让及许可数	件	416	198
专利所有权转让及许可收入	万元	2102	670
拥有注册商标数	件	8258	6794
#境外注册	件	764	740
形成国家或行业标准数	项	877	630
政府相关政策落实情况			
使用来自政府部门的科技活动资金	万元	209688	167230
研究开发费用加计扣除减免税	万元	152853	140197
高新技术企业减免税	万元	117214	101138
技术获取和技术改造情况			
引进技术经费支出	万元	132124	129280
消化吸收经费支出	万元	47855	42265
购买国内技术经费支出	万元	76637	72594
技术改造经费支出	万元	955260	893577

3-A-2 分登记注册类型企业

主要指标	单位	内资企业	国有企业	集体企业	股份合作企业
企业基本情况					
有R&D活动的企业	个	1565	27	4	3
有研发机构的企业	个	849	19	1	
有新产品销售的企业	个	1501	23	3	2
R&D人员情况					
R&D人员合计	人	111419	15278	211	117
#女性	人	25081	3413	38	59
#研究人员	人	43361	8323	43	42
#全时人员	人	74081	10414	140	39
R&D人员折合全时当量	人年	72508	11230	137	12
R&D经费情况					
R&D经费内部支出	万元	2620092	675367	2025	1339
按支出用途分					
日常性支出	万元	2332902	634340	1741	1159
#人员劳务费	万元	643743	153358	409	552
资产性支出	万元	287190	41026	283	180
#仪器和设备	万元	278411	40280	275	150
按资金来源分					
政府资金	万元	163288	43802		220
企业资金	万元	2421082	631238	2025	1119
国外资金	万元	3798	77		
其他资金	万元	31924	250		
R&D经费外部支出	万元	79273	16717		
#对境内研究机构支出	万元	35907	4958		
对境内高等学校支出	万元	29768	8037		
对境外支出	万元	893			
R&D项目情况					
项目数	项	8302	741	14	
参加项目人员	人	101103	13782	200	
项目人员折合全时当量	人年	65784	9920	128	
项目经费内部支出	万元	1925093	250602	1851	

R&D及相关活动主要指标

联营企业	有限责任公司	股份有限公司	私营企业	其他企业	港澳台商投资企业	外商投资企业
	758	193	575	5	59	90
	355	126	345	3	24	30
1	667	174	626	5	46	78
	50587	28206	16821	199	7032	10501
	11381	6955	3218	17	1486	1690
	20290	8848	5706	109	1470	4107
	34784	19787	8888	29	4868	7440
	32899	19521	8654	56	5741	7577
	994218	579808	364711	2624	178303	319591
	871207	515747	306442	2266	168956	290986
	247487	175492	66118	327	32195	68527
	123011	64061	58270	358	9348	28605
	118677	61736	56968	327	8679	27151
	69096	33275	16858	36	2396	4164
	902402	541132	340702	2465	174831	313874
	491	3201	29			105
	22229	2200	7122	123	1076	1448
	27805	23753	10998		2402	9136
	10791	16192	3966		1299	5623
	8486	6922	6324		216	789
	507	264	123			1848
10	4383	1668	1478	8	442	778
103	45900	25996	14946	176	6309	9747
10	29966	18067	7641	52	5104	7042
1309	839437	511220	318318	2357	169779	293908

3-A-2 续表

主要指标	单位	内资企业	国有企业	集体企业	股份合作企业
企业办研发机构情况					
机构阿数	个	1024	33	1	
机构人员数	人	59821	8528	6	
#博士	人	1588	225		
硕士	人	10050	2605		
本科	人	33618	4759	1	
机构经费支出	万元	1274247	214057	5	
仪器和设备原价	万元	1056766	250052	15	
#进口	万元	176207	4650		
新产品开发及生产情况					
新产品开发项目数	项	9178	572	11	7
新产品开发经费支出	万元	2706003	576990	1566	961
新产品销售收入	万元	32592756	4014581	17790	2325
#新产品出口	万元	1605336	165354		220
自主知识产权及相关情况					
专利申请数	件	14580	2476	7	23
#发明专利	件	5464	1089	2	16
有效发明专利数	件	7924	1474	1	21
#境外授权	件	224	33		
专利所有权转让及许可数	件	383	21		
专利所有权转让及许可收入	万元	2022	541		
拥有注册商标数	件	7415	510	1	2
#境外注册	件	751	153		
形成国家或行业标准数	项	735	119	1	
政府相关政策落实情况					
使用来自政府部门的科技活动资金	万元	200768	45326		220
研究开发费用加计扣除减免税	万元	134704	73812		
高新技术企业减免税	万元	92147	13369		
技术获取和技术改造情况					
引进技术经费支出	万元	41722	8402		
消化吸收经费支出	万元	31062	4646		
购买国内技术经费支出	万元	55167	982		
技术改造经费支出	万元	768897	96515	7	483

联营企业	有限责任公司	股份有限公司	私营企业	其他企业	港澳台商投资企业	外商投资企业
	416	187	384	3	31	41
	23235	19109	8880	63	2474	5019
	514	460	384	5	41	80
	2665	3920	848	12	217	665
	13911	10643	4283	21	1294	3537
	462040	457621	139440	1083	91854	322560
	459465	242010	104979	245	23773	407415
	112194	47104	12259		3596	48702
	4964	1901	1706	17	474	1070
	1028045	648701	445697	4043	151334	459838
16680	14123589	7043369	7361004	13419	1988953	11963076
	995497	237283	203857	3125	251131	164635
	6244	3036	2758	36	867	874
	2400	981	947	29	393	262
	3700	1812	887	29	379	442
	68	110	13		5	15
	174	58	130		7	26
	914	96	471			80
	2582	3485	834	1	113	730
	339	241	18			13
	317	179	119		67	75
	83427	41324	30311	160	3166	5755
	31502	21083	8307		2762	15387
	31743	36571	10465		10891	14177
	19408	3483	10430		7269	83133
	16023	4211	6182		13017	3776
	31460	17491	5235		13199	8270
	405330	185451	81016	97	74871	111492

3-A-3 制造业企业R&D及

主要指标	单位	制造业合计	农副食品加工业	食品制造业	酒、饮料和精制茶制造业	烟草制品业	纺织业
企业基本情况							
有R&D活动的企业	个	1693	120	28	38	2	37
有研发机构的企业	个	893	79	17	33	1	23
有新产品销售的企业	个	1615	135	31	45	1	46
R&D人员情况							
R&D人员合计	人	126832	3167	821	1094	549	2675
#女性	人	27792	704	181	332	117	1007
#研究人员	人	47639	1105	235	408	298	584
#全时人员	人	85719	1678	560	517	263	1012
R&D人员折合全时当量	人年	85111	1892	466	512	523	1802
R&D经费情况							
R&D经费内部支出	万元	3094723	102229	29995	28497	20141	33640
按支出用途分							
日常性支出	万元	2771364	82988	26516	24462	20113	26708
#人员劳务费	万元	735963	12574	4174	5392	6810	6914
资产性支出	万元	323359	19242	3479	4036	28	6932
#仪器和设备	万元	312815	18763	3302	3964	28	6912
按资金来源分							
政府资金	万元	169598	4686	1308	1260	214	1410
企业资金	万元	2886887	96795	28687	25908	19202	31868
国外资金	万元	3874					
其他资金	万元	34365	748		1330	724	362
R&D经费外部支出	万元	83902	1671	861	1110	7148	452
#对境内研究机构支出	万元	40245	411	288	352	580	202
对境内高等学校支出	万元	30103	1105	355	742	161	228
对境外支出	万元	2740			6		
R&D项目情况							
项目数	项	9351	239	103	92	115	155
参加项目人员	人	115178	2814	717	943	489	2533
项目人员折合全时当量	人年	77250	1685	416	437	465	1720
项目经费内部支出	万元	2371235	85931	28067	25345	16662	26223

相关活动主要指标

纺织服装、服饰业	皮革、毛皮、羽毛及其制品和制鞋业	木材加工和木、竹、藤、棕、草制品业	家具制造业	造纸及纸制品业	印刷和记录媒介复制业	文教、工美、体育和娱乐用品制造业	石油加工、炼焦和核燃料加工业	化学原料和化学制品制造业	医药制造业
8	1	14	2	15	14	7	5	179	127
9	1	8	1	7	5	3	1	107	72
14	1	23	3	14	10	7	3	165	89
856	13	428	92	437	592	326	275	10522	10713
283	3	83	16	93	142	86	60	1875	4088
212	8	205	21	59	135	75	172	2858	3102
511	8	116	89	208	300	227	209	6119	6479
374	1	290	89	225	284	128	104	6749	7948
12408	238	8980	1446	12683	12613	3770	8779	255468	160514
8547	230	8302	1312	10679	9894	3305	8765	224538	137716
2853	50	2291	462	1631	3836	1114	1488	47741	42970
3862	8	679	134	2004	2719	465	15	30930	22799
3803		669	134	1964	2673	465	15	27395	22395
177	75	430	30	249	40	375	35	7103	8303
12231	163	8550	1416	12434	12573	3395	8744	245469	147868
									754
								2896	3589
975		41		215	181		546	8251	15955
580		36			44		290	2037	9966
69				215	50		156	6035	4631
268								59	
311	9	23	9	26	79	92	29	713	886
774	10	401	79	409	533	294	247	9423	9709
323	1	271	76	205	259	113	84	6115	7225
8328	100	8358	1436	11139	10827	3301	8608	230217	138996

3-A-3 续表1

主要指标	单位	制造业合计	农副食品加工业	食品制造业	酒、饮料和精制茶制造业	烟草制品业	纺织业
企业办研发机构情况							
机构阿数	个	1080	87	23	44	1	24
机构人员数	人	65490	1867	442	1696	165	1033
#博士	人	1648	111	27	46	13	23
硕士	人	10537	218	93	141	56	82
本科	人	37721	912	213	1047	66	464
机构经费支出	万元	1674512	24958	5664	50477	23194	14560
仪器和设备原价	万元	1481455	16262	2603	23460	11418	20287
#进口	万元	228179	1720	52	10966	8798	1146
新产品开发及生产情况							
新产品开发项目数	项	10656	314	150	269	116	162
新产品开发经费支出	万元	3310507	112952	54062	62875	21086	40176
新产品销售收入	万元	46472472	2695209	428228	762724	59524	452174
#新产品出口	万元	2020522	166393	61969	1894	1029	57204
自主知识产权及相关情况							
专利申请数	件	15864	601	136	243	448	154
#发明专利	件	5989	290	69	61	136	53
有效发明专利数	件	8649	258	90	75	205	92
#境外授权	件	244	8	3			
专利所有权转让及许可数	件	414	21	37	6	28	
专利所有权转让及许可收入	万元	2102	429		0	3	
拥有注册商标数	件	8256	317	1059	765	810	31
#境外注册	件	763	4	23	97	178	
形成国家或行业标准数	项	870	44	23	12	2	8
政府相关政策落实情况							
使用来自政府部门的科技活动资金	万元	209403	8146	1865	3419	214	1894
研究开发费用加计扣除减免税	万元	150540	1036	1031	1185		543
高新技术企业减免税	万元	117214	755	253	6		148
技术获取和技术改造情况							
引进技术经费支出	万元	132124	13				
消化吸收经费支出	万元	47855	2317		85		
购买国内技术经费支出	万元	76637	1615	145	1725		228
技术改造经费支出	万元	879498	7117	4973	16173	26561	12339

纺织服装、服饰业	皮革、毛皮、羽毛及其制品和制鞋业	木材加工和木、竹、藤、棕、草制品业	家　具制造业	造纸及纸制 品 业	印 刷 和记录媒介复 制 业	文教、工美、体育和娱乐用品制造业	石油加工、炼焦和核燃料加工业	化学原料和化学制品制造业	医　药制造业
12	1	10	1	7	7	3	1	126	92
836	12	219	18	68	161	66	68	7096	5796
34		13		19	1	2		196	245
73		24		9	14	3	1	628	1160
366	2	111	6	20	86	44	16	3985	3751
6517	7	4782	72	2331	6732	134	1226	194963	104302
12857	20	1017	45	2362	4460	266	2858	113314	77712
3143		5		136	210			21485	6061
316	10	36	10	23	76	121	23	604	859
15908	275	11320	1458	15107	9945	5484	8527	183102	149695
158316	2005	174049	36708	121077	93443	52751	2308	4679115	1741568
25218						10188		297211	158697
44		55	5	67	243	97	38	945	755
13		28	4	20	115	31	14	500	359
13		27	5	4	60	26	13	680	486
1								38	34
7					5			18	6
								120	0
226		18	1	3	5	7	3	600	1922
5								11	80
4		11		2	4			54	116
439	75	671	40	455	130	486	55	9726	11079
		403			1207			11162	12042
		856			931			20781	18285
83								3610	3080
541								11608	4151
15								20975	3508
4875	963	162		2829		461	49786	200733	34435

3-A-3 续表2

主要指标	单位	制造业合 计	农副食品加 工 业	食 品制造业	酒、饮料和精制茶制 造 业	烟 草制品业	纺织业
企业基本情况							
有R&D活动的企业	个	6	45	82	34	19	76
有研发机构的企业	个	1	30	47	17	16	39
有新产品销售的企业	个	4	46	91	29	23	72
R&D人员情况							
R&D人员合计	人	390	3249	5973	7954	1422	6410
#女性	人	78	817	1109	1174	124	1251
#研究人员	人	45	1160	1955	3226	658	2388
#全时人员	人	327	1639	4121	4984	806	3713
R&D人员折合全时当量	人年	303	2166	4104	6546	1089	3020
R&D经费情况							
R&D经费内部支出	万元	8970	38616	95992	550586	90545	103935
按支出用途分							
日常性支出	万元	8883	35130	86247	542329	88860	93011
#人员劳务费	万元	1702	11051	19936	88167	15313	28563
资产性支出	万元	87	3486	9745	8257	1686	10923
#仪器和设备	万元	87	3416	9612	7428	1655	10790
按资金来源分							
政府资金	万元	305	208	3134	2439	845	1880
企业资金	万元	8665	36983	90521	547794	88793	101319
国外资金	万元						
其他资金	万元		1425	2338	352	908	736
R&D经费外部支出	万元	30	2464	2942	702	785	2989
#对境内研究机构支出	万元		1504	756	581	427	1777
对境内高等学校支出	万元	30	460	582	113	219	1160
对境外支出	万元		110	934			30
R&D项目情况							
项目数	项	8	204	290	347	81	398
参加项目人员	人	372	2976	5558	6904	1377	6040
项目人员折合全时当量	人年	290	1982	3854	5685	1054	2807
项目经费内部支出	万元	8384	36878	88203	178890	70513	93848

纺织服装、服饰业	皮革、毛皮、羽毛及其制品和制鞋业	木材加工和木、竹、藤、棕、草制品业	家具制造业	造纸及纸制品业	印刷和记录媒介复制业	文教、工美、体育和娱乐用品制造业	石油加工、炼焦和核燃料加工业	化学原料和化学制品制造业	医药制造业
137	120	226	32	168	105	35	5	2	4
59	52	113	18	64	48	14	3	2	3
130	104	244	30	137	77	30	5	3	3
7643	6691	15928	10246	11057	14905	1575	460	24	345
1048	1036	2635	2831	2460	3654	313	146	8	38
3091	2740	6718	4984	3443	6665	539	352	11	187
5140	5122	10069	7443	8304	13760	1255	457	1	282
4548	4516	9998	7484	6654	11713	912	413	13	244
137429	124973	411601	166098	190448	440824	23402	11704	617	7582
112619	106924	372261	138107	162053	389030	22678	11636	423	7101
33846	32276	91657	40963	48613	172775	7898	2106	93	706
24810	18049	39340	27991	28395	51794	724	68	194	482
24363	17305	37487	27501	27738	51548	717	68	194	427
6810	10272	5855	36710	8245	59126	2499	5289	200	85
127665	109025	403225	126760	178741	377882	19991	6402	417	7401
25	625	163	91	1992		224			
2929	5051	2358	2537	1469	3816	688	13		96
1551	1683	12173	12847	2758	4910	472	146	15	29
473	696	10246	4787	1733	2061	270	146		
1004	985	664	7901	878	2117	201		15	29
2	1	979		147	204				
701	618	1519	622	706	748	179	32	2	15
7015	5967	14561	9574	10095	13218	1415	397	19	315
4153	4047	9133	6993	6038	10419	816	353	10	221
106665	109700	377192	136548	163094	357614	21595	11050	617	6909

3-A-3 续表3

主要指标	单位	制造业合计	农副食品加工业	食品制造业	酒、饮料和精制茶制造业	烟草制品业	纺织业
企业办研发机构情况							
机构阿数	个	1	35	55	24	17	45
机构人员数	人	34	2266	2196	1882	1051	2252
#博士	人		36	50	149	21	46
硕士	人	3	117	167	294	84	187
本科	人	18	1156	1054	938	614	1424
机构经费支出	万元	4110	23293	69283	124914	20533	27992
仪器和设备原价	万元	3400	11266	37542	48877	7413	81725
#进口	万元		2746	8295	3088	2093	1165
新产品开发及生产情况							
新产品开发项目数	项	5	252	261	336	65	431
新产品开发经费支出	万元	4203	62837	79399	470172	41846	102090
新产品销售收入	万元	36279	1187589	1359357	4252497	2082482	1149136
#新产品出口	万元	173	4286	35583	85316	248034	23808
自主知识产权及相关情况							
专利申请数	件	39	404	386	1389	119	502
#发明专利	件	13	118	150	468	16	175
有效发明专利数	件		141	237	670	241	258
#境外授权	件		2	12		2	20
专利所有权转让及许可数	件		1	18	12	1	21
专利所有权转让及许可收入	万元				21		620
拥有注册商标数	件		40	91	228	40	272
#境外注册	件				83	1	28
形成国家或行业标准数	项		20	33	40	5	42
政府相关政策落实情况							
使用来自政府部门的科技活动资金	万元	305	3041	4194	3232	1961	2200
研究开发费用加计扣除减免税	万元		392	2839	65018	981	4394
高新技术企业减免税	万元		890	3575	6386	326	2861
技术获取和技术改造情况							
引进技术经费支出	万元		3520	1354	7269	900	682
消化吸收经费支出	万元		1140	3307	12986	583	2347
购买国内技术经费支出	万元		24	412	13230	6029	478
技术改造经费支出	万元	8564	4941	13932	36939	166579	15050

纺织服装、服饰业	皮革、毛皮、羽毛及其制品和制鞋业	木材加工和木、竹、藤、棕、草制品业	家具制造业	造纸及纸制品业	印刷和记录媒介复制业	文教、工美、体育和娱乐用品制造业	石油加工、炼焦和核燃料加工业	化学原料和化学制品制造业	医药制造业
66	68	137	26	77	67	15	3	2	3
3184	2941	8112	5910	4765	10324	705	166	31	128
53	78	89	27	140	208	14	1	2	4
311	464	977	763	575	3855	190	29	5	14
1966	1921	5392	4054	2352	5117	425	86	15	100
43559	50747	373283	99184	91752	280129	12252	9722	912	2927
43963	54309	409865	83597	228469	171356	6120	2627	346	1640
5045	3444	53110	394	84260	10586	34			200
745	765	2153	583	871	841	207	37	2	13
148760	157327	622541	160029	214401	504570	29287	15207	541	5324
1687972	1267284	13661280	1367078	3696835	2885791	224998	93394	48539	12765
67056	44462	188168	134045	114266	282900	1965	10658		
1199	1227	2388	700	1374	1986	257	37	2	24
433	413	466	301	456	1161	95	25	2	4
634	478	646	347	817	1817	283	33	2	11
4	12	10	19	35	41	3			
23	51	47	23	60	14	14		1	
1	96	262	540					10	
148	217	297	102	438	590	23	3		
7	7	2	5	30	199		3		
73	73	49	98	38	113	6			
10167	12122	10785	37336	10372	65993	3287	5387	225	103
3791	1976	23163	2275	4994	10347	1299		400	63
6033	6498	18739	9155	7858	11453	1295		100	32
10123	1431	81446	51	3121	15312	130			
4023	717	486	321	1108	2135				
401	203	1789	951	21023	3857	32			
44305	7894	122262	34723	37412	23224	2267			

3-A-4 分地区企业R&D及

主要指标	单位	武汉市	黄石市	十堰市	宜昌市	襄阳市	鄂州市
企业基本情况							
有R&D活动的企业	个	389	91	96	225	376	30
有研发机构的企业	个	148	57	56	128	103	14
有新产品销售的企业	个	300	72	113	222	261	24
R&D人员情况							
R&D人员合计	人	49982	9500	6693	12627	21741	1395
#女性	人	12137	1281	1195	2526	4733	269
#研究人员	人	21237	2601	2641	3617	9203	693
#全时人员	人	39470	6513	4564	7181	14307	452
R&D人员折合全时当量	人年	32881	6231	4673	8753	16523	820
R&D经费情况							
R&D经费内部支出	万元	1503407	223713	97729	291408	510173	42907
按支出用途分							
日常性支出	万元	1390295	212656	81140	250479	428837	41595
#人员劳务费	万元	419051	42582	30930	50981	91364	5461
资产性支出	万元	113112	11057	16589	40928	81336	1312
#仪器和设备	万元	110564	10307	15799	37550	80500	1305
按资金来源分							
政府资金	万元	99543	4287	2178	11075	34989	793
企业资金	万元	1387535	218898	95030	276333	465891	41833
国外资金	万元	1060	25		184	2245	
其他资金	万元	15269	503	521	3815	7047	281
R&D经费外部支出	万元	46506	3824	5186	10609	9868	599
#对境内研究机构支出	万元	17861	1506	4421	6479	7299	135
对境内高等学校支出	万元	16509	524	539	3147	1804	458
对境外支出	万元	1134	1126	46	93	124	6
R&D项目情况							
项目数	项	3346	753	914	961	1712	103
参加项目人员	人	45338	8455	5976	11620	20182	1259
项目人员折合全时当量	人年	29670	5475	4170	8050	15494	719
项目经费内部支出	万元	979975	197001	86660	254346	427794	41878

相关活动主要指标

荆门市	孝感市	荆州市	黄冈市	咸宁市	随州市	恩施州	仙桃市	潜江市	天门市	神农架
60	107	50	79	66	53	33	8	20	31	
30	68	35	76	35	76	28	12	12	24	1
48	106	59	136	70	110	31	15	20	37	1
4979	7150	4287	3304	1812	2197	337	511	1641	796	
1041	1993	909	766	321	313	83	21	511	158	
1620	2025	1546	1394	477	733	165	43	602	341	
2382	3219	3214	1721	896	965	178	254	698	375	
3816	4052	2957	1796	1095	1162	218	150	407	293	
83732	125276	51424	50246	28957	41362	6802	8518	28541	23794	
76888	104985	46038	40868	26183	34539	6043	4808	26127	21363	
24938	22521	13540	9722	7494	8595	1313	1079	9099	5795	
6844	20291	5386	9378	2774	6823	759	3710	2413	2431	
6421	19873	4694	9142	2691	6597	752	3705	2035	2306	
1404	3235	1818	2371	1539	1460	704	949	977	2526	
80522	119852	49301	47382	26665	39254	5891	7425	27221	20755	
		149						240		
1806	2190	155	494	753	648	207	145	103	513	
2007	3064	2089	1571	1055	328	350	66	900	2790	
524	1540	1444	621	176	132	126	2	330	235	
1320	1465	437	234	794	196	173	64	552	2556	
	59	138		14						
244	434	245	253	151	186	43	17	92	68	
4464	6572	3778	2794	1649	2048	296	455	1517	756	
3431	3741	2620	1492	993	1085	193	131	382	285	
79427	113377	46483	44572	26703	37696	5614	4514	21700	21040	

3-A-4 续表

主要指标	单位	武汉市	黄石市	十堰市	宜昌市	襄阳市	鄂州市
企业办研发机构情况							
机构阿数	个	208	78	70	158	103	19
机构人员数	人	26009	5108	3494	8485	7543	503
#博士	人	661	81	56	156	150	37
硕士	人	7020	291	508	557	801	125
本科	人	15900	2430	2115	4695	4865	301
机构经费支出	万元	773797	145519	53427	231958	204465	38327
仪器和设备原价	万元	731502	42752	31160	294157	191876	9466
#进口	万元	65877	9302	8747	114979	9054	2642
新产品开发及生产情况							
新产品开发项目数	项	3978	755	1226	1062	1492	141
新产品开发经费支出	万元	1616071	170572	124953	338031	510062	51396
新产品销售收入	万元	17508626	4020683	4253877	4768586	6534724	759553
#新产品出口	万元	588640	337414	7090	379550	237366	40741
自主知识产权及相关情况							
专利申请数	件	7542	671	1124	1430	2077	246
#发明专利	件	3243	190	193	483	704	116
有效发明专利数	件	4930	583	242	644	1094	81
#境外授权	件	134	2	7	33	24	2
专利所有权转让及许可数	件	139	33	3	69	42	1
专利所有权转让及许可收入	万元	725	10		620	424	
拥有注册商标数	件	3997	489	159	1737	395	95
#境外注册	件	554	96	1	41	3	17
形成国家或行业标准数	项	362	41	29	94	148	27
政府相关政策落实情况							
使用来自政府部门的科技活动资金	万元	112521	6052	4908	16802	37686	1119
研究开发费用加计扣除减免税	万元	94183	4497	17053	10010	7925	5034
高新技术企业减免税	万元	46068	6058	3920	23024	14155	1003
技术获取和技术改造情况							
引进技术经费支出	万元	102237	9397	1584	11134	507	
消化吸收经费支出	万元	6200	17024	61	11813	5421	2385
购买国内技术经费支出	万元	26655	19595	326	17347	6846	35
技术改造经费支出	万元	258206	210962	20297	152224	93224	5141

荆门市	孝感市	荆州市	黄冈市	咸宁市	随州市	恩施州	仙桃市	潜江市	天门市	神农架
33	83	46	88	39	81	28	17	19	25	1
2181	3538	2906	1722	818	1677	328	752	1573	652	25
45	76	89	72	67	82	22	15	63	36	1
164	449	196	175	64	154	35	26	250	115	2
902	1828	1633	850	416	872	197	479	599	362	5
50456	49284	32300	14931	10993	27497	5183	11303	15384	23817	18
29069	34882	45555	20454	9595	16838	3783	12048	7866	6790	162
3322	3051	5101	776	535	2586	465	798	809	462	
200	446	366	290	178	313	59	54	90	71	1
60092	118417	78448	59693	31027	60153	13375	24927	23659	36208	92
1085728	1882053	1376000	1425095	417537	1262725	123711	257229	304810	563411	437
61108	31992	63786	54974	35298	20110	16603	28518	91894	26019	
494	743	565	414	215	354	99	84	103	159	1
163	294	129	169	111	153	47	38	33	53	
164	252	205	155	79	165	33	39	38	40	1
3	11		19	2	1			3	3	
12	13	6	9	17	47	2		7	15	1
	10		21	1	260	30				
207	263	103	525	67	57	90	35	35	4	
	30	1	8					12	1	
26	48	23	30	19	3	7	3	17		
1669	4591	2939	4782	2206	3401	1722	2105	1201	5971	15
1535	2742	5036	894	1206	1443	108	885	140	163	
1506	1842	6998	3172	1210	6389	278	478	1014	100	
7	4226		2930	103						
2	2601	318	1143	456	119	115	160	8	30	
272	1371	1086	1767	467	70	138	464		197	
80891	34486	57771	13171	10806	2313	4791	1893	6583	2503	

B. 企业基本情况

3-B-1 分登记注册类型企业基本情况

单位:个

登记注册类型	有R&D活动的企业	有研发机构的企业	有新产品销售的企业
总　计	**1714**	**903**	**1625**
内资企业	**1565**	**849**	**1501**
国有企业	27	19	23
集体企业	4	1	3
股份合作企业	3		2
联营企业			1
有限责任公司	758	355	667
国有独资公司	44	25	36
其他有限责任公司	714	330	631
股份有限公司	193	126	174
私营企业	575	345	626
私营独资企业	7	7	11
私营合伙企业	2	2	2
私营有限责任公司	516	304	557
私营股份有限公司	50	32	56
其他企业	5	3	5
港、澳、台商投资企业	**59**	**24**	**46**
合资经营企业	36	19	28
合作经营企业	1	1	1
港、澳、台商独资经营企业	18	4	15
港、澳、台商投资股份有限公司	4		2
其他港澳台投资企业			
外商投资企业	**90**	**30**	**78**
中外合资经营企业	68	23	58
中外合作经营企业			1
外资企业	20	5	17
外商投资股份有限公司	2	2	2
其他外商投资企业			

3-B-2　分登记注册类型大中型企业基本情况

单位:个

登记注册类型	有R&D活动的企业	有研发机构的企业	有新产品销售的企业
总　计	**589**	**356**	**566**
内资企业	**511**	**322**	**494**
国有企业	23	17	20
集体企业	1		1
股份合作企业			
联营企业			1
有限责任公司	254	130	229
国有独资公司	34	20	29
其他有限责任公司	220	110	200
股份有限公司	112	84	102
私营企业	120	90	141
私营独资企业	1	1	
私营合伙企业			
私营有限责任公司	105	77	123
私营股份有限公司	14	12	18
其他企业	1	1	
港、澳、台商投资企业	**35**	**15**	**28**
合资经营企业	24	13	18
合作经营企业			
港、澳、台商独资经营企业	9	2	9
港、澳、台商投资股份有限公司	2		1
其他港澳台投资企业			
外商投资企业	**43**	**19**	**44**
中外合资经营企业	33	17	32
中外合作经营企业			1
外资企业	9	1	10
外商投资股份有限公司	1	1	1
其他外商投资企业			

3-B-3 分行业企业基本情况

单位:个

行业	有R&D活动的企业	有研发机构的企业	有新产品销售的企业
总 计	**1714**	**903**	**1625**
制造业	**1693**	**893**	**1615**
农副食品加工业	120	79	135
食品制造业	28	17	31
酒、饮料和精制茶制造业	38	33	45
烟草制品业	2	1	1
纺织业	37	23	46
纺织服装、服饰业	8	9	14
皮革、毛皮、羽毛及其制品和制鞋业	1	1	1
木材加工和木、竹、藤、棕、草制品业	14	8	23
家具制造业	2	1	3
造纸和纸制品业	15	7	14
印刷和记录媒介复制业	14	5	10
文教、工美、体育和娱乐用品制造业	7	3	7
石油加工、炼焦和核燃料加工业	5	1	3
化学原料和化学制品制造业	179	107	165
医药制造业	127	72	89
化学纤维制造业	6	1	4
橡胶和塑料制品业	45	30	46
非金属矿物制品业	82	47	91
黑色金属冶炼和压延加工业	34	17	29
有色金属冶炼和压延加工业	19	16	23
金属制品业	76	39	72
通用设备制造业	137	59	130
专用设备制造业	120	52	104
汽车制造业	226	113	244
铁路、船舶、航空航天和其他运输设备制造业	32	18	30
电气机械和器材制造业	168	64	137
计算机、通信和其他电子设备制造业	105	48	77
仪器仪表制造业	35	14	30
其他制造业	5	3	5
废弃资源综合利用业	2	2	3
金属制品、机械和设备修理业	4	3	3

3-B-4　分行业大中型企业基本情况

单位:个

行　业	有R&D活动的企　业	有研发机构的企　业	有新产品销售的企　业
总　计	**589**	**356**	**566**
制造业	**581**	**351**	**564**
农副食品加工业	31	17	31
食品制造业	7	4	9
酒、饮料和精制茶制造业	15	10	15
烟草制品业	1	1	1
纺织业	21	15	26
纺织服装、服饰业	5	3	5
皮革、毛皮、羽毛及其制品和制鞋业			
木材加工和木、竹、藤、棕、草制品业	3	3	6
家具制造业			
造纸和纸制品业	8	4	4
印刷和记录媒介复制业	6	3	3
文教、工美、体育和娱乐用品制造业	2	2	3
石油加工、炼焦和核燃料加工业	3	1	
化学原料和化学制品制造业	65	50	56
医药制造业	45	31	39
化学纤维制造业	2	1	1
橡胶和塑料制品业	15	16	21
非金属矿物制品业	29	18	29
黑色金属冶炼和压延加工业	19	11	17
有色金属冶炼和压延加工业	10	9	13
金属制品业	29	14	29
通用设备制造业	35	20	31
专用设备制造业	24	11	25
汽车制造业	90	44	94
铁路、船舶、航空航天和其他运输设备制造业	18	12	18
电气机械和器材制造业	48	18	38
计算机、通信和其他电子设备制造业	39	26	36
仪器仪表制造业	7	3	9
其他制造业	2	3	3
废弃资源综合利用业			1
金属制品、机械和设备修理业	2	1	1

3-B-5 各地区企业基本情况

地 区	有R&D活动的企业	有研发机构的企业	有新产品销售的企业
全 省	**1714**	**903**	**1625**
武汉市	389	148	300
黄石市	91	57	72
十堰市	96	56	113
宜昌市	225	128	222
襄阳市	376	103	261
鄂州市	30	14	24
荆门市	60	30	48
孝感市	107	68	106
荆州市	50	35	59
黄冈市	79	76	136
咸宁市	66	35	70
随州市	53	76	110
恩施州	33	28	31
仙桃市	8	12	15
潜江市	20	12	20
天门市	31	24	37
神农架		1	1

3-B-6　各地区大中型企业基本情况

地　区	有R&D活动的企业	有研发机构的企业	有新产品销售的企业
全　省	**589**	**356**	**566**
武汉市	142	68	114
黄石市	31	26	33
十堰市	39	16	44
宜昌市	75	55	75
襄阳市	118	53	94
鄂州市	7	3	6
荆门市	23	16	20
孝感市	28	23	32
荆州市	23	15	28
黄冈市	22	16	30
咸宁市	15	9	15
随州市	24	19	27
恩施州	2	4	3
仙桃市	3	7	9
潜江市	15	7	15
天门市	22	19	21
神农架			

C. 企业R&D人员情况

3-C-1 分登记注册类型企业R&D人员情况

登记注册类型	R&D人员合计(人)	#女性	#研究人员	#全时人员	R&D人员折合全时当量(人年)
总 计	**128952**	**28257**	**48938**	**86389**	**85826**
内资企业	**111419**	**25081**	**43361**	**74081**	**72508**
国有企业	15278	3413	8323	10414	11230
集体企业	211	38	43	140	137
股份合作企业	117	59	42	39	12
联营企业					
有限责任公司	50587	11381	20290	34784	32899
国有独资公司	11623	3122	5896	8636	7634
其他有限责任公司	38964	8259	14394	26148	25265
股份有限公司	28206	6955	8848	19787	19521
私营企业	16821	3218	5706	8888	8654
私营独资企业	136	36	29	65	58
私营合伙企业	39	4	35	31	7
私营有限责任公司	13439	2688	4466	7312	6870
私营股份有限公司	3207	490	1176	1480	1720
其他企业	199	17	109	29	56
港、澳、台商投资企业	**7032**	**1486**	**1470**	**4868**	**5741**
合资经营企业	4606	913	1021	4006	3555
合作经营企业	15	6	5		15
港、澳、台商独资经营企业	2298	543	395	773	2067
港、澳、台商投资股份有限公司	113	24	49	89	103
其他港澳台投资企业					
外商投资企业	**10501**	**1690**	**4107**	**7440**	**7577**
中外合资经营企业	7049	1261	3118	4567	5371
中外合作经营企业					
外资企业	1524	228	619	1290	846
外商投资股份有限公司	1928	201	370	1583	1360
其他外商投资企业					

3-C-2　分登记注册类型大中型企业R&D人员情况

登记注册类型	R&D人员合计(人)	#女性	#研究人员	#全时人员	R&D人员折合全时当量(人年)
总　计	**102690**	**23362**	**39359**	**70281**	**71466**
内资企业	**87287**	**20670**	**34624**	**59468**	**59591**
国有企业	15091	3375	8256	10240	11086
集体企业	75	4	24	75	68
股份合作企业					
联营企业					
有限责任公司	38612	9234	15804	27161	26438
国有独资公司	11333	3064	5703	8492	7448
其他有限责任公司	27279	6170	10101	18669	18989
股份有限公司	25297	6390	7732	17649	17792
私营企业	8089	1664	2713	4321	4186
私营独资企业	30	7	13	14	7
私营合伙企业					
私营有限责任公司	5579	1277	1761	3178	2863
私营股份有限公司	2480	380	939	1129	1316
其他企业	123	3	95	22	22
港、澳、台商投资企业	**6294**	**1251**	**1163**	**4474**	**5255**
合资经营企业	4122	750	846	3770	3259
合作经营企业					
港、澳、台商独资经营企业	2100	481	293	654	1924
港、澳、台商投资股份有限公司	72	20	24	50	72
其他港澳台投资企业					
外商投资企业	**9109**	**1441**	**3572**	**6339**	**6621**
中外合资经营企业	5958	1065	2679	3686	4596
中外合作经营企业					
外资企业	1238	175	532	1083	680
外商投资股份有限公司	1913	201	361	1570	1345
其他外商投资企业					

3-C-3 分行业企业R&D人员情况

行业	R&D人员合计(人)	#女性	#研究人员	#全时人员	R&D人员折合全时当量(人年)
总计	**128952**	**28257**	**48938**	**86389**	**85826**
采矿业	**1005**	**280**	**444**	**231**	**209**
煤炭开采和洗选业					
石油和天然气开采业	584	220	261	188	112
黑色金属矿采选业	74	3	33		32
有色金属矿采选业					
非金属矿采选业	78	9	50	20	34
开采辅助活动	242	43	84		5
其他采矿业	27	5	16	23	25
制造业	**126832**	**27792**	**47639**	**85719**	**85111**
农副食品加工业	3167	704	1105	1678	1892
食品制造业	821	181	235	560	466
酒、饮料和精制茶制造业	1094	332	408	517	512
烟草制品业	549	117	298	263	523
纺织业	2675	1007	584	1012	1802
纺织服装、服饰业	856	283	212	511	374
皮革、毛皮、羽毛及其制品和制鞋业	13	3	8	8	1
木材加工和木、竹、藤、棕、草制品业	428	83	205	116	290
家具制造业	92	16	21	89	89
造纸和纸制品业	437	93	59	208	225
印刷和记录媒介复制业	592	142	135	300	284
文教、工美、体育和娱乐用品制造业	326	86	75	227	128
石油加工、炼焦和核燃料加工业	275	60	172	209	104
化学原料和化学制品制造业	10522	1875	2858	6119	6749
医药制造业	10713	4088	3102	6479	7948
化学纤维制造业	390	78	45	327	303
橡胶和塑料制品业	3249	817	1160	1639	2166
非金属矿物制品业	5973	1109	1955	4121	4104
黑色金属冶炼和压延加工业	7954	1174	3226	4984	6546
有色金属冶炼和压延加工业	1422	124	658	806	1089
金属制品业	6410	1251	2388	3713	3020
通用设备制造业	7643	1048	3091	5140	4548
专用设备制造业	6691	1036	2740	5122	4516
汽车制造业	15928	2635	6718	10069	9998
铁路、船舶、航空航天和其他运输设备制造业	10246	2831	4984	7443	7484
电气机械和器材制造业	11057	2460	3443	8304	6654
计算机、通信和其他电子设备制造业	14905	3654	6665	13760	11713
仪器仪表制造业	1575	313	539	1255	912
其他制造业	460	146	352	457	413
废弃资源综合利用业	24	8	11	1	13
金属制品、机械和设备修理业	345	38	187	282	244
电力、热力、燃气及水生产和供应业	**1115**	**185**	**855**	**439**	**505**
电力、热力生产和供应业	1115	185	855	439	505
燃气生产和供应业					
水的生产和供应业					

3-C-4　分行业大中型企业R&D人员情况

行　业	R&D人员合计(人)	#女性	#研究人员	#全时人员	R&D人员折合全时当量(人年)
总　计	**102690**	**23362**	**39359**	**70281**	**71466**
采矿业	**900**	**272**	**403**	**188**	**143**
煤炭开采和洗选业					
石油和天然气开采业	584	220	261	188	112
黑色金属矿采选业	32	2	21		21
有色金属矿采选业					
非金属矿采选业	42	7	37		5
开采辅助活动	242	43	84		5
其他采矿业					
制造业	**100743**	**22912**	**38163**	**69698**	**70863**
农副食品加工业	1478	321	507	828	949
食品制造业	333	68	66	206	196
酒、饮料和精制茶制造业	688	255	280	315	263
烟草制品业	520	108	281	243	503
纺织业	2404	901	480	926	1651
纺织服装、服饰业	824	280	208	510	370
皮革、毛皮、羽毛及其制品和制鞋业					
木材加工和木、竹、藤、棕、草制品业	245	55	107	71	219
家具制造业					
造纸和纸制品业	319	74	38	163	183
印刷和记录媒介复制业	353	85	55	158	150
文教、工美、体育和娱乐用品制造业	188	62	49	146	75
石油加工、炼焦和核燃料加工业	256	57	164	202	91
化学原料和化学制品制造业	7817	1386	1993	4598	5387
医药制造业	8364	3350	2312	4994	6582
化学纤维制造业	331	75	34	282	284
橡胶和塑料制品业	2532	675	952	1278	1788
非金属矿物制品业	4954	939	1497	3625	3594
黑色金属冶炼和压延加工业	7659	1150	3161	4896	6414
有色金属冶炼和压延加工业	1168	79	557	665	926
金属制品业	5498	1108	2036	3165	2536
通用设备制造业	5079	698	2127	3497	3217
专用设备制造业	4410	727	1787	3830	3328
汽车制造业	12905	2057	5467	7952	8171
铁路、船舶、航空航天和其他运输设备制造业	9996	2801	4874	7296	7339
电气机械和器材制造业	8232	1977	2394	6517	5164
计算机、通信和其他电子设备制造业	12676	3256	5972	12023	10438
仪器仪表制造业	803	195	272	664	470
其他制造业	425	141	331	425	390
废弃资源综合利用业					
金属制品、机械和设备修理业	286	32	162	223	185
电力、热力、燃气及水生产和供应业	**1047**	**178**	**793**	**395**	**459**
电力、热力生产和供应业	1047	178	793	395	459
燃气生产和供应业					
水的生产和供应业					

3-C-5 各地区企业R&D人员情况

地 区	R&D人员合计(人)	#女性	#研究人员	#全时人员	R&D人员折合全时当量(人年)
全 省	**128952**	**28257**	**48938**	**86389**	**85826**
武汉市	49982	12137	21237	39470	32881
黄石市	9500	1281	2601	6513	6231
十堰市	6693	1195	2641	4564	4673
宜昌市	12627	2526	3617	7181	8753
襄阳市	21741	4733	9203	14307	16523
鄂州市	1395	269	693	452	820
荆门市	4979	1041	1620	2382	3816
孝感市	7150	1993	2025	3219	4052
荆州市	4287	909	1546	3214	2957
黄冈市	3304	766	1394	1721	1796
咸宁市	1812	321	477	896	1095
随州市	2197	313	733	965	1162
恩施州	337	83	165	178	218
仙桃市	511	21	43	254	150
潜江市	1641	511	602	698	407
天门市	796	158	341	375	293
神农架					

3-C-6 各地区大中型企业R&D人员情况

地　区	R&D人员合计(人)	#女性	#研究人员	#全时人员	R&D人员折合全时当量(人年)
全　省	**102690**	**23362**	**39359**	**70281**	**71466**
武汉市	42829	10761	18864	33927	28961
黄石市	7930	1072	2074	5847	5600
十堰市	5311	920	2198	3805	3786
宜昌市	9075	1796	2406	5212	6694
襄阳市	17113	3946	7132	11206	13529
鄂州市	919	197	524	204	592
荆门市	4203	920	1326	2058	3309
孝感市	5230	1636	1314	2121	3231
荆州市	3361	735	1187	2708	2433
黄冈市	1808	426	719	805	1092
咸宁市	820	146	200	421	630
随州市	1606	218	520	779	870
恩施州	67	21	36	55	42
仙桃市	296	18	13	207	89
潜江市	1467	459	535	597	354
天门市	655	91	311	329	253
神农架					

D. 企业R&D经费支出情况

3-D-1.1 分登记注册类型企业R&D经费内部支出情况

单位:万元

登记注册类型	R&D经费内部支出	日常性支出	#人员劳务费	资产性支出	#仪器和设备	#政府资金	#企业资金
总计	**3117987**	**2792843**	**744464**	**325143**	**314240**	**169848**	**2909788**
内资企业	**2620092**	**2332902**	**643743**	**287190**	**278411**	**163288**	**2421082**
国有企业	675367	634340	153358	41026	40280	43802	631238
集体企业	2025	1741	409	283	275		2025
股份合作企业	1339	1159	552	180	150	220	1119
联营企业							
有限责任公司	994218	871207	247487	123011	118677	69096	902402
国有独资公司	262910	218862	68928	44048	43608	33517	228631
其他有限责任公司	731308	652345	178559	78963	75069	35579	673771
股份有限公司	579808	515747	175492	64061	61736	33275	541132
私营企业	364711	306442	66118	58270	56968	16858	340702
私营独资企业	2260	1922	526	338	337	55	2205
私营合伙企业	1072	931	170	141	129	521	550
私营有限责任公司	295528	247733	52168	47795	46686	14183	274256
私营股份有限公司	65852	55857	13254	9995	9817	2100	63690
其他企业	2624	2266	327	358	327	36	2465
港、澳、台商投资企业	**178303**	**168956**	**32195**	**9348**	**8679**	**2396**	**174831**
合资经营企业	132329	125147	20520	7182	6525	2152	129141
合作经营企业	81	73	55	8	8		81
港、澳、台商独资经营企业	42832	41388	11125	1444	1432	87	42704
港、澳、台商投资股份有限公司	30620	2348	495	714	714	158	2904
其他港澳台投资企业							
外商投资企业	**319591**	**290986**	**68527**	**28605**	**27151**	**4164**	**313874**
中外合资经营企业	257023	235919	54281	21105	19679	3429	252138
中外合作经营企业							
外资企业	30470	25214	8059	5256	5236	335	30038
外商投资股份有限公司	32098	29853	6187	2244	2236	400	31698
其他外商投资企业							

3-D-1.2　分登记注册类型大中型企业R&D经费内部支出情况

单位:万元

登记注册类型	R&D经费内部支出	日常性支出	#人员劳务费	资产性支出	#仪器和设备	#政府资金	#企业资金
总　计	**2593641**	**2352701**	**637925**	**240940**	**232125**	**142250**	**2432172**
内资企业	**2133747**	**1925480**	**547088**	**208267**	**201538**	**136722**	**1978912**
国有企业	673613	632777	152545	40836	40093	43767	629596
集体企业	927	927	185				927
股份合作企业							
联营企业							
有限责任公司	766904	682167	201490	84737	81179	56445	697910
国有独资公司	259566	215680	68094	43886	43454	31851	226954
其他有限责任公司	507338	466487	133397	40851	37725	24594	470957
股份有限公司	517567	464018	161989	53549	51538	29896	483766
私营企业	173450	144305	30718	29145	28729	6613	165427
私营独资企业	795	595	241	200	200	15	780
私营合伙企业							
私营有限责任公司	125625	104404	21501	21221	20906	5509	118707
私营股份有限公司	47030	39307	8976	7723	7623	1089	45940
其他企业	1286	1286	160				1286
港、澳、台商投资企业	**165949**	**158602**	**29549**	**7348**	**6682**	**1974**	**162981**
合资经营企业	126422	120732	18915	5690	5034	1942	123486
合作经营企业							
港、澳、台商独资经营企业	37943	36948	10383	995	985		37943
港、澳、台商投资股份有限公司	1584	922	252	663	663	32	1552
其他港澳台投资企业							
外商投资企业	**293945**	**268619**	**61288**	**25326**	**23905**	**3555**	**290279**
中外合资经营企业	237269	218205	49343	19064	17669	2820	234434
中外合作经营企业							
外资企业	24738	20680	5803	4058	4042	335	24306
外商投资股份有限公司	31939	29735	6142	2204	2195	400	31539
其他外商投资企业							

3-D-1.3 分行业企业R&D经费内部支出情况

单位:万元

行业	R&D经费内部支出	日常性支出	#人员劳务费	资产性支出	#仪器和设备	#政府资金	#企业资金
总计	**3117987**	**2792843**	**744464**	**325143**	**314240**	**169848**	**2909788**
采矿业	**11529**	**10871**	**6365**	**658**	**298**	**205**	**11306**
煤炭开采和洗选业							
石油和天然气开采业	7650	7185	5554	466	127	195	7455
黑色金属矿采选业	254	200	102	54	50		237
有色金属矿采选业							
非金属矿采选业	1345	1220	513	125	109	10	1335
开采辅助活动	2091	2091	107				2091
其他采矿业	188	175	88	13	13		188
制造业	**3094723**	**2771364**	**735963**	**323359**	**312815**	**169598**	**2886887**
农副食品加工业	102229	82988	12574	19242	18763	4686	96795
食品制造业	29995	26516	4174	3479	3302	1308	28687
酒、饮料和精制茶制造业	28497	24462	5392	4036	3964	1260	25908
烟草制品业	20141	20113	6810	28	28	214	19202
纺织业	33640	26708	6914	6932	6912	1410	31868
纺织服装、服饰业	12408	8547	2853	3862	3803	177	12231
皮革、毛皮、羽毛及其制品和制鞋业	238	230	50	8		75	163
木材加工和木、竹、藤、棕、草制品业	8980	8302	2291	679	669	430	8550
家具制造业	1446	1312	462	134	134	30	1416
造纸和纸制品业	12683	10679	1631	2004	1964	249	12434
印刷和记录媒介复制业	12613	9894	3836	2719	2673	40	12573
文教、工美、体育和娱乐用品制造业	3770	3305	1114	465	465	375	3395

3-D-1.3　续表

行　业	R&D经费内部支出	日常性支出	#人员劳务费	资产性支出	#仪器和设备	#政府资金	#企业资金
石油加工、炼焦和核燃料加工业	8779	8765	1488	15	15	35	8744
化学原料和化学制品制造业	255468	224538	47741	30930	27395	7103	245469
医药制造业	160514	137716	42970	22799	22395	8303	147868
化学纤维制造业	8970	8883	1702	87	87	305	8665
橡胶和塑料制品业	38616	35130	11051	3486	3416	208	36981
非金属矿物制品业	95992	86247	19936	9745	9612	3134	90521
黑色金属冶炼和压延加工业	550586	542329	88167	8257	7428	2439	547794
有色金属冶炼和压延加工业	90545	88860	15313	1686	1655	845	88793
金属制品业	103935	93011	28563	10923	10790	1880	101319
通用设备制造业	137429	112619	33846	24810	24363	6810	127665
专用设备制造业	124973	106924	32276	18049	17305	10272	109025
汽车制造业	411601	372261	91657	39340	37485	5855	403225
铁路、船舶、航空航天和其他运输设备制造业	166098	138107	40963	27991	27501	36710	126760
电气机械和器材制造业	190448	162053	48613	28395	27738	8245	178741
计算机、通信和其他电子设备制造业	440824	389030	172775	51794	51548	59126	377882
仪器仪表制造业	23402	22678	7898	724	717	2499	19991
其他制造业	11704	11636	2106	68	68	5289	6402
废弃资源综合利用业	617	423	93	194	194	200	417
金属制品、机械和设备修理业	7582	7101	706	482	427	85	7401
电力、热力、燃气及水生产和供应业	**11735**	**10608**	**2136**	**1127**	**1127**	**45**	**11595**
电力、热力生产和供应业	11735	10608	2136	1127	1127	45	11595
燃气生产和供应业							
水的生产和供应业							

3-D-1.4 分行业大中型企业R&D经费内部支出情况

单位:万元

行业	R&D经费内部支出	日常性支出	#人员劳务费	资产性支出	#仪器和设备	#政府资金	#企业资金
总计	**2593641**	**2352701**	**637925**	**240940**	**232125**	**142250**	**2432172**
采矿业	**10196**	**9730**	**5955**	**466**	**127**	**195**	**10001**
煤炭开采和洗选业							
石油和天然气开采业	7650	7185	5554	466	127	195	7455
黑色金属矿采选业	48	48	48				48
有色金属矿采选业							
非金属矿采选业	406	406	245				406
开采辅助活动	2091	2091	107				2091
其他采矿业							
制造业	**2572179**	**2332832**	**630141**	**239348**	**230872**	**142055**	**2410905**
农副食品加工业	58846	48543	6253	10303	10175	1236	57585
食品制造业	15454	143100	1799	1054	906	832	14622
酒、饮料和精制茶制造业	20532	18508	4146	2024	1962	948	18321
烟草制品业	19677	19649	6718	28	28	184	18768
纺织业	30781	24229	6303	6552	6531	925	29833
纺织服装、服饰业	11442	7768	2677	3674	3636	112	11330
皮革、毛皮、羽毛及其制品和制鞋业							
木材加工和木、竹、藤、棕、草制品业	5078	4627	1410	450	441	298	4780
家具制造业							
造纸和纸制品业	6817	5783	1023	1034	1009	112	6705
印刷和记录媒介复制业	8435	6533	2016	1902	1868	40	8395
文教、工美、体育和娱乐用品制造业	1505	1505	388				1505

3-D-1.4　续表

行　业	R&D经费内部支出	日常性支出	#人员劳务费	资产性支出	#仪器和设备	#政府资金	#企业资金
石油加工、炼焦和核燃料加工业	8380	8380	1318				8380
化学原料和化学制品制造业	191727	172647	35854	19080	15857	4216	186645
医药制造业	118355	102600	33826	15755	15535	6129	108489
化学纤维制造业	8514	8514	1567			300	8214
橡胶和塑料制品业	26471	24110	8764	2362	2305	41	25885
非金属矿物制品业	77773	70410	16106	7363	7286	2485	73817
黑色金属冶炼和压延加工业	545928	538454	87501	7475	6649	2264	543664
有色金属冶炼和压延加工业	86273	84960	14644	1313	1283	455	85017
金属制品业	84611	75770	25085	8841	8746	1028	83038
通用设备制造业	88129	68876	23806	19253	19021	4024	83565
专用设备制造业	83040	73918	23002	9122	8518	7570	74938
汽车制造业	342512	314495	80882	28017	26406	4156	337740
铁路、船舶、航空航天和其他运输设备制造业	163066	135286	40033	27781	27294	36414	124182
电气机械和器材制造业	133612	116981	36674	16632	16225	5084	125990
计算机、通信和其他电子设备制造业	404540	355725	160923	48815	48729	56207	346034
仪器仪表制造业	13106	12911	4914	194	193	1627	11255
其他制造业	10662	10594	1958	68	68	5284	5378
废弃资源综合利用业							
金属制品、机械和设备修理业	6914	6659	553	255	200	85	6829
电力、热力、燃气及水生产和供应业	**11266**	**10139**	**1829**	**1127**	**1127**		**11266**
电力、热力生产和供应业	11266	10139	1829	1127	1127		11266
燃气生产和供应业							
水的生产和供应业							

3-D-1.5 各地区企业R&D经费内部支出情况

单位:万元

地 区	R&D经费内部支出	日常性支出	#人员劳务费	资产性支出	#仪器和设备	#政府资金	#企业资金
全 省	**3117987**	**2792843**	**744464**	**325143**	**314240**	**169848**	**2909788**
武汉市	1503407	1390295	419051	113112	110564	99543	1387535
黄石市	223713	212656	42582	11057	10307	4287	218898
十堰市	97729	81140	30930	16589	15799	2178	95030
宜昌市	291408	250479	50981	40928	37550	11075	276333
襄阳市	510173	428837	91364	81336	80500	34989	465891
鄂州市	42907	41595	5461	1312	1305	793	41833
荆门市	83732	76888	24938	6844	6421	1404	80522
孝感市	125276	104985	22521	20291	19873	3235	119852
荆州市	51424	46038	13540	5386	4694	1818	49301
黄冈市	50246	40868	9722	9378	9142	2371	47382
咸宁市	28957	26183	7494	2774	2691	1539	26665
随州市	41362	34539	8595	6823	6597	1460	39254
恩施州	6802	6043	1313	759	752	704	5891
仙桃市	8518	4808	1079	3710	3705	949	7425
潜江市	28541	26127	9099	2413	2035	977	27221
天门市	23794	21363	5795	2431	2306	2526	20755
神农架							

3-D-1.6　各地区大中型企业R&D经费内部支出情况

单位:万元

地　区	R&D经费内部支出	日常性支　出	#人员劳务费	资产性支　出	#仪器和设备	#政府资金	#企业资金
全　省	**2593641**	**2352701**	**637925**	**240940**	**232125**	**142250**	**2432172**
武汉市	1387586	1292299	386133	95288	93397	91016	1288544
黄石市	203289	195128	37255	8161	7458	3105	200184
十堰市	81416	68366	27240	13050	12297	1411	79541
宜昌市	207920	181135	36522	26785	23609	9187	196345
襄阳市	364467	304053	71167	60414	59992	29410	329974
鄂州市	36823	36055	4079	768	765	261	36562
荆门市	69857	65819	22137	4038	3669	854	67247
孝感市	88875	73854	15327	15021	14793	697	88054
荆州市	35402	32498	10531	2904	2314	904	34333
黄冈市	23967	19420	4119	4547	4485	650	23317
咸宁市	14699	13476	3394	1223	1155	838	13620
随州市	31654	27262	6732	4392	4311	930	30724
恩施州	697	620	94	77	77	87	610
仙桃市	2680	2478	463	202	199	169	2366
潜江市	23456	21552	7658	1905	1540	405	22708
天门市	20852	18687	5075	2165	2063	2326	18043
神农架							

3-D-2.1 分登记注册类型企业R&D经费外部支出情况

单位:万元

登记注册类型	R&D经费外部支出	#对境内研究机构支出	#对境内高等学校支出
总　计	**90811**	**42830**	**30773**
内资企业	**79273**	**35907**	**29768**
国有企业	16717	4958	8037
集体企业			
股份合作企业			
联营企业			
有限责任公司	27805	10791	8486
国有独资公司	12313	2337	3366
其他有限责任公司	15492	8454	5120
股份有限公司	23753	16192	6922
私营企业	109982	3966	6324
私营独资企业	23	15	
私营合伙企业	60	5	2
私营有限责任公司	8968	3105	5555
私营股份有限公司	1947	841	767
其他企业			
港、澳、台商投资企业	**2402**	**1299**	**216**
合资经营企业	1834	739	208
合作经营企业	52	49	3
港、澳、台商独资经营企业	516	511	5
港、澳、台商投资股份有限公司			
其他港澳台投资企业			
外商投资企业	**9136**	**5623**	**789**
中外合资经营企业	5837	4889	566
中外合作经营企业			
外资企业	991	50	146
外商投资股份有限公司	2308	684	77
其他外商投资企业			

3-D-2.2　分登记注册类型大中型企业R&D经费外部支出情况

单位：万元

登记注册类型	R&D经费外部支出	#对境内研究机构支出	#对境内高等学校支出
总　计	**75771**	**35365**	**24894**
内资企业	**69106**	**32451**	**24572**
国有企业	16717	4958	8037
集体企业			
股份合作企业			
联营企业			
有限责任公司	23295	9083	6630
国有独资公司	12293	2337	3347
其他有限责任公司	11002	6746	3284
股份有限公司	22710	15541	6575
私营企业	6384	2871	3330
私营独资企业	15	15	
私营合伙企业			
私营有限责任公司	5072	2168	2760
私营股份有限公司	1297	687	570
其他企业			
港、澳、台商投资企业	**2075**	**1215**	**60**
合资经营企业	1564	704	60
合作经营企业			
港、澳、台商独资经营企业	511	511	
港、澳、台商投资股份有限公司			
其他港澳台投资企业			
外商投资企业	**4590**	**1698**	**263**
中外合资经营企业	1486	1014	185
中外合作经营企业			
外资企业	795		
外商投资股份有限公司	2308	684	77
其他外商投资企业			

3-D-2.3 分行业企业R&D经费外部支出情况

单位:万元

行 业	R&D经费外部支出	#对境内研究机构支出	#对境内高等学校支出
总 计	**90811**	**42830**	**30773**
采矿业	**644**	**330**	**315**
煤炭开采和洗选业			
石油和天然气开采业	613	330	284
黑色金属矿采选业	20		20
有色金属矿采选业			
非金属矿采选业	11		11
开采辅助活动			
其他采矿业			
制造业	**83902**	**40245**	**30103**
农副食品加工业	1671	411	1105
食品制造业	861	288	355
酒、饮料和精制茶制造业	1110	352	742
烟草制品业	7148	580	161
纺织业	452	202	228
纺织服装、服饰业	975	580	69
皮革、毛皮、羽毛及其制品和制鞋业			
木材加工和木、竹、藤、棕、草制品业	41	36	
家具制造业			
造纸和纸制品业	215		215
印刷和记录媒介复制业	181	44	50
文教、工美、体育和娱乐用品制造业			
石油加工、炼焦和核燃料加工业	546	290	156
化学原料和化学制品制造业	8251	2037	6035
医药制造业	15955	9966	4631
化学纤维制造业	30		30
橡胶和塑料制品业	2464	1504	460
非金属矿物制品业	2942	756	582
黑色金属冶炼和压延加工业	702	581	113
有色金属冶炼和压延加工业	785	427	219
金属制品业	2989	1777	1160
通用设备制造业	1551	473	1004
专用设备制造业	1683	696	985
汽车制造业	12173	10246	664
铁路、船舶、航空航天和其他运输设备制造业	12847	4787	7901
电气机械和器材制造业	2758	1733	878
计算机、通信和其他电子设备制造业	4910	2061	2117
仪器仪表制造业	472	270	201
其他制造业	146	146	
废弃资源综合利用业	15		15
金属制品、机械和设备修理业	29		29
电力、热力、燃气及水生产和供应业	**6265**	**2255**	**355**
电力、热力生产和供应业	6265	2255	355
燃气生产和供应业			
水的生产和供应业			

3-D-2.4　分行业大中型企业R&D经费外部支出情况

单位:万元

行　业	R&D经费外部支出	#对境内研究机构支出	#对境内高等学校支出
总　计	**75771**	**35365**	**24894**
采矿业	**633**	**330**	**304**
煤炭开采和洗选业			
石油和天然气开采业	613	330	284
黑色金属矿采选业	20		20
有色金属矿采选业			
非金属矿采选业			
开采辅助活动			
其他采矿业			
制造业	**68924**	**32780**	**24283**
农副食品加工业	808	169	639
食品制造业	310	32	60
酒、饮料和精制茶制造业	781	300	475
烟草制品业	7148	580	161
纺织业	320	199	99
纺织服装、服饰业	975	580	69
皮革、毛皮、羽毛及其制品和制鞋业			
木材加工和木、竹、藤、棕、草制品业	36	36	
家具制造业			
造纸和纸制品业	15		15
印刷和记录媒介复制业	50		50
文教、工美、体育和娱乐用品制造业			
石油加工、炼焦和核燃料加工业	546	290	156
化学原料和化学制品制造业	6428	1772	4646
医药制造业	14154	8995	4082
化学纤维制造业			
橡胶和塑料制品业	1949	1419	420
非金属矿物制品业	2863	756	510
黑色金属冶炼和压延加工业	692	578	113
有色金属冶炼和压延加工业	643	427	216
金属制品业	2901	1765	1101
通用设备制造业	666	319	347
专用设备制造业	1290	636	652
汽车制造业	8013	6740	255
铁路、船舶、航空航天和其他运输设备制造业	12738	4683	7898
电气机械和器材制造业	1499	722	694
计算机、通信和其他电子设备制造业	3714	1401	1623
仪器仪表制造业	241	235	5
其他制造业	146	146	
废弃资源综合利用业			
金属制品、机械和设备修理业			
电力、热力、燃气及水生产和供应业	**6214**	**2255**	**307**
电力、热力生产和供应业	6214	2255	307
燃气生产和供应业			
水的生产和供应业			

3-D-2.5 各地区企业R&D经费外部支出情况

单位:万元

地 区	R&D经费外部支出	#对境内研究机构支出	#对境内高等学校支出
全 省	**90811**	**42830**	**30773**
武汉市	46506	17861	16509
黄石市	3824	1506	524
十堰市	5186	4421	539
宜昌市	10609	6480	3147
襄阳市	9868	7299	1804
鄂州市	599	135	458
荆门市	2007	524	1320
孝感市	3064	1540	1465
荆州市	2089	1444	437
黄冈市	1571	621	234
咸宁市	1055	176	794
随州市	328	132	196
恩施州	350	126	173
仙桃市	66	2	64
潜江市	8100	330	552
天门市	2790	235	2556
神农架			

3-D-2.6　各地区大中型企业R&D经费外部支出情况

单位:万元

地　区	R&D经费外部支出	#对境内研究机构支出	#对境内高等学校支出
全　省	**75771**	**35365**	**24894**
武汉市	43962	16372	15551
黄石市	3617	1392	435
十堰市	1219	933	170
宜昌市	9524	5998	2775
襄阳市	7893	6303	1033
鄂州市	317	117	200
荆门市	1680	524	1051
孝感市	2053	1294	759
荆州市	1649	1221	358
黄冈市	411	355	34
咸宁市	438	116	309
随州市	270	115	155
恩施州	133	58	44
仙桃市	6	2	4
潜江市	859	330	511
天门市	1740	235	1506
神农架			

E. 企业R&D项目情况

3-E-1 分登记注册类型企业全部R&D项目情况

登记注册类型	项目数(项)	参加项目人员(人)	项目人员折合全时当量(人年)	项目经费内部支出(万元)
总　计	**9522**	**117159**	**77931**	**2388780**
内资企业	**8302**	**101103**	**65784**	**1925093**
国有企业	741	13782	9920	250602
集体企业	14	200	128	1851
股份合作企业	10	103	10	1309
联营企业				
有限责任公司	4383	45900	29966	839437
国有独资公司	955	10421	6816	205422
其他有限责任公司	3428	35479	23150	634016
股份有限公司	1668	25996	18067	511220
私营企业	1478	14946	7641	318318
私营独资企业	11	126	54	1825
私营合伙企业	6	33	6	530
私营有限责任公司	1273	12045	6195	253285
私营股份有限公司	188	2742	1387	62677
其他企业	8	176	52	2357
港、澳、台商投资企业	**442**	**6309**	**5104**	**169779**
合资经营企业	349	4106	3115	126004
合作经营企业	5	14	14	81
港、澳、台商独资经营企业	78	2083	1879	41206
港、澳、台商投资股份有限公司	10	106	96	2488
其他港澳台投资企业				
外商投资企业	**778**	**9747**	**7042**	**293908**
中外合资经营企业	659	6455	4954	236448
中外合作经营企业				
外资企业	83	1413	763	25995
外商投资股份有限公司	36	1879	1325	31465
其他外商投资企业				

3-E-2　分登记注册类型大中型企业全部R&D项目情况

登记注册类型	项目数(项)	参加项目人员(人)	项目人员折合全时当量(人年)	项目经费内部支出(万元)
总　计	**6308**	**93487**	**64933**	**1934675**
内资企业	**5387**	**79340**	**54084**	**1505914**
国有企业	725	13604	9782	249032
集体企业	8	72	65	926
股份合作企业				
联营企业				
有限责任公司	2887	35069	24112	641946
国有独资公司	894	10174	6663	203222
其他有限责任公司	1993	24895	17450	438724
股份有限公司	1290	23370	16512	460428
私营企业	474	7119	3593	152296
私营独资企业	4	25	6	380
私营合伙企业				
私营有限责任公司	373	4995	2560	106415
私营股份有限公司	97	2099	1027	45501
其他企业	3	106	19	1286
港、澳、台商投资企业	**323**	**5619**	**4646**	**158786**
合资经营企业	268	3647	2833	121050
合作经营企业				
港、澳、台商独资经营企业	48	1905	1746	36603
港、澳、台商投资股份有限公司	7	67	67	1133
其他港澳台投资企业				
外商投资企业	**598**	**8528**	**6203**	**269975**
中外合资经营企业	519	5507	4273	217782
中外合作经营企业				
外资企业	45	1156	619	20857
外商投资股份有限公司	34	1865	1311	31336
其他外商投资企业				

3-E-3 分行业企业全部R&D项目情况

行 业	项目数（项）	参加项目人 员（人）	项目人员折合全时当量（人年）	项目经费内部支出（万元）
总 计	**9522**	**117159**	**77931**	**2388780**
采矿业	**52**	**904**	**190**	**5834**
煤炭开采和洗选业				
石油和天然气开采业	22	530	102	4005
黑色金属矿采选业	5	71	31	220
有色金属矿采选业				
非金属矿采选业	7	58	29	1239
开采辅助活动	16	220	5	185
其他采矿业	2	25	23	185
制造业	**9351**	**115178**	**77250**	**2371235**
农副食品加工业	239	2814	1685	85931
食品制造业	103	717	416	28067
酒、饮料和精制茶制造业	92	943	437	25345
烟草制品业	115	489	465	16662
纺织业	155	2533	1720	26223
纺织服装、服饰业	311	774	323	8328
皮革、毛皮、羽毛及其制品和制鞋业	9	10	1	100
木材加工和木、竹、藤、棕、草制品业	23	401	271	8358
家具制造业	9	79	76	1436
造纸和纸制品业	26	409	205	11139
印刷和记录媒介复制业	79	533	259	10827
文教、工美、体育和娱乐用品制造业	92	294	113	3301
石油加工、炼焦和核燃料加工业	29	247	84	8608
化学原料和化学制品制造业	713	9423	6115	230217
医药制造业	886	9709	7225	138996
化学纤维制造业	8	372	290	8384
橡胶和塑料制品业	204	2976	1982	36879
非金属矿物制品业	290	5558	3854	88203
黑色金属冶炼和压延加工业	347	6904	5685	178890
有色金属冶炼和压延加工业	81	1377	1054	70513
金属制品业	398	6040	2807	93848
通用设备制造业	701	7015	4153	106665
专用设备制造业	618	5967	4047	109700
汽车制造业	1519	14561	9133	377192
铁路、船舶、航空航天和其他运输设备制造业	622	9574	6993	136548
电气机械和器材制造业	706	10095	6038	163094
计算机、通信和其他电子设备制造业	748	13218	10419	357614
仪器仪表制造业	179	1415	816	21595
其他制造业	32	397	353	11050
废弃资源综合利用业	2	19	10	617
金属制品、机械和设备修理业	15	315	221	6909
电力、热力、燃气及水生产和供应业	**119**	**1077**	**491**	**11712**
电力、热力生产和供应业	119	1077	491	11712
燃气生产和供应业				
水的生产和供应业				

3-E-4　分行业大中型企业全部R&D项目情况

行　业	项目数(项)	参加项目人　员(人)	项目人员折合全时当量(人年)	项目经费内部支出(万元)
总　计	**6308**	**93487**	**64933**	**1934675**
采矿业	**43**	**807**	**129**	**4626**
煤炭开采和洗选业				
石油和天然气开采业	22	530	102	4005
黑色金属矿采选业	3	30	19	48
有色金属矿采选业				
非金属矿采选业	2	27	3	387
开采辅助活动	16	220	5	185
其他采矿业				
制造业	**6152**	**91660**	**64356**	**1918792**
农副食品加工业	64	1317	846	51648
食品制造业	55	317	183	14822
酒、饮料和精制茶制造业	57	587	222	18995
烟草制品业	109	461	446	16198
纺织业	130	2282	1578	23809
纺织服装、服饰业	287	747	319	7512
皮革、毛皮、羽毛及其制品和制鞋业				
木材加工和木、竹、藤、棕、草制品业	9	231	207	4750
家具制造业				
造纸和纸制品业	15	298	166	5730
印刷和记录媒介复制业	44	316	134	7220
文教、工美、体育和娱乐用品制造业	22	169	67	1472
石油加工、炼焦和核燃料加工业	19	232	74	8273
化学原料和化学制品制造业	334	6925	4835	175077
医药制造业	589	7549	5955	101364
化学纤维制造业	4	315	271	7974
橡胶和塑料制品业	118	2326	1646	25467
非金属矿物制品业	192	4684	3415	71767
黑色金属冶炼和压延加工业	322	6630	5564	174644
有色金属冶炼和压延加工业	65	1135	898	66781
金属制品业	270	5217	2364	77552
通用设备制造业	367	4784	3009	61820
专用设备制造业	327	3979	3021	73151
汽车制造业	1143	11794	7440	317235
铁路、船舶、航空航天和其他运输设备制造业	574	9355	6864	133897
电气机械和器材制造业	378	7491	4671	117479
计算机、通信和其他电子设备制造业	517	11182	9259	325290
仪器仪表制造业	106	715	406	12544
其他制造业	28	363	331	10008
废弃资源综合利用业				
金属制品、机械和设备修理业	7	259	165	6311
电力、热力、燃气及水生产和供应业	**113**	**1020**	**449**	**11258**
电力、热力生产和供应业	34	229	130	3048
燃气生产和供应业				
水的生产和供应业				

3-E-5　各地区企业全部R&D项目情况

地　区	项目数 (项)	参加项目 人　员 (人)	项目人员折合 全时当量 (人年)	项目经费 内部支出 (万元)
全　省	**9522**	**117159**	**77931**	**2388780**
武汉市	3346	45338	29670	979975
黄石市	753	8455	5475	197001
十堰市	914	5976	4170	86660
宜昌市	961	11620	8050	254346
襄阳市	1712	20182	15494	427794
鄂州市	103	1259	719	41878
荆门市	244	4464	3431	79427
孝感市	434	6572	3741	113377
荆州市	245	3778	2620	46483
黄冈市	253	2794	1492	44572
咸宁市	151	1649	993	26703
随州市	186	2048	1085	37696
恩施州	43	296	193	5614
仙桃市	17	455	131	4514
潜江市	92	1517	382	216100
天门市	68	756	285	21040
神农架				

3-E-6　各地区大中型企业全部R&D项目情况

地　区	项目数(项)	参加项目人　员(人)	项目人员折合全时当量(人年)	项目经费内部支出(万元)
全　省	**6308**	**93487**	**64933**	**1934675**
武汉市	2349	38961	26194	880654
黄石市	598	7076	4924	179683
十堰市	708	4743	3389	72324
宜昌市	599	8407	6187	182327
襄阳市	1086	15969	12708	299693
鄂州市	53	815	506	36483
荆门市	176	3801	2990	66652
孝感市	216	4838	2969	81513
荆州市	132	2910	2134	31798
黄冈市	88	1397	835	21901
咸宁市	41	763	588	13399
随州市	133	1510	820	30074
恩施州	5	58	37	626
仙桃市	5	259	78	2382
潜江市	66	1359	331	16989
天门市	53	621	246	18179
神农架				

F. 企业办研发机构情况

3-F-1 分登记注册类型企业办研发机构情况

登记注册类型	机构数(个)	机构人员数(人)	#博士	#硕士	机构经费支出(万元)	仪器和设备原价(万元)
总 计	**1096**	**67314**	**1709**	**10932**	**38449**	**1688661**
内资企业	**1024**	**59821**	**1588**	**10050**	**33618**	**1274247**
国有企业	33	8528	225	2605	4759	214057
集体企业	1	6			1	5
股份合作企业						
联营企业						
有限责任公司	416	23235	514	2665	13911	462040
国有独资公司	37	7108	72	969	4643	154119
其他有限责任公司	379	16127	442	1696	9268	307922
股份有限公司	187	19109	460	3920	10643	457621
私营企业	384	8880	384	848	4283	139440
私营独资企业	7	104	3	6	33	117
私营合伙企业	2	40		5	22	604
私营有限责任公司	338	7288	336	700	3636	112266
私营股份有限公司	37	1448	45	137	592	26452
其他企业	3	63	5	12	21	1083
港、澳、台商投资企业	**31**	**2474**	**41**	**217**	**1294**	**91854**
合资经营企业	26	1816	31	208	815	83182
合作经营企业	1	24		3	6	135
港、澳、台商独资经营企业	4	634	10	6	473	8537
港、澳、台商投资股份有限公司						
其他港澳台投资企业						
外商投资企业	**41**	**5019**	**80**	**665**	**3537**	**322560**
中外合资经营企业	34	4324	46	622	3338	286209
中外合作经营企业						
外资企业	5	171	23	8	87	3423
外商投资股份有限公司	2	524	11	35	112	32928
其他外商投资企业						

3-F-2　分登记注册类型大中型企业办研发机构情况

登记注册类型	机构数(个)	机构人员数(人)	#博士	#硕士	机构经费支出(万元)	仪器和设备原价(万元)
总　计	**483**	**55590**	**1095**	**9530**	**32362**	**1524917**
内资企业	**434**	**48681**	**1019**	**8717**	**27813**	**1123572**
国有企业	31	8410	225	2597	4723	212999
集体企业						
股份合作企业						
联营企业						
有限责任公司	162	18378	244	2053	11382	397799
国有独资公司	30	7011	71	959	4575	153388
其他有限责任公司	132	11367	173	1094	6807	244411
股份有限公司	132	17435	405	3663	9644	438158
私营企业	108	4440	145	403	2052	73704
私营独资企业	1	35	2	2	15	15
私营合伙企业						
私营有限责任公司	91	3293	113	299	1619	53248
私营股份有限公司	16	1112	30	102	418	20441
其他企业	1	18		1	12	913
港、澳、台商投资企业	**22**	**2172**	**32**	**174**	**1163**	**86646**
合资经营企业	20	1594	22	172	712	81254
合作经营企业						
港、澳、台商独资经营企业	2	578	10	2	451	5393
港、澳、台商投资股份有限公司						
其他港澳台投资企业						
外商投资企业	**27**	**4737**	**44**	**639**	**3386**	**314699**
中外合资经营企业	25	4163	33	601	3246	281199
中外合作经营企业						
外资企业	1	62		3	31	700
外商投资股份有限公司	1	512	11	35	109	327100
其他外商投资企业						

3-F-3 分行业企业办研发机构情况

行业	机构数(个)	机构人员数(人)	#博士	#硕士	机构经费支出(万元)	仪器和设备原价(万元)
总计	**1096**	**67314**	**1709**	**10932**	**38449**	**1688661**
采矿业	**13**	**1298**	**21**	**204**	**472**	**9169**
煤炭开采和洗选业						
石油和天然气开采业	3	1179	18	195	390	8260
黑色金属矿采选业						
有色金属矿采选业	2	20			5	100
非金属矿采选业	5	52	2	3	37	548
开采辅助活动						
其他采矿业	3	47	1	6	40	261
制造业	**1080**	**65490**	**1648**	**10537**	**37721**	**1674512**
农副食品加工业	87	1867	111	218	912	24958
食品制造业	23	442	27	93	213	5664
酒、饮料和精制茶制造业	44	1696	46	141	1047	50477
烟草制品业	1	165	13	56	66	23194
纺织业	24	1033	23	82	464	14560
纺织服装、服饰业	12	836	34	73	366	6517
皮革、毛皮、羽毛及其制品和制鞋业	1	12			2	7
木材加工和木、竹、藤、棕、草制品业	10	219	13	24	111	4782
家具制造业	1	18			6	72
造纸和纸制品业	7	68	19	9	20	2331
印刷和记录媒介复制业	7	161	1	14	86	6732
文教、工美、体育和娱乐用品制造业	3	66	2	3	44	134
石油加工、炼焦和核燃料加工业	1	68		1	16	1226
化学原料和化学制品制造业	126	7096	196	628	3985	194963
医药制造业	92	5796	245	1160	3751	104302
化学纤维制造业	1	34		3	18	4110
橡胶和塑料制品业	35	2266	36	117	1156	23293
非金属矿物制品业	55	2196	50	167	1054	69283
黑色金属冶炼和压延加工业	24	1882	149	294	938	124914
有色金属冶炼和压延加工业	17	1051	21	84	614	20533
金属制品业	45	2252	46	187	1424	27992
通用设备制造业	66	3184	53	311	1966	43559
专用设备制造业	68	2941	78	464	1921	50747
汽车制造业	137	8112	89	977	5392	373283
铁路、船舶、航空航天和其他运输设备制造业	26	5910	27	763	4054	99184
电气机械和器材制造业	77	4765	140	575	2352	91752
计算机、通信和其他电子设备制造业	67	10324	208	3855	5117	280129
仪器仪表制造业	15	705	14	190	425	12252
其他制造业	3	166	1	29	86	9722
废弃资源综合利用业	2	31	2	5	15	912
金属制品、机械和设备修理业	3	128	4	14	100	2927
电力、热力、燃气及水生产和供应业	**3**	**526**	**40**	**191**	**256**	**4980**
电力、热力生产和供应业	2	500	40	187	234	4900
燃气生产和供应业						
水的生产和供应业	1	26		4	22	80

3-F-4 分行业大中型企业办研发机构情况

行 业	机构数(个)	机构人员数(人)	#博士	#硕士	机构经费支出(万元)	仪器和设备原价(万元)
总 计	**483**	**55590**	**1095**	**9530**	**1524917**	**1235000**
采矿业	**7**	**1213**	**18**	**195**	**8663**	**4219**
煤炭开采和洗选业						
石油和天然气开采业	3	1179	18	195	8260	3450
黑色金属矿采选业						
有色金属矿采选业	2	20			100	39
非金属矿采选业	2	14			303	730
开采辅助活动						
其他采矿业						
制造业	**474**	**53877**	**1037**	**9148**	**1511354**	**1228611**
农副食品加工业	21	802	42	89	11592	5399
食品制造业	4	114	6	20	1349	763
酒、饮料和精制茶制造业	20	1427	26	114	44893	21105
烟草制品业	1	165	13	56	23194	11418
纺织业	16	927	20	76	13964	20025
纺织服装、服饰业	6	778	34	73	6090	12716
皮革、毛皮、羽毛及其制品和制鞋业						
木材加工和木、竹、藤、棕、草制品业	4	150	9	21	3927	798
家具制造业						
造纸和纸制品业	4	42	19	6	1072	1585
印刷和记录媒介复制业	5	145	1	14	6365	4433
文教、工美、体育和娱乐用品制造业	2	56			109	2410
石油加工、炼焦和核燃料加工业	1	68		1	1226	2858
化学原料和化学制品制造业	60	5892	84	457	172717	85664
医药制造业	45	4821	157	1030	90724	58560
化学纤维制造业	1	34		3	4110	3400
橡胶和塑料制品业	21	1942	17	90	20760	9635
非金属矿物制品业	18	1637	33	130	58454	30025
黑色金属冶炼和压延加工业	18	1789	135	288	123269	47390
有色金属冶炼和压延加工业	10	855	19	76	19207	6797
金属制品业	18	1848	18	155	24315	71694
通用设备制造业	22	1992	16	182	29185	36891
专用设备制造业	21	2091	51	355	44020	48072
汽车制造业	59	6621	42	865	353235	393847
铁路、船舶、航空航天和其他运输设备制造业	20	5826	27	763	98581	83407
电气机械和器材制造业	28	3708	87	461	74016	98379
计算机、通信和其他电子设备制造业	42	9673	178	3752	265871	166611
仪器仪表制造业	3	248	2	34	7390	4012
其他制造业	3	166	1	29	9722	2627
废弃资源综合利用业						
金属制品、机械和设备修理业	1	60		8	2000	250
电力、热力、燃气及水生产和供应业	**2**	**500**	**40**	**187**	**4900**	**2170**
电力、热力生产和供应业	2	500	40	187	4900	2170
燃气生产和供应业						
水的生产和供应业						

3-F-5 各地区企业办研发机构情况

地区	机构数(个)	机构人员数(人)	#博士	#硕士	机构经费支出(万元)	仪器和设备原价(万元)
全省	**1096**	**67314**	**1709**	**10932**	**1688661**	**1487953**
武汉市	208	26009	661	7020	773797	731502
黄石市	78	5108	81	291	145519	42752
十堰市	70	3494	56	508	53427	31160
宜昌市	158	8485	156	557	231958	294157
襄阳市	103	7543	150	801	204465	191876
鄂州市	19	503	37	125	38327	9466
荆门市	33	2181	45	164	50456	29069
孝感市	83	3538	76	449	49284	34882
荆州市	46	2906	89	196	32300	45555
黄冈市	88	1722	72	175	14931	20454
咸宁市	39	818	67	64	10993	9595
随州市	81	1677	82	154	27497	16838
恩施州	28	328	22	35	5183	3783
仙桃市	17	752	15	26	11303	12048
潜江市	19	1573	63	250	15384	7866
天门市	25	652	36	115	23817	6790
神农架	1	25	1	2	18	162

3-F-6　各地区大中型企业办研发机构情况

地　区	机构数(个)	机　构人员数(人)			机　　构经费支出(万元)	仪 器 和设备原价(万元)
			#博士	#硕士		
全　省	**483**	**55590**	**1095**	**9530**	**1524917**	**1235000**
武汉市	108	23295	563	6487	743305	703389
黄石市	43	4445	54	246	135891	39430
十堰市	23	2571	26	464	44924	26015
宜昌市	77	7177	85	444	208269	153510
襄阳市	53	6632	96	697	183219	180069
鄂州市	7	381	27	103	36211	8555
荆门市	19	1799	37	135	45876	27768
孝感市	30	2477	35	313	34275	24570
荆州市	24	2264	42	147	21072	23911
黄冈市	20	499	24	54	6412	11977
咸宁市	11	486	16	33	6926	4732
随州市	23	778	18	66	18332	11843
恩施州	4	97	3	9	908	813
仙桃市	12	649	13	17	3667	6353
潜江市	10	1437	27	212	12599	5427
天门市	19	603	29	103	23031	6640
神农架						

G. 企业新产品开发及销售情况

3-G-1 分登记注册类型企业新产品开发及销售情况

单位:万元

登记注册类型	新产品开发项目数(项)	新产品开发经费支出	新产品销售收入	#出口
总 计	**10722**	**3317175**	**46544784**	**2021102**
内资企业	**9178**	**2706003**	**32592756**	**1605336**
国有企业	572	576990	4014581	165354
集体企业	11	1566	17790	
股份合作企业	7	961	2325	220
联营企业			16680	
有限责任公司	4964	1028045	14123589	995497
国有独资公司	1120	296363	2808899	167697
其他有限责任公司	3844	731682	11314689	8277100
股份有限公司	1901	648701	7043369	237283
私营企业	1706	445697	7361004	203857
私营独资企业	16	2619	76435	
私营合伙企业	6	1072	12510	3876
私营有限责任公司	1493	378460	6390707	174950
私营股份有限公司	191	63547	881351	25031
其他企业	17	4043	13419	3125
港、澳、台商投资企业	**474**	**151334**	**1988953**	**251131**
合资经营企业	359	108631	1009759	177312
合作经营企业	8	135	267	
港、澳、台商独资经营企业	89	38235	966938	73819
港、澳、台商投资股份有限公司	18	4332	11989	
其他港澳台投资企业				
外商投资企业	**1070**	**459838**	**11963076**	**164635**
中外合资经营企业	883	397234	10919254	47205
中外合作经营企业	10	513	3013	
外资企业	153	51644	690339	117430
外商投资股份有限公司	24	10448	350471	
其他外商投资企业				

3-G-2　分登记注册类型大中型企业新产品开发及销售情况

单位:万元

登记注册类型	新产品开发项目数(项)	新产品开发经费支出	新产品销售收入	#出口
总　计	**7002**	**2676353**	**39783948**	**1782175**
内资企业	**5798**	**2114669**	**26327871**	**1391667**
国有企业	557	575345	4010543	165354
集体企业	7	754	15036	
股份合作企业				
联营企业			16680	
有限责任公司	3254	746012	11424966	902603
国有独资公司	1052	291216	2782185	167697
其他有限责任公司	2202	454796	8642780	734906
股份有限公司	1428	574063	6373621	216438
私营企业	549	217208	4487026	107272
私营独资企业	4	795		
私营合伙企业				
私营有限责任公司	457	172922	3812941	83712
私营股份有限公司	88	43492	674085	23560
其他企业	3	1286		
港、澳、台商投资企业	**346**	**139156**	**1801940**	**251017**
合资经营企业	271	102469	938340	177312
合作经营企业				
港、澳、台商独资经营企业	60	33832	858111	73705
港、澳、台商投资股份有限公司	15	2854	5489	
其他港澳台投资企业				
外商投资企业	**858**	**422528**	**11654138**	**139491**
中外合资经营企业	724	370165	10646257	40070
中外合作经营企业	10	513	3013	
外资企业	101	41504	657399	99421
外商投资股份有限公司	23	10346	347469	
其他外商投资企业				

3-G-3 分行业企业新产品开发及销售情况

单位:万元

行业	新产品开发项目数(项)	新产品开发经费支出	新产品销售收入	#出口
总计	**10722**	**3317175**	**46544784**	**2021102**
采矿业	**24**	**4223**	**11903**	**580**
煤炭开采和洗选业				
石油和天然气开采业	3	993	1145	580
黑色金属矿采选业	1	35		
有色金属矿采选业	2	900		
非金属矿采选业	9	1279	10758	
开采辅助活动	5	735		
其他采矿业	4	280		
制造业	**10656**	**3310507**	**46472472**	**2020522**
农副食品加工业	314	112952	2695209	166393
食品制造业	150	54062	428228	61969
酒、饮料和精制茶制造业	269	62875	762724	1894
烟草制品业	116	21086	59524	1029
纺织业	162	40176	452174	57204
纺织服装、服饰业	316	15908	158316	25218
皮革、毛皮、羽毛及其制品和制鞋业	10	275	2005	
木材加工和木、竹、藤、棕、草制品业	36	11320	174049	
家具制造业	10	1458	36708	
造纸和纸制品业	23	15107	121077	
印刷和记录媒介复制业	76	9945	93443	
文教、工美、体育和娱乐用品制造业	121	5484	52751	10188
石油加工、炼焦和核燃料加工业	23	8527	2308	
化学原料和化学制品制造业	604	183102	4679115	297211
医药制造业	859	149695	1741568	158697
化学纤维制造业	5	4203	36279	173
橡胶和塑料制品业	252	62837	1187589	4286
非金属矿物制品业	261	79399	1359357	35583
黑色金属冶炼和压延加工业	336	470172	4252497	85316
有色金属冶炼和压延加工业	65	41846	2082482	248034
金属制品业	431	102090	1149136	23808
通用设备制造业	745	148760	1687972	67056
专用设备制造业	765	157327	1267284	44462
汽车制造业	2153	622541	13661280	188168
铁路、船舶、航空航天和其他运输设备制造业	583	160029	1367078	134045
电气机械和器材制造业	871	2144001	3696835	114266
计算机、通信和其他电子设备制造业	841	504570	2885791	282900
仪器仪表制造业	207	29287	224998	1965
其他制造业	37	15207	93394	10658
废弃资源综合利用业	2	541	48539	
金属制品、机械和设备修理业	13	5324	12765	
电力、热力、燃气及水生产和供应业	**42**	**2445**	**60410**	
电力、热力生产和供应业	42	2445	58762	
燃气生产和供应业				
水的生产和供应业			1648	

3-G-4　分行业大中型企业新产品开发及销售情况

单位:万元

行业	新产品开发项目数(项)	新产品开发经费支出	新产品销售收入	#出口
总　计	**7002**	**2676353**	**39783948**	**1782175**
采矿业	**12**	**3034**	**4651**	**580**
煤炭开采和洗选业				
石油和天然气开采业	3	993	1145	580
黑色金属矿采选业				
有色金属矿采选业	2	900		
非金属矿采选业	2	406	3506	
开采辅助活动	5	735		
其他采矿业				
制造业	**6951**	**2671215**	**39779298**	**1781595**
农副食品加工业	96	63817	2013049	149922
食品制造业	82	31138	261986	47836
酒、饮料和精制茶制造业	209	48090	677968	
烟草制品业	110	20647	59524	1029
纺织业	138	37754	373077	57204
纺织服装、服饰业	289	14291	129532	20152
皮革、毛皮、羽毛及其制品和制鞋业				
木材加工和木、竹、藤、棕、草制品业	14	5684	76833	
家具制造业				
造纸和纸制品业	14	12149	83872	
印刷和记录媒介复制业	29	5253	43566	
文教、工美、体育和娱乐用品制造业	31	2629	43825	10188
石油加工、炼焦和核燃料加工业	22	8500		
化学原料和化学制品制造业	243	117025	3925492	234909
医药制造业	598	106893	1405924	157995
化学纤维制造业	2	3890	11784	173
橡胶和塑料制品业	174	49739	946583	102
非金属矿物制品业	157	52721	1011899	27535
黑色金属冶炼和压延加工业	300	462572	4164529	74804
有色金属冶炼和压延加工业	32	33459	2022028	248034
金属制品业	282	81882	856642	7902
通用设备制造业	396	90061	1148657	57980
专用设备制造业	404	99713	718215	13291
汽车制造业	1710	531375	12609408	175229
铁路、船舶、航空航天和其他运输设备制造业	478	152298	1295548	128149
电气机械和器材制造业	412	146881	3062343	107421
计算机、通信和其他电子设备制造业	575	460531	2663302	259562
仪器仪表制造业	117	16451	87446	1965
其他制造业	31	11084	76186	214
废弃资源综合利用业			3630	
金属制品、机械和设备修理业	6	4689	6450	
电力、热力、燃气及水生产和供应业	**39**	**2104**		
电力、热力生产和供应业	39	2104		
燃气生产和供应业				
水的生产和供应业				

3-G-5 各地区企业新产品开发及销售情况

单位:万元

地区	新产品开发项目数(项)	新产品开发经费支出	新产品销售收入	#出口
全省	**10722**	**3317175**	**46544784**	**2021102**
武汉市	3978	1616071	17508626	588640
黄石市	755	170572	4020683	337414
十堰市	1226	124953	4253877	7090
宜昌市	1062	338031	4768586	379550
襄阳市	1492	510062	6534724	237366
鄂州市	141	51396	759553	40741
荆门市	200	60092	1085728	61108
孝感市	446	118417	1882053	31992
荆州市	366	78448	13759100	63786
黄冈市	290	59693	1425095	54974
咸宁市	178	31027	417537	35298
随州市	313	60153	1262725	20110
恩施州	59	13375	123711	16603
仙桃市	54	24927	257229	28518
潜江市	90	23659	304810	91894
天门市	71	36208	563411	26019
神农架	1	92	437	

3-G-6　各地区大中型企业新产品开发及销售情况

单位:万元

地　区	新产品开发项目数(项)	新产品开发经费支出	新产品销售收入	#出口
全　省	**7002**	**2676353**	**39783948**	**1782175**
武汉市	2630	1450841	16427295	518573
黄石市	616	147059	3845054	324979
十堰市	975	98869	3989214	6679
宜昌市	667	223216	3801002	354960
襄阳市	960	383355	4988975	220917
鄂州市	67	42049	603282	26224
荆门市	139	47138	872744	49595
孝感市	213	82862	1332734	12914
荆州市	189	58353	1143917	61013
黄冈市	103	20000	813508	21032
咸宁市	74	16664	147169	22618
随州市	225	44716	808911	9032
恩施州	6	2119	33370	14709
仙桃市	31	13645	211247	26527
潜江市	55	16880	287881	91676
天门市	52	28586	477648	20727
神农架				

H. 企业自主知识产权及相关情况

3-H-1 分登记注册类型企业自主知识产权及相关情况

登记注册类型	专利申请数(件)	#发明专利	有效发明专利数(件)	专利所有权转让及许可数(件)	专利所有权转让及许可收入(万元)	拥有注册商标数(件)	形成国家或行业标准数(项)
总 计	**16321**	**6119**	**8745**	**416**	**2102**	**8258**	**877**
内资企业	**14580**	**5464**	**7924**	**383**	**2022**	**7415**	**735**
国有企业	2476	1089	1474	21	541	510	119
集体企业	7	2	1			1	1
股份合作企业	23	16	21			2	
联营企业							
有限责任公司	6244	2400	3700	174	914	2582	317
国有独资公司	1440	581	768	32	3	1100	97
其他有限责任公司	4804	1819	2932	142	911	1482	220
股份有限公司	3036	981	1812	58	96	3485	179
私营企业	2758	947	887	130	471	834	119
私营独资企业	23	14	1				
私营合伙企业	2					1	
私营有限责任公司	2388	816	783	103	471	751	102
私营股份有限公司	345	117	103	27		82	17
其他企业	36	29	29			1	
港、澳、台商投资企业	**867**	**393**	**379**	**7**		**113**	**67**
合资经营企业	669	328	351	6		96	67
合作经营企业	2	2		1		11	
港、澳、台商独资经营企业	146	42	27			6	
港、澳、台商投资股份有限公司	50	21	1				
其他港澳台投资企业							
外商投资企业	**874**	**262**	**442**	**26**	**80**	**730**	**75**
中外合资经营企业	719	223	337	18	80	676	43
中外合作经营企业	7	5	5				
外资企业	121	23	83	2		52	30
外商投资股份有限公司	27	11	17	6		2	2
其他外商投资企业							

3-H-2　分登记注册类型大中型企业自主知识产权及相关情况

登记注册类型	专利申请数(件)	#发明专利	有效发明专利数(件)	专利所有权转让及许可数(件)	专利所有权转让及许可收入(万元)	拥有注册商标数(件)	形成国家或行业标准数(项)
总　计	**10630**	**3897**	**6359**	**198**	**670**	**6794**	**630**
内资企业	**9312**	**3463**	**5797**	**187**	**670**	**6135**	**517**
国有企业	2404	1056	1450	21	541	507	119
集体企业	6	1					
股份合作企业							
联营企业							
有限责任公司	3757	1427	2639	75	3.23	2058	213
国有独资公司	1393	570	719	32	3	1081	61
其他有限责任公司	2364	857	1920	43	0.20	977	152
股份有限公司	2306	753	1412	45	96	3158	158
私营企业	818	205	275	46	30	412	27
私营独资企业							
私营合伙企业							
私营有限责任公司	653	167	232	46	30	400	23
私营股份有限公司	165	38	43			12	4
其他企业	21	21	21				
港、澳、台商投资企业	**658**	**254**	**246**			**37**	**57**
合资经营企业	509	207	220			35	57
合作经营企业							
港、澳、台商独资经营企业	99	26	25			2	
港、澳、台商投资股份有限公司	50	21	1				
其他港澳台投资企业							
外商投资企业	**660**	**180**	**316**	**11**		**622**	**56**
中外合资经营企业	543	146	250	10		574	33
中外合作经营企业	7	5	5				
外资企业	85	20	44	1		46	21
外商投资股份有限公司	25	9	17			2	2
其他外商投资企业							

3-H-3 分行业企业自主知识产权及相关情况

行 业	专利申请数(件)	#发明专利	有效发明专利数(件)	专利所有权转让及许可数(件)	专利所有权转让及许可收入(万元)	拥有注册商标数(件)	形成国家或行业标准数(项)
总 计	**16321**	**6119**	**8745**	**416**	**2102**	**8258**	**877**
采矿业	**41**	**19**	**13**	**2**		**1**	**7**
煤炭开采和洗选业							
石油和天然气开采业	23	11	8			1	7
黑色金属矿采选业	3						
有色金属矿采选业							
非金属矿采选业	5	3	1	2			
开采辅助活动	6	4	2				
其他采矿业	4	1	2				
制造业	**15864**	**5989**	**8649**	**414**	**2102**	**8256**	**870**
农副食品加工业	601	290	258	21	429	317	44
食品制造业	136	69	90	37		1059	23
酒、饮料和精制茶制造业	243	61	75	6	0.20	765	12
烟草制品业	448	136	205	28	3	810	2
纺织业	154	53	92			31	8
纺织服装、服饰业	44	13	13	7		226	4
皮革、毛皮、羽毛及其制品和制鞋业							
木材加工和木、竹、藤、棕、草制品业	55	28	27			18	11
家具制造业	5	4	5			1	
造纸和纸制品业	67	20	4			3	2
印刷和记录媒介复制业	243	115	60	5		5	4
文教、工美、体育和娱乐用品制造业	97	31	26			7	
石油加工、炼焦和核燃料加工业	38	14	13			3	
化学原料和化学制品制造业	945	500	680	18	120	600	54
医药制造业	755	359	486	6	0.10	1922	116
化学纤维制造业	39	13					
橡胶和塑料制品业	404	118	141	1		40	20
非金属矿物制品业	386	150	237	18		91	33
黑色金属冶炼和压延加工业	1389	468	670	12	21	228	40
有色金属冶炼和压延加工业	119	16	241	1		40	5
金属制品业	502	175	258	21	620	272	42
通用设备制造业	1199	433	634	23	0.90	148	73
专用设备制造业	1227	413	478	51	96	217	73
汽车制造业	2388	466	646	47	262	297	49
铁路、船舶、航空航天和其他运输设备制造业	700	301	347	23	540	102	98
电气机械和器材制造业	1374	456	817	60		438	38
计算机、通信和其他电子设备制造业	1986	1161	1817	14		590	113
仪器仪表制造业	257	95	283	14		23	6
其他制造业	37	25	33			3	
废弃资源综合利用业	2	2	2	1	10		
金属制品、机械和设备修理业	24	4	11				
电力、热力、燃气及水生产和供应业	**416**	**111**	**83**			**1**	
电力、热力生产和供应业	416	111	83				
燃气生产和供应业							
水的生产和供应业						1	

3-H-4　分行业大中型企业自主知识产权及相关情况

行　业	专利申请数(件)	#发明专利	有效发明专利数(件)	专利所有权转让及许可数(件)	专利所有权转让及许可收入(万元)	拥有注册商标数(件)	形成国家或行业标准数(项)
总　计	**10630**	**3897**	**6359**	**198**	**670**	**6794**	**630**
采矿业	**32**	**15**	**10**			**1**	**7**
煤炭开采和洗选业							
石油和天然气开采业	23	11	8			1	7
黑色金属矿采选业	3						
有色金属矿采选业							
非金属矿采选业							
开采辅助活动	6	4	2				
其他采矿业							
制造业	**10182**	**3771**	**6267**	**198**	**670**	**6793**	**623**
农副食品加工业	152	40	24	10		144	19
食品制造业	54	25	43	31		975	2
酒、饮料和精制茶制造业	73	19	43		0.20	637	5
烟草制品业	446	135	197	28	3	810	2
纺织业	143	48	87			24	8
纺织服装、服饰业	39	8	9	7		226	3
皮革、毛皮、羽毛及其制品和制鞋业							
木材加工和木、竹、藤、棕、草制品业	25	4	12			7	2
家具制造业							
造纸和纸制品业	49	10	4			2	2
印刷和记录媒介复制业	130	33	11	4		2	4
文教、工美、体育和娱乐用品制造业	21	3	1			2	
石油加工、炼焦和核燃料加工业	19	2	2				
化学原料和化学制品制造业	538	283	360	5	120	352	29
医药制造业	483	201	313	4		1570	84
化学纤维制造业	31	12					
橡胶和塑料制品业	128	60	90			20	13
非金属矿物制品业	252	96	152	10		49	23
黑色金属冶炼和压延加工业	1370	460	664	12	21	227	40
有色金属冶炼和压延加工业	100	6	232			33	5
金属制品业	308	102	172	2		217	36
通用设备制造业	616	225	430	1		74	43
专用设备制造业	499	191	189	18	6	150	32
汽车制造业	1742	247	431	12		252	35
铁路、船舶、航空航天和其他运输设备制造业	583	261	302	11	520	97	95
电气机械和器材制造业	636	215	544	26		371	36
计算机、通信和其他电子设备制造业	1596	1022	1689	3		546	99
仪器仪表制造业	115	37	229	14		3	6
其他制造业	30	24	28			3	
废弃资源综合利用业	1	1	1				
金属制品、机械和设备修理业	3	1	8				
电力、热力、燃气及水生产和供应业	**416**	**111**	**82**				
电力、热力生产和供应业	416	111	82				
燃气生产和供应业							
水的生产和供应业							

3-H-5 各地区企业自主知识产权及相关情况

地 区	专 利申请数(件)	#发明专利	有效发明专 利 数(件)	专利所有权转让及许可数(件)	专利所有权转让及许可收入(万元)	拥有注册商 标 数(件)	形成国家或行业标准数(项)
全 省	**16321**	**6119**	**8745**	**416**	**2102**	**8258**	**877**
武汉市	7542	3243	4930	139	725	3997	362
黄石市	671	190	583	33	10	489	41
十堰市	1124	193	242	3		159	29
宜昌市	1430	483	644	69	620	1737	94
襄阳市	2077	704	1094	42	424	395	148
鄂州市	246	116	81	1		95	27
荆门市	494	163	164	12		207	26
孝感市	743	294	252	13	10	263	48
荆州市	565	129	205	6		103	23
黄冈市	414	169	155	9	21	525	30
咸宁市	215	111	79	17	0.81	67	19
随州市	354	153	165	47	260	57	3
恩施州	99	47	33	2	30	90	7
仙桃市	84	38	39			35	3
潜江市	103	33	38	7		35	17
天门市	159	53	40	15		4	
神农架	1		1	1			

3-H-6 各地区大中型企业自主知识产权及相关情况

地 区	专利申请数(件)	#发明专利	有效发明专利数(件)	专利所有权转让及许可数(件)	专利所有权转让及许可收入(万元)	拥有注册商标数(件)	形成国家或行业标准数(项)
全 省	**10630**	**3897**	**6359**	**198**	**670**	**6794**	**630**
武汉市	5525	2434	3887	74	640	3259	282
黄石市	347	83	529	32		462	22
十堰市	784	99	138	1		101	17
宜昌市	845	301	399	33		1587	69
襄阳市	1450	399	717	13	0.20	323	137
鄂州市	119	77	34	1		53	14
荆门市	237	74	125	4		178	26
孝感市	314	123	127			181	21
荆州市	411	74	139	2		73	12
黄冈市	93	28	45	2		471	5
咸宁市	43	27	10			18	9
随州市	224	86	105	14		26	
恩施州	16	5	4	1	30	3	2
仙桃市	44	21	33			30	2
潜江市	70	25	35	7		26	12
天门市	108	41	32	14		3	
神农架							

Ⅰ. 企业政府相关政策落实情况

3–Ⅰ–1 分登记注册类型企业政府相关政策落实情况

单位:万元

登记注册类型	使用来自政府部门的科技活动资金	研究开发费用加计扣除减免税	高新技术企业减免税
总　计	**209688**	**152853**	**117214**
内资企业	**200768**	**134704**	**92147**
国有企业	45326	73812	13369
集体企业			
股份合作企业	220		
联营企业			
有限责任公司	83427	31502	31743
国有独资公司	34654	1325	8137
其他有限责任公司	48773	30178	23606
股份有限公司	41324	21083	36571
私营企业	30311	8307	10465
私营独资企业	167	10	
私营合伙企业	567		
私营有限责任公司	24008	7252	8431
私营股份有限公司	5569	1046	2034
其他企业	160		
港、澳、台商投资企业	**3166**	**2762**	**10891**
合资经营企业	2783	2659	10465
合作经营企业			
港、澳、台商独资经营企业	87	102	426
港、澳、台商投资股份有限公司	296		
其他港澳台投资企业			
外商投资企业	**5755**	**15387**	**14177**
中外合资经营企业	4565	15097	6210
中外合作经营企业			
外资企业	790	261	7918
外商投资股份有限公司	400	29	48
其他外商投资企业			

3-I-2　分登记注册类型大中型企业政府相关政策落实情况

单位:万元

登记注册类型	使用来自政府部门的科技活动资金	研究开发费用加计扣除减免税	高新技术企业减免税
总　计	**167230**	**140197**	**101138**
内资企业	**160262**	**123604**	**78087**
国有企业	45291	73789	13242
集体企业			
股份合作企业			
联营企业			
有限责任公司	65450	25930	26011
国有独资公司	32978	1077	7938
其他有限责任公司	32472	24853	18073
股份有限公司	35369	20251	32729
私营企业	14152	3635	6105
私营独资企业	15		
私营合伙企业			
私营有限责任公司	10379	3141	4399
私营股份有限公司	3758	494	1706
其他企业			
港、澳、台商投资企业	**2387**	**2047**	**9931**
合资经营企业	2217	1945	9505
合作经营企业			
港、澳、台商独资经营企业		102	426
港、澳、台商投资股份有限公司	170		
其他港澳台投资企业			
外商投资企业	**4582**	**14546**	**13119**
中外合资经营企业	3782	14321	5229
中外合作经营企业			
外资企业	3100	225	7890
外商投资股份有限公司	400		
其他外商投资企业			

3-I-3 分行业企业政府相关政策落实情况

单位:万元

行业	使用来自政府部门的科技活动资金	研究开发费用加计扣除减免税	高新技术企业减免税
总　计	**209688**	**152853**	**117214**
采矿业	**240**	**20**	
煤炭开采和洗选业			
石油和天然气开采业	195		
黑色金属矿采选业			
有色金属矿采选业			
非金属矿采选业	45	20	
开采辅助活动			
其他采矿业	0.1		
制造业	**209403**	**150540**	**117214**
农副食品加工业	8146	1036	755
食品制造业	1865	1031	253
酒、饮料和精制茶制造业	3419	1185	6
烟草制品业	214		
纺织业	1894	543	148
纺织服装、服饰业	439		
皮革、毛皮、羽毛及其制品和制鞋业	75		
木材加工和木、竹、藤、棕、草制品业	671	403	856
家具制造业	40		
造纸和纸制品业	455		
印刷和记录媒介复制业	130	1207	931
文教、工美、体育和娱乐用品制造业	486		
石油加工、炼焦和核燃料加工业	55		
化学原料和化学制品制造业	9726	11162	20781
医药制造业	11079	12042	18285
化学纤维制造业	305		
橡胶和塑料制品业	3041	392	890
非金属矿物制品业	4194	2839	3575
黑色金属冶炼和压延加工业	3232	65018	6386
有色金属冶炼和压延加工业	1961	981	326
金属制品业	21100	4394	2861
通用设备制造业	10167	3791	6033
专用设备制造业	12122	1976	6498
汽车制造业	10785	23163	18739
铁路、船舶、航空航天和其他运输设备制造业	37336	2275	9155
电气机械和器材制造业	10372	4994	7858
计算机、通信和其他电子设备制造业	65993	10347	11453
仪器仪表制造业	3287	1299	1295
其他制造业	5387		
废弃资源综合利用业	225	400	100
金属制品、机械和设备修理业	103	63	32
电力、热力、燃气及水生产和供应业	**45**	**2293**	
电力、热力生产和供应业	45	2293	
燃气生产和供应业			
水的生产和供应业			

3-I-4　分行业大中型企业政府相关政策落实情况

单位:万元

行　业	使用来自政府部门的科技活动资金	研究开发费用加计扣除减免税	高新技术企业减免税
总　计	**167230**	**140197**	**101138**
采矿业	**195**		
煤炭开采和洗选业			
石油和天然气开采业	195		
黑色金属矿采选业			
有色金属矿采选业			
非金属矿采选业			
开采辅助活动			
其他采矿业			
制造业	**167035**	**137905**	**101138**
农副食品加工业	3127	688	69
食品制造业	1085	775	30
酒、饮料和精制茶制造业	2208	210	
烟草制品业	184		
纺织业	1409	430	148
纺织服装、服饰业	302		
皮革、毛皮、羽毛及其制品和制鞋业			
木材加工和木、竹、藤、棕、草制品业	402	118	856
家具制造业			
造纸和纸制品业	268		
印刷和记录媒介复制业	40	172	724
文教、工美、体育和娱乐用品制造业			
石油加工、炼焦和核燃料加工业			
化学原料和化学制品制造业	5513	10388	19658
医药制造业	6900	10177	15585
化学纤维制造业	300		
橡胶和塑料制品业	2760	300	614
非金属矿物制品业	3029	2240	3023
黑色金属冶炼和压延加工业	2896	65014	6386
有色金属冶炼和压延加工业	1527	981	326
金属制品业	1108	4333	2536
通用设备制造业	5508	3056	4951
专用设备制造业	8480	1090	4428
汽车制造业	7005	21066	16750
铁路、船舶、航空航天和其他运输设备制造业	36928	2268	9078
电气机械和器材制造业	6062	4592	7067
计算机、通信和其他电子设备制造业	62805	9552	8503
仪器仪表制造业	1809	453	408
其他制造业	5284		
废弃资源综合利用业	15		
金属制品、机械和设备修理业	85		
电力、热力、燃气及水生产和供应业		**2293**	
电力、热力生产和供应业		2293	
燃气生产和供应业			
水的生产和供应业			

3-I-5 各地区企业政府相关政策落实情况

单位:万元

地 区	使用来自政府部门的科技活动资金	研究开发费用加计扣除减免税	高新技术企业减免税
全 省	**209688**	**152853**	**117214**
武汉市	112521	94183	46068
黄石市	6052	4497	6058
十堰市	4908	17053	3920
宜昌市	16802	10010	23024
襄阳市	37686	7925	14155
鄂州市	1119	5034	1003
荆门市	1669	1535	1506
孝感市	4591	2742	1842
荆州市	2939	5036	6998
黄冈市	4782	894	3172
咸宁市	2206	1206	1210
随州市	3401	1443	6389
恩施州	1722	108	278
仙桃市	2105	885	478
潜江市	1201	140	1014
天门市	5971	163	100
神农架	15		

3-I-6　各地区大中型企业政府相关政策落实情况

单位:万元

地　区	使用来自政府部门的科技活动资金	研究开发费用加计扣除减免税	高新技术企业减免税
全　省	**167230**	**140197**	**101138**
武汉市	99841	89196	39546
黄石市	4427	4090	4010
十堰市	1837	14946	2665
宜昌市	13408	9278	21963
襄阳市	32053	7264	12452
鄂州市	270	4436	535
荆门市	924	1166	1321
孝感市	1154	1868	1515
荆州市	1249	4151	6591
黄冈市	1189	513	1655
咸宁市	1405	744	1064
随州市	2004	1327	6338
恩施州	227	32	36
仙桃市	1295	885	478
潜江市	468	140	870
天门市	5479	163	100
神农架			

J. 企业技术获取和技术改造情况

3-J-1 分登记注册类型企业技术获取和技术改造情况

单位:万元

登记注册类型	引进技术经费支出	消化吸收经费支出	购买国内技术经费支出	技术改造经费支出
总 计	**132124**	**47855**	**76637**	**955260**
内资企业	**41722**	**31062**	**55167**	**768897**
国有企业	8402	4646	982	96515
集体企业				7
股份合作企业				483
联营企业				
有限责任公司	19408	16023	31460	405330
国有独资公司	17245	7696	19957	64114
其他有限责任公司	2163	8327	11503	341216
股份有限公司	3483	4211	17491	185451
私营企业	10430	6182	5235	81016
私营独资企业		16	15	106
私营合伙企业				
私营有限责任公司	4060	4657	5220	57857
私营股份有限公司	6370	1508		23053
其他企业				97
港、澳、台商投资企业	**7269**	**13017**	**13199**	**74871**
合资经营企业	7269	13017	13199	74381
合作经营企业				
港、澳、台商独资经营企业				490
港、澳、台商投资股份有限公司				
其他港澳台投资企业				
外商投资企业	**83133**	**3776**	**8270**	**111492**
中外合资经营企业	81716	32	8220	107981
中外合作经营企业				
外资企业	204	493	50	2979
外商投资股份有限公司	1213	3251		532
其他外商投资企业				

3-J-2　分登记注册类型大中型企业技术获取和技术改造情况

单位:万元

登记注册类型	引进技术经费支出	消化吸收经费支出	购买国内技术经费支出	技术改造经费支出
总　计	**129280**	**42265**	**72594**	**893577**
内资企业	**39078**	**25633**	**51249**	**712738**
国有企业	8402	4646	982	96515
集体企业				
股份合作企业				
联营企业				
有限责任公司	18791	14691	30696	378674
国有独资公司	17194	7696	19957	64114
其他有限责任公司	1597	6995	10740	314560
股份有限公司	2256	2870	16208	180345
私营企业	9630	3426	3363	57204
私营独资企业				56
私营合伙企业				
私营有限责任公司	3260	2205	3363	36701
私营股份有限公司	6370	1221		20448
其他企业				
港、澳、台商投资企业	**7269**	**12986**	**13195**	**74813**
合资经营企业	7269	12986	13195	74367
合作经营企业				
港、澳、台商独资经营企业				446
港、澳、台商投资股份有限公司				
其他港澳台投资企业				
外商投资企业	**82933**	**3646**	**8150**	**106027**
中外合资经营企业	81516	32	8150	102566
中外合作经营企业				
外资企业	204	363		2929
外商投资股份有限公司	1213	3251		532
其他外商投资企业				

3-J-3 分行业企业技术获取和技术改造情况

单位:万元

行业	引进技术经费支出	消化吸收经费支出	购买国内技术经费支出	技术改造经费支出
总计	**132124**	**47855**	**76637**	**955260**
采矿业				**6849**
煤炭开采和洗选业				
石油和天然气开采业				6553
黑色金属矿采选业				157
有色金属矿采选业				
非金属矿采选业				139
开采辅助活动				
其他采矿业				
制造业	**132124**	**47855**	**76637**	**879498**
农副食品加工业	13	2317	1615	7117
食品制造业			145	4973
酒、饮料和精制茶制造业		85	1725	16173
烟草制品业				26561
纺织业			228	12339
纺织服装、服饰业	83	541	15	4875
皮革、毛皮、羽毛及其制品和制鞋业				963
木材加工和木、竹、藤、棕、草制品业				162
家具制造业				
造纸和纸制品业				2829
印刷和记录媒介复制业				
文教、工美、体育和娱乐用品制造业				461
石油加工、炼焦和核燃料加工业				49786
化学原料和化学制品制造业	3610	11608	20975	200733
医药制造业	3080	4151	3508	34435
化学纤维制造业				8564
橡胶和塑料制品业	3520	1140	24	4941
非金属矿物制品业	1354	3307	412	13932
黑色金属冶炼和压延加工业	7269	12986	13230	36939
有色金属冶炼和压延加工业	900	583	6029	166579
金属制品业	682	2347	478	15050
通用设备制造业	10123	4023	401	44305
专用设备制造业	1431	717	203	7894
汽车制造业	81446	486	1789	122262
铁路、船舶、航空航天和其他运输设备制造业	51	321	951	34723
电气机械和器材制造业	3121	1108	21023	37412
计算机、通信和其他电子设备制造业	15312	2135	3857	23224
仪器仪表制造业	130		32	2267
其他制造业				
废弃资源综合利用业				
金属制品、机械和设备修理业				
电力、热力、燃气及水生产和供应业				**68914**
电力、热力生产和供应业				68899
燃气生产和供应业				
水的生产和供应业				15

3-J-4　分行业大中型企业技术获取和技术改造情况

单位:万元

行　业	引进技术经费支出	消化吸收经费支出	购买国内技术经费支出	技术改造经费支出
总　计	**129280**	**42265**	**72594**	**893577**
采矿业				**6553**
煤炭开采和洗选业				
石油和天然气开采业				6553
黑色金属矿采选业				
有色金属矿采选业				
非金属矿采选业				
开采辅助活动				
其他采矿业				
制造业	**129280**	**42265**	**72594**	**821215**
农副食品加工业			686	757
食品制造业			12	300
酒、饮料和精制茶制造业		35	1675	15175
烟草制品业				26561
纺织业			228	12122
纺织服装、服饰业	83	541	15	4772
皮革、毛皮、羽毛及其制品和制鞋业				
木材加工和木、竹、藤、棕、草制品业				156
家具制造业				
造纸和纸制品业				2770
印刷和记录媒介复制业				
文教、工美、体育和娱乐用品制造业				446
石油加工、炼焦和核燃料加工业				49786
化学原料和化学制品制造业	3246	11024	20338	189790
医药制造业	3080	4065	3126	26558
化学纤维制造业				8214
橡胶和塑料制品业	3520	1100		3365
非金属矿物制品业	1348	3286	388	12778
黑色金属冶炼和压延加工业	7269	12986	13230	35837
有色金属冶炼和压延加工业	900	521	5998	166343
金属制品业	682	2347	478	14218
通用设备制造业	10072	3241	215	38735
专用设备制造业	700	703	200	7110
汽车制造业	81165	39	1702	112063
铁路、船舶、航空航天和其他运输设备制造业		321	945	34575
电气机械和器材制造业	1905	2	19480	34058
计算机、通信和其他电子设备制造业	15312	2055	3846	22575
仪器仪表制造业			32	2150
其他制造业				
废弃资源综合利用业				
金属制品、机械和设备修理业				
电力、热力、燃气及水生产和供应业				**65809**
电力、热力生产和供应业				65794
燃气生产和供应业				
水的生产和供应业				15

3-J-5 各地区企业技术获取和技术改造情况

单位:万元

地 区	引进技术经费支出	消化吸收经费支出	购买国内技术经费支出	技术改造经费支出
全 省	**132124**	**47855**	**76637**	**955260**
武汉市	102237	6200	26655	258206
黄石市	9397	17024	19595	210962
十堰市	1584	61	326	20297
宜昌市	11134	11813	17347	152224
襄阳市	507	5421	6846	93224
鄂州市		2385	35	5141
荆门市	7	2	272	80891
孝感市	4226	2601	1371	34486
荆州市		318	1086	57771
黄冈市	2930	1143	1767	13171
咸宁市	103	456	467	10806
随州市		120	70	2313
恩施州		115	138	4791
仙桃市		160	464	1893
潜江市		8		6583
天门市		30	197	2503
神农架				

3-J-6　各地区大中型企业技术获取和技术改造情况

单位:万元

地　区	引进技术经费支出	消化吸收经费支出	购买国内技术经　费　支　出	技术改造经费支出
全　省	**129280**	**42265**	**72594**	**893577**
武汉市	100242	5362	25610	243707
黄石市	9397	16844	19255	203719
十堰市	1384	31	326	15163
宜昌市	10885	10942	17266	147541
襄阳市	245	3874	6249	88220
鄂州市		2385	35	4906
荆门市	1	1	270	78430
孝感市	4175	2323	1267	30571
荆州市			876	55660
黄冈市	2850	115	349	6791
咸宁市	103	168	451	6767
随州市		18	17	1158
恩施州		34		94
仙桃市		160	464	1764
潜江市		8		6583
天门市			158	2503
神农架				

第4篇

建筑业企业生产经营及财务状况

4-1　各地区全社会建筑业企业个数

单位：个

地　区	企业合计	总承包和专业承包企业	劳务分包企业	资质以外企业
全　省	**16439**	**4042**	**577**	**11820**
武汉市	9559	1740	251	7568
黄石市	555	133	14	408
十堰市	604	227	52	325
宜昌市	1032	325	70	637
襄阳市	1249	339	51	859
鄂州市	357	92	1	264
荆门市	315	137	8	170
孝感市	328	129	37	162
荆州市	493	219	33	241
黄冈市	685	271	24	390
咸宁市	381	108	8	265
随州市	245	74	23	148
恩施州	364	119	2	243
仙桃市	79	33		46
潜江市	101	50	1	50
天门市	61	28	2	31
神农架	28	16		12

4-2 各行业全社会建筑业企业个数

单位：个

行业	企业合计	总承包和专业承包企业	劳务分包企业	资质以外企业
总计	**16439**	**4042**	**577**	**11820**
房屋建筑业	3669	1662	185	1822
土木工程建筑业	3013	790	42	2181
铁路、道路、隧道和桥梁工程建筑	1164	369	13	782
水利和内河港口工程建筑	239	132		107
工矿工程建筑	147	49		98
架线和管道工程建筑	286	98	4	184
其他土木工程建筑	1177	142	25	1010
建筑安装业	2639	592	70	1977
建筑装饰和其他建筑业	7118	998	280	5840

4-3　各地区全社会建筑业企业年末从业人员

单位：人

地　区	合计	总承包和专业承包企业	劳务分包企业	资质外企业
全　省	**2216763**	**1920113**	**114735**	**181915**
武汉市	908426	791045	15834	101547
黄石市	96251	85013	5745	5493
十堰市	113473	102497	5717	5259
宜昌市	136841	116420	10919	9502
襄阳市	186923	164780	4063	18080
鄂州市	48069	44868	550	2651
荆门市	50139	46637	842	2660
孝感市	170300	122072	44164	4064
荆州市	90928	80541	7244	3143
黄冈市	221788	206658	4751	10379
咸宁市	55725	36753	10106	8866
随州市	36824	30435	4175	2214
恩施州	36289	33745	50	2494
仙桃市	15268	10951		4317
潜江市	30870	30183	21	666
天门市	14300	13258	554	488
神农架	3924	3840		84

4-4 各行业全社会建筑业企业年末从业人员

单位：人

行 业	合计	总承包和专业承包企业	劳务分包企业	资质外企业
总 计	**2216763**	**1920113**	**114735**	**181915**
房屋建筑业	1426593	1343485	45692	37416
土木工程建筑业	429871	382788	3401	43682
铁路、道路、隧道和桥梁工程建筑	216581	196178	548	19855
水利和内河港口工程建筑	101497	99855		1642
工矿工程建筑	19565	18326		1239
架线和管道工程建筑	25596	21204	672	3720
其他土木工程建筑	66632	47225	2181	17226
建筑安装业	146935	116825	5005	25105
建筑装饰和其他建筑业	213364	77015	60637	75712

4-5　各地区全社会建筑业企业实收资本

单位：亿元

地　区	合计	总包或专业承包企业	劳务分包企业	资质以外企业
全　省	**1427.25**	**1060.62**	**9.24**	**357.39**
武汉市	787.28	520.43	1.90	264.95
黄石市	38.93	32.39	0.15	6.39
十堰市	42.65	33.57	0.93	8.15
宜昌市	151.24	138.47	1.67	11.10
襄阳市	85.61	62.92	1.33	21.36
鄂州市	18.59	14.00		4.59
荆门市	24.10	21.75	0.04	2.31
孝感市	42.05	35.69	1.98	4.38
荆州市	48.58	43.07	0.24	5.27
黄冈市	61.60	51.58	0.40	9.62
咸宁市	29.02	24.18	0.15	4.69
随州市	13.27	10.32	0.23	2.72
恩施州	22.27	16.83	0.01	5.43
仙桃市	9.81	7.58		2.23
潜江市	23.38	20.35	0.01	3.02
天门市	27.27	25.88	0.22	1.17
神农架	1.89	1.84		0.05

4-6 各行业全社会建筑业企业资产总计

单位：亿元

行业	企业合计	总承包和专业承包企业	劳务分包企业	资质外企业
总计	**7471.20**	**6648.07**	**33.58**	**789.55**
房屋建筑业	2889.85	2736.74	11.33	141.78
土木工程建筑业	3522.62	3221.47	2.09	299.05
铁路、道路、隧道和桥梁工程建筑	2054.48	1848.13	0.66	205.69
水利和内河港口工程建筑	1123.52	1118.37		5.15
工矿工程建筑	71.16	68.02		3.15
架线和管道工程建筑	124.48	116.35	0.25	7.87
其他土木工程建筑	148.98	70.60	1.18	77.20
建筑安装业	571.16	458.48	2.62	110.06
建筑装饰和其他建筑业	487.57	231.37	17.54	238.65

4-7　各行业全社会建筑业企业营业收入

单位：亿元

行　业	企业合计	总承包和专业承包企业	劳务分包企业	资质外企业
总　计	**9155.22**	**8658.28**	**75.52**	**421.43**
房屋建筑业	4781.71	4667.46	26.83	87.42
土木工程建筑业	3316.74	3184.10	3.60	129.04
铁路、道路、隧道和桥梁工程建筑	2043.71	1960.59	0.63	82.49
水利和内河港口工程建筑	909.38	905.89		3.49
工矿工程建筑	60.53	58.53		2.00
架线和管道工程建筑	134.39	125.96	0.35	8.08
其他土木工程建筑	168.73	133.14	2.61	32.98
建筑安装业	587.43	527.39	4.19	55.84
建筑装饰和其他建筑业	469.34	279.33	40.89	149.13

4-8 各地区全社会建筑业企业资产总计

单位：亿元

地 区	企业合计	总包和专业承包企业	劳务分包企业	资质外企业
全 省	**7471.20**	**6648.07**	**33.58**	**789.55**
武汉市	5151.54	4574.42	14.43	562.68
黄石市	233.12	211.55	0.75	20.82
十堰市	209.30	187.70	3.34	18.27
宜昌市	533.71	503.19	3.39	27.13
襄阳市	369.20	317.82	3.48	47.90
鄂州市	59.94	50.49		9.44
荆门市	75.78	71.49	0.11	4.18
孝感市	125.02	115.08	4.01	5.92
荆州市	127.35	114.61	1.52	11.22
黄冈市	213.69	194.80	1.02	17.87
咸宁市	94.19	69.35	0.21	24.62
随州市	42.95	34.90	1.01	7.03
恩施州	67.24	57.49	0.02	9.77
仙桃市	28.44	18.94		9.50
潜江市	82.76	71.71	0.01	11.04
天门市	51.32	48.98	0.28	2.06
神农架	5.65	5.55		0.10

4-9　按登记注册类型分建筑业企业主要经济指标

指　标	总计	内资企业	#国有	#集体
企业单位数（个）	3212	3194	232	98
从业人员（万人）	188.64	187.80	19.89	3.64
固定资产原价（亿元）	1054.41	1052.69	316.38	11.81
固定资产净价（亿元）	635.94	634.86	178.85	8.14
自有施工机械设备年末总台数(万台）	127.89	127.59	10.02	1.32
自有施工机械设备年末净值（亿元）	331.88	331.22	91.78	3.52
自有施工机械设备年末总功率(万千瓦）	1420.19	1417.82	333.80	19.87
建筑业总产值（亿元）	8465.50	8422.92	1400.53	74.01
本年固定资产折旧（亿元）	87.13	87.05	26.05	0.85
应付职工薪酬（亿元）	827.01	822.93	122.04	10.57
主营业务税金及附加（亿元）	315.75	314.40	45.52	3.04
管理费用中的税金（亿元）	14.09	14.06	1.47	0.31
房屋施工面积（万平方米）	48937.96	48697.71	2325.01	632.33
房屋竣工面积（万平方米）	22773.72	22691.43	461.63	437.13
利润总额（亿元）	379.65	376.28	54.76	6.13
税金总额（亿元）	329.84	328.47	46.99	3.34
按总产值计算(元/人)	487518.76	487384.69	787477.20	228111.20
技术装备率（元/人）	17593.27	17636.72	46135.84	9679.20
动力装备率（千瓦/人）	7.53	7.55	16.78	5.46
产值利润率 (%)	4.5	4.5	3.9	8.3
产值利税率 (%)	8.4	8.4	7.3	12.8

续表

指　标	港澳台商投资企业	#港澳台商独资企业	外商投资企　业	#外商独资企业
企业单位数（个）	14	3	4	
从业人员（万人）	0.23	0.02	0.61	
固定资产原价（亿元）	0.70	0.03	1.03	
固定资产净价（亿元）	0.339	0.01	0.74	
自有施工机械设备年末总台数(万台)	0.13		0.17	
自有施工机械设备年末净值（亿元）	0.11		0.54	
自有施工机械设备年末总功率(万千瓦)	1.38	0.01	0.98	
建筑业总产值（亿元）	7.00	0.27	35.58	
本年固定资产折旧（亿元）	0.03		0.04	
应付职工薪酬（亿元）	0.80	0.09	3.29	
主营业务税金及附加（亿元）	0.25	0.01	1.10	
管理费用中的税金（亿元）			0.02	
房屋施工面积（万平方米）	4.58		235.67	
房屋竣工面积（万平方米）	2.02		80.28	
利润总额（亿元）	0.45		2.93	
税金总额（亿元）	0.25	0.01	1.12	
按总产值计算(元/人)	323541.30	178234.90	583796.40	
技术装备率（元/人）	5013.18	322.58	8866.99	
动力装备率（千瓦/人）	6.06	0.65	1.62	
产值利润率（%）	6.4	−0.5	8.2	
产值利税率（%）	10.0	3.6	11.4	

4-10　各地区总承包建筑业企业主要经济指标

地　区	建筑业总产值 (万元)	按建筑业总产值 计算的劳动生产率 (元/人)
全　省	**78926703.1**	**495809.1**
武汉市	44990675.8	718843.3
黄石市	2188952.3	329964.6
十堰市	2886315.8	320075.8
宜昌市	6768409.0	669615.7
襄阳市	5558390.1	389737.0
鄂州市	907500.5	241016.8
荆门市	875100.6	235558.7
孝感市	3087065	296345.9
荆州市	1634099.2	247283.6
黄冈市	6103465	337103.7
咸宁市	956050.9	306819.9
随州市	626364.7	229639.5
恩施州	832638.8	274309.4
仙桃市	227761.5	250645.4
潜江市	864596.3	323661.3
天门市	364851.4	296241.8
神农架	54466.2	196628.9

4-11 各地区专业承包建筑业企业主要经济指标

地 区	企 业 单位数 (个)	从业人员 (人)	建筑业 总产值 (万元)	利税总额 (万元)	按建筑业总产值计算的劳动生产率 (元/人)
全 省	**1258**	**160207**	**5725987.0**	**518873.2**	**383697.0**
武汉市	652	83969	3799376.5	263834.9	469934.9
黄石市	39	10419	247772.0	40148.7	305213.1
十堰市	74	7688	172026.5	24805.8	244947.3
宜昌市	119	9825	242008.4	43939.6	279649.2
襄阳市	93	8567	251974.5	29320.5	320864.0
鄂州市	15	2275	50350.7	2826.0	226907.2
荆门市	30	2944	61380.7	6148.9	212537.0
孝感市	14	3462	55813.3	6119.6	198200.6
荆州市	65	8528	336999.7	42722.1	428971.1
黄冈市	73	15971	389505.1	40217.0	254811.7
咸宁市	17	1576	27900.7	4356.9	215949.7
随州市	25	1777	31685.2	5836.6	212083.0
恩施州	28	1708	35019.2	6089.9	234398.9
仙桃市	1	243	1240.0	350.7	59047.6
潜江市	10	1147	19843.6	1702.4	181551.7
天门市	2	95	2656.9	387.6	336316.5
神农架	1	13	434.0	66.0	542500.0

4-12　各地区建筑业总产值、利润和利税总额

单位：万元

地　区	建筑业总产值	利税总额	利润总额
全　省	**84652690.1**	**7094715.3**	**3796428.8**
武汉市	48790052.3	3556821.6	1717712.7
黄石市	2436724.3	224561.3	132131.8
十堰市	3058342.3	232907.3	121768.6
宜昌市	7010417.4	876383.8	557571.5
襄阳市	5810364.6	558820.3	327698.0
鄂州市	957851.2	86067.6	44935.6
荆门市	936481.3	103844.0	62975.9
孝感市	3142878.3	281917.0	156153.0
荆州市	1971098.9	183273.7	98301.3
黄冈市	6492970.1	566777.6	335784.1
咸宁市	983951.6	95304.6	52667.7
随州市	658049.9	68882.9	38014.5
恩施州	867658	114257.6	72945.9
仙桃市	229001.5	22008.2	11937.2
潜江市	884439.9	73129.2	37927.6
天门市	367508.3	45006.9	25892.3
神农架	54900.2	4751.7	2011.1

4-13 分地区建筑业劳动生产率

单位：元/人

地 区	按总产值计算的劳动生产率	国有	集体
全 省	**486021.2**	**784842.7**	**227466.2**
武汉市	690042.2	1234695.2	278760.7
黄石市	327266.0	636878.5	191163.6
十堰市	314631.3	246991.3	206500.3
宜昌市	638646.0	249317.7	280486.4
襄阳市	385778.5	294736.2	182609.9
鄂州市	240231.5	127293.3	68904.5
荆门市	233898.1	239427.5	219949.2
孝感市	293707.7	119300.4	61262.1
荆州市	266436.7	214552.2	239583.4
黄冈市	330697.0	254788.5	402574.9
咸宁市	302698.5	396717.2	262075.2
随州市	228719.9	222826.7	134548.0
恩施州	272394.4	420619.5	157388.0
仙桃市	246317.6	401749.2	
潜江市	318075.2	538283.5	
天门市	296497.2	759485.1	
神农架	197624.9	123533.3	

4-14　各地区按登记注册类型分建筑业企业单位数

单位：个

地　区	企业合计	内资企业	#国有	#集体	港澳台商投资企业	#港澳台商独资企业	外商投资企　业	#外商独资企　业
全　省	**3211**	**3193**	**232**	**98**	**14**	**3**	**4**	
武汉市	1205	1194	66	21	9	1	2	
黄石市	122	121	11	7	1	1		
十堰市	212	212	8	9				
宜昌市	280	277	14	2	3	1		
襄阳市	285	282	27	10	1		2	
鄂州市	72	72	6	2				
荆门市	125	125	12	2				
孝感市	117	117	14	4				
荆州市	197	197	17	20				
黄冈市	217	217	15	10				
咸宁市	96	96	17	7				
随州市	68	68	4	2				
恩施州	99	99	8	2				
仙桃市	28	28	2					
潜江市	46	46	8					
天门市	28	28	2					
神农架	14	14	1					

4-15 各地区按登记注册类型分建筑业企业从业人员

单位：人

地区	企业合计	内资企业	#国有	#集体	港澳台商投资企业	#港澳台商独资企业	外商投资企业	#外商独资企业
全省	**1886280**	**1877936**	**198929**	**36390**	**2277**	**155**	**6067**	
武汉市	770364	768831	102920	6131	1508	37	25	
黄石市	83907	83885	10941	4605	22	22		
十堰市	101681	101681	4584	3217				
宜昌市	115302	114641	5858	802	661	96		
襄阳市	161635	155507	34430	3256	86		6042	
鄂州市	44378	44378	3769	365				
荆门市	46382	46382	5550	805				
孝感市	121172	121172	5009	2555				
荆州市	78963	78963	6748	6651				
黄冈市	204902	204902	4858	3141				
咸宁市	36071	36071	4390	2851				
随州市	30198	30198	2111	1535				
恩施州	33256	33256	1898	476				
仙桃市	10828	10828	343					
潜江市	30218	30218	4908					
天门市	13258	13258	467					
神农架	3765	3765	145					

4-16　各地区建筑业企业技术装备情况

地　区	年末自有施工机械设备总台数（台）	年末自有施工机械设备总功率（万千瓦）	年末自有施工机械设备净值(万元)	技术装备率（元/人）	动力装备率（千瓦/人）
全　省	**1278930**	**1420.2**	**3318754.5**	**17594.2**	**7.5**
武汉市	234619	622.6	1876134.5	24353.9	8.1
黄石市	29018	48.8	85069.1	10138.5	5.8
十堰市	17097	77.5	133462.6	13125.6	7.6
宜昌市	108031	193.5	325396.9	28221.3	16.8
襄阳市	38563	75.1	148190.7	9168.2	4.6
鄂州市	12540	24.7	48060.5	10829.8	5.6
荆门市	27609	35.3	50452.5	10877.6	7.6
孝感市	29611	42.2	109347.0	9024.1	3.5
荆州市	22799	51.2	107859.0	13659.4	6.5
黄冈市	696240	125.7	184200.1	8989.7	6.1
咸宁市	15536	45.3	68671.1	19037.8	12.6
随州市	14059	11.2	31678.8	10490.4	3.7
恩施州	9542	12.2	45641.9	13724.4	3.7
仙桃市	5079	11.2	9728.6	8984.7	10.3
潜江市	12121	25.4	71085.3	23524.2	8.4
天门市	5643	15.9	17534.6	13225.7	12.0
神农架	823	2.3	6241.3	16577.2	6.2

4-17 各地区国有建筑业企业技术装备情况

地 区	年末自有施工机械设备总台数（台）	年末自有施工机械设备总功率（万千瓦）	年末自有施工机械设备净值（万元）	技术装备率（元/人）	动力装备率（千瓦/人）
全 省	**100202**	**333.8**	**917775.7**	**46135.8**	**16.8**
武汉市	74273	264.6	773915.7	75195.9	25.7
黄石市	4763	16.8	26384.6	24115.3	15.3
十堰市	516	3.1	6848.8	14940.7	6.8
宜昌市	1057	3.2	9908.6	16914.6	5.5
襄阳市	9421	15.0	31748.8	9221.3	4.3
鄂州市	363	1.6	6962.0	18471.7	4.1
荆门市	415	1.4	2024.1	3647.0	2.5
孝感市	582	1.9	4110.1	8205.4	3.9
荆州市	2516	2.8	8661.3	12835.4	4.2
黄冈市	2373	2.8	5809.5	11958.6	5.8
咸宁市	1088	7.0	8031.3	18294.5	16.0
随州市	173	0.5	2387.6	11310.3	2.4
恩施州	357	1.2	3933.5	20724.4	6.3
仙桃市	46		20.3	591.8	0.4
潜江市	1989	10.8	23270.7	47413.8	22.0
天门市	240	0.9	3557	76167.0	19.1
神农架	30	0.2	201.8	13917.2	17.0

4-18　各地区建筑业总产值

单位：万元

地　区	建筑业总产值	建筑工程产值	安装工程产值	其他产值
全　省	**84652690.1**	**74508211.8**	**7570254.8**	**2574223.5**
武汉市	48790052.3	42529262.7	4636285.5	1624504.1
黄石市	2436724.3	2232546.8	157744.3	46433.2
十堰市	3058342.3	2931549.8	95305.7	31486.8
宜昌市	7010417.4	6319898.5	517343.1	173175.8
襄阳市	5810364.6	5123037.8	586340.9	100985.9
鄂州市	957851.2	695746.5	164464.0	97640.7
荆门市	936481.3	844428.2	58985.2	33067.9
孝感市	3142878.3	2914904.7	156891.5	71082.1
荆州市	1971098.9	1798199.5	103287.8	69611.6
黄冈市	6492970.1	5583990.8	763638.9	145340.4
咸宁市	983951.6	892005.0	55754.1	36192.5
随州市	658049.9	582926.2	30060.6	45063.1
恩施州	867658.0	797139.1	48952.6	21566.3
仙桃市	229001.5	221277.7	5153.9	2569.9
潜江市	884439.9	709663.9	149627.7	25148.3
天门市	367508.3	286534.9	32298.5	48674.9
神农架	54900.2	45099.7	8120.5	1680.0

4-19 各地区按登记注册类型分建筑业总产值

单位：千元

地 区	建筑业总产值	内资企业	#国有	#集体	港澳台商投资企业	#港澳台商独资企业	外商投资企业	#外商独资企业
全 省	**846526901**	**842268779**	**140052827**	**7400612**	**700467**	**26557**	**3557655**	
武汉市	487900523	487371983	111385557	1457082	522367	10722	6173	
黄石市	24367243	24364753	6569402	835385	2490	2490		
十堰市	30583423	30583423	1112943	631065				
宜昌市	70104174	69928761	1394683	206999	175413	13345		
襄阳市	58103646	54551967	9933494	556047	197		3551482	
鄂州市	9578512	9578512	458383	24530				
荆门市	9364813	9364813	663693	173100				
孝感市	31428783	31428783	541743	146110				
荆州市	19710989	19710989	1270149	1264042				
黄冈市	64929701	64929701	1057882	1217789				
咸宁市	9839516	9839516	1461903	624001				
随州市	6580499	6580499	489996	193480				
恩施州	8676580	8676580	730616	70982				
仙桃市	2290015	2290015	123337					
潜江市	8844399	8844399	2517552					
天门市	3675083	3675083	330376					
神农架	549002	549002	11118					

4-20　各地区按行业分建筑业总产值

单位：万元

地　区	建筑业总产值	房屋建筑业	土木工程建筑业	建筑安装业	建筑装饰和其他建筑业
全　省	**84652690.1**	**48006187.2**	**29308133.1**	**4559347.9**	**2779021.9**
武汉市	48790052.3	26255699.7	18063677.0	2705168.2	1765507.4
黄石市	2436724.3	1982657.2	381716.4	23631.7	48719.0
十堰市	3058342.3	1231023.1	1704574.8	68246.7	54497.7
宜昌市	7010417.4	2559852.9	4177921.6	128892.4	143750.5
襄阳市	5810364.6	3096396.7	1783530.4	713738.3	216699.2
鄂州市	957851.2	820593.1	88074.8	33419.8	15763.5
荆门市	936481.3	640468.4	256449.4	10158.3	29405.2
孝感市	3142878.3	2801751.9	259342.4	2758.4	79025.6
荆州市	1971098.9	1217684.1	541406.5	137489.8	74518.5
黄冈市	6492970.1	4620604.7	1122954.6	445777.2	303633.6
咸宁市	983951.6	707020.3	248836.7	22221.1	5873.5
随州市	658049.9	536471.2	78165.5	31927.4	11485.8
恩施州	867658.0	601351.7	230568.1	8558.2	27180.0
仙桃市	229001.5	169622.9	57810.4	1568.2	
潜江市	884439.9	383339.1	275437.1	224712.2	951.5
天门市	367508.3	328295.8	36555.6	1080.0	1576.9
神农架	54900.2	53354.4	1111.8		434.0

4-21 各地区按行业分建筑业总产值

单位：万元

地 区	建筑业总产值	房屋和土木工程建筑业	房屋建筑业	土木工程建筑业	建筑安装业	建筑装饰业	其他建筑业
全 省	**84652690.1**	**77314320.3**	**48006187.2**	**29308133.1**	**4559347.9**	**1527336.3**	**1251685.6**
武汉市	48790052.3	44319376.7	26255699.7	18063677.0	2705168.2	1145535.5	619971.9
黄石市	2436724.3	2364373.6	1982657.2	381716.4	23631.7	21433.1	27285.9
十堰市	3058342.3	2935597.9	1231023.1	1704574.8	68246.7	27582.2	26915.5
宜昌市	7010417.4	6737774.5	2559852.9	4177921.6	128892.4	98396.7	45353.8
襄阳市	5810364.6	4879927.1	3096396.7	1783530.4	713738.3	103893.5	112805.7
鄂州市	957851.2	908667.9	820593.1	88074.8	33419.8	4599.7	11163.8
荆门市	936481.3	896917.8	640468.4	256449.4	10158.3	13813.9	15591.3
孝感市	3142878.3	3061094.3	2801751.9	259342.4	2758.4	7569.1	71456.5
荆州市	1971098.9	1759090.6	1217684.1	541406.5	137489.8	13246.1	61272.4
黄冈市	6492970.1	5743559.3	4620604.7	1122954.6	445777.2	48878.4	254755.2
咸宁市	983951.6	955857	707020.3	248836.7	22221.1	2488.9	3384.6
随州市	658049.9	614636.7	536471.2	78165.5	31927.4	9956.8	1529.0
恩施州	867658.0	831919.8	601351.7	230568.1	8558.2	26980.0	200.0
仙桃市	229001.5	227433.3	169622.9	57810.4	1568.2		
潜江市	884439.9	658776.2	383339.1	275437.1	224712.2	951.5	
天门市	367508.3	364851.4	328295.8	36555.6	1080.0	1576.9	
神农架	54900.2	54466.2	53354.4	1111.8		434	

4-22　各地区按资质等级分总承包建筑业总产值

单位：万元

地　区	建筑业总产值	特级	一级	二级	三级及以下
全　省	**78926703.1**	**20807644.3**	**35834564.4**	**16169564.3**	**6114930.1**
武汉市	44990675.8	18309784.0	20489739.9	5661994.4	529157.5
黄石市	2188952.3	596467.0	790914.2	502980.6	298590.5
十堰市	2886315.8		1471336.3	780785.6	634193.9
宜昌市	6768409.0		4619704.7	1544053.4	604650.9.0
襄阳市	5558390.1	30001.1	2883760.3	1381836.7	1262792.0
鄂州市	907500.5		459456.5	367451.0	80593.0
荆门市	875100.6		48503.3	599039.8	227557.5
孝感市	3087065.0		1280617.2	1484498.5	321949.3
荆州市	1634099.2		550497.9	684563.2	399038.1
黄冈市	6103465.0	1871392.2	1989959.1	1584987.1	657126.6
咸宁市	956050.9		270389.2	386463.0	299198.7
随州市	626364.7		176352.7	288547.5	161464.5
恩施州	832638.8		141746.4	357264.0	333628.4
仙桃市	227761.5		13713.7	165791.3	48256.5
潜江市	864596.3		492625.1	263224.9	108746.3
天门市	364851.4		155247.9	88788.4	120815.1
神农架	54466.2			27294.9	27171.3

4-23 各地区按资质等级分专业承包建筑业总产值

单位：万元

地 区	建筑业总产值	一级	二级	三级及以下
全 省	**5725987.0**	**2975218.4**	**1624298.0**	**1126470.6**
武汉市	3799376.5	2696319.7	754180.4	348876.4
黄石市	247772.0	177326.1	58478.0	11967.9
十堰市	172026.5		76148.8	95877.7
宜昌市	242008.4	13687.9	83436.4	144884.1
襄阳市	251974.5	14379.9	125037.9	112556.7
鄂州市	50350.7		45425.8	4924.9
荆门市	61380.7		38687.1	22693.6
孝感市	55813.3	7335.3	8184.9	40293.1
荆州市	336999.7	10592.8	139045.4	187361.5
黄冈市	389505.1	48040.6	241885.2	99579.3
咸宁市	27900.7	6376.8	10840.3	10683.6
随州市	31685.2		8226.8	23458.4
恩施州	35019.2		22391.7	12627.5
仙桃市	1240.0		1240.0	
潜江市	19843.6	1159.3	10009.3	8675.0
天门市	2656.9		1080.0	1576.9
神农架	434.0			434.0

4-24　各地区签订合同额

单位：万元

地　区	合同总额	上年结转合同额	本年新签合同额	直接从建设单位承揽工程完成的产值	自行完成施工产值	分包出去工程的产值	从建设单位以外承揽工程完成的产值
全　省	**157219441**	**57001375**	**100218066**	**83411721**	**82638185**	**773536**	**2014505**
武汉市	95824036	36113066	59710970	48046778	47693557	353221	1096495
黄石市	4346460	1334554	3011906	2384109	2365158	18951	71566
十堰市	5655485	2394262	3261223	3025572	3024384	1188	33959
宜昌市	14896866	6373490	8523376	6869474	6855223	14250	155194
襄阳市	10882361	4306653	6575709	5675974	5638737	37237	171627
鄂州市	1378542	712193	666348.5	951509	945809	5701	12043
荆门市	1370821	344648	1026174	926949	916981	9968	19501
孝感市	4196477	977668	3218808	3082701	3078709	3992	64169
荆州市	3619380	1422799	2196581	1964705	1961576	3130	9523
黄冈市	8720044	1279952	7440092	6454830	6253785	201045	239185
咸宁市	1257158	349006	908152	987092	979896	7196	4056
随州市	940096	274516	665581	667088	657160	9928	890
恩施州	1224619	374072	850547	844467	819137	25330	48521
仙桃市	313980	84356	229624	228694	227639	1055	1363
潜江市	2053636	516368	1537268	892228	815572	76655	68868
天门市	469525	136430	333095	354653	349963	4690	17546
神农架	69957	7343	62614	54900	54900		

4–25 各地区建筑业企业收入情况

单位：万元

地 区	企业总收入	主营业务收 入	主营业务成 本	主营业务利 润	其他业务收 入	其他业务利 润
全 省	**84788716.0**	**83839884.5**	**72718292.4**	**3651676.0**	**948831.5**	**110502.6**
武汉市	50295600.3	49964534.1	44207865.3	1602912.4	331066.2	66301.6
黄石市	2889672.6	2427379.9	2079600.0	107195.7	462292.7	23907.2
十堰市	2803126.8	2796856.6	2423743.2	120699.5	6270.2	2040.7
宜昌市	7048653.9	7023532.4	5906925.7	556672.9	25121.5	3640.1
襄阳市	5284312.9	5273525.3	4349956.8	331989.7	10787.6	919.5
鄂州市	935059.3	916762.0	794440.1	41763.0	18297.3	3476.3
荆门市	918202.3	912604.6	752985.4	62417.7	5597.7	958.9
孝感市	2851925.1	2849561.4	2308757.1	159430.0	2363.7	877.4
荆州市	1893469.3	1844664	1527699.3	92986.9	48805.3	2297.6
黄冈市	5874575.1	5855564.2	5030569.5	337068.9	19010.9	1322.2
咸宁市	889090.2	880802.5	737587.3	49378.6	8287.7	1582.7
随州市	655102.8	651559.0	537068.7	38004.8	3543.8	222.2
恩施州	839359.1	837164.1	676455.6	73418.3	2195.0	1018.1
仙桃市	247813.3	247673.3	212597.9	11920.1	140.0	19.5
潜江市	944744.3	941916.4	824000.5	38253.1	2827.9	1918.6
天门市	359800.1	357576.1	298434.6	25547.2	2224.0	
神农架	58208.6	58208.6	49605.4	2017.2		

4–26 各地区按登记注册类型分建筑企业总收入

单位：万元

地区	合计	内资企业	#国有	#集体	港澳台商投资企业	#港澳台商独资企业	外商投资企业	#外商独资企业
全省	**84788716.0**	**84404779.0**	**15919581.0**	**681713.5**	**70575.5**	**4650.5**	**313361.1**	
武汉市	50295600.0	50242539.0	12620804.0	133894.3	52526.9	3186.6	534.4	
黄石市	2889673.0	2889543.0	1180855.0	84714.2	129.4	129.4		
十堰市	2803127.0	2803127.0	93843.5	57262.8				
宜昌市	7048654.0	7031086.0	148031.9	20255.9	17568.1	1334.5		
襄阳市	5284313.0	4971135.0	877552.0	50749.9	351.1		312826.7	
鄂州市	935059.3	935059.3	47975.7	2213.0				
荆门市	918202.3	918202.3	70057.7	18160.0				
孝感市	2851925.0	2851925.0	57335.1	14551.0				
荆州市	1893469.0	1893469.0	127510.4	104071.0				
黄冈市	5874575.0	5874575.0	88400.5	117065.7				
咸宁市	889090.2	889090.2	118963.2	57102.1				
随州市	655102.8	655102.8	47549.6	9660.0				
恩施州	839359.1	839359.1	69456.3	12013.6				
仙桃市	247813.3	247813.3	12766.4					
潜江市	944744.3	944744.3	325927.7					
天门市	359800.1	359800.1	31440.0					
神农架	58208.6	58208.6	1111.8					

4-27 各地区建筑业企业利税总额

地　区	利税总额（万元）	利润总额（万元）	主营税金及附加（万元）	管理费用中的税金（万元）	产值利税率（%）	资产利税率（%）
全　省	**7094715.3**	**3796428.8**	**3157392.6**	**140893.9**	**8.4**	**11.2**
武汉市	3556821.6	1717712.7	1770823.5	68285.4	7.3	8.1
黄石市	224561.3	132131.8	89188.8	3240.7	9.2	10.7
十堰市	232907.3	121768.6	106065.8	5072.9	7.6	13.0
宜昌市	876383.8	557571.5	310284.9	8527.4	12.5	20.6
襄阳市	558820.3	327698	216035.8	15086.5	9.6	17.8
鄂州市	86067.6	44935.6	38380.4	2751.6	9.0	17.4
荆门市	103844.0	62975.9	39013.9	1854.2	11.1	14.8
孝感市	281917.0	156153.0	118433.3	7330.7	9.0	25.2
荆州市	183273.7	98301.3	80612.4	4360.0	9.3	16.6
黄冈市	566777.6	335784.1	221237.2	9756.3	8.7	29.8
咸宁市	95304.6	52667.7	38528.0	4108.9	9.7	13.9
随州市	68882.9	38014.5	28496.1	2372.3	10.5	20.4
恩施州	114257.6	72945.9	38669.0	2642.7	13.2	21.4
仙桃市	22008.2	11937.2	9788.0	283.0	9.6	12.6
潜江市	73129.2	37927.6	32217.3	2984.3	8.3	10.3
天门市	45006.9	25892.3	16991.3	2123.3	12.3	9.2
神农架	4751.7	2011.1	2626.9	113.7	8.7	8.7

4-28　各地区按登记注册类型分建筑企业税金总额

单位：万元

地　区	企业税金总额	内资企业	#国有	#集体	港澳台商投资企业	#港澳台商独资企业	外商投资企业	#外商独资企业
全　省	**3298287.0**	**3284585.0**	**469889.6**	**33448.0**	**2522.9**	**109.7**	**11179.1**	
武汉市	1839109.0	1837313.0	358530.8	5360.9	1778.0	56.9	18.3	
黄石市	92429.5	92424.2	24730.1	2958.2	5.3	5.3		
十堰市	111138.7	111138.7	5752.4	2649.3				
宜昌市	318812.3	318078.9	6578.8	1621.2	733.4	47.5		
襄阳市	231122.3	219955.3	33830.7	2330.5	6.2		11160.8	
鄂州市	41132.0	41132.0	2213.7	82.1				
荆门市	40868.1	40868.1	3927.2	1039.7				
孝感市	125764.0	125764.0	1884.7	854.6				
荆州市	84972.4	84972.4	3468.5	6418.9				
黄冈市	230993.5	230993.5	4974.6	6074.9				
咸宁市	42636.9	42636.9	5988.7	2877.5				
随州市	30868.4	30868.4	2599.3	296.6				
恩施州	41311.7	41311.7	4139.5	883.6				
仙桃市	10071.0	10071.0	459.7					
潜江市	35201.6	35201.6	8965.2					
天门市	19114.6	19114.6	1811.5					
神农架	2740.6	2740.6	34.2					

4-29 各地区按登记注册类型分建筑企业利润总额

单位：万元

地 区	企业利润总额	内资企业	#国有	#集体	港澳台商投资企业	#港澳台商独资企业	外商投资企业	#外商独资企业
全 省	**3796429.0**	**3762663.0**	**547622.6**	**61314.9**	**4487.7**	**−14.2**	**29278.6**	
武汉市	1717713.0	1714493.0	424604.9	6983.2	3249.9	−26.9	−30.0	
黄石市	132131.8	132119.7	15354.5	2898.4	12.1	12.1		
十堰市	121768.6	121768.6	4913.7	1333.8				
宜昌市	557571.5	556333.6	13535.1	3593.7	1237.9	0.6		
襄阳市	327698.0	298401.6	43554.6	6514.5	−12.2		29308.6	
鄂州市	44935.6	44935.6	505.3	67.5				
荆门市	62975.9	62975.9	3584.7	3948.3				
孝感市	156153.0	156153.0	1732.2	798.3				
荆州市	98301.3	98301.3	2130.4	14328.3				
黄冈市	335784.1	335784.1	11329.9	12860.4				
咸宁市	52667.7	52667.7	5153.5	3582.5				
随州市	38014.5	38014.5	3369.8	2899.1				
恩施州	72945.9	72945.9	7636.9	1506.9				
仙桃市	11937.2	11937.2	54.4					
潜江市	37927.6	37927.6	7210.8					
天门市	25892.3	25892.3	2902.0					
神农架	2011.1	2011.1	49.9					

4–30 各地区按资质等级分总承包建筑企业利润总额

单位：万元

地区	企业利润总额	特级	一级	二级	三级及以下
全省	**3486391.9**	**628807.6**	**1401048.3**	**968362.1**	**488173.9**
武汉市	1571701.1	546342.2	662655.7	333493.1	29210.1
黄石市	103327.8	8083.1	36955.4	35810.8	22478.5
十堰市	103873.8		16603.5	49005.4	38264.9
宜昌市	530251.1		348122.8	116192.4	65935.9
襄阳市	309247.3	912.8	95882.1	100172.3	112280.1
鄂州市	43804.6		22531.3	17689.4	3583.9
荆门市	60299		510.3	39813.4	19975.3
孝感市	151981.2		53306.2	72211.7	26463.3
荆州市	73745.7		12459.3	37643.9	23642.5
黄冈市	309450.9	73469.5	110031.7	70111.9	55837.8
咸宁市	49965.0		7507.1	21926.7	20531.2
随州市	33426.8		4758.5	15740.4	12927.9
恩施州	68774.6		7670.3	26711.0	34393.3
仙桃市	11817.5		2450.3	6206.1	3161.1
潜江市	37109.3		13640.7	16301.3	7167.3
天门市	25631.4		5963.1	8867.1	10801.2
神农架	1984.8			465.2	1519.6

4-31 各地区按资质等级分专业承包建筑企业利润总额

单位：万元

地 区	企业利润总额	一级	二级	三级及以下
全 省	**310036.9**	**129952.8**	**97320.8**	**82763.3**
武汉市	146011.6	98491.8	31777.8	15742.0
黄石市	28804.0	24803.8	3385.2	615.0
十堰市	17894.8		10479.5	7415.3
宜昌市	27320.4	403.5	6728.5	20188.4
襄阳市	18450.7	999.2	6537.6	10913.9
鄂州市	1131.0		930.8	200.2
荆门市	2676.9		895.1	1781.8
孝感市	4171.8	585.2	744.0	2842.6
荆州市	24555.6	2015.1	12722.8	9817.7
黄冈市	26333.2	2636.5	18183.5	5513.2
咸宁市	2702.7	−56.3	1247.7	1511.3
随州市	4587.7		739.3	3848.4
恩施州	4171.3		2492.6	1678.7
仙桃市	119.7		119.7	
潜江市	818.3	74.0	174.7	569.6
天门市	260.9		162	98.9
神农架	26.3			26.3

4-32　各地区按登记注册类型分建筑企业工程结算利润

单位：万元

地　区	企业利润总额	内资企业	#国有	#集体	港澳台商投资企业	#港澳台商独资企业	外商投资企业	#外商独资企业
全　省	**3651676.0**	**3618102.0**	**448227.5**	**60346.1**	**4295.0**	**−36.3**	**29278.6**	
武汉市	1602912.0	1599884.0	351856.1	7114.9	3058.2	−48.0	−30.0	
黄石市	107195.7	107183.6	−9124.8	2847.9	12.1	12.1		
十堰市	120699.5	120699.5	4981.1	1344.1				
宜昌市	556672.9	555436.0	13298.4	3593.7	1236.9	−0.4		
襄阳市	331989.7	302693.3	43340.2	6778.6	−12.2		29308.6	
鄂州市	41763.0	41763.0	305.2	67.5				
荆门市	62417.7	62417.7	3421.1	3948.3				
孝感市	159430.0	159430.0	1741.4	787.3				
荆州市	92986.9	92986.9	97.1	12929.7				
黄冈市	337068.9	337068.9	12714.5	12938.4				
咸宁市	49378.6	49378.6	3439.6	3578.9				
随州市	38004.8	38004.8	3369.8	2899.1				
恩施州	73418.3	73418.3	7539.2	1517.7				
仙桃市	11920.1	11920.1	49.2					
潜江市	38253.1	38253.1	8247.5					
天门市	25547.2	25547.2	2902.0					
神农架	2017.2	2017.2	49.9					

4-33 各地区计算劳动生产率的平均人数

单位：人

地 区	计算建筑业劳动生产率的平均人数	国有	集体
全 省	**1741749**	**178447**	**32535**
武汉市	707059	90213	5227
黄石市	74457	10315	4370
十堰市	97204	4506	3056
宜昌市	109770	5594	738
襄阳市	150614	33703	3045
鄂州市	39872	3601	356
荆门市	40038	2772	787
孝感市	107007	4541	2385
荆州市	73980	5920	5276
黄冈市	196342	4152	3025
咸宁市	32506	3685	2381
随州市	28771	2199	1438
恩施州	31853	1737	451
仙桃市	9297	307	
潜江市	27806	4677	
天门市	12395	435	
神农架	2778	90	

4-34　各地区建筑业房屋建筑面积

地　区	房屋建筑施工面积（万平方米）	房屋建筑竣工面积（万平方米）	国有房屋建筑施工面积（万平方米）	国有房屋建筑竣工面积（平方米）	集体房屋建筑施工面积（平方米）	集体房屋建筑竣工面积（平方米）
全　省	**48937.96**	**22773.72**	**2325.01**	**461.63**	**632.33**	**437.13**
武汉市	26369.04	10103.98	1489.33	104.30	97.75	71.51
黄石市	1802.44	1019.45	313.87	110.31	36.68	22.34
十堰市	1249.87	508.43	4.13	0.27	63.05	30.85
宜昌市	2100.62	1021.90	23.85	2.55	23.55	11.63
襄阳市	3901.11	1664.91	183.23	63.79	40.94	22.08
鄂州市	843.62	453.87	15.56	3.63	3.13	3.13
荆门市	771.85	388.88	41.50	20.70	19.72	3.34
孝感市	3081.61	1804.50	27.25	21.67	18.67	17.27
荆州市	1471.55	776.19	101.98	62.80	99.41	72.94
黄冈市	4219.89	3140.60	28.71	14.91	130.26	96.89
咸宁市	643.59	504.20	31.57	25.62	69.58	55.57
随州市	689.02	452.50	0.67	0.65	29.58	29.58
恩施州	675.21	383.73	20.82	20.16		
仙桃市	214.27	143.43				
潜江市	545.21	240.16	37.40	5.75		
天门市	318.52	151.81	5.16	4.55		
神农架	40.54	15.19				

4-35 劳务分包建筑业企业主要经济指标

地 区	企业单位个数（个）	从业人员（人）	营业收入（万元）	主营业务收入（万元）	税金（万元）	利润总额（万元）
全 省	**368**	**105539**	**624705.5**	**624010.4**	**26440.2**	**33083.6**
武汉市	102	8707	56381.9	56351.9	2089.2	1822.9
黄石市	12	5600	39718.1	39718.1	1962.8	1343.4
十堰市	46	5691	54647.3	54647.2	2339.9	4696.1
宜昌市	59	10862	86162.0	86148.0	3906.9	6183.2
襄阳市	39	3999	52916.1	52911.1	3220.7	4959.8
鄂州市	1	550	758.6	758.6	40.3	88.6
荆门市	2	799	612.2	612.2	20.7	14.1
孝感市	32	43474	211074.3	211018.8	7282.2	10106.7
荆州市	26	6368	24453.9	24453.9	1005.7	839.2
黄冈市	19	4606	23913.0	23322.5	700.4	687.6
咸宁市	6	10106	31471.7	31471.7	1113.5	121.9
随州市	20	4173	31508.4	31508.4	2241.0	1489.0
恩施州	2	50	222.0	222.0	12.4	27.1
仙桃市						
潜江市						
天门市	2	554	10866.0	10866.0	504.5	704.0
神农架						

4-36 各地区国有建筑业企业建筑业总产值

单位：千元

地区	建筑业总产值	装饰装修产值	在外省完成的产值	建筑工程产值	安装工程产值	其他产值
全省	**392670396**	**3781385**	**240339297**	**353616058**	**27979404**	**11074934**
武汉市	281899521	3242597	196273467	252320210	20239109	9340202
黄石市	7494067	306156	6096207	6310479	1003137	180451
十堰市	15360787		11380060	15323666	6186	30935
宜昌市	45211796	13952	11167701	42211164	2554678	445954
襄阳市	22579137	27420	13013912	19269824	2986305	323008
鄂州市	763583		51500	272823	242469	248291
荆门市	1087792			1010655	63489	13648
孝感市	1105136	28208	3046	1011686	57018	36432
荆州市	2930154	100992		2804715	15000	110439
黄冈市	5680760	45278	180070	5221847	326268	132645
咸宁市	2596629		736552	2424727	33539	138363
随州市	489996			474417		15579
恩施州	989183			989183		
仙桃市	123337			123337		
潜江市	3933644	16782	1436782	3511192	381265	41187
天门市	330376			312576		17800
神农架	94498			23557	70941	

4-37 各地区总承包建筑业企业主要经济指标

地 区	企业单位个数（个）	从业人员（人）	建筑业总产值(万元)	利税总额（万元）	按建筑业总产值计算的劳动生产率(元/人)
全 省	**1953**	**1726073**	**78926703.1**	**6575842.1**	**497295.1**
武汉市	553	686395	44990675.8	3292986.7	720292.2
黄石市	83	73488	2188952.3	184412.6	329964.6
十堰市	138	93993	2886315.8	208101.5	320150.4
宜昌市	161	105477	6768409.0	832444.2	669655.5
襄阳市	192	153068	5558390.1	529499.8	396529.4
鄂州市	57	42103	907500.5	83241.6	241016.8
荆门市	95	43438	875100.6	97695.1	235558.7
孝感市	103	117710	3087065.0	275797.4	297261.9
荆州市	132	70435	1634099.2	140551.6	247996.6
黄冈市	144	188931	6103465.0	526560.6	337745.4
咸宁市	79	34495	956050.9	90947.7	306819.9
随州市	43	28421	626364.7	63046.3	229639.5
恩施州	71	31548	832638.8	108167.7	274309.4
仙桃市	27	10585	227761.5	21657.5	252955.9
潜江市	36	29071	864596.3	71426.8	324755.4
天门市	26	13163	364851.4	44619.3	296241.8
神农架	13	3752	54466.2	4685.7	196628.9

4-38　各地区专业承包建筑业企业主要经济指标

地　区	建筑业总产值 (万元)	按建筑业总产值 计算的劳动生产率 (元/人)
全　省	**5725987.0**	**382058.5**
武汉市	3799376.5	468001.5
黄石市	247772.0	305213.1
十堰市	172026.5	244773.1
宜昌市	242008.4	278458.6
襄阳市	251974.5	315165.1
鄂州市	50350.7	226907.2
荆门市	61380.7	212537.0
孝感市	55813.3	196802.9
荆州市	336999.7	426689.9
黄冈市	389505.1	254811.7
咸宁市	27900.7	207286.0
随州市	31685.2	211941.1
恩施州	35019.2	233617.1
仙桃市	1240.0	59047.6
潜江市	19843.6	181551.7
天门市	2656.9	336316.5
神农架	434.0	542500.0

4-39 各地区建筑业劳动生产率

单位：元/人

地 区	按总产值计算的劳动生产率	国有	集体
全 省	**487531.85**	**787477.24**	**228111.21**
武汉市	691600.34	1235051.14	279938.90
黄石市	327265.98	636878.53	191163.62
十堰市	314715.50	246991.34	206500.33
宜昌市	638896.30	249317.66	280486.45
襄阳市	392515.29	298473.42	186906.55
鄂州市	240231.54	127293.25	68904.49
荆门市	233898.12	239427.49	219949.17
孝感市	294646.68	119300.37	61262.05
荆州市	267274.90	220091.67	239583.40
黄冈市	331277.37	254788.54	402574.88
咸宁市	303202.14	396717.23	262075.18
随州市	228727.81	222826.74	134547.98
恩施州	272437.20	420619.46	157388.03
仙桃市	248536.47	401749.19	
潜江市	319108.06	538283.51	
天门市	296497.22	759485.06	
神农架	197624.91	123533.33	

4–40　资质内建筑业企业概况

指标名称	合计	国有	集体	港澳台商投资企业	外商投资企业	其他
企业单位数（个）	3212	232	98	14	4	2864
从业人员（万人）	188.64	19.90	3.64	0.23	0.614	164.27
建筑业总产值（亿元）	8465.50	1400.53	74.01	7.00	35.58	6948.38

附录

主要指标解释

主要指标解释

工业　指从事自然资源的开采，对采掘品和农产品进行加工和再加工的物质生产部门。具体包括：(1)对自然资源的开采，如采矿、晒盐等(但不包括禽兽捕猎和水产捕捞)；(2)对农副产品的加工、再加工，如粮油加工、食品加工、缫丝、纺织、制革等；(3)对采掘品的加工、再加工，如炼铁、炼钢、化工生产、石油加工、机器制造、木材加工等，以及电力、自来水、煤气的生产和供应等；(4)对工业品的修理、翻新，如机器设备的修理、交通运输工具(如汽车)的修理等。

工业统计调查单位为独立核算法人工业企业。

独立核算法人工业企业指从事工业生产经营活动的单位。独立核算法人工业企业应同时具备以下条件：①依法成立，有自己的名称、组织机构和场所，能够承担民事责任；②独立拥有和使用资产，承担负债，有权与其他单位签订合同；③独立核算盈亏，并能够编制资产负债表。

本年鉴中涉及的企业登记注册类型：

国有及国有控股企业　指国有企业加上国有控股企业。国有企业(即原全民所有制工业或国营工业)指企业全部资产归国家所有，并按《中华人民共和国企业法人登记管理条例》规定登记注册的非公司制的经济组织。包括国有企业、国有独资公司和国有联营企业。1957年以前的公私合营和私营工业，后均改造为国营工业，1992年改为国有工业，这部分工业的资料不单独分列时，均包括在国有企业内。国有控股企业是对混合所有制经济的企业进行的“国有控股”分类。它是指这些企业的全部资产中国有资产(股份)相对其他所有者中的任何一个所有者占资(股)最多的企业。该分组反映了国有经济控股情况。

集体企业　指企业资产归集体所有，并按《中华人民共和国企业法人登记管理条例》规定登记注册的经济组织。是社会主义公有制经济的组成部分。包括城乡所有使用集体投资举办的企业，以及部分个人通过集资自愿放弃所有权并依法经工商行政管理机关认定为集体所有制的企业。

股份合作企业　指以合作制为基础，由企业职工共同出资入股，吸收一定比例的社会资产投资组建，实行自主经营，自负盈亏，共同劳动，民主管理，按劳分配与按股分红相结合的一种集体经济组织。

联营企业　指两个及两个以上相同或不同所有制性质的企业法人或事业单位法人，按自愿、平等、互利的原则，共同投资组成的经济组织。联营企业包括：

国有联营企业指国有企业与国有企业间的联营；

集体联营企业指集体企业与集体企业间的联营；

国有与集体联营企业指国有企业与集体企业间的联营。

有限责任公司　指根据《中华人民共和国公司登记管理条例》规定登记注册，由两个以上，五十个以下的股东共同出资，每个股东以其所认缴的出资额对公司承担有限责任，公司以其全部资产对其债务承担责任的经济组织。

有限责任公司包括国有独资公司以及其他有限责任公司。

股份有限公司　指根据《中华人民共和国企业法人登记管理条例》规定登记注册，其全部注册资本由等额股份构成并通过发行股票筹集资本，股东以其认购的股份对公司承担有限责任，公司以其全部资产对其债务承担责任的经济组织。

私营企业　指由自然人投资设立或由自然人控股，以雇佣劳动为基础的营利性经济组织。包括按照《公司法》、《合伙企业法》、《私营企业暂行条例》规定登记注册的私营有限责任公司、私营股份有限公司、私营合伙企业和私营独资企业。

港、澳、台商投资企业　指企业注册登记类型中的港、澳、台资合资、合作、独资经营企业和股份有限公司之和。

外商投资企业　指企业注册登记类型中的中外合资、合作经营企业、外资企业和外商投资股份有限公司之和。

“三资”企业系指港、澳、台商投资企业和外资企业的简称。

轻工业　指主要提供生活消费品和制作手工工具的工业。按其所使用的原料不同，可分为两大类：(1)以农产品为原料的轻工业，是指直接或间接以农产品为基本原料的轻工业。主要包括食品制造、饮料制造、烟草加工、纺织、缝纫、皮革和毛皮制作、造纸以及印刷等工业；(2)以非农产品为原料的轻工业，是指以工业品为原料的轻工业。主要包括文教体育用品、化学药品制造、合成纤维制造、日用化学制品、日用玻璃制品、日用金属制品、手工工具制造、医疗器械制造、文化和办公用机械制造等工业。

重工业　指为国民经济各部门提供物质技术基础的主要生产资料的工业。按其生产性质和产品用途，可以分为下列三类：(1)采掘(伐)工业，是指对自然资源的开采，包括石油开采、煤炭开采、金属矿开采、非金属矿开采等工业；(2)原材料工业，指向国民经济各部门提供基本材料、动力和燃料的工业。包括金属冶炼及加工、炼焦及焦炭、化学、化工原料、水泥、人造板以及电力、石油和煤炭加工等工业；(3)加工工业，是指对工业原材料进行再加工制造的工业。包括装备国民经济各部门的机械设备制造工业、金属结构、水泥制品等工业，以及为农业提供的生产资料如化肥、农药等工业。

根据上述划分原则，修理业中以重工业产品为修理作业对象的划为重工业，反之划为轻工业。

工业总产值

(1)定义：

工业总产值是以货币形式表现的，工业企业在一定时期内生产的工业最终产品或提供工业性劳务活动的总价值量。它反映一定时间内工业生产的总规模和总水平。

(2)计算原则：

工业生产的原则，即凡是企业在报告期生产的经检验合格的产品，不管是否在报告期销售，均包括在内。

最终产品的原则，即凡是计入工业总产值的产品，必须是本企业生产的经检验合格的，不需要再进行任何加工的最终产品。如果企业有中间产品(半成品)对外销售，则对外销售的中间产品应视为企业的最终产品。

工厂法原则，即工业总产值是以工业企业作为基本计算(核算)单位，即按企业的最终产品计算工业总产值。按这种方法计算的工业总产值，不允许同一产品价值在企业内部重复计算，不能把企业内部各个车间(分厂)生产的成果相加，但允许企业间的重复计算。

(3)内容及计算方法：

1995年全国工业普查对工业总产值(原规定)的内容及计算原则和方法做了某些修订，修订后的工业总产值(新规定)包括三项内容：即本期生产成品价值、对外加工费收入、在制品半成品期末期初差额价值三部分。

本期生产成品价值：指企业本期生产，并在报告期内不再进行加工，经检验、包装入库的全部工业成品(半成品)价值合计，包括企业生产的自制设备及提供给本企业在建工程、其他非工业部门和福利部门等单位使用的成品价值。本期生产成品价值为按自备原材料生产的产品的数量乘以本期不含增值税(销项税额)的产品实际销售平均单价计算；会计核算中按成本价格转帐的自制设备和自产自用的成品，按成本价格计算生产成品价值。生产成品价值中不包括用定货者来料加工的成品(半成品)价值。

对外加工费收入：指企业在报告期内完成的对外承接的工业品加工(包括用定货者来料加工产品)的加工费收入和对外工业修理作业所取得的加工费收入。对外加工费收入按不含增值税(销项税额)的价格计算，可根据会计"产品销售收入"科目的有关资料取得。

对于本企业对内非工业部门提供的加工修理、设备安装的劳务收入，如果企业会计核算基础较好，能取得这部分资料，而且这部分价值所占比重较大，应包括在对外加工费收入中。

自制半成品在制品期末期初差额价值：指企业报告期在制品期末减期初的差额价值，本指标一般可以从会计核算资料中取得。如果会计产品成本核算中不计算半成品、在制品的成本，则总产值中也不包括这部分价值，反之则包括。

(4)工业总产值统计范围变化和计算方法修订情况：

1984年以前工业总产值不包括村办工业，村办工业总产值划归农业。1984年以后工业总产值包括村办工业。

1995年工业普查对工业总产值计算方法做了修订，即从1995年始按新修订(新规定)方法计算工业总产值。新规定与原规定的区别如下：

全价与加工费的计算原则不同：新规定为凡自备原材料，不论其生产繁简程度如何，一律按全价计算工业总产值；凡来料加工，允许按加工费计算工业总产值。原规定则视生产加工的繁简程度不同，规定哪些行业按全价，哪些行业按加工费计算工业总产值。

自制半成品、在产品期末期初差额价值的计算原则不同：新规定要求，凡会计产品成本核算时计算了成本的差额价值，总产值中就应包括，否则可不包括；原规定则按生产周期六个月的界限区分，凡生产周期六个月以上的企业，总产值计算中应包括这部分差额价值，否则可不包括。

计算价格不同：新规定按不含增值税(销项税额)的价格计算；原规定则按含增值税(销项税额)的价格计算。

工业增加值　指工业企业在报告期内以货币表现的工业生产活动的最终成果。

工业增加值有两种计算方法：一是生产法，即工业总产出减去工业中间投入加上应交增值税；二是收入法，即从收入的角度出发，根据生产要素在生产过程中应得到的收入份额计算，具体构成项目有固定资产折旧、劳动者报酬、生产税净额、营业盈余，这种方法也称要素分配法。本年鉴中的工业增加值是以生产法计算的。

生产法工业增加值的计算方法为：

工业增加值=工业总产出-工业中间投入+应交增值税

(1)工业总产出：指工业企业在一定时期内工业生产活动的总成果。工业总产出包括：成品生产价值，对外加工费收入，自制半成品、在产品期末期初差额价值。1995年后用新规定计算的工业总产值代替。

(2)工业中间投入：指工业企业在工业生产活动中消耗的外购物质产品和对外支付的服务费用。服务费用包括支付给物质生产部门(工业、农业、批发零售贸易业、建筑业、运输邮电业)的服务费用和支付给非物质生产部门(如保险、金融、文化教育、科学研究、医疗卫生、行政管理等)的服务费用。工业中间投入的确定须遵循以下原则：必须从外部购入的，并已计入工业总产出的产品和服务价值；必须是本期投入生产，并一次性消耗掉(包括本期摊销的低值易耗品等)的产品和服务价值。

工业中间投入包括直接材料费用、制造费用中的工业中间投入、管理费用中的工业中间投入、销售费用中的工业中间投入和利息支出五部分。

资产总计　指企业拥有或控制的能以货币计量的经济资源，包括各种财产、债权和其他权利。资产按流动性分为流动资产、长期投资、固定资产、无形资产、递延资产和其他资产。该指标根据企业会计"资产负债表"中"资产总计"项目的期末数增列。

流动资产 指企业可以在一年内或者超过一年的一个生产周期内变现或者耗用的资产，包括现金及各种存款、短期投资，应收及预付款项、存货等。

流动资产平均余额 指企业在报告期内全部流动资产的平均余额。

固定资产原价 指企业在建造、购置、安装、改建、扩建、技术改造某项固定资产时所支出的全部货币总额。它一般包括买价、包装费、运杂费和安装费等。

固定资产净值年平均余额 指固定资产净值在报告期内余额的平均数。计算公式为：

$$\text{固定资产净值年平均余额} = \frac{\text{1至12月各月月初、月末固定资产净值之和}}{24}$$

该指标根据“资产负债表”中“固定资产原价”、“累计折旧”指标的期初、期末数计算填列。

固定资产净值指固定资产原价减去历年已提折旧额后的净额。计算公式为：

固定资产净值=固定资产原价-累计折旧

负债合计 指企业所承担的能以货币计量，将以资产或劳务偿付的债务，偿还形式包括货币、资产或提供劳务。负债一般按偿还期长短分为流动负债和长期负债。根据会计“资产负债表”中“负债合计”的年末数填列。

所有者权益 指企业投资人对企业净资产的所有权。企业净资产等于企业全部资产减去全部负债后的余额，包括企业投资人对企业的最初投入的实际到位的资产及资本公积金、盈余公积金和未分配利润。所有者权益合计数小于零，表示企业资不抵债。

主营业务收入 指会计“利润表”中对应指标的本年累计数。未执行2001年《企业会计制度》的企业，用“产品销售收入”的本期累计数代替。

主营业务成本 指会计“利润表”中对应指标的本年累计数。未执行2001年《企业会计制度》的企业，用“产品销售成本”的本期累计数代替。

主营业务税金及附加 指会计“利润表”中对应指标的本年累计数。未执行2001年《企业会计制度》的企业，用“产品销售税金及附加” 的本期累计数代替。

利润总额 指企业生产经营活动的最终成果，是企业在一定时期内实现的盈亏相抵后的利润总额(亏损以“-”号表示)，它等于营业利润加上补贴收入加上投资收益加上营业外净收入再加上以前年度损益调整。

本年应交增值税 指企业在报告期内应交纳的增值税额。它等于本年销项税额加上出口退税加上进项税额转出数减去本年进项税额。小规模纳税企业直接按全年计税销售额乘以征收率计算取得。

从业人员平均人数 是指报告期内每天拥有的从业人员人数。其计算公式为：

$$\text{季平均人数} = \frac{\text{季内各月平均人数之和}}{3}$$

$$\text{月平均人数} = \frac{\text{报告月内每天实有人数之和}}{\text{报告月日历日数}}$$

$$\text{年平均人数} = \frac{\text{年内各月平均人数之和}}{12}$$

总资产贡献率 反映企业全部资产的获利能力，是企业经营业绩和管理水平的集中体现，是评价和考核企业盈利能力的核心指标。计算公式为：

$$\text{总资产贡献率（\%）} = \frac{\text{利润总额+税金总额+利息支出}}{\text{平均资金总额}} \times 100\%$$

公式中：税金总额为产品销售税金及附加与应交增值税之和；平均资产总额为期初期末资产之和的算术平均值。

资产负债率 该指标既反映企业经营风险的大小，也反映企业利用债权人提供的资金从事经营活动的能力。计算公式为：

$$\text{资产负债率（\%）} = \frac{\text{负债总额}}{\text{资产总额}} \times 100\%$$

资产与负债均为报告期期末数。

流动资产周转次数 指一定时期内流动资产完成的周转次数，反映投入工业企业流动资金的周转速度。计算公式为：

$$\text{流动资产周转资转} = \frac{\text{产品销售收入}}{\text{全部流动资产平均余额}}$$

公式中：全部流动资产平均余额为期初和期末的流动资产之和的算术平均值。

成本费用利润率 反映企业投入的生产成本及费用的经济效益，同时也反映企业降低成本所取得的经济效益。计算公式为：

$$\text{成本费用利润率（\%）} = \frac{\text{利润总额}}{\text{成本费用总额}} \times 100\%$$

公式中：成本费用总额为产品销售成本、销售费用、管理费用、财务费用之和。

全员劳动生产率 该指标反映企业的生产效率和劳动投入的经济效益。计算公式为：

$$\text{全员劳动生产率（元/人）} = \frac{\text{工业增加值}}{\text{全部从业人员平均人数}}$$

产品销售率 该指标反映工业产品已实现销售的程度，是分析工业产销衔接情况，研究工业产品满足社会需求的指标。计算公式为：

$$\text{产品销售率（\%）} = \frac{\text{工业销售产值}}{\text{工业总产值（现价）}} \times 100\%$$

科技活动 指在自然科学、农业科学、医药科学、工程与技术科学、人文与社会科学领域(简称科学技术领域)中,与科技知识的产生、发展、传播和应用密切相关的有组织的活动。企业的科技活动包括:1.在科学技术领域,为增加知识总量、以及运用这些知识去创造新的应用进行的系统的创造性的活动。其中较为常见的活动是利用现有知识和实际经验,为产生新的产品、材料和装置,建立新的工艺、系统和服务,以及对已产生和建立的上述各项做实质性的改进而进行的系统性工作。这些活动的成果形式主要是专利、专有技术、新产品原型或样机样件等。2.为使产生的新产品、材料和装置,建立的新工艺、系统和服务以及做实质性改进后的上述各项能够投入生产或实际应用,解决所存在的技术问题而进行的系统性的工作。这些活动的成果形式大多是可供生产和实际操作的带有技术和工艺参数的图纸、技术标准和操作规范。企业的科技活动不包括企业从事的常规性技术升级或对某项科研成果直接应用等活动(如直接采用新的工艺、材料、装置、产品、服务或知识等)。在企业中只有列入企业工作计划的科技活动才予以统计,而独立发明人等在企业外或计划外进行的科技活动不在统计范围之内。

R&D(研究与试验发展) 指在科学技术领域,为增加知识总量、以及运用这些知识去创造新的应用进行的系统的创造性的活动,包括基础研究、应用研究、试验发展三类活动。

基础研究 指为了获得关于现象和可观察事实的基本原理的新知识(揭示客观事物的本质、运动规律,获得新发现、新学说)而进行的实验性或理论性研究,它不以任何专门或特定的应用或使用为目的。其成果以科学论文和科学著作为主要形式。

应用研究 指为获得新知识而进行的创造性研究,主要针对某一特定的目的或目标。应用研究是为了确定基础研究成果可能的用途,或是为达到预定的目标探索应采取的新方法(原理性)或新途径。其成果形式以科学论文、专著、原理性模型或发明专利为主。

试验发展 指利用从基础研究、应用研究和实际经验所获得的现有知识,为产生新的产品、材料和装置,建立新的工艺、系统和服务,以及对已产生和建立的上述各项作实质性的改进而进行的系统性工作。其成果形式主要是专利、专有技术、具有新产品基本特征的产品原型或具有新装置基本特征的原始样机等。在社会科学领域,试验发展是指把通过基础研究、应用研究获得的知识转变成可以实施的计划(包括为进行检验和评估实施示范项目)的过程。人文科学领域没有对应的试验发展活动。

R&D人员 指单位内部从事基础研究、应用研究和试验发展三类活动的人员。包括直接参加上述三类项目活动的人员以及这三类项目的管理人员和直接服务人员。为研发活动提供直接服务的人员包括直接为研发活动提供资料文献、材料供应、设备维护等服务的人员。

R&D人员中女性 指报告期内企业R&D人员中的女性人员。

R&D人员中全时人员 指报告期内企业R&D人员中实际从事科技活动的时间占制度工作时间90%及以上的人员。在企业科技活动管理部门(科研管理处、部、科等)专职从事科技管理工作的人员、企业办科技机构中专职从事科技活动以及管理和直接服务人员,以及上述人员以外主要从事科技项目活动的人员可视作全时人员。

R&D经费内部支出 指调查单位在报告年度用于内部开展R&D活动(基础研究、应用研究和试验发展)的实际支出。包括用于R&D项目(课题)活动的直接支出,以及间接用于R&D活动的管理费、服务费、与R&D有关的基本建设支出以及外协加工费等。不包括生产性活动支出、归还贷款支出以及与外单位合作或委托外单位进行R&D活动而转拨给对方的经费支出。

委托外单位开展科技活动的经费支出 指报告期内企业委托外单位或与外单位合作进行科技活动而拨给对方的经费。不包括外协加工费。

委托外单位开展科技活动的经费支出中对境内研究机构的支出 指报告期内企业委托或与境内独立研究机构合作开展科技活动而支付予其的经费。

委托外单位开展科技活动的经费支出中对境内高等学校支出 指报告期内企业委托或与境内高等学校合作开展科技活动而支付予其的经费。

委托外单位开展科技活动的经费支出中对境外支出 指报告期内企业委托或与国外或港澳台机构合作开展科技活动而支付予其的经费。

当年形成用于科技活动的固定资产 指报告期内企业形成的用于科技活动的固定资产原价。对于科研与生产共用的固定资产应按比例进行分摊,其中仪器和设备一般应按使用时间进行分摊,建筑物一般应按使用面积进行分摊。为避免重复统计,本项指标不含由政府资金形成的固定资产。

当年形成用于科技活动的固定资产中的仪器和设备 指报告期内企业形成的用于科技活动的固定资产中的仪器和设备原价。其中,设备包括用于科技活动的各类机器和设备、试验测量仪器、运输工具、工装工具等。为避免重复统计,本项指标不含由政府资金形成的固定资产中的仪器和设备。

使用来自政府部门的科技活动资金 指报告期内企业使用的从政府有关部门得到的科技活动资金,包括纳入国家计划的中间试验费、政府科技贷款等。

全部科技项目数 指在报告期当年企业立项并开展研究工作、以前年份立项报告期仍继续进行的科技项目数,包括当年完成和报告期内研究工作已告失败的科技项目数,但不包括委托外单位进行的科技项目数。

全部科技项目经费内部支出 指报告期内企业内部用于各类科技项目的实际经费支出,包括劳务费、原材料费、设备购置费、其他日常支出、外协加工费等，不包括相关折旧费用、长期费用摊销和无形资产摊销，委托或与外单位合作进行项目研究而拨付给对方使用的经费，企业科技活动管理部门的费用，用于科技活动目的的基建支出，以及为科技活动提供间接服务人员的费用等。

期末机构数　指报告期末企业办科技机构的数量。企业办科技机构指企业自办（或与外单位合办），管理上同生产系统相对独立（或单独核算）的专门科技活动机构，如企业办的技术中心、研究院所、开发中心、开发部、实验室、中试车间、试验基地等。企业办科技活动机构经过资源整合，被国家或省级有关部门认定为国家级或省级技术中心的，应按一个机构填报。与外单位合办的科技活动机构若主要由本企业出资兴办，则由本企业统计，否则应由合办方统计。企业科技管理职能处（科）室（如科研处、技术科等）一般不统计在内；若科研处、技术科等同时挂有科技活动机构的牌子，视其报告期内主要工作任务而定，主要任务是从事科技活动的可以统计，否则不予统计。本指标不含企业在国外或港澳台设立的科技活动机构数。

机构人员合计　指报告期内企业办科技活动机构中从事科技活动的人员合计。

机构人员合计中博士毕业　指报告期内企业办科技机构中从事科技活动具有博士学历或博士学位的人员。

机构人员合计中硕士毕业　指报告期内企业办科技机构中从事科技活动具有硕士学历或硕士学位的人员。

机构人员合计中本科毕业　指报告期内企业办科技机构中从事科技活动具有大学本科学历或学士学位的人员。

机构经费支出　指报告期内企业办科技机构用于内部开展科技活动实际支出的总费用。包括机构人员劳务费（含工资）支出、机构业务费支出、管理费支出、固定资产购建支出以及其他维持机构正常工作的日常费用等的支出总和。不包括相关折旧费用、长期费用摊销和无形资产摊销等费用。

期末仪器和设备原价　指报告期末企业办科技机构固定资产中仪器和设备的原价，不包括长期闲置不用的仪器和设备。

期末仪器和设备原价中进口　指报告期末企业办科技机构固定资产中从国外购入的仪器和设备的原价，不包括长期闲置不用的仪器和设备。

专利申请数　指报告期内企业作为第一申请人向境内外知识产权行政部门提出专利申请并被受理的件数。

专利申请数中发明专利　指报告期内企业作为第一申请人向境内外知识产权行政部门提出发明专利申请并被受理的件数。

期末有效发明专利数　指报告期末企业作为第一专利权人拥有的、经境内外知识产权行政部门授权且在有效期内的发明专利件数。

期末有效发明专利数中境外授权　指报告期末企业作为第一专利权人拥有的、经国外或港澳台知识产权行政部门授予且在有效期内的发明专利件数。

期末有效发明专利数中已被实施　指报告期末企业作为第一专利权人拥有的、经境内外知识产权行政部门授权且在有效期内的发明专利中已被实施的件数。专利实施是指专利权人自行或其他单位及个人经专利权人许可，为生产经营目的制造、使用、许诺销售、销售、进口其专利产品，或者使用其专利方法以及使用、许诺销售、销售、进口依照该专利方法直接获得的产品。

专利所有权转让及许可数　指报告期内企业向外单位转让专利所有权或允许专利技术由被许可单位使用的专利件数。

专利所有权转让及许可收入　指报告期内企业向外单位转让专利所有权或允许专利技术由被许可单位使用而得到的收入。包括当年从被转让方或被许可方得到的一次性付款和分期付款收入，以及利润分成、股息收入等。

新产品产值　指报告期内企业生产的新产品的产值。新产品是指采用新技术原理、新设计构思研制、生产的全新产品，或在结构、材质、工艺等某一方面比原有产品有明显改进，从而显著提高了产品性能或扩大了使用功能的产品。新产品既包括经政府有关部门认定并在有效期内的新产品，也包括企业自行研制开发，未经政府有关部门认定，从投产之日起一年之内的新产品。

新产品销售收入　指报告期内企业销售新产品实现的销售收入。

新产品销售收入中出口　指报告期内企业将新产品销售给外贸部门和直接出售给外商所实现的销售收入。

发表科技论文　指报告期内企业立项的科技项目产生的、并在有正规刊号的刊物上发表的科技论文数量。

期末拥有注册商标　指报告期末企业作为第一商标注册人拥有的、经境内外商标行政部门核准注册且在有效期内的商标件数。包括在境内和境外注册的商标件数，一件商标在境内外同时注册时只统计一件。

期末拥有注册商标中境外注册　指报告期末企业作为第一商标注册人拥有的、经国外或港澳台商标行政部门核准注册且在有效期内的商标件数。

形成国家或行业标准　指报告期内企业在自主研发或自主知识产权基础上形成的经有关部门批准的国家或行业标准项数。

研究开发费用加计扣除减免税　指报告期内企业按有关政策和税法规定税前加计扣除的研究开发活动费用所得税，按当年税务部门实际减免的税额填报。对尚未得到当年减免税额的企业，按上年实际减免税额填报。

高新技术企业减免税　指报告期内高新技术企业按照国家有关政策依法享受的企业所得税减免额，按当年税务部门实际减免的税额填报。对尚未得到当年减免税额的企业，按上年实际减免税额填报。

引进境外技术经费支出 指报告期内企业用于购买国外或港澳台技术的费用支出，包括产品设计、工艺流程、图纸、配方、专利等技术资料的费用支出，以及购买关键设备、仪器、样机和样件等的费用支出。

引进技术的消化吸收经费支出 指报告期内企业引进技术的消化吸收经费支出。引进技术的消化吸收指对引进技术的掌握、应用、复制而开展的工作，以及在此基础上的创新。引进技术的消化吸收经费支出包括：人员培训费、测绘费、参加消化吸收人员的工资、工装、工艺开发费、必备的配套设备费、翻版费等。消化吸收经费支出中属于科技活动的经费支出，除包含在本项外，还要计入企业科技活动经费支出中。

购买境内技术经费支出 指报告期内企业购买境内其他单位科技成果的经费支出。包括购买产品设计、工艺流程、图纸、配方、专利、技术诀窍及关键设备的费用支出。

技术改造经费支出 指报告期内企业进行技术改造而发生的费用支出。技术改造指企业在坚持科技进步的前提下，将科技成果应用于生产的各个领域（产品、设备、工艺等），用先进工艺、设备代替落后工艺、设备，实现以内涵为主的扩大再生产，从而提高产品质量、促进产品更新换代、节约能源、降低消耗，全面提高综合经济效益。

期末企业在境外设立的科技活动机构 指报告期末企业在国外或港澳台自办（或与外单位合办）的专门科技活动机构。与外单位合办的科技活动机构若主要由本企业出资兴办，则由本企业统计，否则应由合办方统计。

建筑业统计单位 指从事房屋、构筑物建造和设备安装活动的法人企业。建筑业法人企业应具有建筑业资质并能够独立核算，同时其应具备以下条件：①依法成立，有自己的名称、组织机构和场所，能够承担民事责任；②独立拥有和使用资产，承担负债，有权与其他单位签订合同；③独立核算盈亏，能够编制资产负债表。

建筑业总产值 是以货币形式表现的建筑业企业在一定时期内生产的建筑业产品和提供的服务的总和。建筑业总产值包括：

⑴建筑工程产值：指列入建筑工程预算内的各种工程价值。

⑵安装工程产值：指设备安装工程价值，不包括被安装设备本身的价值。

⑶其他产值：建筑业总产值中除建筑工程、安装工程以外的产值。包括房屋构筑物修理产值、非标准设备制造产值、总包企业向分包企业收取的管理费以及不能明确划分的施工活动所完成的产值。

a.房屋构筑物修理产值：指房屋和构筑物修理所完成的产值，但不包括被修理房屋、构筑物本身价值和生产设备的修理产值。

b.非标准设备制造产值：指加工制造没有定型的非标准生产设备的加工费和原材料价值（如化工厂、炼油厂用的各种罐、槽，矿井生产统一使用的各种漏斗、三角槽、阀门等）以及附属加工厂为本企业承建工程制作的非标准设备的价值。

建筑业增加值 指建筑业企业在报告期内以货币形式表现的建筑业生产经营活动的最终成果。

从2004年第一次全国经济普查开始，建筑业现价增加值按生产法和分配法（收入法）两种方法计算，以收入法的计算结果为准，即从收入的角度出发，根据生产要素在生产过程中应得的收入份额计算。具体计算方法：经济普查年度建筑业增加值按照《经济普查年度GDP核算方案》计算，非经济普查年度建筑业增加值按照《非经济普查年度GDP核算方案》计算。

房屋建筑施工面积 指在报告期内施过工的全部房屋建筑面积，包括本期新开工的房屋面积、上期施工跨入本期继续施工的房屋面积、上期停缓建在本期恢复施工的房屋面积、本期竣工的房屋面积及本期施工后又停缓建的房屋面积。

房屋建筑竣工面积 指在报告期内房屋建筑按照设计要求全部完工，达到了使用条件，经验收鉴定合格，正式移交使用单位的房屋建筑面积。

第三次全国经济普查
THE THIRD NATIONAL ECONOMIC CENSUS

湖北经济普查年鉴 2013

Hubei Economic Census Yearbook

第 | 三 | 产 | 业 | 卷

湖北省第三次全国经济普查领导小组办公室 编

中国统计出版社
China Statistics Press

图书在版编目（CIP）数据

湖北省经济普查年鉴. 2013 / 湖北省第三次经济普查领导小组办公室编. -- 北京 ：中国统计出版社，2015.12
ISBN 978-7-5037-7719-6

Ⅰ. ①湖… Ⅱ. ①湖… Ⅲ. ①经济－普查－湖北省－2013－年鉴 Ⅳ. ①F127.63-54

中国版本图书馆 CIP 数据核字(2015)第 292371 号

湖北经济普查年鉴—2013

编　　者/湖北省第三次全国经济普查领导小组办公室
责任编辑/冯燕玲
封面设计/刘亚非
出版发行/中国统计出版社
通信地址/北京市丰台区西三环南路甲 6 号　邮政编码/100073
电　　话/邮购（010）63376909　书店（010）68783171
网　　址/http://www.zgtjcbs.com/
印　　刷/武汉市委印刷厂
经　　销/新华书店
开　　本/880mm×1230mm　1/16
字　　数/296 千字
印　　张/23.75
版　　别/2015 年 12 月第 1 版
版　　次/2015 年 12 月第 1 次印刷
定　　价/680.00 元 (全三册)

如有印装差错，由本社发行部调换。

编者说明

为便于社会各界共同分享湖北省第三次全国经济普查的成果，更方便地开发利用普查资料，我们将经济普查资料编辑整理，汇编成《湖北经济普查年鉴—2013》一书。全书共三卷，即综合卷、第二产业卷和第三产业卷。《综合卷》分三篇：第一篇为“综合篇”，第二篇为“小微企业篇”，第三篇为“文化及相关产业篇”。《第二产业卷》分四篇：第一篇为“工业企业生产经营及财务状况”，第二篇为“主要工业产品产量”，第三篇为“规模以上工业企业科技情况”，第四篇为“建筑业企业生产经营及财务状况”。《第三产业卷》分五篇：第一篇为“批发和零售业基本情况及财务状况”，第二篇为“住宿和餐饮业基本情况及财务状况”，第三篇为“房地产开发经营业生产经营及财务状况”，第四篇为“重点服务业企业财务状况”，第五篇为“行政事业、社团及其他单位财务状况”。为使读者能够更好地使用本资料，现对有关情况做如下说明：

一、第三次全国经济普查的标准时点为2013年12月31日，时期资料为2013年度；

二、每卷后附有该卷详细的指标解释，使用时请仔细阅读；

三、综合卷中综合篇和小微企业篇汇总表，均不包括金融业、铁路运输业和一些无分组标识的数据；

四、本资料建筑业按法人单位注册地，其他行业按法人单位经营地进行汇总；

五、本资料对部分数据由于单位取舍不同或四舍五入而产生的差数均未作调整；

六、表中空格表示该项统计指标数值为零、数据不详或无该项数据，“#”表示其中的主要项。

我们希望此书的面世，能使社会各界对我省第三次全国经济普查有一个全面概括的了解，更愿本书的内容，能为社会经济研究工作者提供有价值的参考。

湖北省第三次全国经济普查资料是全省普查工作者共同辛勤工作的成果，也是广大普查对象积极支持配合的结果。在此，我们向全省所有普查工作者、普查对象和所有参与和支持普查工作的人员致以崇高的敬意和衷心的感谢！

《湖北经济普查年鉴—2013》编纂机构和人员组成

指导委员会

主　　任：李克勤

副 主 任：吴中志　郑新华　叶　青　张　静　蔡受清
　　　　　黄承喜　崔永红　胡大华　程正华

编辑委员会

总 编 辑：吴中志

副总编辑：谢名义

委　　员：汪　军　吴晓秦　明　锋　李团中　龙江舫　张利阳　魏尚平
　　　　　王　博　马泽明　刘　洪　谢余强　李良华　盛少华　金　锐
　　　　　贺　宾　谢名义

执行编辑：刘艳丽

数据处理：许　勇　黄　文　熊　文

第三产业卷

第一篇　批发和零售业基本情况及财务状况

第二篇　住宿和餐饮业基本情况及财务状况

主　　编：马泽明

副 主 编：陈昌华　范　维

编辑人员：朱　莉　陈彬彬

第三篇　房地产开发经营业生产经营及财务状况

主　　编：王　博

副 主 编：王　飞　罗　勇

编辑人员：龚小菊

第四篇　重点服务业企业财务状况

第五篇　行政事业、社团及其他单位财务状况

主　　编：李良华

副 主 编：鲍　谦　朱　焰

编辑人员：朱　铁　张　萍

第三产业卷 目录

第一篇 批发和零售业基本情况及财务状况

A. 行业部分

B. 地区部分

第二篇 住宿和餐饮业基本情况及财务状况

A. 行业部分

B. 地区部分

第三篇 房地产开发经营业生产经营及财务状况

第四篇 重点服务业企业财务状况

第五篇 行政事业、社团及其他单位财务状况

附录

第 1 篇

批发和零售业基本情况及财务状况

A.　行业部分

1-A-1　批发业法人企业基本情况

分　组	法人单位数（个）	年末从业人数（人）
总　计	**56814**	**672307**
按国民经济行业分组		
农、林、牧产品批发	6964	91936
谷物、豆及薯类批发	1103	14580
种子批发	752	7474
饲料批发	545	5439
棉、麻批发	645	16449
林业产品批发	720	9780
牲畜批发	1326	16443
其他农牧产品批发	1873	21771
食品、饮料及烟草制品批发	7504	139380
米、面制品及食用油批发	567	9253
糕点、糖果及糖批发	209	2412
果品、蔬菜批发	2792	43513
肉、禽、蛋、奶及水产品批发	1621	26349
盐及调味品批发	96	5287
营养和保健品批发	152	1158
酒、饮料及茶叶批发	971	22334
烟草制品批发	143	15664
其他食品批发	953	13410
纺织、服装及家庭用品批发	5284	48985
纺织品、针织品及原料批发	576	5452
服装批发	1684	15031
鞋帽批发	151	1380
化妆品及卫生用品批发	309	3666
厨房、卫生间用具及日用杂货批发	872	6432
灯具、装饰物品批发	231	1603
家用电器批发	911	9748
其他家庭用品批发	550	5673
文化、体育用品及器材批发	1422	18274
文具用品批发	598	4279
体育用品及器材批发	104	704
图书批发	90	4499
报刊批发	21	1839
音像制品及电子出版物批发	27	180
首饰、工艺品及收藏品批发	297	4775
其他文化用品批发	285	1998
医药及医疗器材批发	1626	49982
西药批发	359	27741
中药批发	428	14090
医疗用品及器材批发	839	8151
矿产品、建材及化工产品批发	16929	179274
煤炭及制品批发	644	10987
石油及制品批发	629	42980
非金属矿及制品批发	392	4627
金属及金属矿批发	4458	32979
建材批发	6051	48049

续表

分　组	法人单位数（个）	年末从业人数（人）
化肥批发	2257	19632
农药批发	802	4251
农用薄膜批发	49	352
其他化工产品批发	1647	15417
机械设备、五金产品及电子产品批发	12219	99209
农业机械批发	780	7198
汽车批发	419	6779
汽车零配件批发	1964	17297
摩托车及零配件批发	125	935
五金产品批发	2490	17582
电气设备批发	1093	7780
计算机、软件及辅助设备批发	887	6385
通讯及广播电视设备批发	442	4423
其他机械设备及电子产品批发	4019	30830
贸易经纪与代理	2029	19784
贸易代理	1079	10925
拍卖	140	1151
其他贸易经纪与代理	810	7708
其他批发业	2837	25484
再生物资回收与批发	1139	10571
其他未列明批发业	1698	14913
按登记注册类型分组		
内资企业	56678	659043
国有企业	618	28564
集体企业	460	7996
股份合作企业	187	2014
联营企业	97	1227
国有联营企业	21	290
集体联营企业	44	657
国有与集体联营企业	7	84
其他联营企业	25	196
有限责任公司	13834	160250
国有独资公司	52	9365
其他有限责任公司	13782	150885
股份有限公司	507	56523
私营企业	32824	303386
私营独资企业	13143	104459
私营合伙企业	850	8911
私营有限责任公司	18200	183313
私营股份有限公司	631	6703
其他企业	8151	99083
港、澳、台商投资企业	61	4213
合资经营企业	20	536
合作经营企业	3	20
独资经营企业	38	3657
投资股份有限公司		
其他港澳台商投资企业		
外商投资企业	75	9052
中外合资经营企业	27	1038
中外合作经营企业		
外资企业	35	6687
外商投资股份有限公司	3	62
其他外商投资企业	6	1230

1-A-2　批发业法人企业财务状况

单位:万元

分组	营业收入	#主营业务收入	资产总计
总　计	**117300210.8**	**116792877.7**	**60108508.0**
按国民经济行业分组			
农、林、牧产品批发	5784837.9	5710217.9	4998548.0
谷物、豆及薯类批发	1062874.1	1058242.8	1146543.2
种子批发	374421.3	372436.4	319773.9
饲料批发	212607.4	206014.9	150039.0
棉、麻批发	2701831.3	2659170.5	2178124.4
林业产品批发	209771.3	205559.9	273021.8
牲畜批发	556513.5	548374.0	405460.2
其他农牧产品批发	666819.0	660419.3	525585.4
食品、饮料及烟草制品批发	15532915.1	15405683.7	9036589.3
米、面制品及食用油批发	1375374.9	1357767.6	1096251.1
糕点、糖果及糖批发	194484.8	190838.9	74124.7
果品、蔬菜批发	1770798.3	1758562.8	810196.2
肉、禽、蛋、奶及水产品批发	1177906.8	1166091.1	923699.8
盐及调味品批发	312050.0	300165.3	310447.9
营养和保健品批发	33122.4	32230.2	38139.4
酒、饮料及茶叶批发	3505879.0	3493273.1	3010083.4
烟草制品批发	6050188.0	5997780.4	2298396.3
其他食品批发	1113110.9	1108974.3	475250.6
纺织、服装及家庭用品批发	4172661.8	4151128.5	3002610.4
纺织品、针织品及原料批发	533610.3	530243.6	310598.0
服装批发	1155161.8	1150995.8	780947.2
鞋帽批发	70400.8	70241.2	38187.2
化妆品及卫生用品批发	252380.9	246612.2	268490.3
厨房、卫生间用具及日用杂货批发	200969.5	199172.3	177546.3
灯具、装饰物品批发	59220.5	59130.1	57342.5
家用电器批发	1488341.6	1484241.7	1105076.8
其他家庭用品批发	412576.4	410491.6	264422.0
文化、体育用品及器材批发	1493939.3	1490652.2	1243467.2
文具用品批发	338398.6	336892.6	261751.6
体育用品及器材批发	35722.9	35586.6	125651.0
图书批发	424385.8	423494.2	450904.4
报刊批发	21011.8	20962.0	11214.0
音像制品及电子出版物批发	16351.8	16331.8	31342.6

续表1

单位:万元

分　组	营业收入	#主营业务收入	资产总计
首饰、工艺品及收藏品批发	493094.1	492593.8	216732.6
其他文化用品批发	164974.3	164791.3	145871.0
医药及医疗器材批发	7389310.0	7382967.5	4549318.3
西药批发	5855360.8	5853312.2	3267507.2
中药批发	890689.6	888958.8	645050.1
医疗用品及器材批发	643259.6	640696.5	636761.0
矿产品、建材及化工产品批发	64565308.1	64370767.3	24572990.5
煤炭及制品批发	3794182.7	3787684.5	2040938.6
石油及制品批发	31893111.7	31779839.2	4925913.4
非金属矿及制品批发	523162.8	516427.9	402678.4
金属及金属矿批发	20272949.1	20248343.1	11003838.5
建材批发	2687671.4	2664762.1	3034823.4
化肥批发	2548020.1	2538641.0	925067.7
农药批发	175678.2	174862.2	120259.8
农用薄膜批发	7197.7	7182.4	3654.2
其他化工产品批发	2663334.5	2653025.0	2115816.5
机械设备、五金产品及电子产品批发	8959016.4	8894858.7	7047529.1
农业机械批发	669729.3	662600.7	557132.4
汽车批发	1705119.8	1701083.7	1135022.3
汽车零配件批发	1735524.6	1724836.9	1403193.4
摩托车及零配件批发	110783.7	108619.1	36668.1
五金产品批发	856601.3	847661.6	873122.2
电气设备批发	438593.6	433908.2	407313.4
计算机、软件及辅助设备批发	902284.6	899912.5	515822.4
通讯及广播电视设备批发	541944.8	531877.7	242263.6
其他机械设备及电子产品批发	1998434.7	1984358.3	1876991.3
贸易经纪与代理	7742205.9	7733573.3	4094178.6
贸易代理	7555053.6	7548992.5	3784375.3
拍卖	31922.7	31770.4	79032.5
其他贸易经纪与代理	155229.6	152810.4	230770.8
其他批发业	1660016.3	1653028.6	1563276.5
再生物资回收与批发	928554.0	924828.7	827636.5
其他未列明批发业	731462.3	728199.9	735640.1

续表2

单位：万元

分　组	营业收入	#主营业务收入	资产总计
按登记注册类型分组			
内资企业	114229765.3	113726418.2	58513757.8
国有企业	13187382.0	13117251.4	7136774.3
集体企业	420402.3	410803.9	387441.3
股份合作企业	112421.7	112264.3	109363.8
联营企业	37205.9	36389.5	39921.6
国有联营企业	17579.2	17349.2	22271.9
集体联营企业	12116.2	11531.9	10701.5
国有与集体联营企业	954.8	954.8	2013.1
其他联营企业	6555.7	6553.6	4935.1
有限责任公司	51152744.5	51026317.0	22137125.6
国有独资公司	19387531.3	19366264.0	2281852.2
其他有限责任公司	31765213.2	31660053.0	19855273.3
股份有限公司	17533814.7	17416540.3	5584073.0
私营企业	28677270.3	28533068.6	21158392.5
私营独资企业	3121918.4	3094738.3	2298516.8
私营合伙企业	407901.2	405102.0	305752.5
私营有限责任公司	24448262.2	24337818.1	18182205.5
私营股份有限公司	699188.4	695410.3	371917.7
其他企业	3108523.9	3073783.2	1960665.8
港、澳、台商投资企业	721997.2	718597.1	622214.6
合资经营企业	123581.2	123542.9	79194.2
合作经营企业	2190.8	2189.9	236.3
独资经营企业	596225.2	592864.3	542784.1
投资股份有限公司			
其他港澳台商投资企业			
外商投资企业	2348448.3	2347862.4	972535.6
中外合资经营企业	732806.4	732300.4	283419.9
中外合作经营企业	10377.2	10377.2	62488.4
外资企业	1554124.6	1554055.8	607697.5
外商投资股份有限公司	7638.3	7638.3	3620.9
其他外商投资企业	43501.8	43490.8	15308.9

1-A-3 零售业法人企业基本情况

分 组	法人单位数（个）	年末从业人数（人）	年末零售营业面积（万平方米）
总 计	**62821**	**786638**	**2936.17**
按国民经济行业分组			
综合零售	14677	272903	1231.11
百货零售	10626	141315	747.22
超级市场零售	1061	101753	385.84
其他综合零售	2990	29835	98.06
食品、饮料及烟草制品专门零售	6919	77850	211.68
粮油零售	838	8836	34.46
糕点、面包零售	269	3830	6.35
果品、蔬菜零售	1450	13388	42.43
肉、禽、蛋、奶及水产品零售	1457	18016	52.36
营养和保健品零售	254	2107	4.13
酒、饮料及茶叶零售	1205	14334	39.76
烟草制品零售	132	2661	4.44
其他食品零售	1314	14678	27.75
纺织、服装及日用品专门零售	8209	79671	213.79
纺织品及针织品零售	724	5726	14.61
服装零售	4715	49561	137.98
鞋帽零售	604	7788	18.40
化妆品及卫生用品零售	399	3058	5.87
钟表、眼镜零售	184	1865	2.73
箱、包零售	99	691	2.47
厨房用具及日用杂品零售	417	2586	7.08
自行车零售	43	259	0.79
其他日用品零售	1024	8137	23.88
文化、体育用品及器材专门零售	3156	26844	68.15
文具用品零售	984	6449	17.11
体育用品及器材零售	188	1500	4.20
图书、报刊零售	268	5949	12.00
音像制品及电子出版物零售	40	251	0.49
珠宝首饰零售	400	4818	9.53
工艺美术品及收藏品零售	544	3350	11.20
乐器零售	52	352	1.04
照相器材零售	62	423	0.65
其他文化用品零售	618	3752	11.94
医药及医疗器材专门零售	3414	41514	99.76
药品零售	2814	36436	88.59
医疗用品及器材零售	600	5078	11.17
汽车、摩托车、燃料及零配件专门零售	6145	116213	458.37
汽车零售	2463	78904	293.97

1-A-3　续表1

分　组	法人单位数（个）	年末从业人数（人）	年末零售营业面积（万平方米）
汽车零配件零售	1791	14617	56.22
摩托车及零配件零售	908	7196	24.53
机动车燃料零售	983	15496	83.64
家用电器及电子产品专门零售	7772	70317	229.33
家用视听设备零售	751	8016	28.84
日用家电设备零售	2088	26925	139.28
计算机、软件及辅助设备零售	2229	16072	26.89
通信设备零售	1005	7700	13.93
其他电子产品零售	1699	11604	20.38
五金、家具及室内装饰材料专门零售	8072	62143	255.77
五金零售	3430	23027	74.49
灯具零售	314	1749	5.07
家具零售	1399	14255	94.64
涂料零售	250	1643	3.97
卫生洁具零售	156	1231	3.34
木质装饰材料零售	357	2785	12.23
陶瓷、石材装饰材料零售	523	4506	13.10
其他室内装饰材料零售	1643	12947	48.92
货摊、无店铺及其他零售业	4457	39183	168.22
货摊食品零售	48	273	0.81
货摊纺织、服装及鞋零售	107	943	1.75
货摊日用品零售	51	266	0.72
互联网零售	153	2456	1.46
邮购及电视、电话零售	6	227	2.67
旧货零售	68	395	1.74
生活用燃料零售	614	8828	61.28
其他未列明零售业	3410	25795	97.78
按登记注册类型分组			
内资企业	62655	758542	2851.53
国有企业	526	16825	50.73
集体企业	569	19581	79.89
股份合作企业	196	2116	7.38
联营企业	108	1548	5.52
国有联营企业	17	289	1.66
集体联营企业	44	496	1.71
国有与集体联营企业	12	363	1.33
其他联营企业	35	400	0.82
有限责任公司	10837	217055	844.13
国有独资公司	28	5323	27.72
其他有限责任公司	10809	211732	816.41

1-A-3 续表2

分 组	法人单位数（个）	年末从业人数（人）	年末零售营业面积（万平方米）
股份有限公司	525	67721	450.70
私营企业	44497	388424	1276.54
私营独资企业	28443	186165	563.13
私营合伙企业	1206	10630	35.40
私营有限责任公司	14191	183668	644.33
私营股份有限公司	657	7961	33.68
其他企业	5397	45272	136.63
港、澳、台商投资企业	84	12407	33.19
合资经营企业	26	2162	2.73
合作经营企业	4	18	0.03
独资经营企业	47	10168	30.21
投资股份有限公司	5	24	0.12
其他港澳台商投资企业	2	35	0.11
外商投资企业	82	15689	51.45
中外合资经营企业	24	5111	8.61
中外合作经营企业	2	22	0.07
外资企业	44	10248	41.32
外商投资股份有限公司	2	267	1.33
其他外商投资企业	10	41	0.12
按零售业态分组			
有店铺零售	62131	779939	2927.05
食杂店	1172	8050	25.75
便利店	7139	52089	149.10
折扣店	152	836	2.78
超市	3693	67904	189.44
大型超市	147	78881	415.04
仓储会员店	94	1198	6.35
百货店	10398	127293	652.52
专业店	20377	240219	746.35
专卖店	14363	159064	496.02
家居建材商店	2098	18451	112.69
购物中心	191	3082	28.09
厂家直销中心	2307	22872	102.92
无店铺零售	608	5829	8.70
电视购物	8	290	0.08
邮购	43	216	0.42
网上商店	351	4212	5.91
自动售货亭	15	83	0.27
电话购物	191	1028	2.03

1-A-4 零售业法人企业财务状况

单位:万元

分 组	营业收入	#主营业务收入	资产总计
总 计	**53857547.0**	**52950089.8**	**33560739.7**
按国民经济行业分组			
综合零售	15250669.9	14791179.0	9319527.9
百货零售	7979424.9	7657616.7	5544416.1
超级市场零售	5635998.6	5509998.7	3065517.3
其他综合零售	1635246.4	1623563.6	709594.5
食品、饮料及烟草制品专门零售	4428034.0	4399639.9	1961082.0
粮油零售	522637.2	517590.8	311076.3
糕点、面包零售	100311.7	97760.7	48467.4
果品、蔬菜零售	677228.9	674653.0	219112.6
肉、禽、蛋、奶及水产品零售	967253.2	960087.8	384413.7
营养和保健品零售	57261.6	57056.1	55150.1
酒、饮料及茶叶零售	1035531.4	1031041.5	507839.6
烟草制品零售	386141.9	381427.0	81134.9
其他食品零售	681668.1	680023.1	353887.4
纺织、服装及日用品专门零售	2552968.4	2533728.8	1808483.3
纺织品及针织品零售	181335.0	179984.0	158464.4
服装零售	1520356.7	1506308.7	1129660.5
鞋帽零售	249684.9	249232.1	168452.2
化妆品及卫生用品零售	169955.2	169750.4	45388.0
钟表、眼镜零售	60915.6	60776.1	34326.8
箱、包零售	43079.3	42925.4	9295.4
厨房用具及日用杂品零售	71094.1	70860.4	75318.9
自行车零售	9076.6	9051.1	5224.5
其他日用品零售	247471.0	244840.4	182352.5
文化、体育用品及器材专门零售	1240377.6	1233594.4	1145020.8
文具用品零售	140899.6	139882.5	120139.1
体育用品及器材零售	60359.5	60018.1	70248.4
图书、报刊零售	330774.4	328322.2	323044.8
音像制品及电子出版物零售	3999.7	3639.1	6247.7
珠宝首饰零售	459947.6	458472.8	342653.9
工艺美术品及收藏品零售	100893.9	100361.7	98728.5
乐器零售	13934.3	13917.8	9604.8
照相器材零售	15093.3	15048.9	7366.9
其他文化用品零售	114475.4	113931.3	166986.7
医药及医疗器材专门零售	3373970.7	3360142.5	2358826.0

1-A-4 续表1 单位:万元

分 组	营业收入	#主营业务收入	资产总计
药品零售	3155216.1	3143371.0	2195542.1
医疗用品及器材零售	218754.6	216771.5	163283.9
汽车、摩托车、燃料及零配件专门零售	16531865.5	16455023.7	8248328.2
汽车零售	11377362.1	11338520.5	6569565.8
汽车零配件零售	681166.3	676147.7	590721.0
摩托车及零配件零售	401634.8	400167.1	176627.9
机动车燃料零售	4071702.3	4040188.5	911413.5
家用电器及电子产品专门零售	4723785.6	4635927.6	2817949.7
家用视听设备零售	821509.5	819386.8	297828.2
日用家电设备零售	2480274.1	2409529.8	1514259.3
计算机、软件及辅助设备零售	816202.7	807024.0	470044.9
通信设备零售	253124.0	250281.1	187830.9
其他电子产品零售	352675.4	349705.9	347986.4
五金、家具及室内装饰材料专门零售	2702177.5	2686238.4	4203132.8
五金零售	753154.9	747242.7	954433.1
灯具零售	48117.5	47594.6	40162.8
家具零售	742625.3	739705.8	656003.9
涂料零售	39928.7	39662.1	30253.0
卫生洁具零售	69448.2	69341.6	32658.6
木质装饰材料零售	143353.9	143220.7	72010.9
陶瓷、石材装饰材料零售	177341.7	176090.5	1768397.7
其他室内装饰材料零售	728207.3	723380.3	649212.7
货摊、无店铺及其他零售业	3053697.7	2854615.5	1698388.9
货摊食品零售	4409.2	4389.2	3229.6
货摊纺织、服装及鞋零售	29769.8	29715.3	24969.1
货摊日用品零售	3110.4	3108.4	3270.5
互联网零售	881043.3	708936.2	204232.7
邮购及电视、电话零售	10264.1	10264.1	11298.5
旧货零售	6933.2	6657.7	5604.6
生活用燃料零售	1266879.1	1250302.4	558946.7
其他未列明零售业	851288.7	841242.3	886837.2
按登记注册类型分组			
内资企业	50519504.4	49920616.1	31767521.6
国有企业	2386809.3	2374917.6	952796.0
集体企业	1452537.0	1432894.2	521064.2
股份合作企业	79936.3	78037.0	52451.2
联营企业	52823.6	51719.8	29331.2
国有联营企业	7719.0	7692.0	3164.7

1-A-4　续表2

单位:万元

指标名称	营业收入	#主营业务收入	资产总计
集体联营企业	10048.8	10036.5	11043.0
国有与集体联营企业	27451.6	26451.6	8754.4
其他联营企业	7604.3	7539.7	6369.2
有限责任公司	20252818.4	20047314.6	12467175.1
国有独资公司	1962641.1	1939641.2	497050.3
其他有限责任公司	18290177.3	18107673.4	11970124.8
股份有限公司	6895309.4	6655732.4	3855501.0
私营企业	18073241.6	17966951.0	12712917.9
私营独资企业	4449862.7	4413613.0	3248693.0
私营合伙企业	307460.6	304443.9	234604.8
私营有限责任公司	12381481.7	12316467.7	7242017.8
私营股份有限公司	934436.6	932426.3	1987602.4
其他企业	1326028.8	1313049.4	1176285.0
港、澳、台商投资企业	1446310.7	1331523.9	899239.8
合资经营企业	111389.7	111200.8	72985.1
合作经营企业	362.5	362.5	688.6
独资经营企业	1333539.5	1218941.6	824307.5
投资股份有限公司	343.9	343.9	822.8
其他港澳台商投资企业	675.2	675.2	435.9
外商投资企业	1891731.8	1697949.9	893978.3
中外合资经营企业	244912.9	244635.8	147349.2
中外合作经营企业	446.3	436.3	110.0
外资企业	1494526.3	1301034.4	636052.0
外商投资股份有限公司	11929.8	11929.8	11344.4
其他外商投资企业	139916.6	139913.6	99122.7
按零售业态分组			
有店铺零售	52836449.3	52106545.5	33218586.3
食杂店	447213.4	444935.5	163640.4
便利店	1730114.7	1709876.3	905575.9
折扣店	22246.7	22199.0	21517.7
超市	2999183.0	2977782.1	1510561.7
大型超市	4666412.7	4530176.4	2696746.7
仓储会员店	68738.2	66164.8	58091.2
百货店	7694889.9	7400313.5	5308547.8
专业店	20414739.3	20236507.4	11812453.7
专卖店	12471705.0	12415905.8	6784751.2
家居建材商店	876934.1	870192.0	2477110.9
购物中心	139146.3	137290.3	225510.6
厂家直销中心	1305125.8	1295202.5	1254078.5
无店铺零售	1002449.0	825495.2	313813.8
电视购物	21752.7	21751.7	16327.0
邮购	6776.7	6768.6	6220.9
网上商店	937502.3	760658.5	252172.6
自动售货亭	1041.6	1013.7	1089.3
电话购物	35375.7	35302.7	38004.0

B. 地区部分

1-B-1 分地区批发业法人企业基本情况

地 区	法人单位数（个）	年末从业人数（人）
全 省	**56814**	**672308**
武汉市	24718	280027
黄石市	1957	20216
十堰市	3025	30124
宜昌市	8486	97366
襄阳市	5773	67402
鄂州市	1260	13865
荆门市	1275	17255
孝感市	1558	19465
荆州市	1615	19512
黄冈市	1569	26778
咸宁市	1079	20281
随州市	631	8867
恩施州	1812	21266
仙桃市	1028	15252
潜江市	687	6654
天门市	318	7677
神农架	23	301

1-B-2 分地区批发业法人企业基本情况(按国民经济行业分)

(农、林、牧产品批发)

地 区	法人单位数(个)	年末从业人数(人)
全 省	**6964**	**91936**
武汉市	1134	15327
黄石市	58	1264
十堰市	132	1094
宜昌市	2025	21694
襄阳市	1210	14236
鄂州市	103	1367
荆门市	406	6500
孝感市	227	4572
荆州市	293	4645
黄冈市	132	1442
咸宁市	109	2158
随州市	170	2916
恩施州	479	4442
仙桃市	267	4640
潜江市	104	1485
天门市	112	4115
神农架	3	39

1-B-2 续表1

（食品、饮料及烟草制品批发）

地 区	法人单位数（个）	年末从业人数（人）
全 省	**7504**	**139380**
武汉市	1719	35582
黄石市	160	3138
十堰市	318	5044
宜昌市	2499	38649
襄阳市	773	13859
鄂州市	262	4270
荆门市	218	3930
孝感市	165	3184
荆州市	162	4574
黄冈市	187	4292
咸宁市	162	4448
随州市	125	1975
恩施州	454	8931
仙桃市	181	3858
潜江市	76	2354
天门市	37	1222
神农架	6	70

1–B–2　续表2

（纺织、服装及家庭用品批发）

地　区	法人单位数 （个）	年末从业人数 （人）
全　省	**5284**	**48985**
武汉市	2910	29193
黄石市	108	1010
十堰市	73	598
宜昌市	905	5955
襄阳市	721	6212
鄂州市	42	275
荆门市	48	336
孝感市	86	868
荆州市	60	384
黄冈市	75	797
咸宁市	73	1471
随州市	31	276
恩施州	61	592
仙桃市	52	678
潜江市	19	144
天门市	20	196
神农架		

1-B-2 续表 3

（文化、体育用品及器材批发）

地 区	法人单位数（个）	年末从业人数（人）
全 省	**1422**	**18274**
武汉市	1071	15400
黄石市	19	130
十堰市	27	139
宜昌市	111	889
襄阳市	80	725
鄂州市	5	56
荆门市	4	16
孝感市	31	290
荆州市	12	50
黄冈市	13	55
咸宁市	17	292
随州市	11	101
恩施州	16	84
仙桃市	3	36
潜江市	1	3
天门市	1	8
神农架		

1–B–2　续表 4

（医药及医疗器材批发）

地　区	法人单位数（个）	年末从业人数（人）
全　省	**1626**	**49982**
武汉市	954	31013
黄石市	24	632
十堰市	65	1016
宜昌市	135	2469
襄阳市	60	913
鄂州市	11	311
荆门市	41	434
孝感市	37	760
荆州市	40	1095
黄冈市	101	7870
咸宁市	33	1021
随州市	18	763
恩施州	84	1189
仙桃市	14	289
潜江市	5	52
天门市	3	150
神农架	1	5

1-B-2 续表 5

（矿产品、建材及化工产品批发）

地 区	法人单位数（个）	年末从业人数（人）
全 省	**16929**	**179274**
武汉市	7770	81882
黄石市	1072	10157
十堰市	460	4801
宜昌市	1838	20273
襄阳市	1494	17058
鄂州市	538	4937
荆门市	319	3971
孝感市	481	4767
荆州市	685	5757
黄冈市	473	6493
咸宁市	414	6551
随州市	140	1434
恩施州	468	4249
仙桃市	335	3791
潜江市	331	1777
天门市	105	1224
神农架	6	152

1–B–2　续表 6

（机械设备、五金产品及电子产品批发）

地　区	法人单位数（个）	年末从业人数（人）
全　省	**12219**	**99209**
武汉市	7209	54468
黄石市	298	2187
十堰市	1799	15825
宜昌市	728	5337
襄阳市	929	9785
鄂州市	138	829
荆门市	150	1184
孝感市	142	1330
荆州市	170	1233
黄冈市	139	1229
咸宁市	156	2736
随州市	70	829
恩施州	174	1176
仙桃市	62	586
潜江市	39	353
天门市	15	119
神农架	1	3

1–B–2 续表 7

（贸易经纪与代理）

地 区	法人单位数（个）	年末从业人数（人）
全 省	**2029**	**19784**
武汉市	806	9152
黄石市	75	464
十堰市	58	500
宜昌市	59	480
襄阳市	206	1548
鄂州市	66	375
荆门市	50	523
孝感市	289	2734
荆州市	89	1068
黄冈市	80	585
咸宁市	61	665
随州市	34	265
恩施州	24	181
仙桃市	58	494
潜江市	61	306
天门市	9	419
神农架	4	25

1-B-2　续表 8

（其他批发业）

地　区	法人单位数（个）	年末从业人数（人）
全　省	**2837**	**25484**
武汉市	1145	8010
黄石市	143	1234
十堰市	93	1107
宜昌市	186	1620
襄阳市	300	3066
鄂州市	95	1445
荆门市	39	361
孝感市	100	960
荆州市	104	706
黄冈市	369	4015
咸宁市	54	939
随州市	32	308
恩施州	52	422
仙桃市	56	880
潜江市	51	180
天门市	16	224
神农架	2	7

1-B-3 分地区批发业法人企业基本情况(按登记注册类型分)

(内资企业)

地 区	法人单位数 (个)	年末从业人数 (人)
全 省	**56678**	**659043**
武汉市	24607	267651
黄石市	1954	20138
十堰市	3022	30108
宜昌市	8477	97034
襄阳市	5771	67143
鄂州市	1259	13842
荆门市	1273	17186
孝感市	1558	19465
荆州市	1614	19482
黄冈市	1568	26765
咸宁市	1079	20281
随州市	630	8855
恩施州	1812	21266
仙桃市	1026	15195
潜江市	687	6654
天门市	318	7677
神农架	23	301

1-B-3　续表1

(国有企业)

地　区	法人单位数(个)	年末从业人数(人)
全　省	**618**	**28564**
武汉市	203	8110
黄石市	27	1007
十堰市	38	1637
宜昌市	34	1864
襄阳市	54	2788
鄂州市	6	260
荆门市	39	1168
孝感市	36	1097
荆州市	38	1665
黄冈市	60	2545
咸宁市	36	1481
随州市	20	1098
恩施州	8	2871
仙桃市	5	347
潜江市	8	301
天门市	2	217
神农架	4	108

1-B-3 续表2

（集体企业）

地 区	法人单位数（个）	年末从业人数（人）
全 省	**460**	**7996**
武汉市	182	1829
黄石市	24	311
十堰市	12	138
宜昌市	31	1814
襄阳市	34	604
鄂州市	12	123
荆门市	18	142
孝感市	32	327
荆州市	22	312
黄冈市	45	1382
咸宁市	20	557
随州市	11	107
恩施州	1	12
仙桃市	4	33
潜江市	8	239
天门市	3	50
神农架林区	1	16

1-B-3　续表3

(股份合作企业)

地　区	法人单位数 (个)	年末从业人数 (人)
全　省	**187**	**2014**
武汉市	104	755
黄石市	6	27
十堰市	6	34
宜昌市	10	233
襄阳市	9	79
鄂州市	2	14
荆门市	7	71
孝感市	9	48
荆州市	10	158
黄冈市	3	133
咸宁市	4	29
随州市	7	181
恩施州	6	37
仙桃市	2	43
潜江市	1	86
天门市	1	86
神农架	0	0

1-B-3 续表4

(联营企业)

地 区	法人单位数 (个)	年末从业人数 (人)
全 省	**97**	**1227**
武汉市	33	240
黄石市	6	52
十堰市	1	7
宜昌市	8	146
襄阳市	11	76
鄂州市	6	62
荆门市	3	47
孝感市	7	53
荆州市	2	6
黄冈市	9	170
咸宁市	6	216
随州市	1	5
恩施州	1	18
仙桃市	1	23
潜江市	2	106
天门市	0	0
神农架	0	0

1-B-3　续表5

（有限责任公司）

地　区	法人单位数（个）	年末从业人数（人）
全　省	**13834**	**160250**
武汉市	9653	99611
黄石市	640	6587
十堰市	559	5923
宜昌市	937	14684
襄阳市	491	8412
鄂州市	85	1174
荆门市	55	960
孝感市	157	2952
荆州市	279	4089
黄冈市	162	2395
咸宁市	104	2575
随州市	178	2516
恩施州	456	5277
仙桃市	12	1410
潜江市	35	470
天门市	31	1215
神农架	0	0

1-B-3 续表6

(股份有限公司)

地 区	法人单位数 (个)	年末从业人数 (人)
全 省	**507**	**56523**
武汉市	215	38069
黄石市	21	664
十堰市	20	908
宜昌市	60	5441
襄阳市	34	2974
鄂州市	9	192
荆门市	11	847
孝感市	29	219
荆州市	26	1747
黄冈市	29	2137
咸宁市	16	1303
随州市	16	402
恩施州	0	0
仙桃市	5	135
潜江市	12	1410
天门市	3	72
神农架	1	3

1-B-3　续表7

（私营企业）

地　区	法人单位数（个）	年末从业人数（人）
全　省	**32824**	**303386**
武汉市	12296	101673
黄石市	1131	10271
十堰市	2198	19005
宜昌市	5612	48287
襄阳市	4107	38810
鄂州市	802	7668
荆门市	742	8672
孝感市	844	9556
荆州市	1079	10342
黄冈市	1062	15468
咸宁市	720	10872
随州市	241	2572
恩施州	605	4535
仙桃市	673	8843
潜江市	489	3122
天门市	206	3516
神农架	17	174

1-B-3 续表 8

（其他企业）

地 区	法人单位数（个）	年末从业人数（人）
全 省	**8151**	**99083**
武汉市	1921	17364
黄石市	99	1219
十堰市	188	2456
宜昌市	1785	24565
襄阳市	1031	13400
鄂州市	337	4349
荆门市	398	5279
孝感市	444	5213
荆州市	158	1163
黄冈市	198	2535
咸宁市	173	3248
随州市	156	1974
恩施州	735	8516
仙桃市	324	4361
潜江市	132	920
天门市	72	2521
神农架	0	0

1-B-3　续表 9

（港、澳、台商投资企业）

地　区	法人单位数 （个）	年末从业人数 （人）
全　省	**61**	**4213**
武汉市	48	3752
黄石市	2	67
十堰市	1	3
宜昌市	6	230
襄阳市	1	60
鄂州市	1	23
荆门市	1	66
孝感市		
荆州市		
黄冈市		
咸宁市		
随州市	1	12
恩施州		
仙桃市		
潜江市		
天门市		
神农架		

1-B-3 续表 10

（外商投资企业）

地 区	法人单位数 （个）	年末从业人数 （人）
全 省	**75**	**9052**
武汉市	63	8624
黄石市	1	11
十堰市	2	13
宜昌市	3	102
襄阳市	1	199
鄂州市		
荆门市	1	3
孝感市		
荆州市	1	30
黄冈市	1	13
咸宁市		
随州市		
恩施州		
仙桃市	2	57
潜江市		
天门市		
神农架		

1-B-4　分地区批发业法人企业财务状况

单位:万元

地　区	营业收入	#主营业务收入	资产总计
全　省	**117300210.8**	**116792877.7**	**60108508.0**
武汉市	79429862.9	79138209.7	39382925.5
黄石市	4664731.0	4659256.0	3083336.0
十堰市	3770721.5	3749397.4	2204384.2
宜昌市	7488208.8	7455531.0	3814376.9
襄阳市	4340952.0	4308715.4	2253666.8
鄂州市	1227293.1	1220249.8	849688.8
荆门市	2565380.6	2557945.0	1765751.3
孝感市	1971844.9	1962643.7	1031744.8
荆州市	2573341.9	2561351.5	1682600.8
黄冈市	1974105.5	1948047.2	862584.1
咸宁市	2085498.0	2075569.9	564466.8
随州市	1411595.6	1402239.9	439218.6
恩施州	1488156.7	1455046.6	874352.0
仙桃市	1224924.6	1220366.5	513652.5
潜江市	519127.7	518033.6	344536.5
天门市	525744.8	522623.2	397004.6
神农架	38721.1	37651.2	44217.7

1-B-5 分地区批发业法人企业财务状况(按国民经济行业分)

(农、林、牧产品批发) 单位:万元

地 区	营业收入	#主营业务收入	资产总计
全 省	**5784837.9**	**5710217.9**	**4998548.0**
武汉市	1928746.6	1881325.9	2022617.8
黄石市	67744.2	67730.3	22688.1
十堰市	23921.3	23608.7	17894.3
宜昌市	829939.5	827632.0	420951.8
襄阳市	632285.0	628110.3	432640.2
鄂州市	32200.1	30585.4	33414.2
荆门市	583176.9	581350.2	896588.5
孝感市	195615.6	190689.1	110821.7
荆州市	265030.4	261657.6	267340.1
黄冈市	41294.8	40369.2	47124.7
咸宁市	81025.6	80751.2	38950.1
随州市	342255.0	341407.6	89045.4
恩施州	52273.3	51165.4	115445.1
仙桃市	306165.2	303526.2	159093.9
潜江市	118777.3	118658.3	110651.4
天门市	282253.9	280326.4	209755.6
神农架	28172.8	27141.9	37792.0

1–B–5　续表 1

（食品、饮料及烟草制品批发）　　单位：万元

地　区	营业收入		资产总计
		#主营业务收入	
全　省	**15532915.1**	**15405683.7**	**9036589.3**
武汉市	4947133.9	4905183.7	3119881.6
黄石市	992372.3	991341.8	1154294.9
十堰市	579136.9	571927.4	269244.5
宜昌市	2132237.7	2111119.0	1140020.6
襄阳市	1090100.5	1083114.8	500757.2
鄂州市	172657.9	170499.4	154521.5
荆门市	532571.0	531808.4	266983.9
孝感市	647639.1	646730.4	280575.4
荆州市	1171229.9	1169745.9	922385.4
黄冈市	699375.8	687819.8	210877.5
咸宁市	635770.2	633918.6	182067.9
随州市	593442.5	591973.5	122437.7
恩施州	674988.3	647353.6	439475.2
仙桃市	367666.6	367090.7	121567.6
潜江市	155678.2	155646.3	88812.0
天门市	130537.8	130288.7	56264.7
神农架	10376.6	10121.7	6421.8

1-B-5 续表 2

（纺织、服装及家庭用品批发） 单位：万元

地 区	营业收入	#主营业务收入	资产总计
全 省	**4172661.8**	**4151128.5**	**3002610.4**
武汉市	2795405.2	2781323.2	2209500.4
黄石市	53573.3	53514.6	51316.8
十堰市	145410.4	145212.0	27118.3
宜昌市	181426.2	180142.4	255653.1
襄阳市	338933.3	336330.2	174308.0
鄂州市	4976.7	4878.2	19228.0
荆门市	198433.9	197908.5	130017.8
孝感市	29500.1	29411.1	19314.3
荆州市	29689.5	29627.0	18266.7
黄冈市	24445.1	24076.6	21414.5
咸宁市	274580.8	274125.4	21146.9
随州市	13139.6	11939.6	7325.6
恩施州	24568.4	24165.8	16572.7
仙桃市	39101.7	39101.7	15007.0
潜江市	15447.6	15392.1	11612.1
天门市	4030.0	3980.0	4808.3
神农架			

1-B-5　续表 3

（文化、体育用品及器材批发）　　单位：万元

地　区	营业收入	#主营业务收入	资产总计
全　省	**1493939.3**	**1490652.2**	**1243467.2**
武汉市	1354333.4	1351839.9	1113633.5
黄石市	7465.5	7458.7	2372.1
十堰市	4186.7	4151.4	2821.9
宜昌市	74739.4	74624.7	79904.2
襄阳市	31000.1	30641.0	23687.4
鄂州市	388.4	388.4	379.1
荆门市	194.9	194.9	108.8
孝感市	7212.9	7042.9	9474.2
荆州市	1230.1	1228.4	980.1
黄冈市	877.1	847.8	1061.4
咸宁市	8393.2	8363.2	5093.6
随州市	1061.9	1037.3	1662.6
恩施州	1151.3	1149.3	1076.5
仙桃市	1595.1	1595.1	987.2
潜江市	9.3	9.3	24.6
天门市	100.0	80.0	200.0
神农架			

1–B–5　续表 4

（医药及医疗器材批发）　　　　单位：万元

地　区	营业收入	#主营业务收入	资产总计
全　省	**7389310.0**	**7382967.5**	**4549318.3**
武汉市	6124445.1	6121238.9	3585119.4
黄石市	62916.1	62916.0	40150.9
十堰市	198889.5	198535.9	99916.1
宜昌市	162218.1	162078.5	139334.3
襄阳市	117671.9	117417.2	96387.4
鄂州市	9263.7	9210.8	10575.3
荆门市	33923.9	33515.3	35616.7
孝感市	60842.5	60587.4	39629.8
荆州市	111408.7	111239.3	66319.8
黄冈市	188794.1	188183.5	186608.6
咸宁市	106745.4	106745.4	54287.2
随州市	47287.9	46926.1	29316.7
恩施州	91486.7	91056.7	67185.9
仙桃市	39277.3	39277.3	69407.8
潜江市	10698.2	10698.2	7571.2
天门市	23441.0	23341.0	21866.2
神农架			25.0

1-B-5　续表 5

(矿产品、建材及化工产品批发)　　单位:万元

地　区	营业收入	#主营业务收入	资产总计
全　省	**64565308.1**	**64370767.3**	**24572990.5**
武汉市	48351047.1	48210677.3	18124796.8
黄石市	3225794.0	3221680.6	1591883.9
十堰市	1382685.1	1381175.7	433037.1
宜昌市	3603566.6	3598025.5	1499439.4
襄阳市	1495517.3	1484986.6	518814.9
鄂州市	793741.1	791944.7	481400.3
荆门市	1093993.4	1091121.6	364044.4
孝感市	694486.4	692516.6	370559.3
荆州市	814517.7	810829.9	280503.3
黄冈市	893463.5	881907.7	228767.9
咸宁市	833119.9	828969.4	193960.5
随州市	200605.1	199329.2	42023.4
恩施州	593410.3	590171.8	185080.7
仙桃市	328361.3	327518.5	95611.7
潜江市	202538.1	202225.8	105809.5
天门市	37529.8	36754.8	24262.1
神农架	20931.4	20931.4	32995.2

1-B-5 续表6

(机械设备、五金产品及电子产品批发)

单位:万元

地 区	营业收入	#主营业务收入	资产总计
全 省	**8959016.4**	**8894858.7**	**7047529.1**
武汉市	6013456.2	5977906.9	4628309.4
黄石市	140081.0	139898.7	99405.6
十堰市	1378443.1	1367209.9	1315009.0
宜昌市	319421.6	317478.8	170435.6
襄阳市	433144.1	426860.4	322498.5
鄂州市	26102.8	25820.3	71598.0
荆门市	88551.7	87637.5	38066.2
孝感市	56671.0	56247.1	49605.1
荆州市	96322.6	95877.0	60370.6
黄冈市	28844.5	28350.1	27215.5
咸宁市	93502.6	90500.8	47069.3
随州市	174164.3	171353.7	114708.9
恩施州	19303.4	19083.0	21187.6
仙桃市	55939.8	55629.4	22503.5
潜江市	6618.5	6555.8	9443.1
天门市	28419.3	28419.3	50099.3
神农架	16129.2	16129.2	28911.0

1-B-5　续表 7

(贸易经纪与代理)　　单位:万元

地　区	营业收入	#主营业务收入	资产总计
全　省	**7742205.9**	**7733573.3**	**4094178.6**
武汉市	7434326.8	7431221.3	3793499.2
黄石市	20146.0	20146.0	25980.4
十堰市	10661.5	10602.0	11761.3
宜昌市	20954.7	20865.1	35049.3
襄阳市	39785.1	39267.3	33491.7
鄂州市	8921.0	8250.5	17986.8
荆门市	14494.7	14442.5	9155.4
孝感市	46640.6	46338.3	35117.4
荆州市	49917.2	47307.1	37095.9
黄冈市	17298.4	17160.1	35717.7
咸宁市	26129.4	26083.4	12936.9
随州市	8601.3	8159.5	11479.1
恩施州	3732.6	3732.6	15092.5
仙桃市	23816.2	23726.2	11264.1
潜江市	6072.7	5569.7	3902.4
天门市	5469.3	5469.3	3470.1
神农架	5238.5	5232.5	1178.4

1-B-5 续表 8

(其他批发业)

单位:万元

地 区	营业收入	#主营业务收入	资产总计
全 省	**1660016.3**	**1653028.6**	**1563276.5**
武汉市	480968.6	477492.6	785567.3
黄石市	94638.5	94569.2	95243.2
十堰市	47387.1	46974.4	27581.7
宜昌市	163705.1	163565.0	73588.8
襄阳市	162514.7	161987.7	151081.4
鄂州市	179041.4	178672.1	60585.6
荆门市	20040.4	19966.2	25169.6
孝感市	233236.7	233081.0	116647.6
荆州市	33995.8	33839.4	29339.0
黄冈市	79712.2	79332.3	103796.3
咸宁市	26231.1	26112.7	8954.4
随州市	31038.1	30113.3	21219.3
恩施州	27242.4	27168.4	13235.7
仙桃市	63001.4	62901.4	18209.9
潜江市	3287.7	3277.9	6710.4
天门市	13963.5	13963.5	26278.3
神农架	11.6	11.6	68.1

1-B-6　分地区批发业法人企业财务状况(按登记注册类型分)

(内资企业)　　单位:万元

地　区	营业收入	#主营业务收入	资产总计
全　省	**114229765.3**	**113726418.2**	**58513757.8**
武汉市	76667885.4	76379788.8	38047641.6
黄石市	4660487.6	4655012.8	3082281.6
十堰市	3769024.4	3747710.3	2203844.3
宜昌市	7395231.9	7362555.1	3722337.0
襄阳市	4336698.5	4304461.9	2249037.9
鄂州市	1226693.1	1219649.8	848888.8
荆门市	2372944.1	2365926.8	1658401.1
孝感市	1971844.9	1962643.7	1031744.8
荆州市	2572108.5	2560118.1	1681885.5
黄冈市	1974070.0	1948011.7	862508.3
咸宁市	2085498.0	2075569.9	564466.8
随州市	1409788.8	1400433.2	437938.2
恩施州	1488156.7	1455046.6	874352.0
仙桃市	1215739.7	1211181.6	462671.0
潜江市	519127.7	518033.6	344536.5
天门市	525744.8	522623.2	397004.6
神农架	38721.1	37651.2	44217.7

1-B-6 续表1

(国有企业) 单位:万元

地 区	营业收入	#主营业务收入	资产总计
全 省	**13187382.0**	**13117251.4**	**7136774.3**
武汉市	7066308.8	7056339.7	4261840.5
黄石市	400655.5	399739.1	174315.8
十堰市	467182.5	461549.3	193138.2
宜昌市	522502.0	518608.4	194933.8
襄阳市	547245.9	540782.2	212048.7
鄂州市	93037.4	92871.3	42300.2
荆门市	901902.5	899058.0	815577.6
孝感市	524846.0	524221.2	149035.8
荆州市	387361.7	386680.0	165614.0
黄冈市	646101.7	636329.2	196830.9
咸宁市	376805.8	376781.8	115698.2
随州市	323898.6	323730.9	82962.8
恩施州	612059.2	583524.8	330432.7
仙桃市	118338.6	118338.6	97819.5
潜江市	88381.2	88381.2	33826.8
天门市	84301.2	84117.1	35225.7
神农架	26453.3	26198.4	35173.2

1–B–6　续表 2

（集体企业）　　　　单位：万元

地　区	营业收入	#主营业务收入	资产总计
全　省	**420402.3**	**410803.9**	**387441.3**
武汉市	123245.5	119227.8	251363.2
黄石市	99530.2	99482.2	32560.6
十堰市	3777.8	3757.9	3284.2
宜昌市	51559.0	51559.0	7825.2
襄阳市	18943.6	18932.5	19689.6
鄂州市	3483.5	2878.4	2580.5
荆门市	1878.5	1866.0	4442.4
孝感市	26790.2	26166.7	14095.0
荆州市	5056.3	5035.2	13415.7
黄冈市	48821.8	46785.8	14623.3
咸宁市	25257.6	25256.1	5956.5
随州市	9147.5	6945.5	12910.0
恩施州	120.6	120.6	30.5
仙桃市	1735.8	1735.8	824.5
潜江市	207.5	207.5	1470.8
天门市	580.0	580.0	1800.0
神农架	267.0	267.0	569.2

1-B-6 续表 3

(股份合作企业)

单位:万元

地 区	营业收入	#主营业务收入	资产总计
全 省	**112421.7**	**112264.3**	**109363.8**
武汉市	50547.2	50448.2	70470.0
黄石市	1444.6	1444.6	656.3
十堰市	2030.5	2028.5	1847.5
宜昌市	9651.2	9651.2	11451.4
襄阳市	3566.8	3560.5	1913.6
鄂州市	180.0	180.0	8.0
荆门市	3507.9	3497.9	4368.6
孝感市	359.6	359.6	767.3
荆州市	4288.5	4268.5	1898.0
黄冈市	1198.3	1198.3	613.3
咸宁市	751.5	751.5	285.1
随州市	16328.5	16308.5	5578.1
恩施州	1507.0	1507.0	433.6
仙桃市	3171.4	3171.4	3368.9
潜江市	541.0	541.0	2047.2
天门市	13347.6	13347.6	3656.8
神农架			

1-B-6　续表4

（联营企业）　　单位：万元

地　区	营业收入	#主营业务收入	资产总计
全　省	**37205.9**	**36389.5**	**39921.6**
武汉市	15786.0	15784.0	6466.4
黄石市	3226.1	3226.1	2045.6
十堰市	28.6	28.6	10.0
宜昌市	1058.1	1045.8	2463.1
襄阳市	1864.9	1864.9	2013.8
鄂州市	2220.0	1958.2	1385.7
荆门市	744.4	744.4	550.0
孝感市	4013.7	4013.7	11242.0
荆州市	320.0	320.0	235.0
黄冈市	1817.1	1777.1	3401.7
咸宁市	2404.4	2404.1	3993.1
随州市	23.0	23.0	21.0
恩施州	225.7	225.7	4596.2
仙桃市	1773.9	1773.9	598.0
潜江市	1700.0	1200.0	900.0
天门市			
神农架			

1-B-6 续表 5

(有限责任公司) 单位:万元

地 区	营业收入	#主营业务收入	资产总计
全 省	**51152744.5**	**51026317.0**	**22137125.6**
武汉市	39288524.3	39188553.5	15421143.6
黄石市	2928590.3	2927668.9	1687572.1
十堰市	1235248.9	1230560.6	680611.4
宜昌市	3352735.7	3346564.9	1554496.0
襄阳市	745644.2	740238.3	360422.8
鄂州市	304332.1	304252.3	238809.7
荆门市	201128.2	200721.2	111354.0
孝感市	502259.1	499907.8	250591.0
荆州市	719098.8	718274.6	831265.2
黄冈市	351143.0	350249.8	234994.6
咸宁市	303170.0	302783.5	81804.7
随州市	314169.4	312269.0	190823.3
恩施州	614092.4	613005.8	280277.5
仙桃市	54839.9	54642.5	21013.9
潜江市	114887.7	114844.0	73820.0
天门市	122880.4	121780.4	118125.8
神农架			

1-B-6　续表 6

(股份有限公司)　　单位:万元

地　区	营业收入	#主营业务收入	资产总计
全　省	**17533814.7**	**17416540.3**	**5584073.0**
武汉市	12803907.5	12710993.1	4523555.7
黄石市	88023.9	87776.5	70422.0
十堰市	489092.3	488844.5	58270.7
宜昌市	817389.7	817268.2	111523.2
襄阳市	835111.4	829906.6	187706.1
鄂州市	133622.6	133521.6	91536.9
荆门市	374893.1	373457.0	59140.8
孝感市	14915.4	14221.6	16662.1
荆州市	603277.0	600447.3	163802.4
黄冈市	547427.3	539497.5	96017.8
咸宁市	511157.7	509241.6	87897.2
随州市	154756.1	153668.0	17027.4
恩施州			
仙桃市	32590.4	30076.3	18306.2
潜江市	123975.4	123945.4	58736.1
天门市	3645.0	3645.0	23464.2
神农架	30.0	30.0	4.0

1-B-6 续表 7

(私营企业)

单位:万元

地 区	营业收入	#主营业务收入	资产总计
全 省	**28677270.3**	**28533068.6**	**21158392.5**
武汉市	16655179.6	16584700.5	12956724.9
黄石市	1102590.4	1099251.6	1100252.1
十堰市	1476697.7	1466861.8	1153743.4
宜昌市	2030835.5	2014087.2	1516255.7
襄阳市	1797312.1	1785638.9	1207411.4
鄂州市	630426.8	626792.9	401735.4
荆门市	735088.5	733045.7	512072.6
孝感市	818180.1	817056.3	526620.0
荆州市	817014.2	809945.9	474265.6
黄冈市	350597.2	346374.3	279504.7
咸宁市	745417.7	739909.2	217976.0
随州市	175273.5	172165.7	84250.0
恩施州	192193.0	190978.3	169043.7
仙桃市	761540.4	760228.7	233266.5
潜江市	172558.9	172069.6	156893.8
天门市	204393.7	202806.2	159905.4
神农架	11970.8	11155.8	8471.3

1-B-6　续表 8

(其他企业)　　单位:万元

地　区	营业收入	#主营业务收入	资产总计
全　省	**3108523.9**	**3073783.2**	**1960665.8**
武汉市	664386.5	653742.2	556077.4
黄石市	36426.7	36423.8	14457.3
十堰市	94966.1	94079.1	112938.8
宜昌市	609500.7	603770.4	323388.7
襄阳市	387009.5	383537.9	257832.0
鄂州市	59390.6	57195.0	70532.4
荆门市	153800.9	153536.6	150895.1
孝感市	80480.8	76696.9	62731.5
荆州市	35691.9	35146.6	31389.6
黄冈市	26963.6	25799.7	36522.0
咸宁市	120533.3	118442.1	50855.9
随州市	416192.3	415322.5	44365.6
恩施州	67958.9	65684.5	89537.8
仙桃市	241749.1	241214.2	87473.5
潜江市	16875.9	16844.8	16841.8
天门市	96596.9	96346.9	54826.7
神农架			

1-B-6 续表9

(港、澳、台商投资企业) 单位:万元

地 区	营业收入	#主营业务收入	资产总计
全 省	**721997.2**	**718597.1**	**622214.6**
武汉市	454934.4	451952.6	438651.9
黄石市	4172.0	4171.9	903.5
十堰市	318.7	318.7	120.0
宜昌市	64477.3	64476.4	69981.7
襄阳市	3253.5	3253.5	3128.9
鄂州市	600.0	600.0	800.0
荆门市	192434.5	192017.2	107348.2
孝感市			
荆州市			
黄冈市			
咸宁市			
随州市	1806.8	1806.8	1280.5
恩施州			
仙桃市			
潜江市			
天门市			
神农架			

1-B-6　续表 10

（外商投资企业）　　单位：万元

地　区	营业收入	#主营业务收入	资产总计
全　省	**2348448.3**	**2347862.4**	**972535.6**
武汉市	2307043.1	2306468.3	896632.0
黄石市	71.3	71.3	150.9
十堰市	1378.5	1368.5	420.0
宜昌市	28499.6	28499.6	22058.2
襄阳市	1000.0	1000.0	1500.0
鄂州市			
荆门市	2.0	1.0	2.0
孝感市			
荆州市	1233.5	1233.5	715.3
黄冈市	35.5	35.5	75.8
咸宁市			
随州市			
恩施州			
仙桃市	9184.9	9184.9	50981.5
潜江市			
天门市			
神农架			

1-B-7 分地区零售业法人企业基本情况

地 区	法人单位数（个）	年末从业人数（人）	年末零售营业面积（万平方米）
全 省	**62821**	**786638**	**2936.17**
武汉市	16147	256645	1030.87
黄石市	2031	23090	81.67
十堰市	3309	44649	188.66
宜昌市	14267	112786	312.55
襄阳市	14023	125196	384.15
鄂州市	481	9846	61.45
荆门市	1435	22601	124.97
孝感市	1247	24446	105.90
荆州市	1409	21052	110.00
黄冈市	2504	41898	163.48
咸宁市	1738	28014	88.77
随州市	851	16650	60.76
恩施州	1620	21672	90.19
仙桃市	559	22269	32.35
潜江市	466	7008	19.50
天门市	639	8199	76.39
神农架	95	617	4.52

1-B-8　分地区零售业法人企业基本情况（按国民经济行业分）

（综合零售）

地　区	法人单位数（个）	年末从业人数（人）	年末零售营业面积（万平方米）
全　省	**14677**	**272903**	**1231.11**
武汉市	1335	75346	550.91
黄石市	398	5278	26.29
十堰市	610	17308	97.39
宜昌市	4942	43166	115.95
襄阳市	4804	41113	145.43
鄂州市	73	1939	14.38
荆门市	254	10979	48.32
孝感市	290	9659	38.16
荆州市	261	6303	29.48
黄冈市	591	18242	58.15
咸宁市	273	7174	21.32
随州市	128	6622	16.51
恩施州	286	7991	26.97
仙桃市	126	15349	8.12
潜江市	110	3242	6.76
天门市	174	3003	25.55
神农架	22	189	1.43

1-B-8 续表 1

（食品、饮料及烟草制品专门零售）

地 区	法人单位数（个）	年末从业人数（人）	年末零售营业面积（万平方米）
全 省	**6919**	**77850**	**211.68**
武汉市	1316	17920	33.43
黄石市	199	2365	7.03
十堰市	435	4815	11.59
宜昌市	2294	16629	39.70
襄阳市	1196	13182	33.76
鄂州市	64	1039	3.31
荆门市	150	1510	7.85
孝感市	141	2235	10.82
荆州市	149	2205	7.73
黄冈市	340	6880	22.00
咸宁市	142	2528	7.69
随州市	136	2504	11.59
恩施州	144	1683	6.55
仙桃市	85	1193	4.08
潜江市	53	326	1.81
天门市	55	684	2.03
神农架	20	152	0.71

1–B–8　续表 2

（纺织、服装及日用品专门零售）

地　区	法人单位数（个）	年末从业人数（人）	年末零售营业面积（万平方米）
全　省	**8209**	**79671**	**213.79**
武汉市	1998	24027	57.48
黄石市	255	3668	5.08
十堰市	270	3040	8.66
宜昌市	1769	10935	25.81
襄阳市	2898	20442	66.16
鄂州市	34	2843	7.95
荆门市	91	991	4.85
孝感市	89	1924	6.10
荆州市	122	1706	5.94
黄冈市	162	1893	5.00
咸宁市	171	2624	6.01
随州市	67	1522	3.73
恩施州	106	1782	5.64
仙桃市	87	1306	3.24
潜江市	28	392	0.72
天门市	52	546	1.27
神农架	10	30	0.13

1-B-8 续表 3

（文化、体育用品及器材专门零售）

地 区	法人单位数（个）	年末从业人数（人）	年末零售营业面积（万平方米）
全 省	**3156**	**26844**	**68.15**
武汉市	1367	10342	27.65
黄石市	63	655	1.28
十堰市	107	1300	3.76
宜昌市	792	5203	14.15
襄阳市	397	3412	7.11
鄂州市	13	137	0.30
荆门市	63	764	3.36
孝感市	62	901	2.71
荆州市	51	777	1.77
黄冈市	56	723	1.05
咸宁市	59	1081	1.51
随州市	22	332	0.87
恩施州	68	719	1.51
仙桃市	14	218	0.69
潜江市	7	81	0.14
天门市	15	199	0.28
神农架			

1-B-8　续表 4

（医药及医疗器材专门零售）

地　区	法人单位数（个）	年末从业人数（人）	年末零售营业面积（万平方米）
全　省	**3414**	**41514**	**99.76**
武汉市	1354	19708	38.83
黄石市	123	1648	3.46
十堰市	193	1901	6.35
宜昌市	212	2410	6.26
襄阳市	289	3947	8.09
鄂州市	39	603	1.26
荆门市	68	1342	4.62
孝感市	168	1569	5.65
荆州市	66	1415	6.60
黄冈市	340	2282	6.30
咸宁市	195	1514	3.65
随州市	58	521	1.13
恩施州	186	1550	4.15
仙桃市	19	218	0.79
潜江市	26	338	0.46
天门市	66	465	1.78
神农架	12	83	0.39

1-B-8 续表5

(汽车、摩托车、燃料及零配件专门零售)

地 区	法人单位数(个)	年末从业人数(人)	年末零售营业面积(万平方米)
全 省	**6145**	**116213**	**458.37**
武汉市	1262	52712	109.35
黄石市	204	4057	19.62
十堰市	717	7660	28.14
宜昌市	876	10982	45.37
襄阳市	972	13180	44.29
鄂州市	66	1109	9.06
荆门市	353	3294	28.09
孝感市	162	2774	17.77
荆州市	256	3312	24.62
黄冈市	374	4141	37.54
咸宁市	198	3326	14.08
随州市	222	2947	15.14
恩施州	279	2993	24.26
仙桃市	70	1595	7.10
潜江市	46	851	2.27
天门市	78	1223	30.78
神农架	10	57	0.89

1-B-8　续表 6
(家用电器及电子产品专门零售)

地　区	法人单位数(个)	年末从业人数(人)	年末零售营业面积(万平方米)
全　省	**7772**	**70317**	**229.33**
武汉市	3186	25825	95.97
黄石市	315	2475	8.05
十堰市	350	3322	9.63
宜昌市	1092	8222	18.88
襄阳市	1125	10403	26.44
鄂州市	60	575	2.61
荆门市	203	1544	7.96
孝感市	152	2677	6.57
荆州市	212	2656	10.97
黄冈市	248	3075	11.51
咸宁市	273	3316	13.29
随州市	83	826	2.55
恩施州	278	2667	7.81
仙桃市	72	1111	2.81
潜江市	39	968	2.52
天门市	75	612	1.68
神农架	9	43	0.07

1-B-8 续表 7

（五金、家具及室内装饰材料专门零售）

地　区	法人单位数（个）	年末从业人数（人）	年末零售营业面积（万平方米）
湖北省	**8072**	**62143**	**255.77**
武汉市	2470	15710	69.05
黄石市	369	2290	8.61
十堰市	408	3306	14.89
宜昌市	1697	10984	28.33
襄阳市	1724	12917	35.43
鄂州市	61	1014	19.76
荆门市	147	1390	10.94
孝感市	106	1976	10.86
荆州市	159	1507	6.26
黄冈市	230	2540	10.75
咸宁市	281	4404	14.27
随州市	90	862	6.74
恩施州	165	1332	7.41
仙桃市	53	808	3.87
潜江市	35	258	1.32
天门市	71	826	7.07
神农架	7	26	0.21

1–B–8　续表 8

（货摊、无店铺及其他零售业）

地　区	法人单位数（个）	年末从业人数（人）	年末零售营业面积（万平方米）
全　省	**4457**	**39183**	**168.22**
武汉市	1859	15055	48.20
黄石市	105	654	2.24
十堰市	219	1997	8.25
宜昌市	593	4255	18.09
襄阳市	618	6600	17.44
鄂州市	71	587	2.82
荆门市	106	787	8.98
孝感市	77	731	7.26
荆州市	133	1171	16.63
黄冈市	163	2122	11.18
咸宁市	146	2047	6.95
随州市	45	514	2.50
恩施州	108	955	5.90
仙桃市	33	471	1.64
潜江市	122	552	3.49
天门市	53	641	5.94
神农架	6	44	0.70

1-B-9 分地区零售业法人企业基本情况(按登记注册类型分)

(内资企业)

地 区	法人单位数 (个)	年末从业人数 (人)	年末零售营业面积 (万平方米)
全 省	**62655**	**758542**	**2851.53**
武汉市	16045	236097	965.61
黄石市	2025	22739	81.29
十堰市	3306	44594	188.63
宜昌市	14259	108033	304.29
襄阳市	14006	124774	381.90
鄂州市	478	9831	61.39
荆门市	1432	22468	123.93
孝感市	1240	23964	102.90
荆州市	1407	20449	107.67
黄冈市	2495	41650	163.06
咸宁市	1737	27754	87.47
随州市	851	16650	60.76
恩施州	1618	21621	90.00
仙桃市	558	22264	32.34
潜江市	465	6848	19.46
天门市	638	8189	76.29
神农架	95	617	4.52

1-B-9　续表 1

(国有企业)

地　区	法人单位数（个）	年末从业人数（人）	年末零售营业面积（万平方米）
全　省	**526**	**16825**	**50.73**
武汉市	107	2545	8.60
黄石市	33	611	2.14
十堰市	35	612	1.14
宜昌市	37	1758	3.21
襄阳市	45	1173	4.07
鄂州市	4	107	0.50
荆门市	14	228	1.30
孝感市	49	2406	8.52
荆州市	16	274	1.72
黄冈市	98	3976	9.65
咸宁市	33	672	3.01
随州市	28	1192	4.78
恩施州	8	47	0.72
仙桃市	2	66	0.32
潜江市	13	1134	0.81
天门市	3	18	0.07
神农架	1	6	0.17

1–B–9 续表 2

（集体企业）

地 区	法人单位数（个）	年末从业人数（人）	年末零售营业面积（万平方米）
全 省	**569**	**19581**	**79.89**
武汉市	170	3002	12.18
黄石市	25	319	0.49
十堰市	30	1283	5.31
宜昌市	35	447	2.80
襄阳市	41	876	3.16
鄂州市	10	151	2.47
荆门市	26	6763	22.19
孝感市	33	701	2.92
荆州市	23	256	2.54
黄冈市	93	3219	9.77
咸宁市	22	1136	1.55
随州市	36	801	6.13
恩施州	4	62	0.71
仙桃市	2	38	0.06
潜江市	10	431	2.04
天门市	7	88	5.31
神农架	2	8	0.25

1–B–9　续表 3

（股份合作企业）

地　区	法人单位数（个）	年末从业人数（人）	年末零售营业面积（万平方米）
全　省	**196**	**2116**	**8.93**
武汉市	94	756	1.00
黄石市	10	259	0.18
十堰市	12	75	0.41
宜昌市	15	95	0.16
襄阳市	12	242	0.23
鄂州市	1	37	0.02
荆门市	1	55	3.11
孝感市	5	26	0.09
荆州市	4	24	0.15
黄冈市	23	340	1.89
咸宁市	6	65	0.33
随州市	6	88	0.61
恩施州	4	9	0.13
仙桃市			
潜江市	1	5	0.02
天门市	2	40	0.61
神农架			

1-B-9 续表 4

（联营企业）

地 区	法人单位数（个）	年末从业人数（人）	年末零售营业面积（万平方米）
全 省	**108**	**1548**	**5.52**
武汉市	28	276	1.31
黄石市	6	59	0.31
十堰市	7	76	0.18
宜昌市	6	73	0.15
襄阳市	11	93	0.49
鄂州市	1	9	0.01
荆门市	4	133	0.16
孝感市	3	24	0.06
荆州市	3	55	0.31
黄冈市	21	322	0.85
咸宁市	9	223	0.32
随州市	5	160	1.11
恩施州	1	5	0.05
仙桃市	0	0	0.00
潜江市	0	0	0.00
天门市	3	40	0.22
神农架	0	0	0.00

1–B–9　续表 5

（有限责任公司）

地　区	法人单位数（个）	年末从业人数（人）	年末零售营业面积（万平方米）
全　省	**10837**	**217055**	**844.13**
武汉市	5868	96143	320.50
黄石市	460	9295	35.05
十堰市	621	17002	99.85
宜昌市	1025	20153	79.87
襄阳市	698	18631	70.54
鄂州市	76	4225	20.97
荆门市	74	2890	16.19
孝感市	170	6002	28.11
荆州市	390	7191	38.71
黄冈市	279	8867	37.14
咸宁市	160	4434	16.98
随州市	281	3838	15.91
恩施州	617	10084	46.74
仙桃市	43	6392	4.01
潜江市	36	815	3.68
天门市	31	973	9.26
神农架	8	120	0.61

1-B-9 续表6

(股份有限公司)

地 区	法人单位数（个）	年末从业人数（人）	年末零售营业面积（万平方米）
全 省	**525**	**67721**	**450.70**
武汉市	142	50653	392.44
黄石市	14	1324	3.84
十堰市	36	2105	8.03
宜昌市	69	915	4.90
襄阳市	46	1284	4.98
鄂州市	5	492	0.89
荆门市	13	285	0.97
孝感市	36	1432	11.03
荆州市	30	817	4.53
黄冈市	57	4587	10.57
咸宁市	14	322	0.96
随州市	31	2595	4.39
恩施州	2	84	0.09
仙桃市	9	441	0.41
潜江市	13	104	0.96
天门市	6	271	1.57
神农架	2	10	0.16

1-B-9　续表 7

（私营企业）

地　区	法人单位数（个）	年末从业人数（人）	年末零售营业面积（万平方米）
全　省	**44497**	**388424**	**1276.54**
武汉市	8464	74106	205.57
黄石市	1377	10194	37.59
十堰市	2357	21658	69.18
宜昌市	11804	76414	195.17
襄阳市	11875	91772	272.50
鄂州市	295	4154	32.43
荆门市	1170	10898	74.96
孝感市	772	11824	44.43
荆州市	826	10344	54.55
黄冈市	1667	16446	81.53
咸宁市	1300	18198	57.85
随州市	395	7073	24.46
恩施州	845	10206	37.93
仙桃市	446	14907	25.99
潜江市	297	3903	9.48
天门市	528	5862	49.61
神农架	79	465	3.31

1-B-9 续表 8

(其他企业)

地 区	法人单位数（个）	年末从业人数（人）	年末零售营业面积（万平方米）
全 省	**5397**	**45272**	**136.63**
武汉市	1172	8616	21.79
黄石市	100	678	1.69
十堰市	208	1783	4.52
宜昌市	1268	8178	18.04
襄阳市	1278	10703	25.92
鄂州市	86	656	4.11
荆门市	130	1216	8.14
孝感市	172	1549	7.74
荆州市	115	1488	5.17
黄冈市	257	3893	11.67
咸宁市	193	2704	6.46
随州市	69	903	3.50
恩施州	137	1124	3.64
仙桃市	56	420	1.54
潜江市	95	456	2.48
天门市	58	897	10.21
神农架	3	8	0.01

1-B-9　续表9

（港、澳、台商投资企业）

地　区	法人单位数（个）	年末从业人数（人）	年末零售营业面积（万平方米）
全　省	**84**	**12407**	**33.19**
武汉市	53	10230	25.87
黄石市	3	251	0.23
十堰市	1	11	0.00
宜昌市	4	565	0.99
襄阳市	10	150	0.16
鄂州市			
荆门市	1	80	1.00
孝感市	6	418	2.99
荆州市	1	400	1.80
黄冈市	4	142	0.11
咸宁市			
随州市			
恩施州			
仙桃市			
潜江市	1	160	0.03
天门市			
神农架			

1-B-9 续表 10

（外商投资企业）

地 区	法人单位数（个）	年末从业人数（人）	年末零售营业面积（万平方米）
全 省	**82**	**15689**	**51.45**
武汉市	49	10318	39.39
黄石市	3	100	0.15
十堰市	2	44	0.03
宜昌市	4	4188	7.27
襄阳市	7	272	2.09
鄂州市	3	15	0.06
荆门市	2	53	0.04
孝感市	1	64	0.01
荆州市	1	203	0.53
黄冈市	5	106	0.30
咸宁市	1	260	1.30
随州市			
恩施州	2	51	0.19
仙桃市	1	5	0.01
潜江市			
天门市	1	10	0.10
神农架			

1-B-10　分地区零售业法人企业基本情况(按零售业态分)

(有店铺零售)

地　区	法人单位数 (个)	年末从业人数 (人)	年末零售营业面积 (万平方米)
全　省	**62131**	**779939**	**2927.05**
武汉市	15633	251439	1026.41
黄石市	2025	23060	81.59
十堰市	3290	44385	188.27
宜昌市	14236	112525	312.24
襄阳市	13960	124735	383.38
鄂州市	475	9831	61.41
荆门市	1432	22588	124.95
孝感市	1243	24430	105.87
荆州市	1397	20987	109.85
黄冈市	2494	41838	163.43
咸宁市	1735	27990	88.71
随州市	846	16606	60.71
恩施州	1618	21660	90.17
仙桃市	551	22205	32.32
潜江市	465	7005	19.50
天门市	637	8041	73.71
神农架	94	614	4.52

1-B-10 续表 1

（食杂店）

地　区	法人单位数（个）	年末从业人数（人）	年末零售营业面积（万平方米）
全　省	**1172**	**8050**	**25.75**
武汉市	132	908	1.96
黄石市	36	216	0.68
十堰市	53	331	0.82
宜昌市	467	2309	7.31
襄阳市	268	1986	5.28
鄂州市	8	145	0.15
荆门市	22	182	1.08
孝感市	19	163	1.12
荆州市	19	225	1.23
黄冈市	62	687	2.52
咸宁市	39	562	2.29
随州市	5	22	0.05
恩施州	17	95	0.49
仙桃市	17	175	0.63
潜江市	6	26	0.07
天门市	1	3	
神农架	1	15	0.07

1-B-10　续表 2

(便利店)

地　区	法人单位数(个)	年末从业人数(人)	年末零售营业面积(万平方米)
全　省	**7139**	**52089**	**149.10**
武汉市	1200	7219	18.94
黄石市	179	949	4.09
十堰市	496	6993	19.48
宜昌市	2631	16609	36.96
襄阳市	1462	9327	29.72
鄂州市	47	272	1.54
荆门市	121	830	5.02
孝感市	168	1580	5.57
荆州市	113	880	5.80
黄冈市	251	3539	8.65
咸宁市	166	1182	2.83
随州市	38	247	1.06
恩施州	96	867	1.47
仙桃市	49	682	1.30
潜江市	39	339	1.48
天门市	76	552	4.88
神农架	7	22	0.30

1-B-10 续表 3

（折扣店）

地 区	法人单位数（个）	年末从业人数（人）	年末零售营业面积（万平方米）
全 省	**152**	**836**	**2.78**
武汉市	45	280	0.55
黄石市	4	13	0.03
十堰市	20	105	0.10
宜昌市	15	87	0.12
襄阳市	48	201	0.53
鄂州市	1	72	0.98
荆门市	3	8	0.10
孝感市	2	6	0.02
荆州市			
黄冈市	6	30	0.26
咸宁市	1	3	
随州市	1	10	0.01
恩施州	3	10	0.01
仙桃市			
潜江市	1	4	0.01
天门市	2	7	0.06
神农架			

1-B-10　续表 4

(超市)

地　区	法人单位数（个）	年末从业人数（人）	年末零售营业面积（万平方米）
全　省	**3693**	**67904**	**189.44**
武汉市	323	4940	9.94
黄石市	159	2015	8.23
十堰市	234	5378	12.89
宜昌市	951	10186	27.42
襄阳市	777	8883	35.13
鄂州市	10	406	1.41
荆门市	120	2578	11.73
孝感市	129	4421	11.15
荆州市	136	4511	13.73
黄冈市	267	6526	17.50
咸宁市	159	4891	11.12
随州市	56	3985	6.14
恩施州	125	4066	10.72
仙桃市	63	856	2.12
潜江市	89	2246	3.44
天门市	83	1880	5.55
神农架	12	136	1.20

1-B-10 续表 5

（大型超市）

地 区	法人单位数（个）	年末从业人数（人）	年末零售营业面积（万平方米）
全 省	**147**	**78881**	**415.04**
武汉市	24	36989	222.06
黄石市	5	1076	4.85
十堰市	9	5343	46.23
宜昌市	14	5291	16.76
襄阳市	14	3486	22.45
鄂州市	2	284	3.10
荆门市	9	987	10.42
孝感市	17	3220	15.84
荆州市	5	738	6.60
黄冈市	19	5882	17.61
咸宁市	6	831	4.35
随州市	1	620	1.50
恩施州	3	1573	7.80
仙桃市	5	11342	3.55
潜江市	5	851	3.46
天门市	9	368	28.46
神农架			

1-B-10　续表 6

（仓储会员店）

地　区	法人单位数（个）	年末从业人数（人）	年末零售营业面积（万平方米）
全　省	**94**	**1198**	**6.35**
武汉市	11	229	0.41
黄石市	12	307	0.67
十堰市	16	131	0.26
宜昌市	15	191	0.40
襄阳市	21	152	1.54
鄂州市	2	15	0.09
荆门市	1	2	0.12
孝感市	3	46	2.42
荆州市	4	24	0.11
黄冈市	2	11	0.02
咸宁市	5	76	0.30
随州市			
恩施州			
仙桃市	2	14	0.03
潜江市			
天门市			
神农架			

1-B-10　续表 7

（百货店）

地　区	法人单位数（个）	年末从业人数（人）	年末零售营业面积（万平方米）
全　省	**10398**	**127293**	**652.52**
武汉市	1164	34962	328.86
黄石市	221	2496	12.42
十堰市	299	3668	29.32
宜昌市	3190	23125	61.44
襄阳市	4346	31925	91.43
鄂州市	43	1162	9.96
荆门市	101	7534	28.67
孝感市	131	2716	13.15
荆州市	108	1490	9.17
黄冈市	294	4909	24.50
咸宁市	122	2634	7.97
随州市	83	2907	11.94
恩施州	149	2775	10.38
仙桃市	43	3118	2.98
潜江市	21	925	1.27
天门市	70	858	8.83
神农架	13	89	0.20

1-B-10　续表 8

（专业店）

地　区	法人单位数（个）	年末从业人数（人）	年末零售营业面积（万平方米）
全　省	**20377**	**240219**	**746.35**
武汉市	7259	101485	249.62
黄石市	786	7665	20.83
十堰市	960	9944	33.98
宜昌市	3528	28479	80.79
襄阳市	3221	31630	87.08
鄂州市	167	4692	23.68
荆门市	537	4720	33.33
孝感市	419	5565	30.93
荆州市	603	8508	43.29
黄冈市	900	11790	44.98
咸宁市	636	10185	36.87
随州市	299	4189	16.52
恩施州	582	5566	20.36
仙桃市	102	1898	4.92
潜江市	148	1523	4.54
天门市	203	2215	13.06
神农架	27	165	1.57

1-B-10 续表 9

（专卖店）

地 区	法人单位数（个）	年末从业人数（人）	年末零售营业面积（万平方米）
全 省	**14363**	**159064**	**496.02**
武汉市	3637	50642	112.46
黄石市	449	6714	22.79
十堰市	909	9569	27.03
宜昌市	2744	21141	62.59
襄阳市	3171	31073	92.33
鄂州市	127	1296	3.58
荆门市	435	4721	24.68
孝感市	277	4726	15.36
荆州市	314	3540	18.17
黄冈市	513	5563	32.04
咸宁市	447	5218	13.93
随州市	278	3348	14.79
恩施州	513	5339	30.87
仙桃市	221	3451	13.32
潜江市	138	898	3.73
天门市	159	1652	7.24
神农架	31	173	1.12

1-B-10　续表 10

（家居建材商店）

地　区	法人单位数（个）	年末从业人数（人）	年末零售营业面积（万平方米）
全　省	**2098**	**18451**	**112.69**
武汉市	484	3580	36.36
黄石市	107	667	2.98
十堰市	132	1128	3.72
宜昌市	518	3173	7.99
襄阳市	408	3216	9.65
鄂州市	22	669	10.57
荆门市	35	668	6.87
孝感市	35	1144	4.36
荆州市	33	421	3.43
黄冈市	97	1224	5.94
咸宁市	106	1332	6.26
随州市	20	174	2.50
恩施州	55	483	4.17
仙桃市	9	251	1.82
潜江市	9	63	0.78
天门市	26	249	5.22
神农架	2	9	0.05

1-B-10　续表 11

(购物中心)

地　区	法人单位数（个）	年末从业人数（人）	年末零售营业面积（万平方米）
全　省	**191**	**3082**	**28.09**
武汉市	56	380	2.23
黄石市	3	61	0.08
十堰市	8	500	8.78
宜昌市	17	178	2.74
襄阳市	26	258	0.76
鄂州市	5	103	3.64
荆门市	6	122	1.10
孝感市	5	549	4.62
荆州市	4	36	0.16
黄冈市	13	209	0.44
咸宁市	10	164	0.91
随州市	2	65	0.13
恩施州	10	201	1.84
仙桃市	22	176	0.46
潜江市	3	64	0.15
天门市	1	16	0.05
神农架			

1-B-10　续表 12

（厂家直销中心）

地　区	法人单位数（个）	年末从业人数（人）	年末零售营业面积（万平方米）
全　省	**2307**	**22872**	**102.92**
武汉市	1298	9825	43.05
黄石市	64	881	3.93
十堰市	154	1295	5.64
宜昌市	146	1756	7.72
襄阳市	198	2598	7.48
鄂州市	41	715	2.72
荆门市	42	236	1.81
孝感市	38	294	1.32
荆州市	58	614	8.17
黄冈市	70	1468	8.97
咸宁市	38	912	1.87
随州市	63	1039	6.07
恩施州	65	685	2.06
仙桃市	18	242	1.17
潜江市	6	66	0.57
天门市	7	241	0.36
神农架	1	5	0.01

1-B-10 续表 13

（无店铺零售）

地 区	法人单位数（个）	年末从业人数（人）	年末零售营业面积（万平方米）
全 省	**608**	**5829**	**8.70**
武汉市	466	4819	4.12
黄石市	6	30	0.08
十堰市	15	60	0.39
宜昌市	24	163	0.31
襄阳市	57	385	0.69
鄂州市	5	13	0.03
荆门市	3	13	0.02
孝感市	4	16	0.03
荆州市	11	60	0.15
黄冈市	5	31	0.05
咸宁市	3	24	0.06
随州市	5	44	0.06
恩施州	1	10	0.02
仙桃市	1	3	0.02
潜江市			
天门市	2	158	2.68
神农架			

1-B-10　续表 14

（电视购物）

地　区	法人单位数（个）	年末从业人数（人）	年末零售营业面积（万平方米）
全　省	**8**	**290**	**0.08**
武汉市	5	251	0.03
黄石市			
十堰市	1	5	0.01
宜昌市	1	2	0.01
襄阳市			
鄂州市			
荆门市			
孝感市			
荆州市			
黄冈市			
咸宁市			
随州市	1	32	0.03
恩施州			
仙桃市			
潜江市			
天门市			
神农架			

1-B-10 续表 15

(邮购)

地　区	法人单位数（个）	年末从业人数（人）	年末零售营业面积（万平方米）
全　省	**43**	**216**	**0.42**
武汉市	34	146	0.31
黄石市	1	3	0.01
十堰市			
宜昌市			
襄阳市	2	16	0.03
鄂州市			
荆门市			
孝感市	1	7	0.01
荆州市	2	27	0.04
黄冈市	3	17	0.02
咸宁市			
随州市			
恩施州			
仙桃市			
潜江市			
天门市			
神农架			

1-B-10 续表 16

（网上商店）

地 区	法人单位数（个）	年末从业人数（人）	年末零售营业面积（万平方米）
全 省	**351**	**4212**	**5.91**
武汉市	294	3699	2.69
黄石市	2	7	0.01
十堰市	1	2	0.01
宜昌市	20	142	0.28
襄阳市	11	117	0.12
鄂州市	4	10	0.02
荆门市	3	13	0.02
孝感市	3	9	0.02
荆州市	6	21	0.02
黄冈市	2	14	0.03
咸宁市	1	13	0.01
随州市	2	7	0.01
恩施州	1	10	0.02
仙桃市			
潜江市			
天门市	1	148	2.65
神农架			

1-B-10 续表 17

（自动售货亭）

地 区	法人单位数（个）	年末从业人数（人）	年末零售营业面积（万平方米）
全 省	**15**	**83**	**0.27**
武汉市	2	3	0.01
黄石市			
十堰市			
宜昌市	1	14	
襄阳市	6	33	0.08
鄂州市			
荆门市			
孝感市			
荆州市	2	9	0.08
黄冈市			
咸宁市	2	11	0.05
随州市			
恩施州			
仙桃市	1	3	0.02
潜江市			
天门市	1	10	0.03
神农架			

1-B-10　续表 18

（电话购物）

地　区	法人单位数（个）	年末从业人数（人）	年末零售营业面积（万平方米）
全　省	**191**	**1028**	**2.03**
武汉市	131	720	1.08
黄石市	3	20	0.05
十堰市	13	53	0.37
宜昌市	2	5	0.01
襄阳市	38	219	0.47
鄂州市	1	3	0.01
荆门市			
孝感市			
荆州市	1	3	0.01
黄冈市			
咸宁市			
随州市	2	5	0.01
恩施州			
仙桃市			
潜江市			
天门市			
神农架			

1-B-11 分地区零售业法人企业财务状况

单位:万元

地 区	营业收入	#主营业务收入	资产总计
全 省	**53857547.0**	**52950089.8**	**33560739.7**
武汉市	24776564.9	24070109.1	18590038.8
黄石市	1522306.7	1510815.2	924673.1
十堰市	2336514.5	2313398.5	1519546.5
宜昌市	4236973.8	4207535.1	2583023.1
襄阳市	6782059.4	6749952.8	2959424.7
鄂州市	824840.8	820853.7	420753.2
荆门市	1245477.0	1240491.7	682864.0
孝感市	1876553.5	1857690.9	1082927.4
荆州市	1418435.3	1410778.2	766938.0
黄冈市	2301436.7	2280685.5	989084.5
咸宁市	2041771.2	2032158.3	694624.6
随州市	1182107.4	1162101.2	430172.3
恩施州	1050007.2	1040561.3	624515.5
仙桃市	798503.6	792083.3	437472.9
潜江市	620887.5	620517.6	189133.0
天门市	830360.7	827817.4	577604.9
神农架	12746.8	12539.8	87943.0

1-B-12 分地区零售业法人企业财务状况(按国民经济行业分)

(综合零售)

单位:万元

地 区	营业收入	#主营业务收入	资产总计
全 省	**15250669.9**	**14791179.0**	**9319527.9**
武汉市	6836411.6	6457809.3	5034738.1
黄石市	231939.2	227846.4	121715.9
十堰市	1025253.4	1009208.1	590991.4
宜昌市	1157508.7	1145095.5	800039.7
襄阳市	1722473.2	1711486.6	773514.7
鄂州市	66722.0	66374.9	68077.0
荆门市	530111.2	528167.3	202159.2
孝感市	448458.5	442302.5	254894.2
荆州市	270151.3	268431.8	200439.6
黄冈市	922606.1	909122.9	335168.4
咸宁市	493594.4	492954.8	147255.1
随州市	406364.3	400674.3	126687.1
恩施州	345384.8	341507.7	187452.9
仙桃市	315041.9	312712.1	214678.6
潜江市	247175.3	247080.4	53023.1
天门市	227403.9	226384.2	142111.3
神农架	4070.2	4020.2	66581.6

1-B-12 续表1

(食品、饮料及烟草制品专门零售) 单位:万元

地 区	营业收入	#主营业务收入	资产总计
全 省	**4428034.0**	**4399639.9**	**1961082.0**
武汉市	791831.8	782448.4	494335.3
黄石市	187290.0	185749.4	221608.5
十堰市	238340.3	237368.6	94753.6
宜昌市	510891.8	509348.4	273653.8
襄阳市	1214407.5	1212640.7	319302.8
鄂州市	40836.8	39993.6	11935.2
荆门市	60131.6	58955.3	38336.6
孝感市	282706.3	280751.5	77600.1
荆州市	155500.9	154978.7	86248.3
黄冈市	326307.8	323870.5	133629.5
咸宁市	322454.2	321854.0	46887.1
随州市	153537.7	148399.1	55574.3
恩施州	59716.2	59461.8	47033.3
仙桃市	61663.9	61513.8	24869.0
潜江市	3010.7	3010.7	5396.1
天门市	17196.5	17167.6	19907.4
神农架	2210.1	2128.1	10011.0

1-B-12　续表 2

(纺织、服装及日用品专门零售)　单位:万元

地　区	营业收入	#主营业务收入	资产总计
全　省	**2552968.4**	**2533728.8**	**1808483.3**
武汉市	934033.1	927316.6	634937.0
黄石市	87253.9	87206.8	80335.8
十堰市	61983.6	60922.7	39854.9
宜昌市	315139.2	313021.5	207131.5
襄阳市	592477.3	587629.1	423789.6
鄂州市	151934.0	151901.3	37482.7
荆门市	36733.4	36447.6	22939.8
孝感市	69067.8	67821.1	114737.9
荆州市	68300.9	67613.2	52491.0
黄冈市	27036.7	26795.0	22767.0
咸宁市	72444.3	72253.0	47618.8
随州市	36060.0	35810.5	22461.8
恩施州	46791.5	45306.2	36178.4
仙桃市	41361.3	41361.0	32914.8
潜江市	2624.4	2619.4	24932.8
天门市	9584.0	9565.5	7410.2
神农架	143.3	138.3	499.1

1-B-12 续表 3

（文化、体育用品及器材专门零售） 单位:万元

地 区	营业收入		资产总计
		#主营业务收入	
全 省	**1240377.6**	**1233594.4**	**1145020.8**
武汉市	389891.2	386481.8	396568.6
黄石市	15638.6	15612.1	11445.1
十堰市	37580.6	37228.1	71667.5
宜昌市	120389.8	119745.8	102604.1
襄阳市	218702.4	217755.1	182657.5
鄂州市	4683.9	4670.4	3522.1
荆门市	30423.7	30416.3	23332.2
孝感市	37478.4	37192.9	50748.3
荆州市	116428.3	116315.4	75109.0
黄冈市	36954.2	36929.7	33655.0
咸宁市	46973.7	46748.6	28423.8
随州市	13998.0	13770.2	19437.6
恩施州	23935.1	23503.4	21054.2
仙桃市	25793.0	25793.0	13654.5
潜江市	1215.1	1140.0	594.5
天门市	120291.6	120291.6	110546.9
神农架			

1-B-12　续表4

（医药及医疗器材专门零售）　　　　单位:万元

地　区	营业收入	#主营业务收入	资产总计
全　省	**3373970.7**	**3360142.5**	**2358826.0**
武汉市	2428586.3	2421007.7	1693561.0
黄石市	44802.7	44764.1	25874.4
十堰市	145238.0	144671.7	75205.1
宜昌市	130393.2	130273.2	88909.6
襄阳市	144405.5	143359.9	78598.7
鄂州市	20474.8	20435.8	17079.6
荆门市	80373.2	80224.1	52831.3
孝感市	49813.2	49735.6	112634.5
荆州市	85808.8	85477.6	39822.1
黄冈市	50166.7	50009.6	32681.2
咸宁市	58560.3	58426.5	31754.1
随州市	20336.9	17283.7	5691.7
恩施州	55011.7	54892.1	40433.7
仙桃市	12672.3	12672.3	6517.4
潜江市	9184.4	9172.8	27242.0
天门市	37051.8	36644.8	28258.4
神农架	1090.8	1090.8	1731.2

1-B-12 续表 5

(汽车、摩托车、燃料及零配件专门零售) 单位:万元

地 区	营业收入	#主营业务收入	资产总计
全 省	**16531865.5**	**16455023.7**	**8248328.2**
武汉市	8864247.9	8823188.3	4867351.8
黄石市	660156.1	655797.7	278504.2
十堰市	509637.4	507784.6	446916.3
宜昌市	1239452.7	1231960.1	601700.3
襄阳市	1409399.1	1405203.8	536498.2
鄂州市	261581.5	260232.8	95684.6
荆门市	322679.1	321995.8	201264.3
孝感市	585397.9	580016.8	213731.8
荆州市	416460.9	414474.8	158063.2
黄冈市	509823.0	507938.0	205068.0
咸宁市	298323.1	297923.5	147574.8
随州市	439137.8	434881.2	141797.9
恩施州	314684.4	313548.3	161485.6
仙桃市	172186.4	171597.9	55602.9
潜江市	201632.0	201566.5	14611.2
天门市	325515.1	325382.6	120034.5
神农架	1551.0	1531.0	2438.6

1-B-12　续表 6

(家用电器及电子产品专门零售)　　单位:万元

地　区	营业收入	#主营业务收入	资产总计
全　省	**4723785.6**	**4635927.6**	**2817949.7**
武汉市	1986408.2	1913435.1	1453249.5
黄石市	146446.3	145403.0	86210.8
十堰市	149514.3	148992.8	84470.9
宜昌市	374054.6	372055.5	208316.3
襄阳市	653043.2	650181.8	232391.1
鄂州市	26663.4	26395.8	16164.8
荆门市	87582.4	87185.3	45649.5
孝感市	216801.8	216035.2	139100.2
荆州市	168634.9	166862.1	74487.7
黄冈市	160182.6	159386.3	94588.6
咸宁市	294703.7	292991.3	101770.7
随州市	50954.6	50371.1	23237.6
恩施州	125290.1	124078.0	64750.1
仙桃市	85285.3	84759.3	46019.2
潜江市	136145.6	136130.4	31559.1
天门市	60427.1	60047.2	114884.6
神农架	1647.6	1617.6	1099.0

1-B-12 续表 7

(五金、家具及室内装饰材料专门零售) 单位:万元

地 区	营业收入	#主营业务收入	资产总计
全 省	**2702177.5**	**2686238.4**	**4203132.8**
武汉市	648904.5	645024.7	3099786.3
黄石市	100940.7	100649.0	66022.3
十堰市	129009.4	128192.8	80806.7
宜昌市	258801.5	257737.3	182363.0
襄阳市	510616.2	507688.6	272062.7
鄂州市	98162.0	97367.1	54796.5
荆门市	78377.9	78280.3	75756.0
孝感市	97164.6	95545.3	83549.3
荆州市	86658.7	86299.2	42761.0
黄冈市	160035.8	159673.9	56439.7
咸宁市	370707.7	368193.2	82837.3
随州市	52975.9	52302.3	27712.1
恩施州	39970.5	39503.7	35581.3
仙桃市	47706.6	47706.6	19461.6
潜江市	7401.9	7381.9	5190.7
天门市	14578.6	14527.5	16556.3
神农架	1018.6	1018.6	2241.0

1-B-12　续表 8

（货摊、无店铺及其他零售业）　　单位：万元

地　区	营业收入	#主营业务收入	资产总计
全　省	**3053697.7**	**2854615.5**	**1698388.9**
武汉市	1896250.3	1713397.1	915511.2
黄石市	47839.3	47786.8	32956.1
十堰市	39957.5	39029.1	34880.1
宜昌市	130342.4	128297.9	118304.9
襄阳市	316534.9	314007.1	140609.5
鄂州市	153782.3	153482.1	116010.7
荆门市	19064.5	18819.7	20595.1
孝感市	89665.0	88290.0	35931.1
荆州市	50490.7	50325.6	37516.1
黄冈市	108323.9	106959.7	75087.0
咸宁市	84009.8	80813.4	60502.8
随州市	8742.3	8608.9	7572.2
恩施州	39223.1	38760.1	30546.0
仙桃市	36792.9	33967.3	23754.9
潜江市	12498.2	12415.6	26583.6
天门市	18312.0	17806.4	17895.3
神农架	1868.8	1848.8	4132.5

1-B-13 分地区零售业法人企业财务状况(按登记注册类型分)

(内资企业) 单位:万元

地 区	营业收入	#主营业务收入	资产总计
全 省	**50519504.4**	**49920616.1**	**31767521.6**
武汉市	21938449.7	21539251.9	17105141.9
黄石市	1487774.6	1476285.7	909452.6
十堰市	2336119.6	2313003.6	1518901.0
宜昌市	4063908.2	4035558.3	2481552.5
襄阳市	6737619.7	6705530.5	2947291.0
鄂州市	685039.0	681061.9	322284.8
荆门市	1239479.8	1234494.6	676800.7
孝感市	1844452.2	1825589.6	1066752.3
荆州市	1382471.7	1374814.6	757359.8
黄冈市	2291265.4	2270706.1	970871.2
咸宁市	2029965.1	2020352.2	683336.3
随州市	1182107.4	1162101.2	430172.3
恩施州	1047286.9	1037841.0	623917.2
仙桃市	798408.1	791987.9	437226.0
潜江市	612937.0	612567.1	171363.9
天门市	829473.2	826929.9	577154.9
神农架	12746.8	12539.8	87943.0

1-B-13　续表 1

(国有企业)　　单位:万元

地　区	营业收入	#主营业务收入	资产总计
全　省	**2386809.3**	**2374917.6**	**952796.0**
武汉市	879409.5	877788.9	533454.4
黄石市	58526.7	58498.5	12154.0
十堰市	35574.5	35065.8	49575.8
宜昌市	259535.7	256287.5	87548.8
襄阳市	149578.4	149491.3	45218.1
鄂州市	3527.1	3523.1	4031.4
荆门市	17781.9	17750.3	21424.9
孝感市	248403.1	244863.1	60286.9
荆州市	20062.7	19665.4	13671.4
黄冈市	251221.3	250691.5	61060.0
咸宁市	113005.9	112953.3	24449.2
随州市	209748.4	207980.0	23601.1
恩施州	2087.6	2087.6	2416.0
仙桃市	4847.4	4847.4	6835.8
潜江市	132922.7	132847.5	5214.1
天门市	512.5	512.5	1525.0
神农架	64.0	64.0	329.0

1-B-13 续表 2

(集体企业) 单位:万元

地 区	营业收入	#主营业务收入	资产总计
全 省	**1452537.0**	**1432894.2**	**521064.2**
武汉市	97167.8	94397.4	192009.2
黄石市	13149.6	13146.6	17537.9
十堰市	189758.4	189149.7	47491.6
宜昌市	37113.6	35281.1	13337.8
襄阳市	75233.0	74900.9	18026.9
鄂州市	9346.6	9152.8	6008.8
荆门市	287539.4	287276.0	92577.9
孝感市	63062.9	61671.2	17352.3
荆州市	4870.1	4791.0	7721.5
黄冈市	245464.0	236050.1	49209.1
咸宁市	354489.3	354462.7	22383.5
随州市	65059.4	63471.8	25198.4
恩施州	6619.3	5479.3	3562.5
仙桃市	698.6	698.6	250.1
潜江市	650.4	650.4	3949.0
天门市	2204.7	2204.7	4148.7
神农架	110.0	110.0	299.0

1-B-13　续表 3

(股份合作企业)　　单位:万元

地　区	营业收入	#主营业务收入	资产总计
全　省	**79936.3**	**78037.0**	**52451.2**
武汉市	35614.9	35353.9	20264.4
黄石市	7485.6	6221.0	9252.9
十堰市	2822.1	2812.1	1126.0
宜昌市	15229.9	15229.9	3002.6
襄阳市	3361.0	3360.9	1768.3
鄂州市	600.0	600.0	600.0
荆门市	3043.0	3043.0	50.0
孝感市	668.6	658.6	659.9
荆州市	160.9	140.9	556.8
黄冈市	6134.4	5911.6	8385.2
咸宁市	911.5	911.5	3252.6
随州市	3709.0	3608.2	2383.5
恩施州	55.4	55.4	89.0
仙桃市			
潜江市			
天门市	140.0	130.0	1060.0
神农架			

1-B-13 续表 4

(联营企业) 单位:万元

地 区	营业收入	#主营业务收入	资产总计
全 省	**52823.6**	**51719.8**	**29331.2**
武汉市	5368.5	5368.5	3428.0
黄石市	2264.3	2264.3	4378.3
十堰市	2500.9	2471.6	1192.9
宜昌市	932.4	932.4	2655.5
襄阳市	3415.6	3366.0	2567.4
鄂州市	33.8	33.8	232.1
荆门市	4282.2	4282.2	3966.7
孝感市	283.7	283.2	117.3
荆州市	181.7	181.7	736.7
黄冈市	3162.2	3138.6	6174.8
咸宁市	5022.7	5022.7	1614.0
随州市	24935.6	23935.6	1552.9
恩施州	12.0	11.3	50.0
仙桃市			
潜江市			
天门市	427.9	427.9	664.6
神农架			

1-B-13　续表 5

（有限责任公司）　　单位：万元

地　区	营业收入	#主营业务收入	资产总计
全　省	**20252818.4**	**20047314.6**	**12467175.1**
武汉市	10965633.6	10825207.3	7542074.0
黄石市	688873.4	683955.2	518545.0
十堰市	1175515.0	1161394.5	716359.4
宜昌市	1502926.2	1492886.1	880856.9
襄阳市	1887621.9	1876422.6	687542.4
鄂州市	236447.8	235964.9	87002.6
荆门市	199159.3	198437.3	77421.7
孝感市	478614.7	474457.2	242243.4
荆州市	693451.0	691601.9	373433.4
黄冈市	615893.8	613682.4	272141.1
咸宁市	390106.2	386837.1	173090.9
随州市	292386.7	289490.6	150553.3
恩施州	618465.2	612849.6	339588.8
仙桃市	181131.9	177754.9	102224.5
潜江市	102430.9	102418.3	49977.1
天门市	220103.6	219897.7	190030.3
神农架	4057.2	4057.2	64090.2

1-B-13 续表6

(股份有限公司) 单位:万元

地 区	营业收入		资产总计
		#主营业务收入	
全 省	**431345.6**	**387185.5**	**293873.5**
武汉市	295086.0	253809.5	196304.0
黄石市	1749.3	1742.4	1260.7
十堰市	6349.6	6344.6	16324.0
宜昌市	29561.9	28274.6	23516.9
襄阳市	23345.4	23329.8	14328.3
鄂州市	6273.6	6073.5	635.4
荆门市	4077.2	4074.7	865.0
孝感市	5546.5	5321.2	3733.6
荆州市	1469.9	1451.3	1758.9
黄冈市	11215.0	10909.6	6465.0
咸宁市	3466.1	3464.1	1586.8
随州市	16942.1	16157.3	17703.5
恩施州	0.5	0.5	0.7
仙桃市	22943.9	22943.8	3390.9
潜江市	2276.6	2246.6	1983.2
天门市	1036.9	1036.9	4007.7
神农架	5.3	5.3	9.0

1-B-13　续表 7

(私营企业)　　单位:万元

地　区	营业收入	#主营业务收入	资产总计
全　省	**18073241.6**	**17966951.0**	**12712917.9**
武汉市	5284590.2	5255578.3	5309395.9
黄石市	365086.0	363821.3	264336.1
十堰市	789072.6	781809.2	588717.7
宜昌市	1996717.4	1985569.2	1335492.9
襄阳市	3993232.8	3976618.4	1940709.0
鄂州市	231550.2	229844.8	136326.6
荆门市	694082.7	690486.4	423207.8
孝感市	569405.8	563467.8	582373.8
荆州市	518786.2	513993.2	279278.8
黄冈市	591876.2	587338.2	390247.6
咸宁市	1085487.0	1079966.0	399247.5
随州市	377827.1	370366.9	113380.8
恩施州	399436.1	396948.0	251604.9
仙桃市	514087.7	511633.0	295500.4
潜江市	356203.9	355972.6	103208.8
天门市	298118.3	296063.2	277239.5
神农架	7681.5	7474.5	22649.8

1-B-13　续表 8

(其他企业)　　　　单位:万元

地　区	营业收入	#主营业务收入	资产总计
全　省	**1326028.8**	**1313049.4**	**1176285.0**
武汉市	254673.3	252836.2	433316.8
黄石市	12154.3	11916.0	9227.7
十堰市	35435.4	34885.6	37984.0
宜昌市	175244.5	174537.4	110126.6
襄阳市	301071.4	297280.4	206412.5
鄂州市	8861.3	8550.9	23265.7
荆门市	25329.1	24959.7	55659.8
孝感市	133707.0	133477.9	63819.5
荆州市	54088.9	53716.7	41381.8
黄冈市	163770.7	161610.9	65518.9
咸宁市	59541.0	58799.5	52621.7
随州市	11979.8	10800.8	12253.9
恩施州	16009.0	15807.5	19674.6
仙桃市	32571.8	32571.8	16555.5
潜江市	18452.7	18431.8	7031.7
天门市	23124.6	22852.3	21264.1
神农架	14.0	14.0	170.0

1-B-13 续表 9

（港、澳、台商投资企业） 单位：万元

地 区	营业收入	#主营业务收入	资产总计
全 省	**1446310.7**	**1331523.9**	**899239.8**
武汉市	1322051.9	1208542.8	818004.9
黄石市	11431.4	11431.4	12007.3
十堰市	130.9	130.9	12.3
宜昌市	12486.0	11397.6	6242.2
襄阳市	28336.7	28336.3	5035.6
鄂州市			
荆门市	2864.5	2864.5	4763.3
孝感市	27047.4	27047.4	14431.7
荆州市	27097.5	27097.5	7288.9
黄冈市	6914.0	6725.1	13684.4
咸宁市			
随州市			
恩施州			
仙桃市			
潜江市	7950.5	7950.5	17769.1
天门市			
神农架			

1-B-13 续表 10

(外商投资企业) 单位:万元

地 区	营业收入	#主营业务收入	资产总计
全 省	**1891731.8**	**1697949.9**	**893978.3**
武汉市	1516063.3	1322314.4	666892.0
黄石市	23100.8	23098.1	3213.2
十堰市	264.0	264.0	633.2
宜昌市	160579.7	160579.2	95228.4
襄阳市	16102.9	16085.9	7098.0
鄂州市	139801.8	139791.8	98468.4
荆门市	3132.6	3132.6	1300.0
孝感市	5053.9	5053.9	1743.5
荆州市	8866.1	8866.1	2289.3
黄冈市	3257.3	3254.3	4528.8
咸宁市	11806.1	11806.1	11288.3
随州市			
恩施州	2720.3	2720.3	598.3
仙桃市	95.5	95.5	246.9
潜江市			
天门市	887.5	887.5	450.0
神农架			

1-B-14 分地区零售业法人企业财务状况(按零售业态分)

(有店铺零售)　　单位:万元

地 区	营业收入	#主营业务收入	资产总计
全 省	**52836449.3**	**52106545.5**	**33218586.3**
武汉市	23932076.2	23402919.0	18376813.0
黄石市	1521922.1	1510430.6	924436.0
十堰市	2334126.2	2311047.0	1517330.9
宜昌市	4228504.9	4199085.4	2577315.7
襄阳市	6765397.7	6733316.1	2951789.0
鄂州市	684303.3	680436.9	322297.3
荆门市	1245457.2	1240473.4	682843.0
孝感市	1876484.2	1857621.6	1082805.2
荆州市	1416676.8	1409025.7	765550.9
黄冈市	2300776.9	2280050.8	987749.7
咸宁市	2041479.9	2031881.0	693776.6
随州市	1181976.1	1161971.4	428128.1
恩施州	1049872.2	1040426.3	624457.5
仙桃市	796904.8	790484.6	436148.8
潜江市	620880.5	620510.6	189125.0
天门市	826863.5	824325.2	570676.7
神农架	12746.8	12539.8	87343.0

1-B-14 续表 1

(食杂店) 单位:万元

地 区	营业收入	#主营业务收入	资产总计
全 省	**447213.4**	**444935.5**	**163640.4**
武汉市	19989.8	19795.7	20023.2
黄石市	5644.3	5531.7	9210.6
十堰市	6409.3	6278.4	4001.0
宜昌市	32701.1	32407.4	29234.7
襄阳市	252388.3	252015.5	46163.3
鄂州市	4714.6	4159.9	711.7
荆门市	6024.5	5996.0	2370.7
孝感市	3433.8	3355.1	1983.8
荆州市	5482.4	5461.4	4691.2
黄冈市	11508.0	11425.5	23363.9
咸宁市	90502.1	90110.5	15944.4
随州市	269.6	269.6	243.7
恩施州	1044.2	1027.2	1819.8
仙桃市	6884.0	6884.0	3274.2
潜江市	21.3	21.3	54.2
天门市	16.2	16.2	500.0
神农架	180.0	180.0	50.0

1-B-14　续表 2

(便利店)　　　　单位:万元

地 区	营业收入	#主营业务收入	资产总计
全 省	**1730114.7**	**1709876.3**	**905575.9**
武汉市	199034.0	197210.3	214224.6
黄石市	19688.5	19614.4	12209.9
十堰市	388704.9	377828.1	134521.1
宜昌市	250824.3	247658.6	187269.9
襄阳市	567443.3	566184.6	187254.7
鄂州市	2941.7	2887.8	5955.4
荆门市	28586.0	27701.7	25830.5
孝感市	29362.3	28527.4	23956.8
荆州市	20654.4	20412.2	15259.3
黄冈市	125961.2	125493.5	40277.9
咸宁市	25501.9	25162.4	17936.6
随州市	5125.7	5032.2	3945.0
恩施州	15873.4	15785.4	8783.6
仙桃市	35398.4	35394.6	14748.3
潜江市	3145.8	3139.4	4638.1
天门市	11779.9	11754.6	8313.4
神农架	89.0	89.0	451.0

1-B-14 续表 3

(折扣店) 单位:万元

地 区	营业收入	#主营业务收入	资产总计
全 省	**22246.7**	**22199.0**	**21517.7**
武汉市	12770.0	12769.8	11932.6
黄石市	340.7	340.7	123.7
十堰市	1310.6	1299.2	1460.3
宜昌市	1884.6	1884.6	1381.1
襄阳市	3895.6	3864.4	3222.4
鄂州市	1224.4	1224.4	1932.0
荆门市	36.9	36.9	45.1
孝感市			159.7
荆州市			0.0
黄冈市	215.0	215.0	588.3
咸宁市	18.0	18.0	13.0
随州市	300.0	300.0	400.0
恩施州	170.2	165.2	60.0
仙桃市			
潜江市	23.7	23.7	45.0
天门市	57.2	57.2	154.5
神农架			

1-B-14　续表 4

（超市）　　单位:万元

地　区	营业收入	#主营业务收入	资产总计
全　省	**2999183.0**	**2977782.1**	**1510561.7**
武汉市	306922.2	304905.3	156183.4
黄石市	60734.0	60566.9	37571.1
十堰市	215261.3	213849.8	82480.9
宜昌市	280764.2	277214.9	201370.7
襄阳市	501405.8	497739.0	228773.9
鄂州市	12107.1	11937.5	7247.9
荆门市	100338.3	100024.1	49240.0
孝感市	188840.8	187033.0	140774.9
荆州市	158110.4	156348.8	94796.4
黄冈市	341888.0	338813.7	134239.8
咸宁市	235376.4	235259.3	100692.2
随州市	130750.1	129073.9	50978.8
恩施州	143224.5	142313.5	77133.8
仙桃市	17571.0	17513.6	11886.4
潜江市	211334.2	211271.7	32191.2
天门市	90806.0	90168.6	42145.9
神农架	3748.5	3748.5	62854.5

1-B-14 续表 5

(大型超市) 单位:万元

地 区	营业收入	#主营业务收入	资产总计
全 省	**4666412.7**	**4530176.4**	**2696746.7**
武汉市	2580439.2	2454718.8	1646737.7
黄石市	53857.0	52915.8	27616.6
十堰市	314891.6	314691.6	234461.8
宜昌市	171101.3	169808.6	145552.5
襄阳市	209631.6	208145.6	47228.3
鄂州市	9596.4	9596.4	6737.7
荆门市	119366.1	118590.4	40088.2
孝感市	147009.4	146251.3	60515.7
荆州市	41544.8	41542.2	21658.8
黄冈市	335735.3	335596.5	106236.1
咸宁市	73565.7	73339.6	19887.1
随州市	13363.3	13363.3	4412.8
恩施州	169797.9	167117.5	50735.5
仙桃市	173908.6	171939.2	141164.2
潜江市	133044.3	133044.3	41760.7
天门市	119560.1	119515.1	101953.0
神农架			

1-B-14　续表 6

（仓储会员店）　　单位:万元

地　区	营业收入	#主营业务收入	资产总计
全　省	**68738.2**	**66164.8**	**58091.2**
武汉市	10689.6	10689.6	4702.3
黄石市	23739.8	22584.5	12197.9
十堰市	1720.8	1680.8	2376.6
宜昌市	2694.1	1938.5	2971.6
襄阳市	23472.1	23321.8	21719.1
鄂州市	318.0	318.0	2006.0
荆门市	41.0	41.0	876.0
孝感市	3372.0	2900.5	9093.1
荆州市	636.4	635.7	767.6
黄冈市	192.0	192.0	102.5
咸宁市	1261.9	1261.9	1187.5
随州市			
恩施州			
仙桃市	600.5	600.5	90.8
潜江市			
天门市			
神农架			

1-B-14　续表 7

(百货店)　　　　单位:万元

地　区	营业收入	#主营业务收入	资产总计
全　省	**7694889.9**	**7400313.5**	**5308547.8**
武汉市	4004538.7	3752745.5	3289708.7
黄石市	155034.4	152089.3	66918.9
十堰市	281578.0	277127.9	209104.6
宜昌市	663783.3	657750.0	449320.5
襄阳市	964365.9	956236.8	537337.0
鄂州市	44664.6	44406.6	64540.8
荆门市	332028.6	331780.4	113492.3
孝感市	145660.0	141317.3	77864.6
荆州市	106628.5	106255.6	106403.9
黄冈市	245170.9	235127.3	104267.6
咸宁市	207451.4	207185.8	43514.6
随州市	291714.1	287186.7	87366.4
恩施州	61416.6	60992.3	73709.6
仙桃市	134949.7	134650.6	58505.3
潜江市	33648.8	33613.8	9384.2
天门市	21459.6	21100.5	13023.4
神农架	797.0	747.0	4085.3

1-B-14　续表 8

（专业店）　　单位:万元

地 区	营业收入	#主营业务收入	资产总计
全　省	**20414739.3**	**20236507.4**	**11812453.7**
武汉市	11068909.1	10953187.5	7326097.8
黄石市	592919.1	588456.8	301661.6
十堰市	562407.5	559781.4	435068.1
宜昌市	1475453.5	1467566.3	722632.4
襄阳市	1752796.4	1742868.6	760486.4
鄂州市	394130.6	393666.5	118302.0
荆门市	255651.9	253483.9	188670.4
孝感市	843480.7	834777.5	278317.9
荆州市	652387.3	648959.3	297236.9
黄冈市	786159.9	782896.1	327277.1
咸宁市	818471.0	813502.6	306799.4
随州市	324541.5	314464.5	129447.8
恩施州	188190.7	186838.3	146391.6
仙桃市	134551.6	131725.8	69628.5
潜江市	219882.0	219741.8	79166.0
天门市	340076.3	339915.4	317819.6
神农架	4730.1	4675.1	7450.1

1-B-14 续表 9

(专卖店) 单位:万元

地 区	营业收入	#主营业务收入	资产总计
全 省	**12471705.0**	**12415905.8**	**6784751.2**
武汉市	5145414.6	5117387.9	3015726.7
黄石市	443749.2	442400.5	264225.7
十堰市	411532.2	408709.6	326577.0
宜昌市	1203997.8	1199028.8	694414.7
襄阳市	2168299.1	2163136.3	959228.4
鄂州市	39000.9	38662.5	33497.9
荆门市	347008.4	346537.4	201561.9
孝感市	405508.0	404620.7	231192.2
荆州市	372561.6	371031.0	202166.7
黄冈市	323180.2	321463.0	187266.8
咸宁市	315365.4	314049.3	125237.5
随州市	364072.1	361566.4	114684.9
恩施州	416959.4	414612.4	219637.9
仙桃市	264213.1	262948.5	115590.9
潜江市	15181.3	15130.7	16594.4
天门市	232504.3	231565.5	66165.5
神农架	3157.2	3055.2	10982.1

1-B-14　续表 10

（家居建材商店）　　单位:万元

地　区	营业收入	#主营业务收入	资产总计
全　省	**876934.1**	**870192.0**	**2477110.9**
武汉市	167103.2	165420.7	2091330.1
黄石市	29601.2	29353.1	17007.8
十堰市	39622.0	39493.9	22099.9
宜昌市	65324.9	64879.1	60514.2
襄阳市	127151.3	126880.2	56415.3
鄂州市	83255.3	82464.4	20532.2
荆门市	49219.5	49209.5	50750.0
孝感市	61079.6	60301.2	37056.7
荆州市	10356.6	10251.1	10773.3
黄冈市	88214.3	88128.8	25314.4
咸宁市	102122.1	100243.8	37474.9
随州市	9695.5	9562.3	9691.4
恩施州	25674.4	25512.9	17981.7
仙桃市	11921.3	11921.3	8065.7
潜江市	1485.3	1485.3	1968.0
天门市	5062.5	5039.5	8865.4
神农架	45.0	45.0	1270.0

1-B-14 续表11

(购物中心) 单位:万元

地　区	营业收入	#主营业务收入	资产总计
全　省	**139146.3**	**137290.3**	**225510.6**
武汉市	16886.3	16810.6	16457.3
黄石市	478.2	478.2	290.6
十堰市	29770.9	29761.3	14694.7
宜昌市	3455.6	2930.7	19480.3
襄阳市	4277.2	4272.7	4314.9
鄂州市	10351.5	10351.5	17270.4
荆门市	3843.9	3843.9	5192.1
孝感市	39294.4	39289.4	122116.9
荆州市	113.6	113.6	730.0
黄冈市	3877.3	3857.1	3473.2
咸宁市	10318.2	10318.2	4929.4
随州市	2620.0	2620.0	1210.2
恩施州	8693.1	7552.1	5952.3
仙桃市	4289.1	4289.1	8043.2
潜江市	828.9	753.7	1288.1
天门市	48.0	48.0	67.0
神农架			

1-B-14　续表 12

(厂家直销中心)　　单位:万元

地　区	营业收入	#主营业务收入	资产总计
全　省	**1305125.8**	**1295202.5**	**1254078.5**
武汉市	399379.6	397277.3	583688.6
黄石市	136135.8	136098.7	175401.5
十堰市	80917.2	80544.9	50484.9
宜昌市	76520.2	76017.9	63173.0
襄阳市	190271.0	188650.4	99645.4
鄂州市	81998.1	80761.5	43563.3
荆门市	3312.1	3228.2	4725.9
孝感市	9443.1	9248.1	99772.9
荆州市	48200.7	48014.7	11066.8
黄冈市	38674.9	36842.4	35342.1
咸宁市	161525.7	161429.6	20159.9
随州市	39524.0	38532.5	25747.2
恩施州	18828.0	18509.6	22251.6
仙桃市	12617.3	12617.3	5151.3
潜江市	2284.8	2284.8	2035.0
天门市	5493.4	5144.6	11669.0
神农架			200.0

1-B-14 续表 13

(无店铺零售)　　单位:万元

地 区	营业收入	#主营业务收入	资产总计
全 省	**1002449.0**	**825495.2**	**313813.8**
武汉市	833909.1	657189.9	193229.4
黄石市	384.6	384.6	237.2
十堰市	1304.4	1267.7	1616.5
宜昌市	5475.4	5456.2	4942.6
襄阳市	14820.4	14795.4	3701.4
鄂州市	140535.5	140414.8	98453.9
荆门市	19.8	18.3	21.0
孝感市	69.3	69.3	122.2
荆州市	1701.8	1695.8	1308.6
黄冈市	168.7	163.7	260.6
咸宁市	291.3	277.3	848.0
随州市	131.3	129.8	2044.3
恩施州	120.0	120.0	50.0
仙桃市	20.2	20.2	50.0
潜江市			
天门市	3497.3	3492.3	6928.3
神农架			

1-B-14　续表 14

（电视购物）　　　　单位：万元

地　区	营业收入	#主营业务收入	资产总计
全　省	**21752.7**	**21751.7**	**16327.0**
武汉市	21580.7	21580.7	14341.4
黄石市			
十堰市	120.9	120.9	38.6
宜昌市	51.0	50.0	58.0
襄阳市			
鄂州市			
荆门市			
孝感市			
荆州市			
黄冈市			
咸宁市			
随州市			1889.0
恩施州			
仙桃市			
潜江市			
天门市			
神农架			

1-B-14 续表 15

(邮购) 单位:万元

地 区	营业收入	#主营业务收入	资产总计
全 省	**6776.7**	**6768.6**	**6220.9**
武汉市	5647.2	5644.1	5724.7
黄石市	62.3	62.3	40.0
十堰市			
宜昌市			
襄阳市	392.3	392.3	120.6
鄂州市			
荆门市			
孝感市	32.4	32.4	25.0
荆州市	572.5	572.5	158.6
黄冈市	70.0	65.0	152.0
咸宁市			
随州市			
恩施州			
仙桃市			
潜江市			
天门市			
神农架			

1-B-14　续表 16

（网上商店）　　单位:万元

地　区	营业收入	#主营业务收入	资产总计
全　省	**937502.3**	**760658.5**	**252172.6**
武汉市	775021.7	598323.2	138090.1
黄石市	91.9	91.9	63.9
十堰市	87.4	87.4	23.7
宜昌市	5267.0	5249.4	4860.1
襄阳市	11654.4	11651.4	2235.7
鄂州市	140496.5	140375.8	98429.9
荆门市	19.8	18.3	21.0
孝感市	36.9	36.9	97.2
荆州市	921.3	920.3	838.0
黄冈市	98.7	98.7	108.6
咸宁市	221.3	221.3	453.0
随州市	8.3	6.8	23.2
恩施州	120.0	120.0	50.0
仙桃市			
潜江市			
天门市	3457.3	3457.3	6878.3
神农架			

1–B–14 续表 17

（自动售货亭） 单位：万元

地 区	营业收入	#主营业务收入	资产总计
全 省	**1041.6**	**1013.7**	**1089.3**
武汉市	12.0	12.0	120.0
黄石市			
十堰市			
宜昌市	150.0	150.0	22.5
襄阳市	551.4	547.5	289.8
鄂州市			
荆门市			
孝感市			
荆州市	198.0	193.0	162.0
黄冈市			
咸宁市	70.0	56.0	395.0
随州市			
恩施州			
仙桃市	20.2	20.2	50.0
潜江市			
天门市	40.0	35.0	50.0
神农架			

1-B-14　续表 18

（电话购物）　单位：万元

地　区	营业收入	#主营业务收入	资产总计
全　省	**35375.7**	**35302.7**	**38004.0**
武汉市	31647.5	31629.8	34953.3
黄石市	230.4	230.4	133.3
十堰市	1096.1	1059.4	1554.2
宜昌市	7.4	6.8	2.0
襄阳市	2222.3	2204.2	1055.3
鄂州市	39.0	39.0	24.0
荆门市			
孝感市			
荆州市	10.0	10.0	150.0
黄冈市			
咸宁市			
随州市	123.0	123.0	132.0
恩施州			
仙桃市			
潜江市			
天门市			
神农架			

第2篇

住宿和餐饮业基本情况及财务状况

A. 行业部分

2-A-1 住宿业法人企业基本情况

分 组	法人单位数（个）	年末从业人数（人）	年末餐饮营业面积（万平方米）
总 计	**2863**	**101917**	**359.16**
按国民经济行业分组			
旅游饭店	946	64727	180.49
一般旅馆	1565	30963	143.47
其他住宿业	352	6227	35.20
按登记注册类型分组			
内资企业	2831	95902	350.78
国有企业	154	9971	28.48
集体企业	50	2094	5.94
股份合作企业	18	546	3.16
联营企业	10	150	0.48
国有联营企业	3	20	0.18
集体联营企业	4	96	0.20
国有与集体联营企业			
其他联营企业	3	34	0.09
有限责任公司	675	34620	101.17
国有独资公司	15	1816	2.13
其他有限责任公司	660	32804	99.04
股份有限公司	41	3192	8.66
私营企业	1640	40465	179.80
私营独资企业	717	7829	45.80
私营合伙企业	103	1831	13.86
私营有限责任公司	762	28576	112.26
私营股份有限公司	58	2229	7.88
其他企业	243	4864	23.10
港、澳、台商投资企业	21	4548	4.57
合资经营企业	5	1358	0.90
合作经营企业	2	816	0.32
独资经营企业	11	1776	2.74
投资股份有限公司	3	598	0.62
其他港澳台商投资企业			
外商投资企业	11	1467	3.81
中外合资经营企业	4	1035	1.77
中外合作经营企业			
外资企业	6	357	1.74
外商投资股份有限公司	1	75	0.30
其他外商投资企业			
按星级分组			
一星	63	10383	11.36
二星	178	17721	43.16
三星	333	19199	63.24
四星	84	4699	16.62
五星	23	1975	7.66
其他	2181	47917	217.11

2-A-2 住宿业法人企业财务状况

单位：万元

分 组	营业收入	#主营业务收入	资产总计
总 计	**1534249.0**	**1516063.0**	**3918400.2**
按国民经济行业分组			
旅游饭店	994182.8	986124.6	3050052.4
一般旅馆	454769.9	448358.0	694242.5
其他住宿业	85296.3	81580.4	174105.3
按登记注册类型分组			
内资企业	1419846.2	1402134.5	3631177.5
国有企业	142647.7	141012.7	320218.1
集体企业	36999.3	36802.4	46496.6
股份合作企业	4682.5	4682.5	13099.7
联营企业	1320.7	1290.7	3232.7
国有联营企业	155.0	125.0	397.0
集体联营企业	1024.4	1024.4	2251.3
国有与集体联营企业			
其他联营企业	141.3	141.3	584.4
有限责任公司	508933.5	501433.6	1728092.2
国有独资公司	46331.4	45534.5	153027.2
其他有限责任公司	462602.1	455899.2	1575065.0
股份有限公司	46277.4	45979.4	138203.6
私营企业	628485.7	621015.7	1285526.3
私营独资企业	113498.2	112350.9	172115.5
私营合伙企业	21554.2	21395.8	39839.3
私营有限责任公司	431831.7	425727.1	984414.9
私营股份有限公司	61601.6	61542.0	89156.7
其他企业	50499.5	49917.6	96308.2
港、澳、台商投资企业	90173.5	90172.3	219279.6
合资经营企业	34196.5	34196.5	88670.5
合作经营企业	14184.8	14184.8	14499.1
独资经营企业	27941.6	27940.4	96026.4
投资股份有限公司	13850.6	13850.6	20083.6
其他港澳台商投资企业			
外商投资企业	24229.3	23756.2	67943.1
中外合资经营企业	19645.9	19645.9	52482.5
中外合作经营企业			
外资企业	3652.9	3652.9	6486.3
外商投资股份有限公司	930.5	457.4	8974.3
其他外商投资企业			
按星级分组			
一星	223363.2	221633.0	763641.8
二星	245046.4	238996.4	813541.8
三星	248756.0	245975.5	548579.9
四星	79943.6	79396.2	180103.4
五星	11506.7	11484.1	88244.0
其他	725584.0	718530.8	1524139.2

2-A-3　餐饮业法人企业基本情况

分　组	法人单位数（个）	年末从业人数（人）	年末餐饮营业面积（万平方米）
总　计	**7351**	**193759**	**600.15**
按国民经济行业分组			
正餐服务	5782	155270	542.05
快餐服务	458	26444	26.02
饮料及冷饮服务	154	2918	7.05
茶馆服务	67	554	2.67
咖啡馆服务	48	1882	2.68
酒吧服务	18	322	1.32
其他饮料及冷饮服务	21	160	0.39
其他餐饮业	957	9127	25.03
小吃服务	614	3613	10.44
餐饮配送服务	83	1704	3.84
其他未列明餐饮业	260	3810	10.75
按登记注册类型分组			
内资企业	7284	167183	577.79
国有企业	72	2892	8.60
集体企业	51	987	3.36
股份合作企业	27	642	1.83
联营企业	17	531	0.99
国有联营企业	1	3	0.02
集体联营企业	10	422	0.74
国有与集体联营企业	3	78	0.16
其他联营企业	3	28	0.07
有限责任公司	1118	56626	164.19
国有独资公司	8	1568	1.06
其他有限责任公司	1110	55058	163.13
股份有限公司	49	2757	7.35
私营企业	5323	95109	360.53
私营独资企业	3542	36585	149.47
私营合伙企业	173	3330	11.57
私营有限责任公司	1514	51986	189.92
私营股份有限公司	94	3208	9.57
其他企业	627	7639	30.95
港、澳、台商投资企业	35	3786	6.09
合资经营企业	8	576	1.45
合作经营企业	1	5	0.01
独资经营企业	23	3121	4.37
投资股份有限公司	3	84	0.26
其他港澳台商投资企业			
外商投资企业	32	22790	16.27
中外合资经营企业	5	783	1.63
中外合作经营企业	1	2	0.02
外资企业	20	21854	13.95
外商投资股份有限公司	1	4	0.03
其他外商投资企业	5	147	0.64

2-A-4 餐饮业法人企业财务状况

单位:万元

分组	营业收入	#主营业务收入	资产总计
总 计	**3000818.6**	**2978019.0**	**3307533.6**
按国民经济行业分组			
正餐服务	2453793.0	2433365.3	2939110.8
快餐服务	379017.6	377929.7	205412.8
饮料及冷饮服务	44308.4	44213.7	30440.0
茶馆服务	6012.5	5969.9	6378.1
咖啡馆服务	34326.1	34313.9	19607.7
酒吧服务	2099.4	2098.9	3326.0
其他饮料及冷饮服务	1870.3	1831.0	1128.2
其他餐饮业	123699.6	122510.2	132570.0
小吃服务	61121.4	60576.0	34153.7
餐饮配送服务	20442.0	20281.6	21005.0
其他未列明餐饮业	42136.3	41652.7	77411.3
按登记注册类型分组			
内资企业	2604811.6	2582496.8	3037620.6
国有企业	48108.1	47610.5	59107.9
集体企业	14313.7	14261.3	12391.4
股份合作企业	7049.1	6989.1	6324.1
联营企业	48263.2	48203.2	13004.4
国有联营企业	15.0	15.0	20.0
集体联营企业	47434.6	47394.6	11902.5
国有与集体联营企业	692.0	692.0	759.9
其他联营企业	121.6	101.6	322.0
有限责任公司	808102.5	803691.9	1167535.2
国有独资公司	12702.9	12702.9	73231.1
其他有限责任公司	795399.6	790989.0	1094304.1
股份有限公司	29500.0	29265.2	62300.6
私营企业	1522086.8	1506690.6	1579488.7
私营独资企业	605731.1	600154.6	515430.6
私营合伙企业	34071.7	33853.1	36943.5
私营有限责任公司	835989.3	826514.5	978792.7
私营股份有限公司	46294.6	46168.4	48321.9
其他企业	127388.1	125784.9	137468.3
港、澳、台商投资企业	74404.6	74103.2	78715.6
合资经营企业	7487.9	7487.9	27294.2
合作经营企业	19.0	19.0	3.9
独资经营企业	65996.3	65822.0	50635.4
投资股份有限公司	901.4	774.2	782.1
其他港澳台商投资企业			
外商投资企业	321602.4	321419.1	191197.4
中外合资经营企业	8283.2	8282.3	17345.9
中外合作经营企业	0.0	0.0	992.7
外资企业	311277.7	311096.1	171835.1
外商投资股份有限公司	108.7	108.7	57.2
其他外商投资企业	1932.8	1932.0	966.4

B. 地区部分

2-B-1　分地区住宿业法人企业基本情况

地　区	法人单位数（个）	年末从业人数（人）	年末餐饮营业面积（万平方米）
全　省	**2863**	**101917**	**359.16**
武汉市	870	37120	90.05
黄石市	121	3496	11.40
十堰市	158	6463	26.93
宜昌市	453	11193	41.97
襄阳市	226	8215	26.13
鄂州市	40	1509	10.37
荆门市	97	4026	17.82
孝感市	69	2762	17.07
荆州市	138	3945	23.22
黄冈市	186	5183	22.66
咸宁市	150	6611	18.41
随州市	67	2447	13.03
恩施州	148	4285	20.65
仙桃市	62	1833	8.28
潜江市	36	1586	6.19
天门市	13	413	1.85
神农架	29	830	3.14

2-B-2 分地区住宿业法人企业基本情况(按国民经济行业分)

(旅游饭店)

地 区	法人单位数(个)	年末从业人数(人)	年末餐饮营业面积(万平方米)
全 省	**946**	**64727**	**180.49**
武汉市	283	25682	38.42
黄石市	32	2095	4.65
十堰市	67	4708	17.56
宜昌市	90	6781	21.74
襄阳市	49	3700	11.73
鄂州市	20	1223	5.06
荆门市	35	2011	7.85
孝感市	36	1955	11.51
荆州市	52	2434	13.91
黄冈市	68	2791	11.16
咸宁市	75	5175	10.77
随州市	25	1126	6.34
恩施州	62	2106	11.36
仙桃市	14	1127	2.87
潜江市	12	996	2.30
天门市	3	51	0.33
神农架	23	766	2.93

2-B-2　续表 1

（一般旅馆）

地　区	法人单位数（个）	年末从业人数（人）	年末餐饮营业面积（万平方米）
全　省	**1565**	**30963**	**143.47**
武汉市	453	9402	39.22
黄石市	73	1188	5.34
十堰市	65	1407	6.15
宜昌市	336	4098	17.89
襄阳市	156	4218	13.47
鄂州市	17	256	5.02
荆门市	58	1974	9.73
孝感市	25	661	3.95
荆州市	75	1398	8.23
黄冈市	76	1448	6.59
咸宁市	59	1064	6.19
随州市	31	860	4.47
恩施州	76	1708	8.13
仙桃市	43	604	5.01
潜江市	13	282	2.50
天门市	6	336	1.39
神农架	3	59	0.20

2–B–2 续表 2

（其他住宿业）

地 区	法人单位数（个）	年末从业人数（人）	年末餐饮营业面积（万平方米）
全 省	**352**	**6227**	**35.20**
武汉市	134	2036	12.41
黄石市	16	213	1.41
十堰市	26	348	3.23
宜昌市	27	314	2.33
襄阳市	21	297	0.93
鄂州市	3	30	0.28
荆门市	4	41	0.24
孝感市	8	146	1.61
荆州市	11	113	1.08
黄冈市	42	944	4.91
咸宁市	16	372	1.44
随州市	11	461	2.22
恩施州	10	471	1.16
仙桃市	5	62	0.41
潜江市	11	308	1.39
天门市	4	26	0.13
神农架	3	5	0.01

2-B-3　分地区住宿业法人企业基本情况(按登记注册类型分)

(内资企业)

地　区	法人单位数(个)	年末从业人数(人)	年末餐饮营业面积(万平方米)
全　省	**2831**	**95902**	**350.78**
武汉市	851	32494	86.65
黄石市	121	3496	11.40
十堰市	158	6463	26.93
宜昌市	451	10954	40.77
襄阳市	225	8089	25.63
鄂州市	39	1464	9.74
荆门市	94	3751	17.26
孝感市	68	2750	16.77
荆州市	137	3913	22.46
黄冈市	185	5033	22.63
咸宁市	150	6611	18.41
随州市	67	2447	13.03
恩施州	148	4285	20.65
仙桃市	60	1323	7.29
潜江市	36	1586	6.19
天门市	12	413	1.85
神农架	29	830	3.14

2-B-3 续表 1

（国有企业）

地 区	法人单位数（个）	年末从业人数（人）	年末餐饮营业面积（万平方米）
全 省	**154**	**9971**	**28.48**
武汉市	78	5280	10.73
黄石市	1	55	0.04
十堰市	7	602	2.64
宜昌市	13	1206	3.97
襄阳市	11	867	2.16
鄂州市	1	20	0.05
荆门市	4	326	1.49
孝感市	4	140	1.64
荆州市	4	231	1.37
黄冈市			
咸宁市	16	523	1.33
随州市	4	66	0.66
恩施州	4	574	1.54
仙桃市			
潜江市	1	3	0.02
天门市			
神农架	6	78	0.86

2-B-3　续表 2

（集体企业）

地　区	法人单位数（个）	年末从业人数（人）	年末餐饮营业面积（万平方米）
全　省	**50**	**2094**	**5.94**
武汉市	15	688	1.44
黄石市	5	77	0.23
十堰市	4	165	0.47
宜昌市	8	359	1.38
襄阳市	4	100	0.38
鄂州市	1	55	0.50
荆门市	2	28	0.12
孝感市	1	8	0.04
荆州市	4	40	0.82
黄冈市	3	333	0.50
咸宁市	1	43	0.07
随州市	1	28	
恩施州			
仙桃市			
潜江市	1	170	
天门市			
神农架			

2-B-3 续表 3

（股份合作企业）

地 区	法人单位数（个）	年末从业人数（人）	年末餐饮营业面积（万平方米）
全 省	**18**	**546**	**3.16**
武汉市	6	128	0.52
黄石市	1	2	0.02
十堰市	1	85	0.50
宜昌市	1	85	0.30
襄阳市			
鄂州市	1	4	0.12
荆门市	2	56	0.08
孝感市			
荆州市	4	51	1.52
黄冈市	1	90	0.05
咸宁市	1	45	0.05
随州市			
恩施州			
仙桃市			
潜江市			
天门市			
神农架			

2-B-3　续表4

（有限责任公司）

地　区	法人单位数（个）	年末从业人数（人）	年末餐饮营业面积（万平方米）
全　省	**675**	**34620**	**101.17**
武汉市	316	15448	35.10
黄石市	30	1768	5.38
十堰市	29	1631	6.75
宜昌市	63	3351	9.99
襄阳市	43	2915	7.16
鄂州市	2	101	0.34
荆门市	14	774	4.65
孝感市	13	301	2.26
荆州市	34	1640	6.14
黄冈市	15	711	3.85
咸宁市	21	2235	4.00
随州市	19	1046	3.71
恩施州	62	1893	8.13
仙桃市	1	23	0.18
潜江市	6	467	2.32
天门市	1	140	0.06
神农架	6	176	1.16

2-B-3 续表 5

(股份有限公司)

地 区	法人单位数 (个)	年末从业人数 (人)	年末餐饮营业面积 (万平方米)
全 省	**41**	**3192**	**8.66**
武汉市	13	756	1.16
黄石市	1	30	0.00
十堰市	2	528	1.45
宜昌市	5	461	0.52
襄阳市	4	413	2.10
鄂州市			
荆门市	1	15	0.04
孝感市	2	98	0.74
荆州市	2	22	0.39
黄冈市	5	95	0.92
咸宁市	3	491	0.41
随州市	3	283	0.94
恩施州			
仙桃市			
潜江市			
天门市			
神农架			

2-B-3　续表 6

（私营企业）

地　区	法人单位数（个）	年末从业人数（人）	年末餐饮营业面积（万平方米）
全　省	**1640**	**40465**	**179.80**
武汉市	370	8221	31.81
黄石市	74	1477	5.44
十堰市	97	3265	14.38
宜昌市	318	5171	22.74
襄阳市	135	3379	11.40
鄂州市	32	1258	8.64
荆门市	67	2522	10.83
孝感市	40	2014	8.57
荆州市	78	1771	11.10
黄冈市	146	3308	16.10
咸宁市	87	2757	10.22
随州市	32	927	6.62
恩施州	75	1711	10.39
仙桃市	42	1185	6.17
潜江市	26	883	3.68
天门市	7	81	0.78
神农架	14	535	0.93

2-B-3 续表 7

(其他企业)

地 区	法人单位数（个）	年末从业人数（人）	年末餐饮营业面积（万平方米）
全 省	**243**	**4864**	**23.10**
武汉市	50	1941	5.78
黄石市	8	68	0.28
十堰市	18	187	0.75
宜昌市	43	321	1.86
襄阳市	28	415	2.43
鄂州市	2	26	0.09
荆门市	4	30	0.05
孝感市	7	186	3.52
荆州市	10	152	1.09
黄冈市	15	496	1.22
咸宁市	19	441	2.18
随州市	8	97	1.10
恩施州	7	107	0.59
仙桃市	17	115	0.94
潜江市	2	63	0.18
天门市	3	187	0.98
神农架	2	32	0.08

2-B-3　续表 8

（港、澳、台商投资企业）

地　区	法人单位数（个）	年末从业人数（人）	年末餐饮营业面积（万平方米）
全　省	**21**	**4548**	**4.57**
武汉市	15	3979	2.65
黄石市			
十堰市			
宜昌市			
襄阳市			
鄂州市	1	45	0.63
荆门市	1	2	
孝感市	1	12	0.30
荆州市			
黄冈市			
咸宁市			
随州市			
恩施州			
仙桃市	2	510	1.00
潜江市			
天门市	1		
神农架			

2-B-3 续表 9

（外商投资企业）

地 区	法人单位数（个）	年末从业人数（人）	年末餐饮营业面积（万平方米）
全 省	**11**	**1467**	**3.81**
武汉市	4	647	0.76
黄石市			
十堰市			
宜昌市	2	239	1.20
襄阳市	1	126	0.50
鄂州市			
荆门市	2	273	0.56
孝感市			
荆州市	1	32	0.75
黄冈市	1	150	0.04
咸宁市			
随州市			
恩施州			
仙桃市			
潜江市			
天门市			
神农架			

2-B-4　分地区住宿业法人企业基本情况(按星级分)

(一星)

地　区	法人单位数 (个)	年末从业人数 (人)	年末餐饮营业面积 (万平方米)
全　省	**41**	**594**	**4.38**
武汉市	13	235	0.95
黄石市	3	7	0.12
十堰市	3	27	0.14
宜昌市	4	36	0.09
襄阳市	3	80	0.65
鄂州市			
荆门市	2	70	0.40
孝感市	2	18	1.05
荆州市	3	37	0.36
黄冈市			
咸宁市	5	27	0.18
随州市			
恩施州	1	44	0.30
仙桃市	1	8	0.02
潜江市			
天门市	1	5	0.13
神农架			

2–B–4 续 1

(二星)

地 区	法人单位数（个）	年末从业人数（人）	年末餐饮营业面积（万平方米）
全 省	**126**	**4012**	**15.85**
武汉市	33	579	3.33
黄石市	7	234	0.28
十堰市	14	353	1.96
宜昌市	7	202	1.06
襄阳市	8	324	1.35
鄂州市	5	374	2.94
荆门市	8	487	0.91
孝感市	2	122	0.52
荆州市	3	71	0.07
黄冈市	9	106	0.57
咸宁市	13	794	1.10
随州市	5	132	0.47
恩施州	8	185	0.76
仙桃市	1	30	0.13
潜江市			
天门市			
神农架	3	19	0.42

2–B–4　续 2

（三星）

地　区	法人单位数（个）	年末从业人数（人）	年末餐饮营业面积（万平方米）
全　省	**333**	**19199**	**63.24**
武汉市	103	5491	12.24
黄石市	8	567	2.09
十堰市	32	2151	9.08
宜昌市	31	2024	5.61
襄阳市	24	1969	7.47
鄂州市	5	434	2.07
荆门市	12	1014	2.76
孝感市	9	537	3.25
荆州市	16	797	3.80
黄冈市	20	1073	3.94
咸宁市	21	1076	3.29
随州市	5	164	1.30
恩施州	26	741	2.89
仙桃市	12	776	2.19
潜江市	5	171	0.23
天门市	1	164	0.85
神农架	3	50	0.18

2-B-4 续3

（四星）

地 区	法人单位数（个）	年末从业人数（人）	年末餐饮营业面积（万平方米）
全 省	**136**	**18408**	**43.93**
武汉市	34	5140	7.58
黄石市	6	700	1.82
十堰市	7	842	3.10
宜昌市	11	2472	5.76
襄阳市	7	631	1.32
鄂州市	3	279	0.31
荆门市	5	462	2.06
孝感市	5	784	2.31
荆州市	8	807	3.92
黄冈市	13	1564	3.74
咸宁市	12	1585	1.44
随州市	7	1001	3.87
恩施州	9	1082	2.92
仙桃市	4	578	2.28
潜江市	4	421	0.76
天门市			
神农架	1	60	0.75

2-B-4　续 4

（五星）

地　区	法人单位数（个）	年末从业人数（人）	年末餐饮营业面积（万平方米）
全　省	**45**	**11764**	**14.65**
武汉市	22	8706	5.10
黄石市	3	573	1.45
十堰市	2	445	0.54
宜昌市	3	362	1.33
襄阳市	3	646	0.80
鄂州市			
荆门市			
孝感市			
荆州市	3	338	1.58
黄冈市	1	22	0.25
咸宁市	3	358	0.63
随州市	2	177	0.25
恩施州	2	119	2.14
仙桃市	1	18	0.58
潜江市			
天门市			
神农架			

2-B-4 续 5

（其他）

地 区	法人单位数（个）	年末从业人数（人）	年末餐饮营业面积（万平方米）
全 省	**2181**	**47917**	**217.11**
武汉市	665	16969	60.87
黄石市	94	1415	5.64
十堰市	99	2622	12.13
宜昌市	397	6097	28.12
襄阳市	181	4565	14.54
鄂州市	27	422	5.06
荆门市	70	1993	11.69
孝感市	51	1301	9.94
荆州市	105	1895	13.48
黄冈市	143	2418	14.17
咸宁市	96	2771	11.77
随州市	48	973	7.13
恩施州	102	2114	11.64
仙桃市	43	423	3.08
潜江市	27	994	5.20
天门市	11	244	0.87
神农架	22	701	1.79

2-B-5　分地区住宿业法人企业财务状况

单位:万元

地　区	营业收入	#主营业务收入	资产总计
全　省	**1534249.0**	**1516063.0**	**3918400.2**
武汉市	575780.5	568652.1	1509347.0
黄石市	37643.6	37291.7	146205.2
十堰市	72949.9	72477.1	216810.4
宜昌市	169085.7	167506.9	391313.6
襄阳市	153416.7	152339.6	163020.5
鄂州市	18637.8	18482.4	50991.5
荆门市	52928.2	51285.3	87521.3
孝感市	34621.0	34523.7	104077.0
荆州市	43634.6	43225.5	212632.3
黄冈市	47559.8	47017.1	216158.0
咸宁市	140434.6	140180.9	403148.8
随州市	46592.2	42651.8	121938.0
恩施州	41564.8	41347.4	126050.0
仙桃市	34076.0	34054.2	72885.1
潜江市	31709.9	31473.4	35932.9
天门市	26289.3	26289.3	8988.0
神农架	7324.6	7264.6	51380.4

2-B-6 分地区住宿业法人企业财务状况(按国民经济行业分)

(旅游饭店)

单位:万元

地 区	营业收入	#主营业务收入	资产总计
全 省	**994182.8**	**986124.6**	**3050052.4**
武汉市	436806.0	432342.9	1228848.9
黄石市	21640.5	21492.1	94986.3
十堰市	51692.9	51292.1	191107.5
宜昌市	108010.4	106686.4	291271.6
襄阳市	55349.5	55093.4	72646.4
鄂州市	15845.3	15762.9	44250.9
荆门市	22539.7	22032.1	56865.9
孝感市	28307.2	28222.8	94026.1
荆州市	28056.3	27905.5	162091.5
黄冈市	23840.3	23649.2	152626.7
咸宁市	122220.6	122008.6	380154.0
随州市	11989.5	11911.1	70613.1
恩施州	23387.9	23298.9	87950.3
仙桃市	14224.0	14224.0	44920.7
潜江市	15358.9	15348.9	26164.1
天门市	7812.1	7812.1	1366.9
神农架	7101.7	7041.7	50161.3

2-B-6　续表 1

（一般旅馆）　　单位:万元

地　区	营业收入	#主营业务收入	资产总计
全　省	**454769.9**	**448358.0**	**694242.5**
武汉市	118495.9	116200.0	236097.1
黄石市	13563.6	13371.1	27290.3
十堰市	15955.7	15883.8	19197.1
宜昌市	57938.1	57710.9	89879.0
襄阳市	91977.8	91272.9	84651.1
鄂州市	2677.5	2606.5	6550.6
荆门市	30170.8	29035.6	29978.4
孝感市	4617.6	4613.1	7391.5
荆州市	14090.9	13834.6	47155.0
黄冈市	14062.0	13769.4	35664.0
咸宁市	15726.4	15716.8	16291.1
随州市	13921.3	13135.9	15174.9
恩施州	16192.6	16066.2	37031.5
仙桃市	17808.1	17796.2	25576.0
潜江市	8963.3	8736.8	7763.6
天门市	18385.2	18385.2	7440.1
神农架	222.9	222.9	1111.1

2-B-6 续表 2

(其他住宿业) 单位:万元

地 区	营业收入	#主营业务收入	资产总计
全 省	**85296.3**	**81580.4**	**174105.3**
武汉市	20478.6	20109.3	44400.9
黄石市	2439.4	2428.4	23928.6
十堰市	5301.3	5301.3	6505.9
宜昌市	3137.1	3109.6	10163.0
襄阳市	6089.3	5973.3	5722.9
鄂州市	115.0	113.0	190.0
荆门市	217.6	217.6	677.0
孝感市	1696.2	1687.8	2659.4
荆州市	1487.4	1485.4	3385.8
黄冈市	9657.5	9598.5	27867.3
咸宁市	2487.6	2455.5	6703.7
随州市	20681.3	17604.8	36150.0
恩施州	1984.3	1982.3	1068.1
仙桃市	2044.0	2034.0	2388.5
潜江市	7387.7	7387.7	2005.1
天门市	92.0	92.0	181.0
神农架			108.0

2-B-7　分地区住宿业法人企业财务状况（按登记注册类型分）

（内资企业）　　单位：万元

地　区	营业收入	#主营业务收入	资产总计
全　省	**1419846.2**	**1402134.5**	**3631177.5**
武汉市	476791.4	469664.3	1313249.0
黄石市	37643.6	37291.7	146205.2
十堰市	72949.9	72477.1	216810.4
宜昌市	166173.9	164595.1	369973.9
襄阳市	151641.7	150564.6	158440.3
鄂州市	17251.7	17096.3	45840.9
荆门市	50737.7	49567.9	61067.0
孝感市	34551.0	34453.7	103846.0
荆州市	43393.6	42984.5	212017.9
黄冈市	46856.5	46313.8	215352.2
咸宁市	140434.6	140180.9	403148.8
随州市	46592.2	42651.8	121938.0
恩施州	41564.8	41347.4	126050.0
仙桃市	27940.0	27918.2	40936.4
潜江市	31709.9	31473.4	35932.9
天门市	26289.3	26289.3	8988.0
神农架	7324.6	7264.6	51380.4

2-B-7 续表 1

(国有企业) 单位:万元

地 区	营业收入	#主营业务收入	资产总计
全 省	**142647.7**	**141012.7**	**320218.1**
武汉市	81032.7	79438.8	187177.7
黄石市	780.0	780.0	724.8
十堰市	5580.6	5580.6	11055.9
宜昌市	16272.2	16262.3	47859.8
襄阳市	14846.8	14846.8	20786.4
鄂州市	195.9	195.9	50.0
荆门市	3268.9	3268.9	2295.9
孝感市	1517.2	1496.0	8375.0
荆州市	1198.2	1198.2	7325.8
黄冈市			
咸宁市	12477.7	12477.7	23631.6
随州市	1330.7	1320.7	2735.5
恩施州	3207.9	3207.9	2387.2
仙桃市			
潜江市	76.6	76.6	30.0
天门市			
神农架	862.3	862.3	5782.4

2-B-7　续表 2

（集体企业）　　单位:万元

地　区	营业收入	#主营业务收入	资产总计
全　省	**36999.3**	**36802.4**	**46496.6**
武汉市	12911.5	12901.5	29513.1
黄石市	501.0	501.0	689.9
十堰市	2329.6	2253.7	989.8
宜昌市	2371.4	2371.4	1928.0
襄阳市	6980.7	6980.7	2834.9
鄂州市	599.6	599.6	101.5
荆门市	360.7	360.7	108.3
孝感市	20.0	20.0	100.0
荆州市	229.5	189.5	371.4
黄冈市	4822.1	4751.0	7144.7
咸宁市	4264.8	4264.8	1963.0
随州市	808.4	808.4	622.0
恩施州			
仙桃市			
潜江市	800.0	800.0	130.0
天门市			
神农架			

2-B-7 续表 3

(股份合作企业)　　单位:万元

地 区	营业收入	#主营业务收入	资产总计
全 省	**4682.5**	**4682.5**	**13099.7**
武汉市	570.9	570.9	1670.6
黄石市	10.2	10.2	23.0
十堰市	1058.0	1058.0	1635.1
宜昌市	998.9	998.9	7797.8
襄阳市			
鄂州市			10.0
荆门市	399.6	399.6	841.1
孝感市			
荆州市	630.0	630.0	809.8
黄冈市	498.6	498.6	160.0
咸宁市	516.1	516.1	152.3
随州市			
恩施州			
仙桃市			
潜江市			
天门市			
神农架			

2-B-7　续表 4

（有限责任公司）　　　　单位：万元

地　区	营业收入	#主营业务收入	资产总计
全　省	**508933.5**	**501433.6**	**1728092.2**
武汉市	256763.4	253051.9	799001.9
黄石市	18750.1	18551.1	82994.5
十堰市	25437.4	25371.0	62141.8
宜昌市	46450.9	45253.2	128704.9
襄阳市	41835.0	41651.5	51020.7
鄂州市	1227.6	1227.6	3407.6
荆门市	10404.8	9734.2	8547.0
孝感市	2955.1	2955.1	6364.2
荆州市	16369.3	16098.5	104746.7
黄冈市	6120.2	5841.5	49752.1
咸宁市	38582.5	38498.6	243844.6
随州市	13270.4	12688.3	72553.7
恩施州	15146.8	15132.3	76575.9
仙桃市	137.1	137.1	220.0
潜江市	5923.0	5711.7	16212.1
天门市	6366.9	6366.9	2920.1
神农架	3192.9	3162.9	19084.3

2-B-7 续表 5

(股份有限公司)

单位:万元

地 区	营业收入	#主营业务收入	资产总计
全 省	**46277.4**	**45979.4**	**138203.6**
武汉市	9905.7	9905.7	30072.9
黄石市	662.3	598.3	1390.1
十堰市	5027.4	4912.2	6340.7
宜昌市	7933.8	7933.8	20194.4
襄阳市	5863.3	5754.8	4130.0
鄂州市			
荆门市	67.0	67.0	1000.0
孝感市	1856.5	1856.5	915.4
荆州市	332.8	332.8	354.5
黄冈市	1049.9	1039.9	879.3
咸宁市	10595.3	10595.3	65258.1
随州市	2983.5	2983.2	7668.2
恩施州			
仙桃市			
潜江市			
天门市			
神农架			

2-B-7　续表 6

（私营企业）　　单位：万元

地　区	营业收入	#主营业务收入	资产总计
全　省	**628485.7**	**621015.7**	**1285526.3**
武汉市	106367.3	104857.6	230292.8
黄石市	16134.5	16045.6	57084.7
十堰市	32249.2	32033.8	132312.0
宜昌市	89108.1	88737.2	155264.0
襄阳市	75982.9	75392.6	68145.3
鄂州市	15028.8	14873.4	41648.8
荆门市	36187.4	35689.1	47874.5
孝感市	26751.7	26675.7	85529.6
荆州市	21209.9	21119.6	94251.0
黄冈市	30625.1	30454.2	144103.2
咸宁市	67439.3	67320.5	63284.2
随州市	27826.5	24478.6	36767.6
恩施州	22251.0	22061.0	45433.0
仙桃市	26319.1	26297.2	38987.3
潜江市	24071.3	24046.1	17740.5
天门市	8067.1	8067.1	2067.9
神农架	2866.6	2866.6	24739.8

2-B-7 续表 7

(其他企业) 单位:万元

地 区	营业收入	#主营业务收入	资产总计
全 省	**50499.5**	**49917.6**	**96308.2**
武汉市	9025.3	8723.2	33896.5
黄石市	678.5	678.5	2750.2
十堰市	1267.8	1267.8	2335.2
宜昌市	3038.4	3038.2	8224.9
襄阳市	6132.9	5938.1	11522.9
鄂州市	199.8	199.8	623.0
荆门市	49.2	48.4	400.1
孝感市	1445.2	1445.2	2557.9
荆州市	3378.9	3370.8	4071.6
黄冈市	3740.6	3728.6	13312.9
咸宁市	5740.0	5689.0	4354.7
随州市	372.7	372.7	1591.0
恩施州	959.1	946.2	1653.9
仙桃市	1483.9	1483.9	1729.2
潜江市	839.1	839.1	1820.3
天门市	11843.3	11843.3	3890.0
神农架	304.8	304.8	1573.9

2-B-7　续表 8

（港、澳、台商投资企业）　　单位：万元

地　区	营业收入	#主营业务收入	资产总计
全　省	**90173.5**	**90172.3**	**219279.6**
武汉市	82581.4	82580.2	174049.3
黄石市			
十堰市			
宜昌市			
襄阳市			
鄂州市	1386.1	1386.1	5150.6
荆门市			7900.0
孝感市	70.0	70.0	231.0
荆州市			
黄冈市			
咸宁市			
随州市			
恩施州			
仙桃市	6136.0	6136.0	31948.7
潜江市			
天门市			
神农架			

2–B–7 续表 9

(外商投资企业)　　单位:万元

地　区	营业收入	#主营业务收入	资产总计
全　省	**24229.3**	**23756.2**	**67943.1**
武汉市	16407.7	16407.7	22048.6
黄石市			
十堰市			
宜昌市	2911.8	2911.8	21339.7
襄阳市	1775.0	1775.0	4580.2
鄂州市			
荆门市	2190.5	1717.4	18554.3
孝感市			
荆州市	241.0	241.0	614.5
黄冈市	703.3	703.3	805.8
咸宁市			
随州市			
恩施州			
仙桃市			
潜江市			
天门市			
神农架			

2-B-8　分地区住宿业法人企业财务状况(按星级分)

(一星)　　单位:万元

地　区	营业收入	#主营业务收入	资产总计
全　省	**7706.4**	**7705.4**	**17678.7**
武汉市	2801.3	2800.3	4937.9
黄石市	52.4	52.4	158.0
十堰市	400.6	400.6	294.9
宜昌市	732.1	732.1	868.1
襄阳市	812.2	812.2	7139.6
鄂州市			
荆门市	1884.8	1884.8	737.3
孝感市	121.7	121.7	1170.0
荆州市	550.4	550.4	1950.0
黄冈市			
咸宁市	246.0	246.0	323.0
随州市			
恩施州			
仙桃市	80.0	80.0	50.0
潜江市			
天门市	25.0	25.0	50.0
神农架			

2-B-8 续 1

(二星) 单位:万元

地 区	营业收入	#主营业务收入	资产总计
全 省	**79282.3**	**79155.1**	**138653.0**
武汉市	6624.5	6541.8	7974.6
黄石市	2802.6	2802.6	10045.7
十堰市	3857.8	3854.5	6119.7
宜昌市	2731.9	2731.9	4769.3
襄阳市	5430.3	5401.3	4964.1
鄂州市	5263.0	5263.0	21558.0
荆门市	7831.4	7831.4	7816.3
孝感市	1213.4	1213.4	17707.0
荆州市	1048.6	1048.6	5650.9
黄冈市	1870.2	1870.2	3181.0
咸宁市	32648.4	32648.4	36805.2
随州市	1023.0	1010.8	5140.7
恩施州	4180.4	4180.4	3811.1
仙桃市	2595.4	2595.4	853.3
潜江市			
天门市			
神农架	161.5	161.5	2256.0

2-B-8　续 2

（三星）　　单位:万元

地　区	营业收入	#主营业务收入	资产总计
全　省	**248756.0**	**245975.5**	**548579.9**
武汉市	71357.5	70075.4	207953.0
黄石市	4997.9	4969.6	17846.3
十堰市	19315.1	19117.4	38249.4
宜昌市	36017.9	35701.3	73189.4
襄阳市	23744.3	23667.1	35498.9
鄂州市	7558.2	7558.2	3418.7
荆门市	14066.0	13395.4	11957.4
孝感市	6992.8	6971.6	16853.6
荆州市	7522.0	7464.5	13296.8
黄冈市	8844.2	8812.2	24444.9
咸宁市	12718.1	12698.1	27287.0
随州市	1800.4	1753.2	16101.5
恩施州	9682.3	9652.3	22186.9
仙桃市	9443.8	9443.8	29798.1
潜江市	2386.4	2386.4	3904.2
天门市	11813.3	11813.3	3770.0
神农架	495.8	495.8	2823.9

2-B-8 续3

(四星) 单位:万元

地 区	营业收入	#主营业务收入	资产总计
全 省	**245707.7**	**239237.5**	**854992.2**
武汉市	76116.2	74804.9	185978.9
黄石市	8676.8	8676.8	45787.8
十堰市	11054.1	11054.1	9308.1
宜昌市	40592.2	39603.5	100359.5
襄阳市	7043.0	6883.0	15685.1
鄂州市	2084.2	2034.2	8769.5
荆门市	4128.4	3655.3	23319.1
孝感市	12747.9	12747.9	38664.5
荆州市	7138.1	7138.1	100341.1
黄冈市	13102.7	12717.3	71738.3
咸宁市	15015.5	14931.6	120034.5
随州市	20752.5	17736.5	50921.9
恩施州	7802.2	7801.2	33505.6
仙桃市	7944.3	7943.5	26799.3
潜江市	9016.9	9016.9	9907.1
天门市			
神农架	2492.8	2492.8	13872.0

2-B-8　续 4

（五星）　　单位:万元

地　区	营业收入	#主营业务收入	资产总计
全　省	**227163.5**	**225411.7**	**834207.1**
武汉市	183722.3	182158.6	423688.3
黄石市	7367.1	7218.8	40733.8
十堰市	7441.1	7441.1	118981.6
宜昌市	6500.2	6500.2	2615.1
襄阳市	6095.6	6055.7	7177.1
鄂州市			
荆门市			
孝感市			
荆州市	6921.6	6921.6	38689.7
黄冈市			32000.0
咸宁市	5114.7	5114.7	145337.0
随州市	2925.9	2925.9	21364.1
恩施州	990.0	990.0	2897.0
仙桃市	85.1	85.1	723.4
潜江市			
天门市			
神农架			

2-B-8 续 5

(其他) 单位:万元

地 区	营业收入	#主营业务收入	资产总计
全 省	**725584.0**	**718530.8**	**1524139.2**
武汉市	235158.7	232271.1	678814.3
黄石市	13746.7	13571.5	31633.5
十堰市	30832.3	30562.5	43706.8
宜昌市	82511.4	82238.0	209512.3
襄阳市	110291.3	109520.3	92555.7
鄂州市	3732.4	3627.0	17245.3
荆门市	25017.6	24518.5	43691.2
孝感市	13545.2	13469.2	29682.0
荆州市	20453.9	20102.3	52703.8
黄冈市	23742.7	23617.5	84793.8
咸宁市	74691.9	74542.1	73362.2
随州市	20090.3	19225.4	28409.8
恩施州	18910.0	18723.6	63649.4
仙桃市	13927.5	13906.4	14661.1
潜江市	20306.6	20070.1	22121.6
天门市	14451.0	14451.0	5168.0
神农架	4174.5	4114.5	32428.5

2-B-9　分地区餐饮业法人企业基本情况

地　区	法人单位数（个）	年末从业人数（人）	年末餐饮营业面积（万平方米）
全　省	**7351**	**193759**	**600.15**
武汉市	1570	84182	179.70
黄石市	344	7336	24.90
十堰市	430	10831	40.97
宜昌市	2154	19092	73.59
襄阳市	1121	19257	70.31
鄂州市	54	1826	6.56
荆门市	194	6513	25.53
孝感市	174	8109	30.41
荆州市	183	6315	27.01
黄冈市	322	8154	32.02
咸宁市	268	7096	26.19
随州市	161	4812	26.39
恩施州	142	4640	15.57
仙桃市	67	1497	4.84
潜江市	54	1428	5.31
天门市	101	2005	9.75
神农架	12	666	1.10

2-B-10 分地区餐饮业法人企业基本情况(按国民经济行业分)

(正餐服务)

地 区	法人单位数(个)	年末从业人数(人)	年末餐饮营业面积(万平方米)
全 省	**5782**	**155270**	**542.05**
武汉市	1277	57119	153.15
黄石市	318	6736	24.01
十堰市	361	9976	38.84
宜昌市	1454	15344	62.63
襄阳市	853	17458	65.11
鄂州市	49	1752	6.45
荆门市	175	5882	24.02
孝感市	157	7600	29.04
荆州市	170	6118	26.45
黄冈市	269	7239	29.27
咸宁市	238	6203	24.27
随州市	148	4530	25.69
恩施州	129	4413	14.59
仙桃市	57	1331	4.26
潜江市	44	1276	4.83
天门市	72	1629	8.36
神农架	11	664	1.10

2-B-10　续 1

（快餐服务）

地　区	法人单位数（个）	年末从业人数（人）	年末餐饮营业面积（万平方米）
全　省	**458**	**26444**	**26.02**
武汉市	105	22866	17.52
黄石市	3	134	0.11
十堰市	14	219	0.66
宜昌市	151	983	2.85
襄阳市	132	892	1.82
鄂州市			
荆门市	8	432	0.60
孝感市	7	351	0.49
荆州市	3	40	0.10
黄冈市	7	129	0.34
咸宁市	7	151	0.46
随州市	3	39	0.04
恩施州	3	41	0.21
仙桃市	5	62	0.26
潜江市	2	14	0.06
天门市	8	91	0.51
神农架			

2-B-10 续 2

（饮料及冷饮服务）

地 区	法人单位数（个）	年末从业人数（人）	年末餐饮营业面积（万平方米）
全 省	**154**	**2918**	**7.05**
武汉市	68	1748	3.91
黄石市	10	321	0.54
十堰市	2	17	0.10
宜昌市	11	84	0.31
襄阳市	36	153	0.47
鄂州市			
荆门市	3	97	0.11
孝感市	0	0	0.00
荆州市	2	60	0.19
黄冈市	5	66	0.24
咸宁市	6	103	0.27
随州市	2	74	0.12
恩施州	6	143	0.68
仙桃市	1	48	0.02
潜江市	1	2	0.10
天门市			
神农架	1	2	

2-B-10 续3

(其他餐饮业)

地 区	法人单位数（个）	年末从业人数（人）	年末餐饮营业面积（万平方米）
全 省	**957**	**9127**	**25.03**
武汉市	120	2449	5.12
黄石市	13	145	0.24
十堰市	53	619	1.37
宜昌市	538	2681	7.81
襄阳市	100	754	2.91
鄂州市	5	74	0.11
荆门市	8	102	0.79
孝感市	10	158	0.88
荆州市	8	97	0.28
黄冈市	41	720	2.18
咸宁市	17	639	1.18
随州市	8	169	0.55
恩施州	4	43	0.10
仙桃市	4	56	0.30
潜江市	7	136	0.32
天门市	21	285	0.89
神农架			

2-B-11 分地区餐饮业法人企业基本情况(按登记注册类型分)

(内资企业)

地 区	法人单位数（个）	年末从业人数（人）	年末餐饮营业面积（万平方米）
全 省	**7284**	**167183**	**577.79**
武汉市	1524	58605	160.25
黄石市	342	7304	24.82
十堰市	430	10831	40.97
宜昌市	2153	19088	73.56
襄阳市	1117	19134	70.17
鄂州市	53	1804	6.37
荆门市	191	6006	24.30
孝感市	170	7913	29.56
荆州市	181	6245	26.77
黄冈市	321	8154	31.94
咸宁市	268	7096	26.19
随州市	160	4792	26.37
恩施州	142	4640	15.57
仙桃市	65	1472	4.78
潜江市	54	1428	5.31
天门市	101	2005	9.75
神农架	12	666	1.10

2-B-11　续 1

（国有企业）

地　区	法人单位数（个）	年末从业人数（人）	年末餐饮营业面积（万平方米）
全　省	**72**	**2892**	**8.60**
武汉市	15	1080	1.50
黄石市	2	48	0.09
十堰市	4	72	0.58
宜昌市	7	126	0.42
襄阳市	15	634	1.48
鄂州市			
荆门市	6	84	0.31
孝感市	5	273	1.31
荆州市	2	51	0.51
黄冈市	3	34	0.23
咸宁市	2	89	0.12
随州市	3	121	0.23
恩施州	5	159	0.99
仙桃市			
潜江市	1	6	0.20
天门市			
神农架	2	115	0.63

2–B–11 续2

(集体企业)

地 区	法人单位数（个）	年末从业人数（人）	年末餐饮营业面积（万平方米）
全 省	**51**	**987**	**3.36**
武汉市	7	57	0.21
黄石市	1	30	0.13
十堰市	6	135	0.38
宜昌市	11	76	0.26
襄阳市	4	46	0.35
鄂州市			
荆门市	3	196	0.13
孝感市	1	8	0.10
荆州市	2	66	0.05
黄冈市	8	178	0.60
咸宁市	7	189	1.13
随州市			
恩施州			
仙桃市	1	6	0.04
潜江市			
天门市			
神农架			

2-B-11　续 3

（股份合作企业）

地　区	法人单位数（个）	年末从业人数（人）	年末餐饮营业面积（万平方米）
全　省	**27**	**642**	**1.83**
武汉市	13	153	0.42
黄石市			
十堰市	1	45	0.09
宜昌市			
襄阳市	2	18	0.06
鄂州市	1	45	0.12
荆门市	1	13	0.02
孝感市	1	10	0.02
荆州市	2	212	0.30
黄冈市	3	73	0.64
咸宁市	1	40	0.08
随州市			
恩施州			
仙桃市			
潜江市			
天门市	2	33	0.09
神农架			

2-B-11 续4

（有限责任公司）

地 区	法人单位数（个）	年末从业人数（人）	年末餐饮营业面积（万平方米）
全 省	**1118**	**56626**	**164.19**
武汉市	588	30752	79.64
黄石市	48	2296	6.28
十堰市	59	2410	12.28
宜昌市	68	2283	10.89
襄阳市	112	5424	12.98
鄂州市	3	403	1.09
荆门市	8	688	2.06
孝感市	35	2260	6.16
荆州市	36	1689	7.32
黄冈市	31	1723	7.41
咸宁市	6	509	1.25
随州市	45	1655	7.62
恩施州	68	3318	7.51
仙桃市	1	210	0.20
潜江市	5	249	0.45
天门市	3	276	1.01
神农架	2	481	0.05

2–B–11 续 5

（股份有限公司）

地 区	法人单位数（个）	年末从业人数（人）	年末餐饮营业面积（万平方米）
全 省	**49**	**2757**	**7.35**
武汉市	11	261	1.62
黄石市	2	69	0.18
十堰市	3	490	0.16
宜昌市	2	59	0.19
襄阳市	2	86	0.50
鄂州市			
荆门市	2	60	0.40
孝感市	6	922	1.32
荆州市	3	189	1.03
黄冈市	10	351	1.24
咸宁市			
随州市	3	139	0.26
恩施州			
仙桃市			
潜江市	5	131	0.46
天门市			
神农架			

2–B–11 续 6

（私营企业）

地 区	法人单位数（个）	年末从业人数（人）	年末餐饮营业面积（万平方米）
全 省	**5323**	**95109**	**360.53**
武汉市	810	25034	73.33
黄石市	274	4451	15.78
十堰市	330	7182	26.51
宜昌市	1840	15177	57.23
襄阳市	861	11193	48.47
鄂州市	44	1310	5.02
荆门市	158	4762	20.87
孝感市	108	4225	19.00
荆州市	114	3551	14.87
黄冈市	235	5335	19.66
咸宁市	199	5270	19.25
随州市	97	2744	16.86
恩施州	63	1109	6.94
仙桃市	54	1124	4.35
潜江市	37	966	4.01
天门市	91	1606	7.94
神农架	8	70	0.42

2-B-11　续7

（其他企业）

地　区	法人单位数（个）	年末从业人数（人）	年末餐饮营业面积（万平方米）
全　省	**627**	**7639**	**30.95**
武汉市	75	913	2.97
黄石市	13	376	2.30
十堰市	27	497	0.98
宜昌市	224	1349	4.53
襄阳市	121	1733	6.34
鄂州市	5	46	0.13
荆门市	11	139	0.45
孝感市	13	207	1.56
荆州市	22	487	2.69
黄冈市	28	453	2.11
咸宁市	51	956	4.28
随州市	12	133	1.40
恩施州	6	54	0.14
仙桃市	9	132	0.19
潜江市	5	74	0.17
天门市	5	90	0.71
神农架			

2-B-11 续 8

（港、澳、台商投资企业）

地 区	法人单位数（个）	年末从业人数（人）	年末餐饮营业面积（万平方米）
全 省	**35**	**3786**	**6.09**
武汉市	25	3488	4.69
黄石市			
十堰市			
宜昌市			
襄阳市			
鄂州市	1	22	0.20
荆门市	1	8	0.03
孝感市	4	196	0.85
荆州市	2	70	0.24
黄冈市	1		0.08
咸宁市			
随州市			
恩施州			
仙桃市	1	2	0.01
潜江市			
天门市			
神农架			

2–B–11　续 9

（外商投资企业）

地　区	法人单位数（个）	年末从业人数（人）	年末餐饮营业面积（万平方米）
全　省	**32**	**22790**	**16.27**
武汉市	21	22089	14.76
黄石市	2	32	0.08
十堰市			
宜昌市	1	4	0.03
襄阳市	4	123	0.14
鄂州市			
荆门市	2	499	1.20
孝感市			
荆州市			
黄冈市			
咸宁市			
随州市	1	20	0.02
恩施州			
仙桃市	1	23	0.04
潜江市			
天门市			
神农架			

2-B-12 分地区餐饮业法人企业财务状况

单位:万元

地 区	营业收入	#主营业务收入	资产总计
全 省	**3000818.6**	**2978019.0**	**3307533.6**
武汉市	1307934.4	1304331.7	1244995.0
黄石市	96896.4	95476.2	139360.0
十堰市	129969.9	129263.4	161679.8
宜昌市	260953.4	259193.3	266150.1
襄阳市	425182.8	421785.9	261881.1
鄂州市	20567.1	20433.7	51641.0
荆门市	83841.4	82876.1	134783.5
孝感市	93997.7	93097.5	230254.1
荆州市	73367.0	73247.4	147259.1
黄冈市	87471.7	86425.6	181666.9
咸宁市	116614.0	114876.1	120994.0
随州市	136105.2	129824.8	102184.5
恩施州	53591.1	53197.2	89198.8
仙桃市	23827.5	23800.2	32285.0
潜江市	32097.5	31854.2	19468.6
天门市	55751.6	55701.4	56202.2
神农架	2649.9	2634.2	67529.8

2-B-13 分地区餐饮业法人企业财务状况(按国民经济行业分)

(正餐服务) 单位:万元

地 区	营业收入	#主营业务收入	资产总计
全 省	**2453793.0**	**2433365.3**	**2939110.8**
武汉市	906521.3	903363.9	1016591.2
黄石市	91707.2	90286.9	135647.5
十堰市	116448.0	115765.5	153411.8
宜昌市	218074.6	216793.3	225050.8
襄阳市	393014.0	390311.0	239409.9
鄂州市	19065.1	18931.7	48466.0
荆门市	73053.9	72092.2	127951.9
孝感市	91290.6	90449.3	221395.2
荆州市	71802.1	71692.5	145946.5
黄冈市	76592.9	75670.2	166703.7
咸宁市	106481.5	105029.6	108521.1
随州市	133440.1	127356.2	96989.6
恩施州	51954.3	51597.4	86607.1
仙桃市	20738.2	20710.9	28326.7
潜江市	30825.4	30582.2	18577.3
天门市	50133.8	50098.4	52014.5
神农架	2649.9	2634.2	67499.8

2–B–13 续1

(快餐服务) 单位:万元

地 区	营业收入	#主营业务收入	资产总计
全 省	**379017.6**	**377929.7**	**205412.8**
武汉市	316331.2	315999.8	157509.8
黄石市	1740.7	1740.7	1092.2
十堰市	4545.1	4545.1	1803.5
宜昌市	13200.6	13148.2	11098.0
襄阳市	21234.1	20615.7	11383.5
鄂州市			
荆门市	9400.4	9396.8	4388.1
孝感市	1932.9	1884.1	7932.9
荆州市	489.1	489.1	183.7
黄冈市	882.7	877.7	1637.8
咸宁市	2971.8	2971.8	970.5
随州市	1177.8	1177.8	3220.4
恩施州	697.4	677.4	1114.8
仙桃市	1163.0	1163.0	1570.5
潜江市	92.0	92.0	91.0
天门市	3158.8	3150.5	1416.4
神农架			

2-B-13　续 2

(饮料及冷饮服务)　　单位:万元

地　区	营业收入	#主营业务收入	资产总计
全　省	**44308.4**	**44213.7**	**30440.0**
武汉市	33134.2	33087.5	19658.2
黄石市	1940.5	1940.5	2005.6
十堰市	90.9	90.9	255.6
宜昌市	1602.8	1578.5	1231.7
襄阳市	2389.1	2380.3	1838.3
鄂州市			
荆门市	661.8	661.8	321.2
孝感市			
荆州市	427.9	427.9	331.7
黄冈市	1196.6	1181.8	1360.4
咸宁市	1284.7	1284.7	849.5
随州市	232.7	232.7	410.0
恩施州	814.1	814.1	1284.8
仙桃市	521.1	521.1	852.2
潜江市	12.0	12.0	11.0
天门市			
神农架			30.0

2-B-13 续3

(其他餐饮业) 单位:万元

地 区	营业收入	#主营业务收入	资产总计
全 省	**123699.6**	**122510.2**	**132570.0**
武汉市	51947.6	51880.5	51235.9
黄石市	1508.1	1508.1	614.7
十堰市	8885.9	8861.9	6209.0
宜昌市	28075.4	27673.4	28769.6
襄阳市	8545.5	8478.9	9249.4
鄂州市	1502.0	1502.0	3175.0
荆门市	725.3	725.3	2122.2
孝感市	774.3	764.1	926.0
荆州市	647.9	637.9	797.3
黄冈市	8799.5	8696.0	11965.0
咸宁市	5876.0	5590.0	10652.9
随州市	1254.6	1058.1	1564.6
恩施州	125.2	108.3	192.1
仙桃市	1405.2	1405.2	1535.7
潜江市	1168.1	1168.1	789.3
天门市	2459.1	2452.6	2771.3
神农架			

2-B-14　分地区餐饮业法人企业财务状况(按登记注册类型分)

(内资企业)　　单位:万元

地　区	营业收入	#主营业务收入	资产总计
全　省	**2604811.6**	**2582496.8**	**3037620.6**
武汉市	926951.5	923652.1	1009054.5
黄石市	96853.3	95433.1	138155.9
十堰市	129969.9	129263.4	161679.8
宜昌市	260844.7	259084.6	266092.9
襄阳市	421269.2	418053.9	260372.1
鄂州市	20256.1	20122.7	51400.0
荆门市	77570.0	76604.7	116894.2
孝感市	92014.4	91114.2	222758.5
荆州市	72888.8	72769.2	146129.6
黄冈市	87471.7	86425.6	181666.9
咸宁市	116614.0	114876.1	120994.0
随州市	135065.2	128784.8	99027.5
恩施州	53591.1	53197.2	89198.8
仙桃市	22952.7	22925.4	30995.4
潜江市	32097.5	31854.2	19468.6
天门市	55751.6	55701.4	56202.2
神农架	2649.9	2634.2	67529.8

2-B-14 续 1

(国有企业)　　单位:万元

地 区	营业收入	#主营业务收入	资产总计
全 省	**48108.1**	**47610.5**	**59107.9**
武汉市	14626.4	14587.9	12859.2
黄石市	2480.2	2480.2	585.3
十堰市	521.9	521.9	402.1
宜昌市	1487.6	1487.6	7812.7
襄阳市	11910.1	11582.4	5632.8
鄂州市			
荆门市	3237.0	3237.0	122.5
孝感市	7525.2	7396.8	9625.8
荆州市	563.3	563.3	1826.4
黄冈市	269.0	266.0	400.0
咸宁市	241.7	241.7	143.8
随州市	2336.8	2336.8	3175.5
恩施州	1584.0	1584.0	3461.3
仙桃市			
潜江市	54.0	54.0	200.0
天门市			
神农架	1270.9	1270.9	12860.4

2-B-14　续 2

（集体企业）　　单位：万元

地　区	营业收入	#主营业务收入	资产总计
全　省	**14313.7**	**14261.3**	**12391.4**
武汉市	351.0	331.0	2241.4
黄石市	253.5	253.5	1140.0
十堰市	1162.3	1162.3	1128.3
宜昌市	445.5	414.2	478.5
襄阳市	2885.6	2885.6	1074.8
鄂州市			
荆门市	946.3	946.2	1485.5
孝感市	100.0	100.0	1200.0
荆州市	248.7	248.7	265.4
黄冈市	1634.0	1634.0	1706.8
咸宁市	5930.3	5929.3	1418.4
随州市			
恩施州			
仙桃市	356.4	356.4	252.2
潜江市			
天门市			
神农架			

2-B-14 续3

(股份合作企业) 单位:万元

地 区	营业收入	#主营业务收入	资产总计
全 省	**7049.1**	**6989.1**	**6324.1**
武汉市	2309.2	2289.2	1016.5
黄石市			
十堰市	83.3	83.3	150.0
宜昌市			
襄阳市	103.5	103.5	1282.4
鄂州市	400.0	400.0	200.0
荆门市	38.0	38.0	50.0
孝感市	110.0	70.0	830.0
荆州市	3096.2	3096.2	985.2
黄冈市	578.9	578.9	1060.0
咸宁市	120.0	120.0	300.0
随州市			
恩施州			
仙桃市			
潜江市			
天门市	210.0	210.0	450.0
神农架林区			

2-B-14　续4

（有限责任公司）　　　　单位：万元

地　区	营业收入	#主营业务收入	资产总计
全　省	**808102.5**	**803691.9**	**1167535.2**
武汉市	458008.9	456829.9	632124.1
黄石市	22557.1	22529.0	20858.4
十堰市	35166.1	35032.3	45466.4
宜昌市	31832.3	31452.9	45948.1
襄阳市	100455.1	99879.6	57555.5
鄂州市	2491.0	2451.0	26579.0
荆门市	6281.0	5563.1	10759.0
孝感市	24521.6	24127.9	65271.2
荆州市	17815.4	17753.1	49196.5
黄冈市	17645.5	17645.5	50841.5
咸宁市	6557.7	6321.7	5304.1
随州市	29360.4	28912.3	22692.7
恩施州	35971.4	35754.4	55475.6
仙桃市	2930.1	2930.1	9455.2
潜江市	2548.0	2548.0	1608.4
天门市	13247.6	13247.6	18526.5
神农架	713.5	713.5	49873.1

2-B-14 续5

(股份有限公司)　　单位:万元

地　区	营业收入	#主营业务收入	资产总计
全　省	**29500.0**	**29265.2**	**62300.6**
武汉市	3899.0	3899.0	7186.8
黄石市	384.0	384.0	824.2
十堰市	1003.5	1003.5	13008.6
宜昌市	640.6	640.6	359.8
襄阳市	6993.0	6993.0	1124.8
鄂州市			
荆门市	489.4	489.4	423.1
孝感市	4602.8	4397.7	24114.9
荆州市	2002.8	2002.8	4246.9
黄冈市	3016.9	2987.1	7022.7
咸宁市			
随州市	5577.7	5577.7	2520.0
恩施州			
仙桃市			
潜江市	890.3	890.3	1468.9
天门市			
神农架			

2–B–14　续 6

（私营企业）　　　　单位:万元

地　区	营业收入	#主营业务收入	资产总计
全　省	**1522086.8**	**1506690.6**	**1579488.7**
武汉市	383507.2	381621.6	320279.0
黄石市	65656.8	64553.3	104723.0
十堰市	87505.6	86935.9	93578.2
宜昌市	208725.4	207583.7	194348.5
襄阳市	258203.6	256738.1	163179.8
鄂州市	17020.6	16927.2	23615.5
荆门市	65375.5	65149.6	103064.5
孝感市	52872.8	52756.5	116983.2
荆州市	43137.5	43082.7	82865.7
黄冈市	60139.1	59147.9	101983.4
咸宁市	80875.5	79453.9	103730.8
随州市	96409.1	90590.6	68148.3
恩施州	15615.7	15443.8	27876.8
仙桃市	18392.2	18364.9	19503.0
潜江市	28190.2	27946.9	15751.3
天门市	39794.6	39744.4	35061.2
神农架	665.5	649.8	4796.3

2-B-14 续 7

(其他企业) 单位:万元

地 区	营业收入	#主营业务收入	资产总计
全 省	**127388.1**	**125784.9**	**137468.3**
武汉市	16713.8	16557.5	21659.7
黄石市	5258.4	4989.6	9604.3
十堰市	4527.2	4524.1	7946.3
宜昌市	17663.4	17495.6	17145.4
襄阳市	40718.2	39871.7	30522.0
鄂州市	344.5	344.5	1005.5
荆门市	1102.2	1080.8	918.7
孝感市	2092.1	2075.3	4233.4
荆州市	6024.9	6022.4	6743.5
黄冈市	4152.0	4129.9	18567.2
咸宁市	22801.8	22722.5	9876.9
随州市	1381.3	1367.5	2490.9
恩施州	420.0	415.0	2385.0
仙桃市	1274.0	1274.0	1784.9
潜江市	415.0	415.0	420.0
天门市	2499.5	2499.5	2164.5
神农架			

2-B-14　续 8

（港、澳、台商投资企业）　单位：万元

地　区	营业收入	#主营业务收入	资产总计
全　省	**74404.6**	**74103.2**	**78715.6**
武汉市	71556.2	71254.7	69148.6
黄石市			
十堰市			
宜昌市			
襄阳市			
鄂州市	311.0	311.0	241.0
荆门市	42.9	42.9	40.0
孝感市	1983.3	1983.3	7495.6
荆州市	478.2	478.2	1129.5
黄冈市			
咸宁市			
随州市			
恩施州			
仙桃市	33.0	33.0	660.9
潜江市			
天门市			
神农架			

2-B-14 续9

(外商投资企业)　　单位:万元

地 区	营业收入	#主营业务收入	资产总计
全 省	**321602.4**	**321419.1**	**191197.4**
武汉市	309426.6	309424.9	166792.0
黄石市	43.1	43.1	1204.1
十堰市			
宜昌市	108.7	108.7	57.2
襄阳市	3913.6	3732.0	1509.0
鄂州市			
荆门市	6228.6	6228.6	17849.3
孝感市			
荆州市			
黄冈市			
咸宁市			
随州市	1040.0	1040.0	3157.0
恩施州			
仙桃市	841.8	841.8	628.7
潜江市			
天门市			
神农架			

第3篇

房地产开发经营业生产经营及财务状况

3-1　各地区按登记注册类型分房地产开发企业个数

单位:个

地　区	总　计	内资企业	国有企业	集体企业	股份合作企　业	联营企业	有限责任公　司	股份有限公　司
全　省	**6324**	**6175**	**131**	**29**	**21**	**1**	**2369**	**296**
武汉市	1891	1791	47	10	3		883	84
黄石市	304	302	6	1	1		142	11
十堰市	550	540	4	1	4		168	24
宜昌市	400	389	7	3			141	15
襄阳市	534	520	4	5	1		224	34
鄂州市	273	272	1		1		34	4
荆门市	328	325	6	1			77	4
孝感市	291	289	7	1	4		95	17
荆州市	333	333	18	1	3	1	144	27
黄冈市	411	411	13	4	1		151	30
咸宁市	370	369	4		2		106	19
随州市	152	151	6	1			66	15
恩施州	288	288	2				97	6
仙桃市	108	104	4	1			15	3
潜江市	27	27	1				6	1
天门市	57	57	1		1		18	2
神农架	7	7					2	

注:本表数据范围为全部房地产开发企业。

3-1 续表1

单位:个

地区			港、澳、台商投资企业			
	私营企业	其他企业		合资经营企业(港或澳、台资)	合作经营企业(港或澳、台资)	港、澳、台商独资经营企业
全 省	**3203**	**125**	**107**	**53**	**2**	**49**
武汉市	728	36	73	29	1	40
黄石市	138	3	1			1
十堰市	330	9	10	6		4
宜昌市	218	5	6	4		2
襄阳市	243	9	9	9		
鄂州市	220	12				
荆门市	231	6	1	1		
孝感市	156	9	2	1		1
荆州市	124	15				
黄冈市	205	7				
咸宁市	232	6	1		1	
随州市	63		1			1
恩施州	178	5				
仙桃市	81		3	3		
潜江市	19					
天门市	32	3				
神农架	5					

3-1　续表2　　单位:个

地　区	港、澳、台商投资股份有限公司	外商投资企　业	中外合资经营企业	中外合作经营企业	外资企业	外商投资股份有限公司
全　省	**2**	**42**	**20**	**1**	**17**	**1**
武汉市	2	27	12	1	11	1
黄石市		1			1	
十堰市						
宜昌市		5	2		3	
襄阳市		5	4		1	
鄂州市		1				
荆门市		2	2			
孝感市						
荆州市						
黄冈市						
咸宁市						
随州市						
恩施州						
仙桃市		1			1	
潜江市						
天门市						
神农架						

3-2 各地区按资质等级分房地产开发企业个数

单位:个

地 区	总 计	一级	二级	三级	四级	暂定	其他
全 省	**6324**	**120**	**552**	**1168**	**1299**	**2263**	**912**
武汉市	1891	77	313	460	40	684	317
黄石市	304	2	13	49	46	133	61
十堰市	550	3	33	74	190	180	70
宜昌市	400	3	17	72	53	236	19
襄阳市	534	5	34	84	180	173	58
鄂州市	273	4	9	45	100	53	62
荆门市	328	3	15	54	80	123	53
孝感市	291	5	28	55	99	70	34
荆州市	333	4	20	60	77	123	49
黄冈市	411	6	26	55	155	101	58
咸宁市	370	1	8	36	78	192	55
随州市	152		5	27	63	40	17
恩施州	288	5	15	55	72	111	30
仙桃市	108	2	9	23	44	14	16
潜江市	27		3	7	10	6	1
天门市	57		4	10	8	24	11
神农架	7			2	4		1

注:本表数据范围为全部房地产开发企业。

3-3　各地区按登记注册类型分房地产开发企业年末从业人数

单位:人

地　区	总计	内资企业	国有企业	集体企业	股份合作企业	联营企业	有限责任公司	股份有限公司	私营企业
全　省	**168849**	**163356**	**5360**	**591**	**249**		**67373**	**10563**	**76530**
武汉市	56523	52466	2049	145	46		27701	4808	16956
黄石市	5183	5149	89	20	4		2769	128	2101
十堰市	10811	10489	117	33	32		3387	529	6251
宜昌市	11358	11241	153	28			4462	433	6010
襄阳市	17525	17184	104	172	8		7675	2021	7027
鄂州市	4795	4787	30		2		689	64	3821
荆门市	6672	6464	212	5			1981	69	4127
孝感市	8738	8653	228	85	68		3177	398	4402
荆州市	7812	7812	592	8	67		3022	513	3116
黄冈市	10601	10601	1446	85	3		3718	781	4414
咸宁市	8514	8496	102		3		3606	267	4454
随州市	3069	3039	75	7			1460	187	1310
恩施州	9532	9532	21				2535	104	6758
仙桃市	5359	5086	128	3			513	86	4356
潜江市	738	738	5				223	75	435
天门市	1430	1430	9		16		430	100	828
神农架	189	189					25		164

注:本表数据范围为全部房地产开发企业。

3-3 续表1

单位:人

地 区	其他企业	港、澳、台商投资企业	合资经营企业(港或澳、台资)	合作经营企业(港或澳、台资)	港、澳、台商独资经营企业	港、澳、台商投资股份有限公司
全 省	**2690**	**3778**	**1664**	**33**	**1922**	**114**
武汉市	761	2714	911	15	1629	114
黄石市	38	12			12	
十堰市	140	322	177		145	
宜昌市	155	90	19		71	
襄阳市	177	197	197			
鄂州市	181					
荆门市	70	37	37			
孝感市	295	85	50		35	
荆州市	494					
黄冈市	154					
咸宁市	64	18		18		
随州市		30			30	
恩施州	114					
仙桃市		273	273			
潜江市						
天门市	47					
神农架						

3-3　续表2

单位:人

地　区	其他港澳台投资企业	外商投资企　业	中外合资经营企业	中外合作经营企业	外资企业	外商投资股份有限公司	其他外商投资企业
全　省	**45**	**1715**	**828**	**100**	**635**	**46**	**106**
武汉市	45	1343	517	100	582	46	98
黄石市		22			22		
十堰市							
宜昌市		27	6		21		
襄阳市		144	134		10		
鄂州市		8					8
荆门市		171	171				
孝感市							
荆州市							
黄冈市							
咸宁市							
随州市							
恩施州							
仙桃市							
潜江市							
天门市							
神农架							

3-4 各地区按资质等级分房地产开发企业年末从业人数

单位:人

地区	总计	一级	二级	三级	四级	暂定	其他
全省	**168849**	**8304**	**24763**	**35507**	**30095**	**54171**	**16009**
武汉市	56523	6914	15147	11781	672	16891	5118
黄石市	5183	22	525	1078	486	2342	730
十堰市	10811	87	1503	1768	3615	2919	919
宜昌市	11358	123	968	3433	730	5819	285
襄阳市	17525	282	1700	3353	4813	5690	1687
鄂州市	4795	93	542	811	1594	750	1005
荆门市	6672	21	638	1002	2166	2324	521
孝感市	8738	244	954	1631	3158	1981	770
荆州市	7812	89	769	1598	1985	2590	781
黄冈市	10601	215	839	1598	4558	2351	1040
咸宁市	8514	19	229	1790	1257	4327	892
随州市	3069		114	1152	1006	578	219
恩施州	9532	170	348	2598	1976	4002	438
仙桃市	5359	25	337	1293	1275	1085	1344
潜江市	738		40	195	384	111	8
天门市	1430		110	396	269	411	244
神农架	189			30	151		8

注:本表数据范围为全部房地产开发企业。

3-5　各地区按登记注册类型分房地产开发企业资产总计

单位:万元

地　区	总计	内资企业			
			国有企业	集体企业	股份合作企业
全　省	**147942374.86**	**137870581.12**	**4298800.73**	**408913.03**	**89545.03**
武汉市	96496243.76	87122420.94	3070839.99	74566.42	3100.00
黄石市	6750913.62	6727535.11	78128.66	56.00	165.00
十堰市	4349632.96	4097682.06	29914.32	732.50	3246.59
宜昌市	7787750.60	7735206.30	275025.14	21527.70	
襄阳市	8291363.00	8090565.00	58270.38	290203.20	1000.00
鄂州市	2280436.42	2279436.42	1662.00		100.00
荆门市	2940335.74	2912278.44	47784.91	1300.00	
孝感市	3053264.93	2984586.83	116910.70	1810.00	74436.43
荆州市	3532304.92	3532304.92	418353.45	6990.71	6262.00
黄冈市	3159900.23	3159900.23	22042.20	11635.70	15.00
咸宁市	3417939.79	3417089.99	135918.70		20.00
随州市	1191790.60	1170894.79	8451.00	58.80	
恩施州	2508170.35	2508170.35	8620.00		
仙桃市	913543.95	863725.72	24061.68	32.00	
潜江市	515898.30	515898.30	500.00		
天门市	668380.07	668380.07	2317.60		1200.00
神农架	84505.64	84505.64			

注:本表数据范围为全部房地产开发企业。

3-5 续表1 单位:万元

地 区	联营企业	有限责任公司	股份有限公司	私营企业	其他企业
全 省		**78156443.88**	**12641963.65**	**41761281.68**	**513633.11**
武汉市		56245575.50	6862637.10	20694729.19	170972.75
黄石市		1795723.67	3777657.29	1060744.81	15059.68
十堰市		1704298.96	295760.02	2056051.32	7678.35
宜昌市		4358518.64	200436.26	2855749.62	23948.93
襄阳市		4401804.47	208990.00	3099277.45	31019.50
鄂州市		394860.51	25603.10	1785542.65	71668.16
荆门市		1163987.55	36719.90	1649258.55	13227.53
孝感市		830709.63	157019.85	1775980.69	27719.53
荆州市		1995858.93	239414.42	790351.26	75074.15
黄冈市		1292535.50	415286.71	1382053.09	36332.03
咸宁市		1373623.42	117721.80	1777177.10	12628.97
随州市		749364.82	148083.00	264937.17	
恩施州		992430.71	92175.90	1393740.21	21203.54
仙桃市		304776.85	27196.90	507658.30	
潜江市		98612.70	7261.40	409524.20	
天门市		388685.02	30000.00	239077.46	7100.00
神农架		65077.00		19428.64	

3-5　续表2

单位:万元

地　区	港、澳、台商投资企业	合资经营企业(港或澳、台资)	合作经营企业(港或澳、台资)	港、澳、台商独资经营企业	港、澳、台商投资股份有限公司
全　省	**7113455.54**	**2548134.49**	**4745.00**	**4069577.46**	**489998.60**
武汉市	6535817.39	2177497.43	3895.20	3863426.16	489998.60
黄石市	892.51			892.51	
十堰市	251950.90	116265.50		135685.40	
宜昌市	41673.60	5204.10		36469.50	
襄阳市	132122.42	132122.42			
鄂州市					
荆门市	10756.80	10756.80			
孝感市	68678.10	56470.00		12208.10	
荆州市					
黄冈市					
咸宁市	849.80		849.80		
随州市	20895.80			20895.80	
恩施州					
仙桃市	49818.23	49818.23			
潜江市					
天门市					
神农架					

续表3

单位:万元

地 区	外商投资企 业	中外合资经营企业	中外合作经营企业	外资企业	外 商 投 资股份有限公司
全 省	**2958338.20**	**932053.97**	**376856.90**	**1206519.02**	**68259.30**
武汉市	2838005.42	851063.90	376856.90	1168176.32	68259.30
黄石市	22486.00			22486.00	
十堰市					
宜昌市	10870.70	4266.10		6604.60	
襄阳市	68675.57	59423.47		9252.10	
鄂州市	1000.00				
荆门市	17300.50	17300.50			
孝感市					
荆州市					
黄冈市					
咸宁市					
随州市					
恩施州					
仙桃市					
潜江市					
天门市					
神农架					

3-6　各地区按登记注册类型和资质等级分联网直报房地产开发企业个数

单位:个

地　区	总计	内资企业	国有企业	集体企业	股份合作企业	国有联营企业	集体联营企业	国有与集体联营企业	其他联营企业	国有独资公司
全　省	**4267**	**4139**	**101**	**21**	**2**			**1**		**54**
武汉市	1209	1124	34	8						32
黄石市	213	212	4	1	1					3
十堰市	391	381	2	1						5
宜昌市	355	344	6	3						6
襄阳市	440	428	2	3						1
鄂州市	108	108								1
荆门市	219	216	5							
孝感市	189	187	7							2
荆州市	194	194	13					1		2
黄冈市	268	268	13	3						
咸宁市	274	273	4		1					1
随州市	109	108	6	1						
恩施州	200	200	1							1
仙桃市	47	45	3	1						
潜江市	23	23								
天门市	28	28	1							
神农架										

注:本表数据范围为联网直报房地产开发企业。

3-6 续表1

单位:个

地 区								港澳台商投资企业		
	其他有限责任公司	股份有限公司	私营独资企业	私营合伙企业	私营有限责任公司	私营股份有限公司	其他企业		与港澳台商合资经营企业	与港澳台商合作经营企业
全 省	**1698**	**247**	**11**	**3**	**1861**	**137**	**3**	**89**	**43**	**2**
武汉市	539	69	1		415	25	1	59	22	1
黄石市	102	9			88	4				
十堰市	125	23	2		203	19	1	10	6	
宜昌市	120	14		2	187	6		6	4	
襄阳市	201	34	3		173	11		8	8	
鄂州市	19	2			68	18				
荆门市	65	3	2		139	2		1	1	
孝感市	76	11	1		82	8		2	1	
荆州市	94	16			62	6				
黄冈市	126	25	1	1	88	11				
咸宁市	87	16			150	14		1		1
随州市	44	13			41	3		1		
恩施州	68	6	1		118	4	1			
仙桃市	13	3			21	4		1	1	
潜江市	6	1			16					
天门市	13	2			10	2				
神农架										

3-6　续表2

单位:个

地　区	港澳台商独资经营企　业	港澳台商投资股份有限公司	其　他港澳台投　资	外商投资企业	中外合资经营企业	中外合作经营企业	外资企业	外商投资股份有限公　司	其　他外商投资
全　省	**42**	**2**		**39**	**19**	**1**	**16**	**1**	**2**
武汉市	34	2		26	12	1	10	1	2
黄石市				1			1		
十堰市	4								
宜昌市	2			5	2		3		
襄阳市				4	3		1		
鄂州市									
荆门市				2	2				
孝感市	1								
荆州市									
黄冈市									
咸宁市									
随州市	1								
恩施州									
仙桃市				1			1		
潜江市									
天门市									
神农架									

3-6 续表3

单位:个

地 区	总计	一级	二级	三级	四级	暂定	其他
全 省	**4267**	**57**	**451**	**969**	**1114**	**1570**	**106**
武汉市	1209	44	267	381	26	411	80
黄石市	213		12	47	46	102	6
十堰市	391		27	64	174	123	3
宜昌市	355	2	12	70	52	218	1
襄阳市	440	2	31	77	176	151	3
鄂州市	108		5	32	47	22	2
荆门市	219		11	46	73	86	3
孝感市	189	3	22	41	82	40	1
荆州市	194	2	10	43	66	73	
黄冈市	268	1	20	42	139	65	1
咸宁市	274	1	7	35	70	158	3
随州市	109		4	23	54	27	1
恩施州	200	2	14	44	64	75	1
仙桃市	47		5	12	28	2	
潜江市	23		3	7	10	3	
天门市	28		1	5	7	14	1
神农架							

3-6 续表4

单位:个

地 区	总计	中央属	地方属				
				省属	地市属	县属	其他
全 省	**4267**	**36**	**4231**	**44**	**579**	**354**	**3254**
武汉市	1209	29	1180	36	172	73	899
黄石市	213		213	1	32	12	168
十堰市	391	1	390		119	21	250
宜昌市	355	3	352	2	23	43	284
襄阳市	440	2	438		51	49	338
鄂州市	108		108		3		105
荆门市	219		219	1	20	12	186
孝感市	189	1	188	2	13	29	144
荆州市	194		194		64	25	105
黄冈市	268		268		37	48	183
咸宁市	274		274	1	19	15	239
随州市	109		109		19	3	87
恩施州	200		200		4	13	183
仙桃市	47		47	1	1	8	37
潜江市	23		23		1		22
天门市	28		28		1	3	24
神农架							

3-7 各地区按登记注册类型和资质等级分联网直报房地产开发企业从业人员平均人数

单位:人

地区	总计	内资企业									
			国有企业	集体企业	股份合作企业	国有联营企业	集体联营企业	国有与集体联营企业	其他联营企业	国有独资公司	其他有限责任公司
全省	**125590**	**120698**	**4840**	**392**	**4**					**4462**	**50299**
武汉市	43787	40036	1761	111						3922	18132
黄石市	3861	3839	65	20	4					56	2146
十堰市	8329	8008	106	33						236	2795
宜昌市	10307	10190	149	36						146	3967
襄阳市	13722	13430	96	99						10	6202
鄂州市	2169	2169								14	325
荆门市	5284	5090	198								1746
孝感市	6397	6312	270							19	2810
荆州市	5050	5050	537							23	2013
黄冈市	7810	7810	1385	83							3266
咸宁市	6902	6884	102							25	2949
随州市	2371	2339	75	7							1133
恩施州	7122	7122	6							11	1956
仙桃市	1007	947	81	3							313
潜江市	692	692									207
天门市	780	780	9								339
神农架											

3-7　续表1　　　　　　　　　　　　　　　　　　　　　　　　　　　　单位:人

地　区	股份有限公司	私营独资企业	私营合伙企业	私营有限责任公司	私营股份有限公司	其他企业	港澳台商投资企业	与港澳台商合资经营企业	与港澳台商合作经营企业	港澳台商独资经营企业	港澳台商投资股份有限公司
全　省	**9486**	**326**	**69**	**47220**	**3450**	**150**	**3291**	**1341**	**33**	**1803**	**114**
武汉市	4376	36		11184	434	80	2475	826	15	1520	114
黄石市	106			1409	33						
十堰市	497	125		3922	291	3	321	176		145	
宜昌市	432		46	5203	211		90	19		71	
襄阳市	1864	57		4684	418		173	173			
鄂州市	47			1531	252						
荆门市	51	14		3045	36		37	37			
孝感市	294	62		2541	316		85	50		35	
荆州市	379			1862	236						
黄冈市	670	18	23	2061	304						
咸宁市	245			3305	258		18		18		
随州市	155			921	48		32			32	
恩施州	104	14		4486	478	67					
仙桃市	76			404	70		60	60			
潜江市	75			410							
天门市	115			252	65						
神农架											

3-7 续表2

单位:人

地 区	其 他 港澳台投资	外商投资 企 业	中外合资 经营企业	中外合作 经营企业	外资 企业	外商投资 股份有限公司	其 他 外商投资
全 省		**1601**	**754**	**110**	**617**	**45**	**75**
武汉市		1276	482	110	564	45	75
黄石市		22			22		
十堰市							
宜昌市		27	6		21		
襄阳市		119	109		10		
鄂州市							
荆门市		157	157				
孝感市							
荆州市							
黄冈市							
咸宁市							
随州市							
恩施州							
仙桃市							
潜江市							
天门市							
神农架							

3-7　续表3　　单位:人

地　区	总计	一级	二级	三级	四级	暂定	其他
全　省	**125590**	**7149**	**21759**	**30003**	**25313**	**40087**	**1279**
武汉市	43787	6288	13845	9770	462	12449	973
黄石市	3861		463	1065	491	1819	23
十堰市	8329		1531	1631	3081	2079	7
宜昌市	10307	109	791	3288	687	5430	2
襄阳市	13722	256	1598	2931	4406	4499	32
鄂州市	2169		432	646	788	242	61
荆门市	5284		596	826	2029	1798	35
孝感市	6397	238	873	1390	2528	1358	10
荆州市	5050	60	324	1384	1838	1444	
黄冈市	7810	95	547	1194	4148	1815	11
咸宁市	6902	19	173	1783	1178	3662	87
随州市	2371		99	1092	814	351	15
恩施州	7122	84	295	2215	1836	2686	6
仙桃市	1007		112	413	392	90	
潜江市	692		38	195	382	77	
天门市	780		42	180	253	288	17
神农架							

3-7 续表4

单位:人

地 区	总计	中央属	地方属				
				省属	地市属	县属	其他
全 省	**125590**	**3241**	**122349**	**2060**	**20276**	**13258**	**86755**
武汉市	43787	2718	41069	1476	10710	2263	26620
黄石市	3861		3861	53	673	254	2881
十堰市	8329	165	8164		2636	677	4851
宜昌市	10307	106	10201	310	876	1655	7360
襄阳市	13722	241	13481		1231	2673	9577
鄂州市	2169		2169		33		2136
荆门市	5284		5284	35	474	617	4158
孝感市	6397	11	6386	101	209	751	5325
荆州市	5050		5050		1537	613	2900
黄冈市	7810		7810		908	2148	4754
咸宁市	6902		6902	25	446	345	6086
随州市	2371		2371		437	67	1867
恩施州	7122		7122		47	930	6145
仙桃市	1007		1007	60	12	215	720
潜江市	692		692		28		664
天门市	780		780		19	50	711
神农架							

3-8　各地区按用途和资质等级分联网直报房地产开发企业房屋施工面积

单位:平方米

地　区	施工面积	住宅	*别墅、高档公寓	办公楼	商业营业用　房	其他房屋
全　省	**218658140**	**166402685**	**3579737**	**5961103**	**25842873**	**20451479**
武汉市	85820804	62420187	2075150	4048552	9345800	10006265
黄石市	6738042	5667790	53989	109602	607546	353104
十堰市	13834764	10207201	16187	296305	1738893	1592365
宜昌市	18272105	13160431	243188	467290	2535205	2109179
襄阳市	20514960	15399278	98360	271881	2779139	2064662
鄂州市	3683177	3290051	270965	7519	310056	75551
荆门市	11825698	9240811	189102	85994	1436521	1062372
孝感市	10883457	9246535	17475	441550	851481	343891
荆州市	6939849	5768666	13689	21583	793579	356021
黄冈市	12457661	10719919	74133	26536	1204775	506431
咸宁市	11014575	8227436	372183	99341	2052341	635457
随州市	3367103	2855727	123954	5487	379836	126053
恩施州	6975880	5393413	8630	65432	1051638	465397
仙桃市	3545358	2649004	22732	500	215853	680001
潜江市	960629	595034		770	313513	51312
天门市	1824078	1561202		12761	226697	23418
神农架						

注:本表数据范围为联网直报房地产开发企业。

3-8 续表1

单位:平方米

地 区	总计	一级	二级	三级	四级	暂定	其他
全 省	**218658140**	**12991092**	**37648033**	**45375736**	**34604890**	**84517073**	**3475649**
武汉市	85820804	10902762	22386005	15384066	123689	34024381	2999901
黄石市	6738042		672440	2050629	433242	3581731	
十堰市	13834764		2601481	2381089	4338067	4514127	
宜昌市	18272105	400653	1315775	5868668	529575	10157434	
襄阳市	20514960	362925	3091944	3037826	4255945	9766320	
鄂州市	3683177		49409	1486606	1372756	774406	
荆门市	11825698		1551712	1909666	3544608	4693712	126000
孝感市	10883457	993620	1823659	1800711	4385310	1833490	1000
荆州市	6939849		1029169	1748863	2055238	2106579	
黄冈市	12457661	158089	1486097	2621294	5331326	2842955	17900
咸宁市	11014575	95043	243854	1887449	2358753	6217568	211908
随州市	3367103		133920	1110493	1670127	410033	42530
恩施州	6975880	78000	664368	1930732	2126946	2146134	29700
仙桃市	3545358		285975	1403480	1041046	814857	
潜江市	960629		109361	236771	477497	137000	
天门市	1824078		202864	517393	560765	496346	46710
神农架							

3-9 各地区按用途和资质等级分联网直报房地产开发企业房屋新开工面积

单位:平方米

地 区	房屋新开工面积	住宅		办公楼	商业营业用 房	其他房屋
			#别墅、高档公寓			
全 省	**82267115**	**62502260**	**1118461**	**2013280**	**10221554**	**7530021**
武汉市	28130674	20577427	456789	1443850	2786918	3322479
黄石市	2108701	1872768	40472	10111	135780	90042
十堰市	4392135	3260867	15305	88883	330233	712152
宜昌市	6292193	4668124	13651	134690	831250	658129
襄阳市	11695540	8300565	98360	167435	1890281	1337259
鄂州市	543980	458050	9844		69090	16840
荆门市	4532167	3351301	24327	51278	673302	456286
孝感市	5632651	5116395	17475	2846	329968	183442
荆州市	2541457	1991424	5988	17150	412208	120675
黄冈市	6052819	5300754	66333	6274	651130	94661
咸宁市	4999611	3332919	280056	73161	1316580	276951
随州市	959797	847678	82352	5487	87717	18915
恩施州	2119033	1654121	7509	11321	280797	172794
仙桃市	1010672	895400			103075	12197
潜江市	637439	367248		570	227600	42021
天门市	618246	507219		224	95625	15178
神农架						

注:本表数据范围为联网直报房地产开发企业。

3-9 续表1

单位:平方米

地 区	总计	一级	二级	三级	四级	暂定	其他
全 省	**82267115**	**3216472**	**11860068**	**14441506**	**12523704**	**39296523**	**905175**
武汉市	28130674	2087283	6628915	4167388	47766	14473755	725567
黄石市	2108701		191668	454791	183695	1278547	
十堰市	4392135		793893	398897	922247	2277098	
宜昌市	6292193	32000	308577	1971345	128903	3851368	
襄阳市	11695540	137668	1557274	1130571	1986758	6883269	
鄂州市	543980			70626	338302	135052	
荆门市	4532167		233658	680041	1336637	2281831	
孝感市	5632651	696389	980457	894491	2275412	761235	1000
荆州市	2541457		312033	471688	848054	909682	
黄冈市	6052819	158089	447867	1492345	2592942	1361576	
咸宁市	4999611	95043	18396	825394	435593	3510812	114373
随州市	959797		13345	639694	169269	119964	17525
恩施州	2119033	10000	72540	375015	543119	1118359	
仙桃市	1010672		140305	623454	246913		
潜江市	637439		77530	189878	295031	75000	
天门市	618246		83610	55888	173063	258975	46710
神农架							

3-10　各地区按用途和资质等级分联网直报房地产开发企业房屋竣工面积

单位:平方米

地　区	房屋竣工面积	住宅	#别墅、高档公寓	办公楼	商业营业用　房	其他房屋
全　省	**30408434**	**25473941**	**446070**	**430660**	**3286795**	**1217038**
武汉市	6793066	5296953	181373	334178	637725	524210
黄石市	1469237	1300206		20865	135280	12886
十堰市	1475015	1174710	856	28450	194265	77590
宜昌市	2082828	1678623	63882	6223	333904	64078
襄阳市	3681253	3086057		5572	460944	128680
鄂州市	265997	215965			47377	2655
荆门市	1694151	1370773	94389	14366	262008	47004
孝感市	3238321	3038471		410	144716	54724
荆州市	1267661	1111691	6812	2654	116252	37064
黄冈市	4306048	3764034	19645	2430	359748	179836
咸宁市	1704479	1325135	39435	9701	351200	18443
随州市	443307	408279	39678		12133	22895
恩施州	940159	794320		5387	108842	31610
仙桃市	528375	483512			37849	7014
潜江市	188920	119430		200	63890	5400
天门市	329617	305782		224	20662	2949
神农架						

注:本表数据范围为联网直报房地产开发企业。

3-10 续表1

单位:平方米

地 区	总计	一级	二级	三级	四级	暂定	其他
全 省	**30408434**	**1377732**	**4753061**	**7549504**	**6836755**	**9610645**	**258737**
武汉市	6793066	1071748	1602721	1345357		2706348	66892
黄石市	1469237		3000	301860	139546	1024831	
十堰市	1475015		603214	182892	329214	359695	
宜昌市	2082828	39893	71515	591751	218602	1161067	
襄阳市	3681253	18800	291054	1270082	1174123	927194	
鄂州市	265997		800	265197			
荆门市	1694151		118000	324482	573465	678204	
孝感市	3238321	175310	579547	427345	1602819	431300	
荆州市	1267661		106837	383776	381408	395640	
黄冈市	4306048		915208	1028521	1686402	658017	17900
咸宁市	1704479	67181	223340	528342	146717	641364	97535
随州市	443307			228090	135651	79566	
恩施州	940159	4800	102155	350049	134634	318821	29700
仙桃市	528375		135670	163822	228883		
潜江市	188920			89880	57040	42000	
天门市	329617			68058	28251	186598	46710
神农架							

3-11　各地区按用途和资质等级分联网直报房地产开发企业房屋竣工价值

单位:万元

地　区	竣工房屋价值	住宅	#别墅、高档公寓	办公楼	商业营业用　房	其他房屋
全　省	**7032206**	**5667090**	**262870**	**111194**	**985648**	**268274**
武汉市	2279855	1810497	181677	88634	249526	131198
黄石市	273043	227817		6403	36355	2468
十堰市	311135	243024	181	6853	43268	17990
宜昌市	518013	429002	39000	1952	75398	11661
襄阳市	819798	671938		917	122235	24708
鄂州市	45279	35754			9047	478
荆门市	294753	234773	19722	2747	47804	9429
孝感市	554988	511039		42	33002	10905
荆州市	261637	221040	1622	518	31306	8773
黄冈市	724147	598590	4458	443	94247	30867
咸宁市	461139	279500	6928	2017	174129	5493
随州市	73339	65776	9282		3959	3604
恩施州	174326	135090		600	31340	7296
仙桃市	134723	117383			15066	2274
潜江市	38770	23745		40	14500	485
天门市	67261	62122		28	4466	645
神农架						

注:本表数据范围为联网直报房地产开发企业。

3-11 续表1

单位:万元

地 区	总计	一级	二级	三级	四级	暂定	其他
全 省	**7032206**	**552417**	**1194594**	**1915617**	**1190246**	**2124006**	**52246**
武汉市	2279855	422487	507383	680650		650834	18501
黄石市	273043		420	61093	16530	195000	
十堰市	311135		143456	25477	65389	76813	
宜昌市	518013	10173	18681	135233	49510	304416	
襄阳市	819798	5094	76642	293951	235318	208793	
鄂州市	45279		176	45103			
荆门市	294753		27500	64879	92642	109732	
孝感市	554988	34663	124914	83369	238621	70341	
荆州市	261637		16277	70299	81526	93535	
黄冈市	724147		181658	150244	277826	111376	3043
咸宁市	461139	78800	38051	136839	32242	150471	24736
随州市	73339			31061	20220	22058	0
恩施州	174326	1200	19006	58452	16342	78626	700
仙桃市	134723		40430	42850	51443	0	
潜江市	38770			21348	6922	10500	
天门市	67261			14769	5715	41511	5266
神农架							

3-12　各地区联网直报房地产开发企业建造的房屋面积和造价

地　区	房屋施工面积（平方米）	房屋竣工面积（平方米）	房屋建筑面积竣工率（%）	竣工房屋价值（万元）	竣工房屋造价（元）
全　省	**218658140**	**30408434**	**13.9**	**7032206**	**2313**
武汉市	85820804	6793066	7.9	2279855	3356
黄石市	6738042	1469237	21.8	273043	1858
十堰市	13834764	1475015	10.7	311135	2109
宜昌市	18272105	2082828	11.4	518013	2487
襄阳市	20514960	3681253	17.9	819798	2227
鄂州市	3683177	265997	7.2	45279	1702
荆门市	11825698	1694151	14.3	294753	1740
孝感市	10883457	3238321	29.8	554988	1714
荆州市	6939849	1267661	18.3	261637	2064
黄冈市	12457661	4306048	34.6	724147	1682
咸宁市	11014575	1704479	15.5	461139	2705
随州市	3367103	443307	13.2	73339	1654
恩施州	6975880	940159	13.5	174326	1854
仙桃市	3545358	528375	14.9	134723	2550
潜江市	960629	188920	19.7	38770	2052
天门市	1824078	329617	18.1	67261	2041
神农架					

注：本表数据范围为联网直报房地产开发企业。

3-13 各地区按用途和资质等级分联网直报房地产开发企业商品房销售面积

单位:平方米

地区	商品房销售面积	住宅	#别墅、高档公寓	办公楼	商业营业用房	其他房屋
全省	**52985406**	**47656848**	**1258742**	**927605**	**3583760**	**817193**
武汉市	20095561	17637458	514655	714357	1242820	500926
黄石市	1871365	1681722		65537	118883	5223
十堰市	1778517	1697056		2381	56151	22929
宜昌市	4601322	4065377	90162	60408	398723	76814
襄阳市	6630764	5869041	16478	57453	600302	103968
鄂州市	567660	531795	64254	2265	29938	3662
荆门市	1954746	1784571	106707		157884	12291
孝感市	2427836	2337308	2222		69755	20773
荆州市	1743885	1669147	12724	2400	68216	4122
黄冈市	4213125	3936170	97329	1850	248876	26229
咸宁市	2713072	2453104	282646	13589	231943	14436
随州市	916066	881060	68351		27254	7752
恩施州	1781386	1569683	635	7365	193573	10765
仙桃市	783107	752664	2579		25185	5258
潜江市	409714	305525			102976	1213
天门市	497280	485167			11281	832
神农架						

注:本表数据范围为联网直报房地产开发企业。

3-13　续表1　　单位:平方米

地　区	总计	一级	二级	三级	四级	暂定	其他
全　省	**52985406**	**2718076**	**9548181**	**12453268**	**8766229**	**18432358**	**1045294**
武汉市	20095561	2078525	6078429	3779741	182161	7115832	860873
黄石市	1871365		236985	449913	121168	1063299	
十堰市	1778517		388055	341122	645392	403948	
宜昌市	4601322	221979	251619	1493202	171142	2463380	
襄阳市	6630764	127579	701948	1305278	1883264	2612695	
鄂州市	567660		5491	220977	231921	109271	
荆门市	1954746		247002	485567	442656	737138	42383
孝感市	2427836	255099	332983	447716	1185274	184764	
荆州市	1743885		205770	481733	503832	552550	
黄冈市	4213125	19400	509317	1011294	1795125	861038	16951
咸宁市	2713072	6000	139770	634934	488169	1422033	22166
随州市	916066		51850	437962	310556	88849	26849
恩施州	1781386	9494	134944	707742	379044	520462	29700
仙桃市	783107		153588	406972	209365	13182	
潜江市	409714		33517	174065	154933	47199	
天门市	497280		76913	75050	62227	236718	46372
神农架							

3-14 各地区按用途和资质等级分联网直报房地产开发企业商品房现房销售面积

单位:平方米

地 区	现房销售面积	住宅	#别墅、高档公寓	办公楼	商业营业用 房	其他房屋
全 省	**17106375**	**14965061**	**413843**	**487958**	**1377269**	**276087**
武汉市	5732684	4598123	169798	428560	574148	131853
黄石市	755647	686404		5389	58631	5223
十堰市	378415	345508		2381	20847	9679
宜昌市	706168	609067	52611	39685	50977	6439
襄阳市	2165772	1955947		1700	145190	62935
鄂州市	60184	35773		2265	18525	3621
荆门市	528809	498194	65127		24598	6017
孝感市	1772141	1735068	2222		33897	3176
荆州市	583281	534037	6812	2400	42722	4122
黄冈市	2302643	2127877	4078	1690	152135	20941
咸宁市	888787	775752	67515	3888	98687	10460
随州市	343284	324493	45680		11039	7752
恩施州	289154	256355			30278	2521
仙桃市	314903	306457			7930	516
潜江市	193914	97224			96690	
天门市	90589	78782			10975	832
神农架						

注:本表数据范围为联网直报房地产开发企业。

3-14　续表1　　单位:平方米

地　区	总计	一级	二级	三级	四级	暂定	其他
全　省	**17106375**	**826660**	**3323341**	**5249101**	**3701185**	**3471937**	**512151**
武汉市	5732684	524372	2041607	2108230	131764	567760	358951
黄石市	755647		2100	132322	82738	538487	
十堰市	378415		121670	56196	160599	39950	
宜昌市	706168	109417	18443	181822	100585	295901	
襄阳市	2165772	25360	104353	710511	709028	616520	
鄂州市	60184		757	39354	20073		
荆门市	528809		37854	137564	86706	242219	24466
孝感市	1772141	159761	322858	242664	851394	173464	
荆州市	583281			152951	262064	168266	
黄冈市	2302643		435213	637808	844974	367697	16951
咸宁市	888787	6000	132877	321277	118233	301538	8862
随州市	343284		520	156424	131822	27669	26849
恩施州	289154	1750	58050	126074	319	73261	29700
仙桃市	314903		37324	155397	122182		
潜江市	193914		1125	87369	68240	37180	
天门市	90589		8590	3138	10464	22025	46372
神农架							

3-15 各地区按用途和资质等级分联网直报房地产开发企业商品房期房销售面积

单位:平方米

地 区	期房销售面积	住宅	#别墅、高档公寓	办公楼	商业营业用房	其他房屋
全 省	**35879031**	**32691787**	**844899**	**439647**	**2206491**	**541106**
武汉市	14267860	12944318	344857	285797	668672	369073
黄石市	1115718	995318		60148	60252	
十堰市	1400102	1351548			35304	13250
宜昌市	3895154	3456310	37551	20723	347746	70375
襄阳市	4464992	3913094	16478	55753	455112	41033
鄂州市	602493	591039	64254		11413	41
荆门市	1425937	1286377	41580		133286	6274
孝感市	655695	602240			35858	17597
荆州市	1160604	1135110	5912		25494	
黄冈市	1910482	1808293	93251	160	96741	5288
咸宁市	1824285	1677352	215131	9701	133256	3976
随州市	572782	556567	22671		16215	
恩施州	1492232	1313328	635	7365	163295	8244
仙桃市	468204	446207	2579		17255	4742
潜江市	215800	208301			6286	1213
天门市	406691	406385			306	
神农架						

注:本表数据范围为联网直报房地产开发企业。

3-15　续表1　　　　单位:平方米

地区	总计	一级	二级	三级	四级	暂定	其他
全　省	**35879031**	**1891416**	**6224840**	**7204167**	**5065044**	**14960421**	**533143**
武汉市	14267860	1554153	3941805	1671511	50397	6548072	501922
黄石市	1115718		234885	317591	38430	524812	
十堰市	1400102		266385	284926	484793	363998	
宜昌市	3895154	112562	233176	1311380	70557	2167479	
襄阳市	4464992	102219	597595	594767	1174236	1996175	
鄂州市	602493		99751	181623	211848	109271	
荆门市	1425937		209148	348003	355950	494919	17917
孝感市	655695	95338	10125	205052	333880	11300	
荆州市	1160604		205770	328782	241768	384284	
黄冈市	1910482	19400	74104	373486	950151	493341	
咸宁市	1824285		6893	313657	369936	1120495	13304
随州市	572782		51330	281538	178734	61180	
恩施州	1492232	7744	76894	581668	378725	447201	
仙桃市	468204		116264	251575	87183	13182	
潜江市	215800		32392	86696	86693	10019	
天门市	406691		68323	71912	51763	214693	
神农架							

3-16 各地区按用途和资质等级分联网直报房地产开发企业房屋出租面积

单位:平方米

地区	房屋出租面积	住宅	#别墅、高档公寓	办公楼	商业营业用房	其他房屋
全省	374085	30984		47232	281620	14249
武汉市	140549	800		47232	92517	
黄石市						
十堰市	31057	4500			26557	
宜昌市	6220				6220	
襄阳市	53402	4024			41692	7686
鄂州市						
荆门市	13057	2227			10467	363
孝感市	5148	1933			3215	
荆州市	17500	17500				
黄冈市	46160				46160	
咸宁市	7484				7484	
随州市	270				270	
恩施州	53238				47038	6200
仙桃市						
潜江市						
天门市						
神农架						

注:本表数据范围为联网直报房地产开发企业。

3-16 续表1

单位:平方米

地 区	总计	一级	二级	三级	四级	暂定	其他
全 省	**374085**	**13129**	**103179**	**69671**	**115371**	**72735**	
武汉市	140549	13129	101932	7988		17500	
黄石市							
十堰市	31057			26175	382	4500	
宜昌市	6220					6220	
襄阳市	53402			16079	35968	1355	
鄂州市							
荆门市	13057			175	12882		
孝感市	5148		1247		2121	1780	
荆州市	17500			17500			
黄冈市	46160				46160		
咸宁市	7484			1484	6000		
随州市	270			270			
恩施州	53238				11858	41380	
仙桃市							
潜江市							
天门市							
神农架							

3-17 各地区按用途和资质等级分联网直报房地产开发企业商品房销售额

单位:万元

地区	商品房销售额	住宅	#别墅、高档公寓	办公楼	商业营业用房	其他房屋
全省	**27903176**	**23100444**	**1066742**	**777664**	**3547276**	**477792**
武汉市	15446764	12712401	635042	669513	1725250	339600
黄石市	700737	557150		18463	124649	475
十堰市	740760	682651		723	45419	11967
宜昌市	2168262	1706310	68342	28492	405997	27463
襄阳市	2630332	2101012	27484	51085	433634	44601
鄂州市	194305	176594	22292	675	15822	1214
荆门市	688634	609009	65112		75175	4450
孝感市	798188	710494	907		66464	21230
荆州市	679618	619126	8173	492	59289	711
黄冈市	1323935	1134827	46921	553	177734	10821
咸宁市	924738	785965	152877	3377	129303	6093
随州市	336805	306315	37191		29307	1183
恩施州	705914	523187	436	4291	173830	4606
仙桃市	262120	242838	1965		17234	2048
潜江市	151892	89028			61777	1087
天门市	150172	143537			6392	243
神农架						

注:本表数据范围为联网直报房地产开发企业。

3-17　续表1

单位:万元

地　区	总计	一级	二级	三级	四级	暂定	其他
全　省	**27903176**	**1850399**	**6199122**	**6354779**	**2742758**	**10064276**	**688762**
武汉市	15446764	1569054	4761063	2956759	73873	5444875	641140
黄石市	700737		116341	184187	33316	366893	
十堰市	740760		159145	151911	224164	205540	
宜昌市	2168262	108432	122497	696227	62744	1178362	
襄阳市	2630332	59298	345758	456921	576820	1191535	
鄂州市	194305		2837	77929	77897	35642	
荆门市	688634		79693	212581	146214	237681	12465
孝感市	798188	102246	114045	208816	318761	51240	
荆州市	679618		77534	188052	189635	224397	
黄冈市	1323935	6684	199975	308710	507782	295146	5638
咸宁市	924738	1800	39428	255874	142693	477040	7903
随州市	336805		18713	167787	112460	32164	5681
恩施州	705914	2885	66769	247409	144008	238843	6000
仙桃市	262120		51527	138502	67942	4149	
潜江市	151892		12233	80251	44527	14881	
天门市	150172		31564	22863	19922	65888	9935
神农架							

3-18 各地区按用途和资质等级分联网直报房地产开发企业商品房现房销售额

单位:万元

地区	商品房现房销售额	住宅	#别墅、高档公寓	办公楼	商业营业用房	其他房屋
全省	**7955826**	**6169443**	**320942**	**324256**	**1353078**	**109049**
武汉市	4273878	3097353	185001	297467	815837	63221
黄石市	226265	180935		3454	41401	475
十堰市	115219	93880		723	17967	2649
宜昌市	279555	223662	47649	19159	34023	2711
襄阳市	676687	552290		425	102393	21579
鄂州市	21790	12450		675	7475	1190
荆门市	171782	158799	33149		10898	2085
孝感市	537097	516047	907		20379	671
荆州市	222587	185052	1622	492	36332	711
黄冈市	741812	630354	808	501	103346	7611
咸宁市	285764	225784	32098	1360	54944	3676
随州市	99703	90454	19708		8066	1183
恩施州	102879	69224			32769	886
仙桃市	97914	93201			4555	158
潜江市	78283	21929			56354	
天门市	24611	18029			6339	243
神农架						

注:本表数据范围为联网直报房地产开发企业。

3-18　续表1　　单位:万元

地　区	总计	一级	二级	三级	四级	暂定	其他
全　省	**7955826**	**556374**	**2296850**	**2724998**	**1030888**	**1194081**	**149555**
武汉市	4273878	439769	1800168	1625938	46050	249359	112594
黄石市	226265		600	57787	19235	148643	
十堰市	115219		37008	19214	44905	14092	
宜昌市	279555	39369	10228	94970	35679	99309	
襄阳市	676687	13559	57451	190868	198818	215991	
鄂州市	21790		276	14198	7316		
荆门市	171782		9337	52666	23441	79670	6668
孝感市	537097	61440	112655	92833	218746	48343	
荆州市	222587			51724	95970	74893	
黄冈市	741812		177526	210015	221889	126744	5638
咸宁市	285764	1800	37291	120784	29140	93710	3039
随州市	99703		72	57090	30382	6478	5681
恩施州	102879	437	37153	38402	171	20716	6000
仙桃市	97914		12503	47254	38157		
潜江市	78283		234	50262	17417	10370	
天门市	24611		4348	993	3572	5763	9935
神农架							

3-19 各地区按用途和资质等级分联网直报房地产开发企业商品房期房销售额

单位:万元

地区	商品房期房销售额	住宅	#别墅、高档公寓	办公楼	商业营业用房	其他房屋
全省	**19947350**	**16931001**	**745800**	**453408**	**2194198**	**368743**
武汉市	11172886	9615048	450041	372046	909413	276379
黄石市	474472	376215		15009	83248	
十堰市	625541	588771			27452	9318
宜昌市	1888707	1482648	20693	9333	371974	24752
襄阳市	1953645	1548722	27484	50660	331241	23022
鄂州市	172515	164144	22292		8347	24
荆门市	516852	450210	31963		64277	2365
孝感市	261091	194447			46085	20559
荆州市	457031	434074	6551		22957	
黄冈市	582123	504473	46113	52	74388	3210
咸宁市	638974	560181	120779	2017	74359	2417
随州市	237102	215861	17483		21241	
恩施州	603035	453963	436	4291	141061	3720
仙桃市	164206	149637	1965		12679	1890
潜江市	73609	67099			5423	1087
天门市	125561	125508			53	
神农架						

注:本表数据范围为联网直报房地产开发企业。

3–19　续表1

单位:万元

地　区	总计	一级	二级	三级	四级	暂定	其他
全　省	**19947350**	**1294025**	**3902272**	**3629781**	**1711870**	**8870195**	**539207**
武汉市	11172886	1129285	2960895	1330821	27823	5195516	528546
黄石市	474472		115741	126400	14081	218250	
十堰市	625541		122137	132697	179259	191448	
宜昌市	1888707	69063	112269	601257	27065	1079053	
襄阳市	1953645	45739	288307	266053	378002	975544	
鄂州市	172515		2561	63731	70581	35642	
荆门市	516852		70356	159915	122773	158011	5797
孝感市	261091	40806	1390	115983	100015	2897	
荆州市	457031		77534	136328	93665	149504	
黄冈市	582123	6684	22449	98695	285893	168402	
咸宁市	638974		2137	135090	113553	383330	4864
随州市	237102		18641	110697	82078	25686	
恩施州	603035	2448	29616	209007	143837	218127	
仙桃市	164206		39024	91248	29785	4149	
潜江市	73609		11999	29989	27110	4511	
天门市	125561		27216	21870	16350	60125	0
神农架							

3-20 各地区按用途和资质等级分联网直报房地产开发企业商品房屋待售情况

单位:平方米

地区	商品房待售面积	住宅	#别墅、高档公寓	办公楼	商业营业用房	其他房屋
全省	**22017880**	**15431186**	**951744**	**1071617**	**3874408**	**1640669**
武汉市	7040756	4660407	687473	811339	790727	778283
黄石市	585656	442028	12890	17461	124687	1480
十堰市	951074	561676	19600	12407	260002	116989
宜昌市	1231518	752984	30330	31078	257575	189881
襄阳市	1935198	1295065		137889	276905	225339
鄂州市	70572	22359		1500	44058	2655
荆门市	1743775	1344042	58324	11749	306678	81306
孝感市	1252621	1084297	5203	17185	123477	27662
荆州市	1026130	871344		4835	140404	9547
黄冈市	1975810	1523671	24043	25194	362811	64134
咸宁市	1985677	1213933	48674		680601	91143
随州市	469314	396691	61591	980	58803	12840
恩施州	582362	331663			236147	14552
仙桃市	709412	583648	1979		116808	8956
潜江市	85705	43224			42481	
天门市	372300	304154	1637		52244	15902
神农架						

注:本表数据范围为联网直报房地产开发企业。

3-20　续表1　　　　　　　　　　　　　　　　　　　　　　　　　　　单位:平方米

地　区	总计	一级	二级	三级	四级	暂定	其他
全　省	**22017880**	**642792**	**4869972**	**6025160**	**4515195**	**5814107**	**150654**
武汉市	7040756	354615	2689477	1984731	17848	1894203	99882
黄石市	585656		6300	328859	40575	209922	
十堰市	951074		261766	181382	340547	161193	6186
宜昌市	1231518	8889	44913	410764	84970	681982	
襄阳市	1935198	170271	606343	146081	715876	296627	
鄂州市	70572			67202	3370		
荆门市	1743775		139378	376688	737755	485757	4197
孝感市	1252621	44786	284985	215363	564195	143292	
荆州市	1026130		38644	420879	195998	370609	
黄冈市	1975810		586556	291246	799820	294160	4028
咸宁市	1985677	61181	48560	722478	185222	948745	19491
随州市	469314		25742	171078	239787	15952	16755
恩施州	582362	3050	117094	297227	49689	115302	
仙桃市	709412			322308	360296	26808	
潜江市	85705		5795	15549	40541	23820	
天门市	372300		14419	73325	138706	145735	115
神农架							

3-21 各地区联网直报房地产开发企业土地开发及其购置情况

地 区	待开发土地面积（平方米）	本年购置土地面积（平方米）	本年土地成交价款（万元）
全 省	**16182066**	**18946777**	**3917973**
武汉市	5606600	5028212	1954520
黄石市	214504	482414	128537
十堰市	179218	1079332	152115
宜昌市	1131345	1902604	343566
襄阳市	679209	2867301	448248
鄂州市	26338		
荆门市	1133362	1244777	99972
孝感市	2070595	871312	104544
荆州市	257847	770672	120966
黄冈市	1033690	1599851	188856
咸宁市	2096481	1641331	128143
随州市	441335	221862	25862
恩施州	359643	773778	120958
仙桃市	425122	127685	46182
潜江市	343080	202812	27930
天门市	183697	132834	27574
神农架			

注：本表数据范围为联网直报房地产开发企业。

3-22　各地区联网直报房地产开发企业主要财务指标

单位:万元

地　区	资产总计			主营业务收　入			
		负债合计	所有者权益合计		土地转让收　入	商品房屋销售收入	房屋出租收　入
全　省	**126056878.0**	**94878848.6**	**31178029.4**	**28694553.5**	**226793.0**	**27256805.6**	**359764.4**
武汉市	84713440.3	64680070.5	20033369.8	14941012.5	79046.0	14168955.3	214270.9
黄石市	2705918.2	2084698.6	621219.6	737586.9	1822.8	714929.5	7290.1
十堰市	3971449.2	2981832.5	989616.7	999847.5	241.5	960244.4	10320.4
宜昌市	7280532.9	5343997.8	1936535.1	2389498.9	5626.8	2260595.5	38176.3
襄阳市	7740891.5	5747668.2	1993223.3	2673047.8	34394.8	2540552.2	32062.4
鄂州市	1407422	1169788.3	237633.7	321244.9	1000.0	309037.0	1021.8
荆门市	2525226.7	1900258	624968.7	690426	12704.4	608830.0	29047.5
孝感市	2601291.6	1689335.1	911956.5	903806.2	4389.5	893463.2	2733.0
荆州市	2471614.2	1928162.6	543451.6	811411.4	13216.8	784157.7	2781.1
黄冈市	2626156.1	1733491.8	892664.3	1526533.2	14422.8	1447023.1	2120.4
咸宁市	3113162.2	2231141.4	882020.8	844864.5	50356.8	767694.8	13855.8
随州市	1077991.3	777216.4	300774.9	401049.3	973.0	395497.1	652.0
恩施州	2124418.3	1560872	563546.3	772551.0	7923.8	742399.0	2541.6
仙桃市	637937.0	411495.1	226441.9	313813.0	570.0	298648.9	864.3
潜江市	512986.0	239303.4	273682.6	155426.7		153251.5	1331.6
天门市	546440.5	399516.9	146923.6	212433.7	104.0	211526.4	695.2
神农架							

注:本表数据范围为联网直报房地产开发企业。

3-22 续表 1

单位:万元

地 区	其他收入	主营业务成 本	主营业务税金及附加	其 他业务利润	销售费用	管理费用	财务费用
全 省	**851190.5**	**19239471.4**	**2358550**	**83687.1**	**846845.7**	**1032565.5**	**468200.6**
武汉市	478740.3	9749973.5	1314437.3	39908.7	506389.1	528189.8	204139.2
黄石市	13544.5	498224.4	50199.8	1097.3	19210.0	34295.9	19728.7
十堰市	29041.2	714574.2	77096	9700.7	23081.4	48843	25871.6
宜昌市	85100.3	1473442.9	194551.0	8766.2	52261.6	78089.2	34123.2
襄阳市	66038.4	1846044.8	190276.3	11715.7	51398.9	93874.4	60596.4
鄂州市	10186.1	241700.2	24883.5	57.3	15702.2	14299.7	8825.5
荆门市	39844.1	525389.2	42822.1	751.0	22807.0	33797.1	20550.7
孝感市	3220.5	626136.2	60982.0	1053.9	20652.3	31523.7	13817.5
荆州市	11255.8	571088.3	59184.3	−107.0	28397.1	30575.9	17559.3
黄冈市	62966.9	1043753.1	132447.9	1241.0	29489.2	41315.4	13642.6
咸宁市	12957.1	562821.9	65546.4	5531.4	37019.8	37720.0	15936.0
随州市	3927.2	324243.3	29833.5	663.2	9149.7	11592.5	5804.2
恩施州	19686.6	569501.5	65221.2	874.6	15157.2	32008.2	13858.5
仙桃市	13729.8	243625.2	22098.3	1536.5	6050.4	6821.5	6549.0
潜江市	843.6	103591.3	9983.0	85.4	3335.8	4105.2	4287.5
天门市	108.1	145361.4	18987.4	811.2	6744.0	5514.0	2910.7
神农架							

3–22　续表 2　　　　单位:万元

地　区	营业利润	营业外收　入	营　业外支出	利润总额	应　交所得税	应付职工薪　酬
全　省	**4868688.6**	**134584.4**	**131601.4**	**4910686.3**	**784314.9**	**675903.3**
武汉市	2743914.5	83135	91704.9	2772242.8	530289.2	314512.4
黄石市	129874.4	7251.9	2023.6	135375.7	21070.4	16809.0
十堰市	115390.4	2012.2	2843.5	115009.1	15311.4	40923.1
宜昌市	580586.7	5335.6	7350.8	578235.6	64492.9	55328.3
襄阳市	431406.0	18271.7	8325.5	441564.4	44508.9	60482.0
鄂州市	15578.5	539.8	1018.9	15121.6	3737.7	8211.5
荆门市	45775.2	2232.2	1717.5	46243.0	12995.5	21621.1
孝感市	139559.5	1908.1	3534.3	137935.3	21539.3	23728.3
荆州市	104104.1	7308.4	2902.7	109282.7	14578.8	18538.1
黄冈市	255228.7	660.0	5912.8	250511.7	19337.6	31766.7
咸宁市	130551.6	2740.3	1517.6	131904.9	9974.9	30546.7
随州市	10927.7	927.2	339.2	11515.7	7134.9	11123.9
恩施州	73302.2	1161.8	1504.1	73060.5	8990.1	30488.2
仙桃市	29809.4	676.6	561.4	29924.6	3817.1	4653.0
潜江市	30502.6	72.6	198.4	30376.8	722.5	3254.0
天门市	32177.1	351.0	146.2	32381.9	5813.7	3917.0
神农架						

3-23 各地区按登记注册类型和资质等级分联网直报房地产开发企业资产总计

单位:万元

地 区	资产总计	内资企业				
			国有企业	集体企业	股份合作企业	国有联营企业
全 省	**126056878.0**	**116833629.4**	**3633450.0**	**387913.6**	**165.0**	
武汉市	84713440.3	76144473.3	2809513.4	67701.6		
黄石市	2705918.2	2683432.2	30180.3	56.0	165.0	
十堰市	3971449.2	3719498.3	29314.8	732.5		
宜昌市	7280532.9	7227988.6	271707.6	21527.7		
襄阳市	7740891.5	7564267.9	21142.5	286388.2		
鄂州市	1407422.0	1407422.0				
荆门市	2525226.7	2497169.4	26103.5			
孝感市	2601291.6	2532613.5	116910.7			
荆州市	2471614.2	2471614.2	133481.5			
黄冈市	2626156.1	2626156.1	22042.2	11416.8		
咸宁市	3113162.2	3112312.4	135918.7			
随州市	1077991.3	1057095.5	8451.0	58.8		
恩施州	2124418.3	2124418.3	7520.0			
仙桃市	637937.0	605741.2	18846.2	32.0		
潜江市	512986.0	512986.0				
天门市	546440.5	546440.5	2317.6			
神农架						

注:本表数据范围为联网直报房地产开发企业。

3-23　续表 1

单位:万元

地　区	集　体 联营企业	国　有 与集体 联营企业	其　他 联营企业	国　有 独资公司	其　他 有限责任 公　司	股　份 有限公司
全　省				**11509944.8**	**57267699.0**	**8729094.2**
武汉市				10669236.1	38334547.0	6764319.3
黄石市				54505.7	1591961.5	169517.2
十堰市				182955.8	1427797.6	294759.7
宜昌市				462237.4	3487172.1	198719.1
襄阳市				2200.0	4167475.8	208990.0
鄂州市				2032.4	265079.6	15603.1
荆门市					1079921.1	35719.9
孝感市				5058.2	746157.7	143502.7
荆州市				91143.7	1567483.4	118231.3
黄冈市					1152551.8	386036.7
咸宁市				25651.9	1226067.1	100368.0
随州市					678568.3	136693.0
恩施州				14923.6	782744.9	92175.9
仙桃市					298515.3	27196.9
潜江市					98612.7	7261.4
天门市					363043.1	30000.0
神农架						

3-23 续表 2

单位:万元

地区	私营独资企业	私营合伙企业	私营有限责任公司	私营股份有限公司	其他企业	港澳台商投资企业
全省	**143674.8**	**20982.7**	**33211223.3**	**1841994.5**	**87487.5**	**6290320.1**
武汉市	15460.6		16852802.2	557481.4	73411.7	5735160.4
黄石市			820370.6	16675.9		
十堰市	7851.8		1641637.9	133260.0	1188.2	251950.9
宜昌市		17601.7	2400717.5	368305.5		41673.6
襄阳市	20166.0		2727509.6	130395.8		128158.9
鄂州市			1016944.7	107762.2		
荆门市	30136.2		1305374.8	19913.9		10756.8
孝感市	39978.8		1421083.7	59921.7		68678.1
荆州市			533770.5	27503.8		
黄冈市	28392.2	3381.0	843464.1	178871.3		
咸宁市			1498045.2	126261.5		849.8
随州市			218350.6	14973.8		20895.8
恩施州	1689.2		1181454.3	31022.8	12887.6	
仙桃市			217813.5	43337.3		32195.8
潜江市			407111.9			
天门市			124772.2	26307.6		
神农架						

3-23 续表3

单位:万元

地区	与港澳台商合资经营企业	与港澳台商合资合作经营企业	港澳台商独资经营企业	港澳台商投资股份有限公司	其他港澳台投资	外商投资企业
全省	2442749.4	4745.0	3352827.1	489998.6		2932928.5
武汉市	2093698.3	3895.2	3147568.3	489998.6		2833806.6
黄石市						22486.0
十堰市	116265.5		135685.4			
宜昌市	5204.1		36469.5			10870.7
襄阳市	128158.9					48464.7
鄂州市						
荆门市	10756.8					17300.5
孝感市	56470.0		12208.1			
荆州市						
黄冈市						
咸宁市		849.8				
随州市			20895.8			
恩施州						
仙桃市	32195.8					
潜江市						
天门市						
神农架						

3-23 续表 4

单位:万元

地 区	中外合资经营企业	中外合作经营企业	外资企业	外商投资股份有限公司	其他外商投资
全 省	**911843.1**	**376856.9**	**1202320.2**	**68259.3**	**373649**
武汉市	851063.9	376856.9	1163977.5	68259.3	373649
黄石市			22486.0		
十堰市					
宜昌市	4266.1		6604.6		
襄阳市	39212.6		9252.1		
鄂州市					
荆门市	17300.5				
孝感市					
荆州市					
黄冈市					
咸宁市					
随州市					
恩施州					
仙桃市					
潜江市					
天门市					
神农架					

3-23　续表 5　　单位:万元

地　区	总计	一级	二级	三级	四级	暂定	其他
全　省	**126056878**	**20837483.3**	**30641171.2**	**22423308.9**	**9284459.8**	**38771191.2**	**4099263.6**
武汉市	84713440.3	18877403.5	24958515.7	12132809.4	372967.9	24404305.6	3967438.2
黄石市	2705918.2		435322.3	734576.6	259672.5	1272169.7	4177.1
十堰市	3971449.2		803519.0	945170.4	1055566.5	1163957.0	3236.3
宜昌市	7280532.9	1435426.5	450991.0	1702723	186372.7	3492304.3	12715.4
襄阳市	7740891.5	102791.3	1667361.1	1561405.8	1421750.5	2968944.2	18638.6
鄂州市	1407422.0		194644.1	640327.7	405622.6	155052.3	11775.3
荆门市	2525226.7		302447.8	579417.7	711754.4	906866.5	24740.3
孝感市	2601291.6	297585.7	644033.1	553437.3	812918.1	293257.4	60.0
荆州市	2471614.2	22179.4	240351.8	713222.8	683474.4	812385.8	
黄冈市	2626156.1	40349.2	246701.6	445233.9	1222667.8	670524.3	679.3
咸宁市	3113162.2	15542.6	80409.9	843927.6	522569.1	1613445.9	37267.1
随州市	1077991.3		82551.9	366044.5	375688.2	251343.7	2363.0
恩施州	2124418.3	46205.1	199604.9	748976.9	649666.5	472444.9	7520.0
仙桃市	637937.0		98694.4	241684.3	250550.8	47007.5	
潜江市	512986.0		127679.9	77615.3	210379.7	97311.1	
天门市	546440.5		108342.7	136735.7	142838.1	149871.0	8653.0
神农架							

3-24 各地区按登记注册类型和资质等级分联网直报房地产开发企业负债合计

单位:万元

地 区	负债合计	内资企业	国有企业	集体企业	股份合作企业	国有联营企业	集体联营企业
全 省	**94878848.6**	**88578232.5**	**2740713.5**	**361700.1**	**160.8**		
武汉市	64680070.5	58887935.3	2016857.8	56342.9			
黄石市	2084698.6	2065870.1	26385.6	28.0	160.8		
十堰市	2981832.5	2775955	28657.4	159.1			
宜昌市	5343997.8	5318041.6	237690.3	18369.8			
襄阳市	5747668.2	5596401.5	17029.8	279545.3			
鄂州市	1169788.3	1169788.3					
荆门市	1900258.0	1886810.9	19655.7				
孝感市	1689335.1	1634163.9	116279.2				
荆州市	1928162.6	1928162.6	131416.2				
黄冈市	1733491.8	1733491.8	10477.7	7138.5			
咸宁市	2231141.4	2230329.7	111017.6				
随州市	777216.4	762290.2	4654.2	100.5			
恩施州	1560872.0	1560872.0	7035.0				
仙桃市	411495.1	389299.3	12329.4	16.0			
潜江市	239303.4	239303.4					
天门市	399516.9	399516.9	1227.6				
神农架							

注:本表数据范围为联网直报房地产开发企业。

3-24　续表1

单位:万元

地区	国有与集体联营企业	其他联营企业	国有独资公司	其他有限责任公司	股份有限公司	私营独资企业
全　省			**8342776.9**	**43418412.2**	**6758479.9**	**98686.4**
武汉市			7683768.4	29619620.3	5350862.5	10408.2
黄石市			49934.0	1201473.1	114189.9	
十堰市			146250.2	1064818.1	240751.6	1142.4
宜昌市			355562.5	2582828.1	162512.5	
襄阳市			200.0	3057432.7	154834.5	16238.4
鄂州市			1010.5	223113.0	10637.9	
荆门市				808155.2	24350.8	27573.0
孝感市			2691.3	456783.4	97773.3	15824.3
荆州市			69476.3	1219720.3	88304.3	
黄冈市				724583.2	269023.4	27492.1
咸宁市			19424.9	859853.7	63161.4	
随州市				499910.6	115927.2	
恩施州			14458.8	594046.3	43058.1	8.0
仙桃市				135467.1	20979.7	
潜江市				64952.6	2112.8	
天门市				305654.5		
神农架						

3-24 续表 2

单位:万元

地 区	私 营合伙企业	私营有限责任公司	私营股份有限公司	其他企业	港澳台商投资企业	与港澳台商合资经营企业
全 省	**4707.2**	**25468800.8**	**1339917.3**	**43877.4**	**4081333.7**	**1759646.4**
武汉市		13691245.5	427041.5	31788.2	3638747.4	1462074.6
黄石市		660544.0	13154.7			
十堰市		1195612.2	98362.4	201.6	205877.5	100434.7
宜昌市	3075.2	1667192.0	290811.2		20914.7	2549.4
襄阳市		1970380.7	100740.1		119947.4	119947.4
鄂州市		854194.8	80832.1			
荆门市		1000165.0	6911.2		2741.8	2741.8
孝感市		921888.9	22923.5		55171.2	49702.7
荆州市		403495.8	15749.7			
黄冈市	1632.0	586781.0	106363.9			
咸宁市		1087281.9	89590.2		811.7	
随州市		131740.5	9957.2		14926.2	
恩施州		869921.1	20457.1	11887.6		
仙桃市		184970.2	35536.9		22195.8	22195.8
潜江市		172238.0				
天门市		71149.2	21485.6			
神农架						

3-24　续表 3　　　　单位:万元

地区	与港澳台商合资合作经营企业	港澳台商独资经营企业	港澳台商投资股份有限公司	其他港澳台投资
全省	**1164.2**	**1968744.4**	**351778.7**	
武汉市	352.5	1824541.6	351778.7	
黄石市				
十堰市		105442.8		
宜昌市		18365.3		
襄阳市				
鄂州市				
荆门市				
孝感市		5468.5		
荆州市				
黄冈市				
咸宁市	811.7			
随州市		14926.2		
恩施州				
仙桃市				
潜江市				
天门市				
神农架				

3-24 续表 4

单位:万元

地区	外商投资企业	中外合资经营企业	中外合作经营企业	外资企业	外商投资股份有限公司	其他外商投资
全省	**2219282.4**	**704330.3**	**303465.7**	**807132.4**	**41836.0**	**362518.0**
武汉市	2153387.8	667510.1	303465.7	778058.0	41836.0	362518.0
黄石市	18828.5			18828.5		
十堰市						
宜昌市	5041.5	938.0		4103.5		
襄阳市	31319.3	25176.9		6142.4		
鄂州市						
荆门市	10705.3	10705.3				
孝感市						
荆州市						
黄冈市						
咸宁市						
随州市						
恩施州						
仙桃市						
潜江市						
天门市						
神农架						

3-24　续表 5　　　　单位:万元

地　区	总计	一级	二级	三级	四级	暂定	其他
全　省	**94878848.6**	**15960354.9**	**23626836.2**	**16582690.1**	**6573439.5**	**28905106.8**	**3230421.1**
武汉市	64680070.5	14507498.3	19354576.4	8885526.0	261764.6	18548195.8	3122509.4
黄石市	2084698.6		317855.4	635245.1	212911.9	916119.1	2567.1
十堰市	2981832.5		627136.7	754162.7	752226.0	847750.1	557.0
宜昌市	5343997.8	1136128.9	306433.4	1307562.9	96282.0	2483041.0	14549.6
襄阳市	5747668.2	87971.9	1315911.7	1177029.0	928305.8	2223395.9	15053.9
鄂州市	1169788.3		186046.1	524310.4	323412.6	128542.5	7476.7
荆门市	1900258.0		199841.8	438620.1	531127.4	706015.9	24652.8
孝感市	1689335.1	135922.8	481576.9	346358.9	548199.0	177277.5	
荆州市	1928162.6	30057.4	206805.8	553079.8	562579.0	575640.6	
黄冈市	1733491.8	17456.6	169138.7	291100.0	830441.5	424976.9	378.1
咸宁市	2231141.4	10339.6	58352.6	610955.1	369009.1	1148886.0	33599.0
随州市	777216.4		67294.3	202173.5	296935.0	209710.0	1103.6
恩施州	1560872.0	34979.4	152480.1	564748.3	503534.6	298094.6	7035.0
仙桃市	411495.1		40395.8	139912.1	194700.9	36486.3	
潜江市	239303.4		61835.9	30090.3	74040.7	73336.5	
天门市	399516.9		81154.6	121815.9	87969.4	107638.1	938.9
神农架							

3-25 各地区按登记注册类型和资质等级分联网直报房地产开发企业所有者权益

单位:万元

地区	所有者权益合计	内资企业				
			国有企业	集体企业	股份合作企业	国有联营企业
全省	**31178029.4**	**28255396.9**	**892736.5**	**26213.5**	**4.2**	
武汉市	20033369.8	17256538	792655.6	11358.7		
黄石市	621219.6	617562.1	3794.7	28.0	4.2	
十堰市	989616.7	943543.3	657.4	573.4		
宜昌市	1936535.1	1909947	34017.3	3157.9		
襄阳市	1993223.3	1967866.4	4112.7	6842.9		
鄂州市	237633.7	237633.7				
荆门市	624968.7	610358.5	6447.8			
孝感市	911956.5	898449.6	631.5			
荆州市	543451.6	543451.6	2065.3			
黄冈市	892664.3	892664.3	11564.5	4278.3		
咸宁市	882020.8	881982.7	24901.1			
随州市	300774.9	294805.3	3796.8	-41.7		
恩施州	563546.3	563546.3	485.0			
仙桃市	226441.9	216441.9	6516.8	16.0		
潜江市	273682.6	273682.6				
天门市	146923.6	146923.6	1090.0			
神农架						

注:本表数据范围为联网直报房地产开发企业。

3-25 续表1 单位:万元

地 区	集 体 联营企业	国 有 与集体 联营企业	其 他 联营企业	国 有 独资公司	其 他 有限责任 公 司	股 份 有限公司
全 省				**3167167.9**	**13849286.8**	**1970614.3**
武汉市				2985467.7	8714926.7	1413456.8
黄石市				4571.7	390488.4	55327.3
十堰市				36705.6	362979.5	54008.1
宜昌市				106674.9	904344.0	36206.6
襄阳市				2000.0	1110043.1	54155.5
鄂州市				1021.9	41966.6	4965.2
荆门市					271765.9	11369.1
孝感市				2366.9	289374.3	45729.4
荆州市				21667.4	347763.1	29927.0
黄冈市					427968.6	117013.3
咸宁市				6227	366213.4	37206.6
随州市					178657.7	20765.8
恩施州				464.8	188698.6	49117.8
仙桃市					163048.2	6217.2
潜江市					33660.1	5148.6
天门市					57388.6	30000.0
神农架						

3-25 续表 2

单位:万元

地 区	私 营 独资企业	私 营 合伙企业	私 营 有限责任 公 司	私 营 股份有限 公 司	其他 企业	港澳台商 投资企业
全 省	**44988.4**	**16275.5**	**7742422.5**	**502077.2**	**43610.1**	**2208986.4**
武汉市	5052.4		3161556.7	130439.9	41623.5	2096413.0
黄石市			159826.6	3521.2		
十堰市	6709.4		446025.7	34897.6	986.6	46073.4
宜昌市		14526.5	733525.5	77494.3		20758.9
襄阳市	3927.6		757128.9	29655.7		8211.5
鄂州市			162749.9	26930.1		
荆门市	2563.2		305209.8	13002.7		8015.0
孝感市	24154.5		499194.8	36998.2		13506.9
荆州市			130274.7	11754.1		
黄冈市	900.1	1749.0	256683.1	72507.4		
咸宁市			410763.3	36671.3		38.1
随州市			86610.1	5016.6		5969.6
恩施州	1681.2		311533.2	10565.7	1000.0	
仙桃市			32843.3	7800.4		10000.0
潜江市			234873.9			
天门市			53623.0	4822.0		
神农架						

3-25　续表 3　　　　单位:万元

地　区	与港澳台商合资经营企业	与港澳台商合资合作经营企业	港澳台商独资经营企业	港澳台商投资股份有限公司	其他港澳台投资	外商投资企业
全　省	**683103.0**	**3580.8**	**1384082.7**	**138219.9**		**713646.1**
武汉市	631623.7	3542.7	1323026.7	138219.9		680418.8
黄石市						3657.5
十堰市	15830.8		30242.6			
宜昌市	2654.7		18104.2			5829.2
襄阳市	8211.5					17145.4
鄂州市						
荆门市	8015.0					6595.2
孝感市	6767.3		6739.6			
荆州市						
黄冈市						
咸宁市		38.1				
随州市			5969.6			
恩施州						
仙桃市	10000.0					
潜江市						
天门市						
神农架						

3-25 续表 4

单位:万元

地 区	中外合资经营企业	中外合作经营企业	外资企业	外商投资股份有限公司	其他外商投资
全 省	**207512.8**	**73391.2**	**395187.8**	**26423.3**	**11131.0**
武汉市	183553.8	73391.2	385919.5	26423.3	11131.0
黄石市			3657.5		
十堰市					
宜昌市	3328.1		2501.1		
襄阳市	14035.7		3109.7		
鄂州市					
荆门市	6595.2				
孝感市					
荆州市					
黄冈市					
咸宁市					
随州市					
恩施州					
仙桃市					
潜江市					
天门市					
神农架					

3-25　续表 5

单位:万元

地　区	总计	一级	二级	三级	四级	暂定	其他
全　省	**31178029.4**	**4877128.4**	**7014335.0**	**5840618.8**	**2711020.3**	**9866084.4**	**868842.5**
武汉市	20033369.8	4369905.2	5603939.3	3247283.4	111203.3	5856109.8	844928.8
黄石市	621219.6		117466.9	99331.5	46760.6	356050.6	1610.0
十堰市	989616.7		176382.3	191007.7	303340.5	316206.9	2679.3
宜昌市	1936535.1	299297.6	144557.6	395160.1	90090.7	1009263.3	−1834.2
襄阳市	1993223.3	14819.4	351449.4	384376.8	493444.7	745548.3	3584.7
鄂州市	237633.7		8598.0	116017.3	82210.0	26509.8	4298.6
荆门市	624968.7		102606.0	140797.6	180627.0	200850.6	87.5
孝感市	911956.5	161662.9	162456.2	207078.4	264719.1	115979.9	60.0
荆州市	543451.6	−7878.0	33546	160143.0	120895.4	236745.2	
黄冈市	892664.3	22892.6	77562.9	154133.9	392226.3	245547.4	301.2
咸宁市	882020.8	5203.0	22057.3	232972.5	153560.0	464559.9	3668.1
随州市	300774.9		15257.6	163871.0	78753.2	41633.7	1259.4
恩施州	563546.3	11225.7	47124.8	184228.6	146131.9	174350.3	485.0
仙桃市	226441.9		58298.6	101772.2	55849.9	10521.2	
潜江市	273682.6		65844.0	47525.0	136339.0	23974.6	
天门市	146923.6		27188.1	14919.8	54868.7	42232.9	7714.1
神农架							

3-26 各地区联网直报房地产开发企业主营业务收入及其构成

单位:万元

地 区	主营业务收 入	土地转让收 入	商品房屋销售收入	房屋出租收 入	其他收入
全 省	**28694553.5**	**226793.0**	**27256805.6**	**359764.4**	**851190.5**
武汉市	14941012.5	79046.0	14168955.3	214270.9	478740.3
黄石市	737586.9	1822.8	714929.5	7290.1	13544.5
十堰市	999847.5	241.5	960244.4	10320.4	29041.2
宜昌市	2389498.9	5626.8	2260595.5	38176.3	85100.3
襄阳市	2673047.8	34394.8	2540552.2	32062.4	66038.4
鄂州市	321244.9	1000.0	309037.0	1021.8	10186.1
荆门市	690426.0	12704.4	608830.0	29047.5	39844.1
孝感市	903806.2	4389.5	893463.2	2733.0	3220.5
荆州市	811411.4	13216.8	784157.7	2781.1	11255.8
黄冈市	1526533.2	14422.8	1447023.1	2120.4	62966.9
咸宁市	844864.5	50356.8	767694.8	13855.8	12957.1
随州市	401049.3	973.0	395497.1	652.0	3927.2
恩施州	772551.0	7923.8	742399.0	2541.6	19686.6
仙桃市	313813.0	570.0	298648.9	864.3	13729.8
潜江市	155426.7		153251.5	1331.6	843.6
天门市	212433.7	104.0	211526.4	695.2	108.1
神农架					

注:本表数据范围为联网直报房地产开发企业。

3-27　各地区按登记注册类型和资质等级分联网直报房地产开发企业主营业务收入

单位：万元

地　区	主营业务收　　入	内资企业	国有企业	集体企业	股　份合作企业	国　有联营企业	集　体联营企业
全　省	**28694553.5**	**27109532.8**	**311165.0**	**55724.4**			
武汉市	14941012.5	13640980.1	111218.1	11414.1			
黄石市	737586.9	733824.7	4560.7	1158.4			
十堰市	999847.5	931867.6	803.8	875.0			
宜昌市	2389498.9	2386925.2	41770.6	1236.7			
襄阳市	2673047.8	2523628.6	10032.6	35545.3			
鄂州市	321244.9	321244.9					
荆门市	690426.0	660386.3	7451.6				
孝感市	903806.2	895098.3	25749.1				
荆州市	811411.4	811411.4	10492.1				
黄冈市	1526533.2	1526533.2	64832.7	5474.5			
咸宁市	844864.5	844837.2	13593.6				
随州市	401049.3	394366.4	3313.9	20.4			
恩施州	772551.0	772551.0	2199.7				
仙桃市	313813.0	298017.5	15146.5				
潜江市	155426.7	155426.7					
天门市	212433.7	212433.7					
神农架							

注：本表数据范围为联网直报房地产开发企业。

3-27 续表 1

单位:万元

地区	国有与集体联营企业	其他联营企业	国有独资公司	其他有限责任公司	股份有限公司	私营独资企业
全省			**816429.7**	**14158561.0**	**1955759.2**	**44562.4**
武汉市			690674.3	7993179.7	1265525.2	783.6
黄石市			5022.6	433574.3	10858.7	
十堰市			23334.4	427002.8	38181.9	679.3
宜昌市			49370.0	1174126.3	49017.8	
襄阳市			9850.0	1248532.3	127988.4	6575.0
鄂州市				71149.2	5074.5	
荆门市				307447.6	362.4	1611.6
孝感市			2192.5	193282.4	63175.0	27711.4
荆州市			23988.2	480830.9	45224.7	
黄冈市				635477.9	208636.2	6551.5
咸宁市			828.1	341115.1	18081.3	
随州市				235940.0	38721.6	
恩施州			11169.6	305600.0	36047.3	650.0
仙桃市				128772.0	31792.9	
潜江市				37262.2	11071.3	
天门市				145268.3	6000.0	
神农架						

3-27 续表2

单位:万元

地 区					港澳台商投资企业	
	私 营 合伙企业	私 营 有限责任 公 司	私 营 股份有限 公 司	其他 企业		与港澳台商合资 经 营 企 业
全 省	**6091.6**	**9058134.4**	**533769.9**	**169335.2**	**1170559.7**	**507389.6**
武汉市		3270435.9	129614	168135.2	1012181.9	410258.5
黄石市		275259.3	3390.7			
十堰市		414452.6	26537.8		67979.9	23622.7
宜昌市	4771.6	1009456.5	57175.7		1778.4	159.1
襄阳市		1028194.0	56911.0		56905.0	56905
鄂州市		197363.2	47658.0			
荆门市		338128.1	5385.0		500.9	500.9
孝感市		540237.0	42750.9		8707.9	147.9
荆州市		246958.5	3917.0			
黄冈市	1320.0	511972.6	92267.8			
咸宁市		431454.3	39764.8		27.3	
随州市		111078.8	5291.7		6682.9	
恩施州		404298.1	11386.3	1200		
仙桃市		112309.9	9996.2		15795.5	15795.5
潜江市		107093.2				
天门市		59442.4	1723.0			
神农架						

3-27 续表 3

单位:万元

地区	与港澳台商合资合作经营企业	港澳台商独资经营企业	港澳台商投资股份有限公司	其他港澳台投资	外商投资企业
全省	**630.3**	**614230.6**	**48309.2**		**414461.0**
武汉市	603.0	553011.2	48309.2		287850.5
黄石市					3762.2
十堰市		44357.2			
宜昌市		1619.3			795.3
襄阳市					92514.2
鄂州市					
荆门市					29538.8
孝感市		8560.0			
荆州市					
黄冈市					
咸宁市	27.3				
随州市		6682.9			
恩施州					
仙桃市					
潜江市					
天门市					
神农架					

3-27　续表 4　　单位:万元

地　区	中外合资经营企业	中外合作经营企业	外资企业	外商投资股份有限公司	其他外商投资
全　省	**185590.2**	115191.9	66264.6	47414.3	
武汉市	63389.0	115191.9	61855.3	47414.3	
黄石市			3762.2		
十堰市					
宜昌市	148.2		647.1		
襄阳市	92514.2				
鄂州市					
荆门市	29538.8				
孝感市					
荆州市					
黄冈市					
咸宁市					
随州市					
恩施州					
仙桃市					
潜江市					
天门市					
神农架					

3-27 续表 5

地 区	总计	一级	二级	三级	四级	暂定	其他
全 省	**28694553.5**	**2904432.8**	**6493649.1**	**5968448.0**	**3335375.2**	**9277457.2**	**715191.2**
武汉市	14941012.5	2558019.7	4523342.1	2480190.9	74334.4	4634434.7	670690.7
黄石市	737586.9		104193.3	225069.0	70979.5	337252.4	92.7
十堰市	999847.5		211440.3	242777.4	277405.0	268208.8	16.0
宜昌市	2389498.9	80982.2	190128.2	718677.4	70123.7	1329496.4	91.0
襄阳市	2673047.8	65423.5	627135.4	473134.3	655903.6	851362.0	89.0
鄂州市	321244.9		27006.9	128917.5	119190.5	45803.0	327.0
荆门市	690426.0		84052.6	207509.4	193589.4	185143.2	20131.4
孝感市	903806.2	144426.0	219994.1	164350.4	249379.9	125605.8	50.0
荆州市	811411.4	18868.4	79239.9	196417.2	247502.5	269383.4	
黄冈市	1526533.2	6684.3	185900.1	358101.1	567809.9	407807.8	230.0
咸宁市	844864.5	4211.6	18103.8	255115.7	173669.0	385982.8	7781.6
随州市	401049.3		6340.0	133134.9	176226.9	81790.4	3557.1
恩施州	772551.0	25817.1	101110.9	174549.6	213053.9	255819.8	2199.7
仙桃市	313813.0		55376.7	90270.9	150161.1	18004.3	
潜江市	155426.7		4352.1	62434.1	60516.3	28124.2	
天门市	212433.7		55932.7	57798.2	35529.6	53238.2	9935.0
神农架							

3-28　各地区按登记注册类型和资质等级分联网直报房地产开发企业营业利润

单位:万元

地　区	营业利润	内资企业	国有企业	集体企业	股　份合作企业	国　有联营企业
全　省	**4868688.6**	**4628095.2**	**38014.3**	**2301.2**		
武汉市	2743914.5	2531998.0	17810.9	1131.1		
黄石市	129874.4	129111.3	452.7	31.1		
十堰市	115390.4	111737.8	1.5	31.8		
宜昌市	580586.7	580309.5	1412.3	44.5		
襄阳市	431406.0	414093.6	1088.3	256.8		
鄂州市	15578.5	15578.5				
荆门市	45775.2	41735.9	389.8			
孝感市	139559.5	137719.5	2013.8			
荆州市	104104.1	104104.1	−1327.8			
黄冈市	255228.7	255228.7	14999.9	821.8		
咸宁市	130551.6	130546.0	602.4			
随州市	10927.7	10141.1	64.5	−15.9		
恩施州	73302.2	73302.2	233.9			
仙桃市	29809.4	29809.3	272.4			
潜江市	30502.6	30502.6				
天门市	32177.1	32177.1	−0.3			
神农架						

注:本表数据范围为联网直报房地产开发企业。

3-28 续表 1

单位:万元

地 区	集 体 联营企业	国 有 与集体 联营企业	其 他 联营企业	国 有 独资公司	其 他 有限责任 公 司	股 份 有限公司
全 省				**177931.0**	**2520234.8**	**364521.3**
武汉市				130202.4	1590913.5	262134.5
黄石市				−2.2	93396.0	7435.9
十堰市				4654.8	54024.1	1497.3
宜昌市				40144	282867.8	10600.7
襄阳市				2460.2	175751.5	18025.7
鄂州市				−1.7	2719.0	479.7
荆门市					37399.4	−16.0
孝感市				604.4	27049.2	6638.2
荆州市				7.1	80245.3	5442.4
黄冈市					65673.9	36281.0
咸宁市				314.5	40630.3	1007.7
随州市					−3809.2	5048.3
恩施州				−452.5	21889.0	1534.0
仙桃市					20933.6	2235.9
潜江市					6126.6	4680.0
天门市					24424.8	1496.0
神农架						

3-28　续表 2

单位:万元

地 区	私营独资企业	私营合伙企业	私营有限责任公司	私营股份有限公司	其他企业	港澳台商投资企业
全 省	**8400.9**	**1414.6**	**1401219.5**	**70074.9**	**43982.7**	**184823.6**
武汉市	49.0		478086.7	7861.2	43808.7	167054.9
黄石市			27744.5	53.3		
十堰市	16.7		49187.6	2330.0	−6.0	3652.6
宜昌市		1414.6	227520.3	16305.3		337.3
襄阳市	1119.8		204997.5	10393.8		11074.1
鄂州市			9394.9	2986.6		
荆门市	21.8		4473.5	−532.6		72.4
孝感市	5883.6		85379.5	10150.8		1840.0
荆州市			19427.7	309.4		
黄冈市	1310.0		124591.8	11550.3		
咸宁市			82881.6	5109.5		5.6
随州市			9176.2	−322.8		786.6
恩施州			49541.1	376.7	180.0	
仙桃市			3280.3	3087.1		0.1
潜江市			19696.0			
天门市			5840.3	416.3		
神农架						

3-28 续表 3

单位:万元

地 区	与港澳台商合资经营企业	与港澳台商合资合作经营企业	港澳台商独资经营企业	港澳台商投资股份有限公司	其他港澳台投资	外商投资企业
全 省	**52499.2**	**146.6**	**124491.6**	**7686.2**		**55769.8**
武汉市	40732.5	141.0	118495.2	7686.2		44861.6
黄石市						763.1
十堰市	636.4		3016.2			
宜昌市	−80.7		418.0			−60.1
襄阳市	11074.1					6238.3
鄂州市						
荆门市	72.4					3966.9
孝感市	64.4		1775.6			
荆州市						
黄冈市						
咸宁市		5.6				
随州市			786.6			
恩施州						
仙桃市	0.1					
潜江市						
天门市						
神农架						

3-28　续表 4　　　　单位:万元

地　区	中　外 合资经营 企　业	中　外 合作经营 企　业	外资 企业	外　商 投资股份 有限公司	其　他 外商投资
全　省	**19999.9**	**32268.2**	**−6360.8**	**11964.8**	**−2102.3**
武汉市	9861.7	32268.2	−7130.8	11964.8	−2102.3
黄石市			763.1		
十堰市					
宜昌市	−67.0		6.9		
襄阳市	6238.3				
鄂州市					
荆门市	3966.9				
孝感市					
荆州市					
黄冈市					
咸宁市					
随州市					
恩施州					
仙桃市					
潜江市					
天门市					
神农架					

3-28 续表 5

单位:万元

地 区	总计	一级	二级	三级	四级	暂定	其他
全 省	**4868688.6**	**640485.7**	**1182085.8**	**1046265.2**	**488581.7**	**1355037.8**	**156232.4**
武汉市	2743914.5	564570.8	842907.3	532185.8	1654.7	647843.0	154752.9
黄石市	129874.4		25153.3	55933.8	11440.0	37386.8	−39.5
十堰市	115390.4		15903.1	18341.2	42576.5	38579.1	−9.5
宜昌市	580586.7	24603.2	58527.5	147852.1	17757.6	331829.8	16.5
襄阳市	431406.0	13238.0	125679.1	56227.5	129750.6	106466.9	43.9
鄂州市	15578.5		−2464.5	2967.9	12353.5	2739.0	−17.4
荆门市	45775.2		4850.2	32395.4	11438.5	−2128.3	−780.6
孝感市	139559.5	30014.8	30244.3	17458.0	50707.1	11126.3	9.0
荆州市	104104.1	−31.3	13293.1	18229.7	19076.3	53536.3	
黄冈市	255228.7	1825.5	35780.1	83660.5	83340.3	50592.7	29.6
咸宁市	130551.6	260.4	3509.7	34639.5	31158.1	60563.3	420.6
随州市	10927.7		788.1	12801.4	17091.0	−20103	350.2
恩施州	73302.2	6004.3	489.0	9978.0	30917.8	25679.2	233.9
仙桃市	29809.4		12846.5	5772.6	10824.9	365.4	
潜江市	30502.6		1073.0	10352.5	13655.4	5421.7	
天门市	32177.1		13506.0	7469.3	4839.4	5139.6	1222.8
神农架							

3-29　各地区按登记注册类型和资质等级分联网直报房地产开发企业利润总额

单位:万元

地　区	利润总额	内资企业	国有企业	集体企业	股　份合作企业	国　有联营企业
全　省	**4910686.3**	**4663227.2**	**37880.6**	**2266.6**		
武汉市	2772242.8	2553852.6	16742.1	1111.7		
黄石市	135375.7	134612.6	452.7	31.1		
十堰市	115009.1	111176.6	−2.3	31.8		
宜昌市	578235.6	578169.9	1410.9	44.5		
襄阳市	441564.4	424372.3	1088.3	247.3		
鄂州市	15121.6	15121.6				
荆门市	46243.0	42225.7	363.1			
孝感市	137935.3	136092.9	2353.7			
荆州市	109282.7	109282.7	−1050.3			
黄冈市	250511.7	250511.7	15376.9	821.8		
咸宁市	131904.9	131899.3	594.1			
随州市	11515.7	10730.1	45.4	−21.6		
恩施州	73060.5	73060.5	233.9			
仙桃市	29924.6	29360.0	272.4			
潜江市	30376.8	30376.8				
天门市	32381.9	32381.9	−0.3			
神农架						

注:本表数据范围为联网直报房地产开发企业。

3-29 续表 1

单位:万元

地 区	集 体 联营企业	国 有 与集体 联营企业	其 他 联营企业	国 有 独资公司	其 他 有限责任 公 司	股 份 有限公司
全 省				**184923.7**	**2604836.5**	**309606.8**
武汉市				133404.8	1665643.9	209762.5
黄石市				−2.4	99320.9	7417.2
十堰市				5393.9	53476.6	1485.9
宜昌市				40041.3	279166.7	11003.6
襄阳市				2460.2	183889.0	17615.5
鄂州市				−3.2	2973.7	478.6
荆门市					38315.0	−18.9
孝感市				601.7	26273.8	6615.3
荆州市				3144.9	81004.9	5560.7
黄冈市					64183.9	33749.3
咸宁市				335.0	41119.1	978.6
随州市					−3786.3	5015.6
恩施州				−452.5	21610.8	1531.0
仙桃市					20855.3	2235.9
潜江市					6151.0	4680.0
天门市					24638.2	1496.0
神农架						

3-29　续表 2

单位:万元

地　区	私　营 独资企业	私　营 合伙企业	私　营 有限责任 公　司	私　营 股份有限 公　司	其他 企业	港澳台商 投资企业
全　省	**8593.7**	**1414.6**	**1399015.6**	**70715.6**	**43973.5**	**185640.0**
武汉市	49.0		475472.0	7867.1	43799.5	167422.9
黄石市			27362.6	30.5		
十堰市	16.7		48409.2	2370.8	−6.0	3832.5
宜昌市		1414.6	228777.2	16311.1		125.2
襄阳市	1321.1		206896.6	10854.3		11010.8
鄂州市			8685.5	2987.0		
荆门市	12.1		4087.0	−532.6		50.4
孝感市	5884.2		84385.3	9978.9		1842.4
荆州市			20313.1	309.4		
黄冈市	1310.6		123454.1	11615.1		
咸宁市			83609.4	5263.1		5.6
随州市			9799.7	−322.7		785.6
恩施州			49469.7	487.6	180.0	
仙桃市			2909.8	3086.6		564.6
潜江市			19545.8			
天门市			5838.6	409.4		
神农架						

3-29 续表 3

单位:万元

地 区	与港澳台商合资经营企业	与港澳台商合资合作经营企业	港澳台商独资经营企业	港澳台商投资股份有限公司	其他港澳台投资	外商投资企业
全 省	52956.1	146.6	124844.4	7692.9		61819.1
武汉市	40777.1	141.0	118811.9	7692.9		50967.3
黄石市						763.1
十堰市	567.4		3265.1			
宜昌市	−80.7		205.9			−59.5
襄阳市	11010.8					6181.3
鄂州市						
荆门市	50.4					3966.9
孝感市	66.5		1775.9			
荆州市						
黄冈市						
咸宁市		5.6				
随州市			785.6			
恩施州						
仙桃市	564.6					
潜江市						
天门市						
神农架						

3-29　续表 4

单位:万元

地　区	中　外 合资经营 企　业	中　外 合作经营 企　业	外资 企业	外　商 投资股份 有限公司	其　他 外商投资
全　省	25393.8	33435.1	−6634.6	11735.1	−2110.3
武汉市	15312.6	33435.1	−7405.2	11735.1	−2110.3
黄石市			763.1		
十堰市					
宜昌市	−67.0		7.5		
襄阳市	6181.3				
鄂州市					
荆门市	3966.9				
孝感市					
荆州市					
黄冈市					
咸宁市					
随州市					
恩施州					
仙桃市					
潜江市					
天门市					
神农架					

3-29 续表 5

单位:万元

地 区	总计	一级	二级	三级	四级	暂定	其他
全 省	**4910686.3**	**684337.4**	**1156796.3**	**1054777.7**	**496990.3**	**1360518.0**	**157266.6**
武汉市	2772242.8	610186.0	820628.7	540046.9	1512.2	643896.0	155973.0
黄石市	135375.7		25272.4	56543.7	11286.1	42316.0	−42.5
十堰市	115009.1		15813.1	18268.4	42063.3	38873.8	−9.5
宜昌市	578235.6	25348.1	58105.4	146688.8	17962.6	330114.2	16.5
襄阳市	441564.4	10862.7	124866.5	56053.9	139754.2	110083.2	−56.1
鄂州市	15121.6		−2528.3	3126.4	11926.6	2650.1	−53.2
荆门市	46243.0		4964.0	33382.3	11055.3	−2353.1	−805.5
孝感市	137935.3	29977.8	28873.9	17520.0	50641.4	10913.2	9.0
荆州市	109282.7	−31.3	13289.3	19213.0	20103.5	56708.2	
黄冈市	250511.7	1825.5	35312.8	83318.7	82229.0	47796.6	29.1
咸宁市	131904.9	260.4	3502.6	34820.6	30770.6	62151.8	398.9
随州市	11515.7		701.3	12592.3	17250.6	−19378.7	350.2
恩施州	73060.5	5908.2	435.4	9695.8	31510.9	25276.3	233.9
仙桃市	29924.6		12869.1	5728.3	10397.8	929.4	
潜江市	30376.8		935.6	10320.5	13674.6	5446.1	
天门市	32381.9		13754.5	7458.1	4851.6	5094.9	1222.8
神农架							

第4篇

重点服务业企业财务状况

4-1　交通运输、仓储和邮政业企业法人单位主要指标

行　业	单位数 (个)	资产总计 (万元)	营业收入 (万元)	从业人员 (人)
总　计	**9316**	**75988023.00**	**16039653.67**	**468896**
铁路运输业	9	34631857.47	3901731.25	95980
道路运输业	4921	26419620.03	5260522.09	222028
城市公共交通运输	621	11251100.73	829938.11	80274
公路旅客运输	557	2755339.38	757644.54	43827
道路货物运输	3351	4073121.87	3097640.49	82453
道路运输辅助活动	392	8340058.06	575298.95	15474
水上运输业	538	5479050.00	1340723.51	24355
水上旅客运输	87	118797.21	44713.08	3221
水上货物运输	314	4278618.57	847260.74	14745
水上运输辅助活动	137	1081634.22	448749.69	6389
航空运输业	51	1627536.57	701787.98	7287
航空客货运输	21	869368.40	583801.71	2442
通用航空服务	10	47529.42	12368.05	324
航空运输辅助活动	20	710638.76	105618.22	4521
管道运输业	29	45415.17	37674.51	1115
管道运输业	29	45415.17	37674.51	1115
装卸搬运和运输代理业	2161	2183946.32	1877306.87	35708
装卸搬运	764	582898.20	360247.21	18940
运输代理业	1397	1601048.13	1517059.66	16768
仓储业	891	4692472.52	1864883.02	22138
谷物、棉花等农产品仓储	364	3299235.99	1399292.39	8877
其他仓储业	527	1393236.53	465591.14	13261
邮政业	716	908124.92	1055024.42	60285
邮政基本服务	62	784219.44	929568.88	47168
快递服务	654	123905.48	125455.54	13117

4-2 交通运输、仓储和邮政业企业法人单位分地区主要指标

地　区	单位数 (个)	资产总计 (万元)	营业收入 (万元)	从业人员 (人)
全　省	**9316**	**75988023.00**	**16039653.67**	**468896**
武汉市	3325	59511784.08	10203490.86	250000
黄石市	388	529602.31	321083.64	15794
十堰市	375	436881.84	295751.42	14502
宜昌市	1144	2236756.77	1342078.14	40990
襄阳市	756	1657703.65	1497386.32	32350
鄂州市	238	269636.98	191600.00	7614
荆门市	347	1621744.65	246197.16	14210
孝感市	387	606916.31	300392.21	11556
荆州市	523	1509701.34	552891.31	23415
黄冈市	644	4356542.83	397801.16	18846
咸宁市	335	859843.82	182382.08	11987
随州市	188	437473.24	190402.42	6903
恩施州	364	1668893.42	143884.36	10717
仙桃市	134	73137.06	70847.96	3623
潜江市	92	47680.61	39841.70	3467
天门市	54	154022.32	60872.90	2582
神农架	22	9701.77	2750.03	340

4–3　信息传输、软件和信息技术服务业企业法人单位主要指标

行　业	单位数 (个)	资产总计 (万元)	营业收入 (万元)	从业人员 (人)
总　计	**7137**	**21780837.65**	**6990459.10**	**148252**
电信、广播电视和卫星传输服务	623	15182895.16	4647828.52	58786
电信	468	7508108.29	4328579.49	45556
广播电视传输服务	139	7668882.20	313482.30	12885
卫星传输服务	16	5904.67	5766.73	345
互联网和相关服务	958	1465327.08	176116.55	10378
互联网接入及相关服务	138	38310.93	46162.94	1924
互联网信息服务	667	1378569.99	97257.31	7117
其他互联网服务	153	48446.16	32696.30	1337
软件和信息技术服务业	5556	5132615.41	2166514.03	79088
软件开发	3429	3558426.81	1529835.58	54162
信息系统集成服务	529	616440.93	287107.91	8360
信息技术咨询服务	867	637033.99	169874.80	8149
数据处理和存储服务	65	25478.89	12089.40	691
集成电路设计	78	70381.70	13835.20	919
其他信息技术服务业	588	224853.09	153771.14	6807

4-4 信息传输、软件和信息技术服务业企业法人单位分地区主要指标

地 区	单位数(个)	资产总计(万元)	营业收入(万元)	从业人员(人)
全 省	**7137**	**21780837.65**	**6990459.10**	**148252**
武汉市	4919	16789312.64	3837994.39	95262
黄石市	132	212678.11	206542.27	2726
十堰市	181	411969.15	245766.31	4078
宜昌市	420	477363.12	396945.03	7797
襄阳市	425	466976.05	443131.42	9210
鄂州市	75	103569.85	79618.78	1727
荆门市	95	218441.61	185791.76	2756
孝感市	85	1477336.65	202152.12	3120
荆州市	176	373910.00	376128.80	5395
黄冈市	154	365864.76	294536.72	4758
咸宁市	160	206288.82	171265.30	3350
随州市	81	156440.17	115771.00	1450
恩施州	108	236246.34	195624.48	3047
仙桃市	70	120896.47	110711.44	1621
潜江市	29	79478.16	66318.08	1056
天门市	23	77014.38	59962.79	838
神农架	4	7051.36	2198.42	61

4-5　信息传输、软件和信息技术服务业企业法人单位分登记注册类型主要指标

登记注册类型	单位数(个)	资产总计(万元)	营业收入(万元)	从业人员(人)
总　计	**7137**	**21780837.65**	**6990459.10**	**148252**
内资企业	7027	17595586.93	5235792.12	130280
国有企业	115	751593.52	333526.77	8332
集体企业	21	12538.76	1506.76	150
股份合作企业	23	8616.74	6456.77	151
联营企业	9	1381.34	1830.65	98
有限责任公司	2773	11859728.68	2485283.64	61923
股份有限公司	133	2427920.17	1604524.53	24528
私营企业	3446	1163488.92	646383.57	29726
其他企业	507	1370318.81	156279.42	5372
港、澳、台商投资企业	50	1567431.06	1123713.98	7776
外商投资企业	60	2617819.66	630953.00	10196

4-6　金融业企业法人单位主要指标

行 业	单位数 (个)	资产总计 (万元)	营业收入 (万元)	从业人员 (人)
总 计	**1069**	**42921.26**	**1981.46**	**57013**
货币金融服务	515	40644.13	1310.76	40836
资本市场服务	7	382.43	46.24	6038
保险业	518	1654.68	591.86	9639
其他金融业	29	240.02	32.60	500

4-7　房地产业企业法人单位主要指标

行　业	单位数 (个)	资产总计 (万元)	营业收入 (万元)	从业人员 (人)
总　计	**9133**	**17104484.20**	**2921650.21**	**188656**
物业管理	5108	6406454.45	1322574.65	140224
房地产中介服务	2719	3087893.72	441402.22	29291
自有房地产经营活动	851	1476521.45	180181.17	10677
其他房地产业	455	6133614.59	977492.17	8464

注：不包括房地产开发经营业。

4-8 房地产业企业法人单位分地区主要指标

地 区	单位数 (个)	资产总计 (万元)	营业收入 (万元)	从业人员 (人)
全 省	**9133**	**17104484.20**	**2921650.21**	**188656**
武汉市	4859	11441035.08	1973645.78	118239
黄石市	359	467591.06	69870.47	6598
十堰市	422	195773.98	55400.99	5903
宜昌市	769	441153.95	180543.44	12161
襄阳市	573	476270.50	194678.80	12854
鄂州市	231	137411.35	22992.79	3063
荆门市	226	116485.55	25673.22	3459
孝感市	271	740451.15	97498.16	4434
荆州市	320	970303.11	80164.86	4997
黄冈市	310	148917.58	51496.05	4352
咸宁市	272	267716.59	47209.93	4047
随州市	144	93799.66	21026.21	2575
恩施州	211	1316035.09	31749.03	3085
仙桃市	72	65770.19	60105.40	1541
潜江市	44	110713.19	1964.27	443
天门市	37	64767.38	3151.32	751
神农架	13	50288.78	4479.50	154

注:不包括房地产开发经营业。

4-9　房地产业企业法人单位分登记注册类型主要指标

登记注册类型	单位数(个)	资产总计(万元)	营业收入(万元)	从业人员(人)
总　计	**9133**	**17104484.20**	**2921650.21**	**188656**
内资企业	9079	16592474.04	2840088.04	177630
国有企业	241	3707766.68	112699.07	5563
集体企业	248	188911.64	35232.44	4676
股份合作企业	81	126823.59	9022.55	1091
联营企业	22	35414.64	9151.54	535
有限责任公司	3237	6567447.93	1567798.82	80061
股份有限公司	183	834417.44	106798.15	4928
私营企业	4384	4459553.58	885862.82	71861
其他企业	683	672138.54	113522.65	8915
港、澳、台商投资企业	31	425454.37	42872.72	3134
外商投资企业	23	86555.80	38689.44	7892

4-10 租赁和商务服务业企业法人单位主要指标

行 业	单位数(个)	资产总计(万元)	营业收入(万元)	从业人员(人)
总 计	**27444**	**143267698.21**	**14070645.80**	**346210**
租赁业	2021	1364098.01	514578.81	23138
机械设备租赁	1875	1343736.40	503922.22	22282
文化及日用品出租	146	20361.60	10656.60	856
商务服务业	25423	141903600.20	13556066.98	323072
企业管理服务	3885	122955487.18	9211006.37	73409
法律服务	524	57164.10	97670.60	6838
咨询与调查	6034	4875863.86	707365.91	46642
广告业	5790	1264010.00	946118.73	42993
知识产权服务	110	20339.65	14004.21	853
人力资源服务	2425	930355.80	529907.02	41458
旅行社及相关服务	1458	2678972.58	842877.88	20967
安全保护服务	379	179297.07	168297.63	37007
其他商务服务业	4818	8942109.96	1038818.65	52905

4-11　租赁和商务服务业企业法人单位分地区主要指标

地　区	单位数 (个)	资产总计 (万元)	营业收入 (万元)	从业人员 (人)
全　省	**27444**	**143267698.21**	**14070645.80**	**346210**
武汉市	15029	100070876.45	9124280.02	175624
黄石市	778	6789428.19	515141.27	11074
十堰市	910	1184612.28	145675.09	12961
宜昌市	3008	8400826.10	1596899.40	40919
襄阳市	1873	4716075.25	807117.33	27454
鄂州市	502	1745512.76	280982.94	9712
荆门市	682	4387570.35	159072.17	7762
孝感市	591	3090323.73	308561.44	8549
荆州市	909	1156355.74	119777.34	9728
黄冈市	986	4990736.01	405440.68	13339
咸宁市	656	4129782.87	241705.41	8872
随州市	271	527357.15	97829.46	3695
恩施州	690	1287982.88	118234.03	7179
仙桃市	221	135801.33	76010.41	3320
潜江市	159	453433.17	30870.95	2982
天门市	101	126365.83	30328.31	2300
神农架	78	74658.12	12719.56	740

4-12 租赁和商务服务业企业法人单位分登记注册类型主要指标

登记注册类型	单位数(个)	资产总计(万元)	营业收入(万元)	从业人员(人)
总 计	**27444**	**143255289.21**	**14070645.80**	**346210**
内资企业	27356	140829121.46	13895071.48	343123
国有企业	482	22955548.16	2844097.27	26230
集体企业	313	566734.08	83674.86	5110
股份合作企业	113	83677.13	41908.32	1713
联营企业	59	185523.16	23268.54	1271
有限责任公司	9239	99253779.91	7620387.59	123673
股份有限公司	390	4546181.83	335121.63	12724
私营企业	14085	10358691.50	2475991.18	141052
其他企业	2675	2878985.68	470622.09	31350
港、澳、台商投资企业	32	298712.75	82731.53	557
外商投资企业	56	2127455.00	92842.79	2530

4-13　科学研究和技术服务业企业法人单位主要指标

行　业	单位数(个)	资产总计(万元)	营业收入(万元)	从业人员(人)
总　计	**12795**	**18779999.54**	**9098960.61**	**258816**
研究和试验发展	1110	1384373.02	420700.41	15921
自然科学研究和试验发展	35	48420.26	7611.82	457
工程和技术研究和试验发展	588	574007.11	299602.86	8749
农业科学研究和试验发展	139	184558.39	47033.58	2127
医学研究和试验发展	328	573653.29	64055.61	4376
社会人文科学研究	20	3733.96	2396.55	212
专业技术服务业	6503	14048872.94	6824397.43	149469
气象服务	28	3735.37	4614.75	187
地震服务	5	6536.66	5160.60	77
海洋服务	0	0.00	0.00	0
测绘服务	127	93907.04	94950.26	3068
质检技术服务	319	287885.05	201555.61	9106
环境与生态监测	73	22153.70	11960.10	848
地质勘查	115	292586.72	121802.12	3952
工程技术	3885	12385307.43	5891667.09	107965
其他专业技术服务业	1951	956760.97	492686.90	24266
科技推广和应用服务业	5182	3346753.58	1853862.76	93426
技术推广服务	4687	2745902.66	1742178.08	87993
科技中介服务	178	138003.38	35014.26	1770
其他科技推广和应用服务业	317	462847.55	76670.42	3663

4-14 科学研究和技术服务业企业法人单位分地区主要指标

地　区	单位数 (个)	资产总计 (万元)	营业收入 (万元)	从业人员 (人)
全　省	**12795**	**18779999.54**	**9098960.61**	**258816**
武汉市	6685	15716672.73	6914948.50	140398
黄石市	297	258864.68	116086.38	5127
十堰市	319	157528.61	75649.43	5505
宜昌市	1605	1090482.24	796596.44	35252
襄阳市	1431	547751.39	556288.47	27068
鄂州市	170	64358.70	41140.16	2776
荆门市	262	145965.74	104465.59	5259
孝感市	273	92473.03	52168.78	4357
荆州市	296	157418.49	80457.22	4756
黄冈市	409	181388.00	87769.51	6987
咸宁市	211	61862.45	81170.21	4674
随州市	230	105067.87	48753.64	3716
恩施州	397	122861.18	75173.38	9264
仙桃市	113	47235.29	48899.65	2361
潜江市	32	7177.82	4366.34	466
天门市	45	16258.39	13825.30	682
神农架	20	6632.90	1201.60	168

4-15　科学研究和技术服务业企业法人单位分地区主要指标

登记注册类型	单位数(个)	资产总计(万元)	营业收入(万元)	从业人员(人)
总 计	**12795**	**18779999.54**	**9098960.61**	**258816**
内资企业	12737	16782408.07	8564133.82	255468
国有企业	450	1895941.95	1290238.52	24719
集体企业	96	20185.55	18029.88	1247
股份合作企业	50	16693.48	11240.71	601
联营企业	33	19844.88	10760.48	707
有限责任公司	3679	10997193.33	4604151.54	91646
股份有限公司	174	279214.25	146400.24	4570
私营企业	5157	2271580.98	1288546.15	65113
其他企业	3098	1281753.65	1194766.30	66865
港、澳、台商投资企业	19	30781.40	7743.916	345
外商投资企业	39	1966810.07	527082.87	3003

4-16 水利、环境和公共设施管理业企业法人单位主要指标

行 业	单位数(个)	资产总计(万元)	营业收入(万元)	从业人员(人)
总 计	**1831**	**16807106.52**	**1895643.72**	**49233**
水利管理业	282	1572091.55	111159.04	4930
防洪除涝设施管理	19	63700.91	39495.44	582
水资源管理	57	329105.14	17699.46	1076
天然水收集与分配	35	30630.07	18771.78	734
水文服务	19	6675.67	2153.48	183
其他水利管理业	152	1141979.75	33038.87	2355
生态保护和环境治理业	303	2398200.57	433817.96	6484
生态保护	111	297699.11	30450.29	2120
环境治理业	192	2100501.46	403367.67	4364
公共设施管理业	1246	12836814.40	1350666.72	37819
市政设施管理	150	10659389.99	705803.80	3518
环境卫生管理	122	123366.59	53915.56	8311
城乡市容管理	37	146703.74	11055.24	1001
绿化管理	511	522220.60	255102.12	8731
公园和游览景区管理	426	1385133.47	324789.99	16258

4-17 水利、环境和公共设施管理业企业法人单位分地区主要指标

地 区	单位数(个)	资产总计(万元)	营业收入(万元)	从业人员(人)
全 省	**1831**	**16807106.52**	**1895643.72**	**49233**
武汉市	568	5007717.59	458160.35	17451
黄石市	53	108237.80	43730.49	1364
十堰市	145	2905956.60	120128.41	2040
宜昌市	266	1127954.74	367258.53	8015
襄阳市	162	3990063.55	515463.80	5728
鄂州市	32	31408.26	8039.06	536
荆门市	94	141109.74	21133.56	1770
孝感市	58	132782.45	69212.64	1312
荆州市	67	1445182.30	32111.12	2342
黄冈市	105	139830.70	44743.43	2479
咸宁市	88	114723.64	45095.09	2610
随州市	51	489336.03	106121.55	818
恩施州	98	375785.80	29864.21	1971
仙桃市	19	14183.85	6946.08	394
潜江市	5	1379.00	1120.76	32
天门市	8	693238.19	13660.50	122
神农架	12	88216.29	12854.15	249

4-18 水利、环境和公共设施管理业企业法人单位分登记注册类型主要指标

登记注册类型	单位数（个）	资产总计（万元）	营业收入（万元）	从业人员（人）
总 计	**1831**	**16807106.52**	**1895643.72**	**49233**
内资企业	1817	16598658.46	1877640.55	48853
国有企业	157	677551.37	125273.68	8913
集体企业	72	58921.62	29839.26	1615
股份合作企业	20	21100.22	4640.96	281
联营企业	7	1635.50	3040.80	286
有限责任公司	508	13491987.75	1028507.96	16326
股份有限公司	45	1257294.34	333500.31	2427
私营企业	769	932638.99	298365.92	15232
其他企业	239	157528.68	54471.66	3773
港、澳、台商投资企业	8	166199.44	6510.34	288
外商投资企业	6	42248.62	11492.83	92

4–19　居民服务、修理和其他服务业企业法人单位主要指标

行　业	单位数 (个)	资产总计 (万元)	营业收入 (万元)	从业人员 (人)
总　计	**8303**	**3180845.52**	**1148445.70**	**103098**
居民服务业	3450	504561.83	354391.45	41074
家庭服务	734	52754.84	55152.59	11851
托儿所服务	22	8072.05	1345.38	445
洗染服务	136	15686.24	12099.93	1457
理发及美容服务	606	59684.28	59588.97	5444
洗浴服务	98	30165.87	23258.99	2393
保健服务	234	26485.67	25538.34	3941
婚姻服务	172	10062.90	14383.66	1130
殡葬服务	124	138546.64	55460.95	2062
其他居民服务业	1324	163103.36	107562.64	12351
机动车、电子产品和日用产品修理业	3275	646500.36	536993.17	32575
汽车、摩托车修理与维护	2228	489414.17	411357.38	22770
计算机和办公设备维修	337	76098.82	37441.94	4690
家用电器修理	447	51196.57	50735.02	3043
其他日用产品修理业	263	29790.80	37458.82	2072
其他服务业	1578	2029783.33	257061.08	29449
清洁服务	787	103188.35	98406.05	15099
其他未列明服务业	791	1926594.99	158655.03	14350

4-20 居民服务、修理和其他服务业企业法人单位分地区主要指标

地 区	单位数(个)	资产总计(万元)	营业收入(万元)	从业人员(人)
全 省	**8303**	**3180845.52**	**1148445.70**	**103098**
武汉市	2175	655755.67	458026.69	35994
黄石市	292	34848.18	36558.86	3605
十堰市	422	61547.33	38644.61	4871
宜昌市	2356	194596.77	222066.25	20356
襄阳市	1121	132968.37	171898.71	10702
鄂州市	129	70673.99	11572.54	1381
荆门市	144	20995.37	10816.41	2382
孝感市	199	78416.64	22763.30	3189
荆州市	218	43273.24	30987.20	4130
黄冈市	437	1745880.83	48369.41	6305
咸宁市	241	26019.91	22993.10	2711
随州市	135	19037.83	12734.89	1517
恩施州	241	41703.21	20297.59	3264
仙桃市	90	25905.57	25251.52	1118
潜江市	53	10326.94	6768.29	992
天门市	38	11711.67	8068.79	462
神农架	12	7184.01	627.51	119

4-21　居民服务、修理和其他服务业企业法人单位分登记注册类型主要指标

登记注册类型	单位数（个）	资产总计（万元）	营业收入（万元）	从业人员（人）
总　计	**8303**	**3180845.52**	**1148445.70**	**103098**
内资企业	8287	3145490.74	1139556.13	102254
国有企业	75	56600.13	32453.20	2148
集体企业	96	35807.01	34886.47	4763
股份合作企业	35	23094.71	7686.30	677
联营企业	10	2588.45	1291.19	189
有限责任公司	1442	367167.15	319316.89	24490
股份有限公司	63	1732584.80	12036.05	905
私营企业	5747	827419.79	648072.30	59650
其他企业	819	100228.69	83813.74	9432
港、澳、台商投资企业	7	20710.33	2963.47	135
外商投资企业	9	14644.45	5926.10	709

4–22 教育企业法人单位主要指标

行 业	单位数(个)	资产总计(万元)	营业收入(万元)	从业人员(人)
总 计	**2601**	**942265.01**	**483807.70**	**50979**
学前教育	603	98006.76	81559.62	13239
初等教育	46	23909.27	13947.37	2290
中等教育	82	270810.58	77350.14	8621
高等教育	10	48515.65	19487.71	1944
特殊教育	7	835.27	534.01	73
技能培训、教育辅助及其他教育	1853	500187.48	290928.84	24812

4-23　教育企业法人单位分地区主要指标

地　区	单位数 (个)	资产总计 (万元)	营业收入 (万元)	从业人员 (人)
全　省	**2601**	**942265.01**	**483807.70**	**50979**
武汉市	1188	393673.33	191685.62	16857
黄石市	61	26759.19	8730.94	1250
十堰市	103	27208.42	17825.89	1794
宜昌市	237	60107.37	38804.34	4456
襄阳市	241	65843.65	70762.67	7401
鄂州市	28	8719.10	4317.41	617
荆门市	72	17821.61	10815.74	1490
孝感市	43	16648.53	12068.74	854
荆州市	123	62585.88	23783.71	3117
黄冈市	143	69456.65	29221.52	4099
咸宁市	113	54617.41	24452.14	2916
随州市	62	14930.00	9532.56	1040
恩施州	104	20370.31	9675.34	1423
仙桃市	39	48231.67	14575.46	1823
潜江市	21	14253.78	6113.35	732
天门市	19	40415.47	11350.25	980
神农架	4	622.62	92.00	130

4-24 教育企业法人单位分登记注册类型主要指标

登记注册类型	单位数(个)	资产总计(万元)	营业收入(万元)	从业人员(人)
总 计	**2601**	**942265.01**	**483807.70**	**50979**
内资企业	2592	882870.01	481862.68	50758
国有企业	74	92246.41	47591.76	4219
集体企业	28	21872.44	12333.48	722
股份合作企业	16	6078.59	4669.02	511
联营企业	9	1158.48	638.01	257
有限责任公司	453	106239.82	59538.69	5230
股份有限公司	22	34015.21	4254.89	325
私营企业	1289	282430.15	162702.34	19668
其他企业	701	338828.93	190134.50	19826
港、澳、台商投资企业	6	58758.36	1090.92	161
外商投资企业	3	636.64	854.10	60

4–25　卫生和社会工作企业法人单位主要指标

行　业	单位数 (个)	资产总计 (万元)	营业收入 (万元)	从业人员 (人)
总　计	**1554**	**1315533.97**	**904422.94**	**50943**
卫生	1427	1194579.51	889787.47	49149
医院	446	1030241.79	755377.62	38904
社区医疗与卫生院	295	50278.95	44057.39	3451
门诊部(所)	550	61713.42	44601.47	3905
计划生育技术服务活动	25	2001.56	1517.15	173
妇幼保健院(所、站)	5	14648.90	12817.00	831
专科疾病防治院(所、站)	20	5406.69	3412.24	302
疾病预防控制中心	6	430.00	65.85	92
其他卫生活动	80	29858.19	27938.75	1491
社会工作	127	120954.46	14635.48	1794
提供住宿社会工作	111	119384.50	14139.60	1730
不提供住宿社会工作	16	1569.96	495.88	64

4-26 卫生和社会工作企业法人单位分地区主要指标

地 区	单位数 (个)	资产总计 (万元)	营业收入 (万元)	从业人员 (人)
全 省	**1554**	**1315533.97**	**904422.94**	**50943**
武汉市	626	580219.55	484360.70	23810
黄石市	38	94529.19	67161.47	4059
十堰市	66	84823.47	85116.83	3658
宜昌市	210	56989.91	38555.46	2767
襄阳市	137	64058.97	38948.76	2866
鄂州市	22	21125.88	11262.02	863
荆门市	73	90793.84	28716.61	2145
孝感市	28	37437.12	12040.66	1115
荆州市	45	19817.79	15977.57	1279
黄冈市	68	24828.38	10227.34	1197
咸宁市	48	119168.54	13326.76	1171
随州市	23	14330.67	14074.11	926
恩施州	118	33551.14	17427.06	1429
仙桃市	16	9081.75	9268.00	575
潜江市	16	30703.14	35100.88	1841
天门市	18	34014.62	22846.70	1239
神农架	2	60.00	12.00	3

4-27　卫生和社会工作企业法人单位分登记注册类型主要指标

登记注册类型	单位数（个）	资产总计（万元）	营业收入（万元）	从业人员（人）
总　计	**1554**	**1315533.97**	**904422.94**	**50943**
内资企业	1552	1293681.92	904402.86	50938
国有企业	171	316274.03	271851.04	12676
集体企业	81	14374.54	19135.66	1194
股份合作企业	8	105567.84	97696.43	2980
联营企业	17	31093.98	34572.03	1721
有限责任公司	130	204627.10	127240.60	7335
股份有限公司	15	21490.46	26442.45	1536
私营企业	698	386690.74	156573.49	14417
其他企业	432	213563.22	170891.15	9079
港、澳、台商投资企业	1	21827.05	0.00	3
外商投资企业	1	25.00	20.08	2

4-28 文化、体育和娱乐业法人单位主要指标

行 业	单位数(个)	资产总计(万元)	营业收入(万元)	从业人员(人)
总 计	**6985**	**6131135.69**	**2548659.36**	**79582**
新闻出版业	196	2661592.44	1216840.81	15645
新闻业	8	578492.96	33696.12	460
出版业	188	2083099.48	1183144.69	15185
广播、电视、电影和音像业	412	1024135.16	445981.02	12748
广播	23	10396.09	3133.91	224
电视	34	580299.24	237773.88	5720
电影和影视节目制作	139	201093.50	32463.32	1659
电影和影视节目发行	28	35882.09	23398.77	537
电影放映	164	186897.71	142499.17	4347
录音制作	24	9566.53	6711.96	261
文化艺术业	965	1475717.93	435301.30	12986
文艺创作与表演	263	95174.56	56449.33	4750
艺术表演场馆	22	27126.00	7400.14	692
图书馆与档案馆	16	1019.37	668.77	87
文物及非物质文化遗产保护	23	24945.61	2041.26	272
博物馆	8	11168.97	2767.24	166
烈士陵园、纪念馆	6	5327.00	325.03	46
群众文化活动	164	141042.56	19229.30	1516
其他文化艺术业	463	1169913.85	346420.23	5457
体育	264	364340.38	51674.14	4095
体育组织	43	27916.63	4177.14	466
体育场馆	31	233185.38	12133.31	585
休闲健身活动	171	96338.15	29311.21	2891
其他体育	19	6900.22	6052.49	153
娱乐业	5148	605349.78	398862.09	34108
室内娱乐活动	4826	384272.74	315414.65	28930
游乐园	46	86436.15	28670.19	1179
彩票活动	10	560.30	17363.02	306
文化、娱乐、体育经纪代理	76	22047.49	5503.39	736
其他娱乐业	190	112033.10	31910.82	2957

4-29　文化、体育和娱乐业企业法人单位分地区主要指标

地　区	单位数(个)	资产总计(万元)	营业收入(万元)	从业人员(人)
全　省	**6985**	**6131135.69**	**2548659.36**	**79582**
武汉市	1741	5224005.42	1979973.35	37620
黄石市	231	34276.15	24660.40	1957
十堰市	238	100015.43	18558.45	1734
宜昌市	833	214612.84	183687.73	9868
襄阳市	587	97487.69	84028.40	5794
鄂州市	141	12198.73	20769.85	1058
荆门市	357	26086.64	12195.55	1736
孝感市	386	78538.92	50544.71	3398
荆州市	535	77925.10	32295.42	3369
黄冈市	731	102666.45	39962.41	3954
咸宁市	366	48695.46	36792.25	3350
随州市	175	40156.72	16293.46	1449
恩施州	239	27863.33	12150.31	1525
仙桃市	100	11855.90	14979.83	850
潜江市	190	18973.04	9597.58	1030
天门市	118	14603.25	11930.04	788
神农架	17	1174.60	239.63	102

4-30 文化、体育和娱乐业企业法人单位分登记注册类型主要指标

登记注册类型	单位数(个)	资产总计(万元)	营业收入(万元)	从业人员(人)
总 计	**6985**	**6131135.69**	**2548659.36**	**79582**
内资企业	6963	6084152.19	2535629.87	78700
国有企业	169	1915606.17	864968.00	18191
集体企业	40	46870.97	35599.57	1129
股份合作企业	18	4541.39	2326.99	349
联营企业	13	8981.97	3751.98	236
有限责任公司	830	2385362.48	674558.00	17221
股份有限公司	57	941677.38	464575.06	1295
私营企业	5001	676886.00	423563.89	33706
其他企业	835	104225.83	66286.38	6573
港、澳、台商投资企业	12	36398.03	7116.04	502
外商投资企业	10	10585.47	5913.45	380

4-31　国有控股企业分行业主要指标

行　业	单位数(个)	资产总计(万元)	营业收入(万元)	从业人员(人)
总　计	**3452**	**170617340.31**	**26597827.67**	**394539**
交通运输、仓储和邮政业	558	30184597.71	6366843.41	158720
道路运输业	224	19304977.89	1840426.64	82920
水上运输业	54	4434086.56	859574.08	11174
航空运输业	8	1462035.13	408175.02	6029
管道运输业	2	16762.86	24347.32	677
装卸搬运和运输代理业	51	983399.29	1019220.80	3484
仓储业	163	3201518.18	1286624.83	6915
邮政业	56	781817.81	928474.72	47521
信息传输、软件和信息技术服务业	261	6724430.34	3928747.76	51567
电信、广播电视和卫星传输服务	173	4920849.00	3400918.01	42712
互联网和相关服务	19	66164.20	40137.59	2276
软件和信息技术服务业	69	1737417.14	487692.16	6579
房地产业	361	5845849.11	303742.18	12271
物业管理业	178	1281114.95	145021.20	8970
房地产中介服务业	42	1321868.43	4155.78	495
自有房地产经营活动	107	312061.98	19998.53	2260
其他房地产业	34	2930803.75	134566.67	546
租赁和商务服务业	849	104545477.18	8308451.00	52303
租赁业	21	52633.70	26697.58	1271
商务服务业	828	104492843.48	8281753.42	51032
科学研究和技术服务业	665	7404354.38	4729420.42	64371
研究和试验发展	50	208764.77	148894.58	2551
专业技术服务业	512	6671936.64	4515501.79	59959
科技推广和应用服务业	103	523652.96	65024.05	1861
水利、环境和公共设施管理业	238	11091796.64	907406.29	14251
水利管理业	70	458514.94	67461.03	2034
生态保护和环境治理业	28	1317962.17	85516.81	1733
公共设施管理业	140	9315319.53	754428.45	10484
居民服务、修理和其他服务业	103	120118.42	55902.12	3541
居民服务业	27	34390.59	14756.60	743
机动车、电子产品和日用产品修理业	41	17409.22	15006.19	982
其他服务业	35	68318.62	26139.34	1816
教育	64	75295.24	39572.10	3104
卫生和社会工作	116	278908.26	231028.17	10252
卫生	101	266216.84	229450.04	9987
社会工作	15	12691.42	1578.13	265
文化、体育和娱乐业	237	4346513.03	1726714.21	24159
新闻和出版业	67	2537548.35	1144364.58	12842
广播、电视、电影和影视录音制作业	79	673556.47	249245.98	6612
文化艺术业	62	1081616.69	302504.08	3774
体育	9	20989.67	7032.56	233
娱乐业	20	32801.84	23567.00	698

注：不含铁路运输业、金融业、房地产开发经营

4-32 非公有控股经济企业分行业主要指标

行 业	单位数(个)	资产总计(万元)	营业收入(万元)	从业人员(人)
总 计	**66795**	**59552571.54**	**18239859.51**	**905372**
交通运输、仓储和邮政业	7164	8134985.68	4559492.39	155658
道路运输业	3924	5106172.15	2655374.43	99428
水上运输业	386	815390.37	406756.87	10225
航空运输业	35	63047.21	284941.19	813
管道运输业	25	28453.66	13253.14	405
装卸搬运和运输代理业	1686	968631.02	685667.28	23614
仓储业	540	1045974.43	400213.99	10356
邮政业	568	107316.84	113285.49	10817
信息传输、软件和信息技术服务业	5402	5728303.77	2162718.37	70764
电信、广播电视和卫星传输服务	335	3329962.27	893926.95	10702
互联网和相关服务	789	140066.01	96889.92	6280
软件和信息技术服务业	4278	2258275.49	1171901.50	53782
房地产业	6799	7939241.25	1651898.77	126410
物业管理业	3841	3730961.50	873311.81	93338
房地产中介服务业	2179	1314427.10	343450.82	22705
自有房地产经营活动	437	779613.54	127102.54	3936
其他房地产业	342	2114239.11	308033.61	6431
租赁和商务服务业	21311	23625572.71	4277716.04	221212
租赁业	1659	1194986.41	429438.59	17112
商务服务业	19652	22430586.30	3848277.45	204100

注：不含铁路运输业、金融业、房地产开发经营

续表1

行　业	单位数（个）	资产总计（万元）	营业收入（万元）	从业人员（人）
科学研究和技术服务业	9035	6429855.25	3061746.66	129400
研究和试验发展	807	590817.33	202769.68	9762
专业技术服务业	4756	4077550.19	1766574.53	66402
科技推广和应用服务业	3472	1761487.73	1092402.45	53236
水利、环境和公共设施管理业	1189	2666565.13	457415.06	23920
水利管理业	127	1088929.43	27443.74	1492
生态保护和环境治理业	224	301265.79	95031.67	3058
公共设施管理业	838	1276369.92	334939.66	19370
居民服务、修理和其他服务业	7107	2792811.89	888668.33	78698
居民服务业	2963	406083.79	280499.39	32780
机动车、电子产品和日用产品修理业	2832	519061.36	450866.37	25963
其他服务业	1312	1867666.73	157302.57	19955
教育	1883	530792.51	255249.61	30259
卫生和社会工作	942	599147.06	312885.78	24008
卫生	870	498488.82	303470.29	22862
社会工作	72	100658.24	9415.50	1146
文化、体育和娱乐业	5963	1105296.28	612068.48	45043
新闻和出版业	81	72570.05	29182.79	1222
广播、电视、电影和影视录音制作业	248	134090.76	114000.73	3777
文化艺术业	735	236580.56	80998.94	6389
体育	217	133437.80	37489.33	3174
娱乐业	4682	528617.11	350396.69	30481

4-33 规模以上交通运输、仓储和

行　业	固定资产原　价（万元）	本年折旧（万元）	资产总计（万元）	负债合计（万元）	所有者权益合　计（万元）	营业收入（万元）	营业成本（万元）
总　计	**6785873.7**	**597347.8**	**24024911.3**	**15446495.3**	**8578416.0**	**9062518.9**	**7450767.3**
铁路运输业	4458.5	156.8	3688.0	1074.7	2613.3	3915.2	2607.3
道路运输业	4056112.6	352681.0	14794226.9	9771753.5	5022473.4	3882331.0	3001757.1
城市公共交通运输	1168327.6	118468.0	8835842.6	6029137.3	2806705.3	678508.8	641077.5
公路旅客运输	584432.0	66860.9	930012.4	552626.6	377385.8	583278.6	453217.4
道路货物运输	1057593.0	111699.5	2603767.7	1625362.0	978405.7	2216112.1	1708879
道路运输辅助活动	1245760.0	55652.6	2424604.2	1564627.6	859976.6	404431.5	198583.2
水上运输业	723983.9	54804.5	3460826.6	1916711.0	1544115.6	841658.3	686145.8
水上旅客运输	61096.7	3629.0	75476.4	43697.2	31779.2	26194.2	19904.0
水上货物运输	430923.3	37646.8	2942572.8	1684197.3	1258375.5	598510.9	474295.4
水上运输辅助活动	231963.9	13528.7	442777.4	188816.5	253960.9	216953.2	191946.4
航空运输业	638208.3	33175.7	1103879.9	370145.9	733734.0	689998.8	618325.9
航空客货运输	400392.1	20696.9	393407.5	205346.8	188060.7	580402.8	526136.9
通用航空服务	14268.2	1138.8	29186.4	21291.8	7894.6	10162.8	8471.1
航空运输辅助活动	223548.0	11340.0	681286.0	143507.3	537778.7	99433.2	83717.9
管道运输业	2685.1	198.9	2431.9	739.4	1692.5	3157.2	2409.4
管道运输业	2685.1	198.9	2431.9	739.4	1692.5	3157.2	2409.4
装卸搬运和运输代理业	350225.4	37922.7	743829.8	489499.2	254330.6	1441111.6	1220428.4
装卸搬运	250843.0	25097.0	330603.5	198503.6	132099.9	232521.6	131544.7
运输代理业	99382.4	12825.7	413226.3	290995.6	122230.7	1208590.0	1088883.7
仓储业	373924.3	31306.1	3118012.8	2563178.1	554834.7	1238890.1	1102390.0
谷物、棉花等农产品仓储	202326.3	16608.0	2397966.2	2206074.3	191891.9	921057.2	847044.3
其他仓储业	171598.0	14698.1	720046.6	357103.8	362942.8	317832.9	255345.7
邮政业	636275.6	87102.1	798015.4	333393.5	464621.9	961456.7	816703.4
邮政基本服务	625310.2	83316.4	764352.5	311011.9	453340.6	904561.1	775689.8
快递服务	10965.4	3785.7	33662.9	22381.6	11281.3	56895.6	41013.6

邮政业企业法人单位主要指标

营业税金及附加（万元）	销售费用、管理费用、财务费用合计（万元）	投资收益（万元）	营业利润（万元）	利润总额（万元）	应交所得税（万元）	应付职工薪酬（万元）	应交增值税（万元）	从业人员（人）
256574.7	**1151243.0**	**11131.9**	**365532.3**	**549066.2**	**127073.8**	**1444772.7**	**103507.4**	**239492**
134.0	269.6		898.1	898.4	227.2	596.4	0.7	176
192706.8	578925.2	6180.8	192324.5	318149.8	84264.7	744007.6	60963.4	145512
117147.3	126567.8	2378.7	−188028.5	−51005.4	3195.3	351016.9	4217.1	62542
9638.9	84397.3	1114.7	43625.9	43702.9	8944.5	114384.3	9459.5	29034
52803.0	257501.9	2130.3	255217.3	242403.0	43580.1	249298.0	45837.8	45895
13117.6	110458.2	557.1	81509.8	83049.3	28544.8	29308.4	1449.0	8041
12640.0	161338.3	772.7	25579.5	34024.0	11699.2	81052.6	5425.8	13954
354.9	7165.2		−1230.1	1366.5	899.6	10565.5	180.0	1853
10939.6	109324.8	−161.8	25205.8	28204.9	9993.4	44117.5	3530.1	7822
1345.5	44848.3	934.5	1603.8	4452.6	806.2	26369.6	1715.7	4279
5181.0	52029.3	1095.6	20148.4	43376.3	1564.4	89778.2	4794.5	6532
3895.7	28719.2	113.1	22084.3	39260.5	1093.2	53886.9	4644.7	2262
14.4	1777.3		−100.1	134.5	67.7	722.5	299.2	163
1270.9	21532.8	982.5	−1835.8	3981.3	403.5	35168.8	−149.4	4107
36.8	534.5		192.2	182.2	45.5	122.7	15.5	42
36.8	534.5		192.2	182.2	45.5	122.7	15.5	42
27979.6	74244.0	1466.6	120400.2	116838.7	21423.5	56769.8	18932.1	11089
13067.0	26267.7	2.5	60982.9	59841.1	12017.5	27089.1	11423.1	7110
14912.6	47976.3	1464.1	59417.3	56997.6	9406.0	29680.7	7509.0	3979
8095.1	142166.0	739.6	−3076.2	26759.9	4625.4	50489.3	11137.0	10642
934.2	103283.0	668.9	−19105	11469.3	436.7	18428.1	750.4	3717
7160.9	38883.0	70.7	16028.8	15290.6	4188.7	32061.2	10386.6	6925
9801.4	141736.1	876.6	9065.6	8836.9	3223.9	421956.1	2238.4	51545
8893.0	130724.6	876.6	5006.5	4903.4	1313.8	401329.8	532.3	46547
908.4	11011.5	0	4059.1	3933.5	1910.1	20626.3	1706.1	4998

4-34 规模以上信息传输、软件和

行 业	固定资产原价（万元）	本年折旧（万元）	资产总计（万元）	负债合计（万元）	所有者权益合计（万元）	营业收入（万元）	营业成本（万元）
总 计	**10285677.8**	**970275.9**	**9258363.1**	**3815529.4**	**5442833.7**	**5562081**	**2933264.4**
电信、广播电视和卫星传输服务	10116616.6	952109.3	8140635.0	3259856.3	4880778.7	4452626.4	2143558
电信	9530758.5	909180.8	7158759.0	2745033.8	4413725.2	4188079.2	2009815.3
广播电视传输服务	585714.0	42912.7	981305.8	514272.7	467033.1	263790.0	133314.1
卫星传输服务	144.1	15.8	570.2	549.8	20.4	757.2	428.6
互联网和相关服务	42970.9	2590.2	66311.6	28313.8	37997.8	54709.3	31417.5
互联网接入及相关服务	11752.6	1030.2	10035.4	10798.3	−762.9	5383.8	3081.6
互联网信息服务	4180.1	384.4	27489.2	10145.2	17344.0	29819.5	16250.6
其他互联网服务	27038.2	1175.6	28787.0	7370.3	21416.7	19506.0	12085.3
软件和信息技术服务业	126090.3	15576.4	1051416.5	527359.3	524057.2	1054745.3	758288.9
软件开发	93199.3	12287.9	714621.9	364633.1	349988.8	800185.6	505850.6
信息系统集成服务	17923.9	1710.0	240688.1	109854.7	130833.4	166343	126943.5
信息技术咨询服务	9235.8	1279.9	61619.8	38110.3	23509.5	62895.2	108221.8
数据处理和存储服务	2035.7	−21.7	5479.7	1767.2	3712.5	4904.3	3280.2
集成电路设计	915.3	165.6	3072.0	31.6	3040.4	2597.3	798.4
其他信息技术服务业	2780.3	154.7	25935.0	12962.4	12972.6	17819.9	13194.4

4-35 规模以上物业管理和

行 业	固定资产原价（万元）	本年折旧（万元）	资产总计（万元）	负债合计（万元）	所有者权益合计（万元）	营业收入（万元）	营业成本（万元）
总 计	**600529.1**	**42205.1**	**1789573.8**	**1134827.8**	**654746.0**	**493651.1**	**266286.7**
物业管理	593757.3	41132.1	1743515.5	1114456.1	629059.4	437674.4	250431.8
房地产中介服务	6771.8	1073.0	46058.3	20371.7	25686.6	55976.7	15854.9

信息技术服务业企业法人单位主要指标

营业税金及附加（万元）	销售费用、管理费用、财务费用合计（万元）	投资收益（万元）	营业利润（万元）	利润总额（万元）	应交所得税（万元）	应付职工薪酬（万元）	应交增值税（万元）	从业人员（人）
145634.7	**1449565.1**	**8486.6**	**1048781.9**	**1066977.2**	**210097.6**	**622731.6**	**40347.3**	**78134**
135555.1	1195384	2906.8	944234.3	944332.9	192548.9	408636.9	7230.7	51233
129561.3	1092856.7	2616.6	919803.3	916752.8	192087.4	345248.6	7394.2	41466
5986.8	102218.6	290.2	24412.1	27561.2	460.7	63145.7	−179.5	9712
7.0	308.7		18.9	18.9	0.8	242.6	16.0	55
1626.0	15645.5	19.0	6087.4	6671.4	1153.4	16630.7	341.0	2208
175.4	1984.2		111.4	159.4	59.1	1787.1		326
1018.2	10095.5	19.0	2404.6	3011.8	547.9	10227.9	202.3	1482
432.4	3565.8		3571.4	3500.2	546.4	4615.7	138.7	400
8453.6	238535.6	5560.8	98460.2	115972.9	16395.3	197464.0	32775.6	24693
5939.4	191142.6	2149.7	77243.4	91450.1	13120.3	154772.5	27597.2	19151
1097.6	26698.5	1912.7	15807.8	17496.6	2796.5	22664.6	3198.6	3266
1350.8	12832.5	1127.4	4810.6	5329.9	295.2	12738.4	1384.6	1395
5.8	1329.3	370.7	659.7	780.8	61.3	1258.7	35.0	191
	1562.9		236.0	336.3	50.4	1579.7	155.8	84
60.0	4969.8	0.3	−297.3	579.2	71.6	4450.1	404.4	606

房地产中介服务企业法人单位主要指标

营业税金及附加（万元）	销售费用、管理费用、财务费用合计（万元）	投资收益（万元）	营业利润（万元）	利润总额（万元）	应交所得税（万元）	应付职工薪酬（万元）	应交增值税（万元）	从业人员（人）
29452.0	**166869.4**	**11247.6**	**38728.6**	**49073.2**	**11230.1**	**160797.4**	**6023.3**	**46947**
26857.6	134187.9	11261.2	33717.5	43545.0	10091.4	141216.1	5298.9	42787
2594.4	32681.5	−13.6	5011.1	5528.2	1138.7	19581.3	724.4	4160

4-36 规模以上租赁和商务

行 业	固定资产原 价（万元）	本年折旧（万元）	资产总计（万元）	负债合计（万元）	所有者权益合 计（万元）	营业收入（万元）	营业成本（万元）
总 计	**16976946.3**	**365263.7**	**83381326.9**	**51499298.8**	**31882028.1**	**7153709.6**	**4550838.6**
租赁业	151849.2	15083.0	321634.1	204759.3	116874.8	166265.8	117885
机械设备租赁	151849.2	15083.0	321634.1	204759.3	116874.8	166265.8	117885
商务服务业	16825097.1	350180.7	83059692.8	51294539.5	31765153.3	6987443.8	4432953.6
企业管理服务	16089313.3	282775.6	77387518.5	48739988.6	28647529.9	5478547.2	3452033.2
法律服务	2713.9	245.0	14992.3	10213.9	4778.4	30214.4	17325.7
咨询与调查	286389.7	30085.6	1895776.7	763152.9	1132623.8	178721.7	106583.3
广告业	40135	4637.0	172402.3	83627.9	88774.4	231597.9	136864.1
知识产权服务	1495.8	462.3	1463.4	358.9	1104.5	5126.2	3096.9
人力资源服务	26470.3	3399.3	58452.3	35681.2	22771.1	118702.3	81505.5
旅行社及相关服务	51266.4	5310.6	187184	139551.1	47632.9	494134.6	435544.7
安全保护服务	30951.4	4203.0	52195.3	22751.3	29444	86076.8	58570.4
其他商务服务业	296361.3	19062.3	3289708	1499213.7	1790494.3	364322.7	141429.8

4-37 规模以上科学研究和技术

行 业	固定资产原 价（万元）	本年折旧（万元）	资产总计（万元）	负债合计（万元）	所有者权益合 计（万元）	营业收入（万元）	营业成本（万元）
总 计	**1457668.0**	**122916.8**	**7188481.8**	**4674517.2**	**2513964.6**	**5427211.7**	**4100864.0**
研究和试验发展	93322.7	6422.6	194470.7	97072.9	97397.8	120920.2	82334.8
工程和技术研究和试验发展	88016.2	6031.8	175265.5	90092	85173.5	117921.2	80865.9
农业科学研究和试验发展	410.2	14.6	3149.2	717.8	2431.4	1614.1	469.4
医学研究和试验发展	4896.3	376.2	16056.0	6263.1	9792.9	1384.9	999.5
专业技术服务业	914988.1	68783.5	6183088.5	4101296.4	2081792.1	4551914.9	3524817.7
气象服务	655.1	71.7	1271.5	1043.5	228.0	2613.5	1216.4
测绘服务	13889.6	782.9	49627.9	40851.6	8776.3	41542.6	31651.0
质检技术服务	46146.3	5777.5	142963.1	66362.8	76600.3	107033.0	40506.0
环境与生态监测	989.9	98.3	2669.0	262.6	2406.4	4779.7	2095.6
地质勘查	20873.3	1190.3	163893.6	92892.5	71001.1	85752.5	70571.1
工程技术	792970.7	56719.9	5588354.8	3754121.1	1834233.7	4118839.6	3235243.9
其他专业技术服务业	39463.2	4142.9	234308.6	145762.3	88546.3	191354	143533.7
科技推广和应用服务业	449357.2	47710.7	810922.6	476147.9	334774.7	754376.6	493711.5
技术推广服务	430084.6	46637.2	719079.8	423293.9	295785.9	728066.9	480010.0
科技中介服务	7417.9	491.9	24723.9	21543.1	3180.8	4550.1	753.6
其他科技推广和应用服务业	11854.7	581.6	67118.9	31310.9	35808	21759.6	12947.9

服务业企业法人单位主要指标

营业税金及附加（万元）	销售费用、管理费用、财务费用合计（万元）	投资收益（万元）	营业利润（万元）	利润总额（万元）	应交所得税（万元）	应付职工薪酬（万元）	应交增值税（万元）	从业人员（人）
208605.4	**1318218.4**	**176656.3**	**1392108.7**	**1462070.3**	**179020.2**	**507138.1**	**55951**	**76322**
3208.4	18414.4	201.1	27525.7	27110.7	5490.8	17983	4603.1	3343
3208.4	18414.4	201.1	27525.7	27110.7	5490.8	17983	4603.1	3343
205397.0	1299804.0	176455.2	1364583	1434959.6	173529.4	489155.1	51347.9	72979
162285.7	1014077.1	168844.9	1158231.3	1248567.9	135625	286773.1	35153.9	19766
1325.5	8814.5	25.5	2946.9	3203.3	875.4	5569.6	2302.4	1245
5333.5	29974.9	−44.3	36437.4	35355.6	3857.6	30641.0	4968.6	4608
8675.9	34931.5	655.5	49705.1	44536.3	9236.4	21891.3	5816.2	5240
184.3	1454.2		397.3	397.3	24.4	708.9	116.5	157
4518.7	16138.1	−0.6	15844.2	14013.6	2204.3	27875.8	555.3	6878
5069.8	27119.0	−1379.0	31744.5	24175.7	2626.7	19185.8	429.9	5664
3064.1	16950.5		6537.6	5482.5	1470.2	48021.0	109.5	18708
14939.5	150344.2	8353.2	62738.7	59227.4	17609.4	48488.6	1895.6	10713

服务业企业法人单位主要指标

营业税金及附加（万元）	销售费用、管理费用、财务费用合计（万元）	投资收益（万元）	营业利润（万元）	利润总额（万元）	应交所得税（万元）	应付职工薪酬（万元）	应交增值税（万元）	从业人员（人）
99182.0	**673883.2**	**16388.8**	**580883.8**	**585645.2**	**91001.8**	**884545.3**	**74311.8**	**95949**
1036.2	24401.2	790.2	12534.9	13705	2038.6	24977.9	3104.3	2288
762.5	22722.3	539.7	12660.8	12880.4	1842.4	24172.3	3010.1	2087
263.7	110.4		770.7	770.7	195.3	254.0	72.9	106
10.0	1568.5	250.5	−896.6	53.9	0.9	551.6	21.3	95
82444.7	556399.6	13927.8	415483.7	422454.2	74643.3	761366.4	62854.2	67140
79.4	312.0		−54.1	−54.4	1.2	537.0		42
1421.6	7673.7	2.2	2359.6	2409.6	404.5	12776.3	1085.5	1149
1528.7	29333.1	92.1	35585.6	35819.4	6143.7	17098.1	2202.8	3122
243.7	1141.3		1303.3	1350.0	344.8	982.1	35.8	119
2472.0	8290.2	13.3	8820.7	7673.2	1588.9	11743.1	994.0	2179
73095.9	473339	11247.6	352060.4	357131.4	62888.1	675428.5	54620.9	54316
3603.4	36310.3	2572.6	15408.2	18125.0	3272.1	42801.3	3915.2	6213
15701.1	93082.4	1670.8	152865.2	149486.0	14319.9	98201	8353.3	26521
14415.4	85747.4	556.4	148015.7	144469.7	13508.0	94657.8	8268.2	25478
563.0	2469.9		614.8	809.2	105.8	571.6		104
722.7	4865.1	1114.4	4234.7	4207.1	706.1	2971.6	85.1	939

4-38 规模以上水利、环境和

行 业	固定资产原价（万元）	本年折旧（万元）	资产总计（万元）	负债合计（万元）	所有者权益合计（万元）	营业收入（万元）	营业成本（万元）
总 计	**1401720.6**	**98402.0**	**6404774.4**	**2539137.8**	**3865636.6**	**878950.1**	**524328.2**
水利管理业	227981.9	13956.4	1135692.3	107406.3	1028286.0	54347.1	44053.4
防洪除涝设施管理	20874.4	1049.1	55097.4	27219.9	27877.5	36869.1	31242.6
水资源管理	139.8	20.7	109.3	111.1	−1.8	580.9	152.5
天然水收集与分配	21430.9	9441.4	15804.0	5083.9	10720.1	10231.6	9854.1
其他水利管理业	185536.8	3445.2	1064681.6	74991.4	989690.2	6665.5	2804.2
生态保护和环境治理业	468935.3	25504.3	1294300.1	585484.7	708815.4	356620.6	228939.7
生态保护	46528.8	1991.8	51693.9	47861.8	3832.1	13826.5	7301.2
环境治理业	422406.5	23512.5	1242606.2	537622.9	704983.3	342794.1	221638.5
公共设施管理业	704803.4	58941.3	3974782.0	1846246.8	2128535.2	467982.4	251335.1
市政设施管理	292303.6	27862.2	2888326.5	1281538.9	1606787.6	89485.5	13682.7
环境卫生管理	28059.3	3573.4	33456.3	16120.8	17335.5	16734.1	8328.3
城乡市容管理	114.6	5.3	349.9	161.8	188.1	950.5	752.9
绿化管理	41994.4	3668.3	183390.3	117193.1	66197.2	136374.8	110798.3
公园和游览景区管理	342331.5	23832.1	869259.0	431232.2	438026.8	224437.5	117772.9

4-39 规模以上居民服务、修理和

行 业	固定资产原价（万元）	本年折旧（万元）	资产总计（万元）	负债合计（万元）	所有者权益合计（万元）	营业收入（万元）	营业成本（万元）
总 计	**74700.7**	**10429.2**	**226600.3**	**148856.0**	**77744.3**	**266836.6**	**184655.0**
居民服务业	20849.6	1925.1	82252.9	41709.1	40543.8	76890.2	41713.7
家庭服务	1744.0	176.1	4548.8	1312.5	3236.3	10623.0	5596.9
洗染服务	1554.7	140.2	2007.1	1257.3	749.8	1344.2	869.9
理发及美容服务	1206.4	51.3	16328.0	8464.4	7863.6	13407.6	6802.4
洗浴服务	4894.0	553.7	10420.5	4307.0	6113.5	12343.3	6635.6
保健服务	796.5	106.9	1449.4	552.0	897.4	4200.6	2468.4
婚姻服务	1753.9	164.7	1948.2	1359.9	588.3	5498.2	3076.8
殡葬服务	8127.7	677.1	43775.6	23530.9	20244.7	24980.6	12240.5
其他居民服务业	772.4	55.1	1775.3	925.1	850.2	4492.7	4023.2
机动车、电子产品和日用产品修理业	18687.7	1793.0	63291.9	45456.3	17835.6	101872.2	77843.7
汽车、摩托车修理与维护	17574.8	1635.1	60044.3	44126.2	15918.1	93679.9	72457.1
计算机和办公设备维修	473.2	96.4	1332.9	594.6	738.3	4483.8	3136.0
家用电器修理	25.5	0.2	410.1	40.5	369.6	1271.5	596.0
其他日用产品修理业	614.2	61.3	1504.6	695.0	809.6	2437.0	1654.6
其他服务业	35163.4	6711.1	81055.5	61690.6	19364.9	88074.2	65097.6
清洁服务	3755.9	318.7	5993.2	2619.6	3373.6	17608.4	12562.4
其他未列明服务业	31407.5	6392.4	75062.3	59071.0	15991.3	70465.8	52535.2

公共设施管理业企业法人单位主要指标

营业税金及附加（万元）	销售费用、管理费用、财务费用合计（万元）	投资收益（万元）	营业利润（万元）	利润总额（万元）	应交所得税（万元）	应付职工薪酬（万元）	应交增值税（万元）	从业人员（人）
64723.5	**166221.8**	**5748.0**	**173747.5**	**182072.1**	**22816.9**	**67327.4**	**2722.1**	**16217**
683.1	57651.3	415.5	1160.0	998.9	152.4	4639.5	82.5	1098
396.2	3771.1	0.0	1459.3	1458.6	79.4	1594.3	1.3	187
4.9	509.5	0.0	−86.0	−86.0	6.2	251.8	19.9	75
67.9	979.6	53.1	−857.7	−887.7	0.6	936.5	1.7	294
214.1	52391.1	362.4	644.4	514.0	66.2	1856.9	59.6	542
10855.4	26831.2	4432.3	96832.2	97036.5	14261.9	15647.1	34.4	2063
544.2	3016.7		2994.5	2997.7	9.6	2549.1	0.0	539
10311.2	23814.5	4432.3	93837.7	94038.8	14252.3	13098.0	34.4	1524
53185.0	81739.3	900.2	75755.3	84036.7	8402.6	47040.8	2605.2	13056
38080.3	17201.5	0.0	16956.1	27142.6	694.6	2048.0	166.4	525
369.5	1824.7	0.0	5342.2	4399.4	118.1	2337.7	−141.1	765
9.7	103.4	0.0	84.5	84.5	21.0	342.4	49.1	163
4599.5	10066.9	160.0	11100.9	10962.3	1691.6	7516.0	520.7	1897
10126.0	52542.8	740.2	42271.6	41447.9	5877.3	34796.7	2010.1	9706

其他服务业企业法人单位主要指标

营业税金及附加（万元）	销售费用、管理费用、财务费用合计（万元）	投资收益（万元）	营业利润（万元）	利润总额（万元）	应交所得税（万元）	应付职工薪酬（万元）	应交增值税（万元）	从业人员（人）
11545.9	**49691.4**	**−488.9**	**24161.8**	**22314.0**	**4229.3**	**53460.8**	**3749.1**	**16392**
2023.1	18779.9	61.0	13353.5	12418.8	1629.9	17160.1	255.0	5556
302.8	1659.1	15.8	2504.5	2431.6	151.1	5420.0	6.2	2443
102.5	254.1		111.1	16.2	2.0	728.6		202
572.9	2042.1		3997.7	4000.0	268.0	2101.8	43.4	455
554.1	4089.3		967.6	885.3	205.5	3138.5		980
154.6	824.7		397.2	149.4	23.5	1565.0	32.1	428
250.8	172.2		1960.9	1533.9	308.9	764.5	20.4	268
8.4	9265.2	45.2	3507.8	3504.0	648.8	2536.4	0.0	558
77.0	473.2	0.0	−93.3	−101.6	22.1	905.3	152.9	222
7009.8	12668.8	12.7	8374.9	7227.2	1596.4	11557.2	2505.6	3343
6668.8	10892.9		7721.0	6758.3	1482.8	8050.7	2469.7	2398
227.1	972.1		113.7	120.9	31.4	2774.4	6.6	754
20.7	553.9		100.9		25.4	254.1	15.0	55
93.2	249.9	12.7	439.3	348.0	56.8	478.0	14.3	136
2513.0	18242.7	−562.6	2433.4	2668.0	1003.0	24743.5	988.5	7493
823.5	2874.6		2562.1	2569.0	429.9	6161.8	449.6	2657
1689.5	15368.1	−562.6	−128.7	99.0	573.1	18581.7	538.9	4836

4-40 规模以上教育企业

行业	固定资产原价（万元）	本年折旧（万元）	资产总计（万元）	负债合计（万元）	所有者权益合计（万元）	营业收入（万元）	营业成本（万元）
总计	**356598.4**	**21206.3**	**424468.6**	**210781.1**	**213687.5**	**229145.7**	**140832.5**
学前教育	29723.7	1390.1	31336.8	7333.6	24003.2	31071.8	19618.8
初等教育	4795.9	264.5	8251.2	5724.4	2526.8	5410.9	4186.5
中等教育	188980.4	11319.8	237430.7	116205.3	121225.4	73699	51435.1
高等教育	68696	2388	35681.5	8887.3	26794.2	16187.8	5047.5
技能培训、教育辅助及其他教育	64402.4	5843.9	111768.4	72630.5	39137.9	102776.2	60544.6

4-41 规模以上卫生和

行业	固定资产原价（万元）	本年折旧（万元）	资产总计（万元）	负债合计（万元）	所有者权益合计（万元）	营业收入（万元）	营业成本（万元）
总计	**600179.1**	**57083.3**	**932785.5**	**487502.8**	**445282.7**	**785436.5**	**556160.4**
卫生	600179.1	57083.3	932785.5	487502.8	445282.7	785436.5	556160.4
医院	575021.1	55305.8	893835	477287.8	416547.2	753496.7	531967
社区医疗与卫生院	12420.9	1081.8	15850.6	3915.8	11934.8	9430.2	8227.2
门诊部(所)	26.8	4.3	88.4	40	48.4	278.9	185
计划生育技术服务活动	206.8	26.5	409.1	252.7	156.4	570.3	282.2
妇幼保健院(所、站)	9032.4	148.4	13342.7	3461	9881.7	11623.5	10751.3
其他卫生活动	3471.1	516.5	9259.7	2545.5	6714.2	10036.9	4747.7

法人单位分行业主要指标

营业税金及附加（万元）	销售费用、管理费用、财务费用合计（万元）	投资收益（万元）	营业利润（万元）	利润总额（万元）	应交所得税（万元）	应付职工薪酬（万元）	应交增值税（万元）	从业人员（人）
5496.2	**62472.8**	**−57**	**20340.9**	**13670.9**	**2309.8**	**86325.9**	**1019.3**	**20450**
1138.9	6210.2	20.6	4254.3	2948.5	423.5	9346.8	72.6	4186
16.5	333.2		646	633.9	10.7	2068.4		872
428.2	15000.7	68.6	7191.8	4979.5	376.2	31435.3	788.4	7935
96.6	8422.1		1596.9			9808.8	29.6	1564
3816	32506.6	−146.2	6651.9	5109	1499.4	33666.6	128.7	5893

社会工作企业法人单位主要指标

营业税金及附加（万元）	销售费用、管理费用、财务费用合计（万元）	投资收益（万元）	营业利润（万元）	利润总额（万元）	应交所得税（万元）	应付职工薪酬（万元）	应交增值税（万元）	从业人员（人）
967.2	**192208.3**	**270.9**	**36385.1**	**30630.6**	**3437.5**	**194472.8**	**1054.8**	**32016**
967.2	192208.3	270.9	36385.1	30630.6	3437.5	194472.8	1054.8	32016
908.4	187337.3	268.9	32807.2	26990.4	3205.5	187228.5	1054.3	30176
20.5	1091.4	2	855.7	818.3	27.5	1849.4		513
	89.1		3.1	3.1	2	137.7		54
18.5	221		48.6	48.6	12.2	230.5		56
			872.2	872.2		2365.6		692
19.8	3469.5		1798.3	1898	190.3	2661.1	0.5	525

4-42 规模以上文化、体育和

行 业	固定资产原价（万元）	本年折旧（万元）	资产总计（万元）	负债合计（万元）	所有者权益合计（万元）	营业收入（万元）	营业成本（万元）
总 计	**1137502.0**	**79864.8**	**4561740.2**	**2567287.9**	**1994452.3**	**1716731.8**	**1091900.1**
新闻出版业	505979.5	23751.8	2456710.4	1171987.1	1284723.3	958821.6	651948.8
新闻业	82654.1	2836.8	578199.8	212788.6	365411.2	32962.5	27674.3
出版业	423325.4	20915.0	1878510.6	959198.5	919312.1	925859.1	624274.5
广播、电视、电影和音像业	331148.3	23361.0	723867.5	418348.6	305518.9	354463.2	226941.7
电视	250399.6	14673.6	526491.5	312240.9	214250.6	220791.5	146634.0
电影和影视节目制作	20730.2	924.5	76421.9	30981.0	45440.9	19854.8	11336.9
电影和影视节目发行	6271.3	504.5	19997.6	13407.9	6589.7	16258.3	12525.1
电影放映	53107.9	7237.9	94238.2	58130.6	36107.6	93165.7	53712.4
录音制作	639.3	20.5	6718.3	3588.2	3130.1	4392.9	2733.3
文化艺术业	221375.7	22821.9	999235.6	768630.0	230605.6	311048.4	166565.3
文艺创作与表演	18129.2	1674.8	15458.8	3124.1	12334.7	17985.7	4448.5
艺术表演场馆	218.0	19.5	1082.4	588.2	494.2	2537.4	3080.3
博物馆	29457.3	527.8	4675.8	1636.4	3039.4	1441.7	1550.9
群众文化活动	9256.4	1033.4	23208.6	14539.9	8668.7	7391.5	4678.7
其他文化艺术业	164314.8	19566.4	954810.0	748741.4	206068.6	281692.1	152806.9
体育	19364.5	2321.0	241134.6	109189.7	131944.9	10617.7	4186.1
体育组织	332.9	41.8	467.8	140.9	326.9	482.6	5.7
体育场馆	1203.0	956.4	199966.8	80371.5	119595.3	2970.9	141.5
休闲健身活动	17828.6	1322.8	40700.0	28677.3	12022.7	7164.2	4038.9
娱乐业	59634.0	7609.1	140792.1	99132.5	41659.6	81780.9	42258.2
室内娱乐活动	23686.7	2107.2	38718.4	23431.5	15286.9	45870.7	24585.2
游乐园	25688.5	4552.8	69549.7	59495.5	10054.2	21688.5	9956.9
文化、娱乐、体育经纪代理	1654.1	46.1	9452.1	3564.7	5887.4	2451.0	1756.4
其他娱乐业	8604.7	903.0	23071.9	12640.8	10431.1	11770.7	5959.7

娱乐业法人单位主要指标

营业税金及附加（万元）	销售费用、管理费用、财务费用合计（万元）	投资收益（万元）	营业利润（万元）	利润总额（万元）	应交所得税（万元）	应付职工薪酬（万元）	应交增值税（万元）	从业人员（人）
70296.6	**389859.0**	**23161.6**	**169689.2**	**179986.8**	**23333.5**	**208815.6**	**28425.9**	**24829**
12407.1	232226.1	20532.6	75904.1	94973.3	2317.0	123020.1	21560.8	10106
236.3	10619.7	4243.3	3013.7	599.4		3206.3		437
12170.8	221606.4	16289.3	72890.4	94373.9	2317.0	119813.8	21560.8	9669
5341.9	94974.9	2692.2	23982.2	16118	4201.0	48439.5	5505.6	6758
1575.4	58389.8	1124.1	8138.3	−2316.2	660.8	36701.1	2872.9	4505
342.0	5713.0	15.3	3053.9	5426.0	752.9	2181.3	754.2	454
154.1	3452.6	397.8	524.2	471.8	118.0	816.8		134
3236.0	26103.0	1254.6	11893.6	11885.7	2668.2	7823.1	1856.0	1577
34.4	1316.5	−99.6	372.2	650.7	1.1	917.2	22.5	88
44668.3	33357.2		62041.3	62099.7	15537.3	20587.8	209.9	2817
175.3	6099.6		3097.4	529.1	72.3	3800.0	3.3	870
68.8	1534.9		−2145.7	174.3	8.8	1338.1		228
8.5	190.1		−298.5	−175.1	7.4	391.1		93
153.4	1061.3		1498.1	1498.1	372.5	838.6	7.6	180
44262.3	24471.3		59890.0	60073.3	15076.3	14220.0	199.0	1446
643.1	6290.6	−5.4	−728.4	577.6	153.9	2481.5	2.5	698
15.9	460.6		0.3	0.1		99.4		36
168.7	3762.9		−1102.4	317.5	79.3	401.9		86
458.5	2067.1	−5.4	373.7	260.0	74.6	1980.2	2.5	576
7236.2	23010.2	−57.8	8490.0	6218.2	1124.3	14286.7	1147.1	4450
2679.3	11660.4	−57.8	6146.1	3604.2	591.4	9996.6	129.8	3227
3781.5	6799.1		1140.5	1354.5	283.4	2802.9	603.8	769
73.5	621.0		546.7	612.8	61.0	278.5	95.7	75
701.9	3929.7		656.7	646.7	188.5	1208.7	317.8	379

第5篇

行政事业、社团及其他单位财务状况

5-1 服务业行政事业及非企业法人单位分行业主要指标

行业	单位数(个)	年末资产(万元)	非企业单位支出(费用)(万元)	从业人员(人)
信息传输、软件和信息技术服务业	591	408559.12	106290.54	8610
电信、广播电视和卫星传输服务	411	323615.02	68696.55	6569
互联网和相关服务	68	30573.36	13049.26	591
软件和信息技术服务业	112	54370.74	24544.73	1450
房地产	248	12250533.83	1509285.50	4489
物业管理	90	25763.79	9637.74	1581
房地产中介服务	54	6814.82	5663.27	711
自有房地产经营活动	16	16320.71	2927.69	375
其他房地产业	88	12201634.51	1491056.80	1822
租赁和商务服务业	2942	1930671.95	523222.67	34712
租赁业	117	14776.34	8228.27	1013
机械设备租赁	73	11036.19	6644.52	764
文化及日用品出租	44	3740.15	1583.76	249
商务服务业	2825	1915895.61	514994.40	33699
企业管理服务	831	1402379.69	329570.54	13603
法律服务	641	20994.19	27220.84	4198
咨询与调查	269	89559.96	27748.28	3462
广告业	20	890.07	1253.34	154
知识产权服务	15	766.58	1127.40	153
人力资源服务	438	78712.31	58566.48	3689
旅行社及相关服务	47	21963.38	5092.88	468
安全保护服务	31	2973.69	1869.47	352
其他商务服务业	533	297655.75	62545.17	7620
科学研究和技术服务业	7416	3226195.86	1593721.17	113323
研究和试验发展	377	1310239.55	522483.74	15867
专业技术服务业	2358	1260715.17	701492.14	41161
科技推广和应用服务业	4681	655241.15	369745.28	56295
水利、环境和公共设施管理业	2990	2846606.88	1196499.58	97975
水利管理业	1591	1171192.17	406407.65	28338
防洪除涝设施管理	377	520769.45	174763.33	7626
水资源管理	334	295696.14	117613.60	7163
天然水收集与分配	278	229226.42	43610.60	6876
水文服务	67	29830.78	30407.33	1693
其他水利管理业	535	95669.37	40012.78	4980
生态保护和环境治理业	269	242900.83	60291.64	4598
生态保护	214	113154.09	41580.20	3694
环境治理业	55	129746.74	18711.43	904
公共设施管理业	1130	1432513.88	729800.29	65039
市政设施管理	229	705071.39	293589.27	13597
环境卫生管理	339	98921.10	175020.32	31102
城乡市容管理	190	50212.73	78741.97	7840
绿化管理	153	197132.31	55204.99	4761
公园和游览景区管理	219	381176.36	127243.75	7739
居民服务、修理和其他服务业	1116	237776.43	165612.99	16921
居民服务业	855	182103.68	113957.01	10649
机动车、电子产品和日用产品修理业	67	8354.09	24087.24	2003
其他服务业	194	47318.66	27568.74	4269

续表

行 业	单位数（个）	年末资产（万元）	非企业单位支出(费用)（万元）	从业人员（人）
教育	15173	18252550.35	9183458.93	723730
学前教育	4204	711376.46	474684.26	82535
初等教育	5648	2276345.70	1486779.83	188335
中等教育	2854	4770772.62	2800297.92	286504
高等教育	233	9372189.61	3844548.31	129471
特殊教育	102	64570.52	33996.90	2324
技能培训、教育辅助及其他教育	2132	1057295.43	543151.72	34561
卫生和社会工作	9873	10754834.95	7545428.36	365973
卫生	7806	10218260.30	7324691.63	344106
医院	645	8354537.89	5826673.40	208925
社区医疗与卫生院	4605	973705.08	879287.72	89241
门诊部(所)	1013	75208.70	69904.06	8008
计划生育技术服务活动	944	272229.66	69209.30	8146
妇幼保健院(所、站)	97	242662.86	199791.74	13526
专科疾病防治院(所、站)	129	40842.24	50205.45	4130
疾病预防控制中心	159	179176.73	136285.85	8942
其他卫生活动	214	79897.13	93334.11	3188
社会工作	2067	536574.65	220736.74	21867
提供住宿社会工作	1726	478063.70	192511.79	18549
不提供住宿社会工作	341	58510.95	28224.94	3318
文化、体育和娱乐业	3143	1492972.62	623522.54	42760
新闻出版业	178	114801.84	60409.96	3952
新闻业	67	16814.17	18721.61	1200
出版业	111	97987.68	41688.34	2752
广播、电视、电影和音像业	315	289800.84	117373.90	9442
文化艺术业	2056	771903.84	299388.44	22977
文艺创作与表演	146	30193.57	30728.15	3772
艺术表演场馆	54	15112.87	6820.67	1007
图书馆与档案馆	291	207449.00	77431.62	4483
文物及非物质文化遗产保护	137	87919.14	27565.88	1666
博物馆	121	159405.68	70902.75	2372
烈士陵园、纪念馆	74	30807.42	10949.99	822
群众文化活动	1059	139458.44	61067.87	7242
其他文化艺术业	174	101557.72	13921.50	1613
体育	253	144236.79	59603.47	3693
体育组织	163	70295.17	37977.35	2502
体育场馆	41	70279.59	15436.90	823
休闲健身活动	27	2634.05	1224.22	183
其他体育	22	1027.99	4964.99	185
娱乐业	341	172229.30	86746.78	2696
公共管理、社会保障和社会组织	64982	43892891.63	16943701.40	989802
中国共产党机关	1248	422685.63	468330.98	28916
国家机构	20303	35363391.54	14144882.18	643914
人民政协、民主党派	257	64811.91	87090.79	5170
社会保障	895	125957.97	303831.89	10826
群众团体、社会团体和其他成员组织	12285	1737703.06	656005.78	117837
基层群众自治组织	29994	6178341.52	1283559.79	183139

5-2　信息传输、软件和信息技术服务业行政事业及非企业业法人单位分地区主要指标

地　区	单位数（个）	年末资产（万元）	非企业单位支出（费用）（万元）	从业人员（人）
全　省	**591**	**408559.12**	**106290.54**	**8610**
武汉市	53	86130.68	39675.22	1778
黄石市	33	6932.78	4204.28	481
十堰市	22	5259.40	3219.04	404
宜昌市	63	19647.92	6256.16	560
襄阳市	80	18546.54	8562.44	1108
鄂州市	11	1042.55	339.96	63
荆门市	15	4716.98	1019.29	130
孝感市	70	18036.09	17289.04	991
荆州市	25	5225.04	2288.08	324
黄冈市	66	11219.09	5704.73	847
咸宁市	31	207367.66	4607.08	501
随州市	15	1833.20	2537.80	188
恩施州	81	17438.64	8689.48	965
仙桃市	4	235.93	212.28	35
潜江市	3	86.09	151.15	26
天门市	17	4610.63	1393.09	196
神农架	2	229.91	141.43	13

5-3 租赁和商务服务业行政事业及非企业法人单位分地区主要指标

地区	单位数(个)	年末资产(万元)	非企业单位支出(费用)(万元)	从业人员(人)
全省	**2942**	**1930671.95**	**523222.67**	**34712**
武汉市	576	937307.06	209292.84	10516
黄石市	111	206204.80	10503.52	1202
十堰市	276	116768.96	42262.63	2853
宜昌市	246	94479.36	29010.82	2470
襄阳市	246	56759.16	20820.60	2553
鄂州市	60	58313.94	26166.56	604
荆门市	202	27737.65	12113.57	1545
孝感市	315	43990.80	25468.38	3331
荆州市	191	20220.17	11125.06	1951
黄冈市	227	36252.66	19090.38	2738
咸宁市	104	217884.71	84172.06	1224
随州市	112	12619.69	5103.74	925
恩施州	144	34836.98	15083.35	1219
仙桃市	48	15631.67	5737.20	575
潜江市	39	42618.75	4580.68	671
天门市	33	8624.57	2435.24	304
神农架	12	421.03	256.04	31

5-4　科学研究和技术服务业行政事业及非企业法人单位分地区主要指标

地　区	单位数(个)	年末资产(万元)	非企业单位支出(费用)(万元)	从业人员(人)
全　省	**7416**	**3226195.86**	**1593721.17**	**113323**
武汉市	786	2000222.87	917127.37	26041
黄石市	195	37679.47	43927.50	3176
十堰市	705	60029.09	36451.64	4809
宜昌市	422	139508.90	61832.00	5351
襄阳市	675	236058.39	105811.72	11877
鄂州市	140	10508.54	7733.30	1205
荆门市	1522	199506.22	99091.78	19238
孝感市	423	50866.94	43685.25	4908
荆州市	521	62857.12	48616.54	6654
黄冈市	611	100383.56	56234.96	7928
咸宁市	198	42437.90	22549.71	2852
随州市	407	56028.44	29882.57	6206
恩施州	541	155223.90	38320.80	8432
仙桃市	113	32606.11	67442.91	2881
潜江市	70	9497.55	7793.03	816
天门市	63	31316.49	6269.49	817
神农架	24	1464.36	950.60	132

5-5　水利、环境和公共设施管理业行政事业及非企业法人单位分地区主要指标

地　区	单位数(个)	年末资产(万元)	非企业单位支出(费用)(万元)	从业人员(人)
全　省	**2990**	**2846606.88**	**1196499.58**	**97975**
武汉市	480	1207726.93	681980.86	33986
黄石市	77	38497.92	18815.35	2477
十堰市	175	103124.01	60342.12	5498
宜昌市	276	74333.84	45640.72	4151
襄阳市	320	193414.82	83006.29	9371
鄂州市	55	44775.68	12088.86	1996
荆门市	223	93990.65	33834.94	5191
孝感市	283	89655.47	40673.87	5828
荆州市	264	453506.10	55128.52	7454
黄冈市	255	210955.86	40186.15	6639
咸宁市	148	63589.57	24573.63	3899
随州市	80	35700.00	10290.16	1818
恩施州	187	74707.80	20953.26	3315
仙桃市	50	21116.15	9247.86	892
潜江市	37	26296.04	27884.56	2913
天门市	68	83859.04	27989.87	2190
神农架	12	31357.00	3862.53	357

5-6　水利、环境和公共设施管理业行政事业及非企业法人单位分地区主要指标

地　区	单位数(个)	年末资产(万元)	非企业单位支出(费用)(万元)	从业人员(人)
全　省	**1116**	**237776.43**	**165612.99**	**16921**
武汉市	434	82957.44	69255.43	5717
黄石市	22	8421.69	10402.38	991
十堰市	51	16777.50	6374.03	400
宜昌市	79	15341.92	8973.02	1052
襄阳市	68	18207.72	14855.10	1953
鄂州市	17	4819.88	1726.11	279
荆门市	21	7169.93	2953.27	622
孝感市	45	9092.44	5374.02	528
荆州市	55	18647.75	10068.44	1114
黄冈市	184	24533.78	17120.99	2022
咸宁市	39	5899.80	3197.75	492
随州市	26	5702.59	4757.48	856
恩施州	25	4695.60	1344.18	224
仙桃市	22	10002.74	6194.98	298
潜江市	16	2560.52	1334.98	163
天门市	6	2841.94	1638.55	198
神农架	6	103.20	42.30	12

5-7 教育行政事业及非企业法人单位分地区主要指标

地 区	单位数（个）	年末资产（万元）	非企业单位支出（费用）（万元）	从业人员（人）
全 省	**15173**	**18252550.35**	**9183458.93**	**723730**
武汉市	2451	9995634.40	4707521.35	201132
黄石市	788	564983.69	265736.19	29874
十堰市	1021	811619.41	384255.42	42134
宜昌市	951	892412.98	471437.93	42652
襄阳市	1354	864232.99	716212.93	58570
鄂州市	382	263005.15	93027.68	12210
荆门市	757	433313.19	217670.15	30274
孝感市	1407	749177.87	367400.03	51035
荆州市	1102	685275.85	462665.03	57230
黄冈市	1747	1002298.52	412279.75	69656
咸宁市	922	638744.00	326278.45	35166
随州市	402	242556.87	121333.01	20037
恩施州	1231	688830.06	367321.58	39864
仙桃市	285	160320.09	97906.66	13086
潜江市	199	110043.50	84077.14	10472
天门市	149	140279.91	80506.05	9448
神农架	25	9821.86	7829.59	890

5-8　卫生和社会工作行政事业及非企业法人单位分地区主要指标

地　区	单位数(个)	年末资产(万元)	非企业单位支出(费用)(万元)	从业人员(人)
全　省	**9873**	**10754834.95**	**7545428.36**	**365973**
武汉市	1716	3926890.35	3074376.24	86690
黄石市	423	284622.36	219949.69	14117
十堰市	669	721657.37	470438.86	24273
宜昌市	678	923950.42	633668.24	26615
襄阳市	1096	725087.50	581038.94	34368
鄂州市	183	145571.18	86225.71	6016
荆门市	410	395857.27	251828.32	16057
孝感市	635	545521.27	387329.26	26542
荆州市	610	631457.71	408414.04	31534
黄冈市	873	643217.94	420888.63	33432
咸宁市	597	390079.28	280656.09	17932
随州市	216	162853.08	153599.70	11983
恩施州	1100	789278.23	382372.32	21531
仙桃市	99	320881.51	86824.06	5733
潜江市	385	86845.13	74651.85	4572
天门市	113	52314.78	27894.62	4069
神农架	70	8749.55	5271.79	509

5-9 文化、体育和娱乐业行政事业及非企业法人单位分地区主要指标

地 区	单位数(个)	年末资产(万元)	非企业单位支出(费用)(万元)	从业人员(人)
全 省	**3143**	**1492972.62**	**623522.54**	**42760**
武汉市	497	638209.45	317519.09	9817
黄石市	96	89454.99	19189.40	1395
十堰市	211	144696.58	22850.43	2878
宜昌市	265	95814.76	47850.70	3840
襄阳市	277	109737.02	55503.66	4023
鄂州市	41	18130.15	6372.28	773
荆门市	150	36978.18	16670.14	1846
孝感市	370	65933.17	28690.90	3978
荆州市	227	39628.70	24968.69	2862
黄冈市	410	88115.02	24251.59	4457
咸宁市	161	43268.04	17092.28	2115
随州市	77	11589.26	6015.98	892
恩施州	228	63631.29	24881.72	2378
仙桃市	24	4767.86	3149.76	386
潜江市	40	24882.34	4870.45	582
天门市	53	16472.19	2679.86	422
神农架	16	1663.62	965.62	116

5-10　公共管理、社会保障和社会组织行政事业及非企业法人单位分地区主要指标

地　区	单位数(个)	年末资产(万元)	非企业单位支出(费用)(万元)	从业人员(人)
全　省	**64982**	**43892891.63**	**16943701.40**	**989802**
武汉市	8501	26148068.60	5133930.17	177457
黄石市	2701	1438400.01	608369.21	43001
十堰市	4651	1731408.51	1160846.83	66791
宜昌市	4675	2265473.12	1429734.65	76228
襄阳市	5893	1796452.62	1140399.28	93077
鄂州市	1226	422457.86	244906.25	19145
荆门市	3515	759524.05	642577.44	47567
孝感市	5853	1193800.76	617746.48	75220
荆州市	6357	2108393.70	903019.80	96000
黄冈市	8143	2049931.83	967638.20	99399
咸宁市	3122	1374411.05	1884990.19	63019
随州市	1893	376533.62	209691.96	23621
恩施州	4875	1062695.38	942002.53	55746
仙桃市	1138	338443.47	216104.80	22858
潜江市	801	331963.44	271353.68	13459
天门市	1251	439204.32	540977.16	13385
神农架	387	55729.28	29412.78	3829

附　录

主要指标解释

主要指标解释

存货　指企业在日常活动中持有以备出售的产成品或商品、处在生产过程中的在产品、在生产过程或提供劳务过程中耗用的材料或物料等，通常包括原材料、在产品、半成品、产成品、商品以及周转材料等。根据会计"资产负债表"中"存货"项目的期末余额数填报。其中："年初存货"根据会计"资产负债表"中"存货"项目的年初余额数填报。

固定资产原价　指固定资产的成本，包括企业在购置、自行建造、安装、改建、扩建、技术改造某项固定资产时所发生的全部支出总额。根据会计"固定资产"科目的期末借方余额填报。

本年折旧　指企业在报告期内提取的固定资产折旧合计数。可以根据会计"财务状况变动表"中"固定资产折旧"项的数值填报。若企业执行2001年《企业会计制度》，可以根据会计核算中《资产减值准备、投资及固定资产情况表》内"当年计提的固定资产折旧总额"项本年增加数填报。

资产总计　指企业过去的交易或者事项形成的、由企业拥有或者控制的、预期会给企业带来经济利益的资源。资产一般按流动性（资产的变现或耗用时间长短）分为流动资产和非流动资产。其中流动资产可分为货币资金、交易性金融资产、应收票据、应收账款、预付款项、其他应收款、存货等；非流动资产可分为长期股权投资、固定资产、无形资产及其他非流动资产等。根据会计"资产负债表"中"资产总计"项目的期末余额数填报。

执行2006年《企业会计准则》的企业：资产总计=流动资产合计+非流动资产合计；未执行2006年《企业会计准则》企业的资产包括流动资产、长期投资、固定资产、无形资产和其他资产等。

负债合计　指企业过去的交易或者事项形成的，预期会导致经济利益流出企业的现时义务。负债一般按偿还期长短分为流动负债和非流动负债。根据会计"资产负债表"中"负债合计"项目的期末余额数填报。

执行2006年《企业会计准则》的企业：负债合计=流动负债合计+非流动负债合计；未执行2006年《企业会计准则》企业的负债包括流动负债和长期负债。

所有者权益合计　指企业资产扣除负债后由所有者享有的剩余权益。公司的所有者权益又称股东权益。包括实收资本、资本公积、盈余公积、未分配利润等。根据会计"资产负债表"中"所有者权益合计"项目的期末余额数填报。

营业收入　指企业经营主要业务和其他业务所确认的收入总额。营业收入合计包括"主营业务收入"和"其他业务收入"。根据会计"利润表"中"营业收入"项目的本期金额数填报。

主营业务收入　指企业确认的销售商品、提供劳务等主营业务的收入。根据会计"主营业务收入"科目的期末贷方余额（结转前）填报。执行2006年《企业会计准则》的企业，如未设置该科目，以"营业收入"代替填报。

营业成本　指企业经营主要业务和其他业务所发生的成本总额。包括企业（单位）在报告期内从事销售商品、提供劳务等日常活动发生的各种耗费。包括"主营业务成本"和"其他业务成本"。根据会计"利润表"中"营业成本"项目的本期金额数填报。

主营业务成本　指企业经营主要业务所发生的成本总额。根据会计"主营业务成本"科目的期末借方余额（结转前）填报。执行2006年《企业会计准则》的企业，如未设置该科目，以"营业成本"代替填报。

营业税金及附加　指企业因从事生产经营活动按税法规定缴纳的应从经营收入中抵扣的税金和附加，包括营业税、消费税、城市维护建设税、教育费附加等。根据会计"利润表"中"营业税金及附加"项目的本期金额数填报。

主营业务税金及附加　指企业经营主要业务应负担的营业税、消费税、城市维护建设税、教育费附加等。根据会计"主营业务税金及附加"科目的期末借方余额（结转前）填报。执行2006年《企业会计准则》的企业，如未设置该科目，以"营业税金及附加"代替填报。

销售费用　指企业在销售商品和材料、提供劳务的过程中发生的各种费用，包括保险费、包装费、展览费和广告费、商品维修费、预计产品质量保证损失、运输费、装卸费等以及为销售本企业商品而专设的销售机构（含销售网点、售后服务网点等)的职工薪酬、业务费、折旧费等经营费用。建筑业企业销售费用指企业从事施工生产活动过程中发生的各项费用,包括应由企业负担的运输费、装卸费、包装费、保险费、维修费、展览费、差旅费、广告费和其他经费。房地产企业销售费用指企业在从事主要经营业务过程中所发生的各项销售费用,包括转让、销售、结算和出租开发产品等。根据会计“利润表”中“销售费用”项目的本期金额数填报。未执行2006年《企业会计准则》的企业,根据会计“利润表”中“营业费用(或经营费用)”项目的本期金额数填报。

管理费用 指企业为组织和管理企业生产经营所发生的费用,包括企业在筹建期间内发生的开办费、董事会和行政管理部门在企业经营管理中发生的,或者应当由企业统一负担的公司经费等。根据会计“利润表”中“管理费用”项目的本期金额数填报。

税金 指企业按照规定从管理费用中支付的房产税、印花税、车船使用税和土地使用税。根据“管理费用明细账”中“管理费用——税金”的期末借方余额(结转前)分析填报。

财务费用 指企业为筹集生产经营所需资金等而发生的筹资费用,包括企业生产经营期间发生的利息支出(减利息收入)、汇兑损失(减汇兑收益)以及相关的手续费等。根据会计“利润表”中“财务费用”项目的本期金额数填报。

利息收入 指非金融企业存款业务所确认的利息金额。根据企业“财务费用明细帐”中“财务费用——利息收入”科目的本期发生额填报。如果企业没有设置该科目,此处可填“0”。

利息支出 指企业短期借款利息、长期借款利息、应付票据利息、票据贴现利息、应付债券利息、长期应付引进国外设备款利息等利息支出。根据企业“财务费用明细帐”中“财务费用——利息支出”科目的本期发生额填报。如果企业没有单独设立“利息收入”科目,应填报利息支出减去银行存款等的利息收入后的净额。

投资收益 指企业确认的投资收益或投资损失,反映企业以各种方式对外投资所取得的收益。根据会计“利润表”中“投资收益”项目的本期金额数填报。如为投资损失以“-”号记。

营业利润 指企业从事生产经营活动所取得的利润。执行2006年《企业会计准则》的企业,营业利润为营业收入减去营业成本、营业税金及附加、销售费用、管理费用、财务费用、资产减值损失,再加上公允价值变动收益和投资收益。未执行2006年《企业会计准则》的企业,营业利润为主营业务收入减去主营业务成本、主营业务税金及附加,加上其他业务利润后,再减去销售费用、管理费用、财务费用后的金额。根据会计“利润表”中“营业利润”项目的本期金额数填报。

利润总额 指企业在一定会计期间的经营成果,是生产经营过程中各种收入扣除各种耗费后的盈余,反映企业在报告期内实现的盈亏总额。根据会计“利润表”中“利润总额”项目的本期金额数填报。执行2006年《企业会计准则》的企业,利润总额为营业利润加上营业外收入,减去营业外支出后的金额;未执行2006年《企业会计准则》的企业,利润总额为营业利润加上投资收益、补贴收入、营业外收入,再减去营业外支出后的金额。

应交所得税 指企业按税法规定,应从生产经营等活动的所得中缴纳的税金。执行2006年《企业会计准则》的企业,根据会计“利润表”中“所得税费用”项目的本期金额数填报;未执行2006年《企业会计准则》的企业,根据会计“利润表”中“所得税”项目的本期金额数填报。

应付职工薪酬 指企业为获得职工提供的服务而给予各种形式的报酬以及其他相关支出。包括职工工资、奖金、津贴和补贴,职工福利费,医疗保险费、养老保险费、失业保险费、工伤保险费和生育保险费等社会保险费,住房公积金,工会经费和职工教育经费,非货币性福利,因解除与职工的劳动关系给予的补偿,其他与获得职工提供的服务相关的支出。执行2006年《企业会计准则》的企业,根据会计科目“应付职工薪酬”的本年贷方累计发生额填报;未执行2006年《企业会计准则》的企业,应将本年上述职工薪酬包含的科目归并填报。

应交增值税 指企业按税法规定,从事货物销售或提供加工、修理修配劳务等增加货物价值的活动本期应交纳的税金,不含期初未抵扣税额。根据会计相关科目贷方累计发生额,按下述公式计算填报:

应交增值税=销项税额 - (进项税额 - 进项税额转出) - 出口抵减内销产品应纳税额 - 减免税款 + 出口退税

进项税额 指企业在报告期内购入货物或接受应税劳务而支付的、准予从销项税额中抵扣的增值税额。

销项税额 指企业在报告期内销售货物或提供应税劳务应收取的增值税额。

第三次全国经济普查
THE THIRD NATIONAL ECONOMIC CENSUS

湖北经济普查年鉴

Hubei Economic Census Yearbook 2013

综合卷

湖北省第三次全国经济普查领导小组办公室 编

中国统计出版社
China Statistics Press

图书在版编目（CIP）数据

湖北省经济普查年鉴. 2013 / 湖北省第三次经济普查领导小组办公室编. -- 北京 : 中国统计出版社, 2015.12
ISBN 978-7-5037-7719-6

Ⅰ. ①湖… Ⅱ. ①湖… Ⅲ. ①经济－普查－湖北省－2013－年鉴 Ⅳ. ①F127.63-54

中国版本图书馆 CIP 数据核字(2015)第 292371 号

湖北经济普查年鉴—2013

编　　者/湖北省第三次全国经济普查领导小组办公室
责任编辑/冯燕玲
封面设计/刘亚非
出版发行/中国统计出版社
通信地址/北京市丰台区西三环南路甲 6 号　邮政编码/100073
电　　话/邮购（010）63376909　书店（010）68783171
网　　址/http://www.zgtjcbs.com/
印　　刷/武汉市委印刷厂
经　　销/新华书店
开　　本/880mm×1230mm　1/16
字　　数/343 千字
印　　张/27.5
版　　别/2015 年 12 月第 1 版
版　　次/2015 年 12 月第 1 次印刷
定　　价/680.00 元 (全三册)

如有印装差错，由本社发行部调换。

编者说明

为便于社会各界共同分享湖北省第三次全国经济普查的成果，更方便地开发利用普查资料，我们将经济普查资料编辑整理，汇编成《湖北经济普查年鉴—2013》一书。全书共三卷，即综合卷、第二产业卷和第三产业卷。《综合卷》分三篇：第一篇为“综合篇”，第二篇为“小微企业篇”，第三篇为“文化及相关产业篇”。《第二产业卷》分四篇：第一篇为“工业企业生产经营及财务状况”，第二篇为“主要工业产品产量”，第三篇为“规模以上工业企业科技情况”，第四篇为“建筑业企业生产经营及财务状况”。《第三产业卷》分五篇：第一篇为“批发和零售业基本情况及财务状况”，第二篇为“住宿和餐饮业基本情况及财务状况”，第三篇为“房地产开发经营业生产经营及财务状况”，第四篇为“重点服务业企业财务状况”，第五篇为“行政事业、社团及其他单位财务状况”。为使读者能够更好地使用本资料，现对有关情况做如下说明：

一、第三次全国经济普查的标准时点为2013年12月31日，时期资料为2013年度；

二、每卷后附有该卷详细的指标解释，使用时请仔细阅读；

三、综合卷中综合篇和小微企业篇汇总表，均不包括金融业、铁路运输业和一些无分组标识的数据；

四、本资料建筑业按法人单位注册地，其他行业按法人单位经营地进行汇总；

五、本资料对部分数据由于单位取舍不同或四舍五入而产生的差数均未作调整；

六、表中空格表示该项统计指标数值为零、数据不详或无该项数据，“#”表示其中的主要项。

我们希望此书的面世，能使社会各界对我省第三次全国经济普查有一个全面概括的了解，更愿本书的内容，能为社会经济研究工作者提供有价值的参考。

湖北省第三次全国经济普查资料是全省普查工作者共同辛勤工作的成果，也是广大普查对象积极支持配合的结果。在此，我们向全省所有普查工作者、普查对象和所有参与和支持普查工作的人员致以崇高的敬意和衷心的感谢！

《湖北经济普查年鉴—2013》编纂机构和人员组成

综合卷

综合卷 目录

第一篇 综合篇

第二篇 小微企业篇

第三篇 文化及相关产业篇

附　录

第 1 篇

综合篇

1-1　按地区、行业(门类)分组的法人单位数

地　区	法　人单位数(个)	农、林、牧、渔　业	采矿业	制造业	电力、热力、燃气及水生产和供应业	建筑业	批发和零售业	交通运输、仓储和邮政业	住宿和餐饮业	信息传输、软件和信息技术服务业
全　省	**424368**	**7819**	**3749**	**60233**	**2969**	**16439**	**119635**	**10062**	**10214**	**7728**
武汉市	126035	633	47	13528	170	9559	40865	3447	2440	4972
黄石市	16808	106	539	3655	98	555	3988	399	465	165
十堰市	24649	401	416	4343	395	604	6334	417	588	203
宜昌市	52818	1228	621	5007	471	1032	22753	1190	2607	483
襄阳市	48802	903	345	6924	214	1249	19796	826	1347	505
鄂州市	7938	147	80	1510	28	357	1741	250	94	86
荆门市	16822	997	239	2524	143	315	2710	432	291	110
孝感市	20464	545	101	4173	169	328	2805	445	243	155
荆州市	22011	568	81	4134	230	493	3024	578	321	201
黄冈市	28833	829	500	4864	318	685	4073	721	508	220
咸宁市	15377	214	278	2797	214	381	2817	372	418	191
随州市	8825	138	122	1732	74	245	1482	223	228	96
恩施州	18181	640	348	1508	248	364	3432	420	290	189
仙桃市	6487	49	1	1810	45	79	1587	148	129	74
潜江市	4649	132	6	857	32	101	1153	105	90	32
天门市	4537	255		814	45	61	957	65	114	40
神农架	1129	34	25	53	75	28	118	24	41	6

1-1 续表

地区	房地产业	租赁和商务服务业	科学研究和技术服务业	水利、环境和公共设施管理业	居民服务、修理和其他服务业	教育	卫生和社会工作	文化、体育和娱乐业	公共管理、社会保障和社会组织
全省	**15705**	**30386**	**20212**	**4821**	**9419**	**17774**	**11427**	**10128**	**65648**
武汉市	6822	15605	7472	1048	2609	3639	2342	2238	8599
黄石市	667	889	492	130	314	849	461	327	2709
十堰市	979	1186	1024	320	473	1124	735	449	4658
宜昌市	1188	3254	2027	542	2435	1188	888	1098	4806
襄阳市	1124	2119	2106	482	1189	1595	1233	864	5981
鄂州市	508	562	310	87	146	410	205	182	1235
荆门市	567	884	1784	317	165	829	483	507	3525
孝感市	575	906	696	341	244	1450	663	756	5869
荆州市	683	1100	817	331	273	1225	655	762	6535
黄冈市	740	1213	1020	360	621	1890	941	1141	8189
咸宁市	651	760	409	236	280	1035	645	527	3152
随州市	311	383	637	131	161	464	239	252	1907
恩施州	511	834	938	285	266	1335	1218	467	4888
仙桃市	184	269	226	69	112	324	115	124	1142
潜江市	74	198	102	42	69	220	401	230	805
天门市	100	134	108	76	44	168	131	171	1254
神农架	21	90	44	24	18	29	72	33	394

1-2 按地区分组的法人单位数、产业活动单位数及从业人员数

地区	法人单位					产业活动单位				
	单位数（个）	单产业法人	多产业法人	从业人员数（人）	#女性	单位数（个）	#多产业法人所属的产业活动单位数	从业人员数（人）	单产业法人所属的从业人员数	多产业法人所属的从业人员数
全省	**424368**	**401659**	**22709**	**12920998**	**4471435**	**515648**	**113989**	**13364492**	**9939435**	**3425057**
武汉市	126035	122929	3106	4070765	1342622	144400	21471	4092562	3001250	1091312
黄石市	16808	15760	1048	571656	197249	20554	4794	622752	420434	202318
十堰市	24649	22750	1899	722267	238819	31015	8265	750931	478189	272742
宜昌市	52818	50894	1924	1195531	429629	59562	8668	1230899	952309	278590
襄阳市	48802	46835	1967	1275702	466114	57078	10243	1320069	1098249	221820
鄂州市	7938	7620	318	257973	85607	9595	1975	259894	196306	63588
荆门市	16822	15518	1304	491856	176852	20653	5135	509437	395332	114105
孝感市	20464	18625	1839	773848	272795	27154	8529	792578	592860	199718
荆州市	22011	19934	2077	696376	237479	28608	8674	754355	570348	184007
黄冈市	28833	26388	2445	900057	291410	40915	14527	959168	686278	272890
咸宁市	15377	14588	789	518024	193908	18568	3980	533165	433774	99391
随州市	8825	7996	829	298903	107064	12662	4666	315217	224307	90910
恩施州	18181	16754	1427	371515	138607	23389	6635	406911	276130	130781
仙桃市	6487	5924	563	318889	134009	8161	2237	332597	265755	66842
潜江市	4649	4416	233	226784	87915	5812	1396	231328	147795	83533
天门市	4537	3660	877	212452	66032	6036	2376	232916	187443	45473
神农架	1129	1065	64	17975	5266	1465	400	18507	12251	6256

1-3 按地区、开业(成立)

地区	法人单位数(个)	1949年及以前	1950-1977年	1978-1991年	1992-1995年	1996年	1997年	1998年	1999年	2000年
全省	**424368**	**2256**	**15617**	**32052**	**9998**	**4210**	**3287**	**5528**	**4888**	**8193**
武汉市	126035	332	1656	4203	2549	1001	992	1439	1623	2728
黄石市	16808	93	586	1037	365	125	117	256	230	279
十堰市	24649	152	976	2252	626	218	247	466	337	559
宜昌市	52818	135	694	1570	736	246	302	468	344	735
襄阳市	48802	242	1275	3294	630	307	219	441	329	630
鄂州市	7938	16	303	727	212	68	57	87	70	133
荆门市	16822	125	982	1905	496	146	181	282	203	329
孝感市	20464	250	1278	3345	1363	275	245	404	334	545
荆州市	22011	200	1486	2957	831	273	301	378	310	524
黄冈市	28833	323	2653	4027	919	1055	213	500	541	583
咸宁市	15377	99	877	1278	416	138	114	217	179	303
随州市	8825	35	309	510	113	52	67	72	53	241
恩施州	18181	177	1397	2904	363	166	108	221	138	272
仙桃市	6487	11	464	619	100	33	40	114	84	116
潜江市	4649	7	342	476	126	56	39	61	52	77
天门市	4537	58	268	812	129	39	36	109	41	100
神农架	1129	1	71	136	24	12	9	13	20	39

时间分组的法人单位数

2001年	2002年	2003年	2004年	2005年	2006年	2007年	2008年	2009年	2010年	2011年	2012年	2013年	无开业年份
10650	**11522**	**12487**	**12857**	**15617**	**16172**	**15094**	**21743**	**27443**	**33194**	**37682**	**44058**	**78336**	**1484**
3312	3656	4378	4749	4893	5233	5941	7411	9426	11810	14660	16029	17817	197
402	395	488	436	593	698	586	901	1029	1356	1490	1954	3329	63
831	856	1108	895	1025	1095	901	1391	1778	1855	1916	2099	2943	123
1097	1339	1220	1133	1374	1264	1140	2086	2452	3337	3393	5599	22010	144
830	965	932	823	1332	1214	1203	2055	2283	3163	4028	4864	17560	183
137	194	197	246	265	357	346	467	569	662	802	955	1021	47
472	420	484	470	682	545	555	790	1609	1442	1396	1546	1693	69
626	533	533	517	885	784	653	923	1048	1188	1340	1413	1872	110
559	714	692	886	902	1000	819	1073	1239	1575	1656	1704	1843	89
955	745	799	822	1310	1136	963	1578	1681	1899	1880	1969	2059	223
441	539	516	560	796	794	630	966	1127	1216	1265	1362	1483	61
194	259	255	404	330	421	309	394	1079	886	870	857	1072	43
321	452	394	424	569	1011	546	878	1122	1332	1429	1939	1919	99
206	194	220	194	230	233	203	317	374	601	618	814	695	7
100	129	114	132	179	225	130	234	326	474	472	492	397	9
125	101	121	121	204	118	127	242	232	313	374	367	491	9
42	30	36	45	48	44	40	37	69	85	93	95	132	8

1-4 按地区、开业(成立)时间

地区	从业人员数(人)	1949年及以前	1950-1977年	1978-1991年	1992-1995年	1996年	1997年	1998年	1999年	2000年
全省	**12920998**	**218819**	**1161688**	**1018822**	**747409**	**219923**	**274650**	**317465**	**319617**	**412545**
武汉市	4070765	93717	410452	269577	319101	94249	130196	110827	109480	139581
黄石市	571656	6478	72123	35552	37665	12423	12583	8987	10445	14316
十堰市	722267	7277	70429	67553	31542	5925	13184	14573	10507	12906
宜昌市	1195531	12741	61002	57456	42626	21358	29314	34971	20315	32712
襄阳市	1275702	11863	97882	108382	36276	23505	18360	22594	24183	46799
鄂州市	257973	1791	28941	34603	10410	2959	3589	5976	3814	6746
荆门市	491856	4982	36971	47757	32177	4847	14418	10905	8436	16401
孝感市	773848	13540	63311	81915	84060	8108	11236	16176	17135	18747
荆州市	696376	17983	66457	70817	47914	11825	10573	22796	15342	22117
黄冈市	900057	17566	98217	83525	48645	15552	6692	21684	67125	23508
咸宁市	518024	9100	47177	45330	16260	4090	5002	10090	4918	9313
随州市	298903	3695	23100	22331	5350	2684	5371	6472	2539	7652
恩施州	371515	14617	35606	38505	10483	3305	3223	6943	5840	8548
仙桃市	318889	1536	11484	21038	7199	2215	5720	14269	8072	18263
潜江市	226784	654	25175	19029	9825	2444	2270	4372	5933	28846
天门市	212452	1236	12151	13915	7491	3878	2860	5795	4752	5483
神农架	17975	43	1210	1537	385	556	59	35	781	607

分组的法人单位从业人员数

2001年	2002年	2003年	2004年	2005年	2006年	2007年	2008年	2009年	2010年	2011年	2012年	2013年	无开业年份
547487	**659351**	**600827**	**543438**	**572362**	**487963**	**550548**	**583340**	**642230**	**730717**	**717293**	**701489**	**846068**	**46947**
161945	274498	209233	158519	165843	148888	196446	155950	161456	190239	195789	198550	169562	6667
22278	27217	25695	27429	27405	17810	16825	35655	28410	27858	36461	29200	37694	1147
51562	27465	57344	38881	31857	24376	20169	33568	32389	38651	27678	36152	64197	4082
46917	59118	63980	54057	41433	37276	40862	60007	67987	80258	63244	80865	183487	3545
49950	46215	48508	40840	50075	40107	41720	56324	75006	91506	95126	86666	156459	7356
4370	10145	9453	11894	14755	9229	14442	16768	12341	13059	15201	14593	11340	1554
14379	23489	18076	29125	19604	13704	29735	20656	40915	29304	26525	26488	21466	1496
27233	46905	26730	36370	39885	38206	27910	32601	36650	40061	34551	38013	32045	2460
34437	29317	29170	32478	28945	26595	31630	27662	32760	41211	37362	28437	27920	2628
41576	32833	28364	25231	54728	40616	30297	44663	42289	46461	50288	37629	35556	7012
26720	15926	17695	19978	35776	26092	29522	31393	31891	33881	35364	31195	27864	3447
10497	21468	12112	20471	13626	12018	11345	12268	24370	25119	21179	17097	17173	966
12141	8128	15716	14006	14039	16442	14276	18471	22470	25213	26208	27679	25865	3791
21387	18930	17430	19451	11183	15717	12372	10932	15716	23220	22953	19361	20263	178
6743	6741	7388	6043	6365	8895	18248	13870	8121	11630	12514	15274	6218	186
12503	10354	13393	8094	16224	11120	14286	11992	8181	11424	15953	13005	8097	265
2849	215	540	571	619	872	425	560	1278	1622	897	1285	862	167

1-5 按地区、登记注册

地区	法人单位数(个)	内资	国有	集体	股份合作	联营	国有联营
全省	**424368**	**422121**	**51404**	**7700**	**1325**	**983**	**179**
武汉市	126035	124824	7966	1936	495	220	31
黄石市	16808	16737	2016	302	57	49	2
十堰市	24649	24581	4167	432	74	46	9
宜昌市	52818	52674	4299	624	74	58	8
襄阳市	48802	48646	4608	681	79	78	26
鄂州市	7938	7893	1127	181	17	27	8
荆门市	16822	16755	2795	412	35	51	6
孝感市	20464	20367	4284	485	67	68	9
荆州市	22011	21937	4030	479	88	67	17
黄冈市	28833	28742	4959	962	148	148	29
咸宁市	15377	15326	3004	435	74	73	14
随州市	8825	8785	1527	238	42	23	6
恩施州	18181	18156	4354	118	28	22	5
仙桃市	6487	6416	572	170	9	14	1
潜江市	4649	4632	657	97	17	22	3
天门市	4537	4519	631	101	17	15	4
神农架	1129	1128	408	47	4	2	1

类型分组的法人单位数

集体联营	国有与集体联营	其他联营	有限责任公司	国有独资公司	其他有限责任公司	股份有限公司	私营	私营独资
448	**92**	**264**	**74303**	**698**	**73605**	**4353**	**188829**	**83054**
99	31	59	44206	323	43883	1408	52216	7436
27	5	15	3498	28	3470	148	7545	3244
18	6	13	3016	38	2978	214	11614	4343
36	6	8	5106	60	5046	441	32325	25095
25	2	25	4514	50	4464	325	27598	19601
9	1	9	555	12	543	72	4006	1611
28	6	11	688	25	663	135	6671	2080
31	6	22	1565	28	1537	283	6695	3013
34	6	10	2815	15	2800	335	7174	2706
68	15	36	1872	37	1835	413	10989	5351
28	4	27	1185	23	1162	171	6928	2518
10	2	5	1643	10	1633	163	2720	1148
3	1	13	2651	38	2613	25	4592	1032
8		5	262	4	258	47	3530	1519
15		4	347	2	345	113	2003	1193
8	1	2	302	2	300	44	1831	1031
1			77	3	74	15	391	133

1-5 续表

地区	私营合伙	私营有限责任公司	私营股份有限公司	其他	港澳台商投资	与港澳台商合资经营	与港澳台商合作经营
全省	**9034**	**91806**	**4935**	**93224**	**1077**	**434**	**31**
武汉市	1756	41421	1603	16377	497	178	13
黄石市	1418	2708	175	3122	39	16	1
十堰市	279	6653	339	5018	36	17	
宜昌市	639	6058	533	9747	86	43	4
襄阳市	508	7115	374	10763	89	41	5
鄂州市	154	2150	91	1908	15	5	2
荆门市	289	4125	177	5968	42	26	
孝感市	442	2933	307	6920	54	17	2
荆州市	600	3557	311	6949	42	23	1
黄冈市	1091	4153	394	9251	51	18	1
咸宁市	824	3393	193	3456	31	9	2
随州市	232	1248	92	2429	22	12	
恩施州	440	3091	29	6366	16	5	
仙桃市	96	1847	68	1812	36	16	
潜江市	105	641	64	1376	8	3	
天门市	115	518	167	1578	12	4	
神农架	46	194	18	184	1	1	

港澳台商独　资	港澳台商投资股份有限公司	其他港澳台商投　资	外商投资	中外合资经　营	中外合作经　营	外资企业	外商投资股份有限公　司	其他外商投　资
550	**50**	**12**	**1170**	**522**	**31**	**514**	**38**	**65**
278	23	5	714	289	15	360	21	29
21	1		32	18	3	8	2	1
18	1		32	19	1	9		3
35	3	1	58	23	4	25	2	4
37	4	2	67	35	1	23	2	6
8			30	15	2	6	4	3
14	2		25	15		7	1	2
30	5		43	28	1	12		2
16	1	1	32	13	1	14	2	2
27	5		40	20	1	9	3	7
18	2		20	10		9	1	
9	1		18	9		6		3
10		1	9	3	1	4		1
19	1		35	17	1	16		1
5			9	5		3		1
5	1	2	6	3		3		

1-6 按地区、登记注册类型

地区	从业人员数(人)	内资	国有	集体	股份合作	联营	国有联营
全省	**12920998**	**12296896**	**2440436**	**222971**	**33382**	**25431**	**6038**
武汉市	4070765	3787834	798621	60916	11335	5787	1975
黄石市	571656	528388	86717	12952	3377	1409	63
十堰市	722267	670570	149281	11762	1246	972	291
宜昌市	1195531	1156798	151520	13050	1236	1090	140
襄阳市	1275702	1227422	204614	17844	1776	1440	533
鄂州市	257973	252248	39894	5939	674	565	144
荆门市	491856	474032	101318	17728	770	915	130
孝感市	773848	748449	147884	11248	1542	1766	115
荆州市	696376	682663	173094	17112	2435	1850	780
黄冈市	900057	879636	191079	23099	3456	2960	752
咸宁市	518024	502536	116824	11555	2034	2349	617
随州市	298903	290710	55809	9395	1096	360	52
恩施州	371515	368344	112989	2074	352	609	301
仙桃市	318889	289740	33504	3948	672	412	21
潜江市	226784	218052	47023	2143	455	2752	99
天门市	212452	201134	24208	2003	853	182	16
神农架	17975	17915	6057	203	73	13	9

分组的法人单位从业人员数

集体联营	国有与集体联营	其他联营	有限责任公司	国有独资公司	其他有限责任公司	股份有限公司	私营	私营独资
11226	**3125**	**5042**	**3689521**	**335574**	**3353947**	**741403**	**4065514**	**856512**
1694	1171	947	1606120	227940	1378180	220945	881404	84821
504	607	235	207112	11550	195562	11964	170266	31607
236	118	327	190709	15909	174800	27127	239903	56030
671	130	149	327859	16902	310957	86399	448133	184640
427	65	415	318377	30748	287629	81463	473157	169405
211	20	190	50110	13920	36190	13735	119414	20055
444	119	222	76170	2145	74025	30647	177352	24370
1101	72	478	195171	4366	190805	43464	279506	44594
964	35	71	164123	2047	162076	44573	194565	35119
1277	265	666	178966	1192	177774	60822	332338	73887
910	266	556	82986	2629	80357	29502	209014	45325
147	128	33	77022	303	76719	15816	103878	15311
58	92	158	64576	4682	59894	5837	117375	9872
281		110	44634	523	44111	10160	170929	32516
2182		471	39665	27	39638	42866	69488	14125
115	37	14	60981	202	60779	15668	73883	13874
4			4553	489	4064	385	4901	961

1-6 续表

地 区	私营合伙	私营有限责任公司	私营股份有限公司	其他	港澳台商投　资	与港澳台商合资经营	与港澳台商合作经营
全　省	**134898**	**2859067**	**215037**	**1078238**	**247136**	**118948**	**2665**
武汉市	21748	716963	57872	202706	93846	49490	1343
黄石市	13060	118370	7229	34591	22475	9840	2
十堰市	4916	170689	8268	49570	2378	1519	
宜昌市	9562	238252	15679	127511	25519	13254	28
襄阳市	8273	277441	18038	128751	16587	7015	162
鄂州市	2372	92378	4609	21917	1191	783	85
荆门市	4038	139967	8977	69132	12641	6935	
孝感市	7743	199858	27311	67868	12338	7749	183
荆州市	11044	136571	11831	84911	6648	3680	85
黄冈市	15552	220276	22623	86916	8752	2863	186
咸宁市	21890	132209	9590	48272	9569	3451	591
随州市	2541	81310	4716	27334	5011	2886	
恩施州	4956	99947	2600	64532	2582	357	
仙桃市	2734	131344	4335	25481	15402	7268	
潜江市	1564	51599	2200	13660	3702	553	
天门市	2572	48442	8995	23356	8435	1245	
神农架	333	3443	164	1730	60	60	

港澳台商独资	港澳台商投资股份有限公司	其他港澳台商投资	外商投资	中外合资经营	中外合作经营	外资企业	外商投资股份有限公司	其他外商投资
115656	**9461**	**406**	**376966**	**211950**	**3225**	**137998**	**19433**	**4360**
40058	2857	98	189085	87589	1383	93910	3457	2746
12507	126		20793	4659	309	1632	14182	11
854	5		49319	48392	344	561		22
11748	486	3	13214	7410	349	5033	379	43
8241	1144	25	31693	21326	500	9742	77	48
323			4534	2649	73	1282	513	17
5568	138		5183	3453		1488	75	167
4250	156		13061	8461	8	4581		11
2750	32	101	7065	3682	74	3202	41	66
4989	714		11669	8523	62	1444	449	1191
4820	707		5919	1686		3973	260	
1992	133		3182	2488		684		10
2063		162	589	100	88	385		16
7924	210		13747	6677	35	7028		7
3149			5030	2336		2689		5
4420	2753	17	2883	2519		364		

1-7 按行业(中类)、

行 业	代码	法人单位数(个)	1949年及以前	1950-1977年	1978-1991年
总 计	**00**	**424368**	**2256**	**15617**	**32052**
农、林、牧、渔业	**A**	**7819**	**3**	**165**	**271**
农业	01	40		10	3
谷物种植	011	9		4	1
棉、麻、糖、烟草种植	013	4		1	
蔬菜、食用菌及园艺作物种植	014	6			
水果种植	015	10		1	2
坚果、含油果、香料和饮料作物种植	016	2		1	
中药材种植	017	2			
其他农业	019	7		3	
林业	02	11		8	
林木育种和育苗	021	4		3	
森林经营和管护	023	7		5	
畜牧业	03	18		1	
牲畜饲养	031	12			
家禽饲养	032	2			
其他畜牧业	039	4		1	
渔业	04	10		3	1
水产养殖	041	8		2	1
水产捕捞	042	2		1	
农、林、牧、渔服务业	05	7740	3	143	267
农业服务业	051	5587	1	68	153
林业服务业	052	505	1	41	61
畜牧服务业	053	1098	1	24	27
渔业服务业	054	550		10	26
采矿业	**B**	**3749**		**23**	**103**
煤炭开采和洗选业	06	465		4	17
烟煤和无烟煤开采洗选	061	381		4	14
褐煤开采洗选	062	3			
其他煤炭采选	069	81			3
石油和天然气开采业	07	15			
石油开采	071	5			
天然气开采	072	10			
黑色金属矿采选业	08	433		1	5
铁矿采选	081	406		1	5
锰矿、铬矿采选	082	4			
其他黑色金属矿采选	089	23			
有色金属矿采选业	09	206		1	6
常用有色金属矿采选	091	163			5
贵金属矿采选	092	29		1	1
稀有稀土金属矿采选	093	14			
非金属矿采选业	10	2375		15	71
土砂石开采	101	1718		4	57
化学矿开采	102	318		8	9
采盐	103	3			
石棉及其他非金属矿采选	109	336		3	5
开采辅助活动	11	47		2	
煤炭开采和洗选辅助活动	111	19		1	
石油和天然气开采辅助活动	112	12		1	

开业(成立)时间分组的法人单位数

1992-1995年	1996年	1997年	1998年	1999年	2000年	2001年	2002年	代码
9998	**4210**	**3287**	**5528**	**4888**	**8193**	**10650**	**11522**	00
84	**35**	**20**	**66**	**44**	**110**	**117**	**122**	A
1					1	1		01
								011
								013
								014
1								015
					1			016
								017
						1		019
								02
								021
								023
						1		03
						1		031
								032
								039
							1	04
							1	041
								042
83	35	20	66	44	109	115	121	05
52	23	13	44	29	82	86	89	051
17	7	3	8	3	13	8	7	052
7	3	2	10	7	11	13	16	053
7	2	2	4	5	3	8	9	054
74	**35**	**32**	**45**	**39**	**96**	**104**	**111**	B
14	5	4	3	4	16	11	18	06
11	5	2	3	3	13	10	12	061
								062
3		2		1	3	1	6	069
					1	1		07
					1			071
						1		072
6	8	3	6	5	11	13	11	08
5	8	3	5	4	11	13	9	081
							1	082
1			1	1			1	089
5	1	3	1	5	5	5	6	09
3	1	2	1	5	3	3	3	091
1					1	2	3	092
1		1			1			093
40	16	21	32	24	54	59	71	10
32	10	13	27	18	36	38	43	101
5	5	5	1	3	11	9	11	102
								103
3	1	3	4	3	7	12	17	109
2					1	1	1	11
1								111
					1	1		112

1-7 续表 1

行 业	代码	法人单位数（个）			
			1949年及以前	1950-1977年	1978-1991年
其他开采辅助活动	119	16			
其他采矿业	12	208			4
其他采矿业	120	208			4
制造业	C	**60233**	**16**	**431**	**1349**
农副食品加工业	13	5256	1	39	118
谷物磨制	131	1789		2	37
饲料加工	132	428		1	9
植物油加工	133	745		5	16
制糖业	134	18			
屠宰及肉类加工	135	636		26	35
水产品加工	136	223			1
蔬菜、水果和坚果加工	137	443			5
其他农副食品加工	139	974	1	5	15
食品制造业	14	1649		7	31
焙烤食品制造	141	473		1	11
糖果、巧克力及蜜饯制造	142	67			
方便食品制造	143	415		1	9
乳制品制造	144	32			
罐头食品制造	145	112			1
调味品、发酵制品制造	146	182		2	3
其他食品制造	149	368		3	7
酒、饮料和精制茶制造业	15	2525	1	34	79
酒的制造	151	446		4	10
饮料制造	152	671			9
精制茶加工	153	1408	1	30	60
烟草制品业	16	23	1		2
烟叶复烤	161	5			
卷烟制造	162	3	1		
其他烟草制品制造	169	15			2
纺织业	17	2971		16	70
棉纺织及印染精加工	171	1715		9	41
毛纺织及染整精加工	172	55			4
麻纺织及染整精加工	173	57		1	5
丝绢纺织及印染精加工	174	33		1	
化纤织造及印染精加工	175	86			1
针织或钩针编织物及其制品制造	176	125		1	4
家用纺织制成品制造	177	367		3	6
非家用纺织制成品制造	178	533		1	9
纺织服装、服饰业	18	3720	2	6	56
机织服装制造	181	2789	2	4	43
针织或钩针编织服装制造	182	199		1	4
服饰制造	183	732		1	9
皮革、毛皮、羽毛及其制品和制鞋业	19	588		1	12
皮革鞣制加工	191	28			
皮革制品制造	192	140			2
毛皮鞣制及制品加工	193	161			4
羽毛(绒)加工及制品制造	194	13			
制鞋业	195	246		1	6
木材加工和木、竹、藤、棕、草制品业	20	1408		4	20
木材加工	201	574		2	10
人造板制造	202	259			3

1992-1995年	1996年	1997年	1998年	1999年	2000年	2001年	2002年	代码
1							1	119
7	5	1	3	1	8	14	4	12
7	5	1	3	1	8	14	4	120
1244	**564**	**536**	**897**	**818**	**1433**	**1805**	**2010**	C
133	82	63	111	93	172	190	188	13
57	34	29	58	40	75	85	71	131
11	8	2	3	6	6	12	16	132
40	13	10	19	12	29	26	31	133
	1						2	134
9	14	10	11	16	18	22	21	135
1	2	3	4	3	7	2	11	136
	3	1	3	5	11	15	11	137
15	7	8	13	11	26	28	25	139
33	23	25	31	21	54	53	54	14
6	6	5	6	4	15	11	17	141
3	1	1	2	1		1	4	142
7	6	8	11	6	12	16	6	143
	1	1	1	1	1	5	1	144
		2	1	3	5	2	4	145
9	4	5	3	3	5	9	9	146
8	5	3	7	3	16	9	13	149
68	16	15	47	36	79	66	86	15
21	4	2	14	15	23	14	17	151
12	4	5	12	10	21	22	26	152
35	8	8	21	11	35	30	43	153
2						2	1	16
								161
							1	162
2						2		169
52	26	31	30	49	76	98	141	17
32	16	16	20	28	41	60	98	171
1	2				2	4		172
	1	1		2	3	4	4	173
		1				1	1	174
2	1	2	3	4	2	3	5	175
2	1		1	2	3	5	4	176
9	1	6	4	2	12	8	8	177
6	4	5	2	11	13	13	21	178
47	32	26	32	25	53	61	69	18
37	28	25	27	21	44	48	57	181
3			3		3	3	4	182
7	4	1	2	4	6	10	8	183
18	3	2	5	10	12	12	7	19
1			1	2		1	1	191
6	1		3	1	4	3	1	192
1		1		3	3	1		193
					2	1		194
10	2	1	1	4	3	6	5	195
21	14	6	26	16	29	29	34	20
6	5	3	7	4	8	13	14	201
2	1	2	5	4	9	7	10	202

1-7 续表 2

行　业	代码	法人单位数(个)	1949年及以前	1950-1977年	1978-1991年
木制品制造	203	460		1	6
竹、藤、棕、草等制品制造	204	115		1	1
家具制造业	21	977		5	18
木质家具制造	211	710		4	13
竹、藤家具制造	212	15			
金属家具制造	213	91		1	1
塑料家具制造	214	21			1
其他家具制造	219	140			3
造纸和纸制品业	22	1001		3	20
纸浆制造	221	11			
造纸	222	274		1	5
纸制品制造	223	716		2	15
印刷和记录媒介复制业	23	1670	4	12	86
印刷	231	1390	4	10	68
装订及印刷相关服务	232	273		2	18
记录媒介复制	233	7			
文教、工美、体育和娱乐用品制造业	24	847		3	15
文教办公用品制造	241	103		1	3
乐器制造	242	23			
工艺美术品制造	243	597		1	9
体育用品制造	244	41			
玩具制造	245	58		1	2
游艺器材及娱乐用品制造	246	25			1
石油加工及炼焦	25	134		1	3
化学原料和化学制品制造业	26	3008		25	54
基础化学原料制造	261	527		4	8
肥料制造	262	684		10	15
农药制造	263	100		1	
涂料、油墨、颜料及类似产品制造	264	467		1	4
合成材料制造	265	258		2	5
专用化学产品制造	266	667		3	13
炸药、火工及焰火产品制造	267	111		4	6
日用化学产品制造	268	194			3
医药制造业	27	805		11	17
化学药品原料药制造	271	134		1	2
化学药品制剂制造	272	89		4	4
中药饮片加工	273	108		1	1
中成药生产	274	144		4	8
兽用药品制造	275	39		1	1
生物药品制造	276	145			
卫生材料及医药用品制造	277	146			1
化学纤维制造业	28	58			2
纤维素纤维原料及纤维制造	281	17			
合成纤维制造	282	41			2
橡胶和塑料制品业	29	2323		7	38
橡胶制品业	291	363		3	8
塑料制品业	292	1960		4	30
非金属矿物制品业	30	9512		84	331
水泥、石灰和石膏制造	301	754		10	19
石膏、水泥制品及类似制品制造	302	3194		10	87
砖瓦、石材等建筑材料制造	303	4313		55	194

1992-1995年	1996年	1997年	1998年	1999年	2000年	2001年	2002年	代码
11	6	1	10	6	12	5	8	203
2	2		4	2		4	2	204
16	7	13	14	11	24	18	25	21
12	6	11	11	8	19	14	16	211
							2	212
			3	2	2	1	2	213
		2						214
4	1			1	3	3	5	219
13	11	11	17	18	31	34	42	22
								221
3	1	2	5	8	13	15	15	222
10	10	9	12	10	18	19	27	223
70	20	31	36	28	39	55	88	23
54	17	27	31	25	35	50	76	231
16	3	4	5	3	4	5	12	232
								233
13	4	2	12	5	19	24	21	24
4		1	3	2	4	1	2	241
			1		1		1	242
7	3	1	7	3	11	20	12	243
			1		1	1	2	244
1	1				1		3	245
1					1	2	1	246
2	2	1	7	5	4	4	6	25
83	34	34	49	65	82	100	141	26
14	10	7	9	9	13	16	27	261
12	5	3	9	13	16	19	36	262
5	2	1	5	1	4	4	5	263
14	2	2	6	11	11	16	23	264
7		3	3	6	11	8	8	265
17	10	15	9	17	19	25	29	266
6			1	1	4	1	4	267
8	5	3	7	7	4	11	9	268
18	10	13	17	20	30	41	49	27
4	1	5	2	6	4	3	11	271
3	1	2	3	3	3	10	7	272
2	1	1	3	1	2	1	4	273
4	3	2	2	5	7	10	11	274
					1	5	4	275
1	3	1	4	3	9	5	7	276
4	1	2	3	2	4	7	5	277
1		1			3	3	6	28
1					1	3	3	281
		1			2		3	282
49	20	18	48	29	55	82	83	29
8	4	5	8	5	10	16	12	291
41	16	13	40	24	45	66	71	292
229	96	75	139	112	208	218	213	30
17	8	6	15	18	21	26	27	301
88	42	26	39	37	76	62	67	302
97	38	27	69	41	83	90	71	303

1-7 续表 3

行　业	代码	法人单位数(个)	1949年及以前	1950-1977年	1978-1991年
玻璃制造	304	159		1	1
玻璃制品制造	305	248		3	2
玻璃纤维和玻璃纤维增强塑料制品制造	306	76			1
陶瓷制品制造	307	142		3	6
耐火材料制品制造	308	232		2	12
石墨及其他非金属矿物制品制造	309	394			9
黑色金属冶炼和压延加工业	31	803		8	17
炼铁	311	35			1
炼钢	312	53		1	
黑色金属铸造	313	359		1	9
钢压延加工	314	310		5	5
铁合金冶炼	315	46		1	2
有色金属冶炼和压延加工业	32	551		3	13
常用有色金属冶炼	321	141		2	3
贵金属冶炼	322	12			1
稀有稀土金属冶炼	323	12			1
有色金属合金制造	324	96			1
有色金属铸造	325	41			1
有色金属压延加工	326	249		1	6
金属制品业	33	3682	2	19	84
结构性金属制品制造	331	2065	1	6	41
金属工具制造	332	266		3	8
集装箱及金属包装容器制造	333	154		1	4
金属丝绳及其制品制造	334	100		1	2
建筑、安全用金属制品制造	335	315		1	3
金属表面处理及热处理加工	336	138			5
搪瓷制品制造	337	11		1	
金属制日用品制造	338	188		1	4
其他金属制品制造	339	445	1	5	17
通用设备制造业	34	3726	2	42	66
锅炉及原动设备制造	341	314		4	9
金属加工机械制造	342	1041	1	8	21
物料搬运设备制造	343	183		6	3
泵、阀门、压缩机及类似机械制造	344	327		5	7
轴承、齿轮和传动部件制造	345	145		5	1
烘炉、风机、衡器、包装等设备制造	346	347		5	3
文化、办公用机械制造	347	36			2
通用零部件制造	348	1012	1	4	17
其他通用设备制造业	349	321		5	3
专用设备制造业	35	3431		24	60
采矿、冶金、建筑专用设备制造	351	689		5	14
化工、木材、非金属加工专用设备制造	352	812			7
食品、饮料、烟草及饲料生产专用设备制造	353	168		1	4
印刷、制药、日化及日用品生产专用设备制造	354	180		1	2
纺织、服装和皮革加工专用设备制造	355	111		6	1
电子和电工机械专用设备制造	356	360		1	5
农、林、牧、渔专用机械制造	357	271		4	7
医疗仪器设备及器械制造	358	239		1	6
环保、社会公共服务及其他专用设备制造	359	601		5	14
汽车制造业	36	4168	1	26	43
汽车整车制造	361	42		1	1

1992-1995年	1996年	1997年	1998年	1999年	2000年	2001年	2002年	代码
5	1	2		1	4	1	4	304
4	5	2	1	2	6	6	7	305
1	1		1		1	2	6	306
2		3	2	1	2	4	5	307
6	1	6	6	7	5	13	12	308
9		3	6	5	10	14	14	309
27	9	8	14	9	24	32	36	31
	2				5	1		311
2	2	3			1		2	312
15	2	4	7	4	8	23	23	313
10	3	1	6	4	6	8	11	314
			1	1	4			315
8	4	7	6	8	17	18	16	32
1	1	1	2	1	7	5	6	321
		1			1	1	1	322
		1						323
	1			2	1	2	4	324
1			2	1	1		2	325
6	2	4	2	4	7	10	3	326
56	27	25	47	48	69	85	98	33
19	8	9	20	18	23	38	47	331
8	1		4	5	2	3	9	332
5	4	4	1	2	5	8	9	333
7	4	1	3	2	6	7	3	334
3	4	4	7	2	10	9	12	335
4			3	3	9	3	3	336
					1			337
2	4	2	5	4	3	3	3	338
8	2	5	4	12	10	14	12	339
65	29	34	48	48	91	97	130	34
8	2	4		6	9	7	15	341
18	6	3	16	12	24	21	37	342
5	1	3	1	4	4	3	8	343
8	2	10	8	4	13	5	17	344
3	2	3	2	3	3	10	1	345
9	5	4	6	9	12	13	14	346
						2		347
12	8	6	12	10	18	27	28	348
2	3	1	3		8	9	10	349
44	29	25	34	43	76	120	132	35
9	7	5	3	12	8	34	31	351
7	6	4	8	11	16	24	32	352
8	4	4	4	3	6	8	5	353
4			3	1	3	8	11	354
2		1	1		2	6	6	355
3	3	3	2	4	9	9	11	356
2	5	2	2	3	6	6	8	357
		1	6	3	5	9	4	358
9	4	5	5	6	21	16	24	359
79	23	25	47	48	89	157	180	36
1	1		1	1	2	4	2	361

1-7 续表 4

行 业	代码	法人单位数(个)	1949年及以前	1950-1977年	1978-1991年
改装汽车制造	362	110	1	3	2
低速载货汽车制造	363	11			
电车制造	364	11			
汽车车身、挂车制造	365	23		1	
汽车零部件及配件制造	366	3971		21	40
铁路、船舶、航空航天和其他运输设备制造业	37	470	1	19	20
铁路运输设备制造	371	107		2	5
城市轨道交通设备制造	372	8			2
船舶及相关装置制造	373	261	1	12	11
航空、航天器及设备制造	374	16		3	
摩托车制造	375	26			
自行车制造	376	27		1	1
非公路休闲车及零配件制造	377	11			1
潜水救捞及其他未列明运输设备制造	379	14		1	
电气机械和器材制造业	38	2134	1	13	25
电机制造	381	218	1	3	3
输配电及控制设备制造	382	729		3	6
电线、电缆、光缆及电工器材制造	383	361		3	9
电池制造	384	113		2	2
家用电力器具制造	385	126		2	2
非电力家用器具制造	386	140			2
照明器具制造	387	245			1
其他电气机械及器材制造	389	202			
计算机、通信和其他电子设备制造业	39	1015		3	8
计算机制造	391	94			1
通信设备制造	392	132		2	1
广播电视设备制造	393	29			
雷达及配套设备制造	394	5			
视听设备制造	395	29			1
电子器件制造	396	249			3
电子元件制造	397	257		1	
其他电子设备制造	399	220			2
仪器仪表制造业	40	611		9	14
通用仪器仪表制造	401	322		4	8
专用仪器仪表制造	402	147		2	3
钟表与计时仪器制造	403	13		1	
光学仪器及眼镜制造	404	51		1	
其他仪器仪表制造业	409	78		1	3
其他制造业	41	512		3	11
废弃资源综合利用业	42	236			7
金属废料和碎屑加工处理	421	130			4
非金属废料和碎屑加工处理	422	106			3
金属制品、机械和设备修理业	43	419		4	9
金属制品修理	431	24			1
通用设备修理	432	61		2	2
专用设备修理	433	64		1	
铁路、船舶、航空航天等运输设备修理	434	71		1	
电气设备修理	435	54			
仪器仪表修理	436	15			
其他机械和设备修理业	439	130			6
电力、热力、燃气及水生产和供应业	D	**2969**	**2**	**118**	**371**

1992-1995年	1996年	1997年	1998年	1999年	2000年	2001年	2002年	代码
4		1	3		2	6	9	362
								363
								364
		1		3		2	1	365
74	22	23	43	44	85	145	168	366
8	4	4	8	8	7	13	15	37
1	1	1	1	3	2	4	2	371
								372
6	3	3	7	3	1	5	8	373
					1	1	1	374
				1	1	2	2	375
1						1		376
								377
				1	2		2	379
36	16	21	25	34	39	91	71	38
4	2	1	2	2	7	5	10	381
11	7	13	13	17	15	22	28	382
10	4	6	4	7	10	28	15	383
3				2	1	5	4	384
			2	4	2	4	2	385
1	1	1	2	1	2	5	4	386
3	2		2	1	1	12	3	387
4					1	10	5	389
20	5	9	11	7	17	47	21	39
1	1		2			4	2	391
5	1	2	2	1	3	8	2	392
1					1	2	1	393
								394
1	1					1		395
3		2	2	3	3	14	3	396
4		2	3	1	3	10	2	397
5	2	3	2	2	7	8	11	399
16	11	4	14	8	19	23	26	40
6	6	2	7	4	11	15	15	401
6	4	2	5	1	4	3	7	402
1						1		403
1				1	2	1	1	404
2	1		2	2	2	3	3	409
7	2	4	6	2	9	14	13	41
2	1	1	6	5		7	6	42
1	1	1	3	4		3	4	421
1			3	1		4	2	422
8	4	2	10	7	6	11	12	43
	2	1	2		1	2		431
1	1		2	1		3	2	432
2			1		1	2	1	433
1			2	2			3	434
			1				1	435
				1	1	1	1	436
4	1	1	2	3	3	3	4	439
105	**46**	**43**	**75**	**56**	**91**	**100**	**104**	D

1-7 续表 5

行 业	代码	法人单位数（个）	1949年及以前	1950-1977年	1978-1991年
电力、热力生产和供应业	44	1502		66	181
电力生产	441	1223		49	133
电力供应	442	236		16	48
热力生产和供应	443	43		1	
燃气生产和供应业	45	317		1	9
燃气生产和供应业	450	317		1	9
水的生产和供应业	46	1150	2	51	181
自来水生产和供应	461	1000	2	49	179
污水处理及其再生利用	462	123		2	1
其他水的处理、利用与分配	469	27			1
建筑业	**E**	**16439**	**2**	**199**	**355**
房屋建筑业	47	3669	2	129	199
房屋建筑业	470	3669	2	129	199
土木工程建筑业	48	3013		50	88
铁路、道路、隧道和桥梁工程建筑	481	1164		12	47
水利和内河港口工程建筑	482	239		27	22
工矿工程建筑	484	147		1	1
架线和管道工程建筑	485	286		5	5
其他土木工程建筑	489	1177		5	13
建筑安装业	49	2639		14	36
电气安装	491	711		3	9
管道和设备安装	492	526		5	7
其他建筑安装业	499	1402		6	20
建筑装饰和其他建筑业	50	7118		6	32
建筑装饰业	501	4669		3	15
工程准备活动	502	683		1	6
提供施工设备服务	503	244			
其他未列明建筑业	509	1522		2	11
批发和零售业	**F**	**119635**	**39**	**499**	**1172**
批发业	51	56814	8	189	580
农、林、牧产品批发	511	6964	3	43	104
食品、饮料及烟草制品批发	512	7504	1	35	142
纺织、服装及家庭用品批发	513	5284		3	39
文化、体育用品及器材批发	514	1422		1	14
医药及医疗器材批发	515	1626		7	9
矿产品、建材及化工产品批发	516	16929	4	58	157
机械设备、五金产品及电子产品批发	517	12219		18	59
贸易经纪与代理	518	2029		12	22
其他批发业	519	2837		12	34
零售业	52	62821	31	310	592
综合零售	521	14677	4	136	215
食品、饮料及烟草制品专门零售	522	6919	1	76	109
纺织、服装及日用品专门零售	523	8209		22	43
文化、体育用品及器材专门零售	524	3156	20	28	36
医药及医疗器材专门零售	525	3414	1	14	42
汽车、摩托车、燃料及零配件专门零售	526	6145	1	7	38
家用电器及电子产品专门零售	527	7772	1	4	32
五金、家具及室内装饰材料专门零售	528	8072	1	11	40
货摊、无店铺及其他零售业	529	4457	2	12	37
交通运输、仓储和邮政业	**G**	**10062**	**14**	**164**	**285**
道路运输业	54	5364	4	73	136

1992-1995年	1996年	1997年	1998年	1999年	2000年	2001年	2002年	代码
63	24	18	46	30	51	54	53	44
47	21	16	35	23	38	45	43	441
14	3	2	11	7	12	8	9	442
2					1	1	1	443
4	5	13	5	4	14	13	16	45
4	5	13	5	4	14	13	16	450
38	17	12	24	22	26	33	35	46
38	16	12	24	22	21	30	30	461
	1				4	3	3	462
					1		2	469
389	**171**	**162**	**200**	**230**	**293**	**488**	**487**	E
153	57	52	62	48	78	158	114	47
153	57	52	62	48	78	158	114	470
80	36	23	32	49	51	84	84	48
36	7	8	9	21	21	35	40	481
13	4	6	3	11	6	9	6	482
3	1	1	4		5	1	2	484
9	16	3	4	6	5	9	5	485
19	8	5	12	11	14	30	31	489
61	31	32	41	51	51	86	75	49
10	10	17	13	8	15	25	17	491
18	5	7	4	10	10	22	17	492
33	16	8	24	33	26	39	41	499
95	47	55	65	82	113	160	214	50
61	36	45	52	57	87	115	152	501
10	4	3	2	9	6	11	23	502
3	1	2	2	1	2	4	4	503
21	6	5	9	15	18	30	35	509
1129	**558**	**636**	**1042**	**1010**	**1694**	**2294**	**2539**	F
557	278	320	511	509	899	1301	1383	51
50	26	18	60	46	96	100	121	511
68	24	21	61	41	86	122	91	512
38	18	30	33	45	62	87	118	513
25	14	9	10	17	20	31	38	514
19	4	9	23	34	36	72	74	515
180	94	117	184	170	343	338	475	516
109	72	96	103	113	184	290	349	517
33	13	10	11	18	25	44	51	518
35	13	10	26	25	47	217	66	519
572	280	316	531	501	795	993	1156	52
162	60	54	136	84	166	191	179	521
64	39	24	48	43	88	114	87	522
33	23	29	53	52	81	87	125	523
26	13	19	24	26	39	43	59	524
36	26	24	43	49	68	101	149	525
78	36	58	76	81	109	112	168	526
51	29	32	49	53	86	131	155	527
56	28	40	50	53	87	104	131	528
66	26	36	52	60	71	110	103	529
208	**89**	**74**	**148**	**130**	**166**	**249**	**313**	G
111	45	45	73	79	95	155	212	54

1-7 续表 6

行 业	代码	法人单位数(个)	1949年及以前	1950-1977年	1978-1991年
城市公共交通运输	541	647		11	19
公路旅客运输	542	588	1	8	24
道路货物运输	543	3391	1	16	30
道路运输辅助活动	544	738	2	38	63
水上运输业	55	601	2	23	41
水上旅客运输	551	108	2	7	14
水上货物运输	552	326		8	17
水上运输辅助活动	553	167		8	10
航空运输业	56	56		1	1
航空客货运输	561	22			
通用航空服务	562	10			
航空运输辅助活动	563	24		1	1
管道运输业	57	30			
管道运输业	570	30			
装卸搬运和运输代理业	58	2213	3	24	40
装卸搬运	581	781	3	23	30
运输代理业	582	1432		1	10
仓储业	59	1033		30	52
谷物、棉花等农产品仓储	591	475		18	36
其他仓储业	599	558		12	16
邮政业	60	765	5	13	15
邮政基本服务	601	89	5	11	10
快递服务	602	676		2	5
住宿和餐饮业	**H**	**10214**	**3**	**36**	**152**
住宿业	61	2863	1	14	89
旅游饭店	611	946	1	7	39
一般旅馆	612	1565		5	42
其他住宿业	619	352		2	8
餐饮业	62	7351	2	22	63
正餐服务	621	5782	2	15	55
快餐服务	622	458			3
饮料及冷饮服务	623	154			
其他餐饮业	629	957		7	5
信息传输、软件和信息技术服务业	**I**	**7728**	**4**	**36**	**130**
电信、广播电视和卫星传输服务	63	1034	4	31	109
电信	631	502	1	1	15
广播电视传输服务	632	492	3	26	88
卫星传输服务	633	40		4	6
互联网和相关服务	64	1026		1	4
互联网接入及相关服务	641	139			
互联网信息服务	642	730		1	4
其他互联网服务	649	157			
软件和信息技术服务业	65	5668		4	17
软件开发	651	3436		1	4
信息系统集成服务	652	541		2	2
信息技术咨询服务	653	931		1	9
数据处理和存储服务	654	73			
集成电路设计	655	80			1
其他信息技术服务业	659	607			1
房地产业	**K**	**15705**	**1**	**86**	**242**
房地产业	70	15705	1	86	242

1992-1995年	1996年	1997年	1998年	1999年	2000年	2001年	2002年	代码
29	10	12	26	20	18	20	29	541
22	8	9	16	9	16	36	63	542
21	11	16	19	38	36	79	90	543
39	16	8	12	12	25	20	30	544
23	14	7	14	8	18	24	23	55
5	3	1	1	2	5	6	3	551
10	6	5	6	4	9	14	16	552
8	5	1	7	2	4	4	4	553
2	3	2	2	1	1	2	6	56
	2	1	1	1			2	561
		1						562
2	1		1		1	2	4	563
2							1	57
2							1	570
34	14	12	15	17	26	38	42	58
19	4	5	7	7	6	17	13	581
15	10	7	8	10	20	21	29	582
34	13	7	24	16	16	25	22	59
21	9	4	19	12	13	14	10	591
13	4	3	5	4	3	11	12	599
2		1	20	9	10	5	7	60
1			17	6	5	1	3	601
1		1	3	3	5	4	4	602
120	**67**	**48**	**93**	**92**	**124**	**168**	**186**	**H**
57	25	24	39	40	40	62	59	61
29	8	9	21	15	13	22	27	611
23	12	12	13	20	22	34	24	612
5	5	3	5	5	5	6	8	619
63	42	24	54	52	84	106	127	62
50	35	22	41	45	66	79	103	621
5	3	1	2	2	10	8	6	622
1				1	3	1	6	623
7	4	1	11	4	5	18	12	629
81	**29**	**41**	**67**	**77**	**136**	**163**	**155**	**I**
43	13	12	23	31	39	36	44	63
10	3	4	8	11	24	25	30	631
31	10	7	15	19	15	10	14	632
2		1		1		1		633
3	2	2	4	7	10	24	21	64
			2	1	2	3		641
2	2	2	2	6	7	19	16	642
1					1	2	5	649
35	14	27	40	39	87	103	90	65
16	10	12	25	16	56	59	54	651
1	1	7	6	7	13	12	7	652
10		4	3	8	7	15	11	653
1			1	1		2	3	654
1			1	1	3	1	5	655
6	3	4	4	6	8	14	10	659
425	**114**	**153**	**212**	**200**	**304**	**435**	**528**	**K**
425	114	153	212	200	304	435	528	70

1-7 续表 7

行 业	代码	法人单位数(个)	1949年及以前	1950-1977年	1978-1991年
房地产开发经营	701	6324		7	59
物业管理	702	5198		14	29
房地产中介服务	703	2773		5	17
自有房地产经营活动	704	867	1	59	118
其他房地产业	709	543		1	19
租赁和商务服务业	L	**30386**	**8**	**167**	**561**
租赁业	71	2138	1	4	13
机械设备租赁	711	1948		4	11
文化及日用品出租	712	190	1		2
商务服务业	72	28248	7	163	548
企业管理服务	721	4716	4	86	143
法律服务	722	1165		6	149
咨询与调查	723	6303	2	9	45
广告业	724	5810		6	9
知识产权服务	725	125			1
人力资源服务	726	2863		8	69
旅行社及相关服务	727	1505		2	19
安全保护服务	728	410		1	9
其他商务服务业	729	5351	1	45	104
科学研究和技术服务业	M	**20212**	**16**	**454**	**1048**
研究和试验发展	73	1487	2	69	102
自然科学研究和试验发展	731	61	1	9	1
工程和技术研究和试验发展	732	632	1	6	21
农业科学研究和试验发展	733	307		45	38
医学研究和试验发展	734	358		3	6
社会人文科学研究	735	129		6	36
专业技术服务业	74	8862	8	223	532
气象服务	741	214		40	29
地震服务	742	49		2	9
海洋服务	743	1			
测绘服务	744	182	1	3	10
质检技术服务	745	678	5	21	100
环境与生态监测	746	241		10	63
地质勘查	747	189	1	22	12
工程技术	748	4582		32	201
其他专业技术服务业	749	2726	1	93	108
科技推广和应用服务业	75	9863	6	162	414
技术推广服务	751	9233	6	151	383
科技中介服务	752	227		1	11
其他科技推广和应用服务业	759	403		10	20
水利、环境和公共设施管理业	N	**4821**	**10**	**356**	**646**
水利管理业	76	1873	9	269	339
防洪除涝设施管理	761	396	3	73	97
水资源管理	762	391	3	45	64
天然水收集与分配	763	313	1	102	46
水文服务	764	86	1	4	19
其他水利管理业	769	687	1	45	113
生态保护和环境治理业	77	572		30	60
生态保护	771	325		30	51
环境治理业	772	247			9
公共设施管理业	78	2376	1	57	247

1992-1995年	1996年	1997年	1998年	1999年	2000年	2001年	2002年	代码
254	61	66	105	92	153	196	230	701
74	31	49	51	64	85	135	174	702
21	8	10	14	22	31	51	75	703
56	10	24	33	18	25	40	33	704
20	4	4	9	4	10	13	16	709
500	**164**	**187**	**264**	**273**	**502**	**534**	**532**	L
20	6	11	12	10	17	24	24	71
17	6	10	12	9	15	22	23	711
3		1		1	2	2	1	712
480	158	176	252	263	485	510	508	72
126	36	49	56	41	80	75	88	721
60	20	15	29	26	42	76	35	722
61	14	14	34	77	140	80	90	723
37	27	37	32	40	74	96	100	724
1	1	2	1	1	1	4	7	725
46	13	15	21	11	22	29	34	726
28	12	10	25	20	36	49	52	727
12	1	1	2	5	9	3	10	728
109	34	33	52	42	81	98	92	729
437	**158**	**114**	**210**	**199**	**293**	**404**	**458**	M
39	13	12	14	27	25	20	29	73
6	1		1	1	1	1		731
15	5	2	4	11	10	8	9	732
6	2	8	5	5	7	8	11	733
8	2		2	8	4	2	3	734
4	3	2	2	2	3	1	6	735
269	91	76	131	109	166	230	279	74
6	4	11	5	4	6	8	6	741
2	2		1	1	1	1	5	742
								743
9	3	2	4	1	7	6	8	744
30	11	6	19	9	14	13	18	745
10	2	6	1	4	6	4	12	746
11	3	1		3	3	8	9	747
153	43	34	72	61	84	140	168	748
48	23	16	29	26	45	50	53	749
129	54	26	65	63	102	154	150	75
117	52	23	58	59	94	137	133	751
4		1	3		3	8	5	752
8	2	2	4	4	5	9	12	759
240	**75**	**64**	**90**	**66**	**109**	**159**	**147**	N
98	42	15	44	30	42	58	50	76
22	8	6	5	11	10	12	10	761
20	17	5	11	5	6	12	14	762
12	3	1	13	4	3	11	3	763
4	2		5	1	2	2	2	764
40	12	3	10	9	21	21	21	769
19	5	7	6	10	8	17	17	77
12	4	6	3	10	8	12	11	771
7	1	1	3			5	6	772
123	28	42	40	26	59	84	80	78

1-7 续表 8

行 业	代码	法人单位数(个)	1949年及以前	1950-1977年	1978-1991年
市政设施管理	781	379		12	48
环境卫生管理	782	461		13	64
城乡市容管理	783	227	1	5	30
绿化管理	784	664		13	43
公园和游览景区管理	785	645		14	62
居民服务、修理和其他服务业	O	**9419**	**2**	**78**	**165**
居民服务业	79	4305	1	51	81
家庭服务	791	821		10	7
托儿所服务	792	70		1	2
洗染服务	793	137			1
理发及美容服务	794	613		3	3
洗浴服务	795	98			
保健服务	796	241		1	1
婚姻服务	797	208			3
殡葬服务	798	264		23	25
其他居民服务业	799	1853	1	13	39
机动车、电子产品和日用产品修理业	80	3342		8	45
汽车、摩托车修理与维护	801	2253		4	30
计算机和办公设备维修	802	369		2	8
家用电器修理	803	454		2	6
其他日用产品修理业	809	266			1
其他服务业	81	1772	1	19	39
清洁服务	811	821	1	3	8
其他未列明服务业	819	951		16	31
教育	P	**17774**	**620**	**3194**	**2511**
教育	82	17774	620	3194	2511
学前教育	821	4807	10	137	213
初等教育	822	5694	440	1993	1237
中等教育	823	2936	152	917	677
高等教育	824	243	7	27	53
特殊教育	825	109	4	6	27
技能培训、教育辅助及其他教育	829	3985	7	114	304
卫生和社会工作	Q	**11427**	**81**	**1734**	**2154**
卫生	83	9233	74	1661	1703
医院	831	1091	47	227	131
社区医疗与卫生院	832	4900	20	1131	1010
门诊部(所)	833	1563	5	149	181
计划生育技术服务活动	834	969	1	20	284
妇幼保健院(所、站)	835	102		55	22
专科疾病防治院(所、站)	836	149		31	27
疾病预防控制中心	837	165		31	22
其他卫生活动	839	294	1	17	26
社会工作	84	2194	7	73	451
提供住宿社会工作	841	1837	4	64	398
不提供住宿社会工作	842	357	3	9	53
文化、体育和娱乐业	R	**10128**	**30**	**328**	**733**
新闻和出版业	85	374	4	10	71
新闻业	851	75		3	15
出版业	852	299	4	7	56

1992–1995年	1996年	1997年	1998年	1999年	2000年	2001年	2002年	代码
25	7	7	6	2	9	11	10	781
30	5	9	11	5	12	22	23	782
13		2	2	3	5	8	11	783
23	6	10	8	8	12	26	17	784
32	10	14	13	8	21	17	19	785
130	**47**	**44**	**111**	**77**	**143**	**179**	**169**	O
65	26	12	67	33	80	55	64	79
10	5		23	8	4	11	14	791
1			3	2	3	1	4	792
2			1	1			3	793
1	5	2	6	6	12	3	13	794
					1	2	3	795
1			1		1	1	3	796
3	3	1	2	1	1	4	1	797
18	6	1	10	3	10	3	3	798
29	7	8	21	12	48	30	20	799
41	18	24	24	32	43	62	71	80
28	12	20	20	21	31	42	47	801
5	1	2	1	6	6	9	13	802
7	4	1	1	3	6	6	9	803
1	1	1	2	2		5	2	809
24	3	8	20	12	20	62	34	81
7	2	2	7	4	5	11	15	811
17	1	6	13	8	15	51	19	819
731	**289**	**224**	**374**	**292**	**401**	**433**	**497**	P
731	289	224	374	292	401	433	497	82
167	64	67	118	98	168	128	177	821
320	130	91	138	90	72	122	119	822
119	53	35	55	55	64	77	71	823
8	3	2	5	8	9	10	14	824
12	4	5	4		3		1	825
105	35	24	54	41	85	96	115	829
630	**238**	**115**	**209**	**179**	**272**	**382**	**318**	Q
500	198	83	156	123	191	319	258	83
33	9	5	9	9	12	21	19	831
201	137	48	87	64	104	201	117	832
67	12	11	25	26	39	63	70	833
166	31	14	23	19	27	21	22	834
3	1		2			1	1	835
8	2		1		2	1	3	836
7	1	1	3	3		3	13	837
15	5	4	6	2	7	8	13	839
130	40	32	53	56	81	63	60	84
112	37	30	45	49	72	52	48	841
18	3	2	8	7	9	11	12	842
199	**79**	**61**	**113**	**85**	**214**	**218**	**247**	R
19	8	4	10	4	17	12	5	85
3	1	1	3		4	3		851
16	7	3	7	4	13	9	5	852

1-7 续表 9

行 业	代码	法人单位数(个)	1949年及以前	1950-1977年	1978-1991年
广播、电视、电影和影视录音制作业	86	727		63	102
广播	861	115		15	24
电视	862	183		17	41
电影和影视节目制作	863	157		2	4
电影和影视节目发行	864	40		5	5
电影放映	865	206		24	28
录音制作	866	26			
文化艺术业	87	3021	24	246	499
文艺创作与表演	871	409	2	39	16
艺术表演场馆	872	76	3	11	13
图书馆与档案馆	873	307	3	47	101
文物及非物质文化遗产保护	874	160	5	15	34
博物馆	875	129	1	9	45
烈士陵园、纪念馆	876	80		8	24
群众文化活动	877	1223	10	101	230
其他文化艺术业	879	637		16	36
体育	88	517		7	25
体育组织	881	206		3	12
体育场馆	882	72		1	6
休闲健身活动	883	198		2	4
其他体育	889	41		1	3
娱乐业	89	5489	2	2	36
室内娱乐活动	891	4993	1	1	23
游乐园	892	53		1	3
彩票活动	893	36			4
文化、娱乐、体育经纪代理	894	88	1		3
其他娱乐业	899	319			3
公共管理、社会保障和社会组织	**S**	**65648**	**1405**	**7549**	**19804**
中国共产党机关	90	1248	91	153	386
中国共产党机关	900	1248	91	153	386
国家机构	91	20305	325	1554	4711
国家权力机构	911	312	17	34	107
国家行政机构	912	18942	286	1398	4341
人民法院和人民检察院	913	322	11	73	99
其他国家机构	919	729	11	49	164
人民政协、民主党派	92	257	8	36	78
人民政协	921	149	8	21	55
民主党派	922	108		15	23
社会保障	93	896		12	99
社会保障	930	896		12	99
群众团体、社会团体和其他成员组织	94	12947	123	514	1604
群众团体	941	1339	34	184	270
社会团体	942	9344	18	191	912
基金会	943	65		1	7
宗教组织	944	2199	71	138	415
基层群众自治组织	95	29995	858	5280	12926
社区自治组织	951	4031	21	181	533
村民自治组织	952	25964	837	5099	12393

1992-1995年	1996年	1997年	1998年	1999年	2000年	2001年	2002年	代码
32	11	10	14	5	8	24	22	86
6	2	1	1		1	1	5	861
12	6	3	5	2	4	16	8	862
1	2	3	1	1	2	2	3	863
1			2			1	1	864
10	1	3	5	2		4	5	865
2					1			866
110	42	30	46	35	50	77	68	87
11	4	4	3	3	6	3	8	871
3	3	1	1	1	3	1	2	872
13	7	10	4	4	2	9	6	873
10	3	4	1	3	4	5	2	874
7	1	1	2	2	1	4	2	875
10	1	2	1	1	1	4	2	876
43	18	8	31	14	29	39	36	877
13	5		3	7	4	12	10	879
17	5	5	3	5	11	12	11	88
2	2	2	2	3	5	3	7	881
12	2	2		1	1	4		882
3	1	1	1	1	4	3	2	883
					1	2	2	889
21	13	12	40	36	128	93	141	89
16	12	10	38	32	122	91	134	891
1	1						1	892
2		2	2		2		2	893
				1		1	2	894
2				3	4	1	2	899
3272	**1452**	**733**	**1312**	**1021**	**1812**	**2418**	**2599**	S
81	35	15	23	13	25	49	52	90
81	35	15	23	13	25	49	52	900
1506	518	381	542	426	569	790	886	91
20	13	3	7	7	7	7	5	911
1403	482	362	511	404	541	753	836	912
20	11		9	6	8	6	4	913
63	12	16	15	9	13	24	41	919
14	21	7	8	10	7	7	6	92
10	16		2	3	1	6	3	921
4	5	7	6	7	6	1	3	922
43	19	6	15	14	35	40	41	93
43	19	6	15	14	35	40	41	930
739	264	142	309	214	411	383	403	94
102	25	11	30	16	38	38	41	941
395	133	90	196	139	286	263	293	942
9	2			1	2			943
233	104	41	83	58	85	82	69	944
889	595	182	415	344	765	1149	1211	95
129	87	61	72	51	503	298	247	951
760	508	121	343	293	262	851	964	952

1-7 续表 10

行 业	代码				
		2003年	2004年	2005年	2006年
总 计	00	**12487**	**12857**	**15617**	**16172**
农、林、牧、渔业	A	**144**	**135**	**250**	**215**
农业	01	1		3	2
谷物种植	011	1		1	
棉、麻、糖、烟草种植	013			1	1
蔬菜、食用菌及园艺作物种植	014				
水果种植	015				1
坚果、含油果、香料和饮料作物种植	016				
中药材种植	017				
其他农业	019			1	
林业	02			1	
林木育种和育苗	021			1	
森林经营和管护	023				
畜牧业	03		1		1
牲畜饲养	031		1		
家禽饲养	032				
其他畜牧业	039				1
渔业	04				1
水产养殖	041				1
水产捕捞	042				
农、林、牧、渔服务业	05	143	134	246	211
农业服务业	051	107	95	178	144
林业服务业	052	10	7	15	18
畜牧服务业	053	17	23	36	37
渔业服务业	054	9	9	17	12
采矿业	B	**263**	**199**	**242**	**239**
煤炭开采和洗选业	06	93	53	31	28
烟煤和无烟煤开采洗选	061	88	47	27	24
褐煤开采洗选	062			1	
其他煤炭采选	069	5	6	3	4
石油和天然气开采业	07				1
石油开采	071				
天然气开采	072				1
黑色金属矿采选业	08	34	20	33	28
铁矿采选	081	30	19	32	28
锰矿、铬矿采选	082	1			
其他黑色金属矿采选	089	3	1	1	
有色金属矿采选业	09	13	15	10	18
常用有色金属矿采选	091	10	13	8	14
贵金属矿采选	092	2		1	3
稀有稀土金属矿采选	093	1	2	1	1
非金属矿采选业	10	110	106	161	149
土砂石开采	101	79	69	120	111
化学矿开采	102	13	24	21	23
采盐	103		2		
石棉及其他非金属矿采选	109	18	11	20	15
开采辅助活动	11	2			2
煤炭开采和洗选辅助活动	111	1			1
石油和天然气开采辅助活动	112				
其他开采辅助活动	119	1			1
其他采矿业	12	11	5	7	13

2007年	2008年	2009年	2010年	2011年	2012年	2013年	无开业年份	代码
15094	**21743**	**27443**	**33194**	**37682**	**44058**	**78336**	**1484**	00
213	**421**	**697**	**805**	**853**	**1233**	**1813**	**3**	A
1	2	3	1		6	5		01
		1				1		011
	1							013
1					3	2		014
	1	2			1	1		015
								016
					1	1		017
			1		1			019
		1			1			02
								021
		1			1			023
1	1	1	3		4	4		03
		1	1		4	4		031
	1		1					032
1			1					039
			3	1				04
			2	1				041
			1					042
211	418	692	798	852	1222	1804	3	05
148	297	492	570	619	889	1406	2	051
14	31	33	46	50	50	61	1	052
30	51	115	108	121	203	236		053
19	39	52	74	62	80	101		054
190	**301**	**345**	**331**	**313**	**332**	**325**	**7**	B
14	23	30	22	27	23	25		06
8	16	22	17	19	17	19		061
		1				1		062
6	7	7	5	8	6	5		069
	1	2	1	3	2	3		07
		1		1	1	1		071
	1	1	1	2	1	2		072
34	40	37	43	37	34	22	2	08
32	37	36	39	36	32	19	2	081
2								082
	3	1	4	1	2	3		089
9	18	18	20	12	16	18	1	09
8	14	14	16	8	15	16	1	091
1	3	3	4	2		1		092
	1	1		2	1	1		093
123	201	228	213	216	230	232	3	10
87	148	175	136	152	172	190	1	101
12	22	24	28	26	37	21		102
1								103
23	31	29	49	38	21	21	2	109
3	3	8	8	1	7	6		11
1		3	5		2	4		111
	2	2	1		3	1		112
2	1	3	2	1	2	1		119
7	15	22	24	17	20	19	1	12

1-7 续表 11

行 业	代码	2003年	2004年	2005年	2006年
其他采矿业	120	11	5	7	13
制造业	C	**2525**	**2590**	**2987**	**3183**
农副食品加工业	13	269	251	318	294
谷物磨制	131	117	100	129	128
饲料加工	132	16	17	34	27
植物油加工	133	46	40	47	34
制糖业	134	1		1	1
屠宰及肉类加工	135	22	37	29	21
水产品加工	136	13	11	13	14
蔬菜、水果和坚果加工	137	18	15	23	18
其他农副食品加工	139	36	31	42	51
食品制造业	14	62	68	85	77
焙烤食品制造	141	16	18	18	17
糖果、巧克力及蜜饯制造	142	2	1	9	1
方便食品制造	143	16	16	21	17
乳制品制造	144	2		3	3
罐头食品制造	145	4	10	10	8
调味品、发酵制品制造	146	9	8	14	12
其他食品制造	149	13	15	10	19
酒、饮料和精制茶制造业	15	83	90	130	106
酒的制造	151	19	24	26	21
饮料制造	152	27	29	33	42
精制茶加工	153	37	37	71	43
烟草制品业	16	1	1	2	
烟叶复烤	161		1		
卷烟制造	162				
其他烟草制品制造	169	1		2	
纺织业	17	204	163	196	198
棉纺织及印染精加工	171	126	116	131	136
毛纺织及染整精加工	172	1	2	2	4
麻纺织及染整精加工	173	9	2	2	1
丝绢纺织及印染精加工	174	2	1	4	4
化纤织造及印染精加工	175	5	2	4	2
针织或钩针编织物及其制品制造	176	8	2	6	8
家用纺织制成品制造	177	18	11	13	18
非家用纺织制成品制造	178	35	27	34	25
纺织服装、服饰业	18	105	99	117	146
机织服装制造	181	94	80	95	128
针织或钩针编织服装制造	182	3	6	6	7
服饰制造	183	8	13	16	11
皮革、毛皮、羽毛及其制品和制鞋业	19	18	19	24	18
皮革鞣制加工	191	2		3	2
皮革制品制造	192	7	4	8	5
毛皮鞣制及制品加工	193	3	3		1
羽毛(绒)加工及制品制造	194	1	2	1	
制鞋业	195	5	10	12	10
木材加工和木、竹、藤、棕、草制品业	20	52	47	80	68
木材加工	201	17	17	34	27
人造板制造	202	17	13	23	14
木制品制造	203	12	13	17	23
竹、藤、棕、草等制品制造	204	6	4	6	4

2007年	2008年	2009年	2010年	2011年	2012年	2013年	无开业年份	代码
7	15	22	24	17	20	19	1	120
2938	**3910**	**4638**	**5447**	**6015**	**6279**	**8428**	**190**	C
266	366	378	418	401	455	639	11	13
84	111	91	120	132	116	172	1	131
27	28	37	53	35	33	47		132
31	54	56	68	34	52	79	3	133
3	2		1	3		3		134
33	48	59	42	38	65	57	3	135
14	25	17	20	17	26	18	1	136
28	44	36	37	52	48	70		137
46	54	82	77	90	115	193	3	139
96	112	118	117	146	198	232	6	14
26	31	34	39	45	69	76	2	141
4	2	8	6	5	8	8		142
19	28	34	31	34	53	64		143
3	3		1	2	3	1		144
7	11	4	11	10	8	11		145
13	10	13	8	12	13	17	1	146
24	27	25	21	38	44	55	3	149
86	179	197	182	182	238	519	6	15
13	31	29	28	31	32	66	2	151
32	49	59	56	59	75	87	2	152
41	99	109	98	92	131	366	2	153
		2	5	2	2			16
		1	1	1	1			161
			1					162
		1	3	1	1			169
135	203	199	274	261	265	277	7	17
76	118	94	161	146	142	102	6	171
2	5	4	2	8	5	7		172
3	2	3	3	6	3	2		173
1	6	3	3	2	1	2		174
3	5	10	6	8	6	12		175
5	16	10	10	11	13	13		176
15	22	22	33	34	35	86	1	177
30	29	53	56	46	60	53		178
149	170	214	322	453	482	1039	15	18
118	130	149	249	328	337	733	12	181
6	7	22	13	43	25	40		182
25	33	43	60	82	120	266	3	183
12	21	35	51	68	77	159	4	19
	1		1	3	4	6		191
4	9	11	12	20	14	21	4	192
1	2	7	5	15	33	78		193
	1		1		1	3		194
7	8	17	32	30	25	51		195
78	95	129	138	155	151	211	5	20
27	41	57	59	52	69	101	1	201
15	21	18	29	32	18	15	1	202
26	30	45	36	57	53	79	3	203
10	3	9	14	14	11	16		204

1-7 续表 12

行 业	代码	2003年	2004年	2005年	2006年
家具制造业	21	22	35	28	39
木质家具制造	211	18	26	19	28
竹、藤家具制造	212		1	1	2
金属家具制造	213	1	1	3	3
塑料家具制造	214			1	2
其他家具制造	219	3	7	4	4
造纸和纸制品业	22	47	51	65	63
纸浆制造	221	1	1		
造纸	222	18	20	16	20
纸制品制造	223	28	30	49	43
印刷和记录媒介复制业	23	101	97	76	91
印刷	231	92	75	64	80
装订及印刷相关服务	232	9	21	12	10
记录媒介复制	233		1		1
文教、工美、体育和娱乐用品制造业	24	23	24	22	32
文教办公用品制造	241	2	4	3	5
乐器制造	242	1	1	2	2
工艺美术品制造	243	17	14	15	18
体育用品制造	244	1	2	1	4
玩具制造	245	2		1	3
游艺器材及娱乐用品制造	246		3		
石油加工及炼焦	25	5	9	4	8
化学原料和化学制品制造业	26	155	154	163	170
基础化学原料制造	261	29	34	34	38
肥料制造	262	30	42	38	30
农药制造	263	6	3	5	4
涂料、油墨、颜料及类似产品制造	264	26	21	21	22
合成材料制造	265	8	11	12	14
专用化学产品制造	266	46	31	34	44
炸药、火工及焰火产品制造	267	8	4	10	9
日用化学产品制造	268	2	8	9	9
医药制造业	27	54	38	45	32
化学药品原料药制造	271	3	7	12	4
化学药品制剂制造	272	7	3	7	3
中药饮片加工	273	10	8	1	6
中成药生产	274	18	9	4	5
兽用药品制造	275		1	5	4
生物药品制造	276	7	2	8	1
卫生材料及医药用品制造	277	9	8	8	9
化学纤维制造业	28	4	5	4	2
纤维素纤维原料及纤维制造	281		1	2	1
合成纤维制造	282	4	4	2	1
橡胶和塑料制品业	29	93	117	128	143
橡胶制品业	291	16	21	23	23
塑料制品业	292	77	96	105	120
非金属矿物制品业	30	317	307	443	571
水泥、石灰和石膏制造	301	33	34	45	48
石膏、水泥制品及类似制品制造	302	110	98	131	187
砖瓦、石材等建筑材料制造	303	127	127	199	276
玻璃制造	304	1	6	4	7
玻璃制品制造	305	12	7	13	10

2007年	2008年	2009年	2010年	2011年	2012年	2013年	无开业年份	代码
36	37	80	89	95	122	230	13	21
20	20	54	69	66	91	175	10	211
		2			5	2		212
4	9	13	5	13	9	17	1	213
1	2	1	3	2	2	4		214
11	6	10	12	14	15	32	2	219
29	54	85	82	84	90	149	2	22
1	3		2		1	2		221
10	18	24	16	21	25	18		222
18	33	61	64	63	64	129	2	223
76	109	112	125	133	128	150	3	23
59	89	97	102	114	107	111	3	231
17	19	15	21	19	20	38		232
	1		2		1	1		233
29	46	72	74	83	105	217	2	24
6	5	9	7	18	9	14		241
1	3			5	4	1		242
18	33	46	52	48	78	184		243
2	1	6	4	6	5	4		244
2	3	9	8	5	6	9	1	245
	1	2	3	1	3	5	1	246
9	6	11	12	12	12	9	2	25
172	206	236	273	270	266	264	12	26
35	41	36	43	44	45	28	3	261
31	41	73	79	66	57	56	3	262
6	8	8	10	11	5	6		263
18	28	28	36	48	57	70	2	264
15	21	20	30	25	22	25	2	265
45	37	59	53	47	64	48	2	266
9	14	6	8	4	5	7		267
13	16	6	14	25	11	24		268
34	35	74	60	63	61	79	4	27
9	7	14	16	4	9	9	1	271
2	4	5	3	6	3	6		272
4	3	9	10	11	9	20		273
5	5	13	7	7	6	8	1	274
1	1	4	2	6	3			275
5	7	20	12	14	14	21	1	276
8	8	9	10	15	17	15	1	277
	2	3	3	6	6	5	2	28
			2	1	1	1		281
	2	3	1	5	5	4	2	282
149	164	170	206	248	236	236	4	29
21	26	22	30	39	35	27	1	291
128	138	148	176	209	201	209	3	292
448	682	757	853	1031	1040	1335	23	30
37	52	69	42	70	79	77	1	301
129	213	253	271	327	389	548	4	302
209	347	346	429	481	435	558	14	303
8	4	13	19	25	19	32	1	304
17	12	18	22	35	32	31	1	305

1-7 续表 13

行　业	代码				
		2003年	2004年	2005年	2006年
玻璃纤维和玻璃纤维增强塑料制品制造	306	3	4	3	4
陶瓷制品制造	307	1	2	4	2
耐火材料制品制造	308	13	8	15	12
石墨及其他非金属矿物制品制造	309	17	21	29	25
黑色金属冶炼和压延加工业	31	51	56	49	50
炼铁	311	2	2	3	3
炼钢	312	3	2	1	3
黑色金属铸造	313	21	28	33	22
钢压延加工	314	18	21	10	19
铁合金冶炼	315	7	3	2	3
有色金属冶炼和压延加工业	32	24	30	30	32
常用有色金属冶炼	321	7	10	8	7
贵金属冶炼	322	1			1
稀有稀土金属冶炼	323	1		1	2
有色金属合金制造	324	2	7	5	6
有色金属铸造	325	2	1	3	3
有色金属压延加工	326	11	12	13	13
金属制品业	33	121	145	170	178
结构性金属制品制造	331	51	72	84	90
金属工具制造	332	14	10	9	14
集装箱及金属包装容器制造	333	10	9	10	10
金属丝绳及其制品制造	334	3	7	3	10
建筑、安全用金属制品制造	335	14	6	12	13
金属表面处理及热处理加工	336	5	10	8	2
搪瓷制品制造	337	1		1	
金属制日用品制造	338	4	8	8	7
其他金属制品制造	339	19	23	35	32
通用设备制造业	34	163	192	183	180
锅炉及原动设备制造	341	15	18	15	21
金属加工机械制造	342	45	45	50	41
物料搬运设备制造	343	6	8	10	9
泵、阀门、压缩机及类似机械制造	344	22	27	23	22
轴承、齿轮和传动部件制造	345	7	8	5	9
烘炉、风机、衡器、包装等设备制造	346	17	23	18	13
文化、办公用机械制造	347	1	2	1	1
通用零部件制造	348	39	48	44	47
其他通用设备制造业	349	11	13	17	17
专用设备制造业	35	139	151	142	191
采矿、冶金、建筑专用设备制造	351	29	38	36	45
化工、木材、非金属加工专用设备制造	352	29	35	32	49
食品、饮料、烟草及饲料生产专用设备制造	353	8	5	11	8
印刷、制药、日化及日用品生产专用设备制造	354	11	2	5	8
纺织、服装和皮革加工专用设备制造	355	5	5	6	6
电子和电工机械专用设备制造	356	20	15	11	21
农、林、牧、渔专用机械制造	357	6	4	12	12
医疗仪器设备及器械制造	358	9	14	10	14
环保、社会公共服务及其他专用设备制造	359	22	33	19	28
汽车制造业	36	206	220	225	229
汽车整车制造	361	3	2	1	3
改装汽车制造	362	9	12	6	5
低速载货汽车制造	363			2	

2007年	2008年	2009年	2010年	2011年	2012年	2013年	无开业年份	代码
	5	6	5	9	13	10	1	306
10	9	13	18	27	8	20		307
17	12	6	8	20	29	21	1	308
21	28	33	39	37	36	38		309
43	44	71	74	65	63	52	1	31
5	2	1	2	1	5			311
5	4	3	5	5	7	4		312
20	17	35	27	26	21	13		313
11	18	26	34	32	29	32	1	314
2	3	6	6	1	1	3		315
23	47	52	38	63	46	64	2	32
4	15	12	12	11	12	12	2	321
	1	1	1	1		1		322
	1	4				1		323
6	11	14	3	14	8	9		324
2	4	3	5	6	2	2		325
11	15	18	17	31	24	39		326
160	228	305	343	376	431	653	12	33
91	129	165	219	220	264	444	6	331
14	17	15	26	26	32	43	3	332
7	10	11	4	10	17	12	1	333
8	9	7	2	6	4	5		334
7	25	31	26	43	34	47	2	335
7	5	9	23	9	17	13		336
2			1	1		3		337
11	9	21	10	12	22	45		338
13	24	46	32	49	41	41		339
193	251	257	374	395	394	477	15	34
15	21	21	37	28	34	24	1	341
67	73	73	103	116	116	141	4	342
6	13	8	23	18	23	21		343
13	10	24	22	30	26	26	3	344
6	17	10	10	20	9	11		345
17	18	21	39	26	33	40	2	346
2	3	1	2	9	1	8	1	347
55	74	69	103	114	117	156	3	348
12	22	30	35	34	35	50	1	349
202	203	273	334	389	387	414	19	35
54	44	54	62	69	63	67		351
58	56	67	83	97	92	96	3	352
7	7	13	18	13	13	17	1	353
6	7	13	24	21	29	18	3	354
2	7	6	10	15	11	12	1	355
20	17	29	32	35	51	55	4	356
15	18	25	28	40	29	36	1	357
10	14	15	25	38	28	26	1	358
30	33	51	52	61	71	87	5	359
223	264	369	478	440	409	376	11	36
1		4	3	2	4	5		361
5	7	10	9	6	4	6		362
1			1	4	2	1		363

1-7 续表 14

行　业	代码	2003年	2004年	2005年	2006年
电车制造	364				
汽车车身、挂车制造	365	4		2	3
汽车零部件及配件制造	366	190	206	214	218
铁路、船舶、航空航天和其他运输设备制造业	37	10	18	22	32
铁路运输设备制造	371	2	4	6	9
城市轨道交通设备制造	372				
船舶及相关装置制造	373	8	11	11	20
航空、航天器及设备制造	374				2
摩托车制造	375		2		1
自行车制造	376		1	3	
非公路休闲车及零配件制造	377			1	
潜水救捞及其他未列明运输设备制造	379			1	
电气机械和器材制造业	38	87	84	96	109
电机制造	381	14	10	12	10
输配电及控制设备制造	382	29	26	31	44
电线、电缆、光缆及电工器材制造	383	14	16	19	22
电池制造	384	6	5	8	3
家用电力器具制造	385	5	8	9	5
非电力家用器具制造	386	3	6	4	9
照明器具制造	387	12	7	4	9
其他电气机械及器材制造	389	4	6	9	7
计算机、通信和其他电子设备制造业	39	40	44	43	41
计算机制造	391	2	6	4	5
通信设备制造	392	5	5	8	7
广播电视设备制造	393	1	1	1	
雷达及配套设备制造	394				1
视听设备制造	395		3		1
电子器件制造	396	12	14	14	14
电子元件制造	397	11	9	6	7
其他电子设备制造	399	9	6	10	6
仪器仪表制造业	40	27	34	25	34
通用仪器仪表制造	401	12	17	11	17
专用仪器仪表制造	402	9	7	5	11
钟表与计时仪器制造	403	1	2	1	
光学仪器及眼镜制造	404	2	1	3	3
其他仪器仪表制造业	409	3	7	5	3
其他制造业	41	22	17	32	20
废弃资源综合利用业	42	8	8	19	9
金属废料和碎屑加工处理	421	6	4	11	6
非金属废料和碎屑加工处理	422	2	4	8	3
金属制品、机械和设备修理业	43	12	16	21	20
金属制品修理	431	1		1	1
通用设备修理	432		4	2	1
专用设备修理	433	2	3	4	2
铁路、船舶、航空航天等运输设备修理	434	2	3	4	6
电气设备修理	435	4		3	3
仪器仪表修理	436			1	
其他机械和设备修理业	439	3	6	6	7
电力、热力、燃气及水生产和供应业	D	**125**	**124**	**151**	**160**
电力、热力生产和供应业	44	76	71	80	97
电力生产	441	67	61	71	88

2007年	2008年	2009年	2010年	2011年	2012年	2013年	无开业年份	代码
	2		2	2	2	2	1	364
1		1	1	3				365
215	255	354	462	423	397	362	10	366
32	41	36	51	46	41	34		37
11	7	9	8	10	11	8		371
1	1		1	1	1	1		372
11	29	24	31	26	16	14		373
1			3	1	2	1		374
3	2	1	2	3	3	3		375
2	1	2	4	2	3	5		376
2	1		2	1	1	2		377
1				2	4			379
116	142	194	196	253	240	243	2	38
4	19	20	21	21	26	21		381
38	50	66	69	84	78	79		382
27	16	31	22	34	27	36	1	383
10	11	9	10	14	10	8		384
6	4	7	17	11	18	18		385
8	16	12	18	11	16	18		386
11	12	28	23	38	35	40	1	387
12	14	21	16	40	30	23		389
54	68	88	113	109	127	137	3	39
6	6	8	8	6	14	18		391
8	9	8	18	8	12	17		392
2	1	1	5	3	2	7		393
				2	1	1		394
2	1	7		2	5	4		395
12	14	22	28	31	31	24		396
10	29	21	35	35	31	36	1	397
14	8	21	19	22	31	30	2	399
31	41	43	55	63	64	49	1	40
20	21	25	30	34	34	22	1	401
7	7	9	13	18	15	9		402
	1		1	1	1	2		403
	6	5	7	4	6	7		404
4	6	4	4	6	8	9		409
22	39	33	44	59	66	85	2	41
12	21	15	22	24	30	32	1	42
7	13	11	12	16	15	8		421
5	8	4	10	8	15	24	1	422
23	34	30	41	40	47	62		43
2	2	1	2	1	1	3		431
5	3	4	7	8	6	7		432
4	4	4	7	8	11	7		433
4	4	5	8	6	10	10		434
2	9	6	8	5	3	9		435
1		2	1	2	3	1		436
5	12	8	8	10	13	25		439
113	**187**	**223**	**196**	**147**	**213**	**207**	**12**	**D**
74	87	93	101	70	84	72	11	44
55	78	76	82	54	70	61	10	441

1-7 续表 15

行　业	代码	2003年	2004年	2005年	2006年
电力供应	442	9	9	9	6
热力生产和供应	443		1		3
燃气生产和供应业	45	20	10	17	14
燃气生产和供应业	450	20	10	17	14
水的生产和供应业	46	29	43	54	49
自来水生产和供应	461	23	40	45	37
污水处理及其再生利用	462	6	3	7	9
其他水的处理、利用与分配	469			2	3
建筑业	E	**606**	**707**	**759**	**634**
房屋建筑业	47	142	164	176	140
房屋建筑业	470	142	164	176	140
土木工程建筑业	48	85	118	140	88
铁路、道路、隧道和桥梁工程建筑	481	37	45	62	37
水利和内河港口工程建筑	482	9	7	9	5
工矿工程建筑	484	7	11	8	7
架线和管道工程建筑	485	7	14	17	10
其他土木工程建筑	489	25	41	44	29
建筑安装业	49	110	118	143	112
电气安装	491	27	23	38	34
管道和设备安装	492	21	28	20	17
其他建筑安装业	499	62	67	85	61
建筑装饰和其他建筑业	50	269	307	300	294
建筑装饰业	501	170	175	186	164
工程准备活动	502	14	31	27	32
提供施工设备服务	503	13	15	14	24
其他未列明建筑业	509	72	86	73	74
批发和零售业	F	**3100**	**3019**	**3483**	**4011**
批发业	51	1705	1662	1834	2121
农、林、牧产品批发	511	152	100	162	180
食品、饮料及烟草制品批发	512	116	114	147	174
纺织、服装及家庭用品批发	513	115	118	122	150
文化、体育用品及器材批发	514	36	35	42	52
医药及医疗器材批发	515	105	106	100	97
矿产品、建材及化工产品批发	516	553	584	607	738
机械设备、五金产品及电子产品批发	517	472	442	458	521
贸易经纪与代理	518	65	57	67	57
其他批发业	519	91	106	129	152
零售业	52	1395	1357	1649	1890
综合零售	521	218	218	290	321
食品、饮料及烟草制品专门零售	522	109	100	143	161
纺织、服装及日用品专门零售	523	124	103	167	166
文化、体育用品及器材专门零售	524	61	56	79	103
医药及医疗器材专门零售	525	189	201	219	198
汽车、摩托车、燃料及零配件专门零售	526	213	199	214	295
家用电器及电子产品专门零售	527	185	213	221	298
五金、家具及室内装饰材料专门零售	528	155	146	174	197
货摊、无店铺及其他零售业	529	141	121	142	151
交通运输、仓储和邮政业	G	**359**	**437**	**445**	**403**
道路运输业	54	211	262	261	237
城市公共交通运输	541	24	34	26	15
公路旅客运输	542	47	51	45	23

2007年	2008年	2009年	2010年	2011年	2012年	2013年	无开业年份	代码
16	8	6	14	12	9	7	1	442
3	1	11	5	4	5	4		443
10	17	32	19	25	43	26		45
10	17	32	19	25	43	26		450
29	83	98	76	52	86	109	1	46
23	72	82	56	38	73	88		461
5	9	14	15	13	11	16	1	462
1	2	2	5	1	2	5		469
702	**861**	**1082**	**1453**	**1806**	**2102**	**2733**	**18**	E
149	154	199	301	344	368	476	4	47
149	154	199	301	344	368	476	4	470
141	168	243	279	299	400	473	2	48
52	59	117	97	107	149	164	2	481
6	9	11	17	12	23	24		482
7	7	10	17	11	19	24		484
15	15	16	20	28	40	37		485
61	78	89	128	141	169	224		489
116	177	195	224	269	338	355	4	49
33	52	69	62	65	81	100		491
24	28	33	50	57	71	72		492
59	97	93	112	147	186	183	4	499
296	362	445	649	894	996	1429	8	50
170	209	256	385	574	708	1043	6	501
39	49	55	73	73	86	129		502
17	18	18	30	19	30	27		503
70	86	116	161	228	172	230	2	509
4148	**6143**	**8313**	**10098**	**12254**	**15049**	**37312**	**93**	F
2271	3201	4229	5276	6537	7679	13720	44	51
173	340	452	564	749	1044	2375	6	511
199	355	502	644	823	1125	2608	5	512
154	244	328	449	558	648	1920	5	513
61	67	101	163	164	224	297	1	514
85	63	100	89	133	175	284	2	515
757	1069	1375	1729	2092	2154	3138	13	516
616	809	1007	1228	1450	1591	2223	9	517
77	88	143	179	254	381	422		518
149	166	221	231	314	337	453	3	519
1877	2942	4084	4822	5717	7370	23592	49	52
285	572	688	806	957	1319	7604	12	521
150	279	405	526	649	933	2768	3	522
195	327	419	499	653	888	4117	3	523
111	148	205	304	288	424	1042	2	524
126	197	242	262	277	395	554	1	525
251	319	570	589	653	730	1342	6	526
353	473	682	773	919	1038	1981	13	527
227	376	566	653	792	1017	3163	5	528
179	251	307	410	529	626	1021	4	529
389	**582**	**776**	**1009**	**1058**	**1162**	**1582**	**20**	G
212	310	393	454	517	614	856	9	54
18	25	14	30	26	36	205		541
24	34	29	27	29	40	27		542

1-7 续表 16

行 业	代码	2003年	2004年	2005年	2006年
道路货物运输	543	108	144	155	139
道路运输辅助活动	544	32	33	35	60
水上运输业	55	33	34	43	26
水上旅客运输	551	4	4	1	4
水上货物运输	552	19	24	36	17
水上运输辅助活动	553	10	6	6	5
航空运输业	56		3	4	4
航空客货运输	561		2		4
通用航空服务	562			1	
航空运输辅助活动	563		1	3	
管道运输业	57	1	4	4	
管道运输业	570	1	4	4	
装卸搬运和运输代理业	58	69	89	89	84
装卸搬运	581	26	28	30	28
运输代理业	582	43	61	59	56
仓储业	59	38	30	35	39
谷物、棉花等农产品仓储	591	8	14	13	14
其他仓储业	599	30	16	22	25
邮政业	60	7	15	9	13
邮政基本服务	601	1		2	
快递服务	602	6	15	7	13
住宿和餐饮业	H	**197**	**255**	**351**	**340**
住宿业	61	73	84	128	117
旅游饭店	611	31	30	55	41
一般旅馆	612	37	47	64	65
其他住宿业	619	5	7	9	11
餐饮业	62	124	171	223	223
正餐服务	621	103	154	188	190
快餐服务	622	6	8	15	8
饮料及冷饮服务	623	2	1	5	5
其他餐饮业	629	13	8	15	20
信息传输、软件和信息技术服务业	I	**206**	**228**	**319**	**341**
电信、广播电视和卫星传输服务	63	32	46	74	82
电信	631	18	32	19	23
广播电视传输服务	632	14	14	44	54
卫星传输服务	633			11	5
互联网和相关服务	64	33	45	60	52
互联网接入及相关服务	641	4	7	9	9
互联网信息服务	642	23	37	47	40
其他互联网服务	649	6	1	4	3
软件和信息技术服务业	65	141	137	185	207
软件开发	651	87	90	121	127
信息系统集成服务	652	20	13	16	22
信息技术咨询服务	653	15	11	22	24
数据处理和存储服务	654	1	5	1	6
集成电路设计	655	1	1		3
其他信息技术服务业	659	17	17	25	25
房地产业	K	**697**	**741**	**778**	**826**
房地产业	70	697	741	778	826
房地产开发经营	701	323	361	344	385
物业管理	702	211	228	289	283

2007年	2008年	2009年	2010年	2011年	2012年	2013年	无开业年份	代码
155	218	312	343	411	478	563	8	543
15	33	38	54	51	60	61	1	544
28	29	49	46	42	41	32	1	55
4	2	7	8	8	7	10		551
11	19	28	27	20	19	10	1	552
13	8	14	11	14	15	12		553
3	2	3	5	1	4	6		56
2	2	1	1		1	2		561
		1	2	1	1	3		562
1		1	2		2	1		563
2	2	2	5	1	3	3		57
2	2	2	5	1	3	3		570
88	157	169	236	267	283	410	7	58
28	58	59	72	89	97	132		581
60	99	110	164	178	186	278	7	582
36	58	90	103	112	104	148	1	59
11	22	52	42	47	36	60		591
25	36	38	61	65	68	88	1	599
20	24	70	160	118	113	127	2	60
2	4	4	1	5	7	4		601
18	20	66	159	113	106	123	2	602
385	**551**	**644**	**870**	**1020**	**1394**	**3103**	**15**	**H**
154	215	205	233	302	387	511	4	61
56	81	61	74	103	118	103	2	611
76	112	116	118	164	216	342	1	612
22	22	28	41	35	53	66	1	619
231	336	439	637	718	1007	2592	11	62
192	279	380	529	584	799	1862	9	621
14	21	13	27	53	63	189	1	622
6	5	7	17	19	27	48		623
19	31	39	64	62	118	493	1	629
349	**448**	**572**	**771**	**879**	**1145**	**1546**	**5**	**I**
25	53	40	52	60	77	108		63
14	26	27	37	40	55	79		631
11	26	13	15	17	18	28		632
	1			3	4	1		633
63	82	71	110	122	129	180	1	64
8	11	9	13	12	22	27		641
48	57	53	80	89	85	109	1	642
7	14	9	17	21	22	44		649
261	313	461	609	697	939	1258	4	65
149	202	296	383	441	568	718	1	651
45	27	57	47	59	86	90	1	652
36	43	63	90	96	163	300		653
3	3	2	5	14	9	16		654
3	6	9	11	9	8	16		655
25	32	34	73	78	105	118	2	659
970	**911**	**1182**	**1649**	**1745**	**1521**	**1959**	**26**	**K**
970	911	1182	1649	1745	1521	1959	26	70
495	388	486	701	656	492	455	15	701
298	339	421	531	605	591	690	6	702

1-7 续表 17

行业	代码	2003年	2004年	2005年	2006年
房地产中介服务	703	119	112	104	101
自有房地产经营活动	704	21	24	22	27
其他房地产业	709	23	16	19	30
租赁和商务服务业	L	**683**	**816**	**1000**	**1060**
租赁业	71	34	46	52	71
机械设备租赁	711	29	40	48	65
文化及日用品出租	712	5	6	4	6
商务服务业	72	649	770	948	989
企业管理服务	721	102	108	177	168
法律服务	722	33	29	56	35
咨询与调查	723	118	153	172	176
广告业	724	124	161	158	240
知识产权服务	725	8	4	3	7
人力资源服务	726	55	63	84	90
旅行社及相关服务	727	68	73	89	77
安全保护服务	728	10	17	22	23
其他商务服务业	729	131	162	187	173
科学研究和技术服务业	M	**467**	**530**	**843**	**1033**
研究和试验发展	73	28	34	40	54
自然科学研究和试验发展	731		1	2	2
工程和技术研究和试验发展	732	7	18	19	26
农业科学研究和试验发展	733	6	3	8	11
医学研究和试验发展	734	10	11	9	9
社会人文科学研究	735	5	1	2	6
专业技术服务业	74	294	315	434	543
气象服务	741	5	5	12	6
地震服务	742	2	1		3
海洋服务	743				
测绘服务	744	9	5	6	12
质检技术服务	745	20	18	28	75
环境与生态监测	746	5	4	7	9
地质勘查	747	6	5	4	9
工程技术	748	171	200	239	233
其他专业技术服务业	749	76	77	138	196
科技推广和应用服务业	75	145	181	369	436
技术推广服务	751	129	163	353	415
科技中介服务	752	6	5	8	8
其他科技推广和应用服务业	759	10	13	8	13
水利、环境和公共设施管理业	N	**151**	**133**	**216**	**280**
水利管理业	76	50	56	91	127
防洪除涝设施管理	761	5	7	10	17
水资源管理	762	14	19	20	24
天然水收集与分配	763	8	7	12	17
水文服务	764	5	1	4	3
其他水利管理业	769	18	22	45	66
生态保护和环境治理业	77	23	13	17	21
生态保护	771	9	8	5	11
环境治理业	772	14	5	12	10

2007年	2008年	2009年	2010年	2011年	2012年	2013年	无开业年份	代码
150	134	230	329	362	343	533	2	703
18	21	21	23	47	31	195		704
9	29	24	65	75	64	86	3	709
1128	**1697**	**2214**	**2928**	**3695**	**4590**	**6857**	**26**	**L**
49	124	158	173	229	316	742	2	71
46	107	149	161	215	300	657	2	711
3	17	9	12	14	16	85		712
1079	1573	2056	2755	3466	4274	6115	24	72
154	224	265	379	561	747	1038	9	721
27	73	133	90	71	81	79		722
235	315	406	617	821	1072	1646	6	723
290	378	490	652	801	917	1137	4	724
10	1	9	11	15	18	20		725
87	164	177	328	318	443	784	2	726
56	89	110	146	160	171	211	2	727
20	32	38	23	67	34	71		728
200	297	428	509	652	791	1129	1	729
664	**1077**	**1862**	**1765**	**2197**	**2458**	**3495**	**30**	**M**
50	85	93	136	196	180	238	1	73
1	6	2	8	4	7	6		731
23	39	52	67	91	78	119	1	732
8	19	11	18	33	25	30		733
13	13	22	39	60	57	77		734
5	8	6	4	8	13	6		735
353	432	623	646	845	922	1324	17	74
5	5	6	9	13	13	16		741
3	1	2	2	4	3	4		742
					1			743
7	6	19	9	15	25	15		744
26	30	48	61	34	51	39	2	745
5	7	16	13	13	19	25		746
9	8	8	17	13	23	14		747
187	231	331	338	472	500	685	7	748
111	144	193	197	281	287	526	8	749
261	560	1146	983	1156	1356	1933	12	75
236	517	1092	922	1075	1274	1835	9	751
8	11	18	19	30	33	44	1	752
17	32	36	42	51	49	54	2	759
138	**207**	**240**	**275**	**336**	**397**	**480**	**6**	**N**
39	62	74	72	76	107	123		76
6	10	10	17	15	25	17		761
10	13	23	9	14	19	24		762
6	10	14	11	11	7	11		763
3	3	3	4	5	7	6		764
14	26	24	31	31	49	65		769
19	27	46	55	53	54	65		77
6	12	21	25	31	25	25		771
13	15	25	30	22	29	40		772

1-7 续表 18

行 业	代码	2003年	2004年	2005年	2006年
公共设施管理业	78	78	64	108	132
市政设施管理	781	9	12	29	29
环境卫生管理	782	15	11	31	22
城乡市容管理	783	7	5	14	29
绿化管理	784	20	21	21	23
公园和游览景区管理	785	27	15	13	29
居民服务、修理和其他服务业	O	**190**	**219**	**260**	**314**
居民服务业	79	69	86	109	122
家庭服务	791	12	18	11	20
托儿所服务	792	1	5	3	4
洗染服务	793	1	3	4	2
理发及美容服务	794	11	6	10	14
洗浴服务	795	2	4	5	7
保健服务	796	5	6	11	9
婚姻服务	797	4	5	12	12
殡葬服务	798	8	13	11	8
其他居民服务业	799	25	26	42	46
机动车、电子产品和日用产品修理业	80	84	87	94	121
汽车、摩托车修理与维护	801	61	62	56	85
计算机和办公设备维修	802	7	13	9	15
家用电器修理	803	9	9	14	14
其他日用产品修理业	809	7	3	15	7
其他服务业	81	37	46	57	71
清洁服务	811	17	19	22	33
其他未列明服务业	819	20	27	35	38
教育	P	**457**	**464**	**541**	**558**
教育	82	457	464	541	558
学前教育	821	191	184	190	209
初等教育	822	85	93	106	76
中等教育	823	53	53	69	80
高等教育	824	12	12	3	11
特殊教育	825	2	2	3	
技能培训、教育辅助及其他教育	829	114	120	170	182
卫生和社会工作	Q	**343**	**315**	**416**	**375**
卫生	83	229	213	321	293
医院	831	36	22	37	42
社区医疗与卫生院	832	99	96	111	103
门诊部(所)	833	34	48	58	42
计划生育技术服务活动	834	22	21	67	82
妇幼保健院(所、站)	835			1	1
专科疾病防治院(所、站)	836	11	9	21	1
疾病预防控制中心	837	23	11	7	5
其他卫生活动	839	4	6	19	17
社会工作	84	114	102	95	82
提供住宿社会工作	841	98	90	79	66
不提供住宿社会工作	842	16	12	16	16
文化、体育和娱乐业	R	**288**	**373**	**523**	**621**
新闻和出版业	85	10	17	14	10
新闻业	851	4	11	3	2

2007年	2008年	2009年	2010年	2011年	2012年	2013年	无开业年份	代码
80	118	120	148	207	236	292	6	78
15	22	17	21	33	26	29		781
15	21	9	20	29	45	48	1	782
7	13	7	10	16	20	19		783
25	29	44	47	71	88	109		784
18	33	43	50	58	57	87	5	785
294	**455**	**646**	**771**	**867**	**1170**	**3082**	**6**	**O**
94	182	282	349	380	580	1514	3	79
14	25	36	65	64	113	351		791
2	4	8	8	6	8	4		792
7	3	10	5	18	18	58		793
14	23	30	45	46	44	316		794
3	4	8	10	7	14	28		795
6	12	18	24	25	36	80		796
8	8	12	28	13	36	51		797
7	14	16	11	12	15	45	2	798
33	89	144	153	189	296	581	1	799
120	167	222	282	322	354	1121		80
72	112	153	201	216	239	741		801
22	23	24	27	47	37	92		802
20	24	31	37	41	48	162		803
6	8	14	17	18	30	126		809
80	106	142	140	165	236	447	3	81
42	45	55	71	87	139	226		811
38	61	87	69	78	97	221	3	819
432	**751**	**755**	**864**	**1045**	**1143**	**1191**	**7**	**P**
432	751	755	864	1045	1143	1191	7	82
210	330	328	445	482	477	413	1	821
45	92	88	87	96	83	91		822
31	60	81	42	75	64	53		823
12	3	7	5	11	13	8		824
2	6	4	3	10	5	6		825
132	260	247	282	371	501	620	6	829
349	**445**	**445**	**482**	**523**	**728**	**682**	**12**	**Q**
288	354	345	383	435	617	486	3	83
30	52	37	66	68	83	93	3	831
154	174	179	178	208	299	179		832
64	83	73	87	100	179	147		833
13	30	24	28	21	17	16		834
2	1	1	1	3	3	4		835
2	6	7	1	3	4	9		836
8	3	7	4	3	8	2		837
15	5	17	18	29	24	36		839
61	91	100	99	88	111	196	9	84
40	67	71	73	69	98	166	9	841
21	24	29	26	19	13	30		842
452	**704**	**813**	**847**	**780**	**967**	**1450**	**3**	**R**
17	15	18	24	20	38	27		85
3	2		6	5	5	1		851

1-7 续表 19

行 业	代码	2003年	2004年	2005年	2006年
出版业	852	6	6	11	8
广播、电视、电影和影视录音制作业	86	5	22	27	31
广播	861	2	3	9	8
电视	862	2	7	9	9
电影和影视节目制作	863		7	2	6
电影和影视节目发行	864		1	1	2
电影放映	865		4	5	6
录音制作	866	1		1	
文化艺术业	87	62	62	156	203
文艺创作与表演	871	9	6	8	8
艺术表演场馆	872	2	2	2	3
图书馆与档案馆	873	8	4	6	15
文物及非物质文化遗产保护	874	5	4	6	5
博物馆	875	3	2	1	
烈士陵园、纪念馆	876		4	2	2
群众文化活动	877	30	30	110	145
其他文化艺术业	879	5	10	21	25
体育	88	16	15	18	19
体育组织	881	8	9	10	6
体育场馆	882	1		2	2
休闲健身活动	883	4	4	6	8
其他体育	889	3	2		3
娱乐业	89	195	257	308	358
室内娱乐活动	891	186	244	293	347
游乐园	892	4	2	4	3
彩票活动	893	1		1	
文化、娱乐、体育经纪代理	894	1	2	2	3
其他娱乐业	899	3	9	8	5
公共管理、社会保障和社会组织	**S**	**1686**	**1572**	**2053**	**1579**
中国共产党机关	90	15	9	22	6
中国共产党机关	900	15	9	22	6
国家机构	91	528	468	722	600
国家权力机构	911	2	2	2	7
国家行政机构	912	501	457	685	575
人民法院和人民检察院	913	3	1	1	2
其他国家机构	919	22	8	34	16
人民政协、民主党派	92	2	1	2	1
人民政协	921				
民主党派	922	2	1	2	1
社会保障	93	42	35	37	82
社会保障	930	42	35	37	82
群众团体、社会团体和其他成员组织	94	344	392	602	538
群众团体	941	32	21	28	36
社会团体	942	260	307	513	447
基金会	943	1	3	2	2
宗教组织	944	51	61	59	53
基层群众自治组织	95	755	667	668	352
社区自治组织	951	232	181	190	131
村民自治组织	952	523	486	478	221

2007年	2008年	2009年	2010年	2011年	2012年	2013年	无开业年份	代码
14	13	18	18	15	33	26		852
18	42	38	61	61	65	66		86
	6	1	8	7	4	11		861
2	8	6	8	6	8	4		862
9	13	14	18	24	20	23		863
2	2	3	2	2	6	4		864
5	12	12	20	19	22	19		865
	1	2	5	3	5	5		866
79	103	119	156	190	257	406	1	87
10	13	18	19	32	60	127		871
6	4	3	2	7	2	1		872
7	12	10	11	11	7	10		873
6	8	1	9	7	11	12		874
4	6	3	6	8	14	7		875
2	1	1	5	2	3	4		876
25	40	41	47	41	60	94	1	877
19	19	42	57	82	100	151		879
21	38	38	37	50	56	107	1	88
8	18	8	17	15	19	47		881
3	4	9	2	6	7	7		882
8	14	17	13	29	23	49	1	883
2	2	4	5		7	4		889
317	506	600	569	459	551	844	1	89
303	474	566	540	426	489	645		891
3	8	3	5	6	4	4		892
	4	3	1	3		9		893
3	2	11	8	12	18	18		894
8	18	17	15	12	40	168	1	899
1240	**2092**	**1996**	**2633**	**2149**	**2175**	**2091**	**1005**	S
3	15	19	28	17	21	19	151	90
3	15	19	28	17	21	19	151	900
495	613	645	1017	763	754	671	821	91
1	7	6	5	8	4	5	36	911
469	585	590	964	713	721	637	728	912
6	3	12	3	6	7	2	29	913
19	18	37	45	36	22	27	28	919
	3	6	6	2	4	7	21	92
	2	2	1	1	1	2	15	921
	1	4	5	1	3	5	6	922
36	40	27	95	83	68	27		93
36	40	27	95	83	68	27		930
470	962	722	1006	797	943	1054	11	94
34	47	52	77	59	70	93	1	941
351	671	561	875	689	827	920	7	942
3		4	11	2	7	8		943
82	244	105	43	47	39	33	3	944
236	459	577	481	487	385	313	1	95
104	154	171	140	166	246	132	1	951
132	305	406	341	321	139	181		952

1-8 按行业(中类)、开业(成立)

行业	代码	从业人员数(人)	1949年及以前	1950-1977年	1978-1991年
总 计	00	**12920998**	**218819**	**1161688**	**1018822**
农、林、牧、渔业	A	**124839**	**27**	**5139**	**2994**
农业	01	6519		1393	34
谷物种植	011	3123		1076	6
棉、麻、糖、烟草种植	013	268		28	
蔬菜、食用菌及园艺作物种植	014	576			
水果种植	015	2188		44	28
坚果、含油果、香料和饮料作物种植	016	57		14	
中药材种植	017	18			
其他农业	019	289		231	
林业	02	557		384	
林木育种和育苗	021	153		144	
森林经营和管护	023	404		240	
畜牧业	03	722		6	
牲畜饲养	031	467			
家禽饲养	032	13			
其他畜牧业	039	242		6	
渔业	04	760		187	7
水产养殖	041	295		172	7
水产捕捞	042	465		15	
农、林、牧、渔服务业	05	116281	27	3169	2953
农业服务业	051	86801	8	1751	1236
林业服务业	052	6090	14	719	483
畜牧服务业	053	14758	5	328	360
渔业服务业	054	8632		371	874
采矿业	B	**240650**		**21230**	**8452**
煤炭开采和洗选业	06	49155		5693	2537
烟煤和无烟煤开采洗选	061	45414		5693	2459
褐煤开采洗选	062	27			
其他煤炭采选	069	3714			78
石油和天然气开采业	07	18539			
石油开采	071	18433			
天然气开采	072	106			
黑色金属矿采选业	08	41242		2693	673
铁矿采选	081	38410		2693	673
锰矿、铬矿采选	082	1417			
其他黑色金属矿采选	089	1415			
有色金属矿采选业	09	14392		747	188
常用有色金属矿采选	091	11302			185
贵金属矿采选	092	2451		747	3
稀有稀土金属矿采选	093	639			
非金属矿采选业	10	92119		2744	4763
土砂石开采	101	54995		547	2566
化学矿开采	102	20790		1575	2160
采盐	103	1307			
石棉及其他非金属矿采选	109	15027		622	37
开采辅助活动	11	20384		9353	
煤炭开采和洗选辅助活动	111	475		3	
石油和天然气开采辅助活动	112	19630		9350	

时间分组的法人单位从业人员数

1992-1995年	1996年	1997年	1998年	1999年	2000年	2001年	2002年	代码
747409	**219923**	**274650**	**317465**	**319617**	**412545**	**547487**	**659351**	00
2627	**242**	**153**	**599**	**496**	**1850**	**1713**	**2084**	A
153					43	12		01
								011
								013
								014
153								015
					43			016
								017
						12		019
								02
								021
								023
						41		03
						41		031
								032
								039
							15	04
							15	041
								042
2474	242	153	599	496	1807	1660	2069	05
1954	164	98	414	198	1122	1090	1655	051
172	42	18	103	110	84	50	142	052
201	34	21	64	133	585	412	169	053
147	2	16	18	55	16	108	103	054
4450	**6289**	**5191**	**2428**	**3000**	**23910**	**4403**	**5242**	B
1517	1233	354	916	290	1744	673	999	06
1160	1233	218	916	230	1691	664	674	061
								062
357		136		60	53	9	325	069
					18333	5		07
					18333			071
						5		072
338	4273	2034	424	35	1047	766	311	08
337	4273	2034	412	34	1047	766	286	081
							15	082
1			12	1			10	089
125	1	177	1	1981	772	618	708	09
88	1	81	1	1981	694	506	502	091
22					45	112	206	092
15		96			33			093
2396	654	2606	1026	682	1734	2123	3161	10
995	300	379	937	328	972	1394	1316	101
1390	346	722	2	316	606	603	1050	102
								103
11	8	1505	87	38	156	126	795	109
17					82	10	20	11
5								111
					82	10		112

1-8 续表 1

行 业	代码	从业人员数（人）	1949年及以前	1950-1977年	1978-1991年
其他开采辅助活动	119	279			
其他采矿业	12	4819			291
其他采矿业	120	4819			291
制造业	C	**4109021**	**16959**	**263833**	**149955**
农副食品加工业	13	301022	36	2004	3103
谷物磨制	131	85573		173	800
饲料加工	132	31660		6	248
植物油加工	133	41800		429	102
制糖业	134	961			
屠宰及肉类加工	135	37187		1321	428
水产品加工	136	36204			41
蔬菜、水果和坚果加工	137	24089			956
其他农副食品加工	139	43548	36	75	528
食品制造业	14	124496		1422	1165
焙烤食品制造	141	34555		10	636
糖果、巧克力及蜜饯制造	142	8179			
方便食品制造	143	18678		10	245
乳制品制造	144	7078			
罐头食品制造	145	22758			50
调味品、发酵制品制造	146	9871		9	53
其他食品制造	149	23377		1393	181
酒、饮料和精制茶制造业	15	147974	425	2376	17443
酒的制造	151	67833		1106	15713
饮料制造	152	36915			213
精制茶加工	153	43226	425	1270	1517
烟草制品业	16	9737	6903		379
烟叶复烤	161	839			
卷烟制造	162	6918	6903		
其他烟草制品制造	169	1980			379
纺织业	17	353549		7924	18627
棉纺织及印染精加工	171	236144		3988	15875
毛纺织及染整精加工	172	4330			770
麻纺织及染整精加工	173	12150		3895	419
丝绢纺织及印染精加工	174	1109		10	
化纤织造及印染精加工	175	3809			15
针织或钩针编织物及其制品制造	176	8129		4	205
家用纺织制成品制造	177	14463		24	326
非家用纺织制成品制造	178	73415		3	1017
纺织服装、服饰业	18	272790	1577	1912	11010
机织服装制造	181	235324	1577	1899	10594
针织或钩针编织服装制造	182	13499		7	245
服饰制造	183	23967		6	171
皮革、毛皮、羽毛及其制品和制鞋业	19	48346		190	585
皮革鞣制加工	191	1548			
皮革制品制造	192	5898			2
毛皮鞣制及制品加工	193	5994			233
羽毛(绒)加工及制品制造	194	1361			
制鞋业	195	33545		190	350
木材加工和木、竹、藤、棕、草制品业	20	61580		46	945
木材加工	201	12787		38	191
人造板制造	202	26357			698

1992-1995年	1996年	1997年	1998年	1999年	2000年	2001年	2002年	代码
12							20	119
57	128	20	61	12	198	208	43	12
57	128	20	61	12	198	208	43	120
199037	**44962**	**71963**	**94037**	**109300**	**145169**	**184213**	**216522**	C
9721	5176	3122	9079	7520	17755	10989	15816	13
4193	2159	1710	3118	1757	4926	4114	3806	131
1912	1346	40	2635	1460	450	1623	1518	132
660	430	280	579	649	1821	1279	2040	133
	12						68	134
215	489	121	845	366	949	1548	4458	135
293	9	288	1397	228	6984	45	1115	136
	61	31	144	68	1448	928	1065	137
2448	670	652	361	2992	1177	1452	1746	139
4579	1596	5194	3331	2965	3414	3516	5499	14
1404	746	1645	364	72	1446	1498	969	141
34	1	255	388	276		172	534	142
2397	111	359	110	91	474	593	128	143
	66	148	1890	455	110	292	25	144
		93	187	599	188	165	2270	145
406	45	2454	224	27	56	481	326	146
338	627	240	168	1445	1140	315	1247	149
17091	2867	6969	10389	3531	2109	6069	4492	15
9886	340	5915	9599	1660	1001	4440	1548	151
6314	2225	845	176	259	712	767	636	152
891	302	209	614	1612	396	862	2308	153
21						291	6	16
								161
							6	162
21						291		169
9243	5772	3429	5265	9963	20214	26828	25304	17
5300	3695	2213	3344	5739	16341	16017	19421	171
649	4				93	898		172
	518	271		278	345	1055	754	173
		6				41	10	174
95	22	14	47	109	105	71	213	175
6	2		222	13	334	608	156	176
301	1	161	1491	4	724	124	759	177
2892	1530	764	161	3820	2272	8014	3991	178
17194	3105	1601	3735	1196	5752	7195	12841	18
14625	2968	1581	3516	1049	4744	6478	10561	181
2488			107		827	513	1622	182
81	137	20	112	147	181	204	658	183
642	157	171	156	559	421	1672	425	19
17			80	271		3	42	191
295	112		61	50	45	546	6	192
2		150		181	61	56		193
					178	180		194
328	45	21	15	57	137	887	377	195
967	441	1159	639	2050	2788	1223	4348	20
58	216	68	126	149	355	251	667	201
73	102	1071	281	1641	483	566	2908	202

1-8 续表 2

行　业	代码	从业人员数(人)	1949年及以前	1950-1977年	1978-1991年
木制品制造	203	18884		6	53
竹、藤、棕、草等制品制造	204	3552		2	3
家具制造业	21	28233		345	1536
木质家具制造	211	21771		340	148
竹、藤家具制造	212	167			
金属家具制造	213	1603		5	3
塑料家具制造	214	241			8
其他家具制造	219	4451			1377
造纸和纸制品业	22	60735		364	1784
纸浆制造	221	467			
造纸	222	25128		110	886
纸制品制造	223	35140		254	898
印刷和记录媒介复制业	23	54169	238	740	2232
印刷	231	50387	238	712	2033
装订及印刷相关服务	232	3469		28	199
记录媒介复制	233	313			
文教、工美、体育和娱乐用品制造业	24	32532		481	1323
文教办公用品制造	241	3052		18	141
乐器制造	242	2937			
工艺美术品制造	243	20654		459	1164
体育用品制造	244	2085			
玩具制造	245	3086		4	4
游艺器材及娱乐用品制造	246	718			14
石油加工及炼焦	25	13699		1	114
化学原料和化学制品制造业	26	256954		17789	5017
基础化学原料制造	261	62125		1523	1337
肥料制造	262	89940		11036	2341
农药制造	263	10627		196	
涂料、油墨、颜料及类似产品制造	264	19807		356	67
合成材料制造	265	12109		351	411
专用化学产品制造	266	40002		3043	567
炸药、火工及焰火产品制造	267	12766		1284	283
日用化学产品制造	268	9578			11
医药制造业	27	118233		7871	8159
化学药品原料药制造	271	19609		1100	1161
化学药品制剂制造	272	32319		2426	5172
中药饮片加工	273	5693		80	40
中成药生产	274	27692		3074	996
兽用药品制造	275	4063		1191	3
生物药品制造	276	8612			
卫生材料及医药用品制造	277	20245			787
化学纤维制造业	28	9306			761
纤维素纤维原料及纤维制造	281	6408			
合成纤维制造	282	2898			761
橡胶和塑料制品业	29	134950		841	5436
橡胶制品业	291	22717		31	541
塑料制品业	292	112233		810	4895
非金属矿物制品业	30	421624		9133	15830
水泥、石灰和石膏制造	301	63791		2493	1431
石膏、水泥制品及类似制品制造	302	87605		499	2931
砖瓦、石材等建筑材料制造	303	184856		4976	8526

1992-1995年	1996年	1997年	1998年	1999年	2000年	2001年	2002年	代码
817	95	20	122	247	1950	375	726	203
19	28		110	13		31	47	204
551	152	495	567	372	1458	370	381	21
282	136	471	364	364	1356	241	252	211
							6	212
			203	6	33	5	22	213
		24						214
269	16			2	69	124	101	219
508	811	3020	2073	2810	3239	4364	4180	22
								221
196	5	26	890	818	2191	3506	740	222
312	806	2994	1183	1992	1048	858	3440	223
5408	710	1723	1355	659	1972	2463	2706	23
5232	671	1693	1320	619	1917	2427	2577	231
176	39	30	35	40	55	36	129	232
								233
426	299	16	679	286	2050	1689	1192	24
295		8	21	36	23	13	18	241
			280		1637		15	242
111	274	8	374	250	312	1365	639	243
			4		43	145	372	244
1	25				30		139	245
19					5	166	9	246
12	61	62	1340	323	7036	111	571	25
22747	2187	3157	7228	10903	11112	9346	19858	26
6049	457	923	815	8662	6463	1625	2147	261
7313	232	159	3097	353	2061	935	11908	262
2707	430	37	195	220	112	1138	142	263
1255	148	92	471	276	345	1844	1595	264
519		549	121	118	235	595	424	265
1813	578	1367	630	1113	1585	2807	2766	266
2220			89	56	224	8	638	267
871	342	30	1810	105	87	394	238	268
10285	738	3472	1826	4387	3465	14869	14297	27
1622	232	1195	59	2416	346	936	2678	271
8013	84	664	332	819	525	6852	1776	272
348	75	14	316	129	129	5	285	273
119	209	1384	220	519	381	2036	7104	274
					77	671	407	275
9	83	6	739	69	762	2092	570	276
174	55	209	160	435	1245	2277	1477	277
2989		5			187	1583	248	28
2989					18	1583	214	281
		5			169		34	282
4155	1728	1188	4652	6007	3199	6713	13557	29
897	370	703	531	1936	525	2439	1026	291
3258	1358	485	4121	4071	2674	4274	12531	292
26873	5054	7257	5502	9012	8717	8230	12511	30
15394	1212	1568	792	3248	1022	948	3084	301
1715	874	2303	729	488	2435	722	2259	302
3924	2309	1448	2632	2784	3097	4401	2591	303

1-8 续表 3

行业	代码	从业人员数（人）	1949年及以前	1950-1977年	1978-1991年
玻璃制造	304	13469		56	85
玻璃制品制造	305	22801		25	3
玻璃纤维和玻璃纤维增强塑料制品制造	306	3359			135
陶瓷制品制造	307	12892		732	117
耐火材料制品制造	308	12571		352	723
石墨及其他非金属矿物制品制造	309	20280			1879
黑色金属冶炼和压延加工业	31	194829		114791	1878
炼铁	311	2237			37
炼钢	312	108863		98713	
黑色金属铸造	313	31978		11	1058
钢压延加工	314	45692		15985	152
铁合金冶炼	315	6059		82	631
有色金属冶炼和压延加工业	32	58573		17232	1610
常用有色金属冶炼	321	28213		17224	491
贵金属冶炼	322	1840			342
稀有稀土金属冶炼	323	599			318
有色金属合金制造	324	3873			27
有色金属铸造	325	1642			9
有色金属压延加工	326	22406		8	423
金属制品业	33	158879	3	6070	11471
结构性金属制品制造	331	73824	1	4914	3005
金属工具制造	332	13370		334	197
集装箱及金属包装容器制造	333	16800		162	1564
金属丝绳及其制品制造	334	10626		15	4910
建筑、安全用金属制品制造	335	8706		113	8
金属表面处理及热处理加工	336	6597			553
搪瓷制品制造	337	608		1	
金属制日用品制造	338	9238		2	157
其他金属制品制造	339	19110	2	529	1077
通用设备制造业	34	167276	3126	13479	5735
锅炉及原动设备制造	341	19296		299	1509
金属加工机械制造	342	38445	1064	4972	306
物料搬运设备制造	343	12062		2123	296
泵、阀门、压缩机及类似机械制造	344	21688		1233	1255
轴承、齿轮和传动部件制造	345	11146		3034	2
烘炉、风机、衡器、包装等设备制造	346	23588		868	17
文化、办公用机械制造	347	1316			19
通用零部件制造	348	30850	2062	234	2305
其他通用设备制造业	349	8885		716	26
专用设备制造业	35	149889		3641	3370
采矿、冶金、建筑专用设备制造	351	44158		2404	1531
化工、木材、非金属加工专用设备制造	352	30719			214
食品、饮料、烟草及饲料生产专用设备制造	353	9422		11	51
印刷、制药、日化及日用品生产专用设备制造	354	6087		118	22
纺织、服装和皮革加工专用设备制造	355	4703		596	1
电子和电工机械专用设备制造	356	16279		30	36
农、林、牧、渔专用机械制造	357	8787		49	689
医疗仪器设备及器械制造	358	7916		5	594
环保、社会公共服务及其他专用设备制造	359	21818		428	232
汽车制造业	36	455265	657	21098	7912
汽车整车制造	361	106148		6861	1507

1992-1995年	1996年	1997年	1998年	1999年	2000年	2001年	2002年	代码
2173	85	31		778	26	1	453	304
1990	534	757	2	666	507	302	1011	305
91	14		35		14	168	621	306
27		694	130	31	316	379	692	307
720	26	429	922	784	890	718	1148	308
839		27	260	233	410	591	652	309
1612	1204	935	3501	1888	1001	3789	7797	31
	24				263	195		311
152	96	33					360	312
948	212	494	1056	627	404	2694	5241	313
512	872	408	2417	1258	237	900	2196	314
			28	3	97			315
2601	200	668	1394	2011	606	2141	2585	32
13	16	28	1333	48	247	91	1769	321
		5			110	549	28	322
		20						323
	78			33	11	13	57	324
85			46	425	90		38	325
2503	106	615	15	1505	148	1488	693	326
4777	1048	1940	5705	2559	5238	4660	5353	33
821	169	182	3093	943	799	2140	1884	331
194	15		1390	498	43	348	1479	332
680	166	887	38	181	591	836	901	333
1428	393	1	29	70	268	253	31	334
42	220	152	80	19	975	409	200	335
1139			120	72	818	99	155	336
					3			337
238	46	19	424	190	125	38	26	338
235	39	699	531	586	1616	537	677	339
11639	2242	3710	3987	4757	5444	5308	8128	34
756	1183	45		2095	317	296	1680	341
2089	152	390	390	474	1539	666	1627	342
244	4	442	216	651	181	436	391	343
642	15	1098	2296	167	872	1673	1338	344
504	217	97	127	748	73	598	51	345
6851	400	1364	69	278	1214	392	1474	346
						57		347
492	174	103	841	344	504	861	1111	348
61	97	171	48		744	329	456	349
5316	1507	5346	1886	3712	3862	6516	7184	35
1316	354	129	49	1662	232	2504	1696	351
1209	106	47	313	680	776	671	1723	352
713	308	67	971	879	277	750	99	353
45			80	10	54	348	1190	354
25		4	4		616	239	178	355
1202	493	4900	39	130	609	276	193	356
14	45	86	55	18	164	210	424	357
		3	203	46	292	678	169	358
792	201	110	172	287	842	840	1512	359
30205	2750	9416	5932	16695	25326	27940	24760	36
11862	243			9969	303	262	2778	361

1-8 续表 4

行　业	代码	从业人员数(人)	1949年及以前	1950-1977年	1978-1991年
改装汽车制造	362	24969	657	2106	556
低速载货汽车制造	363	150			
电车制造	364	526			
汽车车身、挂车制造	365	7126		538	
汽车零部件及配件制造	366	316346		11593	5849
铁路、船舶、航空航天和其他运输设备制造业	37	58839	3590	7740	1925
铁路运输设备制造	371	21771		1379	1243
城市轨道交通设备制造	372	335			10
船舶及相关装置制造	373	27196	3590	3370	659
航空、航天器及设备制造	374	4384		2860	
摩托车制造	375	2597			
自行车制造	376	1941		23	10
非公路休闲车及零配件制造	377	117			3
潜水救捞及其他未列明运输设备制造	379	498		108	
电气机械和器材制造业	38	182985	404	2213	12456
电机制造	381	19988	404	902	2369
输配电及控制设备制造	382	49702		276	763
电线、电缆、光缆及电工器材制造	383	26307		709	2081
电池制造	384	23229		321	4508
家用电力器具制造	385	32045		5	2717
非电力家用器具制造	386	9337			13
照明器具制造	387	15524			5
其他电气机械及器材制造	389	6853			
计算机、通信和其他电子设备制造业	39	157523		21148	3922
计算机制造	391	7772			6
通信设备制造	392	69799		20944	3759
广播电视设备制造	393	2182			
雷达及配套设备制造	394	231			
视听设备制造	395	3959			18
电子器件制造	396	40353			57
电子元件制造	397	19170		204	
其他电子设备制造	399	14057			82
仪器仪表制造业	40	30480		1564	625
通用仪器仪表制造	401	10729		33	452
专用仪器仪表制造	402	8234		716	93
钟表与计时仪器制造	403	4117		3	
光学仪器及眼镜制造	404	4115		811	
其他仪器仪表制造业	409	3285		1	80
其他制造业	41	19656		1350	468
废弃资源综合利用业	42	10136			1811
金属废料和碎屑加工处理	421	7270			1770
非金属废料和碎屑加工处理	422	2866			41
金属制品、机械和设备修理业	43	14762		68	1323
金属制品修理	431	552			3
通用设备修理	432	4699		16	33
专用设备修理	433	480		12	
铁路、船舶、航空航天等运输设备修理	434	2244		40	
电气设备修理	435	2041			
仪器仪表修理	436	185			
其他机械和设备修理业	439	4561			1287
电力、热力、燃气及水生产和供应业	D	**207880**	**14**	**15847**	**13588**

1992-1995年	1996年	1997年	1998年	1999年	2000年	2001年	2002年	代码
1882		121	291		370	2017	6739	362
								363
								364
		3145		366		1339	785	365
16461	2507	6150	5641	6360	24653	24322	14458	366
824	221	407	375	295	1719	964	2776	37
22	44	96	3	166	334	365	1323	371
								372
800	177	311	372	126	57	327	1222	373
					38	104	91	374
				1	1231	160	90	375
2						8		376
								377
				2	59		50	379
4563	1725	5698	7778	2101	3042	8739	15874	38
997	299	16	81	82	657	383	897	381
1087	423	5347	570	1070	1106	1573	1821	382
281	415	329	326	275	774	4276	3419	383
1098				70	229	349	786	384
			3070	172	24	307	8315	385
10	31	6	2705	98	38	376	462	386
966	557		1026	334	82	1259	46	387
124					132	216	128	389
2567	1003	1472	3678	10638	1029	9904	1052	39
5	226		268			423	81	391
877	540	69	2941	65	79	1634	379	392
51					18	221	8	393
								394
277	14					1		395
171		547	330	10520	52	6524	62	396
182		456	22	40	315	944	39	397
1004	223	400	117	13	565	157	483	399
1229	1912	187	1221	898	1032	1318	752	40
333	180	161	876	781	599	1141	403	401
545	1688	26	336	9	175	69	131	402
300						26		403
12				69	224	36	21	404
39	44		9	39	34	46	197	409
142	59	14	234	35	1897	408	1188	41
11	6	49	110	1017		459	663	42
3	6	49	34	1015		234	646	421
8			76	2		225	17	422
139	231	81	420	151	85	4546	178	43
	18	49	145		48	19		431
19	3		21	2		3476	14	432
41			4		8	18	20	433
5			34	66			45	434
			13				41	435
				3	6	95	25	436
74	210	32	203	80	23	938	33	439
77607	**4140**	**2776**	**7260**	**2868**	**2513**	**2524**	**13207**	D

1-8 续表 5

行 业	代码	从业人员数(人)	1949年及以前	1950-1977年	1978-1991年
电力、热力生产和供应业	44	153597		8727	6419
电力生产	441	50377		7185	2989
电力供应	442	95300		1015	3430
热力生产和供应	443	7920		527	
燃气生产和供应业	45	11974		612	68
燃气生产和供应业	450	11974		612	68
水的生产和供应业	46	42309	14	6508	7101
自来水生产和供应	461	39737	14	6467	7090
污水处理及其再生利用	462	2246		41	9
其他水的处理、利用与分配	469	326			2
建筑业	**E**	**2216763**	**1896**	**255138**	**220708**
房屋建筑业	47	1426593	1896	152146	134257
房屋建筑业	470	1426593	1896	152146	134257
土木工程建筑业	48	429871		76643	75879
铁路、道路、隧道和桥梁工程建筑	481	216581		21582	58173
水利和内河港口工程建筑	482	101497		51281	9215
工矿工程建筑	484	19565		692	1263
架线和管道工程建筑	485	25596		1162	1620
其他土木工程建筑	489	66632		1926	5608
建筑安装业	49	146935		25133	6021
电气安装	491	39896		1736	718
管道和设备安装	492	23404		2998	1136
其他建筑安装业	499	83635		20399	4167
建筑装饰和其他建筑业	50	213364		1216	4551
建筑装饰业	501	125851		568	342
工程准备活动	502	18740		343	2046
提供施工设备服务	503	8089			
其他未列明建筑业	509	60684		305	2163
批发和零售业	**F**	**1458945**	**1011**	**33467**	**70643**
批发业	51	672307	44	7757	25652
农、林、牧产品批发	511	91936	9	1174	1565
食品、饮料及烟草制品批发	512	139379	23	1513	17843
纺织、服装及家庭用品批发	513	48985		103	421
文化、体育用品及器材批发	514	18274		30	1742
医药及医疗器材批发	515	49982		473	112
矿产品、建材及化工产品批发	516	179274	12	3711	2551
机械设备、五金产品及电子产品批发	517	99209		227	425
贸易经纪与代理	518	19784		117	640
其他批发业	519	25484		409	353
零售业	52	786638	967	25710	44991
综合零售	521	272903	128	19747	37916
食品、饮料及烟草制品专门零售	522	77850	2	3331	2484
纺织、服装及日用品专门零售	523	79671		786	580
文化、体育用品及器材专门零售	524	26844	817	778	506
医药及医疗器材专门零售	525	41514	4	678	734
汽车、摩托车、燃料及零配件专门零售	526	116213	5	96	1110
家用电器及电子产品专门零售	527	70317	3	44	470
五金、家具及室内装饰材料专门零售	528	62143	2	148	437
货摊、无店铺及其他零售业	529	39183	6	102	754
交通运输、仓储和邮政业	**G**	**414946**	**9832**	**22362**	**20995**
道路运输业	54	253866	616	17278	12275

1992-1995年	1996年	1997年	1998年	1999年	2000年	2001年	2002年	代码
76504	3170	1551	3492	2552	1072	1653	5655	44
3249	2965	1499	1814	1930	603	1165	4502	441
73205	205	52	1678	622	445	344	1124	442
50					24	144	29	443
65	60	163	35	76	924	175	1132	45
65	60	163	35	76	924	175	1132	450
1038	910	1062	3733	240	517	696	6420	46
1038	909	1062	3733	240	387	660	6336	461
	1				91	36	26	462
					39		58	469
202159	**82677**	**106891**	**90812**	**85126**	**66690**	**178601**	**217921**	E
142894	48410	83893	64870	56935	48785	121865	158551	47
142894	48410	83893	64870	56935	48785	121865	158551	470
41258	13182	16388	17626	17631	7419	27818	18073	48
21083	1342	3270	4402	4876	3676	21695	11196	481
4356	5427	11824	176	1346	1129	829	3973	482
4818	780	655	1601		263	21	362	484
983	5325	481	637	1069	1865	2673	540	485
10018	308	158	10810	10340	486	2600	2002	489
9451	16297	1795	3929	6397	4752	8869	7417	49
2449	2411	1147	1055	843	2539	4559	1056	491
4472	481	234	299	1209	902	690	513	492
2530	13405	414	2575	4345	1311	3620	5848	499
8556	4788	4815	4387	4163	5734	20049	33880	50
2767	3569	3174	2659	2249	4349	18160	27628	501
1013	833	59	137	153	123	338	2616	502
65	8	20	33	911	66	43	466	503
4711	378	1562	1558	850	1196	1508	3170	509
52818	**9276**	**25677**	**26104**	**31391**	**48071**	**35624**	**48516**	F
15093	3728	9412	9623	20944	31031	18002	25889	51
554	261	317	1849	744	1164	2158	2129	511
1719	534	1691	1522	1206	3741	3529	2267	512
465	289	1174	422	911	983	959	2135	513
240	172	63	75	95	234	344	408	514
6426	242	105	501	14971	892	1486	1547	515
1768	1144	4892	3712	1809	21622	3565	12451	516
1933	694	887	1078	873	1718	3689	3564	517
1721	147	150	168	130	253	318	527	518
267	245	133	296	205	424	1954	861	519
37725	5548	16265	16481	10447	17040	17622	22627	52
7111	2157	11423	10216	1998	5849	4857	5422	521
899	773	240	391	520	1746	1815	2099	522
366	552	460	1875	1234	1265	870	1761	523
284	76	299	298	334	538	751	732	524
855	124	867	718	1346	2694	3353	2591	525
25754	681	1647	1335	1717	2167	1995	3938	526
1418	692	466	749	2381	1361	1443	3281	527
520	278	482	493	393	782	1287	1327	528
518	215	381	406	524	638	1251	1476	529
13668	**4547**	**5204**	**28216**	**6032**	**12511**	**15636**	**17625**	G
7530	2795	3749	15175	4685	9305	11845	12174	54

1-8 续表 6

行 业	代码	从业人员数(人)	1949年及以前	1950-1977年	1978-1991年
城市公共交通运输	541	80681		7902	4158
公路旅客运输	542	44553	66	1736	3033
道路货物运输	543	83283	461	1488	2440
道路运输辅助活动	544	45349	89	6152	2644
水上运输业	55	28396	675	1381	4616
水上旅客运输	551	3599	675	150	195
水上货物运输	552	15018		506	3841
水上运输辅助活动	553	9779		725	580
航空运输业	56	7804		128	60
航空客货运输	561	2448			
通用航空服务	562	324			
航空运输辅助活动	563	5032		128	60
管道运输业	57	1150			
管道运输业	570	1150			
装卸搬运和运输代理业	58	36488	502	1405	1469
装卸搬运	581	19334	502	1397	1033
运输代理业	582	17154		8	436
仓储业	59	25668		812	1357
谷物、棉花等农产品仓储	591	11552		389	1178
其他仓储业	599	14116		423	179
邮政业	60	61574	8039	1358	1218
邮政基本服务	601	48224	8039	1330	941
快递服务	602	13350		28	277
住宿和餐饮业	H	**295676**	**591**	**3445**	**6092**
住宿业	61	101917	572	2983	4662
旅游饭店	611	64727	572	2444	4016
一般旅馆	612	30963		524	413
其他住宿业	619	6227		15	233
餐饮业	62	193759	19	462	1430
正餐服务	621	155270	19	406	1261
快餐服务	622	26444			56
饮料及冷饮服务	623	2918			
其他餐饮业	629	9127		56	113
信息传输、软件和信息技术服务业	I	**156862**	**236**	**710**	**6441**
电信、广播电视和卫星传输服务	63	65355	236	626	5953
电信	631	46189	4	35	174
广播电视传输服务	632	18330	232	516	5638
卫星传输服务	633	836		75	141
互联网和相关服务	64	10969		5	61
互联网接入及相关服务	641	1933			
互联网信息服务	642	7681		5	61
其他互联网服务	649	1355			
软件和信息技术服务业	65	80538		79	427
软件开发	651	54255		61	255
信息系统集成服务	652	8712		16	52
信息技术咨询服务	653	8873		2	97
数据处理和存储服务	654	723			
集成电路设计	655	925			5
其他信息技术服务业	659	7050			18
房地产业	K	**362206**	**270**	**3006**	**5959**
房地产业	70	362206	270	3006	5959

1992-1995年	1996年	1997年	1998年	1999年	2000年	2001年	2002年	代码
2353	901	1180	2191	1697	5839	1393	2063	541
1353	1357	1132	6825	661	1455	5060	4293	542
1133	265	805	4766	1639	1208	2929	3312	543
2691	272	632	1393	688	803	2463	2506	544
528	756	1166	1302	72	1613	1903	798	55
101	228	88	8	8	450	243	212	551
259	320	165	330	27	386	1262	556	552
168	208	913	964	37	777	398	30	553
2484	22	64	27	32	170	29	2451	56
	17	2	4	32			2027	561
		62						562
2484	5		23		170	29	424	563
623							48	57
623							48	570
721	595	143	302	435	810	945	916	58
493	207	73	200	107	203	611	551	581
228	388	70	102	328	607	334	365	582
1752	379	79	494	412	527	813	947	59
829	330	70	449	326	443	445	351	591
923	49	9	45	86	84	368	596	599
30		3	10916	396	86	101	291	60
27			10892	354	39	16	25	601
3		3	24	42	47	85	266	602
8566	**21162**	**7096**	**4619**	**6787**	**6123**	**6359**	**9187**	H
5082	822	1627	3153	1158	1897	2340	4111	61
4300	579	1068	2596	661	1379	1585	3317	611
701	175	535	458	434	474	559	629	612
81	68	24	99	63	44	196	165	619
3484	20340	5469	1466	5629	4226	4019	5076	62
1568	2133	5458	1124	5551	3044	3453	4709	621
1841	18152	9	15	34	1135	421	183	622
20				2	17	7	81	623
55	55	2	327	42	30	138	103	629
2119	**360**	**692**	**1845**	**8813**	**7758**	**8819**	**14534**	I
1638	189	310	420	6335	5605	3707	11225	63
927	35	36	214	6185	3999	3601	10803	631
668	154	140	206	130	1606	98	422	632
43		134		20		8		633
9	9	8	17	55	140	1798	854	64
			12	27	78	23		641
8	9	8	5	28	60	1748	435	642
1					2	27	419	649
472	162	374	1408	2423	2013	3314	2455	65
317	139	135	1064	1171	1490	1846	1766	651
1	4	197	98	465	351	407	169	652
118		19	127	108	96	804	213	653
1			2	74		11	12	654
9			10	30	22	84	119	655
26	19	23	107	575	54	162	176	659
14471	**4507**	**10860**	**6005**	**7024**	**12706**	**15236**	**17680**	K
14471	4507	10860	6005	7024	12706	15236	17680	70

1-8 续表 7

行业	代码	从业人员数(人)	1949年及以前	1950-1977年	1978-1991年
房地产开发经营	701	169061		1370	2206
物业管理	702	141805		538	1357
房地产中介服务	703	30002		90	183
自有房地产经营活动	704	11052	270	1003	1711
其他房地产业	709	10286		5	502
租赁和商务服务业	**L**	**380922**	**86**	**5842**	**13312**
租赁业	71	24151	16	63	377
机械设备租赁	711	23046		63	271
文化及日用品出租	712	1105	16		106
商务服务业	72	356771	70	5779	12935
企业管理服务	721	87012	22	4298	2648
法律服务	722	11036		22	1005
咨询与调查	723	50104	44	186	1045
广告业	724	43147		348	59
知识产权服务	725	1006			1
人力资源服务	726	45147		104	1133
旅行社及相关服务	727	21435		41	2178
安全保护服务	728	37359		10	3002
其他商务服务业	729	60525	4	770	1864
科学研究和技术服务业	**M**	**372352**	**811**	**32393**	**22181**
研究和试验发展	73	31788	411	4841	2828
自然科学研究和试验发展	731	2009	403	647	8
工程和技术研究和试验发展	732	14222	8	1592	762
农业科学研究和试验发展	733	6887		2084	785
医学研究和试验发展	734	6369		374	405
社会人文科学研究	735	2301		144	868
专业技术服务业	74	190843	110	25369	14869
气象服务	741	2650		777	397
地震服务	742	830		28	511
海洋服务	743	23			
测绘服务	744	4736	11	936	124
质检技术服务	745	15921	77	423	2372
环境与生态监测	746	3510		420	1288
地质勘查	747	10124	20	2758	643
工程技术	748	120152		17767	8342
其他专业技术服务业	749	32897	2	2260	1192
科技推广和应用服务业	75	149721	290	2183	4484
技术推广服务	751	143042	290	1922	4095
科技中介服务	752	2220		8	163
其他科技推广和应用服务业	759	4459		253	226
水利、环境和公共设施管理业	**N**	**147208**	**183**	**17071**	**23877**
水利管理业	76	33268	174	9112	5298
防洪除涝设施管理	761	8208	57	2420	2134
水资源管理	762	8239	80	1426	770
天然水收集与分配	763	7610	21	3473	1026
水文服务	764	1876	10	457	176
其他水利管理业	769	7335	6	1336	1192
生态保护和环境治理业	77	11082		1433	1436
生态保护	771	5814		1433	1160
环境治理业	772	5268			276
公共设施管理业	78	102858	9	6526	17143

1992-1995年	1996年	1997年	1998年	1999年	2000年	2001年	2002年	代码
7527	1658	3065	3673	4192	5145	5517	7583	701
4601	2597	7000	1312	2228	6103	8507	7872	702
212	42	109	292	228	958	518	1451	703
1633	90	627	589	295	209	521	416	704
498	120	59	139	81	291	173	358	709
14404	**2457**	**3786**	**7446**	**7999**	**11971**	**11967**	**10907**	L
308	199	1079	239	270	662	309	329	71
277	199	1077	239	268	634	302	289	711
31		2		2	28	7	40	712
14096	2258	2707	7207	7729	11309	11658	10578	72
4552	811	758	1407	1971	5206	4355	4544	721
555	171	222	407	266	490	829	433	722
1393	149	285	471	1485	2098	1288	858	723
399	201	407	320	362	550	970	922	724
10	12	4	13	26	3	125	63	725
704	117	114	255	113	481	523	747	726
470	202	75	321	171	736	851	704	727
4437	22	363	2326	2200	649	323	935	728
1576	573	479	1687	1135	1096	2394	1372	729
18610	**4592**	**4022**	**4571**	**4949**	**6210**	**8205**	**9515**	M
2288	302	176	149	1238	333	450	570	73
536	3		8	8	14	16		731
1194	89	28	43	309	93	136	48	732
141	13	115	35	69	71	255	134	733
384	11		12	835	74	28	328	734
33	186	33	51	17	81	15	60	735
14479	3561	3624	3632	3166	5090	6043	7272	74
51	99	123	23	23	81	44	84	741
17	7		2	12	6	1	75	742
								743
417	8	37	70	23	133	355	87	744
498	63	52	495	154	794	176	318	745
109	15	40	13	38	125	23	118	746
482	1122	24		92	88	420	332	747
12148	2072	2537	2710	2645	3362	4200	5468	748
757	175	811	319	179	501	824	790	749
1843	729	222	790	545	787	1712	1673	75
1617	406	205	709	534	746	1520	1530	751
156		3	56		21	78	69	752
70	323	14	25	11	20	114	74	759
14532	**1268**	**2562**	**2468**	**2585**	**3485**	**4011**	**7917**	N
2785	620	234	565	871	595	836	1464	76
330	179	135	86	316	270	183	261	761
1701	365	33	166	145	82	104	632	762
83	23	43	105	214	19	153	152	763
106	11		122	5	11	80	212	764
565	42	23	86	191	213	316	207	769
1379	42	33	134	130	46	153	504	77
182	34	24	34	130	46	106	364	771
1197	8	9	100			47	140	772
10368	606	2295	1769	1584	2844	3022	5949	78

1-8 续表 8

行 业	代码	从业人员数(人)	1949年及以前	1950-1977年	1978-1991年
市政设施管理	781	17115		1210	1862
环境卫生管理	782	39413		3289	8460
城乡市容管理	783	8841	9	332	1222
绿化管理	784	13492		410	1928
公园和游览景区管理	785	23997		1285	3671
居民服务、修理和其他服务业	O	**120019**	**36**	**2534**	**4956**
居民服务业	79	51723	6	1759	1493
家庭服务	791	12346		128	21
托儿所服务	792	1144		103	25
洗染服务	793	1469			20
理发及美容服务	794	5507		23	36
洗浴服务	795	2393			
保健服务	796	3994		20	2
婚姻服务	797	1365			13
殡葬服务	798	5388		856	726
其他居民服务业	799	18117	6	629	650
机动车、电子产品和日用产品修理业	80	34578		174	1707
汽车、摩托车修理与维护	801	23225		119	916
计算机和办公设备维修	802	6102		32	706
家用电器修理	803	3125		23	82
其他日用产品修理业	809	2126			3
其他服务业	81	33718	30	601	1756
清洁服务	811	17921	30	397	163
其他未列明服务业	819	15797		204	1593
教育	P	**774709**	**73684**	**194924**	**130287**
教育	82	774709	73684	194924	130287
学前教育	821	95774	883	7419	5584
初等教育	822	190625	24518	61005	38069
中等教育	823	295125	28987	88180	68787
高等教育	824	131415	18750	33190	11743
特殊教育	825	2397	228	213	699
技能培训、教育辅助及其他教育	829	59373	318	4917	5405
卫生和社会工作	Q	**416916**	**60991**	**147802**	**63008**
卫生	83	393255	60803	145786	58736
医院	831	247829	60219	81499	33040
社区医疗与卫生院	832	92692	567	48569	15800
门诊部(所)	833	11913	12	3055	1553
计划生育技术服务活动	834	8319	3	256	3204
妇幼保健院(所、站)	835	14357		8089	3393
专科疾病防治院(所、站)	836	4432		1531	673
疾病预防控制中心	837	9034		2031	620
其他卫生活动	839	4679	2	756	453
社会工作	84	23661	188	2016	4272
提供住宿社会工作	841	20279	110	1598	3813
不提供住宿社会工作	842	3382	78	418	459
文化、体育和娱乐业	R	**122342**	**3639**	**8471**	**12016**
新闻和出版业	85	19597	2804	591	2028
新闻业	851	1660		93	512
出版业	852	17937	2804	498	1516

1992-1995年	1996年	1997年	1998年	1999年	2000年	2001年	2002年	代码
4756	75	244	684	16	215	168	689	781
3672	91	672	668	689	1248	1172	2523	782
230		8	16	234	486	318	946	783
783	155	400	166	456	512	902	685	784
927	285	971	235	189	383	462	1106	785
3118	**713**	**547**	**1290**	**3719**	**1722**	**2370**	**2885**	O
1284	513	126	582	401	795	701	763	79
37	18		66	19	20	138	91	791
8			41	33	23	20	59	792
34			5	1			98	793
8	33	15	129	58	122	181	122	794
					4	14	17	795
2			10		16	17	26	796
18	79	5	5	5	10	69	6	797
804	287	27	225	41	169	43	55	798
373	96	79	101	244	431	219	289	799
632	144	337	333	1427	640	888	1481	80
334	112	299	290	244	567	553	1228	801
231	6	3	2	1162	40	186	71	802
57	17	30	3	13	33	76	164	803
10	9	5	38	8		73	18	809
1202	56	84	375	1891	287	781	641	81
93	16	50	189	109	116	240	254	811
1109	40	34	186	1782	171	541	387	819
26972	**9205**	**8029**	**16596**	**15943**	**24741**	**23117**	**26008**	P
26972	9205	8029	16596	15943	24741	23117	26008	82
3990	1177	1357	1899	1910	3112	2885	3218	821
9703	3091	2760	4438	2618	2303	3480	4139	822
10371	4367	3538	5992	6519	5286	7855	8487	823
1024	29	16	3338	4342	12688	7108	7012	824
342	68	74	46		51		15	825
1542	473	284	883	554	1301	1789	3137	829
12710	**3784**	**2867**	**6287**	**7341**	**4760**	**5734**	**5218**	Q
11348	2997	2560	5863	6879	3885	5295	4727	83
6562	1173	1732	4409	5806	1420	1764	1859	831
2392	1340	600	780	563	1919	2586	1334	832
308	43	99	138	111	151	271	306	833
1009	219	93	190	138	147	276	165	834
619	80		99			34	8	835
71	18		2		105	16	52	836
174	43	8	74	185		278	928	837
213	81	28	171	76	143	70	75	839
1362	787	307	424	462	875	439	491	84
1238	749	290	382	396	723	376	420	841
124	38	17	42	66	152	63	71	842
3368	**1495**	**837**	**1011**	**1124**	**6734**	**5060**	**2155**	R
894	356	140	120	75	4235	2714	108	85
402	1	49	22		26	14		851
492	355	91	98	75	4209	2700	108	852

1-8 续表 9

行业	代码	从业人员数（人）	1949年及以前	1950-1977年	1978-1991年
广播、电视、电影和影视录音制作业	86	22190		2055	3698
广播	861	2133		566	433
电视	862	11645		630	1925
电影和影视节目制作	863	2297		68	388
电影和影视节目发行	864	841		233	199
电影放映	865	5001		558	753
录音制作	866	273			
文化艺术业	87	35963	809	5521	5169
文艺创作与表演	871	8522	27	1572	208
艺术表演场馆	872	1699	80	238	293
图书馆与档案馆	873	4570	435	1003	1635
文物及非物质文化遗产保护	874	1938	35	470	438
博物馆	875	2538	52	520	734
烈士陵园、纪念馆	876	868		84	395
群众文化活动	877	8758	180	1320	1238
其他文化艺术业	879	7070		314	228
体育	88	7788		269	531
体育组织	881	2968		193	366
体育场馆	882	1408		31	79
休闲健身活动	883	3074		12	45
其他体育	889	338		33	41
娱乐业	89	36804	26	35	590
室内娱乐活动	891	29655	1	8	226
游乐园	892	1400		27	51
彩票活动	893	754			239
文化、娱乐、体育经纪代理	894	921	25		23
其他娱乐业	899	4074			51
公共管理、社会保障和社会组织	**S**	**998742**	**48553**	**128474**	**243358**
中国共产党机关	90	28916	3883	3643	9045
中国共产党机关	900	28916	3883	3643	9045
国家机构	91	643929	38581	87030	149592
国家权力机构	911	9809	987	742	4408
国家行政机构	912	578938	30256	75783	131970
人民法院和人民检察院	913	28742	2269	7579	9487
其他国家机构	919	26440	5069	2926	3727
人民政协、民主党派	92	5170	677	898	1545
人民政协	921	4522	677	741	1448
民主党派	922	648		157	97
社会保障	93	10835		179	2034
社会保障	930	10835		179	2034
群众团体、社会团体和其他成员组织	94	126738	1178	6128	12393
群众团体	941	19931	538	3881	3036
社会团体	942	93269	134	1624	7000
基金会	943	362		5	44
宗教组织	944	13176	506	618	2313
基层群众自治组织	95	183154	4234	30596	68749
社区自治组织	951	43464	164	1773	4684
村民自治组织	952	139690	4070	28823	64065

1992-1995年	1996年	1997年	1998年	1999年	2000年	2001年	2002年	代码
1056	616	203	307	205	954	1031	560	86
153	42	6	8		10	226	51	861
707	489	91	93	159	589	666	355	862
30	12	12	14	3	267	15	53	863
30			30			30	13	864
127	73	94	162	43		94	88	865
9					88			866
1044	355	390	339	391	532	609	726	87
267	98	117	176	133	79	40	91	871
71	36	5	1	8	151	4	50	872
153	60	75	9	39	6	91	66	873
47	59	31	1	16	116	28	90	874
53	11	48	9	12	10	159	33	875
44	2	39	3	5	10	64	7	876
259	71	75	127	45	141	145	357	877
150	18		13	133	19	78	32	879
226	39	28	22	115	112	192	143	88
25	8	13	14	19	47	42	77	881
183	28	12		86	44	48		882
18	3	3	8	10	14	98	18	883
					7	4	48	889
148	129	76	223	338	901	514	618	89
68	69	43	202	261	612	464	564	891
58	60						2	892
17		33	21		272		19	893
				10		6	27	894
5				67	17	44	6	899
76173	**18247**	**15497**	**15871**	**15120**	**25621**	**33895**	**32228**	S
1757	579	255	300	156	364	936	1021	90
1757	579	255	300	156	364	936	1021	900
61934	11556	11405	10263	10804	12697	20457	18268	91
650	218	68	285	236	72	240	86	911
56902	10245	10629	9734	10104	11654	18927	17205	912
1087	855		74	362	782	712	336	913
3295	238	708	170	102	189	578	641	919
383	207	17	48	181	36	201	110	92
351	122		37	147	25	190	103	921
32	85	17	11	34	11	11	7	922
905	299	172	295	369	663	554	396	93
905	299	172	295	369	663	554	396	930
5545	2179	2428	2275	1383	3438	3700	4153	94
712	128	510	228	105	375	557	493	941
3452	1625	1717	1554	1109	2584	2704	3243	942
69	11			2	12			943
1312	415	201	493	167	467	439	417	944
5649	3427	1220	2690	2227	8423	8047	8280	95
1355	1019	621	801	638	7038	3500	2709	951
4294	2408	599	1889	1589	1385	4547	5571	952

1-8 续表 10

行 业	代码				
		2003年	2004年	2005年	2006年
总 计	00	**600827**	**543438**	**572362**	**487963**
农、林、牧、渔业	A	**3383**	**2050**	**4295**	**2852**
农业	01	1064		869	262
谷物种植	011	1064		847	
棉、麻、糖、烟草种植	013			9	218
蔬菜、食用菌及园艺作物种植	014				
水果种植	015				44
坚果、含油果、香料和饮料作物种植	016				
中药材种植	017				
其他农业	019			13	
林业	02			9	
林木育种和育苗	021			9	
森林经营和管护	023				
畜牧业	03		88		22
牲畜饲养	031		88		
家禽饲养	032				
其他畜牧业	039				22
渔业	04				10
水产养殖	041				10
水产捕捞	042				
农、林、牧、渔服务业	05	2319	1962	3417	2558
农业服务业	051	1788	1363	2435	1803
林业服务业	052	76	28	147	147
畜牧服务业	053	360	265	699	485
渔业服务业	054	95	306	136	123
采矿业	B	**20132**	**16179**	**12529**	**11297**
煤炭开采和洗选业	06	10776	5939	3360	3027
烟煤和无烟煤开采洗选	061	10482	5463	3186	2831
褐煤开采洗选	062			9	
其他煤炭采选	069	294	476	165	196
石油和天然气开采业	07				11
石油开采	071				
天然气开采	072				11
黑色金属矿采选业	08	3771	2435	2749	1630
铁矿采选	081	2811	2424	2696	1630
锰矿、铬矿采选	082	765			
其他黑色金属矿采选	089	195	11	53	
有色金属矿采选业	09	1385	1148	639	893
常用有色金属矿采选	091	889	1113	412	764
贵金属矿采选	092	430		118	34
稀有稀土金属矿采选	093	66	35	109	95
非金属矿采选业	10	4067	6462	5687	5166
土砂石开采	101	2549	4019	3587	3175
化学矿开采	102	1020	1233	1464	1616
采盐	103		802		
石棉及其他非金属矿采选	109	498	408	636	375
开采辅助活动	11	26			17
煤炭开采和洗选辅助活动	111	13			10
石油和天然气开采辅助活动	112				
其他开采辅助活动	119	13			7
其他采矿业	12	107	195	94	553

2007年	2008年	2009年	2010年	2011年	2012年	2013年	无开业年份	代码
550548	**583340**	**642230**	**730717**	**717293**	**701489**	**846068**	**46947**	00
5196	**8320**	**11581**	**12887**	**12120**	**19395**	**24818**	**18**	A
180	37	142	3		393	1934		01
		120				10		011
	13							013
180					346	50		014
	24	22			5	1868		015
								016
					12	6		017
			3		30			019
		46			118			02
								021
		46			118			023
159	10	15	70		149	162		03
		15	12		149	162		031
	10		3					032
159			55					039
			521	20				04
			71	20				041
			450					042
4857	8273	11378	12293	12100	18735	22722	18	05
3436	6650	8388	9174	9279	14874	17913	8	051
322	395	553	504	620	631	720	10	052
876	700	1543	1291	1301	2172	2754		053
223	528	894	1324	900	1058	1335		054
9302	**14201**	**17320**	**13571**	**15145**	**17712**	**8457**	**210**	B
723	1701	2077	1394	1282	969	1951		06
568	1261	1812	1300	1114	760	1699		061
		7				11		062
155	440	258	94	168	209	241		069
	19	55	19	28	21	48		07
		48		12	16	24		071
	19	7	19	16	5	24		072
2515	2454	3003	2285	6256	901	527	122	08
1878	1994	2623	2128	6196	851	502	122	081
637								082
	460	380	157	60	50	25		089
560	662	2221	375	521	374	278	18	09
548	182	2179	205	344	351	258	18	091
12	340	32	170	170		10		092
	140	10		7	23	10		093
5204	7586	9379	8715	6635	6102	5177	50	10
2501	5575	7214	4218	4287	4042	4091	3	101
1158	997	855	802	827	1416	632		102
505								103
1040	1014	1310	3695	1521	644	454	47	109
42	1202	210	245	3	8935	222		11
17		105	130		69	123		111
	1196	44	45		8838	65		112
25	6	61	70	3	28	34		119
258	577	375	538	420	410	254	20	12

1-8 续表 11

行 业	代码	2003年	2004年	2005年	2006年
其他采矿业	120	107	195	94	553
制造业	C	**241709**	**235333**	**234183**	**212069**
农副食品加工业	13	16854	20031	22020	19389
谷物磨制	131	5376	4867	6161	6811
饲料加工	132	681	1389	2938	1318
植物油加工	133	3718	4254	2233	1889
制糖业	134	44		200	46
屠宰及肉类加工	135	1573	2034	1816	3407
水产品加工	136	2278	4304	4820	2493
蔬菜、水果和坚果加工	137	1048	729	1056	1428
其他农副食品加工	139	2136	2454	2796	1997
食品制造业	14	6520	7599	10535	6731
焙烤食品制造	141	576	730	5339	1090
糖果、巧克力及蜜饯制造	142	943	32	1344	23
方便食品制造	143	729	1439	771	225
乳制品制造	144	119		328	958
罐头食品制造	145	2293	3673	851	2720
调味品、发酵制品制造	146	904	306	776	553
其他食品制造	149	956	1419	1126	1162
酒、饮料和精制茶制造业	15	5957	5238	6614	5429
酒的制造	151	2456	2775	1833	1165
饮料制造	152	996	918	1136	2264
精制茶加工	153	2505	1545	3645	2000
烟草制品业	16	210	293	41	
烟叶复烤	161		293		
卷烟制造	162				
其他烟草制品制造	169	210		41	
纺织业	17	30211	26006	28170	28584
棉纺织及印染精加工	171	20101	19108	20128	21460
毛纺织及染整精加工	172	36	324	130	31
麻纺织及染整精加工	173	1426	137	744	3
丝绢纺织及印染精加工	174	109	15	158	268
化纤织造及印染精加工	175	530	85	59	56
针织或钩针编织物及其制品制造	176	502	295	1375	1006
家用纺织制成品制造	177	740	806	947	1141
非家用纺织制成品制造	178	6767	5236	4629	4619
纺织服装、服饰业	18	9619	8540	11752	17714
机织服装制造	181	8784	7201	10924	16940
针织或钩针编织服装制造	182	217	356	179	547
服饰制造	183	618	983	649	227
皮革、毛皮、羽毛及其制品和制鞋业	19	1157	1054	1500	808
皮革鞣制加工	191	500		132	28
皮革制品制造	192	268	150	192	191
毛皮鞣制及制品加工	193	131	370		3
羽毛(绒)加工及制品制造	194	110	33	543	
制鞋业	195	148	501	633	586
木材加工和木、竹、藤、棕、草制品业	20	1792	3105	3875	5290
木材加工	201	261	472	881	656
人造板制造	202	985	1088	1964	2427
木制品制造	203	480	1346	888	2097
竹、藤、棕、草等制品制造	204	66	199	142	110

2007年	2008年	2009年	2010年	2011年	2012年	2013年	无开业年份	代码
258	577	375	538	420	410	254	20	120
237487	**242397**	**259185**	**286367**	**264948**	**203933**	**193683**	**1777**	C
19550	23415	26046	24833	21264	11318	11903	78	13
4657	6142	6913	5528	8037	2281	2036	8	131
2369	2753	2423	3261	1257	1057	976		132
3098	5080	4087	4540	2223	909	1490	10	133
91	95		20	355		30		134
2799	2460	4544	3834	1140	1369	1423	48	135
2797	1186	2043	1837	2600	802	642	2	136
1441	2978	2802	1810	2377	2207	1512		137
2298	2721	3234	4003	3275	2693	3794	10	139
7310	9264	9974	13305	8416	6521	5477	163	14
1584	1912	3116	4619	4016	1519	1202	62	141
62	158	1779	827	453	609	289		142
1162	1773	1068	2753	688	2251	1301		143
16	2443		30	120	73	5		144
847	1600	2675	3071	565	381	530		145
310	400	445	358	266	403	1039	30	146
3329	978	891	1647	2308	1285	1111	71	149
8780	6956	10452	5214	5968	5202	8343	60	15
745	1779	1467	1054	1208	930	1190	23	151
6354	2029	5124	1198	2081	1197	1462	9	152
1681	3148	3861	2962	2679	3075	5691	28	153
		495	1034	26	38			16
		491	21	5	29			161
			9					162
		4	1004	21	9			169
16192	14501	16954	20218	20426	11774	7917	27	17
10530	9700	8823	12605	12787	6234	2709	26	171
39	186	163	9	244	592	162		172
304	715	388	44	609	62	183		173
3	186	82	136	36	18	31		174
75	116	254	767	900	36	240		175
250	716	855	190	706	338	346		176
958	525	713	1738	1081	707	1191	1	177
4033	2357	5676	4729	4063	3787	3055		178
22654	14699	19447	25326	31745	18756	25304	116	18
21479	11767	16369	22775	25850	14349	19215	79	181
262	702	1128	338	2397	820	744		182
913	2230	1950	2213	3498	3587	5345	37	183
754	12391	8401	3433	4371	5493	4002	4	19
	12		16	36	72	339		191
235	260	606	571	1211	442	651	4	192
22	26	250	308	455	2156	1590		193
	24		138		135	20		194
497	12069	7545	2400	2669	2688	1402		195
5156	3392	3814	7003	5900	3975	3640	32	20
966	699	1355	1688	1008	1213	1467	2	201
2716	1756	946	3058	2286	941	361	6	202
1089	811	1322	1690	1748	1537	1441	24	203
385	126	191	567	858	284	371		204

1-8 续表 12

行 业	代码	2003年	2004年	2005年	2006年
家具制造业	21	1401	1000	873	1186
木质家具制造	211	1288	832	516	965
竹、藤家具制造	212		4	3	13
金属家具制造	213	7	4	46	31
塑料家具制造	214			30	33
其他家具制造	219	106	160	278	144
造纸和纸制品业	22	3063	4292	3153	5726
纸浆制造	221	20	226		
造纸	222	1456	2413	837	3736
纸制品制造	223	1587	1653	2316	1990
印刷和记录媒介复制业	23	4084	3516	3335	2166
印刷	231	3996	3129	3084	1892
装订及印刷相关服务	232	88	375	251	90
记录媒介复制	233		12		184
文教、工美、体育和娱乐用品制造业	24	2371	925	1619	1328
文教办公用品制造	241	32	370	18	53
乐器制造	242	89	36	18	151
工艺美术品制造	243	2060	380	1148	694
体育用品制造	244	115	92	23	164
玩具制造	245	75		412	266
游艺器材及娱乐用品制造	246		47		
石油加工及炼焦	25	90	778	186	682
化学原料和化学制品制造业	26	15205	17012	15443	12824
基础化学原料制造	261	5506	2086	2804	3550
肥料制造	262	5467	10709	5082	2591
农药制造	263	355	603	2180	237
涂料、油墨、颜料及类似产品制造	264	1239	863	555	1212
合成材料制造	265	211	754	246	972
专用化学产品制造	266	1530	1374	1304	3521
炸药、火工及焰火产品制造	267	877	292	3049	421
日用化学产品制造	268	20	331	223	320
医药制造业	27	6989	5561	9964	2192
化学药品原料药制造	271	168	531	1063	178
化学药品制剂制造	272	1001	674	1079	667
中药饮片加工	273	795	448	83	56
中成药生产	274	3293	2563	673	273
兽用药品制造	275		50	307	407
生物药品制造	276	249	167	561	38
卫生材料及医药用品制造	277	1483	1128	6198	573
化学纤维制造业	28	569	165	1721	18
纤维素纤维原料及纤维制造	281		18	1488	11
合成纤维制造	282	569	147	233	7
橡胶和塑料制品业	29	6995	8236	11631	7482
橡胶制品业	291	1183	1187	3280	961
塑料制品业	292	5812	7049	8351	6521
非金属矿物制品业	30	19485	15357	17800	24269
水泥、石灰和石膏制造	301	3954	2722	2122	2795
石膏、水泥制品及类似制品制造	302	3872	2543	3588	4746
砖瓦、石材等建筑材料制造	303	7292	5612	7823	12232
玻璃制造	304	45	1591	87	1109
玻璃制品制造	305	2831	619	1267	1144

2007年	2008年	2009年	2010年	2011年	2012年	2013年	无开业年份	代码
1046	618	4009	3804	2441	2745	2840	43	21
734	360	3507	3064	2100	2032	2388	31	211
		33			95	13		212
42	82	275	278	175	288	97	1	213
5	20	13	53	29	7	19		214
265	156	181	409	137	323	323	11	219
2576	3236	5557	3147	2783	2145	1898	6	22
5	39		140		6	31		221
492	1699	2550	513	737	1013	314		222
2079	1498	3007	2494	2046	1126	1553	6	223
3115	3935	2938	2486	3577	2544	2264	3	23
2482	3602	2699	2184	3441	2380	2056	3	231
633	256	239	267	136	161	206		232
	77		35		3	2		233
685	3208	2000	2893	2270	3483	3305	4	24
149	687	256	152	497	88	177		241
8	565			99	31	8		242
460	1430	1040	1716	1477	2915	2378		243
17	34	251	44	81	279	421		244
51	484	424	830	103	132	105	1	245
	8	29	151	13	38	216	3	246
354	154	249	351	336	726	136	26	25
12815	19310	13192	13629	13175	8151	6589	265	26
2547	5275	1675	3432	2293	2030	909	17	261
1694	6691	6400	4551	3885	1674	1702	59	262
223	675	365	154	438	150	70		263
1204	1366	875	1297	1949	1642	1133	23	264
1316	1456	787	1207	817	557	329	134	265
2770	1680	2664	2451	2991	1499	1917	32	266
1050	1090	311	315	229	208	122		267
2011	1077	115	222	573	391	407		268
2172	5096	5851	4609	2096	1900	2387	47	27
246	2317	473	1818	65	487	496	22	271
464	808	212	207	197	91	256		272
248	204	522	796	193	355	572		273
504	615	2485	338	188	165	533	20	274
3	21	314	41	548	23			275
180	662	832	567	448	331	245	2	276
527	469	1013	842	457	448	285	3	277
	112	192	33	569	101	41	12	28
			22	36	20	9		281
	112	192	11	533	81	32	12	282
8439	8399	6652	9258	8366	7294	4575	147	29
2090	899	396	1038	1294	1051	319	20	291
6349	7500	6256	8220	7072	6243	4256	127	292
24559	34548	38476	39220	42933	31320	25367	171	30
3600	5781	4536	2014	1937	1677	1453	8	301
4278	7072	7733	9359	10417	9892	9116	34	302
10619	18037	17824	21031	21286	14488	11811	113	303
1365	103	1116	1069	2129	490	675	2	304
2275	440	2763	1584	1997	1540	541	3	305

1-8 续表 13

行 业	代码	2003年	2004年	2005年	2006年
玻璃纤维和玻璃纤维增强塑料制品制造	306	55	92	338	112
陶瓷制品制造	307	20	66	1105	8
耐火材料制品制造	308	571	454	627	882
石墨及其他非金属矿物制品制造	309	845	1658	843	1241
黑色金属冶炼和压延加工业	31	10077	14203	4983	2077
炼铁	311	172	666	125	58
炼钢	312	1415	6893	23	164
黑色金属铸造	313	1842	3049	3831	798
钢压延加工	314	3201	2706	976	927
铁合金冶炼	315	3447	889	28	130
有色金属冶炼和压延加工业	32	1716	1878	2724	1713
常用有色金属冶炼	321	669	393	1490	429
贵金属冶炼	322	10			1
稀有稀土金属冶炼	323	68		31	109
有色金属合金制造	324	187	211	102	301
有色金属铸造	325	10	23	61	217
有色金属压延加工	326	772	1251	1040	656
金属制品业	33	8032	10069	10648	8219
结构性金属制品制造	331	1680	3697	5183	4497
金属工具制造	332	655	660	154	815
集装箱及金属包装容器制造	333	2177	899	1042	892
金属丝绳及其制品制造	334	247	882	269	452
建筑、安全用金属制品制造	335	487	256	450	397
金属表面处理及热处理加工	336	118	745	301	2
搪瓷制品制造	337	86		23	
金属制日用品制造	338	218	1191	1869	124
其他金属制品制造	339	2364	1739	1357	1040
通用设备制造业	34	10571	7613	10892	4919
锅炉及原动设备制造	341	2915	398	495	687
金属加工机械制造	342	1716	1757	3579	784
物料搬运设备制造	343	520	635	651	349
泵、阀门、压缩机及类似机械制造	344	1355	1379	1707	882
轴承、齿轮和传动部件制造	345	447	966	580	265
烘炉、风机、衡器、包装等设备制造	346	1012	1223	1916	402
文化、办公用机械制造	347	38	31	1	1
通用零部件制造	348	2158	979	1706	1355
其他通用设备制造业	349	410	245	257	194
专用设备制造业	35	8638	11666	5937	6957
采矿、冶金、建筑专用设备制造	351	3323	1455	2061	1307
化工、木材、非金属加工专用设备制造	352	1060	7370	1170	1709
食品、饮料、烟草及饲料生产专用设备制造	353	568	59	614	296
印刷、制药、日化及日用品生产专用设备制造	354	492	5	170	136
纺织、服装和皮革加工专用设备制造	355	212	62	158	751
电子和电工机械专用设备制造	356	1037	493	169	385
农、林、牧、渔专用机械制造	357	172	63	268	372
医疗仪器设备及器械制造	358	188	749	638	335
环保、社会公共服务及其他专用设备制造	359	1586	1410	689	1666
汽车制造业	36	56905	30730	22483	21176
汽车整车制造	361	31651	6954	12	417
改装汽车制造	362	910	4456	631	802
低速载货汽车制造	363			36	

2007年	2008年	2009年	2010年	2011年	2012年	2013年	无开业年份	代码
	135	293	120	240	533	353	10	306
903	1067	1773	1765	2067	726	274		307
539	368	228	121	922	860	286	1	308
980	1545	2210	2157	1938	1114	858		309
3947	3755	6544	4270	2959	1781	1835	2	31
214	30	215	70	8	160			311
313	29	80	74	148	258	112		312
1020	2659	2213	1678	953	853	337		313
2367	910	3793	2233	1785	503	1352	2	314
33	127	243	215	65	7	34		315
1580	4290	3201	3232	4183	1028	1940	40	32
123	1041	428	606	253	182	1299	40	321
	8	2	420	355		10		322
	16	30				7		323
312	423	951	76	864	163	64		324
15	60	26	122	343	39	33		325
1130	2742	1764	2008	2368	644	527		326
7638	13878	11552	12371	10231	9737	7619	61	33
3267	7811	6057	7972	5771	5195	4720	23	331
1482	1306	302	961	1030	786	694	27	332
508	1390	2180	240	518	784	162	2	333
436	476	213	59	94	40	60		334
237	773	848	421	1128	1006	476	9	335
123	275	448	854	181	312	282		336
469			15	3		8		337
445	1230	542	1163	279	504	408		338
671	617	962	686	1227	1110	809		339
8479	8757	9019	12536	11705	7079	8099	52	34
1096	1242	1089	1426	951	611	203	3	341
2110	1513	2733	2806	2215	1571	3986	6	342
604	1140	720	1028	573	606	252		343
850	442	1328	1253	822	493	582	6	344
397	858	626	310	858	246	142		345
780	663	476	1379	1170	1078	539	23	346
128	10	145	24	724	50	86	2	347
2177	1863	1414	3634	3126	1735	1664	8	348
337	1026	488	676	1266	689	645	4	349
9632	9266	9806	10227	10615	18258	6349	198	35
2356	2965	2407	1937	1802	11121	1547		351
3771	1508	1424	2188	1824	1612	1331	13	352
308	442	643	730	782	568	276	10	353
137	494	209	1127	743	437	251	19	354
22	191	520	296	420	264	134	10	355
565	1378	539	907	1043	837	925	93	356
599	879	1351	800	1559	414	536	20	357
192	481	670	852	1026	561	232	2	358
1682	928	2043	1390	1416	2444	1117	31	359
22158	11674	20056	28377	18034	13925	37006	50	36
696		2346	238	128	142	29779		361
835	564	382	838	596	99	117		362
26			10	35	18	25		363

1-8 续表 14

行　业	代码	2003年	2004年	2005年	2006年
电车制造	364				
汽车车身、挂车制造	365	294		140	188
汽车零部件及配件制造	366	24050	19320	21664	19769
铁路、船舶、航空航天和其他运输设备制造业	37	765	1070	1530	13455
铁路运输设备制造	371	67	408	548	11473
城市轨道交通设备制造	372				
船舶及相关装置制造	373	698	452	834	1901
航空、航天器及设备制造	374				79
摩托车制造	375		186		2
自行车制造	376		24	109	
非公路休闲车及零配件制造	377			3	
潜水救捞及其他未列明运输设备制造	379			36	
电气机械和器材制造业	38	6029	12338	14832	4509
电机制造	381	1605	599	963	363
输配电及控制设备制造	382	1401	1024	8029	2032
电线、电缆、光缆及电工器材制造	383	494	1929	928	746
电池制造	384	773	1132	1760	111
家用电力器具制造	385	95	5074	2706	86
非电力家用器具制造	386	187	1507	93	102
照明器具制造	387	1297	501	150	967
其他电气机械及器材制造	389	177	572	203	102
计算机、通信和其他电子设备制造业	39	2845	11096	4774	4346
计算机制造	391	74	2989	138	182
通信设备制造	392	502	931	693	385
广播电视设备制造	393	5	897	16	
雷达及配套设备制造	394				47
视听设备制造	395		882		403
电子器件制造	396	1124	2886	1415	2414
电子元件制造	397	671	832	839	145
其他电子设备制造	399	469	1679	1673	770
仪器仪表制造业	40	1299	4194	1940	1773
通用仪器仪表制造	401	595	879	273	363
专用仪器仪表制造	402	556	797	52	1216
钟表与计时仪器制造	403	26	2312	12	
光学仪器及眼镜制造	404	44	80	33	62
其他仪器仪表制造业	409	78	126	1570	132
其他制造业	41	1066	705	1567	335
废弃资源综合利用业	42	227	397	599	416
金属废料和碎屑加工处理	421	215	39	333	347
非金属废料和碎屑加工处理	422	12	358	266	69
金属制品、机械和设备修理业	43	967	666	1042	356
金属制品修理	431	15		23	121
通用设备修理	432		462	54	5
专用设备修理	433	14	17	19	15
铁路、船舶、航空航天等运输设备修理	434	877	31	410	101
电气设备修理	435	42		472	20
仪器仪表修理	436			3	
其他机械和设备修理业	439	19	156	61	94
电力、热力、燃气及水生产和供应业	**D**	**8157**	**4584**	**4211**	**4636**
电力、热力生产和供应业	44	3455	3766	2138	3185
电力生产	441	3143	2890	1973	2296

2007年	2008年	2009年	2010年	2011年	2012年	2013年	无开业年份	代码
	41		161	146	92	83	3	364
45		13	30	243				365
20556	11069	17315	27100	16886	13574	7002	47	366
4194	2966	3325	4622	3561	1257	1258		37
2417	451	387	426	288	181	150		371
256	26		3	1	27	12		372
994	2375	2838	3070	2578	310	135		373
53			261	52	22	824		374
362	16	78	16	247	164	44		375
96	90	22	811	385	303	58		376
6	8		35	2	25	35		377
10				8	225			379
11040	9318	11062	18142	15625	11029	4464	4	38
353	1766	1035	602	2343	2897	375		381
2196	2854	4196	4528	4818	3172	1416		382
3482	660	933	973	1569	962	743	3	383
2647	1424	2360	3233	1705	516	207		384
173	61	150	6277	1754	838	221		385
1115	558	280	449	223	826	258		386
413	982	1698	1277	2019	1049	895	1	387
661	1013	410	803	1194	769	349		389
29783	10450	5043	9280	7220	10317	5848	108	39
933	952	151	464	279	360	241		391
25665	1095	185	2779	580	5246	451		392
12	5	3	593	40	86	227		393
				110	29	45		394
312	122	954		141	760	75		395
1511	6486	827	1326	2639	1116	346		396
456	1473	2501	3597	1820	1131	3501	2	397
894	317	422	521	1611	1589	962	106	399
1080	2196	1558	1037	1217	2423	1022	3	40
641	234	760	580	301	753	388	3	401
251	141	352	215	342	343	181		402
	800		81	430	17	110		403
	905	321	73	83	1178	163		404
188	116	125	88	61	132	180		409
1149	947	1452	1358	1793	2110	1329	50	41
212	1171	490	691	614	1012	176	5	42
109	742	474	348	355	509	42		421
103	429	16	343	259	503	134	5	422
438	495	1378	428	529	491	750		43
12	40	19	8	10	6	16		431
109	23	75	64	213	47	63		432
34	35	33	36	46	85	43		433
36	33	76	161	65	173	91		434
25	89	1016	65	30	49	179		435
6		13	3	12	16	3		436
216	275	146	91	153	115	355		439
11721	**5708**	**4315**	**4845**	**4297**	**9463**	**3447**	**152**	D
10152	2680	2271	3436	3159	6324	2086	150	44
1541	1515	1593	2409	1571	2466	931	148	441

1-8 续表 15

行业	代码	2003年	2004年	2005年	2006年
电力供应	442	312	858	165	409
热力生产和供应	443		18		480
燃气生产和供应业	45	3058	202	366	627
燃气生产和供应业	450	3058	202	366	627
水的生产和供应业	46	1644	616	1707	824
自来水生产和供应	461	1459	565	1591	556
污水处理及其再生利用	462	185	51	111	254
其他水的处理、利用与分配	469			5	14
建筑业	E	**116940**	**90235**	**103193**	**70090**
房屋建筑业	47	80193	57676	65471	45499
房屋建筑业	470	80193	57676	65471	45499
土木工程建筑业	48	19586	12458	14666	8291
铁路、道路、隧道和桥梁工程建筑	481	13759	5545	9561	3603
水利和内河港口工程建筑	482	2678	2537	1390	456
工矿工程建筑	484	1062	1592	550	211
架线和管道工程建筑	485	1055	1633	1229	1431
其他土木工程建筑	489	1032	1151	1936	2590
建筑安装业	49	6168	4986	11692	5520
电气安装	491	776	356	7824	2536
管道和设备安装	492	3281	508	444	671
其他建筑安装业	499	2111	4122	3424	2313
建筑装饰和其他建筑业	50	10993	15115	11364	10780
建筑装饰业	501	6357	7481	5137	4935
工程准备活动	502	534	512	1160	558
提供施工设备服务	503	592	1175	389	1374
其他未列明建筑业	509	3510	5947	4678	3913
批发和零售业	F	**51224**	**51031**	**58583**	**49122**
批发业	51	23914	20207	25632	24511
农、林、牧产品批发	511	5545	1748	2240	2948
食品、饮料及烟草制品批发	512	2084	1935	8006	3061
纺织、服装及家庭用品批发	513	1241	1751	1133	2372
文化、体育用品及器材批发	514	543	416	426	402
医药及医疗器材批发	515	3547	2487	1795	1775
矿产品、建材及化工产品批发	516	5434	6073	6228	6797
机械设备、五金产品及电子产品批发	517	4040	4261	3919	5082
贸易经纪与代理	518	596	476	452	460
其他批发业	519	884	1060	1433	1614
零售业	52	27310	30824	32951	24611
综合零售	521	7573	13874	8936	8343
食品、饮料及烟草制品专门零售	522	2687	1510	2121	1784
纺织、服装及日用品专门零售	523	1951	1163	5238	2327
文化、体育用品及器材专门零售	524	534	672	1974	749
医药及医疗器材专门零售	525	4561	3738	2332	1656
汽车、摩托车、燃料及零配件专门零售	526	5328	5293	4793	4176
家用电器及电子产品专门零售	527	1784	2211	4315	2875
五金、家具及室内装饰材料专门零售	528	1423	1302	1650	1612
货摊、无店铺及其他零售业	529	1469	1061	1592	1089
交通运输、仓储和邮政业	G	**43507**	**19003**	**21331**	**13693**
道路运输业	54	38039	12019	13778	9681
城市公共交通运输	541	27243	1741	3494	767
公路旅客运输	542	3493	3379	3156	1043

2007年	2008年	2009年	2010年	2011年	2012年	2013年	无开业年份	代码
3375	1162	221	631	1248	3749	1048	2	442
5236	3	457	396	340	109	107		443
315	1388	677	267	283	1161	320		45
315	1388	677	267	283	1161	320		450
1254	1640	1367	1142	855	1978	1041	2	46
1083	1380	1157	805	542	1818	845		461
167	196	197	251	310	152	166	2	462
4	64	13	86	3	8	30		469
59636	**43960**	**57203**	**48512**	**44827**	**38199**	**35281**	**68**	E
37226	25800	27959	27012	22399	13304	9540	12	47
37226	25800	27959	27012	22399	13304	9540	12	470
10932	6814	14754	7866	6791	7971	7821	4	48
6150	4236	10025	3040	3677	3494	2192	4	481
338	102	2307	1023	306	451	353		482
2219	626	220	762	276	555	1037		484
811	504	538	598	325	680	437		485
1414	1346	1664	2443	2207	2791	3802		489
4445	4119	3233	4287	4682	4137	3576	29	49
2175	2175	1288	1430	1274	729	820		491
828	293	613	518	1504	959	851		492
1442	1651	1332	2339	1904	2449	1905	29	499
7033	7227	11257	9347	10955	12787	14344	23	50
3269	2635	2879	5023	6092	7361	9199	18	501
1006	960	981	1379	1278	1219	1492		502
683	259	177	561	461	416	390		503
2075	3373	7220	2384	3124	3791	3263	5	509
55943	**82526**	**94956**	**114694**	**119036**	**134309**	**264245**	**678**	F
27829	40075	46183	58408	60690	70355	107082	246	51
3058	6376	6521	6586	9816	12703	22438	33	511
5051	7079	11813	12086	12045	14625	25993	13	512
2458	3386	3166	4693	4524	5455	10927	17	513
842	3105	628	4409	926	1351	1821	2	514
1665	1360	1717	2700	1622	2149	2395	15	515
6696	9105	11416	14455	15725	17663	22368	77	516
5982	7369	7840	9115	11000	10670	14789	54	517
552	625	1280	2641	2177	2964	3390		518
1525	1670	1802	1723	2855	2775	2961	35	519
28114	42451	48773	56286	58346	63954	157163	432	52
7257	12427	12412	14164	11416	15795	53799	83	521
2050	5162	5030	8556	6752	8730	19160	8	522
5028	5495	4150	5256	7017	6819	25474	4	523
1362	1097	1397	2588	2473	2600	5982	3	524
1097	1655	2223	2136	2173	2727	3247	5	525
3608	7187	8385	8734	9483	8714	10014	53	526
3479	4254	6357	6152	6947	6831	12562	242	527
2136	2678	5055	5685	6212	7459	20763	19	528
2097	2496	3764	3015	5873	4279	6162	15	529
41662	**21149**	**16425**	**19721**	**21503**	**19724**	**20507**	**93**	G
11398	13666	8622	10606	14188	11701	12703	38	54
5311	7320	470	646	1137	1070	1805		541
950	965	633	1199	768	1053	943		542

1-8 续表 16

行　业	代码	2003年	2004年	2005年	2006年
道路货物运输	543	4445	5061	4208	5158
道路运输辅助活动	544	2858	1838	2920	2713
水上运输业	55	1864	1118	4439	492
水上旅客运输	551	45	100	6	22
水上货物运输	552	1690	606	1760	428
水上运输辅助活动	553	129	412	2673	42
航空运输业	56		112	509	22
航空客货运输	561		49		22
通用航空服务	562			101	
航空运输辅助活动	563		63	408	
管道运输业	57	6	85	159	
管道运输业	570	6	85	159	
装卸搬运和运输代理业	58	1840	1377	1559	1223
装卸搬运	581	1281	467	723	384
运输代理业	582	559	910	836	839
仓储业	59	1296	741	772	2079
谷物、棉花等农产品仓储	591	124	240	225	326
其他仓储业	599	1172	501	547	1753
邮政业	60	462	3551	115	196
邮政基本服务	601	6		15	
快递服务	602	456	3551	100	196
住宿和餐饮业	H	**8907**	**9468**	**13545**	**11827**
住宿业	61	4027	3126	6224	4123
旅游饭店	611	2912	1822	3940	2761
一般旅馆	612	1052	1193	1825	1304
其他住宿业	619	63	111	459	58
餐饮业	62	4880	6342	7321	7704
正餐服务	621	4598	6076	6743	7196
快餐服务	622	60	177	300	72
饮料及冷饮服务	623	54	2	48	64
其他餐饮业	629	168	87	230	372
信息传输、软件和信息技术服务业	I	**4084**	**18425**	**5640**	**5380**
电信、广播电视和卫星传输服务	63	1234	15019	1058	638
电信	631	841	14365	241	192
广播电视传输服务	632	393	654	663	373
卫星传输服务	633			154	73
互联网和相关服务	64	249	240	724	554
互联网接入及相关服务	641	14	44	401	127
互联网信息服务	642	214	193	306	416
其他互联网服务	649	21	3	17	11
软件和信息技术服务业	65	2601	3166	3858	4188
软件开发	651	1437	2239	2802	3188
信息系统集成服务	652	430	636	170	403
信息技术咨询服务	653	554	106	160	184
数据处理和存储服务	654	5	50	13	82
集成电路设计	655	12	10		72
其他信息技术服务业	659	163	125	713	259
房地产业	K	**19762**	**18943**	**19807**	**19741**
房地产业	70	19762	18943	19807	19741
房地产开发经营	701	9976	7280	7279	8329
物业管理	702	7416	7673	9858	9588

2007年	2008年	2009年	2010年	2011年	2012年	2013年	无开业年份	代码
4948	3810	5919	6127	8646	6426	8057	32	543
189	1571	1600	2634	3637	3152	1898	6	544
1117	544	1139	1336	569	571	396	1	55
83	78	218	187	121	181	200		551
338	279	743	920	311	214	76	1	552
696	187	178	229	137	176	120		553
851	257	374	112	17	18	65		56
5	257	6	8		9	10		561
		50	51	17	3	40		562
846		318	53		6	15		563
32	12	7	99	2	25	52		57
32	12	7	99	2	25	52		570
1607	3651	2220	3072	3290	3965	4411	30	58
524	2029	1043	1514	1612	2300	2080		581
1083	1622	1177	1558	1678	1665	2331	30	582
466	2389	2404	2171	2219	2305	1252	2	59
120	370	847	1587	969	1350	584		591
346	2019	1557	584	1250	955	668	2	599
26191	630	1659	2325	1218	1139	1628	22	60
25976	48	366	9	33	85	23		601
215	582	1293	2316	1185	1054	1605	22	602
13406	**18653**	**21968**	**24744**	**25916**	**28443**	**38620**	**152**	**H**
6078	7494	7968	8365	7973	9468	8567	97	61
4330	4610	4882	5072	3940	4315	3599	27	611
1306	2343	2415	2575	3371	4452	4222	3	612
442	541	671	718	662	701	746	67	619
7328	11159	14000	16379	17943	18975	30053	55	62
6966	9150	13306	14915	15885	16337	25325	47	621
134	483	205	550	645	647	1320	5	622
79	1237	32	179	260	478	358		623
149	289	457	735	1153	1513	3050	3	629
6629	**8669**	**8611**	**10980**	**10682**	**11643**	**13757**	**35**	**I**
1004	3371	949	1481	1328	1344	1685		63
205	1389	685	634	507	492	625		631
799	1982	264	847	719	767	1059		632
				102	85	1		633
579	649	885	760	1420	880	1071	2	64
121	105	372	105	72	230	202		641
425	445	480	529	1237	453	614	2	642
33	99	33	126	111	197	255		649
5046	4649	6777	8739	7934	9419	11001	33	65
3840	3314	4871	5367	5639	6304	7009	1	651
581	504	1079	1097	792	656	602	2	652
409	364	468	1042	693	1268	2041		653
20	17	7	156	82	119	72		654
33	39	114	72	104	87	103		655
163	411	238	1005	624	985	1174	30	659
27117	**19562**	**22724**	**34594**	**31601**	**25783**	**24554**	**294**	**K**
27117	19562	22724	34594	31601	25783	24554	294	70
17083	9117	12175	19270	16170	12037	8184	225	701
7905	7338	8165	10724	10684	9892	10424	23	702

1-8 续表 17

行 业	代码	2003年	2004年	2005年	2006年
房地产中介服务	703	1745	3077	2064	1064
自有房地产经营活动	704	284	224	368	214
其他房地产业	709	341	689	238	546
租赁和商务服务业	L	**10784**	**11851**	**21359**	**12006**
租赁业	71	885	564	3011	599
机械设备租赁	711	840	509	2990	574
文化及日用品出租	712	45	55	21	25
商务服务业	72	9899	11287	18348	11407
企业管理服务	721	2072	1953	6490	2248
法律服务	722	266	207	978	310
咨询与调查	723	1122	1460	1788	1504
广告业	724	1105	1301	1353	1723
知识产权服务	725	37	10	22	42
人力资源服务	726	1290	1561	1405	1640
旅行社及相关服务	727	700	888	1839	1284
安全保护服务	728	585	1901	1681	1137
其他商务服务业	729	2722	2006	2792	1519
科学研究和技术服务业	M	**9413**	**14742**	**13000**	**17657**
研究和试验发展	73	329	322	1522	1887
自然科学研究和试验发展	731		3	55	49
工程和技术研究和试验发展	732	103	208	881	1382
农业科学研究和试验发展	733	75	9	405	154
医学研究和试验发展	734	126	79	150	244
社会人文科学研究	735	25	23	31	58
专业技术服务业	74	7650	12355	7811	10496
气象服务	741	16	42	293	75
地震服务	742	7	6		39
海洋服务	743				
测绘服务	744	157	93	528	198
质检技术服务	745	1808	357	434	2099
环境与生态监测	746	147	60	64	76
地质勘查	747	83	621	111	503
工程技术	748	4413	9892	4571	4636
其他专业技术服务业	749	1019	1284	1810	2870
科技推广和应用服务业	75	1434	2065	3667	5274
技术推广服务	751	1276	1898	3534	5062
科技中介服务	752	48	104	85	69
其他科技推广和应用服务业	759	110	63	48	143
水利、环境和公共设施管理业	N	**6367**	**2162**	**4074**	**6130**
水利管理业	76	757	874	959	980
防洪除涝设施管理	761	34	46	73	183
水资源管理	762	146	385	267	248
天然水收集与分配	763	105	218	114	132
水文服务	764	288	1	29	41
其他水利管理业	769	184	224	476	376
生态保护和环境治理业	77	566	238	252	173
生态保护	771	46	99	49	110
环境治理业	772	520	139	203	63

2007年	2008年	2009年	2010年	2011年	2012年	2013年	无开业年份	代码
1754	2073	1853	3195	2915	2630	3533	16	703
190	372	169	116	366	237	1148		704
185	662	362	1289	1466	987	1265	30	709
16205	**20835**	**29300**	**32786**	**35467**	**44329**	**55578**	**245**	L
537	1082	1773	1403	2129	3024	5290	3	71
530	1018	1715	1357	2061	2911	4919	3	711
7	64	58	46	68	113	371		712
15668	19753	27527	31383	33338	41305	50288	242	72
3463	4518	4857	5655	6675	8319	10109	81	721
222	660	1459	806	541	612	575		722
1818	2098	3152	4393	5119	7932	10364	52	723
2102	2494	6259	4616	5326	5862	6455	13	724
93	2	89	119	84	142	109		725
1865	3973	4507	5505	4359	6521	8205	25	726
858	769	1260	1779	2251	2119	1871	68	727
1051	1598	1718	1546	3884	3411	4580		728
4196	3641	4226	6964	5099	6387	8020	3	729
14155	**20758**	**27189**	**26123**	**30109**	**35049**	**47844**	**254**	M
2469	1990	1440	1795	2589	1982	1872	5	73
10	50	10	47	65	25	52		731
2133	1396	434	696	775	1096	811	5	732
103	227	336	346	651	419	460		733
119	130	622	640	1021	291	496		734
104	187	38	66	77	151	53		735
6916	8387	8713	8292	9194	10884	12805	125	74
18	18	92	81	100	139	74		741
6	3	9	16	28	26	31		742
					23			743
96	123	337	293	134	341	235		744
546	567	850	1051	653	1453	656	25	745
39	71	222	214	102	140	186		746
254	188	457	539	122	1133	132		747
4032	5652	3840	3897	5627	5187	7126	28	748
1925	1765	2906	2201	2428	2442	4365	72	749
4770	10381	17036	16036	18326	22183	33167	124	75
4565	10124	16690	15157	17594	21199	32293	76	751
40	63	121	221	218	331	365	1	752
165	194	225	658	514	653	509	47	759
4201	**5235**	**4305**	**6818**	**7498**	**11046**	**9352**	**61**	N
374	847	887	1031	1684	1178	1143		76
90	89	60	204	452	455	151		761
69	70	425	328	118	322	357		762
114	406	113	133	729	34	200		763
11	20	92	41	43	65	55		764
90	262	197	325	342	302	380		769
296	432	610	598	1093	656	878		77
48	163	188	233	826	349	190		771
248	269	422	365	267	307	688		772

1-8 续表 18

行　业	代码	2003年	2004年	2005年	2006年
公共设施管理业	78	5044	1050	2863	4977
市政设施管理	781	252	76	528	1802
环境卫生管理	782	1673	182	685	947
城乡市容管理	783	299	56	366	246
绿化管理	784	606	384	724	563
公园和游览景区管理	785	2214	352	560	1419
居民服务、修理和其他服务业	O	**4077**	**3816**	**5605**	**5149**
居民服务业	79	1619	1495	1477	2961
家庭服务	791	675	468	290	1467
托儿所服务	792	15	81	40	41
洗染服务	793	7	40	125	69
理发及美容服务	794	87	79	122	144
洗浴服务	795	198	201	53	343
保健服务	796	53	25	245	291
婚姻服务	797	24	16	54	209
殡葬服务	798	165	290	113	116
其他居民服务业	799	395	295	435	281
机动车、电子产品和日用产品修理业	80	1200	1196	867	1125
汽车、摩托车修理与维护	801	884	759	663	803
计算机和办公设备维修	802	59	215	37	114
家用电器修理	803	160	190	82	163
其他日用产品修理业	809	97	32	85	45
其他服务业	81	1258	1125	3261	1063
清洁服务	811	846	859	2207	680
其他未列明服务业	819	412	266	1054	383
教育	P	**20070**	**19292**	**14967**	**16793**
教育	82	20070	19292	14967	16793
学前教育	821	2905	3297	3132	3816
初等教育	822	2658	4035	3018	2114
中等教育	823	5782	5326	5362	6093
高等教育	824	6770	4598	660	2041
特殊教育	825	32	23	50	
技能培训、教育辅助及其他教育	829	1923	2013	2745	2729
卫生和社会工作	Q	**9139**	**5414**	**8587**	**6379**
卫生	83	7863	4561	7654	5684
医院	831	4529	2627	4660	3448
社区医疗与卫生院	832	879	484	795	892
门诊部(所)	833	182	313	359	191
计划生育技术服务活动	834	237	161	620	509
妇幼保健院(所、站)	835			46	6
专科疾病防治院(所、站)	836	411	425	325	48
疾病预防控制中心	837	1575	482	568	279
其他卫生活动	839	50	69	281	311
社会工作	84	1276	853	933	695
提供住宿社会工作	841	1074	798	652	641
不提供住宿社会工作	842	202	55	281	54
文化、体育和娱乐业	R	**2681**	**3841**	**3285**	**4195**
新闻和出版业	85	169	544	309	708
新闻业	851	38	140	43	24

2007年	2008年	2009年	2010年	2011年	2012年	2013年	无开业年份	代码
3531	3956	2808	5189	4721	9212	7331	61	78
494	589	706	585	1098	377	689		781
1700	1566	137	892	969	5827	2348	3	782
218	312	81	793	520	514	1635		783
551	407	397	553	759	1198	953		784
568	1082	1487	2366	1375	1296	1706	58	785
6107	**6194**	**7363**	**9496**	**10867**	**12649**	**24775**	**31**	O
2452	3475	3140	4566	4007	5781	12305	22	79
139	1536	627	1127	984	1941	2554		791
12	42	74	269	104	109	45		792
144	34	98	92	179	193	330		793
140	267	202	586	437	338	2378		794
72	55	174	296	120	323	523		795
92	198	325	494	512	642	1024		796
44	34	61	150	60	187	316		797
179	269	178	137	127	146	419	16	798
1630	1040	1401	1415	1484	1902	4716	6	799
1485	1602	2188	2715	4100	2856	7481		80
732	1061	1638	2007	2685	2241	5090		801
425	266	256	177	983	183	948		802
144	137	164	330	270	221	766		803
184	138	130	201	162	211	677		809
2170	1117	2035	2215	2760	4012	4989	9	81
973	494	1069	1587	1933	2907	2709		811
1197	623	966	628	827	1105	2280	9	819
13302	**20367**	**17744**	**20348**	**27036**	**29833**	**25427**	**24**	P
13302	20367	17744	20348	27036	29833	25427	24	82
3843	5312	5715	8136	9355	9222	7604	3	821
1564	3061	2889	3495	4212	3775	3680		822
1951	6272	5668	4313	5559	6699	3731		823
3868	833	617	1208	3625	3911	4044		824
13	71	76	72	162	69	93		825
2063	4818	2779	3124	4123	6157	6275	21	829
5248	**13276**	**7404**	**10864**	**9560**	**11718**	**8734**	**91**	Q
4542	12222	6386	9708	8335	10453	6946	22	83
1790	8555	2677	6265	5159	5214	3400	22	831
1277	2517	1671	2103	1779	2449	1396		832
256	454	573	673	584	1432	849		833
80	261	164	195	131	137	124		834
102	60	126	30	284	721	660		835
73	149	191	164	42	75	61		836
609	156	418	36	207	262	101		837
355	70	566	242	149	163	355		839
706	1054	1018	1156	1225	1265	1788	69	84
537	850	827	1033	1044	1166	1493	69	841
169	204	191	123	181	99	295		842
6458	**5604**	**9072**	**7317**	**9033**	**10863**	**14072**	**11**	R
467	200	1075	427	342	723	568		85
21	22		84	46	25	98		851

1-8 续表 19

行 业	代码	2003年	2004年	2005年	2006年
出版业	852	131	404	266	684
广播、电视、电影和影视录音制作业	86	189	760	205	346
广播	861	7	35	42	39
电视	862	170	132	59	138
电影和影视节目制作	863		51	10	64
电影和影视节目发行	864		15	7	36
电影放映	865		527	73	69
录音制作	866	12		14	
文化艺术业	87	600	297	928	979
文艺创作与表演	871	196	44	59	96
艺术表演场馆	872	20	29	6	48
图书馆与档案馆	873	72	29	70	113
文物及非物质文化遗产保护	874	87	13	98	29
博物馆	875	31	5	5	
烈士陵园、纪念馆	876		20	14	17
群众文化活动	877	168	117	512	550
其他文化艺术业	879	26	40	164	126
体育	88	573	461	197	285
体育组织	881	207	423	124	143
体育场馆	882	65		12	26
休闲健身活动	883	291	36	61	98
其他体育	889	10	2		18
娱乐业	89	1150	1779	1646	1877
室内娱乐活动	891	1015	1505	1440	1808
游乐园	892	116	108	23	36
彩票活动	893	3		3	
文化、娱乐、体育经纪代理	894	5	6	5	10
其他娱乐业	899	11	160	175	23
公共管理、社会保障和社会组织	**S**	**20491**	**17069**	**24168**	**18947**
中国共产党机关	90	588	81	354	64
中国共产党机关	900	588	81	354	64
国家机构	91	11200	8741	13840	10826
国家权力机构	911	12	34	27	132
国家行政机构	912	10814	8388	13078	10311
人民法院和人民检察院	913	54	57	84	94
其他国家机构	919	320	262	651	289
人民政协、民主党派	92	20	2	43	1
人民政协	921				
民主党派	922	20	2	43	1
社会保障	93	441	389	360	440
社会保障	930	441	389	360	440
群众团体、社会团体和其他成员组织	94	2879	2987	4766	5031
群众团体	941	561	122	333	682
社会团体	942	2094	2313	4085	3998
基金会	943	5	20	5	3
宗教组织	944	219	532	343	348
基层群众自治组织	95	5363	4869	4805	2585
社区自治组织	951	2497	1989	1810	1309
村民自治组织	952	2866	2880	2995	1276

2007年	2008年	2009年	2010年	2011年	2012年	2013年	无开业年份	代码
446	178	1075	343	296	698	470		852
2920	835	710	1397	1905	1464	774		86
	41	11	147	199	56	61		861
2592	380	134	406	1231	650	49		862
172	125	257	205	116	312	123		863
47	28	77	24	4	31	37		864
109	258	220	580	342	388	443		865
	3	11	35	13	27	61		866
955	1092	2431	1237	3054	4194	4305	6	87
66	210	237	139	424	2270	1973		871
299	42	12	17	255	24	10		872
47	139	125	138	140	74	51		873
24	44	12	44	73	75	108		874
66	177	93	32	132	251	105		875
33	8	12	48	31	20	12		876
339	353	351	459	459	517	969	6	877
81	119	1589	360	1540	963	1077		879
202	678	566	398	642	551	1557	1	88
92	221	174	156	137	184	303		881
46	201	241	11	75	103	117		882
58	254	133	153	430	208	1122	1	883
6	2	18	78		56	15		889
1914	2799	4290	3858	3090	3931	6868	4	89
1786	2444	2737	3109	2863	3214	5216		891
24	130	450	183	45	31	56		892
	20	4	2	25		96		893
16	8	118	101	87	357	117		894
88	197	981	463	70	329	1383	4	899
16773	**25926**	**25565**	**46050**	**37648**	**37398**	**32917**	**42753**	S
104	542	232	239	370	447	354	3602	90
104	542	232	239	370	447	354	3602	900
10461	14192	12282	27287	23704	22873	17305	38631	91
20	115	47	105	55	124	230	916	911
9992	13046	11305	24230	22219	21540	16623	33983	912
229	47	389	127	461	669	137	2851	913
220	984	541	2825	969	540	315	881	919
	54	56	40	3	23	139	486	92
	37	51	34	2	3	124	430	921
	17	5	6	1	20	15	56	922
412	301	295	869	658	492	312		93
412	301	295	869	658	492	312		930
3847	7428	295	14229	9499	9733	12634	33	94
695	840	729	1054	1354	1748	1249	1	941
2769	5234	6502	12888	7844	7647	11126	23	942
9		15	52	5	38	67		943
374	1354	1626	235	296	300	192	9	944
1949	3409	3828	3386	3414	3830	2173	1	95
1167	1761	1811	1269	1582	2851	1115	1	951
782	1648	2017	2117	1832	979	1058		952

1-9 按行业(中类)、

行业	代码	法人单位数(个)	内资				
				国有	集体	股份合作	联营
总　计	00	**424368**	**422121**	**51404**	**7700**	**1325**	**983**
农、林、牧、渔业	A	**7819**	**7811**	**625**	**116**	**17**	**21**
农业	01	40	40	9	1	1	1
谷物种植	011	9	9	6	1		
棉、麻、糖、烟草种植	013	4	4				
蔬菜、食用菌及园艺作物种植	014	6	6				
水果种植	015	10	10				1
坚果、含油果、香料和饮料作物种植	016	2	2	1			
中药材种植	017	2	2				
其他农业	019	7	7	2		1	
林业	02	11	11	10			
林木育种和育苗	021	4	4	3			
森林经营和管护	023	7	7	7			
畜牧业	03	18	18	2		1	
牲畜饲养	031	12	12	1		1	
家禽饲养	032	2	2				
其他畜牧业	039	4	4	1			
渔业	04	10	10	3			2
水产养殖	041	8	8	2			1
水产捕捞	042	2	2	1			1
农、林、牧、渔服务业	05	7740	7732	601	115	15	18
农业服务业	051	5587	5581	291	72	12	13
林业服务业	052	505	505	182	11	1	4
畜牧服务业	053	1098	1097	82	22	2	
渔业服务业	054	550	549	46	10		1
采矿业	B	**3749**	**3732**	**23**	**99**	**20**	**13**
煤炭开采和洗选业	06	465	461	7	21		
烟煤和无烟煤开采洗选	061	381	378	7	21		
褐煤开采洗选	062	3	3				
其他煤炭采选	069	81	80				
石油和天然气开采业	07	15	15				
石油开采	071	5	5				
天然气开采	072	10	10				
黑色金属矿采选业	08	433	431	2	11	1	2
铁矿采选	081	406	404	2	11		2
锰矿、铬矿采选	082	4	4				
其他黑色金属矿采选	089	23	23			1	
有色金属矿采选业	09	206	204	1	7	1	1
常用有色金属矿采选	091	163	162	1	4	1	1
贵金属矿采选	092	29	29		3		
稀有稀土金属矿采选	093	14	13				
非金属矿采选业	10	2375	2366	11	58	17	10
土砂石开采	101	1718	1711	8	45	10	9
化学矿开采	102	318	318	2	11	3	1

登记注册类型分组的法人单位数

国有联营	集体联营	国有与集体联营	其他联营	有限责任公司	国有独资公司	其他有限责任公司	股份有限公司	私营	私营独资	代码
179	**448**	**92**	**264**	**74303**	**698**	**73605**	**4353**	**188829**	**83054**	00
6	**8**	**2**	**5**	**177**	**1**	**176**	**32**	**1926**	**1330**	A
		1		6	1	5	1	5	4	01
				1	1					011
				1		1		1	1	013
				2		2		1		014
		1		1		1	1	1	1	015
								1	1	016
				1		1				017
								1	1	019
										02
										021
										023
				1		1		3	2	03
				1		1		1		031
								1	1	032
								1	1	039
2				2		2				04
1				2		2				041
1										042
4	8	1	5	168		168	31	1918	1324	05
3	5	1	4	121		121	24	1565	1100	051
1	2		1	13		13	2	84	35	052
				14		14	2	164	116	053
	1			20		20	3	105	73	054
	8	**2**	**3**	**442**	**4**	**438**	**74**	**2814**	**1070**	B
				82		82	7	321	47	06
				71		71	6	254	29	061
								2		062
				11		11	1	65	18	069
				3		3	2	7	3	07
				1		1	1	2		071
				2		2	1	5	3	072
	1	1		82	1	81	14	294	77	08
	1	1		78	1	77	13	274	68	081
				2		2		2	1	082
				2		2	1	18	8	089
	1			32		32	6	145	45	09
	1			20		20	5	122	36	091
				8		8	1	14	5	092
				4		4		9	4	093
	6	1	3	225	2	223	39	1838	802	10
	5	1	3	135	2	133	22	1348	624	101
	1			62		62	8	216	80	102

1-9 续表 1

行业	代码	法人单位数（个）	内资	国有	集体	股份合作	联营
采盐	103	3	3				
石棉及其他非金属矿采选	109	336	334	1	2	4	
开采辅助活动	11	47	47	2			
煤炭开采和洗选辅助活动	111	19	19				
石油和天然气开采辅助活动	112	12	12	1			
其他开采辅助活动	119	16	16	1			
其他采矿业	12	208	208		2	1	
其他采矿业	120	208	208		2	1	
制造业	C	**60233**	**59078**	**492**	**949**	**249**	**126**
农副食品加工业	13	5256	5197	76	48	23	21
谷物磨制	131	1789	1783	24	7	10	5
饲料加工	132	428	414	5	1	1	1
植物油加工	133	745	736	3	3		2
制糖业	134	18	18				
屠宰及肉类加工	135	636	633	40	31	9	10
水产品加工	136	223	217		2	1	1
蔬菜、水果和坚果加工	137	443	436		1		2
其他农副食品加工	139	974	960	4	3	2	
食品制造业	14	1649	1612	5	9	3	1
焙烤食品制造	141	473	463	2		1	
糖果、巧克力及蜜饯制造	142	67	64		1		
方便食品制造	143	415	409	3	4	1	1
乳制品制造	144	32	30				
罐头食品制造	145	112	111		1		
调味品、发酵制品制造	146	182	179		3		
其他食品制造	149	368	356			1	
酒、饮料和精制茶制造业	15	2525	2482	16	122	11	7
酒的制造	151	446	435	4	3		1
饮料制造	152	671	642	1	7	4	
精制茶加工	153	1408	1405	11	112	7	6
烟草制品业	16	23	23	3			
烟叶复烤	161	5	5	1			
卷烟制造	162	3	3				
其他烟草制品制造	169	15	15	2			
纺织业	17	2971	2886	25	31	10	3
棉纺织及印染精加工	171	1715	1671	17	17	9	1
毛纺织及染整精加工	172	55	52		2		
麻纺织及染整精加工	173	57	57	1	2		
丝绢纺织及印染精加工	174	33	33	2	1		
化纤织造及印染精加工	175	86	83	1			
针织或钩针编织物及其制品制造	176	125	119		5		1
家用纺织制成品制造	177	367	360	1	1		1
非家用纺织制成品制造	178	533	511	3	3	1	
纺织服装、服饰业	18	3720	3645	7	31	7	1
机织服装制造	181	2789	2725	1	19	3	
针织或钩针编织服装制造	182	199	195	1	5	1	1

国有联营	集体联营	国有与集体联营	其他联营	有限责任公司	国有独资公司	其他有限责任公司	股份有限公司	私营	私营独资	代码
				3		3				103
				25		25	9	274	98	109
				5	1	4	2	33	9	11
				1		1	1	14	5	111
				4	1	3	1	6		112
								13	4	119
				13		13	4	176	87	12
				13		13	4	176	87	120
14	**68**	**11**	**33**	**13171**	**97**	**13074**	**1100**	**38736**	**14446**	C
3	12	2	4	740	4	736	85	3673	1605	13
	3		2	174	3	171	26	1389	669	131
	1			122		122	7	248	75	132
	1		1	91		91	15	558	297	133
				3		3	1	14	7	134
3	5	2		88		88	8	364	144	135
	1			41		41	7	146	40	136
	1		1	75		75	8	270	87	137
				146	1	145	13	684	286	139
	1			348	2	346	23	1101	475	14
				97		97	3	332	155	141
				7		7		52	17	142
	1			62	1	61	5	295	153	143
				13		13	2	12	3	144
				23		23	3	71	19	145
				38		38	1	125	58	146
				108	1	107	9	214	70	149
	6	1		269		269	45	1538	869	15
	1			68		68	15	307	148	151
				102		102	16	454	235	152
	5	1		99		99	14	777	486	153
				9	2	7		1		16
				1	1					161
				3	1	2				162
				5		5		1		169
1	2			597	8	589	47	2011	656	17
	1			379	5	374	35	1120	310	171
				11		11	4	33	14	172
				12		12	1	36	8	173
				4		4		21	6	174
				13		13	1	61	27	175
1				28	1	27	1	76	31	176
	1			65	1	64	2	264	161	177
				85	1	84	3	400	99	178
	1			553	4	549	45	2704	1007	18
				368	4	364	31	2054	665	181
	1			82		82	3	98	44	182

1-9 续表 2

行 业	代码	法 人 单位数 (个)					
			内资	国有	集体	股份合作	联营
服饰制造	183	732	725	5	7	3	
皮革、毛皮、羽毛及其制品和制鞋业	19	588	567	8	9	2	
皮革鞣制加工	191	28	28	1			
皮革制品制造	192	140	134		4	1	
毛皮鞣制及制品加工	193	161	161	2	2		
羽毛(绒)加工及制品制造	194	13	12				
制鞋业	195	246	232	5	3	1	
木材加工和木、竹、藤、棕、草制品业	20	1408	1400	16	15	5	3
木材加工	201	574	572	9	6	1	1
人造板制造	202	259	254	1		1	
木制品制造	203	460	460	6	7	3	2
竹、藤、棕、草等制品制造	204	115	114		2		
家具制造业	21	977	971		11		4
木质家具制造	211	710	707		7		2
竹、藤家具制造	212	15	15				
金属家具制造	213	91	90		3		
塑料家具制造	214	21	21				
其他家具制造	219	140	138		1		2
造纸和纸制品业	22	1001	972	5	21	5	6
纸浆制造	221	11	11				
造纸	222	274	266	2	7	1	1
纸制品制造	223	716	695	3	14	4	5
印刷和记录媒介复制业	23	1670	1659	46	62	14	6
印刷	231	1390	1381	41	52	9	5
装订及印刷相关服务	232	273	271	5	10	4	1
记录媒介复制	233	7	7			1	
文教、工美、体育和娱乐用品制造业	24	847	824	1	7	1	
文教办公用品制造	241	103	102		1		
乐器制造	242	23	18				
工艺美术品制造	243	597	585	1	5	1	
体育用品制造	244	41	38				
玩具制造	245	58	56		1		
游艺器材及娱乐用品制造	246	25	25				
石油加工及炼焦	25	134	127		1	2	1
化学原料和化学制品制造业	26	3008	2926	21	28	24	5
基础化学原料制造	261	527	519	7	6	5	1
肥料制造	262	684	669	3	4	6	4
农药制造	263	100	98	2	1	2	
涂料、油墨、颜料及类似产品制造	264	467	451		2	2	
合成材料制造	265	258	247	1	3	3	
专用化学产品制造	266	667	647	6	8	1	
炸药、火工及焰火产品制造	267	111	111	1	3	2	
日用化学产品制造	268	194	184	1	1	3	
医药制造业	27	805	750	6	4	2	
化学药品原料药制造	271	134	131	1	1		
化学药品制剂制造	272	89	80	1		1	

国有联营	集体联营	国有与集体联营	其他联营	有限责任公司	国有独资公司	其他有限责任公司	股份有限公司	私营	私营独资	代码
				103		103	11	552	298	183
				73	1	72	8	403	181	19
				5		5	2	18	10	191
				23		23	1	95	46	192
				11		11	2	111	55	193
				8	1	7		4		194
				26		26	3	175	70	195
	2		1	206	1	205	16	990	498	20
			1	56		56	4	418	259	201
				56	1	55	6	176	54	202
	2			82		82	4	310	139	203
				12		12	2	86	46	204
	2		2	162		162	2	728	342	21
			2	110		110	2	538	257	211
				3		3		10	5	212
				18		18		63	32	213
				3		3		15	5	214
	2			28		28		102	43	219
	1		5	249		249	8	625	178	22
				3		3		8	2	221
	1			77		77	2	154	36	222
			5	169		169	6	463	140	223
	3	1	2	377	4	373	31	988	358	23
	3	1	1	337	4	333	28	804	265	231
			1	36		36	3	182	91	232
				4		4		2	2	233
				123		123	12	589	259	24
				28		28	2	64	34	241
				2		2	1	15	7	242
				67		67	8	432	196	243
				10		10		26	7	244
				10		10	1	37	10	245
				6		6		15	5	246
	1			35	3	32	5	75	13	25
1	3		1	749	4	745	98	1867	453	26
			1	151	2	149	20	313	58	261
1	3			144	1	143	24	450	133	262
				29		29	6	52	7	263
				114		114	20	296	73	264
				69		69	5	154	51	265
				173		173	16	411	80	266
				28	1	27	5	63	21	267
				41		41	2	128	30	268
				283	2	281	52	378	89	27
				44		44	11	71	24	271
				35		35	10	31	8	272

1-9 续表 3

行 业	代码	法 人 单位数 (个)					
			内资				
				国有	集体	股份合作	联营
中药饮片加工	273	108	106	1			
中成药生产	274	144	135	3			
兽用药品制造	275	39	38				
生物药品制造	276	145	137		2		
卫生材料及医药用品制造	277	146	123		1	1	
化学纤维制造业	28	58	55		1	1	
纤维素纤维原料及纤维制造	281	17	15				
合成纤维制造	282	41	40		1	1	
橡胶和塑料制品业	29	2323	2278	5	33	7	4
橡胶制品业	291	363	351	2	4	4	1
塑料制品业	292	1960	1927	3	29	3	3
非金属矿物制品业	30	9512	9452	40	203	48	24
水泥、石灰和石膏制造	301	754	740	3	19	7	1
石膏、水泥制品及类似制品制造	302	3194	3187	9	40	13	6
砖瓦、石材等建筑材料制造	303	4313	4296	18	118	21	14
玻璃制造	304	159	155	1	2	3	
玻璃制品制造	305	248	243	1	2	1	
玻璃纤维和玻璃纤维增强塑料制品制造	306	76	76		1	1	
陶瓷制品制造	307	142	140	2	5		1
耐火材料制品制造	308	232	223	5	11	1	
石墨及其他非金属矿物制品制造	309	394	392	1	5	1	2
黑色金属冶炼和压延加工业	31	803	788	16	18	1	2
炼铁	311	35	35				1
炼钢	312	53	52	1	2		
黑色金属铸造	313	359	356	5	11		1
钢压延加工	314	310	300	7	5	1	
铁合金冶炼	315	46	45	3			
有色金属冶炼和压延加工业	32	551	542	7	10	4	1
常用有色金属冶炼	321	141	139	3	2	1	
贵金属冶炼	322	12	11				
稀有稀土金属冶炼	323	12	12				
有色金属合金制造	324	96	95			1	
有色金属铸造	325	41	41		2	1	1
有色金属压延加工	326	249	244	4	6	1	
金属制品业	33	3682	3634	25	71	7	9
结构性金属制品制造	331	2065	2054	9	42	5	3
金属工具制造	332	266	264	3	5		1
集装箱及金属包装容器制造	333	154	142	1	5		
金属丝绳及其制品制造	334	100	97	1	2		
建筑、安全用金属制品制造	335	315	313	1	4		
金属表面处理及热处理加工	336	138	133	6	2	1	3
搪瓷制品制造	337	11	11				
金属制日用品制造	338	188	182		1		1
其他金属制品制造	339	445	438	4	10	1	1
通用设备制造业	34	3726	3669	40	62	26	7
锅炉及原动设备制造	341	314	303	5	8	3	

国有联营	集体联营	国有与集体联营	其他联营	有限责任公司	国有独资公司	其他有限责任公司	股份有限公司	私营	私营独资	代码
				28	1	27	5	66	14	273
				56		56	11	62	11	274
				14		14	1	23	7	275
				67		67	10	51	7	276
				39	1	38	4	74	18	277
				10		10	2	39	8	28
				4		4	2	8		281
				6		6		31	8	282
1	1		2	574	2	572	34	1501	514	29
1				107	1	106	7	210	72	291
	1		2	467	1	466	27	1291	442	292
1	18		5	1300	11	1289	123	6938	3477	30
	1			131	2	129	28	515	226	301
1	4		1	382	2	380	20	2406	1523	302
	11		3	458	2	456	50	3243	1509	303
				51	1	50	3	90	26	304
				74		74	5	146	31	305
				21		21	2	48	14	306
			1	45	1	44	1	80	18	307
				66	1	65	6	125	28	308
	2			72	2	70	8	285	102	309
	1		1	224	2	222	15	471	141	31
	1			6		6	1	27	9	311
				20		20	1	21	4	312
			1	79		79	8	235	66	313
				106	2	104	4	161	54	314
				13		13	1	27	8	315
	1			138	1	137	12	349	106	32
				24	1	23	2	103	29	321
				5		5	2	4	2	322
				2		2	1	9		323
				28		28		63	15	324
	1			11		11		24	8	325
				68		68	7	146	52	326
2	1	2	4	916	7	909	61	2326	912	33
1	1		1	517	5	512	26	1327	563	331
			1	48		48	7	185	59	332
				46		46	7	74	13	333
				19		19	4	51	20	334
				77		77	2	214	78	335
		1	2	42	1	41	1	76	28	336
				3		3		7	2	337
1				43		43	2	125	47	338
		1		121	1	120	12	267	102	339
2	2	1	2	1130	9	1121	68	2150	623	34
				94	2	92	3	174	46	341

1-9 续表 4

行　业	代码	法　人单位数(个)					
			内资	国有	集体	股份合作	联营
金属加工机械制造	342	1041	1026	13	19	10	1
物料搬运设备制造	343	183	182	4	2	1	1
泵、阀门、压缩机及类似机械制造	344	327	321	2	6	4	
轴承、齿轮和传动部件制造	345	145	143	3	2	1	
烘炉、风机、衡器、包装等设备制造	346	347	332	2	4	1	1
文化、办公用机械制造	347	36	35	2			
通用零部件制造	348	1012	1009	6	19	5	2
其他通用设备制造业	349	321	318	3	2	1	2
专用设备制造业	35	3431	3387	24	41	17	7
采矿、冶金、建筑专用设备制造	351	689	684	6	5	4	1
化工、木材、非金属加工专用设备制造	352	812	803	2	3	3	
食品、饮料、烟草及饲料生产专用设备制造	353	168	166	2	2		
印刷、制药、日化及日用品生产专用设备制造	354	180	175		2	2	1
纺织、服装和皮革加工专用设备制造	355	111	107	2	2	1	
电子和电工机械专用设备制造	356	360	355	2	2	3	
农、林、牧、渔专用机械制造	357	271	270	2	7	1	2
医疗仪器设备及器械制造	358	239	233	1	4		1
环保、社会公共服务及其他专用设备制造	359	601	594	7	14	3	2
汽车制造业	36	4168	3994	28	30	8	4
汽车整车制造	361	42	36	4			
改装汽车制造	362	110	107	4		2	
低速载货汽车制造	363	11	11				
电车制造	364	11	11	1			
汽车车身、挂车制造	365	23	22				
汽车零部件及配件制造	366	3971	3807	19	30	6	4
铁路、船舶、航空航天和其他运输设备制造业	37	470	459	17	21	2	2
铁路运输设备制造	371	107	105	2	12	1	
城市轨道交通设备制造	372	8	8		1		
船舶及相关装置制造	373	261	254	9	6		2
航空、航天器及设备制造	374	16	15	3			
摩托车制造	375	26	25	1			
自行车制造	376	27	27	1	1	1	
非公路休闲车及零配件制造	377	11	11		1		
潜水救捞及其他未列明运输设备制造	379	14	14	1			
电气机械和器材制造业	38	2134	2065	18	22	10	3
电机制造	381	218	206	3		2	
输配电及控制设备制造	382	729	710	5	9	3	1
电线、电缆、光缆及电工器材制造	383	361	353	3	7	2	1
电池制造	384	113	103	1	1	1	
家用电力器具制造	385	126	121		1		
非电力家用器具制造	386	140	137	2			
照明器具制造	387	245	236	1	3	1	1
其他电气机械及器材制造	389	202	199	3	1	1	
计算机、通信和其他电子设备制造业	39	1015	962	11	5	2	1
计算机制造	391	94	86		1		
通信设备制造	392	132	125	1			1

国有联营	集体联营	国有与集体联营	其他联营	有限责任公司	国有独资公司	其他有限责任公司	股份有限公司	私营	私营独资	代码
		1		315	3	312	20	582	189	342
	1			63	2	61	9	96	16	343
				118	1	117	14	166	26	344
				47	1	46	2	78	23	345
			1	121		121	7	184	41	346
				10		10		17	4	347
	1		1	251		251	13	664	246	348
2				111		111		189	32	349
2	2		3	1072	9	1063	88	1948	561	35
	1			207	5	202	27	393	106	351
				218	1	217	13	517	157	352
				35		35	8	107	40	353
	1			46		46	3	112	34	354
				27		27	2	69	21	355
				139		139	12	176	41	356
1			1	56	1	55	4	183	63	357
			1	109		109	3	109	33	358
1			1	235	2	233	16	282	66	359
	3	1		1108	9	1099	68	2631	437	36
				15	2	13	4	11	2	361
				61	1	60	9	23		362
				7		7	1	3	1	363
				3		3	1	6	2	364
				9	1	8	2	11	2	365
	3	1		1013	5	1008	51	2577	430	366
	1	1		138	3	135	16	243	49	37
				33	1	32	2	50	13	371
				3		3		4	2	372
	1	1		74	1	73	9	145	26	373
				6	1	5		6		374
				8		8		16	4	375
				11		11	3	9	2	376
				1		1		5		377
				2		2	2	8	2	379
	2	1		838	4	834	69	1029	206	38
				85	1	84	6	98	21	381
	1			317	1	316	17	344	55	382
	1			140		140	10	179	39	383
				31		31	10	58	9	384
				40	1	39	4	68	12	385
				51		51	10	65	16	386
		1		82	1	81	8	131	40	387
				92		92	4	86	14	389
			1	389	3	386	32	477	96	39
				42		42	3	38	7	391
			1	64	1	63	3	52	9	392

1-9 续表 5

行业	代码	法人单位数（个）	内资				
				国有	集体	股份合作	联营
广播电视设备制造	393	29	29				
雷达及配套设备制造	394	5	5	1			
视听设备制造	395	29	23	1	1		
电子器件制造	396	249	235	4	1		
电子元件制造	397	257	244	4	1	1	
其他电子设备制造	399	220	215		1	1	
仪器仪表制造业	40	611	595	11	7	1	1
通用仪器仪表制造	401	322	316	7	4		
专用仪器仪表制造	402	147	142	4	1	1	
钟表与计时仪器制造	403	13	11				1
光学仪器及眼镜制造	404	51	48				
其他仪器仪表制造业	409	78	78		2		
其他制造业	41	512	505	7	7	3	2
废弃资源综合利用业	42	236	234	2	6	2	
金属废料和碎屑加工处理	421	130	129	1	6	2	
非金属废料和碎屑加工处理	422	106	105	1			
金属制品、机械和设备修理业	43	419	418	6	13	1	1
金属制品修理	431	24	24	1	2		
通用设备修理	432	61	61	2	4		
专用设备修理	433	64	64		1		
铁路、船舶、航空航天等运输设备修理	434	71	71	2	1		
电气设备修理	435	54	54			1	
仪器仪表修理	436	15	14				
其他机械和设备修理业	439	130	130	1	5		1
电力、热力、燃气及水生产和供应业	D	**2969**	**2921**	**444**	**292**	**42**	**31**
电力、热力生产和供应业	44	1502	1487	252	61	28	14
电力生产	441	1223	1208	147	54	24	11
电力供应	442	236	236	102	7	4	3
热力生产和供应	443	43	43	3			
燃气生产和供应业	45	317	292	8	1	3	2
燃气生产和供应业	450	317	292	8	1	3	2
水的生产和供应业	46	1150	1142	184	230	11	15
自来水生产和供应	461	1000	996	161	223	10	14
污水处理及其再生利用	462	123	119	21	6	1	1
其他水的处理、利用与分配	469	27	27	2	1		
建筑业	E	**16439**	**16401**	**286**	**190**	**44**	**15**
房屋建筑业	47	3669	3663	73	95	14	9
房屋建筑业	470	3669	3663	73	95	14	9
土木工程建筑业	48	3013	3010	151	35	7	2
铁路、道路、隧道和桥梁工程建筑	481	1164	1162	73	9	1	1
水利和内河港口工程建筑	482	239	239	48	5	2	1
工矿工程建筑	484	147	147	1	3		
架线和管道工程建筑	485	286	286	10	3	1	
其他土木工程建筑	489	1177	1176	19	15	3	
建筑安装业	49	2639	2630	31	38	8	2
电气安装	491	711	709	7	11	5	

国有联营	集体联营	国有与集体联营	其他联营	有限责任公司	国有独资公司	其他有限责任公司	股份有限公司	私营	私营独资	代码
				9		9	2	16	4	393
				1		1		2	1	394
				8		8		12	1	395
				129	2	127	10	83	10	396
				60		60	7	160	44	397
				76		76	7	114	20	399
	1			287	2	285	23	246	48	40
				160	1	159	12	124	15	401
				68		68	7	57	12	402
	1			1		1		9	4	403
				26	1	25		21	9	404
				32		32	4	35	8	409
1	1			109		109	3	335	122	41
				50		50	3	151	55	42
				29		29	1	81	22	421
				21		21	2	70	33	422
		1		115		115	6	231	108	43
				5		5		14	6	431
				16		16		38	18	432
				10		10	1	28	12	433
				26		26	1	39	14	434
				19		19		33	19	435
				8		8	1	3	1	436
		1		31		31	3	76	38	439
8	**13**	**5**	**5**	**397**	**37**	**360**	**99**	**1252**	**498**	D
4	6	2	2	224	20	204	69	691	240	44
4	4	1	2	178	16	162	53	640	228	441
	2	1		33	2	31	12	30	10	442
				13	2	11	4	21	2	443
1			1	60	2	58	8	168	73	45
1			1	60	2	58	8	168	73	450
3	7	3	2	113	15	98	22	393	185	46
3	6	3	2	71	14	57	20	334	166	461
	1			39	1	38	1	42	11	462
				3		3	1	17	8	469
1	**10**	**1**	**3**	**6190**	**59**	**6131**	**323**	**8438**	**1659**	E
	7	1	1	1337	9	1328	131	1820	342	47
	7	1	1	1337	9	1328	131	1820	342	470
1			1	1220	34	1186	68	1327	247	48
			1	507	20	487	29	471	80	481
1				87	4	83	12	72	12	482
				53	1	52	2	77	20	484
				136	6	130	5	125	19	485
				437	3	434	20	582	116	489
	1		1	967	9	958	39	1416	239	49
				282	1	281	9	364	72	491

1-9 续表 6

行 业	代码	法 人 单位数 (个)	内资				
				国有	集体	股份合作	联营
管道和设备安装	492	526	523	14	8		
其他建筑安装业	499	1402	1398	10	19	3	2
建筑装饰和其他建筑业	50	7118	7098	31	22	15	2
建筑装饰业	501	4669	4651	10	9	10	1
工程准备活动	502	683	683	6	3	1	1
提供施工设备服务	503	244	244	1	1	1	
其他未列明建筑业	509	1522	1520	14	9	3	
批发和零售业	**F**	**119635**	**119333**	**1144**	**1029**	**383**	**205**
批发业	51	56814	56678	618	460	187	97
农、林、牧产品批发	511	6964	6956	138	70	14	14
食品、饮料及烟草制品批发	512	7504	7480	198	60	22	13
纺织、服装及家庭用品批发	513	5284	5268	17	31	14	7
文化、体育用品及器材批发	514	1422	1417	14	13	5	6
医药及医疗器材批发	515	1626	1616	9	10	10	4
矿产品、建材及化工产品批发	516	16929	16900	123	147	48	27
机械设备、五金产品及电子产品批发	517	12219	12182	63	57	47	9
贸易经纪与代理	518	2029	2028	31	32	7	6
其他批发业	519	2837	2831	25	40	20	11
零售业	52	62821	62655	526	569	196	108
综合零售	521	14677	14644	89	272	36	35
食品、饮料及烟草制品专门零售	522	6919	6897	182	84	30	23
纺织、服装及日用品专门零售	523	8209	8178	27	40	17	4
文化、体育用品及器材专门零售	524	3156	3145	47	34	15	2
医药及医疗器材专门零售	525	3414	3408	22	19	19	18
汽车、摩托车、燃料及零配件专门零售	526	6145	6125	67	26	21	6
家用电器及电子产品专门零售	527	7772	7761	22	20	18	3
五金、家具及室内装饰材料专门零售	528	8072	8062	34	39	22	6
货摊、无店铺及其他零售业	529	4457	4435	36	35	18	11
交通运输、仓储和邮政业	**G**	**10062**	**10018**	**744**	**233**	**51**	**60**
道路运输业	54	5364	5337	396	90	29	28
城市公共交通运输	541	647	643	37	13	2	2
公路旅客运输	542	588	583	43	16	8	12
道路货物运输	543	3391	3381	28	34	17	4
道路运输辅助活动	544	738	730	288	27	2	10
水上运输业	55	601	599	68	37	3	4
水上旅客运输	551	108	108	10	16		1
水上货物运输	552	326	325	20	14	2	3
水上运输辅助活动	553	167	166	38	7	1	
航空运输业	56	56	55	9			1
航空客货运输	561	22	21	2			
通用航空服务	562	10	10				
航空运输辅助活动	563	24	24	7			1
管道运输业	57	30	30	1			
管道运输业	570	30	30	1			
装卸搬运和运输代理业	58	2213	2209	36	79	14	12
装卸搬运	581	781	780	11	70	6	8

国有联营	集体联营	国有与集体联营	其他联营	有限责任公司	国有独资公司	其他有限责任公司	股份有限公司	私营	私营独资	代码
				198	2	196	6	273	33	492
	1		1	487	6	481	24	779	134	499
	2			2666	7	2659	85	3875	831	50
	1			1703	1	1702	54	2620	551	501
	1			236	1	235	12	388	100	502
				63		63	4	153	41	503
				664	5	659	15	714	139	509
38	**88**	**19**	**60**	**24671**	**81**	**24590**	**1032**	**77321**	**41586**	**F**
21	44	7	25	13834	53	13781	507	32824	13143	51
3	7	2	2	633	3	630	38	3726	2580	511
4	6		3	1044	16	1028	35	3554	2161	512
1	2	2	2	1732	2	1730	61	3109	1258	513
	4		2	509	4	505	14	780	167	514
1	1		2	518	1	517	26	849	200	515
6	12	2	7	4275	17	4258	159	10935	4226	516
2	4	1	2	4031	4	4027	109	7199	1419	517
1	3		2	363	4	359	33	919	300	518
3	5		3	729	2	727	32	1753	832	519
17	44	12	35	10837	28	10809	525	44497	28443	52
7	15	3	10	1149	6	1143	108	11588	9749	521
3	13	3	4	887	3	884	35	4635	3154	522
			4	1214		1214	40	6238	4602	523
		2		743	8	735	37	2054	1029	524
3	6		9	681		681	47	2234	1132	525
2	2	1	1	1619	7	1612	106	3880	1713	526
	2		1	1886	1	1885	78	5320	2241	527
1	3	1	1	1699		1699	44	5715	3527	528
1	3	2	5	959	3	956	30	2833	1296	529
9	**33**	**5**	**13**	**2650**	**47**	**2603**	**201**	**5109**	**1443**	**G**
3	17	4	4	1450	25	1425	121	2761	750	54
1	1			146	8	138	21	388	187	541
1	7	1	3	121	5	116	26	313	43	542
	4			1075	7	1068	61	1888	469	543
1	5	3	1	108	5	103	13	172	51	544
1	2		1	128	4	124	12	292	71	55
			1	11		11		50	15	551
1	2			79	4	75	10	176	39	552
				38		38	2	66	17	553
			1	22		22		19	4	56
				10		10		7	1	561
				4		4		6	2	562
			1	8		8		6	1	563
				4		4	2	18	14	57
				4		4	2	18	14	570
2	8		2	662	3	659	32	1228	370	58
	7		1	152		152	6	466	182	581

1-9 续表 7

行　业	代码	法　人单位数(个)	内资				
				国有	集体	股份合作	联营
运输代理业	582	1432	1429	25	9	8	4
仓储业	59	1033	1024	162	24	4	11
谷物、棉花等农产品仓储	591	475	475	132	13	3	10
其他仓储业	599	558	549	30	11	1	1
邮政业	60	765	764	72	3	1	4
邮政基本服务	601	89	89	59			1
快递服务	602	676	675	13	3	1	3
住宿和餐饮业	**H**	**10214**	**10115**	**226**	**101**	**45**	**27**
住宿业	61	2863	2831	154	50	18	10
旅游饭店	611	946	923	73	13	5	3
一般旅馆	612	1565	1559	56	28	10	4
其他住宿业	619	352	349	25	9	3	3
餐饮业	62	7351	7284	72	51	27	17
正餐服务	621	5782	5741	60	39	21	13
快餐服务	622	458	441	1	1	3	
饮料及冷饮服务	623	154	148			1	
其他餐饮业	629	957	954	11	11	2	4
信息传输、软件和信息技术服务业	**I**	**7728**	**7618**	**442**	**49**	**24**	**12**
电信、广播电视和卫星传输服务	63	1034	994	328	33	6	9
电信	631	502	462	59	6	6	4
广播电视传输服务	632	492	492	253	26		5
卫星传输服务	633	40	40	16	1		
互联网和相关服务	64	1026	1024	35		2	
互联网接入及相关服务	641	139	138	3		2	
互联网信息服务	642	730	729	31			
其他互联网服务	649	157	157	1			
软件和信息技术服务业	65	5668	5600	79	16	16	3
软件开发	651	3436	3389	11	3	10	1
信息系统集成服务	652	541	534	11		1	
信息技术咨询服务	653	931	926	32	7	4	2
数据处理和存储服务	654	73	72	6			
集成电路设计	655	80	78	2			
其他信息技术服务业	659	607	601	17	6	1	
房地产业	**K**	**15705**	**15502**	**520**	**291**	**103**	**24**
房地产业	70	15705	15502	520	291	103	24
房地产开发经营	701	6324	6175	131	29	21	1
物业管理	702	5198	5162	135	68	36	9
房地产中介服务	703	2773	2758	64	29	10	4
自有房地产经营活动	704	867	864	102	155	34	10
其他房地产业	709	543	543	88	10	2	
租赁和商务服务业	**L**	**30386**	**30296**	**2060**	**456**	**116**	**79**
租赁业	71	2138	2133	27	12	10	6
机械设备租赁	711	1948	1944	20	5	10	6
文化及日用品出租	712	190	189	7	7		
商务服务业	72	28248	28163	2033	444	106	73
企业管理服务	721	4716	4690	710	158	25	20

国有联营	集体联营	国有与集体联营	其他联营	有限责任公司	国有独资公司	其他有限责任公司	股份有限公司	私营	私营独资	代码
2	1		1	510	3	507	26	762	188	582
2	5	1	3	253	15	238	16	355	113	59
2	4	1	3	49	11	38	9	109	54	591
	1			204	4	200	7	246	59	599
1	1		2	131		131	18	436	121	60
1				2		2		8	2	601
	1		2	129		129	18	428	119	602
4	**14**	**3**	**6**	**1793**	**23**	**1770**	**90**	**6963**	**4259**	H
3	4		3	675	15	660	41	1640	717	61
1	1		1	265	13	252	20	487	121	611
	3		1	331	2	329	18	961	505	612
2			1	79		79	3	192	91	619
1	10	3	3	1118	8	1110	49	5323	3542	62
1	8	1	3	986	8	978	39	4101	2538	621
				41		41	3	366	287	622
				29		29	2	106	59	623
	2	2		62		62	5	750	658	629
8	**2**		**2**	**2780**	**27**	**2753**	**138**	**3476**	**691**	I
7	1		1	146	18	128	47	219	136	63
3			1	92	12	80	37	191	121	631
4	1			46	5	41	8	24	13	632
				8	1	7	2	4	2	633
				248	1	247	15	610	242	64
				42		42	4	73	19	641
				159	1	158	10	453	190	642
				47		47	1	84	33	649
1	1		1	2386	8	2378	76	2647	313	65
			1	1536	2	1534	43	1640	135	651
				228	1	227	4	264	27	652
1	1			353	4	349	14	375	83	653
				23		23		38	8	654
				32		32	1	40	4	655
				214	1	213	14	290	56	659
2	**15**	**4**	**3**	**5608**	**76**	**5532**	**481**	**7594**	**1101**	K
2	15	4	3	5608	76	5532	481	7594	1101	70
		1		2369	58	2311	296	3203	209	701
2	6		1	1897	12	1885	108	2462	406	702
	3		1	1002	3	999	45	1397	242	703
	6	3	1	174	1	173	16	313	199	704
				166	2	164	16	219	45	709
14	**34**	**8**	**23**	**9257**	**139**	**9118**	**395**	**14204**	**3387**	L
2	2		2	522	1	521	17	1131	484	71
2	2		2	499	1	498	17	1037	416	711
				23		23		94	68	712
12	32	8	21	8735	138	8597	378	13073	2903	72
5	9	4	2	1473	99	1374	86	1518	225	721

1-9 续表 8

行业	代码	法人单位数(个)	内资	国有	集体	股份合作	联营
法律服务	722	1165	1164	279	21	5	8
咨询与调查	723	6303	6273	211	18	14	6
广告业	724	5810	5806	42	8	18	5
知识产权服务	725	125	125	15			
人力资源服务	726	2863	2861	301	77	9	4
旅行社及相关服务	727	1505	1502	65	9	11	7
安全保护服务	728	410	409	48	7	3	2
其他商务服务业	729	5351	5333	362	146	21	21
科学研究和技术服务业	**M**	**20212**	**20154**	**3493**	**376**	**52**	**61**
研究和试验发展	73	1487	1476	297	31	10	10
自然科学研究和试验发展	731	61	61	22	3	1	
工程和技术研究和试验发展	732	632	627	63	9	6	5
农业科学研究和试验发展	733	307	307	123	17		3
医学研究和试验发展	734	358	352	12		2	1
社会人文科学研究	735	129	129	77	2	1	1
专业技术服务业	74	8862	8832	1997	160	32	28
气象服务	741	214	214	184	2	1	
地震服务	742	49	49	45	1		
海洋服务	743	1	1	1			
测绘服务	744	182	182	64	4	1	1
质检技术服务	745	678	677	347	25	4	2
环境与生态监测	746	241	241	147	3	2	1
地质勘查	747	189	189	84	1	1	1
工程技术	748	4582	4563	742	47	16	14
其他专业技术服务业	749	2726	2716	383	77	7	9
科技推广和应用服务业	75	9863	9846	1199	185	10	23
技术推广服务	751	9233	9218	1098	180	8	23
科技中介服务	752	227	226	38	3	1	
其他科技推广和应用服务业	759	403	402	63	2	1	
水利、环境和公共设施管理业	**N**	**4821**	**4806**	**2358**	**249**	**21**	**25**
水利管理业	76	1873	1872	1252	131		10
防洪除涝设施管理	761	396	396	318	23		2
水资源管理	762	391	391	259	29		4
天然水收集与分配	763	313	313	222	28		
水文服务	764	86	86	47	4		
其他水利管理业	769	687	686	406	47		4
生态保护和环境治理业	77	572	569	233	15	3	1
生态保护	771	325	324	182	8	1	
环境治理业	772	247	245	51	7	2	1
公共设施管理业	78	2376	2365	873	103	18	14
市政设施管理	781	379	376	187	17	3	3
环境卫生管理	782	461	460	233	35	2	5
城乡市容管理	783	227	227	127	12	2	2
绿化管理	784	664	661	143	22	7	1
公园和游览景区管理	785	645	641	183	17	4	3
居民服务、修理和其他服务业	**O**	**9419**	**9403**	**420**	**170**	**39**	**17**

国有联营	集体联营	国有与集体联营	其他联营	有限责任公司	国有独资公司	其他有限责任公司	股份有限公司	私营	私营独资	代码
	2	1	5	64		64	3	340	69	722
	3	1	2	2475	5	2470	66	2967	395	723
			5	2047	5	2042	63	3282	617	724
				42		42		60	8	725
	3		1	572	1	571	26	1400	657	726
1	2		4	415	7	408	45	793	165	727
	2			119	9	110	5	186	42	728
6	11	2	2	1528	12	1516	84	2527	725	729
11	**33**	**5**	**12**	**3688**	**47**	**3641**	**175**	**5241**	**1666**	M
	8	2		524	2	522	15	410	74	73
				10		10		18	1	731
	5			286		286	7	215	25	732
	1	2		38	2	36	1	62	13	733
	1			187		187	5	106	32	734
	1			3		3	2	9	3	735
7	13	3	5	2301	42	2259	115	3130	846	74
				13	1	12		5		741
				1		1				742
										743
		1		40	3	37	2	62	13	744
1	1			113	5	108	12	107	18	745
1				30		30	1	31	9	746
		1		39	2	37	2	46	11	747
5	6	1	2	1509	29	1480	79	1775	315	748
	6		3	556	2	554	19	1104	480	749
4	12		7	863	3	860	45	1701	746	75
4	12		7	698	3	695	34	1463	693	751
				66		66	7	90	30	752
				99		99	4	148	23	759
12	**4**	**6**	**3**	**511**	**25**	**486**	**45**	**779**	**193**	N
4	3	1	2	61	4	57	10	90	34	76
1	1			5		5		6	2	761
1	2		1	13	1	12	1	16	5	762
				3		3	1	11	6	763
				4		4		10	3	764
2		1	1	36	3	33	8	47	18	769
		1		72	5	67	5	142	33	77
				13	2	11	1	51	17	771
		1		59	3	56	4	91	16	772
8	1	4	1	378	16	362	30	547	126	78
3				54	8	46	4	46	12	781
3	1	1		38	2	36	2	43	10	782
1		1		11		11	1	13	2	783
		1		165	3	162	9	233	57	784
1		1	1	110	3	107	14	212	45	785
2	**8**	**1**	**6**	**1451**	**4**	**1447**	**63**	**5863**	**3789**	O

1-9 续表 9

行　业	代码	法　人 单位数 (个)					
			内资	国有	集体	股份合作	联营
居民服务业	79	4305	4299	261	87	15	5
家庭服务	791	821	820	10	17	1	
托儿所服务	792	70	70	4			1
洗染服务	793	137	136	1	2	1	
理发及美容服务	794	613	613			2	
洗浴服务	795	98	97			1	
保健服务	796	241	240	1	1	1	
婚姻服务	797	208	208	16		2	
殡葬服务	798	264	262	106	18	2	2
其他居民服务业	799	1853	1853	123	49	5	2
机动车、电子产品和日用产品修理业	80	3342	3334	63	34	16	2
汽车、摩托车修理与维护	801	2253	2248	29	24	13	2
计算机和办公设备维修	802	369	367	26	6	2	
家用电器修理	803	454	453	5	4	1	
其他日用产品修理业	809	266	266	3			
其他服务业	81	1772	1770	96	49	8	10
清洁服务	811	821	820	28	10	3	2
其他未列明服务业	819	951	950	68	39	5	8
教育	**P**	**17774**	**17763**	**8244**	**842**	**72**	**77**
教育	82	17774	17763	8244	842	72	77
学前教育	821	4807	4804	496	143	24	25
初等教育	822	5694	5694	4318	494	3	19
中等教育	823	2936	2936	2300	109	17	16
高等教育	824	243	243	163	11	3	4
特殊教育	825	109	109	75	1	3	1
技能培训、教育辅助及其他教育	829	3985	3977	892	84	22	12
卫生和社会工作	**Q**	**11427**	**11424**	**4343**	**1312**	**16**	**64**
卫生	83	9233	9230	3401	1009	16	56
医院	831	1091	1090	498	41	12	6
社区医疗与卫生院	832	4900	4899	1740	681	2	34
门诊部(所)	833	1563	1562	189	187	2	9
计划生育技术服务活动	834	969	969	521	71		4
妇幼保健院(所、站)	835	102	102	91	1		
专科疾病防治院(所、站)	836	149	149	106	10		2
疾病预防控制中心	837	165	165	148	6		
其他卫生活动	839	294	294	108	12		1
社会工作	84	2194	2194	942	303		8
提供住宿社会工作	841	1837	1837	768	266		6
不提供住宿社会工作	842	357	357	174	37		2
文化、体育和娱乐业	**R**	**10128**	**10103**	**1926**	**199**	**18**	**25**
新闻和出版业	85	374	373	173	14		4
新闻业	851	75	74	57			
出版业	852	299	299	116	14		4
广播、电视、电影和影视录音制作业	86	727	718	303	23	4	6
广播	861	115	115	72	6		
电视	862	183	183	130	10	1	

国有联营	集体联营	国有与集体联营	其他联营	有限责任公司	国有独资公司	其他有限责任公司	股份有限公司	私营	私营独资	代码
2	2		1	512	2	510	16	2555	1868	79
				184		184	3	510	322	791
1				4		4		28	25	792
				26		26	1	94	61	793
				57		57		487	403	794
				17		17	1	71	32	795
				42		42	3	161	81	796
				41		41	1	119	72	797
1	1			21	1	20	1	61	35	798
	1		1	120	1	119	6	1024	837	799
	2			594	1	593	29	2326	1465	80
	2			392	1	391	19	1605	1001	801
				89		89	3	201	83	802
				74		74	6	323	222	803
				39		39	1	197	159	809
	4	1	5	345	1	344	18	982	456	81
			2	243		243	5	461	149	811
	4	1	3	102	1	101	13	521	307	819
16	**26**	**11**	**24**	**516**	**4**	**512**	**27**	**2786**	**1704**	P
16	26	11	24	516	4	512	27	2786	1704	82
	14	2	9	51	1	50	3	1427	1139	821
7	3	5	4	1		1	1	37	22	822
4	4	2	6	6		6	1	78	40	823
3	1			1		1		8	6	824
	1			1		1		6	2	825
2	3	2	5	456	3	453	22	1230	495	829
11	**31**	**3**	**19**	**143**	**3**	**140**	**16**	**1044**	**734**	Q
9	28	3	16	127	1	126	15	919	659	83
3	1		2	78	1	77	12	242	119	831
5	22	2	5	5		5	1	205	162	832
	3		6	30		30	1	411	341	833
	1	1	2					1	1	834
								2	1	835
1			1	4		4		11	7	836
								1		837
	1			10		10	1	46	28	839
2	3		3	16	2	14	1	125	75	84
2	2		2	16	2	14	1	118	72	841
	1		1					7	3	842
3	**9**	**1**	**12**	**835**	**23**	**812**	**59**	**5164**	**3435**	R
1	2		1	66	10	56	5	54	17	85
				3	1	2		4	1	851
1	2		1	63	9	54	5	50	16	852
1	3	1	1	139	4	135	12	144	29	86
				10		10	1	6	1	861
				4	1	3	3	4	1	862

1-9 续表 10

行　业	代码	法　人单位数(个)	内资	国有	集体	股份合作	联营
电影和影视节目制作	863	157	157	25		1	1
电影和影视节目发行	864	40	40	13		1	1
电影放映	865	206	197	61	6	1	4
录音制作	866	26	26	2	1		
文化艺术业	87	3021	3019	1287	117	2	11
文艺创作与表演	871	409	409	99	4	1	2
艺术表演场馆	872	76	76	50	2		
图书馆与档案馆	873	307	307	256	6		1
文物及非物质文化遗产保护	874	160	160	82	8		
博物馆	875	129	129	99	4		
烈士陵园、纪念馆	876	80	80	51	12		1
群众文化活动	877	1223	1222	567	66	1	5
其他文化艺术业	879	637	636	83	15		2
体育	88	517	510	106	30		1
体育组织	881	206	206	42	26		1
体育场馆	882	72	72	35	2		
休闲健身活动	883	198	192	18	2		
其他体育	889	41	40	11			
娱乐业	89	5489	5483	57	15	12	3
室内娱乐活动	891	4993	4989	22	8	9	3
游乐园	892	53	52	6	2		
彩票活动	893	36	36	19	1		
文化、娱乐、体育经纪代理	894	88	87	5		2	
其他娱乐业	899	319	319	5	4	1	
公共管理、社会保障和社会组织	**S**	**65648**	**65643**	**23614**	**747**	**13**	**101**
中国共产党机关	90	1248	1248	1236	4		
中国共产党机关	900	1248	1248	1236	4		
国家机构	91	20305	20305	18808	263		30
国家权力机构	911	312	312	305	2		
国家行政机构	912	18942	18942	17523	251		28
人民法院和人民检察院	913	322	322	318	1		
其他国家机构	919	729	729	662	9		2
人民政协、民主党派	92	257	257	256			1
人民政协	921	149	149	149			
民主党派	922	108	108	107			1
社会保障	93	896	896	654	29		
社会保障	930	896	896	654	29		
群众团体、社会团体和其他成员组织	94	12947	12942	2660	451	13	70
群众团体	941	1339	1338	746	46	1	7
社会团体	942	9344	9341	1856	354	11	58
基金会	943	65	65	20	1		
宗教组织	944	2199	2198	38	50	1	5
基层群众自治组织	95	29995	29995				
社区自治组织	951	4031	4031				
村民自治组织	952	25964	25964				

国有联营	集体联营	国有与集体联营	其他联营	有限责任公司	国有独资公司	其他有限责任公司	股份有限公司	私营	私营独资	代码
	1			46		46	6	72	12	863
	1			8		8	2	10	1	864
1	1	1	1	58	3	55		44	12	865
				13		13		8	2	866
1	3		7	215	6	209	10	578	250	87
	1		1	47	2	45	1	166	94	871
				7	1	6		7	2	872
1				1		1		7	4	873
				4	1	3	4	8	2	874
				2		2		5	2	875
			1					3	1	876
			5	23		23	1	99	63	877
	2			131	2	129	4	283	82	879
	1			66	2	64	6	161	50	88
	1			13		13	2	25	7	881
				8	2	6	1	18	5	882
				39		39	3	108	35	883
				6		6		10	3	889
			3	349	1	348	26	4227	3089	89
			3	288		288	23	3989	2930	891
				6		6	2	29	11	892
								3	3	893
				33	1	32		32	9	894
				22		22	1	174	136	899
20	**44**	**5**	**32**	**23**	**1**	**22**	**3**	**119**	**63**	S
										90
										900
12	8	5	5							91
										911
11	7	5	5							912
										913
1	1									919
1										92
										921
1										922
										93
										930
7	36		27	23	1	22	3	119	63	94
	6		1	4		4	2	7	2	941
7	30		21	16	1	15	1	99	53	942
				2		2				943
			5	1		1		13	8	944
										95
										951
										952

1-9 续表 11

行业	代码	私营合伙	私营有限责任公司	私营股份有限公司	其他	港澳台商投资	与港澳台商合资经营
总　计	00	**9034**	**91806**	**4935**	**93224**	**1077**	**434**
农、林、牧、渔业	A	**99**	**457**	**40**	**4897**	**3**	**3**
农业	01		1		16		
谷物种植	011				1		
棉、麻、糖、烟草种植	013				2		
蔬菜、食用菌及园艺作物种植	014		1		3		
水果种植	015				6		
坚果、含油果、香料和饮料作物种植	016						
中药材种植	017				1		
其他农业	019				3		
林业	02				1		
林木育种和育苗	021				1		
森林经营和管护	023						
畜牧业	03		1		11		
牲畜饲养	031		1		8		
家禽饲养	032				1		
其他畜牧业	039				2		
渔业	04				3		
水产养殖	041				3		
水产捕捞	042						
农、林、牧、渔服务业	05	99	455	40	4866	3	3
农业服务业	051	83	351	31	3483	2	2
林业服务业	052	4	44	1	208		
畜牧服务业	053	8	35	5	811	1	1
渔业服务业	054	4	25	3	364		
采矿业	B	**380**	**1265**	**99**	**247**	**11**	**1**
煤炭开采和洗选业	06	26	234	14	23	3	
烟煤和无烟煤开采洗选	061	15	199	11	19	2	
褐煤开采洗选	062		1	1	1		
其他煤炭采选	069	11	34	2	3	1	
石油和天然气开采业	07		4		3		
石油开采	071		2		1		
天然气开采	072		2		2		
黑色金属矿采选业	08	29	179	9	25		
铁矿采选	081	27	171	8	24		
锰矿、铬矿采选	082		1				
其他黑色金属矿采选	089	2	7	1	1		
有色金属矿采选业	09	12	76	12	11	1	
常用有色金属矿采选	091	12	63	11	8		
贵金属矿采选	092		8	1	3		
稀有稀土金属矿采选	093		5			1	
非金属矿采选业	10	290	692	54	168	7	1
土砂石开采	101	251	432	41	134	5	1
化学矿开采	102	5	124	7	15		
采盐	103						
石棉及其他非金属矿采选	109	34	136	6	19	2	

与港澳台商合作经营	港澳台商独资	港澳台商投资股份有限公司	其他港澳台商投资	外商投资	中外合资经营	中外合作经营	外资企业	外商投资股份有限公司	其他外商投资	代码
31	**550**	**50**	**12**	**1170**	**522**	**31**	**514**	**38**	**65**	**00**
				5	**1**	**2**	**1**		**1**	**A**
										01
										011
										013
										014
										015
										016
										017
										019
										02
										021
										023
										03
										031
										032
										039
										04
										041
										042
				5	1	2	1		1	05
				4	1	1	1		1	051
										052
										053
				1		1				054
	8	**1**	**1**	**6**	**4**		**1**		**1**	**B**
	1	1	1	1			1			06
	1	1		1			1			061
										062
			1							069
										07
										071
										072
				2	2					08
				2	2					081
										082
										089
	1			1	1					09
				1	1					091
										092
	1									093
	6			2	1				1	10
	4			2	1				1	101
										102
										103
	2									109

1-9 续表 12

行业	代码	私营合伙	私营有限责任公司	私营股份有限公司	其他	港澳台商投资	与港澳台商合资经营
开采辅助活动	11	4	18	2	5		
煤炭开采和洗选辅助活动	111	1	8		3		
石油和天然气开采辅助活动	112		5	1			
其他开采辅助活动	119	3	5	1	2		
其他采矿业	12	19	62	8	12		
其他采矿业	120	19	62	8	12		
制造业	**C**	**2691**	**20252**	**1347**	**4255**	**508**	**232**
农副食品加工业	13	215	1738	115	531	31	12
谷物磨制	131	73	600	47	148	3	1
饲料加工	132	7	155	11	29	3	2
植物油加工	133	23	216	22	64	5	1
制糖业	134		5	2			
屠宰及肉类加工	135	47	163	10	83	1	
水产品加工	136	15	86	5	19	3	
蔬菜、水果和坚果加工	137	25	150	8	80	6	1
其他农副食品加工	139	25	363	10	108	10	7
食品制造业	14	53	539	34	122	19	5
焙烤食品制造	141	13	152	12	28	7	2
糖果、巧克力及蜜饯制造	142	2	31	2	4	3	
方便食品制造	143	12	125	5	38	2	
乳制品制造	144		7	2	3		
罐头食品制造	145	9	39	4	13		
调味品、发酵制品制造	146	7	57	3	12	1	1
其他食品制造	149	10	128	6	24	6	2
酒、饮料和精制茶制造业	15	75	564	30	474	16	8
酒的制造	151	14	130	15	37	3	2
饮料制造	152	31	182	6	58	11	6
精制茶加工	153	30	252	9	379	2	
烟草制品业	16		1		10		
烟叶复烤	161				3		
卷烟制造	162						
其他烟草制品制造	169		1		7		
纺织业	17	85	1180	90	162	65	35
棉纺织及印染精加工	171	51	691	68	93	37	19
毛纺织及染整精加工	172	4	13	2	2	3	2
麻纺织及染整精加工	173	2	25	1	5		
丝绢纺织及印染精加工	174	2	10	3	5		
化纤织造及印染精加工	175	1	32	1	7	2	2
针织或钩针编织物及其制品制造	176	4	36	5	8	5	
家用纺织制成品制造	177	8	92	3	26	6	2
非家用纺织制成品制造	178	13	281	7	16	12	10
纺织服装、服饰业	18	470	1156	71	297	49	19
机织服装制造	181	428	906	55	249	42	18
针织或钩针编织服装制造	182	7	45	2	4	3	1
服饰制造	183	35	205	14	44	4	
皮革、毛皮、羽毛及其制品和制鞋业	19	20	190	12	64	13	2

与港澳台商合作经营	港澳台商独资	港澳台商投资股份有限公司	其他港澳台商投资	外商投资	中外合资经营	中外合作经营	外资企业	外商投资股份有限公司	其他外商投资	代码
										11
										111
										112
										119
										12
										120
7	**247**	**19**	**3**	**647**	**344**	**11**	**261**	**24**	**7**	C
1	16	2		28	14	4	10			13
1	1			3	2		1			131
	1			11	4	3	4			132
	4			4	3		1			133
										134
	1			2			2			135
	2	1		3	2		1			136
	4	1		1	1					137
	3			4	2	1	1			139
	12	2		18	9	1	5	3		14
	5			3	1			2		141
	3									142
	2			4	1		3			143
				2		1		1		144
				1			1			145
				2	2					146
	2	2		6	5		1			149
	7	1		27	16		11			15
	1			8	4		4			151
	4	1		18	12		6			152
	2			1			1			153
										16
										161
										162
										169
	29	1		20	9		11			17
	17	1		7	2		5			171
	1									172
										173
										174
				1			1			175
	5			1			1			176
	4			1	1					177
	2			10	6		4			178
1	27	2		26	18	1	6	1		18
1	21	2		22	14	1	6	1		181
	2			1	1					182
	4			3	3					183
	11			8	3		4	1		19

1-9 续表 13

行业	代码	私营合伙	私营有限责任公司	私营股份有限公司	其他	港澳台商投资	与港澳台商合资经营
皮革鞣制加工	191		8		2		
皮革制品制造	192	1	44	4	10	2	1
毛皮鞣制及制品加工	193	2	53	1	33		
羽毛(绒)加工及制品制造	194		4			1	
制鞋业	195	17	81	7	19	10	1
木材加工和木、竹、藤、棕、草制品业	20	84	380	28	149	5	1
木材加工	201	35	111	13	77	1	
人造板制造	202	17	102	3	14	4	1
木制品制造	203	22	138	11	46		
竹、藤、棕、草等制品制造	204	10	29	1	12		
家具制造业	21	78	294	14	64	3	
木质家具制造	211	61	210	10	48	1	
竹、藤家具制造	212		5		2		
金属家具制造	213	4	26	1	6	1	
塑料家具制造	214	5	5		3		
其他家具制造	219	8	48	3	5	1	
造纸和纸制品业	22	79	347	21	53	12	6
纸浆制造	221	1	5				
造纸	222	11	100	7	22	4	3
纸制品制造	223	67	242	14	31	8	3
印刷和记录媒介复制业	23	51	555	24	135	6	3
印刷	231	41	477	21	105	6	3
装订及印刷相关服务	232	10	78	3	30		
记录媒介复制	233						
文教、工美、体育和娱乐用品制造业	24	53	259	18	91	12	2
文教办公用品制造	241	3	24	3	7	1	1
乐器制造	242		7	1		2	1
工艺美术品制造	243	46	181	9	71	8	
体育用品制造	244	1	16	2	2		
玩具制造	245	3	22	2	7	1	
游艺器材及娱乐用品制造	246		9	1	4		
石油加工及炼焦	25	1	55	6	8	3	1
化学原料和化学制品制造业	26	71	1251	92	134	31	14
基础化学原料制造	261	13	221	21	16	2	1
肥料制造	262	19	271	27	34	7	1
农药制造	263	2	41	2	6	1	1
涂料、油墨、颜料及类似产品制造	264	2	213	8	17	7	3
合成材料制造	265	4	96	3	12	3	2
专用化学产品制造	266	14	295	22	32	7	4
炸药、火工及焰火产品制造	267	4	34	4	9		
日用化学产品制造	268	13	80	5	8	4	2
医药制造业	27	10	248	31	25	30	19
化学药品原料药制造	271	3	39	5	3	1	1
化学药品制剂制造	272	1	19	3	2	6	3
中药饮片加工	273	4	45	3	6	1	1
中成药生产	274	1	45	5	3	7	4

与港澳台商合作经营	港澳台商独资	港澳台商投资股份有限公司	其他港澳台商投资	外商投资	中外合资经营	中外合作经营	外资企业	外商投资股份有限公司	其他外商投资	代码
										191
	1			4	2		1	1		192
										193
	1									194
	9			4	1		3			195
	4			3	1		2			20
	1			1	1					201
	3			1			1			202
										203
				1			1			204
1	2			3	2		1			21
	1			2	1		1			211
										212
	1									213
										214
1				1	1					219
1	5			17	9		6		2	22
										221
1				4	4					222
	5			13	5		6		2	223
	2	1		5	5					23
	2	1		3	3					231
				2	2					232
										233
	9		1	11	3	1	5	1	1	24
										241
	1			3			2	1		242
	7		1	4	3		1			243
				3		1	2			244
	1			1					1	245
										246
	1		1	4	4					25
2	14		1	51	23		24	2	2	26
1				6	5		1			261
1	4		1	8	5		3			262
				1					1	263
	4			9	3		4	2		264
	1			8	3		4		1	265
	3			13	6		7			266
										267
	2			6	1		5			268
	10	1		25	18	1	5	1		27
				2	2					271
	2	1		3	2		1			272
				1			1			273
	3			2	1		1			274

1-9 续表 14

行 业	代码	私营合伙	私营有限责任公司	私营股份有限公司	其他	港澳台商投资	与港澳台商合资经营
兽用药品制造	275		13	3		1	1
生物药品制造	276		38	6	7	3	2
卫生材料及医药用品制造	277	1	49	6	4	11	7
化学纤维制造业	28	1	27	3	2		
纤维素纤维原料及纤维制造	281		6	2	1		
合成纤维制造	282	1	21	1	1		
橡胶和塑料制品业	29	64	859	64	120	24	11
橡胶制品业	291	7	121	10	16	5	2
塑料制品业	292	57	738	54	104	19	9
非金属矿物制品业	30	718	2543	200	776	26	12
水泥、石灰和石膏制造	301	39	232	18	36	5	1
石膏、水泥制品及类似制品制造	302	167	673	43	311	6	3
砖瓦、石材等建筑材料制造	303	469	1157	108	374	9	5
玻璃制造	304	3	55	6	5	3	1
玻璃制品制造	305	6	100	9	14	2	2
玻璃纤维和玻璃纤维增强塑料制品制造	306	2	31	1	3		
陶瓷制品制造	307	3	57	2	6		
耐火材料制品制造	308	6	87	4	9	1	
石墨及其他非金属矿物制品制造	309	23	151	9	18		
黑色金属冶炼和压延加工业	31	29	278	23	41	8	6
炼铁	311	2	13	3			
炼钢	312	2	15		7	1	1
黑色金属铸造	313	14	144	11	17	1	1
钢压延加工	314	8	90	9	16	6	4
铁合金冶炼	315	3	16		1		
有色金属冶炼和压延加工业	32	24	205	14	21	5	4
常用有色金属冶炼	321	7	60	7	4	2	2
贵金属冶炼	322		2				
稀有稀土金属冶炼	323		8	1			
有色金属合金制造	324	7	41		3		
有色金属铸造	325	2	12	2	2		
有色金属压延加工	326	8	82	4	12	3	2
金属制品业	33	132	1206	76	219	24	16
结构性金属制品制造	331	72	648	44	125	7	6
金属工具制造	332	20	101	5	15	1	1
集装箱及金属包装容器制造	333	2	58	1	9	9	3
金属丝绳及其制品制造	334	3	27	1	20	1	1
建筑、安全用金属制品制造	335	11	115	10	15		
金属表面处理及热处理加工	336	1	45	2	2	3	3
搪瓷制品制造	337		5		1		
金属制日用品制造	338	6	69	3	10	2	1
其他金属制品制造	339	17	138	10	22	1	1
通用设备制造业	34	137	1311	79	186	16	10
锅炉及原动设备制造	341	10	107	11	16	2	1
金属加工机械制造	342	39	331	23	66	6	5
物料搬运设备制造	343		73	7	6	1	1

与港澳台商合作经营	港澳台商独资	港澳台商投资股份有限公司	其他港澳台商投资	外商投资	中外合资经营	中外合作经营	外资企业	外商投资股份有限公司	其他外商投资	代码
										275
	1			5	3	1	1			276
	4			12	10		1	1		277
				3	2		1			28
				2	1		1			281
				1	1					282
	12	1		21	12	1	6	1	1	29
	3			7	4	1	1	1		291
	9	1		14	8		5		1	292
	12	2		34	18	1	12	3		30
	4			9	4		3	2		301
	3			1	1					302
	3	1		8	4		4			303
	2			1			1			304
				3	2			1		305
										306
				2	1	1				307
		1		8	6		2			308
				2			2			309
	2			7	7					31
										311
										312
				2	2					313
	2			4	4					314
				1	1					315
	1			4	3		1			32
										321
				1	1					322
										323
				1	1					324
										325
	1			2	1		1			326
	8			24	17		6	1		33
	1			4	3		1			331
				1	1					332
	6			3	2		1			333
				2	2					334
				2	2					335
				2	2					336
										337
	1			4	3		1			338
				6	2		3	1		339
	6			41	18		20	3		34
	1			9	2		6	1		341
	1			9	6		2	1		342
										343

1-9 续表 15

行业	代码	私营合伙	私营有限责任公司	私营股份有限公司	其他	港澳台商投资	与港澳台商合资经营
泵、阀门、压缩机及类似机械制造	344	2	129	9	11	2	1
轴承、齿轮和传动部件制造	345	2	51	2	10		
烘炉、风机、衡器、包装等设备制造	346	7	127	9	12	2	1
文化、办公用机械制造	347		13		6	1	
通用零部件制造	348	53	351	14	49	2	1
其他通用设备制造业	349	24	129	4	10		
专用设备制造业	35	90	1213	84	190	15	6
采矿、冶金、建筑专用设备制造	351	19	248	20	41	1	1
化工、木材、非金属加工专用设备制造	352	19	318	23	47	2	
食品、饮料、烟草及饲料生产专用设备制造	353	4	59	4	12		
印刷、制药、日化及日用品生产专用设备制造	354	5	70	3	9	2	1
纺织、服装和皮革加工专用设备制造	355	2	42	4	4	4	2
电子和电工机械专用设备制造	356	9	119	7	21	1	
农、林、牧、渔专用机械制造	357	9	102	9	15		
医疗仪器设备及器械制造	358	5	67	4	6	1	
环保、社会公共服务及其他专用设备制造	359	18	188	10	35	4	2
汽车制造业	36	49	2029	116	117	35	15
汽车整车制造	361		9		2		
改装汽车制造	362	2	20	1	8		
低速载货汽车制造	363		1	1			
电车制造	364		4				
汽车车身、挂车制造	365		9			1	
汽车零部件及配件制造	366	47	1986	114	107	34	15
铁路、船舶、航空航天和其他运输设备制造业	37	6	178	10	20	2	2
铁路运输设备制造	371	1	34	2	5		
城市轨道交通设备制造	372		2				
船舶及相关装置制造	373	3	109	7	9	1	1
航空、航天器及设备制造	374		6				
摩托车制造	375	1	10	1		1	1
自行车制造	376		7		1		
非公路休闲车及零配件制造	377		5		4		
潜水救捞及其他未列明运输设备制造	379	1	5		1		
电气机械和器材制造业	38	33	744	46	76	23	11
电机制造	381	3	69	5	12	5	2
输配电及控制设备制造	382	6	264	19	14	7	2
电线、电缆、光缆及电工器材制造	383	12	121	7	11	2	1
电池制造	384		46	3	1	3	3
家用电力器具制造	385		54	2	8		
非电力家用器具制造	386	3	43	3	9		
照明器具制造	387	6	80	5	9	6	3
其他电气机械及器材制造	389	3	67	2	12		
计算机、通信和其他电子设备制造业	39	18	347	16	45	24	9
计算机制造	391	1	27	3	2	5	
通信设备制造	392	2	39	2	4	3	3
广播电视设备制造	393	1	11		2		
雷达及配套设备制造	394	1			1		

与港澳台商合作经营	港澳台商独资	港澳台商投资股份有限公司	其他港澳台商投资	外商投资	中外合资经营	中外合作经营	外资企业	外商投资股份有限公司	其他外商投资	代码
	1			4	2		2			344
				2			2			345
	1			13	8		5			346
	1									347
	1			1			1			348
				3			2	1		349
	7	2		29	19		9	1		35
				4	3			1		351
	2			7	4		3			352
				2	2					353
	1			3	3					354
	2									355
	1			4	2		2			356
				1	1					357
	1			5	3		2			358
		2		3	1		2			359
1	18	1		139	69		67	3		36
				6	6					361
				3	3					362
										363
										364
	1									365
1	17	1		130	60		67	3		366
				9	7		2			37
				2	1		1			371
										372
				6	5		1			373
				1	1					374
										375
										376
										377
										379
	12			46	22		21	2	1	38
	3			7	3		4			381
	5			12	2		9	1		382
	1			6	6					383
				7	4		2		1	384
				5	3		2			385
				3	1		2			386
	3			3	1		1	1		387
				3	2		1			389
	13	2		29	11		18			39
	4	1		3	1		2			391
				4	2		2			392
										393
										394

1-9 续表 16

行 业	代码	私营合伙	私营有限责任公司	私营股份有限公司	其他	港澳台商投资	与港澳台商合资经营
视听设备制造	395		11		1	3	1
电子器件制造	396	5	65	3	8	5	2
电子元件制造	397	8	105	3	11	6	3
其他电子设备制造	399		89	5	16	2	
仪器仪表制造业	40	5	185	8	19	4	
通用仪器仪表制造	401	4	100	5	9		
专用仪器仪表制造	402		45		4	1	
钟表与计时仪器制造	403		5			1	
光学仪器及眼镜制造	404	1	9	2	1	2	
其他仪器仪表制造业	409		26	1	5		
其他制造业	41	25	178	10	39	6	2
废弃资源综合利用业	42	3	87	6	20	1	1
金属废料和碎屑加工处理	421	3	53	3	9	1	1
非金属废料和碎屑加工处理	422		34	3	11		
金属制品、机械和设备修理业	43	12	105	6	45		
金属制品修理	431		8		2		
通用设备修理	432	4	15	1	1		
专用设备修理	433	1	13	2	24		
铁路、船舶、航空航天等运输设备修理	434	2	21	2	2		
电气设备修理	435	2	11	1	1		
仪器仪表修理	436	1	1		2		
其他机械和设备修理业	439	2	36		13		
电力、热力、燃气及水生产和供应业	D	**190**	**523**	**41**	**364**	**23**	**11**
电力、热力生产和供应业	44	120	313	18	148	9	5
电力生产	441	116	278	18	101	9	5
电力供应	442	4	16		45		
热力生产和供应	443		19		2		
燃气生产和供应业	45	21	67	7	42	13	6
燃气生产和供应业	450	21	67	7	42	13	6
水的生产和供应业	46	49	143	16	174	1	
自来水生产和供应	461	48	107	13	163	1	
污水处理及其再生利用	462	1	27	3	8		
其他水的处理、利用与分配	469		9		3		
建筑业	E	**311**	**6147**	**321**	**915**	**28**	**12**
房屋建筑业	47	77	1314	87	184	4	1
房屋建筑业	470	77	1314	87	184	4	1
土木工程建筑业	48	64	966	50	200	2	2
铁路、道路、隧道和桥梁工程建筑	481	14	354	23	71	1	1
水利和内河港口工程建筑	482	5	51	4	12		
工矿工程建筑	484	4	51	2	11		
架线和管道工程建筑	485	4	98	4	6		
其他土木工程建筑	489	37	412	17	100	1	1
建筑安装业	49	28	1098	51	129	7	4
电气安装	491	7	271	14	31		
管道和设备安装	492	5	230	5	24	3	3
其他建筑安装业	499	16	597	32	74	4	1

与港澳台商合作经营	港澳台商独资	港澳台商投资股份有限公司	其他港澳台商投资	外商投资	中外合资经营	中外合作经营	外资企业	外商投资股份有限公司	其他外商投资	代码
	2			3	1		2			395
	3			9	4		5			396
	3			7	2		5			397
	1	1		3	1		2			399
	4			12	4	1	7			40
				6	2	1	3			401
	1			4	1		3			402
	1			1			1			403
	2			1	1					404
										409
	3	1		1				1		41
				1	1					42
										421
				1	1					422
				1			1			43
										431
										432
										433
										434
										435
				1			1			436
										439
	11	**1**		**25**	**17**	**2**	**6**			**D**
	4			6	3	2	1			44
	4			6	3	2	1			441
										442
										443
	6	1		12	7		5			45
	6	1		12	7		5			450
	1			7	7					46
	1			3	3					461
				4	4					462
										469
2	**12**	**2**		**10**	**5**		**2**	**1**	**2**	**E**
	2	1		2	2					47
	2	1		2	2					470
				1			1			48
				1			1			481
										482
										484
										485
										489
1	2			2			1		1	49
				2			1		1	491
										492
1	2									499

1-9 续表 17

行业	代码	私营合伙	私营有限责任公司	私营股份有限公司	其他	港澳台商投资	与港澳台商合资经营
建筑装饰和其他建筑业	50	142	2769	133	402	15	5
建筑装饰业	501	94	1885	90	244	14	5
工程准备活动	502	22	251	15	36		
提供施工设备服务	503	6	100	6	21		
其他未列明建筑业	509	20	533	22	101	1	
批发和零售业	**F**	**2056**	**32391**	**1288**	**13548**	**145**	**46**
批发业	51	850	18200	631	8151	61	20
农、林、牧产品批发	511	131	936	79	2323	4	
食品、饮料及烟草制品批发	512	96	1241	56	2554	9	3
纺织、服装及家庭用品批发	513	68	1731	52	297	10	3
文化、体育用品及器材批发	514	24	568	21	76	3	1
医药及医疗器材批发	515	19	601	29	190	4	2
矿产品、建材及化工产品批发	516	289	6261	159	1186	13	5
机械设备、五金产品及电子产品批发	517	139	5472	169	667	15	6
贸易经纪与代理	518	26	566	27	637		
其他批发业	519	58	824	39	221	3	
零售业	52	1206	14191	657	5397	84	26
综合零售	521	210	1537	92	1367	13	
食品、饮料及烟草制品专门零售	522	100	1310	71	1021	12	2
纺织、服装及日用品专门零售	523	154	1409	73	598	17	6
文化、体育用品及器材专门零售	524	82	904	39	213	7	2
医药及医疗器材专门零售	525	160	892	50	368	5	3
汽车、摩托车、燃料及零配件专门零售	526	119	1956	92	400	10	3
家用电器及电子产品专门零售	527	126	2867	86	414	4	2
五金、家具及室内装饰材料专门零售	528	157	1939	92	503	1	
货摊、无店铺及其他零售业	529	98	1377	62	513	15	8
交通运输、仓储和邮政业	**G**	**321**	**3152**	**193**	**970**	**25**	**10**
道路运输业	54	156	1752	103	462	17	6
城市公共交通运输	541	14	168	19	34	4	2
公路旅客运输	542	53	191	26	44	3	1
道路货物运输	543	72	1297	50	274	5	1
道路运输辅助活动	544	17	96	8	110	5	2
水上运输业	55	50	160	11	55		
水上旅客运输	551	12	22	1	20		
水上货物运输	552	33	95	9	21		
水上运输辅助活动	553	5	43	1	14		
航空运输业	56	1	14		4		
航空客货运输	561		6		2		
通用航空服务	562		4				
航空运输辅助活动	563	1	4		2		
管道运输业	57	2	2		5		
管道运输业	570	2	2		5		
装卸搬运和运输代理业	58	79	736	43	146	3	3
装卸搬运	581	44	234	6	61	1	1
运输代理业	582	35	502	37	85	2	2
仓储业	59	15	214	13	199	5	1

与港澳台商合作经营	港澳台商独资	港澳台商投资股份有限公司	其他港澳台商投资	外商投资	中外合资经营	中外合作经营	外资企业	外商投资股份有限公司	其他外商投资	代码
1	8	1		5	3			1	1	50
1	7	1		4	2			1	1	501
										502
										503
	1			1	1					509
7	**85**	**5**	**2**	**157**	**51**	**6**	**79**	**5**	**16**	**F**
3	38			75	27	4	35	3	6	51
	4			4	2		2			511
1	5			15	4		10	1		512
2	5			6	1		5			513
	2			2	1		1			514
	2			6	2	1	1		2	515
	8			16	6	1	4	1	4	516
	9			22	10	1	10	1		517
				1			1			518
	3			3	1	1	1			519
4	47	5	2	82	24	2	44	2	10	52
	13			20	2		16	1	1	521
1	9			10	3		7			522
	8	2	1	14	5		7	1	1	523
1	4			4	1		2		1	524
	1	1		1	1					525
	5	1	1	10	2	1	6		1	526
	2			7	1	1	4		1	527
1				9	5				4	528
1	5	1		7	4		2		1	529
2	**11**	**2**		**19**	**4**	**1**	**10**	**1**	**3**	**G**
2	8	1		10	3	1	4		2	54
	2									541
	1	1		2	1				1	542
	4			5	2		2		1	543
2	1			3		1	2			544
				2	1			1		55
										551
				1	1					552
				1				1		553
				1			1			56
				1			1			561
										562
										563
										57
										570
				1					1	58
										581
				1					1	582
	3	1		4			4			59

1-9 续表 18

行业	代码	私营合伙	私营有限责任公司	私营股份有限公司	其他	港澳台商投资	与港澳台商合资经营
谷物、棉花等农产品仓储	591	5	48	2	150		
其他仓储业	599	10	166	11	49	5	1
邮政业	60	18	274	23	99		
邮政基本服务	601		5	1	19		
快递服务	602	18	269	22	80		
住宿和餐饮业	**H**	**276**	**2276**	**152**	**870**	**56**	**13**
住宿业	61	103	762	58	243	21	5
旅游饭店	611	31	300	35	57	16	5
一般旅馆	612	57	379	20	151	4	
其他住宿业	619	15	83	3	35	1	
餐饮业	62	173	1514	94	627	35	8
正餐服务	621	142	1348	73	482	26	8
快餐服务	622	5	63	11	26	5	
饮料及冷饮服务	623	8	35	4	10	2	
其他餐饮业	629	18	68	6	109	2	
信息传输、软件和信息技术服务业	**I**	**150**	**2529**	**106**	**697**	**50**	**13**
电信、广播电视和卫星传输服务	63	10	68	5	206	30	8
电信	631	7	58	5	67	30	8
广播电视传输服务	632	3	8		130		
卫星传输服务	633		2		9		
互联网和相关服务	64	55	294	19	114	1	
互联网接入及相关服务	641	9	42	3	14	1	
互联网信息服务	642	37	214	12	76		
其他互联网服务	649	9	38	4	24		
软件和信息技术服务业	65	85	2167	82	377	19	5
软件开发	651	45	1407	53	145	13	5
信息系统集成服务	652	7	225	5	26	3	
信息技术咨询服务	653	17	267	8	139	1	
数据处理和存储服务	654	4	24	2	5	1	
集成电路设计	655	1	34	1	3		
其他信息技术服务业	659	11	210	13	59	1	
房地产业	**K**	**209**	**5894**	**390**	**881**	**138**	**60**
房地产业	70	209	5894	390	881	138	60
房地产开发经营	701	56	2737	201	125	107	53
物业管理	702	92	1846	118	447	21	5
房地产中介服务	703	50	1058	47	207	9	1
自有房地产经营活动	704	3	96	15	60	1	1
其他房地产业	709	8	157	9	42		
租赁和商务服务业	**L**	**812**	**9538**	**467**	**3729**	**32**	**5**
租赁业	71	38	572	37	408	2	
机械设备租赁	711	36	551	34	350	2	
文化及日用品出租	712	2	21	3	58		
商务服务业	72	774	8966	430	3321	30	5
企业管理服务	721	81	1152	60	700	9	2
法律服务	722	188	76	7	444	1	
咨询与调查	723	201	2275	96	516	10	

与港澳台商合作经营	港澳台商独资	港澳台商投资股份有限公司	其他港澳台商投资	外商投资	中外合资经营	中外合作经营	外资企业	外商投资股份有限公司	其他外商投资	代码
										591
	3	1		4			4			599
				1			1			60
										601
				1			1			602
3	**34**	**6**		**43**	**9**	**1**	**26**	**2**	**5**	**H**
2	11	3		11	4		6	1		61
2	6	3		7	4		2	1		611
	4			2			2			612
	1			2			2			619
1	23	3		32	5	1	20	1	5	62
1	15	2		15	3	1	8	1	2	621
	4	1		12			11		1	622
	2			4	2		1		1	623
	2			1					1	629
	30	**6**	**1**	**60**	**9**		**44**	**1**	**6**	**I**
	17	5		10			8	1	1	63
	17	5		10			8	1	1	631
										632
										633
			1	1			1			64
			1							641
				1			1			642
										649
	13	1		49	9		35		5	65
	7	1		34	5		26		3	651
	3			4	1		3			652
	1			4	1		2		1	653
	1									654
				2			2			655
	1			5	2		2		1	659
4	**69**	**4**	**1**	**65**	**26**	**2**	**29**	**2**	**6**	**K**
4	69	4	1	65	26	2	29	2	6	70
2	49	2	1	42	20	1	17	1	3	701
1	15			15	6	1	6	1	1	702
1	5	2		6			5		1	703
				2			1		1	704
										709
2	**20**	**3**	**2**	**58**	**17**	**2**	**33**		**6**	**L**
	2			3	3					71
	2			2	2					711
				1	1					712
2	18	3	2	55	14	2	33		6	72
1	5		1	17	5		9		3	721
1										722
	7	2	1	20	3	1	14		2	723

1-9 续表 19

行　业	代码	私营合伙	私营有限责任公司	私营股份有限公司	其他	港澳台商投资	与港澳台商合资经营
广告业	724	116	2465	84	341	3	1
知识产权服务	725	6	43	3	8		
人力资源服务	726	52	650	41	472	1	1
旅行社及相关服务	727	35	548	45	157	2	
安全保护服务	728	7	127	10	39		
其他商务服务业	729	88	1630	84	644	4	1
科学研究和技术服务业	**M**	**194**	**3201**	**180**	**7068**	**19**	**11**
研究和试验发展	73	24	300	12	179	4	4
自然科学研究和试验发展	731		16	1	7		
工程和技术研究和试验发展	732	13	169	8	36	2	2
农业科学研究和试验发展	733	3	45	1	63		
医学研究和试验发展	734	8	64	2	39	2	2
社会人文科学研究	735		6		34		
专业技术服务业	74	107	2054	123	1069	9	4
气象服务	741		4	1	9		
地震服务	742				2		
海洋服务	743						
测绘服务	744		49		8		
质检技术服务	745	5	74	10	67		
环境与生态监测	746		22		26		
地质勘查	747	1	29	5	15		
工程技术	748	62	1326	72	381	5	1
其他专业技术服务业	749	39	550	35	561	4	3
科技推广和应用服务业	75	63	847	45	5820	6	3
技术推广服务	751	53	682	35	5714	6	3
科技中介服务	752	3	53	4	21		
其他科技推广和应用服务业	759	7	112	6	85		
水利、环境和公共设施管理业	**N**	**36**	**503**	**47**	**818**	**9**	**3**
水利管理业	76	4	50	2	318		
防洪除涝设施管理	761		4		42		
水资源管理	762		11		69		
天然水收集与分配	763	1	3	1	48		
水文服务	764	1	6		21		
其他水利管理业	769	2	26	1	138		
生态保护和环境治理业	77	4	94	11	98	1	1
生态保护	771	2	29	3	68	1	1
环境治理业	772	2	65	8	30		
公共设施管理业	78	28	359	34	402	8	2
市政设施管理	781	4	30		62	3	
环境卫生管理	782	1	29	3	102	1	
城乡市容管理	783	1	10		59		
绿化管理	784	11	157	8	81	1	1
公园和游览景区管理	785	11	133	23	98	3	1
居民服务、修理和其他服务业	**O**	**260**	**1708**	**106**	**1380**	**7**	**2**
居民服务业	79	98	549	40	848	3	

与港澳台商合作经营	港澳台商独资	港澳台商投资股份有限公司	其他港澳台商投资	外商投资	中外合资经营	中外合作经营	外资企业	外商投资股份有限公司	其他外商投资	代码
	2			1					1	724
										725
				1	1					726
	1	1		1	1					727
				1	1					728
	3			14	3	1	10			729
	8			**39**	**19**	**2**	**13**	**1**	**4**	**M**
				7	3		2	1	1	73
										731
				3	1		1		1	732
										733
				4	2		1	1		734
										735
	5			21	8	2	9		2	74
										741
										742
										743
										744
				1	1					745
										746
										747
	4			14	5	1	7		1	748
	1			6	2	1	2		1	749
	3			11	8		2		1	75
	3			9	7		2			751
				1					1	752
				1	1					759
3	**2**		**1**	**6**	**3**		**2**		**1**	**N**
				1	1					76
										761
										762
										763
										764
				1	1					769
				2	1				1	77
										771
				2	1				1	772
3	2		1	3	1		2			78
2	1									781
1										782
										783
				2			2			784
	1		1	1	1					785
1	**3**	**1**		**9**	**6**		**3**			**O**
1	1	1		3	2		1			79

1-9 续表 20

行　业	代码	私营合伙	私营有限责任公司	私营股份有限公司	其他	港澳台商投资	与港澳台商合资经营
家庭服务	791	16	164	8	95		
托儿所服务	792	2	1		33		
洗染服务	793	3	29	1	11		
理发及美容服务	794	14	64	6	67		
洗浴服务	795	8	30	1	7	1	
保健服务	796	13	62	5	31		
婚姻服务	797	13	31	3	29		
殡葬服务	798	1	20	5	51	2	
其他居民服务业	799	28	148	11	524		
机动车、电子产品和日用产品修理业	80	111	712	38	270	3	1
汽车、摩托车修理与维护	801	79	495	30	164	2	1
计算机和办公设备维修	802	16	97	5	40	1	
家用电器修理	803	13	87	1	40		
其他日用产品修理业	809	3	33	2	26		
其他服务业	81	51	447	28	262	1	1
清洁服务	811	26	266	20	68		
其他未列明服务业	819	25	181	8	194	1	1
教育	**P**	**321**	**708**	**53**	**5199**	**7**	**3**
教育	82	321	708	53	5199	7	3
学前教育	821	180	90	18	2635	2	1
初等教育	822	10	5		821		
中等教育	823	21	14	3	409		
高等教育	824	1	1		53		
特殊教育	825	2	2		22		
技能培训、教育辅助及其他教育	829	107	596	32	1259	5	2
卫生和社会工作	**Q**	**100**	**187**	**23**	**4486**	**1**	**1**
卫生	83	85	158	17	3687	1	1
医院	831	26	89	8	201	1	1
社区医疗与卫生院	832	29	14		2231		
门诊部(所)	833	26	38	6	733		
计划生育技术服务活动	834				372		
妇幼保健院(所、站)	835			1	8		
专科疾病防治院(所、站)	836	1	3		16		
疾病预防控制中心	837		1		10		
其他卫生活动	839	3	13	2	116		
社会工作	84	15	29	6	799		
提供住宿社会工作	841	14	26	6	662		
不提供住宿社会工作	842	1	3		137		
文化、体育和娱乐业	**R**	**603**	**1053**	**73**	**1877**	**13**	**6**
新闻和出版业	85	2	30	5	57	1	
新闻业	851		3		10	1	
出版业	852	2	27	5	47		
广播、电视、电影和影视录音制作业	86	6	103	6	87	5	3
广播	861		5		20		
电视	862	1	1	1	31		

与港澳台商合作经营	港澳台商独资	港澳台商投资股份有限公司	其他港澳台商投资	外商投资	中外合资经营	中外合作经营	外资企业	外商投资股份有限公司	其他外商投资	代码
				1			1			791
										792
				1	1					793
										794
	1									795
				1	1					796
										797
1		1								798
										799
	2			5	3		2			80
	1			3	2		1			801
	1			1			1			802
				1	1					803
										809
				1	1					81
				1	1					811
										819
	4			**4**	**2**	**1**	**1**			**P**
	4			4	2	1	1			82
	1			1	1					821
										822
										823
										824
										825
	3			3	1	1	1			829
				2					**2**	**Q**
				2					2	83
										831
				1					1	832
				1					1	833
										834
										835
										836
										837
										839
										84
										841
										842
	6		**1**	**12**	**5**	**1**	**3**	**1**	**2**	**R**
			1							85
			1							851
										852
	2			4	2	1	1			86
										861
										862

1-9 续表 21

行业	代码	私营合伙	私营有限责任公司	私营股份有限公司	其他	港澳台商投资	与港澳台商合资经营
电影和影视节目制作	863	3	53	4	6		
电影和影视节目发行	864	1	8		5		
电影放映	865	1	31		23	5	3
录音制作	866		5	1	2		
文化艺术业	87	33	280	15	799	1	
文艺创作与表演	871	13	56	3	89		
艺术表演场馆	872	1	4		10		
图书馆与档案馆	873	2	1		36		
文物及非物质文化遗产保护	874	1	4	1	54		
博物馆	875		2	1	19		
烈士陵园、纪念馆	876	1	1		13		
群众文化活动	877	8	27	1	460		
其他文化艺术业	879	7	185	9	118	1	
体育	88	13	93	5	140	4	2
体育组织	881	1	16	1	97		
体育场馆	882	2	11		8		
休闲健身活动	883	10	59	4	22	3	1
其他体育	889		7		13	1	1
娱乐业	89	549	547	42	794	2	1
室内娱乐活动	891	536	490	33	647	1	1
游乐园	892	4	12	2	7	1	
彩票活动	893				13		
文化、娱乐、体育经纪代理	894	1	22		15		
其他娱乐业	899	8	23	7	112		
公共管理、社会保障和社会组织	**S**	**25**	**22**	**9**	**41023**	**2**	**2**
中国共产党机关	90				8		
中国共产党机关	900				8		
国家机构	91				1204		
国家权力机构	911				5		
国家行政机构	912				1140		
人民法院和人民检察院	913				3		
其他国家机构	919				56		
人民政协、民主党派	92						
人民政协	921						
民主党派	922						
社会保障	93				213		
社会保障	930				213		
群众团体、社会团体和其他成员组织	94	25	22	9	9603	2	2
群众团体	941	1	4		525		
社会团体	942	21	16	9	6946	1	1
基金会	943				42		
宗教组织	944	3	2		2090	1	1
基层群众自治组织	95				29995		
社区自治组织	951				4031		
村民自治组织	952				25964		

与港澳台商合作经营	港澳台商独资	港澳台商投资股份有限公司	其他港澳台商投资	外商投资	中外合资经营	中外合作经营	外资企业	外商投资股份有限公司	其他外商投资	代码
										863
										864
	2			4	2	1	1			865
										866
	1			1					1	87
										871
										872
										873
										874
										875
										876
				1					1	877
	1									879
	2			3			2	1		88
										881
										882
	2			3			2	1		883
										889
	1			4	3				1	89
				3	2				1	891
	1									892
										893
				1	1					894
										899
				3					3	S
										90
										900
										91
										911
										912
										913
										919
										92
										921
										922
										93
										930
				3					3	94
				1					1	941
				2					2	942
										943
										944
										95
										951
										952

1-10 按行业(中类)、登记注册

行业	代码	从业人员数(人)	内资				
				国有	集体	股份合作	联营
总 计	**00**	**12920998**	**12296896**	**2440436**	**222971**	**33382**	**25431**
农、林、牧、渔业	**A**	**124839**	**124557**	**11473**	**1389**	**227**	**999**
农业	01	6519	6519	2484	6	12	25
谷物种植	011	3123	3123	2260	6		
棉、麻、糖、烟草种植	013	268	268				
蔬菜、食用菌及园艺作物种植	014	576	576				
水果种植	015	2188	2188				25
坚果、含油果、香料和饮料作物种植	016	57	57	14			
中药材种植	017	18	18				
其他农业	019	289	289	210		12	
林业	02	557	557	534			
林木育种和育苗	021	153	153	130			
森林经营和管护	023	404	404	404			
畜牧业	03	722	722	200		15	
牲畜饲养	031	467	467	41		15	
家禽饲养	032	13	13				
其他畜牧业	039	242	242	159			
渔业	04	760	760	224			470
水产养殖	041	295	295	209			20
水产捕捞	042	465	465	15			450
农、林、牧、渔服务业	05	116281	115999	8031	1383	200	504
农业服务业	051	86801	86689	4017	557	168	465
林业服务业	052	6090	6090	2107	57	6	32
畜牧服务业	053	14758	14623	1009	256	26	
渔业服务业	054	8632	8597	898	513		7
采矿业	**B**	**240650**	**239166**	**17807**	**9508**	**411**	**575**
煤炭开采和洗选业	06	49155	48375	1679	2701		
烟煤和无烟煤开采洗选	061	45414	44796	1679	2701		
褐煤开采洗选	062	27	27				
其他煤炭采选	069	3714	3552				
石油和天然气开采业	07	18539	18539				
石油开采	071	18433	18433				
天然气开采	072	106	106				
黑色金属矿采选业	08	41242	40986	4822	2157	53	65
铁矿采选	081	38410	38154	4822	2157		65
锰矿、铬矿采选	082	1417	1417				
其他黑色金属矿采选	089	1415	1415			53	
有色金属矿采选业	09	14392	14262	1058	232	5	92
常用有色金属矿采选	091	11302	11182	1058	192	5	92
贵金属矿采选	092	2451	2451		40		
稀有稀土金属矿采选	093	639	629				
非金属矿采选业	10	92119	91801	885	4364	337	418
土砂石开采	101	54995	54727	505	3550	274	358
化学矿开采	102	20790	20790	378	788	38	60

类型分组的法人单位从业人员数

国有联营	集体联营	国有与集体联营	其他联营	有限责任公司	国有独资公司	其他有限责任公司	股份有限公司	私营	私营独资	代码
6038	**11226**	**3125**	**5042**	**3689521**	**335574**	**3353947**	**741403**	**4065514**	**856512**	00
520	**229**	**35**	**215**	**4768**	**847**	**3921**	**535**	**25673**	**13936**	A
		25		1042	847	195	153	515	335	01
				847	847					011
				13		13		218	218	013
				158		158		180		014
		25		18		18	153	44	44	015
								43	43	016
				6		6				017
								30	30	019
										02
										021
										023
				88		88		43	25	03
				88		88		18		031
								3	3	032
								22	22	039
470				45		45				04
20				45		45				041
450										042
50	229	10	215	3593		3593	382	25115	13576	05
41	209	10	205	2817		2817	231	21008	11608	051
9	13		10	230		230	18	1294	527	052
				291		291	25	1617	993	053
	7			255		255	108	1196	448	054
	348	**79**	**148**	**67225**	**3921**	**63304**	**25667**	**110277**	**23739**	B
				15626		15626	295	26512	2112	06
				15109		15109	265	23590	1655	061
								16		062
				517		517	30	2906	457	069
				50		50	18340	104	24	07
				12		12	18333	64		071
				38		38	7	40	24	072
	6	59		18348	2693	15655	1098	12980	1447	08
	6	59		16790	2693	14097	718	12151	1328	081
				1390		1390		27	12	082
				168		168	380	802	107	089
	92			2684		2684	1980	8064	1246	09
	92			1477		1477	1842	6385	554	091
				1011		1011	138	1246	508	092
				196		196		433	184	093
	250	20	148	20029	334	19695	3777	57696	17081	10
	190	20	148	8694	334	8360	924	37262	13036	101
	60			6552		6552	2396	9898	2101	102

1-10 续表 1

行 业	代码	从 业 人员数 (人)	内资	国有	集体	股份合作	联营
采盐	103	1307	1307				
石棉及其他非金属矿采选	109	15027	14977	2	26	25	
开采辅助活动	11	20384	20384	9363			
煤炭开采和洗选辅助活动	111	475	475				
石油和天然气开采辅助活动	112	19630	19630	9350			
其他开采辅助活动	119	279	279	13			
其他采矿业	12	4819	4819		54	16	
其他采矿业	120	4819	4819		54	16	
制造业	C	**4109021**	**3630051**	**176804**	**38792**	**8059**	**4299**
农副食品加工业	13	301022	288416	3064	730	777	514
谷物磨制	131	85573	85006	848	61	236	30
饲料加工	132	31660	28909	43	10	32	39
植物油加工	133	41800	38993	573	152		83
制糖业	134	961	961				
屠宰及肉类加工	135	37187	35097	1562	432	204	166
水产品加工	136	36204	34478		41	268	120
蔬菜、水果和坚果加工	137	24089	23166		20		76
其他农副食品加工	139	43548	41806	38	14	37	
食品制造业	14	124496	107872	52	348	114	8
焙烤食品制造	141	34555	29326	7		8	
糖果、巧克力及蜜饯制造	142	8179	5519		12		
方便食品制造	143	18678	15429	45	212	8	8
乳制品制造	144	7078	6023				
罐头食品制造	145	22758	21258		50		
调味品、发酵制品制造	146	9871	8893		74		
其他食品制造	149	23377	21424			98	
酒、饮料和精制茶制造业	15	147974	127008	1252	1955	171	94
酒的制造	151	67833	63282	556	8		10
饮料制造	152	36915	20928	10	67	41	
精制茶加工	153	43226	42798	686	1880	130	84
烟草制品业	16	9737	9737	870			
烟叶复烤	161	839	839	491			
卷烟制造	162	6918	6918				
其他烟草制品制造	169	1980	1980	379			
纺织业	17	353549	320503	3366	1905	822	200
棉纺织及印染精加工	171	236144	218190	3086	1469	806	20
毛纺织及染整精加工	172	4330	3806		25		
麻纺织及染整精加工	173	12150	12150	82	315		
丝绢纺织及印染精加工	174	1109	1109	22	1		
化纤织造及印染精加工	175	3809	3204	2			
针织或钩针编织物及其制品制造	176	8129	6786		34		179
家用纺织制成品制造	177	14463	13363	7	10		1
非家用纺织制成品制造	178	73415	61895	167	51	16	
纺织服装、服饰业	18	272790	242486	1159	1714	251	15
机织服装制造	181	235324	206270	110	1392	92	
针织或钩针编织服装制造	182	13499	13185	590	241	2	15

国有联营	集体联营	国有与集体联营	其他联营	有限责任公司	国有独资公司	其他有限责任公司	股份有限公司	私营	私营独资	代码
				1307		1307				103
				3476		3476	457	10536	1944	109
				10158	894	9264	51	741	122	11
				95		95	17	341	99	111
				10063	894	9169	34	183		112
								217	23	119
				330		330	126	4180	1707	12
				330		330	126	4180	1707	120
475	**1894**	**582**	**1348**	**1244094**	**88971**	**1155123**	**355232**	**1718337**	**275399**	C
53	326	15	120	80526	468	80058	15635	177662	24581	13
	22		8	15285	463	14822	2248	64553	11281	131
	39			12958		12958	1010	14089	1003	132
	1		82	13785		13785	1635	21342	3565	133
				106		106	69	786	76	134
53	98	15		13770		13770	1981	15796	1915	135
	120			11269		11269	3363	18770	721	136
	46		30	5488		5488	1829	14103	1759	137
				7865	5	7860	3500	28223	4261	139
	8			40977	641	40336	8392	54105	7657	14
				11863		11863	280	16780	2311	141
				1121		1121		4257	327	142
	8			5582	3	5579	180	9058	1977	143
				1546		1546	4190	262	32	144
				9118		9118	1138	8472	746	145
				1966		1966	1725	4985	1043	146
				9781	638	9143	879	10291	1221	149
	73	21		30425		30425	34425	49949	11999	15
	10			13950		13950	31351	16959	2649	151
				9225		9225	1140	9791	2897	152
	63	21		7250		7250	1934	23199	6453	153
				8678	7196	1482		18		16
				293	293					161
				6918	6903	15				162
				1467		1467		18		169
179	21			93666	4438	89228	18609	198603	19035	17
	20			69771	3387	66384	16054	125163	9905	171
				1249		1249	1012	1509	405	172
				1822		1822	602	9127	388	173
				204		204		825	217	174
				657		657	21	2404	997	175
179				3309	1034	2275	24	3082	650	176
	1			3513	1	3512	17	9218	2642	177
				13141	16	13125	879	47275	3831	178
	15			66772	1998	64774	9660	155887	34332	18
				57534	1998	55536	8834	132014	27404	181
	15			3873		3873	84	8362	930	182

1-10 续表 2

行 业	代码	从 业 人员数 (人)	内资	国有	集体	股份合作	联营
服饰制造	183	23967	23031	459	81	157	
皮革、毛皮、羽毛及其制品和制鞋业	19	48346	31720	144	278	85	
皮革鞣制加工	191	1548	1548	22			
皮革制品制造	192	5898	5482		30	40	
毛皮鞣制及制品加工	193	5994	5994	39	190		
羽毛(绒)加工及制品制造	194	1361	818				
制鞋业	195	33545	17878	83	58	45	
木材加工和木、竹、藤、棕、草制品业	20	61580	60238	430	437	219	37
木材加工	201	12787	12739	177	300	8	11
人造板制造	202	26357	25093	60		72	
木制品制造	203	18884	18884	193	132	139	26
竹、藤、棕、草等制品制造	204	3552	3522		5		
家具制造业	21	28233	26329		72		71
木质家具制造	211	21771	20290		57		55
竹、藤家具制造	212	167	167				
金属家具制造	213	1603	1415		10		
塑料家具制造	214	241	241				
其他家具制造	219	4451	4216		5		16
造纸和纸制品业	22	60735	51700	155	418	62	173
纸浆制造	221	467	467				
造纸	222	25128	21273	122	192	38	8
纸制品制造	223	35140	29960	33	226	24	165
印刷和记录媒介复制业	23	54169	51935	2211	1148	120	465
印刷	231	50387	48310	2154	1034	86	457
装订及印刷相关服务	232	3469	3312	57	114	31	8
记录媒介复制	233	313	313			3	
文教、工美、体育和娱乐用品制造业	24	32532	28314	20	42	17	
文教办公用品制造	241	3052	2836		4		
乐器制造	242	2937	470				
工艺美术品制造	243	20654	20020	20	35	17	
体育用品制造	244	2085	1847				
玩具制造	245	3086	2423		3		
游艺器材及娱乐用品制造	246	718	718				
石油加工及炼焦	25	13699	11817		16	19	151
化学原料和化学制品制造业	26	256954	242616	3392	1829	1193	506
基础化学原料制造	261	62125	60915	241	1123	214	465
肥料制造	262	89940	87814	490	135	372	41
农药制造	263	10627	8894	2269	1	212	
涂料、油墨、颜料及类似产品制造	264	19807	19031		13	218	
合成材料制造	265	12109	11487	139	72	46	
专用化学产品制造	266	40002	34802	244	194	61	
炸药、火工及焰火产品制造	267	12766	12766	8	264	35	
日用化学产品制造	268	9578	6907	1	27	35	
医药制造业	27	118233	89014	195	194	80	
化学药品原料药制造	271	19609	19409	14	1		
化学药品制剂制造	272	32319	24082	48		15	

国有联营	集体联营	国有与集体联营	其他联营	有限责任公司	国有独资公司	其他有限责任公司	股份有限公司	私营	私营独资	代码
				5365		5365	742	15511	5998	183
				8986	120	8866	1045	20177	5586	19
				572		572	241	663	247	191
				1083		1083	5	4031	1175	192
				355		355	44	5066	1610	193
				489	120	369		329		194
				6487		6487	755	10088	2554	195
	26		11	16426	203	16223	3618	36201	8462	20
			11	2186		2186	98	8657	3990	201
				8321	203	8118	3186	12891	1856	202
	26			5357		5357	28	12250	1968	203
				562		562	306	2403	648	204
	16		55	7913		7913	271	17468	4876	21
			55	6742		6742	271	12762	3989	211
				45		45		115	69	212
				502		502		855	312	213
				51		51		153	47	214
	16			573		573		3583	459	219
	8		165	20274		20274	1155	28219	3397	22
				147		147		320	14	221
	8			10403		10403	590	9340	580	222
			165	9724		9724	565	18559	2803	223
	41	414	10	18185	1148	17037	3642	24424	3832	23
	41	414	2	17112	1148	15964	3624	22448	3152	231
			8	777		777	18	1962	666	232
				296		296		14	14	233
				6001		6001	2245	18533	3447	24
				584		584	930	1133	380	241
				102		102	16	352	87	242
				4347		4347	1297	13352	2516	243
				473		473		1364	137	244
				300		300	2	2064	246	245
				195		195		268	81	246
	151			5777	3699	2078	3587	2132	181	25
2	39		465	88514	11827	76687	44987	99245	9253	26
			465	24681	9006	15675	14250	19406	1584	261
2	39			34740	624	34116	21510	29772	2276	262
				1407		1407	1813	3070	300	263
				6547		6547	1324	10592	1157	264
				5297		5297	518	5220	1178	265
				8020		8020	3017	22695	1450	266
				4796	2197	2599	2517	4814	841	267
				3026		3026	38	3676	467	268
				36953	78	36875	27915	23067	2483	27
				8185		8185	7333	3738	906	271
				10463		10463	11374	2174	85	272

1-10 续表 3

行 业	代码	从 业 人员数 (人)	内资	国有	集体	股份合作	联营
中药饮片加工	273	5693	5558	40			
中成药生产	274	27692	19208	93			
兽用药品制造	275	4063	3833				
生物药品制造	276	8612	7749		75		
卫生材料及医药用品制造	277	20245	9175		118	65	
化学纤维制造业	28	9306	8251		14	15	
纤维素纤维原料及纤维制造	281	6408	5526				
合成纤维制造	282	2898	2725		14	15	
橡胶和塑料制品业	29	134950	128756	71	1214	181	98
橡胶制品业	291	22717	21457	38	111	117	58
塑料制品业	292	112233	107299	33	1103	64	40
非金属矿物制品业	30	421624	397312	3249	9325	1740	962
水泥、石灰和石膏制造	301	63791	47317	254	1508	389	6
石膏、水泥制品及类似制品制造	302	87605	86474	248	716	296	59
砖瓦、石材等建筑材料制造	303	184856	182607	2374	5768	790	848
玻璃制造	304	13469	11596	56	47	44	
玻璃制品制造	305	22801	21946	5	114	132	
玻璃纤维和玻璃纤维增强塑料制品制造	306	3359	3359		15	25	
陶瓷制品制造	307	12892	12585	13	67		7
耐火材料制品制造	308	12571	11166	294	903	59	
石墨及其他非金属矿物制品制造	309	20280	20262	5	187	5	42
黑色金属冶炼和压延加工业	31	194829	184149	101403	1959	100	57
炼铁	311	2237	2237				6
炼钢	312	108863	101988	98713	15		
黑色金属铸造	313	31978	31756	228	904		51
钢压延加工	314	45692	42739	2353	1040	100	
铁合金冶炼	315	6059	5429	109			
有色金属冶炼和压延加工业	32	58573	55889	284	1081	67	6
常用有色金属冶炼	321	28213	27311	263	77	34	
贵金属冶炼	322	1840	1291				
稀有稀土金属冶炼	323	599	599				
有色金属合金制造	324	3873	3834			4	
有色金属铸造	325	1642	1642		99	21	6
有色金属压延加工	326	22406	21212	21	905	8	
金属制品业	33	158879	150126	2683	2754	187	158
结构性金属制品制造	331	73824	72348	1146	1313	65	124
金属工具制造	332	13370	13121	192	131		17
集装箱及金属包装容器制造	333	16800	13600	3	964		
金属丝绳及其制品制造	334	10626	9757	361	14		
建筑、安全用金属制品制造	335	8706	8397	20	18		
金属表面处理及热处理加工	336	6597	5788	816	66	119	10
搪瓷制品制造	337	608	608				
金属制日用品制造	338	9238	8128		5		1
其他金属制品制造	339	19110	18379	145	243	3	6
通用设备制造业	34	167276	155986	5898	2040	552	57
锅炉及原动设备制造	341	19296	14356	104	294	165	

国有联营	集体联营	国有与集体联营	其他联营	有限责任公司	国有独资公司	其他有限责任公司	股份有限公司	私营	私营独资	代码
				2005	20	1985	562	2826	208	273
				8462		8462	5060	5531	270	274
				1359		1359	3	2471	86	275
				3226		3226	2589	1707	278	276
				3253	58	3195	994	4620	650	277
				1102		1102	2999	4045	137	28
				717		717	2999	1792		281
				385		385		2253	137	282
58	34		6	48625	754	47871	5469	71015	9755	29
58				9999	524	9475	588	10286	1148	291
	34		6	38626	230	38396	4881	60729	8607	292
8	741		213	98977	4131	94846	18247	250072	67411	30
	6			14931	620	14311	5332	24347	4720	301
8	48		3	21864	1897	19967	921	57743	21807	302
	645		203	30789	880	29909	3236	129972	37115	303
				4346	13	4333	3083	3963	436	304
				10825		10825	2144	8595	441	305
				1425		1425	27	1817	158	306
			7	5023	59	4964	365	7059	424	307
				3724	265	3459	920	5187	512	308
	42			6050	397	5653	2219	11389	1798	309
	6		51	39619	11086	28533	6408	33659	3400	31
	6			241		241	69	1921	442	311
				2653		2653	1	422	65	312
			51	10987		10987	3085	16005	2117	313
				24359	11086	13273	3239	11389	654	314
				1379		1379	14	3922	122	315
	6			29566	2642	26924	3826	20883	1776	32
				19243	2642	16601	25	7610	409	321
				905		905	347	39	3	322
				47		47	318	234		323
				1837		1837		1969	211	324
	6			983		983		504	265	325
				6551		6551	3136	10527	888	326
9	10	8	131	52402	4896	47506	12214	76922	13083	33
8	10		106	25171	4599	20572	1271	41986	7410	331
			17	4578		4578	1171	6771	945	332
				5382		5382	883	6165	420	333
				940		940	6212	1974	383	334
				2136		2136	742	5197	1212	335
		2	8	2819	290	2529	19	1915	607	336
				47		47		560	6	337
1				2743		2743	164	4989	519	338
		6		8586	7	8579	1752	7365	1581	339
35	11	5	6	61097	5566	55531	16082	67274	9025	34
				6696	1331	5365	375	6469	981	341

1-10 续表 4

行业	代码	从业人员数(人)	内资				
				国有	集体	股份合作	联营
金属加工机械制造	342	38445	36351	2004	267	222	5
物料搬运设备制造	343	12062	12002	1260	9	12	10
泵、阀门、压缩机及类似机械制造	344	21688	21416	35	53	29	
轴承、齿轮和传动部件制造	345	11146	11034	79	253	25	
烘炉、风机、衡器、包装等设备制造	346	23588	20559	28	21	19	2
文化、办公用机械制造	347	1316	1231	19			
通用零部件制造	348	30850	30342	2230	1104	52	5
其他通用设备制造业	349	8885	8695	139	39	28	35
专用设备制造业	35	149889	139514	1081	1051	447	167
采矿、冶金、建筑专用设备制造	351	44158	42951	373	319	144	60
化工、木材、非金属加工专用设备制造	352	30719	24220	177	20	36	
食品、饮料、烟草及饲料生产专用设备制造	353	9422	8962	198	22		
印刷、制药、日化及日用品生产专用设备制造	354	6087	5800		26	15	20
纺织、服装和皮革加工专用设备制造	355	4703	4095	44	25	4	
电子和电工机械专用设备制造	356	16279	16200	52	59	55	
农、林、牧、渔专用机械制造	357	8787	8631	15	88	21	8
医疗仪器设备及器械制造	358	7916	7331	40	184		23
环保、社会公共服务及其他专用设备制造	359	21818	21324	182	308	172	56
汽车制造业	36	455265	319704	12022	2392	390	201
汽车整车制造	361	106148	38922	7001			
改装汽车制造	362	24969	23688	1527		151	
低速载货汽车制造	363	150	150				
电车制造	364	526	526	42			
汽车车身、挂车制造	365	7126	7074				
汽车零部件及配件制造	366	316346	249344	3452	2392	239	201
铁路、船舶、航空航天和其他运输设备制造业	37	58839	57636	8075	1864	37	7
铁路运输设备制造	371	21771	21678	16	1607	14	
城市轨道交通设备制造	372	335	335		5		
船舶及相关装置制造	373	27196	26144	5184	247		7
航空、航天器及设备制造	374	4384	4363	2860			
摩托车制造	375	2597	2560	1			
自行车制造	376	1941	1941	8	2	23	
非公路休闲车及零配件制造	377	117	117		3		
潜水救捞及其他未列明运输设备制造	379	498	498	6			
电气机械和器材制造业	38	182985	154598	1747	355	259	36
电机制造	381	19988	18009	585		8	
输配电及控制设备制造	382	49702	37753	614	231	31	27
电线、电缆、光缆及电工器材制造	383	26307	22453	76	83	130	6
电池制造	384	23229	20577	314	7	62	
家用电力器具制造	385	32045	26569		5		
非电力家用器具制造	386	9337	8813	73			
照明器具制造	387	15524	13755	43	19	5	3
其他电气机械及器材制造	389	6853	6669	42	10	23	
计算机、通信和其他电子设备制造业	39	157523	118147	21839	32	9	36
计算机制造	391	7772	3958		6		
通信设备制造	392	69799	43716	20477			36

国有联营	集体联营	国有与集体联营	其他联营	有限责任公司	国有独资公司	其他有限责任公司	股份有限公司	私营	私营独资	代码
		5		15924	3405	12519	2445	14604	2312	342
	10			4742	636	4106	1430	4382	215	343
				9303	20	9283	2366	9351	280	344
				3442	174	3268	2710	4062	488	345
			2	6382		6382	6330	7629	567	346
				675		675		498	25	347
	1		4	10365		10365	426	15512	3484	348
35				3568		3568		4767	673	349
8	80		79	56706	2713	53993	14264	62453	9912	35
	60			20365	1607	18758	4886	16174	2121	351
				8152	289	7863	961	14174	2493	352
				3502		3502	610	4410	843	353
	20			2089		2089	143	3290	496	354
				1306		1306	54	2446	256	355
				4660		4660	5446	5662	1146	356
2			6	2223	654	1569	118	5976	873	357
			23	4315		4315	39	2564	667	358
6			50	10094	163	9931	2007	7757	1017	359
	98	103		138307	6737	131570	51680	111488	10906	36
				11856	2983	8873	19208	367	101	361
				13923	722	13201	3635	3971		362
				99		99	6	45	12	363
				226		226	3	255	48	364
				3123	538	2585	3314	637	47	365
	98	103		109080	2494	106586	25514	106213	10698	366
	6	1		29220	1770	27450	3200	14500	1030	37
				17753	1557	16196	419	1786	304	371
				260		260		70	31	372
	6	1		7508	95	7413	2742	9880	597	373
				1212	118	1094		291		374
				1696		1696		863	27	375
				627		627	28	1238	15	376
				3		3		82		377
				161		161	11	290	56	379
	33	3		82700	6911	75789	22748	44551	4118	38
				12520	404	12116	599	4039	368	381
	27			19253	717	18536	1973	15334	1126	382
	6			14319		14319	1300	6271	817	383
				3382		3382	11171	5629	251	384
				19937	5456	14481	3184	3142	162	385
				3339		3339	3114	2160	111	386
		3		6804	334	6470	1221	5519	1025	387
				3146		3146	186	2457	258	389
			36	46647	9825	36822	19320	26484	1623	39
				1237		1237	160	2414	151	391
			36	14754	2893	11861	4911	3497	131	392

1-10 续表 5

行业	代码	从业人员数(人)	内资	国有	集体	股份合作	联营
广播电视设备制造	393	2182	2182				
雷达及配套设备制造	394	231	231	47			
视听设备制造	395	3959	3040	18	14		
电子器件制造	396	40353	37506	215	1		
电子元件制造	397	19170	15650	1082	8	6	
其他电子设备制造	399	14057	11864		3	3	
仪器仪表制造业	40	30480	26277	247	205	9	3
通用仪器仪表制造	401	10729	10252	145	197		
专用仪器仪表制造	402	8234	8037	102	6	9	
钟表与计时仪器制造	403	4117	1537				3
光学仪器及眼镜制造	404	4115	3166				
其他仪器仪表制造业	409	3285	3285		2		
其他制造业	41	19656	19231	1577	105	39	265
废弃资源综合利用业	42	10136	10011	9	1964	61	
金属废料和碎屑加工处理	421	7270	7234	1	1964	61	
非金属废料和碎屑加工处理	422	2866	2777	8			
金属制品、机械和设备修理业	43	14762	14759	309	1351	36	12
金属制品修理	431	552	552	121	8		
通用设备修理	432	4699	4699	15	41		
专用设备修理	433	480	480		8		
铁路、船舶、航空航天等运输设备修理	434	2244	2244	70	7		
电气设备修理	435	2041	2041			36	
仪器仪表修理	436	185	182				
其他机械和设备修理业	439	4561	4561	103	1287		12
电力、热力、燃气及水生产和供应业	D	**207880**	**198828**	**111489**	**4177**	**735**	**529**
电力、热力生产和供应业	44	153597	151674	97732	1439	566	292
电力生产	441	50377	48454	11594	742	391	260
电力供应	442	95300	95300	85520	697	175	32
热力生产和供应	443	7920	7920	618			
燃气生产和供应业	45	11974	6725	125	4	64	35
燃气生产和供应业	450	11974	6725	125	4	64	35
水的生产和供应业	46	42309	40429	13632	2734	105	202
自来水生产和供应	461	39737	37993	13239	2692	82	187
污水处理及其再生利用	462	2246	2110	387	38	23	15
其他水的处理、利用与分配	469	326	326	6	4		
建筑业	E	**2216763**	**2207028**	**95098**	**35785**	**3311**	**1078**
房屋建筑业	47	1426593	1419050	30046	28174	1782	727
房屋建筑业	470	1426593	1419050	30046	28174	1782	727
土木工程建筑业	48	429871	429595	49368	4419	1010	277
铁路、道路、隧道和桥梁工程建筑	481	216581	216572	29432	1311	513	32
水利和内河港口工程建筑	482	101497	101497	15099	1122	413	245
工矿工程建筑	484	19565	19565	38	854		
架线和管道工程建筑	485	25596	25596	1358	418	28	
其他土木工程建筑	489	66632	66365	3441	714	56	
建筑安装业	49	146935	146656	11311	2322	301	54
电气安装	491	39896	39884	2051	1240	265	

国有联营	集体联营	国有与集体联营	其他联营	有限责任公司	国有独资公司	其他有限责任公司	股份有限公司	私营	私营独资	代码
				390		390	460	1324	32	393
				100		100		74	45	394
				561		561		2209	24	395
				22187	6932	15255	11240	3648	159	396
				3075		3075	835	8007	831	397
				4343		4343	1714	5311	250	399
	3			12954	124	12830	2391	9962	602	40
				5430	55	5375	1334	2930	88	401
				3848		3848	846	3077	177	402
	3			32		32		1502	99	403
				2700	69	2631		436	151	404
				944		944	211	2017	87	409
123	142			4990		4990	137	11356	1746	41
				4330		4330	118	3216	466	42
				3034		3034	67	1928	251	421
				1296		1296	51	1288	215	422
		12		6779		6779	943	4767	1288	43
				246		246		155	49	431
				3787		3787		794	154	432
				115		115	8	206	124	433
				678		678	2	1466	183	434
				1154		1154		810	231	435
				119		119	10	41	13	436
		12		680		680	923	1295	534	439
257	**101**	**122**	**49**	**38898**	**16604**	**22294**	**14300**	**20013**	**5232**	D
217	44	14	17	24358	8851	15507	12441	11887	2872	44
217	22	4	17	20342	7893	12449	4874	8783	2661	441
	22	10		2781	139	2642	3003	1615	117	442
				1235	819	416	4564	1489	94	443
15			20	3367	658	2709	186	2518	547	45
15			20	3367	658	2709	186	2518	547	450
25	57	108	12	11173	7095	4078	1673	5608	1813	46
25	42	108	12	10392	7060	3332	1639	4591	1544	461
	15			770	35	735	27	735	155	462
				11		11	7	282	114	469
245	**665**	**88**	**80**	**1221069**	**116163**	**1104906**	**138061**	**695277**	**32005**	E
	621	88	18	759426	24169	735257	98469	495165	10828	47
	621	88	18	759426	24169	735257	98469	495165	10828	470
245			32	288180	70791	217389	12983	69250	4421	48
			32	140517	20213	120304	7757	35797	1612	481
245				74540	42778	31762	3491	6383	211	482
				12808	4642	8166	145	5649	250	484
				15412	2527	12885	494	7167	476	485
				44903	631	44272	1096	14254	1872	489
	24		30	83544	21126	62418	10606	36753	3758	49
				19564	651	18913	7522	8764	907	491

1-10 续表 6

行业	代码	从业人员数(人)	内资	国有	集体	股份合作	联营
管道和设备安装	492	23404	23291	6391	438		
其他建筑安装业	499	83635	83481	2869	644	36	54
建筑装饰和其他建筑业	50	213364	211727	4373	870	218	20
建筑装饰业	501	125851	124266	448	369	163	15
工程准备活动	502	18740	18740	435	34	8	5
提供施工设备服务	503	8089	8089	67	78	17	
其他未列明建筑业	509	60684	60632	3423	389	30	
批发和零售业	**F**	**1458945**	**1417584**	**45389**	**27577**	**4130**	**2775**
批发业	51	672307	659042	28564	7996	2014	1227
农、林、牧产品批发	511	91936	91660	3618	2327	391	208
食品、饮料及烟草制品批发	512	139379	132813	17923	872	296	277
纺织、服装及家庭用品批发	513	48985	48536	244	321	60	63
文化、体育用品及器材批发	514	18274	15389	1774	86	15	125
医药及医疗器材批发	515	49982	48365	257	367	179	40
矿产品、建材及化工产品批发	516	179274	178478	2011	2441	508	198
机械设备、五金产品及电子产品批发	517	99209	98627	737	439	270	52
贸易经纪与代理	518	19784	19781	1699	497	34	156
其他批发业	519	25484	25393	301	646	261	108
零售业	52	786638	758542	16825	19581	2116	1548
综合零售	521	272903	256190	3710	14464	480	533
食品、饮料及烟草制品专门零售	522	77850	77401	5479	1945	501	451
纺织、服装及日用品专门零售	523	79671	73008	1019	704	92	82
文化、体育用品及器材专门零售	524	26844	26511	1294	612	126	53
医药及医疗器材专门零售	525	41514	41431	1135	164	211	102
汽车、摩托车、燃料及零配件专门零售	526	116213	115028	2579	346	277	35
家用电器及电子产品专门零售	527	70317	70053	276	215	142	19
五金、家具及室内装饰材料专门零售	528	62143	61987	904	702	191	60
货摊、无店铺及其他零售业	529	39183	36933	429	429	96	213
交通运输、仓储和邮政业	**G**	**414946**	**407751**	**111253**	**12496**	**1315**	**1317**
道路运输业	54	253866	249088	46189	7604	463	895
城市公共交通运输	541	80681	79341	10929	887	71	7
公路旅客运输	542	44553	43181	4608	1659	170	356
道路货物运输	543	83283	82037	1649	4343	167	22
道路运输辅助活动	544	45349	44529	29003	715	55	510
水上运输业	55	28396	27439	8179	1069	80	43
水上旅客运输	551	3599	3599	998	294		1
水上货物运输	552	15018	14072	3029	658	20	42
水上运输辅助活动	553	9779	9768	4152	117	60	
航空运输业	56	7804	7800	970			38
航空客货运输	561	2448	2444	51			
通用航空服务	562	324	324				
航空运输辅助活动	563	5032	5032	919			38
管道运输业	57	1150	1150	89			
管道运输业	570	1150	1150	89			
装卸搬运和运输代理业	58	36488	36045	1670	3348	618	192
装卸搬运	581	19334	18959	566	3029	587	135

				有限责任公司			股份有限公司	私营		代码
国有联营	集体联营	国有与集体联营	其他联营		国有独资公司	其他有限责任公司			私营独资	
				9384	1112	8272	216	6583	446	492
	24		30	54596	19363	35233	2868	21406	2405	499
	20			89919	77	89842	16003	94109	12998	50
	15			56119	3	56116	13605	50717	6522	501
	5			6898	22	6876	248	10624	2542	502
				1891		1891	62	5653	737	503
				25011	52	24959	2088	27115	3197	509
579	**1153**	**447**	**596**	**377304**	**14745**	**362559**	**124244**	**691810**	**290624**	F
290	657	84	196	160249	9422	150827	56523	303386	104459	51
50	115	33	10	11192	232	10960	905	42692	21398	511
152	107		18	23589	3323	20266	4008	43490	18889	512
6	7	39	11	17327	21	17306	1019	27417	9217	513
	98		27	7150	99	7051	167	5565	1038	514
11	7		22	11583	74	11509	14114	19565	7659	515
53	100	9	36	45838	4705	41133	34217	85097	26331	516
7	19	3	23	33911	440	33471	1349	56595	11797	517
2	125		29	3248	518	2730	307	7335	1844	518
9	79		20	6411	10	6401	437	15630	6286	519
289	496	363	400	217055	5323	211732	67721	388424	186165	52
185	164	48	136	56968	332	56636	56881	111117	65883	521
52	212	141	46	15253	171	15082	517	41736	20101	522
			82	16953		16953	664	49267	29655	523
		53		7201	281	6920	1529	14420	6092	524
14	55		33	15772		15772	2540	19559	6107	525
10	11	11	3	59322	2947	56375	3382	45989	11733	526
	14		5	22452	2	22450	1028	42947	15116	527
8	8	43	1	13510		13510	500	42242	23017	528
20	32	67	94	9624	1590	8034	680	21147	8461	529
111	**630**	**394**	**182**	**146092**	**48538**	**97554**	**13069**	**104104**	**18298**	G
75	363	366	91	109168	44894	64274	10735	64113	9875	54
4	3			51844	34199	17645	1371	13555	2163	541
30	238	12	76	16604	4029	12575	4981	13103	1169	542
	22			34730	6371	28359	2906	34539	5854	543
41	100	354	15	5990	295	5695	1477	2916	689	544
10	32		1	9368	2151	7217	228	7302	1472	55
			1	916		916		1080	95	551
10	32			4620	2151	2469	205	5095	1240	552
				3832		3832	23	1127	137	553
			38	6172		6172		533	23	56
				2072		2072		287	3	561
				175		175		149	18	562
			38	3925		3925		97	2	563
				98		98	630	238	159	57
				98		98	630	238	159	570
4	178		10	10578	251	10327	748	16810	4640	58
	133		2	4074		4074	170	9148	3006	581

1-10 续表 7

行　业	代码	从　业 人员数 (人)	内资				
				国有	集体	股份合作	联营
运输代理业	582	17154	17086	1104	319	31	57
仓储业	59	25668	24675	5840	444	146	119
谷物、棉花等农产品仓储	591	11552	11552	5015	221	126	114
其他仓储业	599	14116	13123	825	223	20	5
邮政业	60	61574	61554	48316	31	8	30
邮政基本服务	601	48224	48224	47958			5
快递服务	602	13350	13330	358	31	8	25
住宿和餐饮业	H	**295676**	**263085**	**12863**	**3081**	**1188**	**681**
住宿业	61	101917	95902	9971	2094	546	150
旅游饭店	611	64727	59560	7759	1425	341	98
一般旅馆	612	30963	30168	1428	432	160	38
其他住宿业	619	6227	6174	784	237	45	14
餐饮业	62	193759	167183	2892	987	642	531
正餐服务	621	155270	151840	2722	877	529	419
快餐服务	622	26444	4879	50	1	60	
饮料及冷饮服务	623	2918	1658			5	
其他餐饮业	629	9127	8806	120	109	48	112
信息传输、软件和信息技术服务业	I	**156862**	**138890**	**14376**	**331**	**158**	**120**
电信、广播电视和卫星传输服务	63	65355	52250	11196	235	69	79
电信	631	46189	33084	5177	39	69	37
广播电视传输服务	632	18330	18330	5585	183		42
卫星传输服务	633	836	836	434	13		
互联网和相关服务	64	10969	10959	1826		6	
互联网接入及相关服务	641	1933	1931	41		6	
互联网信息服务	642	7681	7673	1784			
其他互联网服务	649	1355	1355	1			
软件和信息技术服务业	65	80538	75681	1354	96	83	41
软件开发	651	54255	51545	355	47	37	20
信息系统集成服务	652	8712	7968	352		3	
信息技术咨询服务	653	8873	8289	363	24	23	21
数据处理和存储服务	654	723	606	24			
集成电路设计	655	925	782	14			
其他信息技术服务业	659	7050	6491	246	25	20	
房地产业	K	**362206**	**345687**	**14241**	**5532**	**1347**	**538**
房地产业	70	362206	345687	14241	5532	1347	538
房地产开发经营	701	169061	163568	5360	591	249	
物业管理	702	141805	133046	3766	1927	617	344
房地产中介服务	703	30002	27917	909	301	50	71
自有房地产经营活动	704	11052	10870	2301	2635	412	123
其他房地产业	709	10286	10286	1905	78	19	
租赁和商务服务业	L	**380922**	**377827**	**47996**	**6714**	**1733**	**1473**
租赁业	71	24151	24075	754	172	63	31
机械设备租赁	711	23046	22983	652	58	63	31
文化及日用品出租	712	1105	1092	102	114		
商务服务业	72	356771	353752	47242	6542	1670	1442
企业管理服务	721	87012	85124	16671	2285	278	578

国有联营	集体联营	国有与集体联营	其他联营	有限责任公司	国有独资公司	其他有限责任公司	股份有限公司	私营	私营独资	代码
4	45		8	6504	251	6253	578	7662	1634	582
17	52	28	22	8021	1242	6779	487	6107	1089	59
17	47	28	22	1224	408	816	246	1761	510	591
	5			6797	834	5963	241	4346	579	599
5	5		20	2687		2687	241	9001	1040	60
5				22		22		72	13	601
	5		20	2665		2665	241	8929	1027	602
23	**518**	**78**	**62**	**91246**	**3384**	**87862**	**5949**	**135574**	**44414**	H
20	96		34	34620	1816	32804	3192	40465	7829	61
9	70		19	23987	1754	22233	2565	21471	2492	611
	26		12	9310	62	9248	564	16074	4423	612
11			3	1323		1323	63	2920	914	619
3	422	78	28	56626	1568	55058	2757	95109	36585	62
3	380	8	28	53496	1568	51928	2597	84789	29663	621
				893		893	38	3642	2071	622
				591		591	35	908	397	623
	42	70		1646		1646	87	5770	4454	629
73	**25**		**22**	**61951**	**6455**	**55496**	**24657**	**29817**	**4640**	I
65	12		2	15920	5669	10251	20251	1690	986	63
35			2	9615	4576	5039	15694	1375	770	631
30	12			6229	1087	5142	4507	105	46	632
				76	6	70	50	210	170	633
				3219	23	3196	1020	3797	1206	64
				590		590	347	527	109	641
				2266	23	2243	273	2788	944	642
				363		363	400	482	153	649
8	13		20	42812	763	42049	3386	24330	2448	65
			20	31739	435	31304	2783	15162	1042	651
				4102	233	3869	71	3077	191	652
8	13			3456	93	3363	334	2668	585	653
				175		175		384	108	654
				416		416	35	305	42	655
				2924	2	2922	163	2734	480	659
50	**413**	**27**	**48**	**147600**	**5362**	**142238**	**15524**	**148510**	**13461**	K
50	413	27	48	147600	5362	142238	15524	148510	13461	70
				67517	4508	63009	10563	76598	4337	701
50	264		30	64750	815	63935	3426	51642	5805	702
	58		13	9751	17	9734	1006	13968	1799	703
	91	27	5	2350	6	2344	216	2238	920	704
				3232	16	3216	313	4064	600	709
200	**734**	**130**	**409**	**123997**	**13426**	**110571**	**12854**	**141976**	**30204**	L
3	22		6	6982	152	6830	2887	8715	3337	71
3	22		6	6820	152	6668	2887	8275	3020	711
				162		162		440	317	712
197	712	130	403	117015	13274	103741	9967	133261	26867	72
108	387	68	15	33473	8740	24733	3302	19202	3370	721

1-10 续表 8

行 业	代码	从 业 人员数 (人)					
			内资	国有	集体	股份合作	联营
法律服务	722	11036	11011	1594	119	40	178
咨询与调查	723	50104	49474	3346	183	120	43
广告业	724	43147	42977	3823	120	89	26
知识产权服务	725	1006	1006	163			
人力资源服务	726	45147	45124	3078	1366	211	22
旅行社及相关服务	727	21435	21422	1181	81	217	107
安全保护服务	728	37359	37330	10827	334	292	133
其他商务服务业	729	60525	60284	6559	2054	423	355
科学研究和技术服务业	M	**372352**	**369004**	**81948**	**4460**	**610**	**1681**
研究和试验发展	73	31788	30407	14311	931	116	116
自然科学研究和试验发展	731	2009	2009	1049	410	8	
工程和技术研究和试验发展	732	14222	13146	6025	81	60	57
农业科学研究和试验发展	733	6887	6887	4114	396		49
医学研究和试验发展	734	6369	6064	1479		38	3
社会人文科学研究	735	2301	2301	1644	44	10	7
专业技术服务业	74	190843	189793	55354	1998	368	729
气象服务	741	2650	2650	2449	9	4	
地震服务	742	830	830	807	5		
海洋服务	743	23	23	23			
测绘服务	744	4736	4736	2310	32	5	2
质检技术服务	745	15921	15920	7528	326	106	47
环境与生态监测	746	3510	3510	2466	22	4	3
地质勘查	747	10124	10124	7369	8	13	23
工程技术	748	120152	119500	27052	610	175	339
其他专业技术服务业	749	32897	32500	5350	986	61	315
科技推广和应用服务业	75	149721	148804	12283	1531	126	836
技术推广服务	751	143042	142171	11184	1473	60	836
科技中介服务	752	2220	2219	408	40	20	
其他科技推广和应用服务业	759	4459	4414	691	18	46	
水利、环境和公共设施管理业	N	**147208**	**146825**	**91283**	**5765**	**298**	**1138**
水利管理业	76	33268	33265	26029	1653		191
防洪除涝设施管理	761	8208	8208	7009	190		14
水资源管理	762	8239	8239	6695	286		151
天然水收集与分配	763	7610	7610	6523	336		
水文服务	764	1876	1876	1260	220		
其他水利管理业	769	7335	7332	4542	621		26
生态保护和环境治理业	77	11082	11023	4769	343	43	104
生态保护	771	5814	5810	3701	220	8	
环境治理业	772	5268	5213	1068	123	35	104
公共设施管理业	78	102858	102537	60485	3769	255	843
市政设施管理	781	17115	16922	11131	493	17	68
环境卫生管理	782	39413	39408	30088	2158	28	311
城乡市容管理	783	8841	8841	6746	163	10	439
绿化管理	784	13492	13455	4810	684	171	7
公园和游览景区管理	785	23997	23911	7710	271	29	18
居民服务、修理和其他服务业	O	**120019**	**119175**	**12361**	**5809**	**720**	**268**

国有联营	集体联营	国有与集体联营	其他联营	有限责任公司	国有独资公司	其他有限责任公司	股份有限公司	私营	私营独资	代码
	18	17	143	546		546	404	4133	502	722
	28	6	9	18760	215	18545	570	22185	2810	723
			26	14869	282	14587	580	21500	3621	724
				288		288		477	26	725
	17		5	12409	98	12311	541	22391	6590	726
12	23		72	6251	185	6066	2189	9485	1302	727
	133			12754	3360	9394	200	10785	1299	728
77	106	39	133	17665	394	17271	2181	23103	7347	729
655	**634**	**51**	**341**	**91922**	**13760**	**78162**	**4580**	**65947**	**18292**	M
	95	21		7776	15	7761	814	3912	676	73
				232		232		153	25	731
	57			3985		3985	632	1939	124	732
	28	21		463	15	448	25	1014	406	733
	3			3045		3045	93	750	107	734
	7			51		51	64	56	14	735
103	320	30	276	73024	13684	59340	2837	42560	8472	74
				117	15	102		18		741
				8		8				742
										743
		2		1353	91	1262	22	700	147	744
42	5			2336	140	2196	190	3766	212	745
3				479		479	8	239	62	746
		23		1012	158	854	54	691	188	747
58	267	5	9	59075	12981	46094	2284	25803	3866	748
	48		267	8644	299	8345	279	11343	3997	749
552	219		65	11122	61	11061	929	19475	9144	75
552	219		65	9190	61	9129	784	17515	8733	751
				821		821	51	736	205	752
				1111		1111	94	1224	206	759
405	**171**	**551**	**11**	**16337**	**804**	**15533**	**2427**	**15286**	**2433**	N
18	153	14	6	918	38	880	224	1118	306	76
3	11			202		202		94	34	761
6	142		3	164	27	137	12	185	27	762
				66		66	8	98	24	763
				35		35		119	58	764
9		14	3	451	11	440	204	622	163	769
		104		1415	122	1293	1102	2172	339	77
				408	20	388	2	973	141	771
		104		1007	102	905	1100	1199	198	772
387	18	433	5	14004	644	13360	1101	11996	1788	78
68				1688	364	1324	310	554	137	781
249	18	44		2370	4	2366	56	1107	295	782
59		380		123		123	11	522	95	783
		7		3101	135	2966	179	3262	562	784
11		2	5	6722	141	6581	545	6551	699	785
29	**121**	**20**	**98**	**24588**	**412**	**24176**	**905**	**60333**	**28969**	O

1-10 续表 9

行 业	代码	从 业 人员数 (人)					
			内资	国有	集体	股份合作	联营
居民服务业	79	51723	51421	5451	2092	145	56
家庭服务	791	12346	12343	212	48	3	
托儿所服务	792	1144	1144	131			15
洗染服务	793	1469	1414	12	21	5	
理发及美容服务	794	5507	5507			31	
洗浴服务	795	2393	2391			9	
保健服务	796	3994	3814	20	1	20	
婚姻服务	797	1365	1365	152		8	
殡葬服务	798	5388	5326	2869	718	37	27
其他居民服务业	799	18117	18117	2055	1304	32	14
机动车、电子产品和日用产品修理业	80	34578	34208	2453	1425	466	46
汽车、摩托车修理与维护	801	23225	23053	787	246	448	46
计算机和办公设备维修	802	6102	5914	1520	1160	11	
家用电器修理	803	3125	3115	85	19	7	
其他日用产品修理业	809	2126	2126	61			
其他服务业	81	33718	33546	4457	2292	109	166
清洁服务	811	17921	17753	2734	188	38	40
其他未列明服务业	819	15797	15793	1723	2104	71	126
教育	**P**	**774709**	**774374**	**537202**	**32374**	**4419**	**3416**
教育	82	774709	774374	537202	32374	4419	3416
学前教育	821	95774	95642	18766	2991	765	503
初等教育	822	190625	190625	153911	10808	194	683
中等教育	823	295125	295125	240103	9802	1746	1146
高等教育	824	131415	131415	102407	7064	1310	962
特殊教育	825	2397	2397	1936	38	56	13
技能培训、教育辅助及其他教育	829	59373	59170	20079	1671	348	109
卫生和社会工作	**Q**	**416916**	**416906**	**317704**	**18558**	**4126**	**2965**
卫生	83	393255	393245	307018	15322	4126	2852
医院	831	247829	247826	197533	5528	4077	2001
社区医疗与卫生院	832	92692	92687	70493	7837	8	593
门诊部(所)	833	11913	11911	4792	1130	41	59
计划生育技术服务活动	834	8319	8319	5497	444		23
妇幼保健院(所、站)	835	14357	14357	13590	126		
专科疾病防治院(所、站)	836	4432	4432	3813	135		158
疾病预防控制中心	837	9034	9034	8762	53		
其他卫生活动	839	4679	4679	2538	69		18
社会工作	84	23661	23661	10686	3236		113
提供住宿社会工作	841	20279	20279	8911	2835		76
不提供住宿社会工作	842	3382	3382	1775	401		37
文化、体育和娱乐业	**R**	**122342**	**121450**	**50089**	**2141**	**349**	**423**
新闻和出版业	85	19597	19591	13062	794		95
新闻业	851	1660	1654	1434			
出版业	852	17937	17937	11628	794		95
广播、电视、电影和影视录音制作业	86	22190	21970	15372	284	220	170
广播	861	2133	2133	1735	53		
电视	862	11645	11645	10776	97	170	

国有联营	集体联营	国有与集体联营	其他联营	有限责任公司	国有独资公司	其他有限责任公司	股份有限公司	私营	私营独资	代码
29	23		4	8435	42	8393	259	26283	14190	79
				3530		3530	39	7536	2877	791
15				35		35		461	256	792
				295		295	7	985	466	793
				818		818		3923	2952	794
				561		561	26	1494	454	795
				686		686	84	2542	804	796
				373		373	5	696	410	797
14	13			496	29	467	15	658	182	798
	10		4	1641	13	1628	83	7988	5789	799
	46			7122	20	7102	401	20096	10241	80
	46			5236	20	5216	249	14468	7153	801
				602		602	43	2313	805	802
				658		658	106	2020	1303	803
				626		626	3	1295	980	809
	52	20	94	9031	350	8681	245	13954	4538	81
			40	5234		5234	35	8466	1578	811
	52	20	54	3797	350	3447	210	5488	2960	819
1402	**922**	**432**	**660**	**7398**	**100**	**7298**	**485**	**49128**	**28799**	P
1402	922	432	660	7398	100	7298	485	49128	28799	82
	283	70	150	1000	9	991	111	25078	18951	821
315	140	183	45	53		53	38	1922	1100	822
199	388	157	402	324		324	20	5903	2071	823
882	80			764		764		2165	984	824
	13			1		1		83	23	825
6	18	22	63	5256	91	5165	316	13977	5670	829
796	**1861**	**20**	**288**	**7640**	**130**	**7510**	**1541**	**16882**	**6798**	Q
754	1816	20	262	7178	100	7078	1529	15410	5939	83
261	1616		124	6166	100	6066	1512	11160	3004	831
396	143	10	44	65		65	5	829	664	832
	35		24	361		361	5	2506	1908	833
	4	10	9					2	2	834
								98	30	835
97			61	19		19		174	105	836
								30		837
	18			567		567	7	611	226	839
42	45		26	462	30	432	12	1472	859	84
42	19		15	462	30	432	12	1437	839	841
	26		11					35	20	842
54	**142**	**37**	**190**	**17266**	**1946**	**15320**	**1305**	**34645**	**18556**	R
3	13		79	3489	977	2512	284	806	239	85
				48	40	8		15	2	851
3	13		79	3441	937	2504	284	791	237	852
46	73	37	14	2602	139	2463	494	1737	310	86
				86		86	11	45	11	861
				32	1	31	165	33	2	862

1-10 续表 10

行业	代码	从业人员数(人)	内资				
				国有	集体	股份合作	联营
电影和影视节目制作	863	2297	2297	848		6	15
电影和影视节目发行	864	841	841	516		20	22
电影放映	865	5001	4781	1488	46	24	133
录音制作	866	273	273	9	88		
文化艺术业	87	35963	35919	18538	690	25	132
文艺创作与表演	871	8522	8522	3538	102	20	69
艺术表演场馆	872	1699	1699	1050	31		
图书馆与档案馆	873	4570	4570	4285	38		5
文物及非物质文化遗产保护	874	1938	1938	1343	23		
博物馆	875	2538	2538	2095	51		
烈士陵园、纪念馆	876	868	868	644	73		5
群众文化活动	877	8758	8757	4555	229	5	41
其他文化艺术业	879	7070	7027	1028	143		12
体育	88	7788	7475	2174	290		10
体育组织	881	2968	2968	1164	247		10
体育场馆	882	1408	1408	774	38		
休闲健身活动	883	3074	2791	131	5		
其他体育	889	338	308	105			
娱乐业	89	36804	36495	943	83	104	16
室内娱乐活动	891	29655	29413	237	17	50	16
游乐园	892	1400	1398	192	15		
彩票活动	893	754	754	397	1		
文化、娱乐、体育经纪代理	894	921	856	52		34	
其他娱乐业	899	4074	4074	65	50	20	
公共管理、社会保障和社会组织	**S**	**998742**	**998708**	**691060**	**8482**	**246**	**1156**
中国共产党机关	90	28916	28916	28810	36		
中国共产党机关	900	28916	28916	28810	36		
国家机构	91	643929	643929	623755	3844		347
国家权力机构	911	9809	9809	9740	34		
国家行政机构	912	578938	578938	560468	3433		325
人民法院和人民检察院	913	28742	28742	28417	242		
其他国家机构	919	26440	26440	25130	135		22
人民政协、民主党派	92	5170	5170	5169			1
人民政协	921	4522	4522	4522			
民主党派	922	648	648	647			1
社会保障	93	10835	10835	9192	123		
社会保障	930	10835	10835	9192	123		
群众团体、社会团体和其他成员组织	94	126738	126704	24134	4479	246	808
群众团体	941	19931	19927	9597	427	3	57
社会团体	942	93269	93242	14034	3780	241	727
基金会	943	362	362	82	10		
宗教组织	944	13176	13173	421	262	2	24
基层群众自治组织	95	183154	183154				
社区自治组织	951	43464	43464				
村民自治组织	952	139690	139690				

国有联营	集体联营	国有与集体联营	其他联营	有限责任公司	国有独资公司	其他有限责任公司	股份有限公司	私营	私营独资	代码
	15			334		334	283	769	55	863
	22			101		101	35	91	2	864
46	36	37	14	1934	138	1796		748	236	865
				115		115		51	4	866
5	46		81	5443	624	4819	77	5008	2422	87
	34		35	1401	267	1134	1	2014	1180	871
				385	228	157		48	10	872
5				3		3		24	16	873
				66	7	59	56	93	10	874
				97		97		55	16	875
			5					20	12	876
			41	244		244	3	946	653	877
	12			3247	122	3125	17	1808	525	879
	10			1264	131	1133	142	2085	602	88
	10			222		222	7	158	36	881
				242	131	111	86	202	51	882
				725		725	49	1686	501	883
				75		75		39	14	889
			16	4468	75	4393	308	25009	14983	89
			16	3104		3104	256	22677	13940	891
				574		574	19	467	115	892
								11	11	893
				287	75	212		382	133	894
				503		503	33	1472	784	899
164	**665**	**32**	**295**	**126**	**6**	**120**	**68**	**1925**	**713**	S
										90
										900
132	95	32	88							91
										911
114	91	32	88							912
										913
18	4									919
1										92
										921
1										922
										93
										930
31	570		207	126	6	120	68	1925	713	94
	54		3	27		27	66	546	18	941
31	516		180	84	6	78	2	1312	646	942
				10		10				943
			24	5		5		67	49	944
										95
										951
										952

1-10 续表 11

行业	代码	私营合伙	私营有限责任公司	私营股份有限公司	其他	港澳台商投资	与港澳台商合资经营
总　计	00	**134898**	**2859067**	**215037**	**1078238**	**247136**	**118948**
农、林、牧、渔业	A	**1607**	**9430**	**700**	**79493**	**160**	**160**
农业	01		180		2282		
谷物种植	011				10		
棉、麻、糖、烟草种植	013				37		
蔬菜、食用菌及园艺作物种植	014		180		238		
水果种植	015				1948		
坚果、含油果、香料和饮料作物种植	016						
中药材种植	017				12		
其他农业	019				37		
林业	02				23		
林木育种和育苗	021				23		
森林经营和管护	023						
畜牧业	03		18		376		
牲畜饲养	031		18		305		
家禽饲养	032				10		
其他畜牧业	039				61		
渔业	04				21		
水产养殖	041				21		
水产捕捞	042						
农、林、牧、渔服务业	05	1607	9232	700	76791	160	160
农业服务业	051	1331	7564	505	57426	25	25
林业服务业	052	55	695	17	2346		
畜牧服务业	053	104	363	157	11399	135	135
渔业服务业	054	117	610	21	5620		
采矿业	B	**8581**	**72652**	**5305**	**7696**	**974**	**46**
煤炭开采和洗选业	06	831	22541	1028	1562	735	
烟煤和无烟煤开采洗选	061	461	20538	936	1452	573	
褐煤开采洗选	062		7	9	11		
其他煤炭采选	069	370	1996	83	99	162	
石油和天然气开采业	07		80		45		
石油开采	071		64		24		
天然气开采	072		16		21		
黑色金属矿采选业	08	952	9935	646	1463		
铁矿采选	081	920	9302	601	1451		
锰矿、铬矿采选	082		15				
其他黑色金属矿采选	089	32	618	45	12		
有色金属矿采选业	09	535	5508	775	147	10	
常用有色金属矿采选	091	535	4533	763	131		
贵金属矿采选	092		726	12	16		
稀有稀土金属矿采选	093		249			10	
非金属矿采选业	10	5783	32335	2497	4295	229	46
土砂石开采	101	5035	17118	2073	3160	179	46
化学矿开采	102	85	7493	219	680		
采盐	103						
石棉及其他非金属矿采选	109	663	7724	205	455	50	

与港澳台商合作经营	港澳台商独资	港澳台商投资股份有限公司	其他港澳台商投资	外商投资	中外合资经营	中外合作经营	外资企业	外商投资股份有限公司	其他外商投资	代码
2665	**115656**	**9461**	**406**	**376966**	**211950**	**3225**	**137998**	**19433**	**4360**	00
				122	**9**	**45**	**20**		**48**	A
										01
										011
										013
										014
										015
										016
										017
										019
										02
										021
										023
										03
										031
										032
										039
										04
										041
										042
				122	9	45	20		48	05
				87	9	10	20		48	051
										052
										053
				35		35				054
	688	**78**	**162**	**510**	**461**		**45**		**4**	B
	495	78	162	45			45			06
	495	78		45			45			061
										062
			162							069
										07
										071
										072
				256	256					08
				256	256					081
										082
										089
	10			120	120					09
				120	120					091
										092
	10									093
	183			89	85				4	10
	133			89	85				4	101
										102
										103
	50									109

1-10 续表 12

行业	代码	私营合伙	私营有限责任公司	私营股份有限公司	其他	港澳台商投资	与港澳台商合资经营
开采辅助活动	11	59	473	87	71		
煤炭开采和洗选辅助活动	111	20	222		22		
石油和天然气开采辅助活动	112		101	82			
其他开采辅助活动	119	39	150	5	49		
其他采矿业	12	421	1780	272	113		
其他采矿业	120	421	1780	272	113		
制造业	C	**54411**	**1281832**	**106695**	**84434**	**192393**	**102500**
农副食品加工业	13	3429	139197	10455	9508	4879	1388
谷物磨制	131	1361	46192	5719	1745	370	48
饲料加工	132	95	12081	910	728	267	187
植物油加工	133	245	16335	1197	1423	1339	96
制糖业	134		656	54			
屠宰及肉类加工	135	528	12728	625	1186	55	
水产品加工	136	229	17226	594	647	910	
蔬菜、水果和坚果加工	137	419	11186	739	1650	638	125
其他农副食品加工	139	552	22793	617	2129	1300	932
食品制造业	14	1149	40963	4336	3876	8509	3173
焙烤食品制造	141	269	13359	841	388	4268	3021
糖果、巧克力及蜜饯制造	142	33	3814	83	129	2660	
方便食品制造	143	229	6475	377	336	199	
乳制品制造	144		228	2	25		
罐头食品制造	145	303	6461	962	2480		
调味品、发酵制品制造	146	116	3614	212	143	99	99
其他食品制造	149	199	7012	1859	375	1283	53
酒、饮料和精制茶制造业	15	1666	34032	2252	8737	8024	1811
酒的制造	151	242	12683	1385	448	67	66
饮料制造	152	587	6080	227	654	7597	1745
精制茶加工	153	837	15269	640	7635	360	
烟草制品业	16		18		171		
烟叶复烤	161				55		
卷烟制造	162						
其他烟草制品制造	169		18		116		
纺织业	17	3330	158793	17445	3332	25484	15639
棉纺织及印染精加工	171	1987	96576	16695	1821	15841	7971
毛纺织及染整精加工	172	24	1067	13	11	524	508
麻纺织及染整精加工	173	257	8382	100	202		
丝绢纺织及印染精加工	174	12	557	39	57		
化纤织造及印染精加工	175	11	1350	46	120	597	597
针织或钩针编织物及其制品制造	176	138	2211	83	158	1319	
家用纺织制成品制造	177	298	6256	22	597	947	831
非家用纺织制成品制造	178	603	42394	447	366	6256	5732
纺织服装、服饰业	18	6825	107917	6813	7028	21785	7685
机织服装制造	181	5948	92505	6157	6294	20972	7537
针织或钩针编织服装制造	182	192	7198	42	18	314	148
服饰制造	183	685	8214	614	716	499	
皮革、毛皮、羽毛及其制品和制鞋业	19	521	13199	871	1005	15849	155

与港澳台商合作经营	港澳台商独资	港澳台商投资股份有限公司	其他港澳台商投资	外商投资	中外合资经营	中外合作经营	外资企业	外商投资股份有限公司	其他外商投资	代码
										11
										111
										112
										119
										12
										120
1283	**82150**	**6342**	**118**	**286577**	**179196**	**2176**	**86463**	**18622**	**120**	**C**
186	3048	257		7727	2986	1245	3496			13
186	136			197	162		35			131
	80			2484	420	1157	907			132
	1243			1468	1206		262			133
										134
	55			2035			2035			135
	786	124		816	629		187			136
	380	133		285	285					137
	368			442	284	88	70			139
	5204	132		8115	2087	117	4512	1399		14
	1247			961	500			461		141
	2660									142
	199			3050	41		3009			143
				1055		117		938		144
				1500			1500			145
				879	879					146
	1098	132		670	667		3			149
	6188	25		12942	11053		1889			15
	1			4484	3323		1161			151
	5827	25		8390	7730		660			152
	360			68			68			153
										16
										161
										162
										169
	9492	353		7562	5142		2420			17
	7517	353		2113	955		1158			171
	16									172
										173
										174
				8			8			175
	1319			24			24			176
	116			153	153					177
	524			5264	4034		1230			178
80	11141	2879		8519	6018	74	2287	140		18
80	10476	2879		8082	5581	74	2287	140		181
	166									182
	499			437	437					183
	15694			777	204		533	40		19

1-10 续表 13

行业	代码						
		私营合伙	私营有限责任公司	私营股份有限公司	其他	港澳台商投资	与港澳台商合资经营
皮革鞣制加工	191		416		50		
皮革制品制造	192	28	2177	651	293	272	120
毛皮鞣制及制品加工	193	62	3380	14	300		
羽毛(绒)加工及制品制造	194		329			543	
制鞋业	195	431	6897	206	362	15034	35
木材加工和木、竹、藤、棕、草制品业	20	1645	24996	1098	2870	1175	979
木材加工	201	611	3775	281	1302	6	
人造板制造	202	459	10173	403	563	1169	979
木制品制造	203	368	9539	375	759		
竹、藤、棕、草等制品制造	204	207	1509	39	246		
家具制造业	21	517	11883	192	534	708	
木质家具制造	211	407	8208	158	403	341	
竹、藤家具制造	212		46		7		
金属家具制造	213	13	529	1	48	188	
塑料家具制造	214	40	66		37		
其他家具制造	219	57	3034	33	39	179	
造纸和纸制品业	22	577	22936	1309	1244	3366	2144
纸浆制造	221	6	300				
造纸	222	190	8465	105	580	1202	629
纸制品制造	223	381	14171	1204	664	2164	1515
印刷和记录媒介复制业	23	747	19064	781	1740	1681	932
印刷	231	678	17883	735	1395	1681	932
装订及印刷相关服务	232	69	1181	46	345		
记录媒介复制	233						
文教、工美、体育和娱乐用品制造业	24	513	13565	1008	1456	3103	496
文教办公用品制造	241	44	508	201	185	216	216
乐器制造	242		130	135		1917	280
工艺美术品制造	243	445	9817	574	952	315	
体育用品制造	244	7	1210	10	10		
玩具制造	245	17	1733	68	54	655	
游艺器材及娱乐用品制造	246		167	20	255		
石油加工及炼焦	25	4	1754	193	135	685	5
化学原料和化学制品制造业	26	1396	80310	8286	2950	5317	4322
基础化学原料制造	261	252	15788	1782	535	60	
肥料制造	262	320	25175	2001	754	267	7
农药制造	263	82	2470	218	122	1730	1730
涂料、油墨、颜料及类似产品制造	264	38	9331	66	337	397	191
合成材料制造	265	51	3836	155	195	227	195
专用化学产品制造	266	264	17368	3613	571	2482	2122
炸药、火工及焰火产品制造	267	205	3720	48	332		
日用化学产品制造	268	184	2622	403	104	154	77
医药制造业	27	155	17849	2580	610	19511	11257
化学药品原料药制造	271	49	2280	503	138	132	132
化学药品制剂制造	272	7	1941	141	8	7544	5280
中药饮片加工	273	87	2425	106	125	60	60
中成药生产	274	11	4849	401	62	3410	2930

与港澳台商合作经营	港澳台商独资	港澳台商投资股份有限公司	其他港澳台商投资	外商投资	中外合资经营	中外合作经营	外资企业	外商投资股份有限公司	其他外商投资	代码
										191
	152			144	76		28	40		192
										193
	543									194
	14999			633	128		505			195
	196			167	42		125			20
	6			42	42					201
	190			95			95			202
										203
				30			30			204
179	529			1196	1041		155			21
	341			1140	985		155			211
										212
	188									213
										214
179				56	56					219
573	649			5669	4093		1491		85	22
										221
573				2653	2653					222
	649			3016	1440		1491		85	223
	347	402		553	553					23
	347	402		396	396					231
				157	157					232
										233
	2603		4	1115	293	86	723	5	8	24
										241
	1637			550			545	5		242
	311		4	319	293		26			243
				238		86	152			244
	655			8					8	245
										246
	579		101	1197	1197					25
180	802		13	9021	3852		5042	121	6	26
60				1150	357		793			261
120	127		13	1859	1774		85			262
				3					3	263
	206			379	103		155	121		264
	32			395	103		289		3	265
	360			2718	1473		1245			266
										267
	77			2517	42		2475			268
	8170	84		9708	7103	66	2484	55		27
				68	68					271
	2180	84		693	473		220			272
				75			75			273
	480			5074	4623		451			274

1-10 续表 14

行　业	代码	私营合伙	私营有限责任公司	私营股份有限公司	其他	港澳台商投资	与港澳台商合资经营
兽用药品制造	275		2061	324		230	230
生物药品制造	276		1210	219	152	238	158
卫生材料及医药用品制造	277	1	3083	886	125	7897	2467
化学纤维制造业	28	8	3121	779	76		
纤维素纤维原料及纤维制造	281		1024	768	18		
合成纤维制造	282	8	2097	11	58		
橡胶和塑料制品业	29	1550	54182	5528	2083	2479	1917
橡胶制品业	291	48	8426	664	260	468	392
塑料制品业	292	1502	45756	4864	1823	2011	1525
非金属矿物制品业	30	21326	148624	12711	14740	5122	2880
水泥、石灰和石膏制造	301	1193	16318	2116	550	477	75
石膏、水泥制品及类似制品制造	302	3288	30963	1685	4627	1116	155
砖瓦、石材等建筑材料制造	303	15796	70257	6804	8830	1916	1332
玻璃制造	304	67	3198	262	57	1134	1059
玻璃制品制造	305	79	7732	343	131	259	259
玻璃纤维和玻璃纤维增强塑料制品制造	306	29	1620	10	50		
陶瓷制品制造	307	23	6152	460	51		
耐火材料制品制造	308	310	4147	218	79	220	
石墨及其他非金属矿物制品制造	309	541	8237	813	365		
黑色金属冶炼和压延加工业	31	539	28026	1694	944	9274	8555
炼铁	311	11	1306	162			
炼钢	312	25	332		184	6875	6875
黑色金属铸造	313	360	12521	1007	496	13	13
钢压延加工	314	87	10123	525	259	2386	1667
铁合金冶炼	315	56	3744		5		
有色金属冶炼和压延加工业	32	593	16251	2263	176	1113	1112
常用有色金属冶炼	321	283	4785	2133	59	902	902
贵金属冶炼	322		36				
稀有稀土金属冶炼	323		230	4			
有色金属合金制造	324	136	1622		24		
有色金属铸造	325	16	201	22	29		
有色金属压延加工	326	158	9377	104	64	211	210
金属制品业	33	1539	57276	5024	2806	5378	3381
结构性金属制品制造	331	575	32402	1599	1272	921	819
金属工具制造	332	284	5445	97	261	98	98
集装箱及金属包装容器制造	333	7	5662	76	203	2576	692
金属丝绳及其制品制造	334	12	1384	195	256	1	1
建筑、安全用金属制品制造	335	229	3256	500	284		
金属表面处理及热处理加工	336	5	1242	61	24	627	627
搪瓷制品制造	337		554		1		
金属制日用品制造	338	31	3122	1317	226	837	826
其他金属制品制造	339	396	4209	1179	279	318	318
通用设备制造业	34	1537	50788	5924	2986	1540	974
锅炉及原动设备制造	341	116	4716	656	253	85	10
金属加工机械制造	342	531	10624	1137	880	472	424
物料搬运设备制造	343		3695	472	157	60	60

与港澳台商合作经营	港澳台商独资	港澳台商投资股份有限公司	其他港澳台商投资	外商投资	中外合资经营	中外合作经营	外资企业	外商投资股份有限公司	其他外商投资	代码
										275
	80			625	472	66	87			276
	5430			3173	1467		1651	55		277
				1055	299		756			28
				882	126		756			281
				173	173					282
	505	57		3715	1885	344	1414	65	7	29
	76			792	30	344	353	65		291
	429	57		2923	1855		1061		7	292
	1957	285		19190	1852	196	2585	14557		30
	402			15997	418		1397	14182		301
	961			15	15					302
	519	65		333	177		156			303
	75			739			739			304
				596	221			375		305
										306
				307	111	196				307
		220		1185	910		275			308
				18			18			309
	719			1406	1406					31
										311
										312
				209	209					313
	719			567	567					314
				630	630					315
	1			1571	590		981			32
										321
				549	549					322
										323
				39	39					324
										325
	1			983	2		981			326
	1997			3375	3079		288	8		33
	102			555	547		8			331
				151	151					332
	1884			624	579		45			333
				868	868					334
				309	309					335
				182	182					336
										337
	11			273	173		100			338
				413	270		135	8		339
	566			9750	4823		3462	1465		34
	75			4855	1812		1635	1408		341
	48			1622	1556		36	30		342
										343

1-10 续表 15

行业	代码	私营合伙	私营有限责任公司	私营股份有限公司	其他	港澳台商投资	与港澳台商合资经营
泵、阀门、压缩机及类似机械制造	344	8	6740	2323	279	37	12
轴承、齿轮和传动部件制造	345	46	3160	368	463		
烘炉、风机、衡器、包装等设备制造	346	62	6300	700	148	551	428
文化、办公用机械制造	347		473		39	85	
通用零部件制造	348	579	11234	215	648	250	40
其他通用设备制造业	349	195	3846	53	119		
专用设备制造业	35	1202	47430	3909	3345	1279	797
采矿、冶金、建筑专用设备制造	351	395	12864	794	630	30	30
化工、木材、非金属加工专用设备制造	352	197	10525	959	700	44	
食品、饮料、烟草及饲料生产专用设备制造	353	58	2527	982	220		
印刷、制药、日化及日用品生产专用设备制造	354	42	2666	86	217	273	130
纺织、服装和皮革加工专用设备制造	355	32	2000	158	216	608	503
电子和电工机械专用设备制造	356	96	4371	49	266	2	
农、林、牧、渔专用机械制造	357	173	4505	425	182		
医疗仪器设备及器械制造	358	59	1765	73	166	131	
环保、社会公共服务及其他专用设备制造	359	150	6207	383	748	191	134
汽车制造业	36	1447	93837	5298	3224	6820	4401
汽车整车制造	361		266		490		
改装汽车制造	362	18	3063	890	481		
低速载货汽车制造	363		25	8			
电车制造	364		207				
汽车车身、挂车制造	365		590			52	
汽车零部件及配件制造	366	1429	89686	4400	2253	6768	4401
铁路、船舶、航空航天和其他运输设备制造业	37	162	12860	448	733	135	135
铁路运输设备制造	371	78	1378	26	83		
城市轨道交通设备制造	372		39				
船舶及相关装置制造	373	59	8855	369	576	98	98
航空、航天器及设备制造	374		291				
摩托车制造	375	15	768	53		37	37
自行车制造	376		1223		15		
非公路休闲车及零配件制造	377		82		29		
潜水救捞及其他未列明运输设备制造	379	10	224		30		
电气机械和器材制造业	38	1064	36002	3367	2202	3853	1381
电机制造	381	110	3312	249	258	516	459
输配电及控制设备制造	382	306	12340	1562	290	2137	83
电线、电缆、光缆及电工器材制造	383	386	4945	123	268	85	20
电池制造	384		4775	603	12	288	288
家用电力器具制造	385		2957	23	301		
非电力家用器具制造	386	52	1936	61	127		
照明器具制造	387	102	3683	709	141	827	531
其他电气机械及器材制造	389	108	2054	37	805		
计算机、通信和其他电子设备制造业	39	360	23434	1067	3780	33645	26782
计算机制造	391	3	2252	8	141	3259	
通信设备制造	392	69	2819	478	41	25689	25689
广播电视设备制造	393	9	1283		8		
雷达及配套设备制造	394	29			10		

与港澳台商合作经营	港澳台商独资	港澳台商投资股份有限公司	其他港澳台商投资	外商投资	中外合资经营	中外合作经营	外资企业	外商投资股份有限公司	其他外商投资	代码
	25			235	56		179			344
				112			112			345
	123			2478	1399		1079			346
	85									347
	210			258			258			348
				190			163	27		349
	425	57		9096	2675		6410	11		35
				1177	1166			11		351
	44			6455	204		6251			352
				460	460					353
	143			14	14					354
	105									355
	2			77	32		45			356
				156	156					357
	131			454	407		47			358
		57		303	236		67			359
85	2126	208		128741	102467		25605	669		36
				67226	67226					361
				1281	1281					362
										363
										364
	52									365
85	2074	208		60234	33960		25605	669		366
				1068	975		93			37
				93	1		92			371
										372
				954	953		1			373
				21	21					374
										375
										376
										377
										379
	2472			24534	10545		13898	77	14	38
	57			1463	1101		362			381
	2054			9812	167		9637	8		382
	65			3769	3769					383
				2364	978		1372		14	384
				5476	4399		1077			385
				524	38		486			386
	296			942	41		832	69		387
				184	52		132			389
	5291	1572		5731	2391		3340			39
	2939	320		555	380		175			391
				394	177		217			392
										393
										394

1-10 续表 16

行业	代码						
		私营合伙	私营有限责任公司	私营股份有限公司	其他	港澳台商投资	与港澳台商合资经营
视听设备制造	395		2185		238	606	122
电子器件制造	396	43	3125	321	215	1992	710
电子元件制造	397	207	6947	22	2637	777	261
其他电子设备制造	399		4823	238	490	1322	
仪器仪表制造业	40	47	9149	164	506	1228	
通用仪器仪表制造	401	42	2679	121	216		
专用仪器仪表制造	402		2900		149	2	
钟表与计时仪器制造	403		1403			300	
光学仪器及眼镜制造	404	5	259	21	30	926	
其他仪器仪表制造业	409		1908	22	111		
其他制造业	41	345	8742	523	762	415	163
废弃资源综合利用业	42	38	2454	258	313	36	36
金属废料和碎屑加工处理	421	38	1460	179	179	36	36
非金属废料和碎屑加工处理	422		994	79	134		
金属制品、机械和设备修理业	43	180	3180	119	562		
金属制品修理	431		106		22		
通用设备修理	432	96	535	9	62		
专用设备修理	433	2	67	13	143		
铁路、船舶、航空航天等运输设备修理	434	31	1158	94	21		
电气设备修理	435	40	536	3	41		
仪器仪表修理	436	3	25		12		
其他机械和设备修理业	439	8	753		261		
电力、热力、燃气及水生产和供应业	D	**1977**	**12068**	**736**	**8687**	**3994**	**2497**
电力、热力生产和供应业	44	1248	7521	246	2959	1427	644
电力生产	441	1187	4689	246	1468	1427	644
电力供应	442	61	1437		1477		
热力生产和供应	443		1395		14		
燃气生产和供应业	45	140	1672	159	426	2517	1853
燃气生产和供应业	450	140	1672	159	426	2517	1853
水的生产和供应业	46	589	2875	331	5302	50	
自来水生产和供应	461	575	2148	324	5171	50	
污水处理及其再生利用	462	14	559	7	115		
其他水的处理、利用与分配	469		168		16		
建筑业	E	**4818**	**606599**	**51855**	**17349**	**3599**	**2365**
房屋建筑业	47	1521	438960	43856	5261	1501	546
房屋建筑业	470	1521	438960	43856	5261	1501	546
土木工程建筑业	48	1108	59774	3947	4108	268	268
铁路、道路、隧道和桥梁工程建筑	481	215	30523	3447	1213	1	1
水利和内河港口工程建筑	482	39	5934	199	204		
工矿工程建筑	484	44	5314	41	71		
架线和管道工程建筑	485	117	6538	36	719		
其他土木工程建筑	489	693	11465	224	1901	267	267
建筑安装业	49	224	31431	1340	1765	267	198
电气安装	491	64	7532	261	478		
管道和设备安装	492	25	6077	35	279	113	113
其他建筑安装业	499	135	17822	1044	1008	154	85

与港澳台商合作经营	港澳台商独资	港澳台商投资股份有限公司	其他港澳台商投资	外商投资	中外合资经营	中外合作经营	外资企业	外商投资股份有限公司	其他外商投资	代码
	484			313	1		312			395
	1282			855	536		319			396
	516			2743	627		2116			397
	70	1252		871	670		201			399
	1228			2975	456	48	2471			40
				477	368	48	61			401
	2			195	65		130			402
	300			2280			2280			403
	926			23	23					404
										409
	221	31		10				10		41
				89	89					42
										421
				89	89					422
				3			3			43
										431
										432
										433
										434
										435
				3			3			436
										439
	1197	**300**		**5058**	**4241**	**358**	**459**			D
	783			496	75	358	63			44
	783			496	75	358	63			441
										442
										443
	364	300		2732	2336		396			45
	364	300		2732	2336		396			450
	50			1830	1830					46
	50			1694	1694					461
				136	136					462
										469
14	**1190**	**30**		**6136**	**6071**		**16**	**35**	**14**	E
	946	9		6042	6042					47
	946	9		6042	6042					470
				8			8			48
				8			8			481
										482
										484
										485
										489
2	67			12			8		4	49
				12			8		4	491
										492
2	67									499

1-10 续表 17

行业	代码	私营合伙	私营有限责任公司	私营股份有限公司	其他	港澳台商投资	与港澳台商合资经营
建筑装饰和其他建筑业	50	1965	76434	2712	6215	1563	1353
建筑装饰业	501	950	41876	1369	2830	1526	1353
工程准备活动	502	641	6828	613	488		
提供施工设备服务	503	101	4761	54	321		
其他未列明建筑业	509	273	22969	676	2576	37	
批发和零售业	**F**	**19541**	**366981**	**14664**	**144355**	**16620**	**2698**
批发业	51	8911	183313	6703	99083	4213	536
农、林、牧产品批发	511	2026	17844	1424	30327	30	
食品、饮料及烟草制品批发	512	1161	22717	723	42358	288	36
纺织、服装及家庭用品批发	513	868	16917	415	2085	229	100
文化、体育用品及器材批发	514	184	4175	168	507	2882	193
医药及医疗器材批发	515	181	11182	543	2260	125	60
矿产品、建材及化工产品批发	516	2768	54542	1456	8168	368	31
机械设备、五金产品及电子产品批发	517	1021	42599	1178	5274	223	116
贸易经纪与代理	518	214	5092	185	6505		
其他批发业	519	488	8245	611	1599	68	
零售业	52	10630	183668	7961	45272	12407	2162
综合零售	521	2983	40296	1955	12037	4775	
食品、饮料及烟草制品专门零售	522	994	19931	710	11519	174	25
纺织、服装及日用品专门零售	523	1531	17573	508	4227	5313	935
文化、体育用品及器材专门零售	524	446	7641	241	1276	275	117
医药及医疗器材专门零售	525	949	11925	578	1948	33	25
汽车、摩托车、燃料及零配件专门零售	526	1006	31357	1893	3098	617	167
家用电器及电子产品专门零售	527	923	26174	734	2974	120	75
五金、家具及室内装饰材料专门零售	528	1015	17479	731	3878	3	
货摊、无店铺及其他零售业	529	783	11292	611	4315	1097	818
交通运输、仓储和邮政业	**G**	**4947**	**76069**	**4790**	**18105**	**4333**	**2871**
道路运输业	54	2756	48084	3398	9921	2997	1734
城市公共交通运输	541	426	9627	1339	677	1340	1314
公路旅客运输	542	1226	9618	1090	1700	1106	295
道路货物运输	543	839	27047	799	3681	147	8
道路运输辅助活动	544	265	1792	170	3863	404	117
水上运输业	55	855	4702	273	1170		
水上旅客运输	551	235	745	5	310		
水上货物运输	552	539	3051	265	403		
水上运输辅助活动	553	81	906	3	457		
航空运输业	56	15	495		87		
航空客货运输	561		284		34		
通用航空服务	562		131				
航空运输辅助活动	563	15	80		53		
管道运输业	57	26	53		95		
管道运输业	570	26	53		95		
装卸搬运和运输代理业	58	1071	10441	658	2081	413	413
装卸搬运	581	637	5392	113	1250	375	375
运输代理业	582	434	5049	545	831	38	38
仓储业	59	95	4639	284	3511	923	724

与港澳台商合作经营	港澳台商独资	港澳台商投资股份有限公司	其他港澳台商投资	外商投资	中外合资经营	中外合作经营	外资企业	外商投资股份有限公司	其他外商投资	代码
12	177	21		74	29			35	10	50
12	140	21		59	14			35	10	501
										502
										503
	37			15	15					509
38	**13825**	**24**	**35**	**24741**	**6149**	**57**	**16935**	**329**	**1271**	**F**
20	3657			9052	1038	35	6687	62	1230	51
	30			246	16		230			511
8	244			6278	166		6099	13		512
12	117			220	175		45			513
	2689			3	1		2			514
	65			1492	248	25	18		1201	515
	337			428	280	6	100	13	29	516
	107			359	147	1	175	36		517
				3			3			518
	68			23	5	3	15			519
18	10168	24	35	15689	5111	22	10248	267	41	52
	4775			11938	4177		7497	260	4	521
5	144			275	255		20			522
	4341	14	23	1350	141		1195	7	7	523
1	157			58	40		16		2	524
	5	3		50	50					525
	434	4	12	568	118	7	440		3	526
	45			144	15	15	108		6	527
3				153	136				17	528
9	267	3		1153	179		972		2	529
263	**936**	**263**		**2862**	**2106**	**62**	**479**	**11**	**204**	**G**
263	740	260		1781	1160	62	385		174	54
	26									541
	551	260		266	102				164	542
	139			1099	1058		31		10	543
263	24			416		62	354			544
				957	946			11		55
										551
				946	946					552
				11				11		553
				4			4			56
				4			4			561
										562
										563
										57
										570
				30					30	58
										581
				30					30	582
	196	3		70			70			59

1-10 续表 18

行业	代码	私营合伙	私营有限责任公司	私营股份有限公司	其他	港澳台商投资	与港澳台商合资经营
谷物、棉花等农产品仓储	591	25	1163	63	2845		
其他仓储业	599	70	3476	221	666	923	724
邮政业	60	129	7655	177	1240		
邮政基本服务	601		54	5	167		
快递服务	602	129	7601	172	1073		
住宿和餐饮业	H	**5161**	**80562**	**5437**	**12503**	**8334**	**1934**
住宿业	61	1831	28576	2229	4864	4548	1358
旅游饭店	611	625	16849	1505	1914	3916	1358
一般旅馆	612	1015	9987	649	2162	620	
其他住宿业	619	191	1740	75	788	12	
餐饮业	62	3330	51986	3208	7639	3786	576
正餐服务	621	2963	49172	2991	6411	2173	576
快餐服务	622	101	1362	108	195	79	
饮料及冷饮服务	623	80	378	53	119	1216	
其他餐饮业	629	186	1074	56	914	318	
信息传输、软件和信息技术服务业	I	**1075**	**22562**	**1540**	**7480**	**7776**	**880**
电信、广播电视和卫星传输服务	63	61	596	47	2810	6601	526
电信	631	54	504	47	1078	6601	526
广播电视传输服务	632	7	52		1679		
卫星传输服务	633		40		53		
互联网和相关服务	64	359	2150	82	1091	2	
互联网接入及相关服务	641	86	321	11	420	2	
互联网信息服务	642	192	1597	55	562		
其他互联网服务	649	81	232	16	109		
软件和信息技术服务业	65	655	19816	1411	3579	1173	354
软件开发	651	295	12827	998	1402	792	354
信息系统集成服务	652	64	2729	93	363	248	
信息技术咨询服务	653	101	1930	52	1400	10	
数据处理和存储服务	654	14	234	28	23	117	
集成电路设计	655	10	249	4	12		
其他信息技术服务业	659	171	1847	236	379	6	
房地产业	K	**2859**	**123712**	**8478**	**12395**	**6912**	**2302**
房地产业	70	2859	123712	8478	12395	6912	2302
房地产开发经营	701	1138	66220	4903	2690	3778	1664
物业管理	702	1226	41722	2889	6574	2249	455
房地产中介服务	703	378	11441	350	1861	713	11
自有房地产经营活动	704	49	1128	141	595	172	172
其他房地产业	709	68	3201	195	675		
租赁和商务服务业	L	**8572**	**97230**	**5970**	**41084**	**557**	**20**
租赁业	71	442	4622	314	4471	37	
机械设备租赁	711	432	4525	298	4197	37	
文化及日用品出租	712	10	97	16	274		
商务服务业	72	8130	92608	5656	36613	520	20
企业管理服务	721	578	14593	661	9335	93	6
法律服务	722	2799	796	36	3997	25	
咨询与调查	723	1710	16992	673	4267	185	

与港澳台商合作经营	港澳台商独资	港澳台商投资股份有限公司	其他港澳台商投资	外商投资	中外合资经营	中外合作经营	外资企业	外商投资股份有限公司	其他外商投资	代码
										591
	196	3		70			70			599
				20			20			60
										601
				20			20			602
821	**4897**	**682**		**24257**	**1818**	**2**	**22211**	**79**	**147**	H
816	1776	598		1467	1035		357	75		61
816	1144	598		1251	1035		141	75		611
	620			175			175			612
	12			41			41			619
5	3121	84		22790	783	2	21854	4	147	62
5	1523	69		1257	751	2	370	4	130	621
	64	15		21486			21478		8	622
	1216			44	32		6		6	623
	318			3					3	629
	5362	**1532**	**2**	**10196**	**1080**		**7667**	**281**	**1168**	I
	4548	1527		6504			5091	281	1132	63
	4548	1527		6504			5091	281	1132	631
										632
										633
			2	8			8			64
			2							641
				8			8			642
										649
	814	5		3684	1080		2568		36	65
	433	5		1918	194		1700		24	651
	248			496	198		298			652
	10			574	560		7		7	653
	117									654
				143			143			655
	6			553	128		420		5	659
64	**4312**	**189**	**45**	**9607**	**6984**	**250**	**2178**	**61**	**134**	K
64	4312	189	45	9607	6984	250	2178	61	134	70
33	1922	114	45	1715	828	100	635	46	106	701
2	1792			6510	6156	150	171	15	18	702
29	598	75		1372			1370		2	703
				10			2		8	704
										709
36	**457**	**9**	**35**	**2538**	**1648**	**180**	**535**		**175**	L
	37			39	39					71
	37			26	26					711
				13	13					712
36	420	9	35	2499	1609	180	535		175	72
11	44		32	1795	1497		282		16	721
25										722
	178	4	3	445	27	178	82		158	723

1-10 续表 19

行 业	代码	私营合伙	私营有限责任公司	私营股份有限公司	其他	港澳台商投资	与港澳台商合资经营
广告业	724	838	16357	684	1970	169	4
知识产权服务	725	109	276	66	78		
人力资源服务	726	574	13494	1733	5106	8	8
旅行社及相关服务	727	260	7115	808	1911	11	
安全保护服务	728	61	9000	425	2005		
其他商务服务业	729	1201	13985	570	7944	29	2
科学研究和技术服务业	M	**2114**	**42837**	**2704**	**117856**	**345**	**255**
研究和试验发展	73	158	2980	98	2431	42	42
自然科学研究和试验发展	731		125	3	157		
工程和技术研究和试验发展	732	98	1671	46	367	4	4
农业科学研究和试验发展	733	20	584	4	826		
医学研究和试验发展	734	40	558	45	656	38	38
社会人文科学研究	735		42		425		
专业技术服务业	74	1247	30690	2151	12923	230	146
气象服务	741		17	1	53		
地震服务	742				10		
海洋服务	743						
测绘服务	744		553		312		
质检技术服务	745	168	3225	161	1621		
环境与生态监测	746		177		289		
地质勘查	747	21	357	125	954		
工程技术	748	762	19818	1357	4162	85	5
其他专业技术服务业	749	296	6543	507	5522	145	141
科技推广和应用服务业	75	709	9167	455	102502	73	67
技术推广服务	751	650	7769	363	101129	73	67
科技中介服务	752	9	481	41	143		
其他科技推广和应用服务业	759	50	917	51	1230		
水利、环境和公共设施管理业	N	**757**	**10810**	**1286**	**14291**	**291**	**53**
水利管理业	76	31	723	58	3132		
防洪除涝设施管理	761		60		699		
水资源管理	762		158		746		
天然水收集与分配	763	5	22	47	579		
水文服务	764	8	53		242		
其他水利管理业	769	18	430	11	866		
生态保护和环境治理业	77	20	1703	110	1075	4	4
生态保护	771	13	781	38	498	4	4
环境治理业	772	7	922	72	577		
公共设施管理业	78	706	8384	1118	10084	287	49
市政设施管理	781	68	349		2661	193	
环境卫生管理	782	5	743	64	3290	5	
城乡市容管理	783	5	422		827		
绿化管理	784	62	2315	323	1241	7	7
公园和游览景区管理	785	566	4555	731	2065	82	42
居民服务、修理和其他服务业	O	**3437**	**26625**	**1302**	**14191**	**135**	**12**
居民服务业	79	1882	9651	560	8700	64	

与港澳台商合作经营	港澳台商独资	港澳台商投资股份有限公司	其他港澳台商投资	外商投资	中外合资经营	中外合作经营	外资企业	外商投资股份有限公司	其他外商投资	代码
	165			1					1	724
										725
				15	15					726
	6	5		2	2					727
				29	29					728
	27			212	39	2	171			729
	90			**3003**	**1333**	**9**	**626**	**11**	**1024**	**M**
				1339	276		246	11	806	73
										731
				1072	264		2		806	732
										733
				267	12		244	11		734
										735
	84			820	251	9	343		217	74
										741
										742
										743
										744
				1	1					745
										746
										747
	80			567	230	1	121		215	748
	4			252	20	8	222		2	749
	6			844	806		37		1	75
	6			798	761		37			751
				1					1	752
				45	45					759
96	**139**		**3**	**92**	**59**		**30**		**3**	**N**
				3	3					76
										761
										762
										763
										764
				3	3					769
				55	52				3	77
										771
				55	52				3	772
96	139		3	34	4		30			78
91	102									781
5										782
										783
				30			30			784
	37		3	4	4					785
50	**61**	**12**		**709**	**427**		**282**			**O**
50	2	12		238	235		3			79

1-10 续表 20

行 业	代码	私营合伙	私营有限责任公司	私营股份有限公司	其他	港澳台商投资	与港澳台商合资经营
家庭服务	791	363	4205	91	975		
托儿所服务	792	202	3		502		
洗染服务	793	53	438	28	89		
理发及美容服务	794	127	799	45	735		
洗浴服务	795	311	711	18	301	2	
保健服务	796	274	1434	30	461		
婚姻服务	797	60	210	16	131		
殡葬服务	798	2	242	232	506	62	
其他居民服务业	799	490	1609	100	5000		
机动车、电子产品和日用产品修理业	80	1004	8511	340	2199	67	8
汽车、摩托车修理与维护	801	831	6182	302	1573	13	8
计算机和办公设备维修	802	95	1394	19	265	54	
家用电器修理	803	68	637	12	220		
其他日用产品修理业	809	10	298	7	141		
其他服务业	81	551	8463	402	3292	4	4
清洁服务	811	256	6298	334	1018		
其他未列明服务业	819	295	2165	68	2274	4	4
教育	**P**	**8456**	**10089**	**1784**	**139952**	**193**	**96**
教育	82	8456	10089	1784	139952	193	96
学前教育	821	4184	1647	296	46428	102	50
初等教育	822	778	44		23016		
中等教育	823	911	1714	1207	36081		
高等教育	824	1155	26		16743		
特殊教育	825	58	2		270		
技能培训、教育辅助及其他教育	829	1370	6656	281	17414	91	46
卫生和社会工作	**Q**	**2294**	**7212**	**578**	**47490**	**3**	**3**
卫生	83	2125	6828	518	39810	3	3
医院	831	1694	6080	382	19849	3	3
社区医疗与卫生院	832	99	66		12857		
门诊部(所)	833	215	333	50	3017		
计划生育技术服务活动	834				2353		
妇幼保健院(所、站)	835			68	543		
专科疾病防治院(所、站)	836	10	59		133		
疾病预防控制中心	837		30		189		
其他卫生活动	839	107	260	18	869		
社会工作	84	169	384	60	7680		
提供住宿社会工作	841	167	371	60	6546		
不提供住宿社会工作	842	2	13		1134		
文化、体育和娱乐业	**R**	**3854**	**11140**	**1095**	**15232**	**508**	**247**
新闻和出版业	85	12	444	111	1061	6	
新闻业	851		13		157	6	
出版业	852	12	431	111	904		
广播、电视、电影和影视录音制作业	86	51	1343	33	1091	153	84
广播	861		34		203		
电视	862	8	20	3	372		

与港澳台商合作经营	港澳台商独资	港澳台商投资股份有限公司	其他港澳台商投资	外商投资	中外合资经营	中外合作经营	外资企业	外商投资股份有限公司	其他外商投资	代码
				3			3			791
										792
				55	55					793
										794
	2									795
				180	180					796
										797
50		12								798
										799
	59			303	24		279			80
	5			159	14		145			801
	54			134			134			802
				10	10					803
										809
				168	168					81
				168	168					811
										819
	97			**142**	**48**	**82**	**12**			**P**
	97			142	48	82	12			82
	52			30	30					821
										822
										823
										824
										825
	45			112	18	82	12			829
				7					**7**	**Q**
				7					7	83
										831
				5					5	832
				2					2	833
										834
										835
										836
										837
										839
										84
										841
										842
	255		**6**	**384**	**320**	**4**	**40**	**4**	**16**	**R**
			6							85
			6							851
										852
	69			67	60	4	3			86
										861
										862

1-10 续表 21

行业	代码	私营合伙	私营有限责任公司	私营股份有限公司	其他	港澳台商投资	与港澳台商合资经营
电影和影视节目制作	863	10	688	16	42		
电影和影视节目发行	864	30	59		56		
电影放映	865	3	509		408	153	84
录音制作	866		33	14	10		
文化艺术业	87	433	1985	168	6006	43	
文艺创作与表演	871	263	550	21	1377		
艺术表演场馆	872	5	33		185		
图书馆与档案馆	873	5	3		215		
文物及非物质文化遗产保护	874	4	74	5	357		
博物馆	875		9	30	240		
烈士陵园、纪念馆	876	3	5		126		
群众文化活动	877	115	168	10	2734		
其他文化艺术业	879	38	1143	102	772	43	
体育	88	189	1198	96	1510	272	131
体育组织	881	2	119	1	1160		
体育场馆	882	14	137		66		
休闲健身活动	883	173	917	95	195	242	101
其他体育	889		25		89	30	30
娱乐业	89	3169	6170	687	5564	34	32
室内娱乐活动	891	2861	5258	618	3056	32	32
游乐园	892	46	296	10	131	2	
彩票活动	893				345		
文化、娱乐、体育经纪代理	894	91	158		101		
其他娱乐业	899	171	458	59	1931		
公共管理、社会保障和社会组织	**S**	**437**	**657**	**118**	**295645**	**9**	**9**
中国共产党机关	90				70		
中国共产党机关	900				70		
国家机构	91				15983		
国家权力机构	911				35		
国家行政机构	912				14712		
人民法院和人民检察院	913				83		
其他国家机构	919				1153		
人民政协、民主党派	92						
人民政协	921						
民主党派	922						
社会保障	93				1520		
社会保障	930				1520		
群众团体、社会团体和其他成员组织	94	437	657	118	94918	9	9
群众团体	941	18	510		9204		
社会团体	942	411	137	118	73062	6	6
基金会	943				260		
宗教组织	944	8	10		12392	3	3
基层群众自治组织	95				183154		
社区自治组织	951				43464		
村民自治组织	952				139690		

与港澳台商合作经营	港澳台商独资	港澳台商投资股份有限公司	其他港澳台商投资	外商投资	中外合资经营	中外合作经营	外资企业	外商投资股份有限公司	其他外商投资	代码
										863
										864
	69			67	60	4	3			865
										866
	43			1					1	87
										871
										872
										873
										874
										875
										876
				1					1	877
	43									879
	141			41			37	4		88
										881
										882
	141			41			37	4		883
										889
	2			275	260				15	89
				210	195				15	891
	2									892
										893
				65	65					894
										899
				25					**25**	S
										90
										900
										91
										911
										912
										913
										919
										92
										921
										922
										93
										930
				25					25	94
				4					4	941
				21					21	942
										943
										944
										95
										951
										952

1-11 按从业人员组距、开业(成立)时间、

分组	法人单位数(个)	内资	国有	集体	股份合作	联营	国有联营
总计	**424368**	**422121**	**51404**	**7700**	**1325**	**983**	**179**
按从业人员组距分组							
7人及以下	226794	226353	18307	3941	616	451	73
8-19人	105269	104966	13581	1804	342	236	45
20-49个	51584	51236	10159	1048	225	175	33
50-99人	21484	21179	5001	490	88	75	13
100-299人	13807	13372	3357	303	39	38	12
300-499人	2601	2452	523	64	9	4	1
500-999人	1684	1527	280	37	3	3	2
1000-4999人	1034	939	184	13	3	1	
5000-9999人	67	59	6				
10000人以上	44	38	6				
按开业(成立)时间分组							
1949年及以前	2256	2256	1152	42	1	1	
1950-1977年	15617	15613	7225	876	30	64	20
1978-1991年	32052	32027	11816	1580	67	126	27
1992-1995年	9998	9769	3767	680	44	90	20
1996年	4210	4168	1267	191	22	24	1
1997年	3287	3247	880	122	22	15	5
1998年	5528	5492	1309	224	26	28	4
1999年	4888	4850	1050	154	25	25	3
2000年	8193	8120	1398	190	41	27	3
2001年	10650	10563	1718	247	63	27	6
2002年	11522	11405	1843	210	57	28	5
2003年	12487	12365	1267	221	52	27	5
2004年	12857	12682	1120	237	52	33	8
2005年	15617	15449	1778	289	66	33	3
2006年	16172	16038	1668	332	69	46	8
2007年	15094	14935	1080	203	48	30	4
2008年	21743	21628	1479	305	67	67	12
2009年	27443	27341	1505	313	81	47	9
2010年	33194	33062	2000	277	90	53	10
2011年	37682	37525	1695	346	138	51	5
2012年	44058	43923	1808	316	110	60	9
2013年	78336	78186	1582	343	153	78	11
无开业年份	1484	1477	997	2	1	3	1

登记注册类型分组的法人单位数

集体联营	国有与集体联营	其他联营	有限责任公司	国有独资公司	其他有限责任公司	股份有限公司	私营	私营独资
448	**92**	**264**	**74303**	**698**	**73605**	**4353**	**188829**	**83054**
205	31	142	37709	110	37599	1457	102550	50615
106	23	62	16311	120	16191	915	50165	23819
85	20	37	10006	118	9888	757	21545	6696
39	11	12	4955	117	4838	414	8295	1407
11	5	10	3502	97	3405	414	4778	479
	2	1	790	29	761	135	827	20
1			575	43	532	125	453	13
1			399	51	348	115	208	4
			35	9	26	12	6	1
			21	4	17	9	2	
		1	22	3	19	4	12	6
25	10	9	245	49	196	68	285	129
62	20	17	460	51	409	126	1471	840
41	9	20	806	45	761	170	1784	853
14	5	4	432	12	420	53	978	410
5	2	3	520	13	507	89	997	345
14	1	9	709	20	689	93	1830	862
12		10	819	20	799	80	1726	673
14	3	7	1207	35	1172	134	3079	1353
13	1	7	1655	23	1632	193	4155	1588
12	3	8	2064	23	2041	195	4428	1402
18	1	3	2559	22	2537	195	5869	1738
14	3	8	2733	29	2704	211	6178	1757
16	1	13	2839	37	2802	233	7181	2517
22	4	12	3136	35	3101	187	7751	2711
11	2	13	3408	40	3368	226	7642	2295
31	5	19	3873	35	3838	251	11246	4141
21	6	11	5636	48	5588	286	13949	4807
23	2	18	7265	42	7223	336	16775	5587
21	5	20	9659	31	9628	395	18609	6364
30	5	16	10438	42	10396	380	22656	8735
27	4	36	13728	43	13685	441	49914	33879
2			90		90	7	314	62

1-11 续表

分组					港澳台商投资		
	私营合伙	私营有限责任公司	私营股份有限公司	其他		与港澳台商合资经营	与港澳台商合作经营
总 计	**9034**	**91806**	**4935**	**93224**	**1077**	**434**	**31**
按从业人员组距分组							
7人及以下	4509	45309	2117	61322	216	87	9
8-19人	2705	22389	1252	21612	151	52	7
20-49个	1318	12725	806	7321	170	68	2
50-99人	365	6151	372	1861	153	59	6
100-299人	128	3895	276	941	192	85	4
300-499人	8	750	49	100	81	28	2
500-999人		397	43	51	66	32	1
1000-4999人	1	185	18	16	45	21	
5000-9999人		3	2		2	1	
10000人以上		2			1	1	
按开业(成立)时间分组							
1949年及以前		6		1022			
1950-1977年	28	117	11	6820			
1978-1991年	154	434	43	16381	10	8	1
1992-1995年	145	736	50	2428	142	69	9
1996年	36	496	36	1201	23	11	1
1997年	50	566	36	602	15	6	
1998年	92	816	60	1273	13	6	
1999年	95	907	51	971	17	9	
2000年	182	1452	92	2044	33	12	4
2001年	204	2223	140	2505	49	24	2
2002年	209	2633	184	2580	58	35	
2003年	249	3669	213	2175	56	27	
2004年	312	3857	252	2118	77	34	3
2005年	439	4002	223	3030	74	27	1
2006年	466	4332	242	2849	58	19	
2007年	425	4682	240	2298	72	17	
2008年	660	6093	352	4340	61	21	2
2009年	681	8087	374	5524	50	19	1
2010年	739	9939	510	6266	56	19	
2011年	870	10838	537	6632	70	22	1
2012年	988	12333	600	8155	72	23	1
2013年	1985	13368	682	11947	68	24	5
无开业年份	25	220	7	63	3	2	

港澳台商独资	港澳台商投资股份有限公司	其他港澳台商投资	外商投资	中外合资经营	中外合作经营	外资企业	外商投资股份有限公司	其他外商投资
550	**50**	**12**	**1170**	**522**	**31**	**514**	**38**	**65**
104	11	5	225	67	8	109	5	36
84	6	2	152	53	3	71	10	15
90	7	3	178	77	3	86	7	5
81	7		152	78	6	59	6	3
91	10	2	243	133	8	96	3	3
46	5		68	37	1	28	2	
31	2		91	46	2	39	3	1
22	2		50	24		23	1	2
1			6	4		2		
			5	3		1	1	
			4	1		2		1
1			15	9	1	5		
60	4		87	51	5	26	2	3
7	3	1	19	12		7		
8	1		25	11	2	11		1
5	2		23	16		7		
7	1		21	7		11	1	2
15	2		40	22	2	13		3
18	4	1	38	19	1	16	1	1
21	2		59	30	2	24	1	2
28	1		66	35	1	27	2	1
37	3		98	52	2	37	3	4
44	2		94	40	1	45	6	2
36	3		76	33		37	1	5
49	4	2	87	37	2	42	4	2
33	3	2	54	25	2	22	3	2
30			52	24	3	22	2	1
34	3		76	24	3	43	2	4
42	5		87	32	1	46	1	7
43	1	4	63	20	1	32	2	8
31	6	2	82	21	2	36	7	16
1			4	1		3		

1-12 按从业人员组距、开业(成立)时间、

分组	从业人员数(人)						
		内资					
			国有	集体	股份合作	联营	
							国有联营
总计	**12920998**	**12296896**	**2440436**	**222971**	**33382**	**25431**	**6038**
按从业人员组距分组							
7人及以下	879099	877577	69625	13681	2519	1737	273
8-19人	1242161	1238423	169207	21674	3997	2856	531
20-49个	1545727	1534416	318357	31627	6791	5071	908
50-99人	1467667	1445757	345786	33494	5964	5045	906
100-299人	2257225	2179509	545330	49497	5802	5601	1714
300-499人	984443	926735	199663	24567	3018	1709	450
500-999人	1152210	1043401	191369	25102	1880	1796	1256
1000-4999人	1969395	1794769	321084	23329	3411	1616	
5000-9999人	457262	404325	41598				
10000人以上	965809	851984	238417				
按开业(成立)时间分组							
1949年及以前	218819	218819	187054	4508	194	33	
1950-1977年	1161688	1159722	657582	38542	3150	2847	1076
1978-1991年	1018822	1007249	468056	63625	2649	2791	634
1992-1995年	747409	677784	245072	18985	931	2482	831
1996年	219923	185567	32430	4052	631	529	28
1997年	274650	256565	29325	7375	520	540	344
1998年	317465	310052	53029	3224	697	895	19
1999年	319617	308732	39191	4984	454	284	21
2000年	412545	400130	54048	5248	985	562	126
2001年	547487	522101	62973	5373	1560	580	40
2002年	659351	626131	59411	5323	2269	760	294
2003年	600827	539215	43678	6388	887	895	274
2004年	543438	483216	28228	5019	1236	1276	800
2005年	572362	521226	46004	5451	3296	981	7
2006年	487963	463734	32920	5656	2147	583	85
2007年	550548	484876	55017	4452	1197	935	50
2008年	583340	553633	42786	5557	1243	2745	135
2009年	642230	624240	38775	8360	1666	1012	102
2010年	730717	710301	58402	4623	1376	1090	529
2011年	717293	692856	57779	4568	2321	811	56
2012年	701489	690167	63627	5528	1551	1223	357
2013年	846068	813782	42301	6126	2412	1527	224
无开业年份	46947	46798	42748	4	10	50	6

登记注册类型分组的法人单位从业人员数

集体联营	国有与集体联营	其他联营	有限责任公司	国有独资公司	其他有限责任公司	股份有限公司	私营	私营独资
11226	**3125**	**5042**	**3689521**	**335574**	**3353947**	**741403**	**4065514**	**856512**
814	119	531	137596	443	137153	5570	398532	201364
1290	278	757	193529	1503	192026	11054	583991	271576
2557	529	1077	302121	3733	298388	23154	637413	191332
2646	746	747	340228	8114	332114	28399	564768	93209
1763	659	1465	586051	17435	568616	72108	770387	71841
	794	465	298556	11077	287479	51191	311123	7658
540			389720	30081	359639	85559	311940	8671
1616			788724	112994	675730	236011	392419	4861
			233979	59745	174234	88202	40546	6000
			419017	90449	328568	140155	54395	
		33	9382	7879	1503	1663	1883	62
1029	440	302	281935	131836	150099	51893	60361	2676
1222	521	414	157923	18097	139826	99994	100866	13865
793	618	240	193559	12987	180572	66441	125942	17885
355	89	57	84185	7274	76911	4173	48924	5865
134	28	34	123219	6214	117005	30304	57170	5048
286	103	487	120397	10595	109802	33751	80471	12135
142		121	92260	12332	79928	50058	109105	8739
252	96	88	105381	10982	94399	92217	115028	16852
405	3	132	224381	10131	214250	42116	159048	21591
345	27	94	315729	16800	298929	46281	164614	18933
474	107	40	209188	29925	179263	25025	226393	25799
183	9	284	170571	5424	165147	43964	206375	25937
258	12	704	178620	9178	169442	28691	224989	31175
369	33	96	167670	4117	163553	15124	202276	36391
398	36	451	157230	5478	151752	31927	198878	29197
2256	148	206	172730	17829	154901	15849	252304	51297
321	298	291	188368	5487	182881	21516	287014	55352
402	16	143	206773	7558	199215	13866	337683	64308
421	44	290	190643	1411	189232	12977	332695	70081
542	80	244	187041	1666	185375	6970	315813	87660
595	417	291	151693	2374	149319	6536	454934	255295
44			643		643	67	2748	369

1-12 续表

分组							
	私营合伙	私营有限责任公司	私营股份有限公司	其他	港澳台商投资	与港澳台商合资经营	与港澳台商合作经营
总　计	**134898**	**2859067**	**215037**	**1078238**	**247136**	**118948**	**2665**
按从业人员组距分组							
7人及以下	17207	171772	8189	248317	737	278	32
8-19人	32100	265309	15006	252115	1862	667	81
20-49个	38530	383220	24331	209882	5536	2264	54
50-99人	24097	421188	26274	122073	10693	4064	424
100-299人	18910	635290	44346	144733	33297	15772	685
300-499人	2899	282359	18207	36908	30997	11309	816
500-999人		273953	29316	36035	43576	21158	573
1000-4999人	1155	351807	34596	28175	79366	31561	
5000-9999人		19774	14772		16072	6875	
10000人以上		54395			25000	25000	
按开业(成立)时间分组							
1949年及以前		1821		14102			
1950-1977年	1066	50444	6175	63412			
1978-1991年	3611	74082	9308	111345	6028	5619	86
1992-1995年	3022	95980	9055	24372	17389	9785	870
1996年	771	36254	6034	10643	4278	3008	5
1997年	607	47750	3765	8112	4112	2584	
1998年	1691	61095	5550	17588	995	502	
1999年	2092	95123	3151	12396	4395	1154	
2000年	3383	89802	4991	26661	6890	1536	961
2001年	3280	127651	6526	26070	15550	8012	34
2002年	4073	130168	11440	31744	12360	8692	
2003年	4731	176287	19576	26761	10669	5335	
2004年	6126	163610	10702	26547	24094	16376	185
2005年	8517	168670	16627	33194	21828	7340	80
2006年	8807	143084	13994	37358	10536	4615	
2007年	8538	145870	15273	35240	48194	29798	
2008年	10923	177513	12571	60419	21943	3627	379
2009年	10353	206253	15056	77529	9293	1205	1
2010年	10023	250502	12850	86488	8592	2524	
2011年	12902	235138	14574	91062	14425	5047	8
2012年	11660	207729	8764	108414	4514	1846	2
2013年	18520	172113	9006	148253	1029	336	54
无开业年份	202	2128	49	528	22	7	

港澳台商独资	港澳台商投资股份有限公司	其他港澳台商投资	外商投资	中外合资经营	中外合作经营	外资企业	外商投资股份有限公司	其他外商投资
115656	**9461**	**406**	**376966**	**211950**	**3225**	**137998**	**19433**	**4360**
365	44	18	785	204	26	393	27	135
1014	75	25	1876	668	33	894	112	169
2926	192	100	5775	2583	108	2647	254	183
5726	479		11217	5604	458	4537	410	208
14878	1699	263	44419	23858	1203	18143	681	534
17133	1739		26711	14937	344	10659	771	
20617	1228		65233	31903	1053	29275	2196	806
43800	4005		95260	49526		42001	1408	2325
9197			36865	25538		11327		
			88825	57129		18122	13574	
			1966	897		1053		16
323			5545	4566	104	875		
6082	652		52236	27358	1294	9954	13610	20
937	325	3	30078	9457		20621		
1471	57		13973	7515	186	6252		20
445	48		6418	3911		2507		
2612	629		6490	792		2994	1408	1296
4188	205		5525	3148	150	2195		32
6422	1080	2	9836	6239	150	3379	65	3
3405	263		20860	12344	269	7961	281	5
5034	300		50943	44903	344	5045	648	3
7457	76		36128	17486	92	17553	693	304
13150	1258		29308	8823	66	20129	273	17
5784	137		13693	7055		4837	938	863
15115	3177	104	17478	9611	221	7013	597	36
17239	504	194	7764	2832	119	4712	92	9
8087			8697	5160	51	3402	73	11
5896	172		11824	3424	20	6853	271	1256
8837	533		10012	3909	74	5574	375	80
2606	25	35	6808	1893	2	4575	23	315
551	20	68	31257	30582	83	432	86	74
15			127	45		82		

1-13 按行业(门类)分组的有证照个体经营户数和从业人员数

行　业	有证照户数 (户)	有证照从业人员数 (人)
总　计	**1431298**	**3812014**
农、林、牧、渔业	6043	14471
采矿业	1108	5671
制造业	80447	282765
电力、热力、燃气及水生产和供应业	44	147
建筑业	34172	110615
批发和零售业	758702	1932675
交通运输、仓储和邮政业	271297	533218
住宿和餐饮业	110504	432483
信息传输、软件和信息技术服务业	7813	18625
房地产业	1464	3812
租赁和商务服务业	21763	59095
科学研究和技术服务业	6686	22014
水利、环境和公共设施管理业	11	30
居民服务、修理和其他服务业	113037	331359
教育	2206	10498
卫生和社会工作	5721	16615
文化、体育和娱乐业	10280	37921

第2篇

小微企业篇

2-1 按地区、开业（成立）时间

地 区	法 人 单位数（个）	1949年及以前	1950－1977年	1978－1991年	1992－1995年	1996年	1997年	1998年	1999年	2000年	2001年
全 省	**292369**	**58**	**1258**	**3869**	**3834**	**1689**	**1729**	**2874**	**2756**	**4734**	**6232**
武汉市	103703	8	173	1008	1562	652	703	910	1114	1625	2242
黄石市	11686	5	78	130	127	58	55	100	102	170	218
十堰市	15926	5	82	217	203	94	111	263	195	315	517
宜昌市	42741	2	69	273	323	128	155	280	203	485	576
襄阳市	36424	4	99	341	213	91	107	232	194	374	453
鄂州市	5336		20	85	68	25	27	48	43	74	73
荆门市	8043	3	76	217	155	63	95	124	92	181	187
孝感市	9836	6	118	339	266	114	92	200	167	299	292
荆州市	11403	5	110	234	193	127	119	157	165	288	334
黄冈市	14658	9	219	471	315	178	97	230	203	311	646
咸宁市	9185	5	87	211	164	68	52	94	76	175	206
随州市	4976	3	31	62	48	25	22	42	37	90	97
恩施州	8595	2	22	82	65	17	34	57	57	148	129
仙桃市	4296		15	59	32	16	19	56	46	75	128
潜江市	2709		39	77	51	19	23	41	39	52	64
天门市	2321	1	18	54	46	12	16	37	15	57	61
神农架	528		2	9	3	2	2	3	8	15	9

2-2 按地区、开业（成立）时间分组的

地 区	从 业 人员数（人）	1949年及以前	1950－1977年	1978－1991年	1992－1995年	1996年	1997年	1998年	1999年	2000年	2001年
全 省	**5302393**	**1769**	**87809**	**165734**	**138063**	**52882**	**55890**	**82782**	**79052**	**123409**	**212990**
武汉市	1402046	96	9027	37610	40866	18300	16606	25886	25573	40629	55766
黄石市	215769	81	5336	6207	4256	2842	1405	2194	3782	5627	5550
十堰市	300597	281	5415	9042	9069	3084	2714	7835	5613	7067	11556
宜昌市	584563	93	3152	8900	9242	3710	4414	6676	5491	9498	19971
襄阳市	634058	50	6424	18033	13589	2818	8745	6917	6886	11598	18300
鄂州市	120401		483	5618	4821	1545	1718	2901	2012	1442	2458
荆门市	194408	11	4460	7241	6637	2287	4091	3285	2906	4421	8514
孝感市	329631	94	11801	14151	11693	3300	3294	6344	4884	7629	17085
荆州市	314098	84	12347	15491	8925	4573	4340	4727	7484	8803	15084
黄冈市	360405	481	16359	15696	11509	4103	2742	4885	3895	7427	16640
咸宁市	262439	140	4190	10432	8232	2152	1734	3109	1857	4128	17172
随州市	148905	66	2984	7860	1070	1185	574	2057	1554	4130	5502
恩施州	160727	264	1019	2979	2582	735	954	1623	1945	3298	6106
仙桃市	136857		1599	2965	1458	478	847	2160	1903	3325	5367
潜江市	57992		2074	1970	1735	437	422	1117	2715	1078	2330
天门市	69027	28	1060	1409	2230	1320	1286	1054	349	2936	3113
神农架	10045		79	130	149	13	4	12	203	373	2476

分组的小微企业法人单位数

2002年	2003年	2004年	2005年	2006年	2007年	2008年	2009年	2010年	2011年	2012年	2013年	无开业年份
6889	**8814**	**9338**	**10720**	**11573**	**11696**	**16523**	**21363**	**26447**	**31300**	**37132**	**71092**	**449**
2874	3688	4147	4112	4354	5100	6286	8391	10532	13279	14394	16475	74
204	356	325	404	518	426	608	807	1066	1198	1618	3085	28
518	734	676	732	846	710	1095	1348	1471	1532	1726	2521	15
666	769	714	941	952	880	1698	2090	2725	2888	4957	20924	43
503	575	598	828	940	948	1471	1911	2507	3313	4156	16538	28
111	137	187	196	271	250	354	459	555	664	804	867	18
207	318	299	347	325	365	467	629	785	895	966	1213	34
262	293	291	438	515	445	598	745	868	1013	1040	1375	60
405	437	490	471	562	540	731	884	1070	1288	1322	1425	46
389	508	564	807	778	673	1067	1241	1396	1411	1513	1595	37
186	310	311	481	521	431	693	853	901	959	1121	1270	10
123	143	176	184	207	225	274	444	579	620	660	861	23
164	230	273	333	356	346	580	792	902	1064	1438	1480	24
124	155	126	179	176	164	259	305	518	506	713	622	3
80	70	83	127	141	88	172	254	300	316	351	318	4
59	69	56	122	88	81	149	171	224	283	277	424	1
13	22	22	18	23	22	21	39	48	71	76	99	1

小微企业法人单位从业人员数

2002年	2003年	2004年	2005年	2006年	2007年	2008年	2009年	2010年	2011年	2012年	2013年	无开业年份
206785	**243961**	**258733**	**265948**	**264023**	**263169**	**321187**	**387956**	**463833**	**488836**	**476619**	**656917**	**4046**
63493	73092	76019	73391	70476	77883	83966	99758	117619	134097	129224	132024	645
5959	10490	12944	10236	12727	9942	12483	14942	17685	20455	20628	29727	271
12256	17577	15467	15387	17489	15496	20486	23153	24448	21116	26391	29477	178
19568	25997	21501	19541	20190	21113	35604	39058	47210	45295	59911	158086	342
19813	17412	21098	25588	26620	24340	33840	45907	60723	65265	59832	139934	326
3557	5228	6856	6963	7402	10506	7335	8880	10914	10093	10130	9339	200
7468	10608	10843	11471	8938	9830	12011	16049	15659	17163	16186	13996	333
20441	11426	16625	18492	20939	15217	19235	24257	27071	25716	24795	24875	267
14872	16916	18767	15909	15393	18015	18186	21038	26431	27239	21473	17711	290
9215	16732	16478	22289	20499	19359	24341	29007	31773	35283	26246	25036	410
6887	10503	11728	18521	16481	14243	19312	21498	22155	24847	22383	20447	288
7030	7539	10389	6891	7238	6351	8592	10169	16939	14181	13213	13238	153
4265	8329	9075	8170	6700	8934	9757	13977	15060	17706	19154	17819	276
5919	6723	5648	6885	6589	6594	8432	9985	16270	13149	15632	14902	27
2647	1884	2560	2313	3287	1708	3860	4780	6560	6289	4248	3960	18
2861	3095	2358	3698	2593	3443	3329	4534	5910	10223	6396	5784	18
147	410	377	203	462	157	418	964	1406	719	777	562	4

2-3 按地区、登记注册类型

地区	法人单位数(个)	内资	国有	集体	股份合作	联营	国有联营
全省	**292369**	**290725**	**3977**	**3427**	**1137**	**602**	**101**
武汉市	103703	102792	1200	1101	423	149	23
黄石市	11686	11635	183	196	50	34	1
十堰市	15926	15876	231	222	72	24	6
宜昌市	42741	42639	323	311	65	38	5
襄阳市	36424	36310	316	241	70	50	17
鄂州市	5336	5296	49	59	15	15	4
荆门市	8043	7999	185	182	31	24	5
孝感市	9836	9764	211	186	60	39	3
荆州市	11403	11348	239	239	69	44	8
黄冈市	14658	14592	385	325	129	93	14
咸宁市	9185	9153	252	148	57	41	6
随州市	4976	4945	101	86	35	13	3
恩施州	8595	8574	147	19	27	11	4
仙桃市	4296	4260	27	48	7	8	
潜江市	2709	2703	70	32	13	8	
天门市	2321	2309	23	23	11	9	1
神农架	528	527	35	9	3	2	1

2-3 续表

地区	私营合伙	私营有限责任公司	私营股份有限公司	其他	港澳台商投资	与港澳台商合资经营	与港澳台商合作经营
全省	**8246**	**87504**	**4582**	**28994**	**772**	**301**	**28**
武汉市	1576	39834	1512	7089	372	132	11
黄石市	1383	2555	165	571	28	10	1
十堰市	248	6442	321	1194	26	11	
宜昌市	581	5717	496	5584	58	30	4
襄阳市	468	6730	353	4467	65	25	5
鄂州市	141	2027	79	849	14	4	2
荆门市	256	3945	166	639	26	15	
孝感市	387	2699	269	1530	41	12	2
荆州市	527	3367	301	1196	32	19	1
黄冈市	1012	3966	359	1490	37	14	1
咸宁市	753	3174	170	1035	18	4	1
随州市	211	1157	81	498	15	9	
恩施州	397	2962	24	1516	14	5	
仙桃市	81	1724	58	624	13	5	
潜江市	77	574	60	367	4	2	
天门市	105	441	150	333	8	3	
神农架	43	189	18	12	1	1	

分组的小微企业法人单位数

集体联营	国有与集体联营	其他联营	有限责任公司	国有独资公司	其他有限责任公司	股份有限公司	私营	私营独资
299	**48**	**154**	**69428**	**474**	**68954**	**3681**	**179479**	**79147**
70	16	40	41976	191	41785	1210	49644	6722
23	1	9	3255	21	3234	125	7221	3118
12	3	3	2800	23	2777	181	11152	4141
25	4	4	4663	43	4620	381	31274	24480
15	1	17	4115	39	4076	261	26790	19239
6		5	504	8	496	53	3752	1505
9	4	6	562	22	540	119	6257	1890
22	2	12	1411	21	1390	248	6079	2724
25	4	7	2584	9	2575	289	6688	2493
47	8	24	1684	32	1652	347	10139	4802
20	3	12	1030	17	1013	146	6444	2347
7		3	1541	10	1531	137	2534	1085
1	1	5	2517	29	2488	15	4322	939
4		4	198	3	195	31	3317	1454
7		1	299	2	297	94	1820	1109
5	1	2	215	1	214	29	1666	970
1			73	3	70	14	379	129

港澳台商独资	港澳台商投资股份有限公司	其他港澳台商投资	外商投资	中外合资经营	中外合作经营	外资企业	外商投资股份有限公司	其他外商投资
397	**37**	**9**	**872**	**374**	**25**	**393**	**28**	**52**
206	19	4	539	206	11	281	17	24
16	1		23	14	3	5		1
14	1		24	14		7		3
23	1		44	17	4	19	1	3
31	3	1	49	24		18	2	5
8			26	13	2	5	3	3
10	1		18	10		5	1	2
22	5		31	20	1	8		2
10	1	1	23	8	1	10	2	2
19	3		29	15	1	7	2	4
12	1		14	8		6		
5	1		16	7		6		3
8		1	7	3	1	3		
8			23	11	1	11		
2			2	2				
3		2	4	2		2		

2-4 按地区、登记注册类型分组的

地 区	从 业 人员数 (人)	内资	国有	集体	股份合作	联营	国有联营
全 省	**5302393**	**5199089**	**154585**	**103813**	**19395**	**12372**	**2419**
武汉市	1402046	1353271	39113	23835	4922	2172	357
黄石市	215769	210694	6165	7586	1134	769	58
十堰市	300597	297949	9276	7646	1200	462	237
宜昌市	584563	577549	10045	6922	1025	601	85
襄阳市	634058	627890	19091	8101	1311	561	227
鄂州市	120401	117746	1787	2017	264	320	63
荆门市	194408	190736	7862	5951	452	476	71
孝感市	329631	323122	10503	6169	1204	1321	84
荆州市	314098	309838	11510	11663	1609	1409	547
黄冈市	360405	356023	13889	10071	2880	1521	145
咸宁市	262439	259922	9502	6876	1369	1460	363
随州市	148905	145901	4100	3449	636	117	32
恩施州	160727	159155	5807	688	345	318	136
仙桃市	136857	132733	989	1217	218	264	
潜江市	57992	57454	2925	1146	325	437	
天门市	69027	68696	932	419	431	151	5
神农架	10045	9985	1089	57	70	13	9

2-4 续表

地 区	私营合伙	私营有限责任公司	私营股份有限公司	其他	港澳台商投资	与港澳台商合资经营	与港澳台商合作经营
全 省	**115121**	**1852834**	**116841**	**350661**	**44368**	**19287**	**1276**
武汉市	16868	475071	25362	69846	16791	6267	527
黄石市	11986	62446	3890	6405	2415	867	2
十堰市	4139	130795	6200	15997	908	575	
宜昌市	8559	149088	10888	61061	3816	2293	28
襄阳市	7501	186690	10568	51144	2686	824	162
鄂州市	2243	57460	2666	10949	829	421	85
荆门市	3018	105646	5818	8917	1802	1312	
孝感市	6553	121574	9187	21235	3731	1884	183
荆州市	9175	98622	10476	17561	2602	1844	85
黄冈市	13836	121366	13703	23385	2567	1067	186
咸宁市	19085	91283	5836	18072	1321	85	18
随州市	2232	57758	1963	6506	1453	827	
恩施州	4164	75125	1284	19793	1299	357	
仙桃市	2130	72749	2404	9702	1453	509	
潜江市	944	21658	1555	3396	367	53	
天门市	2397	22834	4877	6573	268	42	
神农架	291	2661	164	119	60	60	

小微企业法人单位从业人员数

集体联营	国有与集体联营	其他联营	有限责任公司	国有独资公司	其他有限责任公司	股份有限公司	私营	私营独资
6558	**998**	**2397**	**1544026**	**26088**	**1517938**	**151519**	**2862718**	**777922**
951	336	528	589795	11851	577944	33262	590326	73025
461	59	191	77807	947	76860	3569	107259	28937
162	44	19	63945	1731	62214	5916	193507	52373
346	117	53	140354	2140	138214	11643	345898	177363
144	15	175	163986	2275	161711	16669	367027	162268
104		153	18741	415	18326	2668	81000	18631
231	59	115	25282	1149	24133	5762	136034	21552
974	32	231	95364	1137	94227	9514	177812	40498
782	24	56	103743	398	103345	13266	149077	30804
865	137	374	81371	726	80645	17241	205665	56760
776	46	275	48714	816	47898	17055	156874	40670
56		29	48762	303	48459	6150	76181	14228
13	92	77	41269	1318	39951	2788	88147	7574
159		105	10530	256	10274	1684	108129	30846
435		2	14279	27	14252	1296	33650	9493
95	37	14	15360	110	15250	2741	42089	11981
4			4337	489	3848	265	4035	919

港澳台商独资	港澳台商投资股份有限公司	其他港澳台商投资	外商投资	中外合资经营	中外合作经营	外资企业	外商投资股份有限公司	其他外商投资
21504	**1906**	**395**	**58936**	**30126**	**1468**	**25494**	**897**	**951**
9146	759	92	31984	14321	470	16269	415	509
1420	126		2660	1963	309	377		11
328	5		1740	1566		152		22
1489	6		3198	977	349	1827	4	41
1132	545	23	3482	2254		1107	77	44
323			1826	1211	73	293	232	17
465	25		1870	1052		576	75	167
1508	156		2778	1831	8	928		11
540	32	101	1658	603	74	874	41	66
1273	41		1815	922	62	725	53	53
1140	78		1196	697		499		
493	133		1551	857		684		10
780		162	273	100	88	85		
944			2671	1585	35	1051		
314			171	171				
209		17	63	16		47		

2–5 按地区、营业状态分组的小微企业法人单位数

地 区	法 人 单位数 (个)	营业	停业(歇业)	筹建	当年关闭	当年破产	其他
全 省	**292369**	**260046**	**15133**	**9984**	**2733**	**397**	**4076**
武汉市	103703	88438	8230	2972	1022	92	2949
黄石市	11686	9960	837	703	105	49	32
十堰市	15926	14839	484	390	107	27	79
宜昌市	42741	39167	1191	1863	182	23	315
襄阳市	36424	35063	593	438	129	39	162
鄂州市	5336	4367	482	348	89	14	36
荆门市	8043	7047	384	437	126	8	41
孝感市	9836	8716	389	468	211	14	38
荆州市	11403	10285	401	497	139	19	62
黄冈市	14658	12668	910	534	359	55	132
咸宁市	9185	8414	325	278	71	22	75
随州市	4976	4311	208	326	66	10	55
恩施州	8595	7624	427	419	59	11	55
仙桃市	4296	4165	44	46	16	7	18
潜江市	2709	2398	161	96	33	6	15
天门市	2321	2177	21	97	15	1	10
神农架	528	405	45	72	4		2

2-6　按地区、营业状态分组的小微企业法人单位从业人员数

地　区	从业人员数(人)	营业	停业(歇业)	筹建	当年关闭	当年破产	其他
全　省	**5302393**	**5079311**	**89904**	**79032**	**22876**	**3773**	**27497**
武汉市	1402046	1325988	38207	18854	4045	1231	13721
黄石市	215769	205392	5116	4122	615	283	241
十堰市	300597	290394	4460	3537	893	375	938
宜昌市	584563	558806	8772	10903	1988	243	3851
襄阳市	634058	620941	4089	3683	2910	590	1845
鄂州市	120401	112811	3213	3212	847	67	251
荆门市	194408	186760	1869	3769	1456	29	525
孝感市	329631	320176	2824	3894	1852	90	795
荆州市	314098	302989	3384	5467	1076	109	1073
黄冈市	360405	343278	6969	5479	3501	153	1025
咸宁市	262439	250559	4230	5465	719	197	1269
随州市	148905	141506	1884	3636	775	296	808
恩施州	160727	153651	2660	3675	371	55	315
仙桃市	136857	134682	605	933	322	31	284
潜江市	57992	53985	1091	1079	1403	12	422
天门市	69027	67639	306	948	12	12	110
神农架	10045	9359	195	376	91		24

2-7 按行业(中类)、开业(成立)

行 业	代码	法人单位数（个）	1949年及以前	1950-1977年	1978-1991年
总 计	00	**292369**	**58**	**1258**	**3869**
农、林、牧、渔业	A	**3426**		**22**	**41**
农业	01	17		4	
谷物种植	011	1		1	
棉、麻、糖、烟草种植	013	2		1	
蔬菜、食用菌及园艺作物种植	014	3			
水果种植	015	6		1	
坚果、含油果、香料和饮料作物种植	016	2		1	
中药材种植	017	1			
其他农业	019	2			
林业	02	3		2	
林木育种和育苗	021	3		2	
畜牧业	03	6			
牲畜饲养	031	5			
家禽饲养	032	1			
渔业	04	5		2	
水产养殖	041	3		1	
水产捕捞	042	2		1	
农、林、牧、渔服务业	05	3395		14	41
农业服务业	051	2576		10	25
林业服务业	052	170		2	4
畜牧服务业	053	410		1	5
渔业服务业	054	239		1	7
采矿业	B	**3669**		**16**	**96**
煤炭开采和洗选业	06	442		2	14
烟煤和无烟煤开采洗选	061	358		2	11
褐煤开采洗选	062	3			
其他煤炭采选	069	81			3
石油和天然气开采业	07	14			
石油开采	071	4			
天然气开采	072	10			
黑色金属矿采选业	08	414			4
铁矿采选	081	391			4
锰矿、铬矿采选	082	2			
其他黑色金属矿采选	089	21			
有色金属矿采选业	09	195			6
常用有色金属矿采选	091	154			5
贵金属矿采选	092	27			1
稀有稀土金属矿采选	093	14			
非金属矿采选业	10	2352		13	68
土砂石开采	101	1708		4	56
化学矿开采	102	310		7	7
采盐	103	1			
石棉及其他非金属矿采选	109	333		2	5
开采辅助活动	11	44		1	
煤炭开采和洗选辅助活动	111	19		1	
石油和天然气开采辅助活动	112	9			
其他开采辅助活动	119	16			
其他采矿业	12	208			4
其他采矿业	120	208			4

时间分组的小微企业法人单位数

1992-1995年	1996年	1997年	1998年	1999年	2000年	2001年	2002年	代码
3834	**1689**	**1729**	**2874**	**2756**	**4734**	**6232**	**6889**	**00**
28	**11**	**7**	**27**	**15**	**41**	**45**	**51**	**A**
					1	1		01
								011
								013
								014
								015
					1			016
								017
						1		019
								02
								021
								03
								031
								032
							1	04
							1	041
								042
28	11	7	27	15	40	44	50	05
25	10	6	23	10	34	37	41	051
1	1		1	2	3	2	3	052
1		1	3	2	3	2	2	053
1				1		3	4	054
71	**30**	**30**	**44**	**38**	**93**	**104**	**110**	**B**
13	3	4	2	4	15	11	18	06
10	3	2	2	3	12	10	12	061
								062
3		2		1	3	1	6	069
						1		07
								071
						1		072
6	5	2	6	5	11	13	11	08
5	5	2	5	4	11	13	9	081
							1	082
1			1	1			1	089
5	1	3	1	4	4	5	5	09
3	1	2	1	4	2	3	2	091
1					1	2	3	092
1		1			1			093
38	16	20	32	24	54	59	71	10
32	10	13	27	18	36	38	43	101
3	5	5	1	3	11	9	11	102
								103
3	1	2	4	3	7	12	17	109
2					1	1	1	11
1								111
					1	1		112
1							1	119
7	5	1	3	1	8	14	4	12
7	5	1	3	1	8	14	4	120

2-7 续表 1

行　业	代码	法人单位数（个）			
			1949年及以前	1950-1977年	1978-1991年
制造业	C	**58026**	**8**	**333**	**1254**
农副食品加工业	13	5089	1	37	116
谷物磨制	131	1755		2	37
饲料加工	132	411		1	9
植物油加工	133	717		5	16
制糖业	134	18			
屠宰及肉类加工	135	607		24	35
水产品加工	136	199			1
蔬菜、水果和坚果加工	137	434			4
其他农副食品加工	139	948	1	5	14
食品制造业	14	1568		5	30
焙烤食品制造	141	448		1	10
糖果、巧克力及蜜饯制造	142	61			
方便食品制造	143	408		1	9
乳制品制造	144	27			
罐头食品制造	145	96			1
调味品、发酵制品制造	146	177		2	3
其他食品制造	149	351		1	7
酒、饮料和精制茶制造业	15	2465		31	76
酒的制造	151	420		2	7
饮料制造	152	657			9
精制茶加工	153	1388		29	60
烟草制品业	16	17			2
烟叶复烤	161	4			
卷烟制造	162	2			
其他烟草制品制造	169	11			2
纺织业	17	2656		11	55
棉纺织及印染精加工	171	1490		5	28
毛纺织及染整精加工	172	49			3
麻纺织及染整精加工	173	48			5
丝绢纺织及印染精加工	174	33		1	
化纤织造及印染精加工	175	83			1
针织或钩针编织物及其制品制造	176	120		1	4
家用纺织制成品制造	177	359		3	6
非家用纺织制成品制造	178	474		1	8
纺织服装、服饰业	18	3550	1	4	47
机织服装制造	181	2635	1	2	34
针织或钩针编织服装制造	182	192		1	4
服饰制造	183	723		1	9
皮革、毛皮、羽毛及其制品和制鞋业	19	574		1	12
皮革鞣制加工	191	28			
皮革制品制造	192	140			2
毛皮鞣制及制品加工	193	161			4
羽毛(绒)加工及制品制造	194	12			
制鞋业	195	233		1	6
木材加工和木、竹、藤、棕、草制品业	20	1383		4	19
木材加工	201	572		2	10
人造板制造	202	245			2
木制品制造	203	451		1	6
竹、藤、棕、草等制品制造	204	115		1	1
家具制造业	21	967		4	17
木质家具制造	211	701		3	13

1992-1995年	1996年	1997年	1998年	1999年	2000年	2001年	2002年	代码
1137	**534**	**484**	**839**	**750**	**1352**	**1688**	**1857**	C
127	77	61	106	89	165	187	180	13
55	33	28	56	40	72	84	69	131
8	6	2	2	5	6	11	15	132
40	13	10	19	11	27	26	30	133
	1						2	134
9	13	10	10	16	17	21	19	135
1	2	3	3	3	6	2	10	136
	3	1	3	5	11	15	11	137
14	6	7	13	9	26	28	24	139
31	21	21	29	18	53	51	50	14
5	5	3	6	4	14	9	16	141
3	1	1	1	1		1	4	142
6	6	8	11	6	12	16	6	143
	1	1			1	5	1	144
		2	1	2	5	2	2	145
9	4	3	3	3	5	9	9	146
8	4	3	7	2	16	9	12	149
61	15	13	45	33	78	65	83	15
17	4	1	12	13	22	13	16	151
9	3	4	12	10	21	22	26	152
35	8	8	21	10	35	30	41	153
2						2	1	16
								161
							1	162
2						2		169
44	20	28	25	35	56	71	117	17
27	12	14	16	20	25	45	79	171
	2				2	2		172
		1		2	3	2	3	173
		1				1	1	174
2	1	2	3	4	2	3	5	175
2	1		1	2	3	4	4	176
9	1	6	3	2	11	8	7	177
4	3	4	2	5	10	6	18	178
37	31	25	30	25	48	55	56	18
28	27	24	25	21	40	43	47	181
2			3		2	2	2	182
7	4	1	2	4	6	10	7	183
18	3	2	5	10	12	11	7	19
1			1	2		1	1	191
6	1		3	1	4	3	1	192
1		1		3	3	1		193
					2	1		194
10	2	1	1	4	3	5	5	195
20	14	4	26	14	28	29	30	20
6	5	3	7	4	8	13	13	201
2	1		5	2	9	7	8	202
10	6	1	10	6	11	5	7	203
2	2		4	2		4	2	204
16	7	13	14	11	23	18	25	21
12	6	11	11	8	18	14	16	211

2-7 续表 2

行 业	代码	法人单位数（个）	1949年及以前	1950-1977年	1978-1991年
竹、藤家具制造	212	15			
金属家具制造	213	91		1	1
塑料家具制造	214	21			1
其他家具制造	219	139			2
造纸和纸制品业	22	959		3	18
纸浆制造	221	11			
造纸	222	250		1	4
纸制品制造	223	698		2	14
印刷和记录媒介复制业	23	1639	4	12	84
印刷	231	1360	4	10	66
装订及印刷相关服务	232	272		2	18
记录媒介复制	233	7			
文教、工美、体育和娱乐用品制造业	24	829		2	13
文教办公用品制造	241	102		1	3
乐器制造	242	22			
工艺美术品制造	243	585			7
体育用品制造	244	40			
玩具制造	245	55		1	2
游艺器材及娱乐用品制造	246	25			1
石油加工及炼焦	25	127		1	3
化学原料和化学制品制造业	26	2860		13	50
基础化学原料制造	261	492		2	7
肥料制造	262	630		5	13
农药制造	263	93		1	
涂料、油墨、颜料及类似产品制造	264	460			4
合成材料制造	265	246			4
专用化学产品制造	266	647		2	13
炸药、火工及焰火产品制造	267	104		3	6
日用化学产品制造	268	188			3
医药制造业	27	735		2	12
化学药品原料药制造	271	120			1
化学药品制剂制造	272	68		1	2
中药饮片加工	273	107		1	1
中成药生产	274	127			7
兽用药品制造	275	36			1
生物药品制造	276	143			
卫生材料及医药用品制造	277	134			
化学纤维制造业	28	49			1
纤维素纤维原料及纤维制造	281	11			
合成纤维制造	282	38			1
橡胶和塑料制品业	29	2245		6	33
橡胶制品业	291	348		3	8
塑料制品业	292	1897		3	25
非金属矿物制品业	30	9324		78	325
水泥、石灰和石膏制造	301	711		7	19
石膏、水泥制品及类似制品制造	302	3172		10	84
砖瓦、石材等建筑材料制造	303	4247		53	193
玻璃制造	304	151		1	1
玻璃制品制造	305	227		3	2
玻璃纤维和玻璃纤维增强塑料制品制造	306	74			1
陶瓷制品制造	307	129		2	6
耐火材料制品制造	308	229		2	11

1992-1995年	1996年	1997年	1998年	1999年	2000年	2001年	2002年	代码
							2	212
			3	2	2	1	2	213
		2						214
4	1			1	3	3	5	219
13	10	8	16	16	28	30	38	22
								221
3	1	2	4	7	11	11	15	222
10	9	6	12	9	17	19	23	223
64	20	29	34	28	37	53	87	23
48	17	25	29	25	33	48	75	231
16	3	4	5	3	4	5	12	232
								233
13	4	2	12	5	18	23	19	24
4		1	3	2	4	1	2	241
			1				1	242
7	3	1	7	3	11	19	11	243
			1		1	1	1	244
1	1				1		3	245
1					1	2	1	246
2	2	1	6	5	1	4	6	25
74	33	30	44	62	78	93	128	26
11	10	6	9	7	12	15	26	261
11	5	3	7	13	14	19	29	262
4	1	1	5	1	4	3	5	263
14	2	2	6	11	11	14	22	264
7		2	3	6	11	7	8	265
16	10	13	8	16	18	23	26	266
4			1	1	4	1	3	267
7	5	3	5	7	4	11	9	268
15	10	10	16	17	27	31	38	27
3	1	4	2	5	4	2	7	271
2	1	1	3	2	3	6	4	272
1	1	1	3	1	2	1	4	273
4	3	1	2	5	7	8	8	274
					1	4	4	275
1	3	1	3	3	9	4	7	276
4	1	2	3	1	1	6	4	277
		1			3		6	28
					1		3	281
		1			2		3	282
46	19	17	41	26	54	77	77	29
7	4	4	7	4	10	14	12	291
39	15	13	34	22	44	63	65	292
224	93	70	137	106	202	216	204	30
15	6	5	15	16	21	26	24	301
88	42	25	39	37	75	61	65	302
97	37	26	68	39	81	89	71	303
4	1	2			4	1	4	304
3	5	1	1	1	5	6	5	305
1	1		1		1	2	5	306
2		2	2	1	1	4	5	307
6	1	6	5	7	4	13	12	308

2-7 续表 3

行 业	代码	法人单位数（个）	1949年及以前	1950-1977年	1978-1991年
石墨及其他非金属矿物制品制造	309	384			8
黑色金属冶炼和压延加工业	31	750		3	16
炼铁	311	34			1
炼钢	312	49			
黑色金属铸造	313	341		1	9
钢压延加工	314	285		1	5
铁合金冶炼	315	41		1	1
有色金属冶炼和压延加工业	32	511		1	10
常用有色金属冶炼	321	131			2
贵金属冶炼	322	8			
稀有稀土金属冶炼	323	11			
有色金属合金制造	324	94			1
有色金属铸造	325	40			1
有色金属压延加工	326	227		1	6
金属制品业	33	3610	2	15	78
结构性金属制品制造	331	2039	1	3	40
金属工具制造	332	258		3	8
集装箱及金属包装容器制造	333	143		1	2
金属丝绳及其制品制造	334	96		1	1
建筑、安全用金属制品制造	335	313		1	3
金属表面处理及热处理加工	336	135			5
搪瓷制品制造	337	10		1	
金属制日用品制造	338	181		1	4
其他金属制品制造	339	435	1	4	15
通用设备制造业	34	3649		32	62
锅炉及原动设备制造	341	301		4	7
金属加工机械制造	342	1029		6	21
物料搬运设备制造	343	174		3	3
泵、阀门、压缩机及类似机械制造	344	310		3	6
轴承、齿轮和传动部件制造	345	141		4	1
烘炉、风机、衡器、包装等设备制造	346	335		4	3
文化、办公用机械制造	347	35			2
通用零部件制造	348	1005		4	16
其他通用设备制造业	349	319		4	3
专用设备制造业	35	3378		22	57
采矿、冶金、建筑专用设备制造	351	675		4	13
化工、木材、非金属加工专用设备制造	352	805			7
食品、饮料、烟草及饲料生产专用设备制造	353	163		1	4
印刷、制药、日化及日用品生产专用设备制造	354	178		1	2
纺织、服装和皮革加工专用设备制造	355	107		5	1
电子和电工机械专用设备制造	356	355		1	5
农、林、牧、渔专用机械制造	357	270		4	6
医疗仪器设备及器械制造	358	234		1	5
环保、社会公共服务及其他专用设备制造	359	591		5	14
汽车制造业	36	3949		11	35
汽车整车制造	361	27			
改装汽车制造	362	87			1
低速载货汽车制造	363	11			
电车制造	364	11			
汽车车身、挂车制造	365	19			
汽车零部件及配件制造	366	3794		11	34
铁路、船舶、航空航天和其他运输设备制造业	37	436		12	19

1992-1995年	1996年	1997年	1998年	1999年	2000年	2001年	2002年	代码
8		3	6	5	10	14	13	309
27	8	7	12	7	24	30	29	31
	2				5	1		311
2	2	3			1		1	312
15	2	4	6	4	8	22	19	313
10	2		5	2	6	7	9	314
			1	1	4			315
7	4	6	5	5	17	16	13	32
1	1	1	1	1	7	5	4	321
		1			1		1	322
		1						323
	1			2	1	2	4	324
1			2		1		2	325
5	2	3	2	2	7	9	2	326
52	26	22	43	48	65	82	97	33
19	8	9	18	18	23	37	47	331
8	1		3	5	2	2	8	332
4	4	3	1	2	4	8	9	333
6	3	1	3	2	6	7	3	334
3	4	4	7	2	9	8	12	335
2			3	3	8	3	3	336
					1			337
2	4	2	4	4	3	3	3	338
8	2	3	4	12	9	14	12	339
59	28	31	45	44	88	95	125	34
7	1	4		4	9	7	14	341
17	6	3	16	12	23	21	37	342
5	1	2	1	3	4	3	8	343
7	2	9	6	4	13	3	15	344
3	2	3	2	2	3	10	1	345
6	5	3	6	9	11	13	12	346
						2		347
12	8	6	11	10	18	27	28	348
2	3	1	3		7	9	10	349
38	28	24	33	39	75	115	128	35
8	7	5	3	10	8	31	31	351
5	6	4	8	10	16	24	31	352
7	4	4	3	2	6	7	5	353
4			3	1	3	8	10	354
2		1	1		1	6	6	355
2	2	2	2	4	9	9	11	356
2	5	2	2	3	6	6	8	357
		1	6	3	5	8	4	358
8	4	5	5	6	21	16	22	359
59	21	18	42	41	81	144	161	36
	1		1		2	4		361
2		1	3		1	4	4	362
								363
								364
				3		1		365
57	20	17	38	38	78	135	157	366
7	4	4	8	8	6	13	13	37

2-7 续表 4

行 业	代码	法人单位数（个）	1949年及以前	1950-1977年	1978-1991年
铁路运输设备制造	371	101		1	4
城市轨道交通设备制造	372	8			2
船舶及相关装置制造	373	239		8	11
航空、航天器及设备制造	374	13		1	
摩托车制造	375	25			
自行车制造	376	25		1	1
非公路休闲车及零配件制造	377	11			1
潜水救捞及其他未列明运输设备制造	379	14		1	
电气机械和器材制造业	38	2041		9	20
电机制造	381	208		1	2
输配电及控制设备制造	382	707		3	5
电线、电缆、光缆及电工器材制造	383	349		2	8
电池制造	384	96		1	1
家用电力器具制造	385	113		2	1
非电力家用器具制造	386	133			2
照明器具制造	387	235			1
其他电气机械及器材制造	389	200			
计算机、通信和其他电子设备制造业	39	949		1	7
计算机制造	391	89			1
通信设备制造	392	115			
广播电视设备制造	393	27			
雷达及配套设备制造	394	5			
视听设备制造	395	24			1
电子器件制造	396	228			3
电子元件制造	397	247		1	
其他电子设备制造	399	214			2
仪器仪表制造业	40	594		7	14
通用仪器仪表制造	401	318		4	8
专用仪器仪表制造	402	142		1	3
钟表与计时仪器制造	403	9		1	
光学仪器及眼镜制造	404	48			
其他仪器仪表制造业	409	77		1	3
其他制造业	41	501		2	11
废弃资源综合利用业	42	231			5
金属废料和碎屑加工处理	421	125			2
非金属废料和碎屑加工处理	422	106			3
金属制品、机械和设备修理业	43	391		4	7
金属制品修理	431	24			1
通用设备修理	432	59		2	2
专用设备修理	433	45		1	
铁路、船舶、航空航天等运输设备修理	434	69		1	
电气设备修理	435	52			
仪器仪表修理	436	15			
其他机械和设备修理业	439	127			4
电力、热力、燃气及水生产和供应业	**D**	**2768**	**2**	**96**	**337**
电力、热力生产和供应业	44	1393		54	159
电力生产	441	1170		42	126
电力供应	442	185		12	33
热力生产和供应	443	38			
燃气生产和供应业	45	306			9
燃气生产和供应业	450	306			9
水的生产和供应业	46	1069	2	42	169

1992-1995年	1996年	1997年	1998年	1999年	2000年	2001年	2002年	代码
1	1	1	1	3	2	4	1	371
								372
5	3	3	7	3	1	5	7	373
					1	1	1	374
				1		2	2	375
1						1		376
								377
				1	2		2	379
31	15	19	21	33	37	85	65	38
3	2	1	2	2	6	5	10	381
10	7	11	13	17	14	21	26	382
10	4	6	4	7	10	24	14	383
1				2	1	5	3	384
				4	2	4	1	385
1	1	1	1	1	2	5	3	386
2	1		1		1	11	3	387
4					1	10	5	389
18	4	7	9	5	16	42	20	39
1	1		2			4	2	391
4		2	1	1	3	7	1	392
1					1	2	1	393
								394
1	1					1		395
3		1	1	1	3	10	3	396
4		1	3	1	3	10	2	397
4	2	3	2	2	6	8	11	399
15	10	4	13	7	19	22	26	40
6	6	2	6	3	11	14	15	401
6	3	2	5	1	4	3	7	402
						1		403
1				1	2	1	1	404
2	1		2	2	2	3	3	409
7	2	4	6	2	7	14	11	41
2	1	1	6	4		7	5	42
1	1	1	3	3		3	3	421
1			3	1		4	2	422
8	4	2	10	7	6	7	12	43
	2	1	2		1	2		431
1	1		2	1		1	2	432
2			1		1	1	1	433
1			2	2			3	434
			1				1	435
				1	1	1	1	436
4	1	1	2	3	3	2	4	439
99	**40**	**39**	**66**	**48**	**89**	**96**	**97**	D
58	21	15	40	25	50	51	49	44
44	18	13	31	20	37	45	41	441
12	3	2	9	5	12	5	7	442
2					1	1	1	443
4	5	13	5	4	13	13	15	45
4	5	13	5	4	13	13	15	450
37	14	11	21	19	26	32	33	46

2-7 续表 5

行 业	代码	法人单位数（个）	1949年及以前	1950-1977年	1978-1991年
自来水生产和供应	461	928	2	40	168
污水处理及其再生利用	462	118		2	1
其他水的处理、利用与分配	469	23			
建筑业	**E**	**15420**		**104**	**244**
房屋建筑业	47	3079		69	136
房屋建筑业	470	3079		69	136
土木工程建筑业	48	2748		25	50
铁路、道路、隧道和桥梁工程建筑	481	1010		3	22
水利和内河港口工程建筑	482	199		16	16
工矿工程建筑	484	134			
架线和管道工程建筑	485	254		3	2
其他土木工程建筑	489	1151		3	10
建筑安装业	49	2548		6	31
电气安装	491	675		2	8
管道和设备安装	492	509		3	6
其他建筑安装业	499	1364		1	17
建筑装饰和其他建筑业	50	7045		4	27
建筑装饰业	501	4635		2	15
工程准备活动	502	673		1	4
提供施工设备服务	503	242			
其他未列明建筑业	509	1495		1	8
批发和零售业	**F**	**116454**	**33**	**434**	**1056**
批发业	51	55271	8	173	516
农、林、牧产品批发	511	6633	3	39	98
食品、饮料及烟草制品批发	512	7160	1	34	99
纺织、服装及家庭用品批发	513	5204		3	37
文化、体育用品及器材批发	514	1406		1	13
医药及医疗器材批发	515	1428		6	9
矿产品、建材及化工产品批发	516	16592	4	48	150
机械设备、五金产品及电子产品批发	517	12051		18	58
贸易经纪与代理	518	2009		12	18
其他批发业	519	2788		12	34
零售业	52	61183	25	261	540
综合零售	521	14204	3	113	195
食品、饮料及烟草制品专门零售	522	6715	1	62	96
纺织、服装及日用品专门零售	523	8091		20	41
文化、体育用品及器材专门零售	524	3109	15	23	35
医药及医疗器材专门零售	525	3277	1	9	38
汽车、摩托车、燃料及零配件专门零售	526	5731	1	7	33
家用电器及电子产品专门零售	527	7672	1	4	30
五金、家具及室内装饰材料专门零售	528	7992	1	11	39
货摊、无店铺及其他零售业	529	4392	2	12	33
交通运输、仓储和邮政业	**G**	**9162**	**6**	**86**	**188**
道路运输业	54	4842	1	25	72
城市公共交通运输	541	593		2	14
公路旅客运输	542	534	1	6	17
道路货物运输	543	3325		14	26
道路运输辅助活动	544	390		3	15
水上运输业	55	526		11	30
水上旅客运输	551	86		3	11
水上货物运输	552	306		6	14
水上运输辅助活动	553	134		2	5

1992-1995年	1996年	1997年	1998年	1999年	2000年	2001年	2002年	代码
37	13	11	21	19	21	29	28	461
	1				4	3	3	462
					1		2	469
278	**123**	**127**	**153**	**187**	**244**	**417**	**419**	**E**
92	34	31	35	33	54	114	73	47
92	34	31	35	33	54	114	73	470
53	21	15	23	36	38	71	65	48
19	4	4	5	13	14	27	27	481
12	2	4	3	10	4	9	3	482
2			3		4	1	1	484
8	7	2	3	4	2	6	4	485
12	8	5	9	9	14	28	30	489
46	26	30	34	43	45	78	71	49
4	6	15	11	7	12	19	16	491
15	5	7	3	8	8	22	17	492
27	15	8	20	28	25	37	38	499
87	42	51	61	75	107	154	210	50
57	34	42	49	54	81	111	151	501
9	3	3	2	9	6	10	21	502
3	1	2	2		2	4	4	503
18	4	4	8	12	18	29	34	509
1060	**531**	**583**	**977**	**947**	**1594**	**2176**	**2416**	**F**
526	266	294	474	476	845	1237	1326	51
48	26	16	57	42	92	89	116	511
60	22	17	53	37	74	115	84	512
36	18	25	32	43	59	86	113	513
25	14	9	10	17	20	30	37	514
14	3	8	18	21	24	61	60	515
175	88	104	167	162	327	325	462	516
103	70	96	101	111	178	273	339	517
31	13	9	11	18	25	43	50	518
34	12	10	25	25	46	215	65	519
534	265	289	503	471	749	939	1090	52
145	58	48	130	78	155	175	164	521
62	35	22	48	41	83	106	81	522
32	21	27	50	46	78	86	123	523
25	13	18	24	25	38	42	56	524
33	26	19	38	45	61	88	137	525
66	33	52	68	73	99	101	150	526
49	27	31	45	52	80	130	149	527
56	26	38	48	53	86	104	129	528
66	26	34	52	58	69	107	101	529
159	**73**	**64**	**119**	**112**	**136**	**221**	**283**	**G**
79	33	36	63	68	76	134	192	54
26	9	11	25	18	16	20	27	541
19	6	7	12	9	12	30	60	542
19	11	15	18	36	36	78	88	543
15	7	3	8	5	12	6	17	544
17	11	6	9	8	12	21	22	55
3	1	1		2	3	6	3	551
9	5	5	5	4	8	12	15	552
5	5		4	2	1	3	4	553

2-7 续表 6

行　业	代码	法人单位数（个）			
			1949年及以前	1950-1977年	1978-1991年
航空运输业	56	47			1
航空客货运输	561	20			
通用航空服务	562	10			
航空运输辅助活动	563	17			1
管道运输业	57	28			
管道运输业	570	28			
装卸搬运和运输代理业	58	2158	3	23	36
装卸搬运	581	762	3	22	26
运输代理业	582	1396		1	10
仓储业	59	862		19	43
谷物、棉花等农产品仓储	591	354		12	27
其他仓储业	599	508		7	16
邮政业	60	699	2	8	6
邮政基本服务	601	47	2	7	1
快递服务	602	652		1	5
住宿和餐饮业	**H**	**9712**	**2**	**20**	**130**
住宿业	61	2669		6	80
旅游饭店	611	832		2	34
一般旅馆	612	1502		2	39
其他住宿业	619	335		2	7
餐饮业	62	7043	2	14	50
正餐服务	621	5518	2	11	44
快餐服务	622	445			2
饮料及冷饮服务	623	151			
其他餐饮业	629	929		3	4
信息传输、软件和信息技术服务业	**I**	**6859**		**3**	**25**
电信、广播电视和卫星传输服务	63	515		2	14
电信	631	401		1	7
广播电视传输服务	632	98			7
卫星传输服务	633	16		1	
互联网和相关服务	64	929			2
互联网接入及相关服务	641	134			
互联网信息服务	642	646			2
其他互联网服务	649	149			
软件和信息技术服务业	65	5415		1	9
软件开发	651	3343			4
信息系统集成服务	652	518		1	
信息技术咨询服务	653	837			5
数据处理和存储服务	654	64			
集成电路设计	655	76			
其他信息技术服务业	659	577			
房地产业	**K**	**12755**		**16**	**82**
房地产业	70	12755		16	82
房地产开发经营	701	4650		4	43
物业管理	702	5005		8	27
房地产中介服务	703	2654		4	9
其他房地产业	709	446			3
租赁和商务服务业	**L**	**26655**	**3**	**47**	**173**
租赁业	71	1967	1	1	8
机械设备租赁	711	1823		1	7
文化及日用品出租	712	144	1		1
商务服务业	72	24688	2	46	165

								代码
1992-1995年	1996年	1997年	1998年	1999年	2000年	2001年	2002年	
	2	2	2	1	1	2	4	56
	1	1	1	1			1	561
		1						562
	1		1		1	2	3	563
							1	57
							1	570
33	14	12	15	16	24	38	41	58
19	4	5	7	7	5	17	12	581
14	10	7	8	9	19	21	29	582
28	13	7	20	13	14	22	17	59
17	9	4	15	10	11	12	7	591
11	4	3	5	3	3	10	10	599
2		1	10	6	9	4	6	60
1			7	4	4		2	601
1		1	3	2	5	4	4	602
97	**56**	**42**	**85**	**79**	**107**	**157**	**165**	**H**
44	23	21	34	38	33	58	47	61
18	7	8	18	15	8	19	17	611
21	11	10	11	18	20	34	22	612
5	5	3	5	5	5	5	8	619
53	33	21	51	41	74	99	118	62
42	30	19	39	34	58	73	94	621
4	1	1	2	2	9	7	6	622
1				1	3	1	6	623
6	2	1	10	4	4	18	12	629
45	**18**	**34**	**43**	**46**	**104**	**121**	**122**	**I**
13	2	7	8	10	16	17	26	63
6	2	4	5	4	14	13	20	631
7		3	3	5	2	4	6	632
				1				633
2	2	2	2	6	7	15	15	64
			2	1	2	2		641
2	2	2		5	5	11	11	642
						2	4	649
30	14	25	33	30	81	89	81	65
16	10	12	22	13	52	52	51	651
1	1	7	6	5	12	11	7	652
6		3	2	5	6	11	8	653
				1		1	1	654
1			1	1	3	1	5	655
6	3	3	2	5	8	13	9	659
271	**80**	**106**	**140**	**140**	**211**	**327**	**378**	**K**
271	80	106	140	140	211	327	378	70
181	44	49	79	58	101	147	145	701
64	28	45	48	61	76	120	157	702
18	6	9	9	18	27	48	65	703
8	2	3	4	3	7	12	11	709
292	**91**	**117**	**176**	**190**	**373**	**369**	**410**	**L**
18	5	9	9	8	11	22	23	71
16	5	8	9	7	11	21	23	711
2		1		1		1		712
274	86	108	167	182	362	347	387	72

2-7 续表 7

行业	代码	法人单位数（个）			
			1949年及以前	1950-1977年	1978-1991年
企业管理服务	721	3679	1	19	40
法律服务	722	370			14
咨询与调查	723	5920	1	1	13
广告业	724	5716		4	7
知识产权服务	725	110			
人力资源服务	726	2391		1	14
旅行社及相关服务	727	1436		1	16
安全保护服务	728	368			5
其他商务服务业	729	4698		20	56
科学研究和技术服务业	**M**	**11194**	**2**	**26**	**99**
研究和试验发展	73	1048		4	11
自然科学研究和试验发展	731	31			
工程和技术研究和试验发展	732	563		2	7
农业科学研究和试验发展	733	122		2	2
医学研究和试验发展	734	318			2
社会人文科学研究	735	14			
专业技术服务业	74	6142	2	11	70
气象服务	741	27			
地震服务	742	4			
测绘服务	744	120	1		
质检技术服务	745	301	1	1	7
环境与生态监测	746	71			2
地质勘查	747	97			3
工程技术	748	3674		1	43
其他专业技术服务业	749	1848		9	15
科技推广和应用服务业	75	4004		11	18
技术推广服务	751	3532		10	16
科技中介服务	752	173			2
其他科技推广和应用服务业	759	299		1	
水利、环境和公共设施管理业	**N**	**1668**		**9**	**29**
水利管理业	76	253		5	12
防洪除涝设施管理	761	14			1
水资源管理	762	54		1	4
天然水收集与分配	763	28		1	4
水文服务	764	18			1
其他水利管理业	769	139		3	2
生态保护和环境治理业	77	280		1	4
生态保护	771	95		1	2
环境治理业	772	185			2
公共设施管理业	78	1135		3	13
市政设施管理	781	134			3
环境卫生管理	782	99			
城乡市容管理	783	33			1
绿化管理	784	489		2	3
公园和游览景区管理	785	380		1	6
居民服务、修理和其他服务业	**O**	**8034**	**1**	**18**	**57**
居民服务业	79	3313		6	16
家庭服务	791	702			
托儿所服务	792	10			
洗染服务	793	133			1

1992-1995年	1996年	1997年	1998年	1999年	2000年	2001年	2002年	代码
73	12	21	32	19	46	44	47	721
12	2	5	6	6	14	18	8	722
40	10	12	26	66	121	67	73	723
34	26	34	31	39	73	92	100	724
1	1	2		1		3	5	725
10	4	4	11	4	9	18	24	726
24	11	9	24	19	34	42	49	727
11	1	1	2	3	7	3	9	728
69	19	20	35	25	58	60	72	729
152	**45**	**36**	**86**	**94**	**143**	**217**	**258**	M
20	6	3	5	14	17	11	15	73
1					1			731
13	4	2	3	7	10	7	8	732
2		1	1	1	3	2	5	733
4	2		1	6	3	2	2	734
								735
97	33	29	61	62	96	153	180	74
			1	1	1		1	741
							1	742
3	2		1	1	4	3	4	744
4	3	3	9	2	6	6	5	745
					1	1	1	746
4				2	1	4	3	747
68	20	17	40	41	62	107	130	748
18	8	9	10	15	21	32	35	749
35	6	4	20	18	30	53	63	75
30	6	4	18	16	25	44	50	751
3					1	4	3	752
2			2	2	4	5	10	759
41	**9**	**12**	**19**	**15**	**33**	**43**	**38**	N
14	2		5	4	7	6	9	76
1			1				1	761
2			1	1	2		2	762
1			2	1		2		763
2						1		764
8	2		1	2	5	3	6	769
	2		1	2	1	7	6	77
	1			2	1	3	2	771
	1		1			4	4	772
27	5	12	13	9	25	30	23	78
3			3	1	5	1	2	781
1					2	4	1	782
1					1		1	783
11	3	6	5	4	6	17	12	784
11	2	6	5	4	11	8	7	785
68	**27**	**34**	**54**	**55**	**82**	**140**	**133**	O
20	7	4	19	15	26	33	41	79
2				1	4	9	11	791
								792
1			1	1			3	793

2-7 续表 8

行 业	代码	法人单位数（个）			
			1949年及以前	1950-1977年	1978-1991年
理发及美容服务	794	593		3	1
洗浴服务	795	91			
保健服务	796	222			
婚姻服务	797	165			
殡葬服务	798	108		2	3
其他居民服务业	799	1289		1	11
机动车、电子产品和日用产品修理业	80	3217		6	27
汽车、摩托车修理与维护	801	2192		4	23
计算机和办公设备维修	802	324			
家用电器修理	803	441		2	4
其他日用产品修理业	809	260			
其他服务业	81	1504	1	6	14
清洁服务	811	751	1		5
其他未列明服务业	819	753		6	9
卫生和社会工作	**Q**	**72**			**4**
社会工作	84	72			4
提供住宿社会工作	841	60			4
不提供住宿社会工作	842	12			
文化、体育和娱乐业	**R**	**6495**	**1**	**28**	**54**
新闻和出版业	85	163	1	2	14
新闻业	851	7			
出版业	852	156	1	2	14
广播、电视、电影和影视录音制作业	86	380		22	13
广播	861	21			
电视	862	19		1	
电影和影视节目制作	863	134		1	
电影和影视节目发行	864	26		2	
电影放映	865	157		18	13
录音制作	866	23			
文化艺术业	87	872		2	11
文艺创作与表演	871	231			1
艺术表演场馆	872	16			
图书馆与档案馆	873	12			
文物及非物质文化遗产保护	874	20			
博物馆	875	5			
烈士陵园、纪念馆	876	3			
群众文化活动	877	138		1	9
其他文化艺术业	879	447		1	1
体育	88	234			
体育组织	881	38			
体育场馆	882	26			
休闲健身活动	883	151			
其他体育	889	19			
娱乐业	89	4846		2	16
室内娱乐活动	891	4559		1	14
游乐园	892	41		1	1
彩票活动	893	6			
文化、娱乐、体育经纪代理	894	76			
其他娱乐业	899	164			1

1992-1995年	1996年	1997年	1998年	1999年	2000年	2001年	2002年	代码
1	4	2	6	6	9	2	13	794
					1	2	3	795
1			1		1	1	2	796
	1			1	1	2	1	797
4	1		1		2	1	1	798
11	1	2	10	6	8	16	7	799
38	18	23	21	30	39	57	66	80
27	12	20	19	21	29	38	44	801
4	1	1		4	4	8	12	802
6	4	1	1	3	6	6	8	803
1	1	1	1	2		5	2	809
10	2	7	14	10	17	50	26	81
2	2	2	5	4	5	9	12	811
8		5	9	6	12	41	14	819
3					**2**	**2**		**Q**
3					2	2		84
2					2	2		841
1								842
33	**21**	**14**	**46**	**40**	**130**	**109**	**152**	**R**
3	2		2	3	4	3	4	85
								851
3	2		2	3	4	3	4	852
10	3	6	6	2	2	9	7	86
1							1	861
2	1	1	1			2	1	862
	1	3	1	1	1	2	1	863
1			1			1		864
5	1	2	3	1		4	4	865
1					1			866
7	4		4	4	5	7	8	87
1	1				2	1	4	871
1							1	872
			1	1				873
	1			1				874
								875
								876
2	1		1		1		1	877
3	1		2	2	2	6	2	879
3	1	1	2	2	2	5	2	88
1			1	1		1	2	881
1				1	1			882
1	1	1	1		1	3		883
						1		889
10	11	7	32	29	117	85	131	89
9	10	7	32	26	113	84	126	891
	1						1	892
							1	893
						1	1	894
1				3	4		2	899

2-7 续表 9

行 业	代码	2003年	2004年	2005年	2006年
总 计	00	**8814**	**9338**	**10720**	**11573**
农、林、牧、渔业	A	**62**	**58**	**74**	**73**
农业	01				1
谷物种植	011				
棉、麻、糖、烟草种植	013				
蔬菜、食用菌及园艺作物种植	014				
水果种植	015				1
坚果、含油果、香料和饮料作物种植	016				
中药材种植	017				
其他农业	019				
林业	02			1	
林木育种和育苗	021			1	
畜牧业	03				
牲畜饲养	031				
家禽饲养	032				
渔业	04				
水产养殖	041				
水产捕捞	042				
农、林、牧、渔服务业	05	62	58	73	72
农业服务业	051	48	45	60	53
林业服务业	052	5	3	4	5
畜牧服务业	053	4	7	4	10
渔业服务业	054	5	3	5	4
采矿业	B	**253**	**191**	**238**	**236**
煤炭开采和洗选业	06	89	51	30	26
烟煤和无烟煤开采洗选	061	84	45	26	22
褐煤开采洗选	062			1	
其他煤炭采选	069	5	6	3	4
石油和天然气开采业	07				1
石油开采	071				
天然气开采	072				1
黑色金属矿采选业	08	32	18	31	28
铁矿采选	081	29	17	30	28
锰矿、铬矿采选	082				
其他黑色金属矿采选	089	3	1	1	
有色金属矿采选业	09	11	14	10	18
常用有色金属矿采选	091	9	12	8	14
贵金属矿采选	092	1		1	3
稀有稀土金属矿采选	093	1	2	1	1
非金属矿采选业	10	108	103	160	148
土砂石开采	101	78	67	119	111
化学矿开采	102	12	24	21	22
采盐	103		1		
石棉及其他非金属矿采选	109	18	11	20	15
开采辅助活动	11	2			2
煤炭开采和洗选辅助活动	111	1			1
石油和天然气开采辅助活动	112				
其他开采辅助活动	119	1			1
其他采矿业	12	11	5	7	13
其他采矿业	120	11	5	7	13
制造业	C	**2377**	**2443**	**2827**	**3061**
农副食品加工业	13	260	238	308	284

2007年	2008年	2009年	2010年	2011年	2012年	2013年	无开业年份	代码
11696	**16523**	**21363**	**26447**	**31300**	**37132**	**71092**	**449**	00
74	**176**	**254**	**301**	**398**	**544**	**1122**	**2**	A
	2	2	1		3	2		01
								011
	1							013
					2	1		014
	1	2			1			015
								016
						1		017
			1					019
								02
								021
		1	1		3	1		03
		1			3	1		031
			1					032
			1	1				04
				1				041
			1					042
74	174	251	298	397	538	1119	2	05
55	127	164	215	294	390	903	1	051
3	14	19	19	23	28	27	1	052
6	18	41	34	55	85	126		053
10	15	27	30	25	35	63		054
185	**297**	**337**	**328**	**311**	**331**	**323**	**7**	B
14	23	28	22	27	23	23		06
8	16	20	17	19	17	17		061
		1				1		062
6	7	7	5	8	6	5		069
	1	2	1	3	2	3		07
		1		1	1	1		071
	1	1	1	2	1	2		072
32	38	35	43	36	34	22	2	08
31	36	35	39	35	32	19	2	081
1								082
	2		4	1	2	3		089
8	18	15	20	12	16	18	1	09
7	14	11	16	8	15	16	1	091
1	3	3	4	2		1		092
	1	1		2	1	1		093
121	200	227	210	215	230	232	3	10
87	147	174	134	151	172	190	1	101
11	22	24	28	26	37	21		102
								103
23	31	29	48	38	21	21	2	109
3	2	8	8	1	6	6		11
1		3	5		2	4		111
	1	2	1		2	1		112
2	1	3	2	1	2	1		119
7	15	22	24	17	20	19	1	12
7	15	22	24	17	20	19	1	120
2795	**3771**	**4500**	**5303**	**5896**	**6221**	**8406**	**190**	C
247	353	357	403	394	452	636	11	13

2-7 续表 10

行　业	代码				
		2003年	2004年	2005年	2006年
谷物磨制	131	115	99	128	124
饲料加工	132	16	15	33	27
植物油加工	133	44	37	47	33
制糖业	134	1		1	1
屠宰及肉类加工	135	21	36	27	20
水产品加工	136	11	8	8	12
蔬菜、水果和坚果加工	137	18	15	23	17
其他农副食品加工	139	34	28	41	50
食品制造业	14	57	62	77	72
焙烤食品制造	141	16	18	15	16
糖果、巧克力及蜜饯制造	142	1	1	8	1
方便食品制造	143	16	14	20	17
乳制品制造	144	2		2	2
罐头食品制造	145	2	7	9	7
调味品、发酵制品制造	146	8	8	14	11
其他食品制造	149	12	14	9	18
酒、饮料和精制茶制造业	15	79	87	127	104
酒的制造	151	17	22	24	21
饮料制造	152	27	28	33	41
精制茶加工	153	35	37	70	42
烟草制品业	16	1	1	2	
烟叶复烤	161		1		
卷烟制造	162				
其他烟草制品制造	169	1		2	
纺织业	17	170	135	167	170
棉纺织及印染精加工	171	101	97	109	112
毛纺织及染整精加工	172	1	1	2	4
麻纺织及染整精加工	173	8	2	1	1
丝绢纺织及印染精加工	174	2	1	4	4
化纤织造及印染精加工	175	4	2	4	2
针织或钩针编织物及其制品制造	176	8	2	5	7
家用纺织制成品制造	177	18	10	12	17
非家用纺织制成品制造	178	28	20	30	23
纺织服装、服饰业	18	98	94	106	131
机织服装制造	181	87	76	85	113
针织或钩针编织服装制造	182	3	6	6	7
服饰制造	183	8	12	15	11
皮革、毛皮、羽毛及其制品和制鞋业	19	18	19	23	18
皮革鞣制加工	191	2		3	2
皮革制品制造	192	7	4	8	5
毛皮鞣制及制品加工	193	3	3		1
羽毛(绒)加工及制品制造	194	1	2		
制鞋业	195	5	10	12	10
木材加工和木、竹、藤、棕、草制品业	20	52	45	78	65
木材加工	201	17	17	34	27
人造板制造	202	17	12	22	13
木制品制造	203	12	12	16	21
竹、藤、棕、草等制品制造	204	6	4	6	4
家具制造业	21	21	35	28	39
木质家具制造	211	17	26	19	28
竹、藤家具制造	212		1	1	2
金属家具制造	213	1	1	3	3

2007年	2008年	2009年	2010年	2011年	2012年	2013年	无开业年份	代码
82	107	87	118	130	116	172	1	131
25	27	36	52	35	33	47		132
27	52	51	64	32	52	78	3	133
3	2		1	3		3		134
31	45	53	38	38	65	56	3	135
9	25	15	19	16	26	18	1	136
27	42	35	37	52	46	69		137
43	53	80	74	88	114	193	3	139
91	107	113	109	138	196	231	6	14
25	31	32	36	39	69	76	2	141
4	2	7	5	5	7	8		142
19	27	34	30	34	52	64		143
3	2		1	2	3	1		144
6	9	2	10	10	8	11		145
13	10	13	8	12	13	16	1	146
21	26	25	19	36	44	55	3	149
83	174	189	181	181	237	517	6	15
13	30	28	27	31	32	66	2	151
30	48	56	56	58	75	87	2	152
40	96	105	98	92	130	364	2	153
			3	2	1			16
			1	1	1			161
			1					162
			1	1				169
122	192	189	260	247	259	276	7	17
68	109	89	151	136	139	102	6	171
2	5	4	2	8	4	7		172
3	1	2	3	6	3	2		173
1	6	3	3	2	1	2		174
3	5	10	5	7	6	12		175
5	16	9	10	10	13	13		176
14	22	22	32	34	35	86	1	177
26	28	50	54	44	58	52		178
134	162	202	302	435	477	1035	15	18
103	124	138	230	313	332	730	12	181
6	6	22	13	42	25	40		182
25	32	42	59	80	120	265	3	183
12	18	32	49	66	75	159	4	19
	1		1	3	4	6		191
4	9	11	12	20	14	21	4	192
1	2	7	5	15	33	78		193
	1		1		1	3		194
7	5	14	30	28	23	51		195
73	95	129	136	155	151	211	5	20
26	41	57	59	52	69	101	1	201
12	21	18	28	32	18	15	1	202
25	30	45	35	57	53	79	3	203
10	3	9	14	14	11	16		204
36	37	78	88	93	121	230	13	21
20	20	52	68	64	90	175	10	211
		2			5	2		212
4	9	13	5	13	9	17	1	213

2-7 续表 11

行 业	代码				
		2003年	2004年	2005年	2006年
塑料家具制造	214			1	2
其他家具制造	219	3	7	4	4
造纸和纸制品业	22	45	47	65	58
纸浆制造	221	1	1		
造纸	222	16	17	16	16
纸制品制造	223	28	29	49	42
印刷和记录媒介复制业	23	99	97	74	91
印刷	231	90	75	62	80
装订及印刷相关服务	232	9	21	12	10
记录媒介复制	233		1		1
文教、工美、体育和娱乐用品制造业	24	21	24	20	32
文教办公用品制造	241	2	4	3	5
乐器制造	242	1	1	2	2
工艺美术品制造	243	15	14	14	18
体育用品制造	244	1	2	1	4
玩具制造	245	2			3
游艺器材及娱乐用品制造	246		3		
石油加工及炼焦	25	5	8	4	7
化学原料和化学制品制造业	26	145	144	153	161
基础化学原料制造	261	25	33	32	35
肥料制造	262	25	35	33	29
农药制造	263	6	2	3	4
涂料、油墨、颜料及类似产品制造	264	26	21	21	21
合成材料制造	265	8	10	12	13
专用化学产品制造	266	46	31	34	41
炸药、火工及焰火产品制造	267	7	4	9	9
日用化学产品制造	268	2	8	9	9
医药制造业	27	49	36	40	30
化学药品原料药制造	271	3	7	11	4
化学药品制剂制造	272	6	2	6	2
中药饮片加工	273	10	8	1	6
中成药生产	274	15	8	4	5
兽用药品制造	275		1	5	3
生物药品制造	276	7	2	8	1
卫生材料及医药用品制造	277	8	8	5	9
化学纤维制造业	28	3	5	2	2
纤维素纤维原料及纤维制造	281		1		1
合成纤维制造	282	3	4	2	1
橡胶和塑料制品业	29	87	110	119	140
橡胶制品业	291	15	20	21	23
塑料制品业	292	72	90	98	117
非金属矿物制品业	30	302	299	433	559
水泥、石灰和石膏制造	301	28	31	44	45
石膏、水泥制品及类似制品制造	302	107	98	129	186
砖瓦、石材等建筑材料制造	303	122	126	196	272
玻璃制造	304	1	4	4	6
玻璃制品制造	305	10	6	12	8
玻璃纤维和玻璃纤维增强塑料制品制造	306	3	4	2	4
陶瓷制品制造	307	1	2	3	2
耐火材料制品制造	308	13	8	15	12
石墨及其他非金属矿物制品制造	309	17	20	28	24
黑色金属冶炼和压延加工业	31	42	48	46	49

2007年	2008年	2009年	2010年	2011年	2012年	2013年	无开业年份	代码
1	2	1	3	2	2	4		214
11	6	10	12	14	15	32	2	219
26	53	81	82	82	89	149	2	22
1	3		2		1	2		221
10	17	21	16	20	24	18		222
15	33	60	64	62	64	129	2	223
75	105	111	125	131	127	149	3	23
59	85	96	102	112	106	110	3	231
16	19	15	21	19	20	38		232
	1		2		1	1		233
29	43	72	72	83	103	217	2	24
6	4	9	7	18	9	14		241
1	3			5	4	1		242
18	32	46	51	48	76	184		243
2	1	6	4	6	5	4		244
2	2	9	7	5	6	9	1	245
	1	2	3	1	3	5	1	246
9	6	11	12	12	11	9	2	25
162	188	228	269	265	265	263	12	26
33	35	35	41	43	44	28	3	261
30	35	66	78	64	57	56	3	262
6	7	8	10	11	5	6		263
17	27	28	36	48	57	70	2	264
13	19	20	30	24	22	25	2	265
44	36	59	52	46	64	47	2	266
8	14	6	8	4	5	7		267
11	15	6	14	25	11	24		268
33	32	72	59	63	61	78	4	27
9	5	14	15	4	9	9	1	271
1	3	5	3	6	3	6		272
4	3	9	10	11	9	20		273
5	5	12	7	7	6	7	1	274
1	1	4	2	6	3			275
5	7	20	12	14	14	21	1	276
8	8	8	10	15	17	15	1	277
	2	3	3	5	6	5	2	28
			2	1	1	1		281
	2	3	1	4	5	4	2	282
143	160	169	202	245	234	236	4	29
18	25	22	30	39	34	27	1	291
125	135	147	172	206	200	209	3	292
435	658	735	838	1017	1035	1335	23	30
32	44	66	41	70	78	77	1	301
129	210	252	269	326	388	548	4	302
206	337	336	421	473	432	558	14	303
7	4	13	18	24	19	32	1	304
14	12	15	21	33	32	31	1	305
	5	6	5	9	13	10	1	306
9	7	10	16	26	8	20		307
17	12	6	8	20	29	21	1	308
21	27	31	39	36	36	38		309
41	42	68	71	64	63	52	1	31

2-7 续表 12

行 业	代码				
		2003年	2004年	2005年	2006年
炼铁	311	2	1	3	3
炼钢	312	2	1	1	3
黑色金属铸造	313	19	25	31	22
钢压延加工	314	15	19	9	18
铁合金冶炼	315	4	2	2	3
有色金属冶炼和压延加工业	32	23	29	27	31
常用有色金属冶炼	321	6	10	6	7
贵金属冶炼	322	1			1
稀有稀土金属冶炼	323	1		1	2
有色金属合金制造	324	2	7	5	6
有色金属铸造	325	2	1	3	3
有色金属压延加工	326	11	11	12	12
金属制品业	33	117	139	162	174
结构性金属制品制造	331	51	69	79	88
金属工具制造	332	14	10	9	13
集装箱及金属包装容器制造	333	8	9	9	9
金属丝绳及其制品制造	334	3	6	3	10
建筑、安全用金属制品制造	335	14	6	12	13
金属表面处理及热处理加工	336	5	10	8	2
搪瓷制品制造	337	1		1	
金属制日用品制造	338	4	7	6	7
其他金属制品制造	339	17	22	35	32
通用设备制造业	34	157	190	177	180
锅炉及原动设备制造	341	13	18	15	21
金属加工机械制造	342	45	44	47	41
物料搬运设备制造	343	5	8	10	9
泵、阀门、压缩机及类似机械制造	344	21	26	22	22
轴承、齿轮和传动部件制造	345	7	8	5	9
烘炉、风机、衡器、包装等设备制造	346	16	23	16	13
文化、办公用机械制造	347	1	2	1	1
通用零部件制造	348	38	48	44	47
其他通用设备制造业	349	11	13	17	17
专用设备制造业	35	134	149	140	190
采矿、冶金、建筑专用设备制造	351	27	38	35	45
化工、木材、非金属加工专用设备制造	352	29	34	32	49
食品、饮料、烟草及饲料生产专用设备制造	353	8	5	11	8
印刷、制药、日化及日用品生产专用设备制造	354	11	2	5	8
纺织、服装和皮革加工专用设备制造	355	5	5	6	5
电子和电工机械专用设备制造	356	19	15	11	21
农、林、牧、渔专用机械制造	357	6	4	12	12
医疗仪器设备及器械制造	358	9	14	9	14
环保、社会公共服务及其他专用设备制造	359	20	32	19	28
汽车制造业	36	193	201	209	219
汽车整车制造	361		1	1	3
改装汽车制造	362	8	7	6	4
低速载货汽车制造	363			2	
电车制造	364				
汽车车身、挂车制造	365	4		2	3
汽车零部件及配件制造	366	181	193	198	209
铁路、船舶、航空航天和其他运输设备制造业	37	10	18	22	29
铁路运输设备制造	371	2	4	6	8
城市轨道交通设备制造	372				

2007年	2008年	2009年	2010年	2011年	2012年	2013年	无开业年份	代码
5	2	1	2	1	5			311
5	4	3	5	5	7	4		312
20	15	34	25	26	21	13		313
9	18	24	33	31	29	32	1	314
2	3	6	6	1	1	3		315
21	43	49	34	59	46	63	2	32
4	15	12	12	11	12	11	2	321
	1	1				1		322
	1	4				1		323
6	11	13	3	13	8	9		324
2	4	3	5	6	2	2		325
9	11	16	14	29	24	39		326
157	224	301	339	373	429	653	12	33
90	128	162	218	218	263	444	6	331
13	16	15	25	26	31	43	3	332
7	9	10	4	10	17	12	1	333
8	9	7	2	6	4	5		334
7	25	31	26	43	34	47	2	335
7	5	9	23	9	17	13		336
1			1	1		3		337
11	8	21	8	12	22	45		338
13	24	46	32	48	41	41		339
188	247	253	372	392	394	475	15	34
14	20	20	37	27	34	24	1	341
67	73	72	103	116	116	139	4	342
5	12	7	23	18	23	21		343
12	10	23	21	30	26	26	3	344
6	16	10	10	19	9	11		345
16	18	21	39	26	33	40	2	346
2	3	1	2	8	1	8	1	347
54	73	69	102	114	117	156	3	348
12	22	30	35	34	35	50	1	349
200	198	271	331	388	385	414	19	35
54	42	54	62	69	62	67		351
57	56	67	82	97	92	96	3	352
7	6	13	18	13	13	17	1	353
6	7	13	23	21	29	18	3	354
2	7	5	10	15	11	12	1	355
20	16	29	32	35	51	55	4	356
15	18	25	28	40	29	36	1	357
10	14	15	24	37	28	26	1	358
29	32	50	52	61	70	87	5	359
204	262	361	461	435	407	373	11	36
		3	3	2	4	2		361
5	7	10	8	6	4	6		362
1			1	4	2	1		363
	2		2	2	2	2	1	364
1		1	1	3				365
197	253	347	446	418	395	362	10	366
29	38	33	47	42	41	33		37
9	7	9	8	10	11	8		371
1	1		1	1	1	1		372

2-7 续表 13

行　业	代码				
		2003年	2004年	2005年	2006年
船舶及相关装置制造	373	8	11	11	18
航空、航天器及设备制造	374				2
摩托车制造	375		2		1
自行车制造	376		1	3	
非公路休闲车及零配件制造	377			1	
潜水救捞及其他未列明运输设备制造	379			1	
电气机械和器材制造业	38	84	76	87	107
电机制造	381	13	10	11	10
输配电及控制设备制造	382	29	26	28	43
电线、电缆、光缆及电工器材制造	383	14	14	19	22
电池制造	384	5	4	6	3
家用电力器具制造	385	5	5	6	5
非电力家用器具制造	386	3	4	4	9
照明器具制造	387	11	7	4	8
其他电气机械及器材制造	389	4	6	9	7
计算机、通信和其他电子设备制造业	39	38	36	39	37
计算机制造	391	2	5	4	5
通信设备制造	392	4	4	8	7
广播电视设备制造	393	1		1	
雷达及配套设备制造	394				1
视听设备制造	395		2		
电子器件制造	396	11	12	12	12
电子元件制造	397	11	8	5	7
其他电子设备制造	399	9	5	9	5
仪器仪表制造业	40	27	30	24	33
通用仪器仪表制造	401	12	16	11	17
专用仪器仪表制造	402	9	5	5	10
钟表与计时仪器制造	403	1	1	1	
光学仪器及眼镜制造	404	2	1	3	3
其他仪器仪表制造业	409	3	7	4	3
其他制造业	41	21	17	31	20
废弃资源综合利用业	42	8	8	19	9
金属废料和碎屑加工处理	421	6	4	11	6
非金属废料和碎屑加工处理	422	2	4	8	3
金属制品、机械和设备修理业	43	11	16	18	20
金属制品修理	431	1		1	1
通用设备修理	432		4	2	1
专用设备修理	433	2	3	3	2
铁路、船舶、航空航天等运输设备修理	434	1	3	3	6
电气设备修理	435	4		2	3
仪器仪表修理	436			1	
其他机械和设备修理业	439	3	6	6	7
电力、热力、燃气及水生产和供应业	**D**	**118**	**116**	**142**	**153**
电力、热力生产和供应业	44	74	65	77	92
电力生产	441	65	58	70	86
电力供应	442	9	6	7	4
热力生产和供应	443		1		2
燃气生产和供应业	45	18	10	17	14
燃气生产和供应业	450	18	10	17	14
水的生产和供应业	46	26	41	48	47
自来水生产和供应	461	20	38	40	35
污水处理及其再生利用	462	6	3	7	9

2007年	2008年	2009年	2010年	2011年	2012年	2013年	无开业年份	代码
10	26	21	28	23	16	14		373
1			3	1	2			374
3	2	1	2	3	3	3		375
2	1	2	3	1	3	5		376
2	1		2	1	1	2		377
1				2	4			379
109	136	192	189	246	235	243	2	38
4	18	20	21	21	25	21		381
37	49	65	66	81	77	79		382
26	16	31	22	33	26	36	1	383
7	10	8	8	13	10	8		384
6	4	7	16	10	17	18		385
6	16	12	18	11	15	18		386
11	10	28	23	37	35	40	1	387
12	13	21	15	40	30	23		389
48	64	84	107	105	123	136	3	39
4	5	8	7	6	14	18		391
6	8	8	16	8	10	17		392
2	1	1	4	3	2	7		393
				2	1	1		394
1	1	6		2	4	4		395
11	13	22	27	29	30	24		396
10	28	18	34	34	31	35	1	397
14	8	21	19	21	31	30	2	399
31	39	43	55	62	63	49	1	40
20	21	25	30	34	34	22	1	401
7	7	9	13	18	15	9		402
			1		1	2		403
	5	5	7	4	5	7		404
4	6	4	4	6	8	9		409
22	39	32	43	58	65	85	2	41
12	21	14	22	24	30	32	1	42
7	13	10	12	16	15	8		421
5	8	4	10	8	15	24	1	422
23	33	28	39	34	40	62		43
2	2	1	2	1	1	3		431
5	3	4	7	8	6	7		432
4	3	3	5	2	4	7		433
4	4	5	8	6	10	10		434
2	9	5	8	5	3	9		435
1		2	1	2	3	1		436
5	12	8	8	10	13	25		439
100	**179**	**212**	**188**	**139**	**206**	**196**	**10**	**D**
64	85	92	97	65	81	70	9	44
53	78	75	81	51	68	60	8	441
10	6	6	12	10	8	6	1	442
1	1	11	4	4	5	4		443
10	16	32	17	24	43	24		45
10	16	32	17	24	43	24		450
26	78	88	74	50	82	102	1	46
20	69	73	54	36	70	84		461
5	7	13	15	13	10	15	1	462

2-7 续表 14

行 业	代码	2003年	2004年	2005年	2006年
其他水的处理、利用与分配	469			1	3
建筑业	E	**546**	**659**	**695**	**602**
房屋建筑业	47	104	131	136	118
房屋建筑业	470	104	131	136	118
土木工程建筑业	48	72	104	126	82
铁路、道路、隧道和桥梁工程建筑	481	29	38	54	34
水利和内河港口工程建筑	482	6	5	5	4
海洋工程建筑	483				
工矿工程建筑	484	7	8	8	7
架线和管道工程建筑	485	6	13	17	8
其他土木工程建筑	489	24	40	42	29
建筑安装业	49	107	118	137	109
电气安装	491	27	23	35	33
管道和设备安装	492	19	28	20	16
其他建筑安装业	499	61	67	82	60
建筑装饰和其他建筑业	50	263	306	296	293
建筑装饰业	501	167	174	186	164
工程准备活动	502	13	31	25	32
提供施工设备服务	503	13	15	14	23
其他未列明建筑业	509	70	86	71	74
批发和零售业	F	**2912**	**2852**	**3333**	**3848**
批发业	51	1618	1598	1776	2034
农、林、牧产品批发	511	136	93	155	168
食品、饮料及烟草制品批发	512	107	107	135	166
纺织、服装及家庭用品批发	513	114	112	120	140
文化、体育用品及器材批发	514	35	34	42	52
医药及医疗器材批发	515	81	92	86	85
矿产品、建材及化工产品批发	516	534	567	592	711
机械设备、五金产品及电子产品批发	517	459	433	451	508
贸易经纪与代理	518	63	56	67	57
其他批发业	519	89	104	128	147
零售业	52	1294	1254	1557	1814
综合零售	521	192	180	262	291
食品、饮料及烟草制品专门零售	522	100	94	137	155
纺织、服装及日用品专门零售	523	117	101	158	162
文化、体育用品及器材专门零售	524	61	53	75	102
医药及医疗器材专门零售	525	174	188	214	195
汽车、摩托车、燃料及零配件专门零售	526	181	170	191	275
家用电器及电子产品专门零售	527	180	204	211	292
五金、家具及室内装饰材料专门零售	528	152	145	170	192
货摊、无店铺及其他零售业	529	137	119	139	150
交通运输、仓储和邮政业	G	**327**	**418**	**414**	**338**
道路运输业	54	194	248	240	182
城市公共交通运输	541	20	33	24	11
公路旅客运输	542	45	48	43	21
道路货物运输	543	105	139	153	133
道路运输辅助活动	544	24	28	20	17
水上运输业	55	31	33	39	23
水上旅客运输	551	4	4	1	2
水上货物运输	552	18	24	34	17
水上运输辅助活动	553	9	5	4	4
航空运输业	56		2	4	4

2007年	2008年	2009年	2010年	2011年	2012年	2013年	无开业年份	代码
1	2	2	5	1	2	3		469
668	**830**	**1060**	**1432**	**1795**	**2088**	**2731**	**18**	E
130	133	189	288	337	362	476	4	47
130	133	189	288	337	362	476	4	470
130	163	234	275	296	394	473	2	48
45	54	109	94	104	145	164	2	481
6	9	10	17	12	22	24		482
								483
5	7	10	17	11	19	24		484
14	15	16	19	28	40	37		485
60	78	89	128	141	168	224		489
113	174	195	222	268	338	353	4	49
32	50	69	60	65	81	100		491
23	28	33	50	57	71	70		492
58	96	93	112	146	186	183	4	499
295	360	442	647	894	994	1429	8	50
170	208	255	384	574	708	1043	6	501
39	49	55	73	73	86	129		502
17	18	18	30	19	30	27		503
69	85	114	160	228	170	230	2	509
3974	**5940**	**7992**	**9799**	**11976**	**14791**	**37137**	**93**	F
2188	3099	4056	5127	6416	7540	13634	44	51
162	318	405	530	708	997	2329	6	511
182	328	455	604	800	1086	2589	5	512
150	235	322	440	552	642	1920	5	513
59	66	98	159	163	224	297	1	514
75	55	81	78	126	163	280	2	515
736	1051	1349	1696	2071	2132	3128	13	516
602	796	989	1212	1440	1585	2220	9	517
77	87	142	178	250	380	422		518
145	163	215	230	306	331	449	3	519
1786	2841	3936	4672	5560	7251	23503	49	52
258	538	644	770	925	1293	7575	12	521
145	267	387	498	630	911	2751	3	522
181	321	409	492	641	877	4105	3	523
107	147	203	300	282	422	1041	2	524
121	193	233	255	270	386	552	1	525
230	294	527	542	598	700	1334	6	526
350	464	672	766	908	1035	1979	13	527
221	374	556	644	784	1008	3150	5	528
173	243	305	405	522	619	1016	4	529
369	**547**	**704**	**945**	**1003**	**1098**	**1533**	**19**	G
202	287	370	416	496	588	831	9	54
14	20	14	26	26	36	201		541
24	33	27	24	28	37	25		542
153	216	307	336	408	473	553	8	543
11	18	22	30	34	42	52	1	544
25	28	44	45	39	40	31	1	55
4	2	5	8	7	7	9		551
11	19	27	26	18	18	10	1	552
10	7	12	11	14	15	12		553
2	2	2	5	1	4	6		56

2-7 续表 15

行 业	代码	2003年	2004年	2005年	2006年
航空客货运输	561		2		4
通用航空服务	562			1	
航空运输辅助活动	563			3	
管道运输业	57	1	4	4	
管道运输业	570	1	4	4	
装卸搬运和运输代理业	58	66	89	89	84
装卸搬运	581	24	28	30	28
运输代理业	582	42	61	59	56
仓储业	59	31	28	29	34
谷物、棉花等农产品仓储	591	7	13	11	13
其他仓储业	599	24	15	18	21
邮政业	60	4	14	9	11
邮政基本服务	601	1		2	
快递服务	602	3	14	7	11
住宿和餐饮业	**H**	**177**	**240**	**328**	**316**
住宿业	61	63	76	116	110
旅游饭店	611	24	24	46	37
一般旅馆	612	34	46	61	63
其他住宿业	619	5	6	9	10
餐饮业	62	114	164	212	206
正餐服务	621	94	147	177	175
快餐服务	622	6	8	15	8
饮料及冷饮服务	623	2	1	5	4
其他餐饮业	629	12	8	15	19
信息传输、软件和信息技术服务业	**I**	**179**	**184**	**245**	**267**
电信、广播电视和卫星传输服务	63	20	22	19	28
电信	631	15	19	15	20
广播电视传输服务	632	5	3	3	3
卫星传输服务	633			1	5
互联网和相关服务	64	30	37	50	44
互联网接入及相关服务	641	4	7	8	9
互联网信息服务	642	20	29	38	32
其他互联网服务	649	6	1	4	3
软件和信息技术服务业	65	129	125	176	195
软件开发	651	80	81	117	125
信息系统集成服务	652	19	11	16	19
信息技术咨询服务	653	12	11	19	19
数据处理和存储服务	654	1	4	1	6
集成电路设计	655	1	1		3
其他信息技术服务业	659	16	17	23	23
房地产业	**K**	**571**	**598**	**637**	**645**
房地产业	70	571	598	637	645
房地产开发经营	701	232	262	250	264
物业管理	702	207	221	274	271
房地产中介服务	703	115	103	98	90
其他房地产业	709	17	12	15	20
租赁和商务服务业	**L**	**584**	**731**	**814**	**884**
租赁业	71	32	42	49	68
机械设备租赁	711	27	37	45	63
文化及日用品出租	712	5	5	4	5
商务服务业	72	552	689	765	816
企业管理服务	721	74	82	113	106

2007年	2008年	2009年	2010年	2011年	2012年	2013年	无开业年份	代码
2	2	1	1		1	2		561
		1	2	1	1	3		562
			2		2	1		563
2	2	2	5	1	3	3		57
2	2	2	5	1	3	3		570
88	153	160	232	260	275	401	6	58
28	58	57	71	86	94	131		581
60	95	103	161	174	181	270	6	582
32	54	61	86	90	84	136	1	59
8	20	28	27	31	18	54		591
24	34	33	59	59	66	82	1	599
18	21	65	156	116	104	125	2	60
1	2	2	1	4	2	4		601
17	19	63	155	112	102	121	2	602
363	**519**	**610**	**827**	**992**	**1345**	**3040**	**15**	**H**
146	203	188	217	292	373	497	4	61
50	73	51	65	101	112	101	2	611
75	108	111	113	158	213	331	1	612
21	22	26	39	33	48	65	1	619
217	316	422	610	700	972	2543	11	62
178	262	364	504	567	771	1824	9	621
14	19	13	27	53	61	186	1	622
6	4	7	17	19	27	47		623
19	31	38	62	61	113	486	1	629
318	**408**	**543**	**739**	**826**	**1094**	**1490**	**5**	**I**
11	35	30	38	43	62	92		63
11	24	23	33	36	51	78		631
	10	7	5	4	8	13		632
	1			3	3	1		633
59	73	66	104	114	126	172	1	64
8	10	8	13	12	22	26		641
45	50	49	74	81	83	104	1	642
6	13	9	17	21	21	42		649
248	300	447	597	669	906	1226	4	65
143	197	288	377	433	558	711	1	651
43	26	54	45	58	86	89	1	652
32	37	60	88	85	146	282		653
3	3	2	4	12	9	16		654
3	6	9	11	8	7	15		655
24	31	34	72	73	100	113	2	659
764	**739**	**953**	**1410**	**1539**	**1400**	**1722**	**26**	**K**
764	739	953	1410	1539	1400	1722	26	70
323	259	303	507	527	421	436	15	701
290	330	403	523	586	581	679	6	702
142	128	226	320	357	335	525	2	703
9	22	21	60	69	63	82	3	709
1006	**1475**	**2003**	**2651**	**3431**	**4294**	**6516**	**25**	**L**
48	102	141	162	222	292	692	2	71
45	99	134	154	209	281	619	2	711
3	3	7	8	13	11	73		712
958	1373	1862	2489	3209	4002	5824	23	72
115	183	231	315	479	675	944	8	721

2-7 续表 16

行 业	代码				
		2003年	2004年	2005年	2006年
法律服务	722	13	10	18	8
咨询与调查	723	108	145	153	158
广告业	724	123	158	153	236
知识产权服务	725	8	4	2	7
人力资源服务	726	42	54	60	64
旅行社及相关服务	727	65	73	84	76
安全保护服务	728	8	16	19	16
其他商务服务业	729	111	147	163	145
科学研究和技术服务业	M	**295**	**351**	**374**	**463**
研究和试验发展	73	19	28	27	31
自然科学研究和试验发展	731		1	1	1
工程和技术研究和试验发展	732	7	16	14	19
农业科学研究和试验发展	733	2	1	4	4
医学研究和试验发展	734	10	10	8	7
社会人文科学研究	735				
专业技术服务业	74	222	249	256	320
气象服务	741	2	3	3	1
地震服务	742				
测绘服务	744	6	4	5	12
质检技术服务	745	7	11	13	55
环境与生态监测	746	1	3	1	3
地质勘查	747	5	3	3	4
工程技术	748	148	168	177	181
其他专业技术服务业	749	53	57	54	64
科技推广和应用服务业	75	54	74	91	112
技术推广服务	751	41	58	83	94
科技中介服务	752	6	4	6	7
其他科技推广和应用服务业	759	7	12	2	11
水利、环境和公共设施管理业	N	**61**	**52**	**70**	**75**
水利管理业	76	9	14	18	10
防洪除涝设施管理	761	1	1	1	2
水资源管理	762	3	3	1	
天然水收集与分配	763	2	2	3	2
水文服务	764			2	
其他水利管理业	769	3	8	11	6
生态保护和环境治理业	77	10	5	12	7
生态保护	771	2	1	2	2
环境治理业	772	8	4	10	5
公共设施管理业	78	42	33	40	58
市政设施管理	781	3	2	15	14
环境卫生管理	782	5	4	1	5
城乡市容管理	783		2		4
绿化管理	784	15	15	16	19
公园和游览景区管理	785	19	10	8	16
居民服务、修理和其他服务业	O	**152**	**177**	**204**	**257**
居民服务业	79	41	55	71	76
家庭服务	791	8	16	6	15
托儿所服务	792				
洗染服务	793	1	3	4	2

2007年	2008年	2009年	2010年	2011年	2012年	2013年	无开业年份	代码
8	17	54	38	33	39	47		722
217	299	385	588	794	1035	1602	6	723
284	371	485	645	792	905	1120	4	724
9	1	8	6	15	17	20		725
78	129	157	280	268	397	761	2	726
51	87	109	140	153	166	201	2	727
18	27	38	21	62	33	68		728
178	259	395	456	613	735	1061	1	729
414	**618**	**897**	**1006**	**1428**	**1666**	**2499**	**25**	**M**
39	63	74	113	169	155	223	1	73
	4	1	6	3	6	6		731
19	33	49	64	90	73	115	1	732
8	11	3	9	19	16	26		733
11	13	21	33	55	56	72		734
1	2		1	2	4	4		735
267	327	485	516	717	784	1191	14	74
3	3		1	1	2	4		741
				1	1	1		742
6	5	12	7	12	20	12		744
19	16	23	31	23	28	27	1	745
	5	8	5	10	14	16		746
7	6	6	11	8	16	11		747
158	191	296	303	419	456	642	6	748
74	101	140	158	243	247	478	7	749
108	228	338	377	542	727	1085	10	75
89	192	290	324	477	657	1001	7	751
6	9	18	16	24	27	36	1	752
13	27	30	37	41	43	48	2	759
67	**97**	**123**	**153**	**206**	**216**	**296**	**4**	**N**
8	17	20	15	26	20	32		76
		1	1	1	2			761
2	5	7	1	8	2	9		762
2		1	1		3	1		763
1	1	1	1	2	2	4		764
3	11	10	11	15	11	18		769
13	14	27	42	37	36	53		77
5	2	4	15	18	13	19		771
8	12	23	27	19	23	34		772
46	66	76	96	143	160	211	4	78
9	9	8	8	17	13	18		781
3	7	5	8	12	21	20		782
	3	1	2	5	5	7		783
21	25	34	39	64	79	93		784
13	22	28	39	45	42	73	4	785
241	**372**	**529**	**688**	**731**	**1052**	**2957**	**5**	**O**
64	120	196	291	280	493	1436	3	79
12	19	32	60	58	105	344		791
2		1		3	3	1		792
6	3	10	5	18	16	58		793

2-7 续表 17

行 业	代码	2003年	2004年	2005年	2006年
理发及美容服务	794	10	5	10	13
洗浴服务	795	1	4	5	5
保健服务	796	5	5	9	5
婚姻服务	797	2	4	10	10
殡葬服务	798	4	7	7	4
其他居民服务业	799	10	11	20	22
机动车、电子产品和日用产品修理业	80	80	85	91	119
汽车、摩托车修理与维护	801	59	62	56	85
计算机和办公设备维修	802	5	11	8	14
家用电器修理	803	9	9	14	13
其他日用产品修理业	809	7	3	13	7
其他服务业	81	31	37	42	62
清洁服务	811	15	17	14	33
其他未列明服务业	819	16	20	28	29
卫生和社会工作	**Q**	**2**	**2**	**1**	**2**
社会工作	84	2	2	1	2
提供住宿社会工作	841	2	1	1	2
不提供住宿社会工作	842		1		
文化、体育和娱乐业	**R**	**198**	**266**	**324**	**353**
新闻和出版业	85	4	5	9	4
新闻业	851	1	1		
出版业	852	3	4	9	4
广播、电视、电影和影视录音制作业	86	1	12	9	11
广播	861		1	2	
电视	862		1		
电影和影视节目制作	863		7	2	5
电影和影视节目发行	864				2
电影放映	865		3	5	4
录音制作	866	1			
文化艺术业	87	14	11	19	14
文艺创作与表演	871	6	3	5	2
艺术表演场馆	872	1		1	
图书馆与档案馆	873	2			
文物及非物质文化遗产保护	874	1		1	
博物馆	875				
烈士陵园、纪念馆	876				
群众文化活动	877	1	1	3	2
其他文化艺术业	879	3	7	9	10
体育	88	7	4	9	7
体育组织	881	2		2	1
体育场馆	882	1		2	2
休闲健身活动	883	2	3	5	4
其他体育	889	2	1		
娱乐业	89	172	234	278	317
室内娱乐活动	891	167	226	267	307
游乐园	892	3		3	3
彩票活动	893				
文化、娱乐、体育经纪代理	894	1	1	2	3
其他娱乐业	899	1	7	6	4

2007年	2008年	2009年	2010年	2011年	2012年	2013年	无开业年份	代码
14	22	30	44	45	42	311		794
3	4	7	10	7	13	26		795
6	12	18	24	23	33	76		796
3	4	11	24	11	33	47		797
3	4	5	8	5	9	35	2	798
15	52	82	116	110	239	538	1	799
112	162	215	274	311	348	1095		80
70	110	150	194	210	235	724		801
18	21	20	26	45	36	86		802
19	23	31	37	38	48	159		803
5	8	14	17	18	29	126		809
65	90	118	123	140	211	426	2	81
40	44	52	64	76	129	220		811
25	46	66	59	64	82	206	2	819
3	**6**	**5**	**6**	**7**	**10**	**15**	**2**	**Q**
3	6	5	6	7	10	15	2	84
3	2	4	5	7	10	11	2	841
	4	1	1			4		842
355	**549**	**641**	**671**	**622**	**776**	**1109**	**3**	**R**
10	7	14	13	12	28	19		85
			3	1	1			851
10	7	14	10	11	27	19		852
13	27	26	38	49	55	59		86
	1		4	3	1	7		861
	1	1			5	2		862
6	13	12	14	23	18	23		863
2	2	2	1	2	6	4		864
5	9	10	14	18	20	18		865
	1	1	5	3	5	5		866
27	32	55	74	110	153	310	1	87
8	8	10	12	23	35	109		871
3	2	1	1	4	1			872
		2	2		1	3		873
1	1		2	5	4	3		874
		1		1	1	2		875
			1		1	1		876
4	7	7	7	8	25	56	1	877
11	14	34	49	69	85	136		879
11	17	20	19	31	32	58	1	88
2	3	2	3	2	5	10		881
2	2	4	1	2	4	3		882
6	12	13	11	27	18	41	1	883
1		1	4		5	4		889
294	466	526	527	420	508	663	1	89
283	442	500	504	393	453	595		891
3	7	2	4	6	3	3		892
	1					4		893
2	2	11	7	12	17	16		894
6	14	13	12	9	35	45	1	899

2-8 按行业(中类)、开业(成立)

行 业	代码	从业人员数(人)	1949年及以前	1950-1977年	1978-1991年
总 计	00	**5302393**	**1769**	**87809**	**165734**
农、林、牧、渔业	A	**39269**		**775**	**917**
农业	01	686		316	
谷物种植	011	230		230	
棉、麻、糖、烟草种植	013	41		28	
蔬菜、食用菌及园艺作物种植	014	198			
水果种植	015	139		44	
坚果、含油果、香料和饮料作物种植	016	57		14	
中药材种植	017	6			
其他农业	019	15			
林业	02	57		48	
林木育种和育苗	021	57		48	
畜牧业	03	71			
牲畜饲养	031	68			
家禽饲养	032	3			
渔业	04	668		183	
水产养殖	041	203		168	
水产捕捞	042	465		15	
农、林、牧、渔服务业	05	37787		228	917
农业服务业	051	29011		96	149
林业服务业	052	2033		80	77
畜牧服务业	053	3748		32	129
渔业服务业	054	2995		20	562
采矿业	B	**146267**		**2093**	**4620**
煤炭开采和洗选业	06	32614		398	1049
烟煤和无烟煤开采洗选	061	28873		398	971
褐煤开采洗选	062	27			
其他煤炭采选	069	3714			78
石油和天然气开采业	07	206			
石油开采	071	100			
天然气开采	072	106			
黑色金属矿采选业	08	21053			211
铁矿采选	081	20371			211
锰矿、铬矿采选	082	27			
其他黑色金属矿采选	089	655			
有色金属矿采选业	09	7688			188
常用有色金属矿采选	091	5725			185
贵金属矿采选	092	1324			3
稀有稀土金属矿采选	093	639			
非金属矿采选业	10	77957		1692	2881
土砂石开采	101	48996		547	2191
化学矿开采	102	16168		1116	653
采盐	103	219			
石棉及其他非金属矿采选	109	12574		29	37
开采辅助活动	11	1930		3	
煤炭开采和洗选辅助活动	111	475		3	
石油和天然气开采辅助活动	112	1176			
其他开采辅助活动	119	279			
其他采矿业	12	4819			291
其他采矿业	120	4819			291

时间分组的小微企业法人单位从业人员数

1992-1995年	1996年	1997年	1998年	1999年	2000年	2001年	2002年	代码
138063	**52882**	**55890**	**82782**	**79052**	**123409**	**212990**	**206785**	00
759	**100**	**52**	**222**	**223**	**484**	**527**	**549**	A
					43	12		01
								011
								013
								014
								015
					43			016
								017
						12		019
								02
								021
								03
								031
								032
							15	04
							15	041
								042
759	100	52	222	223	441	515	534	05
743	97	32	185	72	319	395	461	051
5	3		4	103	12	14	30	052
7		20	33	8	110	12	19	053
4				40		94	24	054
2915	**1557**	**1859**	**1730**	**1415**	**4113**	**4403**	**4862**	B
1065	385	354	218	290	950	673	999	06
708	385	218	218	230	897	664	674	061
								062
357		136		60	53	9	325	069
						5		07
								071
						5		072
338	389	202	424	35	1047	766	311	08
337	389	202	412	34	1047	766	286	081
							15	082
1			12	1			10	089
125	1	177	1	396	102	618	328	09
88	1	81	1	396	24	506	122	091
22					45	112	206	092
15		96			33			093
1313	654	1106	1026	682	1734	2123	3161	10
995	300	379	937	328	972	1394	1316	101
307	346	722	2	316	606	603	1050	102
								103
11	8	5	87	38	156	126	795	109
17					82	10	20	11
5								111
					82	10		112
12							20	119
57	128	20	61	12	198	208	43	12
57	128	20	61	12	198	208	43	120

2-8 续表 1

行　业	代码	从业人员数（人）	1949年及以前	1950-1977年	1978-1991年
制造业	C	**2116315**	**317**	**19820**	**47787**
农副食品加工业	13	195111	36	1276	2033
谷物磨制	131	62470		173	800
饲料加工	132	21031		6	248
植物油加工	133	27408		429	102
制糖业	134	961			
屠宰及肉类加工	135	18949		593	428
水产品加工	136	10961			41
蔬菜、水果和坚果加工	137	21060			285
其他农副食品加工	139	32271	36	75	129
食品制造业	14	59605		277	842
焙烤食品制造	141	15182		10	313
糖果、巧克力及蜜饯制造	142	4295			
方便食品制造	143	12573		10	245
乳制品制造	144	1194			
罐头食品制造	145	6759			50
调味品、发酵制品制造	146	5621		9	53
其他食品制造	149	13981		248	181
酒、饮料和精制茶制造业	15	67830		768	1916
酒的制造	151	16305		18	186
饮料制造	152	17838			213
精制茶加工	153	33687		750	1517
烟草制品业	16	1352			379
烟叶复烤	161	348			
卷烟制造	162	15			
其他烟草制品制造	169	989			379
纺织业	17	151420		345	3536
棉纺织及印染精加工	171	93320		304	2131
毛纺织及染整精加工	172	1239			35
麻纺织及染整精加工	173	3962			419
丝绢纺织及印染精加工	174	1109		10	
化纤织造及印染精加工	175	2404			15
针织或钩针编织物及其制品制造	176	5406		4	205
家用纺织制成品制造	177	10501		24	326
非家用纺织制成品制造	178	33479		3	405
纺织服装、服饰业	18	153565	40	528	2281
机织服装制造	181	126800	40	515	1865
针织或钩针编织服装制造	182	6206		7	245
服饰制造	183	20559		6	171
皮革、毛皮、羽毛及其制品和制鞋业	19	25586		190	585
皮革鞣制加工	191	1548			
皮革制品制造	192	5898			2
毛皮鞣制及制品加工	193	5994			233
羽毛(绒)加工及制品制造	194	818			
制鞋业	195	11328		190	350
木材加工和木、竹、藤、棕、草制品业	20	45509		46	550
木材加工	201	11947		38	191
人造板制造	202	16842			303
木制品制造	203	13168		6	53
竹、藤、棕、草等制品制造	204	3552		2	3
家具制造业	21	21727		17	167
木质家具制造	211	16634		12	148

1992-1995年	1996年	1997年	1998年	1999年	2000年	2001年	2002年	代码
48327	**23581**	**21415**	**36304**	**33725**	**58880**	**80550**	**93038**	C
3245	2455	2363	3501	3611	7883	9177	9493	13
1095	1001	1290	1906	1757	2980	3652	2496	131
466	525	40	46	156	450	602	1165	132
660	430	280	579	329	784	1279	1695	133
	12						68	134
215	145	121	368	366	422	1219	858	135
293	9	288	97	228	622	45	760	136
	61	31	144	68	1448	928	1065	137
516	272	313	361	707	1177	1452	1386	139
1193	764	1387	1071	573	2769	2390	2224	14
324	224	265	364	72	801	372	484	141
34	1	255	18	276		172	534	142
91	111	359	110	91	474	593	128	143
	66	148			110	292	25	144
		93	187	103	188	165	230	145
406	45	27	224	27	56	481	326	146
338	317	240	168	4	1140	315	497	149
1484	695	627	1238	1134	1714	2269	2963	15
193	340	88	448	433	606	640	1052	151
400	53	330	176	259	712	767	636	152
891	302	209	614	442	396	862	1275	153
21						291	6	16
								161
							6	162
21						291		169
2320	898	1018	1981	2181	3633	5479	9552	17
1870	725	482	1286	1310	1827	4267	7099	171
	4				93	19		172
		271		278	345	25	152	173
		6				41	10	174
95	22	14	47	109	105	71	213	175
6	2		222	13	334	41	156	176
301	1	161	265	4	292	124	273	177
48	144	84	161	467	637	891	1649	178
1743	1575	1192	1888	1196	2092	3162	3153	18
1657	1438	1172	1669	1049	1894	2913	2694	181
5			107		17	45	139	182
81	137	20	112	147	181	204	320	183
642	157	171	156	559	421	902	425	19
17			80	271		3	42	191
295	112		61	50	45	546	6	192
2		150		181	61	56		193
					178	180		194
328	45	21	15	57	137	117	377	195
547	441	88	639	760	926	1223	1561	20
58	216	68	126	149	355	251	282	201
73	102		281	351	483	566	1041	202
397	95	20	122	247	88	375	191	203
19	28		110	13		31	47	204
551	152	495	567	372	1129	370	381	21
282	136	471	364	364	1027	241	252	211

2-8 续表 2

行 业	代码	从业人员数（人）			
			1949年及以前	1950-1977年	1978-1991年
竹、藤家具制造	212	167			
金属家具制造	213	1603		5	3
塑料家具制造	214	241			8
其他家具制造	219	3082			8
造纸和纸制品业	22	36339		364	931
纸浆制造	221	467			
造纸	222	12181		110	453
纸制品制造	223	23691		254	478
印刷和记录媒介复制业	23	39268	238	740	1382
印刷	231	35868	238	712	1183
装订及印刷相关服务	232	3087		28	199
记录媒介复制	233	313			
文教、工美、体育和娱乐用品制造业	24	21916		22	210
文教办公用品制造	241	2406		18	141
乐器制造	242	1300			
工艺美术品制造	243	14130			51
体育用品制造	244	1781			
玩具制造	245	1581		4	4
游艺器材及娱乐用品制造	246	718			14
石油加工及炼焦	25	3904		1	114
化学原料和化学制品制造业	26	122104		1484	2298
基础化学原料制造	261	25688		130	764
肥料制造	262	29244		494	518
农药制造	263	4224		196	
涂料、油墨、颜料及类似产品制造	264	16280			67
合成材料制造	265	7807			88
专用化学产品制造	266	26566		43	567
炸药、火工及焰火产品制造	267	6789		621	283
日用化学产品制造	268	5506			11
医药制造业	27	43754		310	871
化学药品原料药制造	271	7079			106
化学药品制剂制造	272	4721		230	94
中药饮片加工	273	5383		80	40
中成药生产	274	10432			628
兽用药品制造	275	2045			3
生物药品制造	276	6105			
卫生材料及医药用品制造	277	7989			
化学纤维制造业	28	1877			14
纤维素纤维原料及纤维制造	281	348			
合成纤维制造	282	1529			14
橡胶和塑料制品业	29	82948		428	1892
橡胶制品业	291	12699		31	541
塑料制品业	292	70249		397	1351
非金属矿物制品业	30	308651		5421	12265
水泥、石灰和石膏制造	301	29144		944	1431
石膏、水泥制品及类似制品制造	302	76551		499	1557
砖瓦、石材等建筑材料制造	303	152010		3522	8210
玻璃制造	304	5967		56	85
玻璃制品制造	305	9834		25	3
玻璃纤维和玻璃纤维增强塑料制品制造	306	2694			135
陶瓷制品制造	307	6567		23	117
耐火材料制品制造	308	10682		352	289

1992-1995年	1996年	1997年	1998年	1999年	2000年	2001年	2002年	代码
							6	212
			203	6	33	5	22	213
		24						214
269	16			2	69	124	101	219
508	386	426	1416	648	1800	1229	2105	22
								221
196	5	26	233	458	1088	371	740	222
312	381	400	1183	190	712	858	1365	223
1439	710	814	675	659	850	1379	2377	23
1263	671	784	640	619	795	1343	2248	231
176	39	30	35	40	55	36	129	232
								233
426	299	16	679	286	413	1009	571	24
295		8	21	36	23	13	18	241
			280				15	242
111	274	8	374	250	312	685	322	243
			4		43	145	68	244
1	25				30		139	245
19					5	166	9	246
12	61	62	191	323	38	111	571	25
5514	1787	1539	2797	2319	3673	5159	7529	26
1197	457	544	815	446	780	1041	1810	261
605	232	159	755	353	778	935	2299	262
470	30	37	195	220	112	163	142	263
1255	148	92	471	276	345	677	956	264
519		155	121	118	235	247	424	265
900	578	522	251	745	1112	1694	1392	266
177			89	56	224	8	268	267
391	342	30	100	105	87	394	238	268
592	738	616	1319	1336	2268	2564	3402	27
231	232	235	59	298	346	278	379	271
21	84	48	332	311	525	290	387	272
38	75	14	316	129	129	5	285	273
119	209	104	220	519	381	1099	1135	274
					77	174	407	275
9	83	6	232	69	762	92	570	276
174	55	209	160	10	48	626	239	277
		5			187		248	28
					18		214	281
		5			169		34	282
2191	1416	664	1535	949	2794	2992	4374	29
557	370	179	178	51	525	745	1026	291
1634	1046	485	1357	898	2269	2247	3348	292
8326	3238	2830	4299	4055	5701	7078	8189	30
1204	198	455	792	1164	1022	948	1171	301
1715	874	564	729	488	1481	717	1427	302
3924	1507	1008	2177	1352	2362	3254	2591	303
97	85	31			26	1	453	304
64	534	37	2	3	202	302	111	305
91	14		35		14	168	271	306
27		279	130	31	1	379	692	307
720	26	429	174	784	183	718	1148	308

2-8 续表 3

行业	代码	从业人员数（人）	1949年及以前	1950-1977年	1978-1991年
石墨及其他非金属矿物制品制造	309	15202			438
黑色金属冶炼和压延加工业	31	37034		94	1248
炼铁	311	1692			37
炼钢	312	1539			
黑色金属铸造	313	20047		11	1058
钢压延加工	314	12294		1	152
铁合金冶炼	315	1462		82	1
有色金属冶炼和压延加工业	32	19379		8	486
常用有色金属冶炼	321	5635			27
贵金属冶炼	322	174			
稀有稀土金属冶炼	323	281			
有色金属合金制造	324	3021			27
有色金属铸造	325	1217			9
有色金属压延加工	326	9051		8	423
金属制品业	33	105582	3	851	3467
结构性金属制品制造	331	51385	1	151	1951
金属工具制造	332	9278		334	197
集装箱及金属包装容器制造	333	10102		162	189
金属丝绳及其制品制造	334	3388		15	100
建筑、安全用金属制品制造	335	7613		113	8
金属表面处理及热处理加工	336	5161			553
搪瓷制品制造	337	148		1	
金属制日用品制造	338	4682		2	157
其他金属制品制造	339	13825	2	73	312
通用设备制造业	34	108981		2786	2148
锅炉及原动设备制造	341	10040		299	369
金属加工机械制造	342	27151		778	306
物料搬运设备制造	343	7616		352	296
泵、阀门、压缩机及类似机械制造	344	11689		255	342
轴承、齿轮和传动部件制造	345	7141		338	2
烘炉、风机、衡器、包装等设备制造	346	11516		288	17
文化、办公用机械制造	347	741			19
通用零部件制造	348	25187		234	771
其他通用设备制造业	349	7900		242	26
专用设备制造业	35	100700		1409	1604
采矿、冶金、建筑专用设备制造	351	25095		502	817
化工、木材、非金属加工专用设备制造	352	22094			214
食品、饮料、烟草及饲料生产专用设备制造	353	6555		11	51
印刷、制药、日化及日用品生产专用设备制造	354	4633		118	22
纺织、服装和皮革加工专用设备制造	355	2842		266	1
电子和电工机械专用设备制造	356	8891		30	36
农、林、牧、渔专用机械制造	357	8133		49	35
医疗仪器设备及器械制造	358	5681		5	196
环保、社会公共服务及其他专用设备制造	359	16776		428	232
汽车制造业	36	173275		903	3054
汽车整车制造	361	2105			
改装汽车制造	362	6441			51
低速载货汽车制造	363	150			
电车制造	364	526			
汽车车身、挂车制造	365	1417			
汽车零部件及配件制造	366	162636		903	3003
铁路、船舶、航空航天和其他运输设备制造业	37	19838		806	1192

1992-1995年	1996年	1997年	1998年	1999年	2000年	2001年	2002年	代码
484		27	260	233	410	591	325	309
1612	347	527	527	713	1001	2481	1579	31
	24				263	195		311
152	96	33					8	312
948	212	494	273	627	404	1871	1312	313
512	15		226	83	237	415	259	314
			28	3	97			315
303	200	368	73	99	606	1022	897	32
13	16	28	12	48	247	91	641	321
		5			110		28	322
		20						323
	78			33	11	13	57	324
85			46		90		38	325
205	106	315	15	18	148	918	133	326
1985	687	926	1985	2559	2928	3009	4683	33
821	169	182	582	943	799	1185	1884	331
194	15		520	498	43	7	809	332
318	166	506	38	181	193	836	901	333
60	32	1	29	70	268	253	31	334
42	220	152	80	19	237	54	200	335
77			120	72	444	99	155	336
					3			337
238	46	19	85	190	125	38	26	338
235	39	66	531	586	816	537	677	339
3753	1062	1408	2061	1884	3962	3775	5273	34
280	3	45		339	317	296	870	341
1455	152	390	390	474	1228	666	1627	342
244	4	88	216	154	181	436	391	343
342	15	454	685	167	872	140	575	344
504	217	97	127	128	73	598	51	345
375	400	60	69	278	554	392	192	346
						57		347
492	174	103	526	344	504	861	1111	348
61	97	171	48		233	329	456	349
1646	1127	493	967	1468	3247	4414	5058	35
611	354	129	49	587	232	1262	1696	351
308	106	47	313	323	776	671	1165	352
254	308	67	52	67	277	405	99	353
45			80	10	54	348	278	354
25		4	4		1	239	178	355
57	113	47	39	130	609	276	193	356
14	45	86	55	18	164	210	424	357
		3	203	46	292	163	169	358
332	201	110	172	287	842	840	856	359
4036	1899	1005	3422	3290	4313	7545	9591	36
	243				303	262		361
59		121	291		56	149	417	362
								363
								364
				366		98		365
3977	1656	884	3131	2924	3954	7036	9174	366
429	221	407	375	295	488	964	1031	37

2-8 续表 4

行 业	代码	从业人员数（人）	1949年及以前	1950-1977年	1978-1991年
铁路运输设备制造	371	5335		57	510
城市轨道交通设备制造	372	335			10
船舶及相关装置制造	373	10367		437	659
航空、航天器及设备制造	374	881		181	
摩托车制造	375	1366			
自行车制造	376	939		23	10
非公路休闲车及零配件制造	377	117			3
潜水救捞及其他未列明运输设备制造	379	498		108	
电气机械和器材制造业	38	83158		360	741
电机制造	381	11158		1	8
输配电及控制设备制造	382	28105		276	383
电线、电缆、光缆及电工器材制造	383	14210		71	312
电池制造	384	6826		7	2
家用电力器具制造	385	3703		5	18
非电力家用器具制造	386	3783			13
照明器具制造	387	9420			5
其他电气机械及器材制造	389	5953			
计算机、通信和其他电子设备制造业	39	42112		204	163
计算机制造	391	3353			6
通信设备制造	392	5582			
广播电视设备制造	393	845			
雷达及配套设备制造	394	231			
视听设备制造	395	1840			18
电子器件制造	396	9379			57
电子元件制造	397	11921		204	
其他电子设备制造	399	8961			82
仪器仪表制造业	40	17191		111	625
通用仪器仪表制造	401	8837		33	452
专用仪器仪表制造	402	4809		74	93
钟表与计时仪器制造	403	307		3	
光学仪器及眼镜制造	404	1395			
其他仪器仪表制造业	409	1843		1	80
其他制造业	41	13425		3	468
废弃资源综合利用业	42	6560			62
金属废料和碎屑加工处理	421	3694			21
非金属废料和碎屑加工处理	422	2866			41
金属制品、机械和设备修理业	43	6614		68	263
金属制品修理	431	552			3
通用设备修理	432	1225		16	33
专用设备修理	433	366		12	
铁路、船舶、航空航天等运输设备修理	434	1062		40	
电气设备修理	435	632			
仪器仪表修理	436	185			
其他机械和设备修理业	439	2592			227
电力、热力、燃气及水生产和供应业	**D**	**67983**	**14**	**6015**	**9617**
电力、热力生产和供应业	44	38615		2306	4902
电力生产	441	27918		1816	2886
电力供应	442	9218		490	2016
热力生产和供应	443	1479			
燃气生产和供应业	45	6998			68
燃气生产和供应业	450	6998			68
水的生产和供应业	46	22370	14	3709	4647

1992-1995年	1996年	1997年	1998年	1999年	2000年	2001年	2002年	代码
22	44	96	3	166	334	365	227	371
								372
405	177	311	372	126	57	327	573	373
					38	104	91	374
				1		160	90	375
2						8		376
								377
				2	59		50	379
1394	1217	1097	1094	1767	2128	5143	3597	38
141	299	16	81	82	277	383	897	381
703	423	746	570	1070	572	1209	921	382
281	415	329	326	275	774	1572	1101	383
1				70	229	349	336	384
				172	24	307	18	385
10	31	6	86	98	38	376	150	386
134	49		31		82	731	46	387
124					132	216	128	389
1194	463	540	480	150	708	3393	733	39
5	226		268			423	81	391
265		69	48	65	79	870	60	392
51					18	221	8	393
								394
277	14					1		395
171		70	25	32	52	777	62	396
182		1	22	40	315	944	39	397
243	223	400	117	13	244	157	483	399
929	290	187	604	245	1032	998	752	40
333	180	161	259	128	599	821	403	401
545	66	26	336	9	175	69	131	402
						26		403
12				69	224	36	21	404
39	44		9	39	34	46	197	409
142	59	14	234	35	91	408	486	41
11	6	49	110	108		459	56	42
3	6	49	34	106		234	39	421
8			76	2		225	17	422
139	231	81	420	151	85	155	178	43
	18	49	145		48	19		431
19	3		21	2		2	14	432
41			4		8	10	20	433
5			34	66			45	434
			13				41	435
				3	6	95	25	436
74	210	32	203	80	23	29	33	439
2920	**1067**	**1191**	**1849**	**685**	**1872**	**2416**	**2894**	D
1822	565	602	1585	390	1070	1551	1582	44
1239	360	550	1142	291	601	1165	1132	441
533	205	52	443	99	445	242	421	442
50					24	144	29	443
65	60	163	35	76	285	175	786	45
65	60	163	35	76	285	175	786	450
1033	442	426	229	219	517	690	526	46

2-8 续表 5

行　业	代码	从业人员数（人）	1949年及以前	1950-1977年	1978-1991年
自来水生产和供应	461	19863	14	3668	4638
污水处理及其再生利用	462	2197		41	9
其他水的处理、利用与分配	469	310			
建筑业	E	**709575**		**41757**	**63860**
房屋建筑业	47	380765		34111	50819
房屋建筑业	470	380765		34111	50819
土木工程建筑业	48	109126		6718	8480
铁路、道路、隧道和桥梁工程建筑	481	41208		1043	4250
水利和内河港口工程建筑	482	19290		4664	3334
海洋工程建筑	483				
工矿工程建筑	484	7283			
架线和管道工程建筑	485	11700		696	53
其他土木工程建筑	489	29645		315	843
建筑安装业	49	58322		358	1964
电气安装	491	14395		84	488
管道和设备安装	492	12312		273	1004
其他建筑安装业	499	31615		1	472
建筑装饰和其他建筑业	50	161362		570	2597
建筑装饰业	501	93886		202	342
工程准备活动	502	14723		343	1077
提供施工设备服务	503	7063			
其他未列明建筑业	509	45690		25	1178
批发和零售业	F	**933478**	**559**	**8762**	**12762**
批发业	51	483797	44	3915	6228
农、林、牧产品批发	511	76381	9	578	1286
食品、饮料及烟草制品批发	512	90695	23	1493	1940
纺织、服装及家庭用品批发	513	40217		103	355
文化、体育用品及器材批发	514	9825		30	139
医药及医疗器材批发	515	16571		438	112
矿产品、建材及化工产品批发	516	122557	12	520	1381
机械设备、五金产品及电子产品批发	517	87505		227	421
贸易经纪与代理	518	17559		117	241
其他批发业	519	22487		409	353
零售业	52	449681	515	4847	6534
综合零售	521	106382	55	2573	2684
食品、饮料及烟草制品专门零售	522	54020	2	924	1293
纺织、服装及日用品专门零售	523	55447		447	399
文化、体育用品及器材专门零售	524	21312	438	402	456
医药及医疗器材专门零售	525	22225	4	111	278
汽车、摩托车、燃料及零配件专门零售	526	49759	5	96	356
家用电器及电子产品专门零售	527	55709	3	44	309
五金、家具及室内装饰材料专门零售	528	53856	2	148	387
货摊、无店铺及其他零售业	529	30971	6	102	372
交通运输、仓储和邮政业	G	**206324**	**751**	**4610**	**8346**
道路运输业	54	130670	66	2010	5008
城市公共交通运输	541	24501		263	1923
公路旅客运输	542	27343	66	579	1535
道路货物运输	543	64025		1113	944
道路运输辅助活动	544	14801		55	606
水上运输业	55	13795		628	798
水上旅客运输	551	2549		46	107
水上货物运输	552	8612		471	572

1992-1995年	1996年	1997年	1998年	1999年	2000年	2001年	2002年	代码
1033	441	426	229	219	387	654	442	461
	1				91	36	26	462
					39		58	469
42927	**11844**	**14458**	**12587**	**14501**	**14883**	**67939**	**39635**	E
30952	6824	9264	5906	7013	7379	46077	13214	47
30952	6824	9264	5906	7013	7379	46077	13214	470
5883	1796	2091	1719	3498	1903	6908	3582	48
1598	443	546	330	1171	658	3037	1964	481
1304	192	1107	176	1292	562	829	462	482
								483
176			21		120	21	3	484
547	853	280	492	433	77	1273	34	485
2258	308	158	700	602	486	1748	1119	489
2495	1836	1280	2232	2216	1788	2659	2481	49
245	315	632	775	514	423	615	941	491
1470	481	234	149	339	162	690	513	492
780	1040	414	1308	1363	1203	1354	1027	499
3597	1388	1823	2730	1774	3813	12295	20358	50
1604	1174	1658	1830	1087	2428	11336	15228	501
737	123	59	137	153	123	278	1530	502
65	8	20	33		66	43	466	503
1191	83	86	730	534	1196	638	3134	509
9951	**5125**	**5654**	**9269**	**9242**	**14353**	**21738**	**23303**	F
5234	2857	2936	4985	4855	7806	12585	13162	51
521	261	225	731	607	867	1142	1665	511
789	440	85	967	617	1099	1860	1280	512
396	289	293	306	433	745	911	1355	513
240	172	63	75	95	234	295	277	514
233	53	65	113	394	329	777	834	515
1419	781	1113	1384	1578	2387	3059	3552	516
1015	628	887	995	796	1511	2545	2871	517
376	147	72	168	130	253	290	522	518
245	86	133	246	205	381	1706	806	519
4717	2268	2718	4284	4387	6547	9153	10141	52
1233	383	348	952	757	1185	1497	1377	521
670	495	235	391	410	763	1110	848	522
301	195	279	701	528	897	700	1042	523
222	76	201	298	245	379	341	442	524
164	124	153	231	517	583	836	1207	525
618	322	463	616	612	1025	978	1402	526
471	296	416	379	509	681	1378	1280	527
520	162	357	310	393	515	1287	1220	528
518	215	266	406	416	519	1026	1323	529
6296	**3031**	**2790**	**5564**	**4912**	**6399**	**9366**	**10529**	G
4592	1295	2248	3946	3867	4277	7087	8264	54
978	463	822	1686	1292	1536	1393	1463	541
1289	500	619	789	661	996	2629	3606	542
800	265	285	525	1303	1208	2917	2165	543
1525	67	522	946	611	537	148	1030	544
381	746	253	384	72	705	636	791	55
64	223	88		8	435	243	212	551
209	315	165	320	27	263	380	549	552

2-8 续表 6

行 业	代码	从业人员数（人）	1949年及以前	1950-1977年	1978-1991年
水上运输辅助活动	553	2634		111	119
航空运输业	56	1620			60
航空客货运输	561	419			
通用航空服务	562	324			
航空运输辅助活动	563	877			60
管道运输业	57	527			
管道运输业	570	527			
装卸搬运和运输代理业	58	34587	502	1385	1280
装卸搬运	581	18240	502	1377	844
运输代理业	582	16347		8	436
仓储业	59	14481		499	872
谷物、棉花等农产品仓储	591	7125		348	693
其他仓储业	599	7356		151	179
邮政业	60	10644	183	88	328
邮政基本服务	601	1248	183	68	51
快递服务	602	9396		20	277
住宿和餐饮业	**H**	**200266**	**19**	**788**	**3674**
住宿业	61	65724		389	2702
旅游饭店	611	33761		328	2085
一般旅馆	612	26219		46	387
其他住宿业	619	5744		15	230
餐饮业	62	134542	19	399	972
正餐服务	621	120024	19	368	827
快餐服务	622	4968			49
饮料及冷饮服务	623	1710			
其他餐饮业	629	7840		31	96
信息传输、软件和信息技术服务业	**I**	**71609**		**71**	**393**
电信、广播电视和卫星传输服务	63	10701		65	99
电信	631	8628		35	31
广播电视传输服务	632	1728			68
卫星传输服务	633	345		30	
互联网和相关服务	64	6493			12
互联网接入及相关服务	641	1193			
互联网信息服务	642	4377			12
其他互联网服务	649	923			
软件和信息技术服务业	65	54415		6	282
软件开发	651	34579			255
信息系统集成服务	652	6061		6	
信息技术咨询服务	653	6767			27
数据处理和存储服务	654	574			
集成电路设计	655	911			
其他信息技术服务业	659	5523			
房地产业	**K**	**228939**		**377**	**2687**
房地产业	70	228939		377	2687
房地产开发经营	701	87706		144	1360
物业管理	702	111224		166	1194
房地产中介服务	703	22775		67	119
其他房地产业	709	7234			14
租赁和商务服务业	**L**	**295602**	**41**	**746**	**5813**
租赁业	71	18376	16	3	318
机械设备租赁	711	17534		3	219
文化及日用品出租	712	842	16		99

1992–1995年	1996年	1997年	1998年	1999年	2000年	2001年	2002年	代码
108	208		64	37	7	13	30	553
	16	64	27	32	170	29	112	56
	11	2	4	32			4	561
		62						562
	5		23		170	29	108	563
							48	57
							48	570
719	595	143	302	429	765	945	591	58
493	207	73	200	107	159	611	226	581
226	388	70	102	322	606	334	365	582
574	379	79	427	191	408	584	437	59
473	330	70	382	111	324	324	170	591
101	49	9	45	80	84	260	267	599
30		3	478	321	74	85	286	60
27			454	297	27		20	601
3		3	24	24	47	85	266	602
3137	**1734**	**1389**	**2632**	**2329**	**2936**	**3767**	**5152**	H
1947	608	811	1556	1143	740	1319	1467	61
1336	369	579	1266	661	364	728	805	611
530	171	208	191	419	332	559	497	612
81	68	24	99	63	44	32	165	619
1190	1126	578	1076	1186	2196	2448	3685	62
1100	1079	567	943	1108	1985	2194	3318	621
18	10	9	15	34	174	109	183	622
20				2	17	7	81	623
52	37	2	118	42	20	138	103	629
569	**202**	**466**	**773**	**846**	**2623**	**2127**	**4590**	I
115	31	95	66	134	954	485	3202	63
71	31	36	42	87	882	426	3094	631
44		59	24	27	72	59	108	632
				20				633
8	9	8	12	51	127	144	79	64
			12	27	78	21		641
8	9	8		24	49	96	60	642
						27	19	649
446	162	363	695	661	1542	1498	1309	65
317	139	135	421	370	1037	873	881	651
1	4	197	98	88	341	280	169	652
93		15	120	72	88	114	54	653
				74		5	6	654
9			10	30	22	84	119	655
26	19	16	46	27	54	142	80	659
4884	**1691**	**2806**	**3726**	**3812**	**5752**	**7622**	**7629**	K
4884	1691	2806	3726	3812	5752	7622	7629	70
3034	769	1426	2315	2029	1716	2958	1956	701
1601	890	1223	1281	1608	3407	3993	4181	702
165	16	106	65	155	514	502	1193	703
84	16	51	65	20	115	169	299	709
10360	**1359**	**2213**	**5386**	**4179**	**6119**	**5374**	**6527**	L
285	197	479	207	258	81	303	289	71
268	197	477	207	256	81	301	289	711
17		2		2		2		712

2-8 续表 7

行　业	代码	从业人员数（人）	1949年及以前	1950-1977年	1978-1991年
商务服务业	72	277226	25	743	5495
企业管理服务	721	47800	1	334	531
法律服务	722	4339			152
咨询与调查	723	44357	24	8	212
广告业	724	38954		69	47
知识产权服务	725	853			
人力资源服务	726	40749		4	508
旅行社及相关服务	727	18679		4	440
安全保护服务	728	33759			2390
其他商务服务业	729	47736		324	1215
科学研究和技术服务业	**M**	**134631**	**26**	**493**	**2381**
研究和试验发展	73	10769		178	124
自然科学研究和试验发展	731	290			
工程和技术研究和试验发展	732	5536		148	88
农业科学研究和试验发展	733	1576		30	16
医学研究和试验发展	734	3203			20
社会人文科学研究	735	164			
专业技术服务业	74	76562	26	213	1978
气象服务	741	181			
地震服务	742	72			
测绘服务	744	1585	11		
质检技术服务	745	5557	15	8	207
环境与生态监测	746	719			7
地质勘查	747	1558			73
工程技术	748	49997		76	1580
其他专业技术服务业	749	16893		129	111
科技推广和应用服务业	75	47300		102	279
技术推广服务	751	42846		88	213
科技中介服务	752	1722			66
其他科技推广和应用服务业	759	2732		14	
水利、环境和公共设施管理业	**N**	**25417**		**305**	**711**
水利管理业	76	3218		129	209
防洪除涝设施管理	761	207			62
水资源管理	762	789		56	72
天然水收集与分配	763	320		12	51
水文服务	764	171			3
其他水利管理业	769	1731		61	21
生态保护和环境治理业	77	3731		50	69
生态保护	771	1114		50	4
环境治理业	772	2617			65
公共设施管理业	78	18468		126	433
市政设施管理	781	1880			117
环境卫生管理	782	1953			
城乡市容管理	783	519			34
绿化管理	784	6635		120	129
公园和游览景区管理	785	7481		6	153
居民服务、修理和其他服务业	**O**	**76894**	**30**	**348**	**1186**
居民服务业	79	30648		94	284
家庭服务	791	6874			
托儿所服务	792	85			

1992-1995年	1996年	1997年	1998年	1999年	2000年	2001年	2002年	代码
10075	1162	1734	5179	3921	6038	5071	6238	72
2576	314	457	1023	1586	857	589	1144	721
177	38	92	202	95	221	258	153	722
720	96	101	378	942	1823	995	719	723
373	193	389	310	360	545	833	922	724
10	12	4		26		115	49	725
313	31	35	223	38	393	444	663	726
434	198	67	316	170	731	759	681	727
4327	22	363	2326	269	632	323	931	728
1145	258	226	401	435	836	755	976	729
2975	**971**	**679**	**1339**	**1901**	**2523**	**3874**	**4700**	M
187	85	38	49	193	217	210	109	73
1					14			731
96	74	28	30	94	93	113	44	732
16		10	9	10	37	69	47	733
74	11		10	89	73	28	18	734
								735
2280	802	570	1077	1475	2019	3040	3856	74
			2	4	15		15	741
							47	742
61	6		14	23	70	36	45	744
58	28	19	220	61	141	97	123	745
					15	5	1	746
75				85	4	97	158	747
1871	694	382	750	1215	1609	2477	2932	748
215	74	169	91	87	165	328	535	749
508	84	71	213	233	287	624	735	75
348	84	71	194	228	267	477	622	751
121					7	53	49	752
39			19	5	13	94	64	759
881	**95**	**327**	**356**	**319**	**584**	**765**	**942**	N
306	3		89	100	92	149	134	76
6			30				5	761
101			20	2	15		37	762
1			21	13		35		763
51						12		764
147	3		18	85	77	102	92	769
	11		8	70	4	48	248	77
	3			70	4	11	115	771
	8		8			37	133	772
575	81	327	259	149	488	568	560	78
41			74	4	151	10	48	781
31					36	66	6	782
10					5		15	783
372	74	93	124	107	171	348	336	784
121	7	234	61	38	125	144	155	785
792	**270**	**462**	**670**	**556**	**970**	**1740**	**1547**	O
234	110	50	203	118	246	326	447	79
8				4	20	61	82	791
								792

2-8 续表 8

行 业	代码	从业人员数（人）	1949年及以前	1950-1977年	1978-1991年
洗染服务	793	1431			20
理发及美容服务	794	5029		23	18
洗浴服务	795	1857			
保健服务	796	3262			
婚姻服务	797	1106			
殡葬服务	798	1260		70	125
其他居民服务业	799	9744		1	121
机动车、电子产品和日用产品修理业	80	28031		142	516
汽车、摩托车修理与维护	801	21122		119	473
计算机和办公设备维修	802	2065			
家用电器修理	803	2913		23	43
其他日用产品修理业	809	1931			
其他服务业	81	18215	30	112	386
清洁服务	811	9988	30		131
其他未列明服务业	819	8227		112	255
卫生和社会工作	**Q**	**820**			**49**
社会工作	84	820			49
提供住宿社会工作	841	780			49
不提供住宿社会工作	842	40			
文化、体育和娱乐业	**R**	**49004**	**12**	**849**	**931**
新闻和出版业	85	2755	12	48	369
新闻业	851	63			
出版业	852	2692	12	48	369
广播、电视、电影和影视录音制作业	86	5826		725	347
广播	861	162			
电视	862	258		65	
电影和影视节目制作	863	1081		50	
电影和影视节目发行	864	394		116	
电影放映	865	3684		494	347
录音制作	866	247			
文化艺术业	87	7671		41	50
文艺创作与表演	871	2763			10
艺术表演场馆	872	270			
图书馆与档案馆	873	41			
文物及非物质文化遗产保护	874	243			
博物馆	875	119			
烈士陵园、纪念馆	876	20			
群众文化活动	877	1160		18	35
其他文化艺术业	879	3055		23	5
体育	88	2990			
体育组织	881	317			
体育场馆	882	521			
休闲健身活动	883	1999			
其他体育	889	153			
娱乐业	89	29762		35	165
室内娱乐活动	891	26739		8	149
游乐园	892	507		27	2
彩票活动	893	24			
文化、娱乐、体育经纪代理	894	736			
其他娱乐业	899	1756			14

1992–1995年	1996年	1997年	1998年	1999年	2000年	2001年	2002年	代码
33			5	1			98	793
8	31	15	129	58	95	39	122	794
					4	14	17	795
2			10		16	17	20	796
	20			5	10	53	6	797
94	55		11		25	10	15	798
89	4	35	48	50	76	132	87	799
430	144	336	287	298	468	739	775	80
327	112	299	278	244	419	530	634	801
56	6	2		33	16	60	63	802
37	17	30	3	13	33	76	60	803
10	9	5	6	8		73	18	809
128	16	76	180	140	256	675	325	81
33	16	50	28	109	116	189	95	811
95		26	152	31	140	486	230	819
28					**40**	**5**		Q
28					40	5		84
27					40	5		841
1								842
342	**255**	**129**	**375**	**407**	**878**	**777**	**888**	R
63	13		26	71	125	22	99	85
								851
63	13		26	71	125	22	99	852
102	84	104	142	43	95	159	107	86
7							6	861
9	8	2	3			20	6	862
	3	12	14	3	7	15	15	863
30			15			30		864
54	73	90	110	40		94	80	865
2					88			866
100	32		15	13	21	31	110	87
3	6				8	2	47	871
46							48	872
			2	2				873
	18			4				874
								875
								876
17	3		3		5		10	877
34	5		10	7	8	29	5	879
43	3	3	15	89	46	123	6	88
23			7	3		23	6	881
10				86	44			882
10	3	3	8		2	98		883
						2		889
34	123	22	177	191	591	442	566	89
33	63	22	177	124	574	436	537	891
	60						2	892
							5	893
						6	16	894
1				67	17		6	899

2-8 续表 9

行 业	代码				
		2003年	2004年	2005年	2006年
总 计	00	**243961**	**258733**	**265948**	**264023**
农、林、牧、渔业	A	**842**	**651**	**925**	**936**
农业	01				44
谷物种植	011				
棉、麻、糖、烟草种植	013				
蔬菜、食用菌及园艺作物种植	014				
水果种植	015				44
坚果、含油果、香料和饮料作物种植	016				
中药材种植	017				
其他农业	019				
林业	02			9	
林木育种和育苗	021			9	
畜牧业	03				
牲畜饲养	031				
家禽饲养	032				
渔业	04				
水产养殖	041				
水产捕捞	042				
农、林、牧、渔服务业	05	842	651	916	892
农业服务业	051	712	495	785	697
林业服务业	052	47	13	51	72
畜牧服务业	053	32	101	22	73
渔业服务业	054	51	42	58	50
采矿业	B	**14517**	**11119**	**10535**	**10079**
煤炭开采和洗选业	06	8173	4521	2935	2230
烟煤和无烟煤开采洗选	061	7879	4045	2761	2034
褐煤开采洗选	062			9	
其他煤炭采选	069	294	476	165	196
石油和天然气开采业	07				11
石油开采	071				
天然气开采	072				11
黑色金属矿采选业	08	2161	1339	1547	1630
铁矿采选	081	1966	1328	1494	1630
锰矿、铬矿采选	082				
其他黑色金属矿采选	089	195	11	53	
有色金属矿采选业	09	675	722	639	893
常用有色金属矿采选	091	559	687	412	764
贵金属矿采选	092	50		118	34
稀有稀土金属矿采选	093	66	35	109	95
非金属矿采选业	10	3375	4342	5320	4745
土砂石开采	101	2184	2482	3220	3175
化学矿开采	102	693	1233	1464	1195
采盐	103		219		
石棉及其他非金属矿采选	109	498	408	636	375
开采辅助活动	11	26			17
煤炭开采和洗选辅助活动	111	13			10
石油和天然气开采辅助活动	112				
其他开采辅助活动	119	13			7
其他采矿业	12	107	195	94	553
其他采矿业	120	107	195	94	553
制造业	C	**113925**	**120400**	**126291**	**124550**
农副食品加工业	13	11568	12117	15552	12825

2007年	2008年	2009年	2010年	2011年	2012年	2013年	无开业年份	代码
263169	**321187**	**387956**	**463833**	**488836**	**476619**	**656917**	**4046**	00
771	**2228**	**3409**	**4222**	**4259**	**6310**	**10093**	**15**	A
	37	22	3		183	26		01
								011
	13							013
					178	20		014
	24	22			5			015
								016
						6		017
			3					019
								02
								021
		15	3		43	10		03
		15			43	10		031
			3					032
			450	20				04
				20				041
			450					042
771	2191	3372	3766	4239	6084	10057	15	05
591	1701	2105	3089	3117	4794	8371	5	051
33	187	388	168	315	218	203	10	052
60	132	498	226	485	752	997		053
87	171	381	283	322	320	486		054
6739	**12905**	**11816**	**12513**	**9848**	**8910**	**7509**	**210**	B
723	1701	1302	1394	1282	969	1003		06
568	1261	1037	1300	1114	760	751		061
		7				11		062
155	440	258	94	168	209	241		069
	19	55	19	28	21	48		07
		48		12	16	24		071
	19	7	19	16	5	24		072
1590	1762	2027	2285	1439	901	527	122	08
1578	1682	2027	2128	1379	851	502	122	081
12								082
	80		157	60	50	25		089
252	662	343	375	521	374	278	18	09
240	182	301	205	344	351	258	18	091
12	340	32	170	170		10		092
	140	10		7	23	10		093
3874	7284	7504	7657	6155	6102	5177	50	10
2501	5273	5339	3520	3807	4042	4091	3	101
333	997	855	802	827	1416	632		102
								103
1040	1014	1310	3335	1521	644	454	47	109
42	900	210	245	3	133	222		11
17		105	130		69	123		111
	894	44	45		36	65		112
25	6	61	70	3	28	34		119
258	577	375	538	420	410	254	20	12
258	577	375	538	420	410	254	20	120
123846	**148023**	**169964**	**204508**	**202958**	**164431**	**151898**	**1777**	C
11802	16225	15298	17717	14341	10983	11532	78	13

2-8 续表 10

行 业	代码				
		2003年	2004年	2005年	2006年
谷物磨制	131	4412	4246	5356	5380
饲料加工	132	681	720	2521	1318
植物油加工	133	2278	2904	2233	1359
制糖业	134	44		200	46
屠宰及肉类加工	135	843	1694	964	1089
水产品加工	136	778	365	828	636
蔬菜、水果和坚果加工	137	1048	729	1056	1008
其他农副食品加工	139	1484	1459	2394	1989
食品制造业	14	2548	3686	3202	2590
焙烤食品制造	141	576	730	449	707
糖果、巧克力及蜜饯制造	142	93	32	734	23
方便食品制造	143	729	599	351	225
乳制品制造	144	119		27	20
罐头食品制造	145	174	1012	419	614
调味品、发酵制品制造	146	251	306	776	227
其他食品制造	149	606	1007	446	774
酒、饮料和精制茶制造业	15	3984	3009	4479	4482
酒的制造	151	1778	918	1198	1165
饮料制造	152	996	546	1136	1843
精制茶加工	153	1210	1545	2145	1474
烟草制品业	16	210	293	41	
烟叶复烤	161		293		
卷烟制造	162				
其他烟草制品制造	169	210		41	
纺织业	17	11931	11377	11959	12972
棉纺织及印染精加工	171	7182	8397	8131	9467
毛纺织及染整精加工	172	36	6	130	31
麻纺织及染整精加工	173	948	137	89	3
丝绢纺织及印染精加工	174	109	15	158	268
化纤织造及印染精加工	175	80	85	59	56
针织或钩针编织物及其制品制造	176	502	295	341	534
家用纺织制成品制造	177	740	481	602	646
非家用纺织制成品制造	178	2334	1961	2449	1967
纺织服装、服饰业	18	6636	6489	7374	8406
机织服装制造	181	5801	5608	6878	7632
针织或钩针编织服装制造	182	217	356	179	547
服饰制造	183	618	525	317	227
皮革、毛皮、羽毛及其制品和制鞋业	19	1157	1054	957	808
皮革鞣制加工	191	500		132	28
皮革制品制造	192	268	150	192	191
毛皮鞣制及制品加工	193	131	370		3
羽毛(绒)加工及制品制造	194	110	33		
制鞋业	195	148	501	633	586
木材加工和木、竹、藤、棕、草制品业	20	1792	2355	3019	1976
木材加工	201	261	472	881	656
人造板制造	202	985	768	1414	628
木制品制造	203	480	916	582	582
竹、藤、棕、草等制品制造	204	66	199	142	110
家具制造业	21	416	1000	873	1186
木质家具制造	211	303	832	516	965
竹、藤家具制造	212		4	3	13
金属家具制造	213	7	4	46	31

2007年	2008年	2009年	2010年	2011年	2012年	2013年	无开业年份	代码
3958	4805	3440	4536	4862	2281	2036	8	131
1654	2448	2037	2658	1257	1057	976		132
1463	2092	2339	2952	852	909	1450	10	133
91	95		20	355		30		134
1575	1341	1267	1786	1140	1369	1098	48	135
448	1186	946	1025	920	802	642	2	136
1093	2090	2439	1810	2377	1874	1506		137
1520	2168	2830	2930	2578	2691	3794	10	139
4420	5576	4219	4780	4846	5452	4633	163	14
1188	1912	876	1328	1404	1519	1202	62	141
62	158	579	359	453	223	289		142
1162	1417	1068	1253	688	1568	1301		143
16	143		30	120	73	5		144
327	580	360	781	565	381	530		145
310	400	445	358	266	403	195	30	146
1355	966	891	671	1350	1285	1111	71	149
2949	4782	6027	4890	5663	5194	7503	60	15
745	1299	1117	730	1208	930	1190	23	151
903	1595	1631	1198	1776	1197	1462	9	152
1301	1888	3279	2962	2679	3067	4851	28	153
			56	26	29			16
			21	5	29			161
			9					162
			26	21				169
7158	9837	11594	14513	12298	9306	7505	27	17
3524	5980	5773	8280	7368	5182	2709	26	171
39	186	163	9	244	82	162		172
304	85	8	44	609	62	183		173
3	186	82	136	36	18	31		174
75	116	254	395	317	36	240		175
250	716	551	190	360	338	346		176
631	525	713	1412	1081	707	1191	1	177
2332	2043	4050	4047	2283	2881	2643		178
9372	9679	10610	14923	21075	16347	23688	116	18
8197	7934	7929	12898	16999	11940	17999	79	181
262	112	1128	338	938	820	744		182
913	1633	1553	1687	3138	3587	4945	37	183
754	814	1786	2572	3102	4368	4002	4	19
	12		16	36	72	339		191
235	260	606	571	1211	442	651	4	192
22	26	250	308	455	2156	1590		193
	24		138		135	20		194
497	492	930	1539	1400	1563	1402		195
3147	3392	3814	5686	5900	3975	3640	32	20
511	699	1355	1688	1008	1213	1467	2	201
1472	1756	946	2079	2286	941	361	6	202
779	811	1322	1352	1748	1537	1441	24	203
385	126	191	567	858	284	371		204
1046	618	2254	3204	1722	2324	2840	43	21
734	360	1752	2464	1381	1611	2388	31	211
		33			95	13		212
42	82	275	278	175	288	97	1	213

2-8 续表 11

行业	代码				
		2003年	2004年	2005年	2006年
塑料家具制造	214			30	33
其他家具制造	219	106	160	278	144
造纸和纸制品业	22	2430	2002	3153	2736
纸浆制造	221	20	226		
造纸	222	823	943	837	1232
纸制品制造	223	1587	833	2316	1504
印刷和记录媒介复制业	23	2964	3516	2496	2166
印刷	231	2876	3129	2245	1892
装订及印刷相关服务	232	88	375	251	90
记录媒介复制	233		12		184
文教、工美、体育和娱乐用品制造业	24	1116	925	597	1328
文教办公用品制造	241	32	370	18	53
乐器制造	242	89	36	18	151
工艺美术品制造	243	805	380	538	694
体育用品制造	244	115	92	23	164
玩具制造	245	75			266
游艺器材及娱乐用品制造	246		47		
石油加工及炼焦	25	90	344	186	103
化学原料和化学制品制造业	26	6154	7095	7011	6981
基础化学原料制造	261	865	1704	2028	1675
肥料制造	262	1433	1910	1696	1456
农药制造	263	355	220	107	237
涂料、油墨、颜料及类似产品制造	264	1239	863	555	612
合成材料制造	265	211	401	246	652
专用化学产品制造	266	1530	1374	1304	1608
炸药、火工及焰火产品制造	267	501	292	852	421
日用化学产品制造	268	20	331	223	320
医药制造业	27	4217	3093	3083	1292
化学药品原料药制造	271	168	531	759	178
化学药品制剂制造	272	678	80	399	97
中药饮片加工	273	795	448	83	56
中成药生产	274	1494	689	673	273
兽用药品制造	275		50	307	77
生物药品制造	276	249	167	561	38
卫生材料及医药用品制造	277	833	1128	301	573
化学纤维制造业	28	261	165	233	18
纤维素纤维原料及纤维制造	281		18		11
合成纤维制造	282	261	147	233	7
橡胶和塑料制品业	29	3819	4614	5192	6301
橡胶制品业	291	839	838	712	961
塑料制品业	292	2980	3776	4480	5340
非金属矿物制品业	30	10518	12164	12693	18667
水泥、石灰和石膏制造	301	1258	1592	1588	1635
石膏、水泥制品及类似制品制造	302	2358	2543	2810	4326
砖瓦、石材等建筑材料制造	303	4802	5311	6457	10352
玻璃制造	304	45	631	87	218
玻璃制品制造	305	564	189	449	313
玻璃纤维和玻璃纤维增强塑料制品制造	306	55	92	23	112
陶瓷制品制造	307	20	66	109	8
耐火材料制品制造	308	571	454	627	882
石墨及其他非金属矿物制品制造	309	845	1286	543	821
黑色金属冶炼和压延加工业	31	2995	3402	2927	1727

2007年	2008年	2009年	2010年	2011年	2012年	2013年	无开业年份	代码
5	20	13	53	29	7	19		214
265	156	181	409	137	323	323	11	219
796	2918	3633	3147	2142	1665	1898	6	22
5	39		140		6	31		221
492	1381	1016	513	417	533	314		222
299	1498	2617	2494	1725	1126	1553	6	223
2733	2500	2552	2486	2744	1966	1879	3	23
2482	2167	2313	2184	2608	1802	1671	3	231
251	256	239	267	136	161	206		232
	77		35		3	2		233
685	1704	2000	1919	2270	2132	3305	4	24
149	41	256	152	497	88	177		241
8	565			99	31	8		242
460	1010	1040	1397	1477	1564	2378		243
17	34	251	44	81	279	421		244
51	46	424	175	103	132	105	1	245
	8	29	151	13	38	216	3	246
354	154	249	351	336	91	136	26	25
7960	8074	8606	12068	10645	7547	5599	265	26
1686	1595	1333	2499	1967	1426	909	17	261
1355	1429	2156	4233	3013	1674	1702	59	262
223	340	365	154	438	150	70		263
780	1025	875	1297	1949	1642	1133	23	264
193	676	787	1207	507	557	329	134	265
2348	1366	2664	2141	1969	1499	927	32	266
722	1090	311	315	229	208	122		267
653	553	115	222	573	391	407		268
1805	2258	3790	4079	2096	1900	2078	47	27
246	202	473	1288	65	487	496	22	271
97	85	212	207	197	91	256		272
248	204	522	796	193	355	572		273
504	615	835	338	188	165	224	20	274
3	21	314	41	548	23			275
180	662	832	567	448	331	245	2	276
527	469	602	842	457	448	285	3	277
	112	192	33	255	101	41	12	28
			22	36	20	9		281
	112	192	11	219	81	32	12	282
5707	6758	6321	6903	7377	5999	4575	147	29
846	589	396	1038	1294	644	319	20	291
4861	6169	5925	5865	6083	5355	4256	127	292
17917	24507	27449	31701	36978	29117	25367	171	30
1548	2556	3360	1593	1937	1287	1453	8	301
4278	5625	7376	8515	10077	9442	9116	34	302
8966	13740	12177	16893	18356	13125	11811	113	303
366	103	1116	330	1070	490	675	2	304
675	440	1332	1254	1251	1540	541	3	305
	135	293	120	240	533	353	10	306
565	367	540	718	1495	726	274		307
539	368	228	121	922	860	286	1	308
980	1173	1027	2157	1630	1114	858		309
1906	2062	2914	2727	2627	1781	1835	2	31

2-8 续表 12

行 业	代码				
		2003年	2004年	2005年	2006年
炼铁	311	172	121	125	58
炼钢	312	31	18	23	164
黑色金属铸造	313	1118	1950	2175	798
钢压延加工	314	1525	1093	576	577
铁合金冶炼	315	149	220	28	130
有色金属冶炼和压延加工业	32	1353	1536	962	1413
常用有色金属冶炼	321	306	393	337	429
贵金属冶炼	322	10			1
稀有稀土金属冶炼	323	68		31	109
有色金属合金制造	324	187	211	102	301
有色金属铸造	325	10	23	61	217
有色金属压延加工	326	772	909	431	356
金属制品业	33	5224	6206	5903	6035
结构性金属制品制造	331	1680	2159	2468	3276
金属工具制造	332	655	660	154	292
集装箱及金属包装容器制造	333	894	899	608	452
金属丝绳及其制品制造	334	247	183	269	452
建筑、安全用金属制品制造	335	487	256	450	397
金属表面处理及热处理加工	336	118	745	301	2
搪瓷制品制造	337	86		23	
金属制日用品制造	338	218	365	273	124
其他金属制品制造	339	839	939	1357	1040
通用设备制造业	34	6832	6717	7305	4919
锅炉及原动设备制造	341	764	398	495	687
金属加工机械制造	342	1716	1253	1878	784
物料搬运设备制造	343	179	635	651	349
泵、阀门、压缩机及类似机械制造	344	964	987	978	882
轴承、齿轮和传动部件制造	345	447	966	580	265
烘炉、风机、衡器、包装等设备制造	346	701	1223	759	402
文化、办公用机械制造	347	38	31	1	1
通用零部件制造	348	1613	979	1706	1355
其他通用设备制造业	349	410	245	257	194
专用设备制造业	35	5190	5221	5331	6456
采矿、冶金、建筑专用设备制造	351	1333	1455	1760	1307
化工、木材、非金属加工专用设备制造	352	1060	1240	1170	1709
食品、饮料、烟草及饲料生产专用设备制造	353	568	59	614	296
印刷、制药、日化及日用品生产专用设备制造	354	492	5	170	136
纺织、服装和皮革加工专用设备制造	355	212	62	158	250
电子和电工机械专用设备制造	356	561	493	169	385
农、林、牧、渔专用机械制造	357	172	63	268	372
医疗仪器设备及器械制造	358	188	749	333	335
环保、社会公共服务及其他专用设备制造	359	604	1095	689	1666
汽车制造业	36	11579	11652	11319	10913
汽车整车制造	361		22	12	417
改装汽车制造	362	520	620	631	447
低速载货汽车制造	363			36	
电车制造	364				
汽车车身、挂车制造	365	294		140	188
汽车零部件及配件制造	366	10765	11010	10500	9861
铁路、船舶、航空航天和其他运输设备制造业	37	765	1070	1530	1104
铁路运输设备制造	371	67	408	548	63
城市轨道交通设备制造	372				

2007年	2008年	2009年	2010年	2011年	2012年	2013年	无开业年份	代码
214	30	215	70	8	160			311
313	29	80	74	148	258	112		312
1020	966	1702	965	953	853	337		313
326	910	674	1403	1453	503	1352	2	314
33	127	243	215	65	7	34		315
842	1791	1640	1653	2044	1028	1015	40	32
123	1041	428	606	253	182	374	40	321
	8	2				10		322
	16	30				7		323
312	423	576	76	387	163	64		324
15	60	26	122	343	39	33		325
392	243	578	849	1061	644	527		326
6437	6957	9082	10638	8941	9396	7619	61	33
2864	3511	4824	7516	4787	4889	4720	23	331
1144	391	302	561	1030	751	694	27	332
508	602	943	240	518	784	162	2	333
436	476	213	59	94	40	60		334
237	773	848	421	1128	1006	476	9	335
123	275	448	854	181	312	282		336
9			15	3		8		337
445	312	542	286	279	504	408		338
671	617	962	686	921	1110	809		339
6140	7183	6617	11877	10260	7079	5888	52	34
543	935	754	1426	403	611	203	3	341
2110	1513	2058	2806	2215	1571	1775	6	342
303	568	110	1028	573	606	252		343
214	442	546	926	822	493	582	6	344
397	491	626	310	536	246	142		345
478	663	476	1379	1170	1078	539	23	346
128	10	145	24	149	50	86	2	347
1630	1535	1414	3302	3126	1735	1664	8	348
337	1026	488	676	1266	689	645	4	349
8973	6738	8642	8842	10111	7216	6349	198	35
2356	1640	2407	1937	1802	1312	1547		351
3422	1508	1424	1858	1824	1612	1331	13	352
308	110	643	730	782	568	276	10	353
137	494	209	585	743	437	251	19	354
22	191	105	296	420	264	134	10	355
565	844	539	907	1043	837	925	93	356
599	879	1351	800	1559	414	536	20	357
192	481	670	339	522	561	232	2	358
1372	591	1294	1390	1416	1211	1117	31	359
8871	10700	14654	20129	15606	11393	7351	50	36
		214	238	128	142	124		361
835	564	382	486	596	99	117		362
26			10	35	18	25		363
	41		161	146	92	83	3	364
45		13	30	243				365
7965	10095	14045	19204	14458	11042	7002	47	366
1879	1383	1239	1874	1095	1257	434		37
542	451	387	426	288	181	150		371
256	26		3	1	27	12		372

2-8 续表 13

行 业	代码				
		2003年	2004年	2005年	2006年
船舶及相关装置制造	373	698	452	834	960
航空、航天器及设备制造	374				79
摩托车制造	375		186		2
自行车制造	376		24	109	
非公路休闲车及零配件制造	377			3	
潜水救捞及其他未列明运输设备制造	379			36	
电气机械和器材制造业	38	3831	4174	4143	3445
电机制造	381	802	599	524	363
输配电及控制设备制造	382	1401	1024	1435	1612
电线、电缆、光缆及电工器材制造	383	494	825	928	746
电池制造	384	418	224	315	111
家用电力器具制造	385	95	378	495	86
非电力家用器具制造	386	187	51	93	102
照明器具制造	387	257	501	150	323
其他电气机械及器材制造	389	177	572	203	102
计算机、通信和其他电子设备制造业	39	2010	2361	2435	1365
计算机制造	391	74	480	138	182
通信设备制造	392	117	281	693	385
广播电视设备制造	393	5		16	
雷达及配套设备制造	394				47
视听设备制造	395		326		
电子器件制造	396	674	397	713	506
电子元件制造	397	671	448	454	145
其他电子设备制造	399	469	429	421	100
仪器仪表制造业	40	1299	995	498	1229
通用仪器仪表制造	401	595	577	273	363
专用仪器仪表制造	402	556	180	52	672
钟表与计时仪器制造	403	26	32	12	
光学仪器及眼镜制造	404	44	80	33	62
其他仪器仪表制造业	409	78	126	128	132
其他制造业	41	711	705	982	335
废弃资源综合利用业	42	227	397	599	416
金属废料和碎屑加工处理	421	215	39	333	347
非金属废料和碎屑加工处理	422	12	358	266	69
金属制品、机械和设备修理业	43	98	666	257	356
金属制品修理	431	15		23	121
通用设备修理	432		462	54	5
专用设备修理	433	14	17	12	15
铁路、船舶、航空航天等运输设备修理	434	8	31	97	101
电气设备修理	435	42		7	20
仪器仪表修理	436			3	
其他机械和设备修理业	439	19	156	61	94
电力、热力、燃气及水生产和供应业	**D**	**3486**	**2618**	**2969**	**3709**
电力、热力生产和供应业	44	2272	1806	1565	2267
电力生产	441	1960	1327	1423	1833
电力供应	442	312	461	142	364
热力生产和供应	443		18		70
燃气生产和供应业	45	799	202	366	627
燃气生产和供应业	450	799	202	366	627
水的生产和供应业	46	415	610	1038	815
自来水生产和供应	461	230	559	926	547
污水处理及其再生利用	462	185	51	111	254

2007年	2008年	2009年	2010年	2011年	2012年	2013年	无开业年份	代码
554	792	752	972	464	310	135		373
53			261	52	22			374
362	16	78	16	247	164	44		375
96	90	22	161	33	303	58		376
6	8		35	2	25	35		377
10				8	225			379
4928	5708	8639	7678	10041	7565	4464	4	38
353	780	1035	602	2343	1197	375		381
1735	2131	3479	2336	2057	2606	1416		382
693	660	933	973	1144	612	743	3	383
566	860	654	817	1144	516	207		384
173	61	150	821	303	376	221		385
334	558	280	449	223	440	258		386
413	145	1698	1277	1633	1049	895	1	387
661	513	410	403	1194	769	349		389
2386	2389	2974	4887	5080	4644	3445	108	39
233	52	151	154	279	360	241		391
198	129	185	896	580	211	451		392
12	5	3	153	40	86	227		393
				110	29	45		394
12	122	404		141	450	75		395
581	639	827	968	1694	788	346		396
456	1125	982	2195	1467	1131	1098	2	397
894	317	422	521	769	1589	962	106	399
1080	596	1558	1037	787	1314	1022	3	40
641	234	760	580	301	753	388	3	401
251	141	352	215	342	343	181		402
			81		17	110		403
	105	321	73	83	69	163		404
188	116	125	88	61	132	180		409
1149	947	1002	1028	1443	1804	1329	50	41
212	1171	179	691	614	1012	176	5	42
109	742	163	348	355	509	42		421
103	429	16	343	259	503	134	5	422
438	490	430	419	493	446	750		43
12	40	19	8	10	6	16		431
109	23	75	64	213	47	63		432
34	30	29	27	10	40	43		433
36	33	76	161	65	173	91		434
25	89	72	65	30	49	179		435
6		13	3	12	16	3		436
216	275	146	91	153	115	355		439
3896	**3809**	**3537**	**3495**	**2719**	**4507**	**2566**	**132**	**D**
3096	1917	1853	2131	1605	2347	1251	130	44
1533	1515	1175	1765	1093	2089	895	128	441
1519	399	221	282	172	149	249	2	442
44	3	457	84	340	109	107		443
315	308	677	238	282	1161	310		45
315	308	677	238	282	1161	310		450
485	1584	1007	1126	832	999	1005	2	46
314	1362	799	789	519	846	821		461
167	158	195	251	310	145	164	2	462

2-8 续表 14

行 业	代码	2003年	2004年	2005年	2006年
其他水的处理、利用与分配	469			1	14
建筑业	E	**34775**	**44309**	**36493**	**34402**
房屋建筑业	47	19294	19073	17940	13974
房屋建筑业	470	19294	19073	17940	13974
土木工程建筑业	48	4621	5255	5615	5825
铁路、道路、隧道和桥梁工程建筑	481	2310	1617	2991	2603
水利和内河港口工程建筑	482	78	866	39	60
海洋工程建筑	483				
工矿工程建筑	484	1062	92	550	211
架线和管道工程建筑	485	209	1533	1229	361
其他土木工程建筑	489	962	1147	806	2590
建筑安装业	49	2997	4986	3360	3938
电气安装	491	776	356	696	1086
管道和设备安装	492	421	508	444	589
其他建筑安装业	499	1800	4122	2220	2263
建筑装饰和其他建筑业	50	7863	14995	9578	10665
建筑装饰业	501	3789	7361	5137	4935
工程准备活动	502	324	512	454	558
提供施工设备服务	503	592	1175	389	1259
其他未列明建筑业	509	3158	5947	3598	3913
批发和零售业	F	**26444**	**26128**	**28298**	**33482**
批发业	51	15202	15237	15769	18611
农、林、牧产品批发	511	2540	1275	1899	1956
食品、饮料及烟草制品批发	512	1421	1528	1815	2418
纺织、服装及家庭用品批发	513	1192	1226	981	1227
文化、体育用品及器材批发	514	350	375	426	402
医药及医疗器材批发	515	969	1451	1140	1086
矿产品、建材及化工产品批发	516	3857	4347	4389	5361
机械设备、五金产品及电子产品批发	517	3530	3615	3260	4312
贸易经纪与代理	518	540	451	452	460
其他批发业	519	803	969	1407	1389
零售业	52	11242	10891	12529	14871
综合零售	521	1595	1722	2036	2862
食品、饮料及烟草制品专门零售	522	1118	1008	1331	1406
纺织、服装及日用品专门零售	523	1090	933	1260	1473
文化、体育用品及器材专门零售	524	534	443	525	699
医药及医疗器材专门零售	525	1599	1623	1596	1435
汽车、摩托车、燃料及零配件专门零售	526	1679	1693	1802	2444
家用电器及电子产品专门零售	527	1482	1428	1659	2256
五金、家具及室内装饰材料专门零售	528	1063	1128	1244	1281
货摊、无店铺及其他零售业	529	1082	913	1076	1015
交通运输、仓储和邮政业	G	**12884**	**12472**	**12689**	**8349**
道路运输业	54	9946	9124	8531	5692
城市公共交通运输	541	1512	1736	1702	225
公路旅客运输	542	2958	2356	2246	1029
道路货物运输	543	3762	3278	3881	3968
道路运输辅助活动	544	1714	1754	702	470
水上运输业	55	903	943	1196	484
水上旅客运输	551	45	100	6	19
水上货物运输	552	744	606	1075	428
水上运输辅助活动	553	114	237	115	37
航空运输业	56		49	509	22

2007年	2008年	2009年	2010年	2011年	2012年	2013年	无开业年份	代码
4	64	13	86	3	8	20		469
27766	**22468**	**37710**	**38742**	**41202**	**32303**	**34946**	**68**	E
12355	8027	19646	20165	19951	9229	9540	12	47
12355	8027	19646	20165	19951	9229	9540	12	470
5531	5017	7316	6428	6029	7086	7821	4	48
1485	2439	3042	1853	2915	2717	2192	4	481
338	102	1852	1023	306	351	353		482
								483
1551	626	220	762	276	555	1037		484
799	504	538	347	325	680	437		485
1358	1346	1664	2443	2207	2783	3802		489
2865	2479	3233	3481	4267	4137	3241	29	49
1029	685	1288	624	1274	729	820		491
632	293	613	518	1504	959	516		492
1204	1501	1332	2339	1489	2449	1905	29	499
7015	6945	7515	8668	10955	11851	14344	23	50
3269	2584	2817	4435	6092	7361	9199	18	501
1006	960	981	1379	1278	1219	1492		502
683	259	177	561	461	416	390		503
2057	3142	3540	2293	3124	2855	3263	5	509
36288	**53612**	**68334**	**78905**	**96687**	**113830**	**250074**	**678**	F
20738	30913	37204	43583	55194	63074	103419	246	51
2412	5612	5735	5675	8485	11391	21476	33	511
2562	5324	7359	8321	11262	12903	25176	13	512
2064	2230	2824	3320	4150	4873	10927	17	513
520	610	548	933	867	1351	1821	2	514
910	776	818	968	1243	1615	2232	15	515
5981	8093	10291	11736	14567	15329	21343	77	516
4675	6063	6871	8299	10320	10268	14342	54	517
552	620	1080	2638	2112	2948	3390		518
1062	1585	1678	1693	2188	2396	2712	35	519
15550	22699	31130	35322	41493	50756	146655	432	52
2660	4859	5070	5656	7526	10389	48880	83	521
1479	2614	3679	4514	5300	6858	17564	8	522
1715	2725	2952	3559	4363	5709	24175	4	523
842	951	1250	2285	1962	2462	5856	3	524
793	1272	1595	1531	1548	1921	3099	5	525
2080	2481	5115	5095	5160	6218	9446	53	526
3048	3485	5481	5651	6198	6635	12378	242	527
1631	2393	3762	4574	5245	6775	19440	19	528
1302	1919	2226	2457	4191	3789	5817	15	529
9984	**11451**	**12455**	**14156**	**15716**	**15297**	**18189**	**88**	G
6767	5985	6748	6518	9122	8893	10646	38	54
1093	1382	470	614	1137	1070	1741		541
950	946	605	851	766	977	390		542
4596	3244	4935	4525	6410	6290	7579	32	543
128	413	738	528	809	556	936	6	544
928	450	1047	980	512	565	392	1	55
83	78	138	187	90	181	196		551
338	279	737	564	285	208	76	1	552
507	93	172	229	137	176	120		553
5	257	56	112	17	18	65		56

2-8 续表 15

行 业	代码				
		2003年	2004年	2005年	2006年
航空客货运输	561		49		22
通用航空服务	562			101	
航空运输辅助活动	563			408	
管道运输业	57	6	85	159	
管道运输业	570	6	85	159	
装卸搬运和运输代理业	58	1409	1377	1559	1223
装卸搬运	581	861	467	723	384
运输代理业	582	548	910	836	839
仓储业	59	558	678	620	745
谷物、棉花等农产品仓储	591	119	198	206	325
其他仓储业	599	439	480	414	420
邮政业	60	62	216	115	183
邮政基本服务	601	6		15	
快递服务	602	56	216	100	183
住宿和餐饮业	**H**	**5148**	**7011**	**8742**	**8068**
住宿业	61	2026	1800	3646	2997
旅游饭店	611	1067	642	1921	1654
一般旅馆	612	896	1048	1266	1292
其他住宿业	619	63	110	459	51
餐饮业	62	3122	5211	5096	5071
正餐服务	621	2920	4945	4518	4614
快餐服务	622	60	177	300	72
饮料及冷饮服务	623	54	2	48	52
其他餐饮业	629	88	87	230	333
信息传输、软件和信息技术服务业	**I**	**2507**	**2172**	**2585**	**3054**
电信、广播电视和卫星传输服务	63	311	427	204	322
电信	631	214	408	150	177
广播电视传输服务	632	97	19	16	72
卫星传输服务	633			38	73
互联网和相关服务	64	235	209	325	385
互联网接入及相关服务	641	14	44	33	127
互联网信息服务	642	200	162	275	247
其他互联网服务	649	21	3	17	11
软件和信息技术服务业	65	1961	1536	2056	2347
软件开发	651	1260	1074	1458	1543
信息系统集成服务	652	296	179	170	236
信息技术咨询服务	653	231	106	115	162
数据处理和存储服务	654	5	42	13	82
集成电路设计	655	12	10		72
其他信息技术服务业	659	157	125	300	252
房地产业	**K**	**11414**	**10910**	**13528**	**13212**
房地产业	70	11414	10910	13528	13212
房地产开发经营	701	3537	3759	3875	4209
物业管理	702	6456	5923	8418	7787
房地产中介服务	703	1182	1047	1043	871
其他房地产业	709	239	181	192	345
租赁和商务服务业	**L**	**8945**	**10924**	**12237**	**10160**
租赁业	71	869	523	413	586
机械设备租赁	711	824	471	392	564
文化及日用品出租	712	45	52	21	22
商务服务业	72	8076	10401	11824	9574
企业管理服务	721	1076	1492	1444	1277

2007年	2008年	2009年	2010年	2011年	2012年	2013年	无开业年份	代码
5	257	6	8		9	10		561
		50	51	17	3	40		562
			53		6	15		563
32	12	7	99	2	25	52		57
32	12	7	99	2	25	52		570
1607	3202	2174	3038	3213	3777	4327	25	58
524	2029	1030	1509	1577	2278	2059		581
1083	1173	1144	1529	1636	1499	2268	25	582
436	980	1179	1130	1636	977	1090	2	59
96	347	681	556	611	223	538		591
340	633	498	574	1025	754	552	2	599
209	565	1244	2279	1214	1042	1617	22	60
2	13	8	9	32	13	23		601
207	552	1236	2270	1182	1029	1594	22	602
9560	**13884**	**15855**	**19048**	**22496**	**25026**	**37719**	**152**	**H**
3994	5410	4292	6061	6558	7790	8371	97	61
2262	2846	1920	3084	3225	3029	3563	27	611
1298	2023	1902	2266	2687	4127	4071	3	612
434	541	470	711	646	634	737	67	619
5566	8474	11563	12987	15938	17236	29348	55	62
5204	7865	10873	11560	14357	14949	24664	47	621
134	274	205	550	645	636	1309	5	622
79	46	32	179	260	478	353		623
149	289	453	698	676	1173	3022	3	629
3403	**4584**	**5150**	**8388**	**7473**	**9234**	**10364**	**35**	**I**
84	936	336	881	737	550	667		63
84	613	273	518	424	419	613		631
	323	63	363	211	50	53		632
				102	81	1		633
536	462	541	745	704	866	1033	2	64
121	70	46	105	72	230	193		641
384	299	462	514	521	448	597	2	642
31	93	33	126	111	188	243		649
2783	3186	4273	6762	6032	7818	8664	33	65
1701	1992	2939	4119	4061	4926	5077	1	651
575	396	544	629	594	656	600	2	652
294	339	431	1010	608	1073	1815		653
20	17	7	39	73	119	72		654
33	39	114	72	101	86	98		655
160	403	238	893	595	958	1002	30	659
15393	**14016**	**15913**	**26357**	**23836**	**20606**	**22474**	**294**	**K**
15393	14016	15913	26357	23836	20606	22474	294	70
6167	5176	5818	12156	9979	7718	7380	225	701
7777	7214	8082	10239	9989	9422	10350	23	702
1264	1275	1671	2865	2646	2493	3500	16	703
185	351	342	1097	1222	973	1244	30	709
13511	**17337**	**22432**	**27904**	**32221**	**40543**	**51034**	**237**	**L**
534	952	1417	1199	1993	2762	4689	3	71
527	942	1387	1163	1930	2669	4364	3	711
7	10	30	36	63	93	325		712
12977	16385	21015	26705	30228	37781	46345	234	72
2355	2484	3018	4031	5381	7100	8657	73	721

2-8 续表 16

行 业	代码	2003年	2004年	2005年	2006年
法律服务	722	138	98	648	87
咨询与调查	723	1068	1352	1628	1372
广告业	724	1090	1279	1328	1710
知识产权服务	725	37	10	9	42
人力资源服务	726	1159	1520	1227	1445
旅行社及相关服务	727	654	888	1789	1282
安全保护服务	728	573	1900	1597	1059
其他商务服务业	729	2281	1862	2154	1300
科学研究和技术服务业	**M**	**4804**	**5100**	**5025**	**7379**
研究和试验发展	73	271	283	531	469
自然科学研究和试验发展	731		3	30	43
工程和技术研究和试验发展	732	103	199	282	271
农业科学研究和试验发展	733	42	3	72	19
医学研究和试验发展	734	126	78	147	136
社会人文科学研究	735				
专业技术服务业	74	3777	4046	3598	5317
气象服务	741	10	34	19	27
地震服务	742				
测绘服务	744	112	86	57	198
质检技术服务	745	138	250	285	996
环境与生态监测	746	7	53	30	18
地质勘查	747	77	34	108	46
工程技术	748	2866	3012	2424	3154
其他专业技术服务业	749	567	577	675	878
科技推广和应用服务业	75	756	771	896	1593
技术推广服务	751	614	612	805	1401
科技中介服务	752	48	101	78	54
其他科技推广和应用服务业	759	94	58	13	138
水利、环境和公共设施管理业	**N**	**1136**	**863**	**1069**	**1587**
水利管理业	76	105	158	302	92
防洪除涝设施管理	761	11	2	30	15
水资源管理	762	36	30	10	
天然水收集与分配	763	15	52	57	13
水文服务	764			23	
其他水利管理业	769	43	74	182	64
生态保护和环境治理业	77	111	149	212	57
生态保护	771	11	14	26	26
环境治理业	772	100	135	186	31
公共设施管理业	78	920	556	555	1438
市政设施管理	781	48	19	203	332
环境卫生管理	782	105	127	3	196
城乡市容管理	783		9		28
绿化管理	784	364	186	188	458
公园和游览景区管理	785	403	215	161	424
居民服务、修理和其他服务业	**O**	**1930**	**2276**	**2496**	**3168**
居民服务业	79	434	753	796	1034
家庭服务	791	125	236	78	251
托儿所服务	792				
洗染服务	793	7	40	125	69

2007年	2008年	2009年	2010年	2011年	2012年	2013年	无开业年份	代码
63	268	588	289	208	263	301		722
1706	1978	2705	4161	4981	7704	9632	52	723
1927	2460	3428	4336	5296	5681	6365	13	724
92	2	79	35	84	138	109		725
1786	3688	4358	5077	3915	6168	7729	25	726
725	747	1248	1739	2176	1749	1814	68	727
952	1457	1718	1492	3565	3372	4491		728
3371	3301	3873	5545	4622	5606	7247	3	729
5970	**8073**	**10027**	**11513**	**14168**	**17066**	**23411**	**233**	M
442	874	617	1365	1717	1114	1691	5	73
	31	5	35	57	19	52		731
205	490	380	638	770	608	777	5	732
103	156	31	100	234	184	388		733
104	130	201	582	630	288	458		734
30	67		10	26	15	16		735
4243	4164	5149	5330	6590	6929	9974	109	74
8	8		2	6	8	23		741
				16	8	1		742
76	117	104	43	110	269	147		744
325	310	497	520	423	440	375	21	745
	57	131	84	73	95	143		746
103	181	68	100	80	155	114		747
2936	2104	2847	3291	4047	3950	5763	17	748
795	1387	1502	1290	1835	2004	3408	71	749
1285	3035	4261	4818	5861	9023	11746	119	75
1103	2823	3944	4186	5404	8264	11027	71	751
32	45	121	152	170	304	320	1	752
150	167	196	480	287	455	399	47	759
849	**1560**	**1745**	**2191**	**2654**	**2881**	**3545**	**52**	N
45	171	199	126	300	221	288		76
		8	17	6	15			761
14	30	111	5	76	55	119		762
12		5	10		20	3		763
5	8	6	6	11	10	36		764
14	133	69	88	207	121	130		769
196	155	439	485	517	354	548		77
28	8	26	135	290	147	146		771
168	147	413	350	227	207	402		772
608	1234	1107	1580	1837	2306	2709	52	78
104	95	108	83	125	88	230		781
112	242	78	212	79	335	325		782
	9	45	66	53	118	127		783
178	294	302	470	663	931	727		784
214	594	574	749	917	834	1300	52	785
2850	**3562**	**5441**	**7079**	**7633**	**9104**	**22755**	**29**	O
708	1265	1992	3008	2771	4103	11650	22	79
130	279	469	741	659	1211	2520		791
12		3		27	37	6		792
132	34	98	92	179	168	330		793

2-8 续表 17

行 业	代码				
		2003年	2004年	2005年	2006年
理发及美容服务	794	86	76	122	134
洗浴服务	795	78	201	53	154
保健服务	796	53	23	131	77
婚姻服务	797	13	15	44	181
殡葬服务	798	35	85	93	22
其他居民服务业	799	37	77	150	146
机动车、电子产品和日用产品修理业	80	1176	1057	844	1118
汽车、摩托车修理与维护	801	866	759	663	803
计算机和办公设备维修	802	53	76	35	110
家用电器修理	803	160	190	82	160
其他日用产品修理业	809	97	32	64	45
其他服务业	81	320	466	856	1016
清洁服务	811	169	251	228	680
其他未列明服务业	819	151	215	628	336
卫生和社会工作	**Q**	**20**	**5**	**30**	**17**
社会工作	84	20	5	30	17
提供住宿社会工作	841	20	3	30	17
不提供住宿社会工作	842		2		
文化、体育和娱乐业	**R**	**1184**	**1775**	**2036**	**1871**
新闻和出版业	85	104	156	164	16
新闻业	851	5	2		
出版业	852	99	154	164	16
广播、电视、电影和影视录音制作业	86	12	165	92	125
广播	861		29	9	
电视	862		20		
电影和影视节目制作	863		51	10	35
电影和影视节目发行	864				36
电影放映	865		65	73	54
录音制作	866	12			
文化艺术业	87	125	54	192	128
文艺创作与表演	871	42	26	24	22
艺术表演场馆	872	13		3	
图书馆与档案馆	873	11			
文物及非物质文化遗产保护	874	38		35	
博物馆	875				
烈士陵园、纪念馆	876				
群众文化活动	877	4	2	9	10
其他文化艺术业	879	17	26	121	96
体育	88	144	32	95	88
体育组织	881	19		23	5
体育场馆	882	65		12	26
休闲健身活动	883	52	31	60	57
其他体育	889	8	1		
娱乐业	89	799	1368	1493	1514
室内娱乐活动	891	754	1214	1307	1451
游乐园	892	38		15	36
彩票活动	893				
文化、娱乐、体育经纪代理	894	5	2	5	10
其他娱乐业	899	2	152	166	17

2007年	2008年	2009年	2010年	2011年	2012年	2013年	无开业年份	代码
140	255	202	361	436	325	2354		794
72	55	54	296	120	223	516		795
92	198	325	494	396	477	931		796
21	17	58	131	53	176	303		797
26	25	22	89	39	77	326	16	798
83	402	761	804	862	1409	4364	6	799
1092	1420	1983	2643	3063	2597	6903		80
725	1045	1605	1937	2361	1989	4934		801
179	112	84	175	287	180	538		802
139	125	164	330	253	221	754		803
49	138	130	201	162	207	677		809
1050	877	1466	1428	1799	2404	4202	7	81
749	475	795	875	1089	1537	2343		811
301	402	671	553	710	867	1859	7	819
20	**24**	**52**	**111**	**137**	**107**	**140**	**35**	Q
20	24	52	111	137	107	140	35	84
20	11	49	105	137	107	125	35	841
	13	3	6			15		842
2323	**3651**	**4116**	**4701**	**4829**	**6464**	**10200**	**11**	R
104	84	140	206	174	525	234		85
			47	3	6			851
104	84	140	159	171	519	234		852
206	427	441	643	480	582	745		86
	11		30	12	3	55		861
	20	1			58	46		862
50	125	231	123	114	100	123		863
47	28	11	9	4	31	37		864
109	240	192	446	337	363	423		865
	3	6	35	13	27	61		866
191	283	473	498	863	1494	2951	6	87
57	85	106	72	239	550	1464		871
48	31	6	5	68	2			872
		6	7		3	10		873
5	5		10	58	41	29		874
		62		13	3	41		875
			12		5	3		876
30	87	70	75	52	225	499	6	877
51	75	223	317	433	665	905		879
86	247	274	244	466	267	718	1	88
10	19	41	22	38	37	41		881
28	17	108	3	10	27	85		882
46	211	117	146	418	159	577	1	883
2		8	73		44	15		889
1736	2610	2788	3110	2846	3596	5552	4	89
1632	2315	2493	2772	2673	3053	4952		891
24	108	21	52	45	25	52		892
	7					12		893
8	8	118	99	87	266	106		894
72	172	156	187	41	252	430	4	899

2-9 按行业(中类)、登记注册

行业	代码	法人单位数(个)	内资	国有	集体	股份合作	联营
总　计	**00**	**292369**	**290725**	**3977**	**3427**	**1137**	**602**
农、林、牧、渔业	**A**	**3426**	**3422**	**49**	**21**	**14**	**8**
农业	01	17	17	2		1	
谷物种植	011	1	1	1			
棉、麻、糖、烟草种植	013	2	2				
蔬菜、食用菌及园艺作物种植	014	3	3				
水果种植	015	6	6				
坚果、含油果、香料和饮料作物种植	016	2	2	1			
中药材种植	017	1	1				
其他农业	019	2	2			1	
林业	02	3	3	2			
林木育种和育苗	021	3	3	2			
畜牧业	03	6	6			1	
牲畜饲养	031	5	5			1	
家禽饲养	032	1	1				
渔业	04	5	5	2			2
水产养殖	041	3	3	1			1
水产捕捞	042	2	2	1			1
农、林、牧、渔服务业	05	3395	3391	43	21	12	6
农业服务业	051	2576	2573	25	11	9	4
林业服务业	052	170	170	7	5	1	2
畜牧服务业	053	410	410	7	4	2	
渔业服务业	054	239	238	4	1		
采矿业	**B**	**3669**	**3653**	**17**	**94**	**20**	**13**
煤炭开采和洗选业	06	442	439	4	19		
烟煤和无烟煤开采洗选	061	358	356	4	19		
褐煤开采洗选	062	3	3				
其他煤炭采选	069	81	80				
石油和天然气开采业	07	14	14				
石油开采	071	4	4				
天然气开采	072	10	10				
黑色金属矿采选业	08	414	412	1	9	1	2
铁矿采选	081	391	389	1	9		2
锰矿、铬矿采选	082	2	2				
其他黑色金属矿采选	089	21	21			1	
有色金属矿采选业	09	195	193		7	1	1
常用有色金属矿采选	091	154	153		4	1	1
贵金属矿采选	092	27	27		3		
稀有稀土金属矿采选	093	14	13				
非金属矿采选业	10	2352	2343	11	57	17	10
土砂石开采	101	1708	1701	8	44	10	9
化学矿开采	102	310	310	2	11	3	1
采盐	103	1	1				
石棉及其他非金属矿采选	109	333	331	1	2	4	
开采辅助活动	11	44	44	1			

类型分组的小微企业法人单位数

国有联营	集体联营	国有与集体联营	其他联营	有限责任公司	国有独资公司	其他有限责任公司	股份有限公司	私营	私营独资	代码
101	**299**	**48**	**154**	**69428**	**474**	**68954**	**3681**	**179479**	**79147**	00
4	**2**	**1**	**1**	**139**		**139**	**27**	**1601**	**1161**	A
				5		5		2	2	01
										011
				1		1				013
				2		2				014
				1		1		1	1	015
								1	1	016
				1		1				017
										019
										02
										021
								2	1	03
								1		031
								1	1	032
2				1		1				04
1				1		1				041
1										042
2	2	1	1	133		133	27	1597	1158	05
2	1	1		94		94	21	1300	961	051
	1		1	10		10	2	72	30	052
				11		11	2	137	100	053
				18		18	2	88	67	054
	8	**2**	**3**	**408**	**3**	**405**	**69**	**2785**	**1069**	B
				74		74	7	312	47	06
				63		63	6	245	29	061
								2		062
				11		11	1	65	18	069
				3		3	1	7	3	07
				1		1		2		071
				2		2	1	5	3	072
	1	1		71		71	13	290	77	08
	1	1		69		69	13	271	68	081
								2	1	082
				2		2		17	8	089
	1			31		31	5	137	44	09
	1			20		20	4	115	36	091
				7		7	1	13	4	092
				4		4		9	4	093
	6	1	3	213	2	211	37	1830	802	10
	5	1	3	131	2	129	22	1343	624	101
	1			58		58	6	214	80	102
				1		1				103
				23		23	9	273	98	109
				3	1	2	2	33	9	11

2-9 续表 1

行 业	代码	法人单位数（个）	内资	国有	集体	股份合作	联营
煤炭开采和洗选辅助活动	111	19	19				
石油和天然气开采辅助活动	112	9	9				
其他开采辅助活动	119	16	16	1			
其他采矿业	12	208	208		2	1	
其他采矿业	120	208	208		2	1	
制造业	**C**	**58026**	**57192**	**449**	**930**	**248**	**124**
农副食品加工业	13	5089	5041	75	48	23	21
谷物磨制	131	1755	1749	24	7	10	5
饲料加工	132	411	401	5	1	1	1
植物油加工	133	717	711	3	3		2
制糖业	134	18	18				
屠宰及肉类加工	135	607	605	39	31	9	10
水产品加工	136	199	195		2	1	1
蔬菜、水果和坚果加工	137	434	427		1		2
其他农副食品加工	139	948	935	4	3	2	
食品制造业	14	1568	1546	5	9	3	1
焙烤食品制造	141	448	443	2		1	
糖果、巧克力及蜜饯制造	142	61	61		1		
方便食品制造	143	408	404	3	4	1	1
乳制品制造	144	27	26				
罐头食品制造	145	96	96		1		
调味品、发酵制品制造	146	177	175		3		
其他食品制造	149	351	341			1	
酒、饮料和精制茶制造业	15	2465	2438	15	122	11	7
酒的制造	151	420	414	3	3		1
饮料制造	152	657	638	1	7	4	
精制茶加工	153	1388	1386	11	112	7	6
烟草制品业	16	17	17	2			
烟叶复烤	161	4	4				
卷烟制造	162	2	2				
其他烟草制品制造	169	11	11	2			
纺织业	17	2656	2611	23	30	9	3
棉纺织及印染精加工	171	1490	1470	15	16	8	1
毛纺织及染整精加工	172	49	47		2		
麻纺织及染整精加工	173	48	48	1	2		
丝绢纺织及印染精加工	174	33	33	2	1		
化纤织造及印染精加工	175	83	81	1			
针织或钩针编织物及其制品制造	176	120	115		5		1
家用纺织制成品制造	177	359	354	1	1		1
非家用纺织制成品制造	178	474	463	3	3	1	
纺织服装、服饰业	18	3550	3504	5	29	7	1
机织服装制造	181	2635	2598	1	18	3	
针织或钩针编织服装制造	182	192	188		5	1	1
服饰制造	183	723	718	4	6	3	
皮革、毛皮、羽毛及其制品和制鞋业	19	574	559	8	9	2	
皮革鞣制加工	191	28	28	1			
皮革制品制造	192	140	134		4	1	

国有联营	集体联营	国有与集体联营	其他联营	有限责任公司	国有独资公司	其他有限责任公司	股份有限公司	私营	私营独资	代码
				1		1	1	14	5	111
				2	1	1	1	6		112
								13	4	119
				13		13	4	176	87	12
				13		13	4	176	87	120
14	**68**	**10**	**32**	**12393**	**51**	**12342**	**892**	**37947**	**14431**	**C**
3	12	2	4	680	4	676	73	3600	1603	13
	3		2	164	3	161	25	1366	667	131
	1			117		117	6	241	75	132
	1		1	78		78	14	549	297	133
				3		3	1	14	7	134
3	5	2		74		74	5	354	144	135
	1			31		31	5	137	40	136
	1		1	72		72	6	268	87	137
				141	1	140	11	671	286	139
	1			320	1	319	17	1071	475	14
				90		90	3	319	155	141
				6		6		50	17	142
	1			58	1	57	5	294	153	143
				11		11		12	3	144
				18		18	1	64	19	145
				37		37		123	58	146
				100		100	8	209	70	149
	6	1		252		252	37	1524	869	15
	1			61		61	9	300	148	151
				99		99	16	453	235	152
	5	1		92		92	12	771	486	153
				7	1	6		1		16
				1	1					161
				2		2				162
				4		4		1		169
1	2			515	5	510	29	1840	652	17
	1			321	3	318	22	994	307	171
				9		9	2	32	14	172
				10		10		30	8	173
				4		4		21	6	174
				12		12	1	60	26	175
1				25		25	1	75	31	176
	1			62	1	61	2	261	161	177
				72	1	71	1	367	99	178
	1			503	2	501	38	2625	1006	18
				322	2	320	24	1982	664	181
	1			80		80	3	94	44	182
				101		101	11	549	298	183
				71	1	70	7	398	180	19
				5		5	2	18	10	191
				23		23	1	95	46	192

2-9 续表 2

行 业	代码	法 人 单位数 (个)					
			内资	国有	集体	股份合作	联营
毛皮鞣制及制品加工	193	161	161	2	2		
羽毛(绒)加工及制品制造	194	12	12				
制鞋业	195	233	224	5	3	1	
木材加工和木、竹、藤、棕、草制品业	20	1383	1376	16	15	5	3
木材加工	201	572	570	9	6	1	1
人造板制造	202	245	241	1		1	
木制品制造	203	451	451	6	7	3	2
竹、藤、棕、草等制品制造	204	115	114		2		
家具制造业	21	967	963		11		4
木质家具制造	211	701	700		7		2
竹、藤家具制造	212	15	15				
金属家具制造	213	91	90		3		
塑料家具制造	214	21	21				
其他家具制造	219	139	137		1		2
造纸和纸制品业	22	959	940	5	21	5	6
纸浆制造	221	11	11				
造纸	222	250	248	2	7	1	1
纸制品制造	223	698	681	3	14	4	5
印刷和记录媒介复制业	23	1639	1630	44	62	14	5
印刷	231	1360	1353	39	52	9	4
装订及印刷相关服务	232	272	270	5	10	4	1
记录媒介复制	233	7	7			1	
文教、工美、体育和娱乐用品制造业	24	829	808	1	7	1	
文教办公用品制造	241	102	101		1		
乐器制造	242	22	18				
工艺美术品制造	243	585	573	1	5	1	
体育用品制造	244	40	37				
玩具制造	245	55	54		1		
游艺器材及娱乐用品制造	246	25	25				
石油加工及炼焦	25	127	122		1	2	1
化学原料和化学制品制造业	26	2860	2790	19	26	24	4
基础化学原料制造	261	492	485	7	5	5	
肥料制造	262	630	617	2	4	6	4
农药制造	263	93	92	1	1	2	
涂料、油墨、颜料及类似产品制造	264	460	444		2	2	
合成材料制造	265	246	235	1	2	3	
专用化学产品制造	266	647	632	6	8	1	
炸药、火工及焰火产品制造	267	104	104	1	3	2	
日用化学产品制造	268	188	181	1	1	3	
医药制造业	27	735	694	6	4	2	
化学药品原料药制造	271	120	117	1	1		
化学药品制剂制造	272	68	62	1		1	
中药饮片加工	273	107	105	1			
中成药生产	274	127	122	3			
兽用药品制造	275	36	35				
生物药品制造	276	143	135		2		
卫生材料及医药用品制造	277	134	118		1	1	

国有联营	集体联营	国有与集体联营	其他联营	有限责任公司	国有独资公司	其他有限责任公司	股份有限公司	私营	私营独资	代码
				11		11	2	111	55	193
				8	1	7		4		194
				24		24	2	170	69	195
	2		1	198	1	197	13	977	498	20
			1	54		54	4	418	259	201
				51	1	50	3	171	54	202
	2			81		81	4	302	139	203
				12		12	2	86	46	204
	2		2	159		159	2	723	342	21
			2	107		107	2	534	257	211
				3		3		10	5	212
				18		18		63	32	213
				3		3		15	5	214
	2			28		28		101	43	219
	1		5	232		232	6	612	178	22
				3		3		8	2	221
	1			67		67	1	147	36	222
			5	162		162	5	457	140	223
	3		2	366	2	364	27	977	358	23
	3		1	327	2	325	24	793	265	231
			1	35		35	3	182	91	232
				4		4		2	2	233
				119		119	10	579	259	24
				28		28	1	64	34	241
				2		2	1	15	7	242
				63		63	7	425	196	243
				10		10		25	7	244
				10		10	1	35	10	245
				6		6		15	5	246
	1			31	1	30	4	75	13	25
1	3			694		694	74	1816	451	26
				137		137	15	301	57	261
1	3			121		121	15	431	133	262
				29		29	4	49	7	263
				109		109	19	295	73	264
				62		62	4	151	50	265
				171		171	12	402	80	266
				26		26	3	60	21	267
				39		39	2	127	30	268
				257	2	255	31	369	89	27
				37		37	5	70	24	271
				26		26	3	29	8	272
				28	1	27	4	66	14	273
				50		50	6	60	11	274
				13		13	1	21	7	275
				66		66	9	51	7	276
				37	1	36	3	72	18	277

2-9 续表 3

行业	代码	法人单位数（个）	内资	国有	集体	股份合作	联营
化学纤维制造业	28	49	47		1	1	
纤维素纤维原料及纤维制造	281	11	10				
合成纤维制造	282	38	37		1	1	
橡胶和塑料制品业	29	2245	2210	5	32	7	4
橡胶制品业	291	348	339	2	4	4	1
塑料制品业	292	1897	1871	3	28	3	3
非金属矿物制品业	30	9324	9275	37	200	48	24
水泥、石灰和石膏制造	301	711	702	3	18	7	1
石膏、水泥制品及类似制品制造	302	3172	3166	8	40	13	6
砖瓦、石材等建筑材料制造	303	4247	4232	16	117	21	14
玻璃制造	304	151	149	1	2	3	
玻璃制品制造	305	227	223	1	2	1	
玻璃纤维和玻璃纤维增强塑料制品制造	306	74	74		1	1	
陶瓷制品制造	307	129	127	2	5		1
耐火材料制品制造	308	229	220	5	10	1	
石墨及其他非金属矿物制品制造	309	384	382	1	5	1	2
黑色金属冶炼和压延加工业	31	750	740	13	17	1	2
炼铁	311	34	34				1
炼钢	312	49	49		2		
黑色金属铸造	313	341	338	5	11		1
钢压延加工	314	285	278	5	4	1	
铁合金冶炼	315	41	41	3			
有色金属冶炼和压延加工业	32	511	505	7	9	4	1
常用有色金属冶炼	321	131	130	3	2	1	
贵金属冶炼	322	8	8				
稀有稀土金属冶炼	323	11	11				
有色金属合金制造	324	94	93			1	
有色金属铸造	325	40	40		2	1	1
有色金属压延加工	326	227	223	4	5	1	
金属制品业	33	3610	3571	22	70	7	9
结构性金属制品制造	331	2039	2030	8	42	5	3
金属工具制造	332	258	256	3	5		1
集装箱及金属包装容器制造	333	143	134	1	4		
金属丝绳及其制品制造	334	96	94		2		
建筑、安全用金属制品制造	335	313	311	1	4		
金属表面处理及热处理加工	336	135	131	5	2	1	3
搪瓷制品制造	337	10	10				
金属制日用品制造	338	181	176		1		1
其他金属制品制造	339	435	429	4	10	1	1
通用设备制造业	34	3649	3601	36	62	26	7
锅炉及原动设备制造	341	301	295	5	8	3	
金属加工机械制造	342	1029	1015	12	19	10	1
物料搬运设备制造	343	174	173	2	2	1	1
泵、阀门、压缩机及类似机械制造	344	310	304	2	6	4	
轴承、齿轮和传动部件制造	345	141	139	3	2	1	
烘炉、风机、衡器、包装等设备制造	346	335	323	2	4	1	1
文化、办公用机械制造	347	35	34	2			

国有联营	集体联营	国有与集体联营	其他联营	有限责任公司	国有独资公司	其他有限责任公司	股份有限公司	私营	私营独资	代码
				9		9	1	33	8	28
				3		3	1	5		281
				6		6		28	8	282
1	1		2	546	1	545	30	1467	513	29
1				101		101	7	204	72	291
	1		2	445	1	444	23	1263	441	292
1	18		5	1226	7	1219	110	6854	3476	30
	1			111		111	23	503	226	301
1	4		1	375	1	374	20	2393	1522	302
	11		3	439	1	438	49	3202	1509	303
				48	1	47	1	89	26	304
				60		60	4	141	31	305
				20		20	2	47	14	306
			1	40	1	39		73	18	307
				65	1	64	5	125	28	308
	2			68	2	66	6	281	102	309
	1		1	203		203	10	453	140	31
	1			6		6	1	26	9	311
				18		18	1	21	4	312
			1	69		69	6	229	65	313
				98		98	1	153	54	314
				12		12	1	24	8	315
	1			121		121	8	334	106	32
				20		20	2	98	29	321
				3		3	1	4	2	322
				2		2		9		323
				27		27		62	15	324
	1			10		10		24	8	325
				59		59	5	137	52	326
2	1	2	4	885	4	881	54	2305	911	33
1	1		1	504	2	502	26	1317	563	331
			1	43		43	6	183	58	332
				42		42	6	72	13	333
				19		19	2	51	20	334
				77		77	1	213	78	335
		1	2	41	1	40	1	76	28	336
				3		3		6	2	337
1				40		40	2	122	47	338
		1		116	1	115	10	265	102	339
2	2	1	2	1098	6	1092	58	2128	623	34
				89	1	88	2	172	46	341
		1		309	2	307	18	580	189	342
	1			60	1	59	7	94	16	343
				110	1	109	12	159	26	344
				46	1	45	1	76	23	345
			1	118		118	5	180	41	346
				9		9		17	4	347

2-9 续表 4

行 业	代码	法 人 单位数 (个)	内资	国有	集体	股份合作	联营
通用零部件制造	348	1005	1002	5	19	5	2
其他通用设备制造业	349	319	316	3	2	1	2
专用设备制造业	35	3378	3339	24	41	17	7
采矿、冶金、建筑专用设备制造	351	675	672	6	5	4	1
化工、木材、非金属加工专用设备制造	352	805	797	2	3	3	
食品、饮料、烟草及饲料生产专用设备制造	353	163	162	2	2		
印刷、制药、日化及日用品生产专用设备制造	354	178	173		2	2	1
纺织、服装和皮革加工专用设备制造	355	107	104	2	2	1	
电子和电工机械专用设备制造	356	355	350	2	2	3	
农、林、牧、渔专用机械制造	357	270	269	2	7	1	2
医疗仪器设备及器械制造	358	234	228	1	4		1
环保、社会公共服务及其他专用设备制造	359	591	584	7	14	3	2
汽车制造业	36	3949	3840	20	28	8	4
汽车整车制造	361	27	26	3			
改装汽车制造	362	87	86	1		2	
低速载货汽车制造	363	11	11				
电车制造	364	11	11	1			
汽车车身、挂车制造	365	19	18				
汽车零部件及配件制造	366	3794	3688	15	28	6	4
铁路、船舶、航空航天和其他运输设备制造业	37	436	426	12	20	2	2
铁路运输设备制造	371	101	99	2	11	1	
城市轨道交通设备制造	372	8	8		1		
船舶及相关装置制造	373	239	233	6	6		2
航空、航天器及设备制造	374	13	12	1			
摩托车制造	375	25	24	1			
自行车制造	376	25	25	1	1	1	
非公路休闲车及零配件制造	377	11	11		1		
潜水救捞及其他未列明运输设备制造	379	14	14	1			
电气机械和器材制造业	38	2041	1994	15	22	10	3
电机制造	381	208	198	2		2	
输配电及控制设备制造	382	707	695	4	9	3	1
电线、电缆、光缆及电工器材制造	383	349	344	3	7	2	1
电池制造	384	96	90		1	1	
家用电力器具制造	385	113	111		1		
非电力家用器具制造	386	133	131	2			
照明器具制造	387	235	228	1	3	1	1
其他电气机械及器材制造	389	200	197	3	1	1	
计算机、通信和其他电子设备制造业	39	949	911	9	5	2	1
计算机制造	391	89	84		1		
通信设备制造	392	115	110				1
广播电视设备制造	393	27	27				
雷达及配套设备制造	394	5	5	1			
视听设备制造	395	24	20	1	1		
电子器件制造	396	228	217	4	1		
电子元件制造	397	247	237	3	1	1	
其他电子设备制造	399	214	211		1	1	
仪器仪表制造业	40	594	581	11	7	1	1

国有联营	集体联营	国有与集体联营	其他联营	有限责任公司	国有独资公司	其他有限责任公司	股份有限公司	私营	私营独资	代码
	1		1	247		247	13	662	246	348
2				110		110		188	32	349
2	2		3	1048	7	1041	79	1933	561	35
	1			203	4	199	22	390	106	351
				215	1	214	13	514	157	352
				32		32	8	106	40	353
	1			45		45	3	111	34	354
				25		25	2	68	21	355
				138		138	10	174	41	356
1			1	55		55	4	183	63	357
			1	105		105	3	108	33	358
1			1	230	2	228	14	279	66	359
	3	1		1021	2	1019	52	2592	436	36
				10		10	1	11	2	361
				50		50	6	20		362
				7		7	1	3	1	363
				3		3	1	6	2	364
				6		6	1	11	2	365
	3	1		945	2	943	42	2541	429	366
	1	1		124	2	122	13	234	49	37
				28		28	2	50	13	371
				3		3		4	2	372
	1	1		67	1	66	6	138	26	373
				5	1	4		6		374
				7		7		16	4	375
				11		11	3	7	2	376
				1		1		5		377
				2		2	2	8	2	379
	2	1		801		801	55	1013	206	38
				79		79	6	97	21	381
	1			310		310	15	339	55	382
	1			133		133	9	178	39	383
				29		29	3	55	9	384
				34		34	2	66	12	385
				48		48	9	63	16	386
		1		77		77	7	129	40	387
				91		91	4	86	14	389
			1	363		363	22	465	96	39
				42		42	3	36	7	391
			1	54		54		51	9	392
				9		9	1	15	4	393
				1		1		2	1	394
				7		7		10	1	395
				116		116	7	81	10	396
				59		59	6	157	44	397
				75		75	5	113	20	399
	1			280	2	278	21	241	48	40

2-9 续表 5

行业	代码	法人单位数（个）					
			内资				
				国有	集体	股份合作	联营
通用仪器仪表制造	401	318	312	7	4		
专用仪器仪表制造	402	142	137	4	1	1	
钟表与计时仪器制造	403	9	9				1
光学仪器及眼镜制造	404	48	46				
其他仪器仪表制造业	409	77	77		2		
其他制造业	41	501	494	6	7	3	2
废弃资源综合利用业	42	231	229	2	4	2	
金属废料和碎屑加工处理	421	125	124	1	4	2	
非金属废料和碎屑加工处理	422	106	105	1			
金属制品、机械和设备修理业	43	391	390	6	11	1	1
金属制品修理	431	24	24	1	2		
通用设备修理	432	59	59	2	4		
专用设备修理	433	45	45		1		
铁路、船舶、航空航天等运输设备修理	434	69	69	2	1		
电气设备修理	435	52	52			1	
仪器仪表修理	436	15	14				
其他机械和设备修理业	439	127	127	1	3		1
电力、热力、燃气及水生产和供应业	**D**	**2768**	**2727**	**377**	**265**	**42**	**29**
电力、热力生产和供应业	44	1393	1379	212	53	28	13
电力生产	441	1170	1156	136	49	24	10
电力供应	442	185	185	74	4	4	3
热力生产和供应	443	38	38	2			
燃气生产和供应业	45	306	285	8	1	3	2
燃气生产和供应业	450	306	285	8	1	3	2
水的生产和供应业	46	1069	1063	157	211	11	14
自来水生产和供应	461	928	926	137	207	10	13
污水处理及其再生利用	462	118	114	20	3	1	1
其他水的处理、利用与分配	469	23	23		1		
建筑业	**E**	**15420**	**15385**	**205**	**180**	**39**	**14**
房屋建筑业	47	3079	3075	58	89	13	8
房屋建筑业	470	3079	3075	58	89	13	8
土木工程建筑业	48	2748	2745	101	33	5	2
铁路、道路、隧道和桥梁工程建筑	481	1010	1008	43	8		1
水利和内河港口工程建筑	482	199	199	36	5	1	1
海洋工程建筑	483						
工矿工程建筑	484	134	134	1	3		
架线和管道工程建筑	485	254	254	8	2	1	
其他土木工程建筑	489	1151	1150	13	15	3	
建筑安装业	49	2548	2539	21	36	6	2
电气安装	491	675	673	6	10	3	
管道和设备安装	492	509	506	8	8		
其他建筑安装业	499	1364	1360	7	18	3	2
建筑装饰和其他建筑业	50	7045	7026	25	22	15	2
建筑装饰业	501	4635	4618	10	9	10	1
工程准备活动	502	673	673	5	3	1	1
提供施工设备服务	503	242	242	1	1	1	
其他未列明建筑业	509	1495	1493	9	9	3	

国有联营	集体联营	国有与集体联营	其他联营	有限责任公司	国有独资公司	其他有限责任公司	股份有限公司	私营	私营独资	代码
				157	1	156	11	124	15	401
				66		66	6	55	12	402
	1			1		1		7	4	403
				24	1	23		21	9	404
				32		32	4	34	8	409
1	1			106		106	3	328	122	41
				47		47	3	151	55	42
				26		26	1	81	22	421
				21		21	2	70	33	422
		1		111		111	5	229	108	43
				5		5		14	6	431
				14		14		38	18	432
				10		10	1	28	12	433
				25		25	1	38	14	434
				18		18		32	19	435
				8		8	1	3	1	436
		1		31		31	2	76	38	439
7	**13**	**4**	**5**	**375**	**30**	**345**	**89**	**1231**	**489**	D
3	6	2	2	207	15	192	60	678	237	44
3	4	1	2	165	12	153	48	632	225	441
	2	1		30	2	28	9	27	10	442
				12	1	11	3	19	2	443
1			1	59	1	58	8	166	72	45
1			1	59	1	58	8	166	72	450
3	7	2	2	109	14	95	21	387	180	46
3	6	2	2	67	13	54	19	328	161	461
	1			39	1	38	1	42	11	462
				3		3	1	17	8	469
1	**10**		**3**	**5687**	**29**	**5658**	**263**	**8085**	**1654**	E
	7		1	1064	2	1062	92	1568	340	47
	7		1	1064	2	1062	92	1568	340	470
1			1	1066	15	1051	58	1280	247	48
			1	418	10	408	23	444	80	481
1				69	1	68	11	64	12	482
										483
				44		44	1	74	20	484
				113	2	111	4	120	19	485
				422	2	420	19	578	116	489
	1		1	920	5	915	33	1393	239	49
				260		260	7	356	72	491
				194	2	192	6	267	33	492
	1		1	466	3	463	20	770	134	499
	2			2637	7	2630	80	3844	828	50
	1			1689	1	1688	52	2603	551	501
	1			233	1	232	12	382	98	502
				62		62	4	152	41	503
				653	5	648	12	707	138	509

2-9 续表 6

行 业	代码	法 人 单位数 (个)					
			内资	国有	集体	股份合作	联营
批发和零售业	**F**	**116454**	**116230**	**976**	**965**	**371**	**202**
批发业	51	55271	55157	523	448	184	97
农、林、牧产品批发	511	6633	6625	119	69	13	14
食品、饮料及烟草制品批发	512	7160	7141	143	58	21	13
纺织、服装及家庭用品批发	513	5204	5191	16	31	14	7
文化、体育用品及器材批发	514	1406	1404	13	13	5	6
医药及医疗器材批发	515	1428	1421	8	10	9	4
矿产品、建材及化工产品批发	516	16592	16567	113	141	48	27
机械设备、五金产品及电子产品批发	517	12051	12018	60	57	47	9
贸易经纪与代理	518	2009	2008	28	29	7	6
其他批发业	519	2788	2782	23	40	20	11
零售业	52	61183	61073	453	517	187	105
综合零售	521	14204	14195	74	232	33	34
食品、饮料及烟草制品专门零售	522	6715	6695	156	80	27	22
纺织、服装及日用品专门零售	523	8091	8069	23	38	17	4
文化、体育用品及器材专门零售	524	3109	3100	40	33	15	1
医药及医疗器材专门零售	525	3277	3272	14	19	18	18
汽车、摩托车、燃料及零配件专门零售	526	5731	5719	56	25	20	6
家用电器及电子产品专门零售	527	7672	7663	22	20	18	3
五金、家具及室内装饰材料专门零售	528	7992	7983	33	37	21	6
货摊、无店铺及其他零售业	529	4392	4377	35	33	18	11
交通运输、仓储和邮政业	**G**	**9162**	**9127**	**316**	**196**	**49**	**54**
道路运输业	54	4842	4820	103	66	29	25
城市公共交通运输	541	593	590	14	11	2	2
公路旅客运输	542	534	530	29	12	8	10
道路货物运输	543	3325	3317	23	32	17	4
道路运输辅助活动	544	390	383	37	11	2	9
水上运输业	55	526	525	28	31	2	4
水上旅客运输	551	86	86	4	11		1
水上货物运输	552	306	306	14	13	1	3
水上运输辅助活动	553	134	133	10	7	1	
航空运输业	56	47	46	4			1
航空客货运输	561	20	19	1			
通用航空服务	562	10	10				
航空运输辅助活动	563	17	17	3			1
管道运输业	57	28	28	1			
管道运输业	570	28	28	1			
装卸搬运和运输代理业	58	2158	2155	25	76	13	12
装卸搬运	581	762	762	8	68	5	8
运输代理业	582	1396	1393	17	8	8	4
仓储业	59	862	855	120	20	4	9
谷物、棉花等农产品仓储	591	354	354	101	10	3	8
其他仓储业	599	508	501	19	10	1	1
邮政业	60	699	698	35	3	1	3
邮政基本服务	601	47	47	26			1
快递服务	602	652	651	9	3	1	2
住宿和餐饮业	**H**	**9712**	**9645**	**187**	**89**	**44**	**24**

国有联营	集体联营	国有与集体联营	其他联营	有限责任公司	国有独资公司	其他有限责任公司	股份有限公司	私营	私营独资	代码
37	**88**	**17**	**60**	**23575**	**44**	**23531**	**890**	**76198**	**41477**	F
21	44	7	25	13400	29	13371	440	32328	13120	51
3	7	2	2	607	2	605	30	3662	2577	511
4	6		3	992	9	983	29	3479	2153	512
1	2	2	2	1690	2	1688	57	3080	1258	513
	4		2	501	4	497	14	776	167	514
1	1		2	429		429	16	761	196	515
6	12	2	7	4146	8	4138	127	10800	4222	516
2	4	1	2	3960		3960	104	7126	1416	517
1	3		2	360	2	358	33	915	299	518
3	5		3	715	2	713	30	1729	832	519
16	44	10	35	10175	15	10160	450	43870	28357	52
6	15	3	10	962	3	959	72	11433	9715	521
3	13	2	4	836	1	835	33	4561	3141	522
			4	1171		1171	38	6186	4597	523
		1		726	6	720	34	2040	1028	524
3	6		9	613		613	39	2184	1129	525
2	2	1	1	1410	3	1407	89	3714	1699	526
	2		1	1840	1	1839	73	5276	2239	527
1	3	1	1	1678		1678	43	5669	3518	528
1	3	2	5	939	1	938	29	2807	1291	529
7	**32**	**4**	**11**	**2571**	**33**	**2538**	**193**	**5010**	**1418**	G
3	17	3	2	1400	15	1385	116	2718	741	54
1	1			133	3	130	21	381	186	541
1	7	1	1	108	2	106	25	302	42	542
	4			1053	5	1048	59	1868	465	543
1	5	2	1	106	5	101	11	167	48	544
1	2		1	122	1	121	12	286	68	55
			1	11		11		47	12	551
1	2			75	1	74	10	173	39	552
				36		36	2	66	17	553
			1	18		18		19	4	56
				9		9		7	1	561
				4		4		6	2	562
			1	5		5		6	1	563
				4		4	1	18	14	57
				4		4	1	18	14	570
2	8		2	657	3	654	31	1207	365	58
	7		1	151		151	6	462	182	581
2	1		1	506	3	503	25	745	183	582
	5	1	3	241	14	227	15	338	109	59
	4	1	3	49	11	38	9	103	51	591
	1			192	3	189	6	235	58	599
1			2	129		129	18	424	117	60
1				2		2		8	2	601
			2	127		127	18	416	115	602
4	**12**	**2**	**6**	**1692**	**18**	**1674**	**81**	**6747**	**4150**	H

2-9 续表 7

行　业	代码	法　人 单位数 (个)					
			内资				
				国有	集体	股份合作	联营
住宿业	61	2669	2654	130	47	18	10
旅游饭店	611	832	823	59	11	5	3
一般旅馆	612	1502	1498	47	27	10	4
其他住宿业	619	335	333	24	9	3	3
餐饮业	62	7043	6991	57	42	26	14
正餐服务	621	5518	5486	52	32	20	10
快餐服务	622	445	432	1	1	3	
饮料及冷饮服务	623	151	146			1	
其他餐饮业	629	929	927	4	9	2	4
信息传输、软件和信息技术服务业	**I**	**6859**	**6783**	**87**	**20**	**21**	**9**
电信、广播电视和卫星传输服务	63	515	495	55	10	5	6
电信	631	401	381	31	6	5	4
广播电视传输服务	632	98	98	23	4		2
卫星传输服务	633	16	16	1			
互联网和相关服务	64	929	928	8		2	
互联网接入及相关服务	641	134	134	2		2	
互联网信息服务	642	646	645	6			
其他互联网服务	649	149	149				
软件和信息技术服务业	65	5415	5360	24	10	14	3
软件开发	651	3343	3303	6	2	9	1
信息系统集成服务	652	518	514	1		1	
信息技术咨询服务	653	837	833	8	3	3	2
数据处理和存储服务	654	64	64				
集成电路设计	655	76	74	1			
其他信息技术服务业	659	577	572	8	5	1	
房地产业	**K**	**12755**	**12622**	**239**	**119**	**67**	**13**
房地产业	70	12755	12622	239	119	67	13
房地产开发经营	701	4650	4561	101	24	21	1
物业管理	702	5005	4973	97	65	35	8
房地产中介服务	703	2654	2642	25	24	9	4
其他房地产业	709	446	446	16	6	2	
租赁和商务服务业	**L**	**26655**	**26570**	**432**	**290**	**105**	**53**
租赁业	71	1967	1962	11	7	10	5
机械设备租赁	711	1823	1819	10	5	10	5
文化及日用品出租	712	144	143	1	2		
商务服务业	72	24688	24608	421	283	95	48
企业管理服务	721	3679	3655	165	103	21	14
法律服务	722	370	369	3	2	2	4
咨询与调查	723	5920	5892	34	12	13	5
广告业	724	5716	5713	27	8	18	4
知识产权服务	725	110	110	2			
人力资源服务	726	2391	2389	23	49	7	3
旅行社及相关服务	727	1436	1433	39	7	11	4
安全保护服务	728	368	367	27	3	3	1
其他商务服务业	729	4698	4680	101	99	20	13

国有联营	集体联营	国有与集体联营	其他联营	有限责任公司	国有独资公司	其他有限责任公司	股份有限公司	私营	私营独资	代码
3	4		3	625	12	613	34	1566	685	61
1	1		1	224	10	214	14	455	117	611
	3		1	324	2	322	17	927	484	612
2			1	77		77	3	184	84	619
1	8	2	3	1067	6	1061	47	5181	3465	62
1	6		3	938	6	932	37	3971	2471	621
				40		40	3	361	283	622
				29		29	2	105	58	623
	2	2		60		60	5	744	653	629
5	**2**		**2**	**2673**	**17**	**2656**	**107**	**3398**	**657**	**I**
4	1		1	107	10	97	29	215	134	63
3			1	75	8	67	20	187	119	631
1	1			24	1	23	7	24	13	632
				8	1	7	2	4	2	633
				242	1	241	12	573	217	64
				42		42	3	72	19	641
				153	1	152	9	421	168	642
				47		47		80	30	649
1	1		1	2324	6	2318	66	2610	306	65
			1	1492	1	1491	34	1620	133	651
				221		221	4	261	27	652
1	1			349	4	345	13	366	79	653
				23		23		38	8	654
				31		31	1	38	4	655
				208	1	207	14	287	55	659
2	**8**	**1**	**2**	**4612**	**52**	**4560**	**374**	**6491**	**876**	**K**
2	8	1	2	4612	52	4560	374	6491	876	70
		1		1605	35	1570	210	2487	195	701
2	5		1	1862	12	1850	106	2420	399	702
	3		1	982	3	979	42	1369	238	703
				163	2	161	16	215	44	709
9	**26**	**4**	**14**	**9129**	**129**	**9000**	**376**	**13822**	**3280**	**L**
1	2		2	517	1	516	16	1114	477	71
1	2		2	494	1	493	16	1023	412	711
				23		23		91	65	712
8	24	4	12	8612	128	8484	360	12708	2803	72
4	7	2	1	1441	92	1349	79	1494	218	721
			4	58		58	3	215	46	722
	3	1	1	2454	5	2449	64	2890	380	723
			4	2020	4	2016	61	3243	610	724
				42		42		60	8	725
	3			569	1	568	25	1379	646	726
	2		2	410	7	403	43	780	162	727
	1			115	8	107	5	183	42	728
4	8	1		1503	11	1492	80	2464	691	729

2-9 续表 8

行业	代码	法人单位数（个）	内资				
				国有	集体	股份合作	联营
科学研究和技术服务业	M	**11194**	**11143**	**339**	**82**	**49**	**30**
研究和试验发展	73	1048	1040	28	10	9	6
自然科学研究和试验发展	731	31	31	1		1	
工程和技术研究和试验发展	732	563	560	19	8	6	5
农业科学研究和试验发展	733	122	122	6	2		
医学研究和试验发展	734	318	313	2		2	1
社会人文科学研究	735	14	14				
专业技术服务业	74	6142	6115	252	52	31	18
气象服务	741	27	27	6	1	1	
地震服务	742	4	4	3			
测绘服务	744	120	120	13	2	1	1
质检技术服务	745	301	300	40	11	3	2
环境与生态监测	746	71	71	3	1	2	
地质勘查	747	97	97	9		1	
工程技术	748	3674	3656	144	19	16	12
其他专业技术服务业	749	1848	1840	34	18	7	3
科技推广和应用服务业	75	4004	3988	59	20	9	6
技术推广服务	751	3532	3518	53	18	7	6
科技中介服务	752	173	172	1	1	1	
其他科技推广和应用服务业	759	299	298	5	1	1	
水利、环境和公共设施管理业	N	1668	1655	117	65	19	6
水利管理业	76	253	252	43	30		3
防洪除涝设施管理	761	14	14	2	2		1
水资源管理	762	54	54	10	6		2
天然水收集与分配	763	28	28	4	7		
水文服务	764	18	18	1	3		
其他水利管理业	769	139	138	26	12		
生态保护和环境治理业	77	280	277	15	5	3	
生态保护	771	95	94	6	2	1	
环境治理业	772	185	183	9	3	2	
公共设施管理业	78	1135	1126	59	30	16	3
市政设施管理	781	134	132	10	7	3	
环境卫生管理	782	99	98	7	1	2	1
城乡市容管理	783	33	33	1	1	1	
绿化管理	784	489	486	26	12	6	
公园和游览景区管理	785	380	377	15	9	4	2
居民服务、修理和其他服务业	O	**8034**	**8022**	**59**	**80**	**33**	**10**
居民服务业	79	3313	3308	14	28	12	1
家庭服务	791	702	701	1	3	1	
托儿所服务	792	10	10				
洗染服务	793	133	132		1	1	
理发及美容服务	794	593	593			2	
洗浴服务	795	91	90			1	
保健服务	796	222	222			1	
婚姻服务	797	165	165			2	

国有联营	集体联营	国有与集体联营	其他联营	有限责任公司	国有独资公司	其他有限责任公司	股份有限公司	私营	私营独资	代码
7	**17**	**1**	**5**	**3518**	**29**	**3489**	**164**	**5007**	**1528**	**M**
	6			506	2	504	14	395	64	73
				9		9		16		731
	5			278		278	6	213	24	732
				38	2	36	1	56	9	733
	1			179		179	5	102	29	734
				2		2	2	8	2	735
6	8	1	3	2173	24	2149	110	3026	807	74
				13	1	12		5		741
				1		1				742
		1		37	3	34	2	62	13	744
1	1			106	3	103	12	104	18	745
				29		29	1	29	9	746
				36	1	35	2	45	10	747
5	5		2	1418	15	1403	74	1730	306	748
	2		1	533	1	532	19	1051	451	749
1	3		2	839	3	836	40	1586	657	75
1	3		2	678	3	675	29	1354	607	751
				65		65	7	86	27	752
				96		96	4	146	23	759
2	2		2	462	21	441	40	740	183	N
	2		1	56	3	53	10	87	31	76
	1			3		3		5	1	761
	1		1	12	1	11	1	16	5	762
				3		3	1	10	5	763
				4		4		10	3	764
				34	2	32	8	46	17	769
				68	5	63	3	141	33	77
				10	2	8	1	50	17	771
				58	3	55	2	91	16	772
2			1	338	13	325	27	512	119	78
				50	7	43	2	45	12	781
1				26	1	25	2	40	8	782
				11		11	1	11	2	783
				157	3	154	9	224	54	784
1			1	94	2	92	13	192	43	785
	5	**1**	**4**	**1397**	**2**	**1395**	**62**	**5641**	**3645**	**O**
	1			486	1	485	16	2409	1764	79
				176		176	3	442	267	791
				2		2		6	5	792
				26		26	1	92	61	793
				56		56		475	397	794
				16		16	1	65	30	795
				41		41	3	153	77	796
				36		36	1	113	68	797

2-9 续表 9

行 业	代码	法 人 单位数 (个)	内资				
				国有	集体	股份合作	联营
殡葬服务	798	108	106	5	4	1	
其他居民服务业	799	1289	1289	8	20	3	1
机动车、电子产品和日用产品修理业	80	3217	3211	25	29	15	2
汽车、摩托车修理与维护	801	2192	2188	20	24	12	2
计算机和办公设备维修	802	324	323	2	1	2	
家用电器修理	803	441	440	2	4	1	
其他日用产品修理业	809	260	260	1			
其他服务业	81	1504	1503	20	23	6	7
清洁服务	811	751	751	3	7	2	2
其他未列明服务业	819	753	752	17	16	4	5
卫生和社会工作	**Q**	**72**	**72**	**9**	**3**		
社会工作	84	72	72	9	3		
提供住宿社会工作	841	60	60	9	2		
不提供住宿社会工作	842	12	12		1		
文化、体育和娱乐业	**R**	**6495**	**6477**	**119**	**28**	**16**	**13**
新闻和出版业	85	163	163	26	8		3
新闻业	851	7	7				
出版业	852	156	156	26	8		3
广播、电视、电影和影视录音制作业	86	380	372	47	5	3	6
广播	861	21	21	2			
电视	862	19	19	6	2		
电影和影视节目制作	863	134	134	7		1	1
电影和影视节目发行	864	26	26	2		1	1
电影放映	865	157	149	29	2	1	4
录音制作	866	23	23	1	1		
文化艺术业	87	872	871	30	6	2	1
文艺创作与表演	871	231	231	6	1	1	1
艺术表演场馆	872	16	16	4			
图书馆与档案馆	873	12	12	1	2		
文物及非物质文化遗产保护	874	20	20	4			
博物馆	875	5	5	1			
烈士陵园、纪念馆	876	3	3				
群众文化活动	877	138	138	7	1	1	
其他文化艺术业	879	447	446	7	2		
体育	88	234	229	5			
体育组织	881	38	38	2			
体育场馆	882	26	26	1			
休闲健身活动	883	151	147	2			
其他体育	889	19	18				
娱乐业	89	4846	4842	11	9	11	3
室内娱乐活动	891	4559	4557	6	5	8	3
游乐园	892	41	40	2	1		
彩票活动	893	6	6	1			
文化、娱乐、体育经纪代理	894	76	75			2	
其他娱乐业	899	164	164	2	3	1	

国有联营	集体联营	国有与集体联营	其他联营	有限责任公司	国有独资公司	其他有限责任公司	股份有限公司	私营	私营独资	代码
				18		18	1	57	32	798
	1			115	1	114	6	1006	827	799
	2			587	1	586	29	2285	1441	80
	2			389	1	388	19	1578	986	801
				86		86	3	195	80	802
				74		74	6	318	219	803
				38		38	1	194	156	809
	2	1	4	324		324	17	947	440	81
			2	232		232	5	442	144	811
	2	1	2	92		92	12	505	296	819
				9		**9**	**1**	**38**	**13**	**Q**
				9		9	1	38	13	84
				9		9	1	32	11	841
								6	2	842
2	**6**	**1**	**4**	**788**	**16**	**772**	**53**	**4738**	**3116**	**R**
1	2			55	6	49	3	50	14	85
				3	1	2		4	1	851
1	2			52	5	47	3	46	13	852
1	3	1	1	137	4	133	10	139	28	86
				10		10	1	6	1	861
				4	1	3	2	3	1	862
	1			45		45	5	70	12	863
	1			8		8	2	10	1	864
1	1	1	1	57	3	54		43	11	865
				13		13		7	2	866
	1			202	3	199	9	535	223	87
	1			40		40	1	154	84	871
				6		6		6	1	872
				1		1		6	3	873
				4	1	3	4	8	2	874
				2		2		2		875
								3	1	876
				22		22		84	54	877
				127	2	125	4	272	78	879
				61	2	59	6	138	37	88
				12		12	2	18	4	881
				8	2	6	1	15	3	882
				35		35	3	96	28	883
				6		6		9	2	889
			3	333	1	332	25	3876	2814	89
			3	276		276	22	3696	2708	891
				4		4	2	27	11	892
								2	2	893
				33	1	32		30	8	894
				20		20	1	121	85	899

2-9 续表 10

行业	代码	私营合伙	私营有限责任公司	私营股份有限公司	其他	港澳台商投资	与港澳台商合资经营
总计	00	**8246**	**87504**	**4582**	**28994**	**772**	**301**
农、林、牧、渔业	A	**65**	**343**	**32**	**1563**	**1**	**1**
农业	01				7		
谷物种植	011						
棉、麻、糖、烟草种植	013				1		
蔬菜、食用菌及园艺作物种植	014				1		
水果种植	015				4		
坚果、含油果、香料和饮料作物种植	016						
中药材种植	017						
其他农业	019				1		
林业	02				1		
林木育种和育苗	021				1		
畜牧业	03		1		3		
牲畜饲养	031		1		3		
家禽饲养	032						
渔业	04						
水产养殖	041						
水产捕捞	042						
农、林、牧、渔服务业	05	65	342	32	1552	1	1
农业服务业	051	54	260	25	1109	1	1
林业服务业	052	4	37	1	71		
畜牧服务业	053	4	29	4	247		
渔业服务业	054	3	16	2	125		
采矿业	B	**379**	**1240**	**97**	**247**	**10**	**1**
煤炭开采和洗选业	06	26	226	13	23	2	
烟煤和无烟煤开采洗选	061	15	191	10	19	1	
褐煤开采洗选	062		1	1	1		
其他煤炭采选	069	11	34	2	3	1	
石油和天然气开采业	07		4		3		
石油开采	071		2		1		
天然气开采	072		2		2		
黑色金属矿采选业	08	28	176	9	25		
铁矿采选	081	26	169	8	24		
锰矿、铬矿采选	082		1				
其他黑色金属矿采选	089	2	6	1	1		
有色金属矿采选业	09	12	70	11	11	1	
常用有色金属矿采选	091	12	57	10	8		
贵金属矿采选	092		8	1	3		
稀有稀土金属矿采选	093		5			1	
非金属矿采选业	10	290	684	54	168	7	1
土砂石开采	101	251	427	41	134	5	1
化学矿开采	102	5	122	7	15		
采盐	103						
石棉及其他非金属矿采选	109	34	135	6	19	2	
开采辅助活动	11	4	18	2	5		
煤炭开采和洗选辅助活动	111	1	8		3		
石油和天然气开采辅助活动	112		5	1			

与港澳台商合作经营	港澳台商独资	港澳台商投资股份有限公司	其他港澳台商投资	外商投资	中外合资经营	中外合作经营	外资企业	外商投资股份有限公司	其他外商投资	代码
28	**397**	**37**	**9**	**872**	**374**	**25**	**393**	**28**	**52**	**00**
				3		**2**			**1**	A
										01
										011
										013
										014
										015
										016
										017
										019
										02
										021
										03
										031
										032
										04
										041
										042
				3		2			1	05
				2		1			1	051
										052
										053
				1		1				054
	7	**1**	**1**	**6**	**4**		**1**		**1**	B
		1	1	1			1			06
		1		1			1			061
										062
			1							069
										07
										071
										072
				2	2					08
				2	2					081
										082
										089
	1			1	1					09
				1	1					091
										092
	1									093
	6			2	1				1	10
	4			2	1				1	101
										102
										103
	2									109
										11
										111
										112

2-9 续表 11

行 业	代码	私营合伙	私营有限责任公司	私营股份有限公司	其他	港澳合商投资	与港澳合商合资经营
其他开采辅助活动	119	3	5	1	2		
其他采矿业	12	19	62	8	12		
其他采矿业	120	19	62	8	12		
制造业	**C**	**2688**	**19546**	**1282**	**4209**	**365**	**161**
农副食品加工业	13	215	1669	113	521	28	11
谷物磨制	131	73	580	46	148	3	1
饲料加工	132	7	149	10	29	3	2
植物油加工	133	23	207	22	62	4	1
制糖业	134		5	2			
屠宰及肉类加工	135	47	153	10	83	1	
水产品加工	136	15	77	5	18	2	
蔬菜、水果和坚果加工	137	25	148	8	78	6	1
其他农副食品加工	139	25	350	10	103	9	6
食品制造业	14	53	513	30	120	11	4
焙烤食品制造	141	13	140	11	28	4	1
糖果、巧克力及蜜饯制造	142	2	29	2	4		
方便食品制造	143	12	124	5	38	2	
乳制品制造	144		7	2	3		
罐头食品制造	145	9	33	3	12		
调味品、发酵制品制造	146	7	55	3	12	1	1
其他食品制造	149	10	125	4	23	4	2
酒、饮料和精制茶制造业	15	75	551	29	470	11	7
酒的制造	151	14	124	14	37	3	2
饮料制造	152	31	181	6	58	7	5
精制茶加工	153	30	246	9	375	1	
烟草制品业	16		1		7		
烟叶复烤	161				3		
卷烟制造	162						
其他烟草制品制造	169		1		4		
纺织业	17	84	1032	72	162	31	14
棉纺织及印染精加工	171	50	587	50	93	16	9
毛纺织及染整精加工	172	4	12	2	2	2	1
麻纺织及染整精加工	173	2	19	1	5		
丝绢纺织及印染精加工	174	2	10	3	5		
化纤织造及印染精加工	175	1	32	1	7	1	1
针织或钩针编织物及其制品制造	176	4	35	5	8	4	
家用纺织制成品制造	177	8	89	3	26	4	
非家用纺织制成品制造	178	13	248	7	16	4	3
纺织服装、服饰业	18	470	1083	66	296	28	10
机织服装制造	181	428	840	50	248	22	9
针织或钩针编织服装制造	182	7	41	2	4	3	1
服饰制造	183	35	202	14	44	3	
皮革、毛皮、羽毛及其制品和制鞋业	19	20	186	12	64	7	2
皮革鞣制加工	191		8		2		
皮革制品制造	192	1	44	4	10	2	1
毛皮鞣制及制品加工	193	2	53	1	33		
羽毛(绒)加工及制品制造	194		4				

与港澳台商合作经营	港澳台商独资	港澳台商投资股份有限公司	其他港澳台商投资	外商投资	中外合资经营	中外合作经营	外资企业	外商投资股份有限公司	其他外商投资	代码
										119
										12
										120
6	**181**	**14**	**3**	**469**	**246**	**8**	**191**	**17**	**7**	**C**
1	14	2		20	11	2	7			13
1	1			3	2		1			131
	1			7	4	1	2			132
	3			2	1		1			133
										134
	1			1			1			135
	1	1		2	1		1			136
	4	1		1	1					137
	3			4	2	1	1			139
	5	2		11	7	1	2	1		14
	3			1				1		141
										142
	2			2	1		1			143
				1		1				144
										145
				1	1					146
		2		6	5		1			149
	3	1		16	8		8			15
	1			3	1		2			151
	1	1		12	7		5			152
	1			1			1			153
										16
										161
										162
										169
	17			14	5		9			17
	7			4			4			171
	1									172
										173
										174
				1			1			175
	4			1			1			176
	4			1	1					177
	1			7	4		3			178
1	16	1		18	12	1	4	1		18
1	11	1		15	9	1	4	1		181
	2			1	1					182
	3			2	2					183
	5			8	3		4	1		19
										191
	1			4	2		1	1		192
										193
										194

2-9 续表 12

行业	代码	私营合伙	私营有限责任公司	私营股份有限公司	其他	港澳台商投资	与港澳台商合资经营
制鞋业	195	17	77	7	19	5	1
木材加工和木、竹、藤、棕、草制品业	20	84	367	28	149	4	
木材加工	201	35	111	13	77	1	
人造板制造	202	17	97	3	14	3	
木制品制造	203	22	130	11	46		
竹、藤、棕、草等制品制造	204	10	29	1	12		
家具制造业	21	78	289	14	64	2	
木质家具制造	211	61	206	10	48		
竹、藤家具制造	212		5		2		
金属家具制造	213	4	26	1	6	1	
塑料家具制造	214	5	5		3		
其他家具制造	219	8	47	3	5	1	
造纸和纸制品业	22	79	335	20	53	9	4
纸浆制造	221	1	5				
造纸	222	11	93	7	22	2	2
纸制品制造	223	67	237	13	31	7	2
印刷和记录媒介复制业	23	51	544	24	135	4	2
印刷	231	41	466	21	105	4	2
装订及印刷相关服务	232	10	78	3	30		
记录媒介复制	233						
文教、工美、体育和娱乐用品制造业	24	53	249	18	91	10	2
文教办公用品制造	241	3	24	3	7	1	1
乐器制造	242		7	1		1	1
工艺美术品制造	243	46	174	9	71	8	
体育用品制造	244	1	15	2	2		
玩具制造	245	3	20	2	7		
游艺器材及娱乐用品制造	246		9	1	4		
石油加工及炼焦	25	1	55	6	8	2	1
化学原料和化学制品制造业	26	71	1207	87	133	27	11
基础化学原料制造	261	13	212	19	15	2	1
肥料制造	262	19	254	25	34	7	1
农药制造	263	2	38	2	6		
涂料、油墨、颜料及类似产品制造	264	2	212	8	17	7	3
合成材料制造	265	4	94	3	12	3	2
专用化学产品制造	266	14	287	21	32	4	2
炸药、火工及焰火产品制造	267	4	31	4	9		
日用化学产品制造	268	13	79	5	8	4	2
医药制造业	27	10	240	30	25	20	12
化学药品原料药制造	271	3	38	5	3	1	1
化学药品制剂制造	272	1	17	3	2	3	1
中药饮片加工	273	4	45	3	6	1	1
中成药生产	274	1	43	5	3	5	2
兽用药品制造	275		11	3		1	1
生物药品制造	276		38	6	7	3	2
卫生材料及医药用品制造	277	1	48	5	4	6	4
化学纤维制造业	28	1	22	2	2		
纤维素纤维原料及纤维制造	281		4	1	1		

与港澳台商合作经营	港澳台商独资	港澳台商投资股份有限公司	其他港澳台商投资	外商投资	中外合资经营	中外合作经营	外资企业	外商投资股份有限公司	其他外商投资	代码
	4			4	1		3			195
	4			3	1		2			20
	1			1	1					201
	3			1			1			202
										203
				1			1			204
1	1			2	1		1			21
				1			1			211
										212
	1									213
										214
1				1	1					219
	5			10	3		5		2	22
										221
										222
	5			10	3		5		2	223
	2			5	5					23
	2			3	3					231
				2	2					232
										233
	7		1	11	3	1	5	1	1	24
										241
				3			2	1		242
	7		1	4	3		1			243
				3		1	2			244
				1					1	245
										246
			1	3	3					25
2	13		1	43	20		19	2	2	26
1				5	5					261
1	4		1	6	3		3			262
				1					1	263
	4			9	3		4	2		264
	1			8	3		4		1	265
	2			11	5		6			266
										267
	2			3	1		2			268
	7	1		21	16	1	3	1		27
				2	2					271
	1	1		3	2		1			272
				1			1			273
	3									274
										275
	1			5	3	1	1			276
	2			10	9			1		277
				2	2					28
				1	1					281

2-9 续表 13

行 业	代码	私营合伙	私营有限责任公司	私营股份有限公司	其他	港澳台商投资	与港澳台商合资经营
合成纤维制造	282	1	18	1	1		
橡胶和塑料制品业	29	64	830	60	119	21	8
橡胶制品业	291	7	116	9	16	4	1
塑料制品业	292	57	714	51	103	17	7
非金属矿物制品业	30	716	2469	193	776	22	10
水泥、石灰和石膏制造	301	39	223	15	36	5	1
石膏、水泥制品及类似制品制造	302	166	662	43	311	5	3
砖瓦、石材等建筑材料制造	303	468	1120	105	374	7	4
玻璃制造	304	3	54	6	5	2	
玻璃制品制造	305	6	95	9	14	2	2
玻璃纤维和玻璃纤维增强塑料制品制造	306	2	30	1	3		
陶瓷制品制造	307	3	51	1	6		
耐火材料制品制造	308	6	87	4	9	1	
石墨及其他非金属矿物制品制造	309	23	147	9	18		
黑色金属冶炼和压延加工业	31	29	261	23	41	4	4
炼铁	311	2	12	3			
炼钢	312	2	15		7		
黑色金属铸造	313	14	139	11	17	1	1
钢压延加工	314	8	82	9	16	3	3
铁合金冶炼	315	3	13		1		
有色金属冶炼和压延加工业	32	24	192	12	21	4	3
常用有色金属冶炼	321	7	57	5	4	1	1
贵金属冶炼	322		2				
稀有稀土金属冶炼	323		8	1			
有色金属合金制造	324	7	40		3		
有色金属铸造	325	2	12	2	2		
有色金属压延加工	326	8	73	4	12	3	2
金属制品业	33	132	1189	73	219	18	11
结构性金属制品制造	331	72	639	43	125	6	5
金属工具制造	332	20	100	5	15	1	1
集装箱及金属包装容器制造	333	2	56	1	9	7	2
金属丝绳及其制品制造	334	3	27	1	20	1	1
建筑、安全用金属制品制造	335	11	114	10	15		
金属表面处理及热处理加工	336	1	45	2	2	2	2
搪瓷制品制造	337		4		1		
金属制日用品制造	338	6	67	2	10	1	
其他金属制品制造	339	17	137	9	22		
通用设备制造业	34	137	1294	74	186	15	9
锅炉及原动设备制造	341	10	105	11	16	2	1
金属加工机械制造	342	39	329	23	66	6	5
物料搬运设备制造	343		72	6	6	1	1
泵、阀门、压缩机及类似机械制造	344	2	125	6	11	2	1
轴承、齿轮和传动部件制造	345	2	49	2	10		
烘炉、风机、衡器、包装等设备制造	346	7	124	8	12	1	
文化、办公用机械制造	347		13		6	1	
通用零部件制造	348	53	349	14	49	2	1
其他通用设备制造业	349	24	128	4	10		

与港澳台商合作经营	港澳台商独资	港澳台商投资股份有限公司	其他港澳台商投资	外商投资	中外合资经营	中外合作经营	外资企业	外商投资股份有限公司	其他外商投资	代码
				1	1					282
	12	1		14	8		4	1	1	29
	3			5	4			1		291
	9	1		9	4		4		1	292
	10	2		27	18	1	8			30
	4			4	4					301
	2			1	1					302
	2	1		8	4		4			303
	2									304
				2	2					305
										306
				2	1	1				307
		1		8	6		2			308
				2			2			309
				6	6					31
										311
										312
				2	2					313
				4	4					314
										315
	1			2	2					32
										321
										322
										323
				1	1					324
										325
	1			1	1					326
	7			21	14		6	1		33
	1			3	2		1			331
				1	1					332
	5			2	1		1			333
				1	1					334
				2	2					335
				2	2					336
										337
	1			4	3		1			338
				6	2		3	1		339
	6			33	15		16	2		34
	1			4	1		3			341
	1			8	5		2	1		342
										343
	1			4	2		2			344
				2			2			345
	1			11	7		4			346
	1									347
	1			1			1			348
				3			2	1		349

2-9 续表 14

行业	代码	私营合伙	私营有限责任公司	私营股份有限公司	其他	港澳台商投资	与港澳台商合资经营
专用设备制造业	35	90	1199	83	190	14	5
采矿、冶金、建筑专用设备制造	351	19	245	20	41	1	1
化工、木材、非金属加工专用设备制造	352	19	315	23	47	2	
食品、饮料、烟草及饲料生产专用设备制造	353	4	59	3	12		
印刷、制药、日化及日用品生产专用设备制造	354	5	69	3	9	2	1
纺织、服装和皮革加工专用设备制造	355	2	41	4	4	3	1
电子和电工机械专用设备制造	356	9	117	7	21	1	
农、林、牧、渔专用机械制造	357	9	102	9	15		
医疗仪器设备及器械制造	358	5	66	4	6	1	
环保、社会公共服务及其他专用设备制造	359	18	185	10	35	4	2
汽车制造业	36	49	1993	114	115	29	11
汽车整车制造	361		9		1		
改装汽车制造	362	2	18		7		
低速载货汽车制造	363		1	1			
电车制造	364		4				
汽车车身、挂车制造	365		9			1	
汽车零部件及配件制造	366	47	1952	113	107	28	11
铁路、船舶、航空航天和其他运输设备制造业	37	6	169	10	19	2	2
铁路运输设备制造	371	1	34	2	5		
城市轨道交通设备制造	372		2				
船舶及相关装置制造	373	3	102	7	8	1	1
航空、航天器及设备制造	374		6				
摩托车制造	375	1	10	1		1	1
自行车制造	376		5		1		
非公路休闲车及零配件制造	377		5		4		
潜水救捞及其他未列明运输设备制造	379	1	5		1		
电气机械和器材制造业	38	33	731	43	75	19	9
电机制造	381	3	68	5	12	4	1
输配电及控制设备制造	382	6	260	18	14	5	2
电线、电缆、光缆及电工器材制造	383	12	120	7	11	2	1
电池制造	384		44	2	1	3	3
家用电力器具制造	385		52	2	8		
非电力家用器具制造	386	3	41	3	9		
照明器具制造	387	6	79	4	9	5	2
其他电气机械及器材制造	389	3	67	2	11		
计算机、通信和其他电子设备制造业	39	18	335	16	44	14	6
计算机制造	391	1	25	3	2	3	
通信设备制造	392	2	38	2	4	1	1
广播电视设备制造	393	1	10		2		
雷达及配套设备制造	394	1			1		
视听设备制造	395		9		1	2	1
电子器件制造	396	5	63	3	8	2	1
电子元件制造	397	8	102	3	10	5	3
其他电子设备制造	399		88	5	16	1	
仪器仪表制造业	40	5	180	8	19	2	
通用仪器仪表制造	401	4	100	5	9		
专用仪器仪表制造	402		43		4	1	

与港澳台商合作经营	港澳台商独资	港澳台商投资股份有限公司	其他港澳台商投资	外商投资	中外合资经营	中外合作经营	外资企业	外商投资股份有限公司	其他外商投资	代码
	7	2		25	16		8	1		35
				2	1			1		351
	2			6	4		2			352
				1	1					353
	1			3	3					354
	2									355
	1			4	2		2			356
				1	1					357
	1			5	3		2			358
		2		3	1		2			359
1	16	1		80	34		44	2		36
				1	1					361
				1	1					362
										363
										364
	1									365
1	15	1		78	32		44	2		366
				8	6		2			37
				2	1		1			371
										372
				5	4		1			373
				1	1					374
										375
										376
										377
										379
	10			28	14		11	2	1	38
	3			6	2		4			381
	3			7	2		4	1		382
	1			3	3					383
				3	2				1	384
				2	1		1			385
				2	1		1			386
	3			2	1			1		387
				3	2		1			389
	8			24	8		16			39
	3			2			2			391
				4	2		2			392
										393
										394
	1			2	1		1			395
	1			9	4		5			396
	2			5	1		4			397
	1			2			2			399
	2			11	4	1	6			40
				6	2	1	3			401
	1			4	1		3			402

2-9 续表 15

行 业	代码						
						港澳台商投资	与港澳台商合资经营
		私营合伙	私营有限责任公司	私营股份有限公司	其他		
钟表与计时仪器制造	403		3				
光学仪器及眼镜制造	404	1	9	2	1	1	
其他仪器仪表制造业	409		25	1	5		
其他制造业	41	25	171	10	39	6	2
废弃资源综合利用业	42	3	87	6	20	1	1
金属废料和碎屑加工处理	421	3	53	3	9	1	1
非金属废料和碎屑加工处理	422		34	3	11		
金属制品、机械和设备修理业	43	12	103	6	26		
金属制品修理	431		8		2		
通用设备修理	432	4	15	1	1		
专用设备修理	433	1	13	2	5		
铁路、船舶、航空航天等运输设备修理	434	2	20	2	2		
电气设备修理	435	2	10	1	1		
仪器仪表修理	436	1	1		2		
其他机械和设备修理业	439	2	36		13		
电力、热力、燃气及水生产和供应业	**D**	**186**	**515**	**41**	**319**	**19**	**9**
电力、热力生产和供应业	44	116	307	18	128	8	5
电力生产	441	113	276	18	92	8	5
电力供应	442	3	14		34		
热力生产和供应	443		17		2		
燃气生产和供应业	45	21	66	7	38	10	4
燃气生产和供应业	450	21	66	7	38	10	4
水的生产和供应业	46	49	142	16	153	1	
自来水生产和供应	461	48	106	13	145	1	
污水处理及其再生利用	462	1	27	3	7		
其他水的处理、利用与分配	469		9		1		
建筑业	**E**	**311**	**5819**	**301**	**912**	**26**	**10**
房屋建筑业	47	77	1081	70	183	3	
房屋建筑业	470	77	1081	70	183	3	
土木工程建筑业	48	64	921	48	200	2	2
铁路、道路、隧道和桥梁工程建筑	481	14	329	21	71	1	1
水利和内河港口工程建筑	482	5	43	4	12		
海洋工程建筑	483						
工矿工程建筑	484	4	48	2	11		
架线和管道工程建筑	485	4	93	4	6		
其他土木工程建筑	489	37	408	17	100	1	1
建筑安装业	49	28	1075	51	128	7	4
电气安装	491	7	263	14	31		
管道和设备安装	492	5	224	5	23	3	3
其他建筑安装业	499	16	588	32	74	4	1
建筑装饰和其他建筑业	50	142	2742	132	401	14	4
建筑装饰业	501	94	1868	90	244	13	4
工程准备活动	502	22	248	14	36		
提供施工设备服务	503	6	99	6	21		
其他未列明建筑业	509	20	527	22	100	1	
批发和零售业	**F**	**2036**	**31444**	**1241**	**13053**	**106**	**33**
批发业	51	846	17748	614	7737	52	16

与港澳台商合作经营	港澳台商独资	港澳台商投资股份有限公司	其他港澳台商投资	外商投资	中外合资经营	中外合作经营	外资企业	外商投资股份有限公司	其他外商投资	代码
										403
	1			1	1					404
										409
	3	1		1				1		41
				1	1					42
										421
				1	1					422
				1			1			43
										431
										432
										433
										434
										435
				1			1			436
										439
	10			**22**	**14**	**2**	**6**			D
	3			6	3	2	1			44
	3			6	3	2	1			441
										442
										443
	6			11	6		5			45
	6			11	6		5			450
	1			5	5					46
	1			1	1					461
				4	4					462
										469
2	**12**	**2**		**9**	**4**		**2**	**1**	**2**	E
	2	1		1	1					47
	2	1		1	1					470
				1			1			48
				1			1			481
										482
										483
										484
										485
										489
1	2			2			1		1	49
				2			1		1	491
										492
1	2									499
1	8	1		5	3			1	1	50
1	7	1		4	2			1	1	501
										502
										503
	1			1	1					509
7	**59**	**5**	**2**	**118**	**36**	**6**	**57**	**4**	**15**	F
3	33			62	20	4	30	3	5	51

2-9 续表 16

行 业	代码	私营合伙	私营有限责任公司	私营股份有限公司	其他	港澳台商投资	与港澳台商合资经营
农、林、牧产品批发	511	129	880	76	2111	4	
食品、饮料及烟草制品批发	512	96	1178	52	2406	8	3
纺织、服装及家庭用品批发	513	68	1702	52	296	8	2
文化、体育用品及器材批发	514	24	564	21	76		
医药及医疗器材批发	515	19	520	26	184	3	1
矿产品、建材及化工产品批发	516	288	6134	156	1165	12	5
机械设备、五金产品及电子产品批发	517	139	5405	166	655	14	5
贸易经纪与代理	518	26	563	27	630		
其他批发业	519	57	802	38	214	3	
零售业	52	1190	13696	627	5316	54	17
综合零售	521	203	1433	82	1355	2	
食品、饮料及烟草制品专门零售	522	100	1252	68	980	11	2
纺织、服装及日用品专门零售	523	152	1364	73	592	11	3
文化、体育用品及器材专门零售	524	82	891	39	211	5	1
医药及医疗器材专门零售	525	157	850	48	367	5	3
汽车、摩托车、燃料及零配件专门零售	526	118	1816	81	399	5	1
家用电器及电子产品专门零售	527	125	2826	86	411	3	1
五金、家具及室内装饰材料专门零售	528	157	1903	91	496	1	
货摊、无店铺及其他零售业	529	96	1361	59	505	11	6
交通运输、仓储和邮政业	**G**	**298**	**3105**	**189**	**738**	**20**	**7**
道路运输业	54	148	1728	101	363	15	5
城市公共交通运输	541	14	163	18	26	3	1
公路旅客运输	542	47	187	26	36	2	1
道路货物运输	543	70	1283	50	261	5	1
道路运输辅助活动	544	17	95	7	40	5	2
水上运输业	55	49	158	11	40		
水上旅客运输	551	12	22	1	12		
水上货物运输	552	32	93	9	17		
水上运输辅助活动	553	5	43	1	11		
航空运输业	56	1	14		4		
航空客货运输	561		6		2		
通用航空服务	562		4				
航空运输辅助活动	563	1	4		2		
管道运输业	57	2	2		4		
管道运输业	570	2	2		4		
装卸搬运和运输代理业	58	72	727	43	134	2	2
装卸搬运	581	40	234	6	54		
运输代理业	582	32	493	37	80	2	2
仓储业	59	11	206	12	108	3	
谷物、棉花等农产品仓储	591	3	47	2	71		
其他仓储业	599	8	159	10	37	3	
邮政业	60	15	270	22	85		
邮政基本服务	601		5	1	10		
快递服务	602	15	265	21	75		
住宿和餐饮业	**H**	**261**	**2190**	**146**	**781**	**32**	**7**

与港澳台商合作经营	港澳台商独资	港澳台商投资股份有限公司	其他港澳台商投资	外商投资	中外合资经营	中外合作经营	外资企业	外商投资股份有限公司	其他外商投资	代码
	4			4	2		2			511
1	4			11	2		8	1		512
2	4			5			5			513
				2	1		1			514
	2			4	1	1	1		1	515
	7			13	4	1	3	1	4	516
	9			19	9	1	8	1		517
				1			1			518
	3			3	1	1	1			519
4	26	5	2	56	16	2	27	1	10	52
	2			7	1		5		1	521
1	8			9	2		7			522
	5	2	1	11	4		5	1	1	523
1	3			4	1		2		1	524
	1	1								525
	2	1	1	7	1	1	4		1	526
	2			6	1	1	3		1	527
1				8	4				4	528
1	3	1		4	2		1		1	529
2	**9**	**2**		**15**	**1**	**1**	**9**	**1**	**3**	**G**
2	7	1		7	1	1	3		2	54
	2									541
		1		2	1				1	542
	4			3			2		1	543
2	1			2		1	1			544
				1				1		55
										551
										552
				1				1		553
				1			1			56
				1			1			561
										562
										563
										57
										570
				1					1	58
										581
				1					1	582
	2	1		4			4			59
										591
	2	1		4			4			599
				1			1			60
										601
				1			1			602
1	**20**	**4**		**35**	**6**	**1**	**21**	**2**	**5**	**H**

2-9 续表 17

行 业	代码	私营合伙	私营有限责任公司	私营股份有限公司	其他	港澳台商投资	与港澳台商合资经营
住宿业	61	100	726	55	224	6	1
旅游饭店	611	31	274	33	52	4	1
一般旅馆	612	55	369	19	142	2	
其他住宿业	619	14	83	3	30		
餐饮业	62	161	1464	91	557	26	6
正餐服务	621	131	1299	70	426	19	6
快餐服务	622	5	62	11	23	5	
饮料及冷饮服务	623	8	35	4	9	1	
其他餐饮业	629	17	68	6	99	1	
信息传输、软件和信息技术服务业	**I**	**139**	**2499**	**103**	**468**	**30**	**10**
电信、广播电视和卫星传输服务	63	10	66	5	68	16	6
电信	631	7	56	5	53	16	6
广播电视传输服务	632	3	8		14		
卫星传输服务	633		2		1		
互联网和相关服务	64	48	290	18	91		
互联网接入及相关服务	641	8	42	3	13		
互联网信息服务	642	31	211	11	56		
其他互联网服务	649	9	37	4	22		
软件和信息技术服务业	65	81	2143	80	309	14	4
软件开发	651	42	1394	51	139	10	4
信息系统集成服务	652	7	222	5	26	2	
信息技术咨询服务	653	17	262	8	89	1	
数据处理和存储服务	654	4	24	2	3		
集成电路设计	655	1	32	1	3		
其他信息技术服务业	659	10	209	13	49	1	
房地产业	**K**	**196**	**5105**	**314**	**707**	**90**	**37**
房地产业	70	196	5105	314	707	90	37
房地产开发经营	701	52	2096	144	112	64	31
物业管理	702	88	1818	115	380	18	5
房地产中介服务	703	48	1037	46	187	8	1
其他房地产业	709	8	154	9	28		
租赁和商务服务业	**L**	**695**	**9393**	**454**	**2363**	**31**	**5**
租赁业	71	38	563	36	282	2	
机械设备租赁	711	36	542	33	256	2	
文化及日用品出租	712	2	21	3	26		
商务服务业	72	657	8830	418	2081	29	5
企业管理服务	721	78	1138	60	338	9	2
法律服务	722	101	65	3	82	1	
咨询与调查	723	184	2234	92	420	10	
广告业	724	113	2438	82	332	2	1
知识产权服务	725	6	43	3	6		
人力资源服务	726	50	643	40	334	1	1
旅行社及相关服务	727	35	539	44	139	2	
安全保护服务	728	6	125	10	30		
其他商务服务业	729	84	1605	84	400	4	1

与港澳台商合作经营	港澳台商独资	港澳台商投资股份有限公司	其他港澳台商投资	外商投资	中外合资经营	中外合作经营	外资企业	外商投资股份有限公司	其他外商投资	代码
	4	1		9	2		6	1		61
	2	1		5	2		2	1		611
	2			2			2			612
				2			2			619
1	16	3		26	4	1	15	1	5	62
1	10	2		13	2	1	7	1	2	621
	4	1		8			7		1	622
	1			4	2		1		1	623
	1			1					1	629
	18	**2**		**46**	**6**		**35**		**5**	**I**
	9	1		4			4			63
	9	1		4			4			631
										632
										633
				1			1			64
										641
				1			1			642
										649
	9	1		41	6		30		5	65
	5	1		30	4		23		3	651
	2			2			2			652
	1			3			2		1	653
										654
				2			2			655
	1			4	2		1		1	659
4	**45**	**3**	**1**	**43**	**14**	**1**	**22**	**1**	**5**	**K**
4	45	3	1	43	14	1	22	1	5	70
2	29	1	1	25	9		13		3	701
1	12			14	5	1	6	1	1	702
1	4	2		4			3		1	703
										709
2	**19**	**3**	**2**	**54**	**15**	**1**	**33**		**5**	**L**
	2			3	3					71
	2			2	2					711
				1	1					712
2	17	3	2	51	12	1	33		5	72
1	5		1	15	4		9		2	721
1										722
	7	2	1	18	2		14		2	723
	1			1					1	724
										725
				1	1					726
	1	1		1	1					727
				1	1					728
	3			14	3	1	10			729

2-9 续表 18

行 业	代码	私营合伙	私营有限责任公司	私营股份有限公司	其他	港澳台商投资	与港澳台商合资经营
科学研究和技术服务业	M	**174**	**3130**	**175**	**1954**	**18**	**10**
研究和试验发展	73	23	296	12	72	4	4
自然科学研究和试验发展	731		15	1	4		
工程和技术研究和试验发展	732	13	168	8	25	2	2
农业科学研究和试验发展	733	3	43	1	19		
医学研究和试验发展	734	7	64	2	22	2	2
社会人文科学研究	735		6		2		
专业技术服务业	74	102	1998	119	453	8	3
气象服务	741		4	1	1		
地震服务	742						
测绘服务	744		49		2		
质检技术服务	745	5	72	9	22		
环境与生态监测	746		20		6		
地质勘查	747	1	29	5	4		
工程技术	748	61	1293	70	243	5	1
其他专业技术服务业	749	35	531	34	175	3	2
科技推广和应用服务业	75	49	836	44	1429	6	3
技术推广服务	751	40	672	35	1373	6	3
科技中介服务	752	3	52	4	11		
其他科技推广和应用服务业	759	6	112	5	45		
水利、环境和公共设施管理业	N	**33**	**482**	**42**	**206**	**7**	**3**
水利管理业	76	4	50	2	23		
防洪除涝设施管理	761		4		1		
水资源管理	762		11		7		
天然水收集与分配	763	1	3	1	3		
水文服务	764	1	6				
其他水利管理业	769	2	26	1	12		
生态保护和环境治理业	77	4	93	11	42	1	1
生态保护	771	2	28	3	24	1	1
环境治理业	772	2	65	8	18		
公共设施管理业	78	25	339	29	141	6	2
市政设施管理	781	4	29		15	2	
环境卫生管理	782	1	28	3	19	1	
城乡市容管理	783	1	8		7		
绿化管理	784	11	152	7	52	1	1
公园和游览景区管理	785	8	122	19	48	2	1
居民服务、修理和其他服务业	O	**242**	**1652**	**102**	**740**	**7**	**2**
居民服务业	79	88	519	38	342	3	
家庭服务	791	15	152	8	75		
托儿所服务	792		1		2		
洗染服务	793	2	28	1	11		
理发及美容服务	794	13	59	6	60		
洗浴服务	795	7	27	1	7	1	
保健服务	796	13	58	5	24		
婚姻服务	797	12	31	2	13		

与港澳台商合作经营	港澳台商独资	港澳台商投资股份有限公司	其他港澳台商投资	外商投资	中外合资经营	中外合作经营	外资企业	外商投资股份有限公司	其他外商投资	代码
	8			**33**	**17**	**2**	**11**	**1**	**2**	**M**
				4	2		1	1		73
										731
				1			1			732
										733
				3	2			1		734
										735
	5			19	8	2	8		1	74
										741
										742
										744
				1	1					745
										746
										747
	4			13	5	1	7			748
	1			5	2	1	1		1	749
	3			10	7		2		1	75
	3			8	6		2			751
				1					1	752
				1	1					759
3	**1**			**6**	**3**		**2**		**1**	**N**
				1	1					76
										761
										762
										763
										764
				1	1					769
				2	1				1	77
										771
				2	1				1	772
3	1			3	1		2			78
2										781
1										782
										783
				2			2			784
	1			1	1					785
1	**3**	**1**		**5**	**4**		**1**			**O**
1	1	1		2	1		1			79
				1			1			791
										792
				1	1					793
										794
	1									795
										796
										797

2-9 续表 19

行业	代码	私营合伙	私营有限责任公司	私营股份有限公司	其他	港澳台商投资	与港澳台商合资经营
殡葬服务	798	1	20	4	20	2	
其他居民服务业	799	25	143	11	130		
机动车、电子产品和日用产品修理业	80	107	700	37	239	3	1
汽车、摩托车修理与维护	801	75	488	29	144	2	1
计算机和办公设备维修	802	16	94	5	34	1	
家用电器修理	803	13	85	1	35		
其他日用产品修理业	809	3	33	2	26		
其他服务业	81	47	433	27	159	1	1
清洁服务	811	25	254	19	58		
其他未列明服务业	819	22	179	8	101	1	1
卫生和社会工作	**Q**	**1**	**21**	**3**	**12**		
社会工作	84	1	21	3	12		
提供住宿社会工作	841		18	3	7		
不提供住宿社会工作	842	1	3		5		
文化、体育和娱乐业	**R**	**542**	**1020**	**60**	**722**	**10**	**5**
新闻和出版业	85	2	29	5	18		
新闻业	851		3				
出版业	852	2	26	5	18		
广播、电视、电影和影视录音制作业	86	6	101	4	25	5	3
广播	861		5		2		
电视	862	1	1		2		
电影和影视节目制作	863	3	51	4	5		
电影和影视节目发行	864	1	8		2		
电影放映	865	1	31		13	5	3
录音制作	866		5		1		
文化艺术业	87	27	275	10	86	1	
文艺创作与表演	871	11	56	3	27		
艺术表演场馆	872	1	4				
图书馆与档案馆	873	2	1		2		
文物及非物质文化遗产保护	874	1	4	1			
博物馆	875		2				
烈士陵园、纪念馆	876	1	1				
群众文化活动	877	5	25		23		
其他文化艺术业	879	6	182	6	34	1	
体育	88	9	89	3	19	2	1
体育组织	881		14		4		
体育场馆	882	1	11		1		
休闲健身活动	883	8	57	3	11	1	
其他体育	889		7		3	1	1
娱乐业	89	498	526	38	574	2	1
室内娱乐活动	891	487	471	30	541	1	1
游乐园	892	4	11	1	4	1	
彩票活动	893				3		
文化、娱乐、体育经纪代理	894		22		10		
其他娱乐业	899	7	22	7	16		

与港澳台商合作经营	港澳台商独资	港澳台商投资股份有限公司	其他港澳台商投资	外商投资	中外合资经营	中外合作经营	外资企业	外商投资股份有限公司	其他外商投资	代码
1		1								798
										799
	2			3	3					80
	1			2	2					801
	1									802
				1	1					803
										809
										81
										811
										819
										Q
										84
										841
										842
	5			**8**	**4**	**1**	**2**	**1**		**R**
										85
										851
										852
	2			3	2	1				86
										861
										862
										863
										864
	2			3	2	1				865
										866
	1									87
										871
										872
										873
										874
										875
										876
										877
	1									879
	1			3			2	1		88
										881
										882
	1			3			2	1		883
										889
	1			2	2					89
				1	1					891
	1									892
										893
				1	1					894
										899

2-10 按行业(中类)、登记注册类型

行业	代码	从业人员数(人)	内资	国有	集体	股份合作	联营
总计	00	**5302393**	**5199089**	**154585**	**103813**	**19395**	**12372**
农、林、牧、渔业	A	**39269**	**39161**	**1153**	**605**	**179**	**550**
农业	01	686	686	244		12	
谷物种植	011	230	230	230			
棉、麻、糖、烟草种植	013	41	41				
蔬菜、食用菌及园艺作物种植	014	198	198				
水果种植	015	139	139				
坚果、含油果、香料和饮料作物种植	016	57	57	14			
中药材种植	017	6	6				
其他农业	019	15	15			12	
林业	02	57	57	34			
林木育种和育苗	021	57	57	34			
畜牧业	03	71	71			15	
牲畜饲养	031	68	68			15	
家禽饲养	032	3	3				
渔业	04	668	668	183			470
水产养殖	041	203	203	168			20
水产捕捞	042	465	465	15			450
农、林、牧、渔服务业	05	37787	37679	692	605	152	80
农业服务业	051	29011	28938	226	85	120	62
林业服务业	052	2033	2033	243	33	6	18
畜牧服务业	053	3748	3748	128	89	26	
渔业服务业	054	2995	2960	95	398		
采矿业	B	**146267**	**145278**	**1374**	**5361**	**411**	**575**
煤炭开采和洗选业	06	32614	32329	471	1635		
烟煤和无烟煤开采洗选	061	28873	28750	471	1635		
褐煤开采洗选	062	27	27				
其他煤炭采选	069	3714	3552				
石油和天然气开采业	07	206	206				
石油开采	071	100	100				
天然气开采	072	106	106				
黑色金属矿采选业	08	21053	20797	5	951	53	65
铁矿采选	081	20371	20115	5	951		65
锰矿、铬矿采选	082	27	27				
其他黑色金属矿采选	089	655	655			53	
有色金属矿采选业	09	7688	7558		232	5	92
常用有色金属矿采选	091	5725	5605		192	5	92
贵金属矿采选	092	1324	1324		40		
稀有稀土金属矿采选	093	639	629				
非金属矿采选业	10	77957	77639	885	2489	337	418
土砂石开采	101	48996	48728	505	1675	274	358
化学矿开采	102	16168	16168	378	788	38	60
采盐	103	219	219				
石棉及其他非金属矿采选	109	12574	12524	2	26	25	
开采辅助活动	11	1930	1930	13			

分组的小微企业法人单位从业人员数

国有联营	集体联营	国有与集体联营	其他联营	有限责任公司	国有独资公司	其他有限责任公司	股份有限公司	私营	私营独资	代码
2419	**6558**	**998**	**2397**	**1544026**	**26088**	**1517938**	**151519**	**2862718**	**777922**	**00**
482	**48**	**10**	**10**	**1865**		**1865**	**276**	**16035**	**10267**	**A**
				195		195		87	87	01
										011
				13		13				013
				158		158				014
				18		18		44	44	015
								43	43	016
				6		6				017
										019
										02
										021
								21	3	03
								18		031
								3	3	032
470				15		15				04
20				15		15				041
450										042
12	48	10	10	1655		1655	276	15927	10177	05
12	40	10		1257		1257	157	13179	8718	051
	8		10	84		84	18	763	267	052
				139		139	25	1207	780	053
				175		175	76	778	412	054
	348	**79**	**148**	**28728**	**1228**	**27500**	**3394**	**97739**	**23359**	**B**
				6536		6536	295	21830	2112	06
				6019		6019	265	18908	1655	061
								16		062
				517		517	30	2906	457	069
				50		50	7	104	24	07
				12		12		64		071
				38		38	7	40	24	072
	6	59		5911		5911	718	11631	1447	08
	6	59		5743		5743	718	11182	1328	081
								27	12	082
				168		168		422	107	089
	92			1937		1937	395	4750	866	09
	92			1477		1477	257	3451	554	091
				264		264	138	866	128	092
				196		196		433	184	093
	250	20	148	12910	334	12576	1802	54503	17081	10
	190	20	148	6402	334	6068	924	35430	13036	101
	60			4906		4906	421	8897	2101	102
				219		219				103
				1383		1383	457	10176	1944	109
				1054	894	160	51	741	122	11

2-10 续表 1

行　业	代码	从业人员数（人）	内资				
				国有	集体	股份合作	联营
煤炭开采和洗选辅助活动	111	475	475				
石油和天然气开采辅助活动	112	1176	1176				
其他开采辅助活动	119	279	279	13			
其他采矿业	12	4819	4819		54	16	
其他采矿业	120	4819	4819		54	16	
制造业	**C**	**2116315**	**2038173**	**18627**	**29646**	**7749**	**3420**
农副食品加工业	13	195111	189751	2699	730	777	514
谷物磨制	131	62470	61903	848	61	236	30
饲料加工	132	21031	20031	43	10	32	39
植物油加工	133	27408	26714	573	152		83
制糖业	134	961	961				
屠宰及肉类加工	135	18949	18626	1197	432	204	166
水产品加工	136	10961	10550		41	268	120
蔬菜、水果和坚果加工	137	21060	20137		20		76
其他农副食品加工	139	32271	30829	38	14	37	
食品制造业	14	59605	57291	52	348	114	8
焙烤食品制造	141	15182	14437	7		8	
糖果、巧克力及蜜饯制造	142	4295	4295		12		
方便食品制造	143	12573	12110	45	212	8	8
乳制品制造	144	1194	1077				
罐头食品制造	145	6759	6759		50		
调味品、发酵制品制造	146	5621	5487		74		
其他食品制造	149	13981	13126			98	
酒、饮料和精制茶制造业	15	67830	65635	712	1955	171	94
酒的制造	151	16305	15711	16	8		10
饮料制造	152	17838	16335	10	67	41	
精制茶加工	153	33687	33589	686	1880	130	84
烟草制品业	16	1352	1352	379			
烟叶复烤	161	348	348				
卷烟制造	162	15	15				
其他烟草制品制造	169	989	989	379			
纺织业	17	151420	146247	1406	1557	512	200
棉纺织及印染精加工	171	93320	91271	1126	1121	496	20
毛纺织及染整精加工	172	1239	1213		25		
麻纺织及染整精加工	173	3962	3962	82	315		
丝绢纺织及印染精加工	174	1109	1109	22	1		
化纤织造及印染精加工	175	2404	2382	2			
针织或钩针编织物及其制品制造	176	5406	4535		34		179
家用纺织制成品制造	177	10501	10232	7	10		1
非家用纺织制成品制造	178	33479	31543	167	51	16	
纺织服装、服饰业	18	153565	147676	237	1292	251	15
机织服装制造	181	126800	121365	110	980	92	
针织或钩针编织服装制造	182	6206	5892		241	2	15
服饰制造	183	20559	20419	127	71	157	
皮革、毛皮、羽毛及其制品和制鞋业	19	25586	24058	144	278	85	
皮革鞣制加工	191	1548	1548	22			
皮革制品制造	192	5898	5482		30	40	

国有联营	集体联营	国有与集体联营	其他联营	有限责任公司	国有独资公司	其他有限责任公司	股份有限公司	私营	私营独资	代码
				95		95	17	341	99	111
				959	894	65	34	183		112
								217	23	119
				330		330	126	4180	1707	12
				330		330	126	4180	1707	120
475	**1894**	**168**	**883**	**584835**	**5588**	**579247**	**58433**	**1259324**	**267838**	C
53	326	15	120	42177	468	41709	5514	128815	23710	13
	22		8	10243	463	9780	1792	46948	10410	131
	39			8654		8654	611	9914	1003	132
	1		82	6159		6159	1212	17682	3565	133
				106		106	69	786	76	134
53	98	15		4101		4101	234	11106	1915	135
	120			2856		2856	383	6569	721	136
	46		30	4380		4380	630	13395	1759	137
				5678	5	5673	583	22415	4261	139
	8			16708	3	16705	1083	37220	7657	14
				4198		4198	280	9556	2311	141
				653		653		3501	327	142
	8			2619	3	2616	180	8702	1977	143
				790		790		262	32	144
				2254		2254	122	3959	746	145
				1313		1313		3957	1043	146
				4881		4881	501	7283	1221	149
	73	21		12736		12736	2123	39329	11999	15
	10			4096		4096	357	10776	2649	151
				5246		5246	1140	9177	2897	152
	63	21		3394		3394	626	19376	6453	153
				824	293	531		18		16
				293	293					161
				15		15				162
				516		516		18		169
179	21			36330	140	36190	2759	100151	17015	17
	20			25661	123	25538	2428	58598	8335	171
				358		358	45	774	405	172
				807		807		2556	388	173
				204		204		825	217	174
				285		285	21	1954	547	175
179				1362		1362	24	2778	650	176
	1			2430	1	2429	17	7170	2642	177
				5223	16	5207	224	25496	3831	178
	15			28782	150	28632	2716	107675	33151	18
				21700	150	21550	1890	90619	26223	181
	15			2640		2640	84	2892	930	182
				4442		4442	742	14164	5998	183
				4674	120	4554	333	17539	4816	19
				572		572	241	663	247	191
				1083		1083	5	4031	1175	192

2-10 续表 2

行 业	代码	从 业 人员数 (人)	内资				
				国有	集体	股份合作	联营
毛皮鞣制及制品加工	193	5994	5994	39	190		
羽毛(绒)加工及制品制造	194	818	818				
制鞋业	195	11328	10216	83	58	45	
木材加工和木、竹、藤、棕、草制品业	20	45509	45146	430	437	219	37
木材加工	201	11947	11899	177	300	8	11
人造板制造	202	16842	16557	60		72	
木制品制造	203	13168	13168	193	132	139	26
竹、藤、棕、草等制品制造	204	3552	3522		5		
家具制造业	21	21727	21149		72		71
木质家具制造	211	16634	16479		57		55
竹、藤家具制造	212	167	167				
金属家具制造	213	1603	1415		10		
塑料家具制造	214	241	241				
其他家具制造	219	3082	2847		5		16
造纸和纸制品业	22	36339	34263	155	418	62	173
纸浆制造	221	467	467				
造纸	222	12181	11984	122	192	38	8
纸制品制造	223	23691	21812	33	226	24	165
印刷和记录媒介复制业	23	39268	38131	1005	1148	120	51
印刷	231	35868	34888	948	1034	86	43
装订及印刷相关服务	232	3087	2930	57	114	31	8
记录媒介复制	233	313	313			3	
文教、工美、体育和娱乐用品制造业	24	21916	19990	20	42	17	
文教办公用品制造	241	2406	2190		4		
乐器制造	242	1300	470				
工艺美术品制造	243	14130	13496	20	35	17	
体育用品制造	244	1781	1543				
玩具制造	245	1581	1573		3		
游艺器材及娱乐用品制造	246	718	718				
石油加工及炼焦	25	3904	3750		16	19	151
化学原料和化学制品制造业	26	122104	118248	786	1255	1193	41
基础化学原料制造	261	25688	25271	241	550	214	
肥料制造	262	29244	28611	121	135	372	41
农药制造	263	4224	4221	32	1	212	
涂料、油墨、颜料及类似产品制造	264	16280	15504		13	218	
合成材料制造	265	7807	7185	139	71	46	
专用化学产品制造	266	26566	25637	244	194	61	
炸药、火工及焰火产品制造	267	6789	6789	8	264	35	
日用化学产品制造	268	5506	5030	1	27	35	
医药制造业	27	43754	38283	195	194	80	
化学药品原料药制造	271	7079	6879	14	1		
化学药品制剂制造	272	4721	3746	48		15	
中药饮片加工	273	5383	5248	40			
中成药生产	274	10432	9518	93			
兽用药品制造	275	2045	1815				
生物药品制造	276	6105	5242		75		
卫生材料及医药用品制造	277	7989	5835		118	65	

国有联营	集体联营	国有与集体联营	其他联营	有限责任公司	国有独资公司	其他有限责任公司	股份有限公司	私营	私营独资	代码
				355		355	44	5066	1610	193
				489	120	369		329		194
				2175		2175	43	7450	1784	195
	26		11	10327	203	10124	769	30057	8462	20
			11	1346		1346	98	8657	3990	201
				4924	203	4721	337	10601	1856	202
	26			3495		3495	28	8396	1968	203
				562		562	306	2403	648	204
	16		55	5605		5605	271	14596	4876	21
			55	4434		4434	271	11259	3989	211
				45		45		115	69	212
				502		502		855	312	213
				51		51		153	47	214
	16			573		573		2214	459	219
	8		165	10975		10975	192	21044	3397	22
				147		147		320	14	221
	8			4559		4559	60	6425	580	222
			165	6269		6269	132	14299	2803	223
	41		10	12731	266	12465	828	20508	3832	23
	41		2	12040	266	11774	810	18532	3152	231
			8	395		395	18	1962	666	232
				296		296		14	14	233
				3764		3764	989	13702	3447	24
				584		584	284	1133	380	241
				102		102	16	352	87	242
				2110		2110	687	9675	2516	243
				473		473		1060	137	244
				300		300	2	1214	246	245
				195		195		268	81	246
	151			1010	1	1009	287	2132	181	25
2	39			34816		34816	5707	71507	8293	26
				8207		8207	927	14604	1024	261
2	39			7783		7783	1613	17792	2276	262
				1407		1407	438	2009	300	263
				3701		3701	968	10267	1157	264
				2521		2521	168	4045	778	265
				7331		7331	1382	15854	1450	266
				2237		2237	173	3740	841	267
				1629		1629	38	3196	467	268
				17114	78	17036	2476	17614	2483	27
				2951		2951	341	3434	906	271
				2127		2127	447	1101	85	272
				2005	20	1985	252	2826	208	273
				4451		4451	649	4263	270	274
				862		862	3	950	86	275
				2719		2719	589	1707	278	276
				1999	58	1941	195	3333	650	277

2-10 续表 3

行业	代码	从业人员数（人）					
			内资	国有	集体	股份合作	联营
化学纤维制造业	28	1877	1578		14	15	
纤维素纤维原料及纤维制造	281	348	222				
合成纤维制造	282	1529	1356		14	15	
橡胶和塑料制品业	29	82948	81149	71	882	181	98
橡胶制品业	291	12699	12476	38	111	117	58
塑料制品业	292	70249	68673	33	771	64	40
非金属矿物制品业	30	308651	304316	1790	7749	1740	962
水泥、石灰和石膏制造	301	29144	28249	254	892	389	6
石膏、水泥制品及类似制品制造	302	76551	76221	243	716	296	59
砖瓦、石材等建筑材料制造	303	152010	151185	920	5242	790	848
玻璃制造	304	5967	5892	56	47	44	
玻璃制品制造	305	9834	9354	5	114	132	
玻璃纤维和玻璃纤维增强塑料制品制造	306	2694	2694		15	25	
陶瓷制品制造	307	6567	6260	13	67		7
耐火材料制品制造	308	10682	9277	294	469	59	
石墨及其他非金属矿物制品制造	309	15202	15184	5	187	5	42
黑色金属冶炼和压延加工业	31	37034	35883	410	1474	100	57
炼铁	311	1692	1692				6
炼钢	312	1539	1539		15		
黑色金属铸造	313	20047	19825	228	904		51
钢压延加工	314	12294	11365	73	555	100	
铁合金冶炼	315	1462	1462	109			
有色金属冶炼和压延加工业	32	19379	18943	284	694	67	6
常用有色金属冶炼	321	5635	5451	263	77	34	
贵金属冶炼	322	174	174				
稀有稀土金属冶炼	323	281	281				
有色金属合金制造	324	3021	2982			4	
有色金属铸造	325	1217	1217		99	21	6
有色金属压延加工	326	9051	8838	21	518	8	
金属制品业	33	105582	102242	1139	1994	187	158
结构性金属制品制造	331	51385	50893	337	1313	65	124
金属工具制造	332	9278	9029	192	131		17
集装箱及金属包装容器制造	333	10102	8941	3	204		
金属丝绳及其制品制造	334	3388	3218		14		
建筑、安全用金属制品制造	335	7613	7304	20	18		
金属表面处理及热处理加工	336	5161	4899	442	66	119	10
搪瓷制品制造	337	148	148				
金属制日用品制造	338	4682	4398		5		1
其他金属制品制造	339	13825	13412	145	243	3	6
通用设备制造业	34	108981	105363	1515	2040	552	57
锅炉及原动设备制造	341	10040	9807	104	294	165	
金属加工机械制造	342	27151	25954	940	267	222	5
物料搬运设备制造	343	7616	7556	3	9	12	10
泵、阀门、压缩机及类似机械制造	344	11689	11417	35	53	29	
轴承、齿轮和传动部件制造	345	7141	7029	79	253	25	
烘炉、风机、衡器、包装等设备制造	346	11516	10555	28	21	19	2
文化、办公用机械制造	347	741	656	19			

国有联营	集体联营	国有与集体联营	其他联营	有限责任公司	国有独资公司	其他有限责任公司	股份有限公司	私营	私营独资	代码
				501		501	10	962	137	28
				116		116	10	78		281
				385		385		884	137	282
58	34		6	26037	230	25807	1658	50474	9429	29
58				4812		4812	588	6492	1148	291
	34		6	21225	230	20995	1070	43982	8281	292
8	741		213	60583	970	59613	6496	210256	66713	30
	6			6499		6499	2136	17523	4720	301
8	48		3	17456	158	17298	921	51903	21109	302
	645		203	20539	78	20461	2796	111220	37115	303
				2608	13	2595	8	3072	436	304
				2616		2616	218	6138	441	305
				1110		1110	27	1467	158	306
			7	2346	59	2287		3776	424	307
				3017	265	2752	172	5187	512	308
	42			4392	397	3995	218	9970	1798	309
	6		51	11569		11569	828	20501	3040	31
	6			241		241	69	1376	442	311
				917		917	1	422	65	312
			51	4720		4720	642	12784	1757	313
				4981		4981	102	5295	654	314
				710		710	14	624	122	315
	6			6118		6118	308	11290	1776	32
				1246		1246	25	3747	409	321
				130		130	5	39	3	322
				47		47		234		323
				1360		1360		1594	211	324
	6			558		558		504	265	325
				2777		2777	278	5172	888	326
9	10	8	131	33012	445	32567	2782	60164	13048	33
8	10		106	14889	148	14741	1271	31622	7410	331
			17	2306		2306	301	5821	910	332
				3267		3267	502	4762	420	333
				940		940	34	1974	383	334
				2136		2136	4	4842	1212	335
		2	8	2304	290	2014	19	1915	607	336
				47		47		100	6	337
1				1029		1029	164	2973	519	338
		6		6094	7	6087	487	6155	1581	339
35	11	5	6	38375	575	37800	3355	56483	9025	34
				3768	151	3617	40	5183	981	341
		5		9192	108	9084	1246	13202	2312	342
	10			3264	122	3142	592	3509	215	343
				4524	20	4504	755	5742	280	344
				2822	174	2648	14	3373	488	345
			2	4187		4187	282	5868	567	346
				100		100		498	25	347

2-10 续表 4

行 业	代码	从 业 人员数 （人）	内资	国有	集体	股份合作	联营
通用零部件制造	348	25187	24679	168	1104	52	5
其他通用设备制造业	349	7900	7710	139	39	28	35
专用设备制造业	35	100700	98575	1081	1051	447	167
采矿、冶金、建筑专用设备制造	351	25095	25048	373	319	144	60
化工、木材、非金属加工专用设备制造	352	22094	21725	177	20	36	
食品、饮料、烟草及饲料生产专用设备制造	353	6555	6554	198	22		
印刷、制药、日化及日用品生产专用设备制造	354	4633	4346		26	15	20
纺织、服装和皮革加工专用设备制造	355	2842	2735	44	25	4	
电子和电工机械专用设备制造	356	8891	8812	52	59	55	
农、林、牧、渔专用机械制造	357	8133	7977	15	88	21	8
医疗仪器设备及器械制造	358	5681	5096	40	184		23
环保、社会公共服务及其他专用设备制造	359	16776	16282	182	308	172	56
汽车制造业	36	173275	159613	1523	1672	390	201
汽车整车制造	361	2105	1862	140			
改装汽车制造	362	6441	6342	51		151	
低速载货汽车制造	363	150	150				
电车制造	364	526	526	42			
汽车车身、挂车制造	365	1417	1365				
汽车零部件及配件制造	366	162636	149368	1290	1672	239	201
铁路、船舶、航空航天和其他运输设备制造业	37	19838	19075	793	1131	37	7
铁路运输设备制造	371	5335	5242	16	874	14	
城市轨道交通设备制造	372	335	335		5		
船舶及相关装置制造	373	10367	9755	581	247		7
航空、航天器及设备制造	374	881	860	181			
摩托车制造	375	1366	1329	1			
自行车制造	376	939	939	8	2	23	
非公路休闲车及零配件制造	377	117	117		3		
潜水救捞及其他未列明运输设备制造	379	498	498	6			
电气机械和器材制造业	38	83158	79780	467	355	259	36
电机制造	381	11158	10474	3		8	
输配电及控制设备制造	382	28105	27109	230	231	31	27
电线、电缆、光缆及电工器材制造	383	14210	13719	76	83	130	6
电池制造	384	6826	6513		7	62	
家用电力器具制造	385	3703	3560		5		
非电力家用器具制造	386	3783	3625	73			
照明器具制造	387	9420	9011	43	19	5	3
其他电气机械及器材制造	389	5953	5769	42	10	23	
计算机、通信和其他电子设备制造业	39	42112	38272	539	32	9	36
计算机制造	391	3353	2748		6		
通信设备制造	392	5582	5149				36
广播电视设备制造	393	845	845				
雷达及配套设备制造	394	231	231	47			
视听设备制造	395	1840	1624	18	14		
电子器件制造	396	9379	8343	215	1		
电子元件制造	397	11921	10642	259	8	6	
其他电子设备制造	399	8961	8690		3	3	
仪器仪表制造业	40	17191	16368	247	205	9	3

国有联营	集体联营	国有与集体联营	其他联营	有限责任公司	国有独资公司	其他有限责任公司	股份有限公司	私营	私营独资	代码
	1		4	7424		7424	426	14852	3484	348
35				3094		3094		4256	673	349
8	80		79	35153	1063	34090	4458	52873	9912	35
	60			8930	611	8319	1122	13470	2121	351
				6779	289	6490	961	13052	2493	352
				2013		2013	610	3491	843	353
	20			1547		1547	143	2378	496	354
				561		561	54	1831	256	355
				4126		4126	213	4041	1146	356
2			6	1569		1569	118	5976	873	357
			23	2478		2478	39	2166	667	358
6			50	7150	163	6987	1198	6468	1017	359
	98	103		59233	246	58987	4280	89882	10566	36
				1168		1168	175	367	101	361
				3947		3947	717	1309		362
				99		99	6	45	12	363
				226		226	3	255	48	364
				559		559	169	637	47	365
	98	103		53234	246	52988	3210	87269	10358	366
	6	1		6950	213	6737	796	9089	1030	37
				2050		2050	419	1786	304	371
				260		260		70	31	372
	6	1		2996	95	2901	338	5471	597	373
				388	118	270		291		374
				465		465		863	27	375
				627		627	28	236	15	376
				3		3		82		377
				161		161	11	290	56	379
	33	3		37044		37044	4030	35887	4118	38
				6553		6553	599	3053	368	381
	27			12584		12584	974	12742	1126	382
	6			6552		6552	662	5942	817	383
				2346		2346	363	3723	251	384
				1185		1185	23	2046	162	385
				1537		1537	495	1393	111	386
		3		3541		3541	728	4531	1025	387
				2746		2746	186	2457	258	389
			36	14914		14914	1632	19733	1623	39
				1237		1237	160	1204	151	391
			36	2541		2541		2531	131	392
				390		390	20	427	32	393
				100		100		74	45	394
				251		251		1103	24	395
				4580		4580	370	2962	159	396
				2722		2722	450	6963	831	397
				3093		3093	632	4469	250	399
	3			8573	124	8449	1464	5361	602	40

2-10 续表 5

行　业	代码	从　业 人员数 （人）	内资	国有	集体	股份合作	联营
通用仪器仪表制造	401	8837	8360	145	197		
专用仪器仪表制造	402	4809	4612	102	6	9	
钟表与计时仪器制造	403	307	307				3
光学仪器及眼镜制造	404	1395	1246				
其他仪器仪表制造业	409	1843	1843		2		
其他制造业	41	13425	13000	230	105	39	265
废弃资源综合利用业	42	6560	6435	9	215	61	
金属废料和碎屑加工处理	421	3694	3658	1	215	61	
非金属废料和碎屑加工处理	422	2866	2777	8			
金属制品、机械和设备修理业	43	6614	6611	309	291	36	12
金属制品修理	431	552	552	121	8		
通用设备修理	432	1225	1225	15	41		
专用设备修理	433	366	366		8		
铁路、船舶、航空航天等运输设备修理	434	1062	1062	70	7		
电气设备修理	435	632	632			36	
仪器仪表修理	436	185	182				
其他机械和设备修理业	439	2592	2592	103	227		12
电力、热力、燃气及水生产和供应业	**D**	**67983**	**64854**	**18858**	**3715**	**735**	**455**
电力、热力生产和供应业	44	38615	37242	10658	1056	566	222
电力生产	441	27918	26545	6148	721	391	190
电力供应	442	9218	9218	4419	335	175	32
热力生产和供应	443	1479	1479	91			
燃气生产和供应业	45	6998	5434	125	4	64	35
燃气生产和供应业	450	6998	5434	125	4	64	35
水的生产和供应业	46	22370	22178	8075	2655	105	198
自来水生产和供应	461	19863	19807	7724	2624	82	183
污水处理及其再生利用	462	2197	2061	351	27	23	15
其他水的处理、利用与分配	469	310	310		4		
建筑业	**E**	**709575**	**707626**	**35287**	**29809**	**1061**	**990**
房屋建筑业	47	380765	379748	17428	23540	644	639
房屋建筑业	470	380765	379748	17428	23540	644	639
土木工程建筑业	48	109126	108850	14321	3606	87	277
铁路、道路、隧道和桥梁工程建筑	481	41208	41199	6320	510		32
水利和内河港口工程建筑	482	19290	19290	6042	1122	3	245
工矿工程建筑	484	7283	7283	38	854		
架线和管道工程建筑	485	11700	11700	837	406	28	
其他土木工程建筑	489	29645	29378	1084	714	56	
建筑安装业	49	58322	58043	1604	1793	112	54
电气安装	491	14395	14383	399	1096	76	
管道和设备安装	492	12312	12199	828	438		
其他建筑安装业	499	31615	31461	377	259	36	54
建筑装饰和其他建筑业	50	161362	160985	1934	870	218	20
建筑装饰业	501	93886	93561	448	369	163	15
工程准备活动	502	14723	14723	356	34	8	5
提供施工设备服务	503	7063	7063	67	78	17	

国有联营	集体联营	国有与集体联营	其他联营	有限责任公司	国有独资公司	其他有限责任公司	股份有限公司	私营	私营独资	代码
				4155	55	4100	717	2930	88	401
				2662		2662	536	1148	177	402
	3			32		32		272	99	403
				780	69	711		436	151	404
				944		944	211	575	87	409
123	142			3649		3649	137	7813	1746	41
				2503		2503	118	3216	466	42
				1207		1207	67	1928	251	421
				1296		1296	51	1288	215	422
		12		2048		2048	34	3433	1288	43
				246		246		155	49	431
				313		313		794	154	432
				115		115	8	206	124	433
				365		365	2	597	183	434
				210		210		345	231	435
				119		119	10	41	13	436
		12		680		680	14	1295	534	439
187	**101**	**118**	**49**	**15490**	**2008**	**13482**	**4017**	**17266**	**5184**	D
147	44	14	17	8830	760	8070	3375	10271	2863	44
147	22	4	17	6923	533	6390	2074	8733	2652	441
	22	10		1403	139	1264	1198	771	117	442
				504	88	416	103	767	94	443
15			20	2755	46	2709	186	1874	542	45
15			20	2755	46	2709	186	1874	542	450
25	57	104	12	3905	1202	2703	456	5121	1779	46
25	42	104	12	3124	1167	1957	422	4104	1510	461
	15			770	35	735	27	735	155	462
				11		11	7	282	114	469
245	**665**		**80**	**292591**	**2684**	**289907**	**40080**	**291357**	**29916**	E
	621		18	152879	149	152730	32198	147258	9848	47
	621		18	152879	149	152730	32198	147258	9848	470
245			32	41449	1298	40151	5111	39891	4421	48
			32	15933	993	14940	2274	14917	1612	481
245				6009	35	5974	1991	3674	211	482
				1857		1857	2	4461	250	484
				4839	215	4624	108	4763	476	485
				12811	55	12756	736	12076	1872	489
	24		30	23259	1160	22099	1438	28021	3758	49
				6342		6342	116	5876	907	491
				5626	1112	4514	216	4815	446	492
	24		30	11291	48	11243	1106	17330	2405	499
	20			75004	77	74927	1333	76187	11889	50
	15			46510	3	46507	839	42387	6522	501
	5			5212	22	5190	248	8372	1482	502
				1776		1776	62	4742	737	503

2-10 续表 6

行业	代码	从业人员数（人）	内资	国有	集体	股份合作	联营
其他未列明建筑业	509	45690	45638	1063	389	30	
批发和零售业	**F**	**933478**	**930218**	**16366**	**12993**	**3301**	**2500**
批发业	51	483797	482285	9212	5738	1844	1227
农、林、牧产品批发	511	76381	76105	2601	841	305	208
食品、饮料及烟草制品批发	512	90695	90443	3487	802	238	277
纺织、服装及家庭用品批发	513	40217	40101	224	321	60	63
文化、体育用品及器材批发	514	9825	9822	171	86	15	125
医药及医疗器材批发	515	16571	16368	222	367	153	40
矿产品、建材及化工产品批发	516	122557	122352	1303	1751	508	198
机械设备、五金产品及电子产品批发	517	87505	87142	663	439	270	52
贸易经纪与代理	518	17559	17556	276	485	34	156
其他批发业	519	22487	22396	265	646	261	108
零售业	52	449681	447933	7154	7255	1457	1273
综合零售	521	106382	106228	1346	4279	316	433
食品、饮料及烟草制品专门零售	522	54020	53882	2509	871	321	326
纺织、服装及日用品专门零售	523	55447	55209	385	564	92	82
文化、体育用品及器材专门零售	524	21312	21186	726	312	126	3
医药及医疗器材专门零售	525	22225	22192	153	164	125	102
汽车、摩托车、燃料及零配件专门零售	526	49759	49600	527	254	103	35
家用电器及电子产品专门零售	527	55709	55569	276	215	142	19
五金、家具及室内装饰材料专门零售	528	53856	53786	854	382	136	60
货摊、无店铺及其他零售业	529	30971	30281	378	214	96	213
交通运输、仓储和邮政业	**G**	**206324**	**204631**	**16913**	**8980**	**984**	**1019**
道路运输业	54	130670	129159	8709	4628	463	619
城市公共交通运输	541	24501	24474	1765	867	71	7
公路旅客运输	542	27343	26522	2626	800	170	300
道路货物运输	543	64025	63837	1313	2697	167	22
道路运输辅助活动	544	14801	14326	3005	264	55	290
水上运输业	55	13795	13784	1665	628	74	43
水上旅客运输	551	2549	2549	162	209		1
水上货物运输	552	8612	8612	1136	302	14	42
水上运输辅助活动	553	2634	2623	367	117	60	
航空运输业	56	1620	1616	453			38
航空客货运输	561	419	415	45			
通用航空服务	562	324	324				
航空运输辅助活动	563	877	877	408			38
管道运输业	57	527	527	89			
管道运输业	570	527	527	89			
装卸搬运和运输代理业	58	34587	34519	1272	3262	293	192
装卸搬运	581	18240	18240	402	2953	262	135
运输代理业	582	16347	16279	870	309	31	57
仓储业	59	14481	14402	3365	431	146	102
谷物、棉花等农产品仓储	591	7125	7125	3067	214	126	97
其他仓储业	599	7356	7277	298	217	20	5
邮政业	60	10644	10624	1360	31	8	25

国有联营	集体联营	国有与集体联营	其他联营	有限责任公司	国有独资公司	其他有限责任公司	股份有限公司	私营	私营独资	代码
				21506	52	21454	184	20686	3148	509
479	**1153**	**272**	**596**	**191129**	**830**	**190299**	**9986**	**566257**	**276096**	F
290	657	84	196	109391	605	108786	4908	260678	97176	51
50	115	33	10	8143	115	8028	512	36961	21313	511
152	107		18	12434	188	12246	528	35305	18771	512
6	7	39	11	12057	21	12036	448	24863	9217	513
	98		27	3358	99	3259	167	5393	1038	514
11	7		22	4792		4792	283	8316	1387	515
53	100	9	36	32133	69	32064	1506	77431	26209	516
7	19	3	23	28211		28211	806	51584	11311	517
2	125		29	2803	103	2700	307	7064	1644	518
9	79		20	5460	10	5450	351	13761	6286	519
189	496	188	400	81738	225	81513	5078	305579	178920	52
85	164	48	136	8293	12	8281	905	80617	62612	521
52	212	16	46	7855	3	7852	392	32521	19275	522
			82	8118		8118	344	41815	29200	523
		3		5674	135	5539	404	12810	6042	524
14	55		33	5576		5576	485	13641	5936	525
10	11	11	3	14124	48	14076	898	30782	10468	526
	14		5	14050	2	14048	655	37511	14970	527
8	8	43	1	11481		11481	450	37212	22378	528
20	32	67	94	6567	25	6542	545	18670	8039	529
94	**625**	**174**	**126**	**66018**	**2754**	**63264**	**8370**	**90960**	**18160**	G
75	363	146	35	44412	1776	42636	6767	57397	9823	54
4	3			9076	181	8895	1371	10776	2161	541
30	238	12	20	7436	595	6841	2307	11425	1163	542
	22			22261	705	21556	1666	32303	5827	543
41	100	134	15	5639	295	5344	1423	2893	672	544
10	32		1	3656	169	3487	228	6590	1453	55
			1	916		916		1061	76	551
10	32			2156	169	1987	205	4402	1240	552
				584		584	23	1127	137	553
			38	505		505		533	23	56
				49		49		287	3	561
				175		175		149	18	562
			38	281		281		97	2	563
				98		98	42	238	159	57
				98		98	42	238	159	570
4	178		10	10141	251	9890	744	16687	4621	58
	133		2	4072		4072	170	9106	3006	581
4	45		8	6069	251	5818	574	7581	1615	582
	52	28	22	4552	558	3994	348	4311	1070	59
	47	28	22	1224	408	816	246	1326	494	591
	5			3328	150	3178	102	2985	576	599
5			20	2654		2654	241	5204	1011	60

2-10 续表 7

行业	代码	从业人员数（人）	内资				
				国有	集体	股份合作	联营
邮政基本服务	601	1248	1248	1091			5
快递服务	602	9396	9376	269	31	8	20
住宿和餐饮业	**H**	**200266**	**197887**	**8026**	**2096**	**988**	**400**
住宿业	61	65724	64947	5529	1300	546	150
旅游饭店	611	33761	33212	3786	643	341	98
一般旅馆	612	26219	26032	962	420	160	38
其他住宿业	619	5744	5703	781	237	45	14
餐饮业	62	134542	132940	2497	796	442	250
正餐服务	621	120024	118854	2406	704	329	138
快餐服务	622	4968	4621	50	1	60	
饮料及冷饮服务	623	1710	1641			5	
其他餐饮业	629	7840	7824	41	91	48	112
信息传输、软件和信息技术服务业	**I**	**71609**	**66752**	**1793**	**125**	**147**	**98**
电信、广播电视和卫星传输服务	63	10701	7205	1302	61	62	57
电信	631	8628	5132	659	39	62	37
广播电视传输服务	632	1728	1728	639	22		20
卫星传输服务	633	345	345	4			
互联网和相关服务	64	6493	6485	89		6	
互联网接入及相关服务	641	1193	1193	32		6	
互联网信息服务	642	4377	4369	57			
其他互联网服务	649	923	923				
软件和信息技术服务业	65	54415	53062	402	64	79	41
软件开发	651	34579	33694	263	22	36	20
信息系统集成服务	652	6061	5909	8		3	
信息技术咨询服务	653	6767	6743	78	19	20	21
数据处理和存储服务	654	574	574				
集成电路设计	655	911	768	9			
其他信息技术服务业	659	5523	5374	44	23	20	
房地产业	**K**	**228939**	**225344**	**5625**	**2416**	**926**	**412**
房地产业	70	228939	225344	5625	2416	926	412
房地产开发经营	701	87706	86105	2265	369	249	
物业管理	702	111224	109470	2890	1761	615	341
房地产中介服务	703	22775	22535	240	250	43	71
其他房地产业	709	7234	7234	230	36	19	
租赁和商务服务业	**L**	**295602**	**294260**	**17859**	**4525**	**1401**	**1036**
租赁业	71	18376	18300	476	159	63	29
机械设备租赁	711	17534	17471	474	58	63	29
文化及日用品出租	712	842	829	2	101		
商务服务业	72	277226	275960	17383	4366	1338	1007
企业管理服务	721	47800	47325	3484	1248	202	492
法律服务	722	4339	4314	43	12	19	142
咨询与调查	723	44357	43906	471	132	113	41
广告业	724	38954	38945	410	120	89	22
知识产权服务	725	853	853	14			
人力资源服务	726	40749	40726	600	1087	60	17
旅行社及相关服务	727	18679	18666	845	68	217	62
安全保护服务	728	33759	33730	9884	256	292	94
其他商务服务业	729	47736	47495	1632	1443	346	137

国有联营	集体联营	国有与集体联营	其他联营	有限责任公司	国有独资公司	其他有限责任公司	股份有限公司	私营	私营独资	代码
5				22		22		72	13	601
			20	2632		2632	241	5132	998	602
23	**245**	**70**	**62**	**57982**	**1772**	**56210**	**3680**	**114409**	**42192**	H
20	96		34	20804	753	20051	1042	32081	7350	61
9	70		19	11724	691	11033	427	15221	2281	611
	26		12	7948	62	7886	552	14027	4216	612
11			3	1132		1132	63	2833	853	619
3	149	70	28	37178	1019	36159	2638	82328	34842	62
3	107		28	34754	1019	33735	2478	72353	28049	621
				873		873	38	3422	2056	622
				591		591	35	896	385	623
	42	70		960		960	87	5657	4352	629
51	**25**		**22**	**31013**	**519**	**30494**	**2364**	**27230**	**4526**	I
43	12		2	2361	371	1990	1108	1576	978	63
35			2	1643	305	1338	882	1261	762	631
8	12			642	60	582	176	105	46	632
				76	6	70	50	210	170	633
				2159	23	2136	103	3641	1136	64
				590		590	21	492	109	641
				1206	23	1183	82	2683	881	642
				363		363		466	146	649
8	13		20	26493	125	26368	1153	22013	2412	65
			20	17688	30	17658	691	13618	1031	651
				2845		2845	71	2619	191	652
8	13			3139	93	3046	193	2516	562	653
				175		175		384	108	654
				415		415	35	297	42	655
				2231	2	2229	163	2579	478	659
50	**319**		**43**	**94011**	**1825**	**92186**	**8815**	**103519**	**11668**	K
50	319		43	94011	1825	92186	8815	103519	11668	70
				31023	977	30046	4552	45528	3783	701
50	261		30	51264	815	50449	3402	43693	5625	702
	58		13	8862	17	8845	548	10900	1668	703
				2862	16	2846	313	3398	592	709
157	**605**	**48**	**226**	**103659**	**4779**	**98880**	**7040**	**134326**	**28961**	L
1	22		6	5714	152	5562	330	8622	3315	71
1	22		6	5552	152	5400	330	8187	3003	711
				162		162		435	312	712
156	583	48	220	97945	4627	93318	6710	125704	25646	72
102	371	9	10	19416	2134	17282	2484	16307	2683	721
			142	452		452	404	2363	293	722
	28	6	7	18349	215	18134	563	21274	2743	723
			22	14527	177	14350	577	21307	3600	724
				288		288		477	26	725
	17			12125	98	12027	538	22270	6520	726
	23		39	5909	185	5724	409	9371	1293	727
	94			10716	1433	9283	200	10358	1299	728
54	50	33		16163	385	15778	1535	21977	7189	729

2-10 续表 8

行业	代码	从业人员数（人）	内资	国有	集体	股份合作	联营
科学研究和技术服务业	M	**134631**	**133699**	**7085**	**1017**	**591**	**417**
研究和试验发展	73	10769	10702	419	58	106	60
自然科学研究和试验发展	731	290	290	4		8	
工程和技术研究和试验发展	732	5536	5530	356	41	60	57
农业科学研究和试验发展	733	1576	1576	52	17		
医学研究和试验发展	734	3203	3142	7		38	3
社会人文科学研究	735	164	164				
专业技术服务业	74	76562	76074	5845	775	361	311
气象服务	741	181	181	37	3	4	
地震服务	742	72	72	64			
测绘服务	744	1585	1585	261	17	5	2
质检技术服务	745	5557	5556	1072	125	99	47
环境与生态监测	746	719	719	52	11	4	
地质勘查	747	1558	1558	165		13	
工程技术	748	49997	49560	3610	328	175	222
其他专业技术服务业	749	16893	16843	584	291	61	40
科技推广和应用服务业	75	47300	46923	821	184	124	46
技术推广服务	751	42846	42515	725	151	58	46
科技中介服务	752	1722	1721	36	30	20	
其他科技推广和应用服务业	759	2732	2687	60	3	46	
水利、环境和公共设施管理业	N	**25417**	**25139**	**2078**	**966**	**276**	**75**
水利管理业	76	3218	3215	504	336		46
防洪除涝设施管理	761	207	207	9	7		11
水资源管理	762	789	789	230	121		35
天然水收集与分配	763	320	320	45	67		
水文服务	764	171	171	1	16		
其他水利管理业	769	1731	1728	219	125		
生态保护和环境治理业	77	3731	3672	365	143	43	
生态保护	771	1114	1110	135	83	8	
环境治理业	772	2617	2562	230	60	35	
公共设施管理业	78	18468	18252	1209	487	233	29
市政设施管理	781	1880	1789	145	78	17	
环境卫生管理	782	1953	1948	54	1	28	13
城乡市容管理	783	519	519	15	34	5	
绿化管理	784	6635	6598	720	313	154	
公园和游览景区管理	785	7481	7398	275	61	29	16
居民服务、修理和其他服务业	O	**76894**	**76677**	**1050**	**1135**	**470**	**189**
居民服务业	79	30648	30526	158	362	111	10
家庭服务	791	6874	6871	4	9	3	
托儿所服务	792	85	85				
洗染服务	793	1431	1376		20	5	
理发及美容服务	794	5029	5029			31	
洗浴服务	795	1857	1855			9	
保健服务	796	3262	3262			20	
婚姻服务	797	1106	1106			8	

国有联营	集体联营	国有与集体联营	其他联营	有限责任公司	国有独资公司	其他有限责任公司	股份有限公司	私营	私营独资	代码
103	**282**	**2**	**30**	**43036**	**756**	**42280**	**2817**	**53336**	**14371**	M
	60			5560	15	5545	269	3529	371	73
				104		104		120		731
	57			2827		2827	87	1932	119	732
				463	15	448	25	686	141	733
	3			2130		2130	93	739	101	734
				36		36	64	52	10	735
100	192	2	17	29169	680	28489	2078	33254	7144	74
				117	15	102		18		741
				8		8				742
		2		567	91	476	22	700	147	744
42	5			1763	27	1736	190	1927	212	745
				360		360	8	226	62	746
				601	18	583	54	688	185	747
58	155		9	20482	524	19958	1525	20611	3092	748
	32		8	5271	5	5266	279	9084	3446	749
3	30		13	8307	61	8246	470	16553	6856	75
3	30		13	6821	61	6760	325	14640	6480	751
				809		809	51	700	170	752
				677		677	94	1213	206	759
24	**43**		**8**	**7284**	**518**	**6766**	**794**	**11153**	**2009**	N
	43		3	719	36	683	224	1107	295	76
	11			28		28		90	30	761
	32		3	157	27	130	12	185	27	762
				66		66	8	92	18	763
				35		35		119	58	764
				433	9	424	204	621	162	769
				895	122	773	14	1815	339	77
				84	20	64	2	616	141	771
				811	102	709	12	1199	198	772
24			5	5670	360	5310	556	8231	1375	78
				772	202	570	45	525	137	781
13				615	2	613	56	842	169	782
				123		123	11	232	95	783
				1988	135	1853	179	2695	513	784
11			5	2172	21	2151	265	3937	461	785
	85	**20**	**84**	**16749**	**33**	**16716**	**780**	**48659**	**26546**	O
	10			5578	13	5565	259	20213	12463	79
				2040		2040	39	4113	1939	791
				6		6		47	44	792
				295		295	7	960	466	793
				593		593		3713	2914	794
				441		441	26	1078	352	795
				636		636	84	2112	722	796
				352		352	5	676	399	797

2-10 续表 9

行 业	代码	从 业 人员数 （人）					
			内资	国有	集体	股份合作	联营
殡葬服务	798	1260	1198	95	142	11	
其他居民服务业	799	9744	9744	59	191	24	10
机动车、电子产品和日用产品修理业	80	28031	27940	527	268	264	46
汽车、摩托车修理与维护	801	21122	21095	454	246	246	46
计算机和办公设备维修	802	2065	2011	22	3	11	
家用电器修理	803	2913	2903	41	19	7	
其他日用产品修理业	809	1931	1931	10			
其他服务业	81	18215	18211	365	505	95	133
清洁服务	811	9988	9988	34	143	33	40
其他未列明服务业	819	8227	8223	331	362	62	93
卫生和社会工作	**Q**	**820**	**820**	**172**	**20**		
社会工作	84	820	820	172	20		
提供住宿社会工作	841	780	780	172	18		
不提供住宿社会工作	842	40	40		2		
文化、体育和娱乐业	**R**	**49004**	**48570**	**2319**	**404**	**176**	**236**
新闻和出版业	85	2755	2755	413	189		16
新闻业	851	63	63				
出版业	852	2692	2692	413	189		16
广播、电视、电影和影视录音制作业	86	5826	5609	1185	124	50	170
广播	861	162	162	13			
电视	862	258	258	67	7		
电影和影视节目制作	863	1081	1081	194		6	15
电影和影视节目发行	864	394	394	109		20	22
电影放映	865	3684	3467	800	29	24	133
录音制作	866	247	247	2	88		
文化艺术业	87	7671	7628	535	27	25	34
文艺创作与表演	871	2763	2763	220	6	20	34
艺术表演场馆	872	270	270	69			
图书馆与档案馆	873	41	41	2	7		
文物及非物质文化遗产保护	874	243	243	28			
博物馆	875	119	119	13			
烈士陵园、纪念馆	876	20	20				
群众文化活动	877	1160	1160	41	5	5	
其他文化艺术业	879	3055	3012	162	9		
体育	88	2990	2916	61			
体育组织	881	317	317	26			
体育场馆	882	521	521	10			
休闲健身活动	883	1999	1955	25			
其他体育	889	153	123				
娱乐业	89	29762	29662	125	64	101	16
室内娱乐活动	891	26739	26706	94	9	47	16
游乐园	892	507	505	17	9		
彩票活动	893	24	24	5			
文化、娱乐、体育经纪代理	894	736	671			34	
其他娱乐业	899	1756	1756	9	46	20	

国有联营	集体联营	国有与集体联营	其他联营	有限责任公司	国有独资公司	其他有限责任公司	股份有限公司	私营	私营独资	代码
				235		235	15	509	175	798
	10			980	13	967	83	7005	5452	799
	46			6818	20	6798	401	17897	9808	80
	46			5199	20	5179	249	13491	7068	801
				470		470	43	1232	491	802
				658		658	106	1888	1278	803
				491		491	3	1286	971	809
	29	20	84	4353		4353	120	10549	4275	81
			40	3452		3452	35	5339	1508	811
	29	20	44	901		901	85	5210	2767	819
				116		**116**	**12**	**397**	**77**	**Q**
				116		116	12	397	77	84
				116		116	12	374	69	841
								23	8	842
49	**120**	**37**	**30**	**9520**	**794**	**8726**	**661**	**30751**	**16752**	**R**
3	13			1176	320	856	53	688	221	85
				48	40	8		15	2	851
3	13			1128	280	848	53	673	219	852
46	73	37	14	2130	139	1991	91	1413	293	86
				86		86	11	45	11	861
				32	1	31	22	30	2	862
	15			324		324	23	479	55	863
	22			101		101	35	91	2	864
46	36	37	14	1472	138	1334		731	219	865
				115		115		37	4	866
	34			1709	129	1580	74	4505	2182	87
	34			314		314	1	1805	1082	871
				157		157		44	6	872
				3		3		22	14	873
				66	7	59	56	93	10	874
				97		97		9		875
								20	12	876
				144		144		787	543	877
				928	122	806	17	1725	515	879
				818	131	687	142	1735	437	88
				105		105	7	129	23	881
				242	131	111	86	178	35	882
				396		396	49	1391	367	883
				75		75		37	12	889
			16	3687	75	3612	301	22410	13619	89
			16	3018		3018	249	20666	12820	891
				42		42	19	331	115	892
								9	9	893
				287	75	212		283	125	894
				340		340	33	1121	550	899

2-10 续表 10

行业	代码	私营合伙	私营有限责任公司	私营股份有限公司	其他	港澳台商投资	与港澳台商合资经营
总计	00	**115121**	**1852834**	**116841**	**350661**	**44368**	**19287**
农、林、牧、渔业	A	**862**	**4426**	**480**	**18498**	**15**	**15**
农业	01				148		
谷物种植	011						
棉、麻、糖、烟草种植	013				28		
蔬菜、食用菌及园艺作物种植	014				40		
水果种植	015				77		
坚果、含油果、香料和饮料作物种植	016						
中药材种植	017						
其他农业	019				3		
林业	02				23		
林木育种和育苗	021				23		
畜牧业	03		18		35		
牲畜饲养	031		18		35		
家禽饲养	032						
渔业	04						
水产养殖	041						
水产捕捞	042						
农、林、牧、渔服务业	05	862	4408	480	18292	15	15
农业服务业	051	682	3464	315	13852	15	15
林业服务业	052	55	424	17	868		
畜牧服务业	053	27	263	137	2134		
渔业服务业	054	98	257	11	1438		
采矿业	B	**8224**	**61556**	**4600**	**7696**	**479**	**46**
煤炭开采和洗选业	06	831	18234	653	1562	240	
烟煤和无烟煤开采洗选	061	461	16231	561	1452	78	
褐煤开采洗选	062		7	9	11		
其他煤炭采选	069	370	1996	83	99	162	
石油和天然气开采业	07		80		45		
石油开采	071		64		24		
天然气开采	072		16		21		
黑色金属矿采选业	08	595	8943	646	1463		
铁矿采选	081	563	8690	601	1451		
锰矿、铬矿采选	082		15				
其他黑色金属矿采选	089	32	238	45	12		
有色金属矿采选业	09	535	2904	445	147	10	
常用有色金属矿采选	091	535	1929	433	131		
贵金属矿采选	092		726	12	16		
稀有稀土金属矿采选	093		249			10	
非金属矿采选业	10	5783	29142	2497	4295	229	46
土砂石开采	101	5035	15286	2073	3160	179	46
化学矿开采	102	85	6492	219	680		
采盐	103						
石棉及其他非金属矿采选	109	663	7364	205	455	50	
开采辅助活动	11	59	473	87	71		
煤炭开采和洗选辅助活动	111	20	222		22		
石油和天然气开采辅助活动	112		101	82			

与港澳台商合作经营	港澳台商独资	港澳台商投资股份有限公司	其他港澳台商投资	外商投资	中外合资经营	中外合作经营	外资企业	外商投资股份有限公司	其他外商投资	代码
1276	**21504**	**1906**	**395**	**58936**	**30126**	**1468**	**25494**	**897**	**951**	00
				93		**45**			**48**	A
										01
										011
										013
										014
										015
										016
										017
										019
										02
										021
										03
										031
										032
										04
										041
										042
				93		45			48	05
				58		10			48	051
										052
										053
				35		35				054
	193	**78**	**162**	**510**	**461**		**45**		**4**	B
		78	162	45			45			06
		78		45			45			061
										062
			162							069
										07
										071
										072
				256	256					08
				256	256					081
										082
										089
	10			120	120					09
				120	120					091
										092
	10									093
	183			89	85				4	10
	133			89	85				4	101
										102
										103
	50									109
										11
										111
										112

2-10 续表 11

行　业	代码	私营合伙	私营有限责任公司	私营股份有限公司	其他	港澳台商投资	与港澳台商合资经营
其他开采辅助活动	119	39	150	5	49		
其他采矿业	12	421	1780	272	113		
其他采矿业	120	421	1780	272	113		
制造业	C	**53200**	**877308**	**60978**	**76139**	**32005**	**14646**
农副食品加工业	13	3429	94488	7188	8525	2875	1088
谷物磨制	131	1361	32308	2869	1745	370	48
饲料加工	132	95	8323	493	728	267	187
植物油加工	133	245	12675	1197	853	330	96
制糖业	134		656	54			
屠宰及肉类加工	135	528	8038	625	1186	55	
水产品加工	136	229	5025	594	313	215	
蔬菜、水果和坚果加工	137	419	10478	739	1636	638	125
其他农副食品加工	139	552	16985	617	2064	1000	632
食品制造业	14	1149	26689	1725	1758	1163	323
焙烤食品制造	141	269	6435	541	388	680	171
糖果、巧克力及蜜饯制造	142	33	3058	83	129		
方便食品制造	143	229	6119	377	336	199	
乳制品制造	144		228	2	25		
罐头食品制造	145	303	2748	162	374		
调味品、发酵制品制造	146	116	2586	212	143	99	99
其他食品制造	149	199	5515	348	363	185	53
酒、饮料和精制茶制造业	15	1666	24015	1649	8515	598	541
酒的制造	151	242	7103	782	448	67	66
饮料制造	152	587	5466	227	654	501	475
精制茶加工	153	837	11446	640	7413	30	
烟草制品业	16		18		131		
烟叶复烤	161				55		
卷烟制造	162						
其他烟草制品制造	169		18		76		
纺织业	17	3015	75119	5002	3332	3040	1491
棉纺织及印染精加工	171	1672	44339	4252	1821	1491	1131
毛纺织及染整精加工	172	24	332	13	11	26	10
麻纺织及染整精加工	173	257	1811	100	202		
丝绢纺织及印染精加工	174	12	557	39	57		
化纤织造及印染精加工	175	11	1350	46	120	14	14
针织或钩针编织物及其制品制造	176	138	1907	83	158	847	
家用纺织制成品制造	177	298	4208	22	597	116	
非家用纺织制成品制造	178	603	20615	447	366	546	336
纺织服装、服饰业	18	6825	63490	4209	6708	3239	1534
机织服装制造	181	5948	54895	3553	5974	2884	1386
针织或钩针编织服装制造	182	192	1728	42	18	314	148
服饰制造	183	685	6867	614	716	41	
皮革、毛皮、羽毛及其制品和制鞋业	19	521	11331	871	1005	751	155
皮革鞣制加工	191		416		50		
皮革制品制造	192	28	2177	651	293	272	120
毛皮鞣制及制品加工	193	62	3380	14	300		
羽毛(绒)加工及制品制造	194		329				

与港澳台商合作经营	港澳台商独资	港澳台商投资股份有限公司	其他港澳台商投资	外商投资	中外合资经营	中外合作经营	外资企业	外商投资股份有限公司	其他外商投资	代码
										119
										12
										120
710	**15269**	**1262**	**118**	**46137**	**26053**	**779**	**18512**	**673**	**120**	C
186	1344	257		2485	1262	192	1031			13
186	136			197	162		35			131
	80			733	420	104	209			132
	234			364	102		262			133
										134
	55			268			268			135
	91	124		196	9		187			136
	380	133		285	285					137
	368			442	284	88	70			139
	708	132		1151	743	117	226	65		14
	509			65				65		141
										142
	199			264	41		223			143
				117		117				144
										145
				35	35					146
		132		670	667		3			149
	32	25		1597	764		833			15
	1			527	1		526			151
	1	25		1002	763		239			152
	30			68			68			153
										16
										161
										162
										169
	1549			2133	883		1250			17
	360			558			558			171
	16									172
										173
										174
				8			8			175
	847			24			24			176
	116			153	153					177
	210			1390	730		660			178
80	1499	126		2650	1999	74	437	140		18
80	1292	126		2551	1900	74	437	140		181
	166									182
	41			99	99					183
	596			777	204		533	40		19
										191
	152			144	76		28	40		192
										193
										194

2-10 续表 12

行业	代码	私营合伙	私营有限责任公司	私营股份有限公司	其他	港澳台商投资	与港澳台商合资经营
制鞋业	195	431	5029	206	362	479	35
木材加工和木、竹、藤、棕、草制品业	20	1645	18852	1098	2870	196	
木材加工	201	611	3775	281	1302	6	
人造板制造	202	459	7883	403	563	190	
木制品制造	203	368	5685	375	759		
竹、藤、棕、草等制品制造	204	207	1509	39	246		
家具制造业	21	517	9011	192	534	367	
木质家具制造	211	407	6705	158	403		
竹、藤家具制造	212		46		7		
金属家具制造	213	13	529	1	48	188	
塑料家具制造	214	40	66		37		
其他家具制造	219	57	1665	33	39	179	
造纸和纸制品业	22	577	16325	745	1244	1184	535
纸浆制造	221	6	300				
造纸	222	190	5550	105	580	197	197
纸制品制造	223	381	10475	640	664	987	338
印刷和记录媒介复制业	23	747	15148	781	1740	584	237
印刷	231	678	13967	735	1395	584	237
装订及印刷相关服务	232	69	1181	46	345		
记录媒介复制	233						
文教、工美、体育和娱乐用品制造业	24	513	8734	1008	1456	811	496
文教办公用品制造	241	44	508	201	185	216	216
乐器制造	242		130	135		280	280
工艺美术品制造	243	445	6140	574	952	315	
体育用品制造	244	7	906	10	10		
玩具制造	245	17	883	68	54		
游艺器材及娱乐用品制造	246		167	20	255		
石油加工及炼焦	25	4	1754	193	135	106	5
化学原料和化学制品制造业	26	1396	58328	3490	2943	1219	540
基础化学原料制造	261	252	12480	848	528	60	
肥料制造	262	320	14057	1139	754	267	7
农药制造	263	82	1409	218	122		
涂料、油墨、颜料及类似产品制造	264	38	9006	66	337	397	191
合成材料制造	265	51	3061	155	195	227	195
专用化学产品制造	266	264	13527	613	571	114	70
炸药、火工及焰火产品制造	267	205	2646	48	332		
日用化学产品制造	268	184	2142	403	104	154	77
医药制造业	27	155	12896	2080	610	2790	1246
化学药品原料药制造	271	49	1976	503	138	132	132
化学药品制剂制造	272	7	868	141	8	282	78
中药饮片加工	273	87	2425	106	125	60	60
中成药生产	274	11	3581	401	62	914	434
兽用药品制造	275		540	324		230	230
生物药品制造	276		1210	219	152	238	158
卫生材料及医药用品制造	277	1	2296	386	125	934	154
化学纤维制造业	28	8	770	47	76		
纤维素纤维原料及纤维制造	281		42	36	18		

与港澳台商合作经营	港澳台商独资	港澳台商投资股份有限公司	其他港澳台商投资	外商投资	中外合资经营	中外合作经营	外资企业	外商投资股份有限公司	其他外商投资	代码
	444			633	128		505			195
	196			167	42		125			20
	6			42	42					201
	190			95			95			202
										203
				30			30			204
179	188			211	56		155			21
				155			155			211
										212
	188									213
										214
179				56	56					219
	649			892	300		507		85	22
										221
										222
	649			892	300		507		85	223
	347			553	553					23
	347			396	396					231
				157	157					232
										233
	311		4	1115	293	86	723	5	8	24
										241
				550			545	5		242
	311		4	319	293		26			243
				238		86	152			244
				8					8	245
										246
			101	48	48					25
180	486		13	2637	1369		1141	121	6	26
60				357	357					261
120	127		13	366	281		85			262
				3					3	263
	206			379	103		155	121		264
	32			395	103		289		3	265
	44			815	483		332			266
										267
	77			322	42		280			268
	1460	84		2681	2178	66	382	55		27
				68	68					271
	120	84		693	473		220			272
				75			75			273
	480									274
										275
	80			625	472	66	87			276
	780			1220	1165			55		277
				299	299					28
				126	126					281

2-10 续表 13

行 业	代码	私营合伙	私营有限责任公司	私营股份有限公司	其他	港澳台商投资	与港澳台商合资经营
合成纤维制造	282	8	728	11	58		
橡胶和塑料制品业	29	1550	37057	2438	1748	1352	790
橡胶制品业	291	48	5031	265	260	128	52
塑料制品业	292	1502	32026	2173	1488	1224	738
非金属矿物制品业	30	20430	113904	9209	14740	1838	798
水泥、石灰和石膏制造	301	1193	10980	630	550	477	75
石膏、水泥制品及类似制品制造	302	2846	26263	1685	4627	315	155
砖瓦、石材等建筑材料制造	303	15342	53560	5203	8830	492	309
玻璃制造	304	67	2307	262	57	75	
玻璃制品制造	305	79	5275	343	131	259	259
玻璃纤维和玻璃纤维增强塑料制品制造	306	29	1270	10	50		
陶瓷制品制造	307	23	3284	45	51		
耐火材料制品制造	308	310	4147	218	79	220	
石墨及其他非金属矿物制品制造	309	541	6818	813	365		
黑色金属冶炼和压延加工业	31	539	15228	1694	944	375	375
炼铁	311	11	761	162			
炼钢	312	25	332		184		
黑色金属铸造	313	360	9660	1007	496	13	13
钢压延加工	314	87	4029	525	259	362	362
铁合金冶炼	315	56	446		5		
有色金属冶炼和压延加工业	32	593	8443	478	176	395	394
常用有色金属冶炼	321	283	2707	348	59	184	184
贵金属冶炼	322		36				
稀有稀土金属冶炼	323		230	4			
有色金属合金制造	324	136	1247		24		
有色金属铸造	325	16	201	22	29		
有色金属压延加工	326	158	4022	104	64	211	210
金属制品业	33	1539	42969	2608	2806	1493	733
结构性金属制品制造	331	575	22358	1279	1272	326	224
金属工具制造	332	284	4530	97	261	98	98
集装箱及金属包装容器制造	333	7	4259	76	203	977	330
金属丝绳及其制品制造	334	12	1384	195	256	1	1
建筑、安全用金属制品制造	335	229	2901	500	284		
金属表面处理及热处理加工	336	5	1242	61	24	80	80
搪瓷制品制造	337		94		1		
金属制日用品制造	338	31	2402	21	226	11	
其他金属制品制造	339	396	3799	379	279		
通用设备制造业	34	1537	42560	3361	2986	1112	546
锅炉及原动设备制造	341	116	3430	656	253	85	10
金属加工机械制造	342	531	9222	1137	880	472	424
物料搬运设备制造	343		3123	171	157	60	60
泵、阀门、压缩机及类似机械制造	344	8	4895	559	279	37	12
轴承、齿轮和传动部件制造	345	46	2471	368	463		
烘炉、风机、衡器、包装等设备制造	346	62	5037	202	148	123	
文化、办公用机械制造	347		473		39	85	
通用零部件制造	348	579	10574	215	648	250	40
其他通用设备制造业	349	195	3335	53	119		

与港澳合商合作经营	港澳合商独资	港澳合商投资股份有限公司	其他港澳合商投资	外商投资	中外合资经营	中外合作经营	外资企业	外商投资股份有限公司	其他外商投资	代码
				173	173					282
	505	57		447	303		72	65	7	29
	76			95	30			65		291
	429	57		352	273		72		7	292
	755	285		2497	1852	196	449			30
	402			418	418					301
	160			15	15					302
	118	65		333	177		156			303
	75									304
				221	221					305
										306
				307	111	196				307
		220		1185	910		275			308
				18			18			309
				776	776					31
										311
										312
				209	209					313
				567	567					314
										315
	1			41	41					32
										321
										322
										323
				39	39					324
										325
	1			2	2					326
	760			1847	1551		288	8		33
	102			166	158		8			331
				151	151					332
	647			184	139		45			333
				169	169					334
				309	309					335
				182	182					336
										337
	11			273	173		100			338
				413	270		135	8		339
	566			2506	1313		1136	57		34
	75			148	55		93			341
	48			725	659		36	30		342
										343
	25			235	56		179			344
				112			112			345
	123			838	543		295			346
	85									347
	210			258			258			348
				190			163	27		349

2-10 续表 14

行业	代码	私营合伙	私营有限责任公司	私营股份有限公司	其他	港澳台商投资	与港澳台商合资经营
专用设备制造业	35	1202	38769	2990	3345	778	296
采矿、冶金、建筑专用设备制造	351	395	10160	794	630	30	30
化工、木材、非金属加工专用设备制造	352	197	9403	959	700	44	
食品、饮料、烟草及饲料生产专用设备制造	353	58	2527	63	220		
印刷、制药、日化及日用品生产专用设备制造	354	42	1754	86	217	273	130
纺织、服装和皮革加工专用设备制造	355	32	1385	158	216	107	2
电子和电工机械专用设备制造	356	96	2750	49	266	2	
农、林、牧、渔专用机械制造	357	173	4505	425	182		
医疗仪器设备及器械制造	358	59	1367	73	166	131	
环保、社会公共服务及其他专用设备制造	359	150	4918	383	748	191	134
汽车制造业	36	1447	74156	3713	2432	2690	1204
汽车整车制造	361		266		12		
改装汽车制造	362	18	1291		167		
低速载货汽车制造	363		25	8			
电车制造	364		207				
汽车车身、挂车制造	365		590			52	
汽车零部件及配件制造	366	1429	71777	3705	2253	2638	1204
铁路、船舶、航空航天和其他运输设备制造业	37	162	7449	448	272	135	135
铁路运输设备制造	371	78	1378	26	83		
城市轨道交通设备制造	372		39				
船舶及相关装置制造	373	59	4446	369	115	98	98
航空、航天器及设备制造	374		291				
摩托车制造	375	15	768	53		37	37
自行车制造	376		221		15		
非公路休闲车及零配件制造	377		82		29		
潜水救捞及其他未列明运输设备制造	379	10	224		30		
电气机械和器材制造业	38	1064	29075	1630	1702	1019	414
电机制造	381	110	2326	249	258	77	20
输配电及控制设备制造	382	306	10277	1033	290	270	83
电线、电缆、光缆及电工器材制造	383	386	4616	123	268	85	20
电池制造	384		3433	39	12	288	288
家用电力器具制造	385		1861	23	301		
非电力家用器具制造	386	52	1169	61	127		
照明器具制造	387	102	3339	65	141	299	3
其他电气机械及器材制造	389	108	2054	37	305		
计算机、通信和其他电子设备制造业	39	360	16683	1067	1377	1316	571
计算机制造	391	3	1042	8	141	430	
通信设备制造	392	69	1853	478	41	39	39
广播电视设备制造	393	9	386		8		
雷达及配套设备制造	394	29			10		
视听设备制造	395		1079		238	203	122
电子器件制造	396	43	2439	321	215	181	149
电子元件制造	397	207	5903	22	234	393	261
其他电子设备制造	399		3981	238	490	70	
仪器仪表制造业	40	47	4548	164	506	128	
通用仪器仪表制造	401	42	2679	121	216		
专用仪器仪表制造	402		971		149	2	

与港澳台商合作经营	港澳台商独资	港澳台商投资股份有限公司	其他港澳台商投资	外商投资	中外合资经营	中外合作经营	外资企业	外商投资股份有限公司	其他外商投资	代码
	425	57		1347	1056		280	11		35
				17	6			11		351
	44			325	204		121			352
				1	1					353
	143			14	14					354
	105									355
	2			77	32		45			356
				156	156					357
	131			454	407		47			358
		57		303	236		67			359
85	1193	208		10972	5240		5713	19		36
				243	243					361
				99	99					362
										363
										364
	52									365
85	1141	208		10630	4898		5713	19		366
				628	535		93			37
				93	1		92			371
										372
				514	513		1			373
				21	21					374
										375
										376
										377
										379
	605			2359	962		1306	77	14	38
	57			607	245		362			381
	187			726	167		551	8		382
	65			406	406					383
				25	11				14	384
				143	2		141			385
				158	38		120			386
	296			110	41			69		387
				184	52		132			389
	745			2524	886		1638			39
	430			175			175			391
				394	177		217			392
										393
										394
	81			13	1		12			395
	32			855	536		319			396
	132			886	172		714			397
	70			201			201			399
	128			695	456	48	191			40
				477	368	48	61			401
	2			195	65		130			402

2-10 续表 15

行业	代码	私营合伙	私营有限责任公司	私营股份有限公司	其他	港澳台商投资	与港澳台商合资经营
钟表与计时仪器制造	403		173				
光学仪器及眼镜制造	404	5	259	21	30	126	
其他仪器仪表制造业	409		466	22	111		
其他制造业	41	345	5199	523	762	415	163
废弃资源综合利用业	42	38	2454	258	313	36	36
金属废料和碎屑加工处理	421	38	1460	179	179	36	36
非金属废料和碎屑加工处理	422		994	79	134		
金属制品、机械和设备修理业	43	180	1846	119	448		
金属制品修理	431		106		22		
通用设备修理	432	96	535	9	62		
专用设备修理	433	2	67	13	29		
铁路、船舶、航空航天等运输设备修理	434	31	289	94	21		
电气设备修理	435	40	71	3	41		
仪器仪表修理	436	3	25		12		
其他机械和设备修理业	439	8	753		261		
电力、热力、燃气及水生产和供应业	D	**1936**	**9410**	**736**	**4318**	**1718**	**1071**
电力、热力生产和供应业	44	1207	5955	246	2264	877	644
电力生产	441	1163	4672	246	1365	877	644
电力供应	442	44	610		885		
热力生产和供应	443		673		14		
燃气生产和供应业	45	140	1033	159	391	791	427
燃气生产和供应业	450	140	1033	159	391	791	427
水的生产和供应业	46	589	2422	331	1663	50	
自来水生产和供应	461	575	1695	324	1544	50	
污水处理及其再生利用	462	14	559	7	113		
其他水的处理、利用与分配	469		168		6		
建筑业	E	**4818**	**242608**	**14015**	**16451**	**1793**	**559**
房屋建筑业	47	1521	126751	9138	5162	955	
房屋建筑业	470	1521	126751	9138	5162	955	
土木工程建筑业	48	1108	33261	1101	4108	268	268
铁路、道路、隧道和桥梁工程建筑	481	215	12489	601	1213	1	1
水利和内河港口工程建筑	482	39	3225	199	204		
工矿工程建筑	484	44	4126	41	71		
架线和管道工程建筑	485	117	4134	36	719		
其他土木工程建筑	489	693	9287	224	1901	267	267
建筑安装业	49	224	22699	1340	1762	267	198
电气安装	491	64	4644	261	478		
管道和设备安装	492	25	4309	35	276	113	113
其他建筑安装业	499	135	13746	1044	1008	154	85
建筑装饰和其他建筑业	50	1965	59897	2436	5419	303	93
建筑装饰业	501	950	33546	1369	2830	266	93
工程准备活动	502	641	5912	337	488		
提供施工设备服务	503	101	3850	54	321		
其他未列明建筑业	509	273	16589	676	1780	37	
批发和零售业	F	**18134**	**261501**	**10526**	**127686**	**1779**	**871**
批发业	51	8620	149210	5672	89287	662	155

与港澳台商合作经营	港澳台商独资	港澳台商投资股份有限公司	其他港澳台商投资	外商投资	中外合资经营	中外合作经营	外资企业	外商投资股份有限公司	其他外商投资	代码
										403
	126			23	23					404
										409
	221	31		10				10		41
				89	89					42
										421
				89	89					422
				3			3			43
										431
										432
										433
										434
										435
				3			3			436
										439
	647			**1411**	**594**	**358**	**459**			D
	233			496	75	358	63			44
	233			496	75	358	63			441
										442
										443
	364			773	377		396			45
	364			773	377		396			450
	50			142	142					46
	50			6	6					461
				136	136					462
										469
14	**1190**	**30**		**156**	**91**		**16**	**35**	**14**	E
	946	9		62	62					47
	946	9		62	62					470
				8			8			48
				8			8			481
										482
										484
										485
										489
2	67			12			8		4	49
				12			8		4	491
										492
2	67									499
12	177	21		74	29			35	10	50
12	140	21		59	14			35	10	501
										502
										503
	37			15	15					509
38	**811**	**24**	**35**	**1481**	**569**	**57**	**708**	**69**	**78**	F
20	487			850	277	35	439	62	37	51

2-10 续表 16

行业	代码	私营合伙	私营有限责任公司	私营股份有限公司	其他	港澳台商投资	与港澳台商合资经营
农、林、牧产品批发	511	1812	12615	1221	26534	30	
食品、饮料及烟草制品批发	512	1161	14871	502	37372	143	36
纺织、服装及家庭用品批发	513	868	14363	415	2065	71	8
文化、体育用品及器材批发	514	184	4003	168	507		
医药及医疗器材批发	515	181	6414	334	2195	80	15
矿产品、建材及化工产品批发	516	2718	47130	1374	7522	98	31
机械设备、五金产品及电子产品批发	517	1021	38154	1098	5117	172	65
贸易经纪与代理	518	214	5021	185	6431		
其他批发业	519	461	6639	375	1544	68	
零售业	52	9514	112291	4854	38399	1117	716
综合零售	521	2476	14717	812	10039	30	
食品、饮料及烟草制品专门零售	522	994	11746	506	9087	107	25
纺织、服装及日用品专门零售	523	1406	10701	508	3809	111	38
文化、体育用品及器材专门零售	524	446	6081	241	1131	68	28
医药及医疗器材专门零售	525	783	6521	401	1946	33	25
汽车、摩托车、燃料及零配件专门零售	526	951	18700	663	2877	104	11
家用电器及电子产品专门零售	527	805	21002	734	2701	60	15
五金、家具及室内装饰材料专门零售	528	1015	13252	567	3211	3	
货摊、无店铺及其他零售业	529	638	9571	422	3598	601	574
交通运输、仓储和邮政业	**G**	**4799**	**63775**	**4226**	**11387**	**1180**	**459**
道路运输业	54	2707	41910	2957	6164	1133	421
城市公共交通运输	541	426	7288	901	541	27	1
公路旅客运输	542	1187	7985	1090	1458	555	295
道路货物运输	543	829	24848	799	3408	147	8
道路运输辅助活动	544	265	1789	167	757	404	117
水上运输业	55	849	4015	273	900		
水上旅客运输	551	235	745	5	200		
水上货物运输	552	533	2364	265	355		
水上运输辅助活动	553	81	906	3	345		
航空运输业	56	15	495		87		
航空客货运输	561		284		34		
通用航空服务	562		131				
航空运输辅助活动	563	15	80		53		
管道运输业	57	26	53		60		
管道运输业	570	26	53		60		
装卸搬运和运输代理业	58	1020	10388	658	1928	38	38
装卸搬运	581	595	5392	113	1140		
运输代理业	582	425	4996	545	788	38	38
仓储业	59	77	3000	164	1147	9	
谷物、棉花等农产品仓储	591	16	753	63	825		
其他仓储业	599	61	2247	101	322	9	
邮政业	60	105	3914	174	1101		
邮政基本服务	601		54	5	58		
快递服务	602	105	3860	169	1043		
住宿和餐饮业	**H**	**4667**	**63653**	**3897**	**10306**	**945**	**197**

										代码
与港澳台商合作经营	港澳台商独资	港澳台商投资股份有限公司	其他港澳台商投资	外商投资	中外合资经营	中外合作经营	外资企业	外商投资股份有限公司	其他外商投资	
	30			246	16		230			511
8	99			109	44		52	13		512
12	51			45			45			513
				3	1		2			514
	65			123	72	25	18		8	515
	67			107	39	6	20	13	29	516
	107			191	100	1	54	36		517
				3			3			518
	68			23	5	3	15			519
18	324	24	35	631	292	22	269	7	41	52
	30			124	38		82		4	521
5	77			31	11		20			522
	36	14	23	127	68		45	7	7	523
1	39			58	40		16		2	524
	5	3								525
	77	4	12	55	12	7	33		3	526
	45			80	15	15	44		6	527
3				67	50				17	528
9	15	3		89	58		29		2	529
263	**195**	**263**		**513**	**102**	**62**	**134**	**11**	**204**	G
263	189	260		378	102	62	40		174	54
	26									541
		260		266	102				164	542
	139			41			31		10	543
263	24			71		62	9			544
				11				11		55
										551
										552
				11				11		553
				4			4			56
				4			4			561
										562
										563
										57
										570
				30					30	58
										581
				30					30	582
	6	3		70			70			59
										591
	6	3		70			70			599
				20			20			60
										601
				20			20			602
5	**635**	**108**		**1434**	**473**	**2**	**733**	**79**	**147**	H

2-10 续表 17

行业	代码	私营合伙	私营有限责任公司	私营股份有限公司	其他	港澳台商投资	与港澳台商合资经营
住宿业	61	1620	21452	1659	3495	115	2
旅游饭店	611	625	11120	1195	972	103	2
一般旅馆	612	830	8592	389	1925	12	
其他住宿业	619	165	1740	75	598		
餐饮业	62	3047	42201	2238	6811	830	195
正餐服务	621	2691	39592	2021	5692	713	195
快餐服务	622	101	1157	108	177	79	
饮料及冷饮服务	623	80	378	53	114	25	
其他餐饮业	629	175	1074	56	828	13	
信息传输、软件和信息技术服务业	**I**	**1005**	**20343**	**1356**	**3982**	**980**	**234**
电信、广播电视和卫星传输服务	63	61	490	47	678	660	125
电信	631	54	398	47	549	660	125
广播电视传输服务	632	7	52		124		
卫星传输服务	633		40		5		
互联网和相关服务	64	303	2128	74	487		
互联网接入及相关服务	641	51	321	11	52		
互联网信息服务	642	171	1584	47	341		
其他互联网服务	649	81	223	16	94		
软件和信息技术服务业	65	641	17725	1235	2817	320	109
软件开发	651	284	11481	822	1356	296	109
信息系统集成服务	652	64	2271	93	363	8	
信息技术咨询服务	653	101	1801	52	757	10	
数据处理和存储服务	654	14	234	28	15		
集成电路设计	655	10	241	4	12		
其他信息技术服务业	659	168	1697	236	314	6	
房地产业	**K**	**2543**	**83848**	**5460**	**9620**	**2277**	**831**
房地产业	70	2543	83848	5460	9620	2277	831
房地产开发经营	701	921	38335	2489	2119	1102	365
物业管理	702	1190	34447	2431	5504	966	455
房地产中介服务	703	364	8523	345	1621	209	11
其他房地产业	709	68	2543	195	376		
租赁和商务服务业	**L**	**6944**	**92522**	**5899**	**24414**	**396**	**20**
租赁业	71	442	4554	311	2907	37	
机械设备租赁	711	432	4457	295	2778	37	
文化及日用品出租	712	10	97	16	129		
商务服务业	72	6502	87968	5588	21507	359	20
企业管理服务	721	554	12409	661	3692	93	6
法律服务	722	1422	635	13	879	25	
咨询与调查	723	1559	16314	658	2963	185	
广告业	724	828	16213	666	1893	8	4
知识产权服务	725	109	276	66	74		
人力资源服务	726	556	13472	1722	4029	8	8
旅行社及相关服务	727	260	7011	807	1785	11	
安全保护服务	728	52	8582	425	1930		
其他商务服务业	729	1162	13056	570	4262	29	2

与港澳台商合作经营	港澳台商独资	港澳台商投资股份有限公司	其他港澳台商投资	外商投资	中外合资经营	中外合作经营	外资企业	外商投资股份有限公司	其他外商投资	代码
	89	24		662	230		357	75		61
	77	24		446	230		141	75		611
	12			175			175			612
				41			41			619
5	546	84		772	243	2	376	4	147	62
5	444	69		457	211	2	110	4	130	621
	64	15		268			260		8	622
	25			44	32		6		6	623
	13			3					3	629
	735	**11**		**3877**	**196**		**3645**		**36**	I
	529	6		2836			2836			63
	529	6		2836			2836			631
										632
										633
				8			8			64
										641
				8			8			642
										649
	206	5		1033	196		801		36	65
	182	5		589	68		497		24	651
	8			144			144			652
	10			14			7		7	653
										654
				143			143			655
	6			143	128		10		5	659
64	**1228**	**109**	**45**	**1318**	**553**	**150**	**474**	**15**	**126**	K
64	1228	109	45	1318	553	150	474	15	126	70
33	625	34	45	499	119		274		106	701
2	509			788	434	150	171	15	18	702
29	94	75		31			29		2	703
										709
36	**296**	**9**	**35**	**946**	**241**	**2**	**535**		**168**	L
	37			39	39					71
	37			26	26					711
				13	13					712
36	259	9	35	907	202	2	535		168	72
11	44		32	382	91		282		9	721
25										722
	178	4	3	266	26		82		158	723
	4			1					1	724
										725
				15	15					726
	6	5		2	2					727
				29	29					728
	27			212	39	2	171			729

2-10 续表 18

行业	代码	私营合伙	私营有限责任公司	私营股份有限公司	其他	港澳台商投资	与港澳台商合资经营
科学研究和技术服务业	M	**1899**	**34921**	**2145**	**25400**	**217**	**127**
研究和试验发展	73	153	2907	98	701	42	42
自然科学研究和试验发展	731		117	3	54		
工程和技术研究和试验发展	732	98	1669	46	170	4	4
农业科学研究和试验发展	733	20	521	4	333		
医学研究和试验发展	734	35	558	45	132	38	38
社会人文科学研究	735		42		12		
专业技术服务业	74	1128	23387	1595	4281	102	18
气象服务	741		17	1	2		
地震服务	742						
测绘服务	744		553		11		
质检技术服务	745	168	1390	157	333		
环境与生态监测	746		164		58		
地质勘查	747	21	357	125	37		
工程技术	748	662	15882	975	2607	85	5
其他专业技术服务业	749	277	5024	337	1233	17	13
科技推广和应用服务业	75	618	8627	452	20418	73	67
技术推广服务	751	567	7230	363	19749	73	67
科技中介服务	752	9	480	41	75		
其他科技推广和应用服务业	759	42	917	48	594		
水利、环境和公共设施管理业	N	**370**	**8037**	**737**	**2513**	**186**	**53**
水利管理业	76	31	723	58	279		
防洪除涝设施管理	761		60		62		
水资源管理	762		158		49		
天然水收集与分配	763	5	22	47	42		
水文服务	764	8	53				
其他水利管理业	769	18	430	11	126		
生态保护和环境治理业	77	20	1346	110	397	4	4
生态保护	771	13	424	38	182	4	4
环境治理业	772	7	922	72	215		
公共设施管理业	78	319	5968	569	1837	182	49
市政设施管理	781	68	320		207	91	
环境卫生管理	782	5	604	64	339	5	
城乡市容管理	783	5	132		99		
绿化管理	784	62	1960	160	549	7	7
公园和游览景区管理	785	179	2952	345	643	79	42
居民服务、修理和其他服务业	O	**2415**	**18682**	**1016**	**7645**	**135**	**12**
居民服务业	79	953	6385	412	3835	64	
家庭服务	791	162	1921	91	663		
托儿所服务	792		3		32		
洗染服务	793	30	436	28	89		
理发及美容服务	794	126	628	45	692		
洗浴服务	795	125	583	18	301	2	
保健服务	796	274	1086	30	410		
婚姻服务	797	57	210	10	65		

与港澳台商合作经营	港澳台商独资	港澳台商投资股份有限公司	其他港澳台商投资	外商投资	中外合资经营	中外合作经营	外资企业	外商投资股份有限公司	其他外商投资	代码
	90			**715**	**529**	**9**	**163**	**11**	**3**	M
				25	12		2	11		73
										731
				2			2			732
										733
				23	12			11		734
										735
	84			386	251	9	124		2	74
										741
										742
										744
				1	1					745
										746
										747
	80			352	230	1	121			748
	4			33	20	8	3		2	749
	6			304	266		37		1	75
	6			258	221		37			751
				1					1	752
				45	45					759
96	**37**			**92**	**59**		**30**		**3**	N
				3	3					76
										761
										762
										763
										764
				3	3					769
				55	52				3	77
										771
				55	52				3	772
96	37			34	4		30			78
91										781
5										782
										783
				30			30			784
	37			4	4					785
50	**61**	**12**		**82**	**79**		**3**			O
50	2	12		58	55		3			79
				3			3			791
										792
				55	55					793
										794
	2									795
										796
										797

2-10 续表 19

行 业	代码	私营合伙	私营有限责任公司	私营股份有限公司	其他	港澳台商投资	与港澳台商合资经营
殡葬服务	798	2	242	90	191	62	
其他居民服务业	799	177	1276	100	1392		
机动车、电子产品和日用产品修理业	80	946	6821	322	1719	67	8
汽车、摩托车修理与维护	801	773	5366	284	1164	13	8
计算机和办公设备维修	802	95	627	19	230	54	
家用电器修理	803	68	530	12	184		
其他日用产品修理业	809	10	298	7	141		
其他服务业	81	516	5476	282	2091	4	4
清洁服务	811	252	3365	214	912		
其他未列明服务业	819	264	2111	68	1179	4	4
卫生和社会工作	**Q**	**2**	**294**	**24**	**103**		
社会工作	84	2	294	24	103		
提供住宿社会工作	841		281	24	88		
不提供住宿社会工作	842	2	13		15		
文化、体育和娱乐业	**R**	**3303**	**9950**	**746**	**4503**	**263**	**146**
新闻和出版业	85	12	344	111	220		
新闻业	851		13				
出版业	852	12	331	111	220		
广播、电视、电影和影视录音制作业	86	51	1053	16	446	153	84
广播	861		34		7		
电视	862	8	20		100		
电影和影视节目制作	863	10	398	16	40		
电影和影视节目发行	864	30	59		16		
电影放映	865	3	509		278	153	84
录音制作	866		33		5		
文化艺术业	87	286	1964	73	719	43	
文艺创作与表演	871	152	550	21	363		
艺术表演场馆	872	5	33				
图书馆与档案馆	873	5	3		7		
文物及非物质文化遗产保护	874	4	74	5			
博物馆	875		9				
烈士陵园、纪念馆	876	3	5				
群众文化活动	877	84	160		178		
其他文化艺术业	879	33	1130	47	171	43	
体育	88	172	1038	88	160	33	30
体育组织	881		106		50		
体育场馆	882	6	137		5		
休闲健身活动	883	166	770	88	94	3	
其他体育	889		25		11	30	30
娱乐业	89	2782	5551	458	2958	34	32
室内娱乐活动	891	2573	4879	394	2607	32	32
游乐园	892	46	165	5	87	2	
彩票活动	893				10		
文化、娱乐、体育经纪代理	894		158		67		
其他娱乐业	899	163	349	59	187		

与港澳台商合作经营	港澳台商独资	港澳台商投资股份有限公司	其他港澳台商投资	外商投资	中外合资经营	中外合作经营	外资企业	外商投资股份有限公司	其他外商投资	代码
50		12								798
										799
	59			24	24					80
	5			14	14					801
	54									802
				10	10					803
										809
										81
										811
										819
										Q
										84
										841
										842
	117			**171**	**126**	**4**	**37**	**4**		**R**
										85
										851
										852
	69			64	60	4				86
										861
										862
										863
										864
	69			64	60	4				865
										866
	43									87
										871
										872
										873
										874
										875
										876
										877
	43									879
	3			41			37	4		88
										881
										882
	3			41			37	4		883
										889
	2			66	66					89
				1	1					891
	2									892
										893
				65	65					894
										899

2-11 按行业(中类)、营业状态分组的小微企业法人单位数

行　业	代码	法　人单位数(个)	营业	停业(歇业)	筹建	当年关闭	当年破产	其他
总　计	00	**292369**	**260046**	**15133**	**9984**	**2733**	**397**	**4076**
农、林、牧、渔业	A	**3426**	**3094**	**131**	**95**	**72**	**6**	**28**
农业	01	17	15		2			
谷物种植	011	1	1					
棉、麻、糖、烟草种植	013	2	2					
蔬菜、食用菌及园艺作物种植	014	3	2		1			
水果种植	015	6	6					
坚果、含油果、香料和饮料作物种植	016	2	2					
中药材种植	017	1			1			
其他农业	019	2	2					
林业	02	3	3					
林木育种和育苗	021	3	3					
畜牧业	03	6	5		1			
牲畜饲养	031	5	4		1			
家禽饲养	032	1	1					
渔业	04	5	5					
水产养殖	041	3	3					
水产捕捞	042	2	2					
农、林、牧、渔服务业	05	3395	3066	131	92	72	6	28
农业服务业	051	2576	2341	107	75	24	5	24
林业服务业	052	170	152	8	6	2	1	1
畜牧服务业	053	410	376	9	8	15		2
渔业服务业	054	239	197	7	3	31		1
采矿业	B	**3669**	**3135**	**316**	**106**	**72**	**16**	**24**
煤炭开采和洗选业	06	442	398	30	12	2		
烟煤和无烟煤开采洗选	061	358	324	23	9	2		
褐煤开采洗选	062	3	3					
其他煤炭采选	069	81	71	7	3			
石油和天然气开采业	07	14	12		2			
石油开采	071	4	3		1			
天然气开采	072	10	9		1			
黑色金属矿采选业	08	414	333	48	13	15	4	1
铁矿采选	081	391	313	48	11	14	4	1
锰矿、铬矿采选	082	2	2					
其他黑色金属矿采选	089	21	18		2	1		
有色金属矿采选业	09	195	158	17	6	7	4	3
常用有色金属矿采选	091	154	128	13	4	6	2	1
贵金属矿采选	092	27	21	1	1	1	1	2
稀有稀土金属矿采选	093	14	9	3	1		1	
非金属矿采选业	10	2352	2052	184	60	35	7	14
土砂石开采	101	1708	1499	128	41	22	7	11
化学矿开采	102	310	275	22	5	7		1
采盐	103	1	1					
石棉及其他非金属矿采选	109	333	277	34	14	6		2
开采辅助活动	11	44	37	2	3	1		1

2-11　续表 1

行　业	代码	法　人单位数（个）	营业	停业（歇业）	筹建	当年关闭	当年破产	其他
煤炭开采和洗选辅助活动	111	19	16	2	1			
石油和天然气开采辅助活动	112	9	8		1			
其他开采辅助活动	119	16	13		1	1		1
其他采矿业	12	208	145	35	10	12	1	5
其他采矿业	120	208	145	35	10	12	1	5
制造业	**C**	**58026**	**51235**	**2832**	**2493**	**729**	**155**	**582**
农副食品加工业	13	5089	4691	176	125	56	8	33
谷物磨制	131	1755	1673	40	15	17	2	8
饲料加工	132	411	360	22	19	6	1	3
植物油加工	133	717	658	30	12	11	3	3
制糖业	134	18	16	1	1			
屠宰及肉类加工	135	607	569	14	15	4		5
水产品加工	136	199	177	10	6	4		2
蔬菜、水果和坚果加工	137	434	399	17	10	5		3
其他农副食品加工	139	948	839	42	47	9	2	9
食品制造业	14	1568	1379	75	71	22	6	15
焙烤食品制造	141	448	401	18	16	3	3	7
糖果、巧克力及蜜饯制造	142	61	57	2	2			
方便食品制造	143	408	367	16	13	10	1	1
乳制品制造	144	27	23	3			1	
罐头食品制造	145	96	89	1	2	3	1	
调味品、发酵制品制造	146	177	156	8	6	3		4
其他食品制造	149	351	286	27	32	3		3
酒、饮料和精制茶制造业	15	2465	2277	92	67	13	3	13
酒的制造	151	420	379	21	15	3	1	1
饮料制造	152	657	598	20	28	6	1	4
精制茶加工	153	1388	1300	51	24	4	1	8
烟草制品业	16	17	16	1				
烟叶复烤	161	4	4					
卷烟制造	162	2	2					
其他烟草制品制造	169	11	10	1				
纺织业	17	2656	2360	154	65	44	18	15
棉纺织及印染精加工	171	1490	1311	89	35	32	14	9
毛纺织及染整精加工	172	49	40	5	2		1	1
麻纺织及染整精加工	173	48	44	2	1	1		
丝绢纺织及印染精加工	174	33	27	6				
化纤织造及印染精加工	175	83	72	6	2	1		2
针织或钩针编织物及其制品制造	176	120	103	8	5	2		2
家用纺织制成品制造	177	359	318	22	14	1	3	1
非家用纺织制成品制造	178	474	445	16	6	7		
纺织服装、服饰业	18	3550	3027	168	277	36	7	35
机织服装制造	181	2635	2276	128	174	31	5	21
针织或钩针编织服装制造	182	192	161	7	23			1
服饰制造	183	723	590	33	80	5	2	13
皮革、毛皮、羽毛及其制品和制鞋业	19	574	508	28	26	9		3
皮革鞣制加工	191	28	23	3	1			1

2-11 续表 2

行 业	代码	法 人单位数(个)	营业	停业(歇业)	筹建	当年关闭	当年破产	其他
皮革制品制造	192	140	122	8	6	3		1
毛皮鞣制及制品加工	193	161	145	6	6	4		
羽毛(绒)加工及制品制造	194	12	10		2			
制鞋业	195	233	208	11	11	2		1
木材加工和木、竹、藤、棕、草制品业	20	1383	1241	57	45	25	2	13
木材加工	201	572	513	19	17	13	1	9
人造板制造	202	245	224	11	7	1		2
木制品制造	203	451	400	22	19	9		1
竹、藤、棕、草等制品制造	204	115	104	5	2	2	1	1
家具制造业	21	967	795	54	83	17	1	17
木质家具制造	211	701	573	36	70	13	1	8
竹、藤家具制造	212	15	13	1				1
金属家具制造	213	91	76	7	6	1		1
塑料家具制造	214	21	18	2				1
其他家具制造	219	139	115	8	7	3		6
造纸和纸制品业	22	959	850	39	39	19		12
纸浆制造	221	11	9		2			
造纸	222	250	226	11	3	6		4
纸制品制造	223	698	615	28	34	13		8
印刷和记录媒介复制业	23	1639	1505	63	37	20	2	12
印刷	231	1360	1243	53	35	18		11
装订及印刷相关服务	232	272	256	9	2	2	2	1
记录媒介复制	233	7	6	1				
文教、工美、体育和娱乐用品制造业	24	829	715	49	42	12	4	7
文教办公用品制造	241	102	88	5	4	3	1	1
乐器制造	242	22	21	1				
工艺美术品制造	243	585	507	36	29	8	1	4
体育用品制造	244	40	37		3			
玩具制造	245	55	42	5	4		2	2
游艺器材及娱乐用品制造	246	25	20	2	2	1		
石油加工及炼焦	25	127	102	9	11	1		4
化学原料和化学制品制造业	26	2860	2451	159	169	41	12	28
基础化学原料制造	261	492	424	23	30	7	2	6
肥料制造	262	630	544	42	28	9	3	4
农药制造	263	93	76	5	6	3	2	1
涂料、油墨、颜料及类似产品制造	264	460	363	22	64	6	2	3
合成材料制造	265	246	210	14	15	3	1	3
专用化学产品制造	266	647	574	36	22	8	2	5
炸药、火工及焰火产品制造	267	104	96	5		2		1
日用化学产品制造	268	188	164	12	4	3		5
医药制造业	27	735	635	41	43	8	1	7
化学药品原料药制造	271	120	110	3	5	2		
化学药品制剂制造	272	68	57	6	2	2		1
中药饮片加工	273	107	95	3	8			1
中成药生产	274	127	111	11	5			
兽用药品制造	275	36	32	2	1	1		

2-11　续表 3

行　业	代码	法　人单位数（个）	营业	停业(歇业)	筹建	当年关闭	当年破产	其他
生物药品制造	276	143	120	8	9	2		4
卫生材料及医药用品制造	277	134	110	8	13	1	1	1
化学纤维制造业	28	49	42	1	5	1		
纤维素纤维原料及纤维制造	281	11	10	1				
合成纤维制造	282	38	32		5	1		
橡胶和塑料制品业	29	2245	2004	97	80	34	7	23
橡胶制品业	291	348	308	21	13	1	1	4
塑料制品业	292	1897	1696	76	67	33	6	19
非金属矿物制品业	30	9324	8350	452	285	139	32	66
水泥、石灰和石膏制造	301	711	640	43	15	10	1	2
石膏、水泥制品及类似制品制造	302	3172	2904	121	90	26	10	21
砖瓦、石材等建筑材料制造	303	4247	3806	186	121	86	18	30
玻璃制造	304	151	119	9	16	2	2	3
玻璃制品制造	305	227	190	18	12	4		3
玻璃纤维和玻璃纤维增强塑料制品制造	306	74	64	7	2			1
陶瓷制品制造	307	129	103	10	10	5	1	
耐火材料制品制造	308	229	196	18	8	4		3
石墨及其他非金属矿物制品制造	309	384	328	40	11	2		3
黑色金属冶炼和压延加工业	31	750	644	57	29	10	5	5
炼铁	311	34	27	4	1	1	1	
炼钢	312	49	43	3	3			
黑色金属铸造	313	341	306	21	4	8	2	
钢压延加工	314	285	231	27	20		2	5
铁合金冶炼	315	41	37	2	1	1		
有色金属冶炼和压延加工业	32	511	419	47	29	7	4	5
常用有色金属冶炼	321	131	109	11	8		2	1
贵金属冶炼	322	8	5	3				
稀有稀土金属冶炼	323	11	9	1	1			
有色金属合金制造	324	94	78	7	6	2		1
有色金属铸造	325	40	32	5	2		1	
有色金属压延加工	326	227	186	20	12	5	1	3
金属制品业	33	3610	3110	209	180	47	7	57
结构性金属制品制造	331	2039	1769	124	90	20	3	33
金属工具制造	332	258	221	15	14	3	2	3
集装箱及金属包装容器制造	333	143	128	6	7	2		
金属丝绳及其制品制造	334	96	86	5	2	1		2
建筑、安全用金属制品制造	335	313	267	15	23	2		6
金属表面处理及热处理加工	336	135	123	6	4			2
搪瓷制品制造	337	10	5	1	1	2		1
金属制日用品制造	338	181	142	9	22	4		4
其他金属制品制造	339	435	369	28	17	13	2	6
通用设备制造业	34	3649	3166	190	179	42	9	63
锅炉及原动设备制造	341	301	252	23	9	6	2	9
金属加工机械制造	342	1029	882	57	59	14	3	14
物料搬运设备制造	343	174	148	10	13			3
泵、阀门、压缩机及类似机械制造	344	310	275	13	12	2	3	5

2-11 续表 4

行 业	代码	法人单位数(个)	营业	停业(歇业)	筹建	当年关闭	当年破产	其他
轴承、齿轮和传动部件制造	345	141	125	6	4	2		4
烘炉、风机、衡器、包装等设备制造	346	335	286	18	22	3		6
文化、办公用机械制造	347	35	29	1	3			2
通用零部件制造	348	1005	898	46	39	11	1	10
其他通用设备制造业	349	319	271	16	18	4		10
专用设备制造业	35	3378	2912	176	184	36	6	64
采矿、冶金、建筑专用设备制造	351	675	599	35	23	3	1	14
化工、木材、非金属加工专用设备制造	352	805	714	28	41	7	1	14
食品、饮料、烟草及饲料生产专用设备制造	353	163	144	11	3	1	1	3
印刷、制药、日化及日用品生产专用设备制造	354	178	150	10	13	2		3
纺织、服装和皮革加工专用设备制造	355	107	90	7	7	3		
电子和电工机械专用设备制造	356	355	284	31	26	4	2	8
农、林、牧、渔专用机械制造	357	270	236	12	13	5	1	3
医疗仪器设备及器械制造	358	234	200	14	19	1		
环保、社会公共服务及其他专用设备制造	359	591	495	28	39	10		19
汽车制造业	36	3949	3580	121	179	38	9	22
汽车整车制造	361	27	26	1				
改装汽车制造	362	87	82	3	1	1		
低速载货汽车制造	363	11	6	1	2	1		1
电车制造	364	11	9		2			
汽车车身、挂车制造	365	19	18			1		
汽车零部件及配件制造	366	3794	3439	116	174	35	9	21
铁路、船舶、航空航天和其他运输设备制造业	37	436	363	45	17	4	3	4
铁路运输设备制造	371	101	88	8	4	1		
城市轨道交通设备制造	372	8	6	2				
船舶及相关装置制造	373	239	201	26	6	2	2	2
航空、航天器及设备制造	374	13	12	1				
摩托车制造	375	25	20	2	2	1		
自行车制造	376	25	13	5	5		1	1
非公路休闲车及零配件制造	377	11	10					1
潜水救捞及其他未列明运输设备制造	379	14	13	1				
电气机械和器材制造业	38	2041	1794	104	104	20	5	14
电机制造	381	208	190	9	6	2	1	
输配电及控制设备制造	382	707	640	28	27	6	2	4
电线、电缆、光缆及电工器材制造	383	349	303	22	20	2	1	1
电池制造	384	96	82	9	4	1		
家用电力器具制造	385	113	92	6	13	2		
非电力家用器具制造	386	133	112	9	8	1		3
照明器具制造	387	235	195	13	21	3	1	2
其他电气机械及器材制造	389	200	180	8	5	3		4
计算机、通信和其他电子设备制造业	39	949	821	43	65	10	2	8
计算机制造	391	89	75	7	5	1		1
通信设备制造	392	115	103	1	8	2		1
广播电视设备制造	393	27	26	1				
雷达及配套设备制造	394	5	4		1			
视听设备制造	395	24	18	1	4		1	

2-11　续表 5

行　业	代码	法　人单位数（个）	营业	停业(歇业)	筹建	当年关闭	当年破产	其他
电子器件制造	396	228	198	11	17			2
电子元件制造	397	247	216	12	13	4	1	1
其他电子设备制造	399	214	181	10	17	3		3
仪器仪表制造业	40	594	518	37	18	6		15
通用仪器仪表制造	401	318	277	18	11	2		10
专用仪器仪表制造	402	142	128	7	3	3		1
钟表与计时仪器制造	403	9	8	1				
光学仪器及眼镜制造	404	48	43	2	1			2
其他仪器仪表制造业	409	77	62	9	3	1		2
其他制造业	41	501	419	39	27	7		9
废弃资源综合利用业	42	231	200	16	8	4	1	2
金属废料和碎屑加工处理	421	125	110	9	3	1	1	1
非金属废料和碎屑加工处理	422	106	90	7	5	3		1
金属制品、机械和设备修理业	43	391	341	33	4	1	1	11
金属制品修理	431	24	18	3	2			1
通用设备修理	432	59	53	5				1
专用设备修理	433	45	39	3	1			2
铁路、船舶、航空航天等运输设备修理	434	69	56	10	1			2
电气设备修理	435	52	47	4				1
仪器仪表修理	436	15	12	2				1
其他机械和设备修理业	439	127	116	6		1	1	3
电力、热力、燃气及水生产和供应业	**D**	**2768**	**2529**	**73**	**108**	**19**	**3**	**36**
电力、热力生产和供应业	44	1393	1260	46	54	7	1	25
电力生产	441	1170	1060	41	43	5		21
电力供应	442	185	171	3	6	2	1	2
热力生产和供应	443	38	29	2	5			2
燃气生产和供应业	45	306	269	5	23	5	1	3
燃气生产和供应业	450	306	269	5	23	5	1	3
水的生产和供应业	46	1069	1000	22	31	7	1	8
自来水生产和供应	461	928	879	16	22	5	1	5
污水处理及其再生利用	462	118	100	5	9	2		2
其他水的处理、利用与分配	469	23	21	1				1
建筑业	**E**	**15420**	**13224**	**1220**	**546**	**176**	**14**	**240**
房屋建筑业	47	3079	2678	210	117	37	6	31
房屋建筑业	470	3079	2678	210	117	37	6	31
土木工程建筑业	48	2748	2394	217	76	25	4	32
铁路、道路、隧道和桥梁工程建筑	481	1010	885	69	28	10	3	15
水利和内河港口工程建筑	482	199	170	18	9	2		
工矿工程建筑	484	134	119	8	5	1		1
架线和管道工程建筑	485	254	227	15	7	5		
其他土木工程建筑	489	1151	993	107	27	7	1	16
建筑安装业	49	2548	2196	210	79	28	1	34
电气安装	491	675	590	59	16	4		6
管道和设备安装	492	509	452	30	16	5		6
其他建筑安装业	499	1364	1154	121	47	19	1	22
建筑装饰和其他建筑业	50	7045	5956	583	274	86	3	143

2-11 续表 6

行业	代码	法人单位数（个）	营业	停业（歇业）	筹建	当年关闭	当年破产	其他
建筑装饰业	501	4635	3899	388	195	53	3	97
工程准备活动	502	673	558	81	20	9		5
提供施工设备服务	503	242	220	13	4	3		2
其他未列明建筑业	509	1495	1279	101	55	21		39
批发和零售业	**F**	**116454**	**105270**	**5202**	**3241**	**886**	**128**	**1727**
批发业	51	55271	49026	3047	1600	456	71	1071
农、林、牧产品批发	511	6633	6176	239	111	47	8	52
食品、饮料及烟草制品批发	512	7160	6627	287	126	40	10	70
纺织、服装及家庭用品批发	513	5204	4302	311	462	42	5	82
文化、体育用品及器材批发	514	1406	1227	85	56	12		26
医药及医疗器材批发	515	1428	1302	53	30	11	1	31
矿产品、建材及化工产品批发	516	16592	14522	1059	429	153	21	408
机械设备、五金产品及电子产品批发	517	12051	10682	690	294	92	19	274
贸易经纪与代理	518	2009	1790	131	35	29		24
其他批发业	519	2788	2398	192	57	30	7	104
零售业	52	61183	56244	2155	1641	430	57	656
综合零售	521	14204	13344	321	368	55	13	103
食品、饮料及烟草制品专门零售	522	6715	6157	274	162	45	9	68
纺织、服装及日用品专门零售	523	8091	7495	245	246	30	5	70
文化、体育用品及器材专门零售	524	3109	2822	123	86	34	2	42
医药及医疗器材专门零售	525	3277	3109	82	42	23	2	19
汽车、摩托车、燃料及零配件专门零售	526	5731	5260	197	153	53	6	62
家用电器及电子产品专门零售	527	7672	7022	293	157	73	10	117
五金、家具及室内装饰材料专门零售	528	7992	7104	412	324	54	7	91
货摊、无店铺及其他零售业	529	4392	3931	208	103	63	3	84
交通运输、仓储和邮政业	**G**	**9162**	**8163**	**519**	**264**	**97**	**11**	**108**
道路运输业	54	4842	4317	258	150	60	4	53
城市公共交通运输	541	593	557	19	7	5	1	4
公路旅客运输	542	534	506	13	4	5		6
道路货物运输	543	3325	2913	202	121	45	3	41
道路运输辅助活动	544	390	341	24	18	5		2
水上运输业	55	526	474	35	8	4	2	3
水上旅客运输	551	86	82	1	2		1	
水上货物运输	552	306	278	21	1	3	1	2
水上运输辅助活动	553	134	114	13	5	1		1
航空运输业	56	47	47					
航空客货运输	561	20	20					
通用航空服务	562	10	10					
航空运输辅助活动	563	17	17					
管道运输业	57	28	26	1	1			
管道运输业	570	28	26	1	1			
装卸搬运和运输代理业	58	2158	1926	132	54	17	1	28
装卸搬运	581	762	680	54	8	8		12
运输代理业	582	1396	1246	78	46	9	1	16
仓储业	59	862	722	74	34	9	4	19
谷物、棉花等农产品仓储	591	354	305	28	9	4	2	6

2-11 续表 7

行 业	代码	法人单位数（个）	营业	停业(歇业)	筹建	当年关闭	当年破产	其他
其他仓储业	599	508	417	46	25	5	2	13
邮政业	60	699	651	19	17	7		5
邮政基本服务	601	47	47					
快递服务	602	652	604	19	17	7		5
住宿和餐饮业	**H**	**9712**	**9094**	**285**	**204**	**63**	**4**	**62**
住宿业	61	2669	2435	105	88	17	2	22
旅游饭店	611	832	739	42	39	7	1	4
一般旅馆	612	1502	1407	46	29	8	1	11
其他住宿业	619	335	289	17	20	2		7
餐饮业	62	7043	6659	180	116	46	2	40
正餐服务	621	5518	5211	149	93	38	2	25
快餐服务	622	445	425	10	4	4		2
饮料及冷饮服务	623	151	131	7	7	1		5
其他餐饮业	629	929	892	14	12	3		8
信息传输、软件和信息技术服务业	**I**	**6859**	**6041**	**399**	**259**	**50**	**5**	**105**
电信、广播电视和卫星传输服务	63	515	487	14	6	4		4
电信	631	401	386	6	5	2		2
广播电视传输服务	632	98	87	6	1	2		2
卫星传输服务	633	16	14	2				
互联网和相关服务	64	929	827	58	26	5		13
互联网接入及相关服务	641	134	124	4	3	1		2
互联网信息服务	642	646	578	43	14	4		7
其他互联网服务	649	149	125	11	9			4
软件和信息技术服务业	65	5415	4727	327	227	41	5	88
软件开发	651	3343	2942	193	133	18	3	54
信息系统集成服务	652	518	455	35	12	5		11
信息技术咨询服务	653	837	715	50	52	11	1	8
数据处理和存储服务	654	64	53	6	4			1
集成电路设计	655	76	60	8	6			2
其他信息技术服务业	659	577	502	35	20	7	1	12
房地产业	**K**	**12755**	**10552**	**1005**	**666**	**162**	**8**	**362**
房地产业	70	12755	10552	1005	666	162	8	362
房地产开发经营	701	4650	3552	433	292	113	2	258
物业管理	702	5005	4322	345	230	37	3	68
房地产中介服务	703	2654	2328	181	99	9	2	35
其他房地产业	709	446	350	46	45	3	1	1
租赁和商务服务业	**L**	**26655**	**22939**	**1840**	**1188**	**191**	**24**	**473**
租赁业	71	1967	1736	114	58	24	2	33
机械设备租赁	711	1823	1602	111	58	22	2	28
文化及日用品出租	712	144	134	3		2		5
商务服务业	72	24688	21203	1726	1130	167	22	440
企业管理服务	721	3679	2885	365	310	24	3	92
法律服务	722	370	354	8	5			3
咨询与调查	723	5920	4885	509	325	44	3	154
广告业	724	5716	5187	297	127	46	4	55
知识产权服务	725	110	100	1	7	1		1

2-11 续表 8

行 业	代码	法 人 单位数 (个)	营业	停业 (歇业)	筹建	当年 关闭	当年 破产	其他
人力资源服务	726	2391	2098	159	86	13	7	28
旅行社及相关服务	727	1436	1276	57	84	7	2	10
安全保护服务	728	368	345	8	7	2		6
其他商务服务业	729	4698	4073	322	179	30	3	91
科学研究和技术服务业	M	**11194**	**9863**	**632**	**395**	**108**	**10**	**186**
研究和试验发展	73	1048	834	106	58	5	1	44
自然科学研究和试验发展	731	31	23	6	1			1
工程和技术研究和试验发展	732	563	451	58	29	2	1	22
农业科学研究和试验发展	733	122	104	10	5			3
医学研究和试验发展	734	318	246	30	21	3		18
社会人文科学研究	735	14	10	2	2			
专业技术服务业	74	6142	5510	310	196	46	4	76
气象服务	741	27	26	1				
地震服务	742	4	3	1				
测绘服务	744	120	108	6	4	2		
质检技术服务	745	301	273	17	7			4
环境与生态监测	746	71	56	6	5	1	1	2
地质勘查	747	97	89	3	4			1
工程技术	748	3674	3307	182	103	25	2	55
其他专业技术服务业	749	1848	1648	94	73	18	1	14
科技推广和应用服务业	75	4004	3519	216	141	57	5	66
技术推广服务	751	3532	3121	178	120	54	4	55
科技中介服务	752	173	141	17	9	2	1	3
其他科技推广和应用服务业	759	299	257	21	12	1		8
水利、环境和公共设施管理业	N	**1668**	**1413**	**121**	**104**	**17**		**13**
水利管理业	76	253	229	11	7	4		2
防洪除涝设施管理	761	14	14					
水资源管理	762	54	51	1	2			
天然水收集与分配	763	28	27	1				
水文服务	764	18	16					2
其他水利管理业	769	139	121	9	5	4		
生态保护和环境治理业	77	280	234	15	23	6		2
生态保护	771	95	84	3	4	3		1
环境治理业	772	185	150	12	19	3		1
公共设施管理业	78	1135	950	95	74	7		9
市政设施管理	781	134	118	9	4			3
环境卫生管理	782	99	91	4	3			1
城乡市容管理	783	33	27	5	1			
绿化管理	784	489	415	48	21	2		3
公园和游览景区管理	785	380	299	29	45	5		2
居民服务、修理和其他服务业	O	**8034**	**7406**	**294**	**196**	**48**	**11**	**79**
居民服务业	79	3313	3040	113	96	20	4	40
家庭服务	791	702	627	30	37	3	2	3
托儿所服务	792	10	10					
洗染服务	793	133	121	2	8			2
理发及美容服务	794	593	571	8	7	3		4
洗浴服务	795	91	82	2	1	3	1	2

2-11　续表 9

行　业	代码	法　人 单位数 （个）	营业	停业 (歇业)	筹建	当年 关闭	当年 破产	其他
保健服务	796	222	196	11	9	3		3
婚姻服务	797	165	141	12	6	2		4
殡葬服务	798	108	88	3	6	1		10
其他居民服务业	799	1289	1204	45	22	5	1	12
机动车、电子产品和日用产品修理业	80	3217	3009	108	57	18	5	20
汽车、摩托车修理与维护	801	2192	2065	66	32	16	2	11
计算机和办公设备维修	802	324	299	15	6		1	3
家用电器修理	803	441	400	15	17	2	2	5
其他日用产品修理业	809	260	245	12	2			1
其他服务业	81	1504	1357	73	43	10	2	19
清洁服务	811	751	669	45	19	7	1	10
其他未列明服务业	819	753	688	28	24	3	1	9
卫生和社会工作	**Q**	**72**	**49**	**10**	**10**	**1**		**2**
社会工作	84	72	49	10	10	1		2
提供住宿社会工作	841	60	40	8	10			2
不提供住宿社会工作	842	12	9	2		1		
文化、体育和娱乐业	**R**	**6495**	**6039**	**254**	**109**	**42**	**2**	**49**
新闻和出版业	85	163	146	9	4	2		2
新闻业	851	7	6	1				
出版业	852	156	140	8	4	2		2
广播、电视、电影和影视录音制作业	86	380	334	23	13	2		8
广播	861	21	18	1	1			1
电视	862	19	17	2				
电影和影视节目制作	863	134	109	13	8	1		3
电影和影视节目发行	864	26	25	1				
电影放映	865	157	144	5	3	1		4
录音制作	866	23	21	1	1			
文化艺术业	87	872	738	63	41	8		22
文艺创作与表演	871	231	199	13	7	3		9
艺术表演场馆	872	16	15	1				
图书馆与档案馆	873	12	11	1				
文物及非物质文化遗产保护	874	20	15	2	3			
博物馆	875	5	4		1			
烈士陵园、纪念馆	876	3	2		1			
群众文化活动	877	138	111	11	9			7
其他文化艺术业	879	447	381	35	20	5		6
体育	88	234	197	22	13	2		
体育组织	881	38	32	3	3			
体育场馆	882	26	22	3	1			
休闲健身活动	883	151	129	13	8	1		
其他体育	889	19	14	3	1	1		
娱乐业	89	4846	4624	137	38	28	2	17
室内娱乐活动	891	4559	4388	117	14	24	2	14
游乐园	892	41	29	6	1	4		1
彩票活动	893	6	6					
文化、娱乐、体育经纪代理	894	76	59	7	10			
其他娱乐业	899	164	142	7	13			2

2-12 按行业(中类)、营业状态分组的小微企业法人单位从业人员数

行　业	代码	从业人员数(人)	营业	停业(歇业)	筹建	当年关闭	当年破产	其他
总　计	00	**5302393**	**5079311**	**89904**	**79032**	**22876**	**3773**	**27497**
农、林、牧、渔业	A	**39269**	**37056**	**527**	**1062**	**364**	**55**	**205**
农业	01	686	542		144			
谷物种植	011	230	230					
棉、麻、糖、烟草种植	013	41	41					
蔬菜、食用菌及园艺作物种植	014	198	60		138			
水果种植	015	139	139					
坚果、含油果、香料和饮料作物种植	016	57	57					
中药材种植	017	6			6			
其他农业	019	15	15					
林业	02	57	57					
林木育种和育苗	021	57	57					
畜牧业	03	71	66		5			
牲畜饲养	031	68	63		5			
家禽饲养	032	3	3					
渔业	04	668	668					
水产养殖	041	203	203					
水产捕捞	042	465	465					
农、林、牧、渔服务业	05	37787	35723	527	913	364	55	205
农业服务业	051	29011	27470	420	730	198	35	158
林业服务业	052	2033	1916	51	41	4	20	1
畜牧服务业	053	3748	3595	28	53	49		23
渔业服务业	054	2995	2742	28	89	113		23
采矿业	B	**146267**	**138846**	**3599**	**2083**	**1073**	**229**	**437**
煤炭开采和洗选业	06	32614	31335	947	232	100		
烟煤和无烟煤开采洗选	061	28873	27708	878	187	100		
褐煤开采洗选	062	27	27					
其他煤炭采选	069	3714	3600	69	45			
石油和天然气开采业	07	206	167		39			
石油开采	071	100	76		24			
天然气开采	072	106	91		15			
黑色金属矿采选业	08	21053	19437	609	252	562	177	16
铁矿采选	081	20371	18760	609	248	561	177	16
锰矿、铬矿采选	082	27	27					
其他黑色金属矿采选	089	655	650		4	1		
有色金属矿采选业	09	7688	7111	306	71	32	12	156
常用有色金属矿采选	091	5725	5461	110	51	29	6	68
贵金属矿采选	092	1324	1173	45	10	3	5	88
稀有稀土金属矿采选	093	639	477	151	10		1	
非金属矿采选业	10	77957	74673	1498	1249	281	39	217
土砂石开采	101	48996	46739	1162	660	209	39	187
化学矿开采	102	16168	15726	148	273	19		2
采盐	103	219	219					
石棉及其他非金属矿采选	109	12574	11989	188	316	53		28
开采辅助活动	11	1930	1843	8	70	2		7

2-12　续表 1

行　业	代码	从　业 人员数 （人）	营业	停业 (歇业)	筹建	当年 关闭	当年 破产	其他
煤炭开采和洗选辅助活动	111	475	404	8	63			
石油和天然气开采辅助活动	112	1176	1174		2			
其他开采辅助活动	119	279	265		5	2		7
其他采矿业	12	4819	4280	231	170	96	1	41
其他采矿业	120	4819	4280	231	170	96	1	41
制造业	**C**	**2116315**	**2044402**	**25698**	**29706**	**8697**	**1371**	**6441**
农副食品加工业	13	195111	190499	1704	1544	787	38	539
谷物磨制	131	62470	61606	224	89	174	11	366
饲料加工	132	21031	20468	114	324	99	5	21
植物油加工	133	27408	26671	464	108	137	16	12
制糖业	134	961	946	5	10			
屠宰及肉类加工	135	18949	18469	58	202	178		42
水产品加工	136	10961	10774	84	79	11		13
蔬菜、水果和坚果加工	137	21060	20475	409	95	49		32
其他农副食品加工	139	32271	31090	346	637	139	6	53
食品制造业	14	59605	57581	798	1001	117	20	88
焙烤食品制造	141	15182	14770	131	195	4	17	65
糖果、巧克力及蜜饯制造	142	4295	4265	24	6			
方便食品制造	143	12573	11964	364	178	64	1	2
乳制品制造	144	1194	1186	7			1	
罐头食品制造	145	6759	6695	2	28	33	1	
调味品、发酵制品制造	146	5621	5377	141	84	12		7
其他食品制造	149	13981	13324	129	510	4		14
酒、饮料和精制茶制造业	15	67830	65960	663	946	74	17	170
酒的制造	151	16305	15739	206	302	4	4	50
饮料制造	152	17838	17332	84	387	15	10	10
精制茶加工	153	33687	32889	373	257	55	3	110
烟草制品业	16	1352	1337	15				
烟叶复烤	161	348	348					
卷烟制造	162	15	15					
其他烟草制品制造	169	989	974	15				
纺织业	17	151420	147232	1830	822	1159	210	167
棉纺织及印染精加工	171	93320	90698	1280	262	773	169	138
毛纺织及染整精加工	172	1239	1108	97	32		1	1
麻纺织及染整精加工	173	3962	3501	23	158	280		
丝绢纺织及印染精加工	174	1109	1055	54				
化纤织造及印染精加工	175	2404	2308	34	54	5		3
针织或钩针编织物及其制品制造	176	5406	5265	40	75	3		23
家用纺织制成品制造	177	10501	10217	148	93	1	40	2
非家用纺织制成品制造	178	33479	33080	154	148	97		
纺织服装、服饰业	18	153565	148131	1770	2628	490	141	405
机织服装制造	181	126800	123774	1404	985	467	36	134
针织或钩针编织服装制造	182	6206	5906	28	52			220
服饰制造	183	20559	18451	338	1591	23	105	51
皮革、毛皮、羽毛及其制品和制鞋业	19	25586	24700	455	154	84		193
皮革鞣制加工	191	1548	1491	40	12			5

2-12 续表 2

行业	代码	从业人员数（人）	营业	停业(歇业)	筹建	当年关闭	当年破产	其他
皮革制品制造	192	5898	5624	63	15	10		186
毛皮鞣制及制品加工	193	5994	5701	212	44	37		
羽毛(绒)加工及制品制造	194	818	808		10			
制鞋业	195	11328	11076	140	73	37		2
木材加工和木、竹、藤、棕、草制品业	20	45509	43898	664	727	140	2	78
木材加工	201	11947	11464	135	220	74	1	53
人造板制造	202	16842	16232	369	205	15		21
木制品制造	203	13168	12702	145	271	49		1
竹、藤、棕、草等制品制造	204	3552	3500	15	31	2	1	3
家具制造业	21	21727	20743	292	552	97	1	42
木质家具制造	211	16634	15845	219	474	74	1	21
竹、藤家具制造	212	167	164	2				1
金属家具制造	213	1603	1559	12	25	5		2
塑料家具制造	214	241	210	26				5
其他家具制造	219	3082	2965	33	53	18		13
造纸和纸制品业	22	36339	34595	549	650	181		364
纸浆制造	221	467	431		36			
造纸	222	12181	11428	211	36	155		351
纸制品制造	223	23691	22736	338	578	26		13
印刷和记录媒介复制业	23	39268	38016	568	432	110	16	126
印刷	231	35868	34795	428	425	108		112
装订及印刷相关服务	232	3087	2985	63	7	2	16	14
记录媒介复制	233	313	236	77				
文教、工美、体育和娱乐用品制造业	24	21916	20637	491	627	121	8	32
文教办公用品制造	241	2406	2252	138	7	4	2	3
乐器制造	242	1300	1295	5				
工艺美术品制造	243	14130	13499	306	189	109	1	26
体育用品制造	244	1781	1380		401			
玩具制造	245	1581	1516	36	21		5	3
游艺器材及娱乐用品制造	246	718	695	6	9	8		
石油加工及炼焦	25	3904	3712	55	93	28		16
化学原料和化学制品制造业	26	122104	116280	1440	3440	367	60	517
基础化学原料制造	261	25688	24439	272	691	68	1	217
肥料制造	262	29244	28093	441	435	119	35	121
农药制造	263	4224	4119	17	72	3	11	2
涂料、油墨、颜料及类似产品制造	264	16280	14529	138	1538	49	10	16
合成材料制造	265	7807	7311	86	307	45	2	56
专用化学产品制造	266	26566	25968	210	326	19	1	42
炸药、火工及焰火产品制造	267	6789	6572	168		21		28
日用化学产品制造	268	5506	5249	108	71	43		35
医药制造业	27	43754	42669	362	614	50	1	58
化学药品原料药制造	271	7079	6842	38	184	15		
化学药品制剂制造	272	4721	4645	35	5	14		22
中药饮片加工	273	5383	5284	32	37			30
中成药生产	274	10432	10332	41	59			
兽用药品制造	275	2045	2011	17	17			

2-12　续表 3

行　业	代码	从业人员数（人）	营业	停业(歇业)	筹建	当年关闭	当年破产	其他
生物药品制造	276	6105	5890	120	81	9		5
卫生材料及医药用品制造	277	7989	7665	79	231	12	1	1
化学纤维制造业	28	1877	1840	2	28	7		
纤维素纤维原料及纤维制造	281	348	346	2				
合成纤维制造	282	1529	1494		28	7		
橡胶和塑料制品业	29	82948	80900	615	833	298	17	285
橡胶制品业	291	12699	12377	90	95	123	1	13
塑料制品业	292	70249	68523	525	738	175	16	272
非金属矿物制品业	30	308651	297135	4660	3102	2506	239	1009
水泥、石灰和石膏制造	301	29144	28367	386	85	204	50	52
石膏、水泥制品及类似制品制造	302	76551	74208	867	804	356	49	267
砖瓦、石材等建筑材料制造	303	152010	147335	1910	1165	1023	117	460
玻璃制造	304	5967	5323	36	341	240	19	8
玻璃制品制造	305	9834	9014	356	339	41		84
玻璃纤维和玻璃纤维增强塑料制品制造	306	2694	2564	71	17			42
陶瓷制品制造	307	6567	6017	37	161	348	4	
耐火材料制品制造	308	10682	9856	441	88	253		44
石墨及其他非金属矿物制品制造	309	15202	14451	556	102	41		52
黑色金属冶炼和压延加工业	31	37034	35123	499	842	283	269	18
炼铁	311	1692	1637	9	35	10	1	
炼钢	312	1539	1405	26	108			
黑色金属铸造	313	20047	19364	108	38	272	265	
钢压延加工	314	12294	11281	334	658		3	18
铁合金冶炼	315	1462	1436	22	3	1		
有色金属冶炼和压延加工业	32	19379	18006	459	625	224	48	17
常用有色金属冶炼	321	5635	5153	285	159		37	1
贵金属冶炼	322	174	161	13				
稀有稀土金属冶炼	323	281	269	5	7			
有色金属合金制造	324	3021	2948	29	32	1		11
有色金属铸造	325	1217	875	40	301		1	
有色金属压延加工	326	9051	8600	87	126	223	10	5
金属制品业	33	105582	101696	1362	1612	125	59	728
结构性金属制品制造	331	51385	49640	825	726	34	29	131
金属工具制造	332	9278	9065	41	136	15	16	5
集装箱及金属包装容器制造	333	10102	10013	29	45	15		
金属丝绳及其制品制造	334	3388	3343	7	20	2		16
建筑、安全用金属制品制造	335	7613	7318	46	230	6		13
金属表面处理及热处理加工	336	5161	4699	18	55			389
搪瓷制品制造	337	148	129	9	3	4		3
金属制日用品制造	338	4682	4428	83	145	16		10
其他金属制品制造	339	13825	13061	304	252	33	14	161
通用设备制造业	34	108981	105196	1524	1637	273	18	333
锅炉及原动设备制造	341	10040	9726	144	73	13	3	81
金属加工机械制造	342	27151	25784	693	439	156	8	71
物料搬运设备制造	343	7616	7395	37	173			11
泵、阀门、压缩机及类似机械制造	344	11689	11524	61	51	2	6	45

2-12 续表 4

行 业	代码	从业人员数（人）						
			营业	停业（歇业）	筹建	当年关闭	当年破产	其他
轴承、齿轮和传动部件制造	345	7141	7052	43	36	4		6
烘炉、风机、衡器、包装等设备制造	346	11516	11009	96	385	8		18
文化、办公用机械制造	347	741	721	1	17			2
通用零部件制造	348	25187	24522	239	281	73	1	71
其他通用设备制造业	349	7900	7463	210	182	17		28
专用设备制造业	35	100700	97111	957	1988	190	30	424
采矿、冶金、建筑专用设备制造	351	25095	24283	118	464	48	17	165
化工、木材、非金属加工专用设备制造	352	22094	21401	70	445	41	6	131
食品、饮料、烟草及饲料生产专用设备制造	353	6555	6441	88	16	1	2	7
印刷、制药、日化及日用品生产专用设备制造	354	4633	4459	61	86	11		16
纺织、服装和皮革加工专用设备制造	355	2842	2680	122	37	3		
电子和电工机械专用设备制造	356	8891	8365	127	345	36	3	15
农、林、牧、渔专用机械制造	357	8133	7877	87	142	21	2	4
医疗仪器设备及器械制造	358	5681	5473	77	129	2		
环保、社会公共服务及其他专用设备制造	359	16776	16132	207	324	27		86
汽车制造业	36	173275	168858	1533	1872	686	130	196
汽车整车制造	361	2105	2098	7				
改装汽车制造	362	6441	6259	120	50	12		
低速载货汽车制造	363	150	96	1	35	8		10
电车制造	364	526	520		6			
汽车车身、挂车制造	365	1417	1405			12		
汽车零部件及配件制造	366	162636	158480	1405	1781	654	130	186
铁路、船舶、航空航天和其他运输设备制造业	37	19838	18923	590	155	3	8	159
铁路运输设备制造	371	5335	5014	261	59	1		
城市轨道交通设备制造	372	335	329	6				
船舶及相关装置制造	373	10367	9881	263	62	1	6	154
航空、航天器及设备制造	374	881	880	1				
摩托车制造	375	1366	1354	7	4	1		
自行车制造	376	939	859	46	30		2	2
非公路休闲车及零配件制造	377	117	114					3
潜水救捞及其他未列明运输设备制造	379	498	492	6				
电气机械和器材制造业	38	83158	80658	823	1306	171	16	184
电机制造	381	11158	11072	51	32	2	1	
输配电及控制设备制造	382	28105	27435	170	446	35	13	6
电线、电缆、光缆及电工器材制造	383	14210	13648	103	445	4	1	9
电池制造	384	6826	6588	199	37	2		
家用电力器具制造	385	3703	3525	50	108	20		
非电力家用器具制造	386	3783	3571	79	70	35		28
照明器具制造	387	9420	9064	92	129	9	1	125
其他电气机械及器材制造	389	5953	5755	79	39	64		16
计算机、通信和其他电子设备制造业	39	42112	40762	229	956	84	19	62
计算机制造	391	3353	3274	51	26	1		1
通信设备制造	392	5582	5406	3	162	10		1
广播电视设备制造	393	845	840	5				
雷达及配套设备制造	394	231	186		45			
视听设备制造	395	1840	1812	1	9		18	

2-12　续表 5

行　业	代码	从　业人员数（人）	营业	停业（歇业）	筹建	当年关闭	当年破产	其他
电子器件制造	396	9379	9145	67	139			28
电子元件制造	397	11921	11705	77	72	65	1	1
其他电子设备制造	399	8961	8394	25	503	8		31
仪器仪表制造业	40	17191	16713	174	161	14		129
通用仪器仪表制造	401	8837	8633	87	69	4		44
专用仪器仪表制造	402	4809	4722	59	23	4		1
钟表与计时仪器制造	403	307	304	3				
光学仪器及眼镜制造	404	1395	1287	3	23			82
其他仪器仪表制造业	409	1843	1767	22	46	6		2
其他制造业	41	13425	12721	394	273	18		19
废弃资源综合利用业	42	6560	6421	52	67	7	2	11
金属废料和碎屑加工处理	421	3694	3606	39	44	1	2	2
非金属废料和碎屑加工处理	422	2866	2815	13	23	6		9
金属制品、机械和设备修理业	43	6614	6349	169	19	3	2	72
金属制品修理	431	552	525	10	16			1
通用设备修理	432	1225	1203	21				1
专用设备修理	433	366	348	14	2			2
铁路、船舶、航空航天等运输设备修理	434	1062	935	74	1			52
电气设备修理	435	632	614	15				3
仪器仪表修理	436	185	181	3				1
其他机械和设备修理业	439	2592	2543	32		3	2	12
电力、热力、燃气及水生产和供应业	**D**	**67983**	**65328**	**475**	**1635**	**107**	**8**	**430**
电力、热力生产和供应业	44	38615	36769	342	1147	21	1	335
电力生产	441	27918	26411	288	909	10		300
电力供应	442	9218	9112	50	27	11	1	17
热力生产和供应	443	1479	1246	4	211			18
燃气生产和供应业	45	6998	6557	20	306	71	6	38
燃气生产和供应业	450	6998	6557	20	306	71	6	38
水的生产和供应业	46	22370	22002	113	182	15	1	57
自来水生产和供应	461	19863	19626	57	130	13	1	36
污水处理及其再生利用	462	2197	2072	53	52	2		18
其他水的处理、利用与分配	469	310	304	3				3
建筑业	**E**	**709575**	**693264**	**7849**	**3594**	**2773**	**183**	**1912**
房屋建筑业	47	380765	376669	1847	1051	794	56	348
房屋建筑业	470	380765	376669	1847	1051	794	56	348
土木工程建筑业	48	109126	106086	1526	580	442	9	483
铁路、道路、隧道和桥梁工程建筑	481	41208	40216	384	233	31	7	337
水利和内河港口工程建筑	482	19290	19024	174	62	30		
工矿工程建筑	484	7283	7228	34	18			3
架线和管道工程建筑	485	11700	11087	186	76	351		
其他土木工程建筑	489	29645	28531	748	191	30	2	143
建筑安装业	49	58322	56245	1304	530	102	10	131
电气安装	491	14395	13996	277	58	33		31
管道和设备安装	492	12312	11773	453	59	6		21
其他建筑安装业	499	31615	30476	574	413	63	10	79
建筑装饰和其他建筑业	50	161362	154264	3172	1433	1435	108	950

2-12 续表 6

行　业	代码	从　业人员数（人）	营业	停业（歇业）	筹建	当年关闭	当年破产	其他
建筑装饰业	501	93886	89732	1805	932	704	108	605
工程准备活动	502	14723	13853	548	104	23		195
提供施工设备服务	503	7063	6748	247	28	30		10
其他未列明建筑业	509	45690	43931	572	369	678		140
批发和零售业	F	**933478**	**883672**	**22234**	**14877**	**3995**	**876**	**7824**
批发业	51	483797	456305	12900	7534	1975	591	4492
农、林、牧产品批发	511	76381	73150	1425	939	198	101	568
食品、饮料及烟草制品批发	512	90695	86943	1941	777	200	38	796
纺织、服装及家庭用品批发	513	40217	36812	1299	1698	107	9	292
文化、体育用品及器材批发	514	9825	9077	384	230	38		96
医药及医疗器材批发	515	16571	15856	352	190	28	1	144
矿产品、建材及化工产品批发	516	122557	113780	4114	2140	852	321	1350
机械设备、五金产品及电子产品批发	517	87505	82786	2175	1151	376	98	919
贸易经纪与代理	518	17559	16681	548	159	84		87
其他批发业	519	22487	21220	662	250	92	23	240
零售业	52	449681	427367	9334	7343	2020	285	3332
综合零售	521	106382	102271	1606	1528	312	80	585
食品、饮料及烟草制品专门零售	522	54020	51283	1325	752	238	14	408
纺织、服装及日用品专门零售	523	55447	53064	907	900	200	11	365
文化、体育用品及器材专门零售	524	21312	20023	560	363	152	6	208
医药及医疗器材专门零售	525	22225	21417	388	196	63	9	152
汽车、摩托车、燃料及零配件专门零售	526	49759	47636	593	918	295	63	254
家用电器及电子产品专门零售	527	55709	52647	1068	877	394	54	669
五金、家具及室内装饰材料专门零售	528	53856	50435	1514	1333	160	17	397
货摊、无店铺及其他零售业	529	30971	28591	1373	476	206	31	294
交通运输、仓储和邮政业	G	**206324**	**197979**	**4113**	**2097**	**764**	**51**	**1320**
道路运输业	54	130670	126604	1586	1169	591	11	709
城市公共交通运输	541	24501	24088	123	110	113	6	61
公路旅客运输	542	27343	27051	148	17	52		75
道路货物运输	543	64025	61177	1002	891	382	5	568
道路运输辅助活动	544	14801	14288	313	151	44		5
水上运输业	55	13795	12869	838	69	5	13	1
水上旅客运输	551	2549	2539	1	8		1	
水上货物运输	552	8612	8191	404	1	4	12	
水上运输辅助活动	553	2634	2139	433	60	1		1
航空运输业	56	1620	1620					
航空客货运输	561	419	419					
通用航空服务	562	324	324					
航空运输辅助活动	563	877	877					
管道运输业	57	527	518	1	8			
管道运输业	570	527	518	1	8			
装卸搬运和运输代理业	58	34587	32358	1215	536	66	2	410
装卸搬运	581	18240	17027	799	51	19		344
运输代理业	582	16347	15331	416	485	47	2	66
仓储业	59	14481	13658	388	168	77	25	165
谷物、棉花等农产品仓储	591	7125	6705	188	58	57	17	100

2-12　续表 7

行　业	代码	从　业人员数（人）	营业	停业(歇业)	筹建	当年关闭	当年破产	其他
其他仓储业	599	7356	6953	200	110	20	8	65
邮政业	60	10644	10352	85	147	25		35
邮政基本服务	601	1248	1248					
快递服务	602	9396	9104	85	147	25		35
住宿和餐饮业	H	**200266**	**193596**	**2595**	**2520**	**912**	**32**	**611**
住宿业	61	65724	62803	1423	1128	202	27	141
旅游饭店	611	33761	31944	1037	621	132	1	26
一般旅馆	612	26219	25570	272	239	64	26	48
其他住宿业	619	5744	5289	114	268	6		67
餐饮业	62	134542	130793	1172	1392	710	5	470
正餐服务	621	120024	116874	965	1207	656	5	317
快餐服务	622	4968	4774	116	31	41		6
饮料及冷饮服务	623	1710	1573	39	61	8		29
其他餐饮业	629	7840	7572	52	93	5		118
信息传输、软件和信息技术服务业	I	**71609**	**67873**	**1524**	**1598**	**149**	**18**	**447**
电信、广播电视和卫星传输服务	63	10701	10627	34	26	5		9
电信	631	8628	8575	19	25	3		6
广播电视传输服务	632	1728	1711	11	1	2		3
卫星传输服务	633	345	341	4				
互联网和相关服务	64	6493	6085	223	124	15		46
互联网接入及相关服务	641	1193	1145	23	20	2		3
互联网信息服务	642	4377	4095	170	66	13		33
其他互联网服务	649	923	845	30	38			10
软件和信息技术服务业	65	54415	51161	1267	1448	129	18	392
软件开发	651	34579	32424	797	1044	59	15	240
信息系统集成服务	652	6061	5838	143	37	10		33
信息技术咨询服务	653	6767	6273	162	224	39	1	68
数据处理和存储服务	654	574	541	17	15			1
集成电路设计	655	911	850	28	21			12
其他信息技术服务业	659	5523	5235	120	107	21	2	38
房地产业	K	**228939**	**210537**	**7022**	**7229**	**707**	**31**	**3413**
房地产业	70	228939	210537	7022	7229	707	31	3413
房地产开发经营	701	87706	76417	4374	3911	400	2	2602
物业管理	702	111224	106754	1438	2101	265	14	652
房地产中介服务	703	22775	21407	708	484	25	2	149
其他房地产业	709	7234	5959	502	733	17	13	10
租赁和商务服务业	L	**295602**	**274768**	**8825**	**6759**	**1992**	**823**	**2435**
租赁业	71	18376	17252	499	272	212	3	138
机械设备租赁	711	17534	16539	485	272	112	3	123
文化及日用品出租	712	842	713	14		100		15
商务服务业	72	277226	257516	8326	6487	1780	820	2297
企业管理服务	721	47800	40990	1781	2361	1309	759	600
法律服务	722	4339	4226	39	28			46
咨询与调查	723	44357	40190	1755	1593	119	6	694
广告业	724	38954	37156	949	456	187	8	198
知识产权服务	725	853	822	2	26	1		2

2-12 续表 8

行业	代码	从业人员数(人)	营业	停业(歇业)	筹建	当年关闭	当年破产	其他
人力资源服务	726	40749	39317	828	377	33	23	171
旅行社及相关服务	727	18679	17470	391	731	21	10	56
安全保护服务	728	33759	32657	998	41	3		60
其他商务服务业	729	47736	44688	1583	874	107	14	470
科学研究和技术服务业	M	**134631**	**127699**	**2506**	**2862**	**511**	**32**	**1021**
研究和试验发展	73	10769	9852	367	382	42	2	124
自然科学研究和试验发展	731	290	260	23	2			5
工程和技术研究和试验发展	732	5536	5103	185	199	2	2	45
农业科学研究和试验发展	733	1576	1463	34	40			39
医学研究和试验发展	734	3203	2879	118	131	40		35
社会人文科学研究	735	164	147	7	10			
专业技术服务业	74	76562	73468	1203	1161	191	25	514
气象服务	741	181	178	3				
地震服务	742	72	71	1				
测绘服务	744	1585	1555	11	17	2		
质检技术服务	745	5557	5248	119	97			93
环境与生态监测	746	719	643	22	37	2	5	10
地质勘查	747	1558	1458	19	71			10
工程技术	748	49997	48219	692	564	144	15	363
其他专业技术服务业	749	16893	16096	336	375	43	5	38
科技推广和应用服务业	75	47300	44379	936	1319	278	5	383
技术推广服务	751	42846	40468	757	1038	219	4	360
科技中介服务	752	1722	1524	38	149	6	1	4
其他科技推广和应用服务业	759	2732	2387	141	132	53		19
水利、环境和公共设施管理业	N	**25417**	**23348**	**653**	**1066**	**219**		**131**
水利管理业	76	3218	3084	50	42	33		9
防洪除涝设施管理	761	207	207					
水资源管理	762	789	770	6	13			
天然水收集与分配	763	320	318	2				
水文服务	764	171	162					9
其他水利管理业	769	1731	1627	42	29	33		
生态保护和环境治理业	77	3731	3204	108	227	119		73
生态保护	771	1114	921	13	13	95		72
环境治理业	772	2617	2283	95	214	24		1
公共设施管理业	78	18468	17060	495	797	67		49
市政设施管理	781	1880	1791	24	46			19
环境卫生管理	782	1953	1924	13	13			3
城乡市容管理	783	519	504	12	3			
绿化管理	784	6635	6308	203	110	3		11
公园和游览景区管理	785	7481	6533	243	625	64		16
居民服务、修理和其他服务业	O	**76894**	**73834**	**1079**	**979**	**415**	**56**	**531**
居民服务业	79	30648	29187	474	414	244	34	295
家庭服务	791	6874	6605	100	134	13	11	11
托儿所服务	792	85	85					
洗染服务	793	1431	1389	11	24			7
理发及美容服务	794	5029	4862	33	38	48		48
洗浴服务	795	1857	1724	42	4	60	1	26

2-12 续表 9

行 业	代码	从 业 人员数 (人)						
			营业	停业 (歇业)	筹建	当年 关闭	当年 破产	其他
保健服务	796	3262	3121	24	31	75		11
婚姻服务	797	1106	1028	24	29	7		18
殡葬服务	798	1260	1091	7	43	1		118
其他居民服务业	799	9744	9282	233	111	40	22	56
机动车、电子产品和日用产品修理业	80	28031	27248	366	249	83	13	72
汽车、摩托车修理与维护	801	21122	20626	207	171	77	7	34
计算机和办公设备维修	802	2065	1997	36	20		3	9
家用电器修理	803	2913	2735	88	53	6	3	28
其他日用产品修理业	809	1931	1890	35	5			1
其他服务业	81	18215	17399	239	316	88	9	164
清洁服务	811	9988	9535	141	180	24	4	104
其他未列明服务业	819	8227	7864	98	136	64	5	60
卫生和社会工作	**Q**	**820**	**652**	**27**	**114**	**2**		**25**
社会工作	84	820	652	27	114	2		25
提供住宿社会工作	841	780	618	23	114			25
不提供住宿社会工作	842	40	34	4		2		
文化、体育和娱乐业	**R**	**49004**	**46457**	**1178**	**851**	**196**	**8**	**314**
新闻和出版业	85	2755	2600	18	70	17		50
新闻业	851	63	62	1				
出版业	852	2692	2538	17	70	17		50
广播、电视、电影和影视录音制作业	86	5826	5501	202	57	3		63
广播	861	162	153	1	2			6
电视	862	258	252	6				
电影和影视节目制作	863	1081	903	141	31			6
电影和影视节目发行	864	394	392	2				
电影放映	865	3684	3570	40	20	3		51
录音制作	866	247	231	12	4			
文化艺术业	87	7671	7001	260	252	44		114
文艺创作与表演	871	2763	2576	51	55	10		71
艺术表演场馆	872	270	267	3				
图书馆与档案馆	873	41	39	2				
文物及非物质文化遗产保护	874	243	163	45	35			
博物馆	875	119	84		35			
烈士陵园、纪念馆	876	20	17		3			
群众文化活动	877	1160	1009	84	41			26
其他文化艺术业	879	3055	2846	75	83	34		17
体育	88	2990	2746	146	96	2		
体育组织	881	317	287	9	21			
体育场馆	882	521	497	19	5			
休闲健身活动	883	1999	1815	114	69	1		
其他体育	889	153	147	4	1	1		
娱乐业	89	29762	28609	552	376	130	8	87
室内娱乐活动	891	26739	25985	457	131	94	8	64
游乐园	892	507	411	38	15	36		7
彩票活动	893	24	24					
文化、娱乐、体育经纪代理	894	736	560	18	158			
其他娱乐业	899	1756	1629	39	72			16

2-13 按登记注册类型、营业状态分组的小微企业法人单位数

登记注册类型	法人单位数(个)						
		营业	停业(歇业)	筹建	当年关闭	当年破产	其他
总计	**292369**	**260046**	**15133**	**9984**	**2733**	**397**	**4076**
按登记注册类型分组							
内资企业	290725	258627	15026	9901	2720	396	4055
国有企业	3977	3422	369	29	61	17	79
集体企业	3427	2824	439	31	57	20	56
股份合作企业	1137	988	81	43	8	1	16
联营企业	602	530	45	7	7	4	9
国有联营企业	101	90	5		2	2	2
集体联营企业	299	263	26	4	2	1	3
国有与集体联营企业	48	40	6			1	1
其他联营企业	154	137	8	3	3		3
有限责任公司	69428	59601	4477	3279	565	83	1423
国有独资公司	474	430	25	10	3		6
其他有限责任公司	68954	59171	4452	3269	562	83	1417
股份有限公司	3681	3157	247	188	38	3	48
私营企业	179479	162246	8009	5676	1563	198	1787
私营独资企业	79147	74257	2220	1566	583	81	440
私营合伙企业	8246	7218	439	407	83	22	77
私营有限责任公司	87504	76758	5094	3512	834	86	1220
私营股份有限公司	4582	4013	256	191	63	9	50
其他企业	28994	25859	1359	648	421	70	637
港、澳、台商投资企业	772	647	65	46	6		8
合资经营企业(港或澳、台资)	301	239	37	19	2		4
合作经营企业(港或澳、台资)	28	25	3				
港、澳、台商独资经营企业	397	342	25	23	3		4
港、澳、台商投资股份有限公司	37	33		3	1		
其他港澳台投资企业	9	8		1			
外商投资企业	872	772	42	37	7	1	13
中外合资经营企业	374	331	23	10	5	1	4
中外合作经营企业	25	23	1				1
外资企业	393	354	13	17	2		7
外商投资股份有限公司	28	23		5			
其他外商投资企业	52	41	5	5			1

2-14　按登记注册类型、营业状态分组的小微企业法人单位从业人员数

登记注册类型	从业人员数(人)	营业	停业(歇业)	筹建	当年关闭	当年破产	其他
总计	**5302393**	**5079311**	**89904**	**79032**	**22876**	**3773**	**27497**
按登记注册类型分组							
内资企业	5199089	4980329	88165	76985	22577	3772	27261
国有企业	154585	144837	5291	426	1835	888	1308
集体企业	103813	97490	4264	195	965	132	767
股份合作企业	19395	18128	593	486	24	10	154
联营企业	12372	11357	660	140	104	30	81
国有联营企业	2419	2286	81		31	9	12
集体联营企业	6558	6279	158	81	18	1	21
国有与集体联营企业	998	802	167			20	9
其他联营企业	2397	1990	254	59	55		39
有限责任公司	1544026	1485443	23031	22546	4817	424	7765
国有独资公司	26088	25137	610	114	34		193
其他有限责任公司	1517938	1460306	22421	22432	4783	424	7572
股份有限公司	151519	146284	1936	2304	460	3	532
私营企业	2862718	2747279	44532	45007	12006	1799	12095
私营独资企业	777922	748924	12263	9353	3464	563	3355
私营合伙企业	115121	108446	3402	2091	400	82	700
私营有限责任公司	1852834	1777375	27512	31623	7621	1076	7627
私营股份有限公司	116841	112534	1355	1940	521	78	413
其他企业	350661	329511	7858	5881	2366	486	4559
港、澳、台商投资企业	44368	41788	1472	979	35		94
合资经营企业(港或澳、台资)	19287	17936	903	364	3		81
合作经营企业(港或澳、台资)	1276	1266	10				
港、澳、台商独资经营企业	21504	20322	559	593	17		13
港、澳、台商投资股份有限公司	1906	1873		18	15		
其他港澳台投资企业	395	391		4			
外商投资企业	58936	57194	267	1068	264	1	142
中外合资经营企业	30126	28929	99	744	260	1	93
中外合作经营企业	1468	1465	2				1
外资企业	25494	25040	150	254	4		46
外商投资股份有限公司	897	846		51			
其他外商投资企业	951	914	16	19			2

第3篇

文化及相关产业篇

A. 概况

3-A-1　文化及相关产业单位及从业人员情况

分组	法人单位		产业活动单位		个体经营户	
	单位数（个）	从业人员（万人）	单位数（个）	从业人员（万人）	户数（个）	从业人员（万人）
总　计	**33683**	**49.1**	**1470**	**1.9**	**49696**	**14.9**
按单位性质分						
经营性文化产业	26632	41.2	895	1.5		
公益性文化事业	7051	7.9	575	0.4		
按行业类别分						
文化制造业	2856	12.8	58	0.1	3917	1.2
文化批零业	5473	5.5	212	0.3	23154	6.2
文化服务业	25354	30.9	1200	1.5	22625	7.4
按活动性质分						
文化产品的生产	25560	34.4	1241	1.5		
文化相关产品的生产	8123	14.8	229	0.4		

注：产业活动单位仅指非文化法人所属的文化产业活动单位，个体经营户仅指有证照的个体经营户（以下各表同）。

3-A-2 分地区文化及相关产业单位及从业人员情况

地 区	法人单位		产业活动单位	
	单位数（个）	从业人员（人）	单位数（个）	从业人员（人）
全 省	**33683**	**491419**	**1470**	**19288**
武汉市	14087	209463	368	6709
黄石市	951	12394	93	1107
十堰市	1156	14394	89	695
宜昌市	4617	70444	212	3503
襄阳市	2878	52212	90	924
鄂州市	392	3886	20	590
荆门市	1050	11512	57	500
孝感市	1398	22386	74	458
荆州市	1476	19274	83	1205
黄冈市	1874	20374	181	1491
咸宁市	1079	19052	36	502
随州市	512	7938	31	215
恩施州	1184	12888	66	713
仙桃市	285	5869	10	54
潜江市	359	4535	29	439
天门市	326	4216	29	177
神农架	59	582	2	6

注：产业活动单位仅指非文化法人所属的文化产业活动单位。

3-A-3 分地区文化及相关产业法人单位分布情况

单位：个

地 区	法 人 单位数	#三上单位	文 化 制造业	#规模以上	文 化 批零业	#限额以上	文 化 服务业	#规模以上
全 省	**33683**	**1407**	**2856**	**443**	**5473**	**386**	**25354**	**578**
武汉市	14087	408	814	72	2805	88	10468	248
黄石市	951	35	145	12	91	6	715	17
十堰市	1156	39	108	7	151	20	897	12
宜昌市	4617	235	421	79	1212	39	2984	117
襄阳市	2878	295	369	79	606	108	1903	108
鄂州市	392	7	34	3	16	2	342	2
荆门市	1050	37	83	15	64	17	903	5
孝感市	1398	78	224	48	103	19	1071	11
荆州市	1476	52	120	21	67	25	1289	6
黄冈市	1874	58	139	23	89	21	1646	14
咸宁市	1079	70	112	31	93	17	874	22
随州市	512	23	76	18	35	3	401	2
恩施州	1184	36	79	12	92	15	1013	9
仙桃市	285	14	60	11	14	2	211	1
潜江市	359	9	34	5	17	2	308	2
天门市	326	10	34	7	18	2	274	1
神农架	59	1	4	0	0	0	55	1

3-A-4 按类别分文化及相关产业企业基本情况

类 别	企 业 单位数 (个)	年 末 从业人员 (人)	营业收入 (万元)	#主营业务收入	营业税金及附加 (万元)	#主营业务税金及附加	资产总计 (万元)
总 计	**26632**	**412327**	**19305473**	**19034727**	**357597**	**343107**	**32073063**
工艺美术品的制造	569	19412	1154829	1152974	14283	14092	619861
园林、陈设艺术及其他陶瓷制品制造	58	3780	522541	522192	6298	6284	142474
印刷复制服务	1626	53658	2837750	2820058	31981	30955	2122598
办公用品的制造	60	1232	49702	49660	1100	1090	37118
乐器的制造	23	2937	111368	110874	910	909	126011
玩具的制造	52	2337	77251	76999	538	526	40471
游艺器材及娱乐用品的制造	23	705	9797	9606	344	243	17637
视听设备的制造	27	3679	281426	281315	2475	2335	167773
焰火、鞭炮产品制造	76	7944	407123	405628	6756	6751	317971
文化用纸的制造	126	14962	1415028	1413132	7239	6058	795195
文化用油墨颜料的制造	37	1632	114979	114001	517	498	83996
文化用化学品的制造	14	2831	362366	362054	624	305	661447
其他文化用品的制造	107	9222	455750	451379	4324	4286	494139
印刷专用设备的制造	18	857	53411	53298	930	904	61893
广播电视电影专用设备的制造	22	2050	356433	356227	1371	1370	118856
制造其他文化专用设备的	18	442	69129	69022	120	119	24589
发行服务	427	12549	782023	778259	6117	5960	819255
工艺美术品的销售	1169	12576	1044723	1042258	14830	14526	644371
文化贸易代理与拍卖服务	224	1815	130240	129964	1428	1351	239315
文具乐器照相器材的销售	1615	10704	460034	457574	6205	6084	376878
文化用家电的销售	821	9090	939905	936194	14127	13247	408266
其他文化用品的销售	786	4878	208670	208058	2704	2670	174888
广播电视电影专用设备的批发	250	1908	200364	190715	2170	2115	101157
舞台照明设备的批发	181	1313	66558	66053	1715	1679	73463
新闻服务	7	459	33696	33501	271	271	578493
出版服务	175	15117	1182933	1081091	21141	16465	2080488
广播电视服务	54	5987	247541	222911	2336	2326	590421
电影和影视录音服务	335	6681	202884	196062	6039	5507	420450
文艺创作与表演服务	243	4988	57616	47068	1562	1533	117660
图书馆与档案馆服务	15	85	656	656	27	27	974
文化遗产保护服务	32	393	4023	4004	101	89	37887
群众文化服务	134	1306	15676	15626	740	738	137798
文化研究和社团服务	54	445	3354	3156	148	128	6187
文化艺术培训服务	459	2973	29819	29474	1169	1151	42762
其他文化艺术业服务	419	5261	344884	343251	47018	46989	1163555
互联网信息服务	546	6168	71192	70041	2542	2445	1351554
增值电信服务(文化部分)	50	1186	98898	98871	2531	2529	39453
广播电视传输服务	126	12770	309435	304483	7114	6817	7658132
广告服务	5460	41295	928177	904884	29856	28707	1219591
文化软件服务	618	13118	332221	330164	4926	4886	1679936
建筑设计服务	1837	41360	2231495	2220080	51255	49930	3560829
专业设计服务	804	8728	170328	166614	5317	5211	288515
景区游览服务	439	16919	341257	333569	15628	15153	1429913
娱乐休闲服务	4187	28197	330282	322412	20370	19973	510441
摄影扩印服务	443	3887	50815	49873	1939	1894	46612
版权服务	27	307	6480	6454	245	244	3943
文化经纪代理服务	65	661	4925	4431	172	164	21435
文化出租服务	111	506	6300	6286	292	292	11839
会展服务	488	3810	86122	84673	2428	2026	181016
其他文化辅助服务	1175	7207	103066	97600	3321	3254	223557

3-A-5 分地区文化及相关产业企业基本情况

地 区	企 业 单位数 (个)	年 末 从业人员 (人)	营业收入 (万元)	#主营业务收入	营业税金及附加 (万元)	#主营业务税金及附加	资产总计 (万元)
全 省	**26632**	**412327**	**19305473**	**19034727**	**357597**	**343107**	**32073063**
武汉市	13016	191462	9462847	9250773	194588	186611	22703601
黄石市	703	9523	291322	290267	8372	8352	260567
十堰市	804	10078	191140	188203	6504	6167	347976
宜昌市	3643	61132	2443079	2423973	37986	37098	2626428
襄阳市	2191	43564	2732276	2722423	46869	44774	1499074
鄂州市	252	2503	171885	170759	1949	1915	78075
荆门市	736	8362	278281	274868	7429	6204	244297
孝感市	807	16371	801860	799884	15882	15783	1760258
荆州市	957	13979	974154	970659	4704	4652	591911
黄冈市	999	12671	322362	318704	7191	6693	446852
咸宁市	716	15155	572795	570550	10331	9554	466721
随州市	388	6615	229896	226077	3132	2986	248870
恩施州	684	8404	169151	164603	4281	4058	297709
仙桃市	250	5348	224086	223703	3968	3955	134180
潜江市	285	3582	216793	216542	1970	1929	79751
天门市	172	3185	209968	209227	1981	1919	197156
神农架	29	393	13578	13513	460	457	89637

3-A-6　按类别分文化事业(其他)单位基本情况

类　别	事业(其他)单位数(个)	年　末从业人员(人)	支出(费用)(万元)	年末资产(万元)
总　计	**7051**	**79092**	**880422**	**2193685**
新闻服务	55	908	8920	14284
出版服务	119	2784	41688	97988
广播电视服务	244	7791	98067	251365
电影和影视录音服务	83	1684	19307	38436
文艺创作与表演服务	233	5187	37384	45242
图书馆与档案馆服务	289	4457	77289	207253
文化遗产保护服务	330	4826	107927	274655
群众文化服务	1065	7137	59617	135242
文化研究和社团服务	1734	12609	102538	106008
文化艺术培训服务	380	4333	34399	50869
其他文化艺术业服务	185	1550	12459	99135
互联网信息服务	110	773	12947	30492
增值电信服务(文化部分)	8	36	22	180
广播电视传输服务	387	6021	52170	298067
广告服务	165	1097	1241	878
文化软件服务	8	144	3832	1628
建筑设计服务	142	2289	38106	65988
专业设计服务	57	671	7316	11902
景区游览服务	309	9086	148712	421749
娱乐休闲服务	933	4333	8767	21018
摄影扩印服务	64	298	456	320
版权服务	4	51	348	122
文化经纪代理服务	20	245	952	1249
文化出租服务	46	176	977	902
会展服务	28	256	1950	10750
其他文化辅助服务	53	350	3028	7966

3-A-7 分地区文化事业(其他)单位基本情况

地 区	事业(其他)单位数(个)	年末从业人员(人)	支出(费用)(万元)	年末资产(万元)
全 省	**7051**	**79092**	**880422**	**2193685**
武汉市	1071	18001	416733	795812
黄石市	248	2871	30713	97272
十堰市	352	4316	30772	152424
宜昌市	974	9312	65799	143012
襄阳市	687	8648	91325	151489
鄂州市	140	1383	7854	20009
荆门市	314	3150	23333	48561
孝感市	591	6015	41022	81544
荆州市	519	5295	32271	143337
黄冈市	875	7703	35676	126802
咸宁市	363	3897	26237	252906
随州市	124	1323	10022	16450
恩施州	500	4484	36208	85916
仙桃市	35	521	3908	6114
潜江市	74	953	21824	27636
天门市	154	1031	5172	42062
神农架	30	189	1553	2339

B. 文化制造业

3-B-1　按类别分文化制造业企业主要指标

类　别	企　业单位数(个)	年　末从业人员(人)	营业收入(万元)	#主营业务收入	营业税金及附加(万元)	#主营业务税金及附加	资产总计(万元)	实收资本(万元)
总　计	**2856**	**127680**	**8278883**	**8248418**	**79810**	**76726**	**5832028**	**1596708**
工艺美术品的制造	569	19412	1154829	1152974	14283	14092	619861	161713
园林、陈设艺术及其他陶瓷制品制造	58	3780	522541	522192	6298	6284	142474	51438
印刷复制服务	1626	53658	2837750	2820058	31981	30955	2122598	565273
办公用品的制造	60	1232	49702	49660	1100	1090	37118	9287
乐器的制造	23	2937	111368	110874	910	909	126011	15552
玩具的制造	52	2337	77251	76999	538	526	40471	10116
游艺器材及娱乐用品的制造	23	705	9797	9606	344	243	17637	14108
视听设备的制造	27	3679	281426	281315	2475	2335	167773	50639
焰火、鞭炮产品制造	76	7944	407123	405628	6756	6751	317971	50303
文化用纸的制造	126	14962	1415028	1413132	7239	6058	795195	208056
文化用油墨颜料的制造	37	1632	114979	114001	517	498	83996	33284
文化用化学品的制造	14	2831	362366	362054	624	305	661447	228358
其他文化用品的制造	107	9222	455750	451379	4324	4286	494139	125281
印刷专用设备的制造	18	857	53411	53298	930	904	61893	33381
广播电视电影专用设备的制造	22	2050	356433	356227	1371	1370	118856	32156
其他文化专用设备的制造	18	442	69129	69022	120	119	24589	7764

3-B-2 分地区文化制造业企业主要指标

地 区	企 业单位数(个)	年 末从业人员(人)	营业收入(万元)	#主营业务收入	营业税金及附加(万元)	#主营业务税金及附加	资产总计(万元)	实收资本(万元)
全 省	**2856**	**127680**	**8278883**	**8248418**	**79810**	**76726**	**5832028**	**1596708**
武汉市	814	27468	1619346	1603352	14586	14020	1694833	427132
黄石市	145	4205	177675	177327	5445	5441	143218	23165
十堰市	108	2472	50665	50433	1436	1430	37166	18046
宜昌市	421	25097	1576246	1570938	11020	10890	1554713	400961
襄阳市	369	22281	1926795	1922882	17718	17022	863504	210539
鄂州市	34	864	148986	148799	1257	1251	46833	8241
荆门市	83	3071	207066	207017	5352	4184	88717	17445
孝感市	224	9818	618104	617517	8162	8127	325803	143215
荆州市	120	7455	772612	771631	1589	1582	327554	80623
黄冈市	139	4539	182257	181864	1893	1520	154142	63518
咸宁市	112	7057	411250	410665	4415	4374	258555	104262
随州市	76	3698	185703	184836	1779	1746	102306	31100
恩施州	79	2780	75523	74820	899	896	62387	18269
仙桃市	60	3574	183201	182975	2604	2594	100319	28968
潜江市	34	1208	68378	68378	776	776	13680	6351
天门市	34	2057	74704	74674	870	869	57290	14341
神农架	4	36	371	311	8	6	1008	530

3-B-3　按类别分规模以上文化制造业企业基本情况

类　别	企　业单位数(个)	年　末从业人员(人)	#女性	资产总计(万元)	营业收入(万元)	营业成本(万元)	营业税金及附加(万元)	利润总额(万元)
总　计	**443**	**87750**	**37664**	**4756146**	**7502325**	**6480899**	**51511**	**410934**
工艺美术品的制造	62	11966	5653	443740	1003116	854511	8910	63096
园林、陈设艺术及其他陶瓷制品制造	15	3224	1340	119376	513280	454632	6010	24450
印刷复制服务	188	30848	13302	1566138	2394179	2012903	16985	157964
办公用品的制造	2	350	284	1033	33810	29045	344	1269
乐器的制造	5	2597	1215	122280	106805	85443	713	5214
玩具的制造	5	1308	799	26958	59044	53032	32	1654
游艺器材及娱乐用品的制造	1	122	96	1420	3376	2363	141	813
视听设备的制造	13	3379	1910	154906	271316	242883	2208	12914
焰火、鞭炮产品制造	22	5724	2473	283204	370305	314286	5564	34304
文化用纸的制造	58	13769	4092	714646	1392228	1271637	6357	52062
文化用油墨颜料的制造	14	1232	413	69073	106989	97586	215	6293
文化用化学品的制造	6	2701	648	657513	360267	298601	561	3213
其他文化用品的制造	37	7967	4237	426972	424951	362641	1565	20192
印刷专用设备的制造	7	694	299	51700	49343	37772	618	7318
广播电视电影专用设备的制造	5	1591	786	97745	347459	300310	1239	18845
其他文化专用设备的制造	3	278	117	19443	65859	63257	49	1333

3-B-4 分地区规模以上文化制造业企业基本情况

地 区	企 业 单位数 (个)	年 末 从业人员 (人)	#女性	资产总计 (万元)	营业收入 (万元)	营业成本 (万元)	营业税金及附加 (万元)	利润总额 (万元)
全 省	**443**	**87750**	**37664**	**4756146**	**7502325**	**6480899**	**51511**	**410934**
武汉市	72	15412	5279	1305484	1399284	1191302	6927	66881
黄石市	12	2084	1271	104817	106654	91828	1104	5535
十堰市	7	725	434	19240	26247	21397	842	1967
宜昌市	79	19421	7752	1391128	1450264	1224938	6911	73605
襄阳市	79	17737	7404	737723	1809773	1624989	13326	99818
鄂州市	3	464	350	18577	142175	127210	1143	5601
荆门市	15	2024	1034	63291	195744	160075	5036	20975
孝感市	48	6738	3538	254486	566311	466122	6617	32417
荆州市	21	5889	1443	277761	744183	697921	831	23139
黄冈市	23	3382	1997	123162	168740	142949	1349	12691
咸宁市	31	5080	2279	216811	383219	327505	3072	28503
随州市	18	2928	1607	77871	174384	138288	1478	14945
恩施州	12	1676	1132	37193	57163	42721	457	5661
仙桃市	11	1907	1147	70473	146612	110190	1084	10814
潜江市	5	948	471	10494	65352	59215	709	3495
天门市	7	1335	526	47636	66221	54249	625	4887

3-B-5　规模以上文化制造业企业科技活动情况

分　组	有R&D活动企业(个)	R&D人员全时当量(人年)	R&D经费内部支出(万元)	R&D项目数(个)	新产品项目数(个)	开发新产品经费(万元)	新产品销售收入(万元)	#出口	专利申请(件)	#发明专利	有效发明专利(件)
总　计	**58**	**1125**	**41701**	**224**	**188**	**38922**	**276485**	**13384**	**58**	**120**	**93**
按企业规模分组											
大型	2	94	4056	13	18	4497	37808	8	2	1	
中型	21	595	18091	114	93	20614	128802	1541	21	63	31
小型	35	436	19554	97	77	13812	109874	11835	35	56	62
按登记注册类型分组											
内资企业	43	643	29353	140	112	24729	186445	820	177	68	59
有限责任公司	16	278	11071	52	34	7764	97410		87	19	10
股份有限公司	6	121	3861	23	13	5593	17205		18	7	6
私营公司	21	243	14420	65	65	11371	71831	820	72	42	43
港、澳、台商投资企业	11	426	10505	71	64	12408	67211	1550	122	49	14
外商投资企业	4	56	1843	13	12	1786	22829	11015	3	3	20

3-B-6 按类别分规模以上文化制造业企业科技活动情况

类　别	有R&D活动企业(个)	R&D人员全时当量(人年)	R&D经费内部支出(万元)	R&D项目数(个)	新产品项目数(个)
总　计	**58**	**1125**	**41701**	**224**	**188**
工艺美术品的制造	3	34	1541	4	3
园林、陈设艺术及其他陶瓷制品制造	3	5	2105	5	6
印刷复制服务	15	284	14176	80	54
办公用品的制造					
乐器的制造	2	74	1438	12	16
玩具的制造	1	16	137	11	11
游艺器材及娱乐用品的制造	1	1	321	1	1
视听设备的制造	3	97	3875	12	12
焰火、鞭炮产品制造	1	35	2688	2	2
文化用纸的制造	7	190	4169	11	9
文化用油墨颜料的制造	1	23	462	3	1
文化用化学品的制造	3	112	3338	26	24
其他文化用品的制造	16	220	6077	44	44
印刷专用设备的制造					
广播电视电影专用设备的制造	1	30	665	12	4
其他文化专用设备的制造	1	4	710	1	1

3-B-6 续表

类　别	开发新产品经费(万元)	新产品销售收入(万元)		专利申请(件)		有效发明专利(件)
			#出口		#发明专利	
总　计	**38922**	**276485**	**13384**	**302**	**120**	**93**
工艺美术品的制造	1501	29011		10	6	
园林、陈设艺术及其他陶瓷制品制造	1806	17800	4743			3
印刷复制服务	8231	90101		173	64	23
办公用品的制造						
乐器的制造	1809	28014	8	21	3	5
玩具的制造	137			6	1	
游艺器材及娱乐用品的制造	321	3376				
视听设备的制造	3875	7122	820	9	3	19
焰火、鞭炮产品制造	2688	9794		2		
文化用纸的制造	5240	43609		19	5	4
文化用油墨颜料的制造	171			1		4
文化用化学品的制造	6097	16271	1541	20	7	5
其他文化用品的制造	6077	31387	6272	41	31	30
印刷专用设备的制造						
广播电视电影专用设备的制造	259					
其他文化专用设备的制造	710					

3-B-7　分地区规模以下文化制造业企业主要财务指标

地　区	企　业单位数(个)	年　末从业人员(人)	#女性	营业收入(万元)	#主营业务收入	营业税金及附加(万元)	#主营业务税金及附加	资产总计(万元)	实收资本(万元)
全　省	**2413**	**39930**	**18440**	**776557**	**767326**	**28300**	**27838**	**1075882**	**489925**
武汉市	742	12056	5113	220063	216878	7659	7577	389350	195655
黄石市	133	2121	1136	71022	70815	4342	4337	38402	13116
十堰市	101	1747	710	24418	24186	595	588	17926	9124
宜昌市	342	5676	2521	125983	124984	4110	4050	163585	62128
襄阳市	290	4544	2026	117022	115835	4392	4227	125781	62963
鄂州市	31	400	186	6812	6624	114	108	28256	5986
荆门市	68	1047	457	11322	11273	316	315	25426	7345
孝感市	176	3080	1609	51793	51264	1546	1510	71317	34195
荆州市	99	1566	774	28428	27894	758	750	49793	21273
黄冈市	116	1157	590	13516	13361	543	541	30980	17368
咸宁市	81	1977	1188	28031	27670	1343	1302	41744	19935
随州市	58	770	355	11319	10722	301	268	24435	13301
恩施州	67	1104	566	18360	17657	442	439	25194	8887
仙桃市	49	1667	733	36589	36374	1520	1509	29846	10834
潜江市	29	260	137	3026	3026	67	67	3186	2311
天门市	27	722	320	8483	8453	245	244	9654	4973
神农架	4	36	19	371	311	8	6	1008	530

3-B-8 按类别分规模以下文化制造业企业主要财务指标

类别	企业单位数(个)	年末从业人员(人)	#女性	营业收入(万元)	#主营业务收入
总计	**2413**	**39930**	**18440**	**776557**	**767326**
工艺美术品的制造	507	7446	3261	151713	150681
园林、陈设艺术及其他陶瓷制品制造	43	556	186	9261	9150
印刷复制服务	1438	22810	10702	443571	437169
办公用品的制造	58	882	517	15892	15850
乐器的制造	18	340	156	4563	4543
玩具的制造	47	1029	579	18207	17955
游艺器材及娱乐用品的制造	22	583	204	6421	6231
视听设备的制造	14	300	105	10110	10110
焰火、鞭炮产品制造	54	2220	1095	36819	36592
文化用纸的制造	68	1193	471	22800	22375
文化用油墨颜料的制造	23	400	105	7989	7724
文化用化学品的制造	8	130	64	2099	2099
其他文化用品的制造	70	1255	625	30800	30786
印刷专用设备的制造	11	163	64	4069	3990
广播电视电影专用设备的制造	17	459	224	8974	8909
其他文化专用设备的制造	15	164	82	3270	3163

3-B-8 续表

类别	营业税金及附加(万元)	#主营业务税金及附加	资产总计(万元)	实收资本(万元)
总计	**28300**	**27838**	**1075882**	**489925**
工艺美术品的制造	5373	5353	176121	82040
园林、陈设艺术及其他陶瓷制品制造	288	279	23098	13735
印刷复制服务	14996	14625	556460	235172
办公用品的制造	756	746	36085	9055
乐器的制造	197	196	3731	2635
玩具的制造	507	494	13513	6276
游艺器材及娱乐用品的制造	203	203	16218	13608
视听设备的制造	267	267	12867	9556
焰火、鞭炮产品制造	1192	1188	34767	14638
文化用纸的制造	882	870	80549	26521
文化用油墨颜料的制造	303	289	14923	17621
文化用化学品的制造	63	63	3934	2542
其他文化用品的制造	2758	2757	67167	36648
印刷专用设备的制造	312	308	10193	4055
广播电视电影专用设备的制造	132	130	21111	13257
其他文化专用设备的制造	70	70	5145	2564

C. 文化批发和零售业

3-C-1　按类别分文化批发和零售业企业主要指标

类别	企业单位数(个)	年末从业人员(人)	营业收入(万元)	#主营业务收入	营业税金及附加(万元)	#主营业务税金及附加	资产总计(万元)	实收资本(万元)
总计	**5473**	**54833**	**3832516**	**3809074**	**49298**	**47633**	**2837593**	**1052501**
发行服务	427	12549	782023	778259	6117	5960	819255	277965
工艺美术品的销售	1169	12576	1044723	1042258	14830	14526	644371	228608
文化贸易代理与拍卖服务	224	1815	130240	129964	1428	1351	239315	61760
文具乐器照相器材的销售	1615	10704	460034	457574	6205	6084	376878	131427
文化用家电的销售	821	9090	939905	936194	14127	13247	408266	176068
其他文化用品的销售	786	4878	208670	208058	2704	2670	174888	68850
广播电视电影专用设备的批发	250	1908	200364	190715	2170	2115	101157	53759
舞台照明设备的批发	181	1313	66558	66053	1715	1679	73463	54064

3-C-2　分地区文化批发和零售业企业主要指标

地区	企业单位数(个)	年末从业人员(人)	营业收入(万元)	#主营业务收入	营业税金及附加(万元)	#主营业务税金及附加	资产总计(万元)	实收资本(万元)
全省	**5473**	**54833**	**3832516**	**3809074**	**49298**	**47633**	**2837593**	**1052501**
武汉市	2805	29269	2218323	2201284	20141	19562	1823899	617486
黄石市	91	877	31919	31845	760	757	23165	8631
十堰市	151	1599	54987	54558	1438	1171	79061	29315
宜昌市	1212	8366	290620	289244	5384	5369	265232	111403
襄阳市	606	5877	555717	554000	15179	14446	190568	91452
鄂州市	16	177	4898	4884	49	49	3716	2216
荆门市	64	712	24820	24809	642	639	21247	10850
孝感市	103	1305	84591	84114	504	500	63766	22529
荆州市	67	961	132783	131956	841	838	82473	19681
黄冈市	89	1134	54620	54519	789	784	46025	29253
咸宁市	93	1899	61156	60841	1491	1472	36759	22663
随州市	35	465	15535	15320	265	264	21442	14204
恩施州	92	965	40183	39490	435	435	29351	15669
仙桃市	14	198	12070	12070	256	256	11908	8698
潜江市	17	808	129463	129337	700	668	28053	2761
天门市	18	221	120832	120802	425	423	110927	45692

3-C-3 按类别分限额以上文化批发和零售业企业基本情况

类 别	企业单位数(个)	年末从业人员(人)	#女性	资产总计(万元)	营业收入(万元)	营业成本(万元)	营业税金及附加(万元)	利润总额(万元)
总 计	**386**	**19347**	**11071**	**1451375**	**2622530**	**2191486**	**24110**	**152193**
发行服务	92	7819	3707	695371	694197	553932	3908	37489
工艺美术品的销售	79	5249	4380	338835	797194	677647	9155	35057
文化贸易代理与拍卖服务	2	27	21	2239	2610	2318	32	0
文具乐器照相器材的销售	42	908	448	86957	199324	188105	566	2001
文化用家电的销售	145	4436	2047	230823	804889	664159	9703	72070
其他文化用品的销售	20	624	300	88214	98759	82731	479	5517
广播电视电影专用设备的批发	5	235	145	4337	18001	15773	248	31
舞台照明设备的批发	1	49	23	4600	7555	6823	18	28

3-C-4 分地区限额以上文化批发和零售业企业基本情况

地 区	企业单位数(个)	年末从业人员(人)	#女性	资产总计(万元)	营业收入(万元)	营业成本(万元)	营业税金及附加(万元)	利润总额(万元)
全 省	**386**	**19347**	**11071**	**1451375**	**2622530**	**2191486**	**24110**	**152193**
武汉市	88	11092	6679	858665	1421300	1246189	6358	35058
黄石市	6	269	207	8906	13742	11831	260	-110
十堰市	20	620	407	35989	31539	24043	651	2120
宜昌市	39	968	518	118642	148106	121638	727	9182
襄阳市	108	2449	1372	107477	477000	383713	11981	40178
鄂州市	2	67	48	1935	3776	2746	16	413
荆门市	17	383	214	14154	20385	13842	494	1963
孝感市	19	587	305	48383	74842	65602	194	3814
荆州市	25	553	349	30928	49542	39834	662	2911
黄冈市	21	603	347	34196	47558	36843	586	3352
咸宁市	17	344	186	15775	41335	31649	799	5087
随州市	3	167	102	14408	10427	7574	116	1179
恩施州	15	352	189	19557	28175	22471	91	1622
仙桃市	2	79	39	7869	7860	5503	121	827
潜江市	2	686	16	27058	127416	93149	671	28546
天门市	2	128	93	107434	119528	84861	385	16054

3-C-5 按类别分限额以下文化批发和零售业企业主要财务指标

类别	企业单位数(个)	年末从业人员(人)	#女性	营业收入(万元)	#主营业务收入	营业税金及附加(万元)	#主营业务税金及附加	资产总计(万元)	实收资本(万元)
总计	**5087**	**35486**	**16181**	**1209986**	**1193355**	**25188**	**24687**	**1386218**	**661877**
发行服务	335	4730	2260	87826	86955	2209	2193	123884	56231
工艺美术品的销售	1090	7327	4042	247528	245958	5675	5539	305536	141640
文化贸易代理与拍卖服务	222	1788	699	127630	127410	1396	1321	237077	61370
文具乐器照相器材的销售	1573	9796	4321	260710	258509	5639	5518	289922	121367
文化用家电的销售	676	4654	1890	135016	134013	4424	4365	177443	122320
其他文化用品的销售	766	4254	1829	109911	109299	2225	2191	86674	53101
广播电视电影专用设备的批发	245	1673	669	182363	172714	1922	1899	96819	52784
舞台照明设备的批发	180	1264	471	59002	58498	1697	1661	68863	53064

3-C-6 分地区限额以下文化批发和零售业企业主要财务指标

地区	企业单位数(个)	年末从业人员(人)	#女性	营业收入(万元)	#主营业务收入	营业税金及附加(万元)	#主营业务税金及附加	资产总计(万元)	实收资本(万元)
全省	**5087**	**35486**	**16181**	**1209986**	**1193355**	**25188**	**24687**	**1386218**	**661877**
武汉市	2717	18177	8019	797022	784229	13783	13373	965233	467132
黄石市	85	608	300	18178	18110	500	498	14259	6103
十堰市	131	979	473	23448	23077	788	780	43072	12044
宜昌市	1173	7398	3131	142514	141231	4656	4642	146590	74851
襄阳市	498	3428	1667	78718	77815	3198	3163	83092	48666
鄂州市	14	110	63	1122	1122	33	33	1781	577
荆门市	47	329	198	4435	4425	148	146	7093	2318
孝感市	84	718	374	9749	9508	310	306	15383	10269
荆州市	42	408	199	83241	83214	180	178	51544	2675
黄冈市	68	531	284	7062	6979	202	200	11830	8559
咸宁市	76	1555	778	19820	19508	692	676	20984	13897
随州市	32	298	173	5108	4893	149	148	7034	3974
恩施州	77	613	325	12008	11838	345	345	9793	6433
仙桃市	12	119	76	4210	4210	135	135	4040	2164
潜江市	15	122	71	2047	1922	29	29	996	699
天门市	16	93	50	1303	1273	40	38	3493	1516

D. 文化服务业

3-D-1 按类别分文化服务业单位数及从业人员情况

类 别	单位数(个)	规上企业	规下企业	事业单位	其他单位	年末从业人员(人)	规上企业	规下企业	事业单位	其他单位
总 计	**25354**	**578**	**17725**	**2691**	**4360**	**308906**	**81433**	**148381**	**50349**	**28743**
新闻服务	62	2	5	48	7	1367	437	22	874	34
出版服务	294	32	143	89	30	17901	9669	5448	2212	572
广播电视服务	298	8	46	177	67	13778	4505	1482	6897	894
电影和影视录音服务	418	35	300	59	24	8365	2253	4428	1475	209
文艺创作与表演服务	476	12	231	130	103	10175	1098	3890	3750	1437
图书馆与档案馆服务	304		15	237	52	4542		85	4017	440
文化遗产保护服务	362	2	30	218	112	5219	93	300	3993	833
群众文化服务	1199	3	131	548	517	8443	180	1126	4254	2883
文化研究和社团服务	1788		54	409	1325	13054		445	4179	8430
文化艺术培训服务	839	1	458	70	310	7306	8	2965	1524	2809
其他文化艺术业服务	604	5	414	84	101	6811	1446	3815	807	743
互联网信息服务	656	7	539	31	79	6941	1196	4972	468	305
增值电信服务(文化部分)	58	4	46	1	7	1222	572	614	4	32
广播电视传输服务	513	33	93	227	160	18791	9712	3058	4898	1123
广告服务	5625	120	5340	12	153	42392	5240	36055	140	957
文化软件服务	626	56	562		8	13262	7623	5495		144
建筑设计服务	1979	66	1771	55	87	43649	20192	21168	1643	646
专业设计服务	861	13	791	13	44	9399	1153	7575	364	307
景区游览服务	748	89	350	213	96	26005	10048	6871	8030	1056
娱乐休闲服务	5120	61	4126	28	905	32530	3785	24412	437	3896
摄影扩印服务	507	10	433	1	63	4185	465	3422	5	293
版权服务	31	3	24	2	2	358	157	150	13	38
文化经纪代理服务	85	1	64	7	13	906	75	586	73	172
文化出租服务	157		111	2	44	682		506	10	166
会展服务	516	9	479	17	11	4066	985	2825	170	86
其他文化辅助服务	1228	6	1169	13	40	7557	541	6666	112	238

3-D-2　分地区文化服务业单位数及从业人员情况

地　区	单位数(个)	规上企业	规下企业	事业单位	其他单位	年末从业人员(人)	规上企业	规下企业	事业单位	其他单位
全　省	**25354**	**578**	**17725**	**2691**	**4360**	**308906**	**81433**	**148381**	**50349**	**28743**
武汉市	10468	248	9149	519	552	152726	55599	79126	13891	4110
黄石市	715	17	450	86	162	7312	1108	3333	1816	1055
十堰市	897	12	533	165	187	10323	2066	3941	3126	1190
宜昌市	2984	117	1893	321	653	36981	9352	18317	4230	5082
襄阳市	1903	108	1108	278	409	24054	6027	9379	5510	3138
鄂州市	342	2	200	27	113	2845	273	1189	933	450
荆门市	903	5	584	127	187	7729	527	4052	2366	784
孝感市	1071	11	469	220	371	11263	1041	4207	3797	2218
荆州市	1289	6	764	175	344	10858	446	5117	3093	2202
黄冈市	1646	14	757	250	625	14701	1366	5632	4251	3452
咸宁市	874	22	489	146	217	10096	1827	4372	2073	1824
随州市	401	2	275	59	65	3775	267	2185	1041	282
恩施州	1013	9	504	223	277	9143	1076	3583	2598	1886
仙桃市	211	1	175	18	17	2097	57	1519	371	150
潜江市	308	2	232	27	47	2519	322	1244	563	390
天门市	274	1	119	35	119	1938	45	862	556	475
神农架	55	1	24	15	15	546	34	323	134	55

3-D-3 分地区文化服务业企业基本情况

地 区	企业单位数（个）	规上	年末从业人员（人）	规上	资产总计（万元）	规上
全 省	**18303**	**578**	**229814**	**81433**	**23403442**	**9464628**
武汉市	9397	248	134725	55599	19184869	8133275
黄石市	467	17	4441	1108	94184	43127
十堰市	545	12	6007	2066	231749	147830
宜昌市	2010	117	27669	9352	806482	477340
襄阳市	1216	108	15406	6027	445001	239180
鄂州市	202	2	1462	273	27527	7694
荆门市	589	5	4579	527	134333	18724
孝感市	480	11	5248	1041	1370690	53286
荆州市	770	6	5563	446	181885	24776
黄冈市	771	14	6998	1366	246685	112839
咸宁市	511	22	6199	1827	171407	83569
随州市	277	2	2452	267	125122	11491
恩施州	513	9	4659	1076	205971	87639
仙桃市	176	1	1576	57	21952	95
潜江市	234	2	1566	322	38018	15181
天门市	120	1	907	45	28940	852
神农架	25	1	357	34	88629	7731

3-D-4　按类别分文化服务业企业主要财务指标

类　别	企业单位数（个）	年末从业人员（人）	营业收入（万元）	#主营业务收入	营业税金及附加（万元）	#主营业务税金及附加	资产总计（万元）
总　计	**18303**	**229814**	**7194075**	**6977235**	**228489**	**218748**	**23403442**
新闻服务	7	459	33696	33501	271	271	578493
出版服务	175	15117	1182933	1081091	21141	16465	2080488
广播电视服务	54	5987	247541	222911	2336	2326	590421
电影和影视录音服务	335	6681	202884	196062	6039	5507	420450
文艺创作与表演服务	243	4988	57616	47068	1562	1533	117660
图书馆与档案馆服务	15	85	656	656	27	27	974
文化遗产保护服务	32	393	4023	4004	101	89	37887
群众文化服务	134	1306	15676	15626	740	738	137798
文化研究和社团服务	54	445	3354	3156	148	128	6187
文化艺术培训服务	459	2973	29819	29474	1169	1151	42762
其他文化艺术业服务	419	5261	344884	343251	47018	46989	1163555
互联网信息服务	546	6168	71192	70041	2542	2445	1351554
增值电信服务（文化部分）	50	1186	98898	98871	2531	2529	39453
广播电视传输服务	126	12770	309435	304483	7114	6817	7658132
广告服务	5460	41295	928177	904884	29856	28707	1219591
文化软件服务	618	13118	332221	330164	4926	4886	1679936
建筑设计服务	1837	41360	2231495	2220080	51255	49930	3560829
专业设计服务	804	8728	170328	166614	5317	5211	288515
景区游览服务	439	16919	341257	333569	15628	15153	1429913
娱乐休闲服务	4187	28197	330282	322412	20370	19973	510441
摄影扩印服务	443	3887	50815	49873	1939	1894	46612
版权服务	27	307	6480	6454	245	244	3943
文化经纪代理服务	65	661	4925	4431	172	164	21435
文化出租服务	111	506	6300	6286	292	292	11839
会展服务	488	3810	86122	84673	2428	2026	181016
其他文化辅助服务	1175	7207	103066	97600	3321	3254	223557

3-D-5 分地区文化服务业企业主要财务指标

地 区	企 业 单位数 (个)	年 末 从业人员 (人)	营业收入 (万元)	#主营业务 收 入	营业税金 及 附 加 (万元)	#主营业务 税金及附加	资产总计 (万元)
全 省	**18303**	**229814**	**7194075**	**6977235**	**228489**	**218748**	**23403442**
武汉市	9397	134725	5625178	5446136	159861	153029	19184869
黄石市	467	4441	81728	81095	2167	2154	94184
十堰市	545	6007	85487	83212	3629	3567	231749
宜昌市	2010	27669	576212	563792	21582	20838	806482
襄阳市	1216	15406	249764	245541	13972	13306	445001
鄂州市	202	1462	18001	17076	644	616	27527
荆门市	589	4579	46396	43042	1435	1381	134333
孝感市	480	5248	99165	98253	7216	7157	1370690
荆州市	770	5563	68760	67072	2274	2232	181885
黄冈市	771	6998	85486	82320	4510	4390	246685
咸宁市	511	6199	100389	99044	4425	3708	171407
随州市	277	2452	28658	25921	1088	976	125122
恩施州	513	4659	53445	50293	2946	2726	205971
仙桃市	176	1576	28815	28658	1108	1106	21952
潜江市	234	1566	18952	18827	494	486	38018
天门市	120	907	14432	13751	685	627	28940
神农架	25	357	13207	13202	451	450	88629

3-D-6　按类别分规模以上文化服务业企业基本情况

类　别	企　业单位数(个)	年　末从业人员(人)	#女性	资产总计(万元)	营业收入(万元)	营业成本(万元)	营业税金及附加(万元)	利润总额(万元)
总　计	**578**	**81433**	**30245**	**9464628**	**4533926**	**3031899**	**130770**	**506869**
新闻服务	2	437	188	578200	32963	27674	236	599
出版服务	32	9669	4024	1878511	925859	624275	12171	94374
广播电视服务	8	4505	1959	526492	220792	146634	1575	–2316
电影和影视录音服务	35	2253	760	197376	133672	80308	3767	18434
文艺创作与表演服务	12	1098	514	16541	20523	7529	244	703
文化遗产保护服务	2	93	51	4676	1442	1551	9	–175
群众文化服务	3	180	113	23209	7392	4679	153	1498
文化艺术培训服务	1	8	3	50	67	35	2	1
其他文化艺术业服务	5	1446	575	954810	281692	152807	44262	60073
互联网信息服务	7	1196	701	18066	14934	4983	275	2014
增值电信服务(文化部分)	4	572	165	21866	72314	63807	1510	1948
广播电视传输服务	33	9712	3678	981306	263790	133314	5987	27561
广告服务	120	5240	2289	172402	231598	136864	8676	44536
文化软件服务	56	7623	2375	321527	233269	95734	2670	38350
建筑设计服务	66	20192	4563	2555935	1696854	1335715	30200	163567
专业设计服务	13	1153	404	44769	26912	17287	355	4929
景区游览服务	89	10048	4742	915405	234150	123117	10470	43601
娱乐休闲服务	61	3785	2044	119649	73378	37344	6766	5934
摄影扩印服务	10	465	255	2900	4963	1544	150	248
版权服务	3	157	51	1463	5126	3097	184	397
文化经纪代理服务	1	75	50	9452	2451	1756	74	613
会展服务	9	985	389	113369	40982	26328	744	–908
其他文化辅助服务	6	541	352	6656	8806	5519	290	886

3-D-7 分地区规模以上文化服务业企业基本情况

地 区	企 业 单位数 (个)	年 末 从业人员 (人)	#女性	资产总计 (万元)	营业收入 (万元)	营业成本 (万元)	营业税金 及 附 加 (万元)	利润总额 (万元)
全 省	**578**	**81433**	**30245**	**9464628**	**4533926**	**3031899**	**130770**	**506869**
武汉市	248	55599	18924	8133275	3884747	2697013	103121	406058
黄石市	17	1108	458	43127	33489	21540	499	1620
十堰市	12	2066	830	147830	44591	18878	1576	2343
宜昌市	117	9352	4107	477340	291572	142530	10858	60613
襄阳市	108	6027	2919	239180	89079	46510	4769	11944
鄂州市	2	273	82	7694	6541	3253	201	492
荆门市	5	527	179	18724	7303	4758	203	1348
孝感市	11	1041	548	53286	40534	20453	4847	6686
荆州市	6	446	152	24776	16952	8387	350	3467
黄冈市	14	1366	533	112839	33378	14524	1739	4998
咸宁市	22	1827	837	83569	54672	41374	1263	1669
随州市	2	267	92	11491	2597	989	61	137
恩施州	9	1076	432	87639	20183	8427	1148	4665
仙桃市	1	57		95	49	35	2	2
潜江市	2	322	117	15181	5804	2249	93	697
天门市	1	45	18	852	1683	960	14	2
神农架	1	34	17	7731	753	20	27	128

3-D-8　按类别分规模以下文化服务业企业主要财务指标

类　别	企业单位数(个)	年末从业人员(人)	#女性	营业收入(万元)	#主营业务收入	营业税金及附加(万元)	#主营业务税金及附加	资产总计(万元)	实收资本(万元)
总　计	**17725**	**148381**	**61787**	**2660149**	**2594731**	**97719**	**94634**	**13938814**	**2644976**
新闻服务	5	22	10	734	538	35	35	293	132
出版服务	143	5448	2909	257074	255998	8971	8936	201977	84989
广播电视服务	46	1482	562	26749	26676	761	750	63930	21901
电影和影视录音服务	300	4428	2110	69212	67008	2272	2165	223074	92247
文艺创作与表演服务	231	3890	1819	37093	33030	1318	1302	101119	59389
图书馆与档案馆服务	15	85	46	656	656	27	27	974	784
文化遗产保护服务	30	300	121	2582	2562	92	80	33211	11029
群众文化服务	131	1126	564	8285	8234	586	585	114589	107056
文化研究和社团服务	54	445	223	3354	3156	148	128	6187	2988
文化艺术培训服务	458	2965	1809	29751	29407	1167	1149	42712	25731
其他文化艺术业服务	414	3815	1640	63192	61723	2756	2726	208745	71666
互联网信息服务	539	4972	1848	56259	55108	2267	2171	1333488	156229
增值电信服务(文化部分)	46	614	204	26584	26557	1021	1019	17588	12574
广播电视传输服务	93	3058	1170	45645	43308	1127	1105	6676826	71067
广告服务	5340	36055	14231	696579	674602	21180	20435	1047189	553829
文化软件服务	562	5495	1910	98952	97336	2256	2218	1358409	135429
建筑设计服务	1771	21168	6792	534642	527709	21055	19896	1004893	430556
专业设计服务	791	7575	2876	143416	139842	4962	4861	243747	112873
景区游览服务	350	6871	2917	107107	103048	5158	4987	514508	241354
娱乐休闲服务	4126	24412	11341	256904	250351	13604	13303	390792	216731
摄影扩印服务	433	3422	1834	45852	45080	1788	1752	43712	24811
版权服务	24	150	76	1353	1327	61	60	2480	1168
文化经纪代理服务	64	586	245	2474	2415	99	99	11983	7455
文化出租服务	111	506	208	6300	6286	292	292	11839	6186
会展服务	479	2825	1267	45140	43979	1684	1588	67647	39571
其他文化辅助服务	1169	6666	3055	94260	88795	3031	2964	216902	157232

3-D-9 分地区规模以下文化服务业企业主要财务指标

地 区	企业单位数（个）	年末从业人员（人）	#女性	营业收入（万元）	#主营业务收入	营业税金及附加（万元）	#主营业务税金及附加	资产总计（万元）	实收资本（万元）
全 省	**17725**	**148381**	**61787**	**2660149**	**2594731**	**97719**	**94634**	**13938814**	**2644976**
武汉市	9149	79126	31957	1740431	1698895	56740	55501	11051594	1785922
黄石市	450	3333	1469	48239	47705	1668	1655	51057	28676
十堰市	533	3941	1661	40896	39736	2054	2007	83919	53123
宜昌市	1893	18317	7695	284640	278241	10724	10288	329143	182551
襄阳市	1108	9379	4007	160684	157994	9203	8955	205822	125971
鄂州市	200	1189	582	11460	10535	443	415	19833	12369
荆门市	584	4052	1901	39093	36808	1232	1178	115609	55301
孝感市	469	4207	1782	58632	57735	2369	2310	1317404	42849
荆州市	764	5117	2073	51808	50344	1925	1883	157108	72015
黄冈市	757	5632	2453	52108	50145	2771	2721	133845	83523
咸宁市	489	4372	1888	45717	44373	3162	2479	87838	58477
随州市	275	2185	1003	26061	23541	1027	940	113631	31240
恩施州	504	3583	1571	33262	32483	1798	1763	118332	66016
仙桃市	175	1519	558	28766	28658	1106	1106	21857	11604
潜江市	232	1244	676	13148	13023	401	399	22837	11266
天门市	119	862	365	12749	12068	671	613	28088	17634
神农架	24	323	146	12454	12449	425	424	80899	6438

3-D-10 文化创意和设计服务企业经营情况

分 组	法人单位数（个）	年末从业人员（人）	企业平均年末从业人员（人）	主营业务收入（万元）	企业平均主营业务收入（万元）
总 计					
按企业规模分组					
规上企业	255	34208	134	2182254	8558
规下企业	8464	70293	8	1439489	170
按行业类别分组					
广告服务	5460	41295	8	904884	166
文化软件服务	618	13118	21	330164	534
建筑设计服务	1837	41360	23	2220080	1209
专业设计服务	804	8728	11	166614	207
按企业类型分					
内资企业	8694	103595	12	3559162	409
#私营企业	4822	38915	8	824910	171
港澳台商投资企业	4	63	16	3105	776
外商投资企业	21	843	40	59476	2832

3-D-11　按类别分文化服务业事业单位主要财务指标

类　别	单位数(个)	年末从业人员(人)	#女性	非企业单位支出(费用)(万元)	年末资产(万元)
总　计	**2691**	**50349**	**20692**	**716372**	**1801983**
新闻服务	48	874	332	8709	14233
出版服务	89	2212	996	31206	85351
广播电视服务	177	6897	2891	91572	237811
电影和影视录音服务	59	1475	546	18770	37682
文艺创作与表演服务	130	3750	1732	32639	38645
图书馆与档案馆服务	237	4017	2117	73647	202601
文化遗产保护服务	218	3993	1778	87441	214337
群众文化服务	548	4254	1855	45349	104337
文化研究和社团服务	409	4179	1398	63506	55133
文化艺术培训服务	70	1524	615	20416	30797
其他文化艺术业服务	84	807	329	9445	15828
互联网信息服务	31	468	152	12358	29333
增值电信服务(文化部分)	1	4	3	22	180
广播电视传输服务	227	4898	1678	43924	276861
广告服务	12	140	65	976	495
文化软件服务					
建筑设计服务	55	1643	575	37486	65585
专业设计服务	13	364	101	7189	11653
景区游览服务	213	8030	3155	122180	351832
娱乐休闲服务	28	437	205	3652	9678
摄影扩印服务	1	5	3		
版权服务	2	13	2	88	120
文化经纪代理服务	7	73	30	905	1173
文化出租服务	2	10	2	196	177
会展服务	17	170	70	1927	10730
其他文化辅助服务	13	112	62	2768	7411

3-D-12　分地区文化服务业事业单位主要财务指标

地　区	单位数（个）	年末从业人员（人）	#女性	非企业单位支出(费用)（万元）	年末资产（万元）
全　省	**2691**	**50349**	**20692**	**716372**	**1801983**
武汉市	519	13891	5696	363134	688089
黄石市	86	1816	817	25093	91482
十堰市	165	3126	1247	26182	75419
宜昌市	321	4230	1670	48783	96295
襄阳市	278	5510	2397	71178	119715
鄂州市	27	933	444	6943	19308
荆门市	127	2366	1041	20159	40819
孝感市	220	3797	1584	29925	61037
荆州市	175	3093	1259	27716	130168
黄冈市	250	4251	1737	27741	88564
咸宁市	146	2073	761	19996	242510
随州市	59	1041	466	7845	11676
恩施州	223	2598	906	27293	66284
仙桃市	18	371	154	3385	4653
潜江市	27	563	240	5923	26208
天门市	35	556	217	3672	37700
神农架	15	134	56	1404	2057

3-D-13　按类别分文化服务业其他单位主要财务指标

类　别	单位数（个）	年　末从业人员（人）	#女性	非企业单位支出(费用)（万元）	年末资产（万元）
总　计	**4360**	**28743**	**12284**	**164050**	**391702**
新闻服务	7	34	12	211	51
出版服务	30	572	256	10482	12637
广播电视服务	67	894	253	6495	13554
电影和影视录音服务	24	209	60	537	754
文艺创作与表演服务	103	1437	794	4744	6596
图书馆与档案馆服务	52	440	214	3641	4652
文化遗产保护服务	112	833	391	20487	60318
群众文化服务	517	2883	1289	14268	30904
文化研究和社团服务	1325	8430	2764	39032	50876
文化艺术培训服务	310	2809	1897	13983	20072
其他文化艺术业服务	101	743	365	3014	83307
互联网信息服务	79	305	131	589	1159
增值电信服务(文化部分)	7	32	10		
广播电视传输服务	160	1123	330	8246	21206
广告服务	153	957	401	265	383
文化软件服务	8	144	63	3832	1628
建筑设计服务	87	646	217	620	402
专业设计服务	44	307	140	128	249
景区游览服务	96	1056	385	26532	69917
娱乐休闲服务	905	3896	1795	5115	11340
摄影扩印服务	63	293	141	456	320
版权服务	2	38	3	260	2
文化经纪代理服务	13	172	128	47	76
文化出租服务	44	166	78	781	725
会展服务	11	86	49	23	20
其他文化辅助服务	40	238	118	260	554

3-D-14 分地区文化服务业其他单位主要财务指标

地 区	单位数(个)	年末从业人员(人)	#女性	非企业单位支出(费用)(万元)	年末资产(万元)
全 省	**4360**	**28743**	**12284**	**164050**	**391702**
武汉市	552	4110	1971	53599	107723
黄石市	162	1055	457	5619	5791
十堰市	187	1190	542	4590	77005
宜昌市	653	5082	2101	17016	46717
襄阳市	409	3138	1543	20147	31774
鄂州市	113	450	227	911	702
荆门市	187	784	337	3173	7741
孝感市	371	2218	867	11097	20507
荆州市	344	2202	792	4555	13169
黄冈市	625	3452	1522	7935	38238
咸宁市	217	1824	693	6241	10396
随州市	65	282	114	2178	4774
恩施州	277	1886	691	8915	19632
仙桃市	17	150	65	524	1461
潜江市	47	390	165	15901	1428
天门市	119	475	171	1500	4362
神农架	15	55	26	148	282

E. 文化产业个体经营户

3-E-1　按类别分文化产业个体经营户基本情况

类　别	户数 (个)	年末从业人员 (人)
总　计	49696	148620
造纸*	203	537
印刷	748	2621
装订及印刷相关服务	662	1770
记录媒介复制	59	163
文教办公用品制造*	60	185
乐器制造	11	35
工艺美术品制造	1698	5216
玩具制造	42	175
游艺器材及娱乐用品制造	31	113
涂料、油墨、颜料及类似产品制造*	9	29
专用化学产品制造*	9	23
炸药、火工及焰火产品制造*	151	325
陶瓷制品制造*	145	390
文化、办公用机械制造*	68	137
印刷、制药、日化及日用品生产专用设备制造*	14	38
照明器具制造*	3	10
广播电视设备制造		
视听设备制造	3	6
其他电子设备制造*	1	2
纺织、服装及家庭用品批发*	76	265
文化、体育用品及器材批发*	1688	5072
机械设备、五金产品及电子产品批发*	283	829
贸易经纪与代理*	84	226
文化、体育用品及器材专门零售*	17412	44955
家用电器及电子产品专门零售*	3611	11086
电信*	233	577
广播电视传输服务	26	53
卫星传输服务*	3	8
互联网信息服务	198	636
软件开发*	9	20
其他信息技术服务业*	10	34
文化及日用品出租*	696	1843
广告业	4063	11605
知识产权服务*		
其他商务服务业*	4456	12006
社会人文科学研究		
工程技术*	181	591
其他专业技术服务业*	3837	13925
生态保护*		
公园和游览景区管理		
技能培训、教育辅助及其他教育*	770	2832
新闻业		
出版业		
广播		
电视		
电影和影视节目制作	28	84
电影和影视节目发行		
电影放映	20	69
录音制作	23	64
文艺创作与表演	174	718
艺术表演场馆	7	32
图书馆与档案馆	66	161
文物及非物质文化遗产保护	15	56
博物馆		
烈士陵园、纪念馆		
群众文化活动	736	2537
其他文化艺术业	164	487
室内娱乐活动	6004	23352
游乐园	97	261
文化、娱乐、体育经纪代理*	421	1283
其他娱乐业	388	1178

3-E-2　分地区文化产业个体经营户基本情况

地　区	户数 (个)	年末从业人员 (人)
全　省	**49696**	**148620**
武汉市	12628	40617
黄石市	2215	6000
十堰市	2782	8032
宜昌市	7390	22177
襄阳市	6009	16952
鄂州市	475	1453
荆门市	1739	5478
孝感市	4067	11574
荆州市	3237	9293
黄冈市	2112	5343
咸宁市	2047	7648
随州市	916	2920
恩施州	2142	6124
仙桃市	859	2220
潜江市	662	1688
天门市	354	955
神农架	62	146

附　　录

主要指标解释及分类规定

主要指标解释

法人单位　是指有权拥有资产、承担负债,并独立从事社会经济活动(或与其他单位进行交易)的组织。法人单位应同时具备以下条件:

1. 依法成立,有自己的名称、组织机构和场所,能够独立承担民事责任;

2. 独立拥有(或授权使用)资产或者经费,承担负债,有权与其他单位签订合同;

3. 具有包括资产负债表在内的账户,或者能够根据需要编制账户。

法人单位包括五种类型:企业法人、事业单位法人、机关法人、社会团体和其他成员组织法人、其他法人。

企业法人　是指依据《中华人民共和国公司登记管理条例》、《中华人民共和国企业法人登记管理条例》等国家法律和法规,经各级工商行政管理机关登记注册,领取《企业法人营业执照》的企业。包括:

1. 公司制企业法人;

2. 非公司制企业法人;

3. 依据《中华人民共和国个人独资企业法》、《中华人民共和国合伙企业法》,经各级工商行政管理机关登记注册,领取《营业执照》的个人独资企业、合伙企业。

事业单位法人　是指经国务院或地方县级以上机构编制管理部门批准,经国家或地方县级以上事业单位登记管理部门登记或备案,领取《事业单位法人证书》,取得法人资格的事业单位。包括:

1. 各级党委、政府直属事业单位;

2. 中共中央、国务院直属事业单位举办的事业单位;

3. 各级人大、政协机关,人民法院、人民检察院和各民主党派机关举办的事业单位;

4. 各级党委部门和政府部门举办的事业单位;

5. 使用财政性经费的群众团体举办的事业单位;

6. 国有企业及其他组织利用国有资产举办的事业单位;

7. 依照法律或有关规定,应当由各级登记管理机关登记的其他事业单位。

机关法人　是指各级政党机关和国家机关。包括:

1. 县级以上各级中国共产党委员会及其所属各工作部门;

2. 县级以上各级人民代表大会机关;

3. 县级以上各级人民政府及其所属各工作部门,以及地区行政行署;

4. 县级以上各级政治协商会议机关;

5. 县级以上各级人民法院、检察院机关;

6. 县级以上各民主党派机关;

7. 乡、镇中国共产党委员会和人民政府。

社会团体法人　是指依据《社会团体登记管理条例》,经国家或县级以上民政部门登记注册或备案、领取《社会团体法人登记证书》的各类社会团体,以及由机构编制管理部门管理其编制的群众团体。包括:

1. 社会团体法人;

2. 群众团体法人。

其他法人　是指除上述类型以外的法人,是依据《中华人民共和国居民委员会组织法》、《中华人民共和国村民委员会组织法》、《基金会管理条例》、《农民专业合作社登记管理条例》及其他法律、法规,依法成立,具备法人条件的单位。包括:

1. 居民委员会和村民委员会;

2. 基金会;

3. 领取《民办非企业单位(法人)登记证书》的民办非企业单位;

4. 宗教组织和活动场所;

5. 农民专业合作社;

6. 其他未列明法人单位。

单产业法人　是指仅包含一个产业活动单位的法人单位,称为单产业法人单位,该法人单位同时也是一个产业活动单位;

多产业法人　是指由两个及以上产业活动单位组成的法人单位,称为多产业法人单位,这些产业活动单位接受法人单位的管理和控制。

从业人员期末人数　指报告期末最后一日24时在本单位工作,并取得工资或其他形式劳动报酬的人员数。该指标为时点指标,不包括最后一日当天及以前已经与单位解除劳动合同关系的人员,是在岗职工、劳务派遣人员及其他从业人员之和。从业人员不包括:

1. 离开本单位仍保留劳动关系,并定期领取生活费的人员;

2. 利用课余时间打工的学生及在本单位实习的各类在校学生;

3. 本单位因劳务外包而使用的人员,如:建筑业整建制使用的人员。

资产总计　指企业过去的交易或者事项形成的、由企业拥有或者控制的、预期会给企业带来经济利益的资源。资产一般按流动性(资产的变现或耗用时间长短)分为流动资产和非流动资产。其中流动资产可分为货币资金、交易性金融资产、应收票据、应收账款、预付款项、其他应收款、存货等;非流动资产可分为长期股权投资、固定资产、无形资产及其他非流动资产等。

文化及相关产业 指为社会公众提供文化产品和文化相关产品的生产活动的集合。《文化及相关产业分类(2012)》规定文化及相关产业包括文化产品的生产、文化产品生产的辅助生产、文化用品的生产和专用设备的生产等。按业态不同，可分为文化制造业、文化批零业和文化服务业。

规模以上文化制造业企业 指《文化及相关产业分类(2012)》所规定的行业范围内，年主营业务收入在2000万元及以上的工业企业法人。

限额以上文化批零业企业 指《文化及相关产业分类(2012)》所规定的行业范围内，年主营业务收入在2000万元及以上的批发业企业法人和年主营业务收入在500万元及以上的零售业企业法人。

规模以上文化服务业企业 指《文化及相关产业分类(2012)》所规定的行业范围内，从业人员在50人及以上或年主营业务收入在500万元及以上的服务业企业法人。

文化服务业事业单位 指《文化及相关产业分类(2012)》所规定的行业范围内，执行事业单位会计制度的法人，不包括实行企业化管理的事业单位。

文化服务业其他单位 指《文化及相关产业分类(2012)》所规定的行业范围内，执行民间非营利组织和其他会计制度的法人。

分类规定

登记注册类型 指企业或企业产业活动单位的登记注册类型,工商行政管理部门对企业(单位)登记注册的类型分为以下几种:

1. 国有企业:指企业全部资产归国家所有,并按《中华人民共和国企业法人登记管理条例》规定登记注册的非公司制的经济组织。不包括有限责任公司中的国有独资公司。

2. 集体企业:指企业资产归集体所有,并按《中华人民共和国企业法人登记管理条例》规定登记注册的经济组织。

3. 股份合作企业:指以合作制为基础,由企业职工共同出资入股,吸收一定比例的社会资产投资组建,实行自主经营,自负盈亏,共同劳动,民主管理,按劳分配与按股分红相结合的一种集体经济组织。

4. 联营企业:指两个及两个以上相同或不同所有制性质的企业法人或事业单位法人,按自愿、平等、互利的原则,共同投资组成的经济组织。联营企业包括国有联营企业、集体联营企业、国有与集体联营企业和其他联营企业。

国有联营企业 指所有联营单位均为国有。

集体联营企业 指所有联营单位均为集体。

国有与集体联营企业 指联营单位既有国有也有集体。

其他联营企业 指上述三种联营企业之外的其他联营形式的企业。

5. 有限责任公司:指根据《中华人民共和国公司登记管理条例》规定登记注册,由两个以上,五十个以下的股东共同出资,每个股东以其所认缴的出资额对公司承担有限责任,公司以其全部资产对其债务承担责任的经济组织。有限责任公司包括国有独资公司以及其他有限责任公司。

国有独资公司 指国家授权的投资机构或者国家授权的部门单独投资设立的有限责任公司。

其他有限责任公司 指国有独资公司以外的其他有限责任公司。

6. 股份有限公司:指根据《中华人民共和国公司登记管理条例》规定登记注册,其全部注册资本由等额股份构成并通过发行股票筹集资本,股东以其认购的股份对公司承担有限责任,公司以其全部资产对其债务承担责任的经济组织。

7. 私营企业:指由自然人投资设立或由自然人控股,以雇佣劳动为基础的营利性经济组织。包括按照《公司法》、《合伙企业法》、《私营企业暂行条例》以及《个人独资企业法》规定登记注册的私营独资企业、私营合伙企业、私营有限责任公司、私营股份有限公司和个人独资企业。

私营独资企业 指按《私营企业暂行条例》的规定,由一名自然人投资经营,以雇佣劳动为基础,投资者对企业债务承担无限责任的企业。

私营合伙企业 指按《合伙企业法》或《私营企业暂行条例》的规定,由两个以上自然人按照协议共同投资、共同经营、共负盈亏,以雇佣劳动为基础,对债务承担无限责任的企业。

私营有限责任公司 指按《公司法》、《私营企业暂行条例》的规定,由两个以上自然人投资或由单个自然人控股的有限责任公司。

私营股份有限公司 指按《公司法》的规定,由五个以上自然人投资,或由单个自然人控股的股份有限公司。

个人独资企业 指按《个人独资企业法》、《个人独资企业登记管理办法》的规定,由一个自然人投资,财产为投资人个人所有,投资人以其个人财产对企业债务承担无限责任的经营实体。个人独资企业填表时归入私营独资企业。

8. 其他内资企业:指上述第1条至第7条之外的其他内资经济组织。

9. 与港澳台商合资经营企业:指港澳台地区投资者与内地的企业依照《中华人民共和国中外合资经营企业法》及有关法律的规定,按合同规定的比例投资设立,分享利润和分担风险的企业。

10. 与港澳台商合作经营企业:指港澳台地区投资者与内地企业依照《中华人民共和国中外合作经营企业法》及有关法律的规定,依照合作合同的约定进行投资或提供条件设立,分配利润、分担风险和亏损的企业。

11. 港澳台商独资经营企业:指依照《中华人民共和国外资企业法》及有关法律的规定,在内地由港澳台地区投资者全额投资设立的企业。

12. 港澳台商投资股份有限公司:指根据国家有关规定,经商务部(原外经贸部)批准设立,并且其中港、澳、台商的股本占公司注册资本的比例达25%以上的股份有限公司。凡其中港、澳、台商的股本占公司注册资本的比例小于25%的,属于内资中的股份有限公司。

13. 其他港、澳、台商投资企业:指在中国境内参照《外国企业或个人在中国境内设立合伙企业管理办法》和《外商投资合伙企业登记管理规定》,依法设立的港、澳、台商投资合伙企业。

14. 中外合资经营企业:指外国企业或外国人与中国内地企业依照《中华人民共和国中外合资经营企业法》及有关法律的规定,按合同规定的比例投资设立,分享利润和分担风险的企业。

15. 中外合作经营企业:指外国企业或外国人与中国内地企业依照《中华人民共和国中外合作经营企业法》及有关法律的规定,依照合作合同的约定进行投资或提供条件设立,分配利润、分担风险和亏损的企业。

16. 外资企业：指依照《中华人民共和国外资企业法》及有关法律的规定，在中国内地由外国投资者全额投资设立的企业。

17. 外商投资股份有限公司：指根据国家有关规定，经商务部（原外经贸部）批准设立，并且其中外资的股本占公司注册资本的比例达25%以上的股份有限公司。凡其中外资股本占公司注册资本的比例小于25%的，属于内资中的股份有限公司。

18. 其他外商投资企业：指在中国境内依照《外国企业或个人在中国境内设立合伙企业管理办法》和《外商投资合伙企业登记管理规定》，依法设立的外商投资合伙企业。

统计上大中小微型企业划分办法

一、根据工业和信息化部、国家统计局、国家发展改革委、财政部《关于印发中小企业划型标准规定的通知》（工信部联企业〔2011〕300号），结合统计工作的实际情况，特制定本办法。

二、本办法适用对象为在中华人民共和国境内依法设立的各种组织形式的法人企业或单位。个体工商户参照本办法进行划分。

三、本办法适用范围包括：农、林、牧、渔业，采矿业，制造业，电力、热力、燃气及水生产和供应业，建筑业，批发和零售业，交通运输、仓储和邮政业，住宿和餐饮业，信息传输、软件和信息技术服务业，房地产业，租赁和商务服务业，科学研究和技术服务业，水利、环境和公共设施管理业，居民服务、修理和其他服务业，文化、体育和娱乐业等15个行业门类以及社会工作行业大类。

四、本办法按照行业门类、大类、中类和组合类别，依据从业人员、营业收入、资产总额等指标或替代指标，将我国的企业划分为大型、中型、小型、微型等四种类型。具体划分标准见附表。

五、企业划分由政府综合统计部门根据统计年报每年确定一次，定报统计原则上不进行调整。

六、本办法自印发之日起执行，国家统计局2003年印发的《统计上大中小型企业划分办法（暂行）》（国统字〔2003〕17号）同时废止。

附表：

统计上大中小微型企业划分标准

行业名称	指标名称	计量单位	大型	中型	小型	微型
农、林、牧、渔业	营业收入(Y)	万元	Y≥20000	500≤Y＜20000	50≤Y＜500	Y＜50
工业 *	从业人员(X)	人	X≥1000	300≤X＜1000	20≤X＜300	X＜20
	营业收入(Y)	万元	Y≥40000	2000≤Y＜40000	300≤Y＜2000	Y＜300
建筑业	营业收入(Y)	万元	Y≥80000	6000≤Y＜80000	300≤Y＜6000	Y＜300
	资产总额(Z)	万元	Z≥80000	5000≤Z＜80000	300≤Z＜5000	Z＜300
批发业	从业人员(X)	人	X≥200	20≤X＜200	5≤X＜20	X＜5
	营业收入(Y)	万元	Y≥40000	5000≤Y＜40000	1000≤Y＜5000	Y＜1000
零售业	从业人员(X)	人	X≥300	50≤X＜300	10≤X＜50	X＜10
	营业收入(Y)	万元	Y≥20000	500≤Y＜20000	100≤Y＜500	Y＜100
交通运输业 *	从业人员(X)	人	X≥1000	300≤X＜1000	20≤X＜300	X＜20
	营业收入(Y)	万元	Y≥30000	3000≤Y＜30000	200≤Y＜3000	Y＜200
仓储业	从业人员(X)	人	X≥200	100≤X＜200	20≤X＜100	X＜20
	营业收入(Y)	万元	Y≥30000	1000≤Y＜30000	100≤Y＜1000	Y＜100
邮政业	从业人员(X)	人	X≥1000	300≤X＜1000	20≤X＜300	X＜20
	营业收入(Y)	万元	Y≥30000	2000≤Y＜30000	100≤Y＜2000	Y＜100
住宿业	从业人员(X)	人	X≥300	100≤X＜300	10≤X＜100	X＜10
	营业收入(Y)	万元	Y≥10000	2000≤Y＜10000	100≤Y＜2000	Y＜100

行业名称	指标名称	计量单位	大型	中型	小型	微型
餐饮业	从业人员(X)	人	X≥300	100≤X<300	10≤X<100	X<10
	营业收入(Y)	万元	Y≥10000	2000≤Y<10000	100≤Y<2000	Y<100
信息传输业 *	从业人员(X)	人	X≥2000	100≤X<2000	10≤X<100	X<10
	营业收入(Y)	万元	Y≥100000	1000≤Y<100000	100≤Y<1000	Y<100
软件和信息技术服务业	从业人员(X)	人	X≥300	100≤X<300	10≤X<100	X<10
	营业收入(Y)	万元	Y≥10000	1000≤Y<10000	50≤Y<1000	Y<50
房地产开发经营	营业收入(Y)	万元	Y≥200000	1000≤Y<200000	100≤Y<1000	Y<100
	资产总额(Z)	万元	Z≥10000	5000≤Z<10000	2000≤Z<5000	Z<2000
物业管理	从业人员(X)	人	X≥1000	300≤X<1000	100≤X<300	X<100
	营业收入(Y)	万元	Y≥5000	1000≤Y<5000	500≤Y<1000	Y<500
租赁和商务服务业	从业人员(X)	人	X≥300	100≤X<300	10≤X<100	X<10
	资产总额(Z)	万元	Z≥120000	8000≤Z<120000	100≤Z<8000	Z<100
其他未列明行业 *	从业人员(X)	人	X≥300	100≤X<300	10≤X<100	X<10

说明：

1. 大型、中型和小型企业须同时满足所列指标的下限，否则下划一档；微型企业只须满足所列指标中的一项即可。

2. 附表中各行业的范围以《国民经济行业分类》(GB/T4754-2011)为准。带*的项为行业组合类别，其中，工业包括采矿业，制造业，电力、热力、燃气及水生产和供应业；交通运输业包括道路运输业，水上运输业，航空运输业，管道运输业，装卸搬运和运输代理业，不包括铁路运输业；信息传输业包括电信、广播电视和卫星传输服务，互联网和相关服务；其他未列明行业包括科学研究和技术服务业，水利、环境和公共设施管理业，居民服务、修理和其他服务业，社会工作，文化、体育和娱乐业，以及房地产中介服务，其他房地产业等，不包括自有房地产经营活动。

3. 企业划分指标以现行统计制度为准。(1)从业人员，是指期末从业人员数，没有期末从业人员数的，采用全年平均人员数代替。(2)营业收入，工业、建筑业、限额以上批发和零售业、限额以上住宿和餐饮业以及其他设置主营业务收入指标的行业，采用主营业务收入；限额以下批发与零售业企业采用商品销售额代替；限额以下住宿与餐饮业企业采用营业额代替；农、林、牧、渔业企业采用营业总收入代替；其他未设置主营业务收入的行业，采用营业收入指标。(3)资产总额，采用资产总计代替。

文化及相关产业分类(2012)

一、目的和作用

(一) 为深入贯彻落实党的十七届六中全会关于深化文化体制改革、推动社会主义文化大发展大繁荣的精神，建立科学可行的文化及相关产业统计制度，制定本分类。

(二) 本分类为界定我国文化及相关单位的生产活动提供依据，为当前的社会主义文化建设、文化宏观管理提供参考，为文化及相关产业统计提供统一的定义和范围。

二、定义和范围

(一) 定义

本分类规定的文化及相关产业是指为社会公众提供文化产品和文化相关产品的生产活动的集合。

(二) 范围

根据以上定义，我国文化及相关产业的范围包括：

1. 以文化为核心内容，为直接满足人们的精神需要而进行的创作、制造、传播、展示等文化产品(包括货物和服务)的生产活动；

2. 为实现文化产品生产所必需的辅助生产活动；

3. 作为文化产品实物载体或制作(使用、传播、展示)工具的文化用品的生产活动(包括制造和销售)；

4. 为实现文化产品生产所需专用设备的生产活动(包括制造和销售)。

三、分类原则

(一) 以《国民经济行业分类》为基础

本分类以《国民经济行业分类》(GB/T 4754—2011)为基础，根据文化及相关单位生产活动的特点，将行业分类中相关的类别重新组合，是《国民经济行业分类》的派生分类。

(二) 兼顾部门管理需要和可操作性

根据我国文化体制改革和发展的实际，本分类在考虑文化生产活动特点的同时，兼顾政府部门管理的需要；立足于现行的统计制度和方法，充分考虑分类的可操作性。

(三) 与国际分类标准相衔接

本分类借鉴了联合国教科文组织的《文化统计框架—2009》的分类方法，在定义和覆盖范围上可与其衔接。

四、分类方法

本分类依据上述分类原则，将文化及相关产业分为五层。

第一层包括文化产品的生产、文化相关产品的生产两部分，用“第一部分”、“第二部分”表示；

第二层根据管理需要和文化生产活动的自身特点分为10个大类，用“一”、“二”……“十”表示；

第三层依照文化生产活动的相近性分为50个中类，在每个大类下分别用“(一)”、“(二)”、“(三)”……表示；

第四层共有120个小类，是文化及相关产业的具体活动类别，直接用《国民经济行业分类》(GB/T 4754—2011)相对应行业小类的名称和代码表示。对于含有部分文化生产活动的小类，在其名称后用“*”标出。

第五层为带“*”小类下设置的延伸层。通过在类别名称前加“—”表示，不设代码和顺序号，其包含的活动内容在表2中加以说明。

五、文化及相关产业分类表

表1　文化及相关产业的类别名称和行业代码

类 别 名 称	国民经济行业代码
第一部分　文化产品的生产	
一、新闻出版发行服务	
（一）新闻服务	
新闻业	8510
（二）出版服务	
图书出版	8521
报纸出版	8522
期刊出版	8523
音像制品出版	8524
电子出版物出版	8525
其他出版业	8529
（三）发行服务	
图书批发	5143
报刊批发	5144
音像制品及电子出版物批发	5145
图书、报刊零售	5243
音像制品及电子出版物零售	5244
二、广播电视电影服务	
（一）广播电视服务	
广播	8610
电视	8620
（二）电影和影视录音服务	
电影和影视节目制作	8630
电影和影视节目发行	8640
电影放映	8650
录音制作	8660
三、文化艺术服务	
（一）文艺创作与表演服务	
文艺创作与表演	8710
艺术表演场馆	8720
（二）图书馆与档案馆服务	
图书馆	8731
档案馆	8732
（三）文化遗产保护服务	
文物及非物质文化遗产保护	8740

续表1

类别名称	国民经济行业代码
博物馆	8750
烈士陵园、纪念馆	8760
(四)群众文化服务	
群众文化活动	8770
(五)文化研究和社团服务	
社会人文科学研究	7350
专业性团体(的服务)*	9421
—学术理论社会团体的服务	
—文化团体的服务	
(六)文化艺术培训服务	
文化艺术培训	8293
其他未列明教育 *	8299
—美术、舞蹈、音乐辅导服务	
(七)其他文化艺术服务	
其他文化艺术业	8790
四、文化信息传输服务	
(一)互联网信息服务	
互联网信息服务	6420
(二)增值电信服务(文化部分)	
其他电信服务 *	6319
—增值电信服务(文化部分)	
(三)广播电视传输服务	
有线广播电视传输服务	6321
无线广播电视传输服务	6322
卫星传输服务 *	6330
—传输、覆盖与接收服务	
—设计、安装、调试、测试、监测等服务	
五、文化创意和设计服务	
(一)广告服务	
广告业	7240
(二)文化软件服务	
软件开发 *	6510
—多媒体、动漫游戏软件开发	
数字内容服务 *	6591
—数字动漫、游戏设计制作	
(三)建筑设计服务	
工程勘察设计 *	7482
—房屋建筑工程设计服务	

续表2

类别名称	国民经济行业代码
—室内装饰设计服务	
—风景园林工程专项设计服务	
(四)专业设计服务	
专业化设计服务	7491
六、文化休闲娱乐服务	
(一)景区游览服务	
公园管理	7851
游览景区管理	7852
野生动物保护 *	7712
—动物园和海洋馆、水族馆管理服务	
野生植物保护 *	7713
—植物园管理服务	
(二)娱乐休闲服务	
歌舞厅娱乐活动	8911
电子游艺厅娱乐活动	8912
网吧活动	8913
其他室内娱乐活动	8919
游乐园	8920
其他娱乐业	8990
(三)摄影扩印服务	
摄影扩印服务	7492
七、工艺美术品的生产	
(一)工艺美术品的制造	
雕塑工艺品制造	2431
金属工艺品制造	2432
漆器工艺品制造	2433
花画工艺品制造	2434
天然植物纤维编织工艺品制造	2435
抽纱刺绣工艺品制造	2436
地毯、挂毯制造	2437
珠宝首饰及有关物品制造	2438
其他工艺美术品制造	2439
(二)园林、陈设艺术及其他陶瓷制品的制造	
园林、陈设艺术及其他陶瓷制品制造 *	3079
—陈设艺术陶瓷制品制造	
(三)工艺美术品的销售	
首饰、工艺品及收藏品批发	5146
珠宝首饰零售	5245
工艺美术品及收藏品零售	5246

续表3

类 别 名 称	国民经济行业代码
第二部分　文化相关产品的生产	
八、文化产品生产的辅助生产	
(一)版权服务	
知识产权服务 *	7250
—版权和文化软件服务	
(二)印刷复制服务	
书、报刊印刷	2311
本册印制	2312
包装装潢及其他印刷	2319
装订及印刷相关服务	2320
记录媒介复制	2330
(三)文化经纪代理服务	
文化娱乐经纪人	8941
其他文化艺术经纪代理	8949
(四)文化贸易代理与拍卖服务	
贸易代理 *	5181
—文化贸易代理服务	
拍卖 *	5182
—艺(美)术品、文物、古董、字画拍卖服务	
(五)文化出租服务	
娱乐及体育设备出租 *	7121
—视频设备、照相器材和娱乐设备的出租服务	
图书出租	7122
音像制品出租	7123
(六)会展服务	
会议及展览服务	7292
(七)其他文化辅助生产	
其他未列明商务服务业 *	7299
—公司礼仪和模特服务	
—大型活动组织服务	
—票务服务	
九、文化用品的生产	
(一)办公用品的制造	
文具制造	2411
笔的制造	2412
墨水、墨汁制造	2414
(二)乐器的制造	
中乐器制造	2421

续表4

类别名称	国民经济行业代码
西乐器制造	2422
电子乐器制造	2423
其他乐器及零件制造	2429
(三)玩具的制造	
玩具制造	2450
(四)游艺器材及娱乐用品的制造	
露天游乐场所游乐设备制造	2461
游艺用品及室内游艺器材制造	2462
其他娱乐用品制造	2469
(五)视听设备的制造	
电视机制造	3951
音响设备制造	3952
影视录放设备制造	3953
(六)焰火、鞭炮产品的制造	
焰火、鞭炮产品制造	2672
(七)文化用纸的制造	
机制纸及纸板制造 *	2221
—文化用机制纸及纸板制造	
手工纸制造	2222
(八)文化用油墨颜料的制造	
油墨及类似产品制造	2642
颜料制造 *	2643
—文化用颜料制造	
(九)文化用化学品的制造	
信息化学品制造 *	2664
—文化用信息化学品的制造	
(十)其他文化用品的制造	
照明灯具制造 *	3872
—装饰用灯和影视舞台灯制造	
其他电子设备制造 *	3990
—电子快译通、电子记事本、电子词典等制造	
(十一)文具乐器照相器材的销售	
文具用品批发	5141
文具用品零售	5241
乐器零售	5247
照相器材零售	5248
(十二)文化用家电的销售	

续表5

类 别 名 称	国民经济行业代码
家用电器批发 *	5137
—文化用家用电器批发	
家用视听设备零售	5271
(十三)其他文化用品的销售	
其他文化用品批发	5149
其他文化用品零售	5249
十、文化专用设备的生产	
(一)印刷专用设备的制造	
印刷专用设备制造	3542
(二)广播电视电影专用设备的制造	
广播电视节目制作及发射设备制造	3931
广播电视接收设备及器材制造	3932
应用电视设备及其他广播电视设备制造	3939
电影机械制造	3471
(三)其他文化专用设备的制造	
幻灯及投影设备制造	3472
照相机及器材制造	3473
复印和胶印设备制造	3474
(四)广播电视电影专用设备的批发	
通讯及广播电视设备批发 *	5178
—广播电视电影专用设备批发	
(五)舞台照明设备的批发	
电气设备批发 *	5176
—舞台照明设备的批发	

表2　对延伸层文化生产活动内容的说明

序号	类别名称及代码		文化生产活动的内容
	小类	延伸层	
1	专业性团体(的服务)(9421)	学术理论社会团体的服务	包括党的理论研究、史学研究、思想工作研究、社会人文科学研究等团体的服务。
		文化团体的服务	包括新闻、图书、报刊、音像、版权、广播、电视、电影、演员、作家、文学艺术、美术家、摄影家、文物、博物馆、图书馆、文化馆、游乐园、公园、文艺理论研究、民族文化等团体的服务。
2	其他未列明教育(8299)	美术、舞蹈、音乐辅导服务	包括美术、舞蹈和音乐等辅导服务。
3	其他电信服务(6319)	增值电信服务(文化部分)	包括手机报、个性化铃音、网络广告等业务服务。
4	卫星传输服务(6330)	传输、覆盖与接收服务	包括卫星广播电视信号的传输、覆盖与接收服务。
		设计、安装、调试、测试、监测等服务	包括卫星广播电视传输、覆盖、接收系统的设计、安装、调试、测试、监测等服务。
5	软件开发(6510)	多媒体、动漫游戏软件开发	包括应用软件开发及经营中的多媒体软件和动漫游戏软件开发及经营活动。
6	数字内容服务(6591)	数字动漫、游戏设计制作	包括数字动漫制作和游戏设计制作等服务。
7	工程勘察设计(7482)	房屋建筑工程设计服务	包括房屋(住宅、商业用房、公用事业用房、其他房屋)建筑工程设计服务。
		室内装饰设计服务	包括住宅室内装饰设计服务和其他室内装饰设计服务。
		风景园林工程专项设计服务	包括各类风景园林工程专项设计服务。
8	野生动物保护(7712)	动物园和海洋馆、水族馆管理服务	包括动物园管理服务，放养动物园管理服务，鸟类动物园管理服务，海洋馆、水族馆管理服务。
9	野生植物保护(7713)	植物园管理服务	包括各类植物园管理服务。
10	园林、陈设艺术及其他陶瓷制品制造(3079)	陈设艺术陶瓷制品制造	包括室内陈设艺术陶瓷制品、工艺陶瓷制品、陶瓷壁画、陶瓷制塑像和其他陈设艺术陶瓷制品的制造。
11	知识产权服务(7250)	版权和文化软件服务	版权服务包括版权代理服务，版权鉴定服务，版权咨询服务，海外作品登记服务，涉外音像合同认证服务，著作权使用报酬收转服务，版权贸易服务和其他版权服务。文化软件服务指与文化有关的软件服务，包括软件代理、软件著作权登记、软件鉴定等服务。
12	贸易代理(5181)	文化贸易代理服务	包括文化用品、图书、音像、文化用家用电器和广播电视器材等国际国内贸易代理服务。
13	拍卖(5182)	艺(美)术品、文物、古董、字画拍卖服务	包括艺(美)术品拍卖服务，文物拍卖服务，古董、字画拍卖服务。
14	娱乐及体育设备出租(7121)	视频设备、照相器材和娱乐设备的出租服务	包括视频设备出租服务，照相器材出租服务，娱乐设备出租服务。

续表

序号	类别名称及代码		文化生产活动的内容
	小类	延伸层	
15	其他未列明商务服务业(7299)	公司礼仪和模特服务	公司礼仪服务包括开业典礼、庆典及其他重大活动的礼仪服务。模特服务包括服装模特、艺术模特和其他模特等服务。
		大型活动组织服务	包括文艺晚会策划组织服务,大型庆典活动策划组织服务,艺术、模特大赛策划组织服务,艺术节、电影节等策划组织服务,民间活动策划组织服务,公益演出、展览等活动的策划组织服务,其他大型活动的策划组织服务。
		票务服务	包括电影票务服务,文艺演出票务服务,展览、博览会票务服务。
16	机制纸及纸板制造(2221)	文化用机制纸及纸板制造	包括未涂布印刷书写用纸制造,涂布类印刷用纸制造,感应纸及纸板制造。
17	颜料制造(2643)	文化用颜料制造	包括水彩颜料、水粉颜料、油画颜料、国画颜料、调色料、其他艺术用颜料、美工塑型用膏等制造。
18	信息化学品制造(2664)	文化用信息化学品的制造	包括感光胶片的制造,摄影感光纸、纸板及纺织物制造,摄影用化学制剂、复印机用化学制剂制造,空白磁带、空白磁盘、空盘制造。
19	照明灯具制造(3872)	装饰用灯和影视舞台灯制造	包括装饰用灯(圣诞树用成套灯具、其他装饰用灯)和影视舞台灯的制造。
20	其他电子设备制造(3990)	电子快译通、电子记事本、电子词典等制造	包括电子快译通、电子记事本、电子词典等电子设备的制造。
21	家用电器批发(5137)	文化用家用电器批发	包括电视机、摄录像设备、便携式收录放设备、音响设备等的批发。
22	通讯及广播电视设备批发(5178)	广播电视电影专用设备批发	包括广播设备、电视设备、电影设备、广播电视卫星设备等的批发。
23	电气设备批发(5176)	舞台照明设备的批发	包括各类舞台照明设备的批发。